呂思勉全集

兩晉南北朝史　上

5

前　言

　　《兩晉南北朝史》是吕思勉先生中國斷代史系列著作的第三部。此書動筆於二十世紀四十年代,一九四一年十二月太平洋事件爆發,日寇侵入上海租界,光華大學停辦,吕先生回到常州故里,在郊外遊擊區的中學任教。其時,教薪微薄,生活艱難。《兩晉南北朝史》的撰寫,全憑開明書店預支稿費才得以繼續。爲了能按期繳稿,吕先生訂有嚴格的寫作計畫,每日要定稿兩千字。先生常州故居的西宅,在日寇轟炸常州時被震毀。一九四二年八月一日,吕先生從上海回到常州後,繼續與家人一起收拾燼餘的磚瓦和木料,請匠人幫忙,勉强蓋起兩間簡陋的住房和一間小廚房。課餘時間,便在此簡陋的"蒿廬"中撰寫《兩晉南北朝史》。後來辭去教職,一心撰述,至一九四七年下半年完稿。一九四八年十月,由上海開明書店出版發行。

　　《兩晉南北朝史》出版以後,吕先生曾作過仔細的校訂。先生自評此書:"總論可看。此外發見魏史之僞造及諱飾;表章抗魏義民;表章陳武帝;鉤考物價工資資産;及論選舉制度皆佳。論五胡時,意在激揚民族主義,稍失其平,因作於日寇入犯時,不自覺也,異日有機會當改正。"①二十世紀五十年代初,先生整理自己的舊作,將此書中"有獨見"、可成"精湛之作"的地方摘出,寫有札録一册,以備日後研究時用。二十世紀八十年代初,《兩晉南北朝史》由楊寬、吕翼仁先生做過一次整理校訂,作爲上海古籍出版社"吕思勉史學論著"之一種,於一九八三年八月影印出版。

　　《兩晉南北朝史》在大陸、港臺有多種翻印、重印本:②如香港太平書局版(一九六二年出版),臺灣臺北市開明書店版(分上、中、下三册,未題作者,版權頁印有"編著者　本店編輯部,校訂者夏德儀",一九六九年一月出版)。又

---

　　①　吕思勉:《三反及思想改造學習總結》,參見《吕思勉全集》之《論學叢稿》下。
　　②　有關《兩晉南北朝史》的再版、翻印的情況,詳見《吕思勉全集》之《吕思勉先生編年事輯》附録二《吕思勉先生著述繫年》的記録。

1

收入上海古籍出版社"呂思勉文集"（附作者劄録，二〇〇五年十一月出版）、北京中國友誼出版公司"大家講史叢書"（二〇〇九年十月出版）等。此外，改書名爲《大師的國學課十：中國斷代史·兩晉南北朝卷》，收入江西教育出版社"瞭若指掌"叢書（二〇一三年二月出版）。

　　此次將《兩晉南北朝史》收入《呂思勉全集》重印出版，我們以開明書店的初版本爲底本，吸取了呂先生和楊寬、呂翼仁等先生的校訂成果，又將原書的繁體直排、雙行夾註，改爲繁體橫排、單行夾註。除訂正了原書的一些訛誤之外，其他如習慣用詞、行文遣句、概念術語等，均未改動。《兩晉南北朝史》的劄録，原是作者爲自己的研究工作所做的摘録，文字非常簡略，只是提示性的輯要，但都標有相應的頁碼，現以頁下注的方式，將劄録附在正文下，以便於讀者的閱讀參考。

李永圻　張耕華
二〇一四年七月

目 録

第一章　總　論

魏、晉之際,中國盛衰彊弱之大界也。自三國以前,異族恒爲我所服,至五胡亂起,而我轉爲異族所服矣。五胡之亂,起於晉惠帝永興元年劉淵之自立。越十三年,愍帝被虜,而中國在北方之政府遂亡。自是南北分立。自元帝建武元年,至陳後主禎明三年,凡二百七十三年,而南卒幷於北。隋文帝雖云漢人,然民族之異同,固非以其種姓而以其文化,此則不獨隋室,即唐室之先,亦未嘗非武川族類也。《廿二史劄記》云:"兩閒王氣,流轉不常,有時厚集其力於一處,則帝王出焉。如南北朝分裂,其氣亦各有所聚。晉之亡,則劉裕生於京口;蕭道成、蕭衍,生於武進之南蘭陵;陳霸先生於吳興;其地皆在數百里內。魏之亡,則周、隋、唐三代之祖,皆出於武川,宇文泰四世祖陵,由鮮卑遷武川。陵生系,系生韜,韜生肱,肱生泰,是爲周文帝。楊堅五世祖元素,家於武川。元素生惠嘏,惠嘏生烈,烈生禎,禎生忠,忠生堅,是爲隋文帝。李淵,三世祖熙,家於武川。熙生天賜,天賜生虎,虎生昞,昞生淵,是爲唐高祖。區區一彈丸之地,出三代帝王;周幅員尚小,隋、唐則大一統者共三百餘年;豈非王氣所聚,碩大繁滋也哉?"王氣所聚;說大落空。宋、齊、梁、陳四代之祖,生於數百里內,亦不足論。中華人事繁複,此固無甚關係也。至於周、隋、唐三代之祖,皆生武川,則自以當時此一區中爲彊兵所在,故力征經營者易起於此,其附從之功臣,亦易出於此。不惟周、隋、唐,北齊興於懷朔,固與武川同爲六鎮之一也。武川,今綏遠武川縣。懷朔,今綏遠五原縣。唐室武功,超軼漢代,然實用蕃兵、蕃將爲多,與漢之征匈奴,純恃本族之師武臣力者異矣。自唐衰而沙陀入據中原,雖不久覆滅,然契丹、党項、女真、蒙古、滿洲,又紛紛竊據,甚且舉中國之政權而盜之。蓋自五胡之亂至清之亡,凡歷千六百有八年焉。若是乎,中國民族,實不堪以兵力與異族競邪?曰:否。《秦漢史》既言之矣。曰:"文明之範圍,恒漸擴而大,而社會之病狀,亦漸漬益深。孟子曰:仁之勝不仁也,猶水勝火。以社會組織論,淺演之羣,本較文明之國爲安和,所以不相敵者,則因其役物之力大薄之故。然役物之方,傳播最易,野蠻之羣與文明之羣遇,恒慕效如恐不及焉。及其文明程度,劣足與文明之族相抗衡,則所用之器,利鈍之別已微,而羣體之中,安和與乖離迥判,而小可以勝大,寡可以敵衆,弱可以爲彊矣。"第一章。以文明之羣,而轉爲野蠻之羣所勝,寧獨中

1

國？馬其頓之於希臘，日耳曼之於羅馬，顧不然邪？夫黨類（class）既分，則與異族爲敵者，實非舉國之民，特其操治理之權者耳。此等人，當志得意滿之餘，溺驕淫矜夸之習，往往脆弱不堪一擊。卒遇彊敵，遂至覆亡。其覆亡也，固亦與尋常一姓之覆亡無異，特覆之者非本族而爲異族人耳。此時多數人民，固未嘗與異族比權量力，若爲人所服，而實不可謂其爲人所服也。多數人民與異族之相角，於何見之？其勝負於何決之？曰：視其文化之興替。兩族相遇，文化必有不同，觀其孰替孰興，而文化之優劣分，而民族之存亡，亦由之而判矣。信如是也，中國民族之與異族遇，不以一時爭戰之不競見其劣，正以終能同化異族見其優，固非聊作解嘲之語矣。此非謂中國必不能以兵力爭勝，亦非謂此後永不必以兵力爭勝，不可誤會。中國之見侮於異族，乃由執治理之權者之劣弱，其説可得聞與？曰：可。兩族相競，若戰陳然，居前行者，實惟政治。後漢自安帝永初以降，政權迄在外戚、宦官手中，自此至靈帝中平六年董卓入洛，凡歷八十六年，其紊亂可以想見。此時爲舉國所想望者，莫如當時所謂名士，然其人實多好名嗜利之徒，讀《秦漢史》第十章第四節、第十四章第五節、第十八章第四節可見。此時相需最殷者，曰綜覈名實，曰改絃更張。督責之治，魏武帝、諸葛武侯皆嘗行之，一時亦頗收其效，然大勢所趨，終非一二人之力所克挽，故人亡而政亦息焉。近世胡林翼、曾國藩，承積衰極敝之餘，以忠誠爲唱，以峻切爲治，一時亦未嘗不收其效，而亦不能持久，先後最相類也。改制更化，魏曹爽一輩人，頗有志焉。然其所圖太大，不爲時俗所順悦；又兵爭未久，人心積相猜忌，進思徼利，退計自全，乃不得不用陰謀以相爭奪。此等相爭，正人君子，往往非姦邪小人之敵，曹爽遂爲司馬宣王所覆。宣王本惟計私圖；景王雖爲正始風流人物，然既承宣王之業，自不得不專爲自全之計；文王更無論矣。與司馬氏相結合者，率多驕淫狙詐之徒；司馬氏之子弟，亦日習於是，而其材又日下；而時勢之艱危，人心之險詖如故；於是以晉初之百端待理；滅吳之後，又直可以有爲之時；乃以趣過目前之晉武帝承之，急切之事如徙戎者，且不能舉，皇論其他？而楊、賈、八王之禍，且代異己之誅鉏而起矣。晉室之傾頹，固非一朝一夕之故，蓋自初平以來，積漸所致，勢固不易中止也。夫國之所恃爲楨幹者，固非一二臣衛，而爲士大夫之羣，今所謂中等階級也。士大夫而多有猷、有爲、有守，舊政府雖覆，樹立一新政府，固亦非難。當時之士大夫，果何如哉？中國在是時，民族與國家之見地，蓋尚未晶瑩。東漢名士，看似前僕後繼，盡忠王室，實多動於好名之私，挾一忠君之念耳。此等忠君之念，沿自列國并立之時，不能爲一統之益，而時或轉爲其累。參看《秦漢史》第十四章

第四節。又既沿封建之習，則諸侯之國，與卿大夫之家，其重輕本來相去無幾，由是王室與私門，其重輕之相去，亦不甚遠；益以自私自利之恒情，而保國衛民之念，遂不如其保家全身之切焉。劉、石肆虐，北方之名門巨族，相率遷地以圖自全，鮮能出身犯難者，由此也。攜家避地，固始漢末，然是時爲内亂，而晉初爲外患，衡以内亂不與、外患不辟之義，則晉之士大夫，有愧焉爾矣。夫既徒爲保家全身之計，則苟得沃土，自必如大月氏之西徙，志安樂而無復報胡之心。東晉之名流，率圖苟安而怠恢復；如蔡謨之沮庾亮，王羲之之毒殷浩。其挾有姦雄之才，而又爲事勢所激者，遂不恤爲裂冠毀冕之行；如王敦、桓温之稱兵。以此。夫當時北方之士大夫，雖云不足與有爲，然南方剽悍之氣，固未嘗減。觀周處可見。參看《秦漢史》第十一章第八節。使晉室東渡之後，得如周瑜、魯肅、呂蒙、陸遜者而用之，北方之恢復，曾何足計？其時南方之人，蓋亦有圖自立者，如陳敏等是。而事不易成；北方之名門巨族，挾一王室之名以來，自非其所能抗；而南方之政權，遂盡入北來諸族之手，其何能淑，載胥及溺焉。直至北府兵起，江、淮剽悍之氣始有所藉以自見，然積弱之勢既成，狙詐之習未改，日莫途遠，雖絶世英雄如宋武帝，亦不能竟恢復之緒矣。宋、齊、梁、陳四代，皆起自寒微，所信任者，非復名門巨族。然所用寒人，資望大淺，雖能綱紀庶務，而不能樹立遠猷。又以防如晉世之内外相猜，大州重任，必以宗室處之而世族之驕淫，既成恒軌，人心之傾險，又難驟更，而骨肉之相屠，遂繼君臣之相忌而起矣。倖幸當朝，權姦梗命，其局勢較東晉更劣，其淵源，則仍來自東晉者也。一時代之風氣，恒隨一二人之心力爲轉移。當神州陸沈之餘，寧無痛憤而思奮起者？然豪桀之士，雖無文王猶興，實亦緣其所處之境。先漢之世，學士大夫，人人有志於致用。自經新莽之喪敗，遂旁皇而失其所守。既失之瑣碎又偏於泥古，實不能有當於人心。其思力較沈摯者，乃思舍迹而求道。其於五經，遂束閣《詩》、《書》、《禮》、《春秋》而專重《易》；其於諸子，則弁髦名、法、儒、墨、從横而專言道。其識解自較漢人爲高，然其所規畫，或失之迂闊而不能行；甚或視世事大渺小；謂有爲之法，終如夢幻泡景而不足爲。其力薄才弱者，則徒爲自娛或自全之計，遂至新亭燕集，徒爲楚囚之對泣焉。此以外攘言之也。以言乎内治：則自東漢以來，不復知更化者必先淑其羣，而稍以淑己爲淑羣之道。承之以釋、老，而此等見解，愈益牢固而不可拔。而其所謂淑己之道，又過高而非凡民之所知。聽其言則美矣，責其實，殆如彼教所謂兔角、龜毛，悉成戲論。此晉、南北朝之士大夫，所以終莫能振起也。至於平民，其胼手胝足，以自效於國家、民族，以視平世，其艱苦固不翅倍蓰；即能陳力於戰事者，亦自不乏。然民兵之制既廢；三五取

3

丁等法，實爲以不教民戰；而廣佔良田，規錮山澤，蔭匿户口者，又務虐用其人。北方遺黎，或摶結立塢壁，以抗淫威，亦因所摶結者太小，終難自立。其異族之竊據者，則專用其本族若他異族之人爲兵，漢民既手無斧柯，則雖屢直變亂而終無以自奮。此平民所以不獲有所藉手，以自效於國家、民族也。凡此，皆晉、南北朝三百年中，我國民不克以兵力攘斥異族之由也。

　　然則此時代中，我國民之所建樹者何如？豈遂束手一無所爲乎？曰：其大成就有四焉，而皆與民族之動蕩移徙有關，故民族之移徙，實此時代中最大之事也。四者惟何？一曰士庶等級之平夷。二曰地方畛域之破除。三曰山間異族之同化。四曰長江流域之開闢。① 古之爲治者，本今所謂屬人而非屬地，故曰“有分土無分民”。封建之世，等級之嚴峻，蓋非後世所能想像。秦人雖云父兄有天下，子弟爲匹夫；漢世用人，雖云不分士庶；然特政事之措置，名門巨族，在民間之權勢自若也。古黄河流域，蓋漢族居平地而異族居山。長江流域，初蓋江湖緣岸，亦爲異族所據，後稍與漢同化，其不同風者，乃亦相率而入山。故秦、漢之世，江、河之域，皆頗似後世之西南諸省。而江域拓殖較晚，荆楚猶稱火耕水耨，而揚州無論矣。自漢末以來，中原之民，乃因避亂而相率移徙。彼其移徙也，率皆宗黨親戚，相將而行；或則有地方豪望，爲之率將；故其户數多至千百；恒能互相周卹，建立綱紀。參看《秦漢史》第十三章第四節。當時移徙之民，與所移徙之地之民，畛域難遽破除者以此，其移徙後易以自立，易以自安者亦以此。以本皆族黨、鄉里，則能互相扶助而力彊；而移徙之餘，所處之地雖變，所相人偶之人，仍未大變也。觀此，可以知其爲力之彊。夫在一地方積有權勢者，易一境焉，則其權勢必歸消失。北方諸族之南遷者，觀史所載廣佔良田，規錮山澤，蔭匿人户等事，一若皆爲豪富之徒，實則此不過其當路秉政者，其餘則皆日入於困窘矣。隋、唐以降士庶等級之漸夷，蓋非徒九品中正之廢，而實緣士族之生計日趨困窘。故與庶族通譜、通昏者，不一而足也。北人之初南徙也，其與當地之民，蓋猶格不相入，故必僑置州郡以治之。其時移徙者之意，必曰：寇難削平，復我邦族，則依然故我矣。乃井里之丘墟如故，鄉閭之旋反無期，政府乃不得不力行土斷；人民亦以歲月之久，僑居者與土著者日親；而積古以來，各地方之畛域，漸次破除矣。當時河域之民，播遷所届，匪惟江域，蓋實東漸遼海，西叩玉門，北極陰山，南踰五嶺焉。其聲教之所曁被，爲何如哉？若此者，皆其民之較彊者也。其單弱貧困者，不能遠行，則相率入山，與異族雜處。當時所謂山胡、山越者，

————————

① 移民：晉時之移民，士庶等級平，地方畛域化，山胡、越歸化，江域開闢。

其名雖曰胡、越,而語言風俗,實無大殊,故一旦出山,即可以充兵、補戶,可見其本多漢人。然胡、越之名,不能虛立,則又可見其本多異族,因漢人之入山而稍爲所化也。湘、黔、粵、桂、川、滇、西康之境,自隋至今,歷千三百年,異族之山居者,猶未盡化,而江淮、宛洛、河汾之際,自漢末至南北朝末,僅三百餘年而遽成其功,雖曰地勢之夷險不同,處境之安危亦異,然其所成就,亦云偉矣。自有史以來,至於秦、漢,文明中心,迄在河域。自河域北出,則爲漠南,自河域南徂,則爲江域。論者或病中國民族,不能北鄉開拓,致屢招游牧民族之蹂躪。然民族之開拓,必鄉夫饒富之區。江域之饒富,較之漠南北,奚翅十倍。執干戈以圉侵略,固爲民族之要圖,開拓饒富之區,以增益文化,其爲重大,殆又過之。江域之開拓,實我民族靖獻於世界之大勞,其始之自漢末,其成之則晉、南北朝之世也。此皆我民族在此時代中成就之極大者也。其爲功,視以兵力攘斥異族於行陳之間者,其大小難易,寧可以道里計?惡得以治理者之劣弱,北方政權,暫入異族之手而少之哉?

民族之所建樹,恒視乎其所處之境。自然之境易相類,人造之境則萬殊,故各民族之史事,往往初相似而後絕異,以其初自然之力彊,入後則人事之殊甚也。東洋之有秦、漢,西洋之有羅馬,其事蓋頗相類;中國見擾亂於五胡,羅馬受破毀於蠻族,其事亦未嘗不相類也。然蠻族侵陵以後,歐洲遂非復羅馬人之歐洲,而五胡擾亂之餘,中國爲中國人之中國如故也。此其故何哉?中國有廣大之江域以資退守,而羅馬無之,殆爲其一大端。此固可云地勢爲之,我民族不容以之自侈,然其殊異之由於人事者,亦不乏焉。羅馬與蠻族,中國與五胡,人口之數,皆難確知,然以大較言之,則羅馬與蠻族衆寡之殊,必不如中國與五胡之甚。兩民族相遇,孰能同化人,孰則爲人所同化,雖其道多端,而人口之衆寡,殆爲其第一義,此中國同化五胡之所以易,羅馬同化蠻族之所以難也。此非偶然之事,蓋中國前此同化異族之力較大實爲之。又蠻族受羅馬文化之薰陶淺,五胡受中國文化之涵育深。不特慕容廆、苻堅、元宏,即劉聰、石虎,號稱淫暴,亦特其一身之不飭,其立法行政,亦未嘗不效法中國。當是時,我之民族性,固尚未形成,彼輩之茫昧,殆更甚於我。試觀五胡造作史實,絕無自誇其民族,祇有自誇其種姓可知。以視後來金世宗、清高宗之所爲,迥不侔矣。異族之與我族遇,民族性之顯晦,遼、金之間,殆爲一大界。[①]自遼以前,異族無不視漢族爲高貴而思攀附之、效法之者。自金以後,則無是事矣。此其故，蓋由遼以前諸族，始多附塞，或且入居塞内，女真、蒙古、滿洲，則皆距塞較遠也。此可見我民族同化異族之力，不待五胡擾亂，而潛移默運，業已有年矣。又不獨此也。羅馬受蠻族之侵陵，歐洲遂倒演而入於封建之世，而中國自五胡亂後，其爲大一統依然也。此又何故哉？此實由羅馬之爲國，本不如中國之統一，故一旦覆亡，一文官、武將，若地方豪右，教中尊宿，蠻族酋豪，皆能成爲一區域之大長，其權力歷久而不敝，既無能一統之者，則其彼此之閒，遂互相隸屬，層累相及，而封建之局成矣。中國當晉、南北朝時，亦是處有豪族、游俠；兵亂之區，又有堡塢之主；亦未嘗不專制一方，然地勢平衍，風俗大同，中樞之力較彊，民情亦習於統一，故雖有可成封建政體之端倪，卒無竟成封建政體之事實。此就政治言之也。以宗教言：則羅馬之於基督，關係殊疏，而兩漢之於孔子，關係極密。政教分張，事起近世，實由世事日新，而宗教篤舊，不能與時俱進之故。以理言，政治之設施，固應與教化相合。羅馬之爲治，實未能符合此義。人生雖不免屈於力，其意固恒欲附於德，故羅馬解體以後，歐人乃欲奉教主爲君王；其教主亦欲以此自居。然實不勝其任也，而政教之分争，遂爲歐洲擾攘之大原焉。我國自漢武以後，儒教殆已成國教，然儒之所以爲教者，實在人倫日用之閒兼示爲政者以軌則，而非恃迷信以錮人心，故與異教之相争不烈。國家既已一統，前此各地方之宗教，僅足維繫一地方之人心者，既無以厭人之求，而急須一通行全國之大宗教，雜沓之神、祇、鬼、魅，遂稍合并、變化，而成所謂道教者；而佛教亦於此時傳入。丁斯時也，所以慰悦人之魂神者，孔教則讓諸道、佛；而施於有政，以及人倫日用之際道、佛亦不與儒争。道佛二家之閒，道家本無教義，時時竊取佛説以自附益；甚至并其儀式而竊之；一似無以自立。然舊來所信奉之神、祇、鬼、魅，必非一日所能剗除，佛教入中國後，雖亦竭力與之調和，或且網羅之以爲己助，然佛爲異國之教，於中國舊所信奉，固不能一網打盡，亦必不能囊括無遺，而道教於此，遂獲有立足之地焉。我國本無專奉一神之習，用克三教并立，彼此相安，即有他小宗教，與三教異同者，苟非顯與政府爲敵；或其所唱道者，實與當時社會所共仞之道德、法律，藉以維持秩序者不相容，亦未有痛加迫蹙者。① 獲慰悦魂神，指道行爲之益，而不醸争奪相殺之禍，要不能不謂我國之文化，高於歐洲也。

　　以上所説，雖已深切著明，讀者終將疑我民族之所長，偏於文事，而於武

---

① 宗教：孔與道佛，善於分途，故東洋無政教之争。

德不能無闕，請更有説以明之。韓陵之戰，齊高祖謂高昂曰："高都督純將漢兒，恐不濟事，今當割鮮卑兵千餘人，共相參雜，於意云何？"似乎鮮卑之戰鬥，非漢人所能逮矣。然衛操、姬澹説魏桓、穆二帝招納晉人，晉人附者稍衆。及六脩難作，新舊猜嫌，迭相誅戮，衛雄、姬澹，謀欲南歸，乃言於衆曰："聞諸舊人忌新人悍戰，欲盡殺之，吾等不早爲計，恐無種矣。"晉人及烏丸驚懼，皆曰："死生隨二將軍。"於是雄、澹與劉琨任子遵，率烏丸、晉人數萬衆而叛。是晉人之悍戰，又過於鮮卑也。[①] 齊高祖之雄武，讀史者應無異辭，然其先固亦漢人，特久居北邊，遂習鮮卑之俗耳。雲、代閒鮮卑，號稱悍戰者，其中之漢人，必不少也。大抵當時五胡與漢族之雜處，其情形，當略如後世之漢與回。傅奕言："羌、胡異類，寓居中夏，禍福相恤；中原之人，心力不齊；故夷狄少而彊，華人衆而弱。"正與後世回彊漢弱之情形，後先一轍也。[②] 然則五胡之亂華，亦不過如清代咸、同閒西南、西北之回亂耳，惡得謂華夷之彊弱迥異，且由於天之降材爾殊哉？

　　晉、南北朝史事，端緒最繁，而其閒犖犖大端，爲後人所亟欲知者，或仍不免於缺略。又文學取其詼詭可喜，史學則貴求真，二者之宗旨，絶不相同，而當史學未昌之時，恒不免以文爲累。晉、南北朝之史，帶此性質猶多。試觀有言於先者，必有驗於後；而敵國材智，所見多同，又恒能彼此相料可知。其時史家，好法《左氏》，實則與後世平話，同一臼科耳。其不足信據，固無俟深求也。至於行文，喜求藻飾，遂使言事，皆失其真，則知幾《史通》，固已深譏之矣。兹編之作，鉤稽芟落，雖竭吾才，去僞顯真，猶恐十不逮一，糾繆繩愆，是所望於大雅。

---

① 宗教：拓跋氏中晉人善戰。

② 宗教：異族寓居相團結而彊，國人散而弱，此略如後世之漢回。

第二章　晉初情勢

第一節　政俗之敝

晉武帝以荒淫怠惰，遺患後嗣名。然帝在歷代君主中，實尚未爲大惡。所不幸者，則以僅足守成之才，而當開創之世耳。蓋晉之王業，雖若成於宣、景、文三朝，然其所就者，實僅篡竊之事，至於後漢以來，政治、風俗之積弊，百端待理者，實皆萃於武帝之初。此其艱巨，較諸陰謀篡竊，殆百倍過之。雖以明睿之姿，躬雄毅之略，猶未必其克濟，況如武帝，以中材而涉亂世之末流乎？承前世之積敝，而因受惡名，亦可哀矣。

武帝嘗詔郡國守相，三載一巡行屬縣；_{泰始四年。}申戒郡國計吏、守相、令長：務盡地利，禁游食商販；_{泰始五年。}臨聽訟觀錄囚徒；_{泰始四年、五年。}守令有政績及清稱者，賜之以穀；_{王宏，夏謖，劉宵，梁柳。見《紀》泰始五年、咸寧元年。}詔刺史、二千石糾穢濁，舉公清；令內外羣臣舉清能，拔寒素；_{太康九年。}又屢詔舉人才；可見其非無意於爲治。又嘗增吏俸；_{泰始三年。}班律令；_{泰始四年。}平吳後即定戶調式；罷軍役；去州郡兵；則亦有意於更制垂後。然是時之所急者，非立法，乃行政；非文誥之頻繁，乃督責之峻切；而帝於此，實最闕焉。伐吳之議，羊祜、杜預屢陳之，張華贊之，賈充始終沮過，而帝仍以充總統諸軍。孫晧降，充未之知，方以吳未可平，抗表請班師，謂"方夏江、淮下濕，疾疫必起，雖要斬張華，不足以謝天下"。其表與告捷同至。_{見《晉書·秦秀傳》。}王渾與王濬爭功，詔責濬不受渾節度。濬言："前被詔書，令渾、濬等皆受充節度，無令臣別受渾節度之文。當受渾節度之詔，以十二日起洛陽，濬十五日日中至秣陵，暮乃被符。"詔文及發至日時，無可誣罔之理，而帝皆漫無別白，爲之下者，不亦難乎？帝當篡位之初，即開直言之路，置諫官以掌之。_{見《紀》泰始元年。}以皇甫陶、傅玄共掌諫職。玄復歷御史中丞、司隸校尉。劉毅亦嘗爲司隸。然毅終以峭直不至公輔。其所糾彈者，亦不能盡法懲治。劉頌言："泰始之初，陛下踐阼，其所服乘，皆先代功臣之胤，法寬有由，積之在素，異於漢、魏之先，未可一旦直繩御下。”此或亦出於不得已。然頌又言：“爲政矯世，自宜漸出公塗。張正威斷，日遷就肅；譬由行舟，雖不橫截迅流，漸靡而往，終得其濟”，此誠當日之急務也。朋黨之弊，蠹政傷民，所恃在上者有以燭其隱，折其機，乃能破私交而彰公法。杜預論伐吳之計曰：“自頃朝廷，事無大小，異意鋒起，雖人心不同，亦由恃恩不慮後難，故輕相同異也。”此武帝之寬所不當寬者也，而嚴所不當嚴，其弊尤大。愍懷大子之廢也，閻纘輿棺上書，以理其冤，不省。及皇大孫立，纘復上疏曰：“昔漢武既信姦讒，危害大子，復用望氣之言，欲盡誅詔獄中囚。邴吉以皇孫在焉，閉門拒命。後遂擁護皇孫，督罰乳母，卒至成人，立爲孝宣皇帝。歷觀古人，雖不避死，亦由世教，寬以成節。吉雖距詔書，事在於忠，故宥而不責。自晉興以來，用法大嚴。^①遲速之間，輒至誅斬。一身伏法，猶可彊爲，今世之誅，動輒滅門。昔吕后臨朝，肆意無道。周昌相趙，三召其王，而昌不遣，先徵昌人，乃後召王。此由漢制本寬，得使爲快。假令如今，吕后必謂昌已反，夷其三族，則誰復敢殺身成義者哉？此法宜改，可使經遠。又漢初廢趙王張敖，其臣貫高，謀弑高祖，高祖不誅，以昭臣道。田叔、孟舒十人爲奴，髡鉗隨王，隱親侍養，故令平安。鄉使晉法，得容爲義：東宮之臣，得如周昌，固護大子；得如邴吉，距詔不坐，伏死諫爭，則聖意必變，大子以安；如田叔、孟舒，侍從不罪者，則隱親左右，姦凶毒藥，無緣得設，大子不夭也。臣每責東宮臣故無侍從者，後聞頗有於道路望車拜辭，而有司收付洛陽獄，奏科其罪，然臣故莫從，良有以也。又本置三率，盛其兵馬，所以宿衛防虞。而使者卒至，莫有謹嚴覆請審者，此由恐畏滅族”云云。此過嚴之弊也。過寬之弊，由於武帝之縱弛，過嚴之弊，則其所由來者遠矣。《晉書·阮籍傳》言：“籍本有濟世志，屬魏、晉之際，天下多故，名士少有全者，由是不與世事，酣飲爲常。”當時如籍者，蓋不少矣。《易》曰：“棟撓之凶，不可以有輔也。”宣王之誅戮名士，不幾於自戕其輔佐乎？

《晉書·何曾傳》云：曾侍武帝宴，退而告其子遵等曰：“國家應天受禪，創業垂統，吾每宴見，未嘗聞經國遠圖，惟説平生常事，非詒厥身謀之兆也。及身而已，後嗣其殆乎？”《山濤傳》：帝嘗講武於宣武場。濤時有疾，詔乘步輦從。因與盧欽論用兵之本，以爲不宜去州郡武備。帝稱之曰：“天下名言也”，而不能用。劉頌言：“陛下每精事始，而略於考終。故羣吏慮事，懷成敗之懼，

---

①　刑法：晉法大嚴，使人不能盡忠，太子枉死。

輕飾文綵,以避目下之譴。人主恒能居易執要,以御其下,然後人臣功罪,形於成敗之徵,無逃其誅賞。"李重亦言:"建樹官司,功在簡久,階級少則人心定,久其事則政化成而能否著。"當時相需最殷者,實爲督責之術,固夫人知之矣。劉頌又言:"善爲政者,綱舉而網疏。近世以來,爲監司者,類大綱不振,而微過必舉。微過不足以害政,舉之則微而益亂。大綱不振,則豪彊橫肆,豪彊橫肆,則百姓失職矣。大姦犯政而亂兆庶者,類出富彊,而豪富者,其力足憚,其貨足欲,是以官長頓筆,下吏縱姦。懼所司之不舉,則謹密網,以羅微罪,使奏劾相接,狀似盡公。而撓法不亮,固已在其中矣。非徒無益於政體,清議乃由此而益傷。""錯所急而倒所務"如此,欲以求治得乎?

　　武帝天資,本近夸毗,平吳以後,尤日即怠荒。史言其"耽於遊宴;寵愛后黨;親貴當權,舊臣不得專任;彝章紊廢,請謁行矣"。帝性好色。泰始九年,詔聘公卿以下子女,以備六宮。採擇未畢,權禁斷婚姻。使宦者乘使車,給騶騎,馳傳州郡,召充選者。司徒李胤,鎮軍大將軍胡奮,廷尉諸葛沖,大僕臧權,侍中馮蓀,祕書郎左思,及世族子女,并充三夫人、九嬪。司、冀、兗、豫四州二千石、將史家補良人以下。名家盛族子女,多敗衣瘁貌以避之。大康二年,詔選孫晧妓妾五千人入宮。自此掖庭殆將萬人,而并寵者甚衆。帝莫知所適,常乘羊車,恣其所之,至便宴寢。宮人乃取竹葉插户,以鹽汁灑地,而引帝車。及七年,出後宮才人妓女以下,僅三百七十人而已。怠荒如此,復何暇爲久遠之計哉?

　　凡功名之士,多非純正之徒,故守成與創業異情,而櫛風沐雨,共取天下之人,或不足以託孤寄命。然此亦隨創業者之心量而殊,苟有安民定國之志,自亦有具公心,抱大志者,相與有成,如魏武帝之有荀文若,蜀漢先主之有諸葛孔明是也。晉之宣、景、文,則誠所謂欺人孤兒寡婦,狐媚以取天下者。黨附之者,自多傾險之徒。賈充父逵,爲魏誠臣,而充黨於司馬氏,嗾成濟以成高貴鄉公之禍。文帝新執朝權,恐方鎮有異議,使充詣諸葛誕,陰察其變。充既論説時事,因謂誕曰:"天下皆願禪代,君以爲何如?"誕厲聲曰:"卿非賈豫州之子乎? 世受魏恩,豈可欲以社稷輸人?"高貴鄉公引王沈及裴秀,數於東堂講燕屬文。及將攻文帝,召沈及王業告之,沈、業馳白帝。荀勖者,鍾會之從甥,少長會家。會謀反,審問未至,而外人先告之。文帝待會素厚,未之信也。勖曰:"會雖受恩,然其性未可許以見得思義,不可不速爲之備。"帝即出鎮長安。衛瓘以知數殺鍾會,又慮後患而戕鄧艾,即杜預亦譏其將不免。然預父恕,與宣帝不相能,遂以幽死,而預尚文帝妹高陸公主,因此起家,以視王衰終身不應徵聘，不西向坐，且絶管彦之婚者，能無媿乎？此外晉初元老，如石苞、鄭沖、王祥、荀顗、何曾、陳騫等，非鄉原之徒，則苟合之士。此等人而可以託孤寄命哉？此晉之所以再傳而即傾歟？劉頌論封建之利曰："國有任臣則安，有重臣則亂。樹國本根不深，無幹輔之固，則所謂任臣者，化而爲重臣矣。何則？國有可傾之勢，則執權者見疑，衆疑難以自信，而甘受死亡者非人情故也。若乃建基既厚，藩屏彊禦，雖置幼君赤子，而天下不懼，曩之所謂重臣者，今悉反而爲任臣矣。何則？理無危勢，懷不自猜，忠誠得著，不惕於邪故也。"其於魏、晉之興替，可謂洞燭其情。晉初之衆建親戚，蓋亦所謂"殷鑒不遠"者。然逮八王之亂，而親戚化爲重臣矣。不惟聖人有金城之義，而恃私智以求安，庸可得乎？

　　晉初所任，非功臣之後，則外戚之倫。如山濤爲宣穆皇后中表親，鍾會作亂，文帝將西征，而魏諸王公并在鄴，乃使行軍司馬，給親兵五百人鎮鄴是也。然無督責之術，雖親戚亦胡可信？景獻皇后從父弟羊琇，居中護軍、散騎常侍之職十三年，恒典禁兵，預機密。選用多以得意居先，不盡銓次之理。將士有冒官位者，爲其致節，不惜軀命，然放恣犯法。每爲有司所貸。其後司隸校尉劉毅劾之，應置重刑。武帝以舊恩，直免官而已。尋以侯白衣領護軍。頃之復職。用人如此，雖有忠藎，亦何途以自靖？然偏任親戚者，勢固不得不爾也。王衍以妻爲賈后親見任，而卒覆公餗，詒謀之不臧，其禍固有自來矣。

　　自後漢以來，選政久已不肅，而武人當道，又相扇以奢淫。貪欲迫之，則營求彌甚，而官方遂不可問。《武帝紀》言：帝承魏氏奢侈，乃屬以恭儉，敦以寡欲。有司嘗奏御牛青絲靷斷，詔以青麻代之。案帝即位之歲，即下詔大弘儉約。禁樂府靡麗百戲之技，及雕文游畋之具。泰始八年，又禁雕文綺組非法之物。咸寧四年，大醫司馬程據獻雉頭裘，[1]帝以奇技異服，典禮所禁，焚之於殿前。勑內外：敢有犯者罪之。似有意於挽回末俗矣。然以言教不如以身教。帝之營大廟也，致荆山之木；採華山之石；鑄銅柱十二，塗以黃金，鏤以百物，綴以明珠；見《紀》泰始二年。可謂示之軌物者乎？況乎其後宮之侈，又爲古今所罕有也。帝嘗幸王濟宅。濟，渾子，尚帝女常山公主。供饌甚豐，悉貯琉璃器中。蒸独甚美。帝問其故。答曰："以人乳蒸之。"帝色甚不平，食未畢而去。然不能有所懲也。故當時貴戚如王愷、文明皇后弟。羊琇、賈謐，充孫。勳臣如何曾、

――――――――――

① 史事：晉武帝之儉——焚雉頭裘（又見第八頁）。

曾子劭、石崇、苟子。任愷、庾敳、和嶠、王濟，莫不僭侈而無極。雖負高名如王戎；能立功業如劉琨、陶侃者；亦不免焉。陸雲拜吳王晏侍中，會晏於西園大營第室，雲上書曰："臣竊見世祖武皇帝，臨朝拱默，訓世以儉。即位二十有六載，宮室臺榭，無所新營。屢發明詔，厚戒豐奢。而世俗陵遲，家競盈溢。漸漬波蕩，遂已成風。雖嚴詔屢宣，而侈俗彌廣。"傅咸當咸寧初，上書曰："古者堯有茅茨，今之百姓，競豐其屋。古者臣無玉食，今之賈豎，皆厭粱肉。古者后妃乃有殊飾，今之婢妾，被服綾羅。古者大夫乃不徒行，今之賤隸，乘輕驅肥。"可見時俗之漸靡，而武帝之空言訓誡，悉歸無效矣。要之當時之所急在齊斧，而帝無鉛刀一割之用，此其所以萬舉而萬不當也。

　　經百年喪亂之餘，人民所禱祀以求者，宜莫如休養生息。當時政事之及於民者，果何如乎？劉頌言："董卓作亂，近出百年。四海勤瘁，丁難極矣。六合渾并，始於今日。兆庶思寧，非虛望也。古今異宜，所遇不同，誠亦未可希遵在昔，放息馬牛。然使受百役者不出其國，兵備待事其鄉，實在可爲。縱復不得悉爲，苟盡其理，可靜三分之二，吏役可不出千里之內。但如斯而已，天下所蒙，已不訾矣。政務多端，世事之未盡理者，難徧以疏舉。振領總綱，要在三條：凡政欲靜，靜在息役，息役在無爲。倉廩欲實，實在利農，利農在平糴。爲政欲著信，著信在簡賢，簡賢在官久。三者既舉，雖未足以厚化，然可以爲安有餘矣。"時議省州郡縣半吏，以赴農功。苟勖議以爲"省吏不如省官，省官不如省事，省事不如清心"。傅咸言："泰始開元，以暨於今，十有五年矣。而軍國未豐，百姓不贍；一歲不登，便有菜色者？誠由官衆事殷，復除猥濫，蠶食者多，而親農者少也。舊都督有四，今并監軍，乃盈於十。夏禹敷土，分爲九州，今之刺史，幾向一倍。戶口比漢，十分之一，而置郡縣更多。空校衙門，無益宿衛，而虛立軍府，動有百數。五等諸侯，復坐置官屬。諸所寵給，皆生於百姓。一夫不農，有受其飢，今之不農，不可勝計，縱使五稼普收，僅足相接，暫有災患，便不繼贍。以爲當今之急，先并官省事，靜事息役，上下用心，惟農是務也。"[1]并官息役之事，蓋終西晉之世，未之能行。平糴之法，據《晉書·食貨志》：泰始二年，即下詔令主者具爲條制，然事竟未行。劉頌言平糴已有成制，其未備者可就周足，蓋亦徒有其法。[2] 至於綜覈名實，整飭官方，則晉世之所爲，尤翩其反而矣。

---

①　職官：傅咸言官多之弊。
②　役法：劉頌言受役者不出其國，兵備待事其鄉。

《晉書・潘尼傳》：尼著《安身論》曰：“崇德莫大乎安身，安身莫尚乎存正，存正莫重乎無私，無私莫深乎寡欲。憂患之接，必生於自私，而興於有欲。自私者不能成其私，有欲者不能濟其欲，理之至也。欲苟不濟，能無爭乎？私苟不從，能無伐乎？人人自私，家家有欲；衆欲并爭，羣私交伐。爭則亂之萌也，伐則怨之府也。怨亂既搆，危害及之，得不懼乎？然棄本要末之徒，知進忘退之士，莫不飾才鋭智，抽鋒擢穎；傾側乎勢利之交，馳騁乎當塗之務；朝有彈冠之朋，野有結綬之友；黨與熾於前，榮名扇其後；握權則赴者鱗集，失寵則散者瓦解；求利則託刎頸之懽，爭路則搆刻骨之隙。於是浮僞波騰，曲辯雲沸；寒暑殊聲，朝夕異價；駑蹇希奔放之跡，鉛刀競一割之用。至於愛惡相攻，與奪交戰，誹謗噂沓，毀譽縱橫；君子務能，小人伐技；風頽於上，俗弊於下，禍結而恨爭也不彊，患至而悔伐之未辯。大者傾國喪家，次則覆身滅祀。其故何邪？豈不始於私欲，而終於爭伐哉？”此論實抉晉初風俗頽敗之由，蓋沿後漢之流而益甚者也。傅玄言：“魏武好法術，而天下貴刑名；魏文慕通達，而天下賤守節；其後綱維不攝，而虛無放誕之論，盈於朝野，使天下無復清議”；其波靡一世如此。杜預在鎮，數餉遺洛中貴要。或問其故。預曰：“吾但恐爲害，不求益也。”苟晞爲兗州，見朝政日亂，懼禍及己，多所交結。每得珍物，即遺都下親貴。① 兗州去洛五百里，恐不鮮美，募得千里牛，每遣信，旦發莫還。綱紀之頽敝如此，欲無淪喪得乎？武帝南郊禮畢，問劉毅曰：“卿以朕方漢。何帝也？”對曰：“桓、靈。”帝曰：“其已甚乎？”對曰：“桓、靈賣官，錢入官庫，陛下賣官，錢入私門，以此言之，殆不如也。”《晉書・良吏傳》言：“帝寬厚足以君人，明威未能屬俗。政刑以之私謁，賄賂於此公行。結綬者以放濁爲通，彈冠者以苟得爲貴。流遁忘反，寖以爲常。劉毅抗賣官之言，當時以爲矯枉，察其風俗，豈虛也哉？”《惠帝紀》言：“帝居大位，政出羣下。綱紀大壞，貨賂公行。勢位之家，以貴陵物。忠賢路絶，讒邪得志。更相薦舉，天下謂之互市焉。”蓋其所由來者漸矣。

民間風俗，歷代遷變甚微，政事之隆窳，所以致一時之治亂者，實其士大夫之羣及朝貴之執政權者爲之。干寶論西晉之事曰：“朝寡純德之人，鄉乏不貳之老。風格淫辟，恥尚失所。學者以老、莊爲宗而黜六經。談者以虛蕩爲辯而賤名檢。行身者以放濁爲通而狹節信。進仕者以苟得爲貴而鄙居正。當官者以望空爲高而笑勤恪。是以劉頌屢言治道，傅咸每糾邪正，皆謂之俗吏;其倚杖虛曠,依阿無心者,皆名重海内;若夫文王日旰不暇食,仲山甫夙夜匪懈者,蓋共嗤點,以爲灰塵矣。由是毁譽亂於善惡之實,情愿奔於貨欲之途。選者爲人擇官,官者爲身擇利。而執鈞當軸之士,身兼官以十數。大極其尊,小録其要。而世族貴戚之子弟,陵逼超越,不拘資次。悠悠風塵,皆奔競之士;列官千百,無讓賢之舉。① 子真著《崇讓》而莫之省,子雅制九班而不得用。其婦女:莊櫛織紝,皆取成於婢僕,未嘗知女工絲枲之業,中饋酒食之事也。先時而婚,任情而動,故皆不恥淫佚之過,不拘妒忌之惡。禮法刑政,於此大壞。如水斯積,而決其隄坊;如火斯畜,而離其薪燎。國之將亡,本必先顛,其此之謂乎? 故觀阮籍之行,而覺禮教崩弛之所由;察庚純、賈充之事,而見師尹之多辟;考平吳之功,而知將帥之不讓;思郭欽之謀,而悟戎狄之有釁;覽傅玄、劉毅之言,而得百官之邪;核傅咸之奏,《錢神》之論,而覩寵賂之彰。民風國勢如此,雖以中庸之才,守文之主治之,辛有必見之於祭祀,季札必得之於聲樂,范燮必爲之請死,賈誼必爲之痛哭,又況我惠帝以放蕩之德臨之哉?"此實所著《晉紀》之論,《晉書·懷愍二帝紀》取之。蓋西晉之亡,其勢既如縣厓轉石,不可中止矣。此實合一羣之人,積若干歲月所造之共業,非一二人所克挽回,亦非一二人所能尸其責也。

第二節　戎狄之患

　　兩漢之世,四裔種落,附塞或入居塞内者甚多。同化非旦夕可期;處置亦難盡得所;郡縣、豪民,或且加以侵役;積怨思叛,自所不免;後漢羌亂,則其先聲。初平以降,九州雲擾,郡縣荒廢,户口寡少,兵力單薄,遂至坐生其心矣。履霜堅冰,其來有漸,泰始以後風塵之警,則永興以後大亂之萌芽也。

　　晉初亂勢,西北最烈。《晉書·李憙傳》云:憙爲僕射,時涼州虜寇邊,憙唱議遣軍討之。朝士謂出兵不易,虜未足爲患,不從。後虜果出縱逸,涼州覆没,朝廷深悔焉。此事當在泰始六年胡烈敗亡以前。《憙傳》云:皇大子立,以憙爲大子大傅。在位累年,遷尚書僕射。案惠帝立爲大子,事在泰始三年正月。泰始五年,以雍州隴右五郡,隴西、南安、天水、略陽、武都。隴西郡,晉治襄武,在今甘肅隴西縣西南。南安,在隴西縣東北。天水,晉治上邽,在今甘肅天水縣西南。略陽,即魏廣魏郡,在今甘肅秦安縣東南。武都,今甘肅成縣。及涼州之金城,晉初金城郡治榆中,在今縣西北。梁州之陰平漢道,魏置郡,今甘肅文

縣。置秦州。傅玄上疏曰："胡夷獸心,不與華同,鮮卑最甚。① 本鄧艾苟欲取
一時之利,不慮後患,使鮮卑數萬,散居民閒,此必爲害之勢也。秦州刺史胡
烈,素有恩信於西方。今使烈往,諸胡雖已無患,必且消弭,然獸心難保,不必
其久安也。若後有動釁,烈計能制之。惟恐胡虜,東入安定,晉郡,治安定,今甘肅
涇川縣北。西赴武威,晉郡,治姑臧,今甘肅武威縣。外名爲降,可動復動。此二郡非烈
所制,則惡胡東西有窟穴、浮游之地。宜更置一郡於高平川,今清水河,自固原北
流,至中衛縣入黃河。因安定西州都尉,募樂徙民,重其復除以充之,以通北道,漸
以實邊。詳議此二郡及新置郡,皆使并屬秦州,令烈得專御邊之宜。"《玄傳》繫此
疏於泰始四年,蓋誤。而《陳騫傳》言:騫言於武帝曰:胡烈、牽弘,皆勇而無謀,彊
於自用,非綏邊之才。帝不聽。二人後果失羌戎之和,皆被寇喪没。征討連
歲,僅而得定。帝乃悔之。其時亂勢已成,固非徒勇所能戡,即得智勇兼備之
將,恐亦非一手一足之烈,所能綏定之於旦夕閒也。泰始六年,六月,涼州叛。
胡烈屯於萬斛堆,在今甘肅靖邊縣西。爲羌虜所害。時汝南王亮宣帝第四子。督關
中,遣救不進,坐免官。遣尚書石鑒行安西將軍,督秦州以討之。《杜預傳》:
預爲安西軍司。到長安,更除秦州刺史。鑒使預出兵。預以虜乘勝馬肥,而
官軍懸乏,宜并力大運芻糧,須春進討,陳五不可,四不須。鑒大怒,奏預。檻
車徵詣廷尉。其後隴右之事,卒如預策焉。七月,以汝陰王駿宣帝子。督雍、
涼。七年,四月,北地胡寇金城。北地治富平,今寧夏靈武縣。涼州刺史牽弘討之。
羣虜內叛,圍弘於青山。《續漢志》:青山在北地郡參繺縣界。漢參繺縣,在今甘肅慶陽縣西北。
弘軍敗,死之。七月,以賈充督秦、涼。旋以婚於大子,不行。十年,涼州虜寇
金城。汝陰王駿討之,斬其帥乞文泥等。明年,爲咸寧元年,樹機能等叛。遣
衆討之,斬三千餘級。詔駿遣七千人代涼州守兵。樹機能、侯彈勃等欲先劫
佃兵。駿命平虜將軍文俶督秦、涼諸軍各進屯以威之。機能乃遣所領二十部
及彈勃面縛軍門,各遣入質子。安定、北地、金城諸胡吉軻羅侯金多及北虜熱
囤等二十萬口又來降。樹機能,據《載記》即禿髮氏之祖,爲河西鮮卑,而《駿
傳》稱爲羌虜,蓋與羌俱叛也。是歲,六月,西域戊己校尉馬循討叛鮮卑,破
之,斬其渠帥。二年,五月,汝陰王駿討北胡,斬其渠帥吐敦。七月,鮮卑阿羅
多等寇邊。馬循討之,斬首四千餘級,獲生九千餘人。於是來降。三年,三
月,文俶討樹機能等,并破之。四年,六月,涼州刺史楊欣與虜若羅拔能等戰
於武威,敗績,死之。五年,正月,樹機能攻陷涼州。晉涼州刺史治武威。使馬隆擊

---

① 民族:野蠻鮮卑最甚(又見第四十、四十一頁)。

之。十二月，隆破斬樹機能。涼州平。《隆傳》云：楊欣失羌戎之和，隆陳其必敗，俄而欣爲虜所没，河西斷絶。帝臨朝而歎曰：“誰能爲我討此虜，通涼州者乎？”朝臣莫對。隆進曰：“陛下若能任臣，臣能平之。”帝曰：“必能滅賊，何爲不任？顧卿方略何如耳？”隆曰：“陛下若能任臣，當聽臣自任。”帝曰：“云何？”隆曰：“臣請募勇士三千人，無問所從來，率之鼓行而西。”帝許之。乃以隆爲武威大守。公卿僉曰：“六軍既衆，州郡兵多，但當用之，不宜横設賞募，以亂常典。”帝弗納。隆募限要引弩三十六鈞，弓四鈞。立標簡試。自旦至中，得三千五百人。隆曰：“足矣。”因請自至武庫選杖。武庫令與隆忿争。御史中丞劾奏隆。隆曰：“臣當亡命戰場，以報所受，武庫令乃以魏時朽杖見給，非陛下使臣之意也。”帝從之。又給其三年軍資。隆於是轉戰而西，殺傷以千數。自隆之西，音問斷絶，朝廷憂之。或謂已没。後隆使夜到，帝撫掌歡笑，詰朝，召朝臣謂曰：“若從諸卿言，是無秦、涼矣。”乃假隆節。隆到武威，前後誅殺及降附者以萬計。率善戎没骨能等與樹機能大戰，斬之，涼州平。史所傳隆事，或恢侈非其實，然大致當不誣，此實以孤軍徼幸，亦危矣。然亦可見叛虜原非甚彊，特州郡兵力大弱，任督統者又非其人，亂勢遂至日滋耳。大康元年，七月，虜軻成泥寇西平浩亹。西平郡，治西都，今青海西寧縣。浩亹縣，在青海樂都縣東。殺督將以下三百餘人。《馬隆傳》云：大康初，朝廷以西平荒毀，宜時興復，以隆爲大守。隆擊破南虜成奚。畢隆之政，不敢爲寇。大熙初，加授護東羌校尉。積十餘年，威信振於隴右。時洛陽大守馮翊嚴舒，與楊駿通親，密圖代隆，毁隆年老謬耄，不宜服戎，於是徵隆，以舒代鎮。朝廷恐關、隴復擾，乃免舒，遣隆復職，竟卒於官。此又見州郡得人，足致一時之小康矣。三年，正月，罷秦州，并雍州。惠帝元康四年，五月，匈奴郝散反，攻上黨，郡，治潞縣，今山西潞城縣西北。殺長吏。八月，郝散帥衆降，馮翊都尉殺之。漢左馮翊，後漢爲郡，今陝西大荔縣。六年，五月，郝散弟度元帥馮翊、北地馬蘭羌、盧水胡反。馬蘭，山名，在今陝西白水縣西北。盧水胡居安定界。攻北地，大守張損死之。馮翊大守歐陽建與度元戰，連敗。時趙王倫宣帝第九子。鎮關中，徵還，以梁王肜宣帝子。代之。八月，雍州刺史解系又爲度元所破。秦、雍氐、羌悉叛，推氐帥齊萬年僭號，圍涇陽。漢縣，後漢廢，故城在今甘肅平涼縣西。十一月，遣夏侯駿、周處等討之。處，吳將魴子。爲御史中丞，糾劾不避寵戚。梁王肜違法，處深文按之。朝臣惡其彊直，使隷駿西征。中書令陳準知肜將逞宿憾，言“處吳人，有怨無援，宜詔孟觀時爲積弩將軍。以精兵萬人，爲處前鋒”。朝廷不從。時賊屯梁山，在今陝西乾縣西北。有衆七萬，駿逼處以五千兵擊之，又絶其後繼。七年，正月，處遂敗死於六陌。在乾縣東。陳準與中書監張華以趙、梁諸王，雍容貴戚，進不貪功，退不懼罪；士卒雖衆，不爲之用，上下離心，難以勝敵；啓遣孟觀討之。觀所領宿衛兵，皆瀀捷勇悍。并統關中士卒。身當矢石，大戰十數，皆破之。九年，正月，獲萬年。徵梁王肜，以河間王顒安平獻王孚孫。孚，宣帝弟。代鎮關中。是歲，十二月，賈后廢愍懷大子，大難旋作，邊務更無人措意矣。

匈奴之衆，分爲五部，皆居并州塞內，已見《秦漢史》第十二章第十節。晉武帝踐阼後，塞外匈奴大水塞泥黑難等二萬餘落歸化。帝復納之，使居河西故宜陽城下。後復與晉人雜居。由是平陽、魏郡，今山西臨汾縣。西河、魏郡，晉爲國，今山西汾陽縣。大原、今山西大原縣。新興、後漢郡，今山西忻縣。上黨、樂平後漢郡，今山西昔陽縣西南。諸郡，靡不有焉。泰始七年，正月，匈奴中部帥劉猛此據《胡奮傳》。《本紀》但稱匈奴帥。《匈奴傳》作單于猛，蓋猛時自稱單于。叛出塞，屯孔邪城。遣何楨討之。楨以猛衆凶悍，非少兵所制，乃潛誘猛左部督李恪殺猛。此據《匈奴傳》。《本紀》云：楨討猛，屢破之。《胡奮傳》云：使路蕃討之。以奮爲監軍，假節，頓軍陘北，爲蕃後繼。擊猛破之。猛帳下將李恪斬猛而降。蓋非無戰事，而非恃戰以決勝。陘北，謂陘嶺之北。陘嶺即雁門山，在今山西代縣西北。於是匈奴震服，積年不敢復反。其後稍因忿恨，殺害長吏，漸爲邊患。《本紀》：咸寧二年，二月，并州虜犯塞，監并州諸軍事胡奮擊破之。至大康五年，復有匈奴胡大阿厚，率其部落二萬九千三百人歸化。七年，又有匈奴胡都大博及委莎胡等，各率種類，大小凡十萬餘口，詣雍州刺史扶風王駿降附。明年，匈奴都督大豆得一育鞠等，復率種落大小萬一千五百口來降。帝并撫納之。此據《匈奴傳》。其見於《本紀》者：尚有咸寧三年，西北雜虜及鮮卑、匈奴、五谿蠻夷、東夷三國前後千餘輩，各帥種人部落內附。五年，三月，匈奴都督拔奕虛帥部落歸化。十月，匈奴餘渠都督獨雍等帥部落歸化。案魏陳留王申晉文帝九錫之命，統計四夷內附、納貢者，八百七十餘萬口，雖屬誇張，亦必有一依據，此等固不必皆入居塞內，然入居塞內者，亦必不少也。惠帝元康中，郝散反，已見前。

東北情勢，不如西北之緊急，而幅員廣遠，種落滋蔓，隱憂之潛伏者亦深。據《晉書》列傳，當時治理東北有聲威者凡三人：一衛瓘，一唐彬，一張華也。瓘之督幽州，在泰始七年八月。《傳》曰：至鎮，表立平州，治昌黎，在熱河朝陽縣境。後兼督之。於時幽、并東有務桓，西有力微，并爲邊害。瓘離間二虜，遂致嫌隙。於是務桓降而力微以憂死。案平州之立，事在泰始十年二月。咸寧元年六月，《紀》書鮮卑力微遣子來獻。力微即後魏神元帝，其子即文帝沙漠汗也。瓘旋徵拜尚書令。吳平之後，唐彬監幽州諸軍。《彬傳》云：因北虜侵據北平，晉郡，今河北遵化縣西。故有此命。彬既至鎮，訓卒利兵，廣農重稼。震威耀武，宣諭國命，示以恩信，於是鮮卑二部大莫庾、擿何等并遣侍子、入貢。遂開拓舊境，卻地千里。復秦長城塞。自溫城未詳。泊於碣石，《大康地志》云：樂浪遂城縣有碣石，長城所起，地在今朝鮮境。蹞亘山谷，且三千里，分軍屯守，燹堠相望。由是邊境獲安。自漢、魏征鎮，莫之比焉。鮮卑諸種畏懼，遂殺大莫廆。彬欲討之。恐列上俟報，虜必逃散，乃發幽、冀車牛。參軍許祇密奏之。詔遣御史檻車徵彬，付廷尉，以事直見釋。咸寧三年，正月，復使衛瓘討力微。大康二年，十月，鮮卑慕容廆寇昌黎。魏郡，今熱河淩源縣。十一月，鮮卑寇遼西，平州刺史鮮于嬰討破之。三年，正月，以張華督幽州。三月，安北將軍嚴詢破慕容廆於昌黎，殺傷數萬人。是歲，八月，罷平州。七年，五月，慕容廆又寇遼東。至十年五月，乃來降。《張華傳》言：華撫納新舊，戎、夏懷之。東夷馬韓、新彌諸國，依山帶海，去州四千餘里，歷世未附者二十餘國，并遣使朝獻。於是遠夷賓服，四境無虞。頻歲豐稔，士馬彊盛。案晉初東夷來朝獻者甚多，《晉書·武帝紀》：咸寧二年，二月，東夷八國歸化。七月，東夷十七國內附。四年，三月，東夷六國來獻。是歲，東夷九國來附。五年，肅慎來獻楛矢。大康元年，六月，東夷十國歸化。七月，東夷二十國朝獻。二年，六月，東夷五國內附。三年，九月，東夷二十九國歸化，獻其方物。七年，八月，東夷十一國來獻。八年，八月，東夷二國內附。九年，九月，東夷七國詣校尉內附。十年，五月，東夷十一國內附。是歲，東夷絕遠三十餘國來獻。大熙元年，二月，東夷七國朝貢。《惠帝紀》：元康元年，東夷十七國并詣校尉內附。此等徒侈觀聽，無與安危，語其實蹟，實不如唐彬謹治邊塞者之爲有益，而惜乎彬之未能久於其任，更廣其功也。

　　四裔歸化之多，非始於晉，而在晉初，此等情勢，特爲尤甚。雜居大多，措理非易，故論者多欲徙去之。鄧艾當魏末，即言羌、胡與民同處者，宜以漸出之，使居民表。晉武帝時，侍御史郭欽上疏言：“魏初人寡，西北諸郡，皆爲戎居。今雖服從，若百年之後，有風塵之警，胡騎自平陽、上黨，不三日而至孟津，今河南孟縣南。北地、西河、大原、馮翊、安定、上郡，治膚施，今陝西綏德縣。盡爲狄庭矣。宜及平吳之威，謀臣猛將之略，出北地、西河、安定；復上郡；實馮翊；於平陽已北諸縣，募取死罪，徙三河、河內、河南、河東。晉河內郡，治野王，今河南沁陽縣。河南今河南洛陽縣。河東，晉治蒲阪，今山西永濟縣。三魏，《通鑑》卷九十六晉成帝咸康七年《注》：“魏郡、陽平、廣平爲三魏。”魏郡，今河南臨漳縣。陽平，今河北大名縣。廣平，今河北雞澤縣。見士四萬家以充之。漸徙平陽、弘農、魏郡、京兆、今陝西長安縣。上黨雜胡。峻四夷出入之防，明先王荒服之制，萬世之長策也。”帝不納。見《晉書·匈奴傳》。及齊萬年亂後，山陰令江統山陰，今浙江紹興縣。又作《徙戎論》，言“魏興之初，與蜀分隔，疆場之戎，一彼一此。魏武皇帝令將軍夏侯妙才名淵。唐人作《晉書》，避高祖諱，書其字。討叛氐阿貴、千萬等，後因拔棄漢中，遂徙武都之種於秦川，①凡魏、晉閒人言

---

① 民族：遷氏入關，非徙魏武。

某川者，猶今言某水流域。秦川，猶言秦地之川。欲以弱寇彊國，扞禦蜀虜，此蓋權宜之計，一時之勢，非所以爲萬世之利也。參看《秦漢史》第十一章十一節。案《三國·魏志·張旣傳》：魏武拔棄漢中，令旣之武都，徙氐五萬餘落出居扶風、天水界。《楊阜傳》云：阜前後徙民氐，使居京兆、扶風、天水界者萬餘户。又《郭淮傳》：正始元年，姜維出隴西，淮進軍，維退，遂討迷當等，按撫柔氐三千餘落，拔徙以實關中。涼州休屠胡梁元碧等率種落二千餘家附雍州，淮奏請使居安定之高平，爲民保鄣。其後因置西川都尉。又《蜀志》：後主建興十四年，徙武都氐王苻健及氐民四百餘户於廣都。《張嶷傳》云：健請降，遣將軍張尉往迎，過期不到，蔣琬深以爲念。嶷曰：苻健求附款至，必無他變。素聞健弟狡黠，又夷狄不能同功，將有乖離，是以稽留耳。數日，問至。健弟果將四百户就魏，獨健來從。則諸胡之入關中，實非魏武一遷而遂已，且先此固已多矣。扶風郡，後漢治槐里，在今陝西興平縣東南。晉移治池陽，在今陝西涇陽縣西北。高平，在今甘肅固原縣。廣都，漢縣，在今四川華陽縣南。今者當之，已受其弊矣。戎狄志態，不與華同，而因其衰弊，遷之畿服，士庶翫習，侮其輕弱，使其怨恨之氣，毒於骨髓，至於蕃育衆盛，則坐生其心。以貪悍之性，挾憤怒之情，候隙乘便，輒爲橫逆；而居封域之内，無障塞之隔；掩不備之人，收散野之積；故能爲禍滋蔓，暴害不測。此必然之勢，已驗之事也。當今之宜，宜及兵威方盛，衆事未罷，徙馮翊、北地、新平、後漢郡，今陝西邠縣。安定界内諸羌，著先零、罕幵、析支之地；徙扶風、始平、晉郡，今陝西興平縣。京兆之氐，出還隴右，著陰平、武都之地；使屬國撫夷，就安集之。戎、晉不雜，并得其所。縱有猾夏之心，風塵之警，則絶遠中國，隔閡山河，雖爲寇暴，所害不廣。并州之胡，本實匈奴。建安中，使右賢王去卑誘質呼廚泉，聽其部落，散居六郡。晉并州統郡國六：大原，上黨，西河，樂平，雁門，新興。雁門治廣武，在今山西代縣西。咸熙之際，以一部大彊，分爲三率。泰始之初，又增爲四。今五部之衆，户至數萬。人口之盛，過於西戎。天性驍勇，弓馬便利，倍於氐、羌。若有不虞風塵之慮，則并州之域，可爲寒心。滎陽句麗，滎陽，晉郡，今河南滎澤縣。本居遼東塞外。正始中，幽州刺史毌丘儉伐其叛者，徙其餘種。始徙之時，户落百數，子孫孳息，今以千計，數世之後，必至殷熾。此等皆可申諭發遣，還其本域”。阮种對策亦云：“自魏氏以來，夷虜内附，鮮有桀悍侵漁之患。由是邊守遂怠，郛塞不設，而令醜虜内居，與百姓雜處。邊吏擾習；人又忘戰；受方任者，又非其才；或以狙詐，侵侮邊夷；或干賞啗利，妄加討戮。夫以微羈而制悍馬，又乃操以煩策，其不制者，固其宜也。”案駕馭異族，遠者宜結其歡心，致其鄉慕；近者宜加之綏撫，使獲安生；而晉於此，殊爲怠慢。敦煌今甘肅敦煌縣。段灼，世爲西土著姓。從鄧艾破蜀有功。累遷議郎。武帝之世，屢陳時宜，輒見省覽。而身微宦孤，不見進叙，乃取長假還鄉里。臨去，遣息上表，有云：“臣前爲西郡大守，西郡，後漢末置。今甘肅山丹縣南。被州所下己未詔書：羌、胡道遠，其但募取樂行，不樂勿彊。臣被詔書，輒宣恩廣募，示以賞信。所得人名，即條言征西。其晉人自可差簡丁彊，如法調取。至於羌、胡，非恩意告諭，則無欲度金城、河西者也。自往每興軍渡河，未嘗有變。故刺史郭緩，勸帥有方，深加獎屬，要許重報。是以所募，感恩利賞，遂立績效，功在第一。今州郡督將，并已受封，羌、胡健兒，或王或侯，不蒙論叙也。"駕馭之失宜，可概見矣。不特此也，石勒父祖，本皆部落小帥。《載記》言其父周曷朱，性凶粗，不爲羣胡所附，每使勒代己督攝，部胡愛信之。鄔人郭敬，鄔縣，在今山西介休縣東北。陽曲寧驅，陽曲縣，今山西大原縣北。并加資贍。勒亦感其恩，爲之力耕。大安中，并州飢亂，勒與諸小胡亡散，乃自雁門還依寧驅。北澤都尉劉監欲縛賣之，驅匿之獲免。勒於是潛詣納降都尉李川。路逢郭敬，泣拜言飢寒。敬對之流涕，以帶貨粥食之，并給以衣服。勒謂敬曰："今日大餓，不可守窮。諸胡飢甚，宜誘將冀州就穀，因執賣之，可以兩濟。"敬深然之。會建威將軍閻粹説并州刺史東嬴公騰，高密文獻王泰之子。泰，宣帝弟。執諸胡於山東賣充軍實。騰使將軍郭陽、張隆虜羣胡將詣冀州，兩胡一枷。勒時年二十餘，亦在其中。數爲隆所歐辱。敬先以勒屬陽及兄子時。陽，敬族兄也，是以陽、時每爲解請。道路飢病，賴陽、時而濟。既而賣與茌平人師懽爲奴。茌平，今山東茌平縣。每耕作於野，常聞鼓角之聲。勒以告諸奴，諸奴歸以告懽，懽亦奇其狀貌而免之。懽家鄰於馬牧，與牧帥魏郡汲桑往來。勒以能相馬，自託於桑，後遂相結爲羣盜。案勒之見賣，固爲亂時事，然必平時先有賣胡爲奴之習，亂時乃思借以贍軍。《外戚傳》言大原諸部，以匈奴、胡人爲田客，多者數千，石勒爲郭敬、寧驅力耕，亦田客也。其中蓋亦未嘗無酋率之流如勒者，安得不怨而思叛也？郭敬、寧驅，蓋亦所謂豪桀，非獨汲桑。當風塵澒洞之時，而聽羣胡散居內地，與之相結，安得不有橫逆之事？江統又言："關中之人，百餘萬口，率其少多，戎狄居半"，[①]此言似失其實。殊不知歷代戶口，著籍之數，皆與實在生齒迥殊。統之言，蓋據當時著籍者言之也。以關中之土沃物豐，而其著籍之數，不過如此，郡縣之寡弱，可以概見，安能禦方張之寇？況又益之以怠弛無備，如阮种所云者乎？劉衛辰降於苻堅，請田內地，堅許之。烏丸獨孤、鮮卑没奕干又降。堅初欲處之塞內。苻融以方當闕兵郡縣，爲北邊之害，不如徙之塞外。其後勃勃卒爲北邊之害，未始非堅之處置不善，有以啓之也。移中國之民於塞外，以啓窮荒；遷四夷降者於域中，以資駕馭；自爲遠大之規。然遠圖不易速成，迂遠而闊於事

---

　　① 戶口：江統言關中戎狄居半，蓋據著籍之數。

情，或轉以招目前之患。以一時之務論，徙戎自爲良策，而惜乎因循玩愒者
不能行也。

第三節　封　建　之　制

言晉初之事者，多以其行封建爲致亂之原，其實非也。晉初封建之制，行
之未必能召亂；而其制亦未嘗行。[①] 其所以召亂者，實由其任宗室諸王大重，
承州郡積重之後，而使之出專方任耳。其任諸王大重，論者多謂其出於欲保
國祚之私，此亦僅得其一端。當時論者，自有一派，謂郡縣易招禍亂，封建可
以維持於不敝也。先考其制度，繼觀其議論，而此事之得失瞭然矣。

《晉書・地理志》云：文帝爲晉王，命裴秀等建立五等之制。惟安平郡公
孚即安平獻王，見第二節。邑萬户，制度如魏諸王。其餘：縣公邑千八百户，地方七
十五里。大國侯邑千六百户，地方七十里。次國侯邑千四百户，地方六十五
里。大國伯邑千二百户，地方六十里。次國伯邑千户，地方五十五里。大國
子邑八百户，地方五十里。次國子邑六百户，地方四十五里。男邑四百户，地
方四十里。武帝泰始元年，封諸王。以郡爲國，邑二萬户爲大國。置上、中、
下三軍，兵五千人。邑萬户爲次國。置上軍、下軍，兵三千人。五千户爲小
國。置一軍，兵千五百人。王不之國，官於京師。罷五等之制。公、侯邑萬户
以上爲大國，五千户以上爲次國，不滿五千户爲小國。《職官志》云：咸寧三
年，衛將軍楊珧，與中書監荀勖，以齊王攸有時望，懼惠帝有後難，因追故司空
裴秀立五等封建之旨，從容共陳時宜。以爲“古者建侯，所以藩衛王室。今吳
寇未殄，方岳任大，而諸王爲帥都督，既各不臣其統内，於事重非宜。又異姓
諸將居邊，宜參以親戚，而諸王公皆在京師，非扞城之義，萬世之固”。帝初未
之察，於是下詔議其制。有司奏徙諸王公，更制户邑。皆中尉領兵。其平原、
今山東平原縣。汝南、今河南汝南縣。琅邪、今山東臨沂縣。扶風、見第二節。齊今山東臨淄
縣。爲大國，梁、今河南商邱縣。趙、今河北趙縣。樂安、今山東桓臺縣。燕、今北平市西南。
安平、今河北冀縣。義陽今河南新野縣。爲次國，其餘爲小國。皆制所近縣，益滿萬
户。又爲郡公，制度如小國王。亦中尉領兵。郡侯如不滿五千户王。置一
軍，亦中尉領之。南宫王承，安平獻王孫。隨王邁，安平獻王曾孫。各於泰始中封爲

---

① 封建：晉封建之制未定，所定者亦未行。時人重救彊臣擅國、匹夫崛起之禍。然力不彊，不足
相輔，故段灼欲替公侯而大王，晉初封建不定，諸王出鎮由此（見第二十一一二十四頁）。

縣王,邑千户,至是改正。縣王增邑爲三千户,制度如郡侯。亦置一軍。自此非皇子不得爲王。而諸王之支庶,亦各以土推恩受封。其大國、次國:始封王之支子爲公,承封王之支子爲侯,繼承封王之支子爲伯。小國:五千户已上,始封王之支子爲子,不滿五千户,始封王之支子,及始封公侯之支子皆爲男。非此皆不得封。其公之制度,如五千户國;侯之制度,如不滿五千户國;亦置一軍,千人,中尉領之。伯、子、男已下各有差,而不置軍。大國始封之孫罷下軍,曾孫又罷上軍;次國始封子孫亦罷下軍;其餘皆以一軍爲常。大國中軍二千人,上下軍各千五百人。次國上軍二千人,下軍千人。其未之國者:大國置守土百人,次國八十人,小國六十人。郡侯、縣公,亦如小國。制度既行,所增徙各如本,奏遣就國。而諸公皆戀京師,涕泣而去。《荀勖傳》云:時議遣王公之國,帝以問勖。勖對曰:"諸王公已爲都督,而使之國,則廢方任。又分割郡縣,人心戀本,必用嗷嗷。國皆置軍,官兵還當給國,而闕邊守。"帝重使勖思之。勖又陳曰:"如詔,準古方伯選才,使軍國各隨方面爲都督,誠如明旨。至於割正封疆,使親疏不同,猶懼多所搖動,思維竊宜如前。若於事不得不時有所轉封,而不至分割土域,有所損奪者,可隨宜節度。其五等體國經遠,但虛名,其於實事,略與舊郡、縣、鄉、亭無異。若造次改奪,恐不能不以爲恨。今方了其大者,以爲五等可須後裁度。"帝以勖言爲允,多從其意。然則有司所奏,實非勖意;而其時齊王亦未之國;故《通鑑考異》謂《職官志》非是而不之取;而據《勖傳》,則其制亦初未盡行也。文王之制無論矣。泰始、咸寧之制,大國亦不過如一郡,安足爲亂?然則八王之亂,由於方任之重而不由封建明矣。

晉初陳封建之利者,當以陸機、劉頌、段灼之言爲最切。觀其言,可知當時所行,實未副論者之意也。機作《五等論》,以爲行封建,則"南面之君,各務其政;九服之内,知有定主;上之子愛,於是乎生;下之禮信,於是乎結;世平足以敦風,道衰足以禦暴。故彊毅之國,不能擅一時之勢;雄俊之人,無所寄霸王之志"。非如後漢,"彊臣專朝,則天下風靡;一夫從衡,而城池自夷"也。"在周之衰,難興王室,禍止畿甸,害不覃及天下,晏然以安待危。"二漢志士,"雖復時有鳩合,然上非奥主,下皆市人,師旅無先定之班,君臣無相保之志,是以義兵雲合,無救劫殺之禍"。"成湯、公旦,文質相濟,損益有物,然五等之禮,不革於時,封畛之制,有隆爾者,知侵弱之辱,愈於殄祀,土崩之困,痛於陵夷"也。"且五等之主,爲己思政,郡縣之長,爲吏圖物。進取之情鋭,而安人之譽遲。是故侵百姓以利己者,在位所不憚,損實事以養名者,官長所夙慕

也。五等則不然"矣。頌上疏言："善爲天下者,任勢而不任人。任勢者諸侯
是也,任人者郡縣是也。國有任臣則安,有重臣則亂。樹國本根不深,無幹輔
之固,則任臣化爲重臣。若乃建基既厚,藩屏彊禦,曩之所謂重臣者,今悉反
爲任臣矣。第一節已引之,可參看。建侯之理,使君樂其國,臣榮其朝,各流福祚,傳
之無窮;上下一心,愛國如家,視百姓如子;然後能保荷天禄,兼翼王室。今諸
王裂土,皆兼於古之諸侯,而君賤其爵,臣恥其位,莫有安志。其故何也? 法
同郡縣,無成國之制故也。今之建置,宜使率由舊章,一如古典。然人心繫
常,不累十年,好惡未改,情願未移。臣之愚慮,以爲宜早創大制。遲回衆望,
猶在十年之外。然後能令君臣各安其位,榮其所蒙,上下相持,用成藩輔。如
今之爲,適足以虧天府之藏,徒棄穀帛之資,無補鎮國衛上之勢也。古者封建
既定,各有其國,後雖王之子孫,無復尺土,此今事之必不行者也。若推親疏,
轉有所廢,以有所樹,則是郡縣之職,非建國之制。今宜豫開此地,令十世之
内,使親者得轉處近。案如此,則必時有移徙,安有深根固柢之勢? 復與郡縣之職何異? 十世
之遠,近郊地盡,然後親疏相維,不得復如十世之内。然猶樹親有所,遲天下
都滿,已彌數百千年矣。今方始封,而親疏倒施,甚非所宜。宜更大量天下土
田方里之數,都更裂土分人,以王同姓,使親疏遠近,不錯其宜,然後可以永
安。古者封國,大者不過土方百里,然後人數殷衆,境内必盈,其力足以備充
制度。今雖一國,周環將近千里,然力實寡,不足以奉國典。所遇不同,故當
因時制宜,以盡事適。今宜令諸王國容少而軍容多。然於古典所應有者,悉
立其制。然非急所須,漸而備之,不得頓設也。至於境内之政,官人用才,自
非内史、國相,命於天子,其餘衆職,及死生之斷,穀帛資實,慶賞刑威,非封爵
者,悉得專之。今諸國本一郡之政耳,若備舊典,則以虛制損實力,至於慶賞
刑斷,所以衛下之權,不重則無以威衆人而衛上。周之封建,使國重於君,故
無道之君,不免誅放,國祚不泯。諸侯思懼,然後軌道。下無亡國,天子乘之,
理勢自安。漢之樹置,君國輕重不殊。故諸王失度,陷於罪戮,國隨以亡;不
崇興滅繼絶之序;故下無固國。天子居上,勢孤無輔,故姦臣擅朝,易傾大業。
今宜反漢之弊,修周舊跡。國君雖或失道,陷於誅絶;又無子應除;苟有始封
支胤,不問遠近,必紹其祚。若無遺類,則虛建之,須皇子生,以繼其統。又班
固稱諸侯失國,亦由網密,今又宜都寬其檢。大制都定,班之羣后,著誓丹青,
書之玉版,藏之金匱,置諸宗廟,副在有司。寡弱小國,猶不可危,豈況萬乘之
主? 乘難傾之邦而加其上,可謂根深華嶽而四維之也。"段灼初陳時宜,嘗請
"諸王十五以上,悉遣之國。爲選中郎、傅、相,才兼文武,以輔佐之。聽於其

國,繕修兵馬,廣佈恩信,連城開地,爲晉、魯、衛"。後取長假還鄉里,臨去,又遣息上表,言"今異姓無裂土專封之邑,同姓并據有連城之地,縱令諸王後世子孫,還自相并,蓋亦楚人失繁弱於雲、夢,尚未爲亡其弓也。諸王二十餘人,而公、侯、伯、子、男五百餘國。欲言其國皆小乎?則漢祖之起,俱無尺土之地,況有國者哉?天下有事,無不由兵,而無故多樹兵本,廣開亂源,臣故曰五等不便也。臣以爲可如前表,諸王宜大其國,增益其兵,悉遣守藩,使形勢足以相接,則陛下可高枕而臥耳。諸侯、伯、子、男名號,皆宜改易之,使封爵之制,禄奉禮秩,并同天下諸侯之例"。虞溥補尚書都令史,尚書令衛瓘重之。溥謂瓘:"宜復先王五等之制,以綏久長,不可承暴秦之法,遂漢、魏之失。"蓋其時之人,鑒於秦、漢以降,匹夫崛起,彊臣擅國,禍輒被於天下,以爲惟樹國足以救之,而不悟其力不彊則不足以相輔,力苟彊,則秦始皇所謂自樹兵。自漢世,既有叛國而無叛郡矣。柳宗元《封建論》語。其時中央之力彊,一郡之地,其勢不足以叛也。晉初建國,不過一郡,苟有傾危,豈足相輔?樹危國而乘其上,雖多,何安之有?此陸機、劉頌之蔽也。段灼蓋知之矣,故欲廢公、侯以下,而大諸王之封。晉初封建之制,遲遲不定;定亦不行;而諸王之出鎮者相踵,蓋亦有見於此。故陸機、劉頌之論;晉未之行,若段灼之言,則晉雖未行其文,既行其實矣,而八王之亂,則正由此,此又灼之蔽也。世事祇有日新,而人之見解,恒限於舊,所以救方來之禍者,斟酌損益仍不越於前世之規,亦可哀矣。然此自就諸人之所言者而揚榷之,至於西晉之喪亂,則初不係於此也。

第三章 西晉亂亡

第一節 齊獻王爭立

晉初異族，形勢雖云可憂，然觀第二章第二節所述，其力尚未足與中國相敵，使内外安乂，未嘗不可徐圖。八王難作，授之以隙，而勢乃不可支矣。八王之亂，原於楊、賈之爭；楊、賈之爭，又原於齊獻王之覬覦大位。推波助瀾，譬彼舟流，靡知所届，君子是以作事謀始也。

齊獻王攸，爲武帝同母弟。<small>皆文明王皇后所生。</small>景帝無後，以攸爲嗣。《晉書·武帝紀》云：文帝自謂攝居相位，百年之後，大業宜歸攸。每曰：“此景王之天下也。”議立世子，屬意於攸。何曾等固爭，武帝之位乃定。《攸傳》亦云：攸特爲文帝所寵愛。每見攸，輒撫牀呼其小字曰：“此桃符坐也。”然《賈充傳》云：文帝以景帝恢贊先業，方傳位於攸。充稱武帝寬仁，且又居長，有人君之德，宜奉社稷。及文帝寢疾，武帝請問後事。文帝曰：“知汝者賈公閭也。”則文帝初無宋宣公之心。《羊琇傳》云：武帝未立爲大子，聲論不及弟攸。文帝素意重攸，恒有代宗之議。琇密爲武帝畫策，甚有匡救。又觀文帝爲政損益，揆度應所顧問之事，皆令武帝默而識之。其後文帝與武帝論當世之務，及人閒可否，武帝答無不允，由是儲位遂定。武帝即位，琇寵遇甚厚，已見第二章第一節。觀於琇，知賈充之見信於武帝，亦有由也。

武帝后曰武元楊皇后，生毗陵悼王軌、惠帝、秦獻王柬。悼王二歲而夭。惠帝以泰始三年，立爲皇大子。十年，后有疾。時帝寵胡貴嬪，后恐後立之，大子不安。臨終，枕帝膝曰：“叔父駿女男胤，<small>諱芷，字季蘭，小字男胤。</small>有德色，願陛下以備六宫。”因悲泣。帝流涕許之。后崩。咸寧二年，立男胤爲皇后。是爲武悼楊皇后。生渤海殤王恢。亦二歲而薨。<small>大康五年。</small>《惠帝紀》云：帝嘗在華林園，<small>在洛陽。本東漢芳林園。魏齊王芳時，避諱，改爲華林。</small>聞蝦蟆聲，謂左右曰：“此鳴者爲官乎？私乎？”及天下荒亂，百姓餓死，帝曰：“何不食肉糜？”其蒙蔽皆此類。然蕩陰之役，蕩陰，漢縣，今河南湯陰縣。嵇紹被害於帝側，血濺御服，帝深哀歎之；及事定，左右欲浣衣，帝曰："此嵇侍中血，勿去。"則絕不類癡騃人語。《賈后傳》云：帝嘗疑大子不慧，且朝臣和嶠等多以爲言，《和嶠傳》：嶠見大子不令，因侍坐曰："皇大子有淳古之風，而季世多僞，恐不瞭陛下家事。"帝默然不答。後與荀顗、荀勖同侍。帝曰："大子近入朝，差長進，卿可俱詣之，粗及世事。"既奉詔而還，顗、勖并稱大子明識弘雅，誠如聖詔。嶠曰："聖質如初耳。"帝不悅而起。嶠退居，恒懷慨歎。知不見用，猶不能已。在御坐，言及社稷，未嘗不以儲君爲憂。帝知其言忠，每不酬答。或以告賈妃，妃銜之。惠帝即位，拜大子大傅。大子朝西宮，嶠從入。賈后使帝問嶠曰："卿昔謂我不瞭家事，今日定云何？"嶠曰："臣昔事先帝，曾有斯言。言之不效，國之福也。臣敢逃其罪乎？"《荀勖傳》：帝素知大子闇弱，恐後亂國，遣勖及和嶠往觀之。勖還，盛稱大子之德，而嶠云大子如初。欲試之。盡召東宮大小官屬，爲設宴會，而密封疑事，使大子決之。停信待反。妃大懼，倩外人作答。答者多引古義。給使張泓曰："大子不學，而答詔引義，必責作草主，更益譴責，不如直以意對。"妃大喜。語泓："便爲我好答，富貴與汝共之。"泓素有小才。具草，令大子自寫。帝省之，甚悅。先示大子少傅衛瓘，瓘大蹴踖，衆人乃知瓘先有毀言。《瓘傳》：惠帝之爲大子也，朝臣咸謂純質不能親政事。瓘每欲陳啓廢之，而未敢發。後會宴陵雲臺。瓘託醉，因跪帝牀前曰："臣欲有所啓。"帝曰："公所言何邪？"瓘欲言而止者三，因以手撫牀曰："此坐可惜。"帝意乃悟。因繆曰："公真大醉邪？"瓘於此不復有言。賈后由是怨瓘。啓廢大子，此何等事？造膝而陳，猶慮不密，豈有於宴會時言之者？望而知其不足信也。殿上皆稱萬歲。充密遣語妃曰："衛瓘老奴，幾破汝家。"夫使惠帝之昏愚而果如《帝紀》所言，豈當復問以疑事？雖以意對，亦豈足見信？且帝果欲試大子，豈不能召而面問之，而必封事使決？下比爲姦欺者，多出於左右近習，而不出於官屬，帝亦豈不知之？故知史之所傳，絕不足信也。

　　賈充爲尚書令，兼侍中。《充傳》云：充無公方之操，不能正身率下，專以諂媚取容。侍中任愷，中書令庾純等，剛直守正，咸共疾之。又以充女爲齊王妃，懼後益盛。及氐、羌反叛，帝深以爲慮，愷因進說，請充鎮關中。乃下詔，以充爲使持節都督秦、涼二州諸軍事。見第二章第二節。充自以爲失職，深銜任愷，計無所從。將之鎮，百僚餞於夕陽亭，在洛陽西。荀勖私焉。充以憂告。勖曰："公國之宰輔，而爲一夫所制，不亦鄙乎？然是行也，辭之實難。獨有結婚大子，不頓駕而自留矣。"充曰："然。孰可寄懷？"對曰："勖請行之。"俄而侍宴，論大子婚姻事，勖因言充女才質令淑，宜配儲宮。而楊皇后及荀顗，亦并稱之。《武元楊皇后傳》：初，賈充妻郭氏，使賂后，求以女爲大子妃。及議大子婚，帝欲娶衛瓘女，然後盛稱賈后有淑德，又使大子大傅荀顗進言，上乃聽。《賈后傳》：初武帝欲爲大子娶衛瓘女。元后納賈、郭親黨之説，欲婚賈氏。帝曰："衛公女有五可，賈公女有五不可。衛家種賢而多子，美而長、白。

賈家種妒而少子,醜而短、黑。"元后固請,荀顗、荀勗,并稱充女之賢,乃定婚。說與《充傳》又異。帝納其言。會京師大雪,平地二尺,軍不得發。既而皇儲當婚,遂詔充居本職。賈后冊爲大子妃,事在泰始八年二月。《任愷傳》云:愷惡賈充之爲人也,不欲令久執朝政,每裁抑焉。充病之,不知所爲。後承閒言愷忠貞方正,宜在東宮。帝從之,以爲大子少傅,而侍中如故。充計畫不行。會秦、雍寇擾,天子以爲憂。愷因曰:"秦、涼覆敗,關右騷動,此誠國家之所深慮。宜速鎮撫,使人心有庇。自非威望重臣有計略者,無以康西土也。"帝曰:"誰可任者?"愷曰:"賈充其人也。"中書令庾純亦言之。於是詔充西鎮長安。《裴楷傳》:轉侍中。帝嘗問曰:"朕應天順人,海內更始,天下風聲,何所得失?"楷對曰:"陛下受命,四海承風,所以未比德於堯、舜者,但以賈充之徒尚在朝耳。"時任愷、庾純,亦以充爲言。帝乃出充爲關中都督。此則直陳充之姦邪,與《任愷傳》謂以計閒之者亦異。充用荀勗計得留。充既爲帝所遇,欲專名勢;而庾純、張華、溫顒、向秀、和嶠之徒,皆與愷善;楊珧,駿弟。王恂,文明皇后弟。華廙等,充所親敬;於是朋黨紛然。帝知之。召充、愷宴於式乾殿,謂曰:"朝廷宜一,大臣當和。"充、愷各拜謝而罷。既而充、愷以帝已知之而不責,結怨愈深。《庾純傳》:初,純以賈充姦佞,與任愷共舉充西鎮關中,充由是不平。充嘗宴朝士,而純後至。充謂曰:"君行常居人前,今何以在後?"純曰:"且有小市井事不了,是以來後。"世言純之先嘗有伍伯者,充之先有市魁者,充、純以此相譏焉。及純行酒,充不時飲。純曰:"長者爲壽,何敢爾乎?"充曰:"父老不歸供養,將何言也?"純因發怒,曰:"賈充,天下兇兇,由爾一人。"充曰:"充輔佐二世,蕩平巴蜀,有何罪而天下爲之兇兇?"純曰:"高貴鄉公何在?"衆坐因罷。充左右欲執純,中護軍羊琇,侍中王濟右之,因得出。充憨怒,上表解職。純懼,上河南尹、關內侯印綬,上表自劾。御史中丞孔恂劾純。詔免純官。又以純父老不求供養,使據禮典正其臧否。議者言純於禮律未有違。帝復下詔,言"疑賈公亦醉",復以純爲國子祭酒。此事與漢魏其、武安之事絕相類,而純終獲保全,可見晉武之寬仁,非漢武所及。然朋黨之禍,往往乘在上者之寬仁而起,此又不可不知也。或爲充謀曰:"愷總門下樞要,得與上親接,宜啓令典選,便得漸疏。此一都令史事耳。且九流難精,閒隙易乘。"充因稱愷才能,宜在官人之職。帝不之疑,即日以愷爲吏部尚書,侍覲轉希。充與荀勗、馮紞承閒浸潤,謂愷豪侈,用御食器。充遣尚書右僕高陽王珪安平獻王子。奏愷遂免官。《衛瓘傳》云:瓘咸寧初拜尚書令,加侍中。大康初,遷司空,侍中、令如故。武帝勑瓘第四子宣尚繁昌公主。數有酒色之過。楊駿素與瓘不平,駿復欲專重權,遂與黃門等毀之,諷帝奪宣公主。瓘慚懼,告老遜位。《和嶠傳》云:遷中書令。舊監、令共車入朝,時荀勗爲監。嶠鄙勗爲人,以意氣加之,每同乘,高抗專車而坐,監令異車,自嶠始也。又云:嶠轉侍中,愈被親禮。與任愷、張華相善。張華,當晉初爲黃門侍郎,數歲拜中書令,後加散騎常侍。帝潛與羊祜謀伐吳,羣臣多以爲不可,惟華贊成其計。及將大舉,以華爲度支尚書。乃量計運漕，決定廟算。衆軍既進，而未有克獲，賈充等奏誅華以謝天下。帝曰："此是吾意，華但與吾同耳。"吳滅，進封廣武縣侯，增邑萬户。華名重一世，衆所推服。晉史及儀禮、憲章，并屬於華，多所損益。當時詔誥，皆所草定。聲譽益盛，有台輔之望焉。而荀勖自以大族，恃帝恩深，憎疾之。每伺間隙，欲出華外鎮。會帝問華："誰可託寄後事?"對曰："明德至親，莫如齊王。"聞言遂行，出爲持節都督幽州諸軍事。朝議欲徵華入相，又欲進號儀同。初華毀徵士馮恢於帝，統即恢之弟也。嘗侍帝，從容論魏、晉事。因曰："鍾會才具有限，而大祖誇獎大過，使搆兇逆。宜思堅冰之漸，無使如會之徒，復致覆喪。"帝默然。頃之，徵華爲大常，以大廟屋棟折免官，遂終帝之世，以列侯朝見。觀此諸文，知當時擁右大子及欲廢大子者，各有其徒，仍是一朋黨之見耳。武帝明知之而不能破，尚何以爲久遠之圖哉！當時爲朋黨者多權戚，非下士，此其所以難破。然欲破朋黨，斷不能以其爲權戚而遂多顧忌也。《齊王攸傳》云：文帝寢疾，慮攸不安，爲武帝叙漢淮南王、魏陳思王故事而泣。臨崩，執攸手以授帝。大后臨崩，亦流涕謂帝曰："桃符性急，而汝爲兄不慈，我若遂不起，恐必不能相容。以是屬汝，勿忘我言。"及帝晚年，諸子并弱，而大子不令，朝臣内外，皆屬意於攸。中書監荀勖，侍中馮統，皆諂諛自進，攸素疾之。勖等以朝望在攸，恐其爲嗣，禍必及己，乃從容言於帝曰："陛下萬歲之後，大子不得立也。"帝曰："何哉?"勖曰："百僚皆歸心於齊王，大子焉得立乎? 陛下試詔齊王之國，必舉朝以爲不可，則臣言有徵矣。"統又言曰："陛下遣諸侯之國，成五等之制，宜從親始，親莫若齊王。"案此時已不言五等之制矣，亦見此説之誣。參看第二章第三節。帝既信勖言，又納統説。大康三年，乃下詔，以攸爲大司馬，都督青州諸軍事。明年，策就國。攸憤怨發疾，乞守先后陵，不許。帝遣御醫診視，希旨皆言無疾。疾轉篤，猶催上道。攸自彊入辭。辭出信宿，歐血而薨。時年三十六。當時争攸不可出者：尚書左僕射王渾，河南尹向雄。渾子濟，尚常山公主。濟既諫請，又累使公主與甄德妻長廣公主俱入，稽顙泣請。帝怒，謂侍中王戎曰："兄弟至親。今出齊王，自是朕家事，而甄德、王濟，連遣婦來生哭人。"《楊珧傳》曰：珧初以退讓稱，晚乃合朋黨，搆出齊王攸。中護軍羊琇，與北軍中候成粲謀，欲因見珧手刃之。珧知而辭疾不出，諷有司奏琇，轉爲大僕。自是舉朝莫敢枝梧，而素論盡矣。《琇傳》云：齊王出鎮，琇以切諫忤旨，左遷大僕。既失寵，憤怨，遂發病，以疾篤求退，拜特進，加散騎常侍，還第卒。琇欲與成粲手刃楊珧，尚復成何事體? 此而不黜，國家尚安有政刑? 抑以琇受武帝恩眷之深，而亦與齊王爲黨，齊王又安得不出乎? 琇一蹉跌，遽發病死，而《向雄傳》亦云雄以憂卒，蓋非徒憤怨，又益之以畏禍矣。當時情勢如此，齊王不死，恐蹀血相爭之禍，不待八王之難也。齊王之將之國也，下大常議崇錫文物。庾純子旉爲博士，與博士大叔廣、劉暾、毅子。繆蔚、郭頤、秦秀、傅珍等上表諫。大常鄭默，祭酒曹志，魏陳思王孫。并過其事。志又奏議：當如博士等議。帝以博士不答所問，答所不問，大怒，策免默。尚書朱整、褚䂮等奏請收旉等八人付廷尉科罪。詔免志官，以公還第。其餘皆付廷尉。純詣廷尉自首：旉以議草見示，愚淺聽之。詔免純罪。廷尉劉頌奏旉等大不敬，棄市論，求平議。尚書奏請報聽廷尉行刑。尚書夏侯駿謂朱整曰：“國家乃欲誅諫臣。官立八坐，正爲此事。卿可共駁正之。”整不從。駿怒，起曰：“非所望也。”乃獨爲議。左僕射魏舒，右僕射王晃等從駿議。奏留中七日，乃詔秀等并除名。《秦秀傳》云：秀素輕鄙賈充。伐吳之役，聞其爲大都督，謂所親曰：“充文案小才，乃居伐國大任，吾將哭以送師。”初，賈充前妻李氏，豐之女。豐誅，李氏坐流徙。後娶城陽大守郭配女，城陽，漢郡，晉改爲東莞，今山東莒縣。名槐。生子黎民，幼殤。女午，通於充爲司空時所辟掾韓壽，充因以妻之，生子謐。充薨，槐輒以謐爲黎民子，奉充後。郎中令韓咸等上書求改立嗣，事寢不報。槐遂表陳：是充遺意。帝乃詔以謐爲魯公世孫，以嗣其國。自非功如大宰，始封無後如大宰，所取必己自出如大宰，皆不得以爲比。及下禮官議充謐，秀議：充以異姓爲後，絕父祖之血食，開朝廷之禍門，請謐曰荒。夫異姓爲後，固非古禮所許，然武帝既特爲充下詔，即不可以常禮拘矣，秀挾私忿悻悻如此，士君子之風度，復何存乎？《王濟傳》言：濟素與從兄佑不平，佑則《武帝紀》云：帝末年用其謀，遣大子母弟秦王柬都督關中，楚王瑋、武帝第五子。淮南王允亦武帝子。并鎮守要害，以彊帝室；瑋督荆州，允督揚州。又恐楊氏之逼，以爲北軍中候，典禁兵者也。當時廷議之誼囂，其故可以想見。觀文帝及文明大后臨終之言，知武帝與齊王不和已久。《賈充傳》言：充西行既罷，尋遷司空，侍中、尚書令、領兵如故。會帝寢疾，篤，河南尹夏侯和謂充曰：“卿二女壻，親疏等耳，立人當立德。”充不答。帝疾愈，聞之，徙和光禄勳，乃奪充兵權，而位遇無替。然則充婚大子，僅足免患，謂以貪戀權勢而出此，尚非其情。抑觀此，又知帝不授天下於齊王之決，與其謂齊王以苟勗等而見疏，不如謂勗等以擁右大子而見親矣。充既婚大子之後，猶以夏侯和一言而見猜防，則知未婚大子以前見出之由，未必任愷等之言獲聽也。《充傳》云：“愷等以荃女爲齊王妃，懼後益盛”，當時排充，或未必不藉口於此。史家雜採衆辭，刊落不盡處，往往露出異説也。充前妻李氏，生二女：褒、裕。褒一名荃，裕一名濬。武帝踐阼，李以大赦得還。帝特詔充置左右夫人。充母亦勒充迎李氏。郭槐怒，攘袂數充。充乃答詔，託以謙沖，不敢當兩夫人盛禮，實畏槐也。荃爲齊王攸妃，欲令充遣郭而還其母。時沛國劉含母，沛國，今安徽宿縣。及帝舅羽林監王虔前妻，皆冊丘儉孫女。此例既多，質之禮官，皆不能決。雖不遣後妻，多異居私通。充自以宰相，爲海内準則，乃爲李築室於永年里，而不往來。荃、濬每號泣請充，充竟不往。會充當鎮關右，公卿供帳祖道。荃、濬懼充遂去，乃排幔出，於坐中叩頭流血，向充及羣僚陳母應還之意。衆以荃王妃，皆驚起而散。充甚愧愕，遣黃門將宮人扶去。既而郭槐女爲皇大子妃，帝乃下詔，斷如李比，皆不得還。後荃恚憤而薨。觀此，又知郭槐求婚大子之由。而充兩女婿親疏等，而充終親惠帝而疏齊王者，亦或有其閨房嬖畏之私焉。世及爲禮之世，往往以一人一家之私，詒累及於政事，凡在勢者皆然，正不必南面之尊而後爾，君子是以穆然於大同之世也。

第二節　八王之亂上

八王者汝南文成王亮，見第二章第二節。楚隱王瑋，見上節。趙王倫，見第二章第二節。齊武閔王冏，獻王子。長沙厲王乂，武帝第六子。成都王穎，武帝第十六子。河間王顒，大原烈王瑋子。瑋，安平獻王子。東海孝獻王越也。高密文獻王泰子。泰，宣帝弟馗子。晉諸王與於亂事者，不僅此八人，而《晉書》以此八人之傳，合爲一卷，故史家皆稱爲八王之亂焉。八王之亂，初因楊、賈之爭而起，僅在中央，繼因趙王篡立，齊、成都、河間三王起兵討之，遂至覃及四國。晉初亂原，雖云深遠，《晉書》謂扇其風，速其禍者，咎在八王，則不誣也。

《晉書·后妃傳》云：賈后性酷虐，嘗手殺數人；或以戟擲孕妾，子隨刃墮。武帝聞之，大怒，將廢之。武悼皇后、充華趙粲、楊珧皆爲之言，荀勖亦深救之，故得不廢。武悼皇后數誡屬之，賈后不知其助己，因以致恨；謂后構之於武帝；忿怨彌深。此等記載，信否亦未可知。要之楊、賈不和，則爲事實，而爭端潛伏矣。大熙元年，四月，武帝崩。據《帝紀》：帝之崩在己酉，辛丑即以楊駿爲大尉，都督中外諸軍，録尚書事。而《駿傳》云：帝自大康以後，不復留心萬幾，惟耽酒色。始寵后黨，請謁公行。駿及珧、濟，皆駿弟。勢傾天下，時人有三楊之號。及帝疾篤，駿盡斥羣公，親侍左右。因輒改易公卿，樹其心腹。會帝小間，見所用者正色曰："何得便爾？"乃詔中書：以汝南王亮與駿夾輔王室。駿從中書借詔觀之，得便藏匿。信宿之間，上疾遂篤。后乃奏帝，以駿輔政。帝頷之。便召中書監華廙，令何劭，口宣帝旨，使作遺詔，以駿爲大尉，大子大傅,假節,都督中外諸軍事。侍中、録尚書、領前將軍如故。自是二日而崩。與《帝紀》所書自辛丑至己酉凡歷九日者迥異,可見史文之不實也。《帝紀》云:帝寢疾彌留,至於大漸,佐命元勳,皆已先没。羣臣皇惑,計無所從。會帝小差,有詔以汝南王亮輔政,又欲令朝士有名望年少者數人佐之。楊駿祕而不宣。帝尋復迷亂。楊后輒爲詔,以駿輔政。促亮進發。帝尋小閒。問汝南王來未意欲見之,有所付託。左右答言未至。帝遂困篤。説與《駿傳》略同,而無自是二日而崩語,蓋因與上文所記之日不合,故删之也。汝南王亮時爲大司馬,出督豫州,鎮許昌。今河南許昌縣。或説亮率所領入廢駿,亮不能用,夜馳赴許昌。時司空石鑒,與中護軍張劭,監統山陵。有告亮欲舉兵討駿。駿大懼,白大后,令帝爲手詔,詔鑒、劭率陵兵討亮。鑒以爲不然,保持之。遣人密覘視,亮已别道還許昌。於是駿止。惠帝即位,以駿爲大傅,大都督,假黄鉞,録朝政,百官總己。① 駿慮左右閒己,乃以其甥段廣、張邵爲近侍。凡有詔命,帝省訖,入呈大后然後出。又多樹親黨,皆領禁兵。八月,立廣陵王遹爲皇大子,是爲愍懷大子。母謝淑媛,父以屠羊爲業,選入後庭爲才人,惠帝在東宮,將納妃,武帝慮其年幼,未知帷房之事,遣往東宮侍寢而生遹者也。殿中中郎孟觀、李肇,素不爲駿所禮。黄門董猛,自帝爲大子,即爲寺人監,在東宮,給事於賈后。乃與肇、觀潛相結託。賈后令肇報亮,使連兵討駿。亮曰:"駿之兇暴,死亡無日,不足憂也。"肇報楚王瑋,瑋然之。於是求入朝。駿素憚瑋,先欲召入,防其爲變,因遂聽之。及瑋至,觀、肇乃啓帝,夜作詔,中外戒嚴,遣使奉詔廢駿,以候就第。東安公繇,琅邪武王伷子。伷,宣帝子。率殿中四百人隨其後以討駿。大傅主簿朱振説駿:燒雲龍門,索造事者首。開萬春門,引東宮兵及外營兵,雲龍,洛陽宮城正南門。萬春,東門。擁翼皇大子,入宮取姦人。駿素怯懦,不決。殿中兵出,駿逃於馬厩,以戟殺之。觀等受賈后密旨,誅駿親黨,夷三族。死者數千人。時元康元年三月也。楊后題帛爲書,射之城外,曰:"救大傅者有賞。"賈后因宣言大后同逆。詔送后於永寧宮。魏世大后所居。特全后母高都君龐氏之命,聽就后居止。賈后諷有司奏廢大后爲庶人,以龐付廷尉行刑。龐臨刑,大后抱持號叫。截髮稽顙,上表詣賈后,稱妾,請全母命,不見省。初,大后尚有侍御十餘人,賈后奪之。明年,三月,絶膳而崩。

楊駿既誅,徵汝南王亮爲大宰,與大保衛瓘同輔政。以秦王柬爲大將軍。東平王楙後改封竟陵王。義陽成王望子。望,安平獻王子。爲撫軍大將軍。楚王瑋爲衛將軍,領北軍中候。下邳王晃安平獻王子。爲尚書令。東安公繇爲尚書左僕射,

① 史事:惠帝即位,年三十二,即立遹爲太子。楚王兵起,朱振説楊駿,引東宮兵翼太子,然有調和意(第三十五頁)。

進封王。繇欲擅朝政，與亮不平。初，繇有令名，爲父母所愛。其兄武陵莊王澹，惡之如讎。屢搆繇於亮，亮不納。誅楊駿之際，繇屯雲龍門，兼統諸軍。是日，誅賞三百餘人，皆自繇出。澹因隙譖之。亮惑其説，遂免繇官，以公就第。坐有悖言，廢徙帶方。《賈后傳》云：繇密欲廢后，賈氏憚之。帶方，漢縣，公孫康置郡，故治在今朝鮮平壤西南。楙曲事楊駿，駿誅，依法當死，繇與楙善，故得不坐。至是，亦免官，遣就國。瑋少年果鋭，多立威刑，朝廷忌之。亮奏遣諸王還藩，與朝臣廷議，無敢應者，惟衞瓘贊其事，瑋憾焉。瑋長史公孫弘，舍人岐盛，并薄於行，爲瑋所昵。瓘等惡其爲人，慮致禍亂，將收盛。盛知之，遂與弘謀，因李肇，矯稱瑋命，譖亮、瓘於賈后。后不之察，使惠帝爲詔曰："大宰、大保，欲爲伊、霍之事，王宜宣詔，令淮南、忠壯王允，見上節。長沙、成都王屯宮諸門，廢二公。"夜使黃門齎以授瑋。瑋欲復奏，黃門曰："事恐漏泄，非本意也。"瑋乃止。遂勒本兵，復矯召三十六軍，胡三省《通鑑注》曰：晉洛城内外三十六軍。遣弘、肇收亮、瓘殺之。岐、盛説瑋："可因兵勢，誅賈模、郭彰，見下。匡正王室，以安天下。"瑋猶豫未決。會天明，帝用張華計，遣齎騶虞幡麾衆曰："楚王矯詔。"衆皆釋杖而走，瑋左右無復一人。帝遣謁者詔瑋還營，遂執下廷尉。詔以瑋矯制害二公，又欲誅滅朝臣，圖謀不軌，遂斬之。公孫弘、祁盛，皆夷三族。長沙王乂，以瑋同母，貶爲常山王，之國。楊駿之誅也，司空隴西王泰領駿營。瑋之被收，泰嚴兵將救之。祭酒丁綏諫曰："公爲宰相，不可輕動。且夜中倉卒，宜遣人參審定問。"泰從之。瑋既誅，乃以泰録尚書事。遷大尉，守尚書令。改封高密王。

　　楚王之亂，事在元康元年六月，自此至永康元年四月梁、趙之亂，安謐者實歷九年，可知以西晉喪亂，歸獄於賈后者之誣。[1]《賈充傳》言：賈謐權過人主，奢侈踰度。室宇崇僭，器服珍麗。歌僮舞女，選極一時。開閣延賓，海内輻湊。貴游、豪戚及浮競之徒，莫不盡禮事之。又言后從舅郭彰，充素相親遇，亦豫參權勢，賓客盈門。世人稱爲賈、郭。奢僭交通，爲當時權戚之通病，未可專罪賈后一家。《傳》又言充從子模，沈深有智算。賈后既豫朝政，拜模散騎常侍，二日，擢爲侍中。模盡心匡弼。推張華、裴頠，同心輔政。數年之中，朝野寧静，模之力也。此爲當時之實録。視他權戚之秉政者，不猶愈乎？《賈后傳》云：模知后凶暴，恐禍及己，乃與裴頠、王衍謀廢之，衍悔而謀寢。

---

　　① 史事：楚王亂後，安謐九年，由賈模用張華、裴頠。云賈模、裴頠、王衍欲廢后立謝淑妃誣（見第三十三頁）。云后詐有身欲廢太子誣（見第三十五—三十六頁）。太子非無罪（第三十五—三十六頁）。

《華傳》云：惠帝即位，以華爲大子少傅。與王戎、裴楷、和嶠，俱以德望爲楊駿所忌，皆不與朝政。楚王瑋誅，華以首謀有功。拜侍中、中書監。賈謐與后共謀，以華庶族，儒雅有籌略，進無逼上之嫌，退爲衆望所依，欲倚以朝綱，訪以政事而未決。以問裴頠。頠素重華，深贊其事。華遂盡忠匡輔，彌縫補闕。雖當闇主、虐后之朝，而海内晏然，華之功也。裴頠時爲侍中，其《傳》云：頠以賈后不悦大子，抗表請增崇大子所生謝淑妃位號。乃啓增置後衛率吏，給二千兵。《職官志》：惠帝建東宮，置衛率，初曰中衛率。泰始五年，分爲左右，各領一軍。愍懷大子在東宮，又加前後二率。此即下文劉卞所謂四率也。於是東宮宿衛萬人。頠深慮賈后亂政，與司空張華，侍中賈模議廢之而立謝淑妃。華、模皆曰："帝自無廢黜之意，若吾等專行之，上心不以爲是。且諸王方剛，朋黨異議，恐禍如發機，身死國危，無益社稷。"此謀遂寢。案賈充爲頠從母夫，王衍亦婚於賈謐，俱不應有廢賈后之意，況賈模乎？當時方重門第，謝淑妃屠家女豈可以母儀天下哉？楚王既誅，愍懷未廢九年之中，賈后初無大亂政事；而惠帝愚闇，朝局實后所主持；廢之何爲？華、頠終與賈后俱死，知其無背賈氏之心。即謂華、頠皆士君子，顧慮名義，不敢輕犯，亦安能隱忍至於九年之久？且縱不敢爲非常之舉，獨不可引身而退乎？《張華傳》言：華少子韙，以中台星坼，勸華遜位，華不從。將死，張林稱詔詰之曰："卿爲宰相，任天下事，大子之廢，不能死節，何也？"華曰："式乾之議，臣諫事具存，非不諫也。"林曰："諫若不從，何不去位？"華不能答。《裴頠傳》：或説頠曰："幸與中宮内外，可得盡言。言若不從，則辭病而退。二者不立，雖有十表，雖乎免矣。"頠慨然久之，而竟不能行。論者因詈華、頠貪戀權位，其實華、頠皆非如是之人，此觀其生平而可知，史文不足信也。頠之請崇謝淑妃位號，增東宮宿衛，蓋正所以示大公，爲賈氏久遠計耳。《賈模傳》云：模潛執權勢，外形欲遠之，每事啓奏賈后，事人，輒取急或託疾以避之；至於素有嫌忿，多所中陷，朝廷甚憚之；皆近深文周内。又云：賈后性甚彊暴，模每盡言，開陳禍福，后不能從，反謂模毀己，於是委任之情日衰，而讒閒之徒遂進，模不得志，憂憤成疾卒，則更莫須有之辭矣。一云模與頠、衍謀廢后，衍悔而事寢，一又云頠欲廢后而華、模不從，其辭先已不讎，知其皆不足信也。

《愍懷大子傳》云：幼而聰慧，武帝愛之，嘗對羣臣稱大子似宣帝，於是令譽流於天下。然又云：及長，不好學，惟與左右嬉戲，不能尊敬保傅。或廢朝侍，恒在後園游戲。有犯忤者，手自捶擊之。令西園賣葵菜、藍子、雞、麵之屬而收其利。東宮舊制，月請錢五十萬，備於衆用，大子恒探取二月，以供嬖寵。洗馬江統陳五事以諫，大子不納。中舍人杜錫，每盡忠規勸，大子怒，使人以鍼著錫常所坐氈中而刺之。大子性剛，知賈謐恃后之貴，不能假借之。初賈后母郭槐，欲以韓壽女爲大子妃，大子亦欲婚韓氏以自固，而壽妻賈午及后皆不聽,而爲大子聘王衍小女惠風,大子聞衍長女美,而賈后爲謐聘之,心不能平。謐譖大子於后曰:"大子廣買田業,多蓄私財,以結小人者,爲后故也。密聞其言云:皇后萬歲後,吾當魚肉之。若宮車晏駕,彼居大位,依楊氏故事,誅臣等而廢后於金墉,城名,在洛陽東。如反手耳。不如早爲之所,更立慈順者,以自防衛。"后納其言。又宣揚大子之短,佈諸遠近。於是朝野咸知后有害大子意。中護軍趙俊請大子廢后,大子不聽。《張華傳》云:左衛率劉卞,甚爲大子所信,以賈后謀問華。華曰:"不聞。假令有此,君欲如何?"卞曰:"東宮俊乂如林,四率精兵萬人,公居阿衡之任,若得公命,皇大子因朝入録尚書事,廢賈后於金墉城,兩黃門力耳。"華曰:"今天子當陽,大子人子也,吾又不受阿衡之命,忽相與行此,是無其君父,而以不孝示天下也。雖能有成,猶不免罪,況權戚滿朝,威柄不一,而可以安乎?"元康九年,十二月,后詐稱上不和,呼大子入朝。既至,后不見,置於別室。遣婢陳舞賜以酒棗,逼飲醉之。使黃門侍郎潘岳作書草,若禱神之文,有如大子素意,因醉而書之者。小婢承福,以紙筆及書草使大子書。文曰:"陛下宜自了,不自了,吾當入了之。中宮又宜速自了,不自了,吾當手了之。并與謝妃共要:克期兩發,勿疑猶豫,以致後患。"云云。大子醉迷不覺,遂依而寫之。其字半不成,既而補成之。后以呈帝。帝幸式乾殿,召公卿入,使黃門令董猛,以大子書及青紙詔示之,曰:"遹書如此,令賜死。"徧示諸公、王,莫有言者。《遹傳》。惟張華諫。裴頠以爲宜先檢校傳書者。又請比校大子手書。賈后乃内出大子素啓事十餘紙。衆人比視,亦無敢言非者。議至日西不決。后知華等意堅,因表乞免爲庶人。帝乃可其奏。《張華傳》。使前將軍東武公澹即武陵莊王。以兵杖送大子、妃王氏、三皇孫於金墉城。考竟謝淑妃及大子保林蔣俊。此據《大子傳》。《惠帝紀》於大子廢後,即書殺大子母謝氏。《謝夫人傳》則云:及愍懷遇酷,玖亦被害。玖,夫人名。明年,正月,賈后又使黃門自首欲與大子爲逆。詔以黃門首辭、班示公卿。又遣澹以千兵防送大子,更幽於許昌宮之別坊,令治書侍御史劉振持節守之。《遹傳》。趙王倫深交賈、郭,諂事中宮,大爲賈后所親信。大子廢,使倫領右衛將軍。左衛督司馬雅,宗室之疏屬也,及常從督許超,并嘗給事東宮,與殿中中郎士猗等謀廢賈后,復大子。以張華、裴頠,難與圖權,倫執兵之要,性貪冒,可假以濟事,乃説倫嬖人孫秀。秀許諾,言於倫,倫納焉。事將起,秀更説倫曰:"明公素事賈后,雖建大功於大子,大子含宿怒,必不加賞。今且緩其事,賈后必害大子,然後廢后,爲大子報讎,亦足以立功,豈徒免禍而已。"倫從之。秀乃微泄其謀,使謐黨頗聞之。倫、秀因勸謐等早害大子,以絶衆望。永康元年,三月,此據《遹傳》。《紀》在二月。蓋二月遣使，三月至。矯詔，使黃門孫慮至許昌害大子。《王浚傳》云：浚鎮許昌，與孫慮共害大子。大子既遇害，倫、秀之謀益甚，而超、雅懼後難，欲悔其謀，乃辭疾。二人本欲立功於大子以邀賞，大子死，則失其本圖，且不信趙王也。秀復告右衛伏飛督閭和，和從之。乃矯詔，遣翊軍校尉齊王冏，將三部司馬，晉二衛有前驅、由基、彊弩三部司馬。廢賈后爲庶人，送之金墉城。殺張華、裴頠、賈午、賈謐等。倫尋矯詔，自爲使持節大都督、督中外諸軍事、相國，侍中、王如故，一依宣、文輔魏故事。孫秀等皆封大郡，并據兵權。百官總己，以聽於倫。倫素庸下，無智策，復受制於秀。梁王肜見第二章第二節。共倫廢賈后，故以爲大宰，守尚書令。後或謂孫秀：散騎侍郎楊準，黃門侍郎劉逡欲奉肜以誅倫。會有星變，九月，改司徒爲丞相，以肜爲之，居司徒府。轉準、逡爲外官。矯詔害賈庶人於金墉城。淮南王允領中護軍，密養死士，潛謀誅倫。倫甚憚之。轉爲大尉，外示優崇，實奪其兵也。允稱疾不拜。倫遣御史逼允，收官屬以下，劾以大逆。允率國兵及帳下七百人出討倫。將赴宮，尚書左丞王輿閉東掖門，不得入，遂圍相府。倫子虔爲侍中，在門下省，遣司馬督護伏胤領騎四百，從宮中出，詐言有詔助允，允不之覺，開陳納之，下車受詔，爲胤所害。坐允夷滅者數千人。齊王冏以廢賈后功，轉游擊將軍。冏意不滿，有恨色。孫秀微覺之，且憚其在內，出爲平東將軍，假節，鎮許昌。二事俱在八月。明年，永寧九年。正月，倫遂篡位。遷惠帝於金墉。梁、趙之亂，論者皆謂禍原賈后，亦非其真。后果欲廢大子，自楊駿敗後，何時不可爲之？何必待諸八年之後？大子之爲人，據傳文所載，明爲不令，何待后之宣揚？惠帝之立，年三十二，雖不爲少，亦不爲老，果如史之所言，帝之於后，畏而惑之，《后傳》。何難少緩建儲，以待中宮之有子？即謂不然，而遹之立，距武帝之崩僅四月，亦何必如是其急？楚王難作，朱振即說楊駿：奉大子以索姦人，然則大子之立，殆楊氏所以掎賈氏；其源既濁，其流必不能清，故后與大子訖不和也。然《后傳》言：廣城君以后無子，甚敬重愍懷。每勸厲后，使加慈愛。賈謐恃貴驕縱，不能推崇大子，廣城君恒切責之。及廣城君病篤，占術謂不宜封廣城，乃改封宜城。后出侍疾十餘日。大子常往宜城第，將醫出入，恂恂盡禮。宜城臨終，執后手，令盡意於大子，言甚切至。又曰："趙粲及午，必亂汝事，我死後勿復聽入。深憶吾言。"觀宜城欲以韓壽女妃大子，大子亦欲婚於韓氏以自固，後雖不果，而謐與大子，仍爲僚壻；可見當時賈氏與大子，皆有意於調和。大子婚於王氏而不悅，蓋以未克婚於韓氏以自固，非必以王衍長女美而賈后爲謐娶之也。賈午蓋夙有岐視大子之心，故不肯以女與之。其終不克調和而至於決裂者，源既濁流自難清，其咎固不專在賈氏矣。謐之說賈后，不過曰更立慈順者以自防衛，不云后自有子，則《后傳》謂后詐有身，内稿物爲産具，取韓壽子慰祖養之，託諒闇所生故弗顯，遂謀廢大子，以所養代立者自誣。自朱振以降，趙俊、劉卞，紛紛欲奉大子以傾賈后，式乾之事，安敢謂必出虚構？張華諫辭，今不可考。果謂大子無罪邪？抑謂雖有罪不可殺也？《華傳》云：后知華等意堅，乃表乞免爲庶人，則後説殆近之矣。醉至不辨書草云何，謄録能否半成，亦有可惑。且醉時手跡，必與醒時有異，王公百僚，亦豈不能辨？素啓事十餘紙，手跡果皆不合，賈后豈肯出之？王公百僚中，豈無一人能抗言者？然則裴頠欲檢校傳書者，又欲比校手跡，或亦所以爲賈后謀，使有以取信於天下耳。頠與張華，皆素負清望，縱不能盡忠大子，寧不亦自惜其名；抗節而去，賈氏豈能遽害之；而依違腼淟，終與賈氏同盡邪？

第三節　八王之亂下

自來圖簒竊者，必先削除四方之異己。晉初，州郡擁兵之習未除；諸王各據雄藩，更有厝火積薪之勢；趙倫不圖消弭，反使齊王冏出鎮許昌，亦見其寡慮矣。時成都王穎鎮鄴，漢縣。晉懷帝時避諱，改爲臨漳。今河南臨漳縣。遂與冏起兵討倫。兗、豫二州晉兗州，治廩丘，今山東范縣。豫州，治項，今河南項城縣。時兗州刺史爲王彦，豫州刺史爲李毅。及南中郎將新野公歆後進封王，謚莊。扶風武王駿子。駿，宣帝子。俱起兵應之。倫遣將距之，破冏兵於陽翟，今河南禹縣。而距穎之兵，敗於溴水。出河南濟源縣西，東南流入河。左衛將軍王輿，與尚書廣陵公漼後封淮陵王。琅邪武王伷子。伷見上節。勒兵入宮，禽孫秀等斬之，逐倫歸第。迎惠帝於金墉。誅倫及其黨羽。冏之起兵也，前安西參軍夏侯奭，自稱侍御史，在始平，見第二章第二節。合衆得數千人以應冏。河間王顒時鎮關中，奭遣信要顒，顒遣主簿房陽，河間國人張方討禽奭，及其黨數十人要斬之。及冏檄至，顒執冏使，送之於倫。倫徵兵於顒，顒遣方率關右健將赴之。方至華陰，今陝西華陰縣。顒聞二王兵盛，乃加長史李含龍驤將軍，領督護席薳等追方軍回，以應二王。至潼關，在今陝西潼關縣東南。倫、秀已誅，天子反正，含、方各率衆還。

冏入洛，甲士數十萬，旌旗器械之盛，震於京都。天子就拜大司馬，都督中外諸軍事。加九錫之命，備物典策，如宣、景、文、武輔魏故事。以成都王穎爲大將軍，録尚書事。河間王顒爲大尉。梁王肜爲大宰，領司徒。時罷丞相，復置司徒。明年二月薨。穎左長史盧志，勸穎推崇齊王，徐結四海之心。穎納之。遂以母疾歸藩，委重於冏。冏遂輔政。大築第館。沈於酒色。不入朝見。坐拜百官，符勑三臺。選舉不均，惟寵親昵。朝廷側目，海内失望。冏兄東萊王蕤，與王輿謀廢冏。蕤性彊暴，使酒，數陵侮冏，冏以兄故容之。冏起義兵，趙王倫收蕤及弟北海王寔繫廷尉，當誅，會孫秀死，蕤等悉得免。冏擁衆入洛，蕤於路迎之，冏不即見，蕤慙；及冏輔政，蕤從冏求開府，不得，益怨；遂與輿謀廢冏。事覺，免爲庶人，徙上庸。後漢末郡，今湖北竹山縣。後封微陽侯。永寧初，上庸内史陳鍾承冏旨害蕤。冏死，詔誅鍾，復蕤。輿伏誅，夷三族。

初，李含與安定皇甫商有隙。安定，見第二章第二節。商爲梁州刺史，治漢中，今陝西南鄭縣。爲趙王倫所任。倫敗，去職，詣河閒王顒，顒慰撫之甚厚。含諫曰：“商，倫之信臣，懼罪至此，不宜數與相見。”商知而恨之。後含徵爲翊軍校尉。商參齊王冏軍事，夏侯奭兄在冏府，商乃稱奭立義，爲西藩枉害，含心不自安。冏右司馬趙驤，又與含有隙。冏將閱武，含懼驤因兵討之，乃單馬出奔於顒。矯稱受密詔。顒即夜見之。三王之舉義也，常山王乂率國兵應之，爲成都王後系。至洛，遷驃騎將軍，復本國。乂見齊王冏專權，謂成都王穎曰：“天下者，先帝之業也，王宜維之。”聞其言者皆憚之。含說顒：“檄長沙討齊，使先聞於齊，齊必誅長沙，因傳檄以加齊罪，去齊立成都。”顒從之。上表請廢冏還第，以穎爲宰輔。拜含爲都督，統張方等向洛。檄乂使討冏。冏遣其將董艾襲乂。乂將左右百餘人馳赴宮，閉諸門，奉天子與冏相攻。冏敗，禽冏殺之，幽其諸子於金墉。廢北海王寔。以乂爲大尉，都督中外諸軍事。李含等旋師。

顒本以乂弱冏彊，冀乂爲冏所擒，以乂爲辭，宣告四方，共討之，因廢帝立成都，己爲宰相，專制天下，乂殺冏，其謀不果。乂之誅冏也，仍以皇甫商爲參軍，商兄重爲秦州刺史，秦州，大康七年復立。治上邽，今甘肅天水縣。李含說顒，表遷重爲内職，因其經長安執之。重知其謀，集隴上士衆，以討含爲名。乂以兵革累興，今始寧息，表請遣使詔重罷兵，徵含爲河南尹。見第二章第二節。顒使侍中馮蓀，中書令卞粹與含潛圖害乂。皇甫商知含前矯妄及與顒陰謀，具以告乂，乂并誅之。穎時縣執朝政，事無巨細，皆就鄴諮。既恃功驕奢，百度弛廢，甚於冏時。以乂在内，不得恣其所欲，密欲去乂。大安二年，八月，顒以張方爲都督領精卒七萬向洛。穎假陸機後將軍，河北大都督，督王粹、牽秀、石超等二十餘萬人，來逼京師。帝幸十三里橋。在洛城西，去城十三里，因以爲名。遣皇甫商距方於宜陽，縣今河南宜陽縣。爲方所敗。九月，帝進軍緱氏，漢縣，今河南偃師縣西南。擊牽秀，走之。而張方入京城，燒清明、開陽二門，洛陽城東有建春、東陽、清明三門，南有開陽、津陽、平昌、宣陽四門，西有廣陽、西明、閶闔三門，北有大夏、廣莫二門，凡十二門。死者萬計。石超逼乘輿於緱氏。十月，帝旋於宮。超焚緱氏，服御無遺。王師破牽秀於東陽門外，又破陸機於建春門。石超亦走。乂奉帝討張方於城内。

方軍望見乘輿，小退，方止之不得，衆遂大敗。殺傷滿於衢巷。方退壁十三里橋。人情挫衄，無復固志，多勸方夜遁。方曰："兵之利鈍是常，貴因敗以爲成耳。我更前作壘，出其不意，此用兵之奇也。"乃夜潛進，逼洛城七里。乂既新捷，不以爲意。十一月，忽聞方壘成，乃出戰，敗績。方決千金堨，在洛城西。水碓皆涸。① 乃發王公奴婢手春給兵廩。一品已下不從征者，男子十三以上皆從役。又發奴助兵，號爲四部司馬。公私窮蹙，米石萬錢。詔命所至，一城而已。先是朝議以乂、穎兄弟，可以辭説而釋，乃使中書令王衍行大尉，光禄勳石陋行司徒，使説穎，令與乂分陝而居。穎不從，及是，城中大飢，而將士同心，皆願效死；張方以爲未可克，欲還長安；而殿中諸將及三部司馬，疲於戰守，密與左衛將軍朱默夜收乂別省，逼東海王越爲主，越時爲司空，領中書監。啓惠帝免乂官，送諸金墉。殿中左右謀劫出之，更以拒穎。越懼難作，欲遂誅乂。黃門郎潘滔勸越密告張方。方遣部將郅輔勒兵三千，就金墉收乂。至營，炙而殺之。八王之中，乂較有才略，乂死，大局益無望矣。

　　乂之請遣使詔皇甫重罷兵也，重不奉詔。河閒王顒遣金城大守游楷，隴西大守韓稚等四郡兵攻之。金城、隴西，皆見第二章第二節。及顒、穎攻乂，乂使皇甫商閒行，齎帝手詔，使游楷等罷兵，令重進軍討顒。商閒行過長安，至新平，見第二章第二節。遇其從甥，從甥素憎商，以告顒，顒捕得商，殺之。乂既敗，重猶堅守，後城内知無外救，乃共殺重。先是李流亂蜀，詔侍中劉沈統益州刺史羅尚、梁州刺史許雄等討之。行次長安，顒請留沈爲軍司。後領雍州刺史。及張昌作亂，詔顒遣沈將州兵萬人，征西府五千人自藍田關討之，即嶢關，在今陝西藍田縣東南。顒又逼奪其衆。長沙王乂命沈將武吏四百人還州。張方既逼京都，王湖、祖逖逖時爲乂驃騎主簿。言於乂："啓上，詔沈發兵襲顒，顒必召張方自救。"乂從之。沈奉詔，馳檄四境，合七郡之衆雍州統京兆、馮翊、扶風、安定、北地、始平、新平七郡，皆見第二章第二節。及守防諸軍，塢壁甲士萬餘人襲長安。顒時頓於鄭縣之高平亭，鄭，秦縣，今陝西華縣。爲東軍聲援。聞沈兵起，還鎮渭城。漢縣，即秦咸陽，晉省，今陝西咸陽縣。遣督護虞夔率步騎萬餘逆沈於好時，漢縣，今陝西乾縣東。夔衆敗。顒大懼，退入長安。果急呼張方、沈渡渭而壘，而馮翊大守張輔救顒，沈軍敗。張方遣其將敦偉夜至，沈衆潰，與麾下百餘人南遁，爲陳倉令所執，陳倉，秦縣，今陝西寶雞縣。顒鞭而後要斬之。時永興元年正月也。張方大掠洛中，還長安。

　　時以河閒王顒爲大宰、大都督、雍州牧。成都王穎入京師，復旋鎮於鄴，

_____

① 農業：水碓。

增封二十郡,拜丞相。初,賈后既死,立愍懷大子之子臧爲皇大孫。趙王倫篡位,廢爲濮陽王,害之。乘輿反正,復立臧弟襄陽王尚爲皇大孫。大安元年,薨,乃立清河康王遐武帝子之子覃爲皇大子。及是,顒表穎宜爲儲副,遂廢覃爲清河王,立穎爲皇大弟。丞相如故。制度一依魏武故事。乘輿服御,皆遷於鄴。穎遣從事中郎盛夔等以兵五萬,屯十二城門,殿中宿所忌者皆殺之,以三部兵代宿衛。七月,右衛將軍陳眕,殿中中郎逯苞、成輔,及長沙故將上官已等勒兵討穎。帝北征。於時馳檄四方,赴者雲集,軍次安陽,漢侯國,晉爲縣,今河南安陽縣。衆十餘萬,鄴中震懼。穎會其衆問計。東安王繇即東安公進封,見上節,時遭母喪,在鄴。曰:"天子親征,宜罷甲縞素,出迎請罪。"司馬王混,參軍崔曠勸穎拒戰。穎從之。遣石超率衆五萬,次於蕩陰。見第一節。陳眕二弟匡、規,自鄴赴王師,云鄴中皆已離散,由是不甚設備。超衆奄出,王師敗績。矢及乘輿。侍中嵇紹,死於帝側。左右皆奔散。超遂奉帝幸鄴。穎害東安王繇,署置百官,殺生自己。立郊於鄴南。成都王顒遣張方救鄴,方復入洛陽。

初,王沈子浚,以東中郎將鎮許昌。愍懷大子幽於許,浚承賈后旨,與孫慮共害之。遷青州刺史。尋徙督幽州。浚爲自安計,結好夷狄,以女妻鮮卑務勿塵,又以一女妻蘇恕延。三王起義,浚擁衆挾兩端,遏絶檄書,使其境内士庶,不得赴義,成都王穎欲討之而未暇也。長沙見害,浚有不平之心。穎乃表請幽州刺史石堪爲右司馬,以右司馬和演代堪,密使殺浚而并其衆。演與烏丸單于審登謀之,單于以告浚,浚殺演,自領幽州。遂與并州刺史東嬴公騰見第二章第二節。討穎。穎遣幽州刺史王斌及石超、李毅等距浚,爲烏丸羯朱等所敗。鄴中大震,百僚奔走,士庶分散。盧志勸穎奉天子還洛陽。時甲士尚萬五千人。志夜部分,至曉,衆皆成列。而程大妃戀鄴不欲去,穎不能決。俄而衆潰,惟志與子謐、兄子綝,殿中虎賁千人而已。志復勸穎早發。時有道士,姓黃,號曰聖人,大妃信之,乃使呼入,道士求兩杯酒,飲乾,抛杯而去,計始決。而人馬復散。志於營陳閒尋索,得數乘鹿車。司馬督韓玄,收集黃門,得百餘人。帝御犢車便發。屯騎校尉郝昌,先領兵八千守洛陽,帝召之,至汲郡而昌至。汲郡,今河南汲縣。濟河,張方率騎三千奉迎。凡五日至洛。羯朱追至朝歌,漢縣,今河南淇縣。不及而還。浚乘勝克鄴。士衆暴掠,死者甚多。鮮卑大略婦女,浚命敢有挾藏者斬,於是沈於易水者八千人。黔庶荼毒,自此始也。張方欲遷都長安,將焚宗廟、宮室,以絶人心。盧志説方,方乃止。十一月,方逼天子幸其壘。停三日便西。軍人因妻略後宮,分爭府藏。魏、晉已來之積,掃地無遺矣。既至長安,以征西府爲宮。惟僕射荀藩,司隸劉暾,大常鄭球,河南尹周馥，與其遺官，在洛陽爲留臺，承制行事，號爲東西臺焉。以張方爲中領軍，録尚書事，領京兆大守。十二月，詔成都王穎以王還第，以豫章王熾爲皇大弟。熾即懷帝，武帝第二十五子。

　　帝之征鄴也，以東海王越爲大都督。六軍敗，越奔下邳。後漢國，晉爲郡，今江蘇邳縣。徐州刺史東平王楙徐州治彭城，今江蘇銅山縣。不納。越徑還東海。治郯，今山東郯城縣。成都王穎下寬令招之，越不應命。至是，以越爲大傅，與大宰顒夾輔朝政，越讓不受。東海中尉劉洽勸越發兵以備穎。兵既起，楙懼，乃以州與越。越以楙領兗州刺史。唱議奉迎大駕，還復舊都。率甲卒三萬，西次蕭縣。今江蘇蕭縣。先是豫州刺史劉喬，亦與諸州郡舉兵迎駕。范陽王虓康王綏子。綏，馗子。馗，宣帝弟。督豫州，鎮許昌。成都王穎爲王浚所破也，虓自許屯於滎陽。見第二章第二節。會惠帝西遷，虓與從兄平昌公模長史馮嵩等盟，模後封南陽王，高密文獻王子。推越爲盟主。越承制，轉喬爲冀州刺史，冀州治房子，今河北高邑縣。以虓領豫州。喬以虓非天子命，不受代，發兵距之。潁川大守劉輿潁川治陽翟，見上。昵於虓，喬上尚書，列輿罪惡。河閒王顒宣詔，使鎮南將軍劉弘，征東大將軍劉準，平南將軍彭城王釋，穆王權子。權，馗子，范陽康王之兄也。釋，《劉喬傳》作繹。《帝紀》與本傳同，作釋。與喬并力，攻虓於許昌。東平王楙自承制都督兗州，帝遣使者劉虔即拜焉。楙慮兗州刺史苟晞不避己，乃給虔兵，使稱詔誅晞。晞時已避位。楙在州，徵求不已，郡縣不堪命。虓遣晞還兗，徙楙都督青州。晉青州治臨菑，今山東臨淄縣。楙不受命，與喬相結。虓遣將田徽擊楙，破之。楙走還國。東平國，治須昌，今山東東平縣。而喬乘虛破許，虓自拔濟河。輿弟琨率衆救虓，未至而虓敗，琨乃説冀州刺史溫羨，使讓位於虓。虓遣琨詣幽州乞師，得突騎八百人。此據《琨傳》，《喬傳》云：琨率突騎五千濟河攻虓，其所率不僅幽州兵也。濟河攻喬。喬據考城以距之，考城，後漢縣，晉省，今河南考城縣。不敵而潰。喬收散卒，屯於平氏。漢縣，今河南桐柏縣西。初，越之起兵，關中大懼。張方謂河閒王顒曰："方所領猶有十餘萬衆，奉送大駕還洛宮；使成都王反鄴；公自留鎮關中；方北討博陵。國，今河北安平縣。如此，天下可以小安。"顒慮事大難濟，不許。而成都王穎之廢，河北思之，鄴中故將公師藩等起兵迎穎，衆情翕然，顒乃復使穎都督河北諸軍，鎮鄴。遣將軍吕朗屯洛陽。假劉喬節，以其長子祐爲東郡大守。東郡，治濮陽，今河北濮陽縣。又遣劉弘、劉準、彭城王釋等援喬。弘以張方殘暴，知顒必敗，遣使受東海王越節度。喬遣祐距越於蕭縣之靈璧，今安徽靈璧縣。敗之。十二月，吕朗東屯滎陽。穎進據洛陽。顒使穎統樓褒、王闡諸軍據河橋以距越。河橋，在今河南孟縣南。晉武帝泰始十年，杜預所造。明年，爲光熙元年，范陽王虓濟自官渡，城名，在今河南中牟縣北。拔滎陽，斬石超。分兵向許昌，許昌人納之。遣督護田徵及劉琨以突騎八百迎越。遇劉祐於譙，漢縣，今安徽亳縣。祐衆潰，見殺。喬衆遂散，與騎五百奔平氏。越進屯陽武。秦縣，今河南陽武縣。初，高密王泰爲司空，以繆播爲祭酒。越將起兵，以播父時故吏，委以心膂。播從弟右衛率胤，河閒王顒前妃之弟也。越遣播、胤詣長安說顒：令奉帝還洛，約與顒分陜爲伯。張方自以罪重，懼爲誅首，謂顒曰：“今據形勝之地，奉天子以號令，誰敢不服？”顒猶豫不決。方惡播、胤爲越游說，陰欲殺之。播等亦慮方爲難，不敢復言。顒遣方率步騎十萬往討越。方屯兵霸上，而劉喬爲虓等所破。顒聞喬敗，大懼，將罷兵，恐方不從，遲疑未決，播、胤乃復說顒：急斬方以謝。顒參軍畢垣，河閒冠族，爲方所侮，亦說顒曰：“張方盤桓不進，宜防其未萌，其親信郅輔，具知其謀矣。”郅輔者，長安富人，方從山東來，甚微賤，輔厚相供給及貴，以爲帳下督，甚昵之。① 顒便召輔。垣迎說輔曰：“張方欲反，人謂卿知之。王若問卿，但言尒尒。不然，必不免禍。”輔既入，顒問之曰：“張方反，卿知之乎？”輔曰：“尒。”顒曰：“遣卿取之，可乎？”又曰：“尒。”顒乃使輔送書於方，因令殺之。送首以示東軍，請和於越。越不聽。劉琨以方首示吕朗，朗降。王浚遣督護劉根將三百騎至河上，王闡出戰，爲根所殺。穎頓軍張方故壘。范陽王虓遣鮮卑騎與平昌、博陵衆襲河橋，平昌，魏郡，治安丘，今山東安邱縣西南。樓襃西走。追騎至新安。漢縣，今河南澠池縣東。道路死者，不可勝數。穎奔長安。越遣其將祁弘、宋胄、司馬纂等迎帝。顒使人殺郅輔。四月，遣弘農大守彭隨，北地大守刁默距祁弘等於湖。弘農、北地，見第二章第二節。湖縣，在今河南閿鄉縣東。五月，與弘等戰，大敗。顒又遣馬瞻、郭偉於霸水禦之。霸水，出藍田縣東，西北過長安入渭。亦戰敗散走。顒乘單馬，逃於大白山。在陝西郿縣南。弘等所部鮮卑大掠長安，殺二萬餘人。弘等奉帝還洛陽，以六月朔至。八月，以東海王越録尚書事，范陽王虓爲司空。成都王穎自華陰趨武關，在今陝西商縣東。出新野，晉郡，今河南新野縣。欲之本國。劉弘拒之。穎棄母、妻，單車與二子廬江王普、中都王廓渡河赴朝歌，收合故將士，欲就公師藩。頓丘大守馮嵩頓丘，晉郡，今河北清豐縣西南。執穎及普、廓送鄴。范陽王虓幽之。十月，虓暴薨。虓長史劉輿，見穎爲鄴都所服，慮爲後患，祕不發喪，僞令人爲臺使，稱詔，夜賜穎死，其二子亦死。東軍以梁柳爲鎮西將軍，守關中。馬瞻等出詣柳，因共殺柳。與始平大守梁邁合從，始平，見第二章第二節。迎顒於南山。自大白山而東，渭水南岸之山，通稱南山。弘農大守裴廙，秦國

---

① 商業：郅輔供給張方（又見第四十二頁）。

內史賈龕，秦國，扶風郡改，以封秦王柬者也。扶風，見第二章第二節。安定內史賈疋等安定，見第二章第二節。起義討顒。斬馬瞻、梁邁等。東海王越遣督護麋晃率國兵伐顒，至鄭。顒將牽秀距晃，晃斬秀。此據《顒傳》。《牽秀傳》云：秀與馬瞻等將輔顒以守關中。顒密遣使就東海王越求迎。越遣麋晃等迎顒。時秀擁眾在馮翊，晃不敢進。顒長史楊騰，前不應越軍，懼越討之，欲取秀以自效，與馮翊大姓諸嚴，詐稱顒命，使秀罷兵。秀信之。騰遂殺秀於萬年。萬年縣，在今陝西臨潼縣東北。義軍據有關中，顒保城而已，永嘉初，詔書以顒爲司徒，而以南陽王模代鎮關中。顒就徵，模遣將於新安雍谷車上扼殺之，并其三子。此亦據《顒傳》。《本紀》：顒之見殺，在光熙元年十二月。

惠帝既還洛陽，大權盡入東海王越之手。光熙元年，十一月，帝因食麨，中毒而崩。或云越之鴆。帝后羊氏，父玄之。賈后既廢，孫秀議立后。后外祖孫旂，與秀合族；又諸子自結於秀；故以大安元年，立爲皇后。成都王穎伐長沙，以討玄之爲名。乂敗，穎奏廢后爲庶人，處金墉城。陳眕等唱伐成都，復后位。張方入洛，又廢后。留臺復后位。永興初，方又廢后。河閒王顒矯詔，以后屢爲姦人所立，遣尚書田淑勑留臺賜后死，詔書累至，劉暾與荀藩、周馥馳奏距之，顒見表，大怒，遣收暾，暾奔青州，而后遂得免。帝還洛，迎后復位。後洛陽令何喬又廢后。張方首至，其日復后位。及是，后慮大弟立爲嫂叔，不得稱大后，催清河王覃入，將立之。侍中華混等急召大弟。大弟至，即位，是爲懷帝。尊羊后爲惠皇后。諸葛玟者，武帝諸葛夫人之昆弟。吏部郎周穆，玟之妻昆弟，《后妃傳》云：穆爲玟婦弟，《八王傳》云：玟爲穆妹夫。而清河王之舅也。與玟共說東海王越曰：“主上之爲大弟，張方意也。清河王本大子，爲羣兇所廢，先帝暴崩，多疑東宮，公盍思伊、霍之舉，以寧社稷乎？”言未卒，越曰：“此豈宜言邪？”叱左右斬之。永嘉初，前北軍中候呂雍、度支校尉陳顏等謀立覃爲大子。事覺，幽覃於金墉。未幾，被害。時年十四。

第四節　洛陽淪陷

懷帝既立，大權仍在東海王越之手。時八王之亂稍澹，然劉淵、石勒等，紛紛并起，勢遂不可支矣。

魏武帝分匈奴之眾爲五部，單于於扶羅之子豹爲左部帥，已見《秦漢史》第十二章第十節。豹卒，子淵代之。大康末，拜北部都尉。楊駿輔政，以淵爲五部大都督。元康末，坐部人叛出塞免官。成都王穎鎮鄴，表淵監五部軍事。《晉書·載記》言淵初爲侍子，在洛陽，王濟嘗言於武帝，欲任以東南之事，爲孔恂、楊珧所阻。後秦、涼覆没，帝疇咨將帥，李憙義欲發五部之衆，假淵一將軍之號，使平樹機能，又爲恂所阻。案借用夷兵，爲後漢以來習見之事，王濟、李憙，蓋仍狃於舊習，然是時五胡跋扈之形已見，故孔恂、楊珧，欲防其漸也。惠帝失馭，寇盜蠭起，淵從祖故北部都尉左賢王劉宣等，密共推淵爲大單于，使其黨呼延攸詣鄴，以謀告之。淵請歸會葬，成都王穎弗許，乃令攸先歸告宣等，招集五部，引會宜陽諸胡，見上節。聲言應穎，實背之也。穎爲皇大弟，以淵爲大弟屯騎校尉。東嬴公騰、王浚起兵，淵説穎：還説五部，以赴國難。穎悅，拜淵爲北單于，參丞相軍事。淵至左國城，在今山西離石縣北。劉宣等上大單于之號，都於離石。今山西離石縣。時永興元年八月也。旋遷於左國城。十一月，僭即漢王位。追尊蜀漢後主爲孝懷皇帝，立漢三祖，高祖，世祖，昭烈帝。五宗大宗，世宗，中宗，顯宗，肅宗。御主而祭之。東嬴公騰使將討之，敗績。騰懼，率并州二萬餘户下山東。淵遣其族子曜寇大原、見第二章第二節。泫氏、漢縣，今山西高平縣。屯留、漢縣，今山西屯留縣。長子、漢縣，今山西長子縣。中都，漢縣，今山西平遥縣西北。皆陷之。二年，離石大飢，遷於黎亭，《續漢志》：上黨郡壺關縣有黎亭。壺關，在今山西長治縣東南。以就邸閣穀。永嘉元年，劉琨爲并州刺史，淵遣劉景要擊之於板橋，未詳。爲琨所敗，琨遂據晉陽。漢縣，今山西大原縣。其侍中劉殷、王育勸淵定河東，取長安，以關中之衆，席卷洛陽。淵遂進據河東。寇蒲坂、漢縣，在今山西永濟縣北。平陽，見第二章第二節。皆陷之。入都蒲子。漢縣，在今山西隰縣東北。二年，十月，僭即皇帝位，遷都平陽。

石勒，《晉書・載記》云：初名匐，上黨武鄉羯人也。[1] 上黨，見第二章第二節。武鄉，晉縣，在今山西榆社縣北。其先匈奴別部，羌渠之胄。祖耶奕于，父周曷朱，一名乞翼加；并爲部落小率。《魏書・羯胡傳》無羌渠之胄四字，而多分散居於上黨武鄉羯室，因號羯胡十四字。羌渠二字，可有二解：匈奴單于之名，一也。見《秦漢史》第十章第六節。《晉書・匈奴傳》謂其部落入居塞内者凡十九種，中有羌渠，二也。夷狄多以先世之名爲種號，則二名或仍係一實。然羌渠卒於後漢靈帝中平五年，石勒卒於東晉成帝咸和七年，年六十，當生於晉武帝泰始九年，上距中平五年八十五歲，勒果羌渠之胄，非其曾孫，即其玄孫，安得不詳世數，泛言冑裔？且於於扶羅等尚爲近屬，安得微爲小率，爲人傭耕，至被略賣乎？且安得云別部？勒之稱趙王也，號胡爲國人，下令禁國人不得報嫂及在喪婚取，其燒葬令如本俗。燒葬之俗，古惟氐、羌有之，見《先秦史》第十三章第三節。然則羌渠之胄，猶言羌酋之裔耳。《晉》、《魏》二書，蓋所本同物？羌渠之胄四

_____

[1]　民族：石勒爲羌人。羯室乃地以種名（第四十四頁）。

字，當時蓋已有誤解者？故《魏書》删之，《晉書》則仍録元文也。晉時羯與匈奴，無甚區別，如晉愍帝出降時下詔張寔，稱劉曜爲羯賊是。見《晉書·寔傳》。胡三省謂羯爲匈奴入居塞内十九種之一，《通鑑》卷八十六晉惠帝永興二年《注》，案據《晉書·匈奴傳》：十九種之一曰力羯。其説蓋是。羯室蓋地以種姓名，非種姓之名，由地而得也。

石勒微時之事，已見第二章第二節。既免奴爲羣盗，仍掠繒寶，以賂汲桑。永興二年，七月，公師藩等起兵趙、魏，衆至數萬，勒與汲桑帥牧人乘苑馬數百騎以赴之。桑始命勒以石爲姓，勒爲名焉。藩濟自白馬，津名，在今河南滑縣北。苟晞討斬之，勒與桑亡潛苑中。謂在平牧苑也。勒帥牧人，劫掠郡縣，又招山澤亡命以應桑。桑乃自號大將軍，稱爲成都王穎誅東海王越、東嬴公騰。騰時進爵東燕王，光熙元年九月，見《紀》。又改封新蔡。永嘉元年，三月，督司、冀諸軍事，鎮鄴。五月，桑入鄴，害騰。濟自延津，在今河南延津縣北。南擊兗州。越大懼，使苟晞，王讚討之。越次於官渡，見上節爲晞聲援。桑、勒爲晞所敗，收餘衆將奔劉淵。冀州刺史丁紹要之於赤橋，在今山東聊城縣西北。又大敗之。桑奔馬牧，在平牧。勒奔樂平。見第二章第二節。王師斬桑於平原。見第二章第三節。此據《石勒載記》。《本紀》：十二月，并州人田蘭、薄盛等斬汲桑於樂陵。田蘭、薄盛係乞活賊，見下。樂陵，今山東樂陵縣。時胡部大謂部之大人。張㕌督、馮莫突等擁衆數千，壁於上黨，勒往從之。因説㕌督歸劉淵。淵署㕌督爲親漢王，莫突爲都督部大，以勒爲輔漢將軍平晉王以統之。烏丸張伏利度，有衆二千，壁於樂平，淵屢招不能致。勒僞獲罪於淵，奔伏利度，因會執之，率其部衆歸淵。淵加勒督山東征討諸軍事，以伏利度之衆配之。

王彌，東萊人。東萊，漢郡，今山東掖縣。家世二千石。彌有才幹，博涉書記，少游俠京師。光熙元年，三月，惤令劉伯根反，惤，漢縣，在今山東黄縣西南。《王彌傳》稱伯根爲妖賊，《高密孝王略傳》謂其詆惑百姓，蓋藉宗教以惑衆。彌率家僮從之，伯根以爲長史。王浚遣將討伯根，斬之。彌聚徒海渚，爲苟純所敗，純，晞弟，晞使督青州。亡入長廣山爲羣賊，謂長廣縣之山。長廣，漢縣，今山東萊陽縣。寇青、徐二州。後苟晞擊破之。彌退集亡散，衆復大振。晞與之連戰，不能克。彌進寇泰山、漢郡，今山東泰安縣。魯、漢國，晉郡，治魯縣，今山東曲阜縣。譙、見第三節。梁、見第二章第三節。陳、後漢郡，今河南淮陽縣。汝南、見第二章第三節。潁川、見第三節。襄城諸郡。襄城，晉郡，今河南襄城縣。永嘉二年，四月，入許昌。見第二節。五月，遂寇洛陽。司徒王衍破之七里澗。在洛陽東。彌謂其黨劉靈曰："晉兵尚彊，歸無所厝，劉元海淵字。昔爲質子，我與之周旋京師，深有分契，今稱漢王，將歸之，可乎？"靈然之。乃渡河歸劉淵。此據《晉書・彌傳》。劉靈，陽平人，公師藩起，靈自稱將軍，寇掠趙、魏。《通鑑》繫彌及靈之降漢於永嘉元年。《考異》曰："《彌傳》：彌敗於七里澗，乃與靈謀歸漢。案《十六國春秋》：靈爲王讚所敗，彌爲苟純所敗，乃謀降漢。今年春，靈已在淵所，五月彌乃如平陽，則二人降漢已久矣。"案二人先或降漢，然其決心歸漢，而深資其力，仍不妨在此時也。陽平，見第二章第二節。

匈奴之衆，雖云彊勁，然在晉初，似已不甚足用，故劉淵初起時，必冒稱漢後，冀得漢人扶翼也。蓋匈奴與漢，雜居既久，多能力田，匈奴爲漢人佃客，見第二章第二節。其好鬥之風，已稍衰矣。是時晉陽荒殘已甚，故淵不欲北師。洛陽自魏已來爲國都，自其所欲，然力實未足取洛，故劉殷、王育勸其先定河東，取長安。然淵起兵數年以後，仍局促河東一隅，則其兵力實甚有限，微王彌、石勒歸之，固不能爲大患也。王彌、石勒，初亦不過羣盜，使晉有雄武之主，才略之相，指揮州郡，削平之固亦不難。惜乎懷帝受制東海，不能有爲；東海既無智勇，又乏度量，不惟不能指揮州郡，反致互相猜嫌。諸征鎮惟劉琨爲公忠，而并州破敗已甚，自守且虞不足；王浚虛驕，苟晞殘暴，俱非濟世之才。於是中樞傾覆，州郡亦五合六聚而不能救矣，哀哉！

東海王越初甚德苟晞，與之結爲兄弟。既而納長史潘滔之説，轉晞爲青州，而自牧兗州，由是與晞有隙。越遂督兗、豫、司、冀、幽、并六州。永嘉二年，三月，自許遷於鄄城。漢縣，今山東濮縣。八月，復遷濮陽。漢縣，今河北濮陽縣。後又遷於滎陽。見第三節。三年，三月，自滎陽還洛。初，惠帝之還舊都，繆播亦從懷帝還，契闊艱難，深相親狎。及懷帝即位，以播爲從事黃門侍郎。俄轉侍中，徙中書令。專笂詔命，任遇日隆。及是，越勒兵入宮，於帝側收播及其弟散騎常侍大僕胤，尚書何綏，大史令高堂沖，帝舅王延等十餘人殺之。奏宿衛有侯爵者皆罷。時殿中武官并封侯，由是出者略盡。以何倫爲右衛將軍，王景爲左衛將軍，領東海國兵數百人宿衛。越解兗州牧，領司徒。蓋時中樞亦不能與越同心，而越遂處於進退維谷之勢矣。

王彌、石勒既降劉淵，淵使之寇鄴。時尚書右僕射和郁鎮鄴。永嘉二年，九月，彌與勒攻之，郁奔衛國。漢縣，今山東觀城縣。勒寇冀州，三年，四月，陷堡壁百餘。七月，淵子聰與王彌寇上黨，以石勒爲先鋒。圍壺關，陷之，上黨降賊。九月，聰圍浚儀。秦縣，在今河南開封縣西北。曹武等討之，敗績。聰等長驅至宜陽。平昌公模見第三節。遣淳于定、呂毅等討之，又敗。聰恃勝不設備，弘農大守垣延詐降，弘農，見第二章第二節。夜襲敗之。是役也，《載記》稱淵素服以迎師，蓋其喪敗頗甚。然是冬，復大發卒，遣聰、彌與劉曜、劉景等率精騎五萬寇洛陽，呼延翼率步卒爲之後繼。晉頗敗其兵，又得乞活帥李渾、薄盛來救，東嬴公騰之鎮鄴也,攜并州將田甄、甄弟蘭、祁濟、李惲、薄盛等部衆萬餘人至鄴,遣就穀冀州,號爲乞活。及騰敗,甄等邀破汲桑於赤橋,越以甄爲汲郡,蘭爲鉅鹿大守。甄求魏郡,越不許。甄怒,越召之不至,遣監軍劉望討之。李惲、薄盛斬蘭降。甄與任祉、祁濟棄軍奔上黨。案乞活是時雖降,其衆仍屯結不散,是後屢見其名焉。汲郡,見第三節。鉅鹿,晉治廮遥,今河北寧晉縣。魏郡,見第二章第二節。淵乃召聰等還。石勒寇常山,晉常山郡,治真定,今河北正定縣。王浚使祁弘以鮮卑騎救之,大敗之於飛龍山。《隋志》:飛龍山在石邑。隋石邑縣,在今河北獲鹿縣東南。勒退屯黎陽。漢縣,在今河南濬縣東北。時晉使車騎將軍王堪,北中郎將裴憲討勒,憲奔淮南,魏郡,治壽春,今安徽壽縣。堪退保倉垣。城名,在開封西北。勒陷長樂,晉國,即漢信都郡,今河北冀縣。害冀州刺史王斌。四年,二月,襲鄴城,兗州刺史袁孚戰敗,爲其下所殺。勒遂陷倉垣,害王堪。五月,寇汲郡,執大守胡龕。遂南濟河。滎陽大守裴純奔建業。時劉聰攻河內,見第二章第二節。勒復會之。至九月而河內降於勒。六月,劉淵死,子和即僞位,聰弑而代之。命子粲寇洛陽,勒復與粲會。已而粲出轘轅。山名,在今河南偃師縣東南,接鞏、登封二縣界。勒出成皋關。謂成皋縣之關。成皋,今河南汜水縣。圍陳留大守王讚於倉垣,爲讚所敗,退屯文石津。在今河南延津縣東北。欲北攻王浚,而浚將王甲始以遼西鮮卑萬餘在津北,乃復南濟河,攻襄城。漢縣,後漢末置郡,今河南襄城縣。時王如、侯脱、嚴嶷等叛於宛,勒并脱、嶷之衆,憚如之彊不敢攻,見第九節。乃南寇襄陽,漢縣,後漢末置郡,今湖北襄陽縣。渡沔寇江夏。晉郡,今湖北安陸縣。復北寇新蔡,秦縣,晉置郡,今河南新蔡縣。進陷許昌。王彌之解洛圍也,請於劉曜,願出兗、豫,收兵積穀,以待師期。於是出轘轅,攻襄城。河東、見第二章第二節。平陽、弘農、上黨諸流人在潁川、襄城、汝南、南陽、秦郡,治宛,今河南南陽縣。河南者數萬家,河南,見第二章第二節。爲舊居人所不禮,皆焚燒城邑,殺二千石長吏以應彌。彌又以二萬人會石勒寇陳郡、潁川,屯陽翟,見第三節。遣弟璋與勒共寇徐、兗,於是洛陽四面皆敵,日以孤危矣。

時京師飢,東海王越以羽檄徵天下兵,無至者。越不得已,乃請出討石勒,且鎮集兗、豫,以援京師。帝曰:"今逆虜侵逼郊畿,王室蠢蠢,莫有固志,豈可遠出,以孤根本?"越言:"賊滅則東諸州職貢流通,若端坐京輦,所憂逾重。"蓋時京師實已不能自立矣。十一月,越率衆出許昌,以行臺自隨。留妃裴氏、世子毗及李惲、何倫等守衛京都。以豫州刺史馮嵩爲左司馬,自領豫州牧。率甲士四萬,東屯於項。見上節。於是宮省無復守衛,殿內死人交橫。府寺營署,并掘塹自守。盜賊公行,枹鼓之音不絕。鎮集外州之效未見,京師反彌不能自立已。

時周馥督揚州,鎮壽春,漢縣,晉孝武帝避諱,改爲壽陽,今安徽壽縣。乃表請遷都。

言"王都罄乏，不可久居。河朔蕭條，崤、函險澀，宛都屢敗，江、漢多虞，於今平夷，東南爲愈。淮陽之地，北阻塗山，在今安徽懷遠縣東。南抗靈嶽，此指霍山言，在今安徽霍山縣西北。名川四帶，有重險之固。是以楚人東遷，遂宅壽春。徐、邳、東海，亦足戍禦。且運漕四通，無患空乏。臣謹選精卒三萬，奉迎皇駕。輒檄荆、湘、江、揚，各先運四年米租十五萬斛，布、絹各十四萬匹，以供大駕。令王浚、苟晞，共平河朔；臣等戮力，以啓南路；遷都弭寇，其計并得。皇輿來巡，臣宜轉據江州，以恢皇略"。馥不先白越，而直上書，越大怒。[1] 先是越召馥及淮南大守裴碩。馥不肯行，而令碩率兵先進。碩貳於馥，乃舉兵，稱馥擅命，已奉越密旨圖馥，遂襲之。爲馥所敗，退保東城。秦縣，今安徽定遠縣東南。初，越之收兵下邳也，見上節。使琅邪王睿監徐州諸軍事，即元帝，武王仙孫，父曰恭王覲。仙見第二節。鎮下邳。尋都督揚州。越西迎駕，留睿居守。及是，碩求救於睿。睿遣甘卓、郭逸攻馥。安豐大守孫惠率衆應之。安豐，晉郡，治霍丘，今安徽霍邱縣。明年，正月，馥衆潰，奔於項，爲新蔡王確所拘，確，騰子。憂憤發病卒。案觀劉淵、劉聰屢攻洛而不得志，知晉之兵力，尚足以固守洛陽，所苦者爲饑饉。論物力之豐歉，自以南方爲勝。史稱東海王越以羽檄徵天下兵，懷帝謂使者曰："爲我語諸征鎮：若今日尚可救，後則無逮矣。"時莫有至者。此説亦不盡然。是年九月，山簡、督荆、湘、交、廣、時鎮襄陽。王澄、荆州刺史。杜蕤，南中郎將。實并遣兵入援，特爲王如所阻耳。見《紀》是年九月。參看第九節。使懷帝果能遷都，江、揚、荆、湘之轉漕，必能如期而至。不惟足以自立，且可支援北方。士飽馬騰，軍心自振。此時北方之破敗，尚未至如後來之甚；懷帝號令北方，亦自較元帝爲易。淮陽東控徐、兗，西接司、豫，其形勢，自與後來之崎嶇江左者不同也。史稱馥以越不盡臣節，每言論屬然，越深憚之，其覆之也，蓋全以其私怨；元帝則越之黨耳；其誤國之罪亦大矣。

南方之事甫平，東方之難復起。時潘滔爲河南尹，與尚書劉望等共誣陷苟晞。晞怒，表求滔等首。又移告諸州，稱己功伐，陳越罪狀。帝亦惡越專權，永嘉五年，正月，乃密詔晞討越。三月，復詔下越罪狀，告方鎮討之。以晞爲大將軍。越使從事中郎楊瑁爲兗州，與徐州刺史裴盾共討晞。晞使騎收潘滔，滔夜遁，乃執尚書劉曾，侍中程延斬之。越以禍結釁深，憂憤成疾，薨於項。以襄陽王範楚隱王子。爲大將軍，統其衆，還葬東海。見上節。越之出也，以大尉王衍爲軍司。及是，衆推衍爲主，率衆東下。石勒以輕騎追之，及之苦縣

---

① 史事：越阻周馥請遷之誤。

之寧平城。苦，漢縣，晉更名谷陽，在今河南鹿邑縣東。寧平，漢縣，晉省，在鹿邑西南。衍遣將軍錢端與戰，敗死。衍軍大潰。勒分騎圍而射之，相登如山，無一免者。執衍等害之。左衛何倫、右衛李惲聞越薨，祕不發喪，奉裴妃及越世子毗，出自洛陽。從者傾城，所在暴掠。至洧倉，洧水之邸閣，在許昌東。又爲勒所敗。毗及宗室三十六王，俱没於賊。此據《越傳》，《本紀》作四十八王。李惲殺妻子奔廣宗。何倫走下邳。裴妃爲人所略賣，大興中得渡江。廣宗，後漢縣，今河北威縣東。於是晉之兵力亦盡矣。

五月，先是苟晞表請遷都倉垣，帝將從之。諸大臣畏潘滔，不敢奉詔。且宮中及黃門戀資財不欲出。至是飢甚，人相食，百官流亡者十八九。帝召羣臣會議將行，而警衛不備。帝撫手歎曰："如何？"時無車輿，乃使司徒傅祗出詣河陰，漢平陰縣，魏改，在今河南孟津縣東。修理舟楫，爲水行之備。朝士數十人導從，帝步出西掖門，至銅駝街，爲盜所掠，不得進而還。劉聰遣其子粲及王彌、劉曜等率衆四萬，長驅入洛川。遂出轘轅，周旋梁、陳、汝、潁之閒。聰復以禁兵二萬七千，配其衛尉呼延晏，自宜陽入洛川，命王彌、劉曜及石勒進兵會之。晏及河南，王師前後十二敗，死者三萬餘人。晏遂寇洛陽，攻陷平昌門。以後繼不至，復自東陽門出。洛陽諸門名。皆見上節。時帝將濟河東遁，具船於洛水，晏盡焚之，還於張昌故壘。王彌、劉曜至，遂會圍洛陽。六月，宣陽門陷，帝開華林園門，見第一節。出河陰藕池，爲曜等所追及。百官士庶，死者三萬餘人。帝蒙塵於平陽。劉聰以帝爲會稽公。七年，正月，聰大會，使帝著青衣行酒，侍中庾珉號哭，賊惡之。會有告珉及王儁等謀應劉琨者，帝遂遇弒，崩於平陽。時年三十。珉等皆遇害。史載荀崧之言：謂"懷帝天姿清劭，少著英猷，若遭承平，足爲守文佳主，而繼惠帝擾亂之後，東海專政，無幽、厲之釁，而有流亡之禍"。蓋晉之亡，其原因雖非一端，而懷帝之坐困於洛陽，則東海實爲之，其罪要未容末减也。

第五節　長安傾覆

懷帝立豫章王銓爲大子，銓，清河康王遐子。遐見第三節。與帝同没劉聰。《元帝紀》：大興三年，五月，景寅，孝懷帝大子詮遇害於平陽，帝三日哭。洛陽之急也，司空荀藩，勖子。與弟光禄大夫組奔轘轅。見上節。及是，移檄州鎮，以琅邪王爲盟主。時王浚亦移檄天下，稱被中詔，承制以藩爲大尉。豫章王端銓弟，銓爲大子封。東奔苟晞，晞立爲皇大子，自領尚書令，具置官屬，保梁國之蒙縣。在今河南商邱縣東北。使王讚屯陽夏。秦縣，今河南大康縣。晞出於孤微，位至上將，志頗盈滿。奴婢將千人，侍妾數十,終日累夜,不出戶庭,刑政苛虐,縱情肆欲,由是衆心稍離。九月,石勒攻陽夏,滅王讚,馳襲蒙城,執晞,署爲司馬,月餘乃殺之。豫章王端亦没於賊。時傅祗與晞共建行臺,晞推祗爲盟主,以司徒持節大都督諸軍事傳檄四方。祗子宣,尚弘農公主,祗遣宣將公主與尚書令和郁赴告方伯,徵義兵。自屯孟津小城,宣弟暢行河陰令,以待宣。祗以暴疾薨。暢没於石勒。孟津,見第二章第二節。河陰,見上節。

南陽王模之代河閒王顒也,關中飢荒,百姓相噉,加以疾癘,盜賊公行。模力不能制,乃鑄銅人、鐘鼎爲釜器以易穀,議者非之。東海王越表徵模爲司空。模謀臣滀于定説模曰:"關中天府之國,霸王之地,今以不能綏撫而還,既於聲望有虧;又公兄弟唱起大事,而并在朝廷,若自彊則有專權之罪,弱則受制於人;非公之利也。"模納其言,不就徵。及洛京傾覆,模使牙門將趙染戍蒲坂。見上節。染求馮翊大守,馮翊,見第二章第二節。不得,怒,率衆降於劉聰。聰以爲平西將軍,使與其安西將軍劉雅率衆二萬攻模。劉粲、劉曜率大軍繼之。模使滀于定距之,爲染所敗。士衆離叛,倉庫虛竭。軍祭酒韋輔曰:"事急矣,早降可以免。"模從之。染箕踞攘袂,數模之罪,送詣粲,粲殺之。時永嘉五年八月也。聰以劉曜爲雍州牧,鎮長安。

武帝子吳孝王晏之子業,出後伯父柬,見第一節。襲封秦王,苟藩之甥也。避難於密,漢縣,今河南密縣。與藩、組相遇。行臺以密近賊,南趣許、潁。閻鼎者,天水人。天水,見第二章第二節。初爲東海王越參軍。行豫州刺史,屯許昌。遭母喪,於密縣鳩集流人數千,欲還鄉里。司徒左長史劉疇,在密爲塢主。中書令李叵,此依《閻鼎傳》。《王浚傳》作李絙。大傅參軍騶捷、劉蔚,鎮軍長史周顗,司馬李述,皆來赴疇。僉以鼎有才用,且手握彊兵,勸藩假鼎冠軍將軍、豫州刺史,蔚等爲參佐。鼎因西人思歸,欲立功鄉里,乃與撫軍長史王毗,司馬傅遜懷翼戴秦王之計。謂疇、捷等曰:"山東非霸王處,不如關中。"傅暢遺鼎書,勸奉秦王過洛陽,拜謁山陵,徑據長安。鼎得書,便欲詣洛。流人謂北道近河,懼有抄截欲南自武關。見第三節。疇等皆山東人,不願西人,苟藩及疇、捷等皆逃散。鼎追藩,不及。叵等見殺。惟顗、述走得免。遂奉秦王自宛趣武關。宛,見上節。頻遇山賊,士卒亡散。次於藍田,見第三節。鼎告雍州刺史賈疋。疋,武威人,魏大尉詡曾孫也。初爲安定大守。雍州刺史丁綽貪橫,失百姓心。譖疋於南陽王模。模以軍司謝班伐疋。疋奔瀘水,即盧水胡,見第二章第二節。此據《疋傳》。《模傳》云:模表遣世子保爲西中郎將、東羌校尉,鎮上邽。秦州刺史裴苞距之。模使帳下都尉陳安攻苞,苞奔安定。疋以郡迎苞。模遣軍司謝班伐疋。疋退奔瀘水。上邽,見第三節。安定,見第二章第二節。與胡彭蕩仲及氐竇首結爲兄弟,聚衆攻班。綽奔武都。見第二章第二節。疋復入安定,殺班。愍帝以疋爲雍州刺史。《晉書·疋傳》如此。案時愍帝尚爲秦王,《傳》採其後稱之。疋率戎晉二萬餘人，將伐長安。新平大守竺恢亦固守。新平，見第二章第二節。劉粲聞之，使劉曜、劉雅及趙染距疋。先攻恢，不克。疋邀擊，大敗之。曜中流矢，退走。疋追之，至於甘泉。漢甘泉宮，在今陝西淳化縣西北甘泉山上。旋自渭橋襲蕩仲，殺之。渭橋，在長安西北。關中小定。乃遣州兵迎衛業，達於長安，又使京兆尹梁綜助守。遂共奉業爲皇大子，時永嘉六年九月也。據《疋傳》及《本紀》。《劉聰載記》云：劉曜既據長安，安定大守賈疋，及諸氐、羌，皆送質任，惟雍州刺史麴特、新平大守竺恢固守不降。護軍麴允，頻陽令梁肅，自京兆南山，將奔安定，遇疋任子於陰密，擁還臨涇。推疋爲平南將軍，率衆五萬，攻曜於長安。扶風大守梁綜及麴特、竺恢等，亦率衆十萬會之。曜遣劉雅、趙染來距，敗績而還。曜又盡長安銳卒，與諸軍戰於黃丘，曜衆大敗，中流矢，退保甘渠。杜人王禿、紀持等攻劉粲於新豐，粲還平陽，曜攻陷池陽，掠萬餘人，歸於長安。時閻鼎等奉秦王爲皇大子，入於雍城，關中戎晉，莫不響應。麴特等圍長安，曜連戰敗績，乃驅士女八萬餘口，退還平陽。平陽，秦縣，在今陝西富平縣東北。陰密，漢縣，在今甘肅靈臺縣西。臨涇，漢縣，在今甘肅鎮原縣西。扶風，見第二章第二節。黃丘，胡三省《通鑑注》云：在雲陽縣黃嶺山下。靈陽，漢縣，在今陝西淳化縣西北。甘渠，蓋即甘泉。杜縣，在長安西南。新豐，漢縣，在今陝西臨潼縣東。池陽，漢縣，在今陝西涇陽縣西北。雍，漢縣，在今陝西鳳翔縣南。以鼎爲大子詹事，總攝百揆。梁綜與鼎爭權，鼎殺綜，以王毗爲京兆尹。《鼎傳》云：鼎首建大謀，立功天下。始平大守麴允，始平，見第二章第二節。撫夷護軍索綝，并害其功，且欲專權。馮翊大守梁緯，北地大守梁肅，北地，見第二章第二節。并綜母弟，琳之姻也。謀欲除鼎。乃證其有無君之心，專戮大臣，請討之。遂攻鼎。鼎出奔雍，爲氐竇首所殺。案麴允金城人，世爲豪族。金城，見第二章第二節。綝，敦煌人，靖之子。敦煌，見第二章第二節。河間王使與張方東迎乘輿。後轉爲南陽王模從事中郎。遷新平、馮翊大守。拒劉聰，屢有戰功。及模被害，綝泣曰：“與其俱死，寧爲伍子胥。”乃赴安定，與賈疋、梁綜、時爲扶風大守。麴允等糾合義衆，頻破賊黨，與鼎共立秦王爲大子。亦皆志節之士，非妒賢疾能者。是時之爭，蓋黨派不易驟合，雖各懷公忠之心，而釀禍仍不能弭，擾攘之際類然，亦不足爲誰咎也。賈疋亦志節之士，其送質任於劉曜，蓋欲以爲後圖，非叛晉也。賈疋旋因討賊遇害。《本紀》稱賊張連。《疋傳》云：蕩仲子夫護，帥羣胡攻之，疋敗走，夜墮於澗，爲夫護所害。蓋連與夫護，合而爲寇。衆推麴允領雍州刺史，爲盟主，承制選置。明年，永嘉七年，愍帝建興元年。四月，懷帝崩問至，業即位，是爲愍帝。

　　愍帝既立，以麴允爲尚書左僕射，録尚書，雍州刺史如故。索綝爲右僕射，領京兆尹。建興二年，六月，劉曜、趙染寇新豐諸縣，索綝討破之。七月，曜、染等又逼京都，麴允討破之。染中流矢而死。《本紀》。《劉聰載記》云：染寇北地，中流矢而死。三年，正月，以侍中宋哲爲平東將軍，屯華陰。見第三節。九月，劉曜寇北地，命麴允討之。十月，允進攻青白城。此據《本紀》，《允傳》作清白城。劉曜聞之，轉寇上郡。見第二章第二節。劉聰陷馮翊，大守梁肅奔萬年。見第三節。此據《本紀》及《麴允傳》。《劉聰載記》：劉曜又進軍屯於粟邑。麴允飢甚，去黃白而軍於靈武。曜進攻上郡，大守張禹，與馮翊大守梁肅，奔於允吾。於是關右翕然，所在應曜。曜進據黃阜。粟邑，漢縣，在今陝西白水縣西北。黃白，城名，在今陝西三原縣東北。靈武，漢縣，在今寧夏寧朔縣西北。允吾，漢縣，在今甘肅皋蘭縣西北。黃阜，未詳。四年，四月，麴允救上郡，軍於靈武，以兵弱不敢進。上郡大守籍韋率其衆奔於南鄭。梁州治，見第三節。七月，曜攻北地，允率步騎三萬救之，王師不戰而潰。大守麴昌奔京師。曜進至涇陽，見第二章第二節。渭北諸城悉潰。八月，曜進逼京師。內外斷絕，麴允與公卿守長安小城以自固。散騎常侍華輯，監京兆、馮翊、弘農、見第二章第二節。上洛晉郡，今陝西商縣。四郡兵，東屯霸上；鎮軍將軍胡崧，南陽王保所遣，見下。帥城西諸郡兵屯遮馬橋；并不敢進。

十月，京師飢甚，米斗金二兩，人相食，死者大半。大倉有麴數十餅，麴允屑爲粥以供帝，至是復盡。帝泣謂允曰："今窘厄如此，外無救援，死於社稷，是朕事也。朕念將士，暴離斯酷。今欲因城未陷，爲羞死之事，庶令黎元，免屠爛之苦。行矣遣書，朕意決矣。"十一月，乙未，使侍中宋敞送牋於曜。帝乘羊車，肉袒、銜璧、輿櫬出降。羣臣號泣攀車，執帝之手，帝亦悲不自勝。曜焚櫬受璧，使宋敞奉帝還宮。辛丑，帝蒙塵於平陽。麴允及羣官并從。劉聰假帝光祿大夫懷安侯。壬寅，聰臨殿，帝稽首於前，麴允伏地慟哭，因自殺。明年，十月，聰出獵，令帝行車騎將軍，戎服執戟爲導。百姓聚而觀之，故老或欷歔流涕。聰聞而惡之。聰後因大會，使帝行酒洗爵；返而更衣，又使帝執蓋；晉臣在坐者多失聲而泣。尚書郎辛賓抱帝慟哭，爲聰所害。十二月，戊戌，帝遇弒，崩於平陽。時年十八。

《本紀》云："帝之繼皇統也，屬永嘉之亂，天下崩離。長安城中，戶不盈百，牆宇頹毀，蒿棘成林。朝廷無車馬章服，惟桑版署號而已。衆惟一旅，公私有車四乘。器械多闕，運餽不繼。巨猾滔天，帝京危急，諸侯無釋位之志，征鎮闕勤王之舉，故君臣窘迫，以至殺辱云。"案愍帝之亡，全由關中之荒毀，及諸鎮之坐視。帝即位越月，即以琅邪王睿爲左丞相，大都督陝東諸軍事。南陽王保爲右丞相，大都督陝西諸軍事。詔二王："今幽、并兩州，勒卒三十萬，直造平陽。右丞相宜帥秦、涼、雍虎旅三十萬，徑詣長安；左丞相帥所領精兵二十萬，徑造洛陽；分遣前鋒，爲幽、并後駐。"三年，二月，又進琅邪王爲大都督督中外諸軍事，南陽王爲相國。蓋其所期望於方鎮者至深。進搗賊巢，奔問官守，或非幽、并、揚、徐之力所及，然力之能及者，即不論君臣之義，輔車相依之理，要自不可忘也。當時雍州實爲秦、涼外蔽。乃《索綝傳》言：帝累徵兵於南陽王保，保左右議曰：“蝮蜇在手，壯士解腕，且斷隴道，以觀其後。”從事中郎裴詵曰：“蜇已螫頭，頭可截不？”保以胡崧爲前軍都督，須諸軍集乃當發。麴允欲挾天子趨保，綝以保必逞私欲，乃止。自長安以西，不復奉朝廷，百官飢乏，採稆自存。《張寔傳》：其父軌卒，州人推寔攝父位，愍帝因下策書授之。劉曜逼長安，寔遣將軍王該率衆以援京城，《本紀》：建興四年，四月，涼州刺史張寔遣步騎五千，來赴京都。帝嘉之，拜都督陝西諸軍事。及帝將降於劉曜，下詔於寔，進寔爲大都督、涼州牧、司空，承制行事。又言已詔琅邪王：時攝大位，君其協贊琅邪，共濟艱運。蓋西朝區區，始終不忘情於諸侯之釋位者如此。然寔叔父西海大守肅，王莽置西海郡，光武中興棄之。至獻帝興平二年，武威大守張雅請置西海郡，分張掖之居延一縣以屬之。請爲前鋒擊劉曜，寔卒弗許，致肅聞京師陷没，悲憤而卒。蓋當時方鎮之坐視朝廷傾覆又如此。飢窮之長安，果將何以自立哉？麴允、索綝，自爲志節之士。《綝傳》云：劉曜圍京城，綝與麴允固守長安小城。胡崧承檄奔命，破曜於靈臺。《三輔黄圖》：周文王靈臺，在長安西四十里。崧慮國家威舉，則麴、索功盛，乃案兵渭北，遂還槐里。漢縣，今陝西興平縣。案此亦厚誣，當時崧之兵力，實未足以進取也。城中飢窘，人相食，死亡逃奔不可制，惟涼州義衆千人，守死不移。帝使宋敞送牋降於曜，綝潛留敞，使其子説曜曰：“今城中糧猶足支一歲，未易可克也。若許綝以車騎、儀同、萬户郡公者，請以城降。”曜斬而送之，曰：“天下之惡一也。”及帝出降，綝隨帝至平陽，劉聰以其不忠於本朝，戮之於東市。夫當易子析骸之時，而猶爲詭語以徼富貴，縱置綝之志節勿論，有如是其愚者乎？綝之潛留宋敞，使易説辭，蓋猶陰有所圖，冀存宗社於萬一。其説辭如何不可知，而謂其求車騎、儀同、萬户郡公，則必敵國誣罔之辭也。①晉之公卿百官，爲劉聰所害者甚多，見於《本紀》者，辛賓外尚有尚書梁允，侍中梁濬，散騎常侍嚴敦，左丞相臧振，黄門侍郎任播、任偉、杜晏及諸郡守，皆至平陽後見殺。豈皆以其不忠於本朝哉？《麴允傳》云：允性仁厚，無威斷。吳皮、王隱之徒，無賴兇人，皆加重爵。新平大守竺恢，始平大守楊像，扶風大守竺爽，安定大守焦嵩，皆征鎮杖節，加侍中、常侍。村塢主帥，小者猶假銀青、將軍之號，欲以撫結衆心。然諸將驕恣，恩不及下，人情頗離，羌、胡因此跋扈，關中淆亂。劉曜復攻長安，百姓飢甚，死者大半。久之，城中窘逼，帝將出降，歎曰：“誤我事者，麴、索二公

---

① 史事：謂索綝欲降敵、麴允無威斷之誣。

也。”夫烏合之衆之不易馭久矣，然允及綝用之，雖值飢窮，猶能累致克捷，與逆胡相枝柱者且四年，賞罰無章者而能然乎？羊車之辱，全由愍帝之不能死國，謂“誤我事者麴、索二公，”蓋深悔當時之稱尊矣。然以是爲麴、索罪，可乎？

第六節　巴氏據蜀

晉世海宇分裂，首起割據者，實爲巴氏，其事尚在劉淵創亂之前，特其地較偏，未能牽動大局耳。《晉書·載記》云：李特，巴西宕渠人。宕渠，漢縣，後漢嘗置郡，旋廢，故城在今四川渠縣東北。其先廩君之苗裔也。昔武落鍾離山崩，山在今湖北長楊縣西北。有石穴二所：其一赤如丹，一黑如漆。有人出於赤穴者，名曰務相，姓巴氏。有出於黑穴者，凡四姓：曰曎氏，《後漢書》作暉氏。樊氏，柏氏，《後漢書》作相氏。鄭氏。五姓俱出，皆爭爲神。於是相與以劍刺穴屋，能著者以爲廩君。四姓莫著，而務相之劍縣焉。又以土爲船，彫畫之，而浮水中，曰：“若其船浮存者，以爲廩君。”務相船又獨浮，於是遂稱廩君。乘其土船，將其徒卒，當夷水而下。至於鹽陽。《後漢書注》云：今施州清江縣水，一名鹽水。案即今湖北之清江水。鹽陽水神女子，止廩君曰：“此魚鹽所有，地又廣大，與君俱生，可止無行。”廩君曰：“我當爲君，求廩地，不能止也。”鹽神夜從廩君宿，旦輒去爲飛蟲。諸神皆從其飛，蔽日晝昏。廩君欲殺之，不可別；又不知天地東西。如此者十日，廩君乃以青縷遺鹽神，曰：“嬰此。即宜之，與汝俱生；弗宜，將去汝。”鹽神受而嬰之。廩君立碭石之上，望膺有青縷者，跪而射之，中鹽神，鹽神死，羣神與飛者皆去，天乃開朗。廩君復乘土船下，及夷城。夷城石岸曲，泉水亦曲。廩君望如穴狀，歎曰：“我新從穴中出，今又入此，奈何？”岸即爲崩。廣三丈餘，而階陛相乘。廩君登之。岸上有平石，方一丈，長五尺。廩君休其上。投策計算，皆著石焉。因立城其旁而居之。其後種類遂繁。秦并天下，以爲黔中郡。秦黔中郡，漢改爲武陵，故治在今湖南溆浦縣境。薄賦斂之，口出錢四十。巴人呼賦爲賨，因謂之賨人焉。案此説殊誤。《後漢書·劉表傳》：江南宗賊大盛；《三國·吳志·士燮傳》：燮子徽，自署交趾太守，發宗兵拒戴良；是其字本作宗。宗人所出之賦，則加以具賨，乃賦以人名，非人以賦名也。及漢高祖爲漢王，募賨人平定三秦。既而求還鄉里。高祖以其功，復同豐、沛，不供賦税。更名其地爲巴郡。漢巴郡，治江州，今四川江北縣。俗性剽勇，又善歌舞。高祖愛其舞，詔樂府習之，今巴渝舞是也。《後漢書·南蠻傳》，以巴郡南郡蠻爲廩君之後，述廩君事與《晉書》同，而辭較略。又有板楯蠻夷者，云：秦昭襄王時，有一白虎，常從羣虎，數遊秦、蜀、巴、漢之境，傷害千餘人。

昭王乃重募國中：有能殺虎者，賞邑萬家，金百鎰。時有巴郡閬中夷人，閬中，秦縣，劉璋於此置巴西郡，今四川閬中縣西。能作白竹之弩，乃登樓射殺白虎。昭王嘉之，而以其夷人，不欲加封，乃刻石盟要，復夷人頃田不租，十妻不算，傷人者論，殺人者以倓錢贖死。盟曰：“秦犯夷，輸黃龍一雙，夷犯秦，輸清酒一鍾。”夷人安之。至高祖爲漢王，發夷人還伐三秦。秦地既定，乃遣還巴中。復其渠帥羅、朴、督、鄂、度、夕、龔七姓，不輸租賦。餘户乃歲入賨錢，口四十。世號爲板楯蠻夷。閬中有渝水，其人多居水左右。天性勁勇。初爲前鋒，數陷陳。俗喜歌舞。高祖觀之，曰：“此武王伐紂之歌也。”乃命樂人習之。所謂巴渝舞也。遂世世服從。至於中興，郡守常率以征伐。其述巴郡南郡蠻則云：秦惠王并巴中，以巴氏爲蠻夷君長，世尚秦女。其民爵比不更，有罪得以爵除。其君長，歲出賦二千一十六錢，三歲一出義賦千八百錢。其民，户出幏布八丈二尺，雞羽三十鏃。觀賦法之不同，知巴氏等五姓與羅氏等七姓實爲兩部落，《晉書》辭不别白。① 然其同爲氏族，則無疑也。《晉書》又云：漢末，張魯居漢中，以鬼道教百姓，賨人敬信巫覡，多往奉之。直天下大亂，自巴西之宕渠，遷於漢中楊車坂，抄掠行旅，百姓患之。號爲楊車巴。魏武帝克漢中，特祖將五百餘家歸之。魏武帝拜爲將軍，遷於略陽北土。略陽，見第二章第二節。復號之爲巴氏。宕渠距閬中近，鹽水遠，李特之先，似當屬板楯蠻夷，不與巴郡南郡蠻同部，特板楯蠻夷，亦未必不以廩君爲共祖耳。②

　　李特父慕，爲東羌獵將。特少仕州郡，見異當時。元康中，氐齊萬年反，關西擾亂，頻歲大飢。百姓乃流移就穀。相與入漢川者數萬家。既至漢中，上書求寄食巴、蜀。朝議不許。遣侍御史李苾持節慰勞，且監察之，不令入劍閣。在今四川劍閣縣北。苾至漢中，受流人貨賂，反爲表曰：“流人十萬餘口，非漢中一郡，所能振贍。東下荆州，水湍迅險，又無舟船。蜀有倉儲，人復豐稔，宜令就食。”朝廷從之，由是散在益、梁，不可禁止。永康元年，詔徵益州刺史趙廞爲大長秋，以成都内史耿滕此據《載記》，《帝紀》與《華陽國志》，俱作耿滕。代廞，廞遂謀叛。乃傾倉廩，振施流人，以收衆心。特之黨類，皆巴西人，與廞同郡，率多勇壯，廞厚遇之，以爲爪牙。特等聚衆，專爲寇盗，蜀人患之。滕密上表，以爲“流人剛剽，而蜀人懦弱，客主不能相制，必爲亂階，宜使移還其本。”廞聞而惡之。時益州文武千餘人，已往迎滕。滕率衆入州。廞遣衆逆滕；戰於西門，滕

----

① 四夷：巴氏五姓、羅氏七姓爲兩部。《晉書》辭不别白。

② 四夷：李特似出板楯蠻。

敗,死之。廞自稱大都督、大將軍、益州牧。特弟庠,與兄弟及妹夫李含等以
四千騎歸廞。廞使斷北道。庠素東羌良將,部陳蕭然。廞惡其齊整,用長史
杜淑、司馬張粲之言殺之,及其子姪、宗族三十餘人。復以特兄弟爲督將,以
安其衆。牙門將許弇求爲巴東監軍。巴東郡,劉璋置,在今四川奉節縣北。杜淑、張粲
固執不許。弇怒,於廞閣下手刃殺淑、粲;左右又殺弇;皆廞腹心也。特兄弟
怨廞,引兵歸緜竹。漢縣,今四川德陽縣北。廞恐朝廷討己,遣長史費遠,犍爲大守
李苾,犍爲,漢郡,後漢治武陽,今四川彭山縣東。督護常俊督萬餘人斷北道,次緜竹之
石亭。渡名,在今四川什邡縣東雒江上。特密收合,得七千餘人,夜襲遠軍,遠大潰。
進攻成都,廞走。至廣都,見第二章第二節。爲下人所殺。特至成都,縱兵大掠。
遣其牙門詣洛陽,陳廞罪狀,先是惠帝以梁州刺史羅尚爲益州刺史。督牙門
將王敦,上庸都尉義歆,上庸,秦縣,後漢置郡,今湖北竹山縣。蜀郡大守徐儉,蜀郡,治成
都。廣漢大守辛冉等廣漢郡,後漢治雒,今四川廣漢縣。凡七千餘人入蜀。特等聞尚
來,甚懼,使其弟驤於道奉迎,并貢寶物。尚甚悅,以驤爲騎督。特及弟流,復
以牛酒勞尚於緜竹。王敦、辛冉,并説尚因會斬之,尚不納。尋有符下秦、雍
州:凡流人入漢川者,皆下所在召還。特兄輔,素留鄉里,託言迎家,既至蜀,
謂特曰:“中國方亂,不足復還。”特以爲然,乃有雄據巴蜀之志。朝廷以討趙
廞功,封拜特、流。璽書下益州,條列六郡流人,與特協同討廞者,將加封賞。
會辛冉以非次見徵,不願應召;又欲以滅廞爲己功;乃寢朝命,不以實上。衆
咸怨之。羅尚遣從事催遣流人,限七月上道。辛冉性貪暴,欲殺流人首領,取
其資貨。乃移檄發遣,又令梓潼大守張演,梓潼,漢縣,蜀置郡,今四川梓潼縣。於諸要
施關,搜索寶貨。特等固請,求至秋收。流人布在梁、益,爲人傭力,及聞州郡
逼遣,人人愁怨,不知所爲。又知特兄弟頻請求停,皆感而恃之。且水雨將
降,年穀未登,流人無以爲行資,遂相與詣特。特乃結大營於緜竹,以處流人。
移冉求自寬。冉大怒,遣人分牓通逵,購募特兄弟。特見,大懼,悉取以歸,與
驤改其購云:“能送六郡之豪李、任、閻、趙、楊、上官及氏、叟侯王一首,賞百
匹。”流人既不樂移,咸往歸特,旬月間衆過二萬,流亦聚衆數千。特乃分爲二
營:特居北營,流居東營。特遣閻式與特同移者,時爲始昌令。始昌,晉縣,在今甘肅西和
縣北。詣羅尚求申期。式既至,見辛冉營柵衝要,謀擒流人;又知冉及李苾,意
不可迴;乃辭尚還緜竹。尚謂式曰:“子且以吾意,告諸流人,今聽寬矣。”式至
緜竹,言於特曰:“尚雖云爾,然威刑不立,冉等各擁彊兵,一旦爲變,亦非尚所
能制,深宜爲備。”特納之。冉、苾相與謀曰:“羅侯貪而無斷,日復一日,流人
得展姦計,宜爲決計,不足復問之。”乃遣廣漢都尉曾元,牙門張顯、劉并等,潛

率步騎三萬襲特營。羅尚聞之，亦遣督護田佐助元。特素知之，乃繕甲厲兵，戒嚴以待。元等至，發伏擊之，殺傷甚衆。害佐、元、顯，傳首以示尚、冉。於是六郡流人，推特爲主。上書請依梁統奉竇融故事，推特行鎮北大將軍，承制封拜；流行鎮東大將軍；以相鎮統。進兵攻冉於廣漢。尚遣李苾及費遠救冉，不敢進。冉奔江陽。漢縣，劉璋置郡，今四川瀘縣。特入據廣漢。進兵攻尚於成都。閻式遺尚書，責其信用讒構，欲討流人。又陳特兄弟，立功王室，以寧益土。尚覽書，知特等將有大志，嬰城固守，求救於梁、寧二州。於是特自稱使持節、大都督、鎮北大將軍，承制封拜，一依竇融在河西故事。據《本紀》，時在永寧元年十月。尚頻爲特所敗，乃阻長圍，緣水作營，自都安至犍爲七百里，與特相距。都安，蜀縣，在今四川灌縣東。河間王顒遣督護衙博，廣漢大守張徵討特。南夷校尉李毅武帝置於寧州。寧州，泰始七年分益州置。治雲南，在今雲南祥雲縣南。一說治味，在今雲南曲靖縣西。又遣兵五千助尚。尚遣督護張龜軍繁城，繁，漢縣，今四川新繁縣西北。三道攻特。特命子蕩、雄襲博，躬擊張龜。龜大敗，博亦敗績。蕩追博至漢德，蜀縣，今四川劍閣縣東北。博走葭萌。漢葭明縣，後漢作葭萌，蜀改曰漢壽，晉改曰晉壽，在今四川昭化縣東南。蕩進寇巴西。郡丞毛植，五官襄珍以郡降。蕩進攻葭萌，博又遠遁。《紀》大安元年五月。特自稱益州牧，都督梁、益二州諸軍事，大將軍，大都督。進攻張徵。徵據險相持，候特營空虛，遣步兵循山攻之。特逆戰，不利。蕩軍至，殊死戰，徵軍乃潰。特欲釋徵還涪，涪，漢縣，晉更名涪城，今四川縣涪陽縣。蕩不可，復進攻徵。遂害徵，以騫碩爲德陽大守。德陽，後漢縣，在今四川遂寧縣境。碩略地至巴郡之墊江。漢縣，今四川合川縣。特之攻張徵也，使李驤等屯軍毗橋胡三省云：今懷安軍西北有中江，源從漢中彌牟。雒水、毗橋水三水會爲一江。案宋懷安軍故城，在今四川金堂縣東南。彌牟鎮，在今四川新都縣北。以備羅尚。李流亦進軍成都之北。梁州刺史許雄遣兵攻特，特破之。進擊破尚水上軍。遂寇成都。蜀郡大守徐儉以小城降，羅尚據大城自守。是時蜀人危懼，并結村堡，請命於特，特遣人安撫之。益州從事任明此據《載記》。《羅尚傳》作兵曹從事任銳。《通鑑》從《華陽國志》作任叡。說尚曰："特既兇逆，侵暴百姓，又分散人衆，在諸村堡，驕怠無備，是天亡之也。可告諸村，密刻期日，內外擊之，破之必矣。"尚從之。明先僞降特，因求省家。特許之。明潛說諸村，諸村悉聽命。惠帝遣荊州刺史宋岱、建平大守孫阜救尚。建平，吳郡，今四川巫山縣。阜次德陽，特遣蕩助任臧距阜。尚遣大衆，掩襲特營，連戰，斬特。《紀》在大安二年三月，云宋岱擊斬之。特既死，蜀人多叛，流人大懼。流與蕩、雄收遺衆還保赤祖。胡三省曰：當在緜竹東。流保東營，蕩、雄保北營。流自稱大將軍、大都督，益州牧。時宋岱水軍三萬，次於墊江。前鋒孫壽破德陽，獲騫碩。任臧等退屯涪陵，蜀郡，今四川涪陵縣西。羅尚遣督護常深軍毗橋，牙門左氾、黃訇、何沖三道攻北營。流身率蕩、雄玫深柵，克之，追至成都。尚閉門自守。蕩馳馬追擊，傷死。流以特、蕩并死，岱、阜又至，甚懼。李含又勸流降，流將從之。雄與驤迭諫，不納。流遣子世及含子胡質於阜軍。胡兄離，聞父欲降，自梓潼馳還欲諫，不及。退與雄謀襲阜軍，曰：“若功成事濟，約與君三年迭爲主。”雄曰：“今計可定，二翁不從，將若之何？”離曰：“今當制之。若不可制，便行大事。翁雖是君叔，勢不得已。老父在君，夫復何言？”雄大喜。乃攻尚軍。尚保大城，雄渡江，害汶山大守陳圖。晉汶山郡，在今四川理番縣境。遂入郫城。郫，秦縣，今四川郫縣北。流移營據之。三蜀百姓，左思《蜀都賦注》：漢高分蜀置廣漢，漢武又分蜀置犍爲，故曰三蜀。并保險結塢，城邑皆空，流野無所略，士衆飢困。涪陵人范長生，率千餘家依青城山。在今四川灌縣西南。尚參軍涪陵徐轝，求爲汶山大守，欲要結長生等，與尚犄角討流。尚不許。轝怨之，求使江西，遂降於流。説長生等，使資給流軍糧，長生從之，故流軍復振。流死，諸將共立雄爲主。雄自稱大將軍、益州牧，都於郫城。羅尚遣將攻雄，雄擊走之。李驤攻犍爲，斷尚運道，尚軍大餒，攻之又急，遂留牙門羅特固守，委城夜遁。特開門納雄，遂克成都。於時雄軍飢甚，乃率衆就穀於郪，漢縣，在今四川三台縣南。掘野芋而食之。雄以范長生巖居穴處，求道養志，欲迎立爲君而臣之。長生固辭。雄乃深自抑損，不敢稱制，事無巨細，皆決於李國、李離兄弟。國等事雄彌謹。諸將固請雄即尊位。以永興元年僭稱成都王。范長生乘素輿詣成都。雄迎之於門，執版延坐，拜丞相，尊曰范賢。長生勸雄稱尊號。雄於是僭即帝位，國號蜀。《通鑑考異》曰：《晉帝紀》、《三十國晉春秋》皆云：永興二年六月，雄即帝位。《華陽國志》：光熙元年，雄即帝位。《後魏書‧序紀》及《李雄傳》皆云昭帝十二年雄稱帝，即光熙元年也。遣李國、李雲等寇漢中。梁州刺史張殷奔長安，參看第九節。國等陷南鄭，盡徙漢中之人於蜀。南夷校尉李毅固守不降，雄誘建寧夷使討之，建寧，蜀郡，在今雲南曲靖縣西。毅病卒，城陷。殺壯士三千餘人，送婦女千口於成都。時李離據梓潼，其部將羅羕、張金苟等，殺離及閻式，以梓潼歸羅尚。尚遣其將向奮屯安漢之宜福安漢，漢縣，今四川南充縣。以逼雄。雄攻奮，不克。李國鎮巴西，其帳下文碩，又殺國，以巴西降尚。雄乃引還。遣其將張寶襲梓潼，陷之。會羅尚卒，巴郡亂，李驤攻涪，又陷之，執梓潼大守譙登。乘勝討文碩，害之。南得漢嘉、漢青衣縣，後漢改曰漢嘉，蜀置郡，晉并廢，故治在今四川雅安縣北。涪陵，遠人繼至。雄於是下寬大之令，降附者皆假復除，益州遂定。遣李驤征越巂，大守李釗降。越巂郡，晉治會無，今四川會理縣。《明帝紀》：大寧元年，正月，李驤、任回寇臺登，將軍司馬玫死之。越巂大守李釗，漢嘉大守王載以郡叛降於驤。任回，亦與特同移者。臺登，漢縣，在今四川冕寧縣東。**進攻寧州，刺史王遜使其將姚岳悉衆距戰，驤軍不利，引還**。《王遜傳》：轉魏興太守。惠帝末，西南夷叛，寧州刺史李毅卒，城中百餘人奉毅女，固守經年。永嘉四年，治中毛孟詣京師求刺史，不見省。孟固陳，乃以遜爲南夷校尉、寧州刺史。使於郡便之鎮。遜與孟俱行。道遇寇賊，踰年乃至。外逼李雄，內有夷寇，吏士散没，城邑丘墟。遜披荒糾屬，收聚離散。誅豪右不奉法度者數十家。征伐諸夷，俘馘千計。於是莫不振服，威行寧土。先是越巂太守李釗，爲李雄所執，自蜀逃歸，遜復以釗爲越巂太守。李雄遣李驤、任回攻釗。釗自南秦，與漢嘉太守王載共距之。戰於溫水，釗敗績。載遂以二郡附雄。後驤等又渡瀘水寇寧州。遜使將軍姚崇、爨琛距之，戰於堂狼，大破驤等。崇追至瀘水，落水死者千餘人。崇以道遠，不敢渡水。遜以崇不窮追也，怒，囚羣帥，執崇鞭之。怒甚，髮上衝冠，冠爲之裂，夜中卒。州人立遜仲子堅，行州府事。詔除堅南夷校尉、寧州刺史。陶侃懼堅不能抗對蜀人，大寧末，表以零陵太守尹奉爲寧州，徵堅還京。《通鑑》：毅殁於光熙元年。其女名秀。釗即毅子，毅存時往省其父，永嘉元年，州人奉之。四年，王遜至州，以爲朱提太守。魏興，魏郡，今陝西安康縣。南秦、巂縣，今闕，當在四川舊叙州府境。堂狼，漢縣，後漢省，在今雲南會澤縣境。零陵，漢郡，後漢治泉陵，今湖南零陵縣北。朱提，漢縣，後漢末置郡，在今四川宜賓縣西南。**後又使驤子壽攻陷巴東，大守楊謙退保建平。壽別遣費黑寇建平，巴東監軍毌丘奧退保宜都。**蜀郡，治夷道，今湖北宜都縣西北。《成帝紀》：咸和五年，十月，李壽寇巴東、建平，監軍毌丘奧，太守楊謙退歸宜都。**李壽攻朱提，又使任回攻木落，**未詳。**分寧州之援。寧州刺史尹奉降，**《本紀》：咸和八年，李壽陷寧州，刺史尹奉及建寧太守霍彪并降之。**遂有南中之地。**

巴氏之亂，原因有四：關西喪亂，不能綏撫，聽其流移，一也。流人剛剽，蜀人頓弱，主不制客，二也。一統未久，人有好亂之心，三也。兵力不足，指揮不一，四也。《載記》所書此事始末，殊不甚確。[1] 流人漂播，理宜有以食之，謂李苾請許其就食於蜀，由於受賂，似近厚誣。《載記》云：趙廞使苾與黃遠同斷北道，似附廞爲逆者，然晉朝任之如故，則苾或力未能抗廞，而實未附之也。羅尚者，憲之兄子。憲爲蜀漢巴東大守，蜀亡，吳乘機攻憲，憲大破其軍，拒守經年，甚有威望。趙廞之叛，尚表曰：“廞非雄才，計日聽其敗耳。”其於蜀中事勢，似甚了然。尚與李氏，相持積年。梓潼、巴西，先後反正。李國、李離，權侔雄、蕩，閻式則爲李特謀主，不能制下，皆就誅夷。使尚不死，蜀事正未可知。《尚傳》謂其性貪少斷，蜀人言曰：“尚之所愛，非邪則佞；尚之所憎，非忠則正。富擬魯、衞，家成市里，貪如豺狼，無復極已。”又曰：“蜀賊尚可，羅尚殺我，平西將軍，反更爲禍。”果如所言，羅羕、文碩，豈肯歸之？《李流載記》云：特之陷成都小城，使六郡流人，分口入城，壯勇者督領郵堡。流言於特曰：“山藪未集，糧仗不多，宜

録州郡大姓子弟,以爲質任,送付廣漢,繫之二營;收集猛鋭,嚴爲防衛。"又書
與特司馬上官惇,深陳納降若待敵之義。《羅尚傳》亦言:宗岱、孫午兵盛,諸
爲寇所逼者,人有奮志,蜀人之非心服可知。特既死,流亦以飢困幾敗,然則
范長生之充隱附逆,其於李氏,蓋深有造焉。風謡之可造作久矣,謂特能綏
撫,尚病貪殘,豈其實哉?尚與李苾、辛冉,剛柔緩急,庸有不同,然潛襲特營,
史謂計出冉、苾,而尚仍遣兵助之,其無大異同可知。趙廞且不能容李庠,流
人安可復撫?晉朝封拜特、流,乃姑息之政,冉寢朝命,所謂因事制宜。晉朝
既以滅廞爲特、流之功,官爵之矣,冉安得而攘之?流人不過傭力自活,其有
寶貨能行賂者,皆其錚錚佼佼者也,好亂樂禍,惑誤衆人,正在此輩,搜索安
得不嚴?豈能誣爲欲貨?抑趙廞、李特,既已互相誅夷,李雄、李離,又欲棄
其父叔;戰甫勝而流即死,其爲良死與否,深有可疑;而雄與國、離兄弟,相猜
之迹尤顯。然則流人酋長,本無大才,亦且不能和輯,平之實非甚難,特晉政
不綱,并此而有所不能耳。古稱戰勝於朝廷,此則可謂戰敗於朝廷者也。

第七節　張氏據河西

　　涼州之地,距中原頗遠,然與西域相交通,其地實頗富饒,而文明程度亦
頗高;西南苞河湟,又爲畜牧樂土;故兩晉之世,始終有據以自立者。其首起
者則張軌也。軌,安定烏氏人。安定,見第二章第二節。烏氏,漢縣,在今甘肅平涼縣西北。
仕爲安西軍司。軌以時方多難,陰圖據河西,遂求爲涼州。永寧初,出爲護羌
校尉、涼州刺史。於是鮮卑反叛,寇盜縱橫。軌到官,即討破之。永興中,鮮
卑若羅、拔能皆爲寇。軌遣司馬宋配擊之,斬拔能,俘十餘萬口,威名大震。
於是大城姑臧。漢縣,爲武威郡治,見第二章第二節。永嘉初,東羌校尉韓稚,殺秦州
刺史張輔,軌遣中督護氾瑗率衆二萬討之。先遺稚以書,稚得書而降。軌後
患風,口不能言,使子茂攝州事。酒泉大守張鎮,酒泉,漢郡,今甘肅酒泉縣。潛引秦
州刺史賈龕以代軌,密使詣京師,請尚書侍郎曹祛爲西平大守,西平,見第二章第二
節。爲輔車之勢。軌別駕麴晁,欲專威福,又遣使詣長安告南陽王模,稱軌廢
疾,以請賈龕,龕將受之。其兄讓之,龕乃止。更以侍中爰瑜爲涼州刺史。治
中楊澹,馳詣長安,割耳盤上,訴軌被誣。模乃表停之。晉昌張越,晉昌,晉郡,在
今甘肅安西縣東。涼州大族,從隴西內史遷梁州刺史。隴西,見第二章第二節。越志在
涼州,遂託病歸河西。遣兄鎮及曹祛、麴佩移檄廢軌,以軍司杜耽攝州事,使
耽弟越爲刺史。軌以子寔爲中督護,卒兵討鎮,鎮詣寔歸罪。南討曹祛,走

之。武威大守張琠遣子坦馳詣京，表請留軌。帝優詔勞軌，依模所表。命誅曹祛。軌命寔率尹員、宋配步騎三萬討祛，斬之。於時天下既亂，所在使命，莫有至者，①而軌遣使貢獻，歲時不替。光祿傅祗、大常摯虞遺軌書，告京師飢匱，軌即遣參軍杜勳獻馬五百匹，毯布三萬匹。然軌之所以盡力王室者，止於如此，及遣偏師入援而已，不能如陳武帝傾國遠出，躬事戡定也。河閒、成都二王之難，軌遣兵三千，東赴京師。王彌寇洛陽，軌遣北宮純、張纂、馬魴、陰濬等率州軍擊破之，又敗劉聰於河東。後王彌遂逼洛陽，軌又遣張斐、北宮純、郭敷率精騎五千，來衛京都。京都陷，斐等皆没於賊。大府主簿馬魴言於軌曰：“四海傾覆，乘輿未返。明公以全州之力、徑造平陽，必當萬里風披，有征無戰。未審何憚，不爲此舉？”軌曰：“是孤心也，”然不能用。蓋其本圖僅在割據也。秦王入關，軌馳檄關中，言“宜簡令辰，奉登皇位。今遣前鋒督護宋配，步騎二萬，徑至長安，翼衛乘輿，折衝左右。西中郎寔，中軍三萬，武威大守張璵，胡騎二萬，駱驛繼發，仲秋中旬，會於臨晉。”秦縣，今陝西大荔縣。而秦州刺史裴苞，東羌校尉貫與據險斷使命，宋配討之。西平王叔，與曹祛餘黨麴儒，劫前福祿令麴恪爲主，漢祿福縣，後漢曰福祿，爲酒泉郡治，即今酒泉縣也。執大守趙彝，東應裴苞。寔迴師討之，斬儒等。左督護陰預與苞戰狹西，大破之。苞奔凶桑塢。未詳。劉曜寇北地，見第二章第二節。軌又遣參軍麴陶領三千人衛長安。建興二年，五月，軌卒。州人推寔攝父位。愍帝以爲都督涼州諸軍事，西中郎將、涼州刺史、領護羌校尉、西平公。劉曜逼長安，寔遣王該率衆援京城。帝嘉之，拜都督陝西諸軍事。及帝將降於劉曜，下詔進寔涼州牧、侍中、司空、承制行事。寔以天子蒙塵，沖讓不拜。使協贊琅邪王，而寔不許其叔父肅攻劉曜，致肅悲憤而卒，已見第五節。蓋其志在割據，一如其父也。寔遣大府司馬韓璞等督步騎一萬，東赴國難。命討虜將軍陳安，安故大守賈騫，安故，漢縣，晉省，張氏復置，并置郡，故城在今甘肅臨洮縣南。隴西大守吳紹，各統郡兵，爲璞等前驅。璞次南安，見第二章第二節。諸羌斷路。相持百餘日，糧竭矢盡。會張閬率金城軍繼至，金城，見第二章第二節。乃夾擊敗之。焦崧、陳安逼上邽，見第三章第三節。南陽王保遣使告急。寔使金城大守竇濤率步騎二萬赴之。時保謀稱尊號。破羌都尉張詵言於寔曰：“南陽王忘大恥而欲自尊，終非濟時救難者也，不如推崇晉王。”從之。然元帝即位，寔猶稱建興年號。南陽王保欲奔寔，寔遣將聲言翼衛，而實禦之，蓋既專制一方，亦不欲人之上之矣。京兆人劉弘，挾左道，客居天梯

---

① 史事：亂時，方鎮恒圖自保。劉琨否（見第八十二頁）。

山，在姑臧南。受道者千餘人，寔左右皆事之。帳下閻沙，牙門趙仰，皆弘鄉人。
密與寔左右十餘人謀殺寔，奉弘爲主。寔潛知其謀，收弘殺之。沙等不知，以
其夜害寔。此據《晉書·寔傳》。《通鑑考異》曰：閻沙、趙仰，《晉春秋》作閻涉、趙印。又寔既死，所
遣收劉弘者史初乃輾弘。案《載記》言寔收弘殺之，猶言寔遣人收弘，殺之二字，乃終言其事，不必弘之
見殺，在寔見害前也。時大興三年六月也。子駿年幼，州人推寔弟茂攝事。誅閻沙
及黨與數百人。

第八節　鮮　卑　之　興

　　五胡種落，鮮卑爲大，蓋匈奴自降漢後，聚居并州；烏丸附塞久，亦不復鄉
北開拓；朔垂萬里，遂悉爲鮮卑所據也。晉世鮮卑之大者：曰慕容氏，曰段氏，
曰宇文氏，曰拓跋氏，曰禿髮氏，曰乞伏氏。禿髮、乞伏二氏，僅割據一隅，無
關大局。慕容、段、拓跋三氏，與北方大局，關係較深；而宇文氏與慕容氏地
近，相齮齕最烈，宇文氏之敗，則慕容氏之所由興也。今先述此四氏緣起如左：
　　《晉書·載記》曰：慕容廆，昌黎棘城鮮卑人也。昌黎，見第二章第二節。胡三省曰：
棘城，在昌黎縣界。曾祖莫護跋，魏初，率其諸部，居遼西，從宣帝伐公孫氏有功，
拜率義王，始建國於棘城之北。時燕、代多冠步搖冠，莫護跋見而好之，乃斂
髮襲冠，諸部因呼之爲步搖，其後音謌，遂爲慕容焉。[①] 案此説似近附會。胡
三省謂《魏書》：漢桓帝時，檀石槐分其地爲三部，中部大人曰柯最闕，居慕容
寺爲大帥，案《三國·魏志·鮮卑傳注》引之。是則慕容氏之始，《通鑑》卷八十一晉武帝大康
二年《注》。説當近之。慕容寺蓋亦地以部族名者也。祖木延，左賢王。父涉歸，
以全柳城之功，柳城，漢縣，後漢省，在今遼寧興城縣西南。進拜鮮卑單于，遷邑於遼東
北。遼東，秦郡，晉爲國，治襄平，今遼寧遼陽縣。涉歸死，弟耐篡位，耐，《通鑑》依范亨《燕書》
作刪。繫此事於大康四年。《考異》以大康二年十月寇昌黎爲涉歸之事。案其事已見第二章第二節。
將謀殺廆，廆亡潛以避禍。後國人殺耐，迎廆立之。《通鑑》繫大康五年。
　　《北史》稱宇文莫槐爲匈奴。云出遼東塞外，其先南單于之遠屬也。世爲
東部大人。其語與鮮卑頗異，人皆翦髮，而留其頂上，以爲首飾。案宇文氏爲
周之先。《周書·文帝紀》云：其先出自炎帝。神農氏爲黃帝所滅，子孫遁居
朔野。有葛烏菟者，雄武多算略，鮮卑慕之，奉以爲主，遂總十二部落，世爲大
人。其後曰普回，因狩得玉璽，三紐，有文曰皇帝璽。普回心異之，以爲天授。

---

　　① 民族：慕容得氏之由，案莫護、慕容亦雙聲。

其俗謂天曰宇,謂君曰文,因號宇文國,并以爲氏焉。普回子莫那,自陰山南徙,始居遼西。一曰匈奴,一曰鮮卑者?悅般爲匈奴後,《北史》謂其翦髮齊眉,以饒餬塗之,實與宇文氏翦髮而留其頂上同俗,足徵其出於匈奴。^① 語言頗異鮮卑,尤爲鐵證。然東方本鮮卑之地,蓋南單于遠屬,君臨鮮卑者,故云鮮卑奉以爲主也。《周書》云:普回九世至侯豆歸,爲慕容晃所滅,據《北史》,自莫槐至逸豆歸凡七君,則即以莫槐承莫那。然普回、莫那,恐均子虛、亡是之流也。莫槐虐用其人,爲部下所殺。更立其弟普撥爲大人。普撥死,子丘不勤立。娶拓跋鬱律女。魏平帝,見下。丘不勤死,子莫廆立。《北史》云:本名犯魏道武諱。《晉書·慕容廆載記》作莫圭。始與慕容氏搆兵。

《北史》云:徒河段就六眷,徒河,漢縣,在今遼寧錦縣西北。出於遼西。其伯祖曰陸眷,因亂,被賣爲漁陽烏丸子大烏丸之大人。庫辱官家奴。其後漁陽大飢,漁陽,秦郡,魏廢之,晉復置,在今河北密雲縣西南。庫辱官以曰陸眷爲健,使將人詣遼西逐食,招誘亡叛,遂至彊盛。曰陸眷死,弟乞珍代立。乞珍死,子務目塵代立,即就六眷父也。據遼西之地而臣於晉。其所統三萬餘家,控弦上馬四五萬騎。

慕容涉歸有憾於宇文,廆將修先君之怨,表請討之。晉武帝弗許。廆怒,入寇遼西,殺略甚衆。帝遣幽州諸軍討廆。戰於肥如,漢縣,今河北盧龍縣北。廆衆大敗。自後復掠昌黎,每歲不絕。又率衆伐夫餘。夫餘王依慮自殺。廆遂夷其國城,驅萬餘人而歸。東夷校尉何龕,遣督護賈沈,迎立依慮之子。廆遣其將孫丁率騎邀之。沈力戰,斬丁,遂復夫餘之國。廆謀於其衆,遣使來降。帝嘉之,拜爲鮮卑都督。廆事參看第二章第二節。宇文、段部爲寇略,廆卑辭厚幣以撫之。大康十年,廆又遷於徒河之青山。元康四年,移居大棘城。大安初,宇文莫圭遣弟屈雲寇邊城。雲別帥大素延,《通鑑考異》曰:《燕書紀傳》皆謂之素怒延,然則怒延是其名也。攻掠諸郡,廆親擊,敗之。素延怒,率衆十萬圍棘城。廆出擊之,素延大敗。永嘉初,廆自稱鮮卑大單于。遼東大守龐本,以私憾殺東夷校尉李臻。附塞鮮卑素連、木津託爲臻報讎,攻陷諸縣,殺掠士庶。廆討連、津,斬之。二部悉降。徙之棘城。立遼東郡而歸。建興中,愍帝遣使拜廆昌黎、遼東二國公。

拓跋氏之初,蓋亦匈奴敗亡後北方鮮卑之南徙者。其後得志,造作先世事實以欺人,史事之真爲所蔽者久矣,然即其所造作之語而深思之,其中真迹,固猶可微窺也。《魏書·序紀》云:昔黄帝有子二十五人,或内列諸華,或

---

① 民族:宇文染悅般俗,西域勢力東漸之始。

外分荒服。昌意少子，受封北土，國有大鮮卑山，因以爲號。其後世爲君長，統幽都之北，廣漠之野。畜牧遷徙射獵爲業，淳樸爲俗，簡易爲化。不爲文字，刻木結繩而已。世事遠近，人相傳授，如史官之紀錄焉。黃帝以土德王，北俗謂土爲託，謂后爲跋，故以爲氏。其裔始均，入仕堯世，逐女魃於弱水之北，民賴其勳，帝舜嘉之，命爲田祖，爰歷三代，以及秦、漢、獯粥、獫允、山戎、匈奴之屬，累代殘暴，作害中州，而始均之裔，不交南夏，是以載籍無聞焉。積六十七世，至成皇帝毛。聰明武略，遠近所推。統國三十六，大姓九十九，威振北方，莫不率服。崩，節皇帝貸立。崩，莊皇帝觀立。崩，明皇帝樓立。崩，安皇帝越立。崩，宣皇帝推寅立。南遷大澤，方千餘里，厥土昏冥沮洳，謀更南徙，未行而崩。景皇帝利立。崩，元皇帝俟立。崩，和皇帝肆立。崩，定皇帝機立。崩，僖皇帝蓋立。崩，威皇帝儈立。崩，獻皇帝隣立。時有神人，言於國曰：“此土荒遐，未足以建都邑，宜復徙居。”帝時衰老，乃以位授子聖武皇帝詰汾，命南移。山谷高深，九難八阻。於是欲止。有神獸，其形如馬，其聲類牛，先行導引，歷年乃出，始居匈奴故地。其遷徙策略，多出宣、獻二帝，故人并號曰推寅，蓋俗云鑽研之義。初聖武帝嘗率數萬騎，田於山澤。欻見輜軿，自天而下。既至，見美婦人，侍衞甚盛。帝異而問之。對曰：“我天女也，受命相偶。”遂同寢宿。旦請還，曰：“明年周時，復會此處。”言終而別，去如風雨。及期，帝至先所田處，果復相見。天女以所生男授帝曰：“此君之子也。善養視之，子孫相承，當世爲帝王。”語訖而去，即始祖也。故時人諺曰：“詰汾皇帝無婦家，力微皇帝無舅家。”案云統國三十六者，四面各九國也。云大姓九十九者，與己爲百姓也。自受封至成帝六十七世，又五世至宣帝，又七世至獻帝，再傳而至神元，凡八十一世，九九之積也。自成帝至神元十五世，三與五之積也。九者，數之究也。三與五，蓋取三才、五行之義，比擬於三皇、五帝。無文字而能悉記歷代之名；而世數及所統國數，無一非三、五、九之積；有是理乎？成帝諱毛，毛無也；詰汾皇帝無婦家，力微皇帝無舅家，造作者蓋已微以其情示後人矣。《衞操傳》云：桓帝崩後，操爲立碑以頌功德，云魏爲軒轅苗裔。按操等皆乃心華夏，其於拓跋氏，特欲借其力以犄匈奴耳，何事爲之造作虛辭，以誣後世？況拓跋氏當此時，亦未必敢以帝王自居也。道武定國號詔曰：“昔朕遠祖，總御幽都，控制遐國，雖踐王位，未定九州，”此蓋其造作之始。[①]　其自

---

①　民族：拓跋造作史事一，云出衞操誣，乃始道武。其族自凍土帶來（第六十五—六十六頁），與禿髮同原（見第一七〇—一七一頁），力微以上皆僞，初似曾託李陵後（見第六十四頁），託軒轅似欲承漢。

託於軒轅者，以從土德；所以從土德者，則以不欲替趙、秦、燕而承晉故也，説更詳後。抑此實有躋諸胡以并華夏之意，或已出於後來。其初自視微而仰望漢族更深，或且欲挑曹魏而承漢，如漢人之以秦爲閏位者，故神元元年，實與魏之建國同歲也。《記》曰：“人藏其心，不可測度也，”況於故爲矯誣者乎？然其爲矯誣，終不可以掩天下後世之目也。

《晉書·禿髮烏孤載記》云：其先與後魏同出。八世祖匹孤，率其部自塞北遷於河西。《魏書·源賀傳》：賀禿髮傉檀子，傉檀亡奔魏。世祖謂賀曰：“卿與朕源同，因事分姓，今可爲源氏，”足徵《晉書》之説不誣。烏孤五世祖樹機能在晉初，以三十年爲一世計之，匹孤當在後漢中葉，正北匈奴敗亡，鮮卑徙居其地時也。《烏洛侯傳》云：真君四年來朝。《本紀》事在三月。稱其國西北，有國家先帝舊墟。石室南北九十步，東西四十步，高七十尺。室有神靈，民多祈請。世祖遣中書侍郎李敞告祭焉，刊祝文於室之壁而還。此蓋天然石窟，《禮志》亦載此事，而云鑿石爲廟，則誣矣。烏洛侯在地豆干之北。其國西北有完水，東北流合於難水。其地大小水，皆注於難，東入於海。又西北二十日行，有于己尼大水，所謂北海也。難水今嫩江，完水今額爾古訥河，北海即貝加爾湖，于己尼蓋入湖之巨川。魏人編髮，故稱索虜；而烏洛侯繩髮；地豆干在失韋西千餘里，失韋丈夫索髮；可見自失韋以西北，其俗皆同。《晉書·慕容廆載記》：宇文乞得龜擊廆，廆遣子皝距之，以裴嶷爲右部都督，率索頭爲右翼。此非即拓跋氏，蓋亦此等民族南出者也。故知當時，此等民族南遷者頗多。魏人曾居黑龍江、貝加爾湖之閒，必不誣也。此蓋推寅以後所處。自此南遷，故有山岳高深，九難八阻之説也。今西伯利亞之地：自北緯六十五度以北，地理學家稱爲凍土帶，自此南至五十五度曰森林帶；又南曰曠野帶；極南曰山嶽帶；踰山則至漠北矣。凍土帶極寒，人不能堪之處甚多。森林帶多蚊虻，曠野帶卑溼多疫癘，亦非樂土。魏之先，蓋自凍土帶入曠野帶，又越山岳帶而至漠北者邪？

《宋書·索虜傳》云：其先，漢將李陵後也。陵降匈奴，有數百千種，各立名目，索虜亦其一也。《齊書·魏虜傳》云：匈奴種也。匈奴女名托跋，妻李陵。胡俗以母名爲姓，故虜爲李陵之後。虜甚諱之，有言其是陵後者輒見殺。胡俗以母名爲姓，説無徵驗。若援前趙改姓劉氏爲徵，則入中國已久，非其故俗矣，況亦母姓而非其名也。匈奴與鮮卑相溷，事確有之。《魏書·官氏志》有須卜氏、林氏其證。然不得云拓跋氏爲匈奴種也。然有云其是陵後者輒見殺，何以言之者如是其多？漢人豈欲以此誣鮮卑哉？抑當時以華夏爲貴種，稱拓拔氏爲陵後，是褒之，非抑之也，漢人豈樂爲此？如其爲之，正當爲鮮卑所樂聞，而又何以見殺？案《隋書·李穆傳》云：自云隴西成紀人，成紀，漢縣，今甘肅秦安縣北。漢騎都尉陵之後也。陵没匈奴，子孫代居北狄，其後隨魏南遷，復歸汧、隴。祖斌，以都督鎮高平，見第二章第二節。因家焉。此其出於依託，自不待言。魏之初，蓋亦以攀附華夏爲榮，又未敢依附中原華冑，曾自託於陵後，後則以與其所造軒轅之後之説不符，而説既流行，衆口相傳，勢難遽戢，則又一怒而欲以殺儌止之也。亦可謂暴矣。

《魏書·序紀》云：始祖神元皇帝力微元年，歲在庚子。魏文帝黄初元年。先是西部内侵，國民離散，依於没鹿回部大人竇賓。後與賓攻西部，軍敗，失馬步走。始祖使人以所乘駿馬給之。賓歸，令其部内求與馬之人，當加重賞。始祖隱而不言。久之，賓乃知，大驚，將分國之半，以奉始祖。始祖不受，乃進其愛女。賓猶思報恩，固問所欲。始祖請率所部，北居長川。在今察哈爾興和縣境。賓乃敬從。積十數歲，德化大洽。諸舊部民，咸來歸附。二十九年，魏齊王芳正始九年。賓臨終，戒其二子，使謹奉始祖。其子不從，乃陰謀爲逆。始祖召殺之，盡并其衆。《神元皇后傳》云：賓臨終，戒其二子速侯、回題，令善事帝。及賓卒，速侯等欲因帝會喪爲變。語頗漏泄，帝乃先圖之。伏勇士於宮中。晨起，以佩刀殺后。馳使告速侯等，言后暴崩。速侯等驚走來赴，因執而殺之。案神元之狡且忍如此，其以憂死，非不幸矣。諸部大人悉皆款服。三十九年，魏高貴鄉公甘露元年。遷於定襄之盛樂。定襄，漢郡，治成樂，後漢移治善無。成樂，後漢曰盛樂，在今和林格爾境。善無，在右玉縣南。夏，四月，祭天。諸部君長，皆來助祭。惟白部大人觀望不至，於是徵而戮之。遠近肅然，莫不震懾。與魏和親。四十二年，遣子文帝如魏，且觀風土。魏景元二年也。文皇帝諱沙漠汗，以國大子留洛陽。魏、晉禪代，和好仍密。始祖春秋已邁，帝以父老求歸，晉武帝具禮護送。四十八年，泰始三年。至自晉。五十六年，帝復如晉。其年冬，還國。行達并州，晉征北大將軍衛瓘，以帝爲人雄異，恐爲後患，乃密啓晉帝，請留不遣。晉帝難於失信，不許。瓘復請以金錦賂國之大人，令致間隙，使相危害。晉帝從之，遂留帝。於是國之執事及外部大人，皆受瓘貨。五十八年，方遣帝。始祖聞帝歸，大悦。使諸部大人詣陰館迎之。陰館，漢縣，在今山西代縣西北。酒酣，帝仰視飛鳥，謂諸大人曰："我爲汝曹取之。"援彈飛丸，應弦而落。時國俗無彈，衆咸大驚。乃相謂曰："大子風采被服，同於南夏；兼奇術絶世；若繼國統，變易舊俗，吾等必不得志。不若在國諸子，習本淳樸。"咸以爲然；且離間素行；乃謀危害，并先馳還。始祖問曰："我子既歷他國，進德何如？"皆對曰："大子才藝非常，引空弓而落飛鳥，是似得晉人異法怪術，亂國害民之兆，惟願察之。"自帝在晉之後，諸子愛寵日進，始祖年踰期頤，頗有所惑。

聞諸大人之語，意有所疑，因曰："不可容者，便當除之。"諸大人乃馳詣塞南，矯害帝。既而始祖甚悔之。其年，始祖不豫。烏丸王庫賢，親近任勢。先受衛瓘之貨，故欲沮動諸部。因在庭中礪鉞斧。諸大人問欲何爲？答曰："上恨汝曹讒殺大子，今欲盡收諸大人長子殺之。"大人皆信，各各散走。始祖尋崩。案神元五十六年，爲晉武帝咸寧元年，《紀》於是年六月，書鮮卑力微遣子來獻，《魏書》謂是年文帝如晉，蓋依附此文。至魏世與力微言和，其子入侍於洛，則史無可徵。《三國·魏志·鮮卑傳》：東部大人，有素利彌加厥機，建安中，因閻柔上貢獻通市，大祖表寵以爲王。厥機死，又立其子沙末汗爲親漢王。名雖相似，而事跡與年代皆不合，不知爲兩人名同歟？抑力微實即厥機部落，造魏史者不敢明言，乃姑留此閒隙，以待後人之尋索也？衛瓘之督幽州，紀在泰始七年八月，《本紀》於咸寧三年正月，書使瓘討力微，則即《魏書》神元崩之歲也。觀《魏書》所載事迹，而知《瓘傳》謂瓘用離閒之策而力微以憂死之説不誣矣。參看第二章第二節。

　　《魏書·序紀》又云始祖崩，章皇帝悉鹿立，始祖之子也。諸部離叛，國內紛擾，饗國九年而崩。咸寧四年至大康七年。平皇帝綽立，章帝之少弟也。雄武有智略，威德復舉。饗國七年而崩。大康八年至惠帝元康三年。思皇帝弗立，文帝之少子也。饗國一年而崩。元康四年。昭皇帝禄官立，始祖之子也。分國爲三部：帝自以一部居東，在上谷北，濡源之西，上谷，漢郡，治沮陽，在今察哈爾懷來縣東南。濡水，今灤河。東接宇文部。以文帝之長子桓帝猗㐌統一部，居代郡之參合陂北。在今山西大同縣東南。或云：在陽高縣東北。以桓帝之弟穆帝猗盧統一部，居定襄之盛樂故城。自始祖以來，與晉和好。是歲，元康五年。穆帝始出并州，遷雜胡北徙雲中、五原、朔方。蓋始叛晉，略其邊民也。雲中，秦郡，即今之托克托城。五原，漢郡，今綏遠五原縣。朔方，漢郡，故城在今綏遠臨河縣境。《晉書·地理志》云：後漢靈帝末，羌、胡大擾，定襄、雲中、五原、朔方、上郡等五郡，并流徙分散。建安十八年，省并州入冀州。魏黃初元年，復置并州。自陘嶺以北棄之。至晉，因而不改。故此三郡，在當時皆爲戎狄之地，其後劉琨棄陘北，僅徙馬邑、陰館、樓煩、繁峙、崞五縣之民而已。上郡，陘嶺，皆見第二章第二節。馬邑，漢縣，今山西朔縣。樓煩，漢縣，在雁門關北。晉徙今崞縣東。繁峙、崞，皆漢縣，皆在今渾源縣西。又西渡河，擊匈奴、烏桓諸部。自杏城以北八十里迄長城原，夾道立碣，與晉分界。杏城，在今陝西中部縣西北。二年，元康六年。葬文帝及皇后封氏。初思帝欲改葬，未果而崩，至是述成前意焉。遠近來赴者，二十萬人。《皇后傳》云：文帝皇后封氏，生桓、穆二帝，早崩，昭帝立，乃葬焉。高宗初，穿天淵池，獲一石銘，稱桓帝葬母封氏，遠近赴會二十餘萬人。有司以聞，命藏之大廟。《魏書》之所依據，蓋即高宗初所造作也。然自力微末年擾亂，至此復獲小安，則可想像而得矣。三年，元康七年。桓帝度漠北巡，因西略諸國，積五年乃還。拓跋氏之形勢，至此蓋稍張，晉與匈奴相爭，遂思藉其衆以爲用。

第九節　荊　揚　喪　亂

讀史者多以武帝不能徙戎，及去州郡兵備，爲晉室致亂之原，其實亦不盡然。五胡雜處，特晉初隱患之一端，而非謂其時所憂，遂止於此。至於除去兵備，則正爲弭亂之方。自初平以至大康，爲時將近百載，人習於分崩離析者既久，資之以兵，適使其恣睢自擅耳。當吳、蜀蕩平之時，爲長治久安之計，所憂者自不在草野之竊發，而在牧守之專擅也。晉初急務，在得良吏以撫安海內，使久罷兵革之苦者，欣然有樂生之心；而又有信臣精卒，據要害之處，示天下以形勢，以潛消其反側之念；不在凡州郡皆有兵也。凡州郡皆有兵，必不能皆精，亦不能皆得信臣以將之，難免弭亂則不足，召亂則有餘矣。誠能如是，歷數十年，則海宇晏安，而五胡之亂，亦可徐圖消弭。不然，縱使徙戎之計獲行，能否安然卒事，不至中途生變，尚未可知；即謂能之，而內亂既興，羣思借外力以自助，既徙者安保不引之復來？自漢以降，中國所畏忌者，莫如匈奴。晉初雖遭喪亂，而劉淵見羈，卒未肯釋，即其明證。然逮東海兵起，成都即卒因欲得五部之援而縱之矣。故知內亂之與五胡，其爲當時隱患，正亦未易軒輊也。北方惟劉淵崛起，頗有匈奴人思自立之意，然其所用者仍多中國人；石勒則一中國之盜賊耳；王彌等更不待論矣；故五胡之亂，雖似外患，實亦與內亂相雜也。

當晉初，吳、蜀皆平定未久，自難盡消其反側之心，而吳之情形，又與蜀異。蜀地險而富樂，自古少外患，故其民弱，而爲秦、雍之流民所乘。吳則當春秋、戰國時，其人即輕死好鬥，歷兩漢之世，此風未改，第一章已言之。故自吳平之後，其民之叛晉者訖不絕。據《晉書·帝紀》所載：武帝大康二年，九月，有吳故將莞恭、帛奉舉兵反，攻害建業令，遂圍揚州。晉初揚州治壽春，大康初移治建業。八年，十月，有南康平固縣吏李豐反。南康，晉郡，治雩都，在今江西雩都縣東北。後徙治贛，在今江西贛縣西南。平固，吳縣，在今江西贛、興國兩縣間。十一月，有海安令蕭輔聚衆反。海安，晉縣，當在廣東舊肇慶府境。十二月，又有吳興人蔣迪聚黨反。後漢漢興縣，吳改稱吳興，今浙江吳興縣。至元帝大興元年，尚有孫皓子璠，以謀反伏誅。《五行志》云：武帝平吳後，江南童謠曰："局縮肉，數橫目，中國當敗吳當復。"又曰："宮門柱，且當杇，吳當復，在三十年後。"又曰："鷄鳴不拊翼，吳復不用力。"於時吴人皆謂在孫氏子孫,故竊發爲亂者相繼。可見爲《紀》所不書者尚多矣。《劉頌傳》:頌除淮南相,在郡上疏曰:"封幼稚皇子於吴、蜀,臣之愚慮,謂未盡善。自吴平以來,東南六州將士,更守江表,此時之至患也。内兵外守,吴人有不自信之心,宜得壯王以鎮撫之,使内外各安其舊。又孫氏爲國,文武衆職,數擬天朝,一旦堙替,同於編户,災困逼身,自謂失地,用懷不靖。今得長王以臨其國,隨才授任,文武并叙,士卒百役,不出其鄉;求富貴者,取之國内。内兵得散,新邦又安,兩獲其所,於事爲宜。"《華譚傳》:大康中,刺史嵇紹舉譚秀才。武帝策之曰:"吴、蜀恃險,今既蕩平,蜀人服化,無攜貳之心,而吴人趑睢,屢作妖寇。豈蜀人敦樸,易可化誘,吴人輕鋭,難安易動乎?"譚對曰:"吴阻長江,舊俗輕悍。所安之計,當先疇其人士,使雲翔闉闍。進其賢才,待以異禮。明選牧伯,致以威風,輕其賦斂"云云。皆可見當時江表之臬兀,而晉之所以鎮撫之者,不免掉以輕心也。

　　荆楚之風氣,不如吴會之勁悍,然其地累經喪亂,故亦易動而難安,而張昌遂爲亂首焉。昌,義陽蠻。<small>義陽,見第二章第二節。</small>李流之寇蜀也,昌聚黨數千人,詐言臺遣其募人討流。會壬午詔書,發武勇以赴益土,號曰壬午兵。自天下多難,數術者云:"當有帝王,興於江左。"及此調發,人咸不樂西征。昌黨因之,誑惑百姓,各不肯去,而詔書催遣嚴速,遂屯聚爲劫掠。時江夏大稔,<small>江夏,見第四節。</small>流人就食者數千口。大安二年,昌於安陸縣石巖山屯聚。<small>安陸,漢縣,今湖北安陸縣北。</small>諸流人及避戍役者,多往從之。昌乃變姓名爲李辰。據有江夏。造妖言云:"當有聖人出。"山都縣吏丘沈,<small>山都,秦縣。在今湖北襄陽縣西北。</small>遇於江夏,昌名之爲聖人,立爲天子,易姓名爲劉尼,稱漢後。以昌爲相國。又流言云:"江、淮已南,當圖反逆,官軍大起,悉誅討之。"羣小互相扇動,人情皇懼,江、沔間一時焱起,旬月之間,衆至十三萬。時豫州刺史劉喬,據汝南以禦賊。<small>汝南,見第二章第三節。</small>前將軍趙驤,助平南將軍羊伊守宛。<small>見第四節。</small>新野王歆<small>見第三節。</small>督荆州。昌遣其將黄林向豫州,喬遣將擊破之。林東攻弋陽,<small>漢國,魏爲郡,今河南潢川縣。</small>亦不克。而馬武破武昌,<small>吴郡,今湖北鄂城縣。</small>害大守。昌西攻宛,破趙驤,害羊伊。進攻襄陽,<small>見第四節。</small>害新野王歆。别率石冰破江、揚。臨淮人封雲舉兵應之,<small>臨淮,漢郡,後漢廢,晉復置,後改爲盱眙,今安徽盱眙縣。</small>自阜陵寇徐州。<small>阜陵,漢縣,晉廢,在今安徽全椒縣東。</small>昌又遣將攻長沙、湘東、零陵諸郡。<small>此據本傳。《本紀》云:陷武陵、零陵、豫章、長沙。長沙,秦郡,今湖南長沙縣。湘東,吴郡,治酃,在今湖南衡陽縣東。晉移治臨丞,即今衡陽縣也。零陵,武陵,皆見第六節。豫章,漢郡,今江西南昌縣。</small>昌雖跨帶五州,而樹立牧守,皆盜桀小人,但以劫掠爲務,人情漸離。朝以劉弘督荆州。初進,敗於方城。山名,在今河南葉縣南。弘遣司馬陶侃等進據襄陽,遂討昌於竟陵。晉郡,今湖北鍾祥縣。劉喬又遣兵向江夏。侃等與昌苦戰,破之,納降萬計,昌竄於下儁山。謂下儁縣山中。下儁,漢縣,在今湖南沅陵縣東北。明年秋,乃禽斬之。

張昌雖速亡,而亂勢遂蔓衍於下流。陳敏者,廬江人。廬江,晉郡,今安徽霍邱縣西。少有幹能。以部廉吏補尚書倉部令史。及趙王倫簒逆,三王起義,兵久屯不散,京師倉廩空虛,敏建議漕南方穀以濟中州,朝廷從之,以敏爲合肥度支。合肥,漢縣,今安徽合肥縣。遷廣陵內史。廣陵,漢國,後漢爲郡,治江都,今江蘇江都縣。晉初移治淮陰,今江蘇淮陰縣。大安二年,十一月,揚州秀才周玘,處子。潛結前南平内史王矩,吳南郡,晉改曰南平,治作唐,在今湖南安鄉縣北,後移治江安,在今湖北公安縣東北。共推吳興大守顧祕都督揚州四郡軍事,以討石冰。冰退,自臨淮趨壽陽。見第四節。都督劉準憂懼,計無所出。敏謂準:"請合率運兵,公分配衆力,破之必矣。"準乃益敏兵擊之。敏以少擊衆,每戰皆克。與玘攻冰於建業。冰北走,投封雲。敏迴討雲。雲將張統斬雲、冰降。時永興元年三月也。會稽賀循,會稽,秦郡,治吳,後漢移治山陰。吳,今江蘇吳縣。山陰,見第二章第二節。亦合衆應玘等。移檄冰大將杭寵。寵遁走,所置會稽相、山陰令皆降,一郡悉平。敏以功爲廣陵相。時惠帝幸長安,四方交爭,敏遂有割據江東之志。父亡去職。東海王越當西迎大駕,承制起敏爲右將軍,假節,前鋒都督。越討劉喬,敏引兵會之,與越俱敗於蕭。見第三節。敏因中國大亂,遂請東歸。收兵據歷陽。秦縣,晉置郡,今安徽和縣。丹陽甘卓,丹陽,秦縣,今安徽當塗縣東。亦棄官東歸,與敏遇於歷陽,共圖縱橫之計。假稱皇大弟命,拜敏爲揚州刺史。敏爲息取卓女,并假江東首望顧榮等四十人爲將軍、郡守。榮,吳人,吳丞相雍之孫。是時州内豪桀,咸見維縶,惟賀循齊曾孫,邵子。與吳郡朱誕,不與其事。揚州刺史劉機,丹陽大守王曠等,皆棄官奔走。敏弟昶,將精兵數萬據烏江。在今安徽和縣東北,晉於此置烏江縣。恢率錢端等南寇江州,時治豫章。刺史應邈奔走。斌東略諸郡。遂據有吳、越之地。永興二年十二月。敏命寮佐以己爲都督江東軍事,大司馬,楚公,封十郡,加九錫。列上尚書:稱"自江入河,奉迎鑾駕。"敏分置子弟爲列郡,收禮豪桀,有孫氏鼎峙之計,而刑政無章,不爲英俊所服;且子弟凶暴,所在爲患。周玘、顧榮之徒,常懼禍敗。東海王軍諮祭酒華譚,廣陵人。又遺榮等書。玘、榮乃遣使密報劉準:"遣兵臨江,己爲内應。"準遣劉機等出歷陽,敏使弟昶及將軍吳廣次烏江以距之。又遣弟閎戍牛渚。山名,即采石,以臨江,亦稱采石磯,在今安徽當塗縣西北。廣,玘鄉人也,廣,吳興人,家在長城。長城,晉縣,在今浙江長興縣東。玘潛使圖昶。廣遣其屬白事,昶傾頭視書,揮刀斬之。敏遣甘卓出橫江,在和縣東南,與牛渚相對。堅甲利器，盡以委之。玘、榮又説卓，卓遂背敏。敏與卓戰，未獲濟，顧榮以白羽扇麾之，衆潰。敏單騎東奔，至江乘，秦縣，吳省，晉復置，在今江蘇句容縣北。爲義兵所獲，斬於建業。時永嘉元年三月也。會稽諸郡，并殺敏諸弟無遺焉。恢據武昌，自稱荆州刺史，見《朱伺傳》。劉弘使陶侃等討平之。王敦之叛也，或説甘卓："且僞許敦，待其至都而討之。"卓曰："昔陳敏之亂，吾亦先從後圖，而論者謂懼逼而謀，雖情本不爾，而事實有似，心恒愧之，今若復爾，誰能明我？"此非誠語，懼逼反噬，乃其實情。且非獨卓，顧榮、周玘等，恐無不如是也。亦可見是時吳人之心矣。

陳敏之叛也，吳興人錢璯，亦起義兵。東海王越命爲建武將軍，使率其屬會於京都。璯至廣陵，聞劉聰逼洛陽，畏愞不敢進。元帝時鎮江左，促以軍期。璯乃謀反。永嘉四年，二月，劫孫皓子充，立爲吳王。既而殺之，寇陽羨。漢縣，在今江蘇宜興縣南。元帝遣將軍郭逸、都尉朱典等討之，并以兵少未敢前。三月，周玘率合鄉里義衆，與逸等俱進，斬之。

劉弘以光熙元年卒。明年，爲懷帝永嘉元年，三月，以高密王簡督荆州，鎮襄陽。此據《本紀》。本傳名略，字元簡，謚孝，文獻王子，而東海王越之弟也。文獻王見第二節。三年，三月，薨。以尚書左僕射山簡督荆、湘、交、廣，尋又加督寧、益。簡優游卒歲，惟酒是耽。先是王衍説東海王越：謂"中國已亂，當賴方伯。"乃以弟澄爲荆州，族弟敦爲青州。謂澄、敦曰："荆州有江、漢之固，青州有負海之險，卿二人在外，而吾留此，足以爲三窟矣。"澄既至鎮，日夜縱酒，雖寇戎急務，亦不以在懷。及四年九月，而王如反於宛。如，新豐人。新豐，見第五節。初爲州武吏，遇亂，流移至宛。時諸流人有詔并遣還鄉里，如以關中荒殘，不願歸，簡與南中郎將杜蕤各遣兵送之，而促期令發，如遂潛結諸無賴少年，夜襲二軍，破之。自號大將軍、司、雍二州牧。大掠漢、沔。南安龐寔，此據《如傳》。《本紀》作新平。南安、新平，皆見第二章第二節。馮翊嚴嶷，馮翊，亦見第二章第二節。長安侯脱，各率其黨攻諸城鎮，多殺令長以應之。時京師危逼，簡、澄、蕤并遣兵入援，及如戰於宛，皆大敗。澄獨以衆進。前鋒至宜城，漢縣，今湖北宜城縣南。遣使詣簡，爲嚴嶷所獲。嶷僞使人從襄陽來，言"城破，已獲山簡矣"。陰緩澄使令亡。澄以爲信然，散衆而還。簡爲嶷所逼，遷於夏口。今漢口。如又破襄城。見第四節。時石勒濟河，如遣衆一萬屯襄城以距勒。勒擊敗之，盡俘其衆。至南陽，屯於宛北山。如懼勒攻己，使犒師，結爲兄弟。勒納之。侯脱據宛，與如不協，如説勒攻脱。旬有二日而克。嚴嶷救脱無及，遂降於勒。勒斬脱；囚嶷，送於平陽；盡并其衆。南寇襄陽，攻陷江西壁壘三十餘所。率精騎三萬還攻如。憚

如之盛，復趨襄城。如遣弟璃犒師，實欲襲勒。勒迎擊，滅之。復屯江西。旋
北上。如軍中大飢，其黨互相攻擊，官軍進討，各相率來降。如計無所出，歸
於王敦。如降無年月，《通鑑》以其餘黨入漢中在建興元年，乃繫之永嘉六年。後爲敦所殺。
如餘黨李運、楊武等，自襄陽將三千餘家入漢中。初，陳敏作亂，朝廷以張光
爲順陽大守，順陽，晉郡，在今河南光化縣北，後移淅川縣東南。率步騎五千詣荊州討之，
有功，遷梁州刺史。先是秦州人鄧定等二千餘家飢餓，流入漢中，保於城固。
漢成固縣，今陝西城固縣西北。漸爲抄盜。梁州刺史張殷，遣巴西大守張燕討之。巴
西，見第六節。定窘急，僞降。并餽燕金銀。燕喜，爲之緩師。定密結李雄，雄遣
衆救定，燕退。定逼漢中。大守杜正沖東奔魏興。見第六節。殷亦棄官而遁。
光止於魏興，結諸郡守，共謀進取。燕唱言不可。光怒，斬燕。卻鎮漢中。及
運、武至，光遣參軍晉邈距之。邈受運重賂，勸光納運。光從邈言，使居城固。
既而邈以運多珍貨，又欲奪之，言於光曰："運之徒屬，不事佃農，但營器杖，意在
難測，可掩而取之。"光又信焉。遣邈討運，不克。光乞師於氐王楊茂搜，茂搜遣
子難敵助之。難敵求貨於光，光不與。楊武乃厚賂難敵，謂之曰："流人寶物，悉
在光處，今伐我，不如伐光。"難敵大喜，聲言助光，內與運同。光弗之知也，遣息
援助邈。運與難敵夾攻邈等，援爲流矢所中，死。賊遂大盛。光嬰城固守，憤激
成疾卒。建興元年，十一月，武陷梁州。明年，二月，大略漢中，奔於李雄。

　　張昌妖妄，王如粗才，皆不足道，杜弢則非其倫矣。其叛既非本心，且其
材頗可用，而爲諸將貪功者所閒隔，卒陷於叛逆以死，弢一身不足惜，然恢復
之所以難成，所用不過二等人物，亦爲其一大因，此則非細故也。弢，成都人，
以才學著稱，州舉秀才。遭李庠之亂，避地南平。大守應詹，愛其才而禮之。
後爲醴陵令。醴陵，漢侯國，後漢爲縣，今湖南醴陵縣。時巴、蜀流人汝班、蹇碩等數萬
家，布在荊、湘閒，爲舊百姓所侵苦，并懷怨恨。會蜀賊李驤，此又一李驤，非前蜀李
特之弟。殺縣令，屯聚樂鄉，城名，吳陸抗所築，在今湖北松滋縣東。衆數百人。弢與應
詹擊驤，破之。蜀人杜疇、蹇撫等復擾湘州。參軍馮素，與汝班不協，言於刺
史荀眺曰："流人皆欲反"，眺以爲然，欲盡誅流人。班等懼死，聚衆以應疇。
時弢在湘中，賊衆共推爲主。弢自稱梁、益二州牧、領湘州刺史，攻破郡縣。
眺委城走廣州。治番禺，今廣東南海縣。時永嘉五年五月也。以上據《杜弢傳》。《王澄傳》
云：巴、蜀流人，散在荊、湘者，與土人忿爭，遂殺縣令，屯聚樂鄉。澄使成都內史王機討之。賊請降。
澄僞許之。既而襲之，以其妻子爲賞，沈八千餘人於江中。於是益、梁流人四五萬家，一時俱反，推杜
弢爲主。廣州刺史郭訥遣始興大守嚴佐攻弢，始興，吳郡，今廣東曲江縣。弢逆擊破
之。王澄遣王機擊弢，敗於巴陵。晉縣，今湖南巴陵縣。弢遂縱兵肆暴，僞降於山

71

簡。簡以爲廣漢大守。廣漢,見第六節。眺之走也,州人推安城大守郭察領州事。安城,吳郡,在今江西安福縣東南。因率衆討䜣。反爲所敗,察死。䜣遂南破零陵,東侵武昌,害長沙、宜都、邵陵大守。宜都,見第六節。邵陵,漢昭陽縣,吳置郡,晉郡縣俱改曰邵陵,今湖南寶慶縣。王澄出軍擊䜣,次於作唐。山簡參軍王沖叛於豫州,自稱荆州刺史。澄懼,使杜蕤守江陵,漢縣,今湖北江陵縣。遷於屚陵。漢縣,在今湖北公安縣南。尋奔沓中。胡三省曰:蓋在屚陵東。初,澄命武陵諸郡同討䜣,天門大守扈瓖,天門,吳郡,晉置灃陽縣爲郡治,今湖北石門縣。次於益陽。漢縣,在今湖南益陽縣西。武陵内史武察,爲其郡吏所害。瓖以孤軍引還。澄怒,以杜曾代瓖。曾,新野人,新野,見第三節。蕤之從祖弟也。驍勇絶人。始爲新野王歆鎮南參軍。歷華容令,華容,漢縣,今湖北監利縣西北。至南蠻司馬。永嘉之亂,荆州荒梗,故鎮南府牙門將胡亢聚衆竟陵,自號楚公。永嘉六年正月。假曾竟陵大守。及是,澄使代扈瓖。瓖故吏袁遂,託爲瓖報讎,舉兵逐曾。澄使司馬毌丘邈討之,爲遂所敗。時元帝鎮江東,以軍諮祭酒周顗刺荆州,而徵澄爲軍諮祭酒。顗始到州,建平流人傅密等叛,迎䜣。䜣別將王真襲沔陽,顗狼狽失據。武昌大守陶侃救之,乃得免,奔建康。建興元年八月。時王敦都督征討諸軍事,遣侃及豫章大守周訪等討䜣,而敦進住豫章,爲諸軍繼援。敦表拜侃荆州,鎮於沌口,沌水自湖北潛江縣由漢水分枝,東南出,經江陵、監利至漢陽入江。又移入沔江。先是胡亢與其黨,自相猜貳,誅其驍將數十人。杜曾心不自安,潛圖之。會王沖屢遣兵抄亢所統,亢患之,問計於曾。曾勸令擊之,亢以爲然。曾因城中空虛,斬亢而并其衆。自號南中郎將,領竟陵大守。沖據江陵。陶侃參軍王貢,爲侃告捷於王敦,還至竟陵,矯侃令,以曾爲前鋒大督護,進軍斬沖,悉降其衆。侃召曾不到,貢又恐矯命獲罪,遂與曾舉兵反。侃欲退入滇中,滇水,出湖北隨縣,在漢陽西北入江。部將張奕,將貳於侃,詭説曰:"賊至而動衆,不可。"侃惑之,賊至,爲所敗,坐免官。奕奔於賊。《本紀》:建興二年,三月,杜䜣別將王真襲侃於林障,侃奔灄中。林障,《水經注》:在江夏沌陽縣。案沌陽縣,齊置,在今漢陽縣西。《水經注》滇水過安陸,東南流,分爲二水:東通灄水,西入於沔。王敦表侃以白衣領職。侃復率周訪等進軍入湘。使都尉楊舉爲先驅,擊杜䜣,大破之。敦於是奏復侃官。䜣前後數十戰,將士多物故,於是請降。元帝不許。䜣乃遺應詹書,求復北方或夷李雄以自效。詹啓呈䜣書,言"䜣益州秀才,素有清望。李驤爲變,䜣時出家財,招募忠勇,登壇歃血,義誠慷慨。鄉人推其素望,遂相馮結,論䜣本情,非首作亂階者也。"元帝乃使前南海大守王運受䜣降。南海,秦郡,治番禺。加䜣巴東監軍。巴東,見第六節。䜣受命之後,諸將殉功者攻擊之不已,䜣不勝憤,遂殺運,而使王真領精卒三千爲奇兵,出江南向武陵，斷官軍運路。陶侃使鄭攀等夜趣巴陵，掩其不備，大破之。真步走湘城。湘州治長沙。弢將張彥陷豫章。王敦遣督護繆遙、李恒受周訪節度，共擊破之，臨陳斬彥。訪復以舟師造湘城。而弢遣杜弘出海昬，漢縣，今江西永脩縣。溢口騷動。溢口，溢水入江處，在今江西九江縣西。訪步出柴桑，漢縣，在九江西南。與賊戰，破之。圍弘於廬陵。廬陵郡，孫策所置，晉治石陽，在今江西吉水縣東北。弘突圍出，奔於臨賀。漢縣，吳置郡，今廣西賀縣。此處據《周訪傳》。《本紀》事在建興三年二月，而誤合破張彥、杜弘爲一事。賊中離沮。杜弢逆疑張奕而殺之，衆情益懼，降者滋多。侃等諸軍齊進。王真降，衆黨散潰。弢遁逃，不知所在。此依《弢傳》。《本紀》云：弢敗走，道死。時建興三年七月也。

　　張光之卒也，愍帝以侍中第五琦爲荊州刺史，監荊、梁、益、寧四州，出自武關。見第三節。杜曾迎琦於襄陽，爲兄子娶琦女，遂分據沔、漢。陶侃新破杜弢，乘勝擊曾，輕之，圍曾於石城，竟陵郡治。爲所敗。建興元年十月。時荀崧督荊州，鎮宛，曾攻之。崧求救於周訪及襄城大守石覽。訪使子撫會覽救之，曾不能克，引兵向江陵。王敦左轉陶侃爲廣州刺史以從弟廙刺荊州。侃將鄭攀、蘇溫、馬儁等上書請留侃，此據《侃傳》。《王廙傳》作馬俊。敦不許。攀等時屯結潯口，潯水入江之口。遂進距廙。廙奔江安。吳公安縣，晉改爲江安，今湖北公安縣東北。建武元年，九月，王敦使武昌大守趙誘，襄陽大守朱軌，陵江將軍黃峻討琦。攀等士衆疑沮，復散還橫桑口。在今湖北天門縣東南。懼誅，以司馬孫景造謀，斬之降。而誘等大敗於女觀湖，在江陵東北。皆爲曾所殺。曾遂逐廙，徑造沔口。王敦遣周訪討之，破其衆於沌陽，遂定沔、漢。曾走固武當。山名，在今湖北均縣南。漢時置武當縣，在今均縣北。訪屢戰不能克。潛遣人緣山開道，出不意襲之，曾衆潰。馬儁、蘇溫等執曾詣訪降，并獲第五琦。訪斬曾，送琦於王敦，敦斬之。時大興二年五月也。兼據《本紀》及《周訪》、《陶侃》、《王廙》、《朱伺》、《杜曾傳》。

　　王機，長沙人。父毅，廣州刺史，甚得南越之情。王澄與之友善，內綜心膂，外爲牙爪。杜弢之滅也，王敦以元帥加都督江、揚、荊、湘、交、廣六州，江州刺史，鎮豫章。王澄赴召，過詣敦。澄夙有盛名，出於敦右，兼勇力絕人，素爲敦所憚。[1]澄猶以舊意侮敦，敦益忿怒，令力士搤殺之。機懼禍及；又屬杜弢所在發墓，而獨爲機守冢，機益自疑；就敦求廣州。敦不許。會廣州人背郭訥迎機。機遂將奴、客、門生千餘人入廣州。州部將溫邵率衆迎機。機自以篡州，懼爲敦所討，乃更求交州。晉交州，治龍編，在今越南河內省。杜弘自臨賀送金

----

① 風俗：王澄勇力絕人。

數千兩與機，求討桂林賊自效。晉桂林郡治，在今廣西馬平縣東南。機爲列上，朝廷許之。時交州刺史王諒爲賊梁碩所陷。據《陶侃傳》。王敦以機難制，又欲因機討碩，故以降杜弘之勳，轉機爲交州刺史。碩禁州人不許迎之，機遂住鬱林。漢郡，治布山，今廣西貴縣。杜弘破桂林賊還，遇機於道。機勸弘取交州，弘素有意，於是機與弘及温邵、交州秀才劉沈等并反。尋陶侃爲廣州，先討温邵、劉沈，皆殺之。遣督護許高討機。機走，病死於道。高寶進擊梁碩，平之。杜弘詣零陵大守尹奉降。奉送弘與敦。敦以爲將，見寵待焉。

錢璯之平也，元帝以周玘爲吳興大守。又以玘頻興義兵，勳誠并茂，乃以陽羨及長城之西鄉，丹陽之永世，別爲義興郡，以彰其功。治陽羨。玘宗族彊盛，人情所歸，帝疑憚之。於時中州人士，左右王業，玘自以爲不得調，内懷怨望。復爲刁協輕之，恥恚愈甚。時鎮東將軍祭酒東萊王恢，亦爲周顗所侮。乃與玘陰謀，誅諸執政，推玘及戴淵與諸南士，共奉帝以經緯世事。戴淵，廣陵人。先是流人率夏鐵等寓於淮、泗。恢陰書與鐵，令起兵，己當與玘以三吳應之。丹陽、吳興、吳郡。建興初，鐵已聚衆數百人。臨淮大守蔡豹斬鐵以聞。恢聞鐵死，懼罪，奔於玘。玘殺之，埋於豕牢。帝聞而祕之。召玘爲鎮東司馬。未到，復改授南郡大守。秦郡，治江陵，吳移治公安，晉還治江陵。玘既南行，至蕪湖，漢縣，在今安徽蕪湖縣東。又下令，以爲軍諮祭酒。玘忿於回易，又知其謀泄，遂憂憤發背而卒。將卒，謂子勰曰：“殺我者諸傖，子能復之，乃吾子也。”吳人謂中州人曰傖，故云。勰常緘父言，時中國亡官失守之士，避亂來者，多居顯位，駕御吳人，吳人頗怨。勰因之欲起兵。潛結吳興功曹徐馥。馥家有部曲，勰使馥矯稱叔父札命以合衆。豪俠樂亂者，翕然附之。以討王導、刁協爲名。孫皓族人弼，亦起兵於廣德以應之。廣德，吳縣，今安徽廣德縣東。建興三年，正月，馥殺吳興大守袁琇。有衆數千，將奉札爲主。札聞而大驚，乃告亂於義興大守孔侃。勰知札不同，不敢發兵。馥黨懼，攻馥殺之。孫弼衆亦潰，宣城大守陶猷滅之。宣城，晉郡，治宛陵，今安徽宣城縣。札兄靖之子筵，時爲黄門侍郎，筵族兄續，亦聚衆應馥。元帝議欲討之。王導以爲兵少則不足制寇，多遣則根本空虛，筵爲一郡所敬，意謂直遣筵，足能殺續。於是詔以力士百人給筵，使輕騎還陽羨。筵既至郡，逼續共詣侃，殺之。筵因欲誅勰，札拒不許，委罪於從兄邵，誅之。元帝以周氏奕世豪望，吳人所宗，故不窮治，撫之如舊。然其後王敦内犯，札守石頭，六朝時建業有三城：中臺城，爲帝居。西石頭，爲宿兵之所，攻戰時恒據此。東東府，凡宰相録尚書事兼揚州刺史者居之，實甲常數千人，如晉會稽王道子、宋武帝、齊高帝是也。開門納之，蓋未嘗不銜舊怨？而周氏卒仍爲敦輩所忌，可見當時南北之不相容也。

第四章　東晉初年形勢

第一節　元帝東渡

　　惠末大亂，懷、愍崎嶇北方，卒無所就，而元帝立國江東，遂獲更衍百年之祚，此蓋自初平以來，久經喪亂，民力彫敝，朝廷紀綱，亦極頹敗，其力不復能戡定北方，而僅足退守南方以自保，大勢所趨，非一人一事之咎也。元帝名睿，爲宣帝曾孫。嗣爲琅邪王。東海王越收兵下邳，使帝監徐州諸軍事。俄督揚州。越西迎大駕，留帝居守。永嘉初，移鎮建業。周馥表請遷都，帝受東海王越之命，擊走之。皆已見第三章第四節。及懷帝蒙塵，司空荀藩，移檄天下，推帝爲盟主。江州刺史華軼不從。軼，歆之曾孫。東海王越牧兗州，引爲留府長史。永嘉中，歷江州刺史。在州甚有威惠。時天子孤危，四方瓦解，軼每遣貢獻入洛，不失臣節。謂使者曰：“若洛都道斷，可輸之琅邪王，以明吾之爲司馬氏也。”然軼自以受洛京所遣，而爲壽春所督，時揚州刺史治壽春，見第三章第九節。時洛京尚存，不能祗承元帝教命。元帝遣周訪屯彭澤以備軼。彭澤，漢縣，吳置郡，在今江西湖口縣東。訪過姑熟。城名，今安徽當塗縣。著作郎干寶，見而問之。訪曰：“華彥夏軼字有憂天下之誠，而不欲録録受人控御，頃來紛紜，粗有嫌隙，今又無故以兵守其門，將成其釁。吾當屯尋陽故縣，漢尋陽縣，在今湖北黃梅縣北。晉置郡，治柴桑，即今江西九江縣，始移於江南。既在江西，可以捍禦北方，又無嫌於相逼也。”初陳敏之亂，劉弘以陶侃爲江夏大守。江夏，見第三章第四節。後以母憂去職。服闋，參東海王越軍事。軼表侃爲揚武將軍，使屯夏口。見第三章第九節。又以侃兄子臻爲參軍。臻恐難作，託疾而歸。侃怒，遣臻還軼。臻遂東歸元帝。帝大悦，命臻爲參軍。加侃奮威將軍。侃乃與軼絕。及元帝承制，改易長史，軼又不從命。於是遣左將軍王敦都督甘卓、周訪、宋典、趙誘討之。前江州刺史衛展，不爲軼所禮，心常鞅鞅。至是，與豫章大守周廣爲内應，潛軍襲軼。軼衆潰，奔於安城。見第三章第九節。追斬之，及其五子，傳首建業。愍帝即位，加帝左丞相。歲餘，進位丞相，大都督中外諸軍事。已見第三章第五節。建興五年，二月，平東將軍宋哲至，宣愍帝遺詔，使帝攝萬幾。三月，即晉王位，改元建武。明年，建興六年，元帝大興元年。愍帝崩問至，乃即帝位。

《王導傳》云：導參東海王越軍事。時元帝爲琅邪王，與導素相親善，導知天下已亂，遂傾心推奉，帝亦雅相器重，契同友執。帝之在洛陽也，導每勸令之國。會帝出鎮下邳，請導爲安東司馬。軍謀密策，知無不爲。及徙鎮建康，吳人不附，居月餘，士庶莫有至者，導患之。會敦來朝。導謂之曰："琅邪王仁德雖厚，而名論猶輕，兄威風已振，宜有以匡濟之。"會三月上巳，帝親觀禊，乘肩輿，具威儀，導及諸名勝皆騎從。吳人紀瞻、顧榮，皆江南之望，竊覘視之，見其如此，咸驚懼，乃相率拜於道左。導因進計曰："古之王者，莫不賓禮故老，存問風俗，虛己心以招俊义，況天下喪亂，九州分裂，大業草創，急於得人者哉？顧榮、賀循，此土之望，未若引之，以結人心。二子既至，則無不來矣。"帝乃使導躬造循、榮。二人皆應命而至。由是吳會風靡，百姓歸心焉。自此之後，漸相崇奉，君臣之禮始定。俄而洛京傾覆，中州士女，避亂江左者十六七。導勸帝收其賢人君子，與之圖事。時荊、揚晏安，戶口殷實。導爲政，務在清靜。每勸帝克己勵節，匡主寧邦。於是尤見委杖，情好日隆。朝野傾心，號爲仲父。此傳頗能道出東晉建國之由。三言蔽之，曰：能調和南方人士，收用北來士大夫，不竭民力而已。史言"惠皇之際，王室多故，帝每恭儉退讓，以免於禍。沈敏有度量，不顯灼然之跡，故時人未之識焉。"深沈有餘，雄略不足，是則元帝之爲人也。帝之本志，蓋僅在保全江表，而不問北方，即王導之志亦如此，故能志同道合。東晉之所以能立國江東者以此，其終不能恢復北方者亦以此。以建國之規模一定，後來者非有大才，往往不易更變也。

第二節　北　方　陷　沒

天下之患，莫大於中樞之失馭。中樞失馭，則雖有誠臣，亦無能爲力矣。晉世北方，惟并州敗壞最甚；幽、冀、青、兗，皆未嘗不足有爲；而涼州亦足爲秦、雍之援；得雄主而用之，五胡之亂，固未嘗不可戡定；即不然，亦可以相枝拄。惠帝既失馭；懷、愍處不可爲之時；元帝又絕意於北略；遂至河西一隅而外，無不爲異族所蹂躪矣。《詩》曰："其何能淑，載胥及溺，"豈不哀哉？

惠帝西遷以後，能號令中原者，自莫如河南之行臺。然荀藩等實手無斧柯，故迄不能振作。藩以建興元年九月薨，愍帝以其弟組行留事。元帝大興初，以爲石勒所逼，率其屬數百人，自許昌渡江而東。許昌，見第三章第二節。

時北方征鎮，以青州苟晞、幽州王浚爲較彊，而丁紹爲冀州刺史，亦能捕誅境内之羯賊。晞爲石勒所滅，已見第三章第五節。紹以永嘉三年卒，王斌繼之，十一月，爲勒所害。王浚復兼冀州，然力實不足以守之也。

王彌之入洛陽也，縱兵大掠，劉曜禁之，彌不從。曜斬其牙門王延以徇。彌怒，與曜阻兵相攻。旋以長史張嵩諫，詣曜謝，結分如初。然曜本怨彌先入洛不待己，嫌隙遂搆。彌引衆東屯項關。在項縣。司隷劉暾，暾東萊掖人。王彌入洛，百官殲焉，惟暾爲彌鄉里宿望，得免。東萊，見第三章第四節。掖，漢縣，今山東掖縣。說彌還據青州。彌然之。使左長史曹嶷還鄉里招誘，且迎其室。後暾又勸彌徵曹嶷，藉其衆以誅石勒。於是彌使暾詣青州，令曹嶷引兵會己，而詐要勒共向青州。暾至東阿，漢縣，今山東陽穀縣東北。爲勒游騎所獲。勒見彌與嶷書，大怒，乃殺暾，詭請彌宴，手斬之，而并其衆。彌在羣盜中，較有智略，其聲勢亦亞於勒，既見并，勒更無所忌憚矣。

永嘉五年，十月，勒既没苟晞，并王彌，南寇豫州，至江而還。屯於葛陂，在今河南新蔡縣。繕室宇，課農造舟，將寇建業。會霖雨，歷三月不止。六年，二月，元帝上尚書，檄四方討勒。江南之衆，大集壽春。見第三章第四節。勒軍中飢疫，死者大半。勒會諸將計之。右長史刁膺，勸勒送款，待軍退之後，徐更計之。勒愀然長嘯。其謀主張賓曰：“將軍攻陷帝都，囚執天子，殺害王侯，妻略妃主，擢將軍之髮，不足以數將軍之罪，奈何還相承奉乎？鄴有三臺之固，《水經注》：鄴城西北有三臺，皆因城爲之基。魏武所起，中曰銅雀臺，高十丈。其後石虎更增二丈。南則金虎臺，高八丈。北則冰井臺，亦高八丈。西接平陽，宜北徙據之。晉之保壽春，懼將軍之往擊耳。今卒聞迴軍，必欣於敵去，未遑奇兵掎擊也。輜重徑從北道，大軍向壽春，輜重既過，大軍徐迴，何懼進退無地乎？”勒攘袂鼓髯曰：“賓之計是也。”於是退膺爲將軍，擢賓爲右長史，號曰右侯。發自葛陂。遣從子虎率騎二千距壽春。會江南運船至，獲布米數十艘，將士爭之，不設備，晉伏兵大發，敗虎於巨靈口，赴水死者五百餘人。奔退百里，及於勒軍。軍中震擾，謂王師大至。勒陳以待之。晉懼有伏兵，退還壽春。勒雖剽悍，此時實尚同流寇。前此所破者，皆晉飢疲之軍，非精練之士也。此時勒軍飢疫，而晉士飽馬騰，形勢適相反。① 一奮擊破之，勒必無力驟取薊州，王浚幽州之衆，亦尚可資犄角，北方之情勢一變矣。任其越逸，豈不惜哉？

① 史事：石勒欲寇建業時之危機（又見第七十八頁）。

　　然勒之危機，猶未已也。勒所過路次，皆堅壁清野，採掠無所獲，軍中大飢，士衆相食。行達東燕，《水經注》：河水東北過延津，又逕東燕縣故城北。按兩《漢志》：東郡有燕縣，無東燕縣，蓋作史者用當時地名書之。延津，見第三章第四節。聞汲郡向冰，有衆數千，壁於枋頭。汲郡，見第三章第三節。枋頭，城名，在今河南濬縣西南。勒將於棘津北渡，棘津，在今河南延津縣東北。懼冰邀之，會諸將問計，張賓請簡壯勇千人，詭道潛渡，襲取其船，以濟大軍。勒從之，又因其資，軍遂豐賑，長驅寇鄴。時劉興子演守三臺。張賓進曰：“劉演衆猶數千，三臺險固，攻守未可卒下。王彭祖、浚字。劉越石，琨字。大敵也，宜及其未有備，密規進據，西禀平陽，掃定并、薊。且遊行羇旅，人無定志，難以保萬全，制天下。邯鄲、秦縣，在今河北邯鄲縣西南。襄國，秦信都縣，項羽改曰襄國，在今河北邢臺縣西南。趙之舊都，可擇都之。”勒曰：“右侯之計是也。”於是進據襄國。賓又言於勒曰：“聞廣平諸縣，廣平，見第二章第二節。秋稼大成，可分遣諸將，收掠野穀。遣使平陽，陳宜鎮此之意。”勒又然之，於是上表於劉聰，分命諸將攻冀州郡縣，壁壘率多降附，運糧以輸勒。勒蓋至是始免於爲流寇，而有建國之規模，皆張賓之謀也。張賓者，趙郡中丘人。中丘，漢縣，在今河北內邱縣西。嘗自擬子房，謂歷觀諸將，獨胡將軍可與共成大事，乃提劍軍門，自媒於勒者也。王浚使督護王昌，率段疾六眷亦作就六眷。及其弟匹磾，文鴦，從弟末杯，亦作末波。攻勒於襄國。勒襲執末杯，因以爲質，請和於疾六眷。疾六眷使文鴦與石虎盟而還。浚所恃惟鮮卑，鮮卑叛而浚勢搖矣。[①]

　　當劉淵崛起之際，拓跋氏亦漸彊。晉人乃思藉其力以掎匈奴焉。永興元、二年間，東嬴公騰，已再用拓跋氏之衆距劉淵。見《魏書·序紀》。永興二年，猗㐌死，永嘉元年，禄官又死，猗盧遂合三部爲一。是歲，騰遷鎮鄴，劉琨刺并州。時并土饑荒，百姓隨騰南下，餘户不滿二萬。寇賊縱橫，道路斷塞。琨募得千餘人，轉鬥至晉陽。見第三章第四節。琨在路上表曰：“道險山峻，胡寇塞路。輒以少擊衆，冒險而進。頓伏艱危，辛苦備嘗。即日達壺口關。臣自涉州疆，目覩困乏。流移四散，十不存二。攜老扶弱，不絶於路。及其在者，粥賣妻子，生相捐棄。死亡委厄，白骨橫野。哀呼之聲，感傷和氣。羣胡數萬，周匝四山。動足遇掠，開目覩寇，惟有壺關，可得告糴。而此二道，九州之險，數人當路，則百夫不敢進。公私往反，没喪者多。嬰守窮城，不得薪采。耕牛既盡，又乏田器。以臣愚短，當此至難，憂如循環，不皇寢食。”并州此次荒歉，《晉史》記載不詳，然其災情實極重，劉琨始終不能自立，實由於此。壺口關，在今長治縣東南，漢於此置壺關縣，見第三章第四節。府寺焚毀，僵尸蔽地。

---

　　① 史家：王浚惟恃段氏。劉琨惟恃拓跋。專恃異族兵之殷鑒。然并州實破敗（第八十三、七十八—七十九頁），琨可諒也，浚何爲哉？段氏反覆，王浚亡幽州入匹磾，異族之用果能獲勝，決無甘于爵賞者。契丹和宋……非矣。猗盧下不欲（見第八十一頁）。

存者飢羸，無復人色。荊棘成林，豺狼滿道，寇盜互來掩襲，恒以城門爲戰場。百姓負楯以耕，屬鞬而耨，琨撫循勞來，甚得物情。在官未期，流人稍復，雞犬之音，復相接矣。《晉書·懷帝紀》：永嘉五年，十一月，猗盧寇大原，見第二章第二節。劉琨不能制，徙五縣百姓於新興，事見第三章第八節。新興，見第二章第二節。以其地與之。《魏書·序紀》，事在其前一年。穆帝三年。云琨遣使以子遵爲質，帝嘉其意，厚報餽之。白部大人叛入西河，鐵弗劉虎舉衆於雁門以應之，西河、雁門，皆見第二章第二節。攻琨新興、雁門二郡。琨來乞師。帝使弟子平文皇帝將騎一萬，助琨擊之。大破白部。次攻劉虎，屠其營落。虎收其餘燼，西走渡河，竄居朔方。見第三章第八節。晉懷帝進帝大單于，封代公。帝以封邑去國縣遠，民不相接，乃從琨求陘北之地。琨乃徙馬邑、陰館、樓煩、繁峙、崞五縣之民於陘南，更立城邑，盡獻其地。據《晉書·劉琨傳》：琨之表猗盧爲代公，乃在晉陽失陷，乞師於猗盧之時。蓋拓跋氏本無記注，先世事迹，皆依附中國史籍而成，故年代殊不審諦也。《魏書·鐵弗劉虎傳》云：南單于之苗裔，左賢王去卑之孫，北部帥劉猛之從子。居於新興慮虒之北。慮虒，漢縣，在今山西五臺縣北。北人謂胡父鮮卑母爲鐵弗，因以爲號。猛死，子副崙來奔。虎父誥升爰，代領部落。誥升爰死，虎代焉。劉猛之叛，已見第二章第二節。《劉淵載記》：淵欲援成都王穎，劉宣等諫曰："晉爲無道，奴隸御我，是以右賢王猛，不勝其忿。屬晉綱未弛，大事不遂，右賢塗地，單于之恥也！"然則鐵弗爲匈奴彊部，且與晉有世讎，其助劉淵以攻琨，亦固其所。[1] 琨之免於兩面受敵，實藉鮮卑之力。拓跋氏自力微以來，與晉亦爲世讎，而琨能用之，其智計亦足尚矣。《魏書·序紀》又云：是年，賈疋、閻鼎共立秦王業爲大子，於長安稱行臺。帝復戒嚴，與琨更刻大舉，命琨自列晉行臺，部分諸軍。帝將遣十萬騎從西河鑒谷南出，晉軍從蒲阪東度，蒲阪，見第三章第四節。會於平陽，就食聰粟，迎復晉帝。事不果行。蓋琨欲用鮮卑，與關中共攻河東也。計雖未行，琨之志亦壯矣。然晉陽實荒瘠，不足與河東敵。六年，琨殺奮威護軍令狐盛，盛子泥奔劉聰。聰以爲鄉道，遣子粲陷晉陽。琨父母并遇害。琨奔常山，見第三章第四節。乞師於猗盧。猗盧使子利孫赴琨，不得進。猗盧自將六萬騎，次於盂城。盂，漢縣，在今山西陽曲縣西北。《魏書·序紀》云：遣長子六脩、桓帝子普根，及衛雄、范班、箕澹等爲前鋒，帝躬統大衆二十萬爲後繼，乃俘辭。普根，《劉琨集》作撲速根。箕澹，《劉聰載記》、《魏書》、《通鑑考異》引《十六國春秋》皆作姬澹。粲遁走。琨收其遺衆，保於陽曲。見第二章第二節。此據《晉書·本紀》。《劉琨傳》云：琨引猗盧并力攻粲，大敗之，死者十五六。琨乘勝追之，更不能克。猗盧以爲聰未可滅，遺琨牛羊、車馬而去，留其將箕澹、段繁戍晉陽。《劉聰載記》云：猗盧遣子日利孫、賓六須及將軍衛雄、姬澹等率衆數萬攻晉陽，琨收散卒千餘，爲之鄉道。猗盧率衆六萬，至於狼猛。曜及賓六須戰於汾東，曜墜馬，中流矢，身被七創。曜入晉陽，夜與劉粲等略百姓踰蒙山遁歸。猗盧率騎追之，戰於藍谷，粲敗績。琨收合離散，保於陽曲，猗盧城之而還。案是時猗盧之衆，蓋號稱六萬。琨衆不過千餘，可以見其寡弱。賓六須，《通鑑考異》云：《十六國春秋》作宥六須。狼猛，漢縣，在陽曲東北。蒙山，在大原西北。藍谷，在蒙山西。

王浚遣祁弘討石勒，爲勒所殺。劉琨與浚爭冀州，使宗人劉希還中山合衆。中山，漢國，今河北定縣。代郡、上谷、廣寧三郡人，皆歸於琨。代郡、上谷，皆見第三章第八節。廣寧，漢縣，晉置郡，在今察哈爾宣化縣西北。浚患之，遂輟討勒之師，與琨相拒。浚遣燕相胡矩燕國，治薊，今河北薊縣。督護諸軍，與疾六眷并力攻破希，驅略三郡士女出塞。琨不復能爭浚：遂欲討勒。使子遹棄嵩督諸軍屯易水。召疾六眷，將與之俱攻襄國。疾六眷自以前後違命，恐浚誅之；石勒亦遣使厚賂疾六眷等；由是不應召。浚怒，以重賂誘猗盧子日律孫，令攻疾六眷。反爲所破。浚矜豪日甚，不親爲政，所任多苛刻。加亢旱災蝗；下不堪命，多叛入鮮卑，士卒衰弱。勒用張賓計，詐降於浚。浚喜勒附己，不復設備。建興二年，三月，勒襲執浚，送諸襄國，斬之。《浚傳》云：浚將謀僭號。浚雖妄，未必至是。《石勒載記》謂勒遣其舍人，多齎珍寶，奉表推崇浚爲天子，表有"伏願殿下，應天順時，踐登皇祚"之語，蓋勒以是餌浚，後遂以是誣之也。浚固驕而寡慮，然謂其遂信勒之推奉爲真，有是理哉？《浚傳》云：勒遣使刻日上尊號於浚，浚許之。勒屯兵易水。督護孫緯疑其詐，馳白浚，而引軍逆勒。浚不聽，使勒直前。衆議皆曰："胡貪而無信，必有詐，請距之。"浚怒，欲斬諸言者，衆遂不敢復諫。盛張設以待勒。勒至城，復縱兵大掠。浚左右復請討之，不許。及勒登聽事，浚乃走。出堂皇，勒衆執以見勒。勒遂與浚妻并坐，立浚於前。浚罵曰："胡奴調汝公，何凶逆如此？"勒數浚不忠於晉，并責以百姓餒乏，積粟五十萬斛而不振給。遂遣五百騎先送浚於襄國，收浚麾下精兵萬人，盡殺之。停二日而還，孫緯遮擊之，勒僅得免。夫浚即愚癡，豈有勒縱兵大掠，尚不覺之之理。勒衆幾何？敢冘入城即散之大掠乎？孫緯遮擊之，勒尚僅得免，使浚少有備，勒安能得志？故知勒之役必以輕兵掩襲，浚必絕未之知也。勒兵必甚少，故不敢久停，孫緯能遮擊敗之者亦以此，以少兵能於二日之間收殺浚精兵萬人，事亦可疑。浚雖務聚斂，恐積粟亦未能至五十萬。蓋當時之人，憾浚不能振施，乃爲是過甚之辭也。① 浚初以田徽爲兗州，李惲爲青州，徽爲勒將孔萇所害。建興元年六月。惲爲勒所殺，浚以薄盛代之。盛執渤海大守劉既，渤海，漢郡，治浮陽，今河北滄縣。後漢移治南皮，今河北南皮縣。率戶五千降於勒。浚既敗，勒以晉尚書劉翰行幽州刺史，戍薊，置守宰而還。翰叛勒，奔於段匹磾。

---

① 史事：謂王浚欲叛，劉琨與石勒圖浚之誣（見第八十一、八十四頁）。

匹磾遂領幽州刺史。蓋勒雖能冒險襲殺王浚，兵力實未能及幽州，故段氏復乘虛據之也。匹磾究爲異族，且亦無大略，劉琨至此，乃以一身與二虜相枝拄矣。

《石勒載記》云：勒將襲王浚，而懼劉琨及鮮卑、烏丸，爲其後患。張賓進曰："劉琨、王浚，雖同名晉藩，其實仇敵。若脩牋於琨，送質請和，琨必欣於得我，喜於浚滅，終不救浚而襲我也。"於是輕騎襲幽州，遣張慮奉牋於琨，陳己過深重，求討浚以自效。琨既素疾浚，乃檄諸州郡，謂"勒知命思愆，收累年之咎，求拔幽都，效善將來。今聽所請，受任通和。"一若勒之害浚，琨實與之通謀者，此誣辭也。琨之與浚爭冀州，特以當時朝命不及，州郡本無適主，兵爭之際，各求廣地以自彊，此亦未爲非法，非遂與浚相攻伐也，安得謂之仇敵？勒之襲浚，僅停二日，琨雖欲救援，亦無所及，況其力實寡弱乎？浚謀僭號，既屬誣辭，雖非信臣，亦無逆節，安得指勒之求拔幽都，爲效善之徵乎？其爲誣罔，又不待辯而自明矣。是歲，琨表愍帝曰："臣前表當與鮮卑猗盧，刻今年三月，都會平陽。會浚爲勒所虜，勒勢轉盛，欲來襲臣，城塢駭懼，志在自守。又猗盧國内，欲生姦謀。幸盧警慮，尋皆誅滅，遂使南北顧慮，用愆成舉。勒據襄國，與臣隔山。寇騎朝發；夕及臣城，同惡相求，其徒實繁。自東北八州，勒滅其七，先朝所授，存者惟臣，是以勒朝夕謀慮，以圖臣爲計。闚伺閒隙，寇抄相尋。戎士不得解甲，百姓不得在野。自守則稽聰之誅，進討則勒襲其後。進退惟谷，首尾狼狽"云云。琨之備勒如此，而豈信其歸誠，與之謀浚者哉？是歲，爲魏穆帝猗盧七年。《魏書·序紀》云：帝復與劉琨約期，會於平陽。會石勒禽王浚，國有匈奴，雜胡萬餘家，多勒種類，聞勒破幽州，乃謀爲亂，欲以應勒。發覺伏誅。討聰之計，於是中止，蓋不徒不能進取平陽，并陘北亦受其震撼矣。故知王浚之亡，實當時北方一大變也。自是之後，劉琨亦力竭於禦勒，不暇更圖匈奴矣。

建興三年，爲魏穆帝之八年。《魏書·序紀》云：晉愍帝進帝爲代王，置官屬，食代、常山二郡。帝忿聰、勒之亂，志欲平之。先是國俗寬簡，民未知禁。至是，明刑峻法，諸部民多以違命得罪。凡後期者，皆舉部戮之。或有室家相攜，而赴死所。人問何之？答曰："當往就誅。"其威嚴伏物，皆此類也。蓋猗盧歉於爵賞，又貪虜獲之利，欲迫其衆南下，而其下不欲也。峻刻如此，亦無怪其召禍矣。先是猗盧城盛樂以爲北都，見第三章第八節。脩故平城以爲南都。在今山西大同縣東。更南百里，於灅水之陽黄瓜堆築新平城。在今山西山陰縣北。猗盧少子比延有寵，欲以爲後，故使長子六脩出居新平城，而黜其母。四年，猗盧召六脩，六脩不至。猗盧怒，伐之。不利，與比延皆遇害。猗㐌子普根，先守外境，聞難來赴，攻六脩滅之。普根立，月餘而薨。普根子始生，桓帝后立之。其冬，又薨。《晉書・劉琨傳》云：猗盧父子相圖，盧及兄子根皆病死。觀猗盧病死之非其實，則普根及其子，恐亦未必善終也。初代人衛操，爲衛瓘牙門，數使於拓跋氏。力微死後，操與從子雄及其宗室、鄉親姬澹等數十人，同往奔焉。説猗㐌、猗盧招納晉人。晉人附之者稍衆。猗㐌以爲輔相，任以國事。劉淵、石勒之亂，操勸猗㐌助晉。東嬴公騰聞而善之，表加將號。稍遷至右將軍，封定襄侯。永嘉四年，卒。雄、澹，猗盧并以爲將。操卒後爲左右輔相。及是，與劉琨任子遵，率烏丸、晉人三萬，牛羊十萬來歸。琨聞之，大悦。率數百騎，馳如平城撫納之。琨由是復振。當時以晉人入代，而乃心華夏者，尚有莫含。《魏書・含傳》云：雁門繁峙人也。家世貨殖，貲累巨萬。劉琨爲并州，辟含從事。含居近塞下，常往來國中。穆帝愛其才器，善待之。及爲代王，備置官屬，求含於琨。琨遣入國。含心不願，琨諭之曰：當今胡寇滔天，泯滅諸夏。百姓流離，死亡塗地。主上幽執，沈溺醜虜。惟此一州，介在羣胡之間。以吾薄德，能自存立者，賴代王之力，是以傾身竭寶，長子遠質，顛滅殘賊，報雪大恥。卿爲忠節，亦是奮義之時。何得苟惜共事之誠，以忘出身之大益？入爲代王腹心，非但吾願，亦一州所賴。含乃入代，參國官。後琨徙五縣之民於陘南，含家獨留。含甚爲穆帝所重，常參軍國大謀。觀是時晉人用事於代者之多，而知劉琨之能用拓跋氏，爲有由也。其心亦良苦矣。會石勒攻樂平，見第二章第二節。大守韓據請救於琨。琨以士衆新合，欲因其鋭以威勒。箕澹諫曰："此雖晉人，久在荒裔，未習恩信，難以法御。今内收鮮卑之餘穀，外抄殘胡之牛羊，且閉關守險，務農息士，既感化服義，然後用之，則功可立也。"琨不從。悉發其衆，命澹領步騎二萬爲前驅，琨自爲後繼。勒先據險要，設伏以擊澹，大敗之。一軍皆没。孔萇追澹於桑乾，漢縣，在今察哈爾蔚縣東北。攻代郡，澹死。并土震駭。尋又災旱。琨窮蹙不能復守。段匹磾數遣使要琨，欲與同獎王室。琨由是率衆赴之，從飛狐入薊。飛狐口，在蔚、淶源二縣間。匹磾見之，甚相崇重。與琨結昏，約爲兄弟。箕澹之敗，論者或咎琨之躁進。然琨死後，朝廷以匹磾尚彊，當爲國討石勒，不舉琨哀。琨故從事中郎盧諶、崔悦等上表理琨，曰："并州刺史東嬴公騰，以晉川荒匱，移鎮臨漳。見第三章第三節。大原、西河，盡徙三魏。皆見第二章第二節。琨受并州，屬承其弊，到官之日，遺户無幾。當易危之勢，處難濟之土，鳩集傷夷，撫和戎狄，數年之間，公私漸振。會京都失守，羣逆縱逸，邊萌頓仆，茍懷晏安。咸以爲并州之地，四塞爲固，且可閉關守險，畜資養徒。抗辭厲聲，忠亮奮發。以爲天子沈辱，而不隕身死節，情非所安。遂乃跋履山川，東征西討。屠谷乘虚，晉陽沮潰。琨父母罹屠戮之殃，門族受殲夷之禍。向使琨從州人之心，爲自守之計則聖朝未必加誅，而族黨可以不喪。及猗盧敗亂，晉人歸奔。琨於平城，納其初附。將軍箕澹，又以爲此雖晉人，久在荒裔，難以法整，不可便用。琨又讓之，義形於色。假從澹議，偷於苟存，則晏然於并土，必不亡身於燕、薊也。"當海内俶擾之時，手握兵權者，往往心存自保，而大局之所以敗壞，則正此等自便私圖者爲之，聞劉琨之風，亦可以少愧矣。成敗本難逆睹，即僅圖自守，亦豈必終能自全乎！

建武元年，劉琨與段匹磾期討石勒。匹磾推琨爲大都督。檄諸方守，俱集襄國。琨、匹磾進屯固安，漢縣，今河北易縣東南。以俟衆軍。涉復辰、疾六眷、末杯等三面俱集。勒遣間使厚賂末杯。末杯間匹磾於涉復辰、疾六眷，涉復辰等引還。琨、匹磾亦退如薊。會疾六眷病死，匹磾從薊奔喪，至於右北平。漢郡，治平剛，今熱河平泉縣。後漢治土垠，在今河北豐潤縣東。晉改曰北平，見第二章第二節。末杯宣言匹磾將篡，出軍擊敗之。[1] 末杯遂害涉復辰及其子弟黨與二百餘人，自立爲單于。《石勒載記》云：段末杯殺鮮卑單于截附真，立忽跋隣爲單于。段匹磾自幽州攻末杯，末杯逆擊敗之。匹磾奔還幽州，因害大尉劉琨。琨遣世子羣送匹磾，爲末杯所得。末杯厚禮之。許以琨爲幽州刺史，與結盟而襲匹磾。密遣使齎羣書，請琨爲内應。而爲匹磾邏騎所得。時琨别屯故征北府小城，胡三省曰：蓋征北將軍所治。不之知也。因來見匹磾，匹磾以羣書示琨，曰："意亦不疑公，是以白公耳。"琨曰："與公同盟，志奬王室，若兒書得達，亦終不以一子負公也。"匹磾雅重琨，初無害琨意，將聽還屯。其中弟叔軍曰："吾胡夷耳，所以能服晉人者，畏吾衆也。今我骨肉搆禍，是其良圖之日。若有奉琨以起，吾族盡矣。"匹磾遂留琨。琨庶長子遵懼誅，與琨左長史楊橋，并州治中如綏閉門自守。匹磾諭之不得，因縱兵攻之。琨將龍季猛，迫於乏食，遂斬橋、綏而降。琨被拘經月，遠近憤歎。匹磾所署代郡大守辟閭嵩，與琨所署雁門大守王據，後將軍韓據連謀，密作攻具，欲襲匹磾。韓據女爲匹磾兒妾，聞其謀而告之。匹磾於是執王據、辟閭嵩及其徒黨，悉誅之。會王敦密使匹磾殺琨；匹磾又懼衆反己；遂稱有詔，收琨縊之。時大興元年五月也。盧諶、崔悦之理琨曰："琨自以備位方嶽，綱維不舉，無緣虛荷大任，坐居三司。是以陛下登阼，便引愆告遜。前後奉表，具陳誠款。尋令從事中郎臣續澹，以章綬節傳，奉還本朝。與匹磾使榮邵，期一時俱發。又匹磾以琨王室大臣，懼奪己威重，忌琨之形，漸彰於外。琨知其意如此，慮不可久，欲遣妻息大小，盡詣京城，以其門室，一委陛下。有征舉之會，則身充一卒。若匹磾縱凶愿，則妻息可免。具令臣澹，密宣此旨。求詔勑路

---

[1]　史事：段氏内争真相（見第八十四—八十五頁）。

次，令相逆衛會王成從平陽逃來，説南陽王保，稱號隴右，士衆甚盛，當移關中。匹磾聞此，私懷顧望。停留滎邵，欲遣前兼鴻臚邊邈奉使詣保。懷澹獨南，言其此事，遂不許引路。丹誠赤心，卒不上達。匹磾兄眷喪亡，嗣子幼弱，欲因奔喪，奪取其國。又自以欺國陵家，懷邪樂禍，恐父母宗黨，不容其罪，是以卷甲櫜弓，陰圖作亂，欲害其從叔驎，從弟末波等，以取其國。疾六眷之死，《匹磾本傳》及《劉琨傳》，皆僅云匹磾前往奔喪，蓋時惟陰謀篡奪，未嘗訟言攻戰也。《北史》云：就六眷死，其子幼弱匹磾陰卷甲而往，欲殺其叔羽鱗及末波而奪其國，所據蓋即此表？此自爲當時情實。《石勒載記》之截附真，疑即疾六眷，當時曾諢傳爲末杯所殺；忽跋隣疑即疾六眷之子，末杯嘗一立之，或始終以之襲號，而實權則在末杯也。疾六眷久貳於石勒，而匹磾殷勤招致劉琨，疑正欲藉琨之力，以圖疾六眷等。若然，則段氏骨肉之間，自相攜貳久矣。疾六眷既貳於勒，而固安之次，仍赴琨之期者，蓋以琨爲王室大臣，未敢顯貳；抑亦慮琨之奉辭伐己，而匹磾爲之助也。然卒擅引而去，使襄國之伐不成，琨之助匹磾以圖之也固宜。匹磾親信，密告驎、波，驎、波乃遣人距之，匹磾僅以身免。百姓謂匹磾已没，皆馮向琨。若琨於時有害匹磾之情，則居然可擒，不復勞於人力。此語或失之誇，然使以石勒處此，則必轉而圖匹磾矣。干戈擾攘之際，忍而無信者多成，守義者多敗，此其所以有害於民德也。自此之後，上下并離。匹磾遂欲盡勒胡、晉，徙居上谷。琨深不然之。勸移厭次，見下。南馮朝廷。匹磾不能納。反禍害父息四人。從兄二息，同時并命。琨未遇害，知匹磾必有禍心。語臣等云：受國厚恩，不能克報，雖才略不及，亦由遇此厄運。人誰不死？死生命也，惟恨下不能效節於一方，上不得歸誠於陛下。辭旨慷慨，動於左右。匹磾既害琨，横加誣謗，言琨欲闚神器，謀圖不軌。此亦足證謂王浚謀稱尊號之誣。豈有可加之於琨，而不可加之於浚？匹磾所能爲，而石勒不能爲者哉？琨免述、嚚頑凶之思，又無信、布懼誅之情，踦嶇亂亡之際，夾肩異類之閒，而有如此之心哉？雖臧獲之愚，厮養之智，猶不爲之，況在國士之列，忠節先著者乎？”匹磾之懷貳，與琨之孤忠，皆可見矣。琨爲趙王倫子荂姊壻，與父兄并爲倫所委任，論者或以是少之。然於晉氏非純臣，以效忠民族論，則志節炳然矣。《記》曰：“内亂不與焉，外患弗辟也。”内亂外患，又豈可以同日語哉？

匹磾既害劉琨，晉人離散。匹磾不能自固，乃南依邵續。《北史》云：匹磾既殺劉琨，與羽、鱗、末波，自相攻擊，部衆乖離，欲擁其衆，徙保上谷。平文帝聞之，陰嚴精騎將擊之。匹磾恐懼，南奔樂陵。樂陵，見第三章第四節，此時移治厭次，見下。厭次，漢縣，晉治在今山東陽信縣東。續，魏郡安陽人。見第三章第三節。初爲成都王穎參軍。後爲苟晞參軍。除沁水令。漢縣，今河南濟源縣東北。時天下漸亂，續去縣還家。糾合亡命，得數百人，王浚假續樂陵太守，屯厭次。以續子乂爲督護。續綏懷流散，多歸附之。石勒既破浚，遣乂還招續。續以孤危無援，權附於勒。勒亦以乂爲督護。既而匹磾在薊，遣書招續，俱歸元帝。續從之。其下諫曰："今棄勒歸匹磾，任子危矣。"續垂泣曰："我出身爲國，豈得顧子而爲叛臣哉？"遂絶於勒。勒乃害之。《劉胤傳》曰：續徒衆寡弱，謀降於石勒。胤言於續。續從之，乃殺異議者數人，遣使江南。此乃歸美於胤之辭。以續之忠，其歸朝，必不待胤之説也。帝以續爲平原、樂安大守，平原、樂安，皆見第二章第三節。冀州刺史。匹磾攻末杯，石勒知續孤危，遣石虎圍續。續爲虎所得。虎使續降其城。續呼兄子竺等曰："吾志雪國難，不幸至此；汝等努力，便奉匹磾爲主，勿有二心！"時大興三年二月也。部曲文武，共推其息緝爲營主。詔一以續本位授緝。虎送續於勒，後爲勒所害。匹磾還，聞續已没衆懼而散。文鴦以親兵數百人力戰，乃得入城。與竺、緝及續兄子存等嬰城距寇。明年四月，見獲。惟存得潰圍南奔，在道爲賊所殺。匹磾至襄國，經年，國中謀推爲主，事露，被害。文鴦亦遇鴆死。初石虎攻鄴，鄴潰，劉演奔於廩丘。見第三章第三節。時在建興元年。虎又攻之。續使文鴦救演，演奔鴦軍，隨鴦屯厭次，遇害。

王彌之死也，曹嶷仍爲劉聰青州刺史。擁衆十餘萬，有雄據全齊之志。石勒請討之。聰憚勒并齊，弗許。嶷後叛聰，南稟王命。朝廷以爲青州刺史。嶷以建業縣遠，聲勢不接，懼勒襲之，遣使通和。勒授嶷青州牧。嶷嘗遣使於勒，請畫河爲界；而時人議論，亦有以嶷與勒并稱者：如劉聰大史令康相，見第五章第一節。蓋在東方尚稱彊大，然勒聲勢日盛，嶷亦終無以自立已。明帝大寧元年，勒使石虎統步騎四萬攻嶷。時嶷居廣固，城名，在今山東益都縣西北。此城爲嶷所築，見《晉書·地理志》。嘗議徙海中，保根余山，未詳。會疾疫甚，未及就。虎圍廣固，嶷降。送於襄國，殺之。阬其衆三萬。青州郡縣壁壘盡陷。

時東晉晏然，無意援應北方，惟范陽祖逖，以一軍北上。漢涿郡，魏改爲范陽，今河北涿縣。逖輕財好俠，慷慨有節尚。北方之亂，率親黨數百家，避地淮、泗，元帝用爲徐州刺史。尋徵爲軍諮祭酒。居丹徒之京口。丹徒，漢縣，在今江蘇鎮江縣東南，孫權嘗居此，號其城爲京城，後徙建業，乃於其地置京口鎮。逖以社稷傾覆，常懷振復之志。其賓客義徒，皆暴桀勇士，逖遇之如子弟。逖説元帝曰："晉室之亂，非上無道而下怨叛也。由藩王爭權，自相誅滅，遂使戎狄乘隙，毒流中原。今遺黎既被殘酷，人有奮擊之志。大王誠能發威命將，使若逖等，爲之統主，則郡國豪桀，必因風向赴；沈溺之士，欣於來蘇；庶幾國恥可雪。願大王圖之。"帝乃以逖爲豫州刺史。給千人廩，布三千匹，不給鎧仗，使自召募。仍將本流徙部曲百餘家渡江。中流，擊楫而誓曰："祖逖不能清中原而復濟者，有如大江。"辭色壯烈，衆皆慨歎。屯於淮陰。秦縣，今江蘇淮陰縣。起冶鑄兵器，得二千餘人而後進。《通鑑》在建興元年。初流人塢主張平、樊雅等在譙，見第三章第三節。劉演署平爲豫州刺史，雅爲譙郡大守，各據一城，衆數千人。又有董瞻、于式、謝浮等十餘部，衆各數百，皆統屬平。鉒人桓宣，鉒，秦縣，在今安徽宿縣西南。爲元帝丞相舍人。帝以宣信厚，又與平、雅同州里，轉宣爲參軍，使説平、雅。平、雅遣軍主簿隨宣詣丞相府受節度。帝皆加四品將軍，即其所部，使扞禦北方。逖出屯蘆洲，在今安徽亳縣東。遣參軍殷乂詣平、雅。乂意輕平。平怒，斬乂，阻兵固守。逖誘浮使取平。浮譎平與會，遂斬以獻逖。帝嘉逖勳，使運糧給之，而道遠不至，軍中大飢。進據大丘。漢敬丘縣，後漢改稱大丘，在今河南永城縣西北。張平餘衆助樊雅攻逖。逖求助於南中郎將王含，又求救於蓬陂塢主陳川。在浚儀。浚儀見第三章第四節。川遣將李頭援之。桓宣時爲王含參軍，含遣宣領兵五百助逖。宣復説下雅。石虎圍譙，含又遣宣救之，虎退。宣遂留助逖，討諸屯塢之未附者。李頭感逖恩遇，每歎曰：“若得此人爲主，吾死無恨。”川聞而怒，遂殺頭。頭親黨馮寵，率其屬四百人歸於逖。川益怒，遣將掠豫州諸郡，逖遣將邀擊，盡獲所掠者。川大懼，遂以衆附石勒。逖率衆伐川。石虎領兵五萬救川。逖設奇以擊之，虎大敗，收兵掠豫州，徙陳川還襄國，留桃豹守川故城，住西臺。逖遣將韓潛等鎮東臺。相守四旬，豹宵遁，退據東燕。見第二節。逖使潛進屯封丘，漢縣，今河南封邱縣。馮鐵據二臺。逖鎮雍丘，漢縣，今河南杞縣。數遣軍要截石勒。勒屯戍漸蹙，歸附者甚多。逖愛人下士，雖疏交賤隸，皆恩禮遇之，由是黃河以南，盡爲晉土。河上堡固，先有任子在胡者，皆聽兩屬。時遣游軍僞抄之，明其未附。諸塢主感戴，胡中有異謀，輒密以聞。前後克獲，亦由此也。其有微功，賞不踰日。躬自儉約，勸督農桑。克己務施，不畜資産。子弟耕耘，負儋樵薪。又收葬枯骨，爲之祭酹。百姓感悦。嘗置酒大會，耆老中坐流涕曰：“吾等老矣，更得父母，死將何恨？”其得人心如此。石勒不敢窺兵河南，使成皋縣見第三章第四節。脩逖母墓，因與逖書，求通使交市。逖不報書，而聽互市，收利十倍。於是公私豐贍，士馬日滋。此據《逖傳》。《石勒載記》曰：逖善於撫納，自河以南，多背勒歸順。勒憚之，不敢爲寇。乃下幽州，脩祖氏墳墓，爲置守冢二家，逖聞之，甚悦。遣參軍王愉使於勒，贈以方物，脩結和好。勒厚賞其使，遣左常侍董樹報聘，以馬百匹，金五十斤答之。自後兗、豫乂安，人得休息矣。又曰：祖逖牙門童建，害新蔡内史周密，遣使降於勒。勒斬之，送首於逖，曰：“天下之惡一也。”逖遣使報謝。自是兗、豫疊壁叛者，逖皆不納。二州之人，率多兩屬矣。力既未能戡定，遣使往來，自所不免，不得以越境之交責之也。新蔡，見第三章第四節。會朝廷將遣戴淵爲都督，逖以淵吳人，已窮荆棘，收河南地，而淵雍容一旦來統之，意甚怏怏，且聞王敦與劉隗等搆隙，慮有内難，大功不遂；感激發病。營繕虎牢城，虎牢，即成皋。未成，而逖病甚。大興四年，九月，卒於雍丘。逖之未卒也，河南義師李矩、郭默，降將趙固等咸受節度。逖卒，弟約繼之，無綏馭之才，不爲士卒所附，後又與蘇峻俱叛，退屯壽春，卒奔後趙，矩等之勢益孤矣。

李矩，平陽人。爲梁王肜牙門。伐齊萬年有殊功。劉淵攻平陽，百姓奔走，矩素爲鄉人所愛，乃推爲塢主，東屯滎陽。見第二章第二節。後移新鄭。秦縣，晉省，今河南新鄭縣北。東海王越以爲汝陰太守。漢郡，魏廢。晉復置，今安徽阜陽縣。荀藩承制，假矩滎陽大守。矩招懷離散，遠近多附之。藩表元帝，以矩領河東、平陽大守。河東，見第二章第二節。郭默，河内懷人。河内，見第二章第二節。懷，漢縣，在今河南武陟縣西南。少微賤。以壯勇事大守，爲督將。永嘉之亂，默率遺衆，自爲塢主。以漁舟抄束歸行旅，積年，遂致巨富。流人依附者漸衆，使謁劉琨。琨假默河内大守。默爲劉淵所逼，乞歸於矩。矩使其甥郭誦迎致之。後劉聰遣其從弟暢攻矩。矩夜掩破之。暢僅以身免。先是聰使其將趙固鎮洛陽，長史周振，與固不協，密陳固罪。矩之破暢也，帳中得聰書，勑暢平矩訖，至洛陽，收固斬之，以振代固。矩送以示固。固即斬振父子，率騎一千來降。矩還令守洛。固、默攻河東，至於絳邑。漢絳縣，後漢改稱絳邑，在今山西曲沃縣西南。聰遣其大子粲率劉雅等攻固，固奔陽城山。在今河南登封縣北。矩遣郭誦救之，誦襲破粲。元帝嘉其功，除矩都督河南三郡軍事、滎陽大守。大興元年，七月，聰死，粲即僞位。八月，靳準殺粲，遣使歸矩。矩馳表於帝。帝遣大常韓胤等奉迎梓宮。未至，而準已爲石勒、劉曜所没。帝踐阼，以矩爲都督司州諸軍事、司州刺史。時劉曜弘農大守尹安，弘農，見第二章第二節。振威將軍宋始等四軍并屯洛陽，各相疑阻，莫有固志。矩、默各遣千騎至洛以鎮之。安等乃同謀告石勒。勒遣石生率騎五千至洛陽。矩、默軍皆退還。俄而四將復背勒，遣使乞迎。默又遣步卒五百入洛。石生以四將相謀，不能自安，乃虜宋始一軍，渡河而北。百姓相率歸矩，洛中遂空。矩乃表郭誦爲陽翟令，陽翟，見第三章第三節。阻水築壘，且耕且守。趙固死，石生攻誦，誦輒破之。郭默欲攻祖約，矩禁之，不可。爲約所破。石勒遣其養子恩襲默，默戰敗。矩轉蹙弱。默憚後患未已，將降於劉曜，使詣矩謀之。矩不許。後勒遣其將石良率精兵五千襲矩，矩逆擊，不利。郭誦弟元，復爲賊所執。石生屯洛陽，大略河南，矩、默大飢。默復説矩降曜。矩從默計，遣使於曜。曜遣從弟岳軍於河陰，見第三章第四節。與矩謀攻生。後默爲石恩所敗，自密南奔建康。密縣，見第三章第五節。劉岳以外救不至，降於石虎。矩所統將士，有陰欲歸勒者，矩知之而不能討，乃率衆南走，將歸朝廷。衆皆道亡，惟郭誦等百餘人棄家送矩。至於魯陽，漢縣，今河南魯山縣。矩墜馬卒。時明帝大寧三年夏也。

魏浚，東郡東阿人。東郡，見第三章第三節。寓居關中。初爲雍州小史。河間王顒敗亂之後，以爲武威將軍。後爲度支校尉。永嘉末，與流人數百家，東保河陰之硤石。津名，在今河南孟津縣西。洛陽陷，屯於洛北石梁塢。今在洛陽縣東。撫養遺衆，漸脩軍器。其附賊者，皆先解喻。有恃遠不賓者，遣將討之，服從而已，不加侵暴，於是遠近感悦，褁負至者甚衆。劉琨承制，假浚河南尹。荀藩建行臺，在密縣，浚詣藩咨謀軍事。藩甚悦，要李矩同會。浚因與矩相結而去。劉曜忌浚得衆，率軍圍之。劉演、郭默遣軍來救，曜邀破之。浚夜遁走，爲曜所得，死之。《通鑑》在建興元年。族子該領其衆。該，劉曜攻洛陽，隨浚赴難，先領兵守金塘城，見第三章第二節。曜引去，餘衆依之。時杜預子尹爲弘農大守，屯宜陽界一泉塢，宜陽見第三章第三節。一泉塢，在今宜陽縣西。數爲諸賊所抄掠，尹要該共距之。該遣其將馬瞻將三百人赴尹。瞻知尹無備，夜襲殺之，迎該據塢。乃與李矩、郭默相結以距賊。荀藩即以該爲武威將軍，統城西雍、涼人，使討劉曜。元帝承制，以爲河東大守，督護河東、河南、平陽三郡。後漸飢弊。曜寇日至。欲率衆南徙。衆不從。該遂單騎走。至南陽，帝又以爲雍州刺史。馬瞻率該餘衆降曜。曜徵發既苦，瞻又驕虐，部曲遣使呼該。該密往赴之。其衆殺瞻而納該。該遷於新野。見第三章第三節。率衆助周訪討平杜曾。《成帝紀》：咸和元年，十月，劉曜將黃秀、帛咸寇酇，該率衆奔襄陽。酇，漢縣，在今湖北光化縣北。詔以爲順陽大守。見第三章第九節。蘇峻反，率衆救臺，病篤，還屯，卒於道。

郗鑒，高平金鄉人。高平，見第二章第二節。金鄉，後漢縣，今山東金鄉縣。仕爲中書侍郎。京師不守，鑒歸鄉里。時所在飢荒，州中之士，共推爲主，舉千餘家，避難於魯之嶧山。今山東鄒縣東南之山，古或稱爲嶧山，或稱爲嶧山，又或兼稱爲鄒嶧，蓋山本名嶧，而在鄒境也。元帝初鎮江東，承制假鑒兖州刺史，鎮鄒山。時荀藩用李述，劉琨用兄子演，并爲兖州。各屯一郡，以力相傾。闔州編户，莫知所適。又徐龕、石勒，左右交侵。外無救援。百姓飢饉，或掘野鼠、蟄燕而食之，終無叛者。三年閒，衆至數萬。劉遐，廣平易陽人。廣平，見第二章第二節。易陽，漢縣，在今河北永年縣西。性果毅，便弓馬。直天下大亂，遐爲塢主，冀方比之張飛、關羽。邵續深器之，以女妻焉。遂壁於河、濟之閒。賊不敢逼。遐閒道遣使受元帝節度，帝以爲平原内史。平原，見第二章第三節。建武初，又以爲下邳内史。下邳，見第三章第四節。初沛人周堅，一名撫，沛，見第三章第一節。與同郡周默，各爲塢主。朝以撫爲彭城内史，彭城，見第三章第三節。默爲沛國内史。默降祖逖，撫怒，襲殺默，以彭城叛。時大興元年十二月也。詔遐領彭城内史，與徐州刺史蔡豹、泰山大守徐龕討之。泰山，見第三章第四節。二年，二月，龕斬撫，傳首京師。及論功，

而遯先之，龕怒，以泰山叛。攻破東莞大守侯史旄而據其塢。東莞，見第三章第一
節。石虎伐之，龕懼，求降。元帝許焉。既而復叛歸石勒。勒遣其將王伏都、
張景等數百騎助之。司徒王導，以大子右衛率羊鑒，是龕鄉里冠族，必能制
之，請遣北討。鑒深辭才非將帥。郗鑒亦表鑒非才，不宜妄使。導不納，彊啓
授以征討都督，與豹、遯等共討之。遯時爲臨淮大守。臨淮，見第三章第九節。諸將畏
奕，頓兵下邳不敢前。豹欲進軍，鑒固不許。龕使請救於石勒，勒辭以外難，
而多求於龕；又王伏都等淫其室。三年，五月，龕殺之，復求降。元帝惡其反
覆，不納。勅豹、鑒以時進討。鑒、遯等并疑憚不相聽從。於是遣治書侍御史
郝破爲行臺催攝。尚書令刁協奏免鑒官，委豹爲前鋒，以鑒兵配之。豹進據
卞城，卞，漢縣，在今山東泗水縣東。欲以逼龕。石虎屯鉅平，漢縣，在今山東泰安縣西南。
將攻豹，豹退守下邳。豹既敗，將歸謝罪。北中郎將王舒止之。元帝聞豹退，
使收之。使者至，王舒夜以兵圍豹。豹以爲他難，率麾下擊之，聞有詔，乃止。
舒執豹送建康，斬之。豹在徐土，內撫將士，外懷諸衆，甚得遠近情，聞其死，
多悼惜之。四年，二月，龕又來降。石虎以精卒四萬攻之。龕堅守不戰。列
長圍守之。永昌元年，七月，執龕，送之襄國。勒囊盛於百尺樓，自上撲殺之。
阬其降卒三千。郗鑒亦退屯合肥。見第三章第九節。

　　以上所述，爲自關以東，幽、并、青、冀、徐、兗、司、豫八州之地。其自關以
西，雍、秦二州之地，則以南陽王保爲大。模之死也，保在上邽。見第三章第三節。
後賈疋死，裴苞爲張軌所殺，保全有秦州。模之敗也，都尉陳安歸於保。保命
統千餘人以討羌，寵遇甚厚。保將張春等疾之，譖安有異志，請除之。保不
許。春等輒伏刺客以刺安。安被創，馳還隴城。隴，漢縣，晉廢，在今甘肅清水縣北。
大興二年，保聞愍帝崩，自稱晉王。俄而陳安叛，氐、羌皆應之。保窘迫，遷於
祁山。在今甘肅西和縣西北。張寔遣韓璞率五千騎赴難。安退保緜諸。漢道，後漢
省。在今甘肅天水縣東。保歸上邽。屠谷路松多，起兵於新平、扶風，皆見第二章第二
節。附保，保以其將楊曼爲雍州刺史，王連爲扶風大守，據陳倉。見第三章第三節。
張頊爲新平大守，周庸爲安定大守，安定，見第二章第二節。據陰密。見第三章第五節。
松多下草壁，在陰密之東。秦、隴氏、羌多歸之。劉曜遣劉雅、劉厚攻陳倉，不克。
曜率中外精銳以赴之。曼、連謀曰：“吾糧廩少，無以支久，不如率衆一戰，
如其勝也，關中不待檄而至；如其敗也，等死，早晚無在。”遂盡衆背城而陳。
爲曜所敗，連死之，曼奔南氐。曜進攻草壁，又陷之，松多奔隴城。進陷安定。
時上邽大飢，張春奉保之南安。見第二章第二節。陳安自號秦州刺史，稱藩於曜。
三年，正月，張春奉保奔桑城，在甘肅狄道縣南。將投張寔。寔以其宗室之望，若

至河右,必動物情,遣將陰監逆之,聲言翼衛,實禦之也。是歲,保病殁。《紀》在五月,云爲張春所害。春立宗室司馬瞻奉保後。陳安舉兵攻春,春走。瞻降於安。安送詣劉曜,曜殺之。陳安至大寧元年,爲曜所滅。詳見第五章第一節。

第三節　東晉初年內亂

　　當九州雲擾之際,克奏戡定之烈者,必爲文武兼資之材。武人爲於大君,夫人而知其不可矣,而溫恭有恪,僅足守文者,亦不足以戡大難。《晉書·王鑒傳》:鑒爲琅邪國侍郎。杜弢作逆,王敦不能制,鑒疏勸元帝征之。[1] 有曰:"當五霸之世,將非不良,士非不勇,征伐之役,君必親之。故齊桓免胄於邵陵,晉文擐甲於城濮。昔漢高、光武二帝,征無遠近,敵無大小,必手振金鼓,身當矢石;櫛風沐雨,壺漿不贍;馳騖四方,匪皇寧處;然後皇基克構,元勳以融。今大弊之極,劇於曩代。崇替之命,繫我而已。欲使鑾旂無野次之役,聖躬遠風塵之勞,而大功坐就,鑒未見其易也。魏武既定中國,親征柳城,揚旆盧龍之嶺,頓轡重塞之表。非有當時燹燧之虞,蓋一日縱敵,終己之患,雖戎輅蒙嶮,不以爲勞,況急於此者乎?劉玄德躬登漢山,而夏侯之鋒摧;吳僞祖親泝長江,而關羽之首縣;袁紹猶豫後機,挫衂三分之勢;劉表臥守其衆,卒亡全楚之地;歷觀古今,撥亂之主,雖聖賢,未有高拱閒居,不勞而濟者也。"此言深能道出歷代興亡成敗之由,蓋戡定之勳,必資武力,而師之武、臣之力者,大都非孝子順孫,非兼信、布之才,良、平之智,固無以御之也。晉元帝惟不足以語此,故雖能立國江東,而卒以內憂詒後嗣。

　　王敦,導從父兄。尚武帝女襄城公主。王衍用爲青州刺史,已見第三章第九節。後東海王越以爲揚州刺史。元帝召爲安東軍諮祭酒,會揚州刺史劉陶卒,帝復以爲揚州刺史,都督征討諸軍事。《敦傳》曰:"帝初鎮江東,威名未著,敦與導等同心翼戴,以隆中興。時人爲之語曰:王與馬,共天下。"蓋不自爲政,當其初起之時,已有大權旁落之勢矣。上流經營,敦爲元帥。杜弢滅後,爲江州刺史都督江、揚、荊、湘、交、廣六州,專擅之迹漸彰。時諸將中較有才望者,爲陶侃與周訪。敦初表拜侃爲荊州刺史,及杜弢平,侃將還江陵,詣敦別,敦遂留之,左轉爲廣州刺史,而以其從弟廙刺荊州。廙在州,大誅戮侃時將佐,人情乖沮。元帝乘機,徵廙,以周訪爲荊州。敦又遷之梁州,而自領

―――――――

　　[1] 史事:王鑒論創業之主不得不躬親戎事。

荊州。訪大怒，陰欲圖之。訪善於撫納，士衆皆爲致死，敦頗憚之。大興三年，八月，訪卒。帝以湘州刺史甘卓代之。卓本非純臣，加以老耄，不復爲敦所忌，敦欲以其從事中郎陳頒代卓，此據《敦傳》。《譙閔王傳》云：敦欲以沈充爲湘州。帝又違之，而用譙王承。承亦作丞，諡閔。剛王遜之子。遜，宣帝弟進之子。遜卒，子定王隨立。卒，子邃立。沒於石勒。元帝以承嗣遜。然湘州承蜀寇之餘，公私困弊，亦不足以掣敦之肘矣。

時帝又以劉隗、刁協、戴淵、周顗等爲腹心。大興四年，七月，以淵爲司州刺史，鎮合肥。見第三章第九節。隗爲青州刺史，鎮淮陰。見第二節。其明年，爲永昌元年，正月，敦以誅隗爲名，舉兵武昌。見第三章第九節。吳興人沈充，初爲敦參軍，亦起兵以應之。吳興，見第三章第九節。帝徵淵、隗入衞。使大子右衞率周筵統兵三千討充，右將軍周札守石頭。見第三章第九節。以陶侃領江州，甘卓領荊州，使各率所統，以躡敦後。四月，敦前鋒攻石頭，周札開門應之。戴淵、劉隗攻敦，王導、周顗等三道出戰，皆大敗。帝令隗、協避難。協行至江乘，見第三章第九節。爲人所殺，送首於敦。隗至淮陰，爲劉遐所襲，奔石勒，後卒於勒。戴淵、周顗奉詔詣敦，爲敦所殺。刁協時爲尚書令，周顗爲尚書左僕射。

敦之稱兵也，使告甘卓。卓僞許之而不赴，使參軍樂雙諫止敦。敦曰："吾今下，惟除姦凶耳。卿還言之。事濟，當以甘侯作公。"雙還報，卓不能決。時譙王承遣主簿鄧騫説卓。敦慮卓在後爲變，遣參軍樂道融要卓俱下。道融忿敦逆節，説卓僞許應命，而馳襲武昌。卓得道融説，乃決，露檄討敦。遣羅英至廣州，與陶侃刻期。虞沖與鄧騫至長沙，見第三章第九節。令譙王堅守。侃得卓信，即遣參軍高寶率兵下，而卓計復猶豫，軍次腤口，在今湖北沔陽縣。累旬不前。敦大懼，遣卓兄子行參軍印求和。時王師敗績，卓乃曰："吾師臨敦上流，亦未敢便危社稷，若徑據武昌，敦勢逼，必劫天子以絶四海之望。不如還襄陽，見第三章第四節。時梁州治此。更思後圖。"即命旋軍。都尉秦康説卓曰："今分兵取敦不難，但斷彭澤，見第一節。上下不得相越，自然離散，可一戰擒也。將軍既有忠節，中道而廢，更爲敗軍將，恐將軍之下，亦各求其利，欲求西歸，亦不可得也。"樂道融亦日夜勸卓速下，卓不能從。卓性先寬和，忽便彊塞。徑還襄陽。意氣騷擾，舉動失常。方散兵大佃，而不爲備。襄陽大守周慮，密承敦意，襲害卓，傳首於敦。譙王承欲起義，衆心疑惑。惟長史虞悝贊之。乃起兵，使悝弟望討諸不服，斬敦姊夫湘東大守鄭澹。湘東，見第三章第九節。敦遣南蠻校尉劉乂等甲卒二萬攻承。相持百餘日，城沒。乂檻送承荊州。刺史王廙承敦旨害之。廙，帝姨弟，帝使喻敦，敦留之，復以爲荊州刺史者也。廙尋卒。

敦還屯武昌。以兄含爲荆州刺史,督沔南。敦又自督寧、益。

是歲,閏月,十一月。元帝崩。大子紹立,是爲明帝。帝有文武才略,又習武藝,善撫將士。王敦欲誣以不孝而廢焉,不果。明年,爲大寧元年,敦諷朝廷徵己。帝乃手詔徵之。四月,敦移鎮姑孰。見第一節。轉王導爲司徒,自領揚州牧。帝以郗鑒刺兖州;都督揚州江西諸軍,鎮合肥。敦忌之。八月,表鑒爲尚書令。十一月,徙王含都督揚州江西諸軍。以從弟舒爲荆州,彬爲江州,邃爲徐州。以沈充、錢鳳爲謀主。鳳充同郡人,充薦之於敦。諸葛瑶、鄧嶽、周撫、李恒、謝雍爲爪牙。充等并凶險驕恣,共相驅扇,殺戮自己。又大起營府,侵人田宅;發掘古墓;剽掠市道;士庶解體。周札之應敦也,敦轉爲光禄勳。尋補尚書。頃之,遷會稽内史。會稽,見第三章第九節。時札兄靖之子懋,爲晉陵大守,晉陵,晉郡,今江蘇武進縣。清流亭侯。未詳。懋弟筵,爲吳興内史。筵弟贊,大將軍從事中郎,武康縣侯。後漢永安縣,晉改曰武康,今浙江武康縣。贊弟縉,大子文學,都鄉侯。未詳。次兄子勰,臨淮大守,見第三章第九節。烏程公。烏程,秦縣,在今浙江吳興縣南。一門五侯,札本封東遷縣侯。東遷,晉縣,今吳興之東遷鎮。并居列位。吳士貴盛,莫與爲比。敦深忌之。敦疾,錢鳳説敦曰:"今江東之豪,莫彊周、沈。公萬世之後,二族必不静矣。周彊而多俊才,宜先爲之所。"敦納之。時有道士李脱者,以妖術惑衆。自言八百歲,故號李八百。[①]　自中州至建鄴,以鬼道療病;又署人官位;時人多信事之。弟子李弘,養徒灊山,在今安徽潛山縣北。云應讖當王。故敦使廬江大守李恒,廬江,見第三章第九節。告札及其諸兄子與脱謀圖不軌。時筵爲敦諮議參軍,即營中殺筵及脱、弘。又遣參軍賀鸞就沈充,盡掩殺札兄弟子。既而遣軍會稽襲札。札先不知,卒聞兵至,率麾下數百出拒之。兵散,見殺。是役也,史謂由錢鳳欲自託於充,以周氏宗彊,謀滅之,使充得專威揚土。案周氏宗彊,而與中朝士大夫瑕釁已深,充、鳳等欲有所圖,正可藉以爲用,顧先加以誅翦;敦又從而聽之;且任其割剥黎庶此其所爲,與後來宋武帝、劉穆之正相反,安能有成? 可見其本無遠略矣。敦無子,養含子應。及敦病甚,拜爲武衛將軍以自副。錢鳳謂敦曰:"脱有不諱,便當以後事付應?"敦曰:"非常之事,豈常人所能? 且應年少,安可當大事? 我死之後,莫若解衆放兵,歸身朝廷,保全門户,此計之上也。退還武昌,收兵自守,貢獻不廢;亦中計也。及吾尚存,悉衆而下,萬一徼幸,計之下也。"鳳謂其黨曰:"公之下計,乃上策也。"遂與沈充定謀,須敦死後作難。

---

① 宗教:李八百。

初，大原溫嶠大原，見第二章第二節。爲劉琨謀主。琨妻，嶠之從母。琨使奉表詣元帝勸進。留仕朝廷。爲大子中庶子，與明帝爲布衣之交。帝即位，拜侍中。俄轉中書令。敦忌之，請爲左司馬。嶠繆爲勤敬，綜其府事。干説密謀，以附其欲。深結錢鳳，爲之聲譽。敦乃表補嶠丹陽尹，見第三章第九節。使覘伺朝廷。嶠至，具奏敦之逆謀，請先爲之備。帝欲討敦，知其爲物情所畏服，六月，僞言敦死，下詔討錢鳳。敦病轉篤，不能御衆，使鳳及鄧嶽、周撫等率衆三萬向京師。以含爲元帥。七月朔，至於南岸。溫嶠移屯水北，燒朱雀桁以挫其鋒。朱雀桁，跨秦淮河上，在臺城之南。臺城正南門名朱雀門，故稱朱雀桁，亦稱南桁，又稱大桁。帝躬率六軍出次。夜募壯士，遣千人渡水，掩其未備，破之越城。在秦淮南。俄而敦死。應祕不發喪。沈充自吳興率衆萬餘人至，與含等合。充司馬顧颺説充曰："今舉大事，而天子已扼其喉，情離衆沮，鋒摧勢挫，持疑猶豫，必至禍敗。今若決破柵塘，因湖水，玄武湖。灌京邑，肆舟艦之勢，極水軍之用，此所謂不戰而屈人之兵，上策也。藉初至之鋭，并東南衆軍之力，十道俱進，衆寡過倍，理必摧陷，中策也。轉禍爲福，因敗爲成，召錢鳳計事，因斬之以降，下策也。"充不能用。颺逃歸於吳。時兗州刺史劉遐、臨淮大守蘇峻等帥精卒萬人以至。賊濟水至宣陽門，臺城南門。遐、峻等橫擊，大破之。賊燒營宵遁。周撫弟光，捕錢鳳詣闕贖罪。充歸吳興，其故將吳儒殺之。含、應乘單舸奔荆州，王舒使人沈之於江。詔王敦羣從，一無所問。① 以陶侃代王舒，遷舒廣州刺史。舒疾病，不樂越嶺，朝議亦以其有功，不應遠出，乃徙爲湘州。彬亦見原，徵拜光禄勲。時制王敦綱紀除名，參佐禁錮，以溫嶠言罷之。顧颺反於武康，攻燒城邑，州縣討斬之。周撫、鄧嶽亡入蠻中，明年，詔原敦黨，乃出。

王敦乃一妄人。《敦傳》言：時王愷、石崇，以豪侈相尚。愷嘗置酒，敦與導俱在坐。有女伎，吹笛小失聲均，愷便毆殺之。一坐改容，敦神色自若。他日，又造愷。愷使美人行酒。以客飲不盡，輒殺之。酒至敦、導所。敦故不肯持，美人悲懼失色，而敦傲然不視。導素不能飲，恐行酒者獲罪，遂勉彊盡觴。又云：武帝嘗召時賢，共言技藝之事。人人皆有所説。惟敦都無所關，意色殊惡。自言知擊鼓。因振袖揚枹，音節諧均。神氣自得，旁若無人。《晉書》好采小説家言，小説家言，多附會失實。然亦必有其由。敦之爲人，蓋殘賊而傲

---

① 史事：元帝于王敦羣從無所問。

狠，殘賊則敢行不義，傲狠則不肯下人。①《王導傳》言：元帝初，羣臣及四方勸進，敦憚帝賢明，欲更議所立，導固爭乃止。夫元帝則何足憚之有？且敦亦嘗傾心以輔之矣。故知敦之與帝，非有夙嫌也。且亦非有覬覦天位之心。《祖逖傳》言：敦久懷逆謀，畏逖不敢發，逖卒，始得肆意。逖之兵力，豈敦之匹？然一甘卓猶爲所憚，則《逖傳》之語，似不盡誣。觀含、應喪敗之速，知敦不死，亦未必能有所爲。敦欲使應歸身朝廷，保全門户，自其自知之審；含、應既已喪敗，王氏猶并見原，苟其束身自歸，自可不虞後患，此又敦知朝廷之審也。然則敦實非夙有叛志，不過傲狠之習，爲其君所不能堪，君臣之間，因生嫌隙；嫌隙既生，既不肯屈己求全，又不能急流勇退，遂至日暮途遠，倒行逆施耳。以睚眦之釁，而釀滔天之禍，其是之謂歟？邦分崩離析，而北伐之志荒矣。

　　明帝聰明有機斷，惜在位僅三年。崩，大子衍立，是爲成帝。年方六歲。大后庾氏臨朝。司徒王導，與后兄中書令亮，參輔朝政。大宰西陽王羕汝南文成王亮之子，亮見第二章第二節。及溫嶠、郗鑒、陸曄、卞壼等，并預顧命。羕弟南頓王宗，明帝時爲左衛將軍，元敬皇后弟虞胤爲右衛將軍，并爲帝所親昵。宗連結輕俠，以爲腹心，導、亮并以爲言，帝以其戚屬，每容之。及帝疾篤，宗等謀廢大臣，規共輔政。亮排闥入，升御牀，流涕言之。帝始悟，轉宗爲驃騎將軍，胤爲大宗正。咸和元年，十月，宗復謀廢執政。庾亮使右衛將軍趙胤收之。宗以兵距戰，爲胤所殺。貶其族爲馬氏。羕亦坐免官，降爲弋陽縣王。虞胤左遷爲桂陽大守。漢郡，今湖南郴縣。及蘇峻作亂，羕詣峻稱述其勳。峻大悅。矯詔復羕爵位。峻平、賜死。世子播、播弟充及息崧皆伏誅。

　　蘇峻者，長廣掖人。長廣，晉郡，治不其，在今山東即墨縣南。掖，見第二節，蓋嘗來屬。永嘉之亂，百姓流亡，所在屯聚，峻糾合，得數千家，結壘於本縣。曹嶷領青州，表爲掖令。峻辭疾不受，嶷惡其得衆，將討之。峻率所部數百家汎海南渡。討王敦有功，進歷陽内史。歷陽，見第三章第九節。峻有銳卒萬人，器械甚精，朝廷以江外寄之，而峻潛有異志。撫匿亡命。得罪之家，有逃死者，峻輒蔽匿之。衆力日多，皆仰食縣官。運漕者相屬。稍有不如意，便肆忿言。庾亮乃出溫嶠督江州，鎮武昌。又脩石頭，以爲之備。咸和二年，十一月，亮徵峻爲大司農。峻遂舉兵反。初王敦舉兵，祖約歸衛京都。率衆次壽陽，見第三章第四節。逐敦所署淮南大守任台。以功封五等侯，進號鎮西將軍。

------

① 史事：王敦之叛，特由敖狠。

使屯壽陽，爲北境藩扞。約自以名輩不後郗、卞，而不豫顧命；又望開府，及諸所表請，多不見許，遂懷怨望。石聰嘗以眾逼之，約屢表請救，而官軍不至。聰既退，朝議又欲作涂塘以遏胡寇，涂塘，在今和縣、六合縣間。約謂爲棄己，彌懷憤恚。及峻舉兵，推崇約而罪執政。約聞而大喜。從子智及衍，并傾險好亂，又讚成其事。於是命邃子沛內史渙，沛國，見第三章第一節。女壻淮南大守許柳以兵會峻。邃妻，柳之姊也，固諫，不從。

十二月，峻將韓晃入姑孰，屠于湖。晉縣，在今安徽當塗縣南。以庾亮爲征討都督。趙胤爲歷陽大守，與左將軍司馬流距峻。戰於慈湖，在當塗北，流敗，死之。峻濟自橫江，見第三章第九節。次於陵口。戍名，在當塗北。三年，二月，至蔣山。即鍾山，在首都東朝陽門外。卞壺帥六師戰於西陵，此據《本紀》。《壺傳》云：峻至東陵口，壺與戰於陵西。敗績。峻攻青溪柵，青溪，在首都東北。因風縱火，王師又大敗，壺等皆死之。庾亮又敗於宣陽門外。亮奔溫嶠。峻遂陷宮城。縱兵大掠。侵逼六宮，驅役百官。裸剝士女，皆以壞席、苫草自鄣，無草者以土自覆，哀號之聲，震動內外。時官有布二十萬匹，金、銀五千斤，錢億萬，絹數萬匹，他物稱是，峻盡費之。大官惟有燒餘米數石，以供御膳而已。

溫嶠聞難作，即下屯尋陽。見第一節。遣督護王愆期、西陽大守鄧嶽、西陽，漢縣，晉置郡，在今湖北黃岡縣東。鄱陽內史紀睦等爲前鋒。鄱陽，吳郡，治鄱陽，今江西鄱陽縣。晉移治廣晉，在今鄱陽縣北。使要陶侃，共赴國難。侃不許。嶠屢說不能回，更遣使順侃意曰："仁公且守，僕宜先下，"遣信已二日，嶠參軍毛寶別使還，聞之，說嶠曰："師克在和，不聞以異。假令可疑，猶當外示不覺，況自作疑邪？宜急追信，改舊書，說必應俱征。若不及前信，宜更遣使。"嶠意悟，即追信改書。嶠欲推庾亮爲都統，亮固辭。乃與嶠推侃爲盟主。侃乃遣督護龔登率兵詣嶠。已復追登還。嶠重與侃書，告以"首啓戎行，不敢有辭。假令此州不守，約、峻樹置官長，荆楚之危，乃當甚於此州今日。"時峻殺侃子瞻，嶠又以此激之。侃乃率所統，與嶠、亮同赴京師。至尋陽，議者咸謂侃欲誅執政以謝天下，亮甚懼。及見侃，引咎自責，風止可觀，侃不覺釋然。乃謂亮曰："君侯脩石頭以擬老子，今日反見求邪？"五月，峻聞嶠將至，逼大駕幸石頭。侃等戎卒六萬，直指石頭。次於蔡洲。在首都西南江中。時峻軍多馬，南軍杖舟楫，不敢輕與交鋒，用將軍李根計，據白石，在今師子山下。築壘以自固，庾亮以二千人守之。峻步兵萬餘，四面來攻。眾皆震恐。亮激厲將士，并殊死戰。峻軍乃走。義軍屢戰失利。嶠軍食盡，貸於陶侃。侃怒曰："使君前云：不憂無將士，惟得老僕爲主耳。今數戰皆北，良將安在？荆州接胡、蜀二虜，倉廩當備不虞。若復無食，僕便欲西歸，更思良算。"嶠曰："天子幽逼，社稷危殆，嶠等與公，并受國恩，是致命之日。今之事勢，義無還踵，騎猛虎安可中下哉？公若違衆獨反，人心必沮，沮衆敗事，義旗將迴指於公矣。"侃無以對。竟陵大守李陽又說侃，乃以米五萬石供軍。竟陵，見第三章第九節。九月，侃督水軍向石頭。亮、嶠等率精甲一萬，從白石挑戰。峻勞其將士，因醉突陳，馬躓，爲李陽部將彭世所斬。峻司馬任讓等共立峻弟逸爲主。

先是郗鑒爲徐州刺史，鎮廣陵，見第三章第九節。城孤糧絕，人情業業，莫有固志。鑒乃設壇場，刑白馬，大誓三軍。遣將軍夏侯長等間行謂溫嶠曰："今賊謀欲挾天子，東入會稽，宜先立營壘，屯據要害。既防其越逸，又斷賊糧運，然後静鎮京口，見第二節。清壁以待賊。賊攻城不拔，野無所掠，不過百日，必自潰矣。"嶠深以爲然。始將徵峻也，王導出王舒爲會稽内史，舒時爲尚書僕射。以爲外援。及峻作逆，乃假舒節，都督，行揚州刺史。峻遣韓晃入義興，見第三章第九節。張健、管商、弘徽等入晉陵。庾亮弟冰，爲吳興内史，棄郡奔舒。舒使御史中丞謝藻，率衆一萬，與冰俱渡浙江。前義興大守顧衆，衆從弟護軍參軍颺等，起義軍以應舒。舒使衆督護吳中軍，颺監晉陵軍事。舒率衆次郡之西江，爲冰、藻後繼。冰、颺等遣前鋒進據無錫。漢縣，吳省，晉復置，今江蘇無錫縣。遇張健等數千人。戰，大敗。冰、颺退錢塘。秦縣，後漢省，吳復，今浙江杭縣。藻守嘉興。秦由拳縣，吳改曰嘉興，今浙江嘉興縣。賊遂入吳。燒府舍，掠諸縣，所在塗炭。韓晃又攻宣城，見第三章第九節。害大守桓彝。舒更以顧衆督護吳、晉陵軍，屯兵章埭。未詳。吳興大守虞潭率所領討健，屯烏苞亭。未詳。并不敢進。時暴雨，大水，管商乘船旁出，襲潭及衆。潭退保吳興，衆退守錢唐。賊轉攻吳興，潭諸軍復退。賊復掠東遷、餘杭，秦縣，今浙江餘杭縣。武康諸縣。舒遣兄子允之等，以精銳三千，邀賊於武康，出不意，破之。韓晃既破宣城，轉入故鄣，秦鄣郡，漢廢爲故鄣縣，在今浙江安吉縣西北。長城，見第三章第九節。允之遣兵擊之，戰於于湖，以彊弩射之，晃等乃退。臨海、新安諸山縣，并反爲賊，舒分兵討平之。臨海，吳郡，今浙江臨海縣東南。新安，吳新都郡，晉改爲新安，今浙江淳安縣西。時陶侃進郗鑒都督揚州八郡軍事，王舒、虞潭，皆受節度。鑒率衆渡江，與侃會於茄子浦。未詳。胡三省曰：蓋其地宜茄子，人多於此樹藝，因以名浦。時尚書左丞孔坦奔陶侃，侃引爲長史。坦言："本不應召郗公，遂使東門無限。今宜遣還。雖晚，猶勝不也。"侃等猶疑。坦固爭甚切，始令鑒還據京口，立大業、曲阿、庱亭三壘以距賊。曲阿，秦縣，今江蘇丹陽縣。大業，里名，在曲阿北。庱亭在吳興。郭默守大業，張健攻之。城中乏水，默窘迫，突圍出，三軍失色。賊之攻大業，陶侃將救之。長史殷羨曰："若步戰不如峻，則大事去矣。但當急攻石頭，峻必救之，大業自解。"侃從之。及峻死，大業之圍乃解。韓晃聞峻死，引兵赴石頭。管商詣庾亮降。初峻使匡術守苑城。即臺城。侍中鍾雅，右衛將軍劉超，與術及建康令管旆等密謀，欲奉帝出。未及期，事泄。峻使任讓收超及雅害之。四年，正月，匡術以苑城降。韓晃與蘇逸等并力攻術，不能陷。溫嶠等選精銳將攻賊營。峻子碩，率驍勇數百，渡淮而戰。淮，謂秦淮河。於陳斬碩。晃等震懼。以其衆奔張健於曲阿。二月，諸軍攻石頭。李陽與蘇逸戰於祖浦，即查浦，在首都西。軍敗。建威長史滕含以銳卒擊之，逸等大敗。含奉帝御於溫嶠舟。蘇逸以萬餘人自延陵將入吳興，延陵，晉縣，今丹陽縣南之延陵鎮。王允之與戰於溧陽，秦縣，在今江蘇溧陽縣西北。獲之。管商之降也，餘衆并歸張健。健疑弘徽等不與己同，盡殺之。更以舟、車自延陵向長塘，湖名，亦作長蕩，在今江蘇宜興縣西北。小大二萬餘口。金銀財物，不可勝數。王允之與吳興諸軍擊健，大破之。健與馬雄、韓晃等輕軍走。郗鑒督護李閎追之，及於巖山，胡三省曰：當在溧陽界。斬晃。健等降。并梟其首。

　　祖約叛後，潁川人陳光攻之，潁川，見第三章第三節。誤禽約左右貌類約者，約踰垣得免。光奔石勒。約諸將復陰結勒，請爲內應。勒遣石聰攻之。三年，七月，約奔歷陽。四年，正月，趙胤遣將攻之。約以數百人奔石勒。後爲勒所殺，并其親戚中外百餘人悉滅之。

　　蘇峻者，驕暴之武夫，其將士亦皆盜賊。蓋喪亂之際，結合自保者，固多忠義之士，亦多桀黠之徒也。邵續、郗鑒、李矩、魏浚等，皆端人正士，郭默則非其倫矣。默之歸朝也，明帝授爲征虜將軍。劉遐卒，以默爲北中郎將，監淮北軍事。朝廷將徵蘇峻，召默，拜後將軍，領屯騎校尉。大業之圍既解，徵爲右軍將軍。默樂爲邊將，不願宿衛。初被徵距蘇峻也，下次尋陽，見豫章大守劉胤。豫章，見第三章第九節。胤參佐張滿等輕默，或佹露見之，默常切齒。溫嶠東下，留胤守溢口。見第三章第八節。咸和四年，四月，嶠卒，胤代爲江州刺史。位任轉高，矜豪日甚。縱酒耽樂，不恤政事。大殖財貨，商販百萬。① 是時朝廷空罄，百官無祿，惟資江州運漕，而胤商旅繼路，以私廢公。有司奏免胤官。默赴召，謂胤曰："我能禦胡，而不見用。若疆場有虞，被使出征，方始配給，將卒無素，恩信不著，以此臨敵，少有不敗矣。時當爲官擇才，若人臣自擇官，安得不亂乎？"胤曰："所論事雖然，非小人所及也。"默當發，求資於胤，胤不與。時胤被詔免官，不即歸罪，方自申理，而驕侈更甚，遠近怪之。僑人蓋肫，先略

① 商業：劉胤在荊州商販百萬。

取祖渙所殺孔煒女爲妻，煒家求之，肫不與，因與胤、滿有隙。至是，肫謂默曰："劉江州不受免，密有異圖，與長史、司馬張滿、荀楷等日夜計謀，反逆已形。惟忌郭侯一人，云當先除郭侯，而後起事。禍將至矣，宜深備之。"默既懷恨，便率其徒，詐稱被詔，襲殺胤，傳首京師。時十二月也。掠胤女及諸妾并金寶還舡。初云下都，俄遂停胤故府。王導懼不可制，乃大赦天下，梟胤首於大桁，以默爲豫州刺史。武昌大守鄧嶽馳白陶侃。侃聞之，投袂起，曰："此必詐也。"即日率衆討默。導聞之，乃收胤首，詔庾亮助侃討默。默欲南據豫章，而侃已至城下。明年，五月，默將宋侯等縛默降，斬於軍門。

蘇峻之叛，論者頗咎庾亮激變，此非其實。當時紀綱，頹廢甚矣，以峻之驕暴，而居肘腋之地，夫安可以不除？咎亮者不過謂峻若無釁，未能遽稱兵以叛耳。不知峻乃粗才，豈有遠慮？峻兵一起，西陽王即依附之；彭城王雄、康王釋子，釋見第三章第三節。章武王休，義陽成王望玄孫。望見第三章第二節。亦叛奔峻；則當時亂源，潛伏非一，峻欲稱兵，豈慮無所藉口？聽其肆誅求以自封殖，何異藉寇兵而齎盜糧哉？廷議之際，亮謂"今日徵之，縱不順命，爲禍猶淺；若復經年，爲惡滋蔓，不可復制"；此必確有所見，非苟爲危辭以聳聽也。或又咎亮一戰而北，委君父而奔逃，此亦未審兵勢。以峻兵之精，加以虜掠餌其下，其鋒自未易當。當時奔北，豈亮一人？若責其委棄君父，則社稷爲重君爲輕，以身徇一人，縱博忠義之名，夫豈宰相之事？況亦何救於君父之患哉？兵力之不敵，徵峻時固早知之，出溫嶠以爲外援，正爲此也。然亮亦非略無備豫。溫嶠聞峻不受詔，便欲下衛京都，三吳又欲起義兵；三吳，見第三章第九節。亮并不聽，而報嶠書曰："吾憂西陲，過於歷陽，足下無過雷池一步也。"雷池，在今安徽望江縣。大雷水所積。郗鑒欲率所領東赴，詔亦以北寇不許。蓋亮必自度兵力，尚可堅守以待外援，故爾。其後一敗不能復固，則非始料所及。兵事變化甚多，固難責其一一逆料。觀其守白石，以少擊衆，終摧方張之寇，以全形要之地，夫固非無將帥之才？視郭默之突圍苟免者何如哉？然默雖驕橫，固亦嘍喈宿將也。則知亮之未足深咎也。《孔坦傳》云：蘇峻反，坦與司馬陶回白王導曰："及峻未至，宜急斷阜陵之界，阜陵，見第三章第九節。守江西當利諸口。當利，浦名，在和縣東南。彼少我衆，一戰決矣。若峻未至，可往逼其城。今不先往，峻必先至。先人有奪人之功，時不可失。"導然之。庾亮以爲峻脫逕來，是襲朝廷虛也。故計不行。峻遂破姑孰，取鹽米，亮方悔之。《陶回傳》云：峻將至，回復謂亮曰："峻知石頭有重成，不敢直下，必向小丹陽南道步來。小丹陽在秣陵南。秣陵在今首都東南。宜伏兵要之，可一戰而禽。"亮不從。峻果由小丹陽經秣陵，迷失道，逢郡人，執以爲鄉道。時峻夜行，甚無部分。亮聞之，深悔不從回等之言，一似亮之坐失機宜者。然以峻兵之精，夫豈一戰可決？往逼其城，峻豈不能以少兵守禦，悉勁卒東出？觀韓晃、張健等之豕突難禦可知。然則亮虞峻逕來，正是深慮。峻之行軍，亦豈略無部分者？史於庾氏多謗辭。① 西陽、南頓，罪狀昭著，尚議亮裁翦宗室，其他則更何論？悠悠之辭，豈可據爲信讞也？

　　庾亮言憂西垂過於歷陽，所憂者蓋在陶侃也。侃之討蘇峻也，一若君爲庾亮之君，民爲溫嶠之民，恝然無與於己者。及討郭默，則大異乎是。聞默殺胤，即遣將據湓口，自以大軍繼進。默寫中詔呈侃，參佐多諫曰："默不被詔，豈敢爲此？進軍宜待詔報。"侃屬色曰："國家年小，不出胸懷。且劉胤爲朝廷所禮，雖方任非才，何緣猥加極刑？郭默虓勇，所在暴掠。以大難新除，威網寬簡，欲因隙會，騁其縱橫耳。"即發使上表討默。與王導書曰："郭默殺方州，即用爲方州，害宰相，便爲宰相乎？"導答曰："默居上流之勢，加有船艦成資，故苞含隱忍，使有其地。一月潛嚴，足下軍到，是以得風發相赴。豈非遵養時晦，以定大事者邪？"侃省書笑曰："是乃遵養時賊也。"夫郭默所傳之詔雖僞，王導所發之令則真。藉口國家年少，不出胸懷，遂不遵奉，則當主少國疑之際，不亦人人可以自擅乎？郭默既死，詔侃都督江州，領刺史，侃因移鎮武昌，得毋所欲正在是邪？《侃傳》言侃勝妾數十，家僮千餘，珍奇寶貨，富於天府。富自何來？豈必愈於郭默？傳又云：或云：侃少時漁於雷澤，網得一織梭，以挂於壁，有頃雷雨，自化爲龍而去。又夢生八翼，飛而上天。見天門九重。已登其八，惟一門不得入。閽者以杖擊之，因墜地，折其左翼。及寤，左腋猶痛。又嘗如廁，見一人朱衣介幘，斂板曰："以君長者，故來相報。君後當爲公，位至八州都督。"有善相者師圭，謂侃曰："君左手中指有豎理，當爲公。若徹於上，貴不可言。"侃以針決之，見血，灑壁而爲公字。以紙裹手，公字愈明。及都督八州，據上流，握彊兵，潛有窺窬之志，每思折翼之祥，自抑而止。天門九重，僅登其八，指理不徹，位止於公；蓋侃終於人臣後，傳述者改易而爲是辭，其本所造作，則不知其作何語矣。討峻之役，處分規略，一出溫嶠，豈必有藉於侃？然嶠既殷勤於前，毛寶又固爭於後，得毋慮其據上流之勢，而其心不可測邪？世惟有異志者畏人之疑，庾亮脩石頭而侃謂其擬己，情見乎辭矣。亮

---

① 史事：史於庾氏多謗辭不實，由任法也（見第一〇四、一二四頁，第一二五——一二六頁）。

之憂之，安得不過於歷陽也？然其終能自抑者何也？《侃傳》云：侃早孤貧，爲
縣吏鄱陽。[1] 侃本鄱陽人，吳平，徙家廬江之尋陽。孝廉范逵嘗過侃。時倉卒，無以待
賓。其母乃截髮，得雙髲，以易酒肴，樂飲極歡，雖僕從亦過所望。及逵去，侃
追送百餘里。逵曰："卿欲仕郡乎？"侃曰："欲之，困於無津耳。"逵過廬江大守
張夔，稱美之。夔召爲督郵。遷主簿。會州部從事之郡，欲有所按。侃閉門
部勒諸吏。謂從事曰："若鄱郡有違，自當明憲直繩，不宜相逼。若不以禮，吾
能禦之。"從事即退。夔妻有疾，將迎醫於數百里。時正寒雪，諸綱紀皆難之。
侃獨曰："資於事父以事君，小君猶母也，安有父母之疾而不盡心乎？"乃請行。
夔察侃爲孝廉。至洛陽，數詣張華。華初以遠人，不甚接遇，侃每往，神無忤
色。華後與語，異之。除郎中。伏波將軍孫秀，以亡國支庶，府望不顯，中華
人士，恥爲掾屬，以侃寒宦，召爲舍人。時豫章國郎中令楊晫，侃州里也，爲鄉
論所歸。侃詣之。晫與同乘，見中書郎顧榮。吏部郎溫雅謂晫曰："奈何與小
人共載？"然則侃本寒素，其爲人也，善於事人，亟於求進，所欲不過富貴。當
時庶族，望貴胄之一嚬一笑，皆若天上。討蘇峻之際，侃之驕蹇，可謂極矣，一
見庾亮，便爾釋然，職由於此。自待既卑，所志又小，加以衰髦，復安能有所作
爲？然又敢於偃蹇者何也？武人無學，器小易盈，志得意滿，遂流於驕蹇而不
自覺耳。侃世子瞻，既爲蘇峻所害，更以夏爲世子。及送侃喪還長沙，夏與斌
及稱，各擁兵數千以相圖。既而解散。斌先往長沙。悉取國中器使財物。侃
封長沙郡公。夏至，殺斌。庾亮欲放黜之，表未至都，而夏病卒。稱，爲東中郎
將，南平太守，南平，見第三章第九節。南蠻校尉。咸康五年，庾亮以爲監江夏、
隨、義陽三郡軍事，南中郎將，江夏相。江夏，見第三章第四節。隨，漢縣，晉置郡，今湖
北隨縣。義陽，見第二章第三節。至夏口見亮，爲亮所殺。亮疏言其罪曰："擅攝五
郡，自謂監軍。輒召王官，聚之軍府。故車騎將車劉弘曾孫安，寓居江夏。
及將楊恭、趙韶，并以言色有忤，稱放聲當殺。安、恭懼，自赴水而死。韶於
獄自盡。將軍郭開，從稱往長沙赴喪。稱疑開附其兄弟。乃反縛，縣頭於帆
檣，仰而彈之，鼓棹渡江，二十餘里。觀者數千，莫不震駭。又多藏匿府兵，
收坐應死。臣猶未忍直上，且免其司馬。稱肆縱醜言，無所顧忌。要結諸
將，欲阻兵搆難。諸將皇懼，莫敢酬答。由是姦謀，未即發露"云云。其縱
恣，豈不遠甚於後來之桓玄？然稱之聲勢，果何自來哉？亮之虞侃，亦其
宜矣。

---

[1]　階級：陶侃不篡，由出寒門。

第四節　成康穆間朝局

東晉國勢之不振，實由當時風氣之泄沓，而此種風氣，王導實爲之魁，讀第一節所述，已可見之。王導死後，庾氏兄弟，相繼執政，頗能綜覈名實，足矯當時之弊。惜其秉權不久。是時朝臣門户之見頗深，外藩專擅之習亦未革，遂使桓温，乘機跋扈，内外相猜，坐視北方之喪亂而不能乘，恢復良機，成爲畫餅矣。豈不惜哉？

蘇峻平後，庾亮領豫州刺史、宣城内史，鎮蕪湖。宣城、蕪湖皆見第三章第九節。咸和七年，陶侃卒，亮領江、豫、荆三州刺史，移鎮武昌。見第三章第九節。是時政柄仍在王導之手。亮嘗欲舉兵廢之。《亮傳》曰：時王導輔政，主幼時艱，務存大綱，不拘細目；委任趙胤、賈寧等，諸將并不奉法，大臣患之。陶侃嘗欲起兵廢導，而郗鑒不從，乃止。至是，亮又欲率衆黜導，又以諮鑒，而鑒又不許。亮與鑒牋曰："昔於蕪湖反覆，謂彼罪雖重，而時弊國危；且令方嶽道勝，亦足有所鎮壓；故共隱忍，解釋陶公。自兹迄今，曾無悛改。主上自八九歲以及成人，入則在宫人之手，出則惟武官小人，讀書無從受音句，顧問未嘗遇君子。侍臣雖非俊士，皆時之良也，豈與殿中將軍、司馬督同年而語哉？不云當高選侍臣，而云高選將軍、司馬督，豈合賈生願人主之美，翼以成德之意乎？秦政欲愚其黔首，天下猶知其不可，況乃欲愚其主哉？主之少也，不登進賢哲，以輔道聖躬。春秋既盛，宜復子明辟，不稽首歸政，甫居師傅之尊。成人之主，方知師臣之悖，主上知君臣之道，不可以然，而不得不行殊禮之事。萬乘之君，寄坐上九，亢龍之爻，有位無人。挾震主之威，以臨制百官，百官莫之敢忤。是先帝無顧命之臣，勢屈於驕姦而遵養之也。趙、賈之徒，有無君之心，是而可忍，孰不可忍？且往日之事，含容隱忍，謂其罪可宥，良以時弊國危，兵甲不可屢動；又冀其當謝往釁，懼而脩己。如頃日之縱，是上無所忌，下無所憚。謂多養無賴，足以維持天下。公與下官，并蒙先朝厚顧，荷託付之重，大姦不掃，何以見先帝於地下？願公深惟安國家、固社稷之遠算；次計公與下官負荷輕重；量其所宜。"鑒又不許，故其事得息。案藩臣稱兵，入廢宰輔，自非美事。鑒之不許，自是持重之見。然朝政則益以因循紊亂矣。《孔坦傳》云：成帝既加元服，猶委政王導。坦每發憤，以國事爲己憂。嘗從容言於帝曰："陛下春秋以長，聖敬日躋，宜博納朝臣，諮諏善道。"由是忤導，出爲廷尉。坦本爲侍中。《孔愉傳》云：咸和八年，詔給愉親信十人稟賜。愉上疏固讓，優詔不許。重表曰："方今彊寇未殄,疆場日駭。政煩役重,百姓困苦。奸吏擅威,暴人肆虐。大弊之後,倉庫空虛,功勞之士,賞報不足,困悴之餘,未見拯恤,呼嗟之怨,人鬼感動。宜并官省職,貶食節用,勤撫其人,以濟其艱。不敢橫受殊施,以重罪戾。"從之。王導聞而非之,於都坐謂愉曰:"君言姦吏擅威,暴人肆虐,爲患是誰?"愉欲大論朝廷得失,陸玩抑之,乃止。後導將以趙胤爲護軍,愉謂導曰:"中興以來,處此官者,周伯仁、顗應思遠詹耳。今誠乏才,豈宜以趙胤居之邪?"導不從。其守正如此,由是爲導所銜。賈寧者,本蘇峻腹心,與路永、匡術,同降於導者也。見導及《袁耽傳》。導嘗欲襃顯之,爲温嶠所拒而止。見《嶠傳》。時卞敦爲湘州刺史。温嶠、庾亮,移檄征鎮,同赴京都,敦擁兵不下,又不給軍糧,惟遣督護苟璲領數百人隨大軍而已。朝野莫不怪歎,雖陶侃亦切齒忿之。峻平之後,有司奏其阻軍顧望,不赴國難,無大臣之節,請檻收付廷尉。導以喪亂之後,宜加寬宥,轉爲廣州刺史。時宗廟宮室,并爲灰燼。温嶠議遷都豫章。見第三章第九節。三吳之豪,三吳,見第三章第九節。請都會稽。見第三章第九節。二論紛紜,未有所適。導曰:"建康古之金陵,舊爲帝里。又孫仲謀、劉玄德俱言王者之宅。古之帝王,不必以豐儉移都。苟弘衞文大帛之冠,則無往不可;若不績其麻,則樂土爲墟矣。且北寇游魂,伺我之隙。一旦示弱,竄於蠻越,求之望實,懼非良計。今特宜鎮之以靜,羣情自安。"由是嶠等謀并不行。此事論者皆美其能鎮定。其實遷會稽有遠竄之嫌,遷豫章則更可進據上流,實於恢復之計爲便。三吳之豪,不免鄉里之見,温嶠則純出於公忠體國之誠。導之所以不肯遷都者,遷都則必有新起握權之人,不如率由舊章,便於把持也。《導傳》云:庾亮以望重地逼,出鎮於外。南蠻校尉陶稱,聞説亮當舉兵内向。或勸導密爲之防。導曰:"吾與元規,亮字。休戚是同。悠悠之談,宜絶智者之口。則如君言,元規若來,吾便角巾還第,復何懼哉?"又與稱書,以爲"庾公帝之元舅,宜善事之。"於是讒間遂息。時亮雖居外鎮,而執朝廷之權。既據上流,擁彊兵,趣向者多歸之。導内不能平。嘗遇西風塵起,舉扇自蔽,徐曰:"元規塵汙人。"《孫盛傳》曰:導執政,亮以元舅居外,陶稱讒構其間,導、亮頗懷疑貳。盛密諫亮曰:"王公神情朗達,常有世外之懷,豈肯爲凡人事邪? 此必佞邪之徒,欲閒内外耳。"導賊周顗而作色於蔡謨,世外之懷安在?《周顗傳》:王敦之舉兵也,劉隗勸帝盡除諸王。導率羣從詣闕請罪。值顗將入,導呼顗謂曰:"伯仁,以百口累卿。"顗直入不顧。既見帝,言導忠誠,申救甚至。帝納其言。顗喜飲酒,致醉而出。導猶在門,又呼顗。顗不與言,顧左右曰:"今年殺諸賊奴,取金印如斗大繫肘。"既出,又上表明導,言甚切至。導不知救己,而甚銜之。敦既得志,問導曰:"周顗、戴若思,南北之望,當登三司,無所疑也?"

導不答。又曰："若不三司，便應令、僕邪？"又不答。敦曰："若不爾，正當誅爾。"導又無言。導後料檢中書故事，見顗表救己，殷勤款至。導執表流涕，悲不自勝。告其諸子曰："我雖不殺伯仁，伯仁由我而死，幽冥之中，負此良友。"案顗亦元帝腹心，未必真以導爲可信。所以救導者，蓋當時事勢，或以盡除王氏爲宜，或謂宜姑容之，所見有不同耳。然顗之救導，雖不爲私交，而導授意於敦而殺之，則其忌刻爲已甚矣。若思、戴淵等。唐人脩《晉書》，於避諱者多稱其字，如稱劉淵爲元海，石虎爲季龍是也。今於引元文者皆仍之。《導傳》云：導妻曹氏性妒，導甚憚之，乃密營別館，以處衆妾。曹氏知，將往焉。導恐妾被辱，遽令命駕。猶恐遲之，以所執麈尾柄驅牛而進。蔡謨聞之，戲導曰："朝廷欲加公九錫。"導弗之覺，但謙退而已。謨曰："不聞餘物，惟有短轅犢車，長柄麈尾。"導大怒，謂人曰："吾往與羣賢共游洛中，何曾聞有蔡克兒也。"案晉世名士，往往外若高曠，內實忌刻。《王羲之傳》云：王述少有名譽，與羲之齊名，而羲之甚輕之，由是情好不協。述先爲會稽，以母喪居郡境。羲之代述，止一弔，遂不重詣。述每聞角聲，謂羲之當候己，輒灑掃而待之，如此者累年，而羲之竟不顧，述深以爲恨。及述爲揚州刺史，將就徵，周行郡界，而不過羲之，臨發，一別而去。先是羲之嘗謂賓友曰："懷祖正當作尚書耳，投老可得僕射，更求會稽，便是邈然。"及述蒙顯授，羲之恥爲之下，遣使詣朝廷，求分會稽爲越州，行人失辭，大爲時賢所笑。既而內懷媿歎，謂其諸子曰："吾不減懷祖，而位遇縣邈，當由汝等不及坦之故邪？"述後檢察會稽郡，辨其刑政，主者疲於簡對，羲之深恥之，遂稱病去郡，於父母墓前自誓，曰："自今之後，敢渝此心，貪冒苟進，是有無尊之心而不子也。子而不子，天地所不覆載，名教所不得容。信誓之誠，有如皦日。"其熱中躁進，褊隘忌克，鄙夫恥之矣。懷祖，述字，坦之，述之子也。外寬和而內深阻，當時名士，固往往如是，然導居元輔之位，因貪權嗜利，好諛惡直之故，遂不恤敗壞國事以徇之，則所詒之害彌大矣。

咸康五年，四月，導卒，徵庾亮爲司徒、揚州刺史，錄尚書事。時亮方謀恢復中原，固辭。乃以其弟冰爲中書監、揚州刺史，與何充參錄尚書事。充，導妻之姊子；充妻，又明穆皇后之妹也；故少與導善，明帝亦友昵之，導與亮并稱舉焉。明年，正月，亮卒，冰弟翼刺荊州。八年，六月，成帝崩。子丕、奕俱幼。庾冰舍之，而立其母弟琅邪王岳，是爲康帝。《充傳》云：庾冰兄弟，以舅氏輔王室，慮易世之後，戚屬轉疏，每說成帝，以國有彊敵，宜須長君。帝從之。充建議曰："父子相傳，先王舊典。忽妄改易，懼非長計。"冰等不從。康帝立，臨軒，冰、充侍坐。帝曰："朕嗣鴻業，二君之力也。"充對曰："陛下龍飛，臣冰之力也。若如臣議，不覩升平之世。"充與庾氏立異，蓋自茲始？明年，爲建元元年，充出刺徐州，鎮京口。京口，見第二節。以避諸庾。頃之，庾翼將北伐，庾冰出鎮江州，徵充入領揚州。二年，九月，帝疾篤。冰、翼意在簡文帝，而充建議立子聃爲大子。帝崩，大子立，是爲穆帝。冰、翼甚恨之。是歲，十一月，冰卒。明年，爲永和元年，七月，翼又卒。表以後任委息爰之。論者并以諸庾世在西藩，人情所歸，宜依翼所請，以安物情。充曰："荊楚國之西門，戶口百萬。北帶彊胡，西鄰勁蜀。經略險阻，周旋萬里。得賢則中原可定，勢弱則社稷同憂。所謂陸抗存則吳存，亡則吳亡者。豈可以白面年少，猥當此任哉？桓溫英略過人，有文武識度。西夏之任，無出溫者。"議者又曰："庾爰之肯避溫乎？如令阻兵，恥懼不淺。"充曰："桓溫能制之，諸君勿憂。"乃使溫西。爰之果不敢爭。於是上流事權，暫握於中樞信臣之手者，自陶侃卒後。復成分爭角立之象已。此東晉政局之一大變也。史於庾氏多貶辭，平心論之，或失其實。庾氏之立康帝，可謂欲扶翼其所自出，其欲立簡文帝，果何爲哉？庾氏弟兄，皆有志於恢復，然則其謂國有彊敵，宜立長君，或非虛語也。《成帝紀》云：帝少而聰敏，有成人之量。南頓王宗之誅也，帝不之知。及蘇峻平，問庾亮曰："常日白頭公何在？"亮對以謀反伏誅。帝泣，謂亮曰："舅言人作賊，便殺之，人言舅作賊，復若何？"亮懼，變色。庾懌亮弟。嘗送酒於江州刺史王允之，允之與犬，犬斃，懼而表之。帝怒曰："大舅已亂天下，小舅復欲爾邪？"懌聞，飲藥而死。懌本傳略同。夫南頓王之伏誅，事在咸和元年九月；蘇峻入犯，庾亮出奔，事在三年三月；峻敗而帝御溫嶠舟，亮獲入見，乃在四年二月，而弋陽王即以此時伏誅，帝苟欲問南頓王，何待蘇峻平後？故或謂此實弋陽王之誤，然是時之弋陽，叛狀顯著，成帝果聰明，不應復有此問；且亦無緣誅之而不使帝知也。《紀》又言帝少爲舅氏所制，不親庶政，而赫然一怒，庾懌遽懼而自裁，有是理乎？妨帝不親庶政者王導也，於庾氏乎何與？而謗轉集於庾氏，何哉？史稱王導輔政，以寬和得衆，而亮任法裁物，頗以此失人心；又言王導輔政，每從寬惠，而冰頗任威刑；此庾氏所以招謗，而導之虛譽，所由流溢與？惡直醜正，實繁有徒；民之多幸，國之不幸；悠悠之口，豈足聽哉？不惟庾氏，即劉隗、刁協，頗爲史所譏評，其故亦然。《隗傳》云：與協并爲元帝所寵，欲排抑豪彊。諸刻碎之政，皆云隗、協所建。《協傳》云：協性剛悍，與物多忤。每崇上抑下，故爲王氏所疾。又使酒放肆，侵毀公卿，見者莫不側目。然悉力盡心，志在匡救，帝甚信任之。其故可深長思矣。翼嘗與冰書曰："大較江東，政以傴舞豪彊，以爲民蠹，時有行法，輒施之寒劣。如往年偷石頭倉米一百萬斛，皆豪將輩，而直打殺倉督監以塞責。山遐作餘姚半年，而爲官出二千户，政雖不倫，公彊官長也，而羣共驅之，不得安席。紀睦、徐寧，奉王使糾罪人，船頭到渚，桓逸還復，而二使免官。雖皆前宰之惛繆，江東事去，實此之由也。兄弟不幸，橫陷此中，自不能拔脚於風塵之外，當共明目而治之。"風格崚嶒，時之所須，正此等人也。何充居宰相，史言其無澄正改革之能。雖凡所選用，皆以功臣爲先，不以私恩樹親戚，然所昵庸雜，信任不得其人，朝政復稍衰矣。

穆帝即位，年僅二歲，大后褚氏臨朝。后父衰，苦求外出。於是以會稽王昱元帝少子，即簡文帝也。録尚書六條事，復開宗親秉政之端。

第五章　東晉中葉形勢上

第一節　劉石興亡

劉淵以永嘉四年六月死，子和嗣僞位。其衛尉西昌王劉銳、宗正呼延攸和、攸之甥。説和攻其弟鹿蠡王聰、齊王裕、魯王隆、北海王乂。此據《晉書・載紀》，《通鑑》依《十六國春秋》作乂。斬裕及隆，而和爲聰所攻殺。聰讓位於其弟乂。乂與公卿涕泣固請，聰乃僭位，而以乂爲皇大弟，蓋以乂爲淵后單氏所生也。聰烝於單氏，乂屢以爲言，單氏慚恚而死，乂之寵因之漸衰，然猶追念單氏，未便黜廢。

聰后呼延氏死，納其大保劉殷二女爲左右貴嬪，女孫四人爲貴人。六劉之寵，傾於後宮。聰稀復出外，事皆中黄門納奏，左貴嬪決之。嘗以小劉貴人賜懷帝，及弑懷帝，復以爲貴人。立左貴嬪爲皇后。已而死。聰如中護軍靳準第，納其二女爲左右貴嬪，大曰月光，小曰月華。數月，立月光爲皇后。後又以爲上皇后，立貴妃劉氏爲左皇后，貴嬪劉氏爲右皇后。靳氏有淫行，御史大夫陳元達奏之，聰廢靳，靳慚恚自殺。聰追念其姿色，深讎元達。元達，聰之諍臣也，後自殺。聰立上皇后樊氏，張氏之侍婢也。張氏亦聰后。時四后之外，四后蓋兼中皇后言之，見下。史文左右採獲，叙述不必皆以次也。佩皇后璽綬者七人。中常侍王沈養女，年十四，有妙色，聰立爲左皇后。尚書令王鑒，中書監崔懿之，中書令李恂等諫，皆斬之。又立其中常侍宣懷養女爲中皇后。聰嘗欲爲劉后起鷖儀殿，陳元達諫，聰大怒，欲斬之，已而止。然又作大廟，内興殿觀四十餘所。游獵無度，晨出晚歸。觀漁於汾，以燭繼晝。立市於後庭，與宮人燕戲，或三日不醒。荒淫之行備矣。

聰大定百官。以其子粲爲丞相，領大將軍，録尚書事，封晉王。後又以爲相國，總百揆，而省丞相。乂大師盧志，大傅崔瑋，大保許遐勸乂襲粲，乂弗從。東宮舍人荀裕告之。於是收志、瑋、遐，假他事殺之。使冠威卜抽監守東宫。中常侍王沈、宣懷、俞容,中宫僕射郭猗,中黄門陵脩等,皆寵幸用事。聰游燕後宫,或百日不出,羣臣皆因沈等言事,多不呈聰,以其意愛憎決之。或有勳舊功臣,弗見叙録,姦佞小人,數日便至二千石者。軍旅無歲不興,而將士無錢帛之賞,後宫之家,賜賚及於僮僕,動至數千萬。沈等車服、宅宇,皆踰於諸王。子弟中表,布衣爲内史、令、長者三十餘人,皆奢僭貪殘,賊害良善。靳準合宗内外,諂以事之。聰臨上秋閣,誅其特進綦毋達,大中大夫公師彧,尚書王琰、田歆,少府陳休,左衛卜崇,大司農朱誕等,皆羣奄所忌也。郭猗有憾於乂,謂粲:"乂將以三月上巳,因燕作難,宜早爲之所。"初,靳準從妹爲乂孺子,淫於侍人,乂怒,殺之,而屢以嘲準,準深慚恚,説粲:"緩東宫之禁固,勿絶大弟賓客,使輕薄之徒,得與交游,然後下官爲殿下露表其罪,主上必以無將之罪罪之。"於是粲命卜抽去東宫。粲使謂乂曰:"適奉中詔,云京師將有變,勅裹甲以備之。"乂以爲信然。準白之。於是使粲圍東宫。粲使王沈、靳準收氐、羌酋長十餘人窮問之,皆縣首高格,燒鐵灼目,乃自誣與乂同造逆謀。於是誅乂素所親厚大臣及東宫官屬數十人,廢乂爲北部主。粲使準賊殺之。阬士衆萬五千餘人,平陽街巷爲空。氐、羌叛者十餘萬落,以靳準行車騎大將軍以討之。立粲爲皇大子,領相國、大單于,總攝朝政如前。

大興元年,七月,聰死,粲嗣僞位。粲自爲宰相,威福任情。性嚴刻無恩惠。好興造宫室,相國之府,放象紫宫。在位無幾,作兼晝夜。饑困窮叛,死亡相繼,粲弗之恤也。既嗣僞位,尊聰后靳氏爲皇大后。樊氏號弘道皇后,宣氏號弘德皇后。靳等皆年未滿二十,粲晨夜烝淫於内。聰死時,上洛王劉景爲大宰,濟南王劉驥爲大司馬,昌國公劉顗爲大師,朱紀爲大傅,呼延晏爲大保,并録尚書事。大尉范隆守尚書令,靳準爲大司空,領司隸校尉,皆迭決尚書奏事。準私於粲曰:"諸公將行伊、霍之事,謀先誅大保及臣,以大司馬統萬幾。"粲誅景、顗、驥及驥母弟吴王逞,大司徒齊王劉勱等。紀、隆奔長安。以靳準爲大將軍、録尚書事。粲荒耽酒色,游宴後庭,軍國之事,一決於準。準勒兵入宫,執粲,數而殺之。劉氏男女,無少長,皆斬於東市。發淵、聰墓,焚燒其宗廟。自號大將軍漢天王,置百官,遣使稱藩於晉。

自來創業之主,必能躬擐甲胄,四征不庭,獨胡劉則不然。當淵之世,即蟄居河東,不能一出。蓋淵特以左賢王之後,爲衆所推,其人本非才武。《晉書·載記》於淵多美辭,特沿襲舊史,不足信也。其時傾覆晉室者,實王彌、石勒等爲之,其於胡劉,特文屬而已。羣盜中以石勒爲最狡悍,故東方悉爲所并;胡劉種姓中,惟劉曜較有材力,關中實其所陷;故劉粲既没,曜與勒遂成東西對峙之勢焉。初聰之立也,以勒爲并州刺史。後又以曜爲雍州牧,鎮長安。而以王彌爲大將軍,封齊公。勒殺彌,聰大怒,使讓其專害公輔,然仍以彌部衆配之,勢固無如勒何也。其時惟曹嶷聲勢較盛,故勒請討嶷而聰弗許,蓋欲藉以牽制勒。然《聰載記》又云:勒與嶷相結,規爲鼎峙之勢,則嶷即存,亦未必能爲聰用,且亦難保其不橈而從勒也。要之東方之局,實非劉氏所能控馭而已。聰時,平陽大饑,流叛死亡,十有五六。勒遣石越率騎二萬,屯於并州,以懷撫叛者。聰使讓勒,勒不奉命。司隸部人,奔於冀州者,二十萬户。聰大史令康相,嘗言於聰曰:"石勒鴟視趙、魏,曹嶷狼顧青、齊;鮮卑之衆,星佈燕、代。今京師寡弱,勒衆精盛。若盡趙、魏之鋭,燕之突騎,自上黨而東;上黨,見第二章第二節。曹嶷率三齊之衆以繼之;陛下將何以抗之?"當時情勢之危急,可以想見矣。及劉粲見殺,劉曜自長安赴之。至赤壁,胡三省曰:《水經注》:河東皮氏縣西北有赤石川。案皮氏,秦縣,在今山西河津縣西。僭即皇帝位。石勒亦統精鋭五萬討準,據襄陵北原。襄陵,漢縣,在平陽東南。準遣侍中卜泰降於勒。勒與曜競有招懷之計,乃送泰於曜,使知城内無歸曜之意。曜謂泰曰:"司空若執忠誠,早迎大駕者,政由靳氏,祭則寡人。"與泰結盟,使還平陽,宣慰諸屠谷。勒疑泰與曜有謀,欲斬泰以速降之。諸將皆曰:"今斬泰,準必不復降。就令泰宣漢要盟於城中,使將率誅準,準必懼而速降矣。"勒久乃從諸將議,遣之。泰還平陽,具宣曜旨。準自以殺曜母兄,沈吟未從。尋而喬泰、王騰、靳康、準從弟。馬忠等殺準,推尚書令靳明爲盟主,明亦準從弟。遣卜泰奉傳國六璽降於曜。勒聞之,怒甚,增兵攻之。明戰累敗,求救於曜。曜使劉雅、劉策等迎之。明率平陽士女萬五千歸於曜。曜誅明。靳氏男女,無少長皆殺之。曜西奔粟邑。漢縣,在今陝西白水縣西北。勒焚平陽宫室而還。曜旋徙都長安,改國號曰趙。《曜載記》云:曜隱迹菅涔山,即管涔山。《清一統志》云:諸書皆作管,惟《寰宇志》作菅,言山多菅草也。案《晉書·載記》亦作菅。在今山西寧武縣西南。嘗夜閒居,有二童子入,跪曰:"菅涔王使小臣奉謁趙皇帝。"獻劍一口,置前,再拜而去。以燭視之,劍長二尺,光澤非常,赤玉爲室,背上有銘曰:"神劍御,除衆毒。"曜遂服之。劍隨四時而變爲五色。蓋特造作妖言,以示其當王趙而已,此所以諷示石勒也。然尚不能定平陽,安能有趙? 石勒又豈妖言所能懾,名號所可束縛者邪?

劉曜豕突,本在關中,故僭號之後,仍以雍、秦爲務。曜長水校尉尹車謀反,潛結巴酋徐庫彭。曜誅車,囚庫彭等五十餘人,欲殺之。其光禄大夫游子遠諫,曜怒,幽之,而盡殺庫彭等。於是巴氏盡叛,推巴歸善王句渠知爲主。四山羌、氐、巴、羯,應之者三十餘萬。關中大亂,城門晝閉。乃釋子遠,用其計，大赦境內，而使子遠討平之。先是上郡氐、羌十餘萬落，保險不降。上郡，見第二章第二節。酋大虛除權渠，自號秦王。子遠又破禽其子伊餘，降之。西戎之中，權渠部最彊，皆稟其命而爲寇暴，權渠既降，莫不歸附。後曜又親征氐、羌。《通鑑》繫永昌元年。仇池楊難敵，率衆來距，曜前鋒擊敗之。仇池者，山名，在今甘肅成縣西。以山巔有池，故曰仇池，池蓋今所謂火山湖也。略陽清水氐楊氏，略陽，見第二章第二節。秦、漢以來，世居隴右爲豪族。漢獻帝建安中，有楊騰者，爲部落大帥。騰子駒，勇健多計略，始徙仇池。仇池地方百頃，因以百頃爲號。四面斗絕高平。地方二十餘里。羊腸盤道，三十六回。山上豐水泉，煮水成鹽。駒後有名千萬者，拜爲百頃氐王。與興國氐王阿貴，興國，城名，在今甘肅秦安縣東北。俱從馬超爲亂。超破之後，阿貴爲夏侯淵攻滅，千萬西南入蜀。千萬孫飛龍，漸彊盛，晉武帝假征西將軍。《魏書·氐傳》作平西將軍。還居略陽。無子，養外甥令狐氏子爲子，名戊搜。惠帝元康六年，避齊萬年之亂，率部落四千家，還保百頃，自號輔國將軍右賢王。關中人士奔流者多依之。愍帝以爲驃騎將軍左賢王。時南陽王保在上邽，又以戊搜子難敵爲征南將軍。建興五年，戊搜卒，難敵襲位。與弟堅頭分部曲。難敵號左賢王，屯下辨，漢道，後漢爲縣，在成縣西。堅頭號右賢王，屯河池。漢縣，在今甘肅徽縣西。以上據《宋書·氐傳》及《三國志·四裔傳注》引《魏略》。難敵爲曜所敗，退保仇池。仇池諸氐、羌，多降於曜。曜西討楊韜於南安。韜，南陽王保之將。南安，見第二章第二節。韜懼，與隴西大守梁勛等降於曜。隴西，見第二章第二節。曜又進攻仇池。時曜寢疾，兼癘疫甚，乃遣使說難敵。難敵即遣使稱藩。陳安請朝，曜以疾篤不許。安怒，且以曜爲死也，遂大掠而歸。曜乘馬輿還，使其將呼延寔監輜重於後，安要擊，沒之。又使將襲拔汧城。漢汧縣，在今陝西隴縣南。西州氐、羌悉從安。安士馬雄盛，衆十餘萬。大寧元年，安攻曜征西劉貢於南安。休屠王石武，先以桑城降曜，桑城，見第二章第四節。及是，自桑城將攻上邽，以解南安之圍。安馳歸，貢追敗其後軍。安又馳還赴救，而武騎大至。安衆大潰，以騎八千奔隴城。見第四章第二節。貢圍之。曜又親征。安突圍出，欲引上邽、平襄之衆，還解隴城之圍。平襄，漢縣，在今甘肅通渭縣西南。而上邽被圍，平襄已敗，乃南走陝中。陝同陜，在隴城南。曜使將追斬之。隴、上邽降。氐、羌悉下，并送質任。楊難敵聞安平，內懷危懼，奔於漢中。《宋書》本傳云：與堅頭俱奔晉壽，臣於李雄。《晉書·成帝紀》：咸和六年，七月，李雄將李壽侵陰平、武都，氐帥楊難敵降之。《李雄載記》：難敵兄弟爲劉曜所破，奔葭萌，遣子入質。晉壽，見第三章第六節。陰平，漢道，魏屬縣，又置郡，在今甘肅文縣西北。武都，見第二章第二節。葭萌，見第三章第六節。曜以其大鴻臚田崧爲益州刺史，鎮仇池。先是，《晉書·張茂傳》事在大興四年，《通鑑》繫大寧元年。曜遣其將劉咸攻張茂將韓璞於冀城，冀，漢縣，晉廢，在今甘肅甘谷縣南。呼延寔攻寧羌護軍陰鑒於桑壁。胡三省曰：當在南安東。臨洮人翟松、石琮等逐令長，以縣應曜。臨洮，秦縣，今甘肅岷縣。河西大震。茂出次石頭，胡三省曰：在姑臧城東。姑臧，見第三章第七節。遣參軍陳珍擊走之。遂復南安。永昌初，茂使韓璞取隴西、南安之地，以置秦州。及曜平陳安，劉岳方與茂相持於河上。曜自隴上長驅至河，戎卒二十八萬五千，臨河列營，揚聲欲百道俱渡，直至姑臧。茂懼，遣使稱藩。曜拜爲涼州牧涼王。大寧三年，茂卒，無子，寔子駿嗣，曜復以茂官爵授之。咸和初，駿遣武威大守竇濤、金城大守張閬、武興大守辛巖、揚烈將軍宋輯等曾韓璞討秦州諸郡。武威、金城，皆見第二章第二節。武興郡，惠帝永寧中，張軌表合秦、雍流移人所置，在姑臧西北。曜遣其將劉胤來距。璞軍潰。胤乘勝追奔，濟河，攻陷令居，漢縣，今甘肅永登縣西北。入據振武。胡三省曰：在姑臧東南。河西大震。曜復攻枹罕。漢縣，晉廢，今甘肅導河縣。護軍辛晏告急。駿使韓璞、辛巖率步騎二萬擊之。戰於臨洮，大爲曜軍所敗。璞等退走。駿遂失河南之地。

劉曜兵鋒，看似銳利，實則所遇者皆小敵，以之戡定秦、雍，懾服涼州，尚虞不足，況欲長驅中原邪？而曜且荒淫無度。曜之徙都也，起光世殿於前，紫光殿於後。繕宗廟、社稷、南北郊。又立大學、小學。起酆明觀。立西宮。建陵霄臺於滈池。在長安西南。又將於霸陵西南營壽陵，霸陵，漢文帝陵，在長安之東。周回四里。下深二十五丈。以銅爲棺槨，黃金飾之。侍中喬豫、和苞諫，曜乃停之，封豫安昌子，苞平輿子，并領諫議大夫。省酆明圃，以與貧戶。然將葬其父及妻也，復親如粟邑，以規度之。負土爲墳。其下周回二里。作者繼以脂燭。怨呼之聲，盈於道路。游子遠諫，不納。後復遣使增其父及妻墓高九十尺。其侈，亦幾與劉聰無異矣。

石勒之破靳明也，遣其左長史王脩獻捷於曜。曜遣郭汜等署勒大宰，進爵趙王。勒舍人曹平樂，因使留仕於曜，言於曜曰：“勒遣脩等來，外表至虔，內覘大駕彊弱。謀待脩之返，將輕襲乘輿。”時曜勢實殘弊，懼脩宣之。曜大怒，追汜等還，斬脩粟邑，停大宰之授。勒大怒，下令曰：“孤兄弟之奉劉家，人臣之道過矣。石虎，勒之從子，勒父幼而子之，故或稱勒弟，勒此令亦以弟視之，蓋胡人不甚重昭穆也。勒杖虎以專征之任，其克定四方，虎戰功頗多，故有是言。觀是言，便知虎非勒所能制。勒身後之禍，蓋勢有必至矣。趙王趙帝，孤自爲之，名號大小，豈其所節邪？”大興二年，勒僞稱趙王。勒將石他，自雁門出上郡，雁門，見第二章第二節。襲北羌王盆句除，俘獲而歸。曜大怒，投袂而起，次於渭城。見第三章第三節。遣劉岳追之。曜次於富平，魏縣，今陝西富平縣。爲岳聲援。岳及石他戰於河濱，敗之，斬他。上郡距襄國遠，聲勢不相接，故勒不能報。大寧二年，勒遣石生屯洛陽。明年，四月，李矩等并潰歸。於是關內、河東，皆虞逼處，劉、石兵争始棘矣。生攻曜河内大守尹平於新安，河内，見第二章第二節。新安，見第三章第三節。斬之。曜遣劉岳攻生於洛陽。配以近郡甲士五千，宿衛精卒一萬，濟自孟津。見第二章第二節。鎮東呼延謨，率荆、司之衆，胡三省曰：時荆州仍屬晉，司州之地，多入後趙，劉曜得其民處之關中。或曰：劉聰以洛陽爲荆州，此所謂荆、司，皆晉司州之衆也。自嵤、澠而東。嵤山，在河南洛寧縣西北，西接陜縣，東接澠池。澠池之西北，則澠坂也。岳圍石生於金墉。見第三章第二節。石虎率步騎四萬，入自成皋關。見第三章第四節。戰於洛西，岳師敗績。岳中流矢，退保石梁。見第四章第二節。虎遂塹柵列圍。又敗呼延謨，斬之。曜親率軍援岳。虎率騎三萬來距。曜次於金谷，在洛陽西北。夜無故大驚，軍潰，退如澠池。漢縣，在今洛寧縣西。夜中又驚，士卒奔潰，遂歸長安。虎執岳，送於襄國，阬士卒萬六千。此可見曜之不整，其士卒實無戰心，不足以臨大敵矣。咸和三年，七月，勒遣虎率衆四萬，自軹關入，在今河南濟源縣西北。伐曜河東，進攻蒲坂。見第三章第四節。八月，曜盡中外精銳，水陸赴之。自衛關北濟。在今河南汲縣。虎懼，引退。追之，及於高候，胡三省曰：杜佑曰：今絳州聞喜縣北有高候原。聞喜，今山西聞喜縣。大戰，敗之，斬其將石瞻，枕尸二百餘里，收其資杖億計。虎奔朝歌。見第三章第三節。曜遂濟自大陽，見第三章第四節。攻石生於金墉。榮陽、野王皆降，榮陽，見第二章第二節。野王，漢縣，今河南沁陽縣。時後趙皆以爲郡。襄國大震。十二月，勒命石堪、石聰及其豫州刺史桃豹等會榮陽，石虎進據石門。《水經注》：漢靈帝於敖城西北，壘石爲門，以遏浚儀渠口，謂之石門。而榮瀆受河水，亦有石門。案敖城，在榮陽西北敖山上。勒統步騎四萬赴金墉。諸軍集於成皋，步卒六萬，騎二萬七千。詭道兼路，出於鞏、訾之閒。鞏，東周畿内國，今河南鞏縣。訾，周邑，在鞏縣西南。曜攝金墉之圍，陳於洛西。勒攻之，曜軍大潰。曜少而淫酒，末年尤甚，將戰，飲酒數斗，比出，復飲酒斗餘，昏醉奔退，爲堪所執，送於襄國，後爲勒所殺。曜子熙、胤等，胤本曜世子，靳準之亂，没於黑匿郁鞠部。曜僭位，遂立熙爲大子。後胤自言，郁鞠送之。曜以熙爲後妻羊氏所生，羊有寵，哀之，遂未更易。議西保秦州。尚書胡勳曰：“今雖喪主，國尚全完；將士情一，未有離叛；可共并力距險，走未晚也。”胤怒其沮衆，斬之。四年，二月，率百官奔於上邽。關中擾亂。將軍蔣英、辛恕，擁衆數十萬，據長安，遣使招勒。勒遣石生率洛陽之衆以赴之。胤及劉遵，率衆數萬，將攻石生於長安。九月，勒使虎率騎二萬距胤。戰於義渠，秦縣，後漢省，在今甘肅寧縣西北。爲虎所敗。胤奔上邽。虎乘勝追之，上邽潰，虎執熙、胤并將相諸王等，及其諸卿校公侯已下三千餘人，皆殺之。前趙亡。五年，勒僭號趙天王，行皇帝事。是歲，八月，遂僭即皇帝位。《晉書・載記》云：勒自襄國都臨漳。即鄴，晉避愍帝諱，改爲臨漳縣。以成周土中，漢、晉舊都，復有移都之意，乃命洛陽爲南都。然勒實并未能都鄴也。

第二節　後趙盛衰

在五胡之中，石勒確可稱爲一人物，以其性雖剽狡，而於中國之情形，頗能曉解也。羯本小種，所以能縱橫中原，幾至盡并北方者非其種姓之彊大，實由勒在諸胡中剽狡獨絶勒死之後繼之者無復雄材；而石虎之淫暴，且爲諸胡之冠；而胡、羯遂忽焉以盡矣。

石勒之戕苟晞，殺王浚，破劉琨，没邵續，執段匹磾，害徐龕，皆已見前。時劉遐爲兗州刺史，自鄒山退屯下邳。鄒山，見第四章第二節。下邳，見第三章第三節。琅邪内史孫默叛降於勒。永昌元年八月。琅邪，見第二章第三節。於是冀、并、幽州，遼西以西諸屯結，皆陷於勒。徐、兗閒壁壘，亦多送任請降。及曹嶷亡，而青州諸郡縣壁壘亦盡陷。祖約退屯壽春，見第三章第四節。勒復使其將王陽屯於豫州。先是朝廷以王邃督青、徐、幽、平，鎮淮陰。見第四章第二節。卞敦爲徐州刺史，鎮泗口。在今清河縣境。大寧元年，三月，勒陷下邳，敦退保盱眙。見第三章第九節。明年，正月，石瞻復寇下邳。東莞大守竺珍，東海大守蕭誕，皆叛降勒。東莞，見第三章第一節。東海，見第三章第三節。劉遐又自下邳退保泗口。卞敦以畏懦徵。邃、約、遐亦以王敦之亂，還衛京師。亂平，以遐爲徐州刺史，代邃鎮淮陰。檀贇爲兗州刺史，仍守鄒山。檀贇從《本紀》、《載記》作斌。三年，四月，石良攻鄒山，陷之。石良亦據《本紀》、《載記》作石瞻。朝以郗鑒督青、兗，僅鎮廣陵而已。廣陵，見第三章第九節。時李矩等亦皆潰歸，都尉魯潛，以許昌叛降於勒。許昌，見第三章第二節。勒遂盡陷司、兗及徐、豫濱淮州郡。咸和元年，五月，劉遐卒，以郗鑒領徐州刺史，郭默爲北中郎將，領遐部曲。遐妹夫田防，及遐故將史迭、卞咸、李龍等不樂他屬，共立遐子肇，襲遐故位以叛。詔郭默等討之。始上道，臨淮大守劉矯，臨淮，見第三章第二節。率將士數百，掩襲遐營，迭等迸走，斬防及咸，又追斬迭、龍於下邳。十一月，石聰攻壽春，不克，遂侵逡道、阜陵。漢浚道縣，晉作逡道，今安徽合肥縣東。阜陵，見第三章第九節。歷陽大守蘇峻遣將韓晃擊走之。歷陽，見第三章第九節。濟岷大守劉闓，將軍張闔等叛，胡三省曰：“《晉志》曰：或云：魏平蜀，徙其豪將家於濟河北，爲濟岷郡。《大康地志》無此郡，未詳。”害下邳内史夏嘉，以下邳降於石生。明年，峻與祖約俱反。三年，四月，勒攻宛，南陽大守王國叛降於勒。宛、南陽，見第三章第四節。石瞻攻河南大守王羨於邟，陷之。河南，見第二章第二節。邟，漢縣，在今湖北黄岡縣西北。七月,石聰、石堪陷壽陽,祖約奔歷陽。四年,二月,蘇峻敗,約降於勒。五年,五月,勒將劉徵,聚衆數千,浮海寇南沙,晉縣,在今江蘇常熟縣西北。進入海虞。晉縣,在常熟東。六年,正月,復寇婁縣,漢縣,在今江蘇崑山縣東北。掠武進。晉縣,在今江蘇武進縣西北。朝以郗鑒戍京口,見第四章第二節。督揚州之晉陵、吳郡諸軍事,討平之。晉陵,見第四章第三節。吳郡,見第三章第九節。勒又使其荆州監軍郭敬,南蠻校尉董功寇襄陽,見第三章第四節。南中郎將周撫奔武昌。見第三章第九節。中州流人,悉降於勒。敬毀襄陽,遷其百姓於沔北,城樊城以戍之。樊城,在襄陽對岸。王師復戍襄陽。七年,四月,敬又攻陷之。遂南略江西。七月,陶侃遣子斌與江夏相桓宣乘虛克樊城。江夏,見第三章第四節。侃兄子臻,與竟陵大守李陽拔新野、襄陽。竟陵,見第三章第九節。新野,見第三章第三節。敬旋師救樊,大敗,宣復鎮襄陽。咸康五年,郗鑒卒,以蔡謨都督徐、兗、青三州,及揚州之晉陵、豫州之沛郡諸軍事,領徐州刺史。沛郡,見第三章第一節。時石虎於青州造船數百,掠緣海諸縣,所在殺戮。謨所統七千餘人,所戍東至土山,在江寧縣東。西至江乘,見第三章第九節。幾於緣江設守已。

　　石勒世子興早死,以第二子弘爲世子,僭位後立爲大子。弘,程遐之甥也,勒以遐爲右長史,總執朝政。又令弘省可尚書奏事,使中常侍嚴震參綜可否,征伐刑斷乃呈之。又使弘鎮鄴,配以禁兵萬人;車騎所統五十四營,悉以配之;又以驍騎領門臣祭酒王陽專統六夷以輔之;《通鑑》:愍帝建興二年《注》曰:“六夷,蓋胡、羯、鮮卑、氐、羌、巴蠻,或曰:烏丸非巴蠻也。”穆帝永和六年《注》曰:“六夷,胡、羯、氐、羌、段氏及巴蠻也。”竊疑當時雖有六夷之名,其種姓并無一定,故前史亦無的説。① 蓋所以備石虎,然積重之勢,斷非如是遂能挽救也。咸和八年,七月,勒死。虎執弘。收遐下廷尉。召其子邃率兵入宿衞。文武靡不奔散。弘大恐,讓位於虎。虎逼立之。勒妻劉氏謂石堪曰:“皇祚之滅,不復久矣,王將何以圖之?”堪曰:“先帝舊臣,皆已斥外,衆旅不復由人,宮殿之内,無所措籌。臣請出奔兗州,據廩丘,見第三章第三節。挾南陽王爲盟主,南陽王恢,勒少子。宣大后詔於牧守、征鎮,令各率義兵,同討桀逆。”於是微服輕騎襲兗州,失期不克。遂南奔譙城。見第三章第三節。虎遣其將郭太等追擊之,獲堪於城父,漢縣,在今安徽亳縣東南。送襄國,炙而殺之。徵石恢還襄國。劉氏謀泄,虎殺之。尊弘母程氏爲皇大后。時石生鎮關中,石朗鎮洛陽,皆起兵。虎留子邃守襄國,統步騎七萬,攻朗於金墉。見第三章第二節。金墉潰,獲朗,刖而斬之。進師攻長安。以石挺爲前鋒大都督。生遣將軍

———————————

① 民族:六夷。

郭權，率鮮卑涉璝斤衆二萬爲前鋒拒之。大戰潼關，見第三章第三節。挺死，虎退奔澠池，漢縣，在今河南洛寧縣西。枕尸三百餘里。鮮卑密通於虎，背生而擊之。生奔長安，潛於雞頭山。《括地志》：雞頭山，在成州上禄縣東北二十里，在長安西南九百六十里。胡三省曰：原州平高縣西百里亦有笄頭山，在長安西八百里。按上禄，在今甘肅成縣西南。平高，即漢高平，北周改名，見第二章第二節。虎進攻長安，旬餘，拔之。生爲部下所殺。郭權據上邽歸順，上邽，見第三章第三節。京兆、新平、扶風、馮翊、北地皆應之。皆見第二章第二節。虎遣郭敖及其子斌等率步騎四萬討之，次於華陰。見第三章第三節。九年，四月，上邽豪族害權以降。虎廢弘爲海陽王，并程氏及勒子秦王宏、南陽王恢，幽諸崇訓宮，尋殺之。弘時年二十二。虎稱居攝趙天王。咸康元年，九月，遷於鄴。三年，僭稱大趙天王。永和五年，僭即皇帝位。

　　石虎本以兵起，故僭位之後，仍志在窮兵，然時胡、羯之勢，已成彊弩之末，而鮮卑、氐、羌日大，虎之窮兵，遂適以自促其亡矣。諸部落中，鮮卑慕容氏尤盛。建武初，元帝承制，拜慕容廆都督遼左雜夷、流人諸軍事、大單于、昌黎公，昌黎，見第二章第二節。廆讓而不受。已遣長史浮海勸進。帝即位，重申前命，廆固辭公封。時二京傾覆，幽、冀淪陷，廆刑政脩明，虛懷引納，流亡士庶多歸之。廆乃立郡以統流人；推舉賢才，委以庶政。平州刺史東夷校尉崔毖，王浚妻舅浚所用，見《浚傳》。意存懷集，而流亡莫赴，毖意廆拘留，乃陰結高句驪及宇文、段氏，謀滅廆而分其地。大興初，三國伐廆，攻棘城。見第三章第八節。廆以計聞之。二國引歸，宇文悉獨官獨留，爲廆所敗。於其營候獲玉璽三紐，遣長史裴嶷送於建康。《本紀》，事在大興三年二月。《北史》云：莫廆死，子遜昵延立。攻廆於棘城，爲廆所敗，乃卑辭厚幣，遣使朝貢於昭帝。帝嘉之，以女妻焉。亦見《魏書》本紀。悉獨官，即遜昵延也。二年，十一月，崔毖奔高句驪。元帝使拜廆平州刺史。四年，十二月，加牧，進封遼東郡公，承制海東，置平州守宰。段匹磾之敗，末杯仍據遼西。末杯初統其國而不設備，廆遣子皝襲之，入令支，漢縣，在今河北遷安縣西。收其名馬、寶物而還。石勒遣使通和廆距之，送其使於建業。勒怒。時遜昵延死，子乞得龜立。大寧元年，勒遣龜擊廆。廆克之。乘勝入其國，收其資用億計，徙其人數萬戶以歸。其後廆與陶侃牋，説宜北伐之意。并齎東夷校尉、遼東相等三十餘人疏上侃府，求封廆爲燕王。朝議未定。咸和八年，五月，廆卒。皝嗣。皝，廆第三子也。宇文乞得龜爲其別部逸豆歸所逐，奔死於外。皝討之。逸豆歸懼，請和。皝庶兄翰，驍武有雄才，素爲皝所忌。母弟仁、昭，并有寵於廆，皝亦不平之。廆卒，并懼不自容。段末杯卒，弟牙嗣。大寧三年三月。牙卒，就六眷之孫遼立。《通鑑》事在大寧三年，云：慕容廆與段氏方

113

睦，爲段牙謀，使之徙都。牙從之，即去令支。國人不樂。段疾陸眷之孫遼，欲奪其位，以徙都爲牙罪，十二月，帥國人攻而殺之。遼《魏書》作護遼。自末杯至遼，晉皆以爲幽州刺史。翰出奔遼。仁勸昭舉兵廢皝。皝殺昭。仁歸平郭，漢縣，晉廢，在今遼寧蓋平縣南。盡有遼東之地。宇文歸、段遼及鮮卑，并爲之援。九年，成帝遣謁者拜皝平州刺史、大單于、遼東公。皝自征遼東，克襄平。漢縣，爲遼東郡治，在今遼寧遼陽縣北。咸康初，皝乘海討仁，擒仁，殺之。三年，十一月，皝僭即燕王位。使稱藩於石虎，陳段遼宜伐，請盡衆來會。虎許之。四年，虎使桃豹、王華統舟師十萬出漂渝津。在今河北天津縣北。支雄、姚弋仲羌酋，見下節。統步騎十萬爲前鋒以伐遼。雄長驅入薊。見第四章第二節。遼恐，棄令支，奔於密雲山。在今河北密雲縣南。皝攻令支以北諸城，掠五千餘户而歸。虎怒其不會師，進軍擊之。攻棘城，不克。虎遷遼户二萬餘於司、雍、兗、豫，以李農爲營州牧，鎮令支。段遼自密雲山使降於虎，又降於皝。虎使麻秋迎遼，皝子恪伏兵襲敗之，擁遼及其部衆以歸。遼謀叛，皝誅之。其子蘭，《魏書》作鬱蘭。爲宇文歸所執，降於虎。虎謀伐昌黎，遣曹伏將青州之衆渡海戍蹋頓城，未詳。無水而還。因戍於海島，運穀三百萬斛以給之。又以船三百艘，運穀三十萬斛詣高句麗，使典農中郎將王典率衆二萬，屯田於海濱。又令青州造船千艘。後又令司、冀、青、徐、幽、并、雍兼復之家，五丁取三，四丁取二，合鄴城舊軍，滿五十萬。具船萬艘，自河通海，運穀、豆千一百萬斛於安樂城，安樂，漢縣，在今河北順義縣西南。以備征軍之調。自幽州東至白狼，漢縣，在今熱河淩源縣南。大興屯田，然師出無功，《本紀》：咸康六年，二月，慕容皝及石成戰於遼西，敗之，獻捷於京師。建元元年，六月，石季龍帥衆伐慕容皝，皝大敗之。皝反自蠕�塞入，今居庸關。長驅至薊，進渡武遂津，武遂，漢縣，在今河北武强縣東北。入高陽，晉國，今河北蠡縣南。所至焚燒積聚，徙幽、冀三萬餘户以歸。七年，二月，皝遣其長史劉祥獻捷京師，兼言推假之意。并請大舉討平中原。表言朝廷任庾亮之私，又與庾冰書責之。冰以其絶遠，非所能制，遂與何充等奏聽皝稱燕王。是年，皝遷都龍城。皝築龍城於柳城北，改柳城爲龍城縣。柳城故城，在今遼寧興城縣西南。龍城，今熱河朝陽縣。段遼之敗也，慕容翰奔於宇文歸。皝遣商人招之，翰攜其二子還。皝使與子垂爲前鋒，伐克高句驪。建元二年，二月，皝伐逸豆歸，仍以翰及垂爲前鋒歸遠遁漠北，遂奔高句驪。皝開地千餘里，徙其部人五萬餘落於昌黎。宇文部自是散滅。歸而賜翰死。於是内憂外患皆除，益得專力於石氏矣。

　　劉曜之敗也，張駿復收河南地，至於狄道。漢縣，今甘肅臨洮縣西南。置武街、石門、候和、渴川、甘松五屯護軍，與石勒分境。武街，晉縣，在今臨洮縣東。石門，在今導河縣西南。候和，在今固原縣北。漒川、甘松，皆在今青海東南境，前涼曾置甘松郡，後西秦又置漒川郡。勒使拜駿官爵，駿不受，留其使。後懼勒，遣使稱臣，貢方物，遣其使歸。虎之世，駿亦遣其別駕馬詵朝之。虎大說。及覽其表，辭頗寨敖，又大怒，使張伏都帥步騎三萬擊之。與駿將謝艾戰於河西，敗績。建元元年。永和二年，駿卒，子重華嗣。虎又遣麻秋伐之。秋與伏都伐金城，見第二章第二節。大守張沖以郡降。重華使謝艾擊破之。秋又陷大夏，漢縣，晉廢，張軌復置，駿又置郡，在今甘肅臨夏縣東南。圍枹罕，見上節。欲城長最，城名，在今甘肅永登縣南。亦爲艾所敗。三年，虎使石寧率并、司兵二萬餘人，爲秋後繼。秋又據枹罕，進屯河內。遣王擢略地晉興、廣武。皆前涼郡。晉興，在今青海樂都縣東南。廣武，在永登縣東南，後禿髮烏孤都此。越洪池嶺，在武威東南。至曲柳。地名，在洪池嶺北。姑臧大震。姑臧，見第三章第七節。重華又使艾距破之。虎此時之用兵，乃如搏牛之䖟，不可以破蟻蝨，徒自勞敝而已。

胡、羯之中，石勒少知治體，然亦未嘗不淫侈。初據襄國，即命徙洛陽晷影，列之庭立桑梓苑。起明堂、辟雍、靈臺。令少府任汪，都水使者張漸等監營鄴宮。及虎僭位，淫侈更甚。咸康二年，使牙門將張彌徙洛陽鐘虡、九龍、翁仲、銅駝、飛廉於鄴。又納解飛之說，於鄴正南投石於河，以起飛橋，功費數千億萬，橋卒不成。於襄國起大武殿，於鄴造東西宮。大武殿基高二丈八尺，以文石綷之。下穿伏室，置衛士五百人於其中。東西七十五步，南北六十五步。皆漆瓦金鐺，銀楹金柱，珠簾玉壁，窮極技巧。又起靈風臺九殿於顯陽殿後，選士庶之女以充之。後庭服綺縠、玩珍奇者萬餘人。虎畋獵無度，晨出夜歸。又多微行，躬察作役之所。志在窮兵。以其國內少馬，乃禁畜馬，匿者要斬。收百姓馬四萬餘匹，以入於公。兼盛營宮室。於鄴起臺觀四十餘所，營長安、洛陽二宮，作者四十餘萬人。又勅河南四州，具南師之備，胡三省曰：河南四州，洛、豫、徐、兗也。并、朔、秦、雍，嚴西討之資。《晉志》曰：石勒平朔方，置朔州。青、冀、幽州，三五發卒。三丁發二，五丁發三。諸州造甲者五十餘萬人。兼公侯牧宰，競興私利。百姓失業，十室而七。船夫十七萬人，爲水所沒，猛虎所害，三分而一。制征士五人，車一乘，牛二頭，米各十五斛，絹十匹，調不辦者以斬論，將以圖江表。於是百姓窮窘，粥子以充軍制，猶不能赴，自經於道路，死者相望，而求發無已。性既好獵，其後體重，不能跨鞍，乃造獵車千乘，轅長三丈，高一丈八尺，置高一丈七尺。格虎車四十乘，立三級行樓二層於其上。克期將校獵。自靈昌津南至滎陽，東極陽都，使御史監察其中禽獸，有犯者罪至大辟。靈昌津，即延津，見第三章第四節。《水經注》云：石勒襲劉曜出此，以冰泮爲神靈之助，因號靈昌津。

榮陽，見第二章第二節。陽都，漢縣，在今山東沂水縣南。御史因之，擅作威福。百姓有美女、好牛馬者，求之不得，便誣以犯獸，論死者百餘家。海岱、河濟閒，人無寧志矣。又發諸州二十六萬人脩洛陽宮。發百姓牛二萬餘頭配朔州牧官。增置女官二十四等。東宮十有二等。諸公、侯七十餘國，皆爲置女官九等。先是大發百姓女，二十已下，十三已上，三萬餘人，爲三等之第，以分配之。郡縣要媚其旨，務於美淑。奪人婦者，九千餘人。百姓妻有美色，豪勢因而脅之，率多自殺。虎子宣及諸公及私令採發者，亦垂一萬。總會鄴宮。虎臨軒簡第諸女，大悦，封使者十二人皆爲列侯。自初發至鄴，諸殺其夫及奪而遣之縊死者三千餘人。荊楚、揚、徐閒，流叛略盡。宰、守坐不能綏懷下獄誅者，五十餘人。金紫光禄大夫逯明，因侍切諫，虎大怒，遣龍騰拉而殺之。虎募驍勇，拜爲龍騰中郎。自是朝臣杜口，相招爲禄仕而已。麻秋之伐張重華，尚書朱軌，與中黃門嚴生不協，會大雨霖，道路陷滯不通，生因譖軌不脩道，又訕謗朝政，虎遂殺之。於是立私論之條，偶語之律，聽吏告其君，奴告其主。威刑日濫。公卿已下，朝會以目。吉凶之問，自此而絶。沙門吳進言於虎曰：“胡運將衰，晉當復興，宜苦役晉人，以厭其氣。”此晉字猶今言中國，晉人猶今言中國人也。虎於是使尚書張羣，發近郡男女十六萬，車十萬乘，運土築華林苑及長牆於鄴北，廣長數十里。起三觀四門。三門通漳水，皆爲鐵扉。暴風大雨，死者數萬人。鑿北城，引水於華林園。當即華林苑。城崩，壓死者百餘人。命石宣祈於山川，因而游獵。乘大輅，羽葆，華蓋，建天子旌旗。十有六軍，戎卒十八萬，出自金明門。《水經注》：鄴城有七門：南曰鳳陽門，中曰中陽門，次曰廣陽門，東曰建春門，北曰廣德門，次曰厩門，西曰西明門，蓋即金明門也。虎從其後宮，升陵霄觀望之，笑曰：“我家父子如是，自非天崩地陷，當復何愁？但抱子弄孫，日爲樂耳。”宣既馳逐無厭，所在陳列，行宮四面，各以百里爲度，驅圍禽獸，皆暮集其所。文武跪立，圍守重行。烽炬星羅，光燭如晝。命勁騎百餘，馳射其中。宣與嬖姬顯德美人乘輦觀之嬉娱忘返，獸殫乃止。其有禽獸奔逸，當之者坐，有爵者奪馬，少驅一日，無爵者鞭之一百。峻制嚴刑，文武戰栗。士卒飢凍而死者，萬有餘人。宣弓馬衣食，皆號爲御，有亂其閒者，以冒禁罪罪之。所過三州十五郡，胡三省曰：宣所過三州，蓋司、兗、豫也。資儲靡有孑遺。虎復命子韜亦如之，出自并州，游於秦、晉，《通鑑》作出自并州，至於秦、雍。敖既長，欲既縱，志既滿，樂既極，而天崩地陷之禍，起於蕭牆之内矣。

第三節　冉閔誅胡

一時一地，必有其俗，然此特以大較言之，行事之見於此時此地者，不必其皆風同而道一也。殷、周之世，距今數千歲矣，而其遺俗，猶或見於西南部族之中；歐、非二洲，距美洲皆數千里，而拉丁、條頓諸族，以及黑人之俗，乃錯見於新大陸之上；則其明證。一部二十五史，荒淫暴虐之主，以東晉、南北朝之世爲多，是何也？則以五胡之所行，固非中國之道也。斯時既有此俗，漢人自亦不免漸染，見廢弒之主，人因亦以此等語誣之。然漢人雖染胡俗，其縱恣，究不若胡人之甚。故此等記載，宜分別觀之。大抵漢人爲君而失德者，史之所載，必誣罔之辭較多，實迹較少，胡人之僭竊者，則反是也。五胡淫暴，胡、羯爲甚，而胡、羯之中，尤以石虎父子爲甚。其縱恣之深，殺戮之慘，有非中國人所能想像者。然後知天下之大，無奇不有，而拘墟之士，不足以語於通方也。

石虎之稱居攝趙天王也，立其子邃爲大子。使邃省可尚書奏事，選牧守，祀郊廟，惟征伐、刑斷，乃親覽之。邃自總百揆，荒酒淫色，驕恣無道。或盤游於田，縣管而入。或夜出宮臣家，淫其妻妾。妝飾宮人美淑者，斬首洗血，置於盤上，傳共視之。又内諸比丘尼有姿色者，與之交，褻而殺之。合牛羊肉，煮而食之。亦賜左右，欲以識其味也。河間公宣、樂安公韜，有寵於虎，邃疾之如讎。虎荒耽内游，威刑失度。邃以事爲可呈，呈之，虎恚曰："此小事，何足呈也？"時有所不聞，復怒曰："何以不呈？"誚責杖捶，月至再三。邃甚恨。私謂常從無窮長生、中庶子李顏等曰："官家難稱，吾欲行冒頓之事，卿從我乎？"顏等伏不敢對。邃稱疾不省事。率宮臣文武五百餘騎，宴於李顏別舍。謂顏等曰："我欲至冀州殺石宣，有不從者斬。"行數里，騎皆逃散，李顏叩頭固諫，邃亦昏醉而歸。邃母鄭氏聞之，私遣中人責邃。邃怒，殺其使。虎聞邃有疾，遣所親任女尚書察之。邃呼前與語，抽劍擊之。虎大怒，收李顏等詰問。顏具言始末。誅顏等三十餘人。幽邃於東宮。既而赦之，引見大武東堂。邃朝而不謝，俄而便出。虎遣使謂邃曰："大子應入朝中宮，何以便去？"邃徑出不顧。虎大怒。廢邃爲庶人。其夜，殺邃及妻張氏，并男女二十六人，同埋於一棺之中。誅其宮人支黨二百餘人。廢鄭氏爲東海大妃。立宣爲天王皇大子，宣母杜昭儀爲天王皇后。《通鑑》據《十六國》、《晉春秋》，繫咸康三年。《考異》云：《燕書》在四年。以宣爲大單于，韜爲大尉，與宣迭日省可尚書奏事。右僕射張離，領五兵尚書，專總兵要，而欲求媚於宣，因說之曰："今諸公侯吏兵過限，宜漸削弱，以盛儲威。"宣素疾韜寵，甚悦其言。乃使離奏奪諸公府吏，餘兵悉配東宮。於是諸公咸怨。虎又命宣、韜，生殺、拜除，皆迭日省決，不復啓。宣使所幸楊杯、牟皮、牟成、趙生等殺韜，欲因虎親臨殺虎。虎將出，其司空李農諫，乃止。

事覺,幽宣於席庫。藏席之所。以鐵環穿其頷而鏁之。作數斗木槽,和羹飯,以豬狗法食之。虎取害韜刀箭舐其血,哀號震動宮殿。積柴鄴北,樹標於其上,標末置鹿盧,穿之以繩,倚梯柴積。送宣於標所。使韜所親宦者郝稚、劉霸拔其髮,抽其舌,牽之登梯,上於柴積。郝稚以繩貫其頷,鹿盧絞上。劉霸斷其手足,斫眼、潰腹,如韜之傷。四面縱火,煙炎際天。虎從昭儀已下數千,登中臺以觀之。中臺,即銅雀臺,在三臺之中,故稱。見第四章第二節。火滅,取灰分置諸門交道中。殺其妻子九人。宣小子年數歲,虎甚愛之,抱之而泣,欲赦之,其大臣不聽,遂於抱中取而斃之,兒猶挽虎衣而大叫,虎因此發病。又誅其四率已下三百人,宦者五十人,皆車裂節解,棄之漳水。洿其東宮養豬牛。東宮衛士十餘萬人,皆謫戍涼州。胡三省曰:趙未得涼州,置涼州於金城,謫使戍涼州之邊也。金城,見第三章第二節。先是散騎常侍趙攬言於虎曰:"中宮將有變,宜防之。"及宣之殺韜也,虎疑其知而不告,亦誅之。廢宣母杜氏爲庶人。貴嬪柳氏,尚書耆之女也,以才色特幸,坐其二兄有寵於宣,亦殺之。虎追其姿色,復納耆少女於華林園。見第三章第一節。此疑即虎用吳進說在鄴所築之華林苑,見上節。初,戎昭張豺破上邽,獲劉曜幼女,年十二,有殊色,虎得而嬖之。生子世,封齊公。方十歲,立爲太子。劉氏爲皇后。時永和四年也。五年,虎僭即皇帝位,大赦。故東宮謫卒高力等萬餘人,石宣簡多力之士,以衛東宮,號曰高力,置督將以領之。行達雍城。見第三章第五節。既不在赦例;又勅雍州刺史張茂送之,茂皆奪其馬,令步推鹿車,致糧戍所。高力督梁犢等,因衆心之怨,謀起兵東還。陰令胡人頡獨鹿微告戍者,戍者皆踊抃大呼。梁犢乃自稱晉征東大將軍,率衆攻陷下辯。見第一節。逼張茂爲大都督大司馬,載以輜車。秦、雍閒城戍,無不摧陷。斬二千石長吏,長驅而東。高力等皆多力善射,一當十餘人。雖無兵甲,所在掠百姓大斧,施一丈柯,攻戰若神。所向崩潰。戍卒皆隨之。比至長安,衆已十萬。虎子樂平王苞,時鎮長安,盡銳拒之,一戰而敗。犢遂東出潼關,見第三章第三節。進如洛川。虎以李農爲大都督,行大將軍事,統衛軍張賀、征西張良、征虜石閔等,率步騎十萬討之。戰於新安,見第三章第三節。農師不利。戰於洛陽,又敗。乃退壁成皋。見第三章第四節。犢東掠滎陽、陳留諸郡。滎陽,見第三章第三節。陳留,見第三章第四節。虎大懼,以其子燕王斌爲大都督中外諸軍事,率精騎一萬,統姚弋仲、苻洪等擊犢於滎陽東,大敗之,斬犢首而還。討其餘黨,盡滅之。姚弋仲者,南安赤亭羌人。南安,見第二章第二節。赤亭,在今隴西縣西。《晉書·載記》云:其先有虞氏之苗裔。禹封舜少子於西戎,世爲羌酋。其後燒當,雄於洮、罕之閒。七世孫填虞,漢中元末,寇擾西州,爲楊虛侯馬武所敗,徙出塞。虞九世孫遷那，率種人內附，漢朝嘉之，假冠軍將軍、西羌校尉、歸順王。處之於南安之赤亭。那玄孫柯迴，爲魏鎮西將軍、綏戎校尉、西羌都督。迴生弋仲。永嘉之亂，東徙榆眉。亦作隃糜，漢縣，晉廢，在今陝西汧陽縣東。劉曜平陳安，以弋仲爲平西將軍，封平襄公，邑之於隴上。石虎徙秦、雍豪傑於關東，弋仲率部衆數萬，遷於清河。漢郡，今河北清河縣東。苻洪者，略陽臨渭氐人。略陽，見第二章第二節。臨渭，魏縣，在今甘肅秦安縣東南。《晉書·載記》云：始其家池中蒲生，長五丈，五節，如竹形，時咸謂之蒲家，因以爲氏焉。又謂其降晉後，有説洪稱尊號者，洪亦以讖文有草付應王；又其孫堅背有草付字；遂改姓苻氏。案《晉書·宣帝紀》：魏明帝青龍三年，有武都氐王苻雙、彊端，帥其屬六千餘人來降；武都，見第二章第二節。又《李特載記》：有氐苻成，與特弟庠俱歸趙廞；則苻之爲氏，由來已久；且非洪一族，《載記》之言，其不足信，無待深辯。又云：其先蓋有扈氏之苗裔，則又當時五胡酋長，自託於神明之胄之積習也。洪父懷歸，爲部落小帥。永嘉之亂，宗人蒲光、蒲突推爲盟主。劉曜僭號長安，洪歸曜，拜率義侯。《魏書》云：徙之高陸。高陸，漢高陵縣，魏改曰高陸，隋復曰高陵，今仍爲縣，屬陝西。曜敗，洪西保隴山。石虎將攻上邽，洪又請降。《本紀》，事在咸和三年。虎滅石生，徙關中豪傑及羌戎，以洪爲流人都督，處於枋頭。見第四章第二節。關中爲氐、羌窟穴，虎徙其種落及豪傑而東，蓋以爲便於制馭，且可撫而用之，然至風塵澒洞時，則乘機崛起，有非胡、羯所能制者矣。石閔者，本姓冉，內黃人，內黃，漢縣，今河南內黃縣。爲虎養孫。閔善謀策，勇力絕人。虎之敗於昌黎，閔軍獨全，由此大顯；及敗梁犢，威聲彌振；胡、夏宿將，莫不憚之，亦非虎所能畜矣。

平梁犢未幾，虎疾甚，以子遵爲大將軍，鎮關右；斌爲丞相，錄尚書事；張豺爲鎮衛大將軍，領軍將軍，吏部尚書；并受遺輔政。劉氏懼斌之輔政也害世，與張豺謀誅之。斌時在襄國，乃遣使詐斌曰："主上患已漸損，王須獵者，可小停也。"斌性好酒耽獵，遂游畋縱飲。劉氏矯命，稱斌無忠孝之心，免斌官，以王歸第。使張豺弟雄率龍騰五百人守之。石遵自幽州至鄴，勒朝堂受拜，配禁兵三萬遣之。張豺使弟雄等矯虎命殺斌。劉氏又矯命，以豺爲大保，都督中外諸軍，錄尚書事。加千兵百騎，一依霍光輔漢故事。俄而虎死。《紀》在永和五年四月。世即僭位。尊劉氏爲皇大后，臨朝。進張豺爲丞相。豺與張舉謀誅李農。舉與農素善，以豺謀告之。農懼，率騎百餘奔廣宗，率乞活數萬家，保於上白。廣宗，漢國，後漢爲縣，在今河北威縣東。劉氏使張舉等統宿衛精卒圍之。豺以張離爲鎮軍大將軍，監中外諸軍事，司隸校尉，爲己之副。石遵聞虎死，屯於河內。姚弋仲、苻洪、石閔等既平秦、洛，班師而歸，遇遵於李城，《續漢志》：河内平皋縣有李城。平皋，在今河南温縣東。説遵討張豺。遵從之。以閔爲前鋒。張離率龍騰二千，斬關迎遵。斬張豺，夷其三族。遵僭即僞位。罷上白圍。封世爲譙王，廢劉氏爲大妃，尋皆殺之。世立凡三十三日。此據《載記》。《十六國春秋》同。《通鑑考異》云：四月己巳至五月庚寅，凡二十二日。遵以石斌子衍爲皇大子。石閔督中外諸軍事，輔國大將軍，録尚書事，輔政。石沖時鎮於薊，見第四章第二節。留沐堅戍幽州，帥衆五萬，自薊討遵。傳檄燕、趙，所在雲集。比及常山，見第三章第四節。衆十餘萬。遵使石閔與李農等率精卒十萬討之。戰於平棘，漢縣，今河北趙縣。沖師大敗。獲沖於元氏，漢縣，今河北元氏縣西北。賜死。坑其士卒三萬餘人。石苞時鎮長安，謀帥關中之衆攻鄴。苞性貪而無謀，雍州豪右，知其無成，并遣使告晉梁州刺史司馬勳。勳率衆赴之，去長安二百餘里。參看第四章第四節。遵遣車騎王朗，率精騎二萬，外以討勳爲名，因劫苞，送之於鄴。遵謀誅閔。石鑒以告閔。鑒亦虎子。閔劫李農及右衛王基殺遵。誅遵母鄭氏，及其大子衍。遵在位百八十三日。鑒僭位。使石苞及中書令李松、殿中將軍張才等夜誅閔、農，不克。鑒恐閔爲變，僞若不知者，夜斬松、才，并誅苞。時石祇在襄國，與姚弋仲、苻洪等通和，連兵檄誅閔、農。鑒遣石琨爲大都督，琨，虎少男。永和八年，將妻妾數人奔京師。勑收付廷尉。俄斬之於建康市。與張舉及侍中呼延盛，率步騎七萬，分討祇等。中領軍石成，侍中石啓，前河東大守石暉謀誅閔、農，閔、農殺之。河東，見第二章第二節。龍驤孫伏都、劉銖等，結羯士三千，伏於胡天，祅祠。① 亦欲誅閔等。時鑒在中臺，伏都率三十餘人，將升臺挾鑒以攻之。鑒臨問其故，曰：「卿是功臣，好爲官陳力，朕從臺觀，卿勿慮無報也。」於是伏都及銖率衆攻閔、農，不克。屯於鳳陽門。閔、農率衆數千，毀金明門而入。鳳陽、金明，皆鄴城門，見上節。鑒懼閔之誅己也，馳招閔、農，開門内之，謂曰：「孫伏都反，卿宜速計之。」閔、農攻斬伏都等。宣令「内外六夷，敢稱兵杖者斬之」。胡人或斬關，或踰城而出者，不可勝數。令城内曰：「與官同心者住，不同者各任所之。」勑城門不復相禁。於是趙人百里内悉入城，胡、羯去者填門。閔知胡之不爲己用也，班令内外：「趙人斬一胡首送鳳陽門者，文官進位三等，武職悉拜牙門。」一日之中，斬首數萬。閔躬率趙人，誅諸胡羯，無貴賤、男女、少長，皆斬之。死者二十餘萬。《天文志·天變史傳驗事》言：閔殺諸胡十萬餘人。② 尸諸城外，悉爲野犬、豺狼所食。屯據四方者，所在承閔書誅之。高鼻多鬚，濫死者半。

---

① 宗教：胡天。
② 民族：冉閔所殺諸胡之數。

《儒林傳》言：閔署韋謏爲光禄大夫。時閔拜其子胤爲大單于，而以降胡一千，處之麾下。謏諫曰：“胡、羯本爲讎敵，今之款附，苟全性命耳。或有刺客，變起須臾，敗而悔之，何及？願誅降胡，去單于之號，深思帝王苞桑之誡。”閔志在綏撫，鋭於澄定，聞其言，大怒，遂誅之，并殺其子伯陽。當時立單于之號，乃所以統諸胡。閔既誅胡、羯，而又殺諫臣以媚之，則本非有民族内外之見。蓋當時五胡，習以漢族以外諸異族爲鬥士，攻閔者所用多其人，故閔覘知其不爲己用而誅之，所翦除者異己，非有鉏去非種之心也。① 然各任所之之令一下，胡、羯去而趙人悉來，則民族同異親疏之義，雖未光大，終陰行於不自知之閒，而閔不能引而伸之，以成功而遠禍，亦可惜矣。爲閔計者當奈何？《隱逸傳》言：當時有狄道辛謐者，狄道見上節。性恬静，不妄交游。累徵不起。永嘉末，以謐兼散騎常侍，慰撫關中。謐以洛陽將敗，故應之。及長安陷，没於劉聰。聰拜謐大中大夫，固辭不受。歷石勒、石虎之世，并不應辟命。及閔僭號，復備禮，徵爲大常。謐遺閔書，言“物極則變，致高則危，宜因兹大捷，歸身本朝”。因不食而卒。夫謐，抗志於海宇清晏之時，而受命於洛京危急之日，蓋非與世相忘者。峻辭劉、石之命，而獨殷勤詒書於閔，蓋亦嘉其能除胡、羯，以綏華夏矣。謐豈有拒閔之心哉？所以不食而卒者，蓋度閔在北方，終不可以有爲，且必不能免於禍，故自殺以堅其歸晉之心也。謐亦有心人哉！閔雖非撥亂之才，自不失爲一戰將。當時在北方，同心大寡，樹敵大多，故卒無所成而及於禍。使能歸朝而挾晉之所有以爲資，杖其名義而北，其情形，自與當日大不相同矣。然則謐之所言，實閔自處之上策，而惜乎閔之不能用也。《載記》言閔僭位後，曾遣使臨江告晉曰：“胡逆亂中原，今已誅之，若能共討者，可遣軍來也”，則亦非無意求援於晉。然既已稱尊，更求晉援，則在家天下之世，其勢有所不行，故晉遂置諸不答。抑晉當日，君臣習於宴安，荆、揚又相猜忌，必不能奮迅出師，以爲閔援，爲閔計者，自不如善刀而藏，以爲後圖之爲得，惜乎閔鋭於廓清，而短於知計，終不能用智士之言也。

　　《通鑑》：永和六年，正月，趙大將軍閔，欲滅去石氏之迹，託以讖文有繼趙李，更國號曰衛，易姓李氏，大赦改元。蓋亦有意於伸民族之義，以收民心。然其時民族之義，尚未光大，欲恃是以求多助而摧彊敵，實未可恃，況又徒更其名號邪？時則張舉及諸公侯、卿校、龍騰等萬餘人，出奔襄國。石琨奔據冀州。趙冀州，治信都，今河北冀縣。撫軍張沈屯滏口，在今河北磁縣境。張賀度據石瀆，胡

---

　　① 民族：冉閔非有民族觀念。

三省曰：魏收《地形志》：鄴縣有石竇堰。建義段勤據黎陽，勤末杯子。黎陽，漢縣，今河南濬縣。寧南楊羣屯桑壁，胡三省曰：《括地志》：易州遂城縣界有桑丘城。又《水經注》：常山蒲吾縣東南有桑中縣故城。按遂城，隋縣，在今河北徐水縣西。蒲吾，漢縣，在今河北平山縣東南。劉國據陽城，胡三省曰：後國自繁陽會石琨擊閔，則此陽城乃繁陽城也。按繁陽，漢縣，在今河南内黄縣東北。段龕據陳留，龕，蘭子。《魏書》云：慕容皝殺護遼，鬱蘭奔石虎，虎以所徙鮮卑五千人配之，使屯令支。鬱蘭死，子龕代之。時蓋徙據陳留。姚弋仲據混橋，在鄴東北。苻洪據枋頭，衆各數萬。王朗、麻秋自長安奔於洛陽。秋承閔書，誅朗部胡千餘。朗奔於襄國。苻洪使子雄擊麻秋，獲之。據《洪載記》。《石虎載記》云：秋率衆奔於洪。案秋既承冉閔書誅王朗部胡，則非與閔爲敵者，無緣奔抗閔之洪也。石琨及張舉、王朗率衆七萬伐鄴。閔率騎千餘，拒之城北。閔執兩刃矛，馳騎擊之，皆應鋒摧潰。斬級三千。琨等大敗，歸於冀州。閔與李農率騎三萬討張賀度。石鑒密遣宦者召張沈等，使乘虛襲鄴。宦者以告閔、農。閔、農馳還，廢鑒，殺之。誅石虎孫三十八人。盡殪石氏。鑒在位百三日。鑒之死，《本紀》在永和六年閏月。《通鑑考異》云：《三十國》、《晉春秋》皆云閏正月。按長曆閏二月。《帝紀》閏月有丁丑、己丑，是歲正月癸酉朔，若閏正月，即無丁丑、己丑。閔即皇帝位，國號魏。復姓冉氏。旋誅李農及其三子。

　　冉閔之百戰百勝，頗似項籍、孫策，使與石氏遺孽相角，雖不必其有成，亦未必其遽敗，而前燕自遼西而入，挾其方興之勢以臨之，其氣完，其力厚，則非閔之所能禦矣，是亦其所遭之不幸也。慕容皝以永和四年九月死，子儁嗣僞位。明年而石虎死。又明年，儁南伐幽州。石虎刺史王午走，留其將王他守薊。見第四章第二節。儁攻陷其城，斬他。勢遂逼近冀州。石鑒之死也，石祇僭稱尊號於襄國。六夷據州郡擁兵者皆應之。祇遣其相國石琨，率衆十萬伐鄴。進據邯鄲。見第四章第二節。鎮南劉國，自繁陽會之。閔大敗琨於邯鄲。國還屯繁陽。張賀度、段勤與劉國、靳豚會於昌城，魏收《地形志》：魏郡昌樂縣有昌城。昌樂，後魏縣，在今河北南樂縣西北。將攻鄴。閔遣尚書左僕射劉羣爲行臺都督。使其將王泰、崔通、周成等帥步騎十二萬，次於黃城。未詳。閔躬統精卒八萬繼之。戰於蒼亭，胡三省曰：在河上，西南至東阿六十里。東阿，見第四章第二節。賀度等大敗。追斬豚於陰安鄉。漢陰安縣，在今河北清豐縣北。盡俘其衆，振旅而歸。戎卒三十餘萬；旌旗鐘鼓，綿亘百餘里；史稱“雖石氏之盛，無以過之”，蓋以是示彊也。然惟中不足者，乃欲藉虛聲以懾敵，此亦未足以欺敵矣。史又言“閔至自蒼亭，行飲至之禮。清定九流，準才受任，儒學後門，多蒙顯進，於時翕然，方之魏、晉之初”，可見閔非粗才，惜其所值之敵，大多大逼，不及施展也。閔率步騎十萬，攻石祇於襄國。百餘日。祇大懼，去皇帝之號，稱趙王，使詣慕容儁、姚弋仲乞師。會石琨自冀州援祗，弋仲復遣子襄率騎三萬八千，儁遣將軍悅綰率甲卒三萬至。三方勁卒，合十餘萬。閔將出擊之。衛將軍王泰諫曰："窮寇固迷，希望外援。今彊救雲集，欲吾出戰，腹背擊我。宜固壘勿出，觀勢而動，以挫其謀。今陛下親戎，如失萬全，大事去矣。"閔將從之。道士法饒進曰："大白經昂，當殺胡王，一戰百克，不可失也。"閔攘袂大言曰："吾戰決矣，敢諫者斬。"於是盡衆出戰。姚襄、悅綰、石琨等三面攻之，祗衝其後。閔師大敗，與十餘騎奔鄴。降胡栗特康等執冉胤及左僕射劉琦等送於祗，盡殺之。百官及諸將士，死者十餘萬人，於是人物殲矣。賊盜鋒起。司、冀大饑，人相食。自石虎末年，而閔盡散倉庫，以樹私恩。與羌、胡相攻，無月不戰。青、雍、幽、荊州徙户，及諸氐、羌、胡、蠻，數百餘萬，各還本土。道路交錯，互相殺掠；且饑疫死亡；其能達者，十有二三。諸夏紛亂，無復農者。閔悔之。誅法饒父子，支解之。贈韋謏大司徒。石祗使劉顯率衆七萬攻鄴。去鄴二十三里。閔召王泰議之。泰恚其謀之不從，辭以創甚。閔親臨問之，固稱疾篤。閔怒，還宮，顧謂左右曰："巴奴，乃公豈假汝爲命邪？"此亦六夷不與閔同心之一證。要將先滅羣胡，卻斬王泰。於是盡衆而戰，大敗顯軍。追奔及於陽平。見第二章第二節。斬首三萬餘級。顯懼，密使請降，求殺祗爲效。閔振旅而歸。會有告王泰招集秦人，將奔關中。閔怒，誅泰，夷其三族。劉顯果殺祗，傳首於鄴，送質請命。驃騎石寧奔於柏人。漢縣，今河北唐山縣西。劉顯復率衆伐鄴。閔擊敗之。顯還，稱尊號於襄國。率衆伐常山。見第三章第四節。閔留其大將軍蔣幹等輔其大子智守鄴，親率騎八千救之。擊顯，敗之。追奔及於襄國。顯大將曹伏駒開門爲應，遂入襄國，誅顯及其公卿已下百餘人。焚襄國宮室，遷其百姓於鄴。《紀》八年正月。《通鑑考異》曰：《十六國春秋鈔》在二月。《燕書》在三月己酉。先是慕容彪陷中山，見第四章第二節。殺閔寧北白同。幽州刺史劉準降於慕容儁。儁略地至於冀州。閔距之。與慕容恪相遇於魏昌。漢苦陘縣，後漢改曰漢昌，魏改曰魏昌，今河北無極縣東北。十戰皆敗之。俄而衆寡不敵，潰圍東走。行二十餘里，馬無故而死，爲恪所禽。時永和八年四月也。儁送閔龍城，斬於遏陘山。恪進據常山，遂進攻鄴。儁又遣慕容評圍鄴。九月，執閔妻董氏、大子智送薊。參看第六節。儁遂僭帝位於中山。

第四節　庾氏經營北方

石虎自斃，實爲晉室恢復北方之一好機會，以斯時北方，驟失統一；氐苻、羌姚，皆一僑居部落，其力甚薄；前燕氣力，雖較雄厚，亦甫及河北也。然晉下游兵力不振；上游兵雖較彊，而不能專意於北，遂至坐失良機，恢復之圖，終成畫餅矣。此則積年之因循，與内外之相猜爲之也。今略述其事如左：

石勒之死也，石聰以譙來降。譙，見第三章第三節。聰，勒之養子也。孔坦與之書，說以反族歸正，圖義建功。然時石虎尚能控制其境内，晉朝不能出師，而望聰之自奮，亦難矣。石生起關中，遣使來降；生敗，其將郭權，又來歸順；晉亦未能應接。石虎既自立，其徐州從事朱縱，又斬其刺史郭祥，以彭城來降。彭城，漢郡，今江蘇銅山縣。虎遣王朗擊之，縱奔淮南。咸康元年，虎自率衆，南寇歷陽。見第三章第九節。加王導大司馬，假黄鉞，都督諸軍以禦之。虎臨江而還。又使石遇寇中廬。漢縣，在今湖北襄陽縣西南。遂圍桓宣於襄陽。見第三章第四節。荆州之衆救之。攻守二旬，遇軍中饑疫，乃還。初周訪據襄陽，頗有宣力中原之意。訪死，甘卓以老耄繼之。王敦居荆州，則意在作逆，而不在於敵。敦敗，荆州入於陶侃之手。侃本非有遠志，加亦衰耄。嘗使長史王敷聘於石勒。見《載記》。蘇峻將馮鐵，殺侃子，奔於勒，勒以爲戍將，侃告勒以故，勒召而殺之，志在與勒相安而已。時桓宣鎮襄陽。史稱其招懷初附，勸課農桑，能得衆心。十餘年間，石虎再遣騎攻之，每以寡弱距守。論者以爲次於祖逖、周訪。然區區一鎮之力，又承殘破之餘，能自守已不易矣。逮陶侃卒，庾亮代鎮荆州，慨然有開復中原之志，而上流之形勢乃一變。

咸康五年，庾亮解豫州，以授毛寶。使與西陽太守樊峻，以精兵一萬，俱戍邾城。西陽，見第四章第三節。邾，見本章第二節。亮弟翼爲南蠻校尉，南郡太守，鎮江陵。見第三章第九節。以武昌太守陳嚚爲梁州刺史，趣子午。武昌，見第三章第九節。子午谷，在陝西長安、洋縣間。北口曰子，在長安南百里。南口曰午，在洋縣東百六十里。亮當率士衆十萬，據石頭城，此石頭城在襄陽。爲諸軍聲援。上疏欲并佃并守，脩進取之備。比及數年，乘勝齊進，以臨河、洛。又言淮泗、壽陽，見第三章第四節。所宜進據。帝下其議。王導與亮意同。郗鑒議以資用未備，不可大舉。大常蔡謨，則力言石虎之彊，不宜遠進。導非有志於恢復者，是時之同亮，蓋不欲與亮立異也。郗鑒之論，自是老成持重之見，然亮意本云俟諸數年之後。至蔡謨之論，則似持重而實怯耎。國之彊弱，不在一人。謨謂賊之彊弱，在虎之能否，其説先已不通，況其所誇稱，如拔金墉，斬石生等，非必虎之彊邪？謨謂"王師與賊，水陸異勢，便習不同。寇若送死，雖開江延敵，以一當十，猶吞之有餘。宜誘而致之，以保萬全。若棄江遠進，以我所短擊彼所長，懼非廟勝之算"。其祇圖畫江，不圖進取之意，昭然可見矣。而朝議同謨，亮遂不果移鎮。

時石虎使夔安統五將、步騎七萬寇荊、揚北鄙。其將張貉陷邾城，因寇江夏、義陽，_{江夏，見第三章第四節。義陽，見第二章第三節。}毛寶、樊峻及義陽大守鄭進并死之。夔安等進圍石城，竟陵大守李陽距戰破之。_{竟陵郡，治石城，見第三章第九節。}安乃退，略漢東，擁七千餘家，遷於幽、冀。史稱亮感慨發疾，明年正月卒。案夔安之寇，晉雖有所喪，未爲大挫。亮之恢復，本不計近功，何乃因此發疾，遂至於死？史於庾氏多誣辭，恐此説亦不足信也。亮既卒，以翼爲荊州刺史，督江、荊、司、雍、梁、益六州，鎮武昌。

時郗鑒亦寢疾，上疏遜位。言"臣所統錯雜，率多北人。或逼遷徙，或是新附。百姓懷土，皆有歸本之心。臣宣國恩，示以好惡，處與田宅，漸得少安。聞臣疾篤，衆情駭動。若當北渡，必啓寇心。大常臣謨，平簡貞正，素望所歸，謂可以爲都督徐州刺史。臣亡兄息晉陵內史邁，_{晉陵，見第四章第三節。}謙愛養士，甚爲流亡所宗；又是臣門户子弟，堪任兗州刺史"。疏奏，以蔡謨爲鑒軍司。鑒卒，_{咸康五年八月。}遂以謨爲徐州刺史。觀鑒所陳，可見當時下流兵力之弱，以驕蹇如謨者處之，庸有濟乎？_{穆帝時，謨還侍中司徒，固讓。皇大后遣使喻意。自永和四年冬至五年末，詔書屢下，謨固守所執。六年，復上疏，以疾病乞骸骨。帝臨軒，遣徵謨，謨陳疾篤，使主簿謝攸對。自旦至申，使者十餘反，而謨不至。時帝年八歲，甚倦，問左右曰："所召人何以至今不來？臨軒何時當竟？"君臣俱疲弊。皇大后詔："必不來者宜罷朝。"中軍將軍殷浩奏免吏部尚書江虨官。簡文時爲會稽王，命曹曰："蔡公傲違上命，無人臣之禮。若人主卑屈於上，大義不行於下，亦不知所以爲政矣。於是公卿奏謨悖慢傲上，罪同不臣。臣等參議，宜明國憲。請送廷尉，以正刑書。"謨懼，率子弟素服，詣闕稽顙，躬到廷尉待罪。皇大后詔依舊制，免爲庶人。前倨後恭，可發一噱。《荀羨傳》：羨自鎮來朝。時謨固讓司徒不起。殷浩欲加大辟，以問於羨。羨曰："蔡公今日事危，明日必有桓文之舉。"此謨之所以敢於驕蹇也。凡驕蹇於內者，必屈伏於外，甚有不恤降敵以快其反噬之心者矣。王敦、桓温，徒以傲上，不能敵愾，況謨乎？}時左衛將軍陳光上疏請伐胡。詔令攻壽陽。謨上疏曰："壽陽城小而固。自壽陽至琅邪，_{見第二章第三節。}城壁相望，其閒遠者，裁百餘里，一城見攻，衆城必救。且王師在路，五十餘日，大軍未至，聲息久聞，賊之郵驛，一日千里，河北之騎，足以來赴。停舩水渚，引兵造城，前對堅敵，顧臨歸路，此兵法之所誡也。"仍是怯弱退守之計而已。

庾翼戎政嚴明，經略深遠。數年之中，公私充實，人情翕然。自河以南，皆懷歸附。建元元年，七月，石虎汝南大守戴開率數千人詣翼降。_{汝南，見第二章第三節。}翼遣使東至遼東，西到涼州，要結二方，欲同大舉。慕容皝、張駿并報使請期。九月，翼移鎮安陸。_{見第三章第九節。}并使桓宣進取丹水，以搖秦、雍。_{時以宣爲梁州刺史。}上疏請令桓温渡戍廣陵，_{見第三章第九節，時温爲徐州刺史。}何充移據淮泗、赭圻，_{赭圻，嶺名，在今安徽繁昌縣西。充時爲揚州刺史。}路永進屯合肥。_{見第三章}

第九節。帝及朝士,皆遣使譬止。翼違詔輒行。至夏口,見第三章第九節。復上表徙鎮襄陽。表言所調借牛馬,來處皆遠。百姓所畜,穀草不充,并多羸瘠,難以涉路。加以向冬,野草漸枯,往反二千,或容躓頓。輒便隨事籌量,權停此舉。又山南諸城,每至秋冬,水多燥涸,運漕用功,實爲艱阻。計襄陽荊楚之舊,西接益、梁,與關、隴咫尺。北去洛、河,不盈千里。土沃田良,方城險峻。水路流通,轉運無滯。進可以掃蕩秦、趙,退可以保據上流。是以輒量宜入沔,徙鎮襄陽。史言翼本欲向襄陽,慮朝廷不許,故以安陸爲辭。當時朝臣,率多怯懦,彊臣欲任事者,誠亦非易,此亦激成王敦、桓溫不臣之一端也。時舉朝謂之不可,惟翼兄冰意同。桓溫及譙王無忌,承子,承見第四章第三節。亦贊成其計。十月,以冰爲江州刺史,鎮武昌,以爲翼援。翼令桓宣進伐石虎將李羆,爲所敗。翼怒,貶其秩,使移戍峴山。在襄陽南。宣發憤,明年八月,卒。翼以長子方之爲義成大守,代領宣衆。《宣傳》云:陶侃使宣鎮襄陽,以其淮南部曲立義成郡,《地理志》及《宋書·州郡志》并云郡孝武時立,蓋中廢復置?《宋志》:義成郡治均州,當在今湖北光化縣西北。《隋志》謂穀城縣即義成改置,不知何時移治。穀城,今湖北穀城縣也。司馬應誕爲襄陽大守,司馬勳爲梁州刺史,戍襄陽。宣帝弟恂子遂,封濟南王。二子:眈、緝。眈嗣。徙封中山。薨,無子,緝繼。成都王穎使距王浚,没於陳,無子,國除。勳爲劉曜將令狐泥所養。咸和六年,自關右還,自列云是恂之玄孫,遂之曾孫,略陽大守瓘之子,其信否不可知也。十一月,庚冰卒。翼留方之戍襄陽,還鎮夏口。詔使翼還督江州。翼欲移鎮樂鄉,見第三章第九節。詔不許。翼繕脩軍器,大佃積穀,欲圖後舉。永和元年,七月,卒。部將于瓚、戴義等作亂,翼長史江虨、司馬朱燾、將軍袁真等共誅之。翼表以第二子爱之行荆州刺史,朝以桓溫代翼,又以劉惔代方之。方之、爱之,皆徙於豫章。見第三章第九節。於是上流事權,入於桓溫之手矣。已見第四章第四節。庚翼之北伐,舉朝異議。中書侍郎范汪,爲亮佐吏十餘年,亦上書固諫。其説則謂奉師之費,皆當出於江南,運漕不繼;又桓宣招懷攜貳,待之以至寬,御之以無法,其衆實不可用;而東軍不進,勢甚孤縣也。其説自非無見。然時中國,喪亂方剡,厚集其力,自必有乘時大舉之機。亮、翼經營上流,歷時一紀,荆、江彊富,職此之由。其後桓溫北征,頗致克捷,所因者實亮、翼之成資也。然溫意在自營,故不克罄其力於北略。使以亮、翼之公忠,處溫之時勢,其所成就,必與溫大異矣,而惜乎其兄弟之皆無年也。

第五節　桓溫滅蜀

晉室東渡,雖云偏安,然其時叛者,實不過胡、蜀耳。胡彊蜀弱,庚氏兄弟,志在平胡,其於蜀,特於咸康五年,遣偏師伐之,執其荆州刺史及巴郡大守而已。巴郡,見第三章第六節。桓溫之志,在於自張權勢,欲張權勢,必立功名;欲立功名,必先其易者;故平胡之謀,一變而爲伐蜀。

李氏諸子,本尚不足語於姦雄,特亂民之竊據者耳。然其時海内大亂,而蜀獨無事,故歸之者亦相尋。李雄性寬厚,能簡刑約法。其賦:男子歲穀三斛,女丁半之。户調絹不過數丈,緜數兩。事少役希,百姓富實。閭門不閉,無相侵盜。頗獲休養生息之效焉。然雄意在招致遠方,國用不足,諸將每進金銀珍寶,多有以之得官者。又國無威儀,官無禄秩;行軍無號令,用兵無部對;戰勝不相讓,敗不相救;攻城破邑,動以虜獲爲先,故卒不能有所爲。蓋李氏本不知治體,加以居偏僻之區,故其無規模如此也。

李氏骨肉相争,實自李雄、李流時已然,已見第三章第六節。雄立兄蕩之子班爲大子。李驤諫,不聽。退而流涕曰:“亂自此始矣。”咸和八年,雄死,據《載記》。《本紀》在九年。班嗣僞位。以驤子壽録尚書事,輔政。明年,雄子越殺班於殯宫。以弟期爲雄妻任氏所養,讓位焉。期誅班弟都。使壽伐都弟玝於涪。見第三章第六節。玝棄城降晉。期以越爲相國、大將軍、録尚書事。期外任尚書令景騫,尚書姚華、田褒,内信宦竪許涪等,國之刑政,希復關之卿相。誣其尚書僕射李載謀反,下獄死。咸康二年,晉遣司馬勳安集漢中,期遣李壽攻陷之,遂置守、宰,戍南鄭。秦縣,今陝西南鄭縣東。雄子霸、保,并不病而死,皆云期鴆殺之。於是大臣懷懼,人不自安。期多所誅夷,籍没婦女資財,以實後庭。内外兇兇,道路以目。李壽代李玝屯涪,期謀襲之。已而鴆殺壽養弟攸。壽率步騎一萬回成都,殺越及景騫等。矯任氏令,廢期,幽之别宫。期自縊死。雄子皆爲壽所殺。初巴西龔壯,巴西,見第三章第六節。與鄉人譙秀齊名。父、叔爲李特所害。壽聘秀,以爲賓客。數禮聘壯。壯雖不應聘,然數往見壽。壽每問壯以自安之術。壯欲假手報讎,因説壽并有西土,稱藩於晉。壽然之。陰與長史略陽羅恒、巴西解思明共謀,略陽,見第二章第二節。以李奕爲先登,襲克成都。恒、思明、奕、王利等勸壽稱益州牧、成都王,稱藩於晉。而任調與司馬蔡興、侍中李豔及張烈等勸壽自立。壽遂僭即僞位。《載記》:期自殺在咸康三年,壽僭位在四年。《本紀》:四年,四月,李壽殺李期,僭即僞位,國號漢,蓋兩事并書之。以安車束帛,聘龔壯爲大師,壯固辭,特聽縞衣素帶,居師友之位。有告廣漢大守李乾與大臣通謀,欲廢壽者,壽令其子廣與大臣盟於前殿,徙乾爲漢嘉大守。廣漢漢嘉,皆見第三章第六節。壽遣其散騎常侍王嘏、中常侍王廣聘於石虎。先是虎遺壽書,欲連横入寇,約分天下。壽大悦。乃大脩船艦,嚴兵繕甲,吏卒皆備餱糧。以其尚書令馬當爲六軍都督,大閲軍士七萬餘人。舟師溯江而上。過成都,鼓譟盈江。壽登城觀之。其羣臣咸曰:“我國小衆寡,吴會險遠,圖之未易。”解思明又竊諫懇至。壽於是命羣臣陳其利害。龔壯諫曰："陛下與胡通,孰若與晉通? 胡豺狼國也,晉既滅,不得不北面事之,若與之爭,則彊弱勢異。願陛下熟慮之。"羣臣以壯之言爲然,叩頭泣諫。壽乃止。士衆咸稱萬歲。此可見蜀人之無戰心矣。初張駿遣使遺雄書,勸去尊號,稱藩於晉。雄復書曰："吾過爲士大夫所推,然本無心於帝王也。進思爲晉室元功之臣,退思共爲守藩之將,掃除氛埃,以康帝宇。知欲遠遵楚、漢,尊崇義帝,《春秋》之義,於斯莫大。"後駿、遣傅潁假道於蜀,通表京師,雄弗許。駿又遣治中從事張淳稱藩於蜀,託以假道。雄大悅,謂淳曰："貴主英名蓋世,土險兵彊,何不自稱帝一方?"淳曰:"寡君以乃祖世濟忠良,未能雪天下之恥,解衆人之倒縣,日昃忘食,枕戈待旦。以琅邪中興江東,故萬里翼戴,將成桓、文之事,何言自取邪?"雄有慚色,曰:"我乃祖乃父,亦是晉臣。往與六郡,避難此地,爲同盟所推,遂有今日。琅邪若能中興大晉於中夏,亦當率衆輔之。"史又言巴郡嘗告急,云有東軍,雄曰:"吾嘗慮石勒跋扈,侵逼琅邪,以爲耿耿,不圖乃能舉兵,使人欣然。"雄之雅譚,多如此類。蓋李氏本羈旅之人,無有大志,而又處閉塞之地,不知外閒情形,遂至忽自卑、忽自大如此也。李壽久爲將帥,似有才能,然其不知治體,亦與前人相類。其將李宏,奔於石虎,壽致書請之,題曰趙王石君。虎不悅,付外議之。中書監王波議宜書答之,并贈以楛矢,使壽知我遐荒畢臻也。宏既至,壽欲誇其境内,下令曰:"羯使來庭,貢其楛矢。"虎聞之,怒甚,黜王波,以白衣守中書監。後熒惑守房,又追以此罪要斬之,及其四子,投於漳水以厭之。壽後病,解思明等復議奉王室,壽不從。李演自越巂上書,越巂、見第三章第六節。勸壽歸正返本,釋帝稱王。壽怒,殺之,以威龔壯、思明等。壯作詩七篇,託言應璩以諷壽。壽報曰:"省詩知意。若今人所作,賢哲之話言也,古人所作,死鬼之常辭耳。"動慕漢武、魏明之所爲,恥聞父兄時事,上書者不得言先世政化,自以勝之,可謂沐猴而冠者也。

壽既不知治體,而又頗任威刑。聞石虎虐用刑法,王遜亦以殺罰御下,并能控制邦邑,壽心欣慕,人有小過,輒殺以立威。又以郊甸未實,都邑空虛;工匠械器,事未充盈;乃徙旁郡户三丁已上,以實成都;興尚方御府,發州郡工巧以充之。廣脩宫室,引水入城,務於奢侈。又廣大學,起讌殿。百姓疲於役使,呼嗟滿道,思亂者十室而九矣。其左僕射蔡興切諫,壽以爲誹謗,誅之。右僕射李嶷,數以直言忤旨,壽積忿非一,託以他罪,下獄殺之。咸康八年,壽死。亦據《載記》,《本紀》在建元元年八月。子勢立。弟大將軍漢王廣,以勢無子,求爲大弟。勢弗許。馬當、解思明以勢兄弟不多,若有所廢,則益孤危,固勸許之。

勢疑當等與廣有謀,遣其大保李奕襲廣於涪城,命董皎收馬當、思明斬之,夷其三族。貶廣爲臨邛侯。臨邛,秦縣,今四川邛徠縣。廣自殺。李奕自晉壽舉兵反之。晉壽,見第三章第六節。蜀人多有從奕者,衆至數萬。勢登城距戰。奕單騎突門,門者射而殺之,衆乃潰散。初蜀土無僚,至此始從山而出,北至犍爲、梓潼,皆見第三章第六節。佈在山谷,十餘萬落,不可禁制,大爲百姓之患。勢既驕吝,而性愛財色,常殺人而取其妻。荒淫不恤國事。夷僚叛亂,軍守離缺,境宇日蹙,加之荒儉。性多忌害,誅害大臣,刑獄濫加,人懷危懼。而其勢不可支矣。蓋偏方之國,天澤之分未嚴,覬覦之情不戢,君臣上下,相煎日急;而又奕世之後,寖趨驕侈,其初年恃寬儉與民相安之風日衰,以至於此也。

　桓温欲伐蜀,謀之於衆,衆以爲不可。惟江夏相袁喬勸之。謂今天下之難,二寇而已。蜀雖險固,方胡爲弱,將欲除之,先從易者。蜀人自以斗絕一方,不脩攻戰之具。若以精卒一萬,輕軍速進,比彼聞之,我已入其險要,李勢君臣,不過自力一戰,禽之必矣。蜀土富實,號稱天府。襲而取之,有其人衆,此國之大利也。江夏,見第三章第四節。永和二年,十一月,温乃使喬領二千人爲軍鋒。師次彭模,今四川彭山縣。議者欲兩道并進,以分賊勢。喬曰:"今分爲兩軍,萬一偏敗,則大事去矣。不如棄去釜甑,齎三日糧,全軍而進。"温以爲然。命參軍周楚、孫盛等守輜重,自將步卒,直指成都。勢遣李福與昝堅從山陽趣合水距温。山陽,謂青衣山之南也。山在今樂山縣東。合水,青衣江入江處。諸將欲設伏於江南,以待王師,堅不從,從江北向犍爲。而温於山陽出江南。堅到犍爲,方知與温異道,迴從沙頭津北渡。沙頭津,當在犍爲東。及至,温已造成都之才里陌,堅衆自潰。勢悉衆與温戰於笮橋,在成都東南。大潰。勢走葭萌,見第三章第六節。請降。時三年正月也。送於建康,封歸義侯。升平五年,死於建康。四月,勢將鄧定、隗文等反,入據成都,七月,立范長生子賁爲帝。[①] 十二月,征西督護蕭敬文又反,據涪城,自號益州牧。遂取巴西,通於漢中。時以周撫爲益州刺史。五年,四月,撫與龍驤將軍朱燾擊范賁,獲之。討蕭敬文,不能克。温又使司馬勳會之。敬文固守。自八年二月至於八月,乃降。斬之,傳首京師。蜀平。

第六節　殷浩桓温北伐

永和五年,四月,石虎死。五月,石遵廢石世自立。六月,其揚州刺史王

---

① 宗教:前蜀亡后,叛者立范長生子。

浹以壽春來降。壽春,見第三章第四節。褚裒表請北伐。七月,裒率衆三萬,逕造彭城。見第四節。河朔士庶,歸降者日以千計。裒先遣督護王龕伐沛,見第三章第一節。王龕《裒傳》作徐龕,今從《本紀》。獲僞相支重。魯郡山有五百餘家,亦建義請救。魯郡,見第三章第四節。裒建龕領銳卒三千迎之。軍次代陂,未詳。或云:當在沛縣境。爲李農所敗,李農,《裒傳》作李蒐,今從《本紀》。《載記》與《本紀》同。龕死之。八月,詔裒退屯廣陵。見第三章第九節。西中郎將陳逵焚壽春而遁。時遷户二十萬口渡河將歸順,會裒已還,威勢不接,莫能自拔,死亡咸盡。《裒傳》。元文尚有"爲慕容皝及苻健之衆所掠"句,《通鑑》删之。《考異》云:"是時慕容皝卒已逾年,永和六年,慕容儁始率衆南征;石鑒即位,苻洪始有衆十萬,永和六年,洪死,健始嗣位;皆與裒不相接,今不取。"裒憂慨發病,十二月,卒。以荀羨爲徐州刺史。先是桓温亦出屯安陸,見第三章第九節,時在六月。遣諸將討河北。石遇攻宛,陷之,執南陽大守郭啓。十月。南陽治宛,見第三章第四節。雍州豪傑召司馬勳,勳出駱谷,在陝西盩厔縣西南。進次縣鉤。《晉書》云:去長安二百餘里。時在十月。遣部將劉焕攻長安。關中郡縣,皆殺大守、令、長以應勳。而勳兵少,未能自固,爲王朗所距,釋縣鉤,拔宛而還。參看第三節。是歲,十一月,石鑒殺石遵自立,六年,閏月,冉閔誅鑒;至八年四月,而爲慕容儁所滅,北方每每大亂,苻洪、永和六年閏月來降。段龕、時東屯廣固,永和七年正月來降。廣固,見第四章第二節。張遇、冉閔豫州牧。永和七年八月,以許昌來降。許昌,見第三章第二節。姚弋仲、永和七年十一月來降。魏脱、《本紀》云冉閔將,永和七年十一月來降。《載記》作魏統,云閔兗州刺史。周成、《本紀》與高昌、樂立、李歷均云石虎將,以永和七年十二月來降。成時屯廩丘。《載記》云:成爲冉閔徐州刺史。廩丘,見第三章第三節。高昌、時屯野王。野王,見第五章第一節。樂立、時屯許昌。李歷、時屯衛國。衛國,見第三章第四節。呂護、《載記》云:閔平南高崇,臨虜呂護,執洛州刺史鄭系,以三河歸順。此洛州爲石氏所置,治洛陽。護先嘗據魯口,見下。王擢等擢,《紀》云石虎故將。以永和八年七月降。先後來降。晉初不能應接,更無論挾以攻戰矣。故北方紛紛,仍不能爲晉有。

北方諸豪中,首先自立者爲苻秦,以關中本氐、羌巢穴,其時較諸東方,稍覺寧靜,而苻氏先據之也。苻洪之降晉也,晉授以征北大將軍、都督河北諸軍事、冀州刺史。子健,假節,監河北諸軍事。洪自稱大將軍、大單于、三秦王。永和六年,三月,麻秋因宴鴆洪,將并其衆。健收斬秋。去秦王之號,稱晉爵,告喪於京師,且聽王命。時京兆杜洪據長安,京兆,見第二章第二節。自稱晉雍州刺史,戎、夏多歸之。八月,健自稱晉征西大將軍、都督關中諸軍事、雍州刺史,盡衆西行。《洪載記》曰:洪謂博士胡文曰:"孤率衆十萬,居形勝之地,冉閔、慕容儁,可指辰而殄。姚襄父子,克之在吾數中。孤取天下,有易於漢祖。"又曰:洪將死,謂健曰:"所以未入關者,言中州可指時而定。今見困豎子，中原非汝兄弟所能辦，關中形勝，吾亡後，便可鼓行而西。"此乃苻氏自誇之辭。觀洪自稱三秦王，便知其早有入關之意。《載記》又言：麻秋說洪西都長安，洪深然之，更可見此中消息。當時諸種落被遷者，原皆急欲乘亂歸故土也。洪蓋欲西歸而未及耳。弟雄率步騎五千入潼關，見第三章第三節。兄子菁自軹關入河東。軹關，見第一節。自統大衆，繼雄而進。至長安，洪奔司竹在今陝西盩屋縣東南。漢有竹丞，魏置司守之。健入都之。遣使獻捷京師，并脩好於桓溫。七年，正月，健僭稱天王、大單于。杜洪招司馬勳，勳率步騎三萬入秦川。四月，健敗之於五丈原。在今陝西郿縣東南。八年，五月，健僭即皇帝位。杜洪屯宜秋，縣名，在今陝西涇陽縣西北。爲其將張琚所殺。琚自立爲秦王。健率步騎二萬攻琚，斬其首。據《載記》。《司馬勳傳》云：永和中，張琚據隴東，遣使招勳。勳復入長安。初，京兆人杜洪，以豪族陵琚，琚以勇俠侮洪。洪知勳憚琚兵彊，因説勳曰："不殺張琚，關中非國家有也。"勳乃僞請琚，於坐殺之。琚弟走池陽，合衆攻勳。勳頻戰不利，請和，歸梁州。《晉書·勳傳》，語多不確，今不取。池陽，見第三章第五節。使苻雄攻王擢，擢奔涼州。關中粗定矣。

　　姚弋仲歸晉較晚，晉授以六夷大都督、都督江、淮諸軍事、車騎大將軍、大單于，而以其子襄督并州，爲并州刺史。永和八年，弋仲卒。襄祕喪，率户六萬，南攻陽平、見第二章第二節。元城、漢縣，今河北大名縣。發干，漢縣，今山東堂邑縣西南。皆破之。至榮陽，見第三章第三節。乃發喪成服。與高昌、李歷戰於麻田，胡三省曰：榮、洛之間，地名有豆田、麻田，各因人所種藝而名之。馬中流矢死，賴其弟萇以免。晉處襄於譙城，見第三章第三節。遣五弟爲任。《載記》言襄"少有高名，雄武冠世。好學博通，雅善談論。英濟之稱，著於南夏"。又言"襄前後敗喪，衆知襄所在，輒扶老攜幼，奔馳而赴之。其爲桓溫所敗也，或傳襄創重不濟，溫軍所得士女，莫不北望揮涕"。雖或過譽，當非全虛，其才略或在苻健之上。然寄居晉地，四面迫敵，不如健之入關，有施展之地矣。

　　時河南一片土，爲秦、燕所共覬覦。永和八年，二月，張遇叛，使其黨上官恩據洛陽。四月，豫州刺史謝尚帥姚襄與遇戰於誡橋，在許昌。敗績。苻健使弟雄援遇，因襲遇，虜之。仍以爲豫州刺史，鎮許昌。是月，冉閔爲慕容儁所滅。儁復遣兵圍鄴。蔣幹遣侍中繆嵩、詹事劉猗奉表歸順，且乞師。初，謝尚使濮陽大守戴施據枋頭。濮陽，見第三章第四節。枋頭，見第四章第二節。及是，自倉垣次於棘津，倉垣，見第三章第四節。棘津，見第四章第二節。止猗不聽進，而責其傳國璽。猗使嵩還鄴復命。幹沈吟未決。施乃率壯士百餘入鄴，助守三臺。三臺，見第四章第二節。此據《載記》。《謝尚傳》云：施遣參軍何融率壯士百人入鄴，登三臺助戍。譎之曰："且出璽付我。今凶寇在外，道路不通，未敢送也，須得璽，當馳白天子耳。聞璽已在吾處,信卿至誠,必遣軍糧,厚相救餉。"幹以爲然,乃出璽付之。施宣言使督護何融迎糧,陰令懷璽送於京師,而冉氏長水校尉馬願、龍驤田香開門降慕容評。施、融與幹,縣縋而下,奔於倉垣。於是燕人亦浸浸南下矣。

秦、燕交侵,而晉人不能北師者,則以其內外相持,不徒不能協力,且互相牽掣也。初長平殷浩,<small>長平,晉縣,屬陳郡,未詳今地所在。</small>弱冠有美名。① 三府辟,皆不就。庾亮引爲記室參軍,累遷司徒左長史。庾翼復請爲司馬,除侍中、安西軍司,并稱疾不起。於時擬之管、葛。王濛、謝尚,常伺其出處,以卜江左興亡。因相與省之。知浩有確然之志,既返,相謂曰:"深源不起,當如蒼生何?"<small>深源,浩字。</small>庾翼詒浩書曰:"當今江東,社稷安危,內委何、褚諸君,外託庾、桓數族,恐不得百年無憂。足下少標令名;十餘年間,位經內外,而欲潛居利貞,斯理難全。且夫濟一時之務,須一時之勝,何必德均古人,韻齊先達邪? 王夷甫,先朝風流士也,然吾薄其立名非真,而始終莫取。若以道非虞、夏,自當超然獨往,而不能謀始,大合聲譽,極致名位。正當抑揚名教,以靜亂源,而乃高談莊、老,說空終日,雖云談道,實長華競。及其末年,人望猶存,思安懼亂,寄命推務,而甫自申述,徇小好名,既身囚胡虜,棄言非所。凡明德君子,遇會處際,寧可然乎? 而世皆然之,益知名實之未定,弊風之未革也。"史言浩善玄言,爲風流談論者所宗,世多以成敗論人,遂以浩爲虛名無實。② 其實清談者或無實濟,有實濟者不必皆不善玄言。梁武帝嘗講經、捨身,陳武帝亦然,二帝可同日語乎? 庾翼、謝尚,皆幹濟之才,翼兄弟尤尚綜覈名實,而其慕浩如此;翼與浩書,極論王衍之失,正見浩非其儔;知浩非沽名養望之流也。穆帝初,庾冰兄弟及何充等相繼卒,<small>充卒於永和二年正月。</small>簡文帝時在藩,始綜萬幾,褚衰薦浩,徵爲揚州刺史。浩頻陳讓,自三月至七月,乃受拜。桓溫滅蜀,威勢轉振,朝廷憚之。簡文以浩有盛名,朝野推服,引爲心膂以抗溫。爲是與溫頗相疑貳。會遭父憂,去職,時以蔡謨攝揚州以俟浩。服闋,徵爲尚書僕射,不拜。復爲揚州刺史。遂參綜朝權。潁川荀羨,少有令聞,浩擢爲義興、吳郡,以爲羽翼。<small>潁川,見第三章第三節。義興,晉郡,今江蘇宜興縣。吳郡,見第三章第九節。</small>王羲之密說浩、羨,令與桓溫和同,浩不從。溫與朝廷,是時已成無可調和之勢。晉朝欲振飭紀綱,自不得不爲自彊之計。羲之性最怯耎,其說浩、羨與溫和同,亦不過爲苟安目前之計,然亦未能必溫之聽從也。而世或以不能和溫爲

---

① 史事:殷浩之見誣(見第一三二——一三四頁)。失恢復之機咎在桓溫(第一三九頁)。戒浩後(第一四〇頁)。

② 風俗:清談者或無實濟,有實濟者不必皆不善玄談。

浩罪,則瞥矣。六年,閏月,浩加督揚、豫、徐、兗、青五州。桓温欲率衆北征,上疏求議水陸之宜,久不報。温知朝廷杖浩抗己,甚忿之。雖有君臣之迹,羈縻而已。八州士衆、資調,殆不爲國家用。胡三省曰:永和元年,温督荆、司、雍、益、梁、寧六州。五年,遣滕畯帥交、廣之兵伐林邑,蓋是時已加督交、廣矣。七年,十二月,聲言北伐。拜表便行。順流而下,行達武昌。衆四五萬。或勸浩引身告退。吏部尚書王彪之言於會稽王曰:“若殷浩去職,人情崩駭,天子獨坐,當有任其責者,非殿下而誰?”又謂浩曰:“彼抗表問罪,卿爲其首。事任如此,猜釁已搆,欲作匹夫,豈有全地邪?且當静以待之。令相王與手書,示以款誠,陳以成敗。當必還旆。若不順命,即遣中詔。如復不奉,當以正義相裁。無事恩恩,先自猖獗。”王與温書,温即還鎮。是時未有釁端,温必不敢遽冒天下之大不韙,特欲以虚聲恐動,冀朝廷自墮其術中耳。知其情而不爲所動,則其技窮矣。殷浩固非不知此,即簡文亦非絶無能爲,其不爲所動,亦未必必待彪之之教也。八年,九月,冉智亡,浩帥衆北伐。次於壽陽。即壽春,見第三章第四節。《浩傳》云:浩潛誘苻健大臣梁安、雷弱兒等,使殺健,許以關右之任。初魏脱卒,弟憬代領部曲,姚襄殺憬;并其衆,浩大惡之,使劉啟守譙,啟,石氏兗州刺史,永和六年五月來奔。遷襄於梁。見第二章第三節。《襄載記》云:浩憚襄威名,乃因襄諸弟,頻遣刺客殺襄,刺客皆推誠告實,襄待之若舊。浩潛遣魏憬襲襄,襄乃斬憬而并其衆。乃誣罔之辭。既而魏氏兄弟,往來壽陽,襄猜懼。襄部曲有欲歸浩者,襄殺之。浩於是謀誅襄。會苻健殺其大臣,健兄子眉,即黄眉。自洛陽西奔,浩以爲梁安事捷,意健已死,請進屯洛陽,脩復園陵。使襄爲前驅。冠軍將軍劉洽鎮鹿臺,建武將軍劉遯據倉垣。此據《浩傳》。《本紀》云:遣河南太守戴施據石門,滎陽太守劉遯戍倉垣,其事當在此前。鹿臺,在今河南淇縣。石門,見第五章第一節。又求解揚州,專鎮洛陽。詔不許。一似浩絶無能爲,徒事勾結敵將,以求僥倖者。然《苻健載記》云:張遇自許昌來降,健納遇後母韓氏爲昭儀。每於衆中謂遇曰:“卿吾子也。”遇慚恨。引關中諸將,欲以雍州歸順。乃與健中黄門劉晃謀夜襲健,事覺,遇害。於是孔特起池陽,特,《通鑑》作持。劉珍、夏侯顯起鄠,漢縣,今陝西鄠縣。喬景起雍,景,《通鑑》作秉。雍見第三章第五節。胡陽赤起司竹,呼延毒起霸城,漢霸陵縣,晉改曰霸城,在今陝西長安縣東。衆數萬人,并遣使詣桓温、殷浩請救。而梁安、雷弱兒,後皆爲苻生所殺。弱兒,南安羌酋也,生并誅其九子、二十七孫,其爲彊族可知。則秦是時,實非無釁,惜浩之兵力,未足長驅,而桓温又不肯於此時出兵,與之協力,諸起兵者,遂不久皆爲苻健所滅也。據《通鑑》:孔特之敗,在永和九年十一月,劉珍、夏侯顯在十二月,胡陽赤在十年正月,惟喬景至八月始敗,而温伐秦之兵,以十年二月出。九年,十月,浩進次山桑。漢縣,今安徼蒙城縣北。使姚襄爲前鋒。襄叛，反擊浩。浩棄輜重，退保譙城。十一月，浩啓遣劉啓、王彬之討襄於山桑，并爲襄所殺。桓溫上疏罪狀浩。十年，二月，遂廢浩爲庶人。徙東陽之信安縣。東陽，吳郡，今浙江金華縣。信安，在今浙江衢縣境。於是朝右無人，不復能與溫抗矣。案殷浩之敗，實敗於兵力之不足。《孔嚴傳》言：浩引接荒人，謀立功於閫外。嚴言於浩曰："降附之徒，皆人面獸心，貪而無親，難以義感，而聚著都邑，雜處人閒，使君常疲聖體以接之，虛府庫以拯之，足以疑惑視聽耳。"浩深納之。然則姚襄等之不足恃，浩非不知之，所以終用之者，夫固有所不得已也。下流兵力之不足，由來已久，固非浩之咎。抑兵力之不足；由於民寡而地荒，而浩開江田、疁田千餘頃，以爲軍儲。浩歿後，其故吏顧悦之上疏訟之，謂其"驅豺狼，翦荆棘，收羅向義，廣開屯田，沐雨櫛風，等勤臺僕"，其忠勤亦至矣。當時不欲出師者，大抵養尊處優，優游逸豫，徒能言事之不可爲，而莫肯出身以任事，聞浩之風，能無愧乎？浩所任者：陳逵、蔡裔爲軍鋒。裔，史稱其有勇氣，聲若雷震。嘗有二偷入室，裔拊牀一呼，而盜俱隕。徒勇固不足尚，要不失爲摧鋒陷陳之良。謝尚、荀羨爲督統，雖非上材，自亦一時之選也。浩自見黜廢，遂"自擯山海，杜門終身，與世兩絕"。顧悦之訟浩之辭。史既稱其"夷神委命，談詠不輟，雖家人不見其有流放之戚"，乃又言："後桓溫將以浩爲尚書令，遺書告之，浩欣然許焉。將答書，慮有繆誤，開閉者數十，竟達空函。大忤溫意，由是遂絕。"姑無論熱中躁進，矯情鎮物者不爲，而溫之忌浩，至於毒流後嗣，見下節。又安肯及其身而起用之邪？

　　殷浩既敗，桓溫之師遂出。永和十年，二月，溫統步騎四萬發江陵。見第三章第九節。水軍自襄陽入均口。在湖北光化縣境。至南鄉，後漢縣、魏置郡，晉廢，後復置，在今河南淅川縣東南。步自淅川，以征關中。命司馬勳出子午道。見第四節。別軍攻上洛，見第三章第五節。獲苻健荆州刺史郭敬。進擊青泥，城名，在今陝西藍田縣南。破之。健遣其子生、此據《溫傳》，《載記》作子萇。弟雄《載記》云率雄、青等。衆數萬屯嶢柳愁思堆《載記》作嶢柳城愁思唯，在藍田東南。以距溫。溫軍力戰，生衆乃散。《本紀》：四月，溫及苻健子萇戰於藍田，大敗之。雄與溫弟沖戰於白鹿原，《地形志》：在藍田。又爲沖所敗。《本紀》在六月，云王師敗績。《載記》同。案雄苟敗，未必能再馳襲司馬勳，《溫傳》恐不足信。雄馳襲司馬勳，勳退次女媧堡。未詳。溫進至霸上。在長安東。健以五千人深溝自固。居人皆安堵復業。持牛酒迎溫於路者十八九。耆老感泣曰："不圖今日，復見官軍。"初溫恃麥熟，取以爲軍資，而健芟苗清野，軍糧不足。九月，收三千餘户而還。案溫即克長安，關中淪陷久，氐、羌多，亦非旦夕可以清定；而河北、河東，皆爲犬羊窟穴，更非荆、襄一隅之力，所能掃蕩也。東西齊力，猶虞不濟，而溫必逼廢殷浩，然後出師，論其形勢，實同孤軍獨進。事小敵如蜀，偷可用也；欲以戡定北方，則難矣。然則溫之無成，亦溫之自取之也。

姚襄自破殷浩，濟淮，屯於盱眙。見第三章第九節。招掠流人，眾至七萬。流人郭敞等執堂邑內史劉仕降於襄。此據《載記》。《本紀》：永和十年，五月，江西乞活郭敞等執陳留內史劉仕而叛。疑仕爲陳留內史，而時在堂邑也。堂邑，漢侯國，後置縣，晉升爲郡，故城在今江蘇六合縣北。朝廷大震。以吏部尚書周閔爲中軍將軍，緣江備守。謝尚亦自歷陽還衛京師。歷陽，見第三章第九節。襄將佐、部眾皆北人，咸勸襄北還。永和十一年，四月，襄寇外黃，漢縣，在今河南杞縣東。爲晉將高季所敗。襄收散卒，勤撫恤之，復振。十二年，三月，襄入許昌。先是周成反，襲洛陽，河南大守戴施奔於鮪渚。永和十年正月。鮪渚，在河南鞏縣北。及是，襄將如河東，以圖關右，自許攻洛陽，踰月不克。桓溫請脩復園陵，移都洛陽，表疏十餘上，不許，而以溫爲征討大都督，督司、冀二州，委以專征之任。溫遣督護高武據魯陽，見第四章第二節。戴施屯河上，勒舟師以逼許、洛。四月，溫自江陵伐襄。八月，戰於伊水北，大敗之。襄走平陽。見第二章第二節。徙其眾三千餘家於江、漢之閒，執周成而歸。使毛穆之、陳午、戴施鎮洛陽。姚襄尋徙北屈，漢縣，今山西吉縣。進屯杏城。見第三章第八節。時苻健已死，子生嗣僞位。襄攻其平陽大守苻產於匈奴堡。胡三省曰：在平陽見安帝義熙十二年《注》。苻柳救之，爲襄所敗，引還蒲阪。見第三章第四節。襄遂攻堡，克之，殺產。遣使從生假道，將還隴西。生將許之。苻堅諫，乃止。命將張平禦之。平更與襄通和。襄遣其從兄蘭略地鄜城，漢鄜縣，後漢省，在今陝西洛川縣東南。兄益生及將軍王欽盧招集北地。見第二章第二節。生遣苻飛距戰，蘭敗，爲飛所執。襄進據黃落。聚名，在今陝西同官縣南。生遣苻黃眉、苻堅、鄧羌率步騎萬五千討之。戰於三原，今陝西三原縣東北。苻堅於此置三原護軍，後周乃置縣。斬襄。襄弟萇，率諸弟降生。時升平元年五月也。六月，而苻堅殺生自立。

石趙之亂也，段勤鳩集胡、羯，得萬餘人，保枉人山，在今河南濬縣西北。自稱趙王，附於慕容儁。俄爲冉閔所敗，徙於繹幕。漢縣，在今山東平原縣西北。僭即尊號。儁遣慕容恪擊閔，慕容垂擊勤。恪禽閔，進據常山，見第三章第四節。勤懼而降。王午據魯口，城名，在今河北饒陽縣南。稱安國王。死，呂護襲其號。恪進攻之，護奔野王。《通鑑》在永和十年三月。晉寧朔將軍榮期，以彭城、魯郡叛歸儁。蘭陵、濟北、建興諸郡皆降。蘭陵，晉郡，在今山東嶧縣東。濟北，漢國，在今山東長清縣境。建興，未詳。苻生河內、黎陽大守，亦以郡歸儁。《通鑑》在永和十一年二月。河內，見第二章第二節。黎陽，見第三章第四節。永和十一年，十二月，慕容恪寇廣固。十二年，五月，段龕敗之，恪退據安平。見第二章第三節。後復攻之。朝廷使荀羨救之。次於琅邪，見第二章第三節。不敢進。升平元年，正月，廣固陷。《通鑑》在永和十二年十一月。龕降，儁毒其目而殺之，阬其徒三千餘人。留慕容塵鎮廣固。冉閔之僭號也，李歷、張平、高昌等，并率所部，稱藩於儁。既而歸順，結援苻堅，并受爵位。又上黨馮鴦，上黨，見第二章第二節。自稱大守，附於張平。平屢言之。儁以平故，赦其罪，以爲京兆大守。呂護之走野王也，遣弟奉表謝罪，儁以爲河内大守。護、鴦亦陰通京師。《本紀》：永和十一年，十二月，上黨人馮鴦自稱大守，背苻生，遣使來降。張平跨有新興、雁門、西河、大原、上黨、上郡之地，諸郡皆見第二章第二節。壘壁三百餘，胡、晉十餘萬户，遂拜置征鎮，爲鼎峙之勢。《本紀》：升平元年，七月，苻堅將張平以并州降，遂以爲并州刺史。儁自龍城遷於薊，又遷於鄴。《通鑑》在升平元年十一月。遣慕容評討張平，平奔平陽。慕輿根討馮鴦，鴦奔野王。《本紀》：升平二年，六月，張平爲苻堅所逼，奔於平陽，堅追敗之。慕容恪進據上黨，馮鴦以衆叛歸慕容儁。陽鶩討高昌，昌走滎陽。《本紀》：在升平三年七月。慕容臧攻李歷，歷奔邵陵。見第三章第九節。儁於是復圖入寇，兼欲經略關西，乃命州郡校閱見丁，精覆隱漏。率户留一丁，餘悉發之。欲使步卒滿一百五十萬。期明年大集，此明年當爲升平二年。將臨洛陽，爲三方節度。武邑劉貴，武邑，漢縣，晉置郡，今河北武邑縣。上書極諫，乃改爲三五占兵，見第二節。寬戎備一周，悉令明年冬赴集鄴都。此明年爲升平三年。四年，正月，儁死，子暐嗣。《通鑑》：四年，正月，癸巳，燕主儁大閱於鄴，欲使大司馬恪、司空陽鶩將之入寇。會疾篤，乃召恪、鶩及司徒評、領軍將軍慕容根等受遺詔輔政。甲午，卒。戊子，大子暐即皇帝位。《注》云："按長曆，是年正月甲戌朔，今儁以甲午卒，則戊子在甲午前，即位恐是戊戌。"按甲午爲癸巳之明日，儁以甲午死，無緣癸巳尚能大閱，即謂大閱可不親臨，亦無緣尚有入寇之意也。曰恐誤。於是燕勢衰矣，然其侵寇仍不戢。

謝尚以升平元年五月卒。六月，以謝奕爲豫州刺史。二年，三月，慕容儁陷冀州諸郡。詔奕及荀羨北伐。儁盡陷河北之地。八月，奕卒。以謝萬爲豫州刺史。時荀羨亦有疾，以郗曇爲軍司。曇，鑒子。《本紀》：二年，八月，以曇爲北中郎將徐、兗二州刺史，而十二月又有北中郎將荀羨及慕容儁戰於山茌之文。《通鑑考異》曰："《曇傳》云：荀羨有疾，以曇爲軍司，頃之，羨徵還，除曇北中郎將刺史。《燕書》：十二月，荀羨寇泰山，殺大守賈堅。《載記》殺賈堅下云敗績，復陷山茌，故知八月曇未爲徐、兗二州，恐始爲軍司耳。"羨攻山茌，漢茌縣，魏曰山茌，在今山東長清縣東北。拔之，斬儁泰山大守賈堅。儁青州刺史慕容塵遣司馬悦明救之，羨師敗，山茌復陷。羨以疾篤徵還，以郗曇爲徐、兗二州刺史，鎮下邳。見第三章第三節。三年，泰山大守諸葛攸晉泰山郡，治奉高，在今山東泰安縣東北。率水陸二萬討儁。入自石門，此石門在今山東平陰縣北。屯於河渚。使部將匡超進據碻磝，山名，在今山東東阿縣南。蕭館屯於新柵。未詳。又遣督護徐冏，率水軍三千，泛舟上下，爲東西聲勢。儁遣慕容評、傅顏等統步騎五萬，戰於東阿，見第四章第二節。王師敗績。十月，僞寇東阿。遣謝萬次下蔡，漢縣，今安徽鳳臺縣。郗曇次高平以救之。高平，晉郡，治昌邑，在今山東金鄉縣西北。萬矜豪傲物，未嘗撫衆，諸軍恨之。曇以疾篤，退還彭城，萬以爲賊盛致退，便引軍還。衆遂潰散，狼狽單歸。廢爲庶人。慕容恪入寇河南，汝、汝南，見第二章第三節。潁、潁川。譙、沛皆陷。五年，正月，郗曇卒。二月，以范汪爲徐、兗二州刺史。四月，桓溫鎮宛。使其弟豁取許昌。五月，穆帝崩，時年十九。成帝長子琅邪王丕立，是爲哀帝。七月，慕容恪陷野王，呂護退保滎陽。九月，護叛，奔慕容暐，暐待之如初。因遣傅顏與護據河陰。見第三章第四節。桓溫命范汪出梁國，以失期，十月，免爲庶人。隆和元年，三月，以庾希爲徐、兗二州刺史，鎮下邳。希，冰子。袁真爲豫州刺史，鎮汝南。四月，呂護寇洛陽，戴施奔宛。五月，桓溫遣庾希及竟陵大守鄧遐以舟師救洛陽。七月，護等退小平津。在河南孟津縣北。護中流矢死。將軍段榮，收軍北渡，屯於野王。遐進屯新城。漢新成縣，後漢作新城，在洛陽南。八月，袁真進次汝南，運米五萬斛，以饋洛陽。十二月，庾希退鎮山陽。晉縣，今江蘇淮安縣。袁真退鎮壽陽。興寧元年，四月，慕容忠寇滎陽，大守劉遠奔魯陽。見第四章第二節。五月，燕兵又陷密，見第三章第五節。遠再奔江陵。桓溫請還都洛陽。自永嘉之亂，播流江表者，一切北徙，以實河南。詔改授司、冀、幷三州，以交、廣遼遠，罷都督。溫辭不受。又加侍中、大司馬、都督中外諸軍事，假黃鉞。是歲，慕容塵攻陳留大守袁披於長平，汝南大守朱斌乘虛襲許昌，克之。二年，二月，慕容評襲許昌，潁川大守李福死之。評遂侵汝南，朱斌奔壽陽。又圍陳郡，見第三章第四節。大守朱輔固守，桓溫遣江夏相劉岵擊退之。帝斷穀，餌長生藥，中毒，不識萬幾。三月，崇德大后康獻褚皇后。復臨朝攝政。四月，慕容暐將李洪侵許昌，王師敗績於縣瓠。城名，今河南汝南縣。朱斌奔淮南，朱輔退保彭城。慕容塵復屯許昌。桓溫帥舟師次於合肥。見第三章第九節。加溫揚州牧，錄尚書事。使侍中顏旄宣旨，召溫入參朝政。八月，溫至赭圻，見第四節。詔又使尚書車灌止之。溫遂城赭圻而居之。固讓內錄，遙領揚州牧。慕容暐寇洛陽。時陳祐守洛陽，衆不過二千。沈充子勁，哀父死於非義，志欲立勳，以雪先恥，表求配祐效力。因以勁補祐長史，令自募壯士，得千餘人。助祐擊賊，頻以寡制衆。而糧盡援絕。祐懼不能保全，以救許昌爲名，奔新城，留勁以五百人守城。三年，二月，以桓豁爲荊州刺史。桓沖爲江州刺史。是月，帝崩，母弟琅邪王奕立，是爲廢帝。三月，慕容恪陷洛陽，沈勁死之。燕以慕容筑爲洛州刺史，鎮金鏞。見第三章第二節。慕容垂爲荊州牧，配兵一萬，鎮魯陽。初梁州刺史司馬勳，爲政暴酷，常懷據蜀之志。桓溫務相綏懷，以其子康爲漢中大守。勳逆謀已成，憚益州刺史周撫，未敢發。是歲，撫卒。十月，勳遂反。自稱成都王。十一月，帥衆入劍閣，攻涪。劍閣、涪，皆見第三章第六節。圍益州刺史周楚於成都。楚，撫子。桓温遣江夏相朱序救之。大和元年，三月，以桓祕監梁、益二州征討諸軍事。祕亦温弟。三月，桓豁遣督護桓羆攻南鄭。見第五節。魏興人畢欽舉兵應羆。魏興，見第三章第六節。五月，勳衆潰。朱序執勳，斬之。十二月，南陽人趙弘、趙憶反，大守桓澹走保新野。見第三章第三節。慕容暐遣其南中郎將趙槃自魯陽戍宛。暐將慕容屬又陷魯郡、高平。二年，四月，慕容塵寇竟陵，見第三章第九節。大守羅崇擊破之。五月，桓豁擊趙憶，走之。趙槃奔魯陽，遣輕騎追執之，戍宛而歸。庾希以魯、高平之没免官。《本紀》：大和二年，正月，庾希有罪，走入於海。按希入海在海西廢後，見下節。是時特免官耳。今從本傳。九月，以郗愔爲徐、兖二州刺史。愔，曇之兄也。四年，三月，愔以疾解職，又以温領徐、兖。《愔傳》曰：温以愔與徐、兖有故義，乃遷愔領徐、兖。温北伐，愔請督所部出河上，用其子超計，以己非將帥才，不堪軍旅，固辭解職，勸温并領己所統。《超傳》云徐州人多勁悍，温恒云：京口酒可食，兵可用，深不欲愔居之。而愔暗於事機，遣牋詣温，欲共獎王室，脩復園陵。超取視，寸寸毀裂。乃更作牋，自陳老病，乞閒地自養。温得牋，大喜，即轉愔爲會稽大守。會稽，見第三章第九節。此皆億度附會之辭。愔事天師道，棲心絶穀，絶非將帥之才。温所以暫用之者，正以其易去耳，斷不待超之進計也。袁真後雖背叛，當時則久附於温。至愔去而上下流之事勢，皆歸於温，篡勢已成，祇待立功以飾觀聽矣。故北伐之師旋出。

是歲，四月，温率弟沖及袁真步騎五萬北伐。郗超諫，以爲道遠，汴水又淺，運道不通。温不從。軍次湖陸。秦湖陵縣，後漢爲國，改名湖陸。在今山東魚臺縣東南。攻暐將慕容忠，獲之。進次金鄉。見第四章第二節。時亢旱，水道不通，乃使參軍毛穆之鑿鉅野三百餘里，以通舟運，自清水入河。鉅野澤，在今山東鉅野縣北。本濟水所入。王莽末，濟渠涸，不復絶河，而菏澤與汶水合流，亦蒙清水之名。超又進策曰：“清水入河，無通運理。若寇不戰，運道又難，因資無所，實爲深慮。今盛夏悉力，徑造鄴城，彼伏公威略，必望陳而走，退還幽朔矣。若能決戰，呼吸可定。設欲城鄴，難爲功力，百姓布野，盡爲官有。易水以南，必交臂請命。此計輕決，公必務其持重，便當頓兵河、濟，控引糧運，令資儲充備，足及來夏。雖如賒遲，終亦濟克。若舍此二策，而連軍西進，進不速決，退必愆乏。賊因此勢，日月相引。邅勉秋冬，船道澀滯。北土早寒，三軍裘褐者少，恐不可以涉冬，此大限閡，非惟無食而已。”温又不從。七月，慕容屬距温，温擊敗之。屬，《本紀》誤作垂，今從《載記》。九月，鄧遐、朱序遇傅末波於林渚，在今河南新鄭縣北。又大破之。遂至枋頭。温先使袁真伐譙、梁，開石門以通運。石門，見第五章第一節。真討譙、梁，皆平之，而不能開石門。軍糧竭盡。温焚舟步退。自東燕出倉垣，經陳留，鑿井而飲，行七百餘里。東燕，見第四章第二節。慕容垂以八千騎追之，戰於襄邑，温軍敗績，死者三萬人。襄邑，秦縣，在今河南睢縣西。十月，温收散卒，屯於山陽。歸罪於袁真，表廢爲庶人。真據壽陽叛。十二月，温城廣陵而居之。明年，二月，袁真死。陳郡大守朱輔立真子瑾，求救於慕容暐。是歲，暐爲苻堅所滅。又明年，正月，堅遣王鑒援瑾。桓伊逆擊，大破之。温克壽陽，斬瑾。然恢復之計，則無從説起矣。

穆、哀、海西之際，事勢與咸和之末，大不相同。咸和末石勒之死，北方雖云喪亂，然不久即平，石虎仍襲全盛之勢；其人亦久歷戎行，頗有威望；誠非可以旦夕平地。若穆、哀、海西之際，則自永和五年石虎之死，至大和六年秦滅前燕，凡歷十九年。冉閔之盛彊，既如曇花一見；氐苻僅粗定關中，慕容氏亦未能占有河北，晉於是時，縱未能廓清舊境，河南之可全有，則無足疑也，河南定而關中、河北，亦可徐圖矣。秦、燕兵力，實無足稱，觀桓温兩次北伐，皆所向克捷可知。當時司、冀淪陷，寖及徐、豫，且擾及荆州北鄙者，實緣晉之大軍不出，所與周旋者皆偏師，力薄而無後援耳。此十九年中，與其謂敵勢之方張，無寧謂晉人之養寇，而養寇之責，則桓温實尸之。永和八年，秦有釁而不能乘；其後雖不得已一平姚襄，而仍置河南於不問，一任燕人之蠶食，皆其顯而易見者也。殷浩之敗也，王羲之遽欲棄淮守江。羲之本怯愞之尤，殊不足論。其與殷浩書，謂當時“割剥遺黎，刑徒竟路，殆同秦政”。又與會稽王牋，謂今“轉運供繼，西輸許、洛，北入黄河，雖秦政之弊，未至於此。以區區吳、越，經營天下十分之九，不亡何待？”亦近深文周納，危辭聳聽。然長江下游之彫敝，則於此可以見之。當時恢復之計，在於步步爲營，徐圖進取，殷浩所爲，頗近於此，而積弱既久，功效非旦夕可期。桓温欲移都洛陽，孫綽上疏[①]曰：“喪亂以來，六十餘年，蒼生殄滅，百不遺一。河、洛丘墟，函夏蕭條。井堙木刊，阡陌夷滅。生理茫茫，永無依歸。播流江表，已經數世。存者長子老孫，亡者丘隴成行。雖北風之思，感其素心，目前之哀，實爲交切。一朝拔之，頓驅踧於空荒之地，提挈萬里，踰險浮深。離墳墓，棄生業。富者無三年之糧，貧者無一湌之飯。田宅不可復讎，舟車無從而得。捨安樂之國，適習亂之鄉。

---

① 移民：孫綽論南移者不易一時遣歸。

出必安之地,就累卵之危。將頓仆道塗,飄溺江川,僅有達者。臣之愚計,以爲且可更遣一將,有威名資實者,先鎮洛陽。掃平梁、許,清一河南。運漕之路既通,然後盡力於開墾,廣田積穀,漸爲徙者之資。如此,賊見亡徵,勢必遠竄。如其迷逆不化,復欲送死者,南北諸軍,風馳電赴,若身手之救痛癢,率然之應首尾。山陵既固,中夏小康。陛下且端委紫極,增脩德政。去小惠,節游費,審官人,練甲兵,以養士滅寇爲先,十年行之,無使隳廢,則貧者殖其財,怯者充其勇,人知天德,赴死如歸。以此致政,猶運諸掌。何故捨百勝之長理,舉天下而一擲哉?"綽之言,非引日之虛辭,實審時之至計。所云更遣一將,先鎮洛陽,膺斯任者,自莫如温。然温徒表請遷都,而終不肯奮身出鎮者,其意固別有在也。《王述傳》云:桓温平洛陽,議欲遷都。朝廷憂懼,將遣侍中止之。述曰:"温欲以虛聲威朝廷,非事實也。但從之,自無所至。"事果不行。又議欲移洛陽鍾虡。述曰:"永嘉不競,暫都江左。今當蕩平區宇,旋軫舊京。若其不爾,宜改遷園陵,不應先事鍾虡。"温竟無以奪之。然則温之屢請遷都,不過知朝士之苟安,而以此脅之耳。世皆譏宋武帝急於圖纂,平長安而不能留鎮,致關右復陷於戎狄。然宋武當時,以一身任舉國之重,劉穆之死,後事誠有可憂。設或差池,所繫實不僅一身一家之計,返旆之急,庸或非盡恤其私。若桓温距郗超之謀,不肯爲賒遲之計者,則誠除圖纂外無他故耳。然卒以此致敗,後來圖纂所以不成,亦由喪敗既甚,究有慙德,不能決然自取,致爲謝安、王坦之遼緩之計所敗耳。狐埋之而狐搰之,是以無成功,豈不信哉?《孫盛傳》曰:盛著《晉陽秋》,辭直而理正,咸稱良史焉。[1] 既而桓温見之。怒,謂盛子曰:"枋頭誠爲失利,何至如尊君所說?若此史遂行,自是關君門户事。"其子遽拜謝,謂請刪改之。時盛年老還家,性方嚴,有軌憲。雖子孫斑白,而庭訓愈峻。至此,諸子乃共號泣稽顙,請爲百口切計。盛大怒。諸子遂竊改之。盛寫兩定本,寄於慕容儁。大元中,孝武帝博求異聞,始於遼東得之,以相考校,多有不同,書遂兩存。盛爲長沙大守,曾以臧私,爲温所按,於温容有私怨。然《晉陽秋》既稱辭直理正,必不能過爲曲筆。惟謂其寄定本於慕容儁,則於理既有未可,而於勢亦有未能;且當枋頭敗時,慕容儁死已數年矣;而此戰之後,慕容氏亦不久即亡;足見此説之不足信。蓋所謂得諸遼東之定本,實不出於盛,乃他人所改定,而託之於盛者,其人知枋頭之喪敗,必更詳於盛。然即盛之元本,所言枋頭喪敗之情形,亦必不止如今史之所傳也。此戰之失利,誠可謂甚矣。

第七節　桓　温　廢　立

桓温纂志,蓄之已久,滿擬伐燕一捷,歸而即尊,枋頭喪敗,事出慮外,而

---

[1] 史籍:孫盛《晉陽秋》。

篡竊之謀，已如騎虎之勢，不得下矣，於是廢立之計起焉。《溫傳》云："溫久懷異志，欲先立功河朔，還受九錫，既逢覆敗，名實頓減，於是參軍郗超進廢立之計。"大和六年，十一月，溫自廣陵屯於白石。胡三省曰：此白石當在牛渚西南。牛渚，見第三章第九節。旋詣闕，以崇德大后令，廢帝爲東海王。其罪狀，則謂帝在藩夙有痿疾，嬖人相龍、計好、朱靈寶等參侍內寢，而二美人田氏、孟氏生三男，欲建樹儲藩，誣罔祖宗，傾移皇基也。《紀》云：憚帝守道，恐遭時議，以宮闈重閟，牀笫易誣，乃言帝爲閹，遂行廢辱。又以大后詔立會稽王昱，是爲簡文帝。大宰武陵王晞，元帝子。有武幹，爲溫所忌。溫乃表晞聚納輕剽，苞藏亡命。又息綜矜忍，虐加於人；袁真叛逆，事相連染。請免晞官，以王歸藩，免其世子綜官。又遣弟祕逼新蔡王晃，東嬴公騰，見第二章第二節。騰後改封新蔡王，被害，諡武哀。子莊王確立。卒，無子，以汝南文成王亮曾孫邈嗣。卒，子晃嗣。亮亦見第二章第二節。自誣與晞、綜及著作郎殷涓，大宰長史庾倩，從本傳，《本紀》作籍。掾曹秀，舍人劉彊等謀逆，收付廷尉，請誅之。帝不許。乃廢晞，及其三子徙於新安，見第三章第三節。晃廢徙衡陽，吳郡，今湖南湘潭縣西。而族誅殷涓等。涓，浩之子，倩及其弟散騎常侍柔，皆冰之子，希之弟，冰女則東海王妃也。殺東海王二子及其母。廢王爲海西公。明年，咸安二年。四月，徙居吳。見第三章第九節。庾倩之死也，其兄廣州刺史蘊，飲鴆而死。東海大守友，東海，見第三章第三節。子婦溫弟祕之女也，故得免。希與子邈及子攸之，逃於海陵陂澤中。海陵，晉郡，今江蘇泰縣。故青州刺史武沈，希之從母兄也，潛餉給希，經年。溫後知之，遣兵捕希。是歲，六月，沈子遵，約希聚衆海濱，略漁人船，夜入京口，見第四章第二節。稱海西公密旨除凶逆。七月，溫遣東海內史周少孫討禽之。希、邈及子姪五人斬於建康市。遵及黨與皆伏誅。惟友及蘊諸子獲全。是月，簡文帝崩。子昌明立，是爲孝武帝。十一月，妖賊盧悚，遣弟子殿中監許龍，晨到海西公門，稱大后密詔，奉迎興復。[1] 海西公初欲從之，納保母諫而止。悚突入殿庭，游擊將軍毛安之等討禽之。海西公深慮橫禍，乃杜塞聰明，終日酣暢；耽於內寵，有子不育。朝廷以其安於屈辱，不復爲虞。大元十一年，十月，卒於吳。

簡文帝崩時：桓溫仍鎮姑孰。帝遺詔以溫輔政，依諸葛亮、王導故事。《王坦之傳》曰：簡文帝臨崩，詔大司馬溫依周公居攝故事。坦之自持詔入，於帝前毀之。坦之，述子，時領右衛將軍。帝曰："天下儻來之運，卿何所嫌?"坦之曰："天下宣、元之天下，陛下何得專之?"帝乃使坦之改詔焉。《王彪之傳》曰：簡

---

① 宗教：妖賊盧悚謀復海西公。

文崩，羣臣疑惑，未敢立嗣。或云當須大司馬處分。彪之正色曰："君崩大子代立，大司馬何容得異？若先面諮，必反爲所責矣。"於是朝議乃定。彪之時爲尚書僕射。及孝武帝即位，大皇大后令：以帝沖幼，加在諒闇，令温依周公居攝故事。事已施行。彪之曰："此異常大事，大司馬必當固讓，使萬幾停滯，稽廢山陵，未敢奉令。"謹具封還內請停。事遂不行。《温傳》曰：温初望簡文臨終，禪位於己，不爾便爲周公居攝。事既不副所望，故甚憤怨。與弟沖書曰："遺詔使吾依武侯、王公故事耳。"孝武帝即位，詔"內外衆事，關温施行"。復遣謝安徵温入輔。安時爲吏部尚書，中護軍。寧康元年，二月，温入朝。停京師十有四日，歸於姑孰。遂寢疾不起。七月，卒。《温傳》言温諷朝廷加己九錫，累相催促，謝安、王坦之聞其病篤，密緩其事，錫文未及成而薨。時年六十二。《彪之傳》曰：温遇疾，諷朝廷求九錫。袁宏爲文，以示彪之。彪之謂宏曰："卿固大才，安可以此示人？"時謝安見其文，又頻使宏改之。宏遂逡巡其事。既屢引日，乃謀於彪之。彪之曰："聞彼病日增，亦當不復支久，自可更小遲回。"宏從之。温亦尋薨。案簡文帝自永和二年何充卒秉政，至其立，已二十五年。引用殷浩，以與温抗者，即簡文也。[①]《紀》言帝初即位，温撰辭欲自陳述，帝引見，對之悲泣，温懼不能言。有司奏誅武陵王晞，帝不許。温固執，至於再三。帝手詔報曰："若晉祚靈長，公便宜奉行前詔。如其大運去矣，請避賢路。"温覽之，流汗變色，不敢復言。又言帝踐阼，熒惑入大微，帝甚惡焉。時中書郎郗超在直。帝乃引入，謂曰："命之脩短，本所不計，故當無復近日事邪？"及超請急省其父，帝謂之曰："致意尊公；國家之事，遂至於此，由吾不能以道匡濟，媿歎之深，言何能喻？"因詠庚闡詩云："志士痛朝危，忠臣哀主辱。"遂泣下沾襟。然則帝之於温，初無所畏。《紀》又謂帝神識恬暢，而無濟世大略；故謝安稱爲惠帝之流，清談差勝耳；謝靈運迹其行事，亦以爲赧、獻之輩；蓋非篤論也。《晉書》好博采而辭缺斷制，往往數行之閒，自相矛盾，要在知其體例，分別觀之耳。作者意在博采，原不謂其所著皆可信也。據《本紀》：孝武之立爲大子，實與簡文之崩同日，然則《王彪之傳》謂君崩大子代立，大司馬何容得異？語亦有誤。其所爭者，蓋非大子之當立與否，而孝武之當爲大子與否也。然則《晉書》記載，多不容泥，謂簡文視天下爲儻來之運，恐亦誣辭矣。然則桓温圖簒雖急，而朝廷拒之甚堅，且鎮之以靜，終不爲其虛聲所動，蓋自其舉兵欲脅廢殷浩以來，至於孝武之初，始終若一，初非謝安、王坦之、王彪之等數人之力

---

① 史事：引殷浩後又堅拒桓温者，實簡文，可見庚氏欲立之非私意。

也。簡文之才力，亦實有足稱矣。此又見庾氏之欲推立之，實非爲私意也。

　　溫四弟：雲、豁、祕、沖。六子：熙、濟、韻、禕、偉、玄。熙初爲世子，後以才弱，使沖領其衆。溫病，熙與祕謀殺沖。沖知之，先遣力士拘錄熙、濟，而後臨喪。熙、濟俱徙長沙，<small>見第三章第九節。</small>祕亦廢棄。雲前卒。豁時刺荊州，加督荊、揚、雍、交、廣。<small>揚當作梁。</small>沖督揚、豫、江三州，爲揚州刺史，鎮姑孰。豁子竟陵大守石秀<small>竟陵，見第三章第九節。</small>爲江州刺史，鎮尋陽。見第四章第一節。八月，崇德大后臨朝攝政。九月，以王彪之爲尚書令，謝安爲僕射，刁彝爲徐、兗二州刺史，鎮廣陵。<small>彝協子。</small>二年，正月，彝卒。二月，以王坦之代之。三年，五月，坦之卒。以桓沖爲徐州刺史，鎮丹徒。<small>見第四章第二節。</small>謝安領揚州刺史。太安元年，大后歸政。安爲中書監，錄尚書事。二年，八月，爲司徒。桓豁卒。十月，以桓沖爲荊州刺史。王蘊爲徐州刺史，督江南晉陵諸軍。<small>蘊，孝武后父。晉陵見第四章第三節。</small>謝玄爲兗州刺史，廣陵相，監江北諸軍。<small>玄，安兄子。</small>於是下流之勢漸重矣。《王彪之傳》云：謝安不欲委任桓沖，故使大后臨朝，獻替專在於己。《沖傳》云：沖既代溫居任，則盡忠王室。或勸沖誅除時望，專執權衡，沖不從。謝安以時望輔政，爲羣情所歸，沖懼逼，寧康三年，乃解揚州，自求外出。桓氏黨與以爲非計，莫不扼腕苦諫；郗超亦深止之；沖皆不納。桓溫尚無所成，而況於沖？其不敢爲非分之圖，亦固其所。然沖之爲人，雅與溫異，頗有公忠之心，其不爲非分之圖，亦非盡由才之不及，勢之不可也。溫據上流久，且夙懷反側之心，其餘毒，自非一朝所能消弭，故桓玄卒資之以搆逆。然當苻堅入寇時，晉之克弘濟於艱難者，實賴上下游之無釁，其時上下游之無釁，則沖實爲之，沖亦可謂賢矣。

第六章　東晉中葉形勢下

第一節　秦　滅　前　燕

　　晉自懷、愍傾覆，元帝東渡以來，中原形勢，蓋嘗三變：劉、石東西對峙，其後劉卒并於石，一也。石虎死後，燕、秦又東西對峙，其後燕卒并於秦，二也。前秦喪敗，後燕、後秦，又成東西對峙之局，其力莫能相尚，宋武夷南燕，破後秦，功高於桓、謝矣，然關中甫合卽離，其後陵夷衰微，北方遂盡入於拓跋氏；三也。前章所述，爲後趙吞并北方，及其分裂之事，此章所述，則前秦吞并北方，及其分裂之事也。

　　桓溫之入關也，苻健大子萇中流矢而死，健立其第三子生爲大子。明年，六月，健寢疾。健兄子菁，勒兵入東宮，將殺生自立。時生侍健疾，菁以健爲死，迴攻東掖門。健聞變，升端門陳兵。衆皆舍杖逃散。執菁殺之。數日，健死。生僭卽皇帝位。生爲史所稱無道之主，載其淫暴之迹甚多，然實未可與劉聰、石虎，等量齊觀，故劉知幾謂“秦人不死，知苻生之厚誣”也。卽就史所載者觀之，其消息，仍有可以微窺者。史稱健臨死，誡生曰：“酋帥、大臣，若不從汝命，可漸除之”，卽可知其所誅夷，多出於不得已。今觀其所殺者：大傅毛貴，車騎尚書梁楞，左僕射梁安，皆受遺輔政者也。左光禄大夫張平，生母之弟也。侍中丞相雷弱兒，司空王墮，侍中大師録尚書事魚遵，亦皆大臣。弱兒之死也，及其九子二十七孫；遵及其七子十孫；皆可知其族之强大。梁安、雷弱兒，據上章第六節所述，實有通晉之嫌，其餘亦可推想。然則生之行誅，亦誠有所不得已，而造謗者則自此起矣。生殺其妻梁氏，蓋亦以其族之逼，然皇后且然，更何有於妾媵？於是謂其所幸妻妾，少有忤旨便殺之，流其尸於渭水矣。舅氏旣誅，自可謂其母係憂恨而死。生眇一目，造謗者遂謂其不足、不具、少無、缺傷、殘毀、偏隻之言，皆不得道，左右忤旨而死者，不可勝紀；且謂其使大醫令程延合安胎藥，問人參好惡并藥分多少，延曰：“雖小小不具，自可堪用。"生以爲譏其目，鑿延出目，然後斬之矣。當時用刑，率多酷濫，遂謂其常彎弓露刃，以見朝臣，錘鉗鋸鑿，不離左右；又謂宗室勳舊，親戚忠良，殺害殆盡；王公在位者，悉以疾告歸；人情危駭，道路以目矣。他如怠荒、淫穢，自更易誣。《金史・海陵本紀》，述其不德之辭，連章累牘，而篇末著論，卽明言其不足信，正同一律。史家之文，惟恐其自己出，斷不能以己之所是，著諸篇章；前人之辭，雖明知其不足信，又不容抹殺之不傳於後；若一一辯之，則勢將不可勝辯；此則不能不望好學深思者之心知其意者也。參看前章第三節。五胡之主，史傳其淫暴者，實録居多，惟苻生則係被誣，當與南朝諸主一例。當時苻秦，君與貴戚猜疑之深，至於如此，自非一人之力，所克翦除，故黃眉雖以謀殺生自立，事發伏誅，而生卒爲雄子堅及其庶兄法所弑，時姚襄死之翼月也。

　　苻堅既弑苻生，以僞位讓其兄法，法自以庶孽不敢當，堅乃僭稱大秦天王。旋殺法。其骨肉相屠，亦可謂烈矣。堅爲五胡中雄主，讀史者多美其能用王猛，其實猛之功烈，亦止在能摧抑豪强；其於政事，庸有綜覈之才，然史氏所傳，實多溢美；至於滅燕，則燕之自亡，直其時，能成其功者甚多，無足稱也。《猛傳》云：堅僭位，以猛爲中書侍郎。時始平多枋頭西歸之人，始平，見第二章第二節，枋頭，見第四章第二節。豪右縱橫，寇盜充斥，乃轉猛爲始平令。猛下車，明法峻刑，鞭殺一吏。百姓上書訟之。有司劾奏。檻車徵下廷尉詔獄。堅親問之，曰："夷吾、子産之儔也。"赦之。歲中五遷，權傾內外。宗戚舊臣，皆害其寵。尚書仇騰，丞相長史席寶，數譖毀之。堅大怒，黜騰爲甘松護軍，甘松，見第五章第二節。寶白衣領長史。爾後上下咸服，莫敢有言。《堅載記》云：猛親寵愈密，朝政莫不由之。特進樊世，氐豪也，有大勳於苻氏，負氣倨傲，衆辱猛。猛言之於堅。堅怒曰："必須殺此老氐，然後百寮可整。"俄而世入言事。堅謂猛曰："吾欲以楊璧尚主，璧何如人也？"世勃然曰："楊璧臣之壻也，婚已久定，陛下安得令之尚主乎？"猛讓世。世怒，起將擊猛。左右止之。世遂醜言大罵。堅由此發怒，命斬之於西廐。諸氐紛紜，競陳猛短。堅恚甚，嫚罵，或鞭撻於殿庭。自是公卿已下，無不憚猛。又曰：以猛爲京兆尹。其特進强德，健妻之弟也。昏酒豪橫，爲百姓之患。猛捕而殺之，陳尸於市。其中丞鄧羌，性鯁直不撓，與猛協規齊志。數旬之間，貴戚强豪，誅死者二十有餘人。於是百僚震肅，豪右屏氣。此蓋苻生未竟之緒也。必貴戚懾服，然後政令行而民獲小康，且可用其力以競於外，此秦之所以驟强；而是時之燕，適與之相反，其不格明矣。

　　慕容儁之死也，羣臣欲立其弟恪。儁第四子。恪辭，乃立其大子暐。時年十一。以恪爲大宰,録尚書,行周公事。慕容評爲大傅,副贊朝政。慕興根爲大師。慕容垂爲河南大都督、兗州牧、荆州刺史,鎮梁國。垂,皝之第五子。梁國,見第二章第三節。孫希爲并州刺史。傅顔爲護軍將軍。慕興根與左衛慕興干潛謀誅恪及評,入白大后可足渾氏,可足渾氏將從之,暐使其侍中皇甫真與傅顔收根等斬之。大和元年,慕容恪有疾,召暐兄樂安王臧,告以司馬職統兵權,吾終之後,必以授垂。又以告評。月餘而死。初恪之攻拔洛陽也,略地至於崤、澠。見第五章第一節。苻堅懼其入關,常親屯陝城以備之。陝,漢縣,今河南陝縣。其後苻雙據上邽,雙堅弟。上邽,見第三章第三節。苻柳據蒲坂,見第三章第四節。叛於堅。苻廋據陝城,苻武據安定,并應之。安定,見第二章第二節。柳、廋、武,皆健子。將共伐長安。廋降於暐。堅恐暐乘勝入關,乃盡鋭以備華陰。見第三章第三節。暐羣下議欲遣兵救廋,因圖關右,評固執不許,乃止。雙等之叛,《通鑑》在大和二年十月。雙等皆爲堅所討殺。枋頭之役,暐使乞師於堅,請割虎牢以西。虎牢,見第四章第二節。堅遣其將苟池率步騎二萬救暐。王師引歸,池乃還。可足渾氏與評謀殺垂。垂懼,奔堅。王師既旋,暐悔割虎牢之地。堅以垂爲鄉道,遣王猛等步騎三萬,攻慕容筑於洛陽,暐遣慕容臧精卒十萬救之,敗於滎陽。見第二章第二節。筑以救兵不至,降於猛。《通鑑》從《燕書》繫大和五年正月。《十六國秦春秋》在四年十二月,見《考異》。大和五年,九月,堅又遣王猛率楊安等步騎六萬伐暐。猛克上黨,見第二章第二節。又令楊安陷晉陽。見第三章第四節。暐遣慕容評等率中外精卒四十餘萬距之。屯於潞川。潞水,今濁漳水。評以猛縣軍深入,利在速戰,議以持久制之。猛遣其將郭慶,以鋭卒五千,夜從閒道,出評營後,并山起火,燒其輜重,火見鄴中。暐懼,遣使讓評,催其速戰。評與猛戰於潞川,大敗,死者五萬餘人。評等單騎走還。猛遂長驅至鄴。堅復率衆十萬會之。暐散騎常侍徐蔚等率扶餘、句麗及上黨質子五百餘人,夜開城門,以納堅軍。暐與評等數十騎奔昌黎。見第二章第二節。堅遣郭慶追暐,及於高陽,見第五章第二節。執之。先是慕容桓以衆萬餘,爲評等後繼,聞評敗,引屯内黄,見第五章第三節。後退保和龍。慕容皝所起宫名,在龍城。及是,慶追評、桓於和龍。桓殺其鎮東慕容亮而并其衆,攻其遼東大守韓稠於平州。此當指晉平州所治之肥如縣,見第三章第八節。慶遣將軍朱嶷擊桓執之。《本紀》在咸安二年二月。評奔高句麗,高句麗縛而送之。堅以王猛刺冀州,鎮鄴。郭慶刺幽州,鎮薊。徙暐及其王公已下并鮮卑四萬餘户於長安。前燕之亡,論者多歸罪於慕容評。然評在僭世,亦嘗數專征伐,非不知兵者。潞川密邇鄴都,一敗則不可爲悔,秦兵方鋭,持重以老其師,未爲非計。速戰之議,出自燕朝,暐年尚幼,未知誰實主之,評因懼罪而曲從,固違將在外君命有所不受之義,然以喪師之咎,專責諸評,則非平情之論。《垂載記》云:垂本名霸,恩遇踰於世子儁,故儁不能平之。少好畋游,因獵墜馬,折齒,儁僭卽王位,改名缺,外以慕卻缺爲名,內實惡而改之。尋以讖記之文,乃去夬,以垂爲名焉。此說或出附會,然垂之見忌,由來已久,則由此可知。暐之世,蓋政出多門,莫能相尚,其時忌垂者非評一人。且一木焉能支大廈之傾,垂卽不去,燕豈能終存邪?《暐載記》云:時外則王師及苻堅交侵,兵革不息。內則暐母亂政,評等貪冒,政以賄成,官非才舉。其尚書左丞申紹上疏,言"守宰或擢自匹夫、兵將之閒,或因寵戚,藉緣時會。又無考績,黜陟幽明。貪惰爲惡者,無刑戮之懼,清勤奉法者,無爵賞之勸。百姓窮弊,侵賕無已。兵士逋逃,乃相招爲賊盜。後宮四千有餘;僮侍廝養,通兼十倍;日費之重,價盈萬金;綺穀羅紈,歲增常調。戎器弗營,奢玩是務。令帑藏虛竭,軍士無襦褕之資。宰相侯王,迭以侈麗相尚。風靡之化,積以成俗。臥薪之喻,未足甚焉。"此蓋自儁入中原已來,惑於紛華靡麗,積漸至此,并非必至暐之世而後然也。五胡竊據,本無深根固柢之道,一遇勁敵,而其亡也忽焉,亦無足異矣。

第二節　秦平涼州仇池

前涼全盛,蓋在張茂、張駿之時,而其衰機亦自此始。史稱茂雅有志節,能斷大事。涼州大姓賈摹,寔之妻弟也,勢傾西土,茂誘而殺之,於是豪右屏迹,威行西域。駿初統任年十八。少卓越不羈,而淫縱無度。然有計略。統任後,厲操改節,勤脩庶政;總御文武,咸得其用。自軌據涼州,屬天下之亂,所在征伐,軍無寧歲,至駿,境內漸平。又使其將楊宣伐龜茲、鄯善,西域并降。分州西界三郡置沙州,治敦煌,見第二章第二節。東界六郡置河州。治枹罕,見第二章第一節。戊己校尉趙貞,不附於駿,駿擊禽之,以其地爲高昌郡。今新疆吐魯番縣。雖嘗爲劉曜所敗,失河南地,旋卽復之。蓋前涼之極盛也。然自茂已築靈鈞臺,圍輪八十餘堵,基高九仞。嘗以諫者中止,後卒復營之。且大城姑臧。駿又於姑臧城南築城。起謙光殿,畫以五色,飾以金玉窮盡珍巧。殿之四面,各起一殿。東曰宜陽青殿,以春三月居之。章服、器物,皆依方色。南曰朱陽赤殿,夏三月居之。西曰政刑白殿,秋三月居之。北曰玄武黑殿,冬三月居之。其旁皆有直省內官寺署,一同方色。末年任所遊處,不復依四時而居。蓋河右通市西域,商貨流衍,物力頗豐,而其文明程度亦高,故能侈靡如此也。駿子重華,任用謝艾，屢破勁敵。見第五章第二節。王擢爲苻健所逼，來奔，重華使攻秦州，克之。永和九年四月。秦州治上邽，見第三章第三節。重華好與羣小遊戲，政事始衰；及其卒也，復重之以内亂；而思啓封疆者，犾焉伺於其側矣。

重華以永和九年十月卒。傳言其在位十一年，據《本紀》，其立以永和二年五月，則止八年。子曜靈嗣。年十歲。伯父長寧侯祚，性傾巧，善承内外。初與重華寵臣趙長、尉緝等結爲異姓兄弟。長等遂矯重華遺令，以祚輔政。又言時難未夷，宜立長君。祚先烝重華母馬氏，馬氏遂從緝議，廢曜靈而立祚。祚尋使害曜靈。祚淫虐不道。又通重華妻裴氏。自閤内媵妾，及駿、重華未嫁子女無不暴亂。涼州歷世以來皆受晉朝官爵，雖不用中興年號，迄稱建興若干年，晉迄未與以王封，然張駿時，境内皆稱之爲王；駿舞六佾，建豹尾，所置官寮府寺，皆擬於王者，而微異其名；然亦未敢更行上僭；駿且嘗稱藩於蜀，假道以達京師；見第五章第五節。究不能謂其不守臣節也。及祚，乃用長、緝等議，僭即帝位，永和十年。亦可謂妄矣。桓温入關，王擢時鎮隴西，馳使言温善用兵，意在難測。祚既震懼，又慮擢反噬，大聚衆，聲欲東征，實欲西保敦煌，會温還而止。更遣其秦州刺史牛霸擊擢，破之。擢奔苻健。其妄自尊大，而實怯懦，又多疑忌如此。祚宗人張瓘鎮枹罕，祚惡其彊，遣其將易揣、張玲襲之。又遣張掖大守索孚代瓘。張掖，漢郡，今甘肅張掖縣。孚爲瓘所殺。玲等又爲瓘兵所破。瓘軍躡之，祚衆震懼。敦煌人宋混，與弟澄等聚衆以應瓘。趙長等懼罪，入閤，呼重華母馬氏出殿，拜曜靈庶弟玄靚爲主。時年七歲。揣等率衆入殿，伐長殺之。瓘弟琚及子嵩，募市人數百，揚聲言張祚無道，我兄大軍，已到城東，敢有舉手者誅三族。祚衆披散，祚被殺。時永和十一年七月也。廢祚所建和平年號，復稱建興四十三年。誅祚二子。以張瓘爲衛將軍，領兵萬人，行大將軍事。隴西李儼，隴西，見第二章第二節。誅大姓彭姚，自立於隴右。玄靚遣牛霸討之。未達，西平人衛琳又據郡叛。西平，見第二章第二節。霸衆潰，單騎而還。瓘遣琚領大衆征琳，敗之。西平田旋，要酒泉大守馬基應琳。酒泉，見第三章第七節。瓘遣司馬張姚、王國伐基，敗之。斬基、旋首，傳姑臧。瓘兄弟彊盛，負其勳力，有篡立之謀。宋混與弟澄共討瓘，盡夷其屬。玄靚以混輔政。混卒，又以澄代之。右司馬張邕，惡澄專擅，殺之，遂滅宋氏。玄靚以邕爲中護軍，叔父天錫爲中領軍，共輔政。邕自以功大，驕矜淫縱。又通馬氏，樹黨專權。天錫又殺之，悉誅其黨。天錫專掌朝政。始改建興四十九年，奉升平之號。升平五年。興寧元年，駿妻馬氏卒，玄靚以其庶母郭氏爲大妃，郭氏以天錫專政，與大臣張欽等謀討之。事泄，欽等被殺。七月，天錫率衆入禁門，潛害玄靚，宣言暴薨。此從《晉書·帝紀》。

《通鑑》從《晉春秋》在八月。天錫立。荒於聲色，不恤政事。安定梁景，敦煌劉肅，并以門胄，總角與天錫友昵。張邕之誅，肅、景有勳，天錫深德之。賜姓張氏，以爲己子，俱參政事。人情怨懼。初苻生聞張祚見殺，玄靚幼沖，命其征東苻柳，參軍閻負、梁殊使涼州，以書喻之。時張瓘新輔政，河西所在兵起，懼秦師之至，乃言於玄靚，遣使稱藩。大和二年，羌斂岐自稱益州刺史，斂岐從《苻堅載記》。《天錫傳》作廉岐。率略陽四千家，背苻堅就李儼。略陽，見第二章第二節。天錫自往討之。時苻堅亦遣王猛等討岐。儼遣使謝，并求救於堅。堅遣楊安會猛救儼。及天錫將楊遹戰於枹罕東，猛不利。然卒禽斂岐。天錫歸，猛又襲儼，執之而還。堅遂以其將彭越爲涼州刺史，鎮枹罕。參據《本紀》及《堅載記》。時堅彊盛，每攻涼州，兵無寧歲。天錫甚懼，獻書桓溫，刻六年夏大舉，蓋謂天錫之六年。已而不果。咸安二年，苻堅陷仇池。先是王猛獲天錫將陰據及甲士五千，至是，悉送所獲還涼州。天錫懼，遣使謝罪稱藩。大元元年，堅遣苟萇、毛盛、梁熙、姚萇等率騎十三萬伐天錫。又遣其秦州刺史苟池，河州刺史李辯，涼州刺史王統率三州之衆以繼之。天錫拒戰不利，遂降。堅以梁熙爲涼州刺史，領護西羌校尉，鎮姑臧。徙豪右七千餘户於關中。

　　劉曜之與石勒連兵也，楊難敵自漢中還襲仇池，克之，執田崧，殺之。咸和九年，難敵卒，子毅立。自號左賢王下辨公。以堅頭子槃爲右賢王河池公。下辨、河池，皆見第五章第一節。咸康元年，遣使稱藩於晉。三年，毅族兄初襲殺毅，并有其衆，自立爲仇池公，臣於石虎，後復遣使稱藩。永和三年，以爲雍州刺史、平羌校尉、仇池公。十年，改封天水公。子國爲武都大守。武都，見第二章第二節。十一年，毅小弟宋奴，使姑子梁式玉，《本紀》作梁式。因侍直手刃殺初。國率左右誅式玉及宋奴。桓溫表爲秦州刺史、平羌校尉，而以其子安爲武都大守。十二年，國從父楊俊復殺國自立。安奔苻生。俊遣使歸順。升平三年，以爲平羌校尉、仇池公。四年，卒，子世立。復以其爵授之。大和三年，遷秦州刺史。以其弟統爲武都大守。五年，世卒。統廢其子纂自立。纂一名德。纂聚黨殺統。遣使自陳，復以爲秦州刺史、平羌校尉、仇池公。初世嘗降於苻堅。堅亦署爲秦州刺史仇池公。既而歸順於晉。至纂，遂與堅絕。咸安元年，堅遣其將苻雅、楊安與益州刺史王統率步騎七萬取仇池。雅等次於鷲陝。《通鑑》作鷲峽。《注》云：在仇池北。纂率衆五萬，晉梁州刺史楊亮，遣督護郭寶，率騎千餘救之，戰於陝中，爲雅等所敗。纂收衆奔還。雅進攻仇池，纂降。秦以王統爲南秦州刺史。加楊安都督，鎮仇池。王統，《苻堅載記》作楊統。《殿本考證》云：楊，《十六國春秋》作王，案作王者是也。《宋書·氏傳》明言統爲纂所殺，纂遣使詣晉自陳，其言不得無據。《苻堅載記》漏叙統爲纂所殺之事,其誤遂不易見。堅使取仇池之楊安,是否卽楊國之子,本無確説。以予觀之,似乎非是。堅之取仇池,乃爲攻梁、益開路,其後益州陷没,堅乃以楊安爲益州牧,鎮成都,王統爲南秦州刺史,鎮仇池,苟爲楊國之子,任之恐未必如是之重也。空百頃之地,徙其民於關中。篡後爲楊安所殺。語見《宋書·氐傳》,此楊安當爲楊國之子。此節以《宋書》爲主,兼據《晉書·劉曜》及《符堅載記》。《晉書·本紀》:咸安二年,符堅陷仇池,執秦州刺史楊世,則必誤也。

第三節　秦平鐵弗氏拓跋氏

　　自前趙、前燕之亡,幽、并之匈奴、鮮卑,能有所表見者頗鮮,其較爲彊大者,則河西之鐵弗氏,代北之拓跋氏也。符秦盛時,二部亦嘗爲所懾服。此二部爲世讎,其事迹相關極密。《魏書·序紀》,叙述較詳。今以之爲主,而以他篇所載,附益訂正之。《序紀》諱飾之辭,自不難洞見也。[1]

　　《魏書·序紀》:穆帝死後,普根立,月餘而薨。普根子始生,桓帝后立之,其冬又薨。思帝子鬱律立,是爲平文帝。元年,歲在丁丑,晉元帝建武元年也。二年,元帝大興元年。劉虎據朔方,見第三章第八節。來侵西部。帝逆擊,大破之。其從弟路孤,率部落内附,帝以女妻之。《鐵弗傳》言:虎歸附劉聰,聰以虎宗室,拜安北將軍、監鮮卑諸軍事、丁零中郎將,則聰實使虎統轄鮮卑也。《序紀》又云:帝聞晉愍帝爲劉曜所害,顧謂大臣曰:"今中原無主,天其資我乎?"劉曜遣使請和,帝不納。三年,大興二年。石勒自稱趙王,遣使乞和,請爲兄弟,帝斬其使以絶之。五年,大興四年。治兵講武,有平南夏之意。桓帝后以帝得衆心,恐不利於己子,害帝,遂崩。大臣死者數十人。《平文皇后傳》曰:王氏,廣寧人也。年十三,因事入宮。生昭成帝。平文崩,昭成在襁褓,時國有内難,將害諸王子。后匿帝於袴中,懼人知,祝曰:"若天祚未終,使汝無聲。"遂良久不啼。得免於難。廣寧,見第四章第二節。惠帝賀傉立,桓帝中子也。未親政事,大后臨朝,遣使與石勒通和,時人謂之女國使。案王浚見殺,穆帝之衆,有欲謀亂以應石勒者,見第四章第二節。然則拓跋部落中,胡、羯黨類頗多,平文之死,似亦因其與劉、石搆難,而桓帝后因而傾覆之者。使稱女國使,可見是時拓跋氏實别無所謂君長也。四年,明帝大寧二年。帝始臨朝。以諸部人情,未悉款順,乃築城於東木根山,徙都之。在今綏遠涼城縣北。河西有木根山,而此在東,故曰東木根山。五年,大寧三年。帝崩,煬帝紇那立,惠帝之弟也。三年,成帝咸和二年。石勒遣石虎率騎五千,來寇邊部。帝禦之於句注陘北,見第二章第二節。不利,遷於大寧。卽廣寧。時烈帝名翳槐,平文長子。居於舅賀蘭部,帝遣使求之。賀蘭部帥藹頭,擁護不遣。

---

　　[1]　民族:拓跋造作史事之二(見第一五○──一五五、一七五──一七八、一八七、二三九──二五○頁)。

帝怒，召宇文部，并勢擊藹頭。宇文衆敗，帝還大寧。五年，咸和四年。帝出居於宇文部。賀蘭及諸部大人共立烈帝。石勒遣使求和，烈帝遣弟昭成帝名什翼犍，平文次子。如襄國，見第四章第二節。從者五千餘家。七年，元康元年。藹頭不脩臣職，召而戮之，國人復貳。煬帝自宇文部還入，諸部大人復奉之。烈帝出居於鄴。三年，咸康三年。石虎遣將李穆，率騎五千，納烈帝於大寧。國人六千餘落叛煬帝，煬帝出居於慕容部。烈帝城新盛樂城，在故城東南十里。見第三章第八節。崩，顧命曰：“必迎立什翼犍，社稷可安。”帝弟孤，平文第四子。乃自詣鄴奉迎，與帝俱還。《孤傳》曰：羣臣咸以新有大故，內外未安，昭成在南，來未可果，比至之日，恐生變詐，宜立長君，以鎮衆望。次弟屈，剛猛多變，不如孤之寬和柔順。於是大人梁蓋等殺屈，共推孤。孤曰：“吾兄居長，自應繼位，我安可越次而處大業？”乃自詣鄴奉迎，請身留爲質。石虎義而從之。昭成卽位，乃分國半部以與之。薨，子斤失職懷怨，構寔君爲逆，死於長安。見下。觀《魏書》所叙，知拓跋氏是時，內爭甚烈，諸部亦多未服，而依倚中原者常克有成，其力固未足與內地敵也。烈帝死後，必立昭成，或亦以結援後趙之故。

昭成卽位時年十九。二年，咸康五年。始置百官，分掌衆職。朝諸大人於參合陂。見第三章第八節。議欲定都灅源川，灅水，今桑乾河支流。連日不決，從大后計而止。《平文皇后傳》曰：昭成初，欲定都於灅源川，築城郭，起宮室。議不決。后聞之曰：“國自上世，遷徙爲業，今事難之後，基業未固，若城郭而居，一旦寇來，難卒遷動？”乃止。然三年，咸康六年。卒移都於雲中之盛樂宮。四年，咸康七年。又築盛樂城於故城南八里。昭成蓋居鄴久，故稍染華風邪？是時之拓跋氏，城郭而居，自無所利，然拓跋氏更內亂久，昭成在位，頗稱小康，或亦由其曾居內地，少知治法之故邪？昭成與慕容氏，三世爲昏，《序紀》：二年，聘慕容元真妹爲皇后。四年，皇后慕容氏崩。慕容元真遣使朝貢，并薦其宗女。六年，慕容元真遣使請薦女。七年，遣大人長孫秩迎后慕容元真之女於境。皇后至自和龍。慕容元真遣使奉聘，求交昏，帝許之，以烈帝女妻之。十九年，慕容儁亦請昏，許之。二十年，慕容儁奉納禮幣。二十三年，皇后慕容氏崩。二十五年，慕容暐薦女備後宮。元真卽皝，魏書避恭宗諱，故稱其字。和龍，見第一節。而仍與石虎通使。九年，石虎遣使朝貢。十年，遣使詣鄴觀釁。十二年，穆帝永和五年。石虎死。十三年，永和六年。冉閔殺石鑒。十四年，永和七年。帝曰：“石胡衰滅，冉閔肆禍，中州紛梗，莫有匡救，吾將親率大軍，廓定四海。”乃勑諸部：各率所統，以俟大期。諸大人諫，乃止。案魏自穆帝以來，屢圖進取中原，而其下皆不欲。穆帝及平文之死，蓋皆以其違衆之故。昭成蓋性較寬和，故能從衆議而止也。然雖未勤民於遠，而卒爲肘腋之患所中，則以鐵弗氏地實相逼也。

　　昭成四年，咸康八年。十月，劉虎寇西境。帝遣軍逆討，大破之。虎僅以身免。虎死，子務桓立，始來歸順，帝以女妻之。《鐵弗傳》曰：務桓，一名豹子。招集種落，爲諸部雄。潛通石虎。虎拜爲平北將軍、左賢王。蓋時鐵弗、拓跋二氏之勢相埒。十九年，永和十二年。正月，務桓死，弟閼頭立，《鐵弗傳》作閼陋頭。潛謀反叛。二月，帝西巡，因臨河，使人招喻。閼頭從命。二十一年，升平二年。閼頭部民多叛，懼而東走。渡河，半濟而冰陷，後衆盡歸閼頭兄子悉勿祈。務桓子。初閼頭之叛，悉勿祈兄弟十二人，在帝左右，盡遣歸，欲其自相猜離。至是，悉勿祈奪其衆，閼頭窮而歸命。帝待之如初。蓋務桓死後，鐵弗内相猜攜，昭成因而搆之也。二十二年，升平三年。四月，悉勿祈死，弟衛辰立。《昭成皇后傳》曰：昭成遣悉勿祈還，后戒之曰：“汝還，必深防衛辰。辰姦猾，終當滅汝。悉勿祈死，其子果爲衛辰所殺。”蓋衛辰鴟梟，故能爲拓跋氏之患也。然其初立時，承内亂之後，勢尚不競，且其兄弟初嘗依倚拓跋氏；故是歲八月，《序紀》言衛辰遣子朝貢。二十三年，升平四年。六月，皇后慕容氏崩。七月，衛辰來會葬，因而求昏，許之。二十四年，升平五年。春，衛辰遣使來聘。二十八年，正月，衛辰謀反，東渡河。帝討之，衛辰懼而遁走。十二月，苻堅遣使朝貢。是年，爲晉興寧三年。《晉書·本紀》云：七月，匈奴左賢王衛辰，右賢王曹轂，帥衆二萬，侵苻堅杏城。見第三章第八節。《堅載記》云：匈奴左賢王衛辰，遣使降於堅，遂請田内地，堅許之。雲中護軍賈雍，遣其司馬徐斌，率騎襲之，因縱兵掠奪。堅怒，免雍官，以白衣領護軍。遣使脩和，示之信義。辰於是入居塞内，貢獻相尋。興寧三年，右賢王曹轂及衛辰叛，率衆二萬，攻其杏城已南郡縣，屯於馬蘭山。在今陝西白水縣西北。索虜烏延等，亦叛堅而通於辰、轂。堅率中外精銳以討之。以其前將軍楊安、鎮軍毛盛等爲前鋒都督。轂遣弟活距戰，安大敗之，斬活。轂懼而降。堅徙其酋豪六千餘户於長安。進擊烏延，斬之。鄧羌討衛辰，禽之於木根山。堅自驄馬城如朔方，驄馬城，在今陝西米脂縣北。巡撫夷狄。以衛辰爲陽夏公，以統其衆。轂尋死。分其部落：貳城已西二萬餘落，封其長子璽爲駱川侯，貳城已東二萬餘落，封其小子寅爲力川侯；號東西曹。貳城，胡三省曰：貳縣城，在杏城西北，平涼東南。平涼，苻秦郡，北周改爲縣，清爲府，民國復爲縣，屬甘肅。胡《注》見義熙五年。《序紀》：二十九年，大和元年。五月，遣燕鳳使苻堅。三十年，大和二年。十月，帝征衛辰。衛辰與宗族西走。收其部落而還。《鐵弗傳》曰：衛辰既立之後，遣子朝獻。昭成以女妻衛辰。衛辰潛通苻堅。堅以爲左賢王。遣使請田内地，春來秋去。堅許之。後掠堅邊民五十餘口爲奴婢，以獻於堅，堅讓歸之。乃背堅，專心歸國。舉兵伐堅。堅遣其建節將軍鄧羌討禽之。堅至自朔方，以衛辰爲陽夏公，統其部落。衛辰以堅還復其國，復附於堅。帝討衛辰，大破之，收其部落十六七焉。衛辰奔苻堅。堅送還朔方，遣兵戍之。《序紀》昭成攻衛辰在正月，衛辰侵秦在七月，安得云以專心歸國而伐堅？蓋衛辰附堅，而昭成侵之耳。堅當是時，理宜助衛辰，因邊釁起，故不果，且伐之。昭成因是與堅通使，冀共掎衛辰。然衛辰附堅久，故一降伏，堅卽復戍之，而昭成轉爲所掎也。

《魏書·序紀》：昭成三十六年，孝武帝寧康元年。五月，遣燕鳳使苻堅。三十七年，寧康二年。帝征衛辰，衛辰南走。三十八年，寧康三年。衛辰求援於苻堅。三十九年，大元元年。苻堅遣其大司馬苻洛，率衆二十萬，及朱彤、張蚝、鄧羌等諸道來寇，侵逼南境。十一月，白部、獨孤部禦之，敗績。南部大人劉庫仁走雲中。帝復遣庫仁率騎十萬，逆戰於石子嶺，在雲中盛樂西南。不利。帝時不豫，羣臣莫可任者，乃率國人，避於陰山之北。高車雜種盡叛，四面寇鈔，不得芻牧，復度漠南。堅軍稍退，乃還。十二月，至雲中。旬有二日，帝崩。《昭成子孫傳》云：初昭成以弟孤讓國，乃以半部授孤。孤卒，子斤失職懷怨，欲伺隙爲亂。是時獻明皇帝及秦明王翰皆先終，大祖年六歲。昭成不豫，慕容后子閼婆等雖長，而國統未定。斤因是說寔君昭成庶長子。曰：“帝將立慕容所生，而懼汝爲變，欲先殺汝。是以頃日以來，諸子戎服，夜持兵杖，繞汝廬舍，伺便將發。吾愍而相告。”時苻洛等軍猶在君子津，在雲中西南。夜常警備，諸皇子挾杖，旁皇廬舍之閒。寔君視察，以斤言爲信。乃率其屬，盡害諸皇子。昭成亦暴崩。其夜，諸皇子婦及宮人奔告苻洛軍。堅將李柔、張蚝勒兵內逼。部衆離散。苻堅聞之，召燕鳳問其故。以狀對。堅曰：“天下之惡一也。”乃執寔君及斤，轘之於長安西市。《晉書·苻堅載記》曰：堅既平涼州，又遣其安北將軍幽州刺史苻洛爲北討大都督，率幽州兵十萬，討代王涉翼犍。又遣後將軍俱難與鄧羌等率步騎二十萬，東出和龍，西出上郡，見第二章第二節。與洛會於涉翼犍廷。翼犍戰敗，遁於弱水。據《魏書》《序紀》，當在陰山北。苻洛逐之。勢窘迫，退還陰山。其子翼圭，縛父請降。洛等振旅而還。堅以翼犍荒俗，未參仁義，令入大學習禮。以翼圭執父不孝，遷之於蜀。散其部落於漢鄣邊故地，立尉監行事官寮領押，課之治業營生。三五取丁。優復三年無稅租。其渠帥歲終令朝獻。出入行來，爲之制限。堅嘗至大學，召涉翼犍問曰：“中國以學養性，而人壽考，漠北噉牛羊，而人不壽，何也？”翼犍不能答。又問：“卿種人有堪將者？可召爲國家用。”對曰：“漠北人能捕六畜，善馳走，逐水草而已，何堪爲將？”又問：“好學否？”對曰：“若不好學，陛下用教臣何爲？”堅善其答。《宋書·索虜傳》云：犍爲苻堅所破，執送長安。後聽北歸。犍子開，字涉珪代之。《齊書·魏虜傳》云：苻堅遣僞并州刺史苻洛伐犍，破龍庭，禽犍還長安。爲立宅，教犍書學。分其部黨居雲中等四郡。諸部主帥，歲終入朝。并得見犍。差稅諸部以給之。堅敗，子珪，字涉圭，隨舅慕容垂據中山，見第四章第二節。遂領其部案。《魏書·皇后列傳》言：昭成皇后慕容氏，生獻明帝及秦明王。《序紀》云：昭成三十四年春，長孫斤謀反，拔刃向御坐，大子獻明皇帝諱寔格之，傷脅，夏，五月，薨。秋，七月，皇孫珪生。《皇后傳》：獻明皇后賀氏，父野干，東部大人。后少以容儀，選入東宮。生大祖。苻洛之内侮也，后與大祖及故臣吏避難北徙。俄而高車奄來鈔掠。后乘車，與大祖避賊而南。中路失輨。后懼，仰天而告曰：“國家胤胄，豈止爾絶滅也？惟神靈扶助。”遂馳。輪正不傾。行百餘里，至七介山南，而得免難。案《苻堅載記》，明載堅與什翼犍問答，則禽犍之説，必非虛誣。《魏書》記載，自不如中國史籍之可信。疑執昭成者卽其大子，魏人諱言其事，乃僞造一獻明，以爲道武父，既諱昭成之俘囚，又諱其元子之悖逆，并諱道武之翦滅舅氏，其彌縫亦可謂工矣。然獻明、秦明，皆羌無事迹可徵；閼婆更無可考見；而爲獻明所格者，其氏實爲魏枝子之氏，而其名又與昭成弟孤之子同，其爲子虛烏有之流，更可想見；終不能逃明者之目矣。《魏書·昭成子孫傳》：寔君爲昭成庶長子，秦明王翰爲第三子，又有壽鳩、紇根、地干、力真、窟咄。惟《窟咄傳》云：昭成崩，苻洛以其年長，逼徙長安，苻洛禮之，教以書學，因亂，隨慕容永東遷，此外皆無事迹可考。《通鑑》言犍世子寔及弟翰早卒，寔子珪尚幼，慕容妃之子閼婆、壽鳩、紇根、地干、力真、窟咄皆長，蓋卽據《魏書》爲辭，非別有所據。其實諸子是否慕容氏所生，亦難質言也。《魏書》欲僞造寔君悖逆之事，則不得不謂其爲慕容氏所生耳。

　　《魏書·大祖紀》云：年六歲，昭成崩，苻堅遣將内侮，將遷帝於長安，既而獲免，語在《燕鳳傳》。《鳳傳》云：大祖將遷長安，鳳以大祖幼弱，固請於苻堅曰：“代主初崩，臣子亡叛，遺孫沖幼，莫相輔立。其別部大人劉庫仁，勇而有智，鐵弗衛辰，狡猾多變；皆不可獨任。宜分諸部爲二，令此兩人統之。兩人素有深讎，其勢莫敢先發，此御邊之良策。待其孫長，乃存而立之，是陛下施大惠於亡國也。”堅從之。《庫仁傳》云：母平文皇帝之女，昭成皇帝復以宗女妻之，爲南部大人。苻堅以庫仁爲陵江將軍、關内侯，令與衛辰分國部衆而統之。自河以西屬衛辰，自河以東屬庫仁。於是獻明皇后攜大祖及衛、秦二王，衛王儀，秦明王翰子。秦愍王觚，后少子。自賀蘭部來居焉。庫仁盡忠奉事，不以興廢易節。撫納離散，恩信甚彰。此中謂大祖少依庫仁，亦屬虛辭，説見第七節。苻堅當日，蓋欲以鐵弗部人統河東諸部，然又慮其不爲諸部所服，故擇一拓跋氏之壻而用之，俾與衛辰可以無猜，而拓跋舊部，亦不至疑怨，所謂御邊良策者如此，此或燕鳳所教，《鳳傳》所載之辭，則亦非情實也。

第四節　肥水之戰

符堅之陷仇池也，使楊安鎮之。其明年，爲寧康元年，梁州刺史楊亮，遣子廣襲仇池。與安戰，敗績。安進寇漢川。堅又遣王統、朱彤、毛當、徐成等助之。亮距戰，不利，奔西城。漢縣，後漢末置郡，晉改爲魏興，見第三章第六節。彤遂陷漢中。成攻陷二劍。謂大小二劍山，在劍閣北，見第三章第六節。楊安進據梓潼。見第三章第六節。益州刺史周仲孫距之緜竹。見第三章第六節。聞毛當將襲成都，奔於南中。於是梁、益二州皆陷。桓沖使毛穆之督梁州三郡軍事，以益州刺史領建平大守，戍巴郡。穆之寶子。建平、巴郡，皆見第三章第六節。又以其子球爲梓潼大守。穆之與球攻秦，至巴西，以糧乏，退屯巴東。巴西、巴東，見第三章第六節。穆之病卒。二年，五月，蜀人張育、楊光等起兵，與巴僚相應。晉益州刺史竺瑤，威遠將軍桓石虔豁子。率衆三萬據墊江。見第三章第六節。育乃自號蜀王，遣使歸順。與巴僚酋帥李重、尹萬等圍成都。尋育與萬爭權，舉兵相持。七月，鄧羌與楊安攻滅之。瑤、石虔退屯巴東。堅之攻涼州也，徐州刺史桓沖，遣宣城内史朱序宣城，見第三章第九節。豫州刺史桓伊向壽陽；見第三章第四節。淮南大守劉波，淮南，見第三章第四節。汎舟淮、泗。旋又遣序與江州刺史桓石秀亦豁子。泝流稟荆州刺史桓豁節度。豁遣督護桓熊與序等游軍沔、漢，以圖牽制。然相隔大遠，聲勢不接，涼州卒陷没。詔遣中書郎王尋之詣豁，諮謀邊事。豁表以梁州刺史毛憲祖監沔北軍；朱序爲梁州刺史，鎮襄陽。時大元二年，三月也。八月，桓豁卒。十月，以桓沖爲荆州刺史。沖以堅强盛，欲移阻江南，乃徙鎮上明。城名，在今湖北松滋縣西。謝玄爲兖州刺史，多募勁勇。彭城劉牢之等，以驍猛應選。玄以牢之爲參軍，使領精銳爲前鋒，百戰百勝，號爲北府兵。時稱京口爲北府。下流兵力始强矣。堅使其子丕等圍襄陽，久不拔。堅欲親率衆助之。符融等諫，乃止。四年，二月，襄陽陷，朱序見執。遂陷順陽。見第三章第九節。晉沛郡大守戴遂，沛郡，見第三章第一節。以卒數千戍彭城，見第五章第四節。堅兖州刺史彭超請攻之，願更遣重將討淮南諸城。堅乃使超攻彭城，俱難寇淮陰、盱眙。淮陰，見第四章第二節。盱眙，見第三章第九節。又使其梁州刺史韋鍾寇魏興。四月，魏興陷，大守吉挹死之。五月，俱難陷淮陰，彭超陷盱眙。進攻幽州刺史田洛於三阿，幽州僑置。三阿，地名，在今江蘇高郵縣北。去廣陵百里。廣陵，見第三章第九節。京都大震，臨江列成。毛當、王顯，初隨苻丕攻襄陽，及是亦來會。謝玄遣兵敗之。難、超等連棄盱眙、淮陰，退屯淮北。堅聞之，大怒，檻車徵超下獄。超自殺。難免爲庶人。是役也，秦蓋喪敗頗甚，史失其詳矣。然晉卒罷彭城、下邳二戍。堅以毛當爲雍州刺史，鎮彭城；毛盛爲兗州刺史，鎮胡陸；王顯爲揚州刺史，戍下邳。下邳，見第三章第四節。胡陸，見第五章第六節。《通鑑考異》曰：《帝紀》及諸傳，皆不言此年彭城陷沒，而《十六國秦春秋》云：彭超據彭城；又云：超分兵下邳，留徐襄守彭城；至七月，以毛當爲徐州刺史，鎮彭城；王顯爲揚州刺史，戍下邳；是二城俱陷也。案二城或一時陷沒，難、超敗，秦復棄之，晉亦棄不戍，而秦乃又取之也。六年，十二月，堅荊州刺史都貴，遣其司馬襄陽大守閻振，中兵參軍吳仲寇竟陵。桓沖遣南平大守桓石虔，竟陵大守郭銓距破之，斬振及仲。竟陵、南平，皆見第三章第九節。七年，九月，沖使朱綽討襄陽。焚沔北田穀。又遣上庸大守郭寶伐魏興、上黨。上庸，見第三章第三節。上黨，見第二章第二節。八年，沖又率衆攻襄陽。遣劉波、桓石虔、石民等攻沔北。石民亦豁子。楊亮伐蜀，拔伍城，蜀漢縣，今四川中江縣東。進攻涪城。見第三章第六節。胡彬攻下蔡。見第五章第六節。郭銓攻武當。漢縣，晉僑置始平郡於此，見第三章第九節。是時，秦之用兵，并不得利。蓋梁、益爲晉兵力最弱之處，故秦取之甚易；荊州兵力本强，下流亦新振作，故秦所向輒沮也。此時秦欲取晉，非用大兵不可，而肥水之戰作矣。

　　苻堅在諸胡中，尚爲稍知治體者，然究非大器。嘗縣珠簾於正殿，以朝羣臣。宮宇、車乘、器物、服御，悉以珠璣、琅玕、奇寶、珍怪飾之。雖以尚書裴元略之諫，命去珠簾，且以元略爲諫議大夫，然此特好名之爲，其諸事不免淫侈，則可想見矣。堅之滅燕也，慕容沖姊爲清河公主，年十四，有殊色，堅納之，寵冠後庭。沖年十二，亦有龍陽之姿，堅又幸之。沖僮子。姊弟專寵，宮人莫進。長安歌之曰："一雌復一雄，雙飛入紫宮。"咸懼爲亂。王猛切諫，堅乃出沖。其荒淫如此。時西域諸國，多入朝於堅，堅又使呂光征之。苻融固諫，堅不聽。蓋一欲誇耀武功，一亦貪其珍寶也。燕之平也，以王猛爲冀州牧，鎮鄴；郭慶爲幽州刺史，鎮薊。後以猛爲丞相，苻融代牧冀州。及陷襄陽，以梁成爲荊州刺史鎮之。而以苻洛爲益州牧，鎮成都。命從伊闕，自襄陽溯漢而上。伊闕在洛陽南。洛，健之兄子。雄勇多力，而猛氣絶人，堅深忌之，故常爲邊牧。時鎮和龍。見第一節。洛疑堅使梁成害之，遂舉兵。苻重鎮薊，亦盡薊城之衆，會洛兵於中山。見第四章第二節。堅遣竇衝、呂光討之，以苻融爲大都督。衝等執洛。呂光追討苻重於幽州。堅徙洛於涼州。徵融爲大將軍，領宗正，録尚書事。引其羣臣於東堂，議曰："凡我族類，支胤彌繁，今欲分三原、九嵕、武都、汧、雍十五萬户於諸方要鎮，諸君之意如何？"三原，見第五章第六節。九嵕，山名，在今陝西醴泉縣北。武都,見第二章第二節。汧,見第二章第一節。雍,見第三章第五節。皆曰:“此有周所以祚隆八百,社稷之利也。”於是分四帥子弟三千户,以配苻丕,堅庶長子。鎮鄴。分幽州置平州,以石越爲刺史,領護鮮卑中郎將,鎮龍城。見第五章第二節。大鴻臚韓胤領護赤沙中郎將,移護烏桓府於代郡之平城見第四章第二節。中書梁讜爲幽州刺史,鎮薊。毛興爲河州刺史,鎮枹罕。見第五章第一節。王騰爲并州刺史,領護匈奴中郎將,鎮晉陽。見第三章第四節。苻暉爲豫州牧,鎮洛陽。苻叡爲雍州刺史,鎮蒲阪。見第三章第四節。暉、叡,皆堅子。堅之分氐户而留鮮卑也,論者皆以爲堅致敗之原,實亦未可一概而論。① 《堅載記》言:慕容垂奔堅,王猛勸堅除之,堅不聽。後其大史令張孟,又言彗起尾箕,掃東井,爲燕滅秦之象,勸堅誅慕容暐及其子弟,堅不納。更以暐爲尚書,垂爲京兆尹,沖爲平陽大守。京兆、平陽,皆見第二章第二節。苻融聞之,上疏諫,堅又不聽。其分氐户於諸鎮也,堅送丕於灞上,見第五章第六節。流涕而別。諸戎子弟,離其父兄者,皆悲號哀慟,酸感行人,識者以爲喪亂流離之象。趙整因侍,援琴而歌曰:“阿得脂,阿得脂,博勞舊父是鸜鶄,尾長翼短不能飛。遠徙種人留鮮卑,一旦緩急語阿誰?”堅笑而不納。一似當年留種人而鉏異族,卽可措國基於磐石之安者,此事後傅會之辭也。當時五胡,降下異族,徙之腹地者甚多。後趙之於苻洪、姚弋仲,卽其一證。蓋使之遠離巢穴,處我肘腋之下,則便於監制;又可驅之以從征役也。堅之滅燕也,徙關東豪桀及諸雜夷十萬户於關中,處烏丸雜類於馮翊、北地,皆見第二章第二節。丁零翟斌於新安;參看下節。新安,見第三章第三節。及平涼州,又徙豪右七千餘户於關中;意亦如此。此亦未爲非計。抑堅在當日,或更有所不得已者。堅甫篡立,卽殺其兄法。其後苻雙、苻柳、苻廋、苻武復叛。苻融在堅諸弟中,最見寵信。其代王猛鎮鄴也,史言堅母苟氏,以融少子,甚愛之,比發,三至霸上,其夕,又竊如融所,内外莫知。心本無他,而爲人所牽率,致終陷於叛逆者,有之矣。然則苻洛甫平,融卽見徵而代之以丕,蓋亦有所不得已也。大元七年,法子東海公陽,與王猛子散騎侍郎皮謀反。事泄,堅問反狀。陽曰:“禮云:父母之仇,不同天地。臣父哀公,死不以罪。齊襄復九世之讎,而況臣也?”堅赦不誅,徙陽於高昌,見第二節。皮於朔方之北。朔方,見第三章第八節。苻融以位忝宗正,不能肅遏奸萌,請待罪私藩,堅不許。堅且能忍於法,而何有於陽? 然終不能明正其罪者,勢固有所不可也。宗族猜嫌之深,至於如此,安得不使己諸子,各據重鎮? 欲使諸子各據重鎮,安得不

---

① 史事:分氐未必失策,失策在伐晉,伐晉亦非如世俗所云。

配以腹心？然則氐户在當日，不得不分者勢也。新平王彤，新平，見第二章第二節。嘗以圖讖，勸堅徙汧、隴諸氏於京師，置三秦大户於邊地，其說正與王猛合，猛顧以彤爲左道惑衆，勸堅除之，然則謂結聚氐户，而遂可恃以爲安，卽猛亦不作是説也。五胡在中國，皆爲小種，欲專恃己力以與人角，正是尾長翼短之象。尾長則所曳者重而難舉，翼短則振起之力微也。外示寬容，陰圖消弭，未嘗非計之得，特彼此未能融合時，己族亦不可無以自立耳。此則堅之所以敗也。然大一統之局未成，負嵎之勢先失，固由氐户之散布，實亦肥水一敗，有以啓之，否則慕容垂、姚萇等，雖懷報復之心，安敢一時俱起？故伐晉之舉，實爲堅之一大失策。惟此事之真相，亦非如史之所云。史言堅欲伐晉，引羣臣議之，羣臣皆以爲不可。權翼，堅之心腹；石越其大將也；及堅弟陽平公融、大子宏、少子中山公詵皆諫。堅皆弗聽，而惟慕容垂、姚萇及良家少年之言是從。堅最信釋道安，羣臣爭不能得，則使安止之。安爭又弗能得，乃勸其止洛陽，勿遠涉江、淮，堅又弗聽。自謂“以吾衆旅，投鞭於江，足斷其流”。夫晉非慕容暐、張天錫之比，堅不容不知。堅卽好諛，亦不容引慕容垂、姚萇爲心膂，視良家子爲蓍蔡。然則堅之必欲犯晉，蓋尚別有其由。《唐書》載大宗之伐高句麗也，曰：“今天下大定，惟遼東未賓，後嗣因士馬彊盛，謀臣道以征討，喪亂方始，朕故自取之，不遺後世憂也。”此辭經史家潤飾，非其本，實則句麗自隋以來，屢寇遼西，大宗知其爲勁敵，度非後嗣所克戡定，故欲自取之耳。然則堅謂“每思桓温之寇，江東不可不滅”，乃其由衷之言。彼其心未嘗不畏晉，又知命將出師，必難克捷，故不恤躬自犯順，而不知其喪敗之更大而速也。苻融諫堅伐晉曰：“鮮卑、羌、羯，布諸畿甸；舊人族類，斥徙遐方。今傾國而去，如有風塵之變者，其如宗廟何？監國以弱卒數萬，留守京師，鮮卑、羌、羯，攢聚如林，此皆國之賊也，我之讎也。臣恐非但徒返而已，亦未必萬全。臣智識愚淺，誠不足采，王景略一時奇士，陛下每擬之孔明，其臨終之言，不可忘也。”《猛傳》云：猛疾篤，堅親臨省病。問以後事。猛曰：“晉雖僻陋，正朔相承。親仁善鄰，國之寶也。臣没之後，願不以晉爲圖。鮮卑、羌虜，我之讎也，終爲人患，宜漸除之，以便社稷。”言終而死。此説亦不免事後傅會。然猛圍鄴時，堅留大子宏守長安，自率精銳會之，猛潛至安陽迎堅，曰：“監國沖幼，鑾駕遠臨，脱有不虞，其如宗廟何？”此則初非危辭聳聽，宇文泰河橋一敗，而長安、咸陽，寇難蠭起，卽其明證。然則苻融之論，實非無病而呻，而惜乎堅之不知慮也。要之伐晉而勝，風塵之變，自可無虞，一敗，則其後患亦有不可勝言者。堅知晉之終爲秦患，命將出師之不足以傾晉，而未知躬自入犯之更招大禍，仍是失之於疏；而其疏，亦仍是失之於驕耳。

大元八年，苻堅大舉入寇。堅先使苻朗守青州。又以裴元略爲西夷校尉、巴西、梓潼二郡大守，令與王撫備舟師於蜀。已又下書：悉發諸州公私馬。人十丁遣一。兵門在灼然者，爲崇文義從。良家子年二十已下，武藝驍勇，富室材雄者，皆拜羽林郎。遣苻融、張蚝、苻方、梁成、慕容暐、慕容垂率步騎二十五萬爲前鋒。堅發長安，戎卒六十餘萬，騎二十七萬。前後千里，旌鼓相望。堅至項城，見第三章第三節。涼州之兵，始達咸陽；苻秦郡，今陝西涇陽縣。蜀、漢之軍，順流而下；幽、冀之衆，至於彭城；東西萬里，水陸齊進。融等攻陷壽春。見第三章第四節。垂攻陷項城。梁成與其梁州刺史王顯，弋陽大守王詠等，率衆五萬，屯於洛澗，在安徽懷遠縣西南。柵淮以遏東軍。晉以謝石爲征討都督，與謝玄、桓伊、謝琰等，水陸七萬，相繼距融，去洛澗二十五里。龍驤將軍胡彬，先保硤石，在安徽鳳臺縣西南，淮水經其中。爲融所逼，糧盡，潛遣使告石等曰：“今賊盛糧盡，恐不復見大軍。”融軍人獲而送之。融乃馳使白堅，曰：“賊少易俘，但懼其越逸。宜速進衆軍，犄禽賊帥。”堅大悦，舍大軍於項城，以輕騎八千，兼道赴之。令軍人曰：“敢言吾至壽春者拔舌。”故石等弗知。劉牢之率勁卒五千，夜襲梁成壘，克之，斬成及王顯、王詠等十將，士卒死者萬五千。謝石等以既敗梁成，水陸繼進。堅與苻融，登城而望王師。見部陳齊整，將士精銳。又望八公山上草木，皆類人形。[①] 八公山，在鳳臺縣東南。顧謂融曰：“此亦勁敵也，何謂少乎？”憮然有懼色。堅遣朱序説石等以衆盛，欲脅而降之。序謂石曰：“若秦百萬之衆皆至，則莫可敵也。及其衆軍未集，宜在速戰。若挫其前鋒，可以得志。”石聞堅在壽春，懼，謀不戰以疲之。謝琰勸從序言。遣使請戰，許之。時張蚝敗謝石於肥南，謝玄、謝琰勒卒數萬，陳以待之，蚝乃退。堅列陳逼肥水，王師不得渡。玄遣使謂融曰：“君縣軍深入，置陳逼水，此持久之計，豈欲戰者乎？若小退師，令將士周旋，僕與君公，緩轡而觀之，不亦美乎？”堅衆皆曰：“宜阻肥水，莫令得上。我衆彼寡，勢必萬全。”堅曰：“但卻軍令得過，而我以鐵騎數十萬，向水逼而殺之。”融亦以爲然。遂麾使卻陳。衆因亂，不能止。玄與琰、伊等，以精銳八千，涉渡肥水。石軍距張蚝，小退。琰、玄仍進。決戰肥水南。堅中流矢。臨陳斬融。此據《謝玄傳》。《堅載記》云：融馳騎略陳，馬倒被殺。堅衆奔潰。自相蹈藉，投水死者，不可勝計，肥水爲之不流。餘衆棄甲宵遁，聞風聲鶴唳，皆以爲王師已至，草行露宿，重以飢凍，死者十七八。堅遁歸淮北。

---

① 史事：望八公山草木爲兵，乃迷信傅會之談。

時十月也。肥水之戰，苻堅實敗於徒欲以衆懾敵，而別無制勝之方。《堅載記》云：朝廷聞堅入寇，會稽王道子以威儀鼓吹，求助於鍾山之神，在首都朝陽門外。亦名蔣山。相傳漢末，蔣子文爲秣陵尉，逐賊至此，爲賊所傷而死。屢著靈異，人因祀以爲神。六朝人最信之。奉以相國之號。及堅之見草木狀人，若有力焉。足見謂堅望八公山上草木皆類人形，憮然有懼色者，乃傅會之談。顧堅衆十倍於晉，理應雍容暇豫；乃一聞晉兵少易取，而苻融欣喜，急於馳白；堅又輕騎以赴之；旣至，則欲以虛聲脅降敵軍；及戰，又急求一決，而不肯阻遏淮水；何其急遽乃爾？無他，自覺絶無制勝之方，故亟思徼幸也。用少衆尚不可以徼幸制勝，況大戰邪？

第五節　後燕後秦之興

　　苻堅之敗於肥水也，諸軍悉潰，惟慕容垂一軍獨全。堅以千餘騎赴之。垂子寶，勸垂殺堅。此據《堅載記》。《垂載記》：垂弟德亦勸之。垂不從，以兵屬堅。堅收集離散，比至洛陽，衆十餘萬。至澠池，見第五章第二節。垂請巡撫燕、岱，并求拜墓。堅許之。權翼固諫，不從。尋懼垂爲變，遣石越率卒三千戍鄴，張蚝率羽林五千戍并州，留兵四千配毛當戍洛陽。堅遂歸長安。堅子丕先在鄴。垂至，丕館之於鄴西。初，丁零翟斌，世居康居，後徙中國。咸和五年，斌入朝於後趙，後趙以爲句町王。永和十九年，又有翟鼠，率所部降燕，燕封爲歸義王。翟氏本居中山，見第四章第二節。苻堅滅燕，徙之新安。見第四章第三節。斌仕秦，爲衛軍從事中郎。翟斌、翟鼠，事據《通鑑》。丁零本北方部落，翟斌則西域種人。自魏、晉以後，西域種人，入北荒部落，與之雜居，且爲其渠帥者衆矣。俟叙述四裔事時，當再論之。咸和五年朝趙之翟斌，《通鑑考異》曰："《晉書》、《春秋》作翟真，按秦亡後慕容垂誅翟斌，斌兄子真北走，故知此乃斌也。"乃是叛。聚衆謀逼洛陽。事在大元八年十二月，《本紀》誤作翟遼。丕弟暉以告。丕配垂兵二千，遣其將苻飛龍率氐騎一千，爲垂之副以討斌。丕誡飛龍曰："卿王室肺腑，年秩雖卑，其實帥也。垂爲三軍之統，卿爲謀垂之將。用兵制勝之權，防微杜貳之略，委之於卿。卿其勉之。"苻暉遣毛當擊翟斌，爲斌所敗，當死之。垂至河內，見第二章第二節。殺飛龍，悉誅氐兵。召募遠近，衆至三萬。翟斌聞垂將濟河，遣使推垂爲盟主。垂距之。垂至洛陽，暉閉門死守。斌又遣長史郭通説垂。垂乃許之。垂謀於衆曰："洛陽四面受敵；北阻大河，控馭燕、趙，非形勝之便。不如北取鄴都，據之以制天下。"衆咸以爲然。乃引師而東。垂之發鄴，中子農及兄子楷、紹，弟子宙爲苻丕所留。及誅飛龍，遣田生密告農等，使起兵趙、魏以相應。於是農、宙奔列人，漢縣，今河北肥鄉縣東。楷、紹奔辟

陽。漢縣,今河北冀縣東南。衆咸應之。丕遣石越討農,爲農所敗,斬越於陳。垂引
兵至滎陽。見第二章第二節。以大元八年,自稱大將軍、大都督、燕王,承制行事。
以翟斌爲建義大將軍,封河南王;翟檀斌弟。爲柱國大將軍,封弘農王。九年,
二月,垂引丁零、烏丸之衆二十餘萬,長驅攻鄴。農、楷、紹、宙等皆會。慕容
暐弟燕故濟北王泓,先爲北地長史,北地,見第二章第二節。聞垂攻鄴,亡命奔關
東。收諸馬牧鮮卑,衆至數千。遂屯華陰。見第三章第三節。暐乃潛使諸弟及宗
人起兵於外。堅遣將軍强永擊泓,爲泓所敗。泓衆遂盛。堅以子熙爲雍州刺
史,鎮蒲阪。見第三章第四節。徵子叡爲都督中外諸軍事,配兵五萬,以竇衝爲長
史,姚萇爲司馬,討泓於華澤。胡三省曰:華陰之澤。平陽大守慕容沖,起兵河東,
沖亦暐弟。平陽,見第二章第二節。有衆二萬。進攻蒲阪。堅命竇衝討之。泓聞苻叡
至,懼,將奔關東。叡馳兵要之。姚萇諫,弗從。戰於華澤,叡敗績,被殺。萇
遣使詣堅謝罪。堅怒,殺之。萇懼,奔渭北。遂如馬牧。西州豪族,推爲盟
主。萇以大元九年四月,自稱大將軍、大單于、萬年秦王。時慕容沖與苻堅相
攻,衆甚盛。萇將西上,恐沖遏之,乃遣使通和,以子崇爲質。進屯北地,屬兵
積粟,以觀時變。堅率步騎二萬討之,敗績。竇衝擊慕容沖於河東,大破之。
沖奔泓軍。泓衆至十餘萬。遣使謂堅曰:"秦爲無道,滅我社稷。今天誘其
衷,使秦師傾敗,將欲興復大燕。吳王已定關東。時泓自稱都督陝西諸軍事、雍州牧、
濟北王,推垂爲丞相、都督陝東諸軍、冀州牧、吳王。可速資備大駕,奉送家兄皇帝并宗室
功臣之家。泓當率關中燕人,翼衛皇帝,還反鄴都。與秦以虎牢爲界,虎牢,見第
四章第二節。分王天下,永爲鄰好,不復爲秦之患也。"堅大怒,召暐責之。已而
復其位,待之如初。命以書招諭垂及泓、沖,使息兵。暐密遣使者謂泓曰:"吾
既籠中之人,必無還理。吾罪人也,不足復顧。可以吳王爲相國;中山王沖。
爲大宰,領大司馬;汝可爲大將軍,領司徒,承制封拜。聽吾死問,汝便即尊
位。"泓於是進向長安。泓謀臣高蓋、宿勤崇等,以泓德望後沖,且持法苛峻,
乃殺泓,立沖爲皇大弟,承制行事。自相署置。苻堅聞沖去長安二百餘里,引
歸。時苻暉率洛陽、陝城之衆七萬,歸於長安。陝城,見第一節。堅使苻方戍驪
山。在今陝西臨潼縣東南。配暉兵五萬,使距沖。以苻琳爲後繼。暉敗績。堅又
以尚書姜宇爲前將軍,與琳率衆三萬,擊沖於灞上。見第五章第六節。爲沖所敗。
沖遂據阿房城。亦稱阿城,在長安西北。十二月,僭即皇帝位。進逼長安。慕容垂
攻鄴,拔其郛。苻丕固守中城。垂塹而圍之。分遣老弱,於魏郡肥鄉築新興
城,以置輜重。肥鄉,魏縣,今河北肥鄉縣西。壅漳水以灌鄴。丕糧竭,馬無草,削松
木而食之。而翟斌求爲尚書令,垂弗許,斌怒,密應丕,使丁零決防潰水。事

泄，垂誅之。《通鑑》：并誅其弟檀、敏。斌兄子真，率其部衆，北走邯鄲。見第四章第二節。引兵向鄴，欲與丕爲内外之勢。垂令其大子寶及子隆擊破之。真自邯鄲北走。慕容楷追之，戰於下邑，《十六國疆域志》謂即梁國之下邑縣，案下邑縣故城，在今江蘇碭山縣，東鄉方不合，恐非。爲真所敗。真遂屯於承營。《通鑑》云：真北趨中山，屯於承營，則其地當在中山。中山，見第四章第二節。垂謂諸將曰："苻丕窮寇，必死守不降。丁零叛擾，乃我心腹之患。吾欲遷師，開其逸路。"於是引師去鄴，北屯新城。丕始具西問，知苻叡等喪敗，長安危逼。乃遣其陽平大守邵興，率騎一千，將北引重合侯苻謨、高邑侯苻亮、阜城侯苻定於常山；見第三章第四節。固安侯苻鑒、中山大守王兖於中山；以爲己援。垂遣張崇要興，獲之。丕又遣其參軍封孚，西引張蚝及并州刺史王騰於晉陽。見第三章第四節。蚝、騰以衆寡不赴。丕進退路窮。謀於羣僚。司馬楊膺唱歸順之計。丕猶未從。會黎陽爲王師所克，乃變計。黎陽，見第五章第三節。

肥水之捷，劉牢之進克譙城。見第三章第三節。明年，正月，桓沖使部將伐新城、魏興、上庸三郡，克之。新城，見第五章第六節。魏興，見第三章第六節。上庸，見第三章第三節。二月，沖卒。荊、江二州并缺。物論以謝玄勳望，宜以授之。謝安恐爲朝廷所疑；又懼桓氏失職；又慮桓石虔驍猛，居形勝之地，終或難制。乃以桓石民爲荊州，移豫州刺史桓伊刺江州，伊宣子。而以石虔爲豫州。四月，竟陵大守趙統伐襄陽，克之。竟陵，見第三章第九節。襄陽，見第三章第四節。朝以謝玄爲前鋒都督，率桓石虔徑造渦、潁，經略舊都。玄次下邳，見第三章第三節。苻堅徐州刺史趙遷棄彭城奔還，彭城，見第五章第四節。玄進據之。遣參軍劉襲攻堅兖州刺史張崇於鄄城，克之。九月。鄄城，見第三章第四節。進伐青州。遣淮陵大守高素向廣固，淮陵，漢縣，晉置郡，在今安徽盱眙縣西北。廣固，見第四章第二節。降堅刺史苻朗。十月。又進伐冀州。遣劉牢之、濟北大守丁匡據碻磝；濟北，見第五章第六節。碻磝，城名，在今山東茌平縣西南。濟陽大守郭滿據滑臺；《晉志》，兖州有濟陽郡，實濟陰郡之譌。《宋志》云：晉惠帝分陳留爲濟陽郡，則《晉志》闕之。郡當治濟陽縣，在今河南開封縣東北。滑臺，城名，今河南滑縣。奮武將軍顏雄渡河立營。此據《謝玄傳》。《本紀》及《載記》作顏肱。苻丕遣將桑據屯黎陽，玄命劉襲襲據，走之。丕懼，乃遣弟就與參軍焦逵請救於玄。丕書稱"假途求糧，還赴國難。須軍援既接，以鄴與之。若西路不通，長安陷没，請率所領，保守鄴城。"文降而已。逵與參軍姜讓，密説楊膺："正書爲表。若王師至而丕不從，可逼縛與之。"膺素輕丕，自以力能逼之，乃改書而遣逵等。玄許之。餽丕米二千斛。遣晉陵大守滕恬之守黎陽。晉陵，見第四章第三節。三魏皆降。三魏，見第二章第二節。時桓石虔以母憂去職，朱序爲豫州刺史。肥水之戰，堅衆小卻，序時在其軍後，唱云堅敗，衆遂大奔，序乃得歸。玄欲令序鎮梁國，見第二章第三節。自住彭城，北固河上，西援洛陽。朝議以征役既久，宜置戍而還，使玄還鎮淮陰，見第四章第二節。序鎮壽陽。見第三章第四節。慕容垂謂其弟范陽王德曰：“苻丕，吾縱之不能去，方引晉師，規固鄴都，不可置也。”進師又攻鄴，而開其西奔之路。焦逵至，朝廷欲徵丕任子，然後出師。逵固陳丕款誠無貳，并宣楊膺之意。乃遣劉牢之等率衆二萬，水陸運漕救鄴。牢之至枋頭，見第四章第二節。苻丕征東參軍徐義、宦人孟豐告丕：楊膺、姜讓等謀反。丕收膺、讓戮之。牢之般桓不進。十年，四月，乃至鄴。垂逆戰，敗績。撤鄴圍，退屯新城。又自新城北走。牢之追之。行二百里，至五橋澤，胡三省曰：在臨漳縣北。案當在肥鄉垂所築新城之北。爭趣輜重，稍亂，爲垂所擊，敗績。士卒殲焉。牢之策馬跳五丈澗得免。會苻丕救至，因入臨漳，即鄴，見第三章第三節。集亡散，兵復少振。以軍敗徵還。先是梁州刺史楊亮伐蜀，遣巴西大守費統爲前鋒。巴西，見第三章第六節。苻堅益州刺史王廣，遣其巴西大守康回拒之。數敗，回退還成都。梓潼大守壘襲以涪城來降。梓潼、涪城，皆見第三章第六節。堅梁州刺史潘猛棄漢中奔長安。以上《通鑑》在大元九年。王廣使江陽大守李丕守成都，江陽，見第三章第六節。率所部奔隴西。其蜀郡大守任權，斬丕來降。大元十年二月。於是梁、益二州皆復。然於大局無甚關係也。

慕容暐之遣諸弟起兵於外也，苻堅防守甚嚴，暐謀應之而無因。時鮮卑在城者，猶有千餘人，暐密結之，詐稱子婚三日，請堅幸其第，欲伏兵殺之。謀泄，堅誅暐父子及其宗族。城內鮮卑，無少長，及其婦女皆殺之。長安大飢，人相食。堅與慕容沖戰，各有勝負。苻暉屢爲沖所敗，堅讓之。暉憤恚，自殺。大元十年，三月，堅使奉表請迎。四月，謝安自率衆救之。然特以避會稽王道子而已，非真有意於北略也。見第七章第一節。時長安城中，有書曰《古符傳信錄》，載“帝出五將久長得”。先是又謠曰：“堅入五將山長得。”堅大信之，告其大子宏曰：“既如此言，天或導予。今留汝兼總戎政，勿與賊爭利。吾當出隴，收兵運糧以給汝。”遂將其少子中山公詵、張夫人，率騎數百，出如五將。《本紀》在五月。五將山，在今陝西岐山縣東北。宣告州郡，期以孟冬救長安。宏尋將母妻、宗室男女數千騎出奔。百寮逃散。慕容沖入長安，《本紀》在六月。縱兵大掠，死者不可勝計。宏歸其南秦州刺史楊璧於下辯。見第五章第一節。璧距之。乃奔武都氐豪張興，武都，見第二章第二節。假道歸順。朝廷處宏於江州。桓玄篡位，以宏爲涼州刺史。義熙初，以叛誅。見第七章第三節。八月，謝安卒。姚萇屯北地，聞慕容沖攻長安，議進取之計。羣下咸曰：“宜先據咸陽。”見上節。萇曰：“燕因懷舊之士而起兵,若功成事捷,咸有東歸之思,安能久固秦川?吾欲移兵嶺北,胡三省曰:"謂九嵕之北,凡新平、北地、安定之地皆是。"九嵕,見第四節。新平、安定,皆見第二章第二節。廣收資實,須秦敝燕迴,然後垂拱取之。"乃遣諸將攻新平,克之。因略地至安定。嶺北諸城盡降。苻堅入五將山,萇遣將軍吳忠圍堅。堅衆奔散。萇如新平,忠執堅送之。萇縊堅於佛寺。中山公詵及張夫人皆自殺。時八月也。慕容沖畏垂之彊,不敢東歸。課農築室,爲久安之計。鮮卑咸怨。十一年,二月,沖左將軍韓延,因衆心不悦,攻殺沖。立沖將段隨爲燕王。三月,沖僕射慕容恒、尚書慕容永襲殺隨。永,廆弟運之孫。立宜都王子顗。帥鮮卑男女四十餘萬口,去長安而東。恒弟護軍韜誘顗,殺之於臨晉。見第三章第七節。恒怒,舍韜去。永與武衞刀雲攻韜。韜敗,奔恒營。恒立沖子瑤。衆皆去瑤奔永。永執瑤殺之。立泓子忠。至聞喜,漢縣,今山西聞喜城西南。聞垂已稱尊號,不敢東。築燕熙城而居之。在聞喜北。六月,刀雲又殺忠。推永爲河東王。稱藩於垂。以上叙西燕事兼據《北史》及《通鑑》。《晉書》於西燕事始末不具。《本紀》於大元十一年正月,書慕容沖將許木末殺沖於長安。《慕容盛載記》曰:沖爲段木延所殺。木末、木延,蓋皆韓延之黨也。鮮卑既東,長安空虛。盧水胡郝奴盧水胡,見第二章第二節。帥戶四千入之,稱帝。姚萇攻奴,降之。萇遂據長安,僭即皇帝位。姚萇僭位,《晉書‧載記》在大元十一年,《通鑑》繫於四月。《晉書‧本紀》書其事於十年八月,蓋因苻堅死連書之。十一年正月,慕容沖尚在長安,萇必不能於十年八月入長安稱帝也。沖死而鮮卑衆乃東下,《姚萇載記》謂沖率衆東下而長安空虛,亦誤。

　　苻堅之死也,苻丕復入鄴城,將收兵趙、魏,西赴長安。會其幽州刺史王永,平州刺史苻沖,頻爲慕容垂將平規所敗,乃遣昌黎大守宋敝,焚燒和龍、薊城宫室,率衆三萬,進屯壺關。昌黎,見第二章第二節。壺關,見第三章第四節。遣使招丕。丕乃去鄴,率男女六萬餘口,進如潞川。見第一節。張蚝、王騰迎之,入據晉陽。始知堅死問。大元十年,九月,丕僭即皇帝位於晉陽。苻定、苻紹據信都,見第四章第二節。苻謨、苻亮據常山,慕容垂之圍鄴城也,并降於垂,聞丕稱尊號,遣使謝罪。中山人守王兖,固守博陵,見第三章第三節。與垂相持。左將軍竇衝,秦州刺史王統,河州刺史毛興,益州刺史王廣,南秦州刺史楊璧,衞將軍楊定,并據隴右,遣使招丕,請討姚萇。丕大悦,各加官爵。已而定、紹、謨、亮,復降於垂。垂子驎陷中山,王兖及固安侯苻鑒,并爲所殺。王廣攻毛興於枹罕,見第五章第一節。爲所敗,奔其兄統於秦州,爲隴西鮮卑匹蘭所執,送詣姚萇。萇疾篤,姚興殺之。興謀伐王統,枹罕諸氏,皆疲不堪命,乃殺興,推衞平爲刺史。已以其年老,復廢之,而推苻堅之族孫登。王統亦降於姚萇。見《萇載記》。丕率衆四萬,進據平陽。慕容永恐不自固,使求假道還東。丕弗許。初苻堅尚書令苻纂,自關中奔丕。及是,丕遣王永及纂攻慕容永。大敗,王永死之。纂之奔丕也,部下壯士三千餘人。丕猜而忌之。及王永敗,懼爲纂所殺,率騎數千,南奔東垣。城名,在今河南新安縣東。荊州刺史桓石民,遣將軍馮該,自陝要擊,臨陳斬丕。時大元十一年,十月也。執其大子寧、長樂王壽,送於京師。丕之臣佐,皆投慕容永。永乃進據長子,見第三章第四節。僭稱尊號。苻纂及弟師奴,率丕餘衆數萬,奔據杏城。見第三章第八節。丕尚書寇遺,奉丕子渤海王懿、濟北王昶,自杏城奔苻登。十一月,登僭卽皇帝位。立懿爲皇大弟。後又自立其子崇爲皇大子。遣使拜纂都督中外諸軍事,進封魯王。師奴爲并州牧朔方王。纂怒,謂使者曰:“渤海王世祖之孫,世祖,堅僞廟號。先帝之子,南安王何由不立而自尊乎?”纂長史王旅諫曰:“南安已立,理無中改。賊虜未平,不可宗室之中,自爲仇敵。願大王遠蹤光武推聖公之義,梟二虜之後,徐更圖之。”纂乃受命。登馮翊大守蘭犢,馮翊,見第二章第二節。與纂首尾,將圖長安。師奴勸纂稱尊號。纂不從。乃殺纂,自立爲秦公。蘭犢絕之。慕容永攻犢,犢請救於姚萇。萇自往赴之。師奴距萇,大敗,萇盡俘其衆。又擒蘭犢。苻登能戰而寡謀,且極殘暴。登初與姚萇弟碩德相持,時歲旱衆飢,道殣相望,登每戰殺賊,名爲熟食,謂軍人曰:“汝等朝戰,夕便飽肉,何憂於飢?”士衆從之,噉死人肉。與萇相持積年,關、隴豪右及氐、羌,各有所附。大元十八年,十月,萇死。登聞之,喜。留其弟廣守雍,見第三章第五節。大子崇守胡空堡,在今陝西邠縣西南。登據新平與萇相持最久。後其將金植以新平叛降萇,登乃轉據雍。自雍盡衆而東。萇子興,使尹緯拒之。登敗,單馬奔雍。廣、崇聞登敗,出奔,衆散,登至,無所歸,遂奔平涼,苻秦郡,今甘肅平涼縣西北。收集遺衆,入馬毛山。亦作馬毦,《十六國春秋》作馬屯山,在今甘肅固原縣西南。遣子汝陰王宗質於乞伏乾歸,結昏請救。乾歸遣騎二萬救登。登引軍出迎,與姚興戰於山南,被殺。崇奔湟中,僭稱尊號。爲乾歸所逐而死。前秦遂亡。時大元十九年也。

　　慕容垂以大元十一年正月僭位,定都中山。遣慕容楷等攻苻堅冀州牧苻定,鎮東苻紹,幽州牧苻謨,鎮北苻亮。定等悉降。先是翟真自承營徙屯行唐。今河北行唐縣。真司馬鮮于乞殺真。盡誅翟氏。自立爲趙王。營人攻殺乞。迎立真從弟成。真子遼奔黎陽。《通鑑》繫大元十年四月。成長史鮮于得斬成降垂。垂入行唐,悉阬其衆。《通鑑》在七月。垂僭位之月,段遼據黎陽反,執大守滕恬之。三月,泰山大守張願叛降遼,河北騷動。謝玄自以處分失所,上疏求解所職。時玄督徐、兗、青、司、冀、幽、并七州。詔慰勞,令且還鎮淮陰。以朱序爲青、兗二州刺史,代玄鎮彭城。序求鎮淮陰,許之。大元十二年正月。先是翟遼寇譙,又使其子釗寇陳穎,見第三章第三、第四節。序皆擊走之。而高平人翟暢,高平,見第二章第二節。又執大守，以郡降遼。慕容垂攻之。遼請降。已而復叛。十三年，四月，以朱序爲雍州刺史，戍洛陽。河南大守楊佺期，南陽大守趙睦，各領兵千人隸序。河南，見第二章第二節。南陽，見第三章第四節。譙王恬之刺青、兗。《傳》作恬。承之孫。承見第四章第三節。五月，翟遼徙屯渭臺。七月，其將翟發寇洛陽。河南大守郭給距走之。十四年，四月，遼寇滎陽，執大守鄭卓。十五年，正月，譙王恬之薨。時劉牢之復戍彭城。與翟遼及張願戰於泰山，敗績。苻堅將張遇遣兵擊破金鄉，見第四章第二節。圍泰山大守羊邁。泰山，見第三章第四節。八月，牢之遣兵擊走之。遂進平泰山。追翟釗於鄄城。釗走河北，獲張遇以歸。十五年，正月，慕容永率衆向洛。朱序自河陰北濟，河陰見第三章第四節。與永將王次等戰於沁水，次敗走。趙睦與江夏相桓不才追永，破之於大行。永歸上黨。序追至上黨之白水。相持二旬，聞翟遼欲向金墉，見第三章第二節。乃還。攻釗於石門。見第四章第三節。遣參軍趙蕃攻遼於懷縣，見第四章第二節。遼宵遁。序還襄陽。十六年，正月，慕容永寇河南，楊佺期擊破之。十月，翟遼死，釗代立。十七年，六月，慕容垂襲釗於黎陽，敗之。釗奔慕容永。歲餘，謀叛永，永殺之。初姚萇將竇衝歸順，拜爲東羌校尉。衝復反，入漢川，襲梁州。安定人皇甫釗，京兆人周勳等謀納之。梁州刺史周瓊告急於朱序。序遣將軍皇甫真赴之。釗、勳散走。序以老病去。十月，擢郗恢爲雍州刺史。恢曇子。時巴、蜀在關中者，多背姚萇，據弘農以結苻登。登署竇衝爲左丞相，徙屯華陰。衝氐人，故欲藉之以撫巴、蜀。楊佺期遣上黨大守荀静戍皇天塢以距之。未詳。衝數來攻。郗恢遣趙睦守金墉，佺期次湖城，見第三章第三節。討衝走之。十八年，十一月，慕容垂伐慕容永。十九年，五月，敗其兵。六月，圍長子。永窮蹙，遣其子弘求救於恢。恢陳“垂若并永，其勢難測。今於國計，謂宜救永。”孝武帝以爲然，詔王恭、兗州。庾楷豫州。救之。未發，八月，長子陷，永爲垂所殺。垂使慕容農略地河南。攻廩丘、見第三章第三節。陽城，漢縣，晉嘗置郡，後罷，在今河南登封縣東南。皆陷之。泰山、琅邪見第二章第三節。諸郡，皆委城奔潰。農進師臨海，置守宰而還。垂告捷於龍城之廟。

姚興以大元十九年，僭即帝位於槐里。見第三章第五節。是歲，苻登死。而興安南强熙、鎮遠楊多叛，推竇衝爲盟主，所在擾亂。興率諸將討之。軍次武功，漢縣，今陝西武功縣。多兄子良國，殺多而降。衝弟彰武，與衝離貳，衝奔强熙。熙聞興將至，率户二千奔秦州。竇衝奔汧川，汧川氐仇高執送之。衝從弟統，率其衆降於興。强熙圍上邽，興秦州牧姚碩德擊破之。熙南奔仇池，遂假道歸順。慕容永滅，其河東大守柳恭等各阻兵自守。河東，見第二章第二節。興遣姚緒討之。恭勢屈，請降。徙新平、安定新户六千於蒲阪。隆安元年，興率衆寇湖城。弘農大守陶仲山，華山大守董邁降於興。弘農，見第二章第二節。華山，胡三省云：“晉分弘農之華陰，京兆之鄭，馮翊之夏陽置。”蓋東晉所置也。鄭縣，見第三章第三節。夏陽，秦縣，在今陝西韓城縣西南。興遂如陝城。進寇上洛，見第三章第五節。陷之。先是晉平遠將軍護氏校尉楊佛嵩，率胡、蜀三千餘户，降於姚萇。楊佺期、趙睦追之。萇遣姚崇赴救，大敗晉師，斬睦。萇以佛嵩爲鎮東將軍。及是，興遣崇與佛嵩寇洛陽。大守夏侯宗之固守金墉。崇攻之，不克。乃陷柏谷，塢名，在河南偃師縣西南。徙流人二萬餘户而還。三年，十月，佛嵩卒陷洛陽，執大守辛恭靜。洛陽既陷，淮、漢以北諸城，多請降送任於興。順陽大守彭泉，亦以郡降。順陽，見第三章第九節。興遣楊佛嵩與其荆州刺史趙曜迎之。遂寇陷南鄉，後漢侯國，魏爲郡，晉廢，旋復置，在今河南淅川縣東南。略地至梁國而歸。

　　肥水戰後，諸胡紛紛，其力，無一足以占據北方者，實爲晉人恢復之好機會。然晉於是時，初不能出師經略。若不得已而出師，則謝玄、劉牢之、朱序等兵力皆嫌不足；謝安更無論矣。蓋晉之君臣，本無遠略；肥水之戰，在秦雖有取敗之道，在晉亦爲幸勝；故其情勢如此也。然則後燕、後秦之克分據北方，非其力足自立，乃晉實縱之耳。參看第八第九兩節自明。

第六節　秦涼分裂

　　前涼建國，武功文治，均無足觀，特以地處偏隅，爲中原控制之力所不及，遂獲割據自立者七十餘年。苻堅喪敗，姚萇繼據關中，其駕馭之力，自又在前趙及前秦之下。於是西北一隅，割據者復紛紛而起矣。

　　吕光，略陽氐人。略陽，見第二章第二節。《載記》云：“其先吕文和，漢文帝初，自沛避難徙焉，世爲酋豪。”此五胡諸種自託於漢族之故智，不足信也。光爲苻堅將，數有戰功。前涼之亡也，堅以梁熙爲涼州刺史，鎮姑臧。見第二節。熙遣使西域，稱揚堅之威德，并以采繒賜諸國王。於是朝獻者十有餘國。後鄯善王休密馱，車師前部王彌寘來朝。大宛獻汗血馬。天竺獻火浣布。康居、于寘及海東諸國，凡六十有二王，皆遣使貢其方物。西域朝獻之事，《晉書·堅載記》前後三叙。其實初十餘國來朝是一次，此初通時事；後六十二王來朝，則係總括既通以後之事。《晉書》叙述誤緟。堅初慕漢文之返千里馬，命羣臣賦《止馬詩》，所獻馬悉返之。寘等請年年貢獻。堅以西域路遥，不許。令三年一貢，九年一朝，以爲永制。寘等又乞依漢置都護。堅乃以光爲持節都督西討諸軍事，與姜飛、彭晃、杜進、康盛等，配兵七萬，以討定西域。苻融固諫，朝臣又屢諫，皆不納。光以大元八年發長安。行至高昌，見第二節。聞堅寇晉，欲更俟後命。杜進勸之，光乃進。至焉耆，其王泥流，率其旁國請降。龜茲王帛純距光，光破之，入其城。諸國貢款屬路。光以駝二萬頭，致外國珍寶及奇伎異戲、殊禽怪獸千有餘品，駿馬萬餘匹而還至宜禾，晉縣，在今甘肅安西縣境。梁熙謀閉境距之。高昌大守楊翰請“守高梧谷口，而奪其水。彼既窮渴，自然投戈。如以其遠，伊吾之關，亦可距也。此據《苻丕載記》。《光載記》云：請守高梧、伊吾二關。胡三省曰：“高梧谷口，當在高昌西界。”伊吾，漢伊吾盧地，晉置伊吾縣，在今甘肅安西縣西北。若度此二要，雖有子房之策，難爲計矣”。熙弗從。美水令犍爲張統，美水，未詳。犍爲，見第三章第六節。說熙奉行唐公洛爲盟主，以攝衆望。則光無異心，可資其精銳以東。熙又不從。殺洛於西海。苻秦郡，今寧夏居延縣。使子胤率衆五萬，距光於酒泉。見第三章第七節。光至高昌，楊翰以郡迎降。初光聞翰之說，惡之；又聞苻堅喪敗，長安危逼；謀欲停師。杜進諫曰：“梁熙文雅有餘，機鑒不足，終不能納善從說也。聞其上下未同，宜在速進。”光從之。敦煌大守姚靜，晉昌大守李純，以郡降光。敦煌，見第二章第二節。晉昌，見第三章第七節。光以彭晃、杜進、姜飛等爲前鋒，擊胤於安彌，漢綏彌縣，後漢曰安彌，在今甘肅酒泉縣東。大敗之。胤輕將麾下數百騎東奔，杜進追禽之。武威大守彭濟執熙迎光，光殺之。武威，見第二章第二節。西郡大守索泮，酒泉大守宋皓等，并爲光所殺。西郡，見第二章第二節。光入姑臧，自領涼州刺史、護羌校尉。《光載記》。《本紀》：大元九年，十月，呂光稱制於河右，自號酒泉公。十年，九月，呂光據姑臧，自稱涼州刺史。光主簿尉祐，姦佞傾薄人也。與彭濟同謀執梁熙。光深見寵任。乃譖誅南安姚皓，天水尹景等名士十餘人，南安、天水，皆見第二章第二節。遠近頗以此離貳。光尋擢祐爲金城大守。金城，見第二章第二節。祐次允吾，見第三章第五節。襲據外城以叛。祐從弟隨據鸇陰以應之。漢鸇陰縣，後漢曰鸇陰，在今甘肅靖遠縣西北。光遣其將魏真討隨。隨敗，奔祐。姜飛又擊敗祐。祐奔興城，胡三省曰：“當在允吾之西。”扇動百姓，夷夏多從之。初苻堅之敗，張天錫南奔，其世子大豫，爲長水校尉王穆所匿。及堅還長安，穆將大豫奔禿髮思復鞬。禿髮思復鞬送之魏安。前涼郡，在今甘肅古浪縣東。魏安人焦松、齊肅、張濟等起兵數千，迎大豫於揖次。漢揖次縣，《晉書》作揖次，蓋譌文也。在古浪縣北。陷昌松郡。漢蒼松縣，後漢作倉松，前涼置昌松郡，在古浪縣西。光遣杜進討之，爲大豫所敗。大豫遂進逼姑臧。王穆諫曰：“呂光糧豐城固，甲兵精銳，逼之非利。不如席卷嶺西，嶺謂洪池嶺，見第五章第二節。勵兵積粟，東向而爭，不及朞年，可以平也。”大豫不從。乃遣穆求救於嶺西諸郡。建康大守李隰，祁連都尉嚴純及閭襲起兵應之。《唐書・地理志》：張掖西北有祁連山,北有建康軍。張掖,見第二節。大豫進屯城西。王穆率衆三萬,及思復鞬子奚干等陳於城南。光出擊,破之,斬奚干等。《通鑑》在大元十一年。大豫自西郡詣臨洮,見第五章第一節。驅略百姓五千餘戶,保據俱城。在臨洮界。彭晃、徐炅攻破之。大豫奔廣武,見第五章第二節。穆奔建康。廣武人執大豫送之,斬於姑臧市。《通鑑》在大元十二年。光於是自稱涼州牧酒泉公。《通鑑》在大元十一年十二月。王穆襲據酒泉,自稱大將軍、涼州牧。時穀價踊貴,斗直五百,人相食,死者大半。光西平大守康寧,自稱匈奴王,阻兵以叛。西平,見第二章第二節。光屢遣討之,不捷。初光之定河西也,杜進有力焉。以爲武威大守。既居都尹,權高一時。出入羽儀,與光相亞。光甥石聰,至自關中。光曰:"中州人言吾政化何如?"聰曰,"止知有杜進耳,實不聞有舅。"光默然,因此誅進。徐炅與張掖大守彭晃謀叛。光遣師討炅。炅奔晃。晃東結康寧,西通王穆。光議將討之。諸將咸曰:"今康寧在南,阻兵伺隙。若大駕西行,寧必乘虛,出於嶺左。晃、穆未平,康寧復至,進退狼狽,勢必大危。"光曰:"事勢實如卿言。今而不往,當坐待其來。晃、穆共相脣齒,又同惡相救,東西交至,城外非吾之有。若是,大事去矣。今晃叛逆始爾,寧、穆與之情契未密。及其倉卒,取之爲易。且隆替命也,卿勿復言。"光於是自率步騎三萬倍道兼行。既至,攻之。二旬,晃將寇顗斬關納光。光誅晃。王穆以其黨索嘏爲敦煌大守,既而忌其威名,率衆攻嘏。光聞之,率步騎二萬攻酒泉,克之。進次涼興。胡三省曰:"涼興郡,河西張氏置,在唐瓜州常樂縣界。"按唐常樂縣,在今甘肅安西縣西。穆引師東還,路中衆散,穆單騎奔騂馬。晉縣,在今甘肅玉門縣境。騂馬令郭文斬首送之。《通鑑》在大元十二年。大元十四年,光僭卽三河王位。南羌彭奚念入攻白土,後漢縣,今西寧東南之白土城。光遣討之,大敗。乃親討之。攻克枹罕。見第五章第一節。又以子覆爲西域大都護,鎮高昌。大元二十一年,光僭卽天王位。

乞伏國仁,隴西鮮卑人也。在昔有如弗斯、出連、叱盧三部,自漠北南出大陰山。遇一巨蟲於路,狀若神龜,大如陵阜。乃殺馬而祭之,祝曰:"若善神也,便開路;惡神也,遂塞不通。"俄而不見,乃有一小兒在焉。時又有乞伏部,《魏書》本傳云:"其先如弗,自漠北南出"。則乞伏當屬三部中之如弗部。如弗與女勃音近,竊疑當居女勃水畔。有老父無子者,請養爲子。衆咸許之。老父欣然,自以有所依馮,字之曰紇干。紇干者,夏言依倚也。年十歲,驍勇善騎射,彎弓五百斤。四部服其雄勇,推爲統主。號曰乞伏可汗託鐸莫何。託鐸者,言非神非人之稱也。其後有祐隣者,卽國仁五世祖也。泰始初,率戶五千,遷於夏緣。未詳。部衆稍盛。鮮卑鹿結，七萬餘落，屯於高平川。見第二章第二節。與祐隣迭相攻擊。鹿結敗，南奔略陽。祐隣盡并其衆。因居高平川。祐隣死，子結權立。徙於牽屯。山名，开頭之音轉。开頭山，在今甘肅平涼縣西，卽崆峒山也。結權死，子利那立。利那死，弟祁�立。祁埵死，利那子述延立。討鮮卑莫侯於苑川，大破之，胡三省曰："苑川水，出天水勇士縣之子城南山。東流，歷子城川。又北，逕牧師苑，故漢牧苑之地也，有東西苑城，相去七里。西城卽乞伏所都也。"按勇士，漢縣，在今甘肅榆中縣東北。《胡注》見成帝咸和四年。降其衆二萬餘落。因居苑川。述延死，子傉大寒立。會石勒滅劉曜，懼而遷於麥田元孤山。《水經注》："麥田山，在安定北界。山之東北有麥田城。又北有麥田泉。"按麥田城，在今甘肅靖遠縣東北。大寒死，子司繁立。《通鑑》在咸和四年。始遷於度堅山。在今甘肅皋蘭縣東北，黃河西北。尋爲苻堅將王統所襲，部衆叛降於統，司繁乃詣統降於堅。堅署爲南單于，留之長安。以司繁叔父吐雷爲勇士護軍，撫其部衆。俄而鮮卑勃寒，侵斥隴右，堅以司繁爲使持節都督討西胡諸軍事、鎮西將軍以討之。勃寒懼而請降。司繁遂鎮勇士川。《通鑑》在寧康元年。甚有威惠。司繁卒，國仁代鎮。《通鑑》在大元元年。及堅興壽春之役，徵爲前將軍，領先鋒騎。會國仁叔父步頹叛於隴西，堅遣國仁還討之。步頹聞而大悅，迎國仁於路。國仁乃招集諸部；有不附者，討而并之；衆至十餘萬。大元十年，自稱大都督、大將軍、大單于、秦、河二州牧，築勇士城以居之。苻登署爲苑川王。十三年，國仁死，子公府幼，羣臣立其弟乾歸。遷於金城。亦受署於苻登。登爲姚興所逼，遣使請兵，乾歸遣騎二萬救之。會登爲興所殺、乃還。國仁、乾歸，多服氐、羌、鮮卑雜部，盡有隴西、巴西之地。呂光遣呂方及其弟呂寶討乾歸。寶濟河，爲乾歸所敗，寶死之。光率衆十萬，將伐乾歸。左輔密貴周，左衛莫者羖羝言於乾歸，乾歸乃稱藩於光，遣子勃勃爲質。旣而悔之，誅周等。乾歸從弟軻彈，與乾歸弟益州不平，奔於光。光又伐之。咸勸其東奔成紀。見第三章第八節。乾歸不從。隆安元年，光次於長最，見第五章第二節。使子纂克金城，弟天水公延克臨洮、武始、河關。晉狄道郡，張駿改爲武始。狄道，見第五章第二節。河關，漢縣，在今甘肅導河縣西。乾歸乃縱反間，稱乾歸衆潰，東奔成紀。延信之，引師輕進。與乾歸遇，敗死。光還。乾歸遷於苑川。姚興使姚碩德率衆五萬伐之。興僭師繼發。乾歸距之隴西，爲興所敗。遁還苑川。遂走金城。率騎數百，馳至允吾。禿髮利鹿孤遣弟傉檀迎之。隆安四年。

禿髮烏孤，河西鮮卑人也。其先與後魏同出，已見第三章第八節。烏孤八世祖匹孤，率其部自塞北遷於河西。其地東至麥田、牽屯，西至濕羅，未詳。南至澆河，在今青海巴燕縣西，後涼嘗置郡。北接大漠。匹孤卒，子壽闐立。《魏書》

云:"初母孕壽闐,因寢産於被中,乃名禿髮,其俗爲被覆之義。"案禿髮、拓跋,明係同音異譯。《廿二史考異》云:"古讀輕脣如重脣,髮從犮得聲,與跋音正相近。魏伯起書尊魏而抑涼,故别而二之。晉史亦承其説。"案此亦非魏收所爲,蓋魏人當日,有意將己與南涼之氏,異其譯文也。后土之説,既不足信,被覆之義,或反是真。特遷徙既始匹孤,則其與元魏之分攜,亦當在此際,無緣至壽闐始得此氏。此或被覆之義爲實,産於被中之説,出於附會;亦或産於被中之説并真,惟初不屬於壽闐。傳説之輾轉淆譌,率多如此,不足怪也。壽闐卒,孫樹機能立。其事已見第二章第二節。樹機能死,從弟務丸立。死,孫推斤立。死,子思復鞬立。部衆稍盛。烏孤卽思復鞬之子也。吕光署爲河西鮮卑大都統、廣武縣侯。築廉川堡都之。在今青海樂都縣東。烏孤討破諸部。光進其封爲廣武郡公。又遣使署爲益州牧、左賢王。烏孤不受。隆安元年,自稱大都督、大將軍、大單于、西平王。曜兵廣武,攻克金城。光遣將軍寳苟來伐,戰於街亭,大敗之。街亭,在今甘肅永登縣北。降光樂都、湟河、澆河三郡。樂都、湟河,皆後涼郡。樂都卽今樂都縣。湟河在樂都東南。嶺南數萬落皆附之。後光將楊軌來奔,見下。烏孤更稱武威王。二年,據《本紀》。徙於樂都。署弟利鹿孤爲西平公,鎮安夷;漢縣,在今青海西寧縣東。傉檀爲廣武公,鎮西平。見第二章第二節。陰有圖姑臧之志。後又以利鹿孤爲涼州牧,鎮西平。三年,八月,烏孤卒,利鹿孤卽僞位。徙居西平。乞伏乾歸之敗,利鹿孤遣傉檀迎之,處之於晉興。見第五章第二節。南羌梁弋等遣使招之。乾歸將叛,謀洩,利鹿孤遣弟吐雷屯於抴天嶺。胡三省曰:"在允吾東南。"乾歸懼爲利鹿孤所害,送其子熾磐兄弟爲質,而奔長安。隆安四年八月。姚興大悦,署爲河州刺史、歸義侯。遣還鎮苑川,盡以其部衆配之。

沮渠蒙遜,張掖臨松盧水胡人也。盧水胡,見第二章第二節。臨松,前涼郡,在張掖之南。其先世爲匈奴左沮渠,遂以官爲氏。《晉書·載記》。羌之酋豪曰大,故又以大冠之焉。①《宋書·大且渠蒙遜傳》。《傳》曰"以位爲氏,以大冠之",則大非氏。世居盧水爲酋豪。祖祁復延,封狄地王。父法弘襲爵。苻氏以爲中田護軍。胡三省曰:"中田護軍,蓋吕光所置,鎮臨松。"案苻氏時已有之,則非吕光所置也。胡《注》見安帝元興二年。蒙遜代父領部曲,有雄略,多計數,爲諸胡所推服。吕光自王於涼州,使蒙遜自領營人配箱直。又以蒙遜叔父羅仇爲西平大守。隆安元年,春,光遣子纂率羅仇伐乞伏乾歸,爲乾歸所敗。光委罪羅仇,殺之。此據《宋書·蒙遜傳》。《晉書·蒙遜載記》,以羅仇與麴粥,皆爲蒙遜伯父。從光征河南,光前軍大敗,麴粥勸兄羅仇叛光,羅仇不肯,俄而皆爲光

---

① 史事:大沮渠蒙遜,乃以大冠沮渠,大非氏。

所殺。據《呂光載記》，羅仇爲光尚書，麴粥爲三河大守。三河，後涼郡，治白土。四月，蒙遜求還葬羅仇，因聚衆萬餘人叛光。殺臨松護軍，屯金山。在今甘肅山丹縣西南。五月，爲呂纂所破，將六七人逃山中。亦據《宋書》本傳。《晉書·蒙遜載記》：蒙遜并殺光中田護軍馬邃，臨松令井祥。《呂光載記》云纂敗蒙遜於忽谷。胡三省曰："忽谷，當在删丹界。"蒙遜兄男成，先爲將軍，守晉昌。聞蒙遜起兵，逃奔賣虜，扇動諸夷，衆至數千。酒泉大守壘成討之，敗死。男成進攻建康。説大守段業，業京兆人，爲杜進記室。欲奉爲主。業不從。相持二旬，外救不至。業先與光侍中房晷、僕射王詳不平，慮不自容，乃許之。男成等推業爲涼州牧、建康公。光命呂纂討業。蒙遜進屯臨洮，爲業聲勢。戰於合離，亦作合黎，山名，在今張掖、山丹、高臺、酒泉四縣之北。纂師大敗。光散騎常侍大常郭黁與王詳謀叛，光誅詳，黁據東苑以叛。姑臧有東西苑城。光馳使召纂，纂引還。黁推後將軍楊軌爲盟主。黁敗，奔乞伏乾歸。楊軌南奔廉川。光病甚，立其大子紹爲天王，自號大上皇帝。以其二庶兄纂爲大尉，弘爲司徒。十二月，光死。明年，纂叛，紹自殺。纂僭即天王位。弘起兵東苑，衆潰，奔廣武。呂方執弘繫獄。馳使告纂。纂遣力士拉殺之。纂伐秃髮利鹿孤，利鹿孤使傉檀距敗之。纂西擊段業，圍張掖，略地建康。傉檀帥騎一萬襲姑臧。纂聞之，乃還。

段業以沮渠男成爲輔國將軍，委以軍國之任。王德以晉昌，孟敏以敦煌降業。男成及德圍張掖，克之。業因據張掖。沮渠蒙遜率部曲投業，業以爲臨池大守。在今巴燕縣西。王德爲酒泉大守。尋又以蒙遜領張掖大守。隆安二年，四月，業使蒙遜將萬人攻呂光弟子純於西郡，執之以歸。四年，業以孟敏爲沙州刺史，署李暠爲效穀令。效穀，漢縣。在今敦煌縣西。敏卒，其下推暠爲敦煌大守，稱藩於業。業以暠爲敦煌大守。已又以索嗣代之。暠遣其二子歆、讓逆戰，破之。嗣奔還張掖。暠罪狀嗣於段業。沮渠男成惡嗣，因勸除之。業乃殺嗣，遣使謝暠。分敦煌之涼興、烏澤，未詳。晉昌之宜禾三縣爲涼興郡，進暠持節都督涼興已西諸軍事。晉昌大守唐瑤，移檄六郡，胡三省曰："蓋敦煌、酒泉、晉昌、涼興、建康、祁連也。"推暠爲涼公，領秦、涼二州牧。遣宋繇東伐涼興，并擊玉門已西諸城，皆下之。玉門關，在今甘肅敦煌縣西。時王德叛業，自稱河州刺史，業使蒙遜西討，德焚城，將部曲投唐瑤。蒙遜追德至沙頭，漢池頭縣，後漢曰沙頭，在今甘肅玉門關西南。大破之，虜其妻子部落而還。初業以門下侍郎馬權代蒙遜爲張掖大守。蒙遜譖之於業，業殺之。蒙遜謂男成曰："所憚惟索嗣、馬權，今皆死矣。蒙遜欲除業以奉兄，何如？"男成曰："業羈旅孤飄，我所建立。有吾兄弟，猶魚之有水。人既親我，背之不詳。"乃止。及是，蒙遜請爲西安大守。西安，後涼郡，在張掖東南。業許焉。蒙遜期與男成同祭蘭門山。在今甘肅山丹縣西南。密遣司馬許咸告業曰："男成欲謀叛，以假日作逆。若求祭蘭門山，臣言驗矣。"至期日，果然。業收男成令自殺。蒙遜舉兵攻業。業先疑其右將軍田昂，幽之於內。至是，謝而赦之，使討蒙遜。昂歸於蒙遜。蒙遜至張掖，昂兄子承愛，斬關納之。遂斬業。時隆安五年三月也。蒙遜自稱涼州牧、張掖公。

呂纂游畋無度，荒耽酒色。隆安五年，二月，爲光弟寶之子隆、超所弒，并殺其弟緯。隆僭卽天王位。隆多殺豪望，以立威名。內外騷然，人不自固。魏安人焦朗，使說姚興將姚碩德，且遣妻子爲質。碩德遂率衆至姑臧。超出戰，大敗。隆收集離散，嬰城固守。東人多謀外叛。將軍魏益多，又唱動羣心。乃謀殺隆、超。事發，誅之，死者三百餘家。於是羣臣表求與姚興通好。隆弗許。超諫：以"連兵積歲，資儲內盡，强寇外逼；百姓嗷然，無餬口之寄；張、陳、韓、白，亦無如之何。"隆乃請降。碩德表爲涼州刺史、建康公。於是遣母弟、愛子、文武舊臣五十餘家質於長安。碩德乃還。姑臧穀價踊貴，斗直錢五千，人相食。城門晝閉，樵采路絕。百姓請出城，乞爲夷虜奴婢者，日有數百。隆懼沮動人情，盡阬之。積尸盈於衢路。僂檀、蒙遜，頻來伐之。隆以二寇之逼，遣超率騎二百，多齎珍寶，請迎於姚興。興遣其將齊難等步騎四萬迎之。隆率戶一萬，隨難東遷。後坐與子弼謀反，爲興所誅。後涼遂亡。時元興二年八月也。據《通鑑》。

姚碩德之圍姑臧也，沮渠蒙遜以呂隆旣降於興，酒泉、涼寧二郡又叛降李暠，涼寧，晉郡，在今甘肅玉門縣境。乃遣弟建忠挈及牧府長史張潛見碩德於姑臧，請軍迎接，率郡人東遷。碩德大悅，拜潛張掖大守，挈建康大守。潛勸蒙遜東遷。挈私於蒙遜曰："呂氏猶存，姑臧未拔，碩德糧竭將還，不能久也，何故違離桑梓，受制於人？"輔國臧莫孩曰："建忠之言是也。"蒙遜乃斬張潛。齊難迎呂隆，隆勸難伐蒙遜，難從之。莫孩敗其前軍。難乃結盟而還。興使拜蒙遜鎮西大將軍、沙州刺史、西海侯。

禿髮利鹿孤，以隆安五年僭稱河西王，仍臣於姚興。元興元年，死，弟僂檀嗣。僭號涼王。遷於樂都。姚興遣使拜爲車騎將軍、廣武公。僂檀大城樂都。姚興建節王松忩率騎助呂隆守姑臧。至魏安，爲僂檀弟文真所圍。衆潰。執松忩，送於僂檀。僂檀大怒，送松忩還，歸罪文真，深自陳謝。齊難之迎呂隆，僂檀攝昌松、魏安二成以避之。元興三年，據《通鑑》。僂檀去其年號，罷尚書丞郎官，上表姚興求涼州。興不許。義熙二年，亦據《通鑑》。僂檀獻馬三千匹,羊三萬頭於興。興以爲忠於己,乃署偉檀爲涼州刺史,而徵其鎮姑臧之王尚還。四年,亦據《通鑑》。偉檀招秦河州刺史彭奚念,奚念阻河以叛。姚興使其子弼伐之。弼濟自金城,進拔昌松,長驅至姑臧。偉檀嬰城固守,出兵擊弼,敗之。然仍遣使人詣興謝罪焉。

乞伏熾磐以元興元年,自西平奔長安。姚興以爲興晉大守。治浩亹,見第二章第二節。尋遣使加乾歸左賢王,遣隨齊難迎呂隆於河西。興慮乾歸終爲西州之患,因其朝也,留爲主客尚書,《通鑑》在義熙三年。以熾磐行西夷校尉,監撫其衆。熾磐以長安兵亂將始,乃招結諸部一萬七千,築城於嵺峴山,在甘肅洮沙縣東南。據之。熾磐攻克枹罕。使告乾歸,乾歸奔還苑川。收衆三萬,遷於度堅。義熙五年,七月,據《本紀》。僭稱秦王。此從《載記》。《本紀》作西秦王,恐非。復都苑川。攻克姚興金城、略陽、南安、隴西諸郡。興力未能西討,恐更爲邊害,使署爲都督隴西、嶺北匈奴、雜胡諸軍事、河州牧,大單于、河南王。乾歸方圖河右,權宜受之,遂稱藩於興。而務征討諸雜部及吐谷渾,以益其衆。八年,五月,乾歸爲兄子公府所弑,并其諸子十餘人。熾磐與乾歸弟智達、木奕干討禽,并其四子輾之。熾磐襲僞位。

姚碩德之破呂隆也,李暠亦遣使降於姚興,興拜爲安西將軍、高昌侯。義熙元年,暠遣舍人黃始、梁興閒行奉表詣闕。遷居酒泉。禿髮偉檀來通好,暠遣使報聘。沮渠蒙遜侵寇,暠與通和立盟。蒙遜背盟來侵,暠遣世子歆要擊敗之。以前表未報,復遣沙門法泉閒行奉表。初苻堅建元之末,堅建元元年,爲晉興寧三年,終於二十年,爲晉大元九年。徙江、漢之人萬餘户於敦煌。中州之人有田疇不闢者,亦徙七千餘户。郭黁之寇武威,武威、張掖已東之人,西奔敦煌、晉昌者數千户。及暠東遷,皆徙之於酒泉。分南人五千户置會稽郡,中州人五千户置廣夏郡,餘萬三千户,分置武威、武興、張掖三郡。築城於敦煌南子亭,以威南虜焉。

後涼之興,事勢與前涼大異。前涼張氏,夙嘗樹德於河西;張軌之西也,馮藉晉室之威靈,其人亦頗知治體;然涼州之大姓及諸郡守,尚多不服,久而後定,況於呂光,僅一武人,既無籌略,且迫昏耄者乎?光所以能戡定梁熙,暫據河右者,蓋以其所率之兵頗精,且爲思歸之士故。然實未能據有涼州,且未能一日安也。姚興雖滅後涼,然特因其自亡,又迫勃勃之難,故更無餘力西略。西秦、南涼、北涼、西涼,皆以文屬而已。氐、胡、鮮卑,皆不知治體,惟段業、李暠爲漢人,爲治較有規模,然業以大阿倒持,終至顛覆;暠亦弱不自振。要之:西北一隅,脫離王化既久,一時不易收拾也。

第七節　拓跋氏再興

《魏書》以昭成帝爲子所弑，道武爲昭成之孫，不如《晉書》及《宋》、《齊》二書，以昭成爲苻堅所禽，道武爲昭成之子之可信，説已見第三節。而《宋書》云：秦後聽什翼犍北歸，犍死，涉歸代立，又不如《齊書》云：堅敗，珪隨慕容垂，其後還領其部之可信。何者？犍苟還北，不應略無事迹可見；而珪初年禦外侮，戡内亂，深得後燕之援，亦必非無因也。《魏書·道武帝紀》曰：苻堅使劉庫仁、劉衛辰分攝國事，南部大人長孫嵩及元他等，盡將故民，南依庫仁，帝於是轉幸獨孤部。《賀訥傳》曰：昭成崩，諸部乖亂，獻明后與大祖及衛、秦二王依訥。會苻堅使劉庫仁分攝國事，於是大祖還居獨孤部。七年，晉大元八年。十月，苻堅敗於淮南。是月，慕容文等殺庫仁，庫仁弟眷攝國部。九年，大元十年。庫仁子顯，殺眷而代之。乃將謀逆。商人王霸知之，履帝足於衆中。帝乃馳還。是時故大人梁蓋盆子六眷，爲顯謀主，盡知其計，密使部人穆崇馳告。《獻明皇后傳》云：帝姑爲顯弟亢埿妻，知之，密以告后。梁眷亦來告難。后乃令大祖去之。《奚牧傳》云：眷使牧與穆崇至七介山以告。七介山，《獻明后傳》作七箇山，在善無縣。善無，見第三章第八節。帝乃陰結舊臣長孫犍、元他等。秋，八月，乃幸賀蘭部。據《賀訥傳》，賀蘭部時在大寧。大寧見第三節。《穆崇傳》云：崇機捷便辟，少以盜竊爲事。大祖之居獨孤部，崇常往來奉給，時人無及者。劉顯之謀逆也，平文皇帝外孫梁眷知之，密遣崇告大祖，大祖馳如賀蘭部。道武之曾居獨孤部，當非虛誣，然謂其早依庫仁，則又難信。《庫仁傳》云：慕容垂圍苻丕於鄴，又遣將平規攻堅幽州刺史王永於薊。庫仁自以受堅爵命，遣妻兄公孫希率騎三千助永擊規，大破之。庫仁復將大舉以救丕，發雁門、上谷、代郡兵，次於繁時。雁門，見第二章第二節。上谷、代郡、繁時，皆見第三章第八節。先是慕容文等當徙長安，遁依庫仁部。常思東歸其計無由。至是，知人不樂，乃夜率三郡人攻庫仁。庫仁匿於馬廄，文執殺之。乘其駿馬奔垂。竊疑道武之還獨孤部，實在庫仁助秦抗燕之時。蓋庫仁所統，本拓跋氏之舊部，故慕容垂於此時，釋珪北歸，以犄庫仁；逮不爲劉顯所容，乃又遁居賀蘭部也。賀蘭、拓跋，舊爲昏姻，其部落中自必有願助珪者，珪乃得所馮依矣。

《神元平文諸帝子孫傳》云：上谷公紇羅，神元曾孫。初從大祖自獨孤部如賀蘭部，招集舊户，得三百家，與弟建議勸賀訥推大祖爲主。《賀訥傳》云：劉顯謀逆，大祖輕騎北歸，訥見大祖，驚喜，拜曰："官家復國之後，當念老臣。"味訥此語，一若不知珪之尚存；即知之，亦久不得其消息者；亦可見謂什翼犍死後珪即依賀蘭部之誣。

大祖笑曰：“誠如舅言，要不忘也。”訥中弟染干粗暴，忌大祖，常圖逆，每爲皇姑遼西公主擁護，染干不得肆其禍心。訥祖紇，尚平文女。紇生野干，尚昭成女遼西公主。野干卽訥與染干及獻明皇后父也。《獻明后傳》曰：染干忌大祖之得人心，舉兵圍逼行宮。后出，謂染干曰：“汝等今安所置我，而欲殺吾子也？”染干慚而去。《尉古真傳》曰：大祖之在賀蘭部，賀染干遣侯引、乙突等詣行宮，將肆逆，古真知之，侯引等不敢發。於是諸部大人，請訥兄弟：求舉大祖爲主。染干曰：“在我國中，何得爾也？”訥曰：“帝大國之世孫，興復世業於我國中，當相持獎，立繼統勳。汝尚異議，豈是臣節？”遂與諸人勸進。大祖登代王位於牛川，牛川，出綏遠涼城西，經左雲至大同入河。是爲拓跋珪復有部衆之始，《魏書》以是爲登國元年，實晉大元十一年也。《魏書》謂是歲四月，珪又改稱魏王。案《本紀》：天興元年，晉隆安二年。六月，丙子，詔有司議定國號。羣臣曰“昔周、秦以前，世居所生之土，有國有家，及王天下，卽承爲號。自漢以來，罷侯置守，時無世繼，其應運而起者，皆不由尺土之資。今國家萬世相承，啓基雲、代，臣等以爲若取長遠，應以代爲號。”詔曰：“昔朕遠祖，總御幽都，控制遐國。雖踐王位，未定九州。逮於朕躬，處百代之季，天下分裂，諸華乏主。民俗雖殊，撫之在德。故躬率六軍，掃平中土。凶逆蕩除，遐邇率服。宜仍先號，以爲魏焉。”《崔玄伯傳》云：司馬德宗遣使來朝，大祖將報之，詔有司博議國號。玄伯議曰：“三皇五帝之立號也，或因所生之土，或卽封國之名。故虞、夏、商、周，始皆諸侯，及聖德既隆，萬國宗戴，稱號隨本，不復更立。惟商人屢徙，改號曰殷，然猶兼行，不廢始基之稱。故《詩》云：殷商之旅；又云：天命玄鳥，降而生商，宅殷土茫茫；此其義也。昔漢高祖以漢王定三秦，滅彊楚，故遂以漢爲號。國家雖統北方廣漠之土，逮於陛下，應運龍飛。雖曰舊邦，受命惟新。是以登極之初，改代曰魏。又慕容永亦奉進魏土。夫魏者大名，神州之上國，期乃革命之徵驗，利見之玄符也。臣愚以爲宜號爲魏。”大祖從之，於是四方賓王之貢，咸稱大魏矣。然則魏之定稱爲魏，實在破慕容氏取鄴之後，前此尚魏、代雜稱也。克鄴稱魏，事極尋常，尚居牛川之時，何緣以魏爲號？觀玄伯慕容永奉進魏土之語，則知永實以是封珪，蓋欲與之攻慕容垂，而以是爲餌耳。狼子野心，且不欲受封於晉，而況於永？然在當日，仍不過抉擇於此二者之間，不過聊去代稱，以示不臣於晉耳。云議國號，亦屬誣辭，在當日，不過議一對晉之稱號耳。其後自大愈甚，乃并永封以魏土之事而刊削之。然如是，則魏之號無自來，乃又僞造一自行改稱之事實。矯誣至此，歟觀止矣。然終不能盡掩天下後世之目也。

　　《道武本紀》：道武既卽代王位，以長孫嵩爲南部大人，叔孫普洛爲北部大人。二月幸定襄之盛樂，見第三章第八節。息衆課農。三月，劉顯自善無南走馬邑，見第三章第八節。其族奴真率所部來降。《劉庫仁傳》云：奴真兄犍，先居賀蘭部，至是，奴真請召犍而讓部焉，大祖義而許之。犍既領部，自以久託賀訥，德之，乃使弟去斤遺之金馬。訥弟染干因謂之曰：我待汝兄弟厚，汝今領部，宜來從我。去斤請之奴真，奴真殺犍及去斤。染干聞其殺兄，率騎討之。奴真懼，徙部來奔。大祖自迎之。遣使責止染干。《本紀》又云：五月，車駕幸陵石。胡三省云：在盛樂東。護佛侯部帥侯辰、乙弗部帥代題叛走。七月，車駕還盛樂。代題復以部落來降。旬有數日，亡奔劉顯。帝使其孫倍斤代領部落。是月，劉顯弟亢泥率騎掠奴真部落。既而率以來降。初帝叔父窟咄，爲苻堅徙於長安，因隨慕容永。永以爲新興大守。新興，見第二章第二節。八月，劉顯遣弟亢泥迎窟咄，以兵隨之，來逼南境。於是諸部騷動，人心顧望。帝左右于植等與諸部人謀應之。事泄，誅造謀者五人，餘悉不問。于植，《北史》作于桓。《魏書·窟咄傳》作于桓，《穆崇傳》作于植。《窟咄傳》云：同謀人單烏于以告。大祖慮駭人心，沈吟未發。後三日，桓以謀白其舅穆崇，崇又告之。大祖乃誅桓等五人，餘莫題等七姓，悉原不問。案題後仍見殺，見本傳。帝慮內難，乃北踰陰山，幸賀蘭部，阻山爲固。遣行人安同、長孫賀使於慕容垂以徵師。賀亡奔窟咄，見《窟咄傳》。垂遣使朝貢。并令其子賀驎即慕容麟。帥步騎以隨同等。《窟咄傳》云：步騎六千。十月，賀驎軍未至，而寇已前逼。於是北部大人叔孫普洛等十三人及諸烏丸亡奔衛辰。帝自弩山遷幸牛川，弩山，未詳。屯於延水。東洋河上源，出綏遠興和縣東北。南出代谷，在句注北。句注，見第二章第二節。會賀驎於高柳。漢縣，後漢末省，晉復置，在今山西陽高縣西北。大破窟咄。窟咄奔衛辰。衛辰殺之。帝悉收其衆。十二月，慕容垂遣使朝貢。奉帝西單于印綬，封上谷王，上谷，見第三章第八節。帝不納。二年，晉大元十二年。五月，遣行人安同徵兵於慕容垂。垂使子賀驎帥衆來會。六月，帝親征劉顯於馬邑，南追至彌澤，在今山西朔縣西南。大破之。顯南奔慕容永。盡收其部落。《張袞傳》云：時劉顯地廣兵彊，跨有朔裔。會其兄弟乖離，共相疑阻。袞言於大祖曰："顯志大意高，希冀非望。今因其內釁，宜速乘之。若輕師獨進，或恐越逸，可遣使告慕容垂，共相聲援。東西俱舉，勢必禽之。"大祖從之，遂破走顯。《顯傳》云：大祖討顯於馬邑，追至彌澤，大破之。衛辰與慕容垂通好，送馬三千匹於垂，垂遣慕容良迎，顯擊良軍，掠馬而去。垂怒，遣子驎、兄子楷討之。顯奔馬邑西山。驎輕騎追之，遂奔慕容永於長子。部衆悉降於驎。驎徙之中山。劉顯敗而拓跋氏之舊業復矣，而賀蘭部之釁忽起。《本紀》：登國四年，晉大元十四年。二月，道武討叱突隣部，大破之。賀染干兄弟率諸部來救，與大軍相遇，逆擊，走之。《賀訥傳》言：大祖討叱突隣部，訥兄弟遂懷異圖。訥於大祖，素稱忠勤，劉顯之難，窟咄之患，實再藉其力以濟，及是，忽因一叱突隣部而啓釁，其故安在，不可知矣。五年，大元十五年。三月，慕容垂遣子賀驎率衆來會。四月，行幸意辛山，胡三省曰：在牛川北，賀蘭部所居。與賀驎討賀蘭、紇突隣、紇奚諸部落，大破之。紇突隣、紇奚二部，常爲寇於意辛山見《高車傳》。六月，還幸牛川。衛辰遣子直力鞮寇賀蘭部，圍之。賀訥等請降告困。七月，帝引兵救之。至羊山，未詳。直力鞮退走。《賀訥傳》言：大祖遂徙訥部落及諸弟，處之東界。蓋至是而賀蘭部處於拓跋氏箝制之下，欲叛不能矣。然因此，復與慕容垂啓釁。是歲，八月，遣秦王觚使於慕容垂。六年，大元十六年。六月，《本紀》言慕容賀驎破賀訥於赤城，今察哈爾赤城縣。帝引兵救之，驎退走。《訥傳》云：訥又通於慕容垂，垂以訥爲歸善王，染干謀殺訥而代立，訥遂與染干相攻，垂遣子驎討之，敗染干於牛都。胡三省云：其地當在牛川東，夷人放牧，於此聚會，故名。破訥於赤城。大祖遣師救訥，驎乃引還。訥與染干相爭，慕容氏當有所右，而兼討之者，蓋欲懾服其部，特以討亂爲名而已。大祖爲之出師，而慕容垂所圖不遂，乃止元觚而求名馬，大祖遂絕之，而遣使於慕容永。永使其大鴻臚慕容鈞奉表勸進尊號。於是垂卵翼道武，永擁右劉顯、染干，積年相敵者，局勢一變。其月，衛辰遣子直力鞮出梱陽塞，梱陽，漢縣，今綏遠固陽縣。侵及黑城。九月，帝襲五原，見第三章第八節。屠之，收其積穀。十一月，衛辰遣子直力鞮寇南部。車駕出討，大破直力鞮軍於鐵岐山南。未詳。自五原金津南渡河，次其所居之悅跋城。即代來城，在今鄂爾多斯右翼境內。衛辰父子奔遁。詔諸將追之，禽直力鞮。十二月，獲衛辰尸，斬以徇。遂滅之。《鐵弗傳》云：衛辰單騎遁走，爲其部下所殺。《昭成子孫傳》：秦明王翰之子大原王儀獲其尸。自河以南諸部悉平。衛辰子屈丐即赫連勃勃。《鐵弗傳》云：大宗改其名曰屈子，屈子者，卑下也。奔薛干部，徵之，不送。八年，大元十八年。八月，帝南征薛干部帥大悉佛於三城。胡三省曰：魏收《地形志》：偏城郡廣武縣有三城，唐延州豐林縣，古廣武縣地。案唐豐林縣，在今陝西膚施縣東。會其先出擊曹覆，帝乘其虛，屠其城，徙其民。薛干部，《晉書·勃勃載記》作叱干，大悉佛作佗斗伏，參看第九節。曹覆蓋東西曹之部落也。鐵弗氏與拓跋氏相抗近百年，至是傾覆，拓跋氏遂獨雄於代北矣，此則猗盧、什翼犍之世所未有之形勢也。

第八節　後燕分裂滅亡

從來北狄之強盛，大率由於互相并兼。自劉顯破而拓跋氏之舊業復，衛辰亡而其累代之大敵去，其勢既日張矣；而道武又頻年征討北方諸部落，自登國三年至天興元年，皆見《本紀》。得其畜足以爲富，得其人足以爲強，其勢遂不可制。然中原之虛實，究非拓跋氏所深悉；慕容氏雖亟戰兵疲，使其按兵不動，拓跋氏亦未敢遽犯之也；乃輕率出兵，而又任一不知兵之慕容寶，弟子興尸，而滅亡之禍，遂迫眉睫矣。

慕容垂滅慕容永之明年，爲晉大元二十年，命其子寶伐魏，大敗於參合陂。見第三章第八節。是役也，據《晉書·載記》：寶及垂子農、麟，衆凡八萬，而德及垂兄子紹，以步騎萬八千爲後繼。魏聞寶將至，徙往河西。寶進師臨河，懼不敢濟。還次參合。忽有大風，黑氣狀若隄防，或高或下，臨覆軍上。沙門支曇猛言於寶曰：“風氣暴迅，魏師將至之候，宜遣兵禦之。”寶笑而不納。曇猛固以爲言，乃遣麟率騎三萬爲後殿。麟以曇猛言爲虛，縱騎遊獵。俄而黃霧四塞，日月晦明。是夜，魏師大至。三軍奔潰。寶與德等數千騎奔免。士衆還者十一二。紹死之。據《魏書·本紀》：則寶以是年七月，來寇五原。見第三章第八節。帝遣許謙徵兵於姚興。先是慕容永來告急，遣陳留公元虔救之，因屯秀容。後魏縣，郡亦治焉。北秀容，在今山西朔縣西北。南秀容，在嵐縣南，卽尒朱氏所居也。其明年，大元十九年。又使東平公元儀屯田於河北五原，至於棝陽塞外。見上節。及是，元儀徙據朔方。見第三章第八節。八月，帝親治兵於河南。九月，進師。是時元虔五萬騎在東，以絕其左；元儀五萬騎在河北，以承其後；略陽公元遵七萬騎，塞其中山之路。十月，辛未，寶燒船夜遁。十一月，己卯，帝進軍濟河。乙酉，夕至參合陂。丙戌，大破之。《寶傳》云：寶燒船夜遁。是時河冰未合，寶謂大祖不能渡，故不設斥候。十一月，天暴風，寒，冰合。大祖進軍濟河。留輜重，簡精銳二萬餘騎急追之。晨夜兼行。暮至參合陂西。寶在陂東，營於蟠羊山南水上。靳安言於寶曰：“今日西北風勁，是追軍將至之應，宜設警備，兼行速去，不然必危。”寶乃使人防後。先不撫循，軍無節度，將士莫爲盡心。行十餘里，便皆解鞍寢臥，不覺大軍在近。前驅斥候，見寶軍營，還告。其夜，大祖部分衆軍。諸將羅落東西，爲掎角之勢。約勒士卒，束馬，口銜枚無聲。昧爽，衆軍齊進。日出登山，下臨其營。寶衆晨將東引，顧見軍至，遂驚擾奔走。大祖縱騎騰躡，大破之。有馬者皆蹶倒冰上，自相鎭壓，死傷者萬數。四五萬人，一時放仗，斂手就羈；遺迸去者，不過千餘。生禽其王公、文武將吏數千；獲器甲、輜重、軍資、雜財十餘萬計。案燕是役，兵數不盈十萬，元虔等果有十七萬騎，羅其三面，尚何必徵師於姚興？大祖之躡慕容寶，不過二萬餘騎，雖云簡銳輕行，然代北饒於馬騎，豈有舍大兵不用之理？《魏書·張袞傳》言：寶來寇，袞言於大祖曰：“寶乘滑臺之功，因長子之捷，傾資竭力，難與爭鋒。愚以爲宜羸師卷甲，以侈其心。”大祖從之，果破之參合。是知魏人此時，衆寡強弱，皆與燕不侔，《魏書·本紀》之言，必非實錄也。魏人獲捷，實在避其朝銳，擊其暮歸，遂獲乘天時之利；而寶自七月進兵，至於十月，既不能見可而進，又不能知難而退，遂至鋭氣隳盡，爲敵所乘，其不知兵可知；一時警備之不周，蓋尚其次焉者矣。是役在魏人亦爲意外之捷，然魏人累世覬覦中原，至此，則益啓其窺伺之心，遂爲大舉入塞之本。其於魏事，實爲一大轉捩。道武時開化尚淺，《魏書》所記年號，疑多出後來追擬，於是年紀元爲皇始，實有由也。

《晉書·慕容垂載記》曰：寶恨參合之敗，屢言魏有可乘之機。慕容德亦曰："魏人狃於參合之捷，有陵大子之心，宜及聖略，摧其鋭志。"垂從之。留德守中山，自率大衆出參合。鑿山開道，次於獵嶺。胡三省曰："在夏屋山東北，魏都平城，常獵於此。"案夏屋山，在今山西代縣東北。遣寶與農出天門。慕容隆、慕容盛踰青山，胡三省曰："青嶺即廣昌嶺，所謂五迴道也。其南層厓刺天，壁立直上，蓋即天門也。"案五迴嶺，在今河北易縣西南。襲魏陳留公泥於平城，泥，《魏書·本紀》作虔。陷之，收其衆三萬餘人而還。垂次參合，見往年戰處，積骸如山，設弔祭之禮。死者父兄，一時號哭。軍中皆慟。垂慚憤歐血，因而成疾。乘馬輿而進。過平城北三十里，疾篤，築燕昌城而還。《水經注》：在平城北四十里。寶等至雲中，聞垂疾，皆引歸。有叛者，奔告魏曰："垂病已亡，輿尸在軍"；魏又聞參合大哭；以爲信然，乃進兵追之，知平城已陷而退。垂至上谷之沮陽，死。沮陽，漢縣，在今察哈爾懷來縣南。據《魏書·本紀》：垂之來攻，在大元二十一年三月。元虔既死，垂遂至平城，西北踰山結營。聞帝將至，乃築城自守。則垂於是役，頗有犁庭掃穴之志，因疾篤而遠；然其還師仍有警備；故魏之追師不敢逼也。此亦可見慕容寶以不知兵而敗，而非其兵力之不足用矣。然燕於是役，實無所獲，其氣彌挫，而魏之勢乃愈張；更有内亂授之以隙，而敗亡之禍，不可逭矣。

慕容垂死於大元二十一年四月。寶匿喪，還至中山，乃僭立。垂臨死，顧命以寶庶子清河公會爲寶嗣，而寶寵愛少子濮陽公策，意不在會。寶庶長子長樂公盛，自以同生年長，恥會先之，乃盛稱策宜爲儲貳，而非毁會。寶大悦。訪其趙王麟、安陽王隆。麟等咸希旨贊成之。寶遂與麟等定計，立策母段氏爲皇后，策爲大子。時年十一。盛、會進爵爲王。是歲六月，魏遣將攻寶廣寧大守劉亢埿，斬之。廣寧，見第四章第二節。徙其部落。寶上谷大守慕容普鄰捐郡奔走。八月，珪大舉攻寶。南出馬邑，踰於句注。馬邑，見第三章第八節。句注，見第二章第二節。別將封真襲幽州，圍薊。見第四章第二節。九月，珪至陽曲，見第二章第二節。寶并州牧遼西王農棄城遁。寶引羣臣議之。中山公苻謨曰："魏軍彊盛，若逸騎平原，殆難爲敵，宜杜險拒之。"中書令眭邃曰："魏軍多騎，馬上齎糧，不過旬日。宜令郡縣，聚千家爲一堡，深溝高壘，清野待之。不過六旬，自然窮退。"尚書封懿曰："今魏師十萬，天下之勍敵也。百姓雖營聚，不足自固，是則聚糧集兵，以資彊寇；且動衆心，示之以弱。①阻關距戰，計之上也。"慕容麟曰："魏今乘勝氣銳，其鋒不可當，宜自完守設備，待其弊而乘之。"於是脩城積粟，爲持久之備。十月，珪出井陘。在今河北井陘縣東北，與獲鹿縣界。十一月朔，至真定。漢國，今河北正定縣。自常山以南，守宰或走或降，惟中山、鄴、信都三城不下。常山，見第三章第四節。信都，見第四章第二節。珪遣元儀五萬騎攻鄴，王建、李栗攻信都，而自進軍圍中山。不克，走之魯口。見第五章第六節。隆安元年，正月，圍信都。寶冀州刺史宜都王慕容鳳踰城走，信都降。寶步卒十二萬，騎三萬七千出攻魏，次於曲陽柏肆，敗還。《晉書‧載記》云：寶聞魏有內難，乃盡衆出距。步卒十二萬，騎三萬七千，次於曲陽柏肆。魏軍進至新梁。寶憚魏師之銳，乃遣征北隆夜襲魏師，敗績而還。魏軍方軌而至，對營相持。上下兇懼，三軍奪氣。農、麟勸寶還中山，乃引歸。魏軍追擊之。寶、農等棄大軍，率騎三萬奔還。時大風雪，凍死者相枕於道。寶恐爲魏軍所及，命去袍杖戎器，寸刃無返。《魏書‧本紀》云：寶聞帝幸信都，乃趨博陵之深澤，屯渟沱水。二月，帝進幸楊城。丁丑，軍鉅鹿之柏肆塢，臨渟沱水。其夜，寶悉衆犯營。燎及行宮，兵人駭散。帝驚起，不及衣冠，跣出擊賊。俄而左右及中軍將士，稍稍來集。帝設奇陳，列燎營外，縱騎衝之。寶衆大敗。戊寅，寶走中山。柏肆之役，遠近流言，賀蘭部帥附力眷，紇突隣部帥匿物尼，紇奚部帥叱奴根聚黨反於陰館。南安公元順率軍討之，不克，死者數千。詔安遠將軍庾岳還討叱奴根等，滅之。順者，昭成孫，地干之子也。其《傳》云：留守京師。柏肆之敗，軍人有亡歸者，言大軍奔散，不知大祖所在。順聞之，欲自立，納莫題諫乃止。是役，燕蓋詗知珪營所在，悉力攻之，使能禽斬珪，事勢必大變，惜乎其功虧一簣也。曲陽，漢上曲陽縣，今河北曲陽縣，時爲鉅鹿郡治。柏肆塢，在今河北藁城縣北。新梁，未詳。博陵，見第三章第三節。深澤，漢縣，在今河北深澤縣東南。楊城，《郡國志》在中山蒲陰縣，蒲陰，在今河北完縣東。陰館，見第三章第八節。三月，珪至盧奴。漢縣，爲中山郡治，《元和志》云：後燕都中山，改爲弗違。寶遣使求和，請送元觚，割常山已西，許之。已而寶背約。辛亥，魏圍中山。其夜，燕尚書慕容皓謀殺寶立麟，事覺，與同謀數十人斬關奔魏。麟懼不自安，以兵劫左衛將軍北地王精，謀率禁旅弒寶。精以義距之。麟怒，殺精，出奔丁零。蓋翟氏之部落。初寶聞魏之來伐也，使慕容會率幽、平之衆赴中山。麟既敗，寶恐其逆奪會軍，將遣兵迎之。麟侍郎段平子自丁零奔還，説麟招集丁零，軍衆甚盛，謀襲會軍，東據龍城。寶與其大子策及農、隆等萬餘騎迎會於薊，以開封公慕容詳守中山。會步騎二萬，迎寶薊南。寶分其兵給農、隆。遣西河庫辱官驥率衆三千，助守中山。幽、平之士，不樂去會，請曰："清河王天資神武，權略過人，臣等與之，誓同生死。願陛下與皇大子、諸王，止駕薊宮，使王統臣等，進解京師之圍；然後奉迎車駕。"寶左右譖而不許。衆咸有怨言。左右勸寶殺

---

① 兵：百姓營聚不足自固，所以聚糧集兵以資敵。

會。侍御史仇尼歸聞而告會曰：“兵已去手，恐無自全之理。盍誅二王，廢大子，大王自處東宮，兼領將相，以匡社稷。”會不從。寶謂農、隆曰：“觀會為變，事當必然。宜早殺之。不爾，恐成大禍。”農等固諫，乃止。會聞之，彌懼，奔於廣都黃榆谷。胡三省曰：廣都縣，魏收《地形志》屬建德郡，在漢白狼縣界，隋省入柳城縣。白狼，見第五章第二節。遣仇尼歸等率壯士二十餘人分襲農、隆。隆見殺，農中重創。既而會歸於寶。寶意在誅會，誘而安之。潛使左衛慕容騰斬會，不能傷。會復奔其衆。於是勒兵攻寶。寶率數百騎馳如龍城。會率衆追之。遣使請誅左右佞臣，并求大子。寶弗許。會圍龍城。侍御郎高雲夜率敢死士百餘人襲會，敗之。衆悉逃散。會單馬奔中山，踰圍而入。為慕容詳所殺。詳僭稱尊號。荒酒奢淫，殺戮無度。誅其王公已下五百餘人。內外震局，莫敢忤視。四月，魏以軍糧不繼，罷鄴圍。五月，復罷中山之圍。城中大飢，公卿餓死者數十人。七月，詳遣烏丸張驤率五千餘人出城求食。麟自丁零中入於驤軍，因其衆復入中山，殺詳而自立。此據《魏書·本紀》。《晉書》在九月，當由聞其事較遲也。拓跋珪至魯口，遣長孫肥率千騎襲中山，據《魏書·本紀》。《肥傳》作七千騎。入其郛而還。八月，丙寅朔，珪自魯口進軍常山之九門。漢縣，在今藁城縣西北。時大疫，人、馬、牛多死。珪問疫於諸將。對曰：“在者纔十四五。”時羣下咸思還北。珪知其意，謂之曰：“斯固天命，將若之何？四海之人，皆可以為國，在吾所以撫之耳，何恤乎無民？”[1]羣臣乃不敢復言。珪之虐用其下如此，使燕抗距之力少強，未有不為猗盧、鬱律之續者，而惜乎燕之不足以語此也。珪又使元遵襲中山，芟其禾菜，入郛而還。九月，麟飢窮，率三萬餘人，出攻新市。漢縣，在今河北新樂縣西南。十月，珪進兵破之。麟單馬走西山，中山之西山。遂奔鄴。中山降魏。魏遣三萬騎赴衛王儀，將以攻鄴。

　　慕容垂臨終，勅寶以鄴城委慕容德。寶既嗣位，以德為冀州牧，鎮鄴，專總南夏。魏將拓跋章攻鄴，此據《晉書·載記》。當即魏衛王儀。德遣南安王慕容青等夜擊敗之。魏師退次新城。即慕容垂所築，見第五節。青等請擊之。別駕韓諟言：“魏利在野戰，深入近畿，頓兵死地，前鋒既敗，後陳方固。彼衆我寡，動而不勝，衆心難固；且城隍未脩，敵來無備。不如深溝高壘，以逸待勞。”德乃召青還師。魏又遣遼西公賀賴盧率騎與章圍鄴。章、盧內相乖爭，各引軍潛遁。德遣軍追破章軍，人心始固。賀賴盧，《魏書·外戚傳》作賀盧。賀賴即賀蘭異譯。盧訥之弟。

---

　　① 民族：拓跋氏之暴（第一八三、二三九、二五四頁），代北之殘虐（第四四八頁）。不知恤民，徒知利其器械者，阿利之為也（第一八八頁）。張作霖將敗，某西人以兵械，猶謂其必勝焉。

其傳云：大祖遣盧會衛王儀伐鄴，而盧自以大祖之季舅，不肯受儀節度。大祖遣使責之。盧遂忿恨。

與儀司馬丁建構成其嫌，彌加猜忌。會大祖勑儀去鄴，盧亦引歸。大祖以盧爲廣川大守。盧性雄豪，

恥居冀州刺史王輔下，襲殺輔，奔慕容德。案此亦魏可乘之隙，而惜乎燕無以乘之也。賀蘭此時之服

於魏，蓋猶力屈，非心服，盧之外叛，必非以爭寵與驕縱也。廣川，漢縣，後燕置郡，故城在今河北棗強

縣東。羣臣議以慕容詳僭號中山，魏師盛於冀州，未審寶之存亡，固勸德卽尊

號。德不從。會慕容達自龍城奔鄴，稱寶猶存，羣議乃止。尋而寶以德爲丞

相，領冀州牧，承制南夏。麟奔鄴，説德曰："中山既没，魏必乘勝攻鄴。雖糧

儲素積而城大難固；且人心沮動，不可以戰。及魏軍未至，擁衆南渡，就魯陽

王和，據滑臺，見第五節。聚兵積穀，伺隙而動，計之上也。魏雖拔中山，勢不久

留，不過驅掠而返，人不樂徙，理自生變，然後振威以援之，魏則内外受敵，可

一舉而取也。"先是慕容和亦勸德南徙，於是許之。率户四萬，車二萬七千乘，

自鄴徙於滑臺。依燕元年故事稱元年。隆安二年正月。慕容麟潛謀爲亂，事覺，

賜死。據《晉書・載記》。《本紀》云：麟爲魏師所殺，誤。魏克鄴。拓跋珪至鄴，有定都之

意。已復自鄴還中山。發卒萬人治直道，自望都鐵關鑿恒嶺至代，五百餘里。

望都，漢縣，今河北望都縣西北。徙山東六州民吏及徒河、高麗、雜夷三十六萬，百工

十餘萬而還。此時中原之民，未必心服，故珪不能遂留。被徙者自未必樂從，

然燕無兵力援接，則人民雖欲自拔而末由矣。燕當是時，其破敗之勢，誠可傷

悼也。

慕容德遣侍郎李延勸慕容寶南伐，寶大悦。慕容盛諫，寶將從之，而慕興

騰勸之。寶乃曰："吾計決矣，敢諫者斬。"以騰爲前軍，慕容農爲中軍，寶爲後

軍。步騎三萬，發自龍城，次於乙連。未詳。長上段速骨、宋赤眉，因衆軍之憚

役也，殺司空樂浪王宙，逼立高陽王崇。隆子。《通鑑》云：速骨等皆隆舊隊。寶單騎奔

農。仍引軍討速骨。衆咸憚征樂亂，投杖奔之。騰衆亦潰。寶、農馳還龍城。

蘭汗者，慕容垂之季舅，而慕容盛又汗之壻也。潛與速骨通謀。速骨進師攻

城，農爲汗所譖，潛出赴賊，爲速骨所殺。衆皆奔散。寶與盛、騰等南奔。蘭

汗奉慕容策承制。遣使迎寶，及於薊城。寶欲還北。盛等以汗之忠款，虛實

未明，今單馬而還，汗有貳志者，悔之無及。寶從之，乃自薊而南。至黎陽，見

第三章第四節。遣其中黄門令趙思召慕容鍾來迎。鍾德之從弟。鍾首議勸德稱尊

號，聞而惡之，執思付獄，馳使白德。慕興護請馳問寶虛實。乃率壯士數百，

隨思而北。因謀殺寶。寶遣思之後，知德攝位，懼而北奔。護至，無所見，執

思而還。德以思閑習典故，將任之。思不肯。德固留之。思責德不當自立。德怒，斬之。寶遣騰

招散兵於鉅鹿，盛結豪桀於冀州，段儀、段溫收部曲於内黄，見第五章第三節。衆

皆響會，刻期將集，而蘭汗遣迎寶。寶還至龍城。汗引寶入外邸，弒之。時隆安二年五月也。據《晉書·本紀》。汗又殺策及王公卿士百餘人。

　　寶之如龍城，盛留在後，寶爲蘭汗所殺，盛馳進赴哀。將軍張真固諫。盛曰：「我今投命，告以哀窮，汗性愚近，必顧念婚姻，不忍害我。旬月之間，足展吾志。」遂入赴喪。汗妻乙氏，泣涕請盛。汗亦哀之。遣其子穆迎盛，舍之宮內，親敬如舊。汗兄提、弟難，勸汗殺盛，汗不從。慕容奇，汗之外孫也，汗亦宥之。奇入見盛，遂相與謀。盛遣奇起兵於外，衆至數千。汗遣蘭提討奇。提驕狠淫荒，事汗無禮，盛因閒之。汗發怒，收提誅之。遣其撫軍仇尼慕率衆討奇。汗兄弟見奇之誅，莫不危懼，皆阻兵背汗。襲敗盛軍。汗大懼，遣穆率衆討之。穆又勸汗誅盛。汗欲引見察之。盛妻以告。於是僞稱疾篤，不復出入。汗乃止。李旱、宦者，《魏書》作李早。衛雙、劉志、張豪、張真，皆盛之舊昵，穆引爲腹心。旱等屢入見盛，相與結謀。穆討蘭難等，斬之。大饗將士。汗、穆皆醉。盛夜因如廁，袒而踰牆，入於東宮，與李旱等誅穆。衆皆踴呼。進攻汗，斬之。汗二子魯公和、陳公楊分屯令支、白狼，令支，見第五章第二節。遣李旱、張真襲誅之。時隆安二年七月也。《晉書·本紀》。盛以長樂王稱制。慕容奇與丁零嚴生、烏丸王龍阻兵叛盛，盛擊敗之，執奇，斬龍生等百餘人。盛於是僭即帝位。八月。後復去皇帝之號，稱庶民大王。從《魏書》本傳。《晉書·載記》作庶人，係唐人避諱改字。

　　晉南陽大守閭丘羨、寧朔將軍鄧啓方率衆二萬伐燕，次於管城。在今河南鄭縣，後隋於此置管城縣。慕容德遣其中軍慕容法、撫軍慕容和等拒之，王師敗績。隆安二年八月。初苻登爲姚興所滅，登弟廣，率部落降於德，拜冠軍將軍，處之乞活堡。在今河北河閒縣北。廣自稱秦王，敗德將慕容鍾。時德始都滑臺，介於晉、魏之間，地無十城，衆不過數萬，及鍾喪師，反側之徒，多歸於廣。德乃留慕容和守滑臺，親率衆討廣，斬之。慕容寶之至黎陽也，和長史李辯勸和納之，和不從，辯懼謀泄，乃引晉軍至管城，冀德親率師，於後作亂。會德不出，愈不自安。及德此行也，辯又勸和。和不從。辯怒，殺和，以滑臺降魏。時將士家悉在城內，德將攻之，韓範言「人情既危，不可以戰，宜先據一方，爲關中之基，然後蓄力而圖之」，德乃止。德右衛將軍慕容雲斬李辯，率將士家累二萬餘人而出。三軍慶悅。德謀於衆。張華勸德據彭城。見第五章第四節。潘聰曰：「滑臺四通八達，非帝王之居；且北通魏，西接秦，此二國者，未可以高枕待之也。彭城土曠人希，地平無險。晉之舊鎮，必距王師。又密邇江、淮，水路通浚，秋夏霖潦，千里爲湖，水戰國之所短，吳之所長，今雖克之，非久安之計也。」勸德據廣固。見第四章第二節。德乃引師而南。兗州北鄙諸縣悉降。使喻齊郡大守辟閭渾，齊郡，見第二章第三節。渾不從。遣慕容鍾率步騎二萬擊之。渾將妻子奔魏。德遣兵追斬之於莒城。莒，漢縣，今山東莒縣。德遂入廣固。時隆安三年六月也。

燕遼西大守李朗，在郡十年，威制境内，慕容盛疑之，累徵之，朗不赴。朗以母在龍城，未敢顯叛，乃陰引魏軍，將爲自安之計。因表請發兵以距寇。盛知其詐，討斬之。魏襲幽州，執刺史盧溥而去。溥本魏河閒大守，就食漁陽，據有數郡，慕容盛以爲幽州刺史。漁陽，見第三章第八節。遣孟廣平援之，無及。盛率衆三萬伐高句麗，襲其新城、南蘇，皆克之。《遼志》：蘇州安復軍，高句麗南蘇州。遼蘇州，今遼寧金縣也。新城亦當在遼西。散其積聚，徙五千餘户於遼西。此謂燕之遼西郡，非泛指遼河以西。又討庫莫奚，大虜獲而還。盛是時之力，未足以與魏爭，而立國根本，復在龍城，句麗與奚，形勢實逼，故先圖攘斥之，抑亦利徙户、虜獲，以强其衆也。盛幼而羈賤流漂，長則遭家多難，夷險安危，備嘗之矣。懲寶闇而不斷，遂峻極威刑。纖芥之嫌，莫不裁之於未萌，防之於未兆。舊臣靡不夷滅。於是上下振局，人不自安。親戚忠誠，亦皆離貳。隆安五年，七月，《本紀》。盛左將軍慕容國，與殿中將軍秦興、段讚等，謀率禁兵襲盛。事覺，誅之，死者五百餘人。前將軍思悔侯段璣，興子興，讚子泰等，因衆心動搖，夜於禁中鼓譟大呼。盛聞變，率左右出戰。衆皆披潰。俄有一賊，從闇中擊傷盛，遂死。初盛立其子遼西公定爲大子。時以國多難，宜立長君，羣望皆在平原公元，寶第四子。而河閒公熙，垂少子。悉於大后丁氏，丁氏意在於熙。遂廢定，迎熙入宮。熙僭即尊位。誅段璣、秦興等，并夷三族。元以嫌疑賜死。并殺定。見《魏書》。熙寵幸苻貴人，丁氏怨恚呪詛，與兄子七兵尚書信謀廢熙。熙聞之，大怒，逼丁氏令自殺，而葬以后禮。誅信。又盡殺寶諸子。

熙大築龍騰苑，廣袤十餘里，役徒二萬人。起景雲山於苑内，基廣五百步，峯高十七丈。又起逍遙宮、甘露殿，連房數百，觀閣相交。鑿天河渠，引水入宮。又爲其昭儀苻氏鑿曲光海、清涼池。季夏盛暑，士卒不得休息，暍死者大半。立其貴嬪苻氏爲皇后。昭義苻氏死，僞謚愍皇后。二苻并美而豔，好微行游燕，熙弗之禁也。請謁必從。刑賞大政，無不由之。初昭儀有疾，龍城人王溫稱能療之。未幾而卒。熙忿其妄也，立於公車門，支解溫而焚之。其后好游田，熙從之，北登白鹿山，《水經注》：白狼水出白狼縣東南，北屈逕白鹿山西，卽白狼山也。白狼縣，見第五章第二節。東踰青嶺，胡三省曰：在龍城東南四百餘里。南臨滄海。百姓苦之。士卒爲虎狼所殺及凍死者，五千餘矣。會高句驪寇燕郡，見第四章第二節。殺掠百餘人，熙伐高句驪，以苻氏從。爲衝車地道，以攻遼東。見第三章第八節。熙曰："待劃平寇城，朕當與后乘輦而入。"不聽將士先登。於是城內嚴備，攻之不能下。會大雨雪，士卒多死，乃引歸。擬鄴之鳳陽門作弘光門，累級三層。熙與苻氏襲契丹，憚其衆盛，將還，苻氏弗聽，遂棄其輜重，輕襲高句驪。周行三千餘里。士馬疲凍，死者屬路。攻木底城，不克而還。《慕容皝載記》：慕容翰與高句驪王釗戰於木底，大敗之，乘勝遂入丸都。丸都，在今遼寧輯安縣境，木底城，當在新賓縣之東。爲苻氏起承華殿，高承光一倍。負土於北門，土與穀同價。典軍杜静，載棺詣闕，上書極諫。熙大怒，斬之。苻氏嘗季夏思凍魚膾，仲冬須生地黄，皆下有司切責，不得加以大辟。苻氏死，制公卿已下，至於百姓，率户營墓。費殫府藏。下錮三泉，周輪數里。熙被髮徒跣，步從苻氏喪，而變起於内矣。

馮跋，長樂信都人也。父安，慕容永時爲將軍。永滅，跋東徙和龍，《魏書》云：東徙昌黎。昌黎，見第二章第二節。家於長谷。跋母弟素弗，次丕，次弘，皆任俠不脩行業，惟跋恭愼，勤於家產。慕容寶僭號，署跋中衛將軍，熙以爲殿中左監，稍遷衛中郎將。犯熙禁，與諸弟逃於山澤。左衛將軍張興，亦坐事亡奔。與跋從兄萬泥等二十二人結盟，推慕容雲爲主。雲本高氏，句麗支庶，襲敗慕容會，寶命爲子者也。發尚方徒五千餘人，閉門拒守。熙攻之，敗走，爲人所執。雲殺之，及其諸子。時爲義熙三年。此從《本紀》。《通鑑》同。《載記》作二年。雲僭即天王位，復姓高氏。署跋侍中，都督中外諸軍事。雲寵養壯士，以爲腹心。離班、桃仁等，并專典禁衛，賞賜月至數千萬，衣食卧起，皆與之同。五年，九月，離班、桃仁弑雲。跋帳下督張泰、李桑討殺之。衆推跋爲主。跋僭稱天王於昌黎，不徙舊號，即國曰燕。據《本紀》。《載記》云大元二十年，誤。萬泥及跋從兄子乳陳據白狼以叛，跋弟弘討斬之。尚書令孫護及弟叱支、乙拔，遼東大守務銀提以有功怨望，并爲跋所誅。

第九節　秦夏相攻

後燕、後秦，雖乘苻堅之喪敗，幸復舊業，然其兵力皆無足觀。後燕一遇後魏，遂至潰敗決裂，不可收拾。後秦之内釁，不如後燕之深，故其潰敗亦不如後燕之速，然亦一與魏遇，即爲所敗；其後與夏相持，又數爲所苦。蓋時中原彫敝已甚，一時不易振作，而塞北方興之勢，遂不可禦矣。此東晉與南北朝事勢之轉捩也。元魏、周、齊，所以能據有北方幾二百年者，一由南朝依然不振，一亦由北方彫敝已甚，莫能起而與之抗也。

勃勃之奔叱干部也，叱干酋長佗斗伏欲送之於魏。兄子阿利諫，弗從。阿利乃潛遣勁勇，篡之於路，送諸没奕干。没奕干者，鮮卑部落，降於姚興，興以爲高平公者也。高平，見第二章第二節。没奕干以女妻勃勃。姚興以勃勃爲五原公，使鎮朔方，蓋仍復其舊業。大元十八年，魏登國八年。魏道武襲敗叱干。以上參看第七節。元興元年，魏天興五年。又使其常山公遵襲没奕干。没奕干棄其部衆，率數千騎，與勃勃奔秦州。魏軍進次隴西之瓦亭。在今甘肅固原縣南。長安大震，諸城閉門固守。魏平陽大守貳塵入侵河東。平陽河東，皆見第二章第二節。興遣姚平、狄伯支等率步騎四萬伐魏。攻乾城，陷之。乾城，《魏書》作乾壁，在河東。遂據柴壁。在今山西臨汾縣境。八月，魏道武自將圍之。興遣其光遠党娥、立節雷星、建忠王多等，率杏城及嶺北突騎赴援。杏城，見第三章第八節。此嶺謂九嵕山，見第六章第四節。越騎唐方、積弩姚良國，率關中勁卒，爲平後繼。姚緒統河東見兵，爲前軍節度。姚紹率洛東之兵，姚詳率朔方之衆，以會於興。興率戎卒四萬七千，自長安赴之。魏聞興至築長圍，以防平之出，拒興之入。興臨汾西，卒不能救。十月，平糧竭矢盡，將麾下三十騎赴汾水死。狄伯支等將卒四萬，皆爲魏所禽。魏軍乘勝進攻蒲阪。見第三章第四節。姚緒固守不戰，乃還。是役也，興幾於竭全力以赴之，而卒爲魏所挫，秦遂爲魏所輕矣。《晉書·載記》云：拓跋珪送馬千匹，求婚於興。興許之，以魏別立后，遂絕婚，故有柴壁之戰。至義熙二年，魏天賜三年。乃復與魏通和。魏放狄伯支等還。五年，魏明元帝永興元年。珪死，子明元帝嗣立，遣使聘於興，且請婚。興許之。《晉書·興載記》。《魏書·本紀》云：興遣使朝貢，并請進女，事繫永興五年，晉義熙九年也。至十一年，魏神瑞二年。興乃以西平長公主妻嗣，是爲魏明元昭哀皇后。《魏書·帝紀》及《后妃傳》皆云：以后禮納之。《后妃傳》云：后以鑄金人未成，未升尊位，然帝寵幸之出入居處，禮秩如后。是後猶欲正位，而后謙讓不當。泰常五年宋武帝永初元年。薨，帝追恨之，贈皇后璽綬，後加謚焉。此乃妄説。《魏書》諱飾之辭最多，《后妃傳》尤甚，讀至後文自見。道武而後，雖沐猴而冠，妄有制作，未必能行。彼其宮中，安有所謂禮秩，云以后禮納之即后耳。魏雖戰勝，其視中原，猶如天上，故道武、明元，再世求昏於秦。大國之女下降，當時蓋引爲寵榮，安得不以后禮逆之？此猶之成吉思汗雖戰勝，而仍尊禮衛紹王女也。後秦當時，蓋無意北略；魏亦未遑南牧；匪寇昏媾，汔可小休，而匈奴之患起矣。

勃勃之爲人也，可謂安忍無親。初依没奕干，稍强，遂襲殺之而并其衆。衆至數萬。義熙三年，六月，僭稱天王大單于。自以匈奴爲夏后氏之苗裔也，稱大夏。其年，討鮮卑薛干等三部，破之，降其衆萬數千。《晉書·勃勃載記》。薛干郞叱干,《晉書》雜采諸書,未加勘正,故其稱名不盡一也。《魏書·道武帝紀》:登國十年,大悉佛自長安還嶺北,上郡以西皆應之,蓋叱干部落,雖一破壞,旋仍復國,至是乃爲勃勃所破。上郡,見第二章第二節。遂進攻姚興三城已北諸戍,三城見第七節。諸將言高平險固,山川沃饒,可都。勃勃曰:"我若專固一城,彼必并力於我,衆非其敵,亡可立待。吾以雲騎風馳,出其不意;救前則擊其後,救後則擊其前;使彼疲於奔命,我則游食自若,不及十年,嶺北、河東,盡我有也。"於是侵掠嶺北。嶺北諸戍,門不晝啓。興使左僕射齊難等率騎二萬討勃勃,爲勃勃所禽。又遣其弟平北姚沖、征虜狄伯支、輔國斂曼嵬、鎮東楊佛嵩率騎四萬討勃勃。沖次於嶺北,欲回襲長安,伯支不從,乃止。沖懼其謀泄,遂鴆殺伯支。興自平涼如朝那,平涼,見第六章第三節。朝那,漢縣,在今甘肅平涼縣西北。賜沖死。興如貳城。見第六章第三節。此據《興載記》。《勃勃載記》云:姚興來伐,至三城。諸軍未集,勃勃騎大至,左將軍姚文宗率禁兵,中壘齊莫統氐兵死戰,勃勃乃退。興留禁兵五千配姚詳守貳城,自還長安。《通鑑》在義熙五年。勃勃遣將胡金纂此據《興載記》。《勃勃載記》作尚書金纂。萬餘騎攻平涼。興如貳城,因救平涼,纂衆大潰,生禽纂。勃勃又遣兄子提亦據《興載記》。《勃勃載記》作羅提。攻陷定陽。漢縣,在今陝西宜川縣西北。又寇隴右。攻白崖堡,《十六國疆域志》曰:一作柏陽,又作伯陽,在清水。案清水,漢縣,在今甘肅清水縣西。破之。遂趣清水。略陽大守姚壽都委守奔秦州。略陽,見第二章第二節。勃勃又收其衆而歸。興自安定追之,安定,見第二章第二節。至壽渠川,《十六國疆域志》云:在臨涇。案臨涇,漢縣,在今甘肅鎮原縣南。不及而還。《通鑑》義熙六年。姚詳鎮杏城,爲勃勃所逼,糧盡,委守,南奔大蘇。《勃勃載記》云:詳棄三城。大蘇,《十六國疆域志》云在馮翊。馮翊,見第二章第二節。勃勃要之。《勃勃載記》云:遣平東鹿奕干嬰之。兵散,爲勃勃所執。興遣衛大將軍姚顯迎詳,詳敗,遂屯杏城。興因令顯都督安定、嶺北二鎮事。嶺北鎮,未詳治所。以楊佛嵩爲雍州刺史,率嶺北見兵,以討勃勃。爲勃勃所執,絕亢而死。《通鑑》義熙七年。義熙九年,勃勃以叱干阿利領將作大匠,發嶺北夷夏十萬人,於朔方水北、黑水之南,營起都城。勃勃自言:"朕方統一天下,君臨萬邦,可以統萬爲名。"統萬城,在今陝西橫山縣西。阿利性工巧,然殘忍刻薄。乃蒸土築城,錐入一寸,卽殺築者而并築之。勃勃以爲忠,故委以營繕之任。又造五兵之器,精銳尤甚。既成呈之,工匠必有死者。射甲不入,卽斬工人,如其入也,便斬鎧匠。又造百鍊剛刀,爲龍雀大環,號曰大夏龍雀。復鑄銅爲大鼓、飛廉、翁仲、銅駞、龍虎之屬,皆以黃金飾之,列於宮殿之前。凡殺工匠數千。以是器物莫不精麗。案勃勃之世讎爲魏;是時形勢與之相逼者,亦莫如魏。勃勃欲雪仇恥而求自安,惟有東向以與拓跋氏爭一日之命。姚興有德,可以爲援，勃勃顧乘其衰敝而剽掠之，而於拓跋氏則視若無覩。此無他，覬關中之富厚，志在剽掠，而於仇恥則非所知耳。《魏書‧鐵弗傳》曰：屈孑性奢，好治宮室。城高十仞，基厚三十步，上廣十步；宮牆五仞；其堅可以礪刀斧。臺榭高大，飛閣相連，皆雕鏤圖畫，被以綺繡，飾以丹青，窮極文采。世祖顧謂左右曰："蕞爾國，而用民如此，雖欲不亡，其可得乎？"魏之用民力，不爲不甚，而其驚心怵目於夏如此，夏之虐用其民可知，尚安有久長之理哉？勃勃又下書曰："朕之皇祖，自北遷幽朔，姓改姒氏，音殊中國，故從母氏爲劉。子而從母之姓，非禮也。古人氏族無常，朕將以義易之。帝王者，繫天爲子，是爲徽赫，實與天連，今改姓曰赫連氏。係天之尊，不可令支庶同之，其非正統，皆以鐵伐爲氏，庶朕宗族子孫，剛銳如鐵，皆堪伐人也。"案鐵伐卽鐵弗異譯，勃勃蓋自造一氏，而枝庶則仍其舊耳。[1] 勃勃攻姚逵於杏城，克之，執逵。姚弼救之，不及。勃勃又遣其將赫連建寇貳縣。數千騎入平涼，遂入新平。見第二章第二節。姚弼討之。戰於龍尾堡，在今陝西岐山縣東。大破之，擒建。初勃勃攻彭雙方於石堡，未詳。方力戰，距守積年，不能克，聞建敗，引還。時義熙十一年也。據《通鑑》。是歲姚興病篤，明年死，內亂起，晉兵復至，而其國不可支矣。

興初立其子泓爲皇大子。天水姜紀，天水，見第二章第二節。呂氏之叛臣，阿諂姦詐，好閒人之親戚。興子廣平公弼，有寵於興，紀遂傾心附之。弼爲雍州刺史，鎮安定，與密謀還朝。令傾心事常山公顯，樹黨左右。興遂以弼爲尚書令、侍中、大將軍。既居將相，虛襟引納，收結朝士，勢傾東宮，遂有奪嫡之謀。姚文宗有寵於泓，弼深疾之，誣文宗有怨言，以侍御史廉桃生爲證。興怒，賜文宗死。是後羣臣累足，莫敢言弼之短。興遣姚紹興從弟。與弼率禁衛諸軍鎮撫嶺北。弼寵愛方隆，所欲施行，無不信納。乃以嬖人尹沖爲給事黃門侍郎，唐盛爲治書侍御史。左右機要，皆其黨人。義熙十年，據《通鑑》。興寢疾，弼潛謀爲亂。招集數千人，被甲伏於其第。興子懿，自蒲坂將赴長安；鎮東豫州牧洸，起兵洛陽；平西諶，起兵於雍。見第三章第五節。興疾瘳，免弼尚書令，以將軍公就第。懿等聞興疾瘳，各罷兵還鎮。抗表罪弼，請致之刑法；懿、洸、宣、亦興子。謀來朝，又請委之有司；興皆弗許。十一年，三月，亦據《通鑑》。弼譖宣於興。宣司馬權丕至長安，興責以無匡輔之益，將戮之。丕性傾巧，因誣宣罪狀。興大怒，遂收宣於杏城，下獄，而使弼將三萬人鎮秦州。九月，興藥動，弼稱疾不朝，而集兵於第。興乃收弼。興疾轉篤，興子南陽公愔，與其屬率甲士攻端

---

[1]　民族：勃勃氏其支庶曰鐵伐，實卽鐵弗。然則以譯文字義爲褒貶者，鐵弗氏亦然。

門。興力疾臨前殿，賜弼死。愔等奔潰，逃於驪山。見第五節。十二年，二月，興死。《通鑑考異》云：《晉·本紀》、《三十國晉春秋》皆云：義熙十一年二月，姚興卒。《魏·本紀》、《北史·本紀》、《姚興》、《姚泓載記》，皆云十二年。按《後魏書·崔鴻傳》：大祖天興二年，姚泓改號，鴻以爲元年，故《晉·本紀》、《三十國晉春秋》，凡弘始後事，皆在前一年，由鴻之誤也。案弘始，姚興年號，天興二年，晉隆安三年也。泓僭位。誅愔。命其齊公姚恢泓從弟。殺安定大守吕超，弼之黨。恢久乃誅之，泓疑其有陰謀，恢自是懷貳，陰聚兵甲焉。北地大守毛雍據趙氏塢以叛，北地，見第二章第二節。《通鑑》大元九年《注》云：趙氏塢，據《晉書·載記》在北地，所據者蓋卽《姚泓載記》之文。姚紹討禽之。姚宣時鎮李閏，在馮翊東。未知雍敗，遣部將姚佛生等來衛長安。宣參軍韋宗説宣棄李閏，南保邢望。《括地志》：在李閏南四十里。宣旣南移，諸羌據李閏以叛，紹進討，破之。宣詣紹歸罪，紹怒，殺之。初宣在邢望，泓遣姚佛生諭宣，佛生遂贊成宣計，紹數其罪，又戮之。勃勃克上邽。見第三章第三節。進陷陰密。見第三章第五節。姚恢棄安定，奔於長安。安定人胡儼、華韜等據城降於勃勃。勃勃留羊苟兒鎮之，進攻姚諶於雍。諶奔長安。勃勃次郿。漢縣，今陝西郿縣東北。泓遣姚紹禦之。勃勃退如安定。胡儼等襲殺羊苟兒，以城降泓。勃勃引歸杏城。未幾，晉師出。姚恢叛泓，率鎮戶內伐，見第七章第七節。勃勃遂據安定。嶺北鎮戍、郡縣悉降。

第七章　東晉末葉形勢

第一節　道子亂政

晉孝武帝性甚愚柔，雖以苻堅之送死，幸致肥水之捷，此乃適值天幸，而非其有戡亂之才也。帝任會稽王道子，初封琅邪，大元十七年，徙封會稽。政治大亂；逮至大權旁落，又用王恭、殷仲堪以防之，所任亦非其人；致肇桓玄之篡竊，劉裕因之得政，而晉祚終矣。

道子者，帝母弟。大元五年爲司徒。八年録尚書。十年，謝安卒，遂領揚州刺史，都督中外諸軍事。數年，又領徐州刺史，爲大子大傅。《謝安傳》言：安以道子專權，姦諂頗相扇構，出鎮廣陵之步丘以避之。今江蘇江都縣之邵伯鎮。案是時扇構於安與道子之間者，爲王國寶、王珣、王珉等。國寶坦之子。史言其少無士操，不脩廉隅。婦父謝安，每抑而不用。而國寶從妹爲道子妃，與道子遊處，遂閒毁安。珣與珉皆導孫。皆謝氏壻。以猜嫌致隙。安既與珣絶昏，又離珉妻，二族遂成仇讐。安卒後，珣遷侍中，孝武深杖之；而道子輔政，以國寶爲中書令、中領軍。史言國寶讒諛之計行，而好利險詖之徒，以安功名盛極而構會之，嫌隙遂成。蓋皆恩怨權利之私，非因國事而有異同也。然朝政則自此大紊矣。帝溺於酒色，爲長夜之飲；又好佛法，立精舍於殿内，引諸沙門居之；《本紀》大元六年。而道子亦崇信浮屠，用度奢侈，下不堪命，爲長夜之飲，蓬首昏目，政事多闕；蓋二人之失德正同。帝不親萬幾，但與道子酣歌爲務。於是姏姆尼僧，并竊弄其權。凡所幸接，皆出自小豎。如趙牙出自優倡，而道子以爲魏郡大守；茹千秋本錢塘捕賊吏，而以爲驃騎諮議參軍。牙爲道子開東第，築山穿池，列樹竹木，功用鉅萬。千秋則賣官販爵，聚貲貨累億。官以賄遷，政刑繆亂。然郡守長吏，多爲道子所樹立；既爲揚州、總録，勢傾天下，朝野輻湊；其必又有構之於帝者勢也。

時帝所任用者，爲王恭、后兄，時爲中書令。殷仲堪、尚書僕射，領吏部。王珣、徐邈、爲中書舍人,遷散騎常侍。郗恢、王雅等。雅爲丹陽尹。《王珣傳》云:"時帝性好典籍,珣與殷仲堪、徐邈、王恭、郗恢等,并以才學文章,見昵於帝。"蓋帝所好者多文學之才,非經綸之器,故任之以事,多見覆餗也。《王國寶傳》云:"王雅有寵,薦王珣於帝。"中書郎范寗,國寶舅也,深陳得失。帝漸不平於道子,然外每優崇之。寗勸帝黜國寶。國寶乃使陳郡袁悦之,爲道子所親愛者。因尼支妙音,致書大子母陳淑媛,説國寶忠謹,宜見親信。帝知之,託以他罪殺悦之。國寶大懼,遂因道子譖毁寗。帝不獲已,流涕出寗爲豫章大守。豫章,見第三章第九節。《王恭傳》言悦之之誅由於恭。《恭傳》作悦,蓋其人名悦,字悦之。六朝人多以字行,史所書者,亦名字不一也。蓋至是而主相之釁成矣。《道子傳》言:道子爲皇大妃所愛,孝武及道子母李氏,本出微賤。孝武即位,尊爲淑妃。大元三年,進爲貴人。九年,又進爲夫人。十二年,加爲皇大妃。十九年,乃尊爲皇大后。親遇同家人之禮,遂恃寵乘酒,時失禮敬,帝益不能平。博平令聞人奭上疏,博平,漢縣,今山東博平縣西北。言茹千秋罪狀。又言尼姏屬類,傾動亂時。穀賤人飢,流殣不絶。權寵之臣,各開小府,施置吏佐,無益於官,有損於國。疏奏,帝益不平,而逼於大妃,無所廢黜。其實當時大阿已有倒持之勢,亦非盡由大妃之逼也。

帝乃"出王恭爲兗州,大元十五年二月。鎮京口。殷仲堪爲荆州;大元十七年十一月。鎮江陵。本爲荆州者王忱,國寶弟也,以是年十月卒。以王珣爲僕射,王雅爲大子少傅;以張王室而潛制道子"。《道子傳》。《王雅傳》云:帝以道子無社稷器幹,慮宴駕之後,王室傾危,乃選時望,以爲藩屏。將擢王恭、殷仲堪等,先以訪雅。雅言"恭秉性峻隘;仲堪亦無弘量,且幹略不長;委以連率之重,據形勝之地,四海無事,足以守職,若道不常隆,必爲亂階"。帝以恭等爲當時秀望,謂雅疾其勝己,故不從。此或事後傅會之談,然當時局勢,外若無事,内實艱危,非恭與仲堪所能負荷,則殆不容疑也。

大元二十一年,九月,帝崩。《本紀》云:時張貴人有寵,年幾三十,帝戲之曰:"汝以年當廢矣。"貴人潛怒。向夕,帝醉,遂暴崩。時道子昏惑,元顯專權,竟不推其罪人。《天文志》云:兆庶宣言,夫人張氏,潛行大逆。《五行志》云:帝崩,兆庶歸咎張氏。《草妖》。又云:張夫人專幸,及帝暴崩,兆庶尤之。《雨雹》。夫宮禁之事,氓庶何知焉? 不推賊而廣布流言,賊之所在可知矣。《魏書·僭晉傳》云:昌明以嬖姬張氏爲貴人,寵冠後宮,威行閫内。於時年幾三十。昌明妙列伎樂,陪侍嬪少,乃笑而戲之云:"汝年當廢,吾已屬諸姝少矣。"張氏潛怒。昌明不覺,而戲逾甚。向夕,昌明稍醉,張氏乃多潛飲宦者、内侍而分遣焉。至暮,昌明沈醉卧,張氏遂令其婢蒙之以被。既絶而懼,貨左右,云以魘死。其説較《晉書》爲詳,即當時所散布之流言也。此事大不近情理,然孝武絶於宦官宫妾之手,則似無足疑。觀國寶句結能及於陳淑媛,則知當時宫禁之内,袵席之間,未始非危機之所伏也。

大子德宗立,是爲安帝。以道子爲大傅,攝政。① 明年,爲隆安元年,帝加元服,道子歸政。以王珣爲尚書令,王國寶爲左僕射。《國寶傳》云:弟忱爲荆州卒,國寶自表求解職迎母,并奔忱喪。詔特賜假。而盤桓不時進發。爲御史中丞褚粲所奏。國寶懼罪,衣女子衣,託爲王家婢,詣道子告其事。道子言之於帝,孝武。故得原。後驃騎參軍王徽請國寶同燕。國寶素驕貴,使酒,怒尚書左丞祖台之,攘袂大呼,以盤酸、樂器擲台之。台之不復言。復爲粲所彈。詔以國寶縱肆情性,甚不可長;台之懦弱,非監司體;并坐免官。頃之,復職。愈驕蹇,不遵法度。起齋伜清暑殿。帝惡其僭侈。國寶懼,遂諛媚於帝,而頗疏道子。道子大怒。嘗於内省面責國寶,以劍擲之,舊好盡矣。是時王雅亦有寵,薦王珣於帝。帝夜與國寶及雅宴。帝微有酒,令召珣。將至,國寶自知才出珣下,恐至傾其寵,因曰:"王珣當今名流,不可以酒色見",帝遂止。而以國寶爲忠,將納國寶女爲琅邪王妃,即恭帝,安帝母弟。道子改封會稽,立爲琅邪王。未婚而帝崩。安帝即位,國寶復事道子。進從祖弟緒,爲琅邪内史,亦以佞邪見知。道子復惑之,倚爲心腹。國寶遂參管朝權,威震内外。遷尚書左僕射,領選,加後將軍,丹陽尹。道子悉以東宮兵配之。案國寶果與道子中離,其復合,安得如是之易? 孝武與國寶,猜隙已深,豈容忽以爲忠? 王珣與孝武久暱,亦豈國寶所能閒? 此皆不待深求,而知其非實録者也。是時地近而勢逼者,自莫如王恭。《恭傳》言:恭赴山陵,緒説國寶,因恭入覲相王,伏兵殺之。國寶不許。而道子亦欲輯和内外,深布腹心於恭,冀除舊惡。恭多不順。每言及時政,輒厲聲色。道子知恭不可和協,王緒之説遂行。或勸恭因入朝,以兵誅國寶,而庾楷黨於國寶,士馬甚盛,恭憚之,不敢發。庾楷者,亮之孫,時爲豫州刺史,鎮歷陽者也。歷陽,見第三章第九節。王恭在是時,與道子決無可以調和之理。既終不能調和,則勢必至於互相誅夷。以恭辭色之不順,爲不能和協之原因,則所見大淺矣。恭於是時,若能整兵入朝,推問孝武帝崩狀,最爲名正言順,恭後罪狀國寶曰:"專寵肆威,將危社稷。先帝登遐,夜乃犯閣叩扉,欲矯遺詔。賴皇大后聰明,相王神武,故逆謀不果。"弑逆之罪,既縱而不問於先,遂不能更舉之於其後矣。既有所忌而不敢發;道子等亦因有所顧慮,不敢誅恭,於是京邑蹀血之禍抒,方鎮連衡之局起,而桓玄遂乘機肆逆矣。

　桓玄者,温之孽子。温甚愛異之。臨終,命以爲嗣,襲爵南郡公。時玄年五歲。常負其才地,以雄豪自處。衆咸憚之。朝廷亦疑而未用。玄年二十三,始拜大子洗馬。時議謂温有不臣之迹,故折玄兄弟而爲素官。大元末,出補義興大守,鬱鬱不得志,棄官歸國。南郡,見第三章第九節。義興,見第五章第六節。殷仲堪憚其才地,深相要結;玄亦欲假其兵勢,誘而悅之。王國寶謀削弱方鎮,内外騒動。玄乃説仲堪曰:"國寶與君諸人,素已爲對。孝伯居元舅之地,必未便動之,惟當以君爲事首。若發詔徵君爲中書令,用殷顗爲荆州,見下。君何以處之?"仲堪曰:"憂之久矣,君謂計將安出?"玄曰:"君若密遣一人,信説王恭,宜興晉陽之師,以内匡朝廷,己當悉荆楚之衆,順流而下。推王爲盟主,僕等亦皆投袂,當此無不響應,此桓、文之舉也。"仲堪遲疑未决。俄而王恭信至,招仲堪及玄,匡正朝廷。仲堪以恭在京口,去都不盈二百,荆州道遠,連兵勢不相及,乃僞許恭,而實不欲下。恭得書,大喜。乃抗表京師,罪狀國寶及緒。國寶皇遽,不知所爲。緒説國寶:令矯道子命,召王珣、車胤殺之,以除羣望,因挾主相,以討諸侯。車胤者,以寒素博學,知名於世。寧康初,爲中書侍郎,累遷侍中。後爲護軍將軍。王國寶諷八坐,啓以道子爲丞相,加殊禮,胤稱疾不署。隆安初,爲丹陽尹,遷吏部尚書。亦不附道子、國寶者也。國寶許之。珣、胤既至,而不敢害,反問計於珣。珣勸國寶放兵權以迎恭。國寶信之。又問計於胤。胤曰:"朝廷遣軍,恭必城守。若京城未拔,而上流奄至,君將何以待之?"國寶大懼。遂上疏解職,詣闕待罪。既而悔之。詐稱詔復本官,欲收兵距王恭。道子既不能距諸侯,欲委罪國寶,乃遣譙王尚之恬子。時爲驃騎諮議參軍。恬見第五節。收國寶,付廷尉,賜死;并斬王緒於市以謝恭。恭乃還京口。仲堪聞恭已誅國寶等,始抗表興師。遣楊佺期次巴陵。見第三章第九節。道子遺書止之。仲堪乃還。仲堪既納桓玄之説,乃外結雍州牧郗恢,内要從兄南蠻校尉顗,南郡相江績等。恢、顗、績并不同之。乃以楊佺期代績。顗自遜位。顗以憂卒。江績入爲御史中丞。道子世子元顯,夜開六門,績與車胤,密啓道子,欲以奏聞。道子不許。元顯逼令自裁。蓋其時王國寶、王緒既誅,道子素懦弱;王恭、殷仲堪,本文學侍從之選,非有樂亂之心;而元顯年十六,聰明多涉,志氣果鋭,傅會者謂有明帝之風,惡王恭,嘗請道子討之;兵端之戢不戢,實不在道子、恭、仲堪而在元顯,故績與胤欲去其權,不可謂非關懷大局者也。道子既不聽,轉拜元顯爲征虜將軍,舉其先衛府及徐州文武,悉以配之;桓玄求爲廣州,道子不欲使在荆楚,順其意許之,玄亦受命不行;内外之釁仍結矣。道子復引譙王尚之爲腹心。尚之説道子曰:"藩伯彊盛,宰相權輕,宜密樹置,以自藩衛。"道子深以爲然。乃以其司馬王愉爲江州刺史,割豫州四郡,使愉督之。庾楷怒,遣子鴻説王恭曰:"尚之兄弟,專弄相權,欲假朝威,貶削方鎮。及其議未成,宜早圖之。"恭以爲然。復以告仲堪、玄。玄等從之。推恭爲盟主,刻期同赴京師。

時内外疑阻，津邏嚴急，仲堪之信，因庾楷達之，以斜絹爲書，内箭幹中，合鏑漆之。楷送於恭。恭發書，絹文角戾，不復可識，謂楷爲詐；又料仲堪去年已不赴盟，今無連理；乃先期舉兵。隆安二年七月。上表，以討王愉、司馬尚之兄弟爲辭。司馬劉牢之諫，恭不從。道子使人説庾楷。楷怒曰：“王恭昔赴山陵，相王憂懼無計，我知事急，即勒兵而至；去年之事，亦俟令而奮。既不能距恭，反殺國寶。自爾已來，誰敢復攘袂於君之事乎？”道子日飲醲酒，而委事於元顯。以爲征討都督。王恭本以才地陵物，雖杖劉牢之爲爪牙，但以行陳武將相遇，禮之甚薄。牢之深懷恥恨。元顯遣廬江大守高素説牢之，使叛恭。“事成，當即其位號。”牢之許焉。恭參軍何澹之以其謀告恭。牢之與澹之有隙，故恭疑而不納。乃置酒請牢之，於衆中拜牢之爲兄。精兵利器，悉以配之，使爲前鋒。行至竹里，在今江蘇句容縣北。六朝時京口至建康，恒取道於此。牢之背恭，遣其壻高雅之、子敬宣因恭曜軍，輕騎擊恭。恭敗，奔曲阿。見第四章第三節。將奔桓玄，至長塘湖，見第四章第三節。湖浦尉收送京師，斬之。恭信佛道，臨刑猶誦佛經，自理須鬢，謂監刑者曰：“我闇於信人，所以致此。原其本心，豈不忠於社稷？但令百代之下，知有王恭耳。”家無財貨，惟書籍而已。其居心實可諒也。牢之遂代恭。譙王尚之討庾楷。楷遣汝南大守段方逆戰於慈湖，在今安徽當塗縣北。大敗，被殺。楷奔桓玄。殷仲堪使楊佺期舟師五千爲前鋒。桓玄次之，自率兵二萬，相繼而下。佺期、玄至溢口，見第三章第九節。王愉奔於臨川，吳郡，治臨汝，今江西臨川縣。玄遣偏軍追獲之。佺期進至橫江，見第三章第九節。譙王尚之退走。尚之弟恢之所領水軍皆没。玄等至石頭，仲堪至蕪湖，皆見第三章第九節。忽聞王恭已死，劉牢之領北府兵在新亭，在今首都之南。① 玄等三軍失色，無復固志，乃迴師屯於蔡洲。見第四章第三節。仲堪素無戎略，軍旅之事，一委佺期兄弟。玄從兄脩沖子。告道子曰：“西軍可説而解也，脩知其情矣。若許佺期以重利，無不倒戈於仲堪者。”此據《仲堪傳》。《脩傳》云：脩進説曰：“殷、桓之下，專恃王恭，恭既破滅，莫不失色。今若優詔用玄，玄必内喜，則能制仲堪、佺期，使并順命。”案是謀既敗，江績奏脩承受楊佺期之言，交通信命，則此説似不如《仲堪傳》之確。此時桓玄一人之力，亦未必能兼制仲堪與佺期也。道子納之。乃以玄爲江州，佺期爲雍州，黜仲堪爲廣州，以桓脩爲荆州。仲堪令玄等急進軍。玄等喜於寵授，并欲順朝命，猶豫未決。仲堪弟遹，《桓玄傳》云：遹仲堪從弟。爲佺期司馬，夜奔仲堪，説佺期受朝命，納桓脩。仲堪皇遽，即於蕪湖南歸。徇於玄等軍曰：“若不各散而歸，大軍至江陵，當悉戮餘口。”仲堪將

劉系，領二千人隸於佺期，輒率衆歸。玄等大懼，狼狽追仲堪。至尋陽，見第四章第一節。及之。仲堪與佺期以子弟交質。遂於尋陽結盟。玄爲盟主。十月。并不受詔，申理王恭，求誅劉牢之、譙王尚之等。朝廷深憚之。詔仲堪還復本位。仲堪等乃奉詔，各還所鎮。

桓玄之未奉詔也，欲自爲雍州，以郗恢爲廣州。恢懼玄之來，問於衆。咸曰：“佺期來者，誰不戮力？若桓玄來，恐難與爲敵。”既知佺期代己，乃謀於南陽大守閭丘羨，南陽見第三章第四節。稱兵距守。佺期慮事不濟，乃聲言玄來入沔，而佺期爲前驅。恢衆信之，無復固志。恢軍散，請降。佺期入府，斬閭丘羨，放恢還都。撫將士，恤百姓；繕脩城池，簡練甲卒，甚得人情。初桓玄在荆州，豪縱，士庶憚之，甚於州牧。仲堪親黨勸殺之，仲堪不聽。及還尋陽，資其聲地，推爲盟主。玄逾自矜重。佺期爲人驕悍，常自謂承藉華胄，江表莫比，而玄每以寒士裁之，佺期甚憾。《佺期傳》云：弘農華陰人，漢大尉震之後也。曾祖準。自震至準，七世有名德。祖林，少有才望，直亂没胡。父亮，少仕僞朝，後歸國，終於梁州刺史，以貞幹知名。佺期沈勇果勁，而兄廣及弟思、平等，皆彊獷粗暴。自云門戶承藉，江表莫比，有以其門第比王珣者，猶恚恨，而時人以其晚過江，婚宦失類，每排抑之。恒慷慨切齒，欲因事際以逞其志。弘農，見第二章第二節。華陰，見第三章第三節。即於壇所欲襲玄。仲堪惡佺期兄弟虓勇，恐克玄之後，復爲己害，苦禁之。玄亦知佺期有異謀，潛有吞并之計，於是屯於夏口。見第三章第九節。玄既與仲堪、佺期有隙，恒慮掩襲，求廣其所統。朝廷亦欲成其釁隙，乃詔加玄都督荆州四郡，胡三省曰：謂長沙、衡陽、湘東、零陵。長沙，見第三章第九節。衡陽，見第五章第七節。湘東，見第三章第九節。零陵，見第三章第六節。以其兄偉爲南蠻校尉。佺期甚忿懼。仲堪亦慮玄跋扈，遂與佺期結昏爲援。會姚興侵洛陽，佺期乃建牙，聲云援洛，密欲與仲堪共襲玄。仲堪雖外結佺期，而疑其心，距而不許。猶慮弗能禁，復遣通屯於北境以遏之。佺期既不能獨舉且不測仲堪本意，遂息甲。南蠻校尉楊廣，佺期之兄也，欲距桓偉。仲堪不聽。乃出廣爲宜都、建平二郡大守。宜都、建平，皆見第三章第六節。佺期從弟孜敬，先爲江夏相，江夏，見第三章第四節。玄以兵襲而召之。既至，以爲諮議參軍。玄於是興軍西征，亦聲云救洛。與仲堪書，説佺期受國恩而棄山陵，宜共罪之。今親率戎旅，遄造金墉。見第三章第二節。使仲堪收楊廣。仲堪知不能禁，乃曰：“君自沔而行，不得一人入江也。”玄乃止。隆安三年，荆州大水，仲堪振恤飢者，倉廩空竭。玄乘其虛而伐之。時梁州刺史郭銓之鎮，路經夏口，玄授以江夏之衆，使督諸軍并進。密報兄偉，令爲内應。偉惶遽，不知所爲，乃自齎疏示仲堪。仲堪執偉爲質，而急召佺期。佺期曰：“江陵無食，可來見就，共守襄陽。”仲堪紿之

曰：“比來收集，已有儲矣。”佺期信之，率衆赴焉。步騎八千，精甲耀日。既
至，仲堪惟以飯餉其軍。佺期大怒，曰：“今兹敗矣。”乃不見仲堪，與兄廣擊
玄。殆獲郭銓。會玄諸軍至，佺期衆盡没，單馬奔襄陽。仲堪出奔酇城。見第
四章第二節。玄遣將軍馮該躡佺期，獲之。廣爲人所縛送。玄并殺之。仲堪聞
佺期死，將以數百人奔姚興。至冠軍，漢縣，在今河南鄧縣北。爲該所得。玄令害
之。玄遂平荆、雍。表求領荆、江二州。詔以玄爲荆州刺史，桓脩爲江州刺
史。玄上疏固爭，復領江州。玄又輒以偉爲雍州刺史。時寇賊未平，朝廷難
違其意，許之。玄於是樹用腹心，兵馬日盛。

第二節　孫　恩　之　亂

　　殷仲堪等之舉兵也，會道子有疾，加以昏醉，元顯知朝望去之，謀奪其權，諷
天子解道子揚州、司徒，而道子不之覺。元顯自以少年，頓居權重，慮有譏議，於
是以琅邪王領司徒，自爲揚州刺史。道子酒醒，方知去職，而無如之何。廬江大
守張法順，爲元顯謀主。元顯性苛刻，生殺自己，法順屢諫不納。又發東土諸郡
免奴爲客者，號曰樂屬，移京師以充兵役，東土囂然。孫恩遂乘釁作亂。

　　孫恩，琅邪人，琅邪，見第二章第三節。孫秀之族也。世奉五斗米道。恩叔父
泰，師事錢唐杜子恭。錢唐，見第四章第三節。子恭有祕術。嘗就人借瓜刀。其主求之。
子恭曰：“當即相還耳。”既而刀主行至嘉興，有魚躍入船中，破魚得瓜刀。其爲神效，往往如此。嘉興，
見第四章第三節。子恭死，泰傳其術；浮狡有小才，誑誘百姓，愚者敬之如神，皆竭
財產，進子女，以求福慶。王珣言於會稽王道子，流之於廣州。廣州刺史王懷
之，以泰行鬱林大守。鬱林，見第三章第九節。南越以外皆歸之。大子少傅王雅，先
與泰善，言於孝武帝，以泰知養性之方，因召還。道子以爲徐州主簿。猶以道
術，眩惑士庶。稍遷新安大守。新安，見第四章第三節。王恭之役，泰私合義兵，得
數千人，爲國討恭。黃門郎孔道，鄱陽大守桓放之，鄱陽，見第四章第三節。驃騎諮
議周綏等，皆敬事之。會稽世子元顯，亦數詣泰，求其祕術。泰見天下兵起，
以爲晉祚將終，乃扇動百姓，私集徒衆。三吳士庶多從之。三吳，見第三章第九節。
於時朝士，皆懼泰爲亂，以其與元顯交厚，咸莫敢言。會稽內史謝輶發其謀。
會稽，見第三章第九節。道子誅之。恩逃於海。衆聞泰死，皆謂蟬蛻登仙。[①]　就海

[①]　宗教：孫恩，秀之族。孫泰死，衆謂蟬蛻登仙。恩死亦然（第一九九頁），恩號其黨曰長生人
（第一九八頁），令誅殺異己（第一九八頁），死亡多（第一九九頁），孫恩酷忍（第二一一頁），焚燒，刊木，
堙井（第一九八頁），其黨之多（第二一一頁）。

中資給恩。恩聚合亡命,得百餘人,志在復讎。及元顯縱暴,吳會百姓不安,吳會二字,初指吳與會稽言之,其後則爲汎稱。恩因其騷動,自海攻上虞,秦縣,今浙江上虞縣西。殺縣令。因襲會稽,害内史王凝之。時隆安三年十一月也。恩有衆數萬。於是會稽謝鍼,吳郡陸瓌,吳郡,見第三章第九節。吳興丘尫,吳興,見第三章第九節。義興許允之,義興,見第五章第六節。臨海周冑,臨海,見第四章第三節。永嘉張永,永嘉,晉郡,今浙江永嘉縣。及東陽、見第五章第六節。新安凡八郡,一時俱起,殺長吏以應之。旬日之中,衆數十萬。恩據會稽,自號征東將軍,號其黨曰長生人。宣語令誅殺異己。有不同者,戮及嬰孩。由是死者十七八。畿内諸縣,處處蠭起。朝廷震懼,内外戒嚴。遣衛將軍謝琰、鎮北將軍劉牢之討之。吳會承平日久,人不習戰;又無器械;故所在破亡。諸賊皆燒倉廩,焚邑屋,刊木,堙井,虜掠財貨,相率聚於會稽。其婦女有嬰累不能去者,襄籠盛嬰兒没於水,而告之曰:"賀汝先登仙堂,我尋後就汝。"牢之遣將桓寶救三吳,子敬宣爲寶後繼。比至曲阿,見第四章第三節。吳郡内史桓謙此依《牢之傳》。《本紀》同。《恩傳》作桓謹。已棄郡走。牢之乃率衆東討,拜表輒行。琰至義興,斬賊許允。進討丘尫,破之。牢之至吳興,擊賊屢勝。徑臨浙江。琰屯烏程,見第四章第三節。遣司馬高素助牢之。牢之率衆軍濟浙江。恩虜男女二十餘萬口,一時逃入海。懼官軍之躡,乃緣道多棄寶物、子女,時東土殷實,莫不粲麗盈目,牢之等遽於收斂,故恩復得逃海。朝廷以謝琰爲會稽,率徐州文武戍海浦。琰本爲徐州刺史。琰無撫綏之能,而不爲武備。四年,恩復入餘姚,秦縣,今浙江餘姚縣。破上虞,進至邢浦。此據《恩傳》。《琰傳》作邢浦,云在山陰北三十五里。山陰,見第二章第二節。琰遣參軍劉宣之距破之。既而上黨大守張虔碩戰敗,羣賊銳進。琰敗績。帳下督張猛,於後斫琰馬,琰墮地,與二子俱被害。朝廷大震。遣冠軍將軍桓不才、輔國將軍孫無終,寧朔將軍高雅之擊之。恩復還於海。於是復遣牢之東屯會稽。吳國内史袁山松築扈瀆壘,在今上海市北。緣海備恩。明年,二月,恩復入浹口。《東晉疆域志》云:在餘姚、鄞縣之閒。鄞漢縣,在今浙江鄞縣東。雅之敗績。牢之進擊,恩復還於海。五月,轉寇扈瀆,害袁山松。仍浮海向京口。見第四章第二節。牢之率衆西擊,未達,而恩已至。朝廷駭懼,陳兵以待之。牢之在山陰,使劉裕自海鹽赴難。海鹽,漢縣,在今浙江平湖縣東南。晉徙治今海鹽縣。牢之率大衆而還。裕兵不滿千人,與賊戰,破之。恩聞牢之已還京口,乃走郁州。今江蘇灌雲縣東北之雲臺山,古在海中,稱郁州,亦曰鬱洲。高雅之擊之,爲賊所執。賊寇廣陵,見第三章第九節。陷之。浮海而北。劉裕與劉敬宣并軍躡之於郁州。累戰,恩復大敗。漸衰弱。復緣海還南。裕亦尋海要截。復大破恩於扈瀆。恩遂遠迸海中。及桓玄用事,恩復寇臨海,大守辛景討破之。恩窮蹙,乃赴海自沈。妖黨及伎妾,謂之水仙,投水從死者百數。時元興元年三月也。案恩之所爲,與張角極相似。誑惑多而不能戰。其誑惑士大夫之力,或猶過之,讀本節所述即可見。沈約《宋書·自序》言:杜子恭通靈有道術,東土豪宗,及京邑貴望,并事之爲弟子,執在三之敬。沈警累世事道,亦敬事子恭。子恭死,門徒孫泰,泰弟子恩傳其業,警復事之。恩作亂,警子穆夫,爲其前部參軍,與弟仲夫、任夫、豫夫、佩夫并遇害。警等爲人如何不必論,要亦士大夫之家也。此或由其本爲衣冠中人而然。然其所用,仍多亡命之徒,故其殘殺破壞極甚。《恩傳》言:恩虜男女二十餘萬口,一時逃入海,雖曰緣道多棄子女,能從者當尚不下十餘萬人。又云:自恩初入海,所虜之口,其後戰死及自溺,并流離被傳賣者,至恩死時,裁數千人存;而恩攻沒謝琰、袁山松,陷廣陵,前後數十戰,亦殺百姓數萬人。則死亡者當在二十萬以上矣。當時海島,能容幾何人? 十餘萬人,安能一時入海? 此自不免言之過甚,然其死亡之衆,則必不誣也。五斗米道誑惑之力固大,然亦可見是時東土之不安也。

第三節　桓　玄　篡　逆

孫恩之作亂也,加道子黃鉞,以元顯爲中軍以討之。又加元顯錄尚書事。道子更爲長夜之飲,政無大小,一委元顯。時謂道子爲東錄,元顯爲西錄,西府車騎填湊,東第門可設雀羅矣。於是軍旅洊興,國用虛竭,自司徒已下,日廩七升,而元顯聚斂不已,富過帝室。及謝琰爲孫恩所害,元顯求領徐州,加侍中、後將軍、開府儀同三司,都督十六州諸軍事。揚、豫、徐、兗、青、幽、冀、并、荊、江、司、雍、梁、益、交、廣。尋以星變解錄,復加尚書令。桓玄屢上疏求討孫恩,詔輒不許。其後恩逼京都,玄建牙聚衆,外託勤王,實欲觀釁而進。復上疏請討恩。會恩已走,玄又奉詔解嚴。玄以兄偉爲江州,鎮夏口。見第三章第九節。司馬刁暢鎮襄陽。見第三章第四節。遣桓振、石虔子。皇甫敷、馮該戍溢口。見第三章第九節。自謂三分有二,勢運所歸,屢使人上禎祥,以爲己瑞。致牋道子,語多侮嫚。元顯大懼。張法順言:"桓氏世在西藩,人或爲用。孫恩爲亂,東土塗地,玄必乘此,縱其姦凶。及其始據荊州,人情未輯,宜發兵誅。"元顯以爲然。遣法順至京口,見第四章第二節。謀於劉牢之。牢之以玄少有雄名,杖全楚之衆,懼不能制;又慮平玄之後,不爲元顯所容;深懷疑貳。法順還,說元顯曰:"觀牢之顏色,必貳於我,未若召入殺之。不爾,敗人大事。"元顯不從。元興元年,正月,加元顯侍中、驃騎大將軍、開府、征討大都督、督十八州諸軍事,儀同三司,加黃鉞、班劍二十人,以伐桓玄。以牢之爲前鋒,譙王尚之爲後部。法順又言於元顯曰:"自舉大事,未有威斷,桓謙兄弟,每爲上流耳目,宜斬之以孤荊州之望。謙沖子,時爲元顯諮議參軍。且事之濟不,繫在前軍,而牢之反覆;萬一有變,則禍敗立至；可令牢之殺謙兄弟，以示不貳；若不受命，當爲其所。"元顯曰：
"非牢之無以當桓玄。且始事而誅大將，人情必動。"法順言之再三，元顯不
可，而以謙爲荆州刺史，以安荆楚。於時揚土飢虛，運漕不繼，玄斷江路，商旅
遂絶，公私匱乏，士卒惟給粰橡。玄本謂揚土饑饉，孫恩未滅，朝廷必未皇討
己，可得蓄力養衆，觀釁而動。聞元顯將伐之，甚懼，欲保江陵。見第三章第九節。
長史卞範之説曰："元顯口尚乳臭，劉牢之大失物情，兵臨近畿，土崩之勢，翹
足可待。何有延敵入境，自取蹙弱者乎？"玄大悦。乃留其兄偉守江陵，抗表
率衆，東下尋陽。見第四章第一節。移檄京邑，罪狀元顯。檄至，元顯大懼，下船
而不敢發。玄既失人情，而興師犯順，慮衆不爲用，恒有迴旆之計。既過尋
陽，不見王師，意甚悦。其將吏亦振。庾楷以玄與朝廷構怨，恐事不克，禍及
於己，密結元顯，許爲内應。謀泄，收繫之。至姑孰，見第四章第一節。使馮該等
攻譙王尚之。尚之敗，逃於涂中。涂同滁。十餘日，爲玄所得。尚之弟休之鎮
歷陽。見第三章第九節。以五百人出城力戰，不捷，奔南燕。玄遣何穆説劉牢之。
時尚之已敗，人情轉沮，牢之乃頗納穆説，遣使與玄交通。其甥何無忌與劉裕
固諫，不從。俄令子敬宣降玄。《宋書·敬宣傳》云：牢之以道子昏闇，元顯淫凶，慮平玄之
後，亂政方始，欲假手於玄，誅除執政，然後乘玄之隙，可以得志於天下，將許玄降。敬宣諫曰："方今國
家亂擾，四海鼎沸，天下之重，在大人與玄。玄藉先父之基，據荆南之勢，雖無姬文之德，實爲三分之
形。一朝縱之，使陵朝廷，威望既成，則難圖也。董卓之變，將生於今。"牢之怒曰："吾豈不知今日取
玄，如反覆手。但平玄之後，令我那驃騎何？"遣敬宣爲任。案玄一平元顯，即奪牢之兵權；旋竊大位；
或非牢之當時計慮所及，然謂取玄如反覆手，則亦誣也。《晉書》謂牢之因尚之之敗，人情轉沮，乃頗納
何穆之説，自近於實。玄至新亭，見第一節。元顯棄船，退屯國子學堂。明日，列陳宣
陽門外。佐吏多散走。劉牢之遂降於玄。元顯迴入西陽門，牢之參軍張暢之
率衆逐之。衆潰。元顯奔入相府。惟張法順隨之。玄遣收元顯，送付廷尉，
并其六子皆害之。張法順亦見殺。又奏道子酣縱不孝，當棄市。詔徙安成郡。見
第三章第九節。使御史杜竹林防衛，竟承玄旨鴆殺之。玄以劉牢之爲會稽大守。
會稽，見第三章第九節。牢之歎曰："始爾便奪我兵，禍將至矣。"時玄屯相府，敬宣
勸牢之襲之。牢之猶豫不決。移屯班瀆。將北奔廣陵相高雅之，據江北以距
玄。《宋書·敬宣傳》曰：牢之與敬宣謀共襲玄，期以明旦，直爾日大霧，府門晚開，日旰，敬宣不至，牢
之謂所謀已泄，率部衆向白洲，欲奔廣陵。白洲當即班瀆。胡三省曰：班瀆在新洲西南。案新洲，在今
首都北江中。廣陵，見第三章第九節。集衆大議。參軍劉襲曰："事不可者莫大於反，
而將軍往年反王兗州，近日反司馬郎君，今復欲反桓公，一人三反，豈得立
也？"語畢趨出。佐吏多散走。敬宣先還京口援其家，失期不至，牢之謂爲劉
襲所殺，乃自縊而死。俄而敬宣至，不皇哭，奔高雅之，與雅之俱奔南燕。

桓玄入京師，矯詔加己總百揆，侍中，都督中外諸軍事，丞相，錄尚書事，揚州牧，領徐州刺史。害庾楷父子，譙王尚之，尚之弟丹陽尹恢之，廣晉伯允之等。以兄偉爲荆州刺史，領南蠻校尉。從兄謙爲左僕射，領選。脩爲徐、兗二州刺史。石生爲江州刺史。卞範之爲丹陽尹。玄讓丞相，自署大尉，領豫州刺史。出居姑孰。固辭錄尚書事，詔許之，而大政皆諮焉。小事則決於桓謙、卞範之。自禍難屢搆，干戈不戢，百姓厭之，思歸一統。及玄初至也，黜凡佞，擢儁賢，君子之道粗備，京師欣然。後乃陵侮朝廷，幽擯宰輔；豪奢縱欲，衆務繁興；於是朝野失望，人不安業。玄又害吳興大守高素，吳興，見第三章第九節。輔國將軍竺謙之，謙之從兄高平相朗之，高平，見第二章第二節，此時爲僑置。輔國將軍劉襲，襲弟彭城内史季武，彭城，見第五章第四節。冠軍將軍孫無終等，皆劉牢之黨，北府舊將也。襲兄冀州刺史軌奔南燕。二年，桓偉卒，以桓脩代之。從事中郎曹靖之説玄：以脩兄弟，職居内外，恐權傾天下。玄納之，乃以南郡相桓石康爲西中郎將、荆州刺史。南郡，見第三章第九節。石康豁子。玄所親杖惟偉。偉死，玄乃孤危，而不臣之迹已著；自知怨滿天下，欲速定篡逆。殷仲文妻，玄之妹也，仲文，覬弟。玄使總録詔命，以爲侍中，與卞範之又共促之。於是先改授羣司。又矯詔加其相國，總百揆，封十郡，爲楚王，加九錫。南陽大守庾仄，南陽，見第三章第四節。殷仲堪黨也，九月，乘桓石康未至，起兵。襲馮該於襄陽，走之。江陵震動。桓濟子亮，以討仄爲名，起兵羅縣。漢縣，在今湖南湘陰縣東北。南蠻校尉羊僧壽，與石康攻襄陽，庾仄衆散，奔姚興。長沙相陶延壽，長沙，見第三章第九節。以亮乘亂起兵，遣收之。玄徙亮於衡陽，見第五章第七節。誅其同謀桓奥等。十二月，玄篡位。以帝爲平固公，平固，見第三章第九節。還居尋陽。玄入建康。

劉牢之雖死，高素等雖見誅鉏，然北府之人物未盡也，而是時爲其首領者，實爲劉裕。初孫恩之死也，餘衆推恩妹夫盧循爲主。桓玄欲且輯寧東土，以循爲永嘉大守。永嘉，見上節。循雖受命，而寇暴不已。玄復遣裕東征。何無忌隨至山陰，見第二章第二節。勸裕於會稽起義。裕以爲玄未據極位；且會稽遥遠，事濟爲難；不如俟其篡逆事著，於京口圖之。據《宋書・武帝紀》。《孔靖傳》以是爲靖之謀。玄既篡位，裕乃與其弟道規及劉毅、桓弘中兵參軍。弘沖子，時爲青州刺史，鎮廣陵。何無忌、魏詠之、殷仲堪客。檀憑之、桓脩長流參軍。孟昶、青州主簿。諸葛長民、豫州刺史刁逵左軍府參軍。王元德、名叡。弟懿，字仲德。兄弟名犯晉宣、元二帝諱，并以字稱。辛扈興、童厚之等謀討之。元興三年，二月，裕託以游獵，與無忌等收集義徒，襲京口，斬桓脩。劉毅潛就孟昶，起兵襲殺桓弘，因收衆濟江。諸葛長民謀據歷陽，失期不得發，刁逵執之，送於桓玄。未至而玄敗，送人共破檻出之，還趣歷陽。逵棄城走，爲其下所執，斬於石頭。元德、扈興、厚之謀於京邑攻玄，事泄，并爲玄所殺。玄召桓謙、卞範之等謀之。謙等曰：“亟遣兵擊之。”玄曰：“不然。彼兵速銳，計出萬死，遣少軍不足相抗，如有蹉跌，則彼氣成而吾事敗矣。不如屯大衆於覆舟山以待之。覆舟山，在首都大平門内，鍾山之西足也。彼安行二百里，無所措手，銳氣已挫；忽見大軍，必驚懼。我案兵堅陳，勿與交鋒。彼求戰不得，自然走散，此計之上也。”謙等固請，乃遣頓丘大守吳甫之、右衛將軍皇甫敷北拒之。義衆推劉裕爲盟主，移檄京邑。三月，遇吳甫之於江乘，見第三章第九節。斬之。進至羅落橋。在江乘南。皇甫敷率數千人逆戰。劉裕、檀憑之各御一隊。憑之敗死。裕進戰彌厲，斬敷首。桓玄使桓謙屯東陵口，在覆舟山東。卞範之屯覆舟山西，衆合二萬。劉裕躬先士卒奔之，將士皆殊死戰，謙等諸軍，一時土崩。玄將子姪浮江南走。裕鎮石頭，見第三章第九節。立留臺總百官。以王謐導孫。録尚書事，領揚州刺史。裕督揚、徐、兗、豫、青、冀、幽、并八州，爲徐州刺史。奉武陵王遵爲大將軍，承制。遵武陵威王晞子，晞元帝子。以劉毅爲青州刺史，與何無忌、劉道規躡玄。

桓玄經尋陽，江州刺史郭昶之備乘輿法物資之。玄收略，得二千餘人，挾天子走江陵。何無忌、劉道規破玄將郭銓、何澹之及郭昶之等於桑落洲。在九江東北。衆軍進據尋陽。桓玄大聚兵衆。召水軍，造樓船、器械。率衆二萬，挾天子發江陵，浮江東下。與劉毅等遇於崢嶸洲。在湖北鄂城縣東。衆憚之，欲退還尋陽。劉道規曰：“彼衆我寡，彊弱異勢，畏懦不進，必爲所乘，雖至尋陽，豈能自固？玄雖竊名雄豪，内實恇怯；加已經崩敗，衆無固心；決機兩陳，將雄者克。”因麾衆而進。毅等從之。大破玄軍。玄棄其衆，復挾天子還江陵。馮該勸更下戰，玄不從。欲出漢川，投梁州刺史桓希，而人情乖沮，制令不行。玄乘馬出城，至門，左右於闇中斫之，不中。前後相殺交横。玄僅得至船。於是荊州別駕王康産奉帝入南郡府舍，大守王騰之率文武營衛。初玄之篡位也，遣使加益州刺史毛璩散騎常侍、左將軍。璩執留其使，不受命。玄以桓希爲梁州刺史，使王異據涪，郭法成宕渠，師寂成巴郡，周道子成白帝以防之。涪、宕渠、巴，皆見第三章第六節。白帝，城名，在今四川奉節縣東。璩傳檄遠近，列玄罪狀。遣巴東大守柳約之，建平大守羅述，征虜司馬甄季之擊破希等。巴東、建平，皆見第三章第六節。仍率衆次於白帝。初璩弟寧州刺史璠喪官，璩兄孫祐之及參軍費恬，以數百人送喪葬江陵。會玄敗，謀奔梁州。璩弟子脩之，時爲玄屯騎校尉，誘使入蜀。玄從之。逹枚回洲，在江陵南。恬與祐之迎擊，益州督護馮遷斬玄并石康及玄兄子濬。玄子昇，時年數歲，送江陵市，斬之。毛璩又遣將攻漢中，殺桓希。

　　玄之敗於崢嶸洲，義軍以爲大事已定，追躡不速，據《宋書·武帝紀》。《劉道規傳》云：遇風不進。玄死幾一旬，衆軍猶不至。桓振逃於華容之涌中。涌水在華容。華容，漢縣，今湖北監利縣西北。玄先令將軍王稚徽戍巴陵，見第三章第九節。稚徽遣人招振，云桓歆已克京邑，歆玄兄，時聚衆向歷陽，爲諸葛長民、魏詠之所破。馮稚等復平尋陽，稚玄將，嘗襲陷尋陽，劉毅使劉懷肅討平之。懷肅，裕從母兄。劉毅諸軍并敗於中路。振大喜，乃聚黨數十人襲江陵。比至城，有衆二百。桓謙先匿於沮川，亦聚衆而出。遂陷江陵。閏五月。迎帝於行宮。王康產、王騰之皆被害。桓振聞桓昇死，大怒，將肆逆於帝。謙苦禁之，乃止。遂命羣臣辭以楚祚不終，百姓之心，復歸於晉，更奉進璽綬。以琅邪王鎮徐州。振爲都督八州、荆州刺史。振少薄行，玄不以子姪齒之。及是，歎曰：“公昔不早用我，遂致此敗。若使公在，我爲前鋒，天下不足定也。今獨作此，安歸乎？”遂肆意酒色；暴虐無道，多所殘害。何無忌擊桓謙於馬頭，在今湖北公安縣東北。桓蔚於龍洲，皆破之。蔚祕子。義軍乘勝競進。桓振、馮該等距戰於靈溪，《水經注》：江水自江陵東逕燕尾洲北，會靈溪水。龍洲，在靈溪東。案龍洲，據《桓玄傳》。《何無忌傳》作龍泉。道規等敗績，死没者千餘人。劉毅坐免官，尋原之。義軍退次尋陽，更繕舟甲。進次夏口。馮該等守夏口，孟山圖據魯城，亦作魯山城，在今湖北漢陽縣東北。桓山客守偃月壘。據《桓玄傳》。《宋書·劉道規傳》作桓仙客。偃月壘，亦曰卻月城，在漢水左岸。劉毅攻魯城，道規攻偃月壘，二城俱潰。馮該走，禽山圖、仙客。毅等平巴陵。十二月。義熙元年，正月，南陽大守魯宗之起義兵，襲襄陽，破僞雍州刺史桓蔚。何無忌諸軍次馬頭。桓振擁帝，出營江津。戍名，在江陵南。請割荆、江二州，奉送天子。無忌不許。魯宗之破僞虎賁中郎將溫楷，進至紀南。城名，在江陵北。振自擊之，宗之失利。劉毅率何無忌、劉道規等破馮該於豫章口，在江陵東。推鋒而前，遂入江陵。振見火起，知城已陷，遂與桓謙北走。是日，安帝反正。大赦天下，惟逆黨就戮。詔特免桓胤一人。沖長子嗣之子。三月，桓謙出自湋城，在雲杜東南。雲杜，漢縣，在今湖北沔陽縣北。襲破江陵。劉懷肅自雲杜伐振，破之。廣武將軍唐興臨陳斬振。懷肅又討斬馮該於石城。見第三章第九節。桓亮先侵豫章，見第三章第九節。時劉敬宣自南燕還，劉裕以爲江州刺史，討走之。桓玄以苻宏爲梁州刺史，與亮先後入湘中；其餘擁衆假號者以十數：皆討平之。桓謙、桓怡，弘弟。桓蔚、桓謐、何澹之、溫楷，皆奔於秦。詔徙桓胤及諸黨與於新安諸郡。三年，東陽大守殷仲文，東陽，見第五章第六節。桓玄崢嶸洲之敗，留皇后王氏及穆帝后何氏於巴陵。仲文時在玄檻，求出別船，收集散卒，因奉二后奔夏口降。與永嘉大守駱球謀反，永嘉，見第二節。欲建桓胤爲嗣，劉裕并其黨收斬之。

桓玄乃一妄人，《晉書》言其繆妄之迹甚多，庸或不免傅會，如謂玄篡位入宫，其牀忽陷，羣下失色，殷仲文曰：“將由聖德深厚，地不能載，”玄大悦，此等幾類平話。又謂其棄建康西走時，腹心勸其戰，玄不暇答，直以策指天而已，亦與其據覆舟山待義兵之策，判若兩人也。然其縱侈，玄之出鎮姑孰，即大築城府，臺館山池，莫不壯麗。性好畋游，以體大不堪乘馬，乃作徘徊輿，施轉關，令迴動無滯。① 自篡盗之後，驕奢荒侈。游獵無度，以夜繼晝；或一日之中，屢出馳騁。性又急暴，呼召嚴速，直官咸繫馬省前。貪鄙，好奇異，尤愛寶物，珠玉不離於手。人士有法書、好畫及園宅者，悉欲歸己。猶難逼奪之，皆蒱博而取。遣臣佐四出，掘果移竹，不遠數千里。嘗詐欲討姚興，初欲飾裝，無他處分，先使作輕舸，載服玩及書畫等物。或諫之。玄曰：“書畫服玩，既宜恒在左右；且兵凶戰危，脱有不意，當使輕而易運。”衆皆笑之。此等事或疑其非實，然紈袴子弟，習於縱侈，不知慮患，確有此等情形也。好虚名，元興二年，玄詐表請平姚興，又諷朝廷作詔不許。謂代謝之際，宜有禎祥，乃密令所在上臨平湖開，又詐稱江州甘露降。以歷代咸有肥遯之士，己世獨無，乃徵皇甫謐六世孫希之爲著作，并給其資用，皆令讓而不受，號曰高士。敗走後，於道作起居注，叙其距義軍之事，自謂經略指授，算無遺策，諸將違節度，以致虧喪，非戰之罪。於時不皇與羣下謀議，惟耽思誦述，宣示遠近。荆州郡守，以玄播越，或遣使通表，有匪寧之辭，玄悉不受，仍令所在表賀遷都焉。臨平湖，在浙江杭縣東北。故老相傳：此湖塞，天下亂，此湖開，天下平。喜佞媚，《玄傳》言玄信悦諂譽，逆忤讜言。吴甫之、皇甫敷敗，玄聞之，大懼，問於衆曰：“朕其敗乎？”曹靖之曰：“神怒人怨，臣實懼焉。”玄曰：“卿何不諫？”對曰：“輦上諸君子，皆以爲堯、舜之世，臣何敢言？”不知政理，玄嘗議復肉刑，斷錢貨，迴復改異，造革紛紜。臨聽訟觀録囚徒，罪無輕重，多被原放。有干興乞者，時或恤之。尚書答春蒐字誤爲春菟，凡所關署，皆被降黜。奔敗之後，懼法令不肅，遂輕怒妄殺。雖少負雄名，而實則怯懦，崢嶸洲之戰，義兵數千，玄衆甚盛，而玄懼有敗衂，常漾輕舸於舫側，故其衆莫有鬥心。要非誣辭也。玄之叛逆，不過當時裂冠毁冕之既久，勢所必至，無足深異。晉室自東渡以後，上下流即成相持之局，而上流之勢恒彊，朝廷政令之不行，恢復大計之受阻，所關匪細，至桓玄敗而事勢一變矣。然中原喪亂既久，國内反側又多，卒非一時所克收拾，此則宋武之雄才，所以亦僅成偏安之業也，亦可歎矣。而蜀中乘此擾攘，又成割據之局者數年，尚其至微末者也。

桓玄之死也，柳約之進軍至枝江，漢縣，在今湖北枝江縣東。而桓振復攻没江陵，劉毅等還尋陽，約之亦退。俄而甄季之、羅述皆病。約之詣振僞降，欲襲振，事泄，被害。約之司馬時延祖，涪陵大守文處茂等涪陵，見第三章第六節。撫其餘衆，保涪陵。振遣桓放之爲益州，屯西陵。峽名，在今湖北宜昌縣西北。處茂距擊破之。毛璩聞江陵陷，率衆赴難。使弟瑾、瑗順外江而下。外水謂岷江，涪江曰内

---

① 工業：徘徊輿。

水,沱江曰中水。參軍譙縱及侯暉等領巴西、梓潼軍下涪水,與璩會巴郡。巴西梓潼,皆見第三章第六節。此據《毛璩傳》。《譙縱傳》云領諸縣氏。暉有貳志,因梁州人不樂東也,與巴西陽昧結謀,於五城水口,五城水,涪水支流,在廣都入江。廣都,見第六章第八節。逼縱爲主。攻璡於涪城。城陷,璡死之。縱乃自號梁、秦二州刺史。時朝廷新以此授璡。《通鑑》,事在義熙元年二月。璩時在略城,胡三省曰:據《晉書·毛璩傳》,去成都四百里。遣參軍王瓊率三千人討反者。又遣瑗領四千人繼進。縱遣弟明子及暉距瓊於廣漢。見第三章第六節。瓊擊破暉等。追至綿竹,見第三章第六節。明子設二伏以待之,大敗瓊衆,死者十八九。益州營户李騰開城以納縱。璩下人受縱誘説,遂共害璩及瑗,并子姪之在蜀者,一時殄没。縱以從弟洪爲益州刺史。明子爲巴州刺史,率其衆五千人屯白帝。自稱成都王。璡子脩之,下至京師,劉裕表爲龍驤將軍,配給兵力,遣令奔赴。又遣益州刺史司馬榮期及文處茂、時延祖等西討。脩之至宕渠,榮期爲參軍楊承祖所殺。脩之退還白帝。《通鑑》義熙二年九月。承祖自下攻之,不拔。脩之使參軍嚴綱收兵,漢嘉大守馮遷漢嘉,見第三章第六節。率兵來會,討承祖斬之。時文處茂猶在益郡,脩之遣兵五百,與劉道規所遣千人俱進,而益州刺史鮑陋不肯進討。《通鑑》在義熙三年。縱遣使稱藩於姚興。九月。且請桓謙爲助。興遣之。劉裕表遣劉敬宣率衆五千伐蜀。分遣巴東大守温祚巴東,見第三章第六節。以二千人揚聲外水,自率鮑陋、文處茂、時延祖由墊江而進。墊江,見第三章第六節。達遂寧郡之黃虎,城名,在今四川射洪縣東。譙道福等悉衆距險。敬宣糧盡,軍中多疾疫,姚興又遣兵二萬救縱,王師遂引還。縱遣使拜師,仍貢方物,興拜爲蜀王。

第四節　宋武平南燕

　　東晉國力,本不弱於僭僞諸國;而北方可乘之隙亦多;所以經略中原,迄無所就者,實以王敦、桓温等,別有用心,公忠之臣,如庾亮、殷浩等,又所值或非其時,所處或非其地,未獲有所展布之故。當五胡初起之時,中原喪亂未久,物力尚較豐盈;石虎、苻堅,又全據中原之地;圖之庸或較難,至肥水戰後,後燕、後秦諸國,則更非其倫矣。此時儻能北伐,奏績自屬不難;而其地近而易圖者,尤莫如南燕,此所以桓玄平後僅五年,而劉裕遂奏削平之績也。

　　劉敬宣等之奔南燕也,南燕侍中韓範上疏勸慕容德入寇。德命王公詳議。咸以桓玄新得志,未可圖,乃止。俄聞玄敗,德乃以慕容鎮爲前鋒,慕容鍾爲大都督,配以步卒二萬,騎五千。刻期將發,而德寢疾,於是罷兵。義熙元年，德死。此據《載記》、《通鑑》同，《本紀》在元興三年十月。案《載記》記南燕之事，較《本紀》皆後一年。初，德兄北海王納，苻堅破鄴，以爲廣武大守。廣武，見第五章第二節。數歲去官，家於張掖。見第六章第二節。及慕容垂起兵，堅收納及德諸子皆誅之。納母公孫氏，以耄獲免。納妻段氏方娠，未決，囚於郡獄。獄掾呼延平，德故吏也，嘗有死罪，德免之。至是，將公孫及段氏逃於羌中，而生子焉。東歸後，德名之曰超。超年十歲，公孫氏卒，平又將超母子，奔於吕光。吕隆降於姚興，超隨涼州人徙於長安。以諸父在東，深自晦匿。由是得去來無禁。德遣使迎之，超不告母妻而歸。德無子，立超爲大子。德死，超嗣僞位。

初，德從弟鍾，累進策於德，德用之頗中，由是政無大小，皆以委之。超立，以爲都督中外諸軍、録尚書事。[1] 俄以爲青州牧。外戚段宏爲徐州。南燕五州：并州治陰平，漢侯國，後漢爲縣，晉廢，在今江蘇沭陽縣西北。幽州治發干，見第五章第六節。徐州治莒，見第六章第八節。兗州治梁父，漢縣，在今山東泰安縣南。青州治東萊，見第三章第四節。而以公孫五樓爲武衛將軍，領屯騎校尉，内參政事。鍾、宏及兗州慕容法謀反。超遣慕容鎮攻青州，慕容昱攻徐州，慕容凝、韓範攻兗州。鍾奔後秦。宏奔魏。凝謀殺韓範，範知而攻之，凝奔法。範并其衆，攻克兗州。凝奔後秦，法奔魏。公孫五樓爲侍中、尚書，領左衛將軍，專總朝政。兄歸爲冠軍、常山公。叔父頹爲武衛、興樂公。五樓宗親，皆夾輔左右。王公内外，無不憚之。超母、妻先在長安，爲姚興所拘，興責超稱藩，求大樂諸妓。超送大樂百二十人。興乃還其母、妻。《超載記》云：義熙五年，正旦，超朝羣臣，聞樂作，歎音佾不備，悔送伎於興，遣斛穀提、公孫歸等入寇，陷宿豫，漢臼猶縣，晉改曰宿豫，在今江蘇宿遷縣東南。大掠而去。簡男女二千五百，付大樂教之。案興責超稱藩求伎時，又云：“若不可，便送吳口千人，”超遣羣臣詳議，段宏主掠吳口與之，尚書張華主降號，超從華議，可見其非欲搆釁於晉。宿豫之釁，未知其由，謂由掠生口以備伎樂，恐未必然。超所掠乃生口，非樂工，豈有南人可教，北人不可教之理邪？超又遣公孫歸等入濟南，漢郡，今山東歷城縣。執大守趙元，略男女千餘人而去。於是劉裕出師討之。四月，舟師發京都，泝淮入泗。五月，至下邳。見第三章第四節。留船艦輜重，步軍進琅邪。見第二章第三節。所過皆築城爲守。超引見羣臣，議距王師。公孫五樓曰：“吳兵輕果，所利在戰，初鋒勇銳，不可爭也。宜據大峴，在今山東臨朐縣東南。使不得入。曠日延時，沮其鋭氣。徐簡精騎二千，循海而南，絶其糧道；别勑段暉，率兗州之軍，緣山東下，腹背擊之，上策

---

[1]　史事：慕容超、公孫五樓之誣（見第二〇六—二〇八頁）。

也。各命守宰，依險自固。校其資儲，餘悉焚蕩。芟除粟苗，使敵無所資。堅壁清野，以待其斃，中策也。縱賊入峴，出城逆戰，下策也。"超曰："京都殷盛，戶口衆多，非可一時入守。青苗布野，非可卒芟。縱令過峴，至於平地，徐以精騎踐之，此成禽也。"慕容鎮曰："若如聖旨，必須平原，用馬爲便。宜出峴逆戰。戰而不勝，猶可退守。不宜縱敵入峴，自詒窘逼。"超不從。鎮謂韓謨云："主上既不能芟苗守險，又不肯徙民逃寇，酷似劉璋矣。"超聞而大怒，收鎮下獄。乃攝莒、梁父二戍。脩城隍，簡士馬，蓄銳以待之。《宋書‧武帝紀》云：初公將行，議者以爲"賊聞大軍遠出，必不敢戰。若不斷大峴，當堅守廣固，刈粟清野，以絶三軍之資。非惟難以有功，將不能自反。"公曰："我揣之熟矣。鮮卑貪，不及遠。進利克獲，退惜粟苗。謂我孤軍遠入，不能持久。不過進據臨朐，漢縣，今山東臨朐縣。退守廣固。我一入峴，則人無退心。驅必死之衆，向懷貳之虜，何憂不克？彼不能清野固守，爲諸軍保之。"公既入峴，舉手指天曰："吾事濟矣。"此等皆傅會之談。此行也，晉兵力頗厚，宋武用兵，又極嚴整；觀其所過築城爲守可知。簡騎二千，安能絶其糧道？民難一時入守，苗非倉卒可芟，亦自係實情。戰既不如，守又難固，即據大峴，安能必晉兵之不入？棄大峴而悉力逆戰，蓋所謂以逸待勞；不勝即退守廣固，則所守者小，爲力較專；此亦未爲非計。慕容鎮之下獄，必別有其由，非徒以退有後言也。王師次東莞，見第三章第一節。超遣段暉、賀賴盧等六將，步騎五萬，進據臨朐。王師度峴，超率卒四萬就暉等。臨朐有巨蔑水，去城四十里，超告公孫五樓，急往據之。孟龍符奔往爭之，五樓乃退。衆軍步進，有車四千乘，分爲兩翼，方軌徐行，又以輕騎爲遊軍。未及臨朐數里，賊鐵騎萬餘，前後交至。劉裕命劉藩等齊力擊之。日向昃，又遣檀韶直趨臨朐。即日陷城。超聞臨朐拔，引衆走。裕親鼓之，賊乃大破。斬段暉。超奔還廣固。徙郭內人，入保小城。使其尚書郎張綱乞師於姚興。赦慕容鎮，進録尚書，都督中外諸軍事，引見羣臣謝之。鎮進曰："內外之情，不可復恃。如聞西秦，自有內難，恐不暇分兵救人。正當更決一戰，以爭天命。今散卒還者，猶有數萬，可悉出金帛、宮女，餌令一戰。不可閉門，坐受圍擊。"慕容惠曰："今晉軍乘勝，有陵人之氣，敗軍之將，何以禦之？秦雖與勃勃相持，不足爲患；二國連衡；勢成脣齒；今有寇難，秦必救我。但自古乞援，不遣大臣，則不致重兵。尚書令韓範，德望具瞻，燕、秦所重，宜遣乞援，以濟時艱。"於是遣範與王簿往。張綱自長安歸，奔於劉裕。此據《晉書‧載記》。《宋書‧武帝紀》云：綱從長安還，泰山大守申宣執送之。泰山，見第三章第四節。右僕射張華，中丞封鎧，并爲裕軍所獲。裕令華、愷與超書，勸令早降。超乃詒裕書，請爲藩臣，以大峴爲界。并獻馬千匹，以通和好。裕弗許。江南繼兵，相尋而至。尚書張俊，自長安還，又降於裕。説裕密信誘韓範，啗以重利。“範來，則燕人絶望，自然降矣。”裕從之。表範爲散騎常侍，遺書招之。時姚興遣姚彊率步騎一萬，隨範就姚紹於洛陽，并兵來援。會赫連勃勃大破秦軍，興追彊還長安。範歎曰：“天其滅燕乎？”會得裕書，遂降於裕。《宋書·武帝紀》云：録事參軍劉穆之，有經略才具，公以爲謀主，動止必諮焉。時姚興遣使告公曰：“慕容見與隣好；又以窮告急；今當遣鐵騎十萬，逕據洛陽，晉軍若不退者，便遣長驅而進。”公呼興使答曰：“語汝姚興：我定燕之後，息甲三年，當平關、洛。今能自送，便可速來。”穆之聞有羌使，馳入，而公發遣已去。穆之尤公曰：“常日事無大小，必賜與謀。此宜善詳，云何卒爾？所答興言，未能威敵，正足怒彼耳。若燕未可拔，羌救大至，不審何以待之？”公笑曰：“此是兵機，非卿所解，故不語耳。夫兵貴神速，彼若審能遣救，必畏我知，寧容先遣信命？此是見我伐燕，内已懷懼，自張之辭耳。”此亦傅會之談。夏寇雖急，秦未必待姚彊所率萬人以自救。晉當時兵力頗厚，而洛陽距廣固遥遠，即合姚紹，復何能爲？然則姚興之遣姚彊，特聊以自解於韓範，本未必有救燕之意。遣使爲請，必當遜順其辭，不得如史之所云也。明年，二月，城陷。超出亡，被獲。送建康市斬之。時年二十六。案慕容超之亡，實處於勢不可救。劉敬宣之奔慕容德也，嘗結青州大姓諸省封，并要鮮卑大帥免遂謀滅德，推司馬休之爲主。刻日垂發。高雅之欲要劉軌。時軌爲德司空，大被委任。敬宣曰：“此公年老，有安齊志，不可告也。”雅之以爲不然，告軌。軌果不從，謀頗泄，乃相與殺軌而去。至淮、泗間，會宋武平京口，即馳還。當德之時，燕之易傾如此，超更何以自固乎？《載記》謂超不恤政事，畋遊是好，百姓苦之，此或在所不免，然五胡之酋，荒淫暴虐，十倍於超者，則有之矣。史又咎超信任公孫五樓，五樓之於南燕，蓋亦在外戚之列，特較段宏輩年少耳，非佞幸也。觀慕容鍾、慕容法、段宏、慕容凝之一時俱叛，則超之任新進而棄舊臣，亦必有不得已者。即其嚴刑峻法亦然。慕容鍾等之叛也，超收其黨侍中慕容統、右衛慕容根、散騎常侍段封誅之，車裂僕射封嵩於東門之外。超嘗議復肉刑，下詔曰：“不忠不孝若封嵩之輩，梟斬不足以痛之，宜致烹、轘之法，亦可附之律條。”張綱爲劉裕造攻具，超縣其母支解之。此固不免暴虐，亦有激而然也。當危急時，其臣勸以出降，皆不肯聽；及見執，劉裕數以不降之狀，超神色自若，一無所言，惟以母託劉敬宣而已；在亡國之君中，固爲有氣節者。公孫五樓，始終盡忠於超；將亡之時，猶與賀賴盧爲地道出戰，使王師爲之不利；亦爲陳力授命之臣，未可以成敗論也。

第五節　宋武平盧循譙縱

　　盧循，諶之曾孫，娶孫恩妹。恩作亂，與循通謀。恩亡，餘衆推爲主。元興二年，正月，寇東陽。見第五章第六節。八月，攻永嘉。見第二節。劉裕討循，至晉安，晉郡，今福建閩侯縣東北。循窘急，泛海到番禺，秦縣，今廣東番禺縣。寇廣州，逐刺史吳隱之，自攝州事。三年十月。遣使貢獻。時朝廷新誅桓氏，中外多虞，乃權假循廣州刺史。義熙元年。劉裕伐慕容超，循所署始興太守徐道覆，始興，見第三章第九節。循之姊夫也，使人勸循乘虛而出。循不從。道覆乃自至番禺説循。循甚不樂此舉，無以奪其計，乃從之。初道覆密欲裝舟艦，乃使人伐船材於南康山，南康，晉郡，治雩都，今江西雩都縣北。後徙治贛，在今贛縣西南。僞云將下都貨之。後稱力少，不能得致，即於郡賤賣之，價減數倍。居人貪賤，賣衣物而市之。贛石水急，出船甚難，皆儲之。如是者數四。船版大積，而百姓弗之疑。及道覆舉兵，按賣券而取之，無得隱匿者。[①] 乃并力裝之，旬日而辦。遂舉衆寇南康、盧陵、豫章諸郡。盧陵、豫章，皆見第三章第九節。守相皆委任奔走。道覆順流而下，舟艦皆重樓。江州刺史何無忌距之，船小，爲賊所敗，無忌死之。時劉毅爲豫州刺史，鎮姑孰，見第四章第一節。具舟船討之，將發而疾篤，内外失色。朝廷欲奉乘輿北走就劉裕。尋知賊定未至，人情小安。裕班師，至下邳，見第三章第四節。以船運輜重，自率精鋭步歸。至山陽，見第五章第六節。聞何無忌被害，慮京邑失守，乃卷甲間行，與數千人至淮上，單船過江，進至京口，見第四章第一節。衆乃大安。四月，裕至京師，劉毅以舟師二萬，發自姑孰。循之下也，使道覆向尋陽，見第四章第一節。自寇湘中諸郡。荆州刺史劉道規遣軍至長沙，見第三章第九節。爲循所敗。循至巴陵，見第三章第九節。將向江陵。道覆聞毅上，馳使報循曰："毅兵衆甚盛，成敗係之於此，宜并力摧之。根本既定，不憂上面不平也。"循即日發江陵，與道覆連旗而下。別有八艚艦九枚，起四層，高十二丈。五月，毅敗績於桑落洲。見第三節。初循至尋陽，聞劉裕已還，不信也既破毅，乃審凱入之問。循欲退還尋陽，進平江陵，據二州以抗朝廷。道覆謂宜乘勝徑進。固爭之，多日乃見從。毅敗問至，内外洶擾。於時北師始還，多創夷疾病；京師戰士，不盈數千。賊既破江、豫二鎮，戰士十餘萬，舟車百里不絶。奔敗還者，并

---

　　① 交通：徐道復儲船材數四，裝之旬日而辦，其裝頗速。但同黨爲之隱蔽(第二一一頁)。孫恩以二十余萬口入海(第一九八頁)，雖不實，衆必多(第一九九頁)，則船亦必多矣。

聲其雄盛。孟昶、諸葛長民欲擁天子過江，劉裕不聽。昶仰藥死。參看第六節。議者謂宜分兵守諸津要。劉裕以爲賊衆我寡，分屯則測人虛實；且一處失利，則沮三軍之心。乃移屯石頭，見第三章第九節。柵淮，斷查浦。見第四章第三節。此據《宋書・武帝紀》。《晉書・盧循傳》作租浦。道覆欲自新亭、白石，焚舟而上。新亭，見第一節。白石，見第四章第三節。循以萬全爲慮，固不聽。裕登石頭以望循軍，初見引向新亭，顧左右失色。既而回泊蔡洲。見第四章第三節。道覆猶欲上，循禁之。自是衆軍轉集。循攻柵，不利。焚查浦步上，屯丹陽郡，見第三章第九節。又爲裕所敗。乃進攻京口，寇掠諸縣，無所得。循謂道覆曰："師老矣，可據尋陽，并力取荆州，徐更與都下爭衡。"七月，賊自蔡洲還屯尋陽。遣王仲德等追之。劉裕還東府，見第三章第九節。大治水軍。皆大艦重樓，高者十餘丈。先是以庾悦爲江州刺史，自尋陽出豫章。見第三章第九節。循之走也，復遣索邈領馬軍步道援荆州。邈在道爲賊所斷，徐道覆敗後方達。孫季高率衆三千，自海道襲番禺。時譙縱遣使朝於姚興，請大舉入寇。遣桓謙、譙道福率衆二萬，東寇江陵，興遣前將軍苟林率騎會之。劉道規遣司馬王鎮之及檀道濟、到彦之等赴援朝廷，至尋陽，爲林所破。盧循即以林爲南蠻校尉，分兵配之，使伐江陵。揚聲云：徐道覆已克京邑。林屯江津，謙屯枝江。江津、枝江，皆見第三節。荆楚既桓氏義舊，并懷異心。道規乃會將士告之曰："桓謙今在近畿，聞諸長者，頗有去就之計。吾東來文武，足以濟事。若欲去者，本不相禁。"因夜開城門，達曉不閉。衆咸憚服，莫有去者。雝州刺史魯宗之率衆數千來赴。或謂宗之未可測。道規乃單馬迎之，宗之感悦。道規使宗之居守，馳往攻謙。水陸齊進。謙大敗，單舸走，欲下就林。追斬之。遂至涌口，在江陵東。林又奔散。劉遵追林至巴陵，斬之。此據《宋書・道規傳》。《武帝本紀》云追至竹町，竹町當在巴陵。《晉書・姚興載記》則云：苟林懼，引而歸。先是桓歆子道兒逃於江南，出擊義陽，與盧循相連結，循使蔡猛助之。道規遣參軍劉基破道兒於大薄，未詳。臨陳斬猛。桓石綏自洛甲口《通鑑》作洛口。《注》云：漢水過魏興安陽縣，東至�城南，與洛谷水合，所謂洛口也。安陽，漢縣，在今陝西城固縣東。自號荆州刺史，徵陽令王天恩自號梁州刺史。胡三省曰：徵陽當作微陽。微陽，在今湖北竹山縣西。梁州刺史傅韶使子弘之討石綏等，并斬之。《宋書・傅弘之傳》。十月，劉裕治兵大辦，率舟師南伐。是月，徐道覆率衆三萬寇江陵，劉道規又大破之。道覆走還溢口。見第三章第九節。盧循初自蔡洲南走，留其親黨范崇民五千人，高艦百餘戍南陵。城名，在今安徽繁昌縣西。王仲德等聞大軍且至，乃進攻之。十一月，大破崇民軍，焚其舟艦。循廣州守兵，不以海道爲意。孫季高乘海奄至，焚賊舟艦，悉力而上，四面攻之，即日屠其城。循父以輕舟奔始興。

劉裕屯軍雷池，見第四章第三節。盧賊戰敗，或於京江入海，遣王仲德以水艦二百，於吉陽斷之。吉陽，磯名，在安徽東流縣東北。十二月，盧循、徐道覆率衆二萬，方艦而下。劉裕命衆軍齊力擊之。軍中多萬鈞神弩，所至莫不摧陷。賊艦悉泊西岸。岸上軍先備火具，乃投火焚之，煙焰張天，賊軍大敗。循等還尋陽，悉力柵斷左里。在江西都昌縣西北。大軍至，攻柵而進。循兵殊死戰，弗能禁。諸軍乘勝奔之。循單舸走。裕遣劉藩、孟懷玉輕兵追之。循收散卒，尚有數千人，據《宋書·武帝紀》。《晉書》云千餘人。逕還廣州。道覆還保始興。七年，二月，循至番禺。孫季高距戰。二十餘日，循乃破走。追奔至鬱林，見第三章第九節。會病，不能窮討，循遂走向交州。至龍編，漢縣，在今安南北境。刺史杜慧度誘而敗之。循自投於水。徐道覆屯結始興，孟懷玉攻圍之，身當矢石，旬月乃陷，斬道覆。

　　盧循之亂，宋武帝之智勇，誠不可及，然史之所傳，亦有頗過其實者。何無忌之敗以船小；劉毅之敗，以盧循、徐道覆并力而下；其兵力皆本不相敵。而宋武則大治水軍而後戰。船既高大，又有萬鈞神弩以助之，其兵力，蓋在盧循、徐道覆之上。然則毅、無忌之敗，宋武之勝，實由兵力之不同，非盡智勇之不若也。盧循之衆雖盛，恐未必能戰，何者？孫恩唱亂，實恃扇惑之廣，即循亦然。史言徐道覆大積船版而百姓弗之疑，然諸葛長民表言：“賊集船伐木，而南康相郭澄之，隱蔽經年，又深相保明，屢欺無忌，罪合斬刑，”則其能陰造逆謀，實恃同黨之隱蔽。桑落洲一敗，而豫州主簿袁興國，即據歷陽以應賊，琅邪內史魏詠之遣將討斬之。歷陽，見第三章第九節。則劉毅肘腋之下，亦有循之黨在焉。《宋書·武帝紀》言賊不能力攻京都，猶冀京邑及三吳有應之者，蓋此一帶，本自杜子恭以來，扇惑最廣之地也。孫恩覆滅，前轍昭然，烏合之衆，其何能戰？盧循始終欲據荊、江，不欲與晉大兵決戰，後又不肯力攻京都者蓋此。如史之所傳，則循之敗，全由其過於持重，使早從道覆之計，宋武將亦不能支，恐其實未必如此。以兵謀論，循之持重，或實勝於道覆之輕進也。《晉書·盧循傳》言循敗於杜慧度，知不免，先鴆妻子十餘人，又召伎妾問曰：“我今將自殺，誰能同者？”多云：“雀鼠貪生，就死實人情所難。”或云：“官尚當死，某豈願生？”於是悉鴆諸辭死者，因自投於水。此乃教外謗毀之辭。《傳》又言孫恩性酷忍，循每諫止之，人士多賴以濟免，豈有仁於疏遂，而轉忍於其所戚近者哉？自來所謂邪教者，其真相多不爲世所知。然觀其信從者之衆，之死不相背負者之多，而知其實非偶然。試觀張魯，治國實頗有規模，可知其所以得衆者，亦有由也。

　　譙縱據蜀，史言其本由迫脅，然其後則遂甘心作逆，屈膝羌虜，而與盧循等相景響焉。蓋既無途自反，遂欲乘機作劉備者也。義熙九年，宋武帝既誅劉毅，定荊州，乃以朱齡石爲益州刺史，率臧憙、蒯恩、劉鍾、朱林等凡二萬人伐蜀。《通鑑》繫八年十二月。齡石資名素淺，裕違衆拔之，授以麾下之半。臧憙，裕妻弟也，位出其右，亦隸焉。裕與齡石密謀曰："劉敬宣往年出黃虎無功，賊謂我今應從外水往，而料我當出其不意，猶從内水來也，必以重兵守涪城。内水、外水、黃虎，皆見第三節。涪城，見第三章第六節。若向黃虎，正陊其計。今以大衆自外水取成都，疑兵出内水，此制敵之奇也。"於是衆軍悉從外水。臧憙、朱林於中水取廣漢。中水，見第三節。廣漢，見第三章第六節。使羸弱乘高艦十餘，由内水向黃虎。譙縱果備内水，使譙道福以重兵戍涪城。侯暉、譙詵等率衆萬餘屯彭模，今四川彭山縣。夾水爲城。六月，齡石至彭模，欲蓄銳養兵，伺隙而進。劉鍾曰："前揚聲大將由内水，故道福不敢舍涪。今重兵逼之，出其不意，侯暉之徒，已破膽矣。正可因其機而攻之。克彭模之後，自可鼓行而前，成都必不能守。若緩兵相持，虛實相見，涪軍復來，難爲敵也。"從之。七月，齡石率劉鍾、蒯恩等攻城，皆克，斬侯暉、譙詵。衆軍乃舍船步進。臧憙至廣漢，病卒。此據《晉書·譙縱傳》。《宋書·憙傳》云：成都既平，憙乃遇疾。朱林至廣漢，復破道福別軍。縱投道福於涪。道福怒，投以劍，中其馬鞍。縱去之，乃自縊。道福散金帛以賜其衆，衆受之而走。道福獨奔廣漢。廣漢人杜瑾縛送之，斬於軍門。桓謙弟恬，隨謙入蜀，爲寧蜀大守，寧蜀，東晉郡。在今四川華陽縣東南。至是亦斬焉。齡石遣司馬沈叔任戍涪。蜀人侯産德作亂，叔任擊斬之。此據《宋書·齡石傳》。《沈演之傳》：父叔任，爲巴西梓潼大守，戍涪城。東軍既反，二郡彊宗侯勱、羅奧聚衆作亂，破平之。

第六節　宋武翦除異己

宋武帝起自細微，内裁桓玄，平盧循，定譙縱；外則收復青、齊，清除關、洛，其才不可謂不雄。然猜忌亦特甚。同時并起諸賢，幾無不遭翦滅者。雖國内以此粗定，然中原淪陷既久，非有才高望重者，不克當戡定之任。并時流輩，既已誅夷，而所卵翼成就者，不過戰將，資名相埒，莫能相統，關中且以此不守，更無論進圖恢復矣。詒元嘉以北顧之憂，不得謂非謀之不臧也。

宋武在北府諸將中，資名蓋本當首屈，故義旗初建，即見推爲盟主。既平桓玄，王謐與衆議推裕領揚州，裕固辭，乃以謐録尚書，領揚州刺史。義熙三年，謐薨。劉毅等不欲裕入，議以中領軍謝混爲揚州。或欲令裕於丹徒領州，丹徒，見第四章第二節。而以内事付尚書僕射孟昶。遣尚書右丞皮沈以二議諮裕。

裕參軍劉穆之言："揚州根本所係，不可假人。惟應云：此事既大，非可縣論，便暫入朝，共盡同異。公至京，彼必不敢越公更授餘人明矣。"裕從之。四年，遂入爲揚州刺史，錄尚書事。中樞政柄，至此始全入裕手。

五年，三月，裕北討，以丹陽尹孟昶監留府事。盧循叛，青州刺史諸葛長民入衛。時鎮丹徒。劉毅敗問至，昶、長民欲擁天子過江，裕不聽。昶固請不止。裕曰："我既決矣，卿勿復言。"昶乃爲表曰："臣裕北討，眾并不同，惟臣贊裕行計。使彊賊乘閒，社稷危逼，臣之罪也。今謹引分，以謝天下。"乃仰藥死。夫昶豈草閒求活之人？北遷之議，王仲德、虞丘進并以爲不可，皆見宋書本傳。豈昶之智而出其下？其欲出此，蓋非以避盧循，而實以圖裕也。昶之所以死可知矣。此爲裕誅戮功臣之始。

資名才力，與裕相亞，而尤意氣用事，不肯相下者，莫如劉毅。《宋書·武帝紀》云：初高祖家貧。嘗負刁逵社錢三萬，經時無以還。逵執錄甚嚴。王謐造逵見之，密以錢代還，由是得釋。高祖名微位薄，盛流皆不與相知，惟謐交焉。桓玄將篡，謐手解安帝璽綬，爲玄佐命功臣。及義旗建，眾并以謐宜誅，惟高祖保持之。劉毅嘗因朝會，問謐璽綬所在，謐益懼。《劉敬宣傳》云：毅之少也，爲敬宣寧朔參軍，時人或以雄傑許之。敬宣曰："毅性外寬而內忌，自伐而尚人，若一旦遭逢，亦當以陵上取禍耳。"毅聞之，深以爲恨。及在江陵，知敬宣還，乃使人言於高祖曰："劉敬宣父子，忠國既昧，今又不豫義始，猛將勞臣，方須叙報，如敬宣之比，宜令在後。若使君不忘平生，欲相申起者，論資語事，正可爲員外常侍耳。聞已授郡，實爲過優；尋知復爲江州，尤所駭惋。"案敬宣論毅之語，顯係毅被禍後傅會之談，毅之怨敬宣，未必以此，特以其爲高祖所左右耳。《傳》又云：敬宣回師於蜀，毅欲以重法繩之。高祖既相任待。又何無忌明言於毅，謂"不宜以私怨傷至公。若必文致爲戮，己當入朝，以廷議決之。"毅雖止，猶謂高祖曰："夫生平之舊，豈可孤信？光武悔之於龐萌，曹公失之於孟卓，公宜深慮之。"毅出爲荊州，謂敬宣曰："吾忝西任，欲屈卿爲長史、南蠻，豈有相輔意乎？"其敖慢陵上，且專與高祖爲難可見。裕素不學，而毅頗涉文雅，朝士有清望者多歸之。與尚書僕射謝混，丹陽尹郗僧施尤深相結。裕之伐南燕也，朝議皆謂不可，毅尤固止之。見《宋書·謝景仁傳》。盧循之逼，毅欲往討，裕與毅書曰："吾往與妖賊戰，曉其變態。今脩船垂畢，將居前撲之。克平之日，上流之任，皆以相委。"又遣毅從弟藩往止之。毅大怒，謂藩曰："我以一時之功相推耳，汝便謂我不及劉裕也？"投書於地，遂以舟師發姑孰。盧循自蔡洲南走，毅固求追討。長史王誕密白裕曰："毅與公同起布衣，一時相推耳。既已喪敗，不宜復使立功。"其欲爭立功名，以收物望，彼此亦相若也。盧循平後，毅求督江州，裕即如所欲與之。時江州刺史爲庾悅，毅數相挫辱，悅不得志，遂以疽發背卒。史言毅微時爲悅所侮，以此致憾，其實亦未必然，悅爲裕所親任，毅或有意相摧折耳。義熙八年，四月，劉道規以疾求歸，以毅刺荊，道規刺豫。毅至江陵，乃以其輒取江州兵及留西府文武萬餘不遣，又告疾，請兗州刺史劉藩爲副爲罪狀，自往討之。時藩入朝，收之，及謝混并於獄賜死。遣參軍王鎮惡前發，詐稱劉兗州上襲毅。毅自縊死。裕至江陵，又殺郤僧施焉。<small>時爲南蠻校尉。</small>

裕之討劉毅，以諸葛長民監留府事，而加劉穆之建武將軍，置佐史，配給資力以防之。長民詒劉敬宣書曰："異端將盡，世路方夷，富貴之事，相與共之。"敬宣使以呈裕。九年，二月，裕自江陵還。前刻至日，輒差其期。既而輕舟逕進，潛入東府。<small>見第三章第九節。</small>明旦，長民至門，裕伏壯士丁旿於幙中，引長民進語，旿自後拉而殺之。并誅其弟黎民。小弟幼民，逃於山中，追禽戮之。

司馬休之自南燕還也，裕以爲荆州刺史。桓振復襲江陵，休之戰敗，免官。劉毅誅，復以休之爲荆州刺史。休之宗室之重，又得江、漢人心。其子文思，嗣休之兄尚之，襲封譙王。在京師，招集輕俠。十年，裕誅其黨，送文思付休之。休之表廢文思，與裕書陳謝。雍州刺史魯宗之，常慮不爲裕所容，與休之相結。十一年，正月，裕收休之次子文寶、兄子文祖，并於獄賜死。率衆軍西討。宗之自襄陽就休之，共屯江陵。使文思及宗之子竟陵大守軌距裕。<small>竟陵，見第三章第九節。</small>江夏大守劉虔之邀之，<small>江夏，見第三章第四節。</small>軍敗見殺。裕命彭城内史徐逵之，<small>彭城，見第五章第四節。逵之湛之父。《宋書·湛之傳》作達之，《胡藩傳》及《南史》諸傳并作逵之。</small>參軍王允之出江夏口，<small>在今湖北公安縣東。</small>復爲軌所敗，并没。時裕軍泊馬頭，<small>見第三節。</small>即日率衆軍濟江。江津岸峭，壁立數丈，休之臨岸置陳，無由可登。裕呼參軍胡藩令上。藩有疑色。裕怒，命左右録來，欲斬之。藩不受命，顧曰："藩寧前死耳。"以刀頭穿岸，少容腳指，於是徑上。隨之者稍多。既得登岸，殊死戰。賊不能當，引退。因而乘之，一時奔散。休之等先求援於秦、魏。秦遣姚成王、司馬國璠率騎八千赴之。國璠者，安平獻王孚後，先與弟叔璠俱奔秦者也。至南陽，<small>見第三章第四節。</small>魏辰孫嵩至河東，<small>見第二章第二節。</small>聞休之敗，皆引歸。休之、文思、宗之、軌等并奔於秦。姚興將以休之爲荆州刺史，任以東南之事。休之固辭，請與魯宗之等擾動襄、陽、淮、漢。乃以休之爲鎮南將軍揚州刺史。宗之等并有拜授。及裕平姚泓，休之等復奔魏長孫嵩軍。<small>時魏遣援泓者。</small>月餘，休之死嵩軍中。<small>據《魏書》。《晉書》本傳云：休之將奔於魏，未至道卒，謂其未至魏都，非謂未至魏軍也。又云：文思爲裕所敗而死，則誤。</small>時與休之同投魏者，尚有新蔡王道賜。<small>族屬未詳。見廢後以道賜襲。晃，見第五章第七節。</small>自行歸魏者，又有汝南王亮之後準，<small>亮，見第二章第二節。</small>準弟景之、國璠、叔璠，及自云元顯子之天助。國璠，魏爵爲淮南公，道賜爵池陽子。文思與國璠等不平，而僞親之，引與飲燕。國璠性疏直，因醉，語文思：將與溫楷<small>亦與休之之同奔魏。</small>及三城胡酋王珍、曹栗等外叛。三城,見第六章第七節。因說魏都豪彊可與謀者數十人。文思告之,皆坐誅。然則文思似確有凶德,非盡劉裕誣之也。又有司馬楚之者,宣帝弟大常馗之八世孫。劉裕誅夷司馬氏戚屬,楚之叔父宣期、兄貞并見殺。楚之亡匿諸沙門中。濟江,西入竟陵蠻中。休之敗,亡於汝、潁之間。楚之少有英氣,能折節待士,與司馬順明、道恭等所在聚黨。參看下節。及裕代晉,楚之收衆據長社。秦縣,在今河南長葛縣西。歸之者常萬餘人。裕遣刺客沐謙刺之。楚之待謙甚厚,謙遂委身事之。宋永初三年,魏奚斤略地河南,楚之遂請降,助之猾夏。案宋武帝之興,實能攘斥夷狄;即以君臣之義論,“布衣匹夫,匡復社稷”,司馬休之表語。其功亦爲前古所未有。孔子之稱齊桓也,曰:“微管仲,吾其被髮左衽矣,”宋武當之,蓋無媿焉。不念其匡維華夏之功,徒以一姓之私,事仇而圖反噬,休之等之罪,固不容於死矣。當時晉宗室爲宋武所誅者,尚有梁王珍之、璿孫。璿武陵威王晞子。晞見第五章第七節。珣之。西陽王羕玄孫,爲會稽思世子道生後。道生簡文帝之子也。義熙中,有稱元顯子秀熙,避難蠻中而至者。道子妃請以爲嗣。宋武意其詐,案驗之,果散騎郎滕羨奴也。坐棄市。道子妃哭之甚慟。此事之真僞,亦無以言之,然觀於休之等之紛紛反噬,則除惡固不可不務盡也。

第七節　宋武暫平關中

《晉書·姚興載記》云:劉裕誅桓玄,遣參軍衡凱之詣姚顯請通和,顯遣吉默報之,自是聘使不絕。晉求南鄉諸郡,興許之,遂割南鄉、順陽、新野、舞陰等十二郡歸於晉。南鄉,見第六章第五節。順陽,見第三章第九節。新野,見第三章第三節。舞陰,漢縣,在今河南泌陽縣北。此等皆興置以爲郡。蓋時桓氏遺孽,歸秦者多,劉裕恐其爲患,故欲暫與通和;而興亦外患方殷,未能惡於晉;所置諸郡,亦本非其所能守也。然桓氏遺孽,興卒加以卵翼,譙縱、司馬休之等叛徒,興亦無不與相影響者;其終不可以久安審矣。故荆、雍既定,興又適死,而經略關、洛之師遂出。

義熙十二年,劉裕伐秦。八月,發京師。九月,次彭城。見第五章第四節。使王仲德督前鋒諸軍事,以水師入河。檀道濟、王鎮惡向洛陽。劉遵考、沈林子出石門。見第五章第一節。朱超石、胡藩向半城。亦作畔城。據魏收《地形志》,在平原郡聊城縣。案聊城,漢縣,在今山東聊城縣西北。咸受統於仲德。道濟、鎮惡自淮、肥步向許、洛。羌緣道城守,皆望風降服。沈林子自汴入河。攻倉垣,見第三章第四節。僞兗州刺史韋華率衆歸順。仲德從陸道至梁城。見第二章第三節。魏兗州刺史尉建棄州北渡。仲德遂入滑臺。見第六章第五節。十月,衆軍至洛陽。王師之出，秦姚紹、姚恢等方討勃勃，取安定。見第二章第二節。紹還長安，言於泓曰："安定孤遠，卒難救衞，宜遷諸鎮户，内實京畿，可得精兵十萬。"左僕射梁喜曰："關中兵馬，足距晉師。若無安定，虜馬必及於郿、雍。"郿，見第六章第九節。雍，見第三章第五節。泓從之。吏部郎懿橫言："恢於廣平之難有忠勳，未有殊賞。今外則置之死地，内則不豫朝權；安定人自以孤危逼寇，思南遷者，十室而九；若恢擁精兵四萬，鼓行而向京師，得不爲社稷之累乎？宜徵還朝廷。"泓曰："恢若懷不逞之心，徵之適所以速禍耳。"又不從。王師至成皋，見第三章第四節。姚洸時鎮洛陽，馳使請救。泓遣其越騎校尉閻生率騎三千赴之。武衞姚益男將步卒一萬，助守洛陽。又遣其征東并州牧姚懿，南屯陝津，見第六章第一節。懿時鎮蒲阪。蒲阪，見第三章第四節。爲之聲援。洸部將趙玄説洸："攝諸戍兵士，固守金墉。見第三章第二節。金墉既固，師無損敗，吳寇終不敢越我而西。"時洸司馬姚禹，潛通於檀道濟；主簿閻恢、楊度等，皆禹之黨，固勸洸出戰。洸從之。乃遣玄率精兵千餘，南守柏谷塢；見第六章第五節。廣武石無諱東戍鞏城。見第五章第一節。會陽城及成皋、滎陽、虎牢諸城悉降，陽城，見第六章第五節。滎陽，見第二章第二節。虎牢，見第四章第二節。道濟等長驅而至。無諱至石關，胡三省曰：偃師縣西南有漢廣野君酈食其廟，廟東有二石闕。奔還。玄與毛德祖戰，敗死。德祖，王鎮惡之司馬。姚禹踰城奔於王師。道濟進至洛陽。洸懼，遂降。時閻生至新安，益男至湖城，遂留不進。新安，湖城，皆見第三章第三節。姚懿司馬孫暢，勸懿襲長安，誅姚紹，廢泓自立。懿納之。乃引兵至陝津，散穀帛以賜河北夷夏。泓遣姚讚及冠軍司馬國璠、建義妣玄屯陝津，武衞姚驢屯潼關。見第三章第三節。懿遂舉兵僭號。姚紹入蒲阪，執懿，囚之誅孫暢等。明年，姚恢率安定鎮户三萬八千趣長安。移檄州郡，欲除君側之惡。姚紹、姚讚赴難，擊破之，殺恢及其三弟。

是歲，正月，劉裕以舟師發彭城。王鎮惡至宜陽。見第三章第四節。檀道濟、沈林子攻拔襄邑堡。胡三省曰：在秦所分立之河北郡河北縣，晉屬河東。案河東，見第二章第二節。泓建威薛帛奔河東。道濟自陝北渡，攻蒲阪。泓遣姚驢救蒲阪，胡翼度據潼關。又進姚紹督中外諸軍，使率武衞姚鸞等步騎五萬，距王師於潼關。姚驢與泓并州刺史尹昭夾攻檀道濟，道濟深壁不戰。沈林子説道濟曰："蒲阪城堅，非可卒克。攻之傷衆，守之引日。不如棄之，先事潼關。潼關天限，形勝之地，鎮惡孤軍，勢危力寡，若使姚紹據之，則難圖矣。如克潼關，尹昭可不戰而服。"道濟從之，棄蒲阪，南向潼關。姚讚率禁兵七千，自渭北而東，進據蒲津。

王仲德之入滑臺也，宣言"本欲以布帛七萬匹，假道於魏，不謂魏之守將，便爾棄城。"魏明元帝聞之，詔其相州刺史叔孫建自河內向枋頭，河內，見第二章第二節。枋頭，見第四章第二節。以觀其勢。仲德入滑臺月餘，又詔建渡河曜威，斬尉建，投其尸於河。然建亦不能制仲德。明元帝令建與劉裕相聞，以觀其意。裕亦答言："軍之初舉，將以重幣假途會彼邊鎮棄守。"明元帝詔羣臣議之。外朝公卿咸曰："函谷天險，裕舟船步兵，何能西入？脫我乘其後，還路甚難；北上河岸，其行爲易；揚言伐姚，意或難測。宜先發軍，斷河上流，勿令西過。"又議之內朝，咸同外計。明元帝將從之。崔浩曰："如此，裕必上岸北侵，則姚無事而我受敵。今蠕蠕內寇，民食又乏，不可發軍。未若假之水道，縱其西入，然後興兵，塞其東歸之路。使裕勝也，必德我假道之惠，令姚氏勝也，亦不失救隣之名。夫爲國之計，擇利而爲之，豈顧婚姻酬一女子之惠哉？"議者猶曰："裕西入函谷，則進退路窮，腹背受敵；北上岸，姚軍必不出關助我；揚聲西行，意在北進，其勢然也。"明元帝遂從羣議，遣長孫嵩發兵拒之。時魏泰常二年，即晉義熙十三年二月也。三月，朱超石前鋒入河。魏遣黃門郎鵝青，此據《宋書·朱齡石傳》。《魏書》作娥清。安平公乙旃眷，襄州刺史托跋道生，青州刺史阿薄干步騎十萬屯河北。常有數千騎，緣河隨大軍進止。時軍人緣河南岸牽百丈，河流迅急，有漂渡北岸者，輒爲虜所殺略。遣軍裁過岸，虜便退走，軍還即復東來。劉裕乃遣白直隊主丁旿，率七百人，及車百乘，於河北岸上。去水百餘步，爲卻月陳，兩頭抱河。車置七仗士。事畢，使豎一白旄。虜見數百人步牽車上，不解其意，并未動。裕先命朱超石馳往赴之。并齎大弩百張。一車益二十人，設彭排於轅上。虜見營陳既立，乃進圍之。超石先以頓弓小箭射虜。虜以衆少兵弱，四面俱至。明元帝又遣其南平公托跋嵩三萬騎至。托跋嵩即長孫嵩。魏人後來改氏，史家於其未改時，亦多依所改者書之。遂肉薄攻營。於是百弩俱發。又選善射者叢箭射之。虜衆既多，不能制。超石初行，別齎大鎚并千餘張矟，乃斷矟長三四尺，以鎚鎚之。一矟輒洞貫三四虜。虜衆不能當，一時奔潰。臨陳斬阿薄干首。虜退還半城。超石率胡藩、劉榮祖等追之，復爲所圍。奮擊盡日，殺虜千計。虜乃退走。此戰也，以少擊衆，實可謂爲一奇捷，晉可謂師武、臣力矣。魏師既敗，遂假晉以道。蓋索虜是時，亦破膽矣。《魏書·長孫嵩傳》：大宗假嵩，督山東諸軍事。傳詣平原，緣河岸列軍。次於畔城，軍頗失利。詔假裕道。《于栗磾傳》：鎮平陽。劉裕之伐姚泓也，栗磾慮其北擾，遂築壘於河上，親自守焉。裕遣栗磾書，假道西上。栗磾表聞，大宗許之。平原，見第二章第三節。平陽，見第二章第二節。

魏人既許假道，劉裕遂至洛陽。使沈田子入上洛。見第三章第五節。進及青泥。姚泓使姚和都屯堯柳以備之。青泥、堯柳，皆見第五章第六節。姚紹以大衆逼檀道濟。道濟固壘不戰。紹欲分軍據閿陽，鄉，屬湖縣，今河南閿鄉縣。斷其糧道。胡翼度言軍勢宜集，若偏師不利，則人心駭懼，紹乃止。紹旋歐血死，以後事託姚讚。衆力猶盛。劉裕至湖城，見第三章第三節。讚乃引退。七月，裕次陝城。遣沈林子從武關入，武關，見第三章第三節。會田子於青泥。姚泓欲自擊大軍，慮田子襲其後，欲先平田子，然後傾國東出。八月，使姚裕率步騎八千距田子，躬將大衆隨其後。裕爲田子所敗，泓退還灞上。見第五章第六節。關中郡縣，多潛通於王師。劉裕至潼關。薛帛據河曲叛泓，裕遣朱超石、徐猗之會帛攻蒲阪，克之。賊以我衆少，復還攻城。猗之遇害，超石奔潼關。王鎮惡率水軍入渭。姚彊屯兵河上，姚難屯香城，在渭水北蒲津口。爲鎮惡所逼，引而西。姚泓自灞上還，次石橋以援之。石橋，在長安東北。姚彊、姚難陳於涇上。鎮惡遣毛德祖擊彊，彊戰死。難遁還長安。鎮惡直至渭橋，在長安北。棄船登岸。時姚丕守渭橋，爲鎮惡所敗，泓自逍遥園赴之。逍遥園，在長安東北。逼水地狹，因丕之敗，遂相踐而退。泓奔石橋。讚衆亦散。泓將妻子詣壘門降。讚率子弟、宗室百餘人亦降。劉裕盡誅之。餘宗遷於江南。送泓於建康，斬於市。

秦之未亡也，晉齊郡大守王懿降於魏，齊郡，見第二章第三節。上書陳計，謂劉裕在洛，以軍襲其後路，可不戰而克。魏明元帝善之。《魏書・崔浩傳》。姚讚亦遣司馬休之及司馬國璠自軹關向河内，軹關，見第五章第一節。引魏軍以躡裕後。於是明元帝勑長孫嵩："簡精兵爲戰備。若裕西過，便率精鋭，南出彭、沛。沛，見第三章第一節。如不時過，但引軍隨之。彼至崤、陝閒，崤山，見第五章第一節。必與姚泓相持，一死一傷，衆力疲敝，比及秋月，徐乃乘之。"於是嵩與叔孫建自成皋南濟。裕克長安，乃班師。蓋魏人不意秦之亡如是其速也。然明元帝亦不武，不如勃勃之慓鋭，故劉裕不能久駐長安，而關中遂入於夏。

《宋書・武帝紀》云：公之初克齊也，欲停鎮下邳，清蕩河、洛，以盧循之亂不果。及平姚秦，又欲息駕長安，經略趙、魏，以劉穆之卒，乃歸。穆之者，東莞莒人，莒，見第六章第八節。世居京口。見第四章第二節。高祖起兵，爲府主簿。從平京邑。高祖始至，諸大處分，倉卒立定，并所建也。遂委以心腹之任，動止諮焉。穆之才甚敏，本傳云：穆之與朱齡石，并便尺牘。常於高祖坐與齡石答書，自旦至中，穆之得百函，齡石得八十函，而穆之應對無廢。又言高祖伐秦時，穆之内總朝政，外供軍旅，決斷如流，事無擁滯。賓客輻湊，求訴百端，内外諮稟，盈階滿室，目覽辭訟，手答牋書，耳行聽受，口并酬應，不相參涉，皆悉贍舉。而亦竭節盡誠，無所遺隱。從征廣固，還拒盧循，常居幕中畫策，決斷衆事。高祖西討劉毅，以諸葛長民監留府，總攝後事，留穆之以輔之，加建威將軍，置佐吏，配給資力。西伐司馬休之，以中弟道憐知留任，事無大小，一決穆之。十二年北伐，留世子爲中軍將軍，監大尉留府，轉穆之左僕射，領監軍、中軍二府軍司將尹。蓋恃爲留守之長城矣。穆之以十三年十一月卒，以司馬徐羨之代管留任。於時朝廷大事，當決穆之者，并悉北諮；穆之前軍府文武二萬人，以三千配羨之建威府，餘悉配世子中軍府；其倚任，遠非穆之之比矣。穆之之歿，高祖表天子曰："豈惟讜言嘉謀，溢於民聽。若乃忠規遠畫，潛慮密謀，造膝詭辭，莫見其際。功隱於視聽，事隔於皇朝，不可勝記。"此與魏武帝之惜荀文若正同。一代革易之際，必以武人位於大君，此不過藉其獷悍之氣，以肅清寇盜，駕馭武夫，至於改絃更張，所以掃除穢濁，而開百年郅治之基者，必藉有文學之士以爲之輔。此其功，與武人正未易軒輊，特不如武人之赫赫在人耳目耳。然當革易之際，能爲大君而開一代之治者，亦必非獷悍寡慮之流，不過武功文治，各有專長，不得不藉文人以爲之輔。既相須之孔殷，自相得而益彰，其能相與有成，亦斷非徒爲一身之計也。《宋書‧王弘傳》言：弘從北征，前鋒已平洛陽，而未遑九錫，弘銜使還京師，諷旨朝廷。時劉穆之掌留任，而旨從北來，穆之愧懼，發病，遂卒。此真以小人之腹，度君子之心，與謂荀文若不得其死者無異。《張邵傳》言：武帝北伐，邵請見曰："人生危脆，必當遠慮。穆之若邂逅不幸，誰可代之？"可見穆之罹疾已久矣。《南史》言武帝受禪，每歎憶穆之，曰："穆之不死，當助我理天下。可謂人之云亡，邦國殄瘁。"又豈專爲一身起見哉！十二月，裕發長安。以弟二子義真爲雍州刺史，留鎮，而留腹心將佐以輔之。以王脩爲長史。義真時年十二耳。十四年，正月，裕至彭城，復以劉遵考爲并州刺史，鎮蒲阪。遵考，裕族弟也，裕時諸子并弱，宗族惟有遵考，故用焉。赫連勃勃聞裕東歸，大悅。問取長安之策於王買德。買德教以置游兵，斷青泥、上洛之路，杜潼關、崤、陝，而以大兵進取長安。勃勃善之。以子璝都督前鋒諸軍事，率騎二萬，南伐長安，子昌屯兵潼關；買德南斷青泥；而勃勃率大軍繼發。義真中兵參軍沈田子與司馬王鎮惡拒之北地。見第二章第二節。田子素與鎮惡不協，矯劉裕令，請鎮惡計事，於坐殺之。王脩收殺田子。治中從事史傅弘之擊赫連璝，大破之，夏兵退。義真年少，賜與不節，王脩每裁減之，左右并怨，白義真曰："鎮惡欲反，故田子殺之，脩今殺田子，是又欲反也。"義真乃使左右劉包等殺脩。脩既死，人情離駭，無相統一。於是悉召外軍，入於城中，閉門距守。關中郡縣，悉降於夏。勃勃進據咸陽，見第六章第四節。長安樵采路絕，不可守矣。十月，劉裕遣朱齡石代義真。敕齡石："若關右必不可守，可與義真俱歸。"諸將競斂財貨，多載子女，方軌徐行。傅弘之謂宜棄車輕行，不從。《晉書‧勃勃載記》云："義真大掠而東，百姓遂逐朱齡石，而迎勃勃入於長安，"豈不痛哉？赫連璝率衆三萬，追擊義真。至青泥，爲所及。蒯恩斷後，被執，死於虜中。恩時遣入關迎義真者。毛脩之、傅弘之并沒於虜。脩之夏亡沒於魏。弘之，勃勃逼令降，不屈，時天寒，裸之，叫罵，見殺。王敬先戍潼關之曹公壘，朱齡石率餘衆就之。虜斷其水道，衆渴不能戰，城陷。被執至長安，皆見殺。劉裕遣朱超石慰勞河、洛，始至蒲阪，直齡石棄長安去，濟河就之，亦與齡石并陷虜見殺。劉遵考南還，代以毛德祖，義真中兵參軍。勃勃遣其將叱奴侯提率步騎三萬攻之，德祖奔洛陽。關中遂没。

《宋書·武三王傳》曰：高祖聞青泥敗，未得義真審問。有前至者，訪之，并云："闇夜奔敗，無以知其存亡。"高祖怒甚，剋日北伐。謝晦諫，不從。及得段宏啓事，知義真已免，乃止。宏義真中兵參軍，以義真免者。此淺之乎測丈夫者也。高祖即善怒，豈以一子，輕動干戈？《鄭鮮之傳》云：佛佛虜陷關中，高祖復欲北討，鮮之上表諫曰："虜聞殿下親御大軍，必重兵守潼關。若陵威長驅，臣實見其未易；若興駕頓洛，則不足上勞聖躬。賊不敢乘勝過陝，遠憚大威故也。若興駕造洛而反，凶醜更生揣量之心，必啓邊戎之患。江南顒顒，忽聞遠伐，不測師之深淺，人情恐懼，事又可推。往年西征，劉鍾危殆；伐司馬休之時，以劉鍾領石頭戍事，屯冶亭，有盜數百夜襲之，京師震駭，鍾討平之。冶亭，在建康東。前年劫盜破廣州，人士都盡；三吳心腹之内，諸縣屢敗，三吳，見第三章第九節。皆由勞役所致。又聞處處大水，加遠師民敝，敗散自然之理。殿下在彭城，劫盜破諸縣，事非偶爾，皆是無賴凶慝。凡順而撫之，則百姓思安；違其所願，必爲亂矣。"此當時不克再舉之實情。《王仲德傳》云：高祖欲遷都洛陽，衆議咸以爲宜，仲德曰："非常之事，常人所駭。今暴師日久，士有歸心，固當以建業爲王基，俟文軌大同，然後議之可也。"帝深納之。《武三王傳》亦言：高祖之發長安，諸將行役既久，咸有歸願，止留偏將，不足鎮固人心，故以義真留鎮。洛陽不能久駐，而況長安？將士不免思歸，而況氓庶？勢之所限，雖英傑無如之何。《南史·謝晦傳》言：武帝聞咸陽淪没，欲復北伐，晦諫以士馬疲怠，乃止，與《武三王傳》之言適相反，固知史之所傳，不必其皆可信也。

世皆眥宋武之南歸，由其急於圖篡，以致"百年之寇，千里之土，得之艱難，失之造次，使豐、鄗之都，復淪寇手"，司馬光語，見《通鑑》。此乃王買德對赫連勃勃之辭，非敵國誹謗之言，則史家傅會之語，初非其實。宋武代晉，在當日，業已勢如振槁，即無關、洛之績，豈慮無成？苟其急於圖篡，平司馬休之後，遽篡可矣，何必多此伐秦一舉？武帝之於異己，雖云肆意翦除，亦特其庸中佼佼者耳，反側之子必尚多。劉穆之死，後路無所付託，設有竊發，得不更詒大局之憂？欲攘外者必先安内，則武帝之南歸，亦不得眥其專爲私計也。義真雖云年少，留西之精兵良將，不爲不多。王鎮惡之死，事在正月十四日，而勃勃之圖長安，仍歷三時而後克，可見兵力實非不足。長安之陷，其關鍵，全在王脩之死。義真之信讒，庸非始料所及，此尤不容苛責者也。惟其經略趙、魏，有志未遂,實爲可惜。當時異族在中原之地者,皆已力盡而斃,惟鐵弗、拓跋二虜,起於塞北,力較厚而氣較雄;而拓跋氏破後燕後,尤爲土廣而人衆。所以清定之者,實不當徒恃河南爲根基,而斷當經營關中與河北,以非如是則勢不相及也,此觀於後來元嘉之喪敗而可知。武帝平秦之日,拓跋氏實無能爲;鐵弗氏之兵力,亦極爲有限。拓跋氏雖因力屈假道,初實爲秦形援,後又侵擾河南,伐之實爲有辭。鐵弗氏必不敢動。秦涼諸國,一聞王師入關,早已膽落。乞伏熾磐曾使求自效。沮渠蒙遜,猾夏最深,然朱齡石遣使招之,亦嘗上表求爲前驅。見第八節。當時此諸國者,未嘗不可用之以威勃勃,而鐵弗氏與拓跋氏,本屬世讎;勃勃惟利是視;苟有事於拓跋氏,亦未必不可驅之,使與我相掎角。然則宋武設能留駐北方二三年,拓跋嗣或竟爲什翼犍之續,亦未可知也。惟即如是,五胡亂華之禍,是否即此而訖,亦未可定。崔浩之爲拓跋嗣策中國也,曰:"秦地戎夷混并,虎狼之國,劉裕亦不能守之。孔子曰:善人爲邦百年,可以勝殘去殺,今以秦之難制,一二年閒,豈裕所能哉? 且可治戎束甲,息民備境,以待其歸,秦地亦當終爲國有。"浩實乃心華夏者,其爲此言,蓋所以息索虜之覬覦,而非爲之計深遠,説別詳後。然於關中之情形,亦頗有合。宋武之平姚秦,已迫遲暮,其能竟此大業與否,亦可疑也。宋武之所闕,仍在於其度量之不弘。大抵人勳業所就,恒視乎其所豫期。長安之所以不守,實由將士之思歸,及其貪暴,《王鎮惡傳》:是時關中豐盈,倉庫殷積,鎮惡極意收斂,子女玉帛,不可勝計。觀於義真敗後,諸將尚競斂財貨,多載子女,方軌徐行,則平時極意收斂者,正不止鎮惡一人也。而其所以如此,則平時之所以自期待者使之。神州陸沈,既百年矣,生斯土者,孰非其奇恥大辱? 使爲之率將者,果有恢復境壤,拯民塗炭之心,自不以消除關洛爲已足;上之所好,下必甚焉,爲其所卵翼裁成者,自亦不敢啓思歸之念,懷欲貨之思矣。王鎮惡之至潼關也,姚紹率大衆距險,深溝高壘以自固。鎮惡縣軍遠入,轉輸不充,將士乏食。馳告高祖,求發糧援。時高祖緣河,索虜屯據河岸,軍不得前。高祖初與鎮惡等期:克洛陽後,須大軍至,及是,呼所遣人,開舫北户,指河上虜示之曰:"我語令勿進,而輕佻深入,岸上如此,何由得遣運?"此時王師實爲一大危機,而鎮惡親到弘農,督上民租,百姓競送義粟,軍遂復振。高祖將還,三秦父老,詣門流涕訴曰:"殘民不沾王化,於今百年。始覩衣冠,方仰聖澤。長安十陵,是公家墳墓,咸陽宮殿數千閒,是公家屋宅;舍此欲何之?"義真進督東秦,時隴上流人,多在關中,望因大威,復歸本土,及置東秦,父老知無復經略隴右、固關中之意,咸共歎息。王鎮惡之死也,沈田子又殺其兄弟及從弟七人,惟鎮惡弟康,逃藏得免。與長安徙民張盱醜、劉雲等唱集義徒,得百許人。驅率邑郭僑户七百餘家,共保金墉,爲守戰之備。時有邵平,率部曲及并州乞活千餘户屯城南,迎亡命司馬文榮爲主。又有亡命司馬道恭,自東垣見第六章第五節。率三千人屯城西。亡命司馬順明,五千人屯陵雲臺。順明遣刺殺文榮,平復推順明爲主。又有司馬楚之屯柏谷塢。索虜野坂城主黑弰公即于栗磾。遊騎在芒上。北邙山,在洛陽東北。攻逼交至。康堅守六旬,救軍至,諸亡命乃各奔散。蓋遺黎之可用如此:關中誠如崔浩言,戎夷混并,然漢人之能爲國宣力者實更多。① 即戎夷亦非無用,此又證以後來柳元景之出師,蓋吳之反魏而可知者也。義真之歸也,將鎮洛陽,而河南蕭條,未及脩理,乃改除揚州刺史。毛德祖全軍而歸,以爲滎陽、京兆大守,尋遷司州刺史,戍虎牢。此等兵力,其不足以固河南審矣。鄭鮮之言:"西虜或爲河、洛之患,今宜通好北虜,則河南安,河南安則濟、泗静。"蓋至此而徒保河南,棄置河北之勢成矣。哀哉。

第八節　魏并北方

宋武帝既棄關中,其明年,遂受晉禪,受禪後三年而崩。子少帝立,爲徐羨之等所廢。文帝繼位,初則謀誅永平逆黨,繼又因彭城王專權,盡力謀誅劉湛等,經略之事,匪皇顧慮;而其時北魏大武帝繼立,剽悍之氣,非復如明元之僅圖自守,北方諸國,遂悉爲所并,欲圖恢復益難矣。自晉義熙十四年棄關中,至宋元嘉十六年魏滅北涼,盡并北方,其閒凡二十二年,中國實坐失一不易再得之機會也。今略述北方諸國及其爲魏所并之事,以終晉世北方分裂之局。

禿髮傉檀既得姑臧,徵集戎夏之兵五萬餘人,大閲於方亭。地屬顯美。顯美,漢縣,在今甘肅永昌縣東。遂伐沮渠蒙遜,入西陝。蒙遜率衆來距。戰於均石,爲蒙遜所敗。蒙遜攻西郡,陷之。胡三省曰:均石,在張掖之東,西陝之西,蓋西郡界。案西郡,見第二章第二節。赫連勃勃初僭號,求昏於傉檀,傉檀勿許。勃勃怒,率騎二萬伐之。自陽非至於支陽,三百餘里,殺傷萬餘人,驅掠二萬七千口,牛、馬、羊數十萬而還。陽非亭,在今甘肅永登縣西。支陽,漢縣。胡三省引劉昫曰:唐蘭州廣武縣,杜佑曰:唐會州會寧縣。案廣武,見第五章第二節。會寧,在今甘肅靖遠縣東北。傉檀率衆追之。戰於陽武,峽名,在靖遠縣境。爲勃勃所敗。將佐死者十餘人。傉檀與數騎奔南山,胡

---

① 民族:遺民之乃心華夏。

三省曰：支陽之南山，《本紀》事在義熙三年十一月。幾爲追騎所得。傉檀懼東西寇至，徙三百里內百姓，入於姑臧。國中駭怨。屠谷成七兒，因百姓之擾，率其屬三百人叛。軍諮祭酒梁袞、輔國司馬邊憲等七人謀反，傉檀悉誅之。姚興乘機，遣其子弼及斂成等率步騎三萬來伐，又使姚顯爲弼等後繼。遺傉檀書，云遣齊難討勃勃，懼其西逸，故令弼等於河西邀之。傉檀以爲然，遂不設備。弼陷昌松，見第六章第六節。至姑臧，屯於西苑。姑臧有東西苑城，見第六章第六節。州人王鍾、宋鍾、王娥等密爲內應。候人執其使送之。傉檀欲誅其元首。前軍伊力延侯曰：“今彊敵在外，內有姦豎，兵交勢蹙，禍難不輕，宜悉阬之，以安內外。”傉檀從之，殺五千餘人，以婦女爲軍賞。命諸郡縣，悉驅牛羊於野。斂成縱兵虜掠。傉檀遣十將率騎分擊，大敗之。姚弼固壘不出。姚顯聞弼敗，兼道赴之。委罪斂成，遣使謝傉檀，引師而歸。傉檀於是僭即涼王位。《紀》在義熙四年十一月。遣其左將軍枯木、駙馬都尉胡康伐沮渠蒙遜，掠臨松人千餘戶而還。蒙遜大怒，率騎五千，至於顯美方亭，徙數千戶而還。傉檀大尉俱延伐蒙遜，又大敗歸。傉檀將親伐之。尚書左僕射趙晁及大史令景保諫。傉檀曰：“吾以輕騎五萬伐之。蒙遜若以騎兵距我，則衆寡不敵；兼步而來，則舒疾不同。救右則擊其左，赴前則攻其後，終不與之交兵接戰，卿何懼乎？”既而戰於窮泉，《十六國疆域志》云：在昌松。傉檀大敗，單馬奔還。《紀》義熙六年三月。蒙遜進圍姑臧。百姓懲東苑之戰，即王鍾等之誅。悉皆驚散。傉檀遣使請和，以司隸校尉敬歸及子他爲質。歸至胡阬逃還，他爲追兵所執。胡阬，胡三省曰：在姑臧西。蒙遜徙八千餘戶而歸。右衛折掘奇鎮據石驢山以叛。胡三省曰：石驢山，在姑臧西南，屬晉昌郡界。案晉昌，晉郡，在今甘肅安西縣東。傉檀懼爲蒙遜所滅，又慮奇鎮克嶺南，乃遷於樂都。今青海樂都縣。留大司農成公緒守姑臧。焦諶等閉門作難，推焦朗爲大都督，諶爲涼州刺史。蒙遜攻克之。《通鑑》在義熙七年二月。《晉書》云宥朗。《宋書·蒙遜傳》云：義熙八年，蒙遜攻焦朗，殺之，據姑臧。蓋因蒙遜還居姑臧而追敘其攻克之事。遂伐傉檀。圍樂都，三旬不克。傉檀以子安周爲質，蒙遜引歸。傉檀又將伐蒙遜。邯川護軍孟愷諫，不從。邯川城，在今青海巴燕縣黃河北岸。五道俱進。至番和、苕藋，掠五千餘戶。番和，漢縣，後涼置郡，在今甘肅永昌縣西。苕藋，在張掖東。其將屈右，勸其倍道還師，早度峻險。衛尉伊力延曰：“彼徒我騎，勢不相及。若倍道還師，必捐棄資財，示人以弱，非計也。”俄而昏霧風雨，蒙遜軍大至，傉檀敗績而還。蒙遜進圍樂都。傉檀嬰城固守，以子染干爲質，蒙遜乃歸。久之，蒙遜又攻樂都，二旬不克。蒙遜遷於姑臧。義熙八年，僭即河西王位。傉檀弟湟河大守文支湟河，見第六章第六節。降蒙遜，蒙遜又來伐。傉檀以大尉俱延爲質，蒙遜引還。《通鑑》在義熙九年四月。傉檀議欲西征乙弗。孟愷諫曰：“連年不收，上下飢弊，遠征雖克，後患必深。不如結盟熾磐，通糴濟難；慰喻雜部，以廣軍資。畜力繕兵，相時而動。”傉檀謂其大子虎臺曰：<small>虎臺從《魏書》。《晉書》作武臺，乃唐人避諱改。</small>“今不種多年，內外俱窘，事宜西行。以拯此弊。蒙遜近去，不能卒來。旦夕所慮，惟在熾磐，彼名微衆寡，易以討禦。吾不過一月，自足周旋。汝謹守樂都，無使失墜。”乃率騎七千襲乙弗，大破之，獲牛、馬四十餘萬。熾磐果率步騎二萬，乘虛來襲。撫軍從事中郎尉肅言於虎臺曰：“外城廣大，難以固守，宜聚國人於內城，肅等率諸晉人，距戰於外。如或不捷，猶有萬全。”虎臺懼晉人有貳心也，乃召豪望有謀勇者，閉之於內。孟愷泣曰：“愷等進則荷恩重遷，退顧妻子之累，豈有二乎？ 今事已急矣，人思自效，有何猜邪？”一旬而城潰。烏孤子樊尼，自西平奔告傉檀。<small>西平，見第二章第二節。</small>傉檀謂衆曰：“今樂都爲熾磐所陷，男夫盡殺，女婦賞軍，雖欲歸還，無所赴也。卿等能與吾藉乙弗之資，取契汗以贖妻子，是所望也。不爾即歸熾磐，便爲奴僕矣，豈忍見妻子在他人抱中？”遂引師而西。衆多逃返。遣鎮北段苟追之，苟亦不還。於是將士皆散。惟中軍紇勃、後軍洛肱、安西樊尼、散騎侍郎陰利鹿在焉。傉檀曰：“蒙遜與吾，名齊年比，熾磐姻好少年，俱其所忌，勢皆不濟。與其聚而同死，不如分而或全。樊尼長兄之子，宗部所寄，吾衆在北者，戶垂二萬，蒙遜方招懷遐邇，存亡繼絕，汝其西也。紇勃、洛肱，亦與尼俱。吾年老矣，所適不容，寧見妻子而死。”遂歸熾磐。惟陰利鹿隨之。歲餘，爲熾磐所鴆。案好戰者必亡，其傉檀之謂乎？《晉書·載記》云：“烏孤以安帝隆安元年僭立，至傉檀之世，凡十九年，以安帝義熙十年滅。”《本紀》亦繫傉檀之亡於義熙十年六月。案自隆安元年至義熙十年，止十八年。《乞伏熾磐載記》云：“熾磐以義熙六年襲僭位。”《本紀》在八年。又云：“僭立十年而入樂都。”則當爲元熙元年，年歲相距大遠矣。疑僭立二字衍，而《禿髮氏載記》之“凡十九年”，當作十八也。《通鑑》云：傉檀之死也，沮渠蒙遜遣人誘虎臺，許以番禾、西安二郡處之；<small>西安，後涼郡，在張掖東南。</small>且借之兵，使伐秦，報其父讎，復取故地。虎臺陰許之。事泄而止。熾磐后，虎臺妹也，熾磐待之如初。后密與虎臺謀曰：“秦本我之仇讎，雖以昏姻待之，蓋時宜耳。先王之薨，又非天命，遺令不治者，欲全濟子孫故也。<small>胡三省曰：不治，謂被鴆而不解也。</small>爲人子者，豈可臣妾於仇讎，而不思報復乎？”乃與武衛將軍越質洛成謀弒熾磐。后妹爲熾磐左夫人，知其謀而告之。熾磐殺后及虎臺等十餘人。事在宋景平元年。

乞伏熾磐既兼禿髮傉檀，兵彊地廣。沮渠蒙遜遣其將運糧於湟河，自率衆攻克熾磐之廣武郡。<small>見第五章第二節。</small>以運糧不繼，自廣武如湟河，度浩亹。見

第二章第二節。熾磐遣將距之，皆爲蒙遜所敗。蒙遜以弟漢平爲湟河大守，乃引還。熾磐率衆三萬襲湟河，漢平降。義熙十一年。熾磐攻漒川，西秦郡，在今青海東南境。師次沓中。在今甘肅臨潭縣西。蒙遜攻石泉以救之，石泉，縣名，《十六國疆域志》云：屬漒川。熾磐引還。蒙遜亦歸。遣使聘於熾磐，遂結和親。

　　西涼立國酒泉，與蒙遜形勢甚逼。《晉書》本傳云："蒙遜每年侵寇不止，玄盛志在以德撫其境内，但與通和立盟，弗之校也。尋而蒙遜背盟來侵，玄盛遣世子士業要擊，敗之，嗣世子譚早卒，立次子歆爲世子，歆字士業。獲其將沮渠百年。《本紀》在義熙七年十月。玄盛謂張氏之業，指期而成，河西十郡，歲月而一，既而禿髮傉檀入據姑臧，且渠蒙遜基宇稍廣，於是慨然，著《述志賦》焉。"蓋其勢實最弱也。義熙十三年，二月，嗣卒，子歆嗣。此據《晉書·本紀》。《宋書·且渠蒙遜傳》云五月。蒙遜遣其張掖大守且渠廣宗詐降誘歆。歆遣武衛温宜等赴之，親勒大軍，爲之後繼。蒙遜帥衆三萬，伏於蓼泉。胡三省曰：《新唐書·地理志》：張掖郡西北百九十里有祁連山，山北有建康軍，軍西百二十里有蓼泉守捉城。歆聞之，引兵還，爲蒙遜所逼，歆親貫甲先登，大敗之。《宋書·蒙遜傳》云：歆伐蒙遜，至建康。蒙遜拒之。歆退走。追到西支澗，蒙遜大敗，死者四千餘人。乃收餘衆，增築建康城，置兵戍而還。《晉書·蒙遜載記》云：蒙遜爲李士業敗於解支澗，復收散卒欲戰，前將軍成都諫，蒙遜從之，城建康而歸。建康見第六章第六節。解支澗，胡三省曰："《晉書》作鮮支澗，當從之，"然今《晉書》作解支澗，《十六國疆域志》亦同。明年，蒙遜大伐歆。歆將出距之。左長史張體順固諫，乃止。蒙遜大芟禾稼而還。《通鑑》在義熙十四年。歆用刑頗峻，又繕築不止。從事中郎張顯，主簿氾稱疏諫，并不納。永初元年，七月，據《宋書·且渠蒙遜傳》。蒙遜東略浩亹，歆承虛攻張掖。其母尹氏及宋繇固諫，并不從。繇嗣臣，受顧命者。遂率步騎三萬東伐，次於都瀆澗。《十六國疆域志》引《通志》云：在蓼泉西。蒙遜自浩亹來距。戰於懷城，《十六國疆域志》云：在福祿縣。福祿，見第三章第七節。爲蒙遜所敗。勒衆復戰，又敗於蓼泉，被害。蒙遜遂入酒泉。歆弟敦煌大守恂，據郡自稱大將軍。十月，蒙遜遣世子正德攻之，不下。明年，正月，蒙遜自往，築長堤，引水灌城，數十日，又不下。三月，恂武衛將軍宋丞，廣武將軍弘舉城降。恂自殺。李氏亡。歆之亡在永初元年。本傳云：士業立年而宋受禪，誤。故又云，其滅在永平元年，皆誤多三年。

　　赫連勃勃既陷長安，遂僭稱皇帝。《魏書》在泰常三年，即晉義熙十四年。《北史》在泰常四年，即晉元熙元年。羣臣勸都長安。勃勃曰："荆吳僻遠，勢不能爲人之患。東魏與我同境，去北京裁數百餘里。若都長安，北京恐有不守之憂。諸卿適未見此耳。"乃於長安置南臺，以其大子璝領雍州牧，録南臺尚書事，而還統萬。《魏書》云：以長安爲南都。案云荆吳不足爲患，姚泓之滅，豈特殷鑒不遠？知東魏爲心腹之憂,則終勃勃之世,何不聞以一矢東向相加遺邪?知此等皆史家傅會之辭,非其實也。勃勃性凶暴好殺。其在長安也,嘗徵隱士韋祖思,既至,恭懼過禮,勃勃怒曰:"吾以國士徵汝,奈何以非類處吾?汝昔不拜姚興,何獨拜我?我今未死,汝猶不以我爲帝王,我死之後,汝輩弄筆,當置吾何地?"遂殺之。其猜忌漢人如此。常居城上,置弓劍於側,有所嫌忿,便手自殺之。羣臣忤視者毀其目,笑者決其脣,諫者謂之誹謗,先截其舌而後斬之。夷夏囂然,人無生賴。議廢其長子瑣,瑣自長安起兵攻勃勃。勃勃中子昌破瑣,殺之。勃勃以昌爲大子。《通鑑》元嘉元年。元嘉二年,勃勃死,昌僭立。三年,九月,魏遣奚斤襲蒲阪,見第三章第四節。周幾襲陝城。見第六章第一節。十月,魏大武帝西伐,臨君子津。見第六章第三節。十一月,以輕騎一萬八千濟河襲昌,略居民,徙萬餘家而還。奚斤東至蒲阪,昌守將赫連乙升棄城西走。昌弟助興守長安,乙升復與助興西走安定。見第二章第二節。奚斤遂入蒲阪,西據長安。四年,正月,昌遣其弟平原公定率衆二萬向長安。五月,魏大武帝乘虛西伐。濟君子津,輕騎三萬,倍道兼行。羣臣咸諫曰:"統萬城堅,非十日可拔。今輕軍討之,進不可克,退無所資。不若步兵攻具,一時俱往。"大武曰:"夫用兵之術,攻城最下,不得已而用之。如其攻具一時俱往,賊必懼而堅守。若攻不時拔,則食盡兵疲,外無所掠,非上策也。朕以輕騎至其城下,彼先聞有步兵,而徒見騎至,必當心閑。朕且羸師以誘之,若得一戰,禽之必矣。所以然者,軍士去家二千里,復有黄河之難,所謂置之死地而後生也。"遂行。次於黑水。見第六章第九節。去統萬三十餘里。分軍伏於深谷,而以少衆至其城下。昌將狄子玉來降,説"昌使人追定,定曰:城既堅峻,未可攻拔,待禽斤等,然後徐往,内外擊之,何有不濟?昌以爲然"。大武惡之。退軍城北,示昌以弱。會軍士負罪,亡入昌城,言"魏軍糧盡,士卒食菜,輜重在後,步兵未至,擊之爲便"。昌信其言,引衆出城。大武收軍僞北,分騎爲左右以掎之,昌軍大潰。不及入城,奔於上邽。見第三章第三節。遂克其城。《魏書·本紀》在六月。是役也,昌雖寡謀,魏亦幸勝。其時魏兵不足二萬,而昌衆步騎三萬;大武引而疲之,行五六里,衝其陳,尚不動;及戰,大武墜馬,流矢中掌,其不敗者亦幸耳。娥清以五千騎攻赫連定,定亦走上邽。奚斤追之,至雍,見第三章第五節。不及而還。大武詔斤班師。斤請益鎧馬平昌,不許。抗表固請,乃許之。給斤萬人,遣將軍劉拔送馬三千匹與斤。五年,魏神麚元年。二月,昌退屯平涼。斤進軍安定。馬多疫死,士衆乏糧,乃深壘自固。遣大僕丘堆等督租於民間,爲昌所敗。昌日來侵掠,芻牧者不得出,士卒患之。監軍侍御史安頡請募壯勇出擊。斤言"以步擊騎，終無捷理"，欲須救騎至。頡曰："今兵雖無馬，將帥所乘，足得二百騎，就不能破，可折其銳。且昌狷而無謀，每好挑戰，衆皆識之，若伏兵掩擊，昌可擒也。"斤猶難之。頡乃陰與尉眷等謀，選騎待焉。昌來攻壘，頡出應之。昌於陳前自接戰，軍士識昌，爭往赴之。會天大風，揚塵，晝昏，衆亂。昌退。頡等追擊，昌馬蹶而墜，遂禽昌。《通鑑考異》曰："《十六國春秋鈔》云：承光三年，五月，戰於黑渠，爲魏所敗。昌與數千騎奔還，魏追騎亦至。昌河内公費連烏提守高平，徙諸城民七萬户於安定以都之。四年，二月，魏軍至安定。三城潰。昌奔秦州。魏東平公娥青追禽之，送於魏。與《後魏紀傳》不同，今從《後魏書》。"案承光赫連昌年號，承光三年，宋元嘉四年也。觀此，彌知魏大武之克統萬爲幸勝，當時設與之堅持，未有不以乏糧爲患者也。昌餘衆立定，走還平涼。奚斤恥功不在己，輕齎三日糧，追定於平涼。娥清欲尋水而往，斤不從。定知其軍無糧乏水，邀其前後。斤衆大潰。與娥清、劉跋，俱爲定所禽，士卒死者六七千人。丘堆先守輜重在安定，聞斤敗，棄甲東走蒲阪。定復入長安，魏大武詔安頡鎮蒲阪以拒之。又詔頡斬丘堆。六年，五月，定侵統萬，至侯尼城而還。胡三省曰：侯尼城，在平涼東。七年，九月，定遣弟謂以代攻鄜城，見第五章第六節。魏始平公隗歸擊破之。定又將數萬人東擊歸。十一月，魏大武帝親率輕騎襲平涼。定救平涼。登鶉觚原，鶉觚，漢縣，在今甘肅靈臺縣東北。方陳自固。大武四面圍之，斷其水草。定引衆下原。擊之，衆潰。定被創單騎走，收餘衆西保上邽。諸將乘勝進軍，遂取安定。十二月，定弟社干、度洛孤出降。長安、臨晉、見第三章第七節。武功見第六章第五節。守將皆奔走。關中遂入於魏。

　　當劉裕伐秦之際，乞伏熾磐嘗遣使詣裕求效力，拜爲西平將軍河南公。《宋書·武帝本紀》。及魏伐夏之歲，熾磐又遣使於魏，請伐赫連昌。《魏書·本紀》始光三年正月。蓋皆欲乘時以徼利也。及魏克統萬，熾磐乃遣其叔泥頭、弟度質於平城。元嘉五年，熾磐死，子暮末嗣僞位。暮末依《晉書》。《宋》、《魏書》及《十六國春秋》皆作茂蔓。熾磐之死，《晉書》在元嘉四年。下文云：暮末在位三年，爲赫連定所殺，在元嘉七年。又云：始國仁以孝武大元十年僭位，至暮末四世，凡四十有六載，數亦相合。然據《魏書·本紀》：暮末之滅，在神廌四年正月，則當爲元嘉八年，《宋書·大沮渠蒙遜傳》亦同。考《魏書·本紀》，赫連定之奔上邽，在神廌三年十一月，似其年内未必能亡暮末，疑《晉書》紀事，誤移前一年也。明年，沮渠蒙遜攻枹罕。見第五章第一節。暮末大破之，禽其世子興國。暮末政刑酷濫，内外崩離。爲赫連定所逼，遣使請迎於魏。魏大武許以安定以西、平涼以東封之。暮末乃焚城邑，毀寶器，率户萬五千至高田谷。胡三省曰：當在南安郡界。爲赫連定所拒，遂保南安。見第二章第二節。魏大武遣使迎之。暮末衛將軍吉毗固諫，以爲不宜内徙，暮末從之。赫連定遣其北平公韋代當即謂以代。率衆一萬攻南安。城内大飢，人相食。暮末及宗族五百餘人出降，送於上邽。時元嘉八年正月也。從《魏書》,《通鑑》同。是歲,六月,赫連定北襲沮渠蒙遜,爲吐谷渾慕璝所執。明年,二月,送於魏,魏殺之。《宋書·沮渠蒙遜傳》:元嘉七年,四月,定奔上邽。十一月,茂蔓聞定敗,將家户及興國東征,欲移居上邽。八年,正月,至南安。定率衆禦茂蔓,大破之。殺茂蔓,執興國而還。四月,定避拓跋燾,欲渡河西擊蒙遜。五月,率部曲至治城峽口。渡河,濟未半,爲吐谷渾慕璝所邀,見獲。興國被到,數日死。其事迹與《魏書》多牴牾,似不甚審。治城,胡三省曰:"魏收《地形志》:涼州東逕郡有治城縣,其地當在黄河南。又涼州有建昌郡,亦有治城縣。"案東逕郡之治城,當在舊涼州府境,建昌郡之治城,當在舊蘭州府境。胡《注》見元嘉六年。赫連昌尚魏始平公主,封爲秦王。元嘉十一年,叛魏,西走河西,爲候將所格殺。魏人并殺其羣弟。

馮跋在僭僞諸國中,頗稱有道。嘗下書除前朝苛政。命守宰當垂仁惠,無得侵害百姓。蘭臺都官,明加澄察。分遣使者,巡行郡國。孤老久病,不能自存者,振穀帛有差。孝弟力田,閨門和順者,皆褒顯之。又下書省徭薄賦。墮農者戮之,力田者褒賞。命尚書紀達,爲之條制。每遣守宰,必親見東堂,問爲政事之要。令極言無隱,以觀其志。又下書,令百姓人植桑一百根,柘二十根。禁厚於送終,貴而改葬。蝚蠕勇斛律遣使求跋女僞樂浪公主,羣下議前代舊事,皆以宗女妻六夷,樂浪公主不宜下降非類,跋不聽。庫莫奚虞出庫真獻馬請交市,許之。契丹庫莫奚降,署其大人爲歸善王。凡兹厚撫四夷,亦皆欲以息民也。史稱馮氏出自中州,有殊異類。雖舊史稱其信惑妖祀,斥黜諫臣,然能育黎萌,保守疆宇二十餘年,實人事而非天意。信不誣也。跋於夷夏之際,亦深有抉擇。晉青州刺史申永遣使浮海來聘,跋使其中書郎李扶報之。魏明元帝遣謁者于什門往使,爲跋所留。明元帝使長孫道生率衆二萬攻之,以其有備,不克而還。魏泰常三年,即晉義熙十四年。可謂明於去就矣。惜亦以内亂不終,是則當上下交征、不奪不饜之世,積習不易挽也。

跋長弟素弗,任俠放蕩,惟交結時豪爲務。當世俠士,莫不歸之。史稱跋之僞業,實素弗所建。故高雲死時,衆推跋爲主,跋曾以讓素弗。而素弗不可。跋僭位,以爲宰輔。素弗謙虛恭慎,雖厮養之賤,皆與之抗禮。車服務於儉約。脩己率下,百僚憚之。惜跋之七年即死。義熙十一年。元嘉七年,跋有疾。跋長子永先死,立次子翼爲世子,攝國事。翼勒兵以備非常。跋妾宋氏,規立其子,謂之曰:"主上疾將瘳,奈何代父臨國乎?"翼遂還。宋氏矯絕内外,遣閹人傳問。惟中給事胡福,獨得出入,專掌禁衛。跋疾甚,福慮宋氏將成其計,乃言於跋季弟弘。弘勒兵而入。跋驚怖死。弘襲位。翼勒兵出戰,不利,遂死。跋有男百餘人悉爲弘所殺,亦可謂甚矣。然弘仍不肯屈志於魏。九年,魏延和元年。六月,魏大武伐之。七月,圍之。弘嬰城固守。其營丘、遼東、成周、樂浪、帶方、玄菟六郡皆降。胡三省曰：燕自慕容已來，分置郡縣於遼西，其後或省或并，爲郡爲縣，皆不可考。大武徙其三萬餘戶於幽州。弘先廢其元妻王氏，黜世子崇，令鎮肥如，漢縣，在今河北盧龍縣北。以後妻慕容氏子王仁爲世子。崇母弟廣平公朗、樂陵公邈出奔遼西，勸崇降魏。崇納之。遣邈入魏。魏大武拜崇爲幽、平二州牧，封遼西王。弘遣其將封羽圍崇。十年，魏延和二年。正月，魏遣其永昌王健救崇。封羽以凡城降魏。凡城，在今熱河平泉縣境。徙三千餘家而還。六月，健又往攻和龍。十一年，魏延和三年。閏三月，弘上表稱藩於魏，乞進女。魏大武帝許之，而徵王仁入朝。弘不遣。魏又屢遣兵往攻。弘密求迎於高句驪。十三年，魏大延二年。句驪遣將葛盧等率衆迎之。五月，弘擁其城内士女，入於句驪。句驪處之於平郭。見第五章第二節。尋徙北豐。在今遼寧瀋陽縣西北。魏使散騎常侍封撥如句驪徵送弘。句驪不聽。大武議欲擊之，納樂平王丕計而止。弘素侮句驪，政刑賞罰，猶如其國。句驪乃奪其侍人，質任王仁。初弘於宋歲獻方物。及是，表求迎接。文帝遣王白駒、趙次興迎之，并令句驪料理資遣。句驪王璉不欲使弘南，而魏又徵弘於句驪，句驪乃遣將孫漱、高仇等襲殺之。時元嘉十五年三月也。魏大延四年。白駒等率所領七千餘人掩討，禽漱，殺高仇等二人。璉以白駒等專殺，遣使執送之。上以遠國，不欲違其意，白駒等下獄見原。其明年，文帝北討，詔璉送馬，璉獻馬八百匹，蓋帝方有事於索虜，不欲以一人傷一國之好也，然於北燕，則有違字小之仁矣。

《沮渠蒙遜載記》云：晉益州刺史朱齡石遣使來聘，蒙遜遣舍人黃迅報聘，因表曰："承車騎將軍劉裕，秣馬揮戈，以中原爲事，可謂天贊大晉，篤生英輔。若六軍北軫，克復有期，臣請率河西戎爲晉右翼前驅。"蓋齡石遣使，喻以夾攻後秦也。及劉裕滅姚泓，蒙遜聞之，怒甚。其門下校郎劉祚言事，蒙遜曰："汝聞劉裕入關，敢研研然也？"遂殺之。可謂非我族類，其心必異矣。然蒙遜既據河西之地，故其文明程度究較高。義熙十四年，遣使奉表稱藩。晉以爲涼州刺史。宋世亦累受爵命。蒙遜之滅西涼，以唐瑤之子契爲晉昌大守。契，李暠孫寶之舅也。叛蒙遜。蒙遜遣其世子正德攻契。景平元年，三月，克之。契奔伊吾。見第六章第六節。八月，芮芮來抄。蒙遜遣正德拒之。軍敗，見殺。乃以次子興國爲世子。又爲乞伏暮末所禽。蒙遜送穀三十萬斛以贖之，暮末不遣。蒙遜乃立興國弟菩提爲世子。元嘉十年，四月，蒙遜死。衆議以菩提年幼，推立其弟三子茂虔。《宋書》及《十六國春秋》同。《魏書》作牧犍。十一年，上表告私謚蒙遜爲武宣王。詔仍加封授。十四年，表獻方物，并獻書百五十四卷，求書數十件。文帝賜之。《魏書・本紀》：蒙遜以始光三年内附。元嘉三年。其後神䴥元年、三年，元嘉五年、七年。皆書蒙遜遣使朝貢。而《蒙遜傳》載神䴥中蒙遜表辭曰："前後奉表，貢使相望，去者杳然，寂無還反，未審津途寇險，竟不仰達？爲天朝高遠，未蒙齒録？往年侍郎郭祇等還，奉被詔書，三接之恩始隆，萬里之心有賴。"又云"商胡後至，奉公卿書，援引曆數安危之機，屬以竇融知命之美"云云。則當赫連氏敗亡之時，蒙遜求通於魏頗切，而魏初不甚省録。後蒙遜又遣子安周入侍於魏，魏大武乃於神䴥四年元嘉八年。九月，遣使册爲涼州牧涼王。及茂虔立，自稱河西王，大武即如所稱册之。先是大武遣李順迎蒙遜女爲夫人，會蒙遜死。茂虔受蒙遜遺意，送妹於平城，拜右昭儀。而茂虔取大武妹武威公主。《魏書》本傳言：牧犍淫嫂李氏，兄弟三人傳嬖之。李與牧犍姊共毒公主。上遣解毒醫乘傳救公主，得愈。上徵李氏，牧犍不遣，厚送，居於酒泉。然《外戚傳》言：世祖平涼州，頗以公主通密計。《西域傳》言：初世祖每遣使西域嘗詔牧犍令護送。至姑臧，牧犍恒發使導路，出於流沙。後使者自西域還，至武威，見第三章第二節。牧犍左右謂使者曰：我君承蠕蠕吳提妄説，云去歲魏天子自來伐我，士馬疫死，大敗而還，我禽其長弟樂平王丕。我君大喜，宣言國中。又聞吳提遣使告西域諸國，稱魏已削弱，今天下惟我爲彊，若更有魏使，勿復恭奉。諸國亦有貳者。牧犍事主，稍以慢惰。使還，具以狀聞。世祖遂議討牧犍。此亦可見武威遠嫁，實爲内間。不然，世豈有河西中毒，聞於代北，遣醫往救，猶獲全濟者邪？蒙遜猾虜，更事頗多，其於索虜，未嘗不心焉鄙之，然彊弱不敵，蒙遜知之甚明，故其事魏頗謹，魏人欲伐之而無由，乃爲是陰謀詭計，終則其所據爲口實者，仍支離不可究詰也。元嘉十六年，魏大延五年。六月，大武自將攻茂虔。茂虔嬰城自守。九月，城陷，乃降。時茂虔弟儀德守張掖，儀德從《宋書》，《魏書》作宜得。無諱守酒泉，從子豐周守樂都，從《宋書》，《魏書》作弟安周。從弟唐兒守敦煌。見第二章第二節。儀德燒倉庫，西奔酒泉，豐周南奔吐谷渾。魏奚眷討張掖，遂至酒泉。無諱、儀德復奔晉昌，西就唐兒。初秃髮傉檀亡，其子保周奔蒙遜，後奔魏，魏以爲張掖公。延和元年，宋元嘉九年。及是，進其爵爲王，遣諭諸部鮮卑。保周因率諸部叛於張掖。十七年，魏大平真君元年。正月，無諱、儀德圍酒泉。三月，克之。四月，攻張掖，不克。保周屯於删丹，漢縣，今甘肅山丹縣。魏永昌王健攻之。七月，保周遁走，自殺。八月，無諱降。十八年，魏大平真君二年。正月，拜爲涼州牧、酒泉王。三月，復封沮渠萬年爲張掖王。萬年，牧犍兄子。五月，唐兒反無諱。無諱留從弟天周守酒泉，與儀德討唐兒，殺之，復據敦煌。七月，魏奚眷圍酒泉。十月，城中飢，萬餘口皆餓死。天周殺妻以食戰士。食盡，城乃陷。執天周至平城，殺之。《魏書·本紀》：四月，詔奚眷征酒泉，獲沮渠天周，乃終言之。於是虜兵甚盛，無諱衆饑饉不自立。十一月，遣弟安周五千人伐鄯善。鄯善王恐懼，欲降，魏使者勸令拒守。安周連戰不能克，退保東城。蓋鄯善之東城，爲安周所據者。十九年，魏大平真君三年。鄯善王比龍西奔且末，其世子乃從安周。四月，無諱渡流沙，據鄯善。士卒渡流沙，渴死者大半。初李寶隨唐契奔伊吾，臣於芮芮。其遺民歸附者，稍至二千。至是，自伊吾歸敦煌，遣弟懷遠奉表於魏。魏拜懷遠敦煌大守，授寶沙州牧、敦煌公。真君五年，即元嘉二十一年，因其人朝留之。唐契攻高昌。高昌城主闞爽告急。八月，無諱留豐周守鄯善，自將家户赴之。未至，芮芮遣部帥阿若救高昌，殺唐契。其部曲奔無諱。九月，無諱遣將衛聚夜襲高昌，闞爽奔芮芮。無諱復據高昌。遣常侍氾儁奉表京師，獻方物。宋文帝以爲涼州刺史、河西王。《本紀》在六月，則其遣使在據高昌之前。《魏書·西域傳》云：無諱兄弟渡流沙，鳩集遺人，破車師國。真君十一年，元嘉二十七年。車師王車夷落遣使琢進、薛直上書，言臣國自爲無諱所攻擊，經今八歲。人民飢荒，無以存活。賊今攻臣甚急，臣不能自全，遂捨國東奔。三分免一。即日已到焉耆東界。思歸天闕，幸垂振救。於是下詔撫慰，開焉耆倉給之。自真君十一年上溯八年，則元嘉十九、二十年閒也。二十一年，魏真君五年。無諱病死，安周代立。宋仍以無諱官爵授之。《魏書·車伊洛傳》曰：焉耆胡也。世爲東境部落帥，恒脩職貢。世祖録其誠款，延和中，授伊洛平西將軍，封前部王。《通鑑》作車師前部王。伊洛大悅。規欲歸闕。沮渠無諱斷路，伊洛與無諱連戰，破之。時無諱卒，其弟天周，奪無諱子乾壽兵，規領部曲。伊洛前後遣使招諭乾壽等，率户五百餘家來奔，伊洛送之京師。又招諭李寶弟欽等五十餘人，送詣敦煌。伊洛又率部衆二千餘人伐高昌，討破焉耆東關七城。伊洛征焉耆，留其子歇守城。安周乘虛，引蠕蠕三道圍歇。歇固守，連戰，久之，外無救援，爲安周所陷，走奔伊洛。伊洛收集遺散一千餘家，歸焉耆鎮。《唐和傳》言：和契之弟。契與阿若戰殁，和收餘衆奔前部王。時沮渠安周屯橫截城，和攻拔之，斬安周兄子樹。又克高寧、白力二城，斬其戍主。後與前部王車伊洛擊破安周，斬首三百。此爲無諱末年，安周初年之事。大平真君六年，宋元嘉二十二年也，魏大武詔萬度歸發涼州以西兵襲鄯善。《鄯善傳》言：其王真達面縛出降，度歸釋其縛，留軍屯守，與真達詣京都。是歲，拜韓牧爲鄯善王以鎮之，賦役其人，比之郡縣。豐周亡於此時，抑已先亡，則不可考矣。《魏書·高昌傳》云：和平元年，宋大明四年。安周爲蠕蠕所并，蠕蠕以闞伯周爲高昌王。《宋書·氏胡傳》言：世祖大明三年，安周奉獻方物，實其滅亡前之一歲也，亦可哀矣。茂虔亦爲魏所害，事別見後。

第八章　宋初南北情勢

第一節　宋 初 內 釁

晉安帝以義熙十四年十二月見弑。史稱帝不惠。自少及長，口不能言。雖飢飽寒暖，無以辨也。凡所動止，皆非己出。桓玄之篡，因此獲全。劉裕將爲禪代，以讖云"昌明之後有二帝"，乃使中書侍郎王韶之縊之，而立其弟恭帝德文，以應讖焉。元熙二年，六月，禪位於裕，是爲宋高祖武皇帝。以恭帝爲零陵王。永初二年，九月，使其后弟褚淡之弑之。

宋武帝七子：長少帝義符，次廬陵孝獻王義真，次文帝義隆，次彭城王義康，次江夏文獻王義恭，次南郡王義宣，次衡陽文王義季。帝以荆州上流形勝，地廣兵彊，遺詔諸子次第居之。《宋書·義宣傳》。又以京口要地，去都邑甚邇，非宗室近戚，不得居焉。① 《劉延孫傳》。永初三年，五月，帝崩。少帝立。司空徐羨之，中書監傅亮，領軍將軍謝晦輔政。景平二年，廢南豫州刺史廬陵王義真爲庶人。南豫州，治歷陽，見第三章第九節。徙新安郡。見第四章第三節。旋使使誅之。時年十八。五月，江州刺史檀道濟，揚州刺史王弘入朝。皇大后令：廢帝爲營陽王。幽之吳郡。見第三章第九節。六月，見弑。時年十九。迎立荆州刺史宜都王義隆，是爲大祖文皇帝。時年十八。史稱少帝有失德。於華林園爲列肆，親自酤賣。華林園本在洛陽，見第三章第一節。此東渡後所營，在臺城內。又開瀆聚土，以象破岡埭。破岡瀆，在今江蘇丹陽縣境。與左右引船唱呼，以爲歡樂。夕游天泉池，本在洛陽，此亦東渡後所開。即龍舟而寢，其朝未興而兵至。見《本紀》，亦見《徐羨之傳》。案自古帝王，縱恣者多矣，少帝未逮弱齡，即有失德，未至不可諫誨也，何至遽行廢立？況又以帝廢則次立者應在義真而先廢之，且殺之乎？亦可謂甚矣。范泰謂所親曰："吾觀古今多矣，未有受遺顧託，而嗣君見殺，賢王嬰戮者也，"誠哉

---

① 史事：宋武帝詔諸子以次居荆州，非宗室近戚不得居京口。

其然也。羨之等果何所恃而敢爲此？抑亦何所迫而遽出此哉？時傅亮實奉
迎文帝，帝以少帝見害，不敢下。司馬王華曰："先帝有大功於天下，四海所
服。徐羨之中材寒士，傅亮布衣諸生，非有晉宣帝、王大將軍之心明矣。廢主
若存，慮將來受禍；又畏廬陵嚴斷，必不自容；殿下寬叡慈仁，遠近所知，越次
奉迎，冀以見德。悠悠之論，殆必不然。且三人勢均，莫相推伏，就懷不軌，勢
必不行。不過欲握權自固，以少主仰待耳。今日就徵，萬無所慮。"①兼采《宋書》、
《南史》本傳。此言可謂洞見事情。時到彥之爲南蠻校尉，文帝欲使領兵前驅，彥
之曰："了彼不貳，便應朝服順流，若使有虞，此師既不足恃，更開嫌隙之端。"
亦逆料諸人之無異心，非敢無備也。文帝引見傅亮。哭泣，哀動左右。既而
問義真及少帝薨廢本末，悲號嗚咽，侍側者莫能仰視。亮流汗霑背，不能答。
於是布腹心於到彥之、王華等。及至都，徐羨之問帝可方誰？亮曰"晉文、景
以上人。"羨之曰："必能明我赤心。"亮曰："不然。"少帝之廢，徐羨之即以謝晦
爲荆州刺史。晦慮不得去，甚憂皇。及發新亭，見第七章第一節。顧望石頭城，喜
曰："今得脫矣。"至江陵，亦深結王華，冀以免禍。觀此諸事，羨之等在當日，
實求自全之意多，覬覦非分之想，可謂絕無。然敢行滅族之事，何也？《范泰
傳》載泰諫少帝之辭曰："伏聞陛下，時在後園，頗習武備。"《義真傳》云：義真
聰明愛文義，而輕動無德業。與謝靈運、顏延之、慧琳道人，并周旋異常。云
得志之日，以靈運、延之爲宰相，慧琳爲西豫州都督。即豫州，亦曰北豫州。在歷
陽，多所求索，羨之等每裁量不盡與。深惡執政。表求還都。而少帝失德，羨
之等密謀廢立，則次第應在義真。因其與少帝不協，乃奏廢之。《謝靈運傳》
曰：靈運爲性褊激，多愆禮度。朝廷惟以文義處之。自謂才能，宜參機要。既
不見知，常懷憤憤。少帝即位，權在大臣，靈運搆扇異同，非毀執政，徐羨之等
患之。靈運時爲大子左衞率，因此出爲永嘉大守。《顏延之傳》云：時尚書令傅亮，自以
文義之美，一時莫及，延之負其才辭，不爲之下，亮甚疾焉。廬陵王義真，頗好
辭義，待接甚厚。徐羨之等疑延之爲同異，意甚不悅。延之時爲大子中舍人。蓋少
帝年少，羨之等不免專權。延之、靈運，皆輕躁之徒，疏於慮患，遂乘機搆扇義
真，兄弟合謀，欲除其偪。後園之習武備，淮左之求入朝，所圖正是一事。云
廬陵與少帝不協，則適得其反矣。宋初殺機未啓，非如後來之君臣動輒相屠，
羨之等即或見廢，亦不過免官歸第，何至遽行滅族之事？此無他，利令智昏，
貪戀權勢而不肯去，所謂苟患失之，無所不至也。廢立大事，雖威權聞望，十

---

①　階級：王華見徐羨之寒士，此武帝所以付託之歟。

倍於羨之等者，猶或無以善其後，況如羨之等之植根淺薄者乎？《謝晦傳》云：晦與羨之、亮謀自全之計，以晦據上流，而檀道濟鎮廣陵，見第三章第九節。各有彊兵，以制持朝廷；羨之、亮於中秉權；可以持久。此等計慮，又安足恃乎？羨之等之廢立，蓋深得王弘及檀道濟之力，以弘門第高華，弘導之曾孫，珣子。道濟先朝舊臣，威服殿省，且有兵衆也。見《羨之傳》。然弘實非首謀，其弟曇首，又爲文帝所親委。道濟素與弘善，弘時被遇方深，道濟彌相結附。文帝乃用二人以攜其黨。元嘉三年，正月，下詔誅羨之及亮。使中領軍到彦之及道濟討晦。雍州刺史劉粹，斷其走伏。雍州時治襄陽。羨之走出郭，自縊死。時年六十三。亮被收付廷尉，伏誅。晦問計於記室何承天。承天曰：“大小既殊，逆順又異。境外求全，上計也。以腹心領兵戍義陽，見第二章第三節。將軍率衆於夏口一戰，夏口，見第三章第九節。若敗，即趨義陽，以出北境，此其次也。”晦良久曰：“荊楚用武之國，且當決戰，走不晚也。”其昧險冒利，猶故智也。於是率軍二萬，發自江陵。舟艦列自江津，見第七章第三節。至於破冢。戍名，在江陵東南。旂旗相照，蔽奪日光。然本非將才，徒眩耳目而已。到彦之至彭城洲，在今湖南岳陽縣東北。爲晦軍所敗，退保隱圻。在今湖南臨湘縣東北。而道濟繼至。晦聞羨之等死，謂道濟必不獨全，及聞率衆來上，皇懼無計。西人離沮，無復鬥心，遂一時潰散。晦夜投巴陵，見第三章第九節。得小船還江陵，與七騎北走。至安陸延頭，爲戍主所執，安陸，見第三章第九節。送京師，伏誅。時文帝親征，至蕪湖，見第三章第九節。聞晦破，乃還。帝遣中書舍人謂傅亮曰：“以公江陵之誠，當使諸子無恙。”亮長子演先卒，演弟悝、湛并逃亡，徙湛弟都於建安。吳郡，今福建建甌縣。羨之子喬之，尚高祖第六女富陽公主，及弟乞奴并從誅。兄子佩之，逯之兄。逯之尚高祖長女會稽長公主。高祖以其姻戚，累加寵任。景平初，以羨之秉權，頗與政事。與吳興大守王韶之，侍中程道惠，中書舍人邢安泰、潘盛相結。時謝晦久病連灸，不堪見客，佩之等疑其託疾有異圖，與韶之、道惠同載詣傅亮，稱羨之意，欲令亮作詔誅之，亮不可，乃止。羨之既誅，大祖特宥佩之，免官而已。其年冬，佩之又結殿中監茅亨謀反，亨密以聞，乃收斬之。豪家子弟之輕妄好亂如此。

　　文帝之爲人也，頗深沈有謀，而其度量失之不廣。帝之見迎也，衆皆疑沮，惟王華、王曇首、到彦之贊之，故即位，即徵彦之爲中領軍，而以華、曇首與殷景仁、劉湛并爲侍中。景仁、湛皆歷職武帝之世，景仁爲少帝黃門侍郎，湛則隨義真、義康於豫、南豫二州爲長史，并以幹用名於時者也。謝晦之敗，義康繼爲荊州，而王弘爲侍中，揚州刺史，録尚書事。平陸令成粲及范泰，并勸弘讓權義康。弘從之，固自陳請。元嘉六年，遂徵義康爲侍中，司徒，南徐州刺史，_{南徐州，治京口}。與弘分録。弘既多疾，且每事推謙，内外衆務，遂一斷之義康。九年，弘薨，義康又領揚州刺史。時爲文帝所任者，尚有孔寧子。初爲鎮西諮議參軍，及即位，以爲黄門侍郎。《王華傳》言：寧子與華，并有富貴之願。寧子以元嘉二年病卒，而王弘輔政，弟曇首，爲大祖所任，與華相埒。華常謂己力用不盡。每歎息曰："宰相頓有數人，天下何由得治？"文帝之所任者，亦皆非局量恢宏之人，然觀華此言，亦可見帝之猜忌不能專有所任，知成粲范泰之勸王弘引退，爲有由也。帝有虚勞疾，寢頓積年。每意有所想，便覺心中痛裂。屬纊者相係。而義康好吏職，鋭意文案。聰識過人，一聞必記。常所暫遇，終身不忘。又自彊不息，無有懈倦。雖位卑人微，皆被引接。大權遂爲所竊。史稱其"專總朝權，事決自己。生殺大事，以録命斷之。凡所陳奏，入無不可。方伯已下，并委任用。由是朝野輻湊，勢傾天下。凡朝士有才用者，皆引入己府，無施及忤旨者，即度爲臺官。私置僮部六千餘人，不以言臺。"蓋已成尾大不掉之勢矣。王華以元嘉四年，王曇首以七年卒。義康之入，義恭代鎮江陵，劉湛出爲長史。八年，殷景仁引湛還朝，共參政事。_{召爲大子詹事}。《湛傳》云："湛與景仁素款，又以其建議徵之，甚相感悦。及俱被時遇，猜隙漸生。以仁專管内任，謂爲間己。昔爲義康上佐，遂以舊情，委心自結。欲因宰相之力，以回主心，傾黜景仁，獨當時務。義康屢搆之於大祖。其事不行。"語曰：與其媚於奧，寧媚於竈，謂湛是時之結義康，乃欲藉其力以回主眷，其誰信之？《義康傳》云："南陽劉斌，湛之宗也。有涉俗才用。爲義康所知，自司徒右長史擢爲左長史。從事中郎王履，_{謐之孫}。主簿劉敬文，祭酒孔胤秀，并以傾側自入。見大祖疾篤，皆謂宜立長君。斌等遂結朋黨，伺察省禁。有盡忠奉國，不與己同志者，必搆造愆釁，加以罪黜。每采拾景仁短長，或虚造異同以告湛。"其欲去景仁之故，蓋可知矣。九年，景仁遷尚書僕射。湛代爲中領軍將軍。十二年，景仁復遷中書令。湛愈忿怒。景仁乃稱疾解職。上使停家養病。湛議遣人若劫盗者於外殺之。上微聞之，遷景仁密邇宫府，故其計不行。十三年，義康殺檀道濟。道濟自謝晦誅後，仍爲江州。《傳》云："道濟立功前朝，威名甚重；左右腹心，并經百戰；諸子又有才氣；朝廷疑畏之。大祖寢疾累年，屢經危殆，義康秉政，慮宫車晏駕，道濟不可復制。十二年，上疾篤，會索虜爲邊寇，召道濟入朝。既至，上聞。十三年，春，將遣還鎮，已下船矣，會上疾動，召入祖道，收付廷尉，及其子八人并伏誅。又收司空參軍薛肜付建康伏法。又遣至尋陽收道濟子三人及司空參軍高進之誅之。肜、進之并道濟腹心，有勇力，時以比張飛、關羽。"案道濟本無遠志；既與景平之逆，後來雖自湔洗，亦未必能爲文帝純臣;然猶忌而誅之,可見事勢之亟矣。十七年,十月,收劉湛付廷尉伏誅。子黯、亮、儼從誅,弟素徙廣州。又誅劉斌及劉敬文、孔胤秀等。王履廢於家。義康改授江州刺史,出鎮豫章。見第三章第九節。征虜司馬蕭斌,昔爲義康所暱,劉斌等害其寵,讒斥之,乃以斌爲諮議參軍,領豫章大守。事無大小,皆以委之。《景仁傳》言:"景仁卧疾者五年。雖不見上,而密表去來,日中以十數。朝政大小,必以問焉。影迹周密,莫有窺其際者。收湛之日,景仁使拂拭衣冠。寢疾既久,左右皆不曉其意。其夜,上出華林園延賢堂召景仁。猶稱腳疾,小牀輿以就坐。誅討處分,一皆委之。"《湛傳》言:是歲湛"所生母亡。時上與義康,形迹皆乖,釁難將結,湛亦知無復全地。及至丁艱,謂所親曰:今年必敗。常日正賴口舌争之,故得推遷耳。今既窮毒,無復此望,禍至其能久乎?《南史》云:"湛伏甲於室,以待上臨弔,謀又泄,竟弗之幸。"案此時似不易行此事,其說恐不足信。湛生女輒殺之,爲士流所怪,"蓋亦逆知其將敗,不欲其辱爲婢妾也。其君臣之藏機於深以相圖如此,豈不哀哉?

　　義康既出,殷景仁代爲揚州刺史,月餘卒。徵義恭爲侍中,司徒,錄尚書。奉行文書而已。帝乃安之。時帝之所任者,爲沈演之、范曄、庾炳之、何尚之等。演之爲右衛將軍,曄爲左衛將軍,對掌禁旅,同參機密。炳之爲尚書吏部郎。尚之爲吏部尚書。演之者,勁曾孫。亦義康寮屬。史稱其與殷景仁素善,盡心於朝廷。曄,泰少子。嘗爲義康參軍。後爲尚書吏部郎,以事爲義康所左遷,意好乖離。炳之者,冰之孫。《傳》言時"朝士遊殷氏者不入劉氏之門,獨炳之遊二人之閒,密盡忠於朝廷。景仁稱疾不朝見者歷年,大祖常令炳之銜命去來,湛不疑也。"尚之爲大祖所知,爲侍中。元嘉十三年,義康欲以劉斌爲丹陽尹,上不許,而以尚之爲之。尚之女適劉湛子黯,而湛與尚之,意好不篤。湛欲領丹陽,乃徙尚之爲祠部尚書,領國子祭酒,尚之甚不平。蓋一時所用,莫非與義康爲敵者矣,然難殊未已。

　　魯國孔熙先,魯國,見第三章第四節。博學,有縱橫才志。爲員外散騎侍郎,不爲時所知,久不得調。其父默之,爲廣州刺史,以臧貨得罪下廷尉,義康保持之,故得免。范曄外甥謝綜,義康大將軍記室參軍。父述,亦爲義康所遇。綜弟約,又爲義康女夫。丹陽尹徐湛之,逵之子也。素爲義康所愛。雖爲舅甥,恩同子弟。與劉湛等頗相附協。及湛得罪,事連湛之。大祖大怒,將致大辟,以其母故得全。《湛之傳》曰:會稽公主,身居長嫡,爲大祖所禮,家事大小,必咨而後行。高祖微時,貧陋過甚。嘗自新洲伐荻,有納布衫襖等衣,皆敬皇后手自作。高祖既貴,以此衣付公主,曰:"後世若有驕奢不節者,可以此衣示之。"及是,湛之憂懼無計,以告公主。公主即日入宫。既見大祖,因號哭下牀，不復施臣妾之禮，以錦囊盛納衣擲地以示上，曰："汝家本貧賤，此是我母爲汝父作此納衣。今日有一頓飽便欲害我兒子。"上亦號哭。湛之由此得全。後復爲丹陽尹。熙先傾身事綜，以交於曄。《曄傳》言：曄素有閨庭論議，朝野所知，故門冑雖華，而國家不與姻娶，熙先因以此激之。曄與沈演之并爲上所知待，每被見多同。曄若先至，必待演之俱入，演之先至，常獨被引，曄又以此爲怨。綜隨鎮豫章，還申義康意於曄，求解晚隙，復敦往好。大將軍府史仲承祖，義康舊所信念，屢銜命下都，亦潛結腹心，規有異志。聞熙先有誠，密相結納。承祖結事湛之，告以密計。申義康意於蕭思話及曄。思話，孝懿皇后_{武帝繼母}弟子，時爲侍中，領大子左衛率。有法略道人，先爲義康所供養，粗被知待；又有王國寺法靜尼，亦出入義恭家；皆感激舊恩，規相拯拔。并與熙先往來。使法略罷道。① 本姓孫，改名景玄。以爲臧質寧遠參軍。質，武敬皇后弟子，嘗爲義恭撫軍參軍，時爲徐、兗二州刺史。法靜尼妹夫許耀，領隊在臺，宿衛殿省，許爲内應。豫章胡遵世，爲臧質寧遠參軍，去職還家，與法略甚款，密相酬和。湛之謂曄等："臧質歲内當還，已報質，悉攜門生故。質與蕭思話款密，當使要之。二人并受大將軍眷遇，必無異同。思話三州義故，衆力亦不減質。郡中文武，及合諸處偵邏，亦當不減千人。不憂兵力不足，但當勿失機耳。"元嘉二十二年，九月，衡陽王義季、南平王鑠_{文帝子}。出鎮。上於武帳岡祖道，_{武帳岡，在建康廣莫門外。}曄等期以其日爲亂，而差互不得發。十一月，湛之上表告之。曄及熙先、綜、仲承祖、許耀并伏誅。免義康及子女爲庶人，絕屬籍，徙付安成郡。_{見第三章第九節。}以沈邵爲安成公相，領兵防守。遵世，藩第十四子。藩庶子六十人，多不遵法度。大祖以藩功臣，不欲顯其事，使江州以他事收殺之。二十四年，藩第十六子誕世，第十七子茂世，率羣從二百餘人，攻破郡縣，欲奉義康。直交州刺史檀和之至豫章，討平之。於是徙義康廣州，仍以沈邵行廣州事。未行，直邵病卒。索虜來寇瓜步，天下騷動，_{見第七節。}上慮異志者或奉義康爲亂，二十八年，正月，遣賜義康死。蓋義康之事，推波助瀾，前後凡二十餘年焉。其中范曄謀亂一節，事極可疑。何者？國家不與姻娶，并非當時士大夫所恥。若恥閨庭爲人論議，爲亂豈足雪之？曄蒙文帝眷顧，不爲不深，即與沈演之厚薄稍殊，亦何至深怨，冒險而行赤族之事？是時之義康，豈易扶翼，況曄意好夙離，迥非劉湛之比邪？王鳴盛言："熙先説誘蔚宗，_{曄字。}蔚宗始則執意不回，終乃默然不答，其不從顯然，反謂其謀逆之意遂定；蔚宗言於上，以義康姦釁已

_____

① 宗教：法略罷道。

彰，將成亂階，反謂其欲探時旨；此皆求其故而不得，從而爲之辭。乃云：武帳岡祖道，蔚宗等期以其日爲亂，區區文士，欲作壽寂之、姜產之技倆，是何言與？案《宋書》記此事，但云差互不得發而已。《南史·曄傳》則云：許耀侍上，扣刀以目曄，曄不敢視，俄而坐散，差互不得發。夫當時兵權在耀，耀而欲發，何必請命於曄？此真所謂求其故而不得，從而爲之辭者也。史事真相不傳者，後人往往以意附會，爲之彌縫。看似可信，實則愈離其真。《南》、《北史》所采，固有足補正舊史處，然此等處亦不少，不可不分別觀之也。　初被收，不肯款服，自辯云：今宗室磐石，蕃嶽張峙，設使竊發僥倖，方鎮便來討伐，幾何而不誅夷？且臣位任過重，一階兩級，自然必至，如何以滅族易此？又云：久欲上聞，逆謀未著；又冀其事消弭，故推遷至今。然則蔚宗特知情不舉，乃竟以爲首亂之人，何哉？《宋書》全據當時鍛鍊之辭書之，而猶詳載其自辯語，《南史》并此刪之，則蔚宗冤竟不白矣。"《十七史商榷》。案王氏之言是也。《宋書》言曄不即首款，上復遣問曰："熙先近在華林門外，寧欲面辯之乎？"曄辭窮，乃曰："熙先苟誣引臣，臣當如何？"熙先聞曄不服，笑謂殿中將軍沈邵之曰："凡諸處分，符檄書疏，皆范曄所造及治定，云何於今，方作如此抵蹋邪？"上示以墨迹，曄乃具陳本末，曰："久欲上聞"云云。見上。其夜，上使尚書僕射何尚之視之，問曰："卿事何得至此？"曄曰："君謂是何？"尚之曰："卿自應解。"曄曰："外人傳庾尚書庾炳之。見憎，計與之無惡。謀逆之事，聞孔熙先說此，輕其小兒，不以經意，今忽受責，方覺爲罪。君方以道佐世，使天下無冤，弟就死之後，猶望君照此心也。"夫使符檄書疏，皆出於曄，尚何得喋喋呫呫？觀其對何尚之之言，則是逆謀惟聞諸熙先，此外罪狀，悉屬誣妄矣。王氏謂《宋書》所據，皆當日鍛鍊之辭，誠不誣也。此獄主謀，實惟熙先，熙先非端人，其必欲誣引曄，或正以其不同而怨之，而陷之邪？此亦不能爲作《宋書》者咎。史家行文，不能以己意爲事實，亦斷不能事事附以己意，加之辨正；據所傳舊文書之，而其真偽則待後人自辨，固作史之道應爾；後人誤以獄辭爲事實，此自後人無識，作史者不任咎也。惟如《南史》之輕於刊落，則實不免粗疏耳。《徐湛之傳》言：曄等謀逆，湛之始與之同，後發其事，所陳多不實，爲曄等款辭所連，乃詣廷尉歸罪，上慰遣令歸郡。其後湛之仍見信任。《何尚之傳》言：曄任參機密，尚之察其意趣異常，白太祖："宜出爲廣州。若在內釁成，不得不加以鈇鉞，屢誅大臣，有虧皇化。"上曰："始誅劉湛等，方欲超升後進。曄事迹未彰，使豫相黜斥，萬方將謂卿等不能容才，以我爲信受讒説。但使共知如此，不憂致大變也。"觀此二事，亦可見曄之罪狀，必非真實也。《何尚之傳》語，乃事後附會之辭。尚之或欲出曄，必不能逆億其有逆謀。苟逆億其有逆謀，而文帝以如此之辭拒之，尚之又何以自容邪？然曄雖未與逆謀，謂非知情不舉固不可。而當日之知情不舉者，又何止曄一人？君親無將，將而必誅，此義在君主專制之世，固不能謂爲非正，而當時之人，乃視犯上作亂，恬不爲怪如此，此其君臣相殺之禍，所以史不絶書與？義康一案，《宋書》所載者，頗多義康一面之辭。如《義康傳》云：素無術學，闇於大體。自謂兄弟至親，不復存君臣形迹。在安成，讀書，見淮南厲王事，廢書歎曰："前代乃有此，我得罪爲宜也。"夫義康之得罪，非以不存形迹也。即以形迹論，義康與文帝，非田舍弟也，身居總錄，又長吏職，而可誣爲不知乎？此意存回護者也。《殷景仁傳》言：誅劉湛後，爲揚州刺史，拜畢，便覺其情理乖錯，月餘卒，或云見劉湛爲祟，此爲湛不平者所造作也。觀此等，亦可見當時私黨之盛，及其時天澤之分之不嚴。

范曄誅後，庾炳之以爲何尚之所奏免官。沈演之、何瑀之并卒。文帝所任者，爲江湛及徐湛之，湛，元嘉二十五年爲侍中，任以機密。二十七年，轉吏部尚書。湛之，范曄之敗，出爲南兗州刺史。二十六年，復入爲丹陽尹。二十七年，索虜至瓜步，湛之領兵置佐，與皇太子分守石頭。二十八年，轉尚書右僕射，領護軍將軍。何尚之雖爲令，而朝事悉歸湛之。世謂之江、徐。史稱炳之內外歸附，勢傾朝野。領選既不輯衆論，又頗通貨賄。何尚之密奏其"諸惡紛紜，過於范曄，所少賊一事耳。"又云："歷觀古今，未有衆過藉藉，受貨數百萬，更得高官厚祿如今者也。"二十五年，乃免官。而江湛則極清廉。嘗爲上所召，直浣衣，稱疾經日，衣成然後赴。後來元凶之難，亦能守節不移。則文帝所任之人，亦得失互見也。

第二節　拓跋氏坐大上

晉之末葉，北方諸國，相次衰頹，拓跋氏興於代北，氣力較完，諸國遂悉爲所并，説已見前。是時拓跋氏初興，雖有食牛之氣，未成封豕之形；且其内釁甚多，可乘之隙實不少。惜乎中國亦多故；且自東渡已來，未嘗以恢復爲務，在北方之實力大薄，遂無以乘之，而聽其坐大也。

拓跋氏之初興，即有覬覦中原之意，觀前所述猗盧、鬱律、什翼犍之事可知。道武中興，所注意者似在魏，其時與西燕且似有成約，説亦見前。天興元年，晉安帝隆安二年。克鄴，史稱其有定都之意，然卒徙山東六州民吏及徒何、高麗、雜夷三十六萬，百工技巧十餘萬口而北。是歲七月，遂定都平城。時於鄴置行臺，至天興四年，即晉隆安五年四月，亦罷之。蓋其力實未足控制中原，故不敢自安也。天興四年，以長孫肥爲兗州刺史，給步騎二萬，南徇許昌，見第三章第二節。略地至彭城，見第五章第四節。亦不過鈔掠而已。其明年，晉安帝元興元年。道武自將破姚興於乾壁。見第六章第八節。又明年，元興二年。桓玄篡晉。《魏書·本紀》言：是歲五月，大簡車徒，將略江、淮，平荆、揚之亂。其明年，爲天賜元年，元興三年。

四月，使公孫表使於江南，以觀桓玄之釁，直玄敗而還。是秋，江南大亂，流民繈負而奔淮北者，行道相尋。《魏書》之言，固多誇侈，然是時江南有釁，則係實情，而魏迄不能有所舉動，固知其力實有限也。

道武末年，似病狂易。史云由寒食散發。蓋代北風氣，本尚野蠻，道武性又暴戾，更益之以藥力，遂至不可收拾矣。其天賜六年，晉義熙五年也，爲其子紹所殺。子嗣，戡亂自立，是爲大宗明元帝。《魏書·道武紀》云：初帝服寒食散，藥數動發，至此逾甚。或數日不食，或不寢達旦。歸咎羣下，喜怒乖常。謂百寮左右，人不可信。慮如天文之占，或有肘腋之虞。追思既往成敗得失，終日竟夜，獨語不止，若旁有鬼物對揚者。朝臣至前，追其舊惡，皆見殺害。其餘或以顏色變動，或以喘息不調，或以行步乖節，或以言辭失措，帝皆以爲懷惡在心，變見於外，乃手自毆擊。死者皆陳天安殿前。於是朝野人情，各懷危懼。有司懈怠，莫相督攝。百工偷劫，盜賊公行。巷里之間，人爲希少。帝亦聞之，曰：“朕縱之使然，待過災年，當更清治之耳。”夫所殺果止朝臣，何至巷里之間，人爲希少？說不足信，無俟深辯。《宋書·索虜傳》言：先是有神巫，誡開：《索虜傳》：道武名開，字涉珪。“當有暴禍，惟誅清河，殺萬民，乃可以免。”開乃滅清河一郡；清河，見第五章第三節。常手自殺人，欲令其數滿萬。或乘小輦，手自執劍，擊擔輦人腦，一人死，一人代。每一日，死者數十。夜恒變易寢處，人莫得知，惟愛妾名萬人知其處。萬人與開子清河王私通。慮事覺，欲殺開。令萬人爲内應，夜伺開獨處，殺之。開臨死，曰：“清河、萬人之言，乃汝等也。”敵國傳聞，固難盡審，然道武所殺，必不止於朝臣，則可信矣。此皆中國之遺黎，淪没不能自拔者也。哀哉！道武所殺朝臣，如和跋、奚牧、莫題、庾岳、賀狄干、李栗等，其罪名皆莫須有，傳見《魏書》卷二十八。晁崇及其弟懿，見《術藝傳》。

《魏書·清河王紹傳》云：紹凶很險悖，不遵教訓。好輕遊里巷，劫剝行人，斫射犬豕，以爲戲樂。大祖嘗怒之，倒縣井中，垂死乃出。大宗常以義方責之，遂與不協。恒懼其爲變。而紹母夫人賀氏有譴，大祖幽之於宮，將殺之。會日暮，未決。賀氏密告紹曰：“汝將何以救吾？”紹乃夜與帳下及宦者數人，踰宮犯禁。《大宗紀》云：初帝母劉貴人賜死，大祖告帝曰：“昔漢武帝將立其子，而殺其母，不令婦人後與國政，使外家爲亂。汝當繼統，故吾遠同漢武，爲長久之計。”帝素純孝，哀泣不能自勝。大祖怒之。帝還宮，哀不自止，日夜號泣。大祖知而又召之。帝欲入。左右曰：“今陛下怒盛，人或不測。不如且出，待怒解而進，不晚也。”帝懼，從之。乃遊行，逃於外。《皇后傳》云：魏故事，後宮産子，將爲儲貳，其母皆賜死。大祖末年，后以舊法薨。夫魏自道武以前，安有建儲之事？果係故事，道武但云上遵祖制可矣，何必遠徵漢武？《后傳》之説，其爲誣罔，不辯自明。綜觀始末，似大宗先因母咎獲譴，而紹又繼之也。紹母爲獻明皇后道武母。妹，實道武之從母。賀氏即賀蘭氏，在代北故爲彊部，道武倚以復國，而其後爲好不卒，致動干戈，實力服而非心服。是役也，《紹傳》言肥如侯賀護，舉逢於安陽城北，漢代郡東安陽縣城，在今察哈爾蔚縣西北。故賀蘭部人皆往赴之。其餘舊部，亦率子弟，招集族人，往往相聚。護，《外戚傳》作泥，爲訥從父弟悦之子。《傳》稱賀蘭部人至大宗即位乃罷，蓋幾釀成大變矣。大宗聞變乃還。《紹傳》。惟東宮舊臣王洛兒、車路頭從之。《洛兒傳》云：大宗晝居山嶺，夜還洛兒家。洛兒隣人李道，潛相奉結。紹聞，收道斬之。洛兒猶冒難，往返京都，通問於大臣。大臣遂出奉迎。百姓奔赴。《紹傳》云：大宗潛於山中，使人夜告北新侯安同。衆皆響應。至城西，衛士執送紹。於是賜紹母子死。誅帳下閹官、宮人爲内應者十數人。其先犯乘輿者，羣臣於城南都街生臠割而食之。紹時年十六。《北史》言昭成帝九子：庶長曰寔君，次曰獻明帝，次曰秦王翰，次曰閼婆，次曰壽鳩，次曰紇根，次曰地干，次曰力真，次曰窟咄。獻明帝似無其人，窟咄嘗與道武争國，皆已見前。秦王翰子曰衛王儀，曰陰平熹王烈，曰秦愍王觚。壽鳩子曰常山王遵。紇根子曰陳留桓王虔。虔子曰朱提王悦，陳留景王崇。地干子曰毗陵王順。力真子曰遼西公意烈。翰早卒。閼婆、壽鳩、紇根、地干、力真，皆無事迹可見。觚爲慕容驎所殺，事亦見前。《遵傳》云：好酒色。天賜四年，晉義熙三年。坐醉亂，失禮於大原公主，賜死。順，柏肆之敗欲自立，亦已見前。其《傳》云：道武好黃、老，數召諸王及朝臣，親爲説之。在坐莫不祇肅。惟順獨坐寐，不顧而唾。帝怒，廢之。以王薨於家。夫道武豈能知黃、老者？即謂所謂黃、老，乃方士所託，道武好服食，故知其名，亦安能説其義？且方士之爲藥物者，亦曷嘗有義可説？是順之廢，其罪狀不可知也。《意烈傳》云：先没於慕容垂，道武征中山，見第四章第二節。棄妻子，迎於井陘。見第六章第八節。及平中原，有戰獲勳，賜爵遼西公，除廣平大守。廣平，見第二章第二節。時和跋爲鄴行臺，意烈性雄耿，自以帝屬，恥居跋下，遂陰結徒黨，將襲鄴。發覺，賜死。此時而欲襲鄴，云以恥居和跋下，其誰信之？衛王儀，在道武之世，戰功最多。又嘗使於慕容氏。及道武破燕，將還代都，置中山行臺，詔儀守尚書令以鎮之。尋徵儀，以丞相入輔。《儀傳》云：上谷侯岌、張袞，代郡許謙等，有名於時。上谷、代郡，皆見第三章第八節。初來入軍，聞儀待士，先就儀。儀并禮之，共談當世之務。謙等三人曰：“平原公有大才，不世之略，吾等宜附其尾。”平原公，儀初封。道武以儀器望，待之尤重。數幸其第,如家人禮。儀矜功恃寵,遂與宜都公穆崇伏甲謀亂。崇子逐留,在伏士中。道武召之,將有所使。逐留聞召,恐發,踰牆告狀。帝祕而恕之。《崇傳》云:天賜三年薨。先是衛王儀謀逆,崇豫焉,大祖惜其功而祕之。及有司奏謚,大祖親覽謚法,至述義不克曰丁,大祖曰:"此當矣。"乃謚曰丁公。案劉顯之謀,窟咄之難,大祖皆賴崇以免,可謂心膂之臣,而亦與儀通謀,大祖且不敢舉發,儀之聲勢可知矣。天賜六年,天文多變。占者云:"當有逆臣,伏尸流血。"帝惡之。頗殺公卿,欲以厭當天災。儀内不自安,單騎遁走。帝使人追執之,遂賜死。觀下文所引《陳留景王崇傳》,儀之死,恐亦未必如史之所云也。《悦傳》云:悦襲封後爲宗師。悦恃寵驕矜,每謂所親王洛生之徒曰:"一旦宮車晏駕,吾止避衛公,除此誰在吾前?"初姚興之贖耿伯支,悦送之,路由雁門,見第二章第二節。悦因背誘姦豪,以取其意。後遇事譴逃亡,投雁門,規收豪傑,欲爲不軌。爲土人執送。帝恕而不罪。明元即位,引悦入侍。仍懷姦計。説帝云:"京師雜人,不可保信,宜誅其非類者。"又云:"雁門人多詐,并可誅之。"欲以雪其私忿。帝不從。悦内自疑懼。懷刃入侍,謀爲大逆。叔孫俊疑之。竊視其懷,有刃。執而賜死。案《安同傳》云:大宗在外,使夜告同,令收合百工技巧,衆皆響應奉迎。所謂百工技巧,疑即天興元年所徙,此亦當在京師雜人之列。是時賀蘭部屯聚安陽,諸部亦往往相聚,蓋皆内懷疑貳,大宗不獲用代北諸部,乃藉新徙之漢人,以傾清河也。《烈傳》云:元紹之逆,百僚莫敢有聲,惟烈行出外,詐附紹,募執明元。紹信之。自延秋門出,遂迎立明元。《崇傳》云:衛王死後,道武欲敦宗親之義,詔引諸王子弟入宴。常山王素等三十餘人,咸謂與衛王相坐,疑懼,皆出逃遁,將奔蠕蠕。素,遵子。惟崇獨至。道武見之,甚悦。厚加禮賜。遂寵敬之。素等於是亦安。然則當時宗室之中,不懷疑叛者,惟烈、崇二人而已,猶未知其果出本心,抑事勢邇迫,不得不然也。拓跋氏亦危矣哉!清河之變,蓋不減六脩之難。然六脩之難,衛雄、箕澹,能率晉人南歸,而清河之變,播遷之百工技巧,祇爲明元之奉,則以六脩難時,劉琨在北,聲勢相接,清河變時則不然也。兼弱、攻昧,取亂、侮亡,武之善經也,亦必我有以兼之、攻之、取之、侮之而後可。不然,縱機會日至,亦何益哉?

　　明元雄略,迥非道武之倫,故宋武戡定關中,審慎遲迴,卒不敢救。然明元亦非忘情猾夏者,故宋武一死,而兵釁遂啓,其事別見第四節。明元旋死,子燾立,是爲魏世祖大武皇帝,而其猾夏彌甚矣。《魏書·明元紀》:泰常七年,宋武帝永初三年。四月,甲戌,封皇子燾爲泰平王。初帝素服寒食散,頻年動發,不堪萬幾。五月,詔皇大子臨朝聽政。當時實未立大武爲大子,疑當作皇長子。是月，泰平王攝政。八年，宋少帝景平元年。十有一月，帝崩於西宫。大武監國後，明元避居之處，見下。時年三十二。《世祖紀》云：大宗明元皇帝之長子也。母曰杜貴嬪。《皇后傳》云：明元密皇后杜氏，魏郡鄴人，陽平王超之妹也。初以良家子選入大子宫。有寵。生世祖。及大宗即位，拜貴嬪。泰常五年，永初元年。薨。世祖保母竇氏，初以夫家坐事誅，與二女俱入宫。大宗命爲世祖保母。性慈仁，勤撫導。世祖感其恩訓，奉養不異所生。及即位，尊爲保大后。後尊爲皇大后。《齊書·魏虜傳》云：佛狸母是漢人，爲木末所殺。佛狸以乳母爲大后。自此已來，大子立，輒殺其母。《宋書·索虜傳》云：燾年十五六，不爲嗣所知，遇之如僕隸。嗣初立慕容氏女爲后，又娶姚興女，并無子，故燾得立。《魏書·外戚傳》：杜超，泰常中爲相州别駕，魏於鄴置相州。奉使京師。時以法禁，不得與后通問。始光中，宋文帝元嘉元年至四年。世祖思念舅氏，以超爲陽平公，尚南安長公主，拜駙馬都尉。以法禁不得通問，乃諱飾之辭。燾母在魏宫，蓋并無位號，後又因事爲明元所殺。燾非藉竇氏保全之力，則得其長育之功，故感之甚深也。然其獲建爲繼嗣，則又深得崔浩之力。①《浩傳》云：大宗恒有微疾，怪異屢見，乃使中貴人密問於浩曰："朕疾彌年，療治無損，恐一旦奄忽，諸子并少，將如之何？"浩曰："自聖化隆興，不崇儲貳，是以永興之始，社稷幾危。今宜早建東宫，選公卿忠賢，陛下素所委仗者，使爲師傅，左右信臣，簡在聖心者，以充賓友；入總萬幾，出統戎政，監國撫軍，六柄在手；則陛下可以優游無爲，頤神養壽，進御醫藥。萬歲之後，國有成主，民有所歸，則姦宄息望，旁無覬覦。此乃萬世之令典，塞禍之大備也。今長皇子燾，年漸一周，明叡温和，衆情所繫，時登儲副，則天下幸甚。立子以長，禮之大經。若須并待成人而擇，倒錯天倫，則生履霜堅冰之禍。自古以來，載籍所記，興衰存亡，鮮不由此。"大宗納之。於是使浩奉策告宗廟，命世祖爲國副主，居正殿臨朝。司徒長孫嵩、山陽公奚斤、北新公安同爲左輔，坐東廂西面。浩與大尉穆觀，散騎常侍丘堆爲右弼，坐西廂東面。百官總己以聽焉。大宗避居西宫。時隱而窺之。聽其決斷，大悦。謂左右侍臣曰："以此六人輔相，吾與汝曹遊行四境，伐叛柔服，可得志於天下矣。"會聞宋武之喪，遂欲取洛陽、虎牢、滑臺。浩諫，不聽。後卒自將南下。見第四節。世豈有不堪聽政，而可以即戎者？然則謂明元傳國，由於疾作，又魏史諱飾之辭也。其後獻文傳位孝文，亦自將出擊柔然，然則以一人主國政，一人事征伐，蓋拓跋氏之成法。②《序紀》言禄官、猗㐌、猗盧三人，同時並立，禄官坐守，而猗㐌、

---

① 民族：崔浩説立太武。宋武崩後，勸止南伐（第二五〇頁），不聽，又止攻城（第二五一頁），浩事見（第二六〇—二六三頁）。

② 政體：一人主國政，一人事征伐，蓋拓跋氏成法。

猗盧，并出經略，亦其類也。明元時，道武諸子，多先後殂謝，道武十男：明元、清河而外，曰渾，曰聰，皆早死，未封。曰河間王脩，曰長樂王處文，皆死於泰常元年，即晉義熙十二年；曰陽平王熙，死於泰常六年；曰河間王曜，死於泰常七年，即宋永初二年，三年；皆在大武監國之前。惟廣平王連，至大武始光元年，即宋元嘉元年；京兆王黎，至大武神䴥元年，即宋元嘉五年乃死。而與大武并生者六人：曰樂平戾王丕，母大慕容夫人。曰安定殤王彌，母氏闕。曰樂安宣王範，母慕容夫人。曰永昌莊王健，母尹夫人。曰建寧王崇，曰新興王俊。母氏并闕。《劉潔傳》云：世祖監國，潔與古弼等選侍東宮，對綜機要，潔典東部事，弼典西部。敷奏百揆。世祖即位，委以大任。超遷尚書令。鹿渾谷之役，見下節。潔私謂親人曰："若軍出無功，車駕不返者，吾當立樂平王。"潔又使右丞張嵩求圖讖，問"劉氏應王，繼國家後，我審有名姓否？"對曰："有姓而無名。"窮治款引。搜嵩家，果得讖書。潔與南康公狄隣及嵩等皆夷三族，死者百餘人。《丕傳》云：坐劉潔事以憂薨。子拔襲爵，後坐事賜死，國除。丕之薨及日者董道秀之死也，高允遂著《筮論》，曰："昔明元末起白臺，其高二十餘丈。樂平王嘗夢登其上，四望無所見。王以問道秀。筮之，曰：'大吉。'王默而有喜色。後事發，遂憂死，而道秀棄市。"《範傳》云：劉潔之謀，範聞而不告。事發，因疾暴薨。健子仁，與濮陽王閭若文謀爲不軌。發覺，賜死。崇子麗，文成時封濟南王。後與京兆王杜文寶謀逆，父子并賜死。俊坐法削爵爲公。俊好酒色，多越法度。又以母先遇罪，而己被貶削，恒致怨望。漸有悖心。事發，賜死。然則大武兄弟六人，始終無異意者，安定殤王一人而已，得毋以其殤故邪？樂平王之覬覦，早在明元之末，則明元之使大武監國，必非由於疾病。六人之母，未必無貴於大武者，大武之得立，蓋實以其長，崔浩蓋以是動明元也。《北史·長孫嵩傳》云：明元寢疾，問後事於嵩。嵩曰："立長則順，以德則人服。今皇長子賢而世嫡，天所命也，請立。"乃定策，詔大武臨朝監國。浩實乃心華夏者，見第六節。豈以大武母爲漢人而輔立之與？[①] 然大武乃純以鮮卑人自居。大武與宋文帝書曰："彼年已五十，未嘗出户，雖自力而來，如三歲嬰兒，復何知我鮮卑常馬背中領上生活，"見《宋書·索虜傳》。《魏書·本紀》言其"性清儉率素。服御飲膳，取給而已。不好珍麗。食不二味。所幸昭儀、貴人，衣無兼采。每以財者軍國之本，無所輕費。賞賜皆是死事勳戚之家，親戚愛寵，未嘗橫有所及。"豈以其少見遇如僕隸，故習於儉素與？又云："臨敵常與士卒同在矢石之間，左右死傷者相繼，而帝神色自若，是以人思效命，所向無前。命將出師，指授節度，從命者無不制勝，違爽者率多敗失。性又知人，拔士於卒伍

之中,惟其才效所長,不論本末。"言雖溢美,然《宋書·索虜傳》亦言其"壯健有筋力,勇於戰鬥,攻城臨敵,皆親貫甲胄,"則其長於用兵,自非虛言。於是南吞僭僞諸國,北攘柔然、高車,而禍之中於中國者亦彌深矣。

第三節　拓跋氏坐大下

從來北狄之盛彊,率以其裹脅之衆,前已言之。拓跋氏此等經略,始於道武而盛於大武,實其盛彊之大原因也。今略述其事如下:

漢南北之地,秦、漢之世,爲匈奴所居;後漢匈奴西徙,則鮮卑繼其後,其事已詳《秦漢史》。晉世鮮卑侵入中國,踵其後者,實惟鐵勒。鐵勒之地,自天山之北,越兩海而接拂菻,其蔓衍蓋甚廣。其最近中國者,則高車也。《北史》云:高車,初號爲狄歷,北方以爲勅勒,諸夏以爲高車、丁零。其語略與匈奴同,而時有小異。[1] 或云:其先匈奴之甥也。其種有狄氏、袁紇氏、案此即回紇之異譯。斛律氏、解批氏、護骨氏、異奇斤氏。後文云:高車之族,又有十二姓:一曰泣伏利氏,二曰吐盧氏,三曰乙旃氏,四曰大連氏,五曰窟賀氏,六曰達薄氏,七曰阿崙氏,八曰莫允氏,九曰俟分氏,十曰副伏羅氏,十一曰乞袁氏,十二曰右叔沛氏。俗云:匈奴單于生二女,姿容甚美,國人皆以爲神。單于曰:"我有此女,安可配人? 將以與天。"乃於國北無人之地築高臺,置二女其上,曰:"請天自迎之。"經三年,其母欲迎之。單于曰:"不可,未徹之間耳。"復一年,乃有一老狼,晝夜守臺嗥呼,因穿臺下爲空穴,經年不去。其小女曰:"吾父處我於此,欲以與天,而今狼來,或是神物,天使之然。"將下就之。其姊大驚曰:"此是畜生,無乃辱父母?"妹不從,下爲狼妻而產子。後遂滋繁成國。故其人好引聲長歌,又似狼嗥。鐵勒與突厥同族,此觀突厥神話亦託於狼可知。高車一枝,則鐵勒之最東而與匈奴混者,故其語同,而其神話亦與匈奴相涉也。《北史》又云:無都統大帥,當種各有君長。爲性粗猛,黨類同心。至於寇難,翕然相依。鬥無行陳,頭別衝突。乍出乍入,不能堅戰。蓋其部族未能統一,亦無法制,故不能爲患。然有能撫而有之者,則其衆固足用矣。其地在鹿渾海西北百餘里。鹿渾海,蓋今蒙古三音諾顏汗部之桑金達賴泊也。在右翼右末旗之西。

鐵勒部落近於魏者,尚有吐突隣、解如、紇突隣、紇奚、侯呂隣、薛干、即赫連勃勃所奔。黜弗、素古延、越勤倍泥等。道武時多爲魏所破。時又討庫莫奚、袁

---

[1] 民族:高車語略與匈奴同,但時有小異。傳說亦云匈奴單于女之種。然亦與突厥神話同託於狼。

紇、即上高車六種之一。吡奴、豆陳等部，破之。其事在登國三年至八年間，晉孝武帝大元十三至十八年。皆見《魏書·大祖紀》及《高車傳》：此實魏之所以驟彊。然亦有始終不服者，則柔然是也。《北史·蠕蠕傳》云：姓郁久閭氏。始神元之末，掠騎有得一奴，髮始齊肩，亡本姓名，其主字之曰木骨閭。木骨閭者，首禿也。木骨閭與郁久閭聲近，故後子孫因以爲氏。此蓋魏人造作之説，以奴虜誣柔然之先。木骨閭既壯，免奴爲騎卒。穆帝時，坐後期當斬。亡匿廣漠谿谷間，收合逋逃，得百餘人，依純突隣部。當係紇突隣之誤。木骨閭死，子車鹿會，雄健，始有部衆，自號柔然。後大武以其無知，狀類於虫，故改其號爲蠕蠕。案蠕蠕與柔然，實即一音之異譯。故《宋書》作芮芮。此非更其名，乃易其字耳。清人每詆語漢人好以醜惡字樣譯外族人名，乃舉舊史譯名，妄加更改，并濫及地名及他譯名。觀魏大武此舉，則知此等褊見，實仍出自塞外小部族人，中原無是也。《蠕蠕傳》又云：車鹿會既爲部帥，歲貢馬畜、貂豹皮。冬則徙度漠南，夏則還居漠北。車鹿會死，子吐奴傀立。吐奴傀死，子跋提立。跋提死，子地粟袁立。地粟袁死，其部分爲二：地粟袁長子匹候跋，繼父居東邊，次子縕紇提，別居西邊。及昭成崩，縕紇提附衛辰而貳於魏。登國中討之。蠕蠕遁走。長孫肥追之，至涿邪山。《漢書·匈奴傳》：漢使因杅將軍出西河，與彊弩都尉會涿邪山，亡所得，其地當在河套西北。匹候跋請降。獲縕紇提子曷多汗，及曷多汗兄詰歸之、社崙、斛律等。縕紇提西遁，將歸衛辰。道武追之。至跋那山，據下文在上郡。縕紇提復降。九年，晉大元十九年。曷多汗與社崙率部衆棄其父西走。長孫肥追之。至上郡跋那山，斬曷多汗。社崙奔匹候跋。匹候跋處之南鄙，令其子四人監之。社崙執四子而叛。襲執匹候跋。匹候跋諸子收餘衆，亡依高車斛律部。社崙欲聚而殲之，釋匹候跋。匹候跋歸其諸子。社崙密舉兵襲殺匹候跋。匹候跋子十五人，歸於道武。社崙掠五原以西諸部，五原，見第三章第八節。北度大漠。侵高車，深入其地。勢益振。北徙弱洛水。即《勿吉傳》之如洛環水。其下文又作洛孤水。今之西遼河也。始立軍法。千人爲軍，軍置將一人。百人爲幢，幢置帥一人。先登者賜以虜獲，退懦者以石擊首殺之，或臨時捶撻。無文記，將帥以羊矢粗計兵數。後頗知刻木爲記。其西北有匈奴餘種，國尤富彊。部帥曰拔也稽，舉兵擊社崙。社崙逆戰於頰根河，今鄂爾坤河。大破之。後盡爲社崙所并，號爲彊盛。隨水草畜牧。其西則焉耆之地；東則朝鮮之地；北則渡沙漠，窮瀚海；南則臨大磧。其常所會庭，敦煌、張掖之北。敦煌，見第二章第二節。張掖，見第六章第二節。小國皆苦其寇鈔，羈縻附之。於是自號豆代可汗。豆代，猶魏言駕馭開張也。道武謂尚書崔宏曰："蠕蠕之人，昔來號爲頑囂。每來鈔掠，駕牸牛奔遁，驅犍牛隨之。犆牛伏不能前。異部人有教以犍牛易之者。蠕蠕曰：其母尚不能行，而況其子？終於不易。遂爲敵所虜。今社崙學中國，立法，置戰陳，卒成邊害。道家言聖人生，大盜起，信矣。"案弱洛水距敦煌、張掖甚遠，社崙之北徙弱洛水，與其立庭於敦煌、張掖之北，蓋非一時事。觀《北史》所述疆域四至，實已盡據漠北，跨及西域。蓋時北方更無彊部，故其開拓之易如此。① 西域諸國，文化較高，柔然之能立法整軍，實由於此，非必學自中國也。然非吞并高車諸部，其衆驟增，亦斷不能及此。故柔然與魏爲敵，不叕高車與魏爲敵，實突厥興起之先聲也。

天興五年，晉元興元年。社崙聞道武征姚興，遂犯塞。入自參合陂，見第三章第八節。南至犲山及善無北澤。胡三省云：犲山，在善無。案善無，見第三章第八節。時遣常山王遵以萬騎追之，不及。天賜三年，晉義熙二年。夏，社崙寇邊。永興元年，義熙五年。冬，又犯塞。二年，義熙六年。明元討之。社崙遁走。道死。其子度拔，年少，未能御衆。部落立社崙弟斛律，號藹苦蓋可汗。魏言姿質美好也。斛律畏威自守，不敢南侵，北邊安靜。神瑞元年，與馮跋和親。跋聘斛律女爲妻。斛律長兄子步鹿真，大臣樹黎共謀，令勇士夜就斛律穹廬後伺其出執之，與女俱嬪於和龍。步鹿真立。委政樹黎。初高車叱洛侯，叛其渠帥，導社崙破諸部。社崙德之，以爲大人。步鹿真與社崙子社拔，共至叱洛侯家，淫其少妻。少妻告步鹿真："叱洛侯欲舉社崙季父僕渾之子大檀爲主。"步鹿真聞之，歸發八千騎，往圍叱洛侯。叱洛侯焚其珍寶，自刎死。多珍寶，亦見其與西域交通之密。步洛真遂掩大檀。大檀發軍執步鹿真及社拔，絞殺之。大檀先統別部，鎮於西界，能得衆心，國人推戴之。號牟汗紇升蓋可汗。魏言制勝也。大檀率衆南徙犯塞。明元親討之。大檀遁走。遣奚斤追之。遇寒雪，士衆凍死及墮指者十二三。魏史諱飾之辭最多，如此等處，皆可知其實敗績也。明元崩，大武即位，大檀聞而大喜。始光元年，宋元嘉元年。秋，乃寇雲中。見第三章第八節。大武親討之。大檀圍大武五十餘重，騎逼馬首，相次如堵焉。二年，宋元嘉二年，大武大舉。東西五道并進。至漠南，舍輜重，輕騎齎十五日糧，絕漠討之。大檀部落駭驚，北走。神䴥二年，宋元嘉六年。五月，大武又分兩道襲之。大檀焚燒廬舍，絕迹西走，莫知所至。於是國落四散，竄伏山谷。畜產野布，無人收視。大武緣栗水西行，栗水，今翁金河。過漢將竇憲故壘。六月，次菟園水。今三音諾顏部之拜達里克河。分軍搜討。東至瀚海，西至張掖水，北度燕然山。即竇憲故壘所在也。東西五千餘里，南北三千餘里。高車諸部，殺大檀種類，前後歸降者，

────────────

① 民族：柔然之彊，實由社崙掠高車，深入其地，其文化蓋得諸西域。

三十餘萬。俘獲首虜及戎馬百餘萬匹。八月，大武聞東部高車屯己尼陂，《烏洛侯傳》云：其西北二十日行，有于己尼大水，所謂北海也。北海，即今貝加爾湖。己尼陂，當在今三音諸顏部，當入貝加爾湖諸水之源。人畜甚衆，去官軍千餘里，遣左僕射安原等往討之。高車諸部，望軍降者數十萬。大檀部落衰弱，因發疾而死。子吳提立。號敕連可汗。魏言神聖也。四年，宋元嘉八年。遣使朝獻。延和三年，元嘉十一年。二月，以吳提尚西海公主。又遣使者納吳提妹爲夫人。又進爲左昭儀。大延二年，元嘉十三年。絕和犯塞。四年，元嘉十五年。又分三道征之。不見蠕蠕而還。時漠北大旱，無水草，軍馬多死。五年，元嘉十六年。大武西伐沮渠牧犍。宜都王穆壽崇孫。輔景穆居守。長樂王嵇敬、建寧王崇二萬人鎮漠南，以備蠕蠕。吳提果犯塞。壽素不設備。賊至七介山，見第六章第七節。京邑大駭，爭奔中城。司空長孫道生拒之吐頹山。未詳。吳提之寇也，留其兄乞列歸與北鎮諸軍相守。胡三省曰：北鎮即魏六鎮，以在平城之北，故曰北鎮。或曰：即懷朔鎮。案懷朔鎮見第一章。敬、崇等破之陰山之北，獲乞列歸。吳提聞而遁走。道生追之，至於漠南而還。《穆壽傳》云：輿駕行次雲中，將濟河，宴諸將。世祖別御靜室，召壽及司徒崔浩，尚書李順。世祖謂壽曰：“蠕蠕吳提，與牧犍連和，今聞朕征涼州，必來犯塞。若伏兵漠南，殄之爲易。朕故留壯兵肥馬，使卿輔佐大子。收田既訖，便可分伏要害，以待虜至。引使深入，然後擊之，擒之必矣。涼州路遠，朕不得救卿。若違朕指授，爲虜侵害，朕還斬卿。崔浩、李順爲證，非虛言也。”壽頓首受詔。壽信卜筮之言，謂賊不來，竟不設備。《公孫表傳》：表子質，初爲中書學生，稍遷博士。壽雅信任，以爲謀主。質信好卜筮，筮者咸云寇必不來，故不設備。由質幾至敗國。而吳提果至，侵及善無，京師大駭。壽不知所爲，欲築西郭門，請恭宗避保南山。惠大后不聽，乃止。保大后諡惠。遣司空長孫道生等擊走之。世祖還，以無大損傷，故不追咎。夫以世祖之酷，壽果違命，安不致誅？《壽傳》之不足信，不待言也。乞列歸之見獲也，歎曰：“沮渠陷我；”而《牧犍傳》亦言：牧犍聞蠕蠕内侵，幸車駕返斾，遂嬰城自守；則吳提是役，確爲救沮渠氏而來，可見其與西方關係之密。是役也，寇入頗深，魏史習於諱飾，乃造作引使深入之言，聊以解嘲耳。然亦可見吳提兵鋒之銳矣。真君四年，元嘉二十年。大武又分軍四道：樂安王範、建寧王崇各統十二將出東道。樂平王督十五將出西道。車駕出中道。中山王辰領十五將，爲中軍後繼。車駕至鹿渾谷，胡三省曰：即鹿渾海之谷，本高車袁紇部所居。其地在平城西北，其東即弱洛水。與賊相遇。吳提遁走。追至頹根河，破之。車駕至石水而還。石水，今色楞格河。《恭宗紀》云：真君四年，從世祖討蠕蠕。至鹿渾谷，與賊相遇。虜皇怖，部落擾亂。恭宗言於世祖曰："今大軍卒至,宜速進擊,掩其不備,破之必矣。"尚書令劉潔固諫,以爲"塵盛賊多,出至平地,恐爲所圍,須軍大集,然後擊之可也。"恭宗謂潔曰："此塵之盛,由賊恇擾,軍人亂故。何有營上,而有此塵?"世祖疑之,遂不急擊。蠕蠕遠遁。既而獲虜候騎,世祖問之,對曰："蠕蠕不覺官軍卒至,上下皇懼,引衆北走。經六七日,知無追者,始乃徐行。"世祖深恨之。《潔傳》云:時議伐蠕蠕,潔意不欲,羣臣皆從其議。世祖決行,乃問於崔浩。浩固言可伐。世祖從浩議。既出,與諸將期會鹿渾谷。而潔恨其計不用,欲沮諸將,乃矯詔更期,故諸將不至。時虜衆大亂,恭宗欲擊之,潔執不可。停鹿渾谷六日,諸將猶不進。賊已遠遁。追至石水,不及而還。師次漠中,糧盡,士卒多死。潔陰使人驚軍,勸世祖棄軍輕還。世祖不從。潔以軍行無功,奏歸罪於崔浩。世祖曰："諸將後期,及賊不擊,罪在諸將,豈在於浩?"浩又言潔矯詔,事遂發。興駕至五原,收潔幽之。《宋書·索虜傳》:元嘉二十年,燾伐芮芮,大敗而還,死者十六七。不聽死家發哀,犯者誅之。《魏書·世祖紀》:真君五年,元嘉二十一年。二月,辛未,中山王辰等八將,以北伐後期,斬於都南。綜觀諸文,大武是役,實以輕出致敗,被圍谷中者六日。當時蓋幾至不免,故劉潔有欲立樂平王之議也。見上節。亦足見其喪敗之甚矣。真君五年,大武復幸漠南,欲襲吳提。吳提遠遁,乃止。吳提死,子吐賀真立。號處可汗,魏言唯也。十年,元嘉二十六年。正月,大武北伐。吐賀真遠遁。九月,又北伐。高昌王那出東道,略陽王羯兒出中道,與諸軍期會於地弗池。未詳。吐賀真悉國精銳,軍資甚盛,圍那數十重。那掘長圍堅守。相持數日。吐賀真數挑戰,輒不利。以那衆少而固,疑大軍將至,解圍夜遁。那引軍追之,九日九夜。吐賀真益懼,棄輜重踰穹隆嶺遠遁。穹隆嶺,未詳。那收其輜重,引軍還,與大武會於廣澤。未詳。羯兒盡收其人戶畜産百餘萬。自是吐賀真遂單弱遠竄,邊疆息警矣。大安四年,宋孝武帝大明二年。大武北征。騎十萬,車十五萬兩,旌旗千里。遂渡大漠。吐賀真遠遁。刊石紀功而還。大武征伐之後,意存休息;蠕蠕亦怖威北竄,不敢復南。魏初與柔然之交涉,至此爲一結束。魏史善諱飾,觀上文所考辨可知。魏攻柔然,實始終未獲大捷,然其時魏人兵力頗盛,屢次大舉,柔然避之,漸趨西北,自係實情。[①] 北邊抒,而魏益得專力於南矣。

---

① 兵:慕容垂征拓跋(第一八〇頁),頗有魏武征烏丸之風。魏大武伐柔然,武功多近誇侈,然亦有此作用。

魏之經略高車,亦始道武之世。《北史·高車傳》云:部落彊大。常與蠕蠕爲敵,亦每侵盜於魏。魏道武襲之,大破其諸部。後復渡弱洛水西行。至鹿渾海,簡輕騎西北襲破之。虜獲生口,牛、馬、羊二十餘萬。分命諸將,爲東西二道;親勒軍從中道;自駮髯水西北徇,駮髯水,在今綏遠陶林縣西北。略其部。諸軍同時雲合,破其雜種三十餘落。衛王儀別督諸將,從西北絕漠千餘里,復破其遺迸七部。道武自牛川南引,牛川,見第六章第七節。大校獵。以高車爲圍,騎徒遮列,周七百餘里。聚雜獸於其中。因驅至平城,以高車衆起鹿苑。南因臺陰,北距長城,東苞白登之西山。白登,山名,在今山西大同縣東。尋而姪利曷莫弗敕力健,率其衆九百餘落;後高車解批莫弗幡豆建,復率其部三十餘落內附。己尼陂之役,《傳》稱高車諸部,望軍而降者數十萬落,獲馬、牛、羊六百餘萬。皆徙置漠南千里之地。乘高車,逐水草,牧畜蕃息。數年之後,漸知粒食。歲致獻貢。由是國家馬及牛、羊,遂至於賤;氈皮委積。文成時,五部高車,合聚祭天,衆至數萬。大會走馬,殺牲遊遶,歌吟忻忻。其俗稱自前世以來,無盛於此會。高車諸部,是時尚未能自立共主,魏人柔服之,既可增益衆力,又於富厚有裨,實於魏之盛彊,更有關係也。

第四節　宋初與魏兵釁

宋武帝之伐姚秦,魏明元雖以屈於兵力,未能救,然其心實未嘗一日而忘南牧,故武帝甫崩,而兵釁即起。《宋書·索虜傳》云:高祖西伐長安,嗣先取姚興女,乃遣十萬騎屯結河北以救之,大爲高祖所破。於是遣使求和。自是使命歲通。高祖遣殿中將軍沈範、索季孫報使。反命,已至河,未濟,嗣聞高祖崩問,追範等,絕和親。大祖即位,方遣範等歸。《魏書·崔浩傳》言:明元使大武監國後,聞宋武崩,欲取洛陽、虎牢、見第四章第二節。時爲司州治。滑臺。見第六章第五節。時爲兗州治。浩曰:“陛下不以劉裕歘起,納其使貢;裕亦敬事陛下;不幸今死,乘喪伐之,雖得之不令。宜遣人弔祭,存其孤弱,恤其凶災,佈義風於天下。若此,則化被荆、揚,南金、象齒、羽毛之珍,可不求而自至。裕新死,黨與未離,兵臨其境,必相率拒戰,功不可必。不如緩之,待其惡稔。如其彊臣爭權,變難必起,然後命將揚威,可不勞士卒,而收淮北之地。”大宗銳意南伐,詰浩曰:“劉裕因姚興死而滅其國,裕死,我伐之,何爲不可?”浩固執曰:“興死,二子交爭,裕乃伐之。”大宗大怒,不從浩言,遂遣奚斤南伐。觀此,可知其處心積慮,欲圖河南矣。

　　南伐既決,議於監國之前,曰:"先攻城也? 先略地也?"奚斤曰:"請先攻城。"浩曰:"南人長於守城,苻氏攻襄陽,經年不拔。今以大國之力,攻其小城,若不時克,挫損軍勢,敵得徐嚴而來,我怠彼銳,危道也。不如分軍略地,至淮爲限。列置守宰,收斂租穀。滑臺、虎牢,反在軍北,絶望南救,必沿河東走。若或不然,即是圍中之物。"公孫表請先圖其城。《表傳》云:大宗以爲掠地至淮,滑臺等三城,自然面縛。表固執宜先攻城。大宗從之。觀宋、魏後來兵事,浩議似是,然是時宋兵力尚彊,魏兵力亦有限,既以徐嚴而來,我怠彼銳爲懼,即略地至淮,又安能守? 況未必能略地至淮邪? 是時用兵,必爭河南數重鎮,其勢然也。觀明元自將南下,仍力攻滑臺、虎牢可知。往史所載名臣言論,頗多事後附會之談。《浩傳》所載浩先略地之議,蓋鑒於瓜步之役,佛貍橫肆殺掠,六州荒殘,河南遂不可守,乃爲是言,實則明元時所謂略地,不過如道武時長孫肥之所爲,師速而捷,安足以決勝負? 浩蓋不欲虜之得志也,亦可見其乃心華夏矣。

　　魏南伐之將,爲奚斤、周幾、公孫表。永初三年,魏泰常七年。十月,斤等濟河。攻滑臺,不拔。求濟師。明元遂自將南下。十一月,魏安頡等陷滑臺。奚斤留公孫表守輜重,自率輕兵,徇下兗、豫。遂圍虎牢。司州刺史毛德祖欲擊之,虜退還滑臺。十二月,明元至冀州。遣叔孫建等徇青、兗。兗州刺史徐琰奔彭城。建圍青州刺史竺夔及濟南太守垣苗於東陽。青州本治廣固,武帝平南燕,夷其城,遷治東陽,在今山東益都縣東。奚斤、公孫表復向虎牢。景平元年,魏泰常八年。正月,魏將于栗磾破金墉,見第三章第二節。河南太守王涓之棄城走。斤等遂進圍虎牢。明元帝自率大衆至鄴,分兵擊青州,又遣兵益虎牢之圍。宋豫州刺史劉粹,時治縣瓠,見第五章第六節。遣步騎五百據項,見第三章第三節。兗州刺史鄭順之戍湖陸。見第五章第六節。兵力皆薄。南兗州刺史檀道濟,徐州刺史王仲德率水軍北救。至彭城,以青、司并急,而所領不多,不足分赴,青州道近,竺夔兵弱,乃先救青州。四月,虜聞道濟將至,焚攻具走。時東陽被攻日久,城轉毀壞,戰士多死傷,且暮且陷,雖以救至獲免,然其城遂不可守,竺夔乃移鎮不其。漢縣,在今山東即墨縣西南。虜軍逕趨滑臺。道濟、仲德步兵乏糧,追之不及,停於湖陸。明元帝率大衆至虎牢。自督攻城,不能下。留三千人益奚斤,自向洛陽。遂渡河北歸。滑臺兵亦就奚斤,共攻虎牢。毛德祖勁兵戰死殆盡。晝夜相拒,將士眼皆生瘡。德祖恩德素結,衆無離心。公孫表旋見殺。《宋書·索虜傳》云:表有權略,德祖以聞殺之。《魏書·表傳》則云:表以攻虎牢士卒多傷死獲罪。二説自當以《魏書》爲確,亦可見德祖拒守之功矣。然孤城無援，至閏四月，卒陷。德祖後殁於虜中。德祖初從武帝北伐，爲王鎮惡司馬，爲前鋒。史云：鎮惡克立大功，蓋德祖之力，實良將也，以無援棄之，亦可惜矣。魏既陷虎牢，使周幾鎮枋頭而北歸。枋頭，見第四章第二節。奚斤之圍虎牢也，嘗南下許昌。見第三章第二節。潁川大守李元德敗走。虜用庾龍爲大守。劉粹遣兵襲斬之。至是，元德復戍許昌。仍除滎陽大守，督二郡軍事。謂滎陽、潁川二郡。滎陽，見第二章第二節。潁川，見第三章第三節。十一月，周幾遣軍，并招集亡命攻許昌。元德奔項。虜又破汝陽、漢縣，在今河南商水縣西北。邵陵，漢縣，見第三章第九節。毀鍾離而還。鍾離，漢縣，在今安徽鳳陽縣東北。宋是時蓋内釁正結，莫或以北方爲意，故魏得以乘其隙也。自武帝滅南燕以來，江東之聲勢，未嘗不震動北方，至此，虜始有以窺中國之淺深矣。

　　宋文帝與魏大武，同年建元。元嘉、始光。宋方盡力於景平逆黨，魏亦北伐柔然，西攻赫連，故其初年，疆場無事。至元嘉七年，魏神廳三年。文帝乃欲大舉以復河南。是歲，三月，詔到彥之統徐州刺史王仲德、兗州刺史竺靈秀舟師入河。段宏精騎八千，直指虎牢。豫州刺史劉德，勁勇一萬，與相掎角。長沙王義欣武帝仲弟長沙景王道憐之子。出鎮彭城，監諸軍事。文帝先遣殿中將軍田奇告魏："河南舊是宋土，中爲彼所侵。今當脩復舊境。不關河北。"大武大怒，謂奇曰："我生頭髮未燥，便聞河南是我家地，此豈可得？必進軍，權當斂戍相避，須冬行地净，河冰合，自更取之。"彥之進軍，虜悉斂河南戍歸北。彥之留朱脩之序孫。守滑臺，尹沖守虎牢，杜驥守金墉，而自還東平。漢國，治無鹽，在今山東東平縣東。晉治須昌，在今東平縣西北。十一月，虜將叔孫建、長孫道生濟河。彥之將回師，垣護之以書諫，護之時以殿中將軍隨彥之北伐。謂宜使竺靈秀進滑臺，助脩之固守，而大軍進擬河北。彥之不聽，自歷城焚舟，棄甲，南走彭城。歷城，漢縣，今山東歷城縣。時爲兗州治。竺靈秀亦棄須昌奔湖陸。於是洛陽、金墉、虎牢，并爲魏將安頡及司馬楚之所陷。杜驥奔走。尹沖衆潰而死。頡與楚之遂攻滑臺。宋遣檀道濟往援。叔孫建、長孫道生拒之。道濟兵寡，不得進。八年，魏神廳四年。二月，滑臺陷。脩之没虜。道濟僅於歷城全軍而還。初遣彥之，資實甚盛，及還，凡百蕩盡，府藏爲空。下獄免。竺靈秀以棄軍伏誅。

　　宋師出雖無功，然魏人是時，亦未能經營河南，徒藉數降人以守之而已。諸降人中，喪心病狂，甘心爲虎作倀者，爲司馬楚之及刁雍。楚之，當司馬休之之敗，亡命汝、潁之間。後復收衆據長社。見第七章第六節。奚斤略地河南，楚之請降。魏假以荆州刺史。大武初，徵入朝。南藩諸將，表宋欲爲寇，使楚之

屯潁川以距之。元嘉七年，到彥之泝河而西，楚之列守南岸，至於潼關。見第三
章第三節。遂以其衆從安頡。既破滑臺，上疏請掃除南中，平一區宇。大武以兵
久勞，不許。刁雍，《魏書・傳》云：兄逖，以劉裕負社錢，執而徵焉。及裕誅桓
玄，先誅刁氏。雍爲暢故吏所匿，奔姚興。泓滅，與司馬休之等歸魏。求於南
境自效。大宗許之。遂於河、濟之間，招集流散，擾動徐、兗。泰常八年，大宗
南幸鄴，給五萬騎，使別立軍。遣助叔孫建攻東陽。雍招集譙、梁、彭、沛民五
千餘家，譙，見第三章第三節。梁，見第二章第三節。彭即彭城，沛，見第三章第一節。置二十七
營。遷鎮濟陰。漢梁國，後改爲濟陰郡，晉曰濟陽，見第六章第五節。延和二年，宋元嘉十年。
立徐州於外黃，見第五章第六節。置譙、梁、彭、沛四郡、九縣，以雍爲刺史。在鎮
七年，至大延四年，宋元嘉十五年。乃徵還京師。真君十年，宋元嘉二十六年。復授
徐、豫二州刺史。歷五年乃去。時又有王慧龍者，其《傳》云：自云愉之孫。劉
裕微時，愉不爲禮。及得志，愉合家見誅。慧龍年十四，爲沙門僧彬所匿。西
上江陵，依叔祖忱故吏荊州前治中習辟疆。時刺史魏詠之卒，辟疆與江陵令
羅脩等謀舉兵，推慧龍爲盟主，襲州城。劉裕遣其弟道規爲荊州，衆遂不果。
羅脩將慧龍又與僧彬北詣魯宗之。宗之資給，自虎牢奔姚興。姚泓滅歸國。
魯軌云：慧龍是王愉家堅，僧彬所通生也。崔浩弟恬，以女妻之。大宗以爲洛
城鎮將，配兵三千人，鎮金墉。十餘日，大宗崩，世祖即位，咸謂南人不宜委以
師旅，遂停前授。久之，抗表願得南垂自效。崔浩固言之，乃授南蠻校尉，安
南大將軍左長史。謝晦起兵，引爲援。慧龍進圍項城。晦敗，乃班師。王玄
謨寇滑臺，與安頡等同討之。拜滎陽大守。在位十年。真君元年，宋元嘉十七
年。拜虎牢鎮都副將。未至鎮卒。寇讚者，姚泓滅，秦、雍人千餘家推爲主，
歸魏。拜河南郡大守。其後秦、雍人來奔河南、滎陽、河內者，户至萬數。河
南、河內，皆見第二章第二節。拜讚南雍州刺史，於洛陽立雍之郡縣以撫之。在州
十七年。案慧龍爲崔浩所擁右。史言其自以遭難流離，常懷憂悴，乃作《祭
伍子胥文》以見意。生一男一女，遂絕房室。布衣疏食，不參吉事。時制南
人歸國者，皆葬桑乾，而慧龍臨歿，乞葬河內。雖重私讎，似非全不知夷夏之
辨者。寇讚者，謙之之兄。觀第六節所述，崔浩及謙之，皆有心於覆虜，則慧
龍及讚，亦未必能爲虜效死也。此外如司馬天助，自云元顯之子，魏嘗以爲青、徐，又
以爲青、兗二州刺史。司馬靈壽等，靈壽叔璠子，亦嘗從安頡。則更微末不足道矣。此
等人即不論其立心如何，其力亦不足用。故魏人是時，亦不能守河南，宋師
至，即不得不斂戍以避。而惜乎宋之兵力，未能一舉而大創之，使其馬首不
敢復南鄉也。

第五節　義民抗魏上

自永嘉喪亂，至於晉末，中原淪陷，已逾百年。是時民族意識，尚未光昌，史家僅録官書，或載士大夫言行、家世；又好文飾，往往以辭害意，失事實之真；以致異族野蠻橫暴，及我民族吞聲飲泣，冒死反抗之迹，可考者甚希。然謂我人民遂甘心屈服於異族，則決無此理。當時塢堡之主，山澤之雄，切齒腐心，誓鉏非種，而名湮没而不彰者，蓋不知凡幾矣！魏起北方，本極殘虐；拓跋氏在塞外時，即極殘虐，觀第四章第二節所述穆帝之事，可見一斑。其入中原，殘虐尤甚。《魏書·王建傳》云：從破慕容寶於參合陂。大祖乘勝，將席卷南夏，於是簡擇俘衆，有才能者留之，其餘欲悉給衣糧遣歸，令中州之民，咸知恩德。乃召羣臣議之。建曰：“不如殺之。”諸將咸以建言爲然，建又固執，乃阬之。及圍中山，慕容寶走和龍，徒河人共立慕容普驎爲主。大祖悉衆攻之，連日不拔。使人登巢車臨城招之。其衆皆曰：“羣小無知，但恐復爲參合之衆，故求全日月之命耳。”大祖聞之，顧視建而唾其面。此乃歸過於下之辭，觀大祖“何恤無民”之言，其待俘虜，尚安有恩德之可言邪？知其虐殺之事，爲史所不載者必多矣。既入中原，不知吏治，守宰無禄，貪殘彌甚；故抗之者尤多。[1] 魏守宰貪殘之甚，觀其《本紀》所載整頓吏治之事之頻繁，即可見之。魏人非知吏治者，政令之峻切，不足見其恤民之心，衹足見其官方之壞耳。道武都平城之歲，即遣使循行郡國，舉奏守宰不如法者，親覽察黜陟之，此猶可諉曰：戡定之初也。明元帝神瑞元年，十一月，詔使者巡行諸州，校閲守宰資財。非自家所齎，悉簿爲臧，守宰不如法者，聽百姓詣闕告之，可見貪取及違法者之多。二年，三月，詔以刺史守宰，率多逋惰，今年貲調縣違者，謫出家財以充，不聽徵發於民，又可見其下既病民，上又病國也。大武帝始光四年，十二月，行幸中山，守宰以貪汙免者十數人。神麚元年，正月，以天下守令多非法，精選忠良悉代之。大延三年，五月，詔天下吏民，得舉告守令之不如法者。真君四年，六月，詔復民貲賦三年，其田租歲輸如常，牧守不得妄有徵發。可見至大武之世，吏治亦迄未嘗善也。道武甫破後燕，叛者即羣起。道武平鄴北還，至恒山之陽，博陵、渤海、章武，即羣盜并起。其年，九月，烏丸張驤子超，又收合亡命，聚黨二千餘家，據南皮。此等雖旋即破滅，然繼起者仍不絶。最大者，如河西之山胡白龍，自延和三年至大延三年，即自宋元嘉十一年至十四年乃滅。渤海、漢郡，治浮陽，今河北滄縣。後漢移治南皮，今河北南皮縣。章武，晉國，今河北大城縣。明元時，亦所在屯聚，用崔宏言大赦，乃獲暫安。見《宏傳》。魏人是時，蓋如厝火積薪之下而寝其上矣。而大武時蓋吳舉義，聲勢尤大。

《魏書·本紀》：大平真君六年，宋元嘉二十二年。九月，盧水胡蓋吳聚衆反於杏城。盧水胡，見第二章第二節。杏城，見第三章第八節。十月，長安鎮副將元紇討之，爲吳所殺。吳黨遂盛。民皆渡渭奔南山。渭水南岸之山。於是發高平勅勒騎赴長

安。高平，後魏郡，今甘肅固原縣。詔將軍叔孫拔乘傳領攝并、秦、雍，兵屯渭北。十一月，吳遣其部落帥白廣平西略。新平、安定諸夷酋，皆聚衆應之。新平、安定，皆見第二章第二節。殺汧城守將。汧縣，見第五章第一節。吳遂進軍李閏堡，見第六章第八節。分兵略臨晉已東。臨晉，見第三章第七節。將軍章直與戰，大敗之。兵溺死於河者，三萬餘人。吳又遣兵西掠。至長安，將軍叔孫枝與戰於渭北，大破之。斬首三萬餘級。河東蜀薛永宗，聚黨盜官馬數千匹，驅三千餘人入汾曲。西通蓋吳，受其位號。秦州刺史周鹿觀討之，不克而還。魏秦州治上封，即上邽縣之更名也。上邽，見第三章第三節。詔殿中尚書元處真，尚書慕容嵩二萬騎討薛永宗，殿中尚書乙拔率五將三萬騎討蓋吳，寇提三將一萬騎討白廣平。蓋吳自號天台王，《宋書·索虜傳》：吳於杏城天台，舉兵反虜。署百官。車駕西征。七年，宋元嘉二十三年。正月，次東雍州。魏神麚中置，治正平，今山西新絳縣。孝昌後治鄭，今陝西華縣。圍薛永宗營壘。永宗出戰，大敗。六軍乘之，永宗衆潰。永宗男女無少長赴汾水死。車駕南幸汾陰，臨戲水。在陝西臨潼縣東。蓋吳退走北地。見第二章第二節。二月，幸盩厔，漢縣，在今陝西盩厔縣東。誅叛民耿青、孫溫二壘與蓋吳通謀者。軍次陳倉，見第三章第三節。誅散關氏害守將者。散關，在今陝西寶雞縣西南。諸軍乙拔等大破蓋吳於杏城，吳棄馬遁走。三月，車駕旋軫。幸洛水，分軍誅李閏叛羌。是月，金城邊岡、天水梁會反，金城，天水，皆見第二章第二節。據上邽東城。秦州刺史封勑文擊之，斬岡。衆復推會爲帥。五月，閻根率騎詣上邽，與勑文討梁會。會走漢中。蓋吳復聚杏城，自號秦地王。假署山民，衆旅復振。於是遣永昌王仁，高涼王那督北道諸軍同討之。六月，發定、冀、相三州兵二萬人屯長安南山諸谷，以防越逸。八月，蓋吳爲其下人所殺，傳首京師。《魏書·陸俟傳》云：俟督秦、雍二州諸軍事，爲長安鎮大將，與高涼王那擊蓋吳於杏城，大破之。獲吳二叔，諸將欲送京師。俟獨不許，曰："吳一身藏竄，非其親信，誰能獲之？若停十萬之衆，以追一人，非上策也。不如私許吳叔，免其妻子，使自追吳。"高涼王那亦從俟計。遂遣吳二叔，與之期。及期，吳叔不至。諸將咎俟。俟曰："此未得其便耳，必不背也。"後數日，果斬吳以至。《宋書·索虜傳》云：屠各反叛，吳自攻之，爲流矢所中死。吳弟吾生，率餘衆入木面山，皆尋破散。夫吳即喪敗，何至挺身而走？即謂如是，其二叔亦安能必擒之？知《陸俟傳》之言不實。蓋時吳已死，衆敗散，吳叔降魏，俟乃建議使之歸，徼幸可得吳首耳。木面山，未詳。永昌王仁平其遺燼。高涼王那破白廣平，生擒屠各路那羅，斬於京師。八年，宋元嘉二十四年。正月，吐京胡阻險爲盜。吐京，後魏郡，在今山西孝義縣西。詔武昌王提、淮南王他討之，不下。山胡曹僕渾等渡河西，保山以自固，招引朔方諸胡。朔方，後魏縣，今陝西清澗縣。提等引軍討僕渾。二月，高涼王那等自安定討平朔方胡。因與提等合軍，共攻僕渾，斬之。其衆赴險死者以萬數。九年，宋元嘉二十五年。二月，西幸上黨，誅潞叛民二千餘家，徙西河離石民五千餘家於京師。離石，見第三章第四節。案自魏、晉以降，所謂胡者，種類極雜，而要以西域胡之程度爲最高。① 割據諸國，抗魏最烈者，莫如沮渠氏，即以其多與西域交通故也。蓋吳爲盧水胡，實與沮渠氏同族；而其部帥白廣平之白，亦西域姓；蓋皆西域種類，不則深受其陶融者。是役也，漢族而外，響附之者，有氐，有羌，有屠谷，有蜀，有新平、安定諸夷酋，吐京、朔方諸胡，及諸山民，與山胡雜居者。蓋幾合北方諸族而與魏爲敵矣。據《宋書·索虜傳》：吳起義時，年僅二十有九；魏大武累遣兵攻之輒敗；自將攻之，又大小數十戰不能克；可謂奇材。吳上表歸順，辭旨斐然。其第一表云：“伏願陛下：給一旅之衆，北臨河、陝。賜臣威儀，兼給戎械。進可以厭扞凶寇，覆其巢穴，退可以宣國威武，鎮御舊京，”其辭可謂甚壯。第二表曰：“虜主二月四日，傾資倒庫，與臣連營。接刃交鋒，無日不戰。摧賊過半，伏尸蔽野。伏願特遣偏師，賜垂拯接。”蓋時親與虜主，旗鼓相當，故望宋發兵爲援也。元嘉二十七年之役，諸路喪敗，惟關陝一軍，所向克捷，足見關中民氣之可用。《魏·本紀》：真君八年，六月，西征諸將元處真等，坐盜没軍資，所在虜掠，臧各千萬計，并斬之。當師徒橈敗，敵燄方張之日，而其所爲如此，其爲中國驅除亦至矣。而宋文帝於此，僅加吳以爵號，使雍、梁遣兵界上援接，竟亦不出，可謂之善乘機者邪？

《魏書·薛辯傳》曰：其先自蜀徙於河東之汾陰，漢縣，在今山西榮河縣北。因家焉。祖陶，與薛祖、薛落等分統部衆，世號三薛。② 父彊，復代領部落。而祖、落子孫微劣，彊遂總攝三營。善綏撫，爲民所歸。歷石虎、苻堅，常馮河自固。仕姚興，爲鎮東將軍，入爲尚書。彊卒，辯復襲統其營。爲興尚書郎、建威將軍、河北大守。河北，見第四章第二節。此時蓋於此置郡。劉裕平姚泓，辯舉營降裕。拜爲寧朔將軍，平陽大守。平陽，見第二章第二節。及裕失長安，辯來歸國。仍立功於河際。大宗授平西將軍、雍州刺史，賜爵汾陰侯。泰常七年，宋永初三年。卒。子謹，初授河東大守，後襲爵，遷秦州刺史。真君五年，爲都將，從駕北討，以後期，與中山王辰等斬於都南。見第三節。《宋書·薛安都傳》云：河東汾陰人。世爲彊族，同姓有三千家。父廣，爲宗豪。高祖定關、河，以爲上黨大守。上黨，見第二章第二節。安都少以勇聞，身長七尺八寸，便弓馬。索虜使助秦州刺史北賀泊擊反胡白龍子，滅之。由是爲僞雍、秦二州都統。州各有刺史，都統總其事。元嘉二十一年，索虜主拓跋燾擊芮芮，大敗。安都與宗人薛永宗

---

① 民族：西域胡程度最高，抗魏最烈。沮渠以與西域交通故，蓋吳蓋亦然。沮渠牧犍見（第二五七頁）。

② 宗族：河東之薛。

起義。永宗營汾曲，安都襲得弘農。見第二章第二節。會北地人蓋吳起兵，遂連衡相應。燾自率衆擊永宗，滅其族，進擊蓋吳。安都料衆寡不敵，率壯士辛靈度等歸國。大祖延見之。求北還，摀扇河、陝，招聚義衆。上許之。給錦百疋，雜繒三百疋。復襲弘農，虜已增戍，城不可克；蓋吳又死；乃退還上洛。見第三章第五節。《魏書》辯子《初古拔傳》云：安都爲其族叔，則安都於謹爲族兄弟。安都、永宗之叛魏，殆以謹被殺故邪？《魏書・安都傳》云：真君五年，與東雍州刺史沮渠秉謀逆，事發，奔於劉義隆，則是役尚牽涉沮渠氏，其結合可謂甚廣。永宗舉義，實在蓋吳之前一年，特其聲勢不如吳之盛，故《魏書》但視作吳之附從耳。薛爲河東彊族，本無歸虜之志。薛謹見戮，永宗又舉宗赴義，其讎恥可謂甚深。故安都歸國，報雪之志甚堅。宋用之不能盡其材，後且因內亂，仍毆之歸虜亦可惜也。初古拔當大武親討蓋吳、永宗時，詔其糾合宗鄉，壁於河際，斷二寇往來之路，絕不聞其投袂奮起，此或迫於兵勢，不得不然，然其後迄仍仕魏，則可謂忘不共之讎矣。

　　《魏書・沮渠牧犍傳》云：牧犍淫嫂李氏，兄弟三人傳嬖之。李與牧犍共毒公主，上徵李氏，牧犍不遣，已見前。又云：既克，猶以妹壻待之。其母死，以王大妃禮葬焉。又爲蒙遜置守墓三十家。授牧犍征西大將軍，王如故。初官軍未入之閒，牧犍使人斫開府庫，取金、銀、珠、玉及珍奇器物，不更封閉，小民因之入盜，巨細蕩盡。有司求賊不得。真君八年，其所親人及守藏者告之。上乃窮竟其事。搜其家中，悉得所藏器物。又告牧犍父子，多畜毒藥，前後隱竊殺人，乃有百數。姊妹皆爲左道，朋行淫佚，曾無愧顏。始罽賓沙門曰曇無讖。東入鄯善。自云能使鬼治病，令婦人多子。與鄯善王妹曼頭陁林私通。發覺，亡奔涼州。蒙遜寵之，號曰聖人。曇無讖以男女交接之術，教授婦人。蒙遜諸女、子婦，皆往受法。世祖聞諸行人言曇無讖之術，乃召曇無讖。蒙遜不遣。遂發露其事，拷訊殺之。至此，帝知之。於是賜昭儀沮渠氏死。蒙遜女。誅其宗族。惟萬年及祖，皆牧犍兄子。以前先降得免。是年，人又告牧犍猶與故臣民交通，謀反，詔司徒崔浩就公主第賜牧犍死。案牧犍果聽其嫂與姊共毒公主，則於公主恩義已絕，降下之日，即不追舉其罪，亦必使之離昏。乃牧犍之死，史言其與主訣良久乃自裁，此猶可曰不必果有恩義也，而牧犍既死，公主改適李蓋，惠之父，見《外戚傳》。及其死，仍與牧犍合葬，此何爲者邪？且魏法最酷，牧犍罪釁，果如史之所云，其待之，又安得如是其厚乎？府庫所藏，巨細蕩盡，有司求賊不得可也，并斫開府庫，不更封閉之事而不知，則無是理，安待降下既久，所親人及守藏者告之乎？曇無讖，據《釋老志》所載，實爲戒行高僧。《釋老志》之言，固難盡信，以其爲宗教家言。然使其果以通於房中術而見求，豈復以是爲罪？又何必懼而殺之？《李順傳》言讖有方術，世祖詔順：令蒙遜送之京邑，順受蒙遜金，聽其殺之，世祖克涼州，聞而嫌順。順之死，在真君三年，宋元嘉十九年。與此云世祖至是始知之者，又不相符。《釋老志》云：讖歷言他國安危，多所中驗，蒙遜每以國事諮之，其見求當正以此耳。所以以淫佚誣之者？《釋老志》又言：蓋吳反杏城，關中騒動。① 帝西伐，至於長安。先是長安沙門，種麥寺内，御驥牧馬於麥中。帝入觀馬，沙門飲從官酒，從官入其便室，見大有弓矢矛盾，出以奏聞。帝怒曰："此非沙門所用，當與蓋吳通謀，規害人耳。"命有司案誅一寺。閲其財産，大得釀酒具及州郡牧守、富人所寄藏物，蓋以萬計。又爲窟室，與貴室女私行淫亂。帝既忿沙門非法，崔浩時從行，因進其説，遂有誅長安沙門，焚破佛象，勅留臺下四方，一依長安行事之舉。然則佛法見廢，實由見疑與蓋吳通謀，謂由崔浩進説者，尚未知其真際也。《釋老志》又言涼州自張軌後世信佛教，大延中，涼州平，徙其國人於京邑，沙門、佛法皆俱東，象教彌增矣。《本紀》：牧犍之亡，涼州人被徙者三萬餘家，而涼州人多不服魏。據《魏書·北史列傳》：張湛、宗欽、段承根，皆涼州人，皆與崔浩善。欽、承根皆與浩俱死。湛贈浩詩、頌，浩常報答。及浩被誅，湛懼，悉燒之。閉門卻掃，慶弔皆絶，僅乃得全。湛兄銑，浩禮之與湛等。承根父暉，大武聞其名，頗重之，以爲上客。後從大武至長安，或告暉欲南奔。問曰："何以知之？"曰："暉置金於馬韉中，不欲逃亡，何由爾也？"大武密遣視之，果如告者之言，遂斬之於市，暴尸數月。崔浩實乃心華夏者，見下節，諸人皆與浩善，可見其志之所在矣。然則沙門之見疑，牧犍之以與故臣民交通見告，宜也。然虜待牧犍素厚，又以人反之爲諱，不欲明言其叛，乃不得不造作莫須有之辭以誣之。②《本紀》言大武克姑臧，收其珍寶，不可勝計，而此時可以斫開府庫見告，則知隱竊殺人，朋行淫佚，同爲求其罪而不得而爲之辭。所以必見誣以淫佚者？以是時沙門適有淫佚之事，而曇無讖先見召不至，遂牽連之以誣牧犍。然鮮卑亦素行瀆亂，後人不知其説之誣，乃又億測讖之見求，必以其通於房中術之故，而誣人者轉以自誣矣，豈不詭哉？萬年與祖，初雖叛國，後亦以謀叛魏見誅，則牧犍之有反謀，亦不足異也。

第六節　義 民 抗 魏 下

蓋吳之叛，爲人民之抗魏，而當時之士大夫，亦多不服魏者。道武之破後

---

① 宗教：蓋吳時沙門或反魏。
② 民族：拓跋造作史事三。

燕也，以盧溥爲幽州刺史，而溥叛之，事已見前。溥與張袞同鄉里，袞數談薦之，其叛也，袞因之獲罪。時又有中山大守仇儒，不樂內徙，亡匿趙郡，見第二章第三節。推羣盜趙準爲主，連引丁零，扇動常山、鉅鹿、廣平諸郡，常山、鉅鹿，皆見第三章第四節。廣平，見第二章第二節。事見《魏書·長孫肥傳》。此皆士大夫之抗魏者也。長安之亡也，毛脩之沒於夏，夏亡，又入魏。魏以爲吳兵將軍。滑臺之陷，朱脩之亦沒焉。大武以宗室女妻之，以爲雲中鎮將。元嘉九年，大武伐和龍，二人皆從。朱脩之與同沒人邢懷明，謀率吳兵，襲殺大武。又有徐卓者，亦欲率南人以叛。脩之以告毛脩之，毛脩之不聽，乃止。《魏書·毛脩之傳》云：是時諸軍攻城，宿衛之士，多在戰陳，行宮人少，是日無脩之，大變幾作，燾亦危矣，徐卓事泄被殺。朱脩之與邢懷明奔北燕，後獲南歸。毛脩之雖沮大計，然史言朱脩之之見俘，脩之經年不忍問家消息，久之乃訪焉。脩之具答。并云：“賢子亢矯，甚能自處。”脩之悲不得言。直視良久，乃長歎曰：烏乎！自此一不復及。其心固未嘗忘中國也，亦可悲矣。是時之不聽朱脩之，殆勢固有所不可邪？當時士大夫中，此等人必多矣。而處心積慮，密圖覆虜，歷數十年；當其不得已而立虜朝時，亦隨事匡救，爲中國謀；不幸所圖不成，遂至所志不白者，尤莫如崔浩。千五百年之後，考其行事，想見其爲人，猶未嘗不使人感激興起也。

　　元嘉七年戰後，宋、魏復通好，信使每年不絕。蓋宋文帝雖志復河南，而身既嬰疾，又爲介弟所逼，內憂未弭，未有長策；魏方以柔然爲事，北方割據諸國，亦尚未盡滅；故彼此暫獲相安也。二十年，魏伐柔然，有鹿渾谷之敗；繼以薛永宗、蓋吳之舉義；其勢孔亟，顧於二十二年，使永昌王仁、高涼王那略淮、泗以北，各遷數千戶而去，其意蓋以示彊。至二十七年，魏真君十一年。魏內憂既澹，北寇亦抒，二月，魏主乃自將入寇。攻汝南。見第二章第三節。陳、南頓大守鄭琨，陳，見第三章第四節。南頓，漢縣，晉置郡，在今河南項城縣北。汝南、潁川大守郭道隱，潁川，見第三章第三節。并委守走。虜鈔略淮西六郡，殺戮甚多。因圍縣瓠。見第五章第六節。南平王鑠時鎮壽陽，見第三章第四節。遣陳憲行郡事。時城內戰士，不滿千人，而憲嬰城固守，四十餘日，所殺傷萬計，虜卒不能克，其功亦偉矣。大武遣永昌王仁步騎六萬，將所略六郡生口，北屯汝陽。見第四節。時武陵王駿鎮彭城，文帝勑遣千騎齎三日糧襲之，以參軍劉泰之《魏書》作劉坦之。爲帥。殺三千餘人，燒其輜重。虜衆一時散走。而汝南城南，有虜一幢，登城望見泰之無繼，又有別帥自虎牢至，虎牢，見第四章第二節。因引出擊之。泰之敗死。大武惟恐壽陽有救兵，不以彭城爲慮，及聞汝陽敗，又傳彭城有係軍，大懼，謂其衆曰："今年將墮人計中,"即燒攻具欲走,會泰之死問續至,乃停。文帝遣臧質輕往壽陽,即統其兵。南平王鑠遣司馬劉康祖與質救縣瓠。大武乃燒營遁走。是役也,虜雖未克縣瓠,而虜掠甚多,南師屢無功,爲所輕侮,乃與文帝書曰:"彼今若欲保全社稷,存劉氏血食者,當割江以北輸之,攝守南度。如此,釋江南,使彼居之。不然,可善敕方鎮、刺史、守宰,嚴供張之具,來秋當往取揚州。大勢已至,終不相縱。頃者往索真珠襠,略不相與,今所臧截髑髏,可當幾許珠襠也?彼往日北通芮芮,西結赫連、蒙遜、吐谷渾,東連馮弘、高麗,凡此數國,我皆滅之,以此而觀,彼豈能獨立?芮芮吳提已死,其子菟害真,襲其凶迹,以今年二月復死。我今北征,先除有足之寇。彼若不從命,來秋當復往取。以彼無足,故不先致討。北方已定,不復相釋。"蓋其大舉入犯之志決矣。崔浩起義圖於此時,誠可謂得其當也。

　　崔浩者,宏子。宏,清河東武城人。東武城,漢縣,在今山東武城縣西。少仕苻堅。後又仕慕容垂,爲高陽内史。高陽,見第五章第二節。魏道武伐後燕,次常山,見第三章第四節。宏棄郡,東走海濱。道武素聞其名,遣騎追求,執送軍門。與語,悅之。以爲黃門侍郎。與張袞對總機要,草創制度。後遷吏部尚書。及置八部大人,以擬八坐,宏通署三十六曹,如令、僕統事。深爲道武所任。大和中,孝文追錄先朝功臣,以宏配享廟庭焉。然《宏傳》云:始宏因苻堅亂,欲避地江南,於泰山爲張願所獲,泰山,見第三章第四節。本圖不遂,乃作詩以自傷,而不行於時,蓋懼罪也。及浩誅,高允受勅收浩家,始見此詩,允知其意。允孫綽,錄於允集。則宏亦乃心華夏者。《傳》又言:宏未嘗塞諤忤旨,及大祖季年,大臣多犯威怒,宏獨無譴,蓋其仕虜原非本心,故亦不爲之盡力也。浩當道武時,給事祕書,轉著作郎,不過以工書常置左右而已。及明元立,拜博士祭酒。明元好陰陽術數,而浩能爲《易》筮,通天文,又善説《洪範》五行,始與軍國大謀,甚爲寵密。浩勸立大武爲大子,大武監國,浩爲右弼,已見前。大武立,左右共排毀之,以公歸第。後議伐赫連昌,羣臣皆以爲難,惟浩贊之,乃稍見信任。出入卧内。加侍中。後遷司徒。恭宗總百。揆復與宜都王穆壽輔政。蓋漢人中甚得虜親任者。元嘉二十七年,六月,浩被誅。史言其以史事,云:初大祖詔尚書郎鄧淵著國記十餘卷,編年次事,體例未成。逮於大宗,廢而不述。神麚二年,宋元嘉六年。詔集諸文人,撰錄國書。浩及弟覽、高讜、鄧穎、晁繼、范亨、黃輔等共參著作,叙成國書三十卷。及平涼州之後,復命浩監祕書事,以中書侍郎高允、散騎侍郎張偉參著作,續成前紀。著作令史閔湛、郄標,素諂事浩,乃請立石銘,刊載國書,并勒所注《五經》。浩贊成之。恭宗善焉。遂營於天郊東三里,方百三十步,用功三百萬乃訖。浩盡述國事,備而不典,而石銘顯在衢路,往來行者,咸以爲言,事遂聞發。① 此《魏書》之辭。《北史》云:"北人咸悉忿毒,相與構浩於帝。"其辭較《魏書》爲重。蓋浩之死實非以史事,後人不知其真,以其見戮之酷,謂其觸忌必深,傳之久,不免增益其辭;李延壽亦不知其真,遂采之以改《魏書》也。有司案驗浩,取祕書郎、吏及長厤生數百人意。狀浩伏受賕。其祕書郎、吏以下盡死。夫魏史之僞造不足信舊矣。以魏威刑之峻,浩安敢顯觸其忌? 浩若欲傳其真,自可以作私史。果觸其忌,閔湛、郗標,安敢請刊? 恭宗亦焉得而善之? 且史事之發,與浩同作者,皆一無所問;僅高允,於浩被收時召入詰責,旋亦見釋。其後允久典史事,史稱其所續者仍浩故事也。然則浩書亦迄未嘗廢,觸北人之怒者安在? 而浩之誅也,清河崔氏無遠近,清河,見第五章第三節。范陽盧氏,范陽,見第四章第二節。大原郭氏,大原,見第二章第二節。河東柳氏,河東,見第二章第二節。皆浩之姻親,盡夷其族。浩幽執,置之檻内,送於城南,使衛士數十人溲其上,呼聲嗷嗷,聞於行路。史稱自宰司之被戮辱,未有如浩者。此豈似以史事獲罪者乎?《宋書‧柳元景傳》云:元景,河東解人。解,漢縣,在今山西臨晉縣西南。曾祖卓,自本郡遷於襄陽。從祖弟光世,先留鄉里,索虜以爲河北大守。河北,見上節。光世姊夫僞司徒崔浩,虜之相也。元嘉二十七年,拓跋燾南寇汝、潁,浩密有異圖,光世要河北義士爲浩應。浩謀泄被誅,河東大姓坐連謀夷滅者甚衆。光世南奔得免。其說決非虛誣矣。《魏書‧盧玄傳》言:玄,浩之外兄。玄子度世,以浩事,棄官,逃於高陽鄭羆家。羆匿之。使者囚羆長子,將加捶楚。羆戒之曰:"君子殺身以成仁,汝雖死勿言。"子奉父命,遂被考掠;至乃火爇其體,因以物故;卒無所言。度世四子:淵、敏、昶、尚。初玄有五子,嫡惟度世,餘皆別生。浩之難,其庶兄弟常欲害之,度世常深忿恨。② 及度世有子,每戒約令絶妾孽,以防後患。至淵兄弟,婢賤生子,雖形貌相類,皆不舉接,爲識者所非。鄭羆不聞以俠名,何至以亡命之人而棄其子。疑浩之義圖,玄與羆皆與焉。孝文遷洛後,元丕子隆、超謀叛,丕亦心許之,而丕後妻之子不與。楊侃與莊帝密圖尒朱榮,尒朱兆入洛,侃時休沐,得潛竄歸華陰。見第三章第三節。後尒朱天光遣侃子婦父招慰之,立盟許恕其罪。侃從兄昱,恐爲家禍,令侃出應。"假其食言,不過一人身死,冀全百口。"侃往赴之,遂爲天光所害。其事實頗與度世、羆類也。《宋書》之爲實録,不待言矣。是役也,蓋漢族之士大夫,大結合以謀虜。

---

① 史籍:崔浩,魏史無觸忌處。拓跋氏史,崔浩所爲,無觸忌處。

② 婚姻:盧度世庶弟欲乘崔浩之禍害之,度世戒絶妾孽。

虜自知竊據，最諱人之反之，乃隱匿其事。適會是時，有不快於浩之國書者，乃借是以殺浩，又多殺郎史，以掩人耳目，其謀可謂甚拙，而其事則亦酷矣。乃天下後世，竟爲所欺，司馬公作《通鑑》，亦以《宋書》爲不足信而不之取，何哉？見《考異》。至於高允召問時之辭，則又多半出於後來之附會者也。《允傳》載游雅之言，謂詔責時，崔浩聲嘶股戰不能言，而允敷陳事理，申釋是非，辭義清辨，音韻高亮。斯言未知信否，即謂爲信，亦正可見浩之獲罪，不以史事，故允雖被責而不懼也。《傳》又云：世祖勅允爲詔，自浩已下，僮吏已上，百二十八人，皆夷五族。允持疑不爲。頻詔催切。允乞更一見，然後爲詔。詔引前。允曰："浩之所坐，若更有餘釁，非臣敢知。直以犯觸，罪不至死。"世祖怒，命介士執允。恭宗拜請。世祖曰："無此人忿朕，當有數千口死矣。"浩竟族滅，餘皆身死。觀"直以犯觸，罪不至死"之言，浩所坐非史事，灼然可見矣。國書犯觸，戮及僮吏，魏法雖酷，亦不至是，況本無所犯觸邪？所以爲是淫刑者？不過欲以極刑加於謀叛之人，而又諱言其事，乃爲是以掩人耳目耳。濫殺如此，其視漢人，豈特草芥之不若邪？

　　浩稱虜朝名臣，然細觀所言，便見其設謀畫策，無一非爲中國計者。神瑞二年，晉義熙十一年。秋，穀不登，魏大史令王亮、蘇坦勸明元帝遷鄴，浩與特進周澹固爭之，蓋不欲虜薦居中國，抑慮其因饑而至，詒害於民也。宋武之伐姚秦，魏內外朝臣咸欲斷河上流，勿令西過；王懿降魏，又勸絕宋武後路，明元因欲遣精騎南襲彭城、壽春；宋武崩，又欲乘喪取洛陽、虎牢、滑臺：浩皆力爭之，後又阻其攻城之議。皆已見前。大武欲用兵於柔然及割據諸國，浩無不力贊之者，蓋欲引其力以外向，使不得專於中國，且以疲之也。神𪊨二年之役，朝臣內外，盡不欲行，保大后尤固止之。時宋方議北伐，論者謂吳賊南寇，舍之北伐，師行千里，其誰不知？此固不得謂爲過慮，而浩力反之。其後南鎮諸將，表宋大嚴，欲犯河南，請兵三萬，先其未發逆擊之，因誅河北流民之在界上者，絕其鄉道，此亦事勢應爾，浩又訾諸將欲南抄以取貨財，爲國生事，非忠臣。大武聞赫連定與宋遙分河北，欲先事定，諸將以宋師猶在河中爲疑，胡三省曰：謂在河之中流。浩又決其不來。其心存中國，顯然可見。伐赫連昌之役，實爲幸勝，説亦見前。將伐沮渠牧犍也，奚斤、李順等三十餘人沮之，浩贊之。順等之言曰："自溫圉河以西，溫圉，《北史》作溫圈。至於姑臧城南天梯山上，冬有積雪，深十餘丈，至春夏消液，下流成川，引以溉灌。彼聞軍至，決此渠口，水不通流，則致渴乏。去城百里之內，赤地無草，又不任久停軍馬。"浩則曰："《漢書·地理志》，涼州之畜，爲天下饒，若無水草，何以畜牧？又漢人爲居，終不於無水草之地築城郭，立郡縣也。"夫順等所言，乃姑臧城外之事，浩所引，止足明涼州一州，非無水草耳。所攻在於姑臧，城外軍馬難停，一州水草縱饒，何益於事？若謂漢家郡縣，不應立於無水草之地，則自漢至魏，水道豈無變遷？大武之攻姑臧,亦幸而牧犍未能堅守耳,使其能之,而決渠以絕水道,未知將何以善其後也？鹿渾谷之役,浩說大武潛軍輕出,致爲敵所圍,信臣見誅,薛謹又以此死,卒招薛永宗、安都之叛,浩之所以誤虜者深矣。涼州之下,浩勸不徙其民,大武不聽。後蒐於河西,召浩議軍事,浩仍欲募徙豪彊大家,以實涼土,軍舉之日,東西齊勢,以擊蠕蠕,其欲引虜力以外向,且以疲之,猶曩志也。浩不信佛,亦不好老、莊之言,而獨信寇謙之。《釋老志》言:謙之以始光初奉其書而獻之,時朝野聞之,若存若亡,未全信也,浩獨異其言,上疏贊明其事。《浩傳》言:浩父疾篤,浩乃翦髮截爪,夜在庭中,仰禱斗極,爲父請命,求以身代,叩頭流血,歲餘不息。及得歸第,欲脩服食養性之術,而謙之有《神中錄圖新經》,浩因師之。此豈似浩之所爲？《釋老志》又言:謙之嘗遇仙人成公興,謂謙之未便得仙,政可爲帝王師耳。又謂老君玄孫李譜文爲牧土宮主,領治三十六土人鬼之政,地方十八萬里有奇,而以嵩岳所統平土方萬里授謙之。《浩傳》載謙之謂浩:"受神中之訣,當兼脩儒教,輔助大平真君,"因屬浩撰列王者治典,并論其大要。其非忘情於世可知。攻赫連昌及神䴥二年之役,浩贊之,謙之亦贊之,二人之勢若榮榜,可以概見。虜迷信素深,浩與謙之,殆欲以是愚之邪？《浩傳》又言:浩從太宗幸西河,與同寮論五等郡縣之是非,考秦始皇、漢武帝之違失,好古識治,人服其言。及受謙之之屬,乃著書二十餘篇,上推大初,下盡秦漢,大致先以復五等爲本。夫封建之不可復,浩寧不知之？然而爲是言者？當時世家豪族,欲驅虜者蓋多,然皆手無斧柯,故卒無所成就。使魏用浩之說以行封建,則如柳光世、薛永宗、安都之輩,必有膺茅受土者,合從締交,圜視而起,而其情勢大異矣。《高允傳》言:浩薦冀、定、相、幽、并之士數十人,各起家郡守,恭宗不可,浩固爭而遣之,豈欲多所樹置,爲登高一呼,四山皆應之計邪？或與其主復封建同一用意也？浩爲人寫《急就章》以百數,必稱馮代彊,《急就篇》有馮漢彊之語,魏以漢彊爲諱,故易之。其藏機於深如此,而所謀卒泄,豈非天哉！其事因魏人諱匿之深,遂無可考見,然仍有可微窺者。《盧玄傳》言:浩大欲齊整人倫,分明姓族。玄勸之曰:"夫創制立事,各有其時。樂爲此者,詎幾人也？宜其三思。"浩當時雖無異言,然竟不納。浩敗頗亦由此。則浩之謀,似仍爲漢人所泄也,亦足忿疾矣。

第七節　魏大武南寇

元嘉二十七年,七月,宋文帝大舉北伐。命王玄謨率沈慶之、申坦前驅入河,青、冀二州刺史蕭斌爲之統帥。臧質勒東宮禁兵,統王方回、劉康祖、梁坦逕造許、洛。徐、兗二州刺史武陵王駿,豫州刺史南平王鑠,東西齊舉。大尉江夏王義恭,出次彭城,爲衆軍節度。又詔梁、南、北秦三州刺史劉秀之統楊文德及巴西、梓潼二郡太守劉弘宗,震蕩汧、隴。蕭思話部枝坦、劉德願由武關。見第三章第三節。玄謨取碻磝。進攻滑臺,積旬不克。碻磝、滑臺,皆見第六章第五節。九月,魏大武自將南下。十月,渡河。時玄謨軍衆亦盛,器械甚精。垣護之馳書勸其急攻,護之時爲鍾離太守,隨玄謨入河。不從,遽奔退。麾下散亡略盡。護之時以百舸據石濟,古棘津,見第四章第二節。魏軍悉牽玄謨水軍大艒,連以鐵鎖三重,斷河以絶其還路。河水迅急,護之中流而下,每至鐵鎖,以長柯斧斷之,惟失一舸,留戍麋溝。城名。沈慶之與蕭斌留碻磝。斌遣慶之率五千人往救。慶之曰:“玄謨兵疲衆老,虜寇已逼,各軍營萬人,乃可進耳。少軍輕往,必無益也。”斌固遣之,而玄謨已退。斌以前驅敗績,欲死固碻磝。慶之固爭,乃退還歷城。見第四節。玄謨自以退敗,求戍碻磝。江夏王以爲不可守,召令還。二十八年正月,亦至歷城。魏大武自碻磝而南。永昌王仁《宋書》作庫仁真。發關西兵趨汝、潁,高涼王那《宋書》作高渠王阿斗瑗。自青州道并南出。諸鎮悉斂民保城。十一月,大武至鄒山。見第四章第二節。戍主崔邪利敗没。虜衆進趨彭城。彭城衆力雖多,而軍食不足,歷城衆少而食多。沈慶之欲以車營爲函箱,陳精兵爲外翼,奉二王直趨歷城。義恭長史何勗欲席卷奔鬱洲,見第七章第二節。自海道還都。駿長史張暢言:“食雖少,且夕未至窘乏。一摇動,則奔潰不可止矣。”駿然之,義恭乃止。南平王鑠遣兵克長社、見第七章第六節。大、小索。大索城,今河南滎陽縣。小索城在其北。時鑠遣劉康祖繼進,而文帝命其速返。虜衆八萬,與之相及於尉武。亭名,在安徽壽縣西。康祖衆僅八千,大戰一日夜,殺虜填積。康祖中矢死,軍遂敗,自免者裁數十人。虜焚馬頭、鍾離,馬頭,宋郡,今安徽懷遠縣東南。鍾離,見第四節。進脅壽陽。鑠保城固守。虜遂過壽陽而東。其向青州之兵攻東陽。見第四節。文帝遣申恬往援之,蕭斌又遣解榮之與垣護之往援,與齊郡太守龐秀之保城。虜遂東略清河,從東安、東莞出下邳。清河,見第五章第三節。東安,漢縣,在今山東沂水縣東。東莞,漢縣,即今沂水縣治。下邳,見第三章第四節。下邳太守垣閬,亦僅能閉城拒守而已。大武自彭城南出。十二月,於盱眙渡淮。盱眙,見第三章第九節。文帝遣臧質率萬人往救。至盱眙,大武已過淮。其所屬胡崇、臧澄之、毛熙祚并戰殁。質衆亦奔散,以七百人入盱眙,與太守沈璞共守。大武留數千人守盱眙,自率大衆南向。其中書郎魯秀出廣陵,見第三章第九節。高涼王出山陽,見第五章第六節。永昌王出橫江,見第三章第九節。所過莫不殘害。大武至瓜步,山名,在今江蘇六合縣東南。發民室屋,及伐蒹葦,於滁口造箄筏,聲欲渡江。文帝大具水軍,爲防禦之備。自采石至於暨陽,采石,見第三章第九節。暨陽,晉縣,在今江蘇江陰縣東。船艦蓋江,旌甲星燭。大武使餉文帝橐駝名馬,求和請昏。① 上遣田奇餉以珍羞異味。大武以孫兒示奇,曰:"至此非惟欲爲功名,實是貪結姻緣。若能酬酢,自今不復相犯秋豪。"又求嫁女與武陵王駿。見《宋書·索虜傳》。《魏書·世祖紀》言:宋請進女於皇孫,以求和親,大武以師婚非禮,許和而不許婚,此非實録。魏此時雖戰勝,其視中原,尚如天上。姚興嫁女與明元,明元以后禮納之,況於天朝乎?《宋書·江湛傳》云:文帝大舉北伐,舉朝以爲不可,惟湛贊成之。虜遣使求婚,上召大子劭以下集議。衆并謂宜許。湛曰:"戎狄無信,許之無益。"劭怒,謂湛曰:"今三王在厄,詎宜苟執異議?"聲色俱厲。劭又謂上曰:"北伐敗辱,獨有斬江湛,可以謝天下。"上曰:"北伐自我意,江湛但不異耳。"明年,虜自彭城歸,復求互市,亦無成議,至孝武世乃通之。詳見第九章第五節。文帝雖無武略,恢復之志自堅;一二密勿之臣,亦與之志同道合;安有屈辱求婚之事邪? 二十八年,魏正平元年。正月朔,虜略民户、燒邑屋而去。復圍盱眙。大武使就臧質求酒,質封溲便與之。大武怒甚。築長圍,一夜便合。開攻道趣城東北,運東山土石填之。又恐城内水路遁走,乃引大船作浮橋,以絶淮道。大武與質書,質答曰:"王玄謨退於東,梁坦散於西,爾謂何以? 不聞童謡言邪? 虜馬飲江水,佛狸死卯年,此期未至,以二軍開飲江之徑耳,冥期使然,非復人事。爾若有幸,得爲亂兵所殺;爾若不幸,則生相鏁縛,載以一驢,直送都市。我本不圖全,若天地無靈,力屈於爾,虀之粉之,屠之裂之。如此,未足謝本朝。爾識知及衆力,豈能勝苻堅邪? 即時春雨已降;四方大衆,始就雲集;爾但安意攻城,莫走。糧食闕乏者,告之,當出廩相詒。得所送劍刀,欲令我揮之爾身邪?"大武大怒。乃作鐵牀,於其上施鐵鑱,云破城得質,當坐之此上。然力攻三旬不能克。聞彭城斷其歸路,京邑遣水軍入淮;且疾疫,死者甚衆;二月二日,乃解圍去。自彭城北還。義恭震懼不敢追。四月,其荆州刺史魯爽歸順。爽,宗之孫,軌之子也。虜以軌爲荆州刺史、襄陽公,鎮長社。武陵王駿鎮襄陽,軌遣人奉書,規欲歸南,以殺劉康祖、徐湛之父不敢。文帝累遣招納,許以爲司州刺史。軌死,爽襲其官爵。爽粗中使酒,數有過失,大武怒,將誅之,爽懼,密懷南歸計。次弟秀,以軍功爲中書郎,以事爲大武所詰,復恐懼。大武入寇,秀從。先是殿中將軍程天祚,助戍彭城,爲虜軍所獲。事在元嘉二十七年。天祚善鍼

---

① 民族:魏太武至瓜步求婚於宋,後諱之,返云宋求婚魏不許。

術,深被大武賞愛。恒勸秀南歸,秀納之。及大武北還,遂與爽俱來奔。詔以爽爲司州刺史。復領義陽内史,北鎮義陽。義陽,本治新野,見第二章第三節。晉末移治仁順,在今河南信陽縣南。秀爲滎陽、潁川二郡大守。虜是役,凡破南兖、徐、兖、豫、青、冀六州,殺掠不可勝數。①《宋書·索虜傳》述其殘破之狀曰:"自江、淮至於清、濟户口數十萬,自免湖澤者,百不一焉。村井空荒,無復鳴雞吠犬。至於乳燕赴時,銜泥靡託,一枝之間,連窠十數,春雨載至,增巢已傾。甚矣,覆敗之至於此也!"亦可哀矣。

　　東路雖云喪敗,西路之軍,則頗致克捷。時隨王誕爲雍州刺史。二十七年,八月,誕遣尹顯祖出貲谷,魯方平、薛安都、龐法起入盧氏,盧氏,漢縣,今河南盧氏縣。貲谷,在縣南山之南。田義仁入義陽,中兵參軍柳元景總統羣帥。外兵參軍龐季明,年七十三,秦之冠族,羌人多懷之。求入長安,招懷關、陝。乃自貲谷入盧氏。盧氏人趙難納之。閏十月,法起、安都、方平諸軍入盧氏。以難爲盧氏令。難驅率義徒,爲衆軍鄉道。季明出自本城,與法起會,遂入弘農。見第二章第二節。元景度熊耳山。在盧氏縣南。安都頓軍弘農。法起進據潼關。見第三章第三節。季明率方平、趙難向陝西七里谷。陝縣,見第六章第一節。十一月,元景衆至弘農。以元景爲大守。元景命安都等并造陝下。虜洛州刺史張是提衆二萬,度崤來救。崤山,見第五章第一節。大戰,斬之。法起率衆次潼關。先是華山大守劉槐,糾合義兵攻關城,拔之,力少不固,頃之,又集衆以應王師,法起次潼關,槐亦至,即據之。盧蒲城鎮主遣僞帥何難於封陵自列三營,以擬法起。封陵自,在今山西永濟縣南。何難欲濟河以截軍後。法起回軍臨河,縱兵射之,賊退散。關中諸義徒,處處蠢起;四山羌、胡,咸皆請奮。而王玄謨等敗退,虜遂深入,文帝以元景不宜獨進,且令班師,元景等乃還。

　　震蕩汧、隴之師,亦小有功績。初仇池楊宋奴之死也,二子佛奴、佛狗,逃奔關中。苻堅以佛奴爲右將軍,佛狗爲撫夷護軍。後以女妻佛奴子定,以定爲尚書領軍將軍。堅敗於淮南,關中擾亂,定盡力奉堅。堅死,乃將家奔隴右。徙治歷城。城在西縣界,去仇池百二十里。西漢縣,在今甘肅天水縣西南。置倉儲於百頃。招合夷、晉,得千餘家,自號平羌校尉,仇池公,稱藩於晉。孝武帝即以其號假之。求割天水之西縣,武都之上禄爲仇池郡,見許。上禄,見第五章第二節。大元十五年,又以定爲秦州刺史。其年,進平天水、略陽郡,天水、略陽,皆見第二章第二節。遂有秦州之地。十九年,攻乞佛乾歸,軍敗,見殺。後楊盛謐爲武王。

無子。佛狗子盛，先爲監國，守仇池，襲位。安帝以爲仇池公。宋武帝永初三年，改封武都王。文帝元嘉二年，六月，卒。_{私謚惠文王。}世子玄立。以爲北秦州刺史、武都王。明年，玄附魏。又明年，魏以爲梁州刺史、南秦王。六年，卒。_{私謚孝昭王。}弟難當，廢玄子保宗—_{名羌奴。}而自立。宋仍以爲秦州刺史、武都王。七年。難當使保宗鎮宕昌，_{在今甘肅岷縣南。}次子順鎮上邽。_{見第三章第三節。}保宗謀襲難當，事泄，收繫之。先是流民許穆之、郝恢之投難當，并改姓司馬。穆之自云名飛龍，恢之自云名康之，云是晉室近戚。康之尋爲人所殺。益州刺史劉道濟，_{粹弟。}委任長史費謙等，聚斂興利，民皆怨毒。[1]　九年，《氐胡傳》作十年，_{此從《道濟傳》。}難當以兵力資飛龍，使入蜀爲寇。道濟遣軍擊斬之。初道濟以五城人帛氐奴、梁顯爲參軍，_{即伍城，見第六章第四節。}督護費謙，固執不與。遠方商人多至蜀土，資貨或有直數百萬者。謙等限布、絲、綿等各不得過五十斤。馬無善惡，限蜀錢二萬。府又立冶，一斷民皷鑄，而貴賣鐵器。商旅吁嗟，百姓咸欲爲亂。氐奴既懷忿恚，因聚黨爲賊盜。其年，七月，及趙廣等詐言司馬殿下猶在陽泉山中。_{陽泉，蜀漢縣，在今四川德陽縣西。}蜀土僑舊，翕然并反。道濟嬰城自守。趙廣迎道人程道養，詐稱飛龍。衆十餘萬。四面圍城。道濟使中兵參軍裴方明擊破之。賊潰還廣漢、涪城，_{皆見第三章第六節。}時道濟疾已篤。十年，正月，賊復大至。道濟卒。裴方明等祕喪。擊賊，敗之。荆州刺史臨川王義慶遣兵往援，破賊。道養等仍藏竄爲寇盜不絕。十三年，文帝遣蕭汪之往討，降帛氐奴。十四年，四月，趙廣等亦降。道養爲其下所殺。亂乃定。蓋前後歷六年焉。時梁州刺史甄法護，亦刑法不理。十年，文帝使蕭思話代任。難當因法護下，思話未至，舉兵襲梁州，遂有漢中之地。魏拜爲南秦王。十一年，思話使司馬蕭承之討平之。先是桓玄篡晉，以桓希爲梁州，希敗走，楊盛據有漢中，刺史范元之、傅歆悉治魏興，_{見第三章第六節。}惟得魏興、上庸、新城三郡。_{上庸，見第三章第三節。新城，見第五章第六節。}其後索邈爲刺史，乃治南城。_{漢中之苞中縣。}及是，南城爲賊所焚燒，不可固，思話乃還治南鄭。_{見第五章第五節。}難當使奉表謝罪，詔宥之。十二年，難當釋保宗，遣鎮童亭。_{即董亭，在今天水縣東南。《魏書》作薰亭，蓋董之字誤。}保宗奔魏。魏大武帝以爲南秦王，遣襲上邽。順退守下辨。_{見第五章第一節。}十三年，三月，難當自立爲大秦王。然猶奉朝廷，貢獻不絕。是歲，五月，難當據上邽。七月，魏使樂平王丕攻之。九月，至略陽。難當奉詔攝上邽守。十六年，魏以保宗爲秦州牧武都王，鎮上邽。難當

---

[1] 商業：劉道濟帥蜀，以得罪商人致死。

攻之，爲魏鎮將元勿頭所卻。十七年，其國大旱，多災異，降大秦王，復爲武都王。十八年，十月，傾國南寇，規有蜀土。十一月，陷葭萌，猶晉壽大守申坦。葭萌、晉壽，皆見第三章第六節。遂圍涪城。十餘日不克，乃還。十九年，正月，文帝遣裴方明等甲士三千人，又率荆、雍二州兵討之。難當將妻子奔魏。後死於魏。仇池平。以胡崇之爲秦州刺史，守仇池。魏使古弼督隴右諸軍及殿中虎賁，與楊保宗從祁山南入。祁山，在今甘肅西和縣東北。皮豹子與司馬楚之等督關中諸軍，從散關西入。散關，見第五節。司馬文思督洛、豫諸軍事，南趨襄陽；刁雍東趨廣陵；邀方明歸路。二十年，正月，崇之至濁水，去仇池八十里。遇魏將拓跋齊等，敗歿。餘衆奔還漢中。保宗謀叛魏，被執，送平城。三月，順司馬苻達，難當從事中郎任朏等起義，立保宗弟文德。拓跋齊聞兵起，遁走。追擊，斬之。詔以文德爲北秦州刺史，封武都王。文德既受朝命，進戍葭蘆。城名，在今甘肅武都縣東南。二十五年，魏皮豹子攻之，文德奔漢中。時武陵王駿鎮襄陽，執文德，歸之京師。以失守，免官，削爵土。二十七年，起文德爲輔國將軍，率軍自漢中西入，搖動汧、隴。文德宗人楊高，率陰平、平武羣氐來拒。陰平，見第五章第一節。平武，漢剛氏道，蜀漢分置廣平縣，晉改曰平武，在今四川平武縣西北。文德大破追斬之。陰平、平武悉平。又遣文德伐啑提氐，未詳。不克。秀之執文德送荆州，而使文德從兄頭成葭蘆焉。

　　二十九年，二月，魏大武帝死。其六月，文帝復命徐、兗二州刺史蕭思話北伐。以張永爲冀州刺史，督王玄謨、申坦等經略河南。攻磝磝，十八日不能拔。八月七日夜，虜開門，燒樓及攻車。士卒燒死及爲虜所殺甚衆。永即夜撤圍退軍，不報諸將。衆軍驚擾，爲虜所乘，死敗塗地。魯爽、秀及程天祚并荆州軍四萬出許、洛。克長社、大、小索。進攻虎牢。欲舟師入河，斷其水門。磝磝敗退，水軍不至，亦收衆還。帝又以臧質爲雍州刺史，使率所統向潼關。質頓兵近郊，不時發。及爽攻虎牢，乃使司馬柳元景率薛安都等北出。至關城，關城主棄戍走，即據之。元景至洪關，在今河南靈寶縣西南。欲與安都濟河攻蒲坂。見第三章第四節。會爽退，亦還。

　　自景平之初，至於元嘉之末，宋、魏戰爭，歷三十年，宋多敗衂，北彊南弱之形勢，由此遂成，此實關係南北朝百六十年之大局，非徒一時之得失也。綜其失策，凡有數端：夫以大勢言之，則拓跋氏實當五胡之末運。然占地既廣，爲力自雄；又代北距中原遠，欲一舉而覆其巢穴，殊非易事；故宋欲鉏魏，實未可以輕心掉之。夫欲攻代北者，非徒自江、淮出兵，遠不相及也，即河南猶虞其聲勢之不接，故欲攻代北，非以河北及關中爲根據不可。當元嘉五年之時，謝靈運嘗上書勸伐河北。其言有曰："北境自染逆虜，窮苦備罹。徵調賦斂，靡有止已。所求不獲，輒致誅殞。身禍家破，闔門比屋。""或懲關西之敗，而謂河北難守，二境形勢，表裏不同。關西雜居，種類不一，河北悉是舊户，差無雜人。"靈運固非經略之才，斯言則不能謂爲無理。蓋吳舉義，元景西征，胡、蜀、氐、羌，莫不響應，關中如此，豈況河北？故謂河北、關中不可復者非也。然河北、關中雖可取，亦必我有以取之。欲取河北，必先固河南，欲固河南，必先實淮土；而欲取關中，則必經營宛、洛與蜀、漢。自晉之東渡，置北方於度外久矣。宋武雖鉏南燕，覆後秦，然受命已在末年，經略未遑遠及。史家病其"縣河置守，兵孤援闊"，《何承天傳論》。景平喪敗，職此之由。孝武初，周朗上書，有云："毒之在體，必割其緩處。函、渭靈區，闃爲荒窟；伊、洛神基，蔚成茂草；豈不可懷？歷下、泗間，何足獨戀？議者必謂胡衰不足避，而不知我之病甚於胡矣。空守孤城，徒費財役。虜但發輕騎三千，更互出入，春來犯麥，秋至侵禾，水陸漕輸，居然復絶，於賊不勞，而邊已困，不至二年，卒散民盡，可蹻足而待也。"當時河南形勢之惡如此。斯時當務之急，實在於自固藩翰，而宜戒輕率出兵。故何承天作論，謂"安邊固守，於計爲長"。而其安邊固守之方：則一曰"移遠就近，以實內地"；二曰"浚復城隍，以增阻防"；三曰"纂耦車牛，以飾戎械"；城不可固，則以車爲藩，平行趨險，賊不能干。故纂耦車牛，與浚復城隍同意。四曰"計丁課仗，勿使有闕"。周朗亦言："緣淮城壘，皆宜興復，使爨鼓相達，兵火相連。"承天又病"有急之日，民不知戰。廣延賞募，奉以厚秩。發遽奔救，天下騷然。方伯、刺史，拱守坐聽，自無經略，惟望朝廷遣軍。"謂非"大佃淮、泗，內實青、徐，使民有贏儲，野有積穀，精卒十萬，一舉盪夷，則不足稍勤王師，以勞天下。"朗亦言："須辦騎卒四十萬而國中不擾，取穀支二十歲而遠邑不驚，然後可越淮窮河，跨隴出漠。"此誠老成謀國之至計也。乃宋之君臣，恢復之壯志空存，而於生聚教訓之謀，則迄未嘗及。元嘉二十七年之役，兵一動，即減百官俸三分之一。至大明六年二月始復。罷國子學。王公、妃主，及朝士、牧、守，各獻金帛等物。富室小民，亦有獻私財至數十萬者。又以兵力不足，用何尚之議，發南兗州三五民丁。說見第五章第二節。又募天下弩手，不問所從，若有馬步衆藝，武力之士應科者，皆加厚賞。有司又奏軍用不充，揚、南徐、兗、江四州，富有之民，家貲滿五千萬，僧尼滿二千萬者，并四分換一，過此率計，事息即還。①臨事張皇如此，安可以興大役乎？二十九年之役，青州刺史劉興祖建議

---

① 財政：換民錢實彊迫捐獻耳。

伐河北，曰：“河南阻饑，野無所掠，脱意外固守，非旬月可拔，稽留大衆，轉輸方勞。伐罪弔民，事存急速。今僞帥始死，兼逼暑時，國内猜擾，不暇遠赴；關内之衆，財足自守。愚謂宜長驅中山，據其關要。冀州已北，民人尚豐，兼麥已向熟，資因爲易。向義之徒，必應響赴。若中州震動，黄河以南，自當消潰。臣城守之外，可有二千人，今更發三千兵，使别駕崔勳之，直衝中山。申坦率歷城之衆，可有二千，駱驛俱進。較略二軍，可得七千許人。既入其心腹，調租發車，以充軍用。若前驅乘勝，張永及河南衆軍，便宜一時濟河，使聲實兼舉。愚計謬允，宜并建司牧，撫柔初附。定州刺史取大嶺，未詳。冀州刺史向井陘，見第六章第八節。并州刺史屯雁門，幽州刺史塞軍都，嶺名，在今河北昌平縣西北。相州刺史備大行。若能成功，清一可待；若不克捷，不爲大傷。”上意止存河南，不納。論者或以爲惜。然魏於河南，尚不肯舍，況於河北，闕其腹心，豈有不以死力争之之理？而可以七千人徼幸邪？孔子曰：“暴虎，馮河，死而無悔者，吾不與也，必也臨事而懼，好謀而成者也。”宋之君臣，不度德、量力，而好輕舉如此，安得而不喪敗哉？此以遠計言之也。專就戰事論之，其失亦有可得而言者。魏大武與文帝書曰：“彼嘗願欲共我一過交戰，我亦不癡，復不是苻堅，何時與彼交戰？晝則遣騎圍繞，夜則離彼百里宿去。彼人民好降我者驅來，不好者盡刺殺之。彼吳人正有斫營技，我亦知彼情，離彼百里止宿。雖彼軍三里安邏，使首尾相次，募人財五十里，天自明去，此募人頭何得不輸我也？彼謂我攻城日當掘塹圍守，欲出來斫營，我亦不近城圍彼，止築隄引水灌城取之。彼揚州城南北門有兩江水，此二水引用，自可如人意也。”此書所云，均係實語，并非虛辭，觀其屢攻城不能克；又其戰勝，若兵力相當，則恒由宋將帥怯懦，不則宋人恒能以少制衆，殺傷過當可知。然則魏人攻城既非所長，野戰亦無把握，論其兵力，實尚不逮南朝，而宋顧屢爲所困者？魏人於中國無所愛惜，恃其騎兵剽捷，專以殺掠爲務。故宋與之遇，師徒之覆敗，所損尚淺，而人民之塗炭，受禍實深。經其剽略之地，元氣大傷，不徒進取，即守禦亦不易言矣。故魏欲避戰，而宋斯時之長策，則在與之決戰。欲與之決戰，則非有騎兵不可。《宋書·索虜傳》論，謂彼我勝負，一言可蔽，由於走不逐飛。周朗亦云：“今人知不以羊追狼，蟹捕鼠，而令重車弱卒，與肥馬悍胡相逐，其不能濟固宜。漢之中年能事胡者，以馬多也，胡後服漢者，亦以馬少也。既兵不可去，車騎宜蓄。”其言可謂深切著明。終南北朝之世，北方非無可乘之機，而南方迄不能大捷，恢復境土者，無騎兵與之決勝於中原，實爲一大原因，非徒宋世如此也。元嘉二十七年之役，沈慶之固陳不可，亦以馬步不敵爲言。文帝顧云：虜所恃惟馬。夏水浩汗，河水流通，泛舟北指，則磧礛必走。滑臺小戍，易可覆拔。克此二戍，館穀弔民，虎牢、洛陽，自然不固。比及冬閒，城守相接，虜馬過河，便成禽也。"何其言之易也？豈忘景平之覆轍邪？不特此也，文帝非不恭儉，然實非能用兵之人，而尤闇於擇將。王玄謨，怯懦之夫也，帝乃謂殷景仁曰："問玄謨陳説，使人有封狼居胥意，"此以口舌官人也。檀道濟最稱持重，帝乃謂其養寇自資。到彥之逗橈不前，帝則恕以中途疾動。張永者，涉獵書史，能爲文章，善隸書，曉音律，騎射雜藝，觸類兼通，又有巧思，紙及墨皆自營造，此乃文學之士，藝術之徒，帝顧謂其堪爲將，授以專閫。用人如此，安得而不覆敗？沈慶之諫北伐，帝使徐湛之、江湛難之。慶之曰："治國譬如治家，耕當問奴，織當問婢。陛下今欲伐國而與白面書生輩謀之，事何由濟？"觀其用張永，則并白面書生而不逮矣。二十九年之役，慶之又固諫，不從，以立議不同，遂不使北出，好同惡異如此，安可用人？身未嘗履行陳，而出軍行師，每好縣授兵略，見《徐爰傳》。至於攻戰日時，莫不仰聽成旨，《本紀》贊。此尤用兵之大忌，而帝又犯之，尚安有成功之望邪？

第九章 宋齊興亡

第一節 元凶弒逆

文帝北伐，雖云喪敗，然其時境域如故，使有大有爲之君，弔死扶傷，厲兵秣馬，固未嘗不可徐圖恢復也。乃北伐未幾，身死逆子之手，兵端既啓，骨肉相屠，卒授異姓以篡奪之隙。喪亂弘多，自不暇於外攘，不惟河南不可復，即淮北亦不能守矣。哀哉！

宋世宗戚之禍，實始於義康之謀奪宗，而發於元凶之弒逆。文帝后袁氏，生子劭及東陽獻公主英娥。劭姊。上待后恩禮甚篤。後潘淑妃有寵，后憤恚成疾。元嘉十七年，崩。劭以元嘉六年三月，立爲大子。潘淑妃生濬。一説：濬爲淑妃所養，見下。封始興王。劭深疾潘氏及濬。濬慮將來受禍，曲意事劭。劭與之遂善。文帝務在本業，敦勸農桑，使宮內皆蠶，欲以風屬天下。有女巫嚴道育，本吳興人。吳興，見第三章第九節。自言通靈，能役使鬼物。夫爲劫，坐没入奚官。東陽公主應閤婢王鸚鵡白公主。主乃白上，託云善蠶，求召入。見許。主及劭并信惑之。濬與劭并多過失，慮上知，使道育祈請，欲令過不上聞。後遂爲巫蠱。初主有奴陳天興，鸚鵡養以爲子，而與之淫通。鸚鵡、天興及寧州所獻黃門陳慶國，并預巫蠱事。寧州，見第三章第六節。劭以天興補隊主。東陽主薨，鸚鵡應出嫁。劭慮言語難密，與濬謀之。時吳興沈懷遠，爲濬府佐，見待異常。乃嫁鸚鵡與懷遠爲妾。不以啓上。慮後事泄，因臨賀公主微言之。上後知天興領隊，遣閹人奚承祖詰讓劭曰："臨賀公主南第，先有一下人欲嫁，又聞此下人養他人奴爲兒，而汝用爲隊主，抽拔何乃速？汝聞用主、副，并是奴邪？欲嫁置何處？"劭懼，馳書告濬。并使告臨賀主："上若問嫁處，當言未有定所。"鸚鵡既適懷遠，慮與天興私通事泄，請劭殺之。劭密使人害天興。慶國謂宣傳往來，惟有二人，慮將見及，乃具以其事白上。上驚惋，即遣收鸚鵡，封籍其家。得劭、濬書數百紙，皆呪詛巫蠱之言。得所埋上形像於宮內。道

272

育變服爲尼，逃匿東宮。濬往京口，濬時爲南徐州刺史。又載以自隨。或出止民張
旿家。劭東宮置兵，本與羽林等。元嘉二十八年，彗星起畢昴，入大微，掃帝
坐端門，滅翼軫。二十九年，熒惑逆行守氐。自十一月霖雨、連雪，大陽罕曜。
三十年，正月，大風飛霰，且雷。上憂有竊發，輒加劭兵衆。東宮實甲萬人。
車駕出行，劭入守，使將白直隊自隨。其年，二月，濬自京口入朝，當鎮江陵，時
改刺荆州。復載道育還東宮，欲將西上。有告上云：“京口民張旿家有一尼，服
食、出入征北府內，似是嚴道育。”上初不信。試使掩録，得其二婢。云道育隨
征北還都。上惆悵惋駭。乃欲廢劭，賜濬死。而第三子武陵王駿不見寵，故
累出外藩；第四子南平王鑠，第七子建平王宏，并爲上所愛，鑠妃江湛妹，湛勸
上立之，自壽陽徵入朝，時爲豫州刺史。既至，又失旨；欲立宏，嫌其非次；是以議
久不決。此據《徐湛之傳》。《王僧綽傳》云：隨王誕妃，湛之妹，湛之欲立之。案文帝諸子，孝武帝次
三，南平王次四，帝既不欲立之，廬陵王紹次五，出後義真，次六即誕，湛之欲立之，或亦未必盡出私
意也。而以語潘淑妃。淑妃具以告濬。濬馳報劭。劭因有異謀。每夜輒饗將
士，或親自行酒。王僧綽者，曇首子，即尚東陽獻公主者也。元嘉二十八年，
遷侍中，時年二十九。帝頗以後事爲念，以其年少，欲大相付託，朝政小大，皆
與參焉。劭於東宮夜饗將士，僧綽具以啓聞，勸上速斷。不聽。劭乃使齋帥
張超之等集素所蓄養兵士二千餘人。詐云受勑有所收討。超之等數十人馳
入，拔刀逕上合殿。時上與徐湛之屏人共言論，或連日累夕。每夜，常使湛之
自秉燭繞壁檢行，慮有竊聽者。劭入弑之旦，其夕，上與湛之屏人語，至曉，猶
未滅燭。超之手行弑逆，二月甲子。并殺湛之。遣人殺江湛及其五子。又殺帝
親信左右數十人。轉王僧綽爲吏部尚書，委以事任。頃之，劭料檢帝巾箱及
江湛等書疏，得僧綽所啓饗士并廢諸王事，乃收害焉。案文帝猜忌大甚，而又
多疑少決，此皆非君德，宜其及禍也。既知劭、濬逆謀，不能去劭之兵，仍謂荆州上流之重，
宜有至親，而以濬居之。徐湛之再與逆謀，仍極親任，不過以甥舅故耳。《王僧綽傳》云：父曇首，與王
華并爲大祖所任。華子嗣，人才既劣，信遇亦輕。僧綽嘗謂中書侍郎蔡興宗曰：“弟名位應與新建等，
超至今日，蓋以姻戚所致也。”此誠言，非謙辭也。此皆足徵文帝之偏私。新建，嗣之封。

劭之將弑逆也，召前中庶子右軍長史蕭斌斌父摹之，源之從父弟，源之，思話父
也。及左衛率袁淑等告之。淑不從，被殺。斌初亦諫，後爲所脅，與之同載。
劭遣人謂魯秀曰：“徐湛之常欲相危，我已爲卿除之矣。”湛之父爲魯軌所殺。爽、秀歸
順。湛之以爲廟算遠圖，特所獎納，不敢苟申私怨，乞屏居田里，不許。使秀與屯騎校尉龐秀之
對掌軍隊。秀之，斌故吏也，甚加信委。時武陵王駿刺江州，文帝使步兵校尉
沈慶之等伐緣江蠻，使駿總統諸軍，方次西陽之五洲，西陽，見第四章第三節。五洲，

在今湖北蘄水縣西。即率衆入討。荆州刺史南譙王義宣，雍州刺史臧質，并擧義兵。劭分浙江東爲會州，以會稽大守隨王誕爲刺史。會稽，見第三章第九節。誕將受命，其參軍沈正説司馬顧琛，俱入説誕。誕猶豫未決。會武陵王駿使至，乃起兵。豫州刺史劉遵考亦起義。遵考，武帝族弟。劭以蕭思話爲徐、兗二州刺史，思話還彭城，亦起義。武陵王駿以柳元景爲前鋒。濬及蕭斌勸劭勒水軍自上決戰；不爾，則保據梁山。在今安徽當塗、和縣閒。江夏王義恭慮義兵倉卒，船舫陋小，不宜水戰，乃進策曰：“賊駿年小，未習軍旅，遠來疲弊，宜以逸待之。今遠出梁山，則京都空弱，東軍乘虚，或能爲患。若分力兩赴，則兵散勢離。不如養鋭待期，坐而觀釁。”劭善其議。蕭斌厲色争之，不納。劭疑朝廷舊臣，悉不爲己用，厚接王羅漢、魯秀，悉以兵事委之。羅漢先爲南平王鑠右軍參軍，劭以爲有將用，故以心膂委焉。或勸劭保石頭城。劭曰：“昔人所以固石頭，俟諸侯勤王耳。我若守此，誰當見救？惟應力戰決之，不然不克。”時義軍船率小陋，慮水戰不敵。至蕪湖，見第三章第九節。柳元景大喜，倍道兼行。聞石頭出戰艦，乃於江寧步上。晉分秣陵置臨江縣，更名江寧，在今首都西南。濬至新亭，見第七章第一節。依山建壘。時四月也。劭使蕭斌、魯秀、王羅漢等精兵萬人攻壘。將士懷劭重賞，皆爲力戰。元景蓄力以待其衰，擊破之。劭又率腹心，自來攻壘。元景又破之。蕭斌、王羅漢皆降。斌於軍門伏誅。羅漢後亦死。斌弟簡，爲南海大守，世祖使討之，經時乃克。斌、簡諸子并誅滅。龐秀之、魯秀等亦各南奔。義軍遂克京城。劭、濬皆伏誅。時五月也。武陵王駿至新亭，即位。是爲世祖孝武皇帝。

　　元凶之變，《宋書》謂“自赫胥以降，未聞斯禍。惟荆、莒二國，棄夏即戎；武靈胡服，亦背華典；然後有之。生民得無左袵，亦爲幸矣”。其實世禄之家，争奪相殺，乃其恒事，宋史之論，殊不免於拘墟也。劭之殺潘淑妃也，謂濬曰：“潘淑妃遂爲亂兵所害。”濬曰：“此是下情，由來所願。”按《宋書·文九王傳》，以濬爲淑妃所生，《南史·文帝諸子傳》總叙處亦同，而《劭傳》又云：濬母卒，使潘淑妃養之，《宋書·二凶傳》無此語。蓋李延壽兼採異説。濬果淑妃所生，二凶雖悖，其言或未必如是。延壽所採異説蓋是。然淑妃即濬阿保，出此語亦悖矣。劭又與文帝第四女海鹽公主私通。見《宋書·趙倫之傳》。其無倫理如此。劭之攻新亭壘而敗也，以輦迎蔣侯神像於宮内，稽顙乞恩。拜爲大司馬；封鍾山郡王，食邑萬户；加節鉞。蘇侯爲驃騎將軍。其無知識又如此：紈袴子弟，又曷可教哉？劭之行弑逆也，出坐東堂，呼中書舍人顧瑕問曰：“共欲見廢，何不早啓？”未及答，斬之。徐湛之子聿之，及江夏王義恭子十二人皆見殺。龐秀之南奔，子弟爲劭所殺者，亦將十人。見《南史·蕭思話傳》。又以宿恨殺長沙悼王瑾,景王之孫。臨川王曄,武帝少弟臨川烈武王道規無子,以長沙景王弟二子義慶嗣。是爲康王。曄康王子。桂陽侯覬,景王子義融之子。新渝侯玠,義慶弟子。又欲殺三鎮士庶家口,義恭及何尚之説之,乃止。其好殺如此。而義軍之慘酷,亦未嘗末減。劭、濬及劭四子,濬三子,并梟首大航,見第四章第三節。暴尸於市。又投劭、濬尸首於江。劭妻殷氏,賜死廷尉。濬妻褚氏,丹陽尹湛之女,湛之南奔,即見離絶,故免於誅。其餘子女、妾媵,并於獄賜死。張超之爲亂兵所殺,割腸刳心,釁剖其肉,諸將生噉之,焚其頭骨。嚴道育、王鸚鵡并都街鞭殺,於石頭四望山下焚其尸,揚灰於江。四望山,在今首都西南。殺機一啓,而後來者益變本加厲不可止矣,哀哉!

第二節　孝武世諸王之禍

　　文帝兄弟,自義康廢後,尚有義恭、義宣、義季三人。義康之廢,義恭入爲總録,已見前。元凶弒逆,使義恭入住尚書下省,挾以出戰,恒録在左右,故不能自拔。戰敗後,使義恭於東堂簡將,乃得單馬南奔。至新林,浦名。在今首都西南。即上書勸孝武即位。孝武以義恭爲大尉,録尚書六條。事寧,進位大傅,領大司馬。仍以空名尊之而已。初武帝遺詔,諸子以次居荆州。見第八章第一節。謝晦平後,以授義康。義康入相,義恭居之。臨川王義慶,宗室令望,而烈武王有大功於社稷,又居之。其後應在義宣。文帝以義宣人才素短,不堪居上流,元嘉十六年,以義季代義慶,而以義宣爲南徐州刺史。會稽公主每以爲言。上遲回久之,二十一年,乃以義宣刺荆州,而以義季爲南兗州刺史。二十二年,遷徐州。義季自義康廢後,爲長夜之飲,遂以成疾。遷徐州之明年,索虜侵邊,北境騷動,義季無他經略,惟飲酒而已。二十四年薨。而義宣至鎮,勤自課厲,政事脩理。在鎮十年,兵彊財富。《宋書·義宣傳》云:"義宣首唱大義,威名著天下。"案《恩倖傳》言:董元嗣與戴法興、戴明寶,俱爲世祖南中郎將典籤。元嘉三十年,奉使還都。直元凶弒立,遣元嗣南還,報上以徐湛之等反。上時在巴口,在今湖北黃岡縣東。元嗣具言弒狀。上遣元嗣下都,奉表於劭。既而上舉義兵。劭責元嗣。元嗣答曰:"始下未有反謀。"劭不信,備加考掠。不服。遂死。《南史·沈慶之傳》曰:孝武出次五洲,總統羣帥。慶之從巴水出,至五洲諸受軍略。會孝武典籤董元嗣自建業還,陳元凶弒逆,時元凶密與慶之書,令殺孝武。慶之入求見,孝武稱疾不敢見。慶之突前,以元凶手書呈簡。孝武泣,求入内與母辭。慶之曰:"下官受先帝厚恩,嘗願報德。今日之事，惟力是視。殿下何疑之深？"帝起，再拜曰："家國安危，在於將軍。"慶之即勒內外處分。府主簿顏竣，延之子。聞慶之至，馳入見帝，曰："今四方尚未知義師之舉，而劻據有天府。首尾不相應赴，此危道也。宜待諸鎮脣齒，然後舉事。"慶之屬聲曰："今方興大事，而黄頭小兒皆參預，此禍至矣。宜斬以徇衆。"帝曰："竣何不拜謝？"竣起再拜。慶之曰："君但當知筆札之事。"於是處分，旬日，內外皆整辦。時謂神兵。《義宣傳》云：元凶弒立以義宣爲中書監、大尉、領司徒。義宣聞之，即時起兵。徵聚甲卒，傳檄遠近。會世祖入討，義宣遣參軍徐遺寶，率衆三千，助爲前鋒。元嗣之還，與元凶下荆州之令，抵達先後，不能甚遠。孝武當日，尚遣元嗣奉表於劭；慶之處分，雖云神速，亦縣旬日；而義宣聞命即起，則似義宣義舉，實在孝武之前。但觀顏竣之語，則當孝武與慶之定謀之時，尚未知義宣義問耳。當天崩地坼之時，稱兵者孰甘爲牛後？即擁戴之者亦然。觀沈慶之叱顏竣之語，其欲立功名之心，顯然可見。果不知江陵義舉，抑或知之而故不相承奉，亦殊難言之矣。父死子繼，邦之舊典。孝武於文帝諸子，次居第三，二凶既行弒逆，孝武以討賊居位，原不能謂爲不正，然欲義宣甘心承奉，則其勢甚難，而諸臣就素所親暱者而各有所奉，亦勢也。《臧質傳》云：質始聞國禍，便有異圖。以義宣凡闇，易可制勒，欲外相推奉，以成其志，以義宣已推崇世祖，故其計不行。《柳元景傳》云：質潛報元景，使率所領西還。元景即以質書呈世祖。謂其使曰："臧冠軍當是未知殿下義舉耳。方應伐逆，不容西還。"質以此恨之。此皆誣辭。臧質、魯爽，蓋皆與義宣素洽。觀義宣兵一起，二人即俱往江陵可知。質女爲義宣子采婦，自尤易相結也。

孝武既即位，改封義宣爲南郡王，以爲丞相、揚州刺史。隨王誕爲竟陵王，以爲荆州刺史。而以臧質刺江州。沈慶之刺南兖州。柳元景刺雍州，垣護之刺冀州。遷魯爽刺南豫州。魯秀刺司州。劉秀之刺益州。徐遺寶刺兖州。王玄謨刺徐州。義宣不肯就徵，誕亦固求回改，謂位號正與濬同。乃以誕爲揚州，義宣仍刺荆州。臧質建議：爪牙不宜遠出。上重違其言，更以柳元景爲領軍將軍，而以朱脩之爲雍州。孝建元年，義宣與臧質、魯爽、徐遺寶同舉兵反。《義宣傳》云：義宣報爽及遺寶，本刻秋冬舉兵，而爽狂酒失旨，正月便反，遺寶亦勒兵向彭城，義宣及質，狼狽舉兵。此亦可惑。爽雖狂酒，刻反期何等事，而可失旨？況爽即失旨，豈遺寶亦失旨邪？《通鑑考異》曰："《宋本紀》：二月，庚午，爽、臧質、南郡王義宣、徐遺寶舉兵反。《義宣傳》云：其年正月便反。《宋略》云：二月，義宣等反。按爽之反，帝猶遣質收魯弘，則非同日反明矣。又按《長曆》：是月戊辰朔，然則庚午三日也。《義宣傳》起

兵在二月二十六日,但不知爽反在正月與二月耳。"案義宣之反,若在二月二十六日,則狼狽舉兵之説
似可信,然爽起兵必以承奉義宣爲言,義宣恐未必能遲至是時始舉兵也。質使魯弘東下大雷,見
第四章第三節。義宣遣諮議參軍劉諶之就之。又使魯秀攻朱脩之。而自率衆十
萬,會質俱下。魯爽使弟瑜據小峴,自次大峴。大峴,見第七章第四節。小峴在其西。
帝以兵力配歷陽大守張幼緒,歷陽,見第三章第九節。使薛安都率步,又別遣水軍
援之。幼緒恇怯,引還。下之獄。而徵沈慶之督統諸軍。爽以食少引退,慶
之使安都輕騎追之。及於小峴。爽親斷後。及戰,爽飲酒過醉,爲安都刺殺。
瑜亦爲部下所殺。遂平壽陽。時又以夏侯祖權爲兗州刺史。徐遺寶襲彭城,
祖權擊破之。遺寶,垣護之妻弟也。初與護之書,勸使同逆。護之馳使以聞,
而自率步騎襲湖陸。見第五章第六節。時爲兗州治。遺寶棄城奔魯爽。爽敗,逃東
海郡界,爲土人所殺。東海,見第三章第三節。義宣等至鵲頭,山名,在今安徽銅陵縣西
北。而爽、遺寶敗問至。時上以王玄謨爲豫州刺史,率舟師頓梁山。見上節。徵
垣護之據歷陽。使柳元景爲大統。元景屯姑熟,見第四章第一節。《垣護之傳》作南
州,即姑熟也。使鄭琨、武念戍南浦。在今安徽當塗縣境。臧質逕入梁山。義宣屯蕪
湖。見第三章第九節。質欲以萬人取南浦,萬人綴玄謨,浮舟直指石頭。義宣將
從之。劉諶之曰:"質求前驅,此志難測。不如盡銳攻梁山,事克然後長驅,萬
全之計也。"乃止。五月十九日,質攻梁山,克其西壘。欲仍攻東壘。義宣黨
顏樂之曰:"質若復拔東城,則大功盡歸之矣,宜遣麾下自行。"乃遣劉諶之就
質。案此時義宣所猜,是否在質,已有可疑;且質以十九日克西城,而義宣之至梁山在二十一日,相距
不過二日耳,尚何慮質專其功? 又質欲攻東城,何必請命於義宣? 故此説殊未必實也。質遣龐法
起等攻南浦,敗績。二十一日,義宣至梁山。質出軍東岸。玄謨使垣護之、薛
安都等出壘奮擊,大敗之。護之等因風縱火。船艦先見焚燒,延及西岸營壘。
衆遂奔潰。質欲見義宣計事,義宣密已出走矣。質不知所爲,亦走。魯秀之
攻襄陽,朱脩之斷馬鞍山道,《水經注》:稷溪水出襄陽西柳子山下,東爲鴨湖,湖在馬鞍山東
北。秀不得前,乃退。劉秀之遣參軍韋山松襲江陵,爲秀所殺。及是,義宣步
向江陵。秀及其司馬竺超民等,仍欲收合餘燼,更圖一決。而義宣惛墊,無復
神守。左右腹心,相率奔散。欲隨秀北走,復與秀相失。未出郭,將士逃散
盡,復還向城。超民乃送之就獄。時孝武已以朱脩之爲荊州刺史矣,至江陵,
於獄盡之。子十八人,除竣、悉、達早卒外,皆死。秀衆叛且盡,爲劉秀之所
射,中箭赴水死。臧質至尋陽,焚燒府舍,載伎妾西奔。使所寵何文敬領兵居
前。至西陽,見第四章第三節。西陽大守魯方平,質之黨也,懷貳,誑文敬曰:"詔
書敕旨,惟捕元惡一人,餘并無所問。"文敬棄衆而走。質先以妹夫羊沖爲武

昌郡，見第三章第九節。往投之，已爲郡丞胡庶之所殺。質無所歸，入南湖在武昌東。逃竄，爲追兵所殺。豫章大守任薈之，臨川内史劉懷之，鄱陽大守林仲儒，爲質盡力，皆伏誅。豫章，見第三章第九節。臨川，見第七章第一節。鄱陽，見第四章第三節。孝武又欲殺竺超民及質長史陸展兄弟，尚書令何尚之言之，乃得原。案臧質數有戰功，拒虜尤著績；魯爽，史稱其少染殊俗，無復華風，亦不失爲一戰將；秀之才略，尤優於其兄；不能用以拒虜，而俱斃於内戰，實可惜也。

　　義宣既敗，義恭乃上表省録尚書。又與竟陵王誕奏裁諸王、侯車服、器用、樂舞、制度，凡九事。有司附益，爲二十四條。時西陽王子尚孝武次子。有盛寵，義恭又解揚州以避之。《義恭傳》言其性嗜不恒，日移時變。自始至終，屢遷第宅。與人遊款，意好亦多不終。而奢侈無度，不愛財寶。左右親幸者，一日乞與，或至一二百萬。小有忤意，輒追奪之。大明時，資供豐厚，而用常不足。賒市百姓物，無錢可還，民有通辭求錢者，輒題後作原字。善騎馬。解音律。遊行或三五百里。蓋亦故爲是以避禍也。①　初晉氏南遷，以揚州爲京畿，穀帛所資皆出焉。以荆州爲重鎮，甲兵所聚盡在焉。常使大將居之。二州户口，居江南之半。上惡其彊大，分揚州浙東五郡會稽、東陽、永嘉、臨海、新安。置東揚州，治會稽。荆、湘、江、豫州之八郡荆江夏、武陵、天門、竟陵、隨、湘巴陵、江武昌、豫西陽。置郢州。治江夏。罷南蠻校尉，遷其營於建康。荆、揚并因此虚耗。何尚之建言復合二州，上不許。

　　南平穆王鑠，初領兵戍石頭。元凶弑立，以爲中軍護軍將軍。世祖入討，劭屯兵京邑，使鑠巡行撫勞。以爲南兗州刺史。柳元景至新亭，見第七章第一節。劭親自攻之，挾鑠自隨。江夏王義恭南奔，使守東府。義軍入宫，鑠與濬俱歸世祖。鑠素不推事世祖，又爲元凶所任使，世祖以藥内食中毒殺之。

　　武昌王渾，文帝第十子。少而凶戾。嘗出石頭，怨左右人，援防身刀斫之。孝武即位，授南彭城東海二郡大守，出鎮京口。孝建元年，遷雍州刺史。渾至鎮，與左右人作文檄，自號楚王，號年爲永光元年，備置百官，以爲戲笑。孝武聞之，逼令自殺。時年十七。時爲義宣叛之明年，越五年而竟陵王之禍作。

　　竟陵王誕，文帝第六子。其《傳》云：義宣之反，有荆、江、兖、豫四州之力，勢震天下。孝武即位日淺，朝野大懼。上欲奉乘輿法物，以迎義宣。誕固執不可，然後處分。上流平定，誕之力也。此亦誣罔之辭。以孝武之猜鷙，安肯懾於虚聲，遽棄大位？當時蓋有是語而非由衷之言，誕亦知旨而執之，及後既

_____

　　①　商業：宋武帝第五子江夏文獻王義恭，孝武帝時賒市百姓物，蓋以自晦也。

叛,乃以是爲功,好誕者因以爲實事耳。當時史文,固多如是,不可不分別觀之也。誕叛後,爲表投之城外云:"丞相搆難,臧、魯協從,朝野恍忽,咸懷憂懼。陛下欲百官羽儀,星馳推奉。臣前後固執,方賜允俞。社稷獲全,是誰之力?"誕造立第舍,窮極工巧,園池之美,冠絕一時。多聚才力之士,實之第内。精甲利器,莫非上品。此等又皆孝武一面之辭,其信否亦不可知也。上意不平。孝建二年,出誕爲南徐州刺史。大明元年,又徙之南兗州,而以劉延孫爲南徐,與之合族。① 高祖遺詔,非宗室近戚,不得居京口,見第八章第一節。《延孫傳》云:延孫與帝室,雖同是彭城人,別屬吕縣。劉氏居彭城縣者,又分爲三里:帝室居綏興里,左將軍劉懷肅居安上里,豫州刺史劉懷武居叢亭里。及吕縣爲四劉。雖同出楚元王,由來不序昭穆。延孫於帝室,本非同宗。時竟陵王誕爲徐州,上深相畏忌,不欲使居京口,遷之於廣陵,廣陵與京口對岸,使腹心爲徐州,據京口以防誕,故以南徐授延孫,而與之合族,使諸王序親。吕,漢縣,在今江蘇銅山縣北。誕既見猜,亦潛爲之備。因索虜寇邊,脩治城隍,聚糧治杖。嫌隙既著,道路常云誕反。三年,建康民陳文紹,吳郡民劉成,豫章民陳談之上書告誕有反謀。四月,上使有司奏誕罪狀,貶爵爲侯,遣令之國,而以垣閬爲兗州刺史,配以羽林禁兵,遣給事中戴明寶隨閬襲之。事泄,爲誕所敗。閬遇害,明寶奔還。上乃遣沈慶之率大衆討誕。慶之進廣陵。豫州刺史宗愨,徐州刺史劉道隆并率衆來會。誕見衆軍大集,欲棄城走,而其衆并不欲去,乃復還。時垣護之、崔道固、龐孟虬、殷孝祖等破索虜還,時使北援青州,見第五節。至廣陵,上使并受慶之節度。又遣屯騎校尉譚金,前虎賁中郎將鄭景玄率羽林兵隸慶之。慶之填塹治攻道,直夏雨不得攻城,上璽書催督,前後相繼。及晴,又使大史擇發日,將自濟江。大宰江夏王義恭表諫,乃止。七月,慶之攻廣陵,克之,殺誕。誕初使黃門吕曇濟,與左右素所信者,將世子景粹,藏於民閒。出門,并各散走。惟曇濟不去。十餘日,乃爲沈慶之所捕得,斬之。貶誕姓爲留氏。帝命城中無大小并斬。沈慶之執諫,乃自五尺以下全之。殺城内男爲京觀,死者數千。女口爲軍賞。初義宣之反也,義恭參軍宗越,亦隸行閒。追奔至江陵。時朱脩之未至,越多所誅戮;又逼略義宣子女;坐免官,繫尚方。尋被宥,復官。誕之叛,越以長水校尉領馬軍隸慶之。及孝武命殺城内男丁,越受旨行誅。躬臨其事。莫不先加捶撻,或有鞭其面者,而越欣欣然若有所得。誕之初叛也,孝武忿其左右腹心,同籍期親并誅之,死者以千數,或有家人已死,方自城内叛出者。琅邪王玙之,五子悉在建業。玙之常乘城,沈慶之縛其五子,示而招之。許以富貴。玙之曰:"吾受主王厚恩,不可以二

---

① 宗族:宋孝武與劉延孫合族。

心。三十之年，未獲死所耳，安可以私親誘之？”五子號叫，於外呼其父。及城平，慶之悉撲殺之。誕遣使要結遠近。山陽内史梁曠，山陽，見第五章第六節。家在廣陵，誕執其妻子，而曠斬使拒誕。誕怒，滅其家。劉遵考子琨之，爲誕主簿。誕作亂，以爲中兵參軍。不就。繫獄數十日，終不受。誕殺之。彭城邵領宗在城内，陰結死士欲襲誕，事泄，誕支解之。一時君臣之酷虐如此，[①]人理不幾於滅絶邪？

海陵王休茂，文帝第十四子。大明二年，爲雍州刺史。司馬庾深之行府事。休茂性急疾，欲自專，深之及主帥每案之，常懷忿怒。左右張伯超多罪過，主帥常加呵責。伯超懼罪，勸休茂殺行事及主帥，且舉兵自衛。“此去都數千里，縱大事不成，不失入虜中爲王。”休茂從之。夜挾伯超及左右，率夾轂隊殺深之及典籤。集徵兵衆，建牙馳檄。參軍尹元慶起義禽斬之。《宋書·本紀》云：義成大守薛繼考討斬之。《休茂傳》云：繼考爲休茂盡力攻城，及休茂死，詐稱立義，乘驛還都，事泄，伏誅。舊史蓋據其事未泄前之詭辭，而脩《宋書》者誤襲之也。《南史》云：尹元慶起義斬之，當得其實。義成，見第五章第四節。時五年四月也。休茂時年十七。母、妻皆自殺。同黨悉伏誅。

休茂既死，義恭上表言：[②]“諸王貴重，不應居邊。華州優地，時可暫出。既已有州，不須置府。若位登三事，止於長史、掾屬。若宜鎮禦，別差押城大將。若情樂沖虚，不宜逼以武事。若舍文好武，尤宜禁塞。僚佐文學，足充話言，遊梁之徒，一皆勿許。文武從鎮，以時休止，妻子室累，不煩自隨。百僚脩詣，宜遵晉令，悉須宣令齊到，備列賓主之則。衡泌之士，亦無煩干候貴王。器甲於私，爲用蓋寡，自金銀裝刀劍戰具之服，皆應輸送還本。曲突徙薪，防之有素，庶善者無懼，惡者止姦。”其所以閑之者彌密，然人心好亂，梟桀乘機，徒恃具文終不足樹維城之固也。

第三節　前廢帝之敗

凡置君如弈棋之世，往往君臣上下，彼此相猜。因相猜而相圖，則君位之不固彌甚。而其相猜亦彌甚。迭相爲因，而争奪相殺之禍，不絶於時矣。[③]劉

---

①　史事：南北朝君臣之酷虐。

②　封建：宋孝武時裁抑諸王。

③　史事：南朝諸主辯誣。宋前廢帝（第二八○—二八九頁）、子勛（第二八九—二九三頁）、後廢帝（第三○六—三一二頁）、齊鬱林（第三二四頁）、東昏（第三四一頁）。

宋之所以敗,正坐此也。

宋文帝之爲人,已不免失之猜忌,而孝武及明帝二世尤甚。《南史·本紀》言:孝武帝末年,爲長夜之飲。每旦寢興,盥漱畢,仍復命飲。俄頃數斗。憑几惛睡,若大醉者。或外有奏事,便肅然整容,無復酒色。外内服其神明,無敢弛惰。是其人未嘗無監察之小才。然性嚴暴,睚眦之間,動至罪戮。《佞幸·戴法興傳》。又好狎侮羣臣,隨其狀貌,各有比類。如多須者謂之羊;顔師伯齞齒號之曰齴;劉秀之儉吝,呼爲老慳。寵一崑崙奴,常在左右,令以杖擊羣臣,自柳元景以下,皆罹其毒。《王玄謨傳》。江智淵初爲竟陵王誕從事中郎。誕將爲逆,智淵悟其機,請假先返。誕事發,即除中書侍郎。遷尚書吏部郎。智淵愛好文雅,辭采清贍。上初深相知待,恩禮冠朝。後以方退,漸不會旨,見出,以憂卒。參看下文。沈懷文爲侍中,隨事納諫,匡正尤多,帝多不聽。帝每宴集,在坐者咸令沈醉,懷文素不飲酒,又不好戲,帝謂故爲異己,遂以事收付廷尉賜死。其好狎侮如此。即位之初,普責百官讜言,而廬陵内史周朗,廬陵,見第三章第九節。以上書忤旨,大明四年,使有司奏其居喪無禮,傳送寧州,見第三章第六節。於道殺之。顔竣舊爲僚佐;討劭之役,上發尋陽,便有疾,竣常出入卧内,斷決軍機;即位,爲侍中,轉吏部尚書;義宣、臧質反,諸子藏匿建康、秣陵、湖熟、江寧縣界,秣陵,見第四章第三節。湖熟,漢縣,在今江寧縣東南。江寧,見第一節。又以爲丹陽尹,可謂股肱心膂之臣。而以諫諍懇切,藉竟陵王誕之叛陷之,先打折足,然後於獄賜死。沈懷文與竣及周朗素善,帝嘗謂之曰:“竣若知我殺之,亦當不敢如此。”及懷文被繫,其三子行謝,情哀貌苦,見者傷之。柳元景欲救懷文,言於帝曰:“沈懷文三子,塗炭不可見,願陛下速正其罪。”帝曰:“宜急殺之,使其意分。”竟殺之。其好諛惡直,刻薄寡恩又如此。其所任者:顔師伯,帝爲徐州時主簿。以善於附會,大被知遇。及踐阼,以爲黄門侍郎。累遷侍中、吏部尚書爲尚書右僕射。戴法興、戴明寶、蔡閑,皆爲南臺侍御史,兼中書通事舍人。巢尚之,亦爲中書通事舍人。選授、遷轉、誅賞大處分,皆與法興、尚之參懷。内外諸雜事,多委明寶。蔡閑早卒。師伯居權日久,天下輻湊。遊其門者,爵位莫不踰分。多納貨賄家產豐積。伎妾聲樂,盡天下之選。園池第宅,冠絶當時。法興、明寶,亦大通人事,多納貨賄。明寶驕縱尤甚。所任如此,安有可託孤寄命之臣邪?身死未幾,而嗣子遽敗,固其所也。

大明八年,閏五月,孝武帝崩。大子子業立,是爲前廢帝。時年十六。遺詔:江夏王義恭解尚書令,加中書監。柳元景領尚書令,入住城内。事無巨細,悉關二公。大事與沈慶之參懷。若有軍旅,可爲總統。尚書中事委顔師伯。外監所統委王玄謨。廢帝即位，復置録尚書，以義恭爲之。顔師伯遷尚書右僕射，領丹陽尹。元景、慶之、師伯、玄謨，固皆孝武帝所視爲親信之臣者也，然未再期而變起。景和元年，八月，免戴法興官，旋賜死。巢尚之亦解舍人。轉顔師伯爲尚書僕射，而以王景文爲右僕射，分其臺任。景文名或，與明帝名同，以字行。其妹爲明帝后。觀廢帝用人，可知其不盡與諸叔立異也。又奪其丹陽尹。義恭、元景、師伯等憂懼，謀廢帝而立義恭。以告沈慶之。慶之發其事。帝親率宿衛誅之。《佞幸傳》言：帝即位，法興遷越騎校尉。時義恭録尚書事，任同總己，而法興執權日久，威行内外，義恭積相畏服，至是懾憚尤甚。廢帝未親萬幾，凡詔勅施爲，悉決法興之手；尚書中事無大小專斷之；師伯、義恭，守空名而已。《傳》又云：前廢帝即祚，權任悉歸法興，而明實輕矣。一似義恭、師伯，與法興各不相干者。然又云：帝所愛幸閹人華願兒，有盛寵，賜與金帛無算。[①] 法興常加裁減，願兒甚恨之。帝常使願兒出市里，察聽風謡。而道路之言，謂法興爲真天子，帝爲應天子。應，《南史》作贋。願兒因此告帝曰：“外閒云：宫中有兩天子，官是一人，戴法興是一人。官在深宫中，人物不相接。法興與大宰顔、柳一體。吸習往來，門客恒有數百。内外士庶，莫不畏服之。法興是孝武左右，復久在宫闈，今將他人作一家，深恐此坐席非復官許。”則法興與義恭等，實已互相交關，願兒於法興，縱有私怨，然其告前廢帝之語，必不能憑空造作，史固云道路先有法興爲真天子，帝爲應天子之語，而後願兒因之進説也。此語亦非史家所能造，即或傳述出於附會，亦必當時實有此情形，附會者乃能爲是説也。故法興死而義恭等之變遂作。夫南北朝之主，所以好用寒人者？一以其時之士大夫，優遊不能任事；一亦由其時爭奪相殺，習爲故常，寒人分望有限，不至覬覦非分耳。今戴法興等亦與義恭等相交關，又曷怪廢帝之欲加以翦除哉？史言帝年漸長，凶志轉成。欲有所爲，法興每相禁制。每謂帝曰：“官所爲如此，欲作營陽邪？”一似法興雖無禮於其君，意實在防閑其非者。然廢帝即位，年已十六，欲有所爲，何待期年之後？則此説不足信也。期年之中，不蜚不鳴，而一旦發之倉卒；而征討之師，且繼之而出；則知廢帝非絶無能爲，且非輕躁之流矣。

晉熙王昶者，文帝第九子，時爲義陽王，晉熙乃其投北後明帝所改封。爲徐州刺史。《昶傳》云：昶輕訬褊急，不能祗事世祖，大明中，常被嫌責。民閒喧然，常云昶當有異志。永光、景和中，廢帝初改元爲永光，誅義恭後，又改元爲景和，實一年也。此聲轉甚。廢帝既誅羣公，彌縱狂悖。常語左右曰：“我即大位來，遂未嘗戒嚴，

---

　　①　史事：嬖幸無不好賄（第三〇二—三〇三、三一〇、三三一—三三二頁）。北朝（第三五一—三五二頁）。

使人邑邑。"義恭誅後，昶表請入朝，遣典籤蘧法生衡使。《魏書》作虞法生。帝謂法生曰："義陽與大宰謀反，我正欲討之，今知求還，甚善。"又屢詰問法生："義陽謀反，何故不啓？"法生懼禍，叛走還彭城。帝因此北討。親率衆過江。法生既至，昶即聚衆起兵。統內諸郡，并不受命；將佐文武，悉懷異心。昶知其不捷，乃夜與數十騎開門北奔索虜。時九月也。昶之必叛，讀其傳文可見，更不得歸咎於廢帝之激變矣。

《孝武十四王傳》云：始平孝敬王子鸞，孝武帝第八子。大明四年，年五歲，封襄陽王。仍爲東中郎將、吳郡大守。吳郡，見第三章第九節。其年，改封新安王。五年，遷北中郎將，爲徐州刺史，領南琅邪大守。南琅邪，東晉以江乘僑置，齊徙治白下。母殷淑儀，寵傾後宮，子鸞愛冠諸子。凡爲上所盼遇者，莫不入子鸞之府、國。及爲南徐州刺史，又割吳郡以屬之。六年，丁母憂。追進淑儀爲貴妃，班亞皇后。謚曰宣。上自臨南掖門臨過喪車，悲不自勝。擬《漢武帝李夫人賦》。又諷有司，創立新廟。葬畢，詔子鸞攝職，以本官兼司徒。又加都督南徐州諸軍事。八年，加中書令，領司徒。前廢帝即位，解中書令，領司徒，加持節之鎮。帝素疾子鸞有寵，既誅羣公，乃遣使賜死。時年十歲。子鸞臨死，謂左右曰："願身不復生王家。"同生弟、妹并死。與子鸞同生者：孝武帝第十四子齊敬王子羽，大明三年卒。第十九子晉陵孝王子雲，六年卒。是時死者，爲第二十二子南海哀王子師，及第十二皇女。案孝武宮闈，頗多遺行。孝武所生路淑媛，即位之後，尊爲皇大后。《傳》云：上於閨門之內，禮敬甚寡。有所御幸，或留止大后房內。故民閒諠然，咸有醜聲。《南史·后妃傳》云：淑儀南郡王義宣女。義宣敗後，帝密取之，假姓殷氏。左右宣泄者多死。故當時莫知所出。或云：是殷琰家人，入義宣家，義宣敗入宮云。《宋書目録》孝武文穆皇后下有宣貴妃，而《傳》無其文。《江智淵傳》云：上寵姬宣貴妃殷氏卒，使羣臣議謚，智淵上議曰懷，上以不盡嘉號，甚銜之。後車駕幸南山，乘馬至殷氏墓，羣臣皆騎從。上以馬鞭指墓石柱謂智淵曰："此上不容有懷字。"智淵益惶懼。大明七年，以憂卒。即此人也。《袁顗傳》云：大明末，新安王子鸞以母嬖有盛寵，大子在東宮多過失，上微有廢大子立子鸞之意，從容頗言之。顗盛稱大子好學，有日新之美。《南史》此下又云："帝怒，振衣而入，顗亦屬色而出。左丞徐爰言於帝，請宥之，帝意解。"則子鸞在孝武時實有奪宗之勢，府國人才既多，容有居爲奇貨者，廢帝之除之，或亦有所不得已邪？顧身不復生王家之言，非十歲小兒所能作，即其徒黨所造作也。①

———————————

① 階級：願生不復生王家語，非十歲小兒，蓋徒黨造作。

《宋書·后妃傳》云：前廢帝何皇后，父瑀，尚高祖少女豫章康長公主。豪競於時。子邁，尚大祖第十女新蔡公主。邁少以貴戚居顯宦，好犬馬馳逐。多聚才力之士。有墅在江乘縣界，_{江乘，見第三章第九節。}去京師三十里，邁每游履，輒結駟連騎，武士成羣。大明末，爲豫章王子尚撫軍諮議參軍。廢帝納公主於後宮，僞言薨殂，殺一婢，送出邁第殯葬行喪禮。常疑邁有異圖。邁亦招聚同志，欲因行幸廢立。事覺，廢帝自出討邁，誅之。時十一月三日也。孝武帝第三子晉安王子勛，時爲江州刺史。其《傳》云：邁謀因帝出行爲變，迎立子勛。事泄，帝自率宿衛兵誅邁，使八坐奏子勛與邁通謀。又手詔子勛曰："何邁欲殺我立汝，汝自計孰若孝武邪？可自爲其所。"遣左右朱景雲送藥賜子勛死。景雲至盆口，_{見第三章第九節。}停不進，遺信報長史鄧琬。琬等因奉子勛起兵，以廢立爲名。案邁舊爲子尚僚屬，子尚是時，近在京邑，而齒長於子勛，邁欲行廢立，何不擁戴之，乃遠迎子勛邪？即此一端觀之，而知此段史事，全不足信矣。

既殺何邁，遂誅沈慶之。《慶之傳》云：帝凶暴日甚，慶之猶盡言諫爭，帝意稍不說。及誅何邁，慮慶之不同，量其必至，乃閉清谿諸橋以絕之。慶之果往，不得度而還。帝乃遣慶之從子攸之齎藥賜慶之死。此非實錄，自不待言。慶之此時，年已八十，當其七十時，已於婁湖_{在今首都東南。}①廣開田園之業，儼然一田舍翁矣，尚安有遠志？且慶之於孝武，始終盡忠。既發義恭之謀，又從廢帝度江討義陽王昶，則於廢帝亦非懷貳。既無侵逼之虞；而且藉其聲望，足資鎮懾；其於廢帝，可謂有利無害，乃亦從而殺之，此實最不可解者也。案廢帝事之真相，全在袁顗、蔡興宗、徐爰三人傳中。《顗傳》言其沮孝武帝廢立之意，已見前。又云：世祖又以沈慶之才用不多，言論頗相蚩毀，顗又陳慶之忠勤有幹略，堪當重任。由是前廢帝深感顗，慶之亦懷其德。景和元年，誅羣公，欲引進顗，任以朝政。遷爲吏部尚書。又下詔曰："宗社多故，釁因家司。景命未淪，神祚再乂。自非忠謀密契，豈伊克殄？侍中祭酒領前軍將軍新除吏部尚書顗，遊擊將軍領著作郎兼尚書左丞徐爰，誠心內款，參聞嘉策，匡贊之效，實監朕懷。宜甄茅社，以獎義概。顗可封新隆縣子，爰可封吳平縣男，食邑各五百户。"是誅羣公之際，顗與爰皆參與密謀也。徐爰《宋書》入《恩倖傳》，前人久議其失矣。爰乃學人，而史謂其便辟善事人，能得人主微旨。既長於附會，又飾以典文，故爲大祖所任遇。大明世委寄尤重。朝廷大禮儀，非爰議不行。雖復當時碩學，所解過人者，既不敢立異，所言亦

不見從。此皆文致周內之辭也。又云：前廢帝凶暴無道，殿省舊人，多見罪黜，惟爰巧於將迎，始終無迕。誅羣公後，以爰爲黃門侍郎，領射聲校尉。寵待隆密，羣臣莫二。帝每出行，常與沈慶之、山陰公主同輦，爰亦預焉。可以見其君臣之相契矣。《傳》又云：俄而意趣乖異，寵待頗衰。始令顗與沈慶之、徐爰參知選事，尋復反以爲罪，使有司糾奏，坐白衣領職。從幸湖熟，往返數日，不被喚召。顗慮及禍，詭辭求出。沈慶之爲顗固陳，乃見許。除建安王休仁長史、襄陽大守。休仁不行，即以顗爲雍州刺史。顗舅蔡興宗謂之曰：“襄陽星惡，豈可冒邪？”顗曰：“白刃當前，不救流矢，事有緩急故也。今者之行，本願生出虎口。且天道遼遠，何必皆驗？如其有徵，當脩德以禳之耳。”於是狼狽上路。恒慮見追，行至尋陽，喜曰：“今始免矣。”夫一州之主，豈足以當星象？顗之出，乃廢帝所以樹外援，觀下節自明。然則廢帝非真疏顗；顗之遄征，亦非所以避廢帝；灼然可見矣。其出也，又安待慶之爲之請？然既曰慶之爲之請，則慶之是時之參與密謀，又可見也。然慶之發義恭等反謀，史言以與義恭等素不厚故，夫使慶之與義恭等果素不厚，義恭等安敢以反謀告之？則慶之與義恭等，亦非無交關。慶之是時，年老矣，氣衰矣，專爲免禍計而已矣，其發義恭之謀也，安知非逆料其事之不能成？然則勢有可畏甚於義恭者，安保其不依違兩可，甚且折而從之邪？《蔡興宗傳》云：興宗爲吏部尚書。前廢帝即位，興宗時親奉璽綬。嗣主容色自若，了無哀貌。興宗出，謂親故曰：“魯昭在慼而有嘉容，終之以釁結大臣，昭子請死，國家之禍，其在此乎？”時義恭引身避事，政歸近習。戴法興、巢尚之專制朝權，威行遠近。興宗每至上朝，輒與令、錄以下，陳欲登進賢士之意。又箴規得失，博論朝政。義恭素性恇橈，阿順法興，常慮失旨。聞興宗言，輒戰懼無計。先是大明世奢侈無度，多所造立，賦調煩嚴，徵役過苦。至是，發詔悉皆削除。由是紫極殿、南北馳道之屬，皆被毀壞。《本紀》：景和元年，八月，乙丑，復南北二馳道。自孝建已來，至大明末，凡諸制度，無或存者。興宗於都坐慨然謂顏師伯曰：“先帝雖非盛德主，要以道始終。三年無改，古典所貴。今殯宮始徹，山陵未遠，而凡諸制度、興造，不論是非，一皆刊削，雖復禪代，亦不至爾，天下有識，當以此窺人。”師伯不能用。興宗每陳選事，法興、尚之等輒點定回換，僅有在者。興宗於朝堂謂義恭及師伯曰：“主上諒闇，不親萬幾，而選舉密事，多被刪改，復非公筆，亦不知是何天子意？”旋以選事忤義恭，出爲吳郡大守。固辭郡。執政愈怒，又轉爲新安王子鸞輔軍司馬南東海大守，南東海，宋郡，今江蘇丹徒縣。行南徐州事。又不拜。苦求益州。義恭於是大怒，表陳其失。詔除興宗新昌大守。新昌，吳郡，在今越南境。郡屬交州，朝廷莫不嗟駭。先是興宗納何后寺尼智妃爲妾，姿貌甚美,有名京師。迎車已去,而師伯密遣人誘之,潛往載取。興宗迎人不覺。及興宗被徙,論者并云由師伯。師伯甚病之。法興等既不欲以徙大臣爲名,師伯又欲止息物議,由此停行。頃之,法興見殺,尚之被繫,義恭、師伯誅,復起興宗爲臨海王子頊前軍長史、南郡大守,行荆州事。不行。時前廢帝凶暴,興宗外甥袁顗爲雍州刺史。勸興宗行,曰:"朝廷形勢,人所共見。在内大臣,朝夕難保。舅今出居陝西,當時人稱荆州爲陝西。爲八州事;顗在襄、沔,地勝兵彊,去江陵咫尺,水陸通便;若朝廷有事,可共立桓、文之功。豈與受制凶狂,禍患不測,同年而語乎?"興宗曰:"吾素門平進,與主上甚疏,未容有患。宮省内外,人不自保,會應有變。若内難得弭,外釁未必可量。汝欲在外求全,我欲居内免禍,各行所見,不亦善乎?"綜觀傳文,興宗蓋夸者死權之徒,所深憾者在於戴法興、巢尚之,而於義恭及顏師伯,并無積怒深怨。朝廷以其嘗爲義恭、師伯所躓,又於袁顗爲甥舅,欲用爲荆州,使與顗協力,而興宗則初無盡忠於廢帝之心。且其人之好惡,頗與人殊。景和革孝建、大明之奢,平心論之,必不能謂非善政,而興宗亦以爲非,則其於廢帝,實早存一疾視之成見。職是一念,遂爲大宗所中,其答袁顗,尚僅以自全爲念者,未幾即與大宗爲徒黨,而爲之四出説誘焉。《興宗傳》又曰:重除吏部尚書。大尉沈慶之,深慮危禍,閉門不通賓客。嘗遣左右范羨詣興宗屬事。興宗謂羨曰:"公閉門絶客,以避悠悠請託耳,身非有求,何爲見拒?"還造慶之。慶之遣羨報命,要興宗令往。興宗因説之曰:"公威名素著,天下所服。今舉朝皇皇,人人危怖,指麾之日,誰不景從? 如其不斷,且暮禍及。"慶之曰:"僕比日前慮,不復自保,但盡忠奉國,始終以之,正當委天任命耳。加老罷私門,兵力頓闕,雖有其意,事亦無從。"興宗曰:"殿内將帥,正聽外聞消息。若一人唱首,則俯仰可定。況公威風先著,統戎累朝。諸舊部曲,布在宮省。宗越、譚金之徒,出公宇下,并受生成;攸之、恩仁,公家口子弟耳;誰敢不從? 且公門徒義附,并三吳勇士;三吳,見第三章第九節。宅内奴童,人有數百。陸攸之今入東討賊,又大送鎧杖,在青溪未發。攸之公之鄉人,驍勇有膽力,取其器杖,以配衣宇下,使攸之率以前驅,天下之事定矣。僕在尚書中,自當率百僚案前世故事,更簡賢明,以奉社稷。今若遲疑不決,當有先公起事者,公亦不免附從之禍。車駕屢幸貴第,醉酣彌留,又聞屏左右獨入閤内,此萬世一時,機不可失。"慶之曰:"此事大,非僕所能行。事至,故當抱忠以歿耳。"時領軍王玄謨,大將有威名,邑里譌言,云已見誅,市道喧擾。此譌言蓋欲爲變者所爲。玄謨典籤包法榮,家在東陽,見第五章第六節。興宗故郡民也。爲玄謨所信。見使至。興宗因謂曰:"領軍殊當憂懼。"法榮曰："領軍此日，殆不復食，夜亦不眠。常言收已在門，不保俄頃。"興宗曰："領軍憂懼，當爲方略那得坐待禍至？"初玄謨舊部曲，猶有三千人。廢帝頗疑之，徹配監者。玄謨大息深恨。啓留五百人巖山營墓。巖山，在秣陵。事猶未畢，帝欲獵，又悉喚還城。巖兵在中堂。在臺城外、秦淮北，見元嘉元年《通鑑注》。興宗勸以此衆舉事，曰："當今以領軍威名，率此爲朝廷唱始，事便立克。領軍雖復失腳，自可乘輿處分。禍殆不測，勿失事機。君還可白領軍如此。"玄謨遣法榮報曰："此亦未易可行，期當不泄君言。"大宗踐阼，玄謨責所親故吏郭季產、女壻章希真等曰："當艱難時，周旋輩無一言相扣發者。"季產曰："蔡尚書令包法榮所道，非不會機，但大事難行耳，季產言之亦何益？"玄謨有慚色。右衛將軍劉道隆，懷肅弟子。懷肅，武帝從母兄。爲帝所寵信，專統禁兵。乘輿常夜幸著作佐郎江斆宅，興宗馬車從，道隆從車後過，興宗謂曰："劉公，比日思一閑寫。"道隆深達此旨，搯興宗手曰："蔡公勿多言。"烏乎！自有史籍以來，未見是處遊說，勸人行逆如興宗者也。興宗自恃素門平進，與主甚疏，可以無患，其敢於四出遊說者以此。大宗之用之，蓋亦以此。慶之固嘗發義恭之事矣，而是時緘口不言；玄謨亦相期不泄；可見大宗非如義恭之易與也。《沈文秀傳》云：文秀，慶之弟子。前廢帝即位，爲射聲校尉。景和元年，遷青州刺史。將之鎮部曲，出屯白下。城名，在今江寧縣北。說慶之曰："主上狂暴如此，土崩將至，而一門受其寵任，萬物皆謂與之同心。且此人性情無常，猜忌特甚，將來之禍，事又難測。今因此衆力，圖之易於反掌。千載一時，萬不可失。"慶之不從。文秀固請非一，言輒流涕。終不回。文秀後亦盡忠於子勛，且盡力以抗虜，其人似非無氣節者，《傳》所云不知信否，然危而不能持，顛而不能扶，有先之起事者，即不免受附從之禍，爲一身一家計，則誠如興宗之言，有可深念者矣。文秀得毋門戶之計深，而進是說於慶之邪？八十田舍翁，安知不爲所動？抑《攸之傳》言：攸之隨慶之征廣陵有功，事平當加厚賞，爲慶之所抑，攸之甚恨之。從來門內之釁，恒酷於門外。攸之是時，與宗越、譚金、童大壹，同爲廢帝腹心，讒構慶之，固自易易，慶之得毋爲所中歟？是則不可知已。宗戚外叛，嬖倖內離，而獨恃數武人以禦侮，此廢帝之所以終敗歟？

　　南平穆王鑠三子：敬猷，敬淵，敬先。《鑠傳》云：帝召鑠妃江氏入宮，使左右於前逼迫之。江氏不受命，謂曰："若不從，當殺汝三子。"江氏猶不肯。於是遣使於第殺敬猷、敬淵、敬先，鞭江氏一百。其夕，廢帝亦殞。案宋氏宮闈，極爲混亂，此等淫褻之事，固難保其必無。然《休仁傳》言：帝嘗於休仁前，使左右淫逼休仁所生楊大妃。左右并不得已順命。以至右衛將軍劉道隆，道

287

隆歡以奉旨，盡諸醜狀。及大宗立，道隆爲護軍，休仁請解職，曰："臣不得與此人同朝，"上乃賜道隆死。乍觀之，其言似未必誣，更一觀《蔡興宗傳》，則道隆乃興宗欲搆使爲逆而不果者，則又安知其以何罪死邪？穆王三子之見殺，豈以其父爲孝武所殺，慮其報復故歟？江氏之見逼迫縱不虛，三子之見殺，亦未必以其母之不受命也。

文帝之子，是時存者，尚有六人：東海王褘，湘東王彧，明帝。始安王休仁，晉平剌王休祐，桂陽王休範，巴陵哀王休若也。《休仁傳》言：廢帝忌憚諸父，并囚之殿內，毆捶凌曳，無復人理。休仁及大宗、休祐，形體并肥壯，帝乃以竹籠盛而稱之。以大宗尤肥，號爲豬王。號休仁爲殺王，休祐爲賊王。以三王年長，尤所畏憚，常錄以自近不離左右。褘凡劣，號爲驢王；休範、休若年少；故并得從容。嘗以木槽盛飯，內諸雜食，攪令和合，掘地爲阬穽，實之以泥水，倮大宗內阬中，和槽食置前，令大宗以口就槽中食，用爲歡笑。欲害大宗及休仁、休祐，前後以十數。休仁多計數，每以笑調佞諛説之，故得推遷。時廷尉劉矇，妾孕臨月，迎入後宮，冀其生男，欲立爲大子。《本紀》：景和元年，十一月，丁未，皇子生，少府劉勝之子也，與《休仁傳》不合。《南史》作少府劉矇。《通鑑考異》云：《宋略》同。案廢帝是時，年僅十七，是月十三日，壬寅，始立皇后，豈有急欲立大子之理？疑廢帝後宮實有子，明帝絶之，而以非種誣之也。大宗嘗忤旨，帝怒，乃倮之，縛其手腳，以杖貫手腳內，使人檐付大官，曰："即日屠豬。"休仁笑謂帝曰："豬今日未應死。"帝問其故。休仁曰："待皇大子生，殺豬取其肝肺。"帝意乃解，曰："且付廷尉。"一宿出之。帝將南遊荆、湘二州，明旦欲殺諸父便發，其夕，大宗克定禍難。《本紀》云：先是謡言云：湘中出天子，帝將南巡荆、湘以厭之，先欲誅諸叔，然後發引。大宗與左右阮佃夫、王道隆、李道兒密結帝左右壽寂之、姜産之等十一人，謀共廢帝。戊午夜，戊午二十九日。帝於華林園竹林堂射鬼。華林園，見第八章第一節。時巫覡云此堂有鬼，故帝自射之。壽寂之懷刀直入，姜産之爲副。帝欲走，寂之追而殞之。《恩倖傳》云：阮佃夫，大宗初出閤，選爲主衣。永光中，又請爲世子師。甚見信待。景和末，大宗被拘於殿內，住在祕書省。佃夫與王道隆、李道兒及帝左右淳于文祖共謀廢立。時直閤將軍柳光世，亦與帝左右繆方盛、周登之有密謀，未知所奉。登之與大宗有舊，方盛等乃使登之結佃夫。佃夫大悅。先是帝立皇后，普暫徹諸王奄人。大宗左右錢藍生，亦在其列。事畢未被遣。密使藍生候帝，慮事泄，藍生不欲自出，帝動止輒以告文祖，令文祖報佃夫。十一月二十九日晡時，帝出幸華林園。休仁、休祐、山陰公主并侍側。大宗猶在祕書省，不被召，益憂懼。佃夫以告外監典事朱幼；又告主衣壽寂之，細鎧主姜産之；産之又語所領細鎧將王敬則；幼又告中書舍人戴明寶；并響應。幼豫約勒內外，使藍生密報休仁等。時帝欲南巡，腹心直閣將軍宗越等其夕并聽出外裝束，惟有隊主樊僧整防華林閣，是光世鄉人，光世要之，僧整即受命。産之又要隊副聶慶，及所領壯士富靈符、俞道龍、宋遠之、田嗣。并聚於慶省。時巫覡云後堂有鬼，其夕，帝於竹林寺與巫共射之。寂之抽刀先入，産之隨其後。文祖、方盛、登之、靈符、慶、嗣、敬則、道龍、遠之又繼進。休仁聞行聲甚疾，謂休祐曰："事作矣。"相隨奔景陽山。在華林園中，見第九章第七節。帝見寂之至，引弓射之，不中，乃走。寂之追而殞之。案廢帝是時，無欲幸荊、湘之理。觀其出袁顗爲雍州，又欲使其舅蔡興宗爲荊州，而後來湘州行事何惠文，亦盡忠於子勛，則是時建業形勢，殆甚危急，廢帝欲用上流，以戡禍難也。果如史之所言，大宗與休仁、休祐，其死久矣，尚安得從容要結，以成其謀乎？《後廢帝紀贊》云："前廢帝卑遊褻幸，皆龍駕帝飾，傳警清路，蒼梧王則藏璽懷紱，魚服忘返，危冠短服，匹馬孤征，"則知帝於戒備初未嘗疏，圖之實非易易。故蔡興宗歷說沈慶之、王玄謨、劉道隆，皆欲借重於兵力，逮三人皆不見聽，乃不得已而用壽寂之等，爲鋌而走險之計也，其成亦幸矣。《本紀》言：帝少好讀書，頗識古事，自造世祖誄及雜篇章，往往有辭采，與袁顗之言，頗相符會。《佞幸傳》言：大明中，有奚顯度者，官至員外散騎侍郎。常使主領人功。苛虐無道，動加捶撲。暑雨寒雪，不聽暫休。人不堪命，有自經死者。人役聞配顯度，如就刑戮。前廢帝戲言："顯度刻虐，爲百姓所疾，此當除之，"左右因唱喏，即日宣旨殺焉。時人比之孫晧之殺岑昬。此實廢帝有意除之，比諸孫晧乃誣謗之辭耳。更觀其能革孝建、大明之侈靡，自不失爲幹父之蠱，而蔡興宗亦以爲罪，天下豈有真是非哉？戴法興之死也，帝殺其三子。又截法興棺焚之。義恭子十二人先爲元凶劭所殺，至廢帝，又殺其四子。顏師伯六子，柳元景九子皆見殺。元景弟姪在京邑、襄陽從死者又數十人。又斷義恭支體；分裂腸胃；挑取眼睛，以蜜漬之，爲鬼且精。此等語不知皆實否，即謂皆實，亦一時風氣如此，不能獨責一人也。

第四節 子勛敗亡

前廢帝既死，湘東王彧以大皇大后令即帝位，大皇大后，孝武母路淑媛。是爲大宗明皇帝。其明日，殺豫章王子尚及山陰公主楚玉，并廢帝同母也。廢帝同母五人：子尚、楚玉及臨淮康哀公主楚佩、皇女楚琇、康樂公主脩明也。子尚，《傳》稱其凶慝有廢帝風,而不能舉其實迹,蓋近於誣。楚玉,《傳》言其肆情淫縱。以褚淵貌美,請以自侍十日。廢帝許之。淵雖承旨而行,以死自固,楚玉不能制也。此事《廢帝紀》亦載之。又云:主謂帝曰:"妾與陛下,雖男女有殊,俱託體先帝。陛下六宮萬數,而妾惟駙馬一人,事不均平,一何至此?"①帝乃爲主置面首左右三十人。此更不近情矣,世豈有肆情淫縱之人,而必持男女平權之論者邪?宗越、譚金、童大壹謀作難,以告沈攸之。攸之具白明帝。明帝即收越等下獄殺之。攸之之爲人可知矣。然明帝雖肆意翦除,卒不能弭尋陽之難。

《袁顗傳》曰:顗至尋陽,與鄧琬款狎,相過常請閒,必盡日窮夜。顗與琬人地本殊,衆知其有異志矣。既至襄陽,便與劉胡顗諸議參軍。繕脩兵械,纂集士卒。蓋朝旨使顗要結琬,爲勤王之備也。《琬傳》云:大宗定亂,進子勛車騎將軍、開府儀同三司。令書至,諸佐史并喜,造琬曰:"暴亂既除,殿下又開黃閣,實爲公私大慶。"琬以子勛次居第三;又以尋陽起事;有符世祖,理必萬克。乃取令書投地曰:"殿下當開端門,黃閣是吾徒事耳。"衆并駭愕。此乃誣罔之辭。子勛非反廢帝,説已見前,其舉兵蓋實在此時也。於是郢州刺史安陸王子綏,孝武帝第四子。荆州刺史臨海王子頊,孝武帝第七子。會稽大守尋陽王子房,孝武帝第六子。會稽,見第三章第九節。雍州刺史袁顗,梁州刺史柳元怙,元景從兄。益州刺史蕭惠開,思話子。廣州刺史袁曇遠,徐州刺史薛安都,青州刺史沈文秀,冀州刺史崔道固,湘州行事何惠文,吳郡大守顧琛,吳郡,見第三章第九節。吳興大守王曇生,吳興,見第三章第九節。晉陵大守袁標,晉陵,見第四章第三節。義興大守劉延熙,義興,見第五章第六節。并與之同。四方貢計,并詣尋陽。此中固有廢帝豫行布置者,然臨時承奉者必多也,亦可見順逆之自在人心矣。

明帝遣王玄謨領水軍南討,吳興大守張永爲其後繼。又使沈攸之、江方興、劉靈遺屯虎檻。洲名,在蕪湖西南。建安王休仁總統諸軍。而東兵之勢尤急。初明帝徵子房爲撫軍,領大常,其長史孔覬不受命。帝使故佐庾業代覬,都水使者孔璪入東慰勞。璪勸顗起兵,業亦與同。軍至晉陵,部陳甚盛。明帝乃使沈懷明、張永東討,巴陵王休若總衆軍。殿中侍御史吳喜,請得精兵三百,致死於東。明帝大悦。簡羽林士配之。又使任農夫爲之助。喜進平義興,劉延熙投水死。帝又使江方興等助破晉陵軍。喜進平吳興。至錢唐,見第四章第三節。斬庾業。上虞令王晏上虞,見第七章第二節。起兵攻郡,殺孔覬,執子房送京都。孔璪爲其門生所殺。顧琛、王曇生、袁標詣喜謝罪。喜皆宥之。東事不

---

① 婚姻:六宮萬數,駙馬一人,説不足信。

久即平，乃得專力於西矣。

鄧琬初遣孫沖之以萬人據赭圻，沖之，巴東、建平二郡大守，方之郡，鄧琬逆用之，使與陶亮并統前軍。巴東、建平，皆見第三章第六節。赭圻，見第五章第四節。又使陶亮統諸州兵合二萬人，一時俱下。亮，子勛錄事參軍。時統郢、荊、湘、梁、雍五州之兵。時朝廷惟保丹陽一郡，永世縣旋又反叛，吳永平縣，晉更名永世，在今江蘇溧陽縣南。時縣令爲孔景宣，尋爲本縣人徐崇之起兵所殺。義興兵垂至延陵，見第四章第三節。內外憂危，咸欲奔散。兗州刺史殷孝祖外甥司徒參軍葛僧韶建議徵孝祖入朝，明帝遣之。孝祖率文武二千人，隨僧韶還都，并僱楚壯士，人情乃安。明帝使孝祖督前鋒諸軍向虎檻。陶亮屯軍鵲洲。在今安徽繁昌縣東北江中。三月三日，水陸攻赭圻。孝祖爲流矢所中死，軍敗。時江方興復還虎檻，休仁遣領孝祖軍，沈攸之代孝祖爲前鋒都督。孫沖之欲直取京都，陶亮不從。攸之進戰，破之。沖之等於湖、白口築二城，胡三省曰：巢湖及白水口也。又爲軍主張興世所拔。陶亮懼，呼沖之還鵲尾，渚名，在今安徽無爲縣境。留薛常寶守赭圻。鄧琬又遣劉胡，率衆三萬，鐵騎二千，來屯鵲尾。胡宿將屢有戰功，攸之等憚之。常寶糧盡，告胡求援。胡運米餉之。爲攸之所敗。四月四日，常寶突圍走。休仁進據赭圻。時胡等兵衆彊盛，袁顗又悉雍州之衆來赴。六月十八日，率樓船千艘據鵲尾。張興世建議越鵲尾上據錢溪，亦名梅根河，在今安徽貴池縣東。沈攸之、吳喜贊之。劉胡累攻之，不能克。攸之、喜因進攻濃湖。在繁昌西。袁顗馳召胡還。胡軍亦乏食。鄧琬大送資糧，至南陵，戍名，在繁昌西北。梁置縣，唐移治今南陵。不敢下。胡遣兵迎之，又爲錢溪所破，資實覆沒都盡，燒米三十萬斛。八月二十四日，胡遂委顗奔走。顗聞胡去，亦走。至鵲頭，與戍主薛伯珍步取青林，山名，在今安徽當塗縣東南。欲向尋陽，爲伯珍所殺。胡至竟陵，見第三章第九節。郡丞陳懷真殺之。初廢帝使荊州錄送長史行事張悅。暢弟。至溢口，鄧琬稱子勛命釋之。以爲司馬，與琬共掌內外衆事。及是，殺琬詣休仁降。蔡那爲明帝將，子道淵，被繫作部，因亂脫鑷入城，執子勛囚之。沈攸之諸軍至，殺之。及其母。子勛時年十一。諸軍分向荊、郢、雍、湘及豫章，皆平之。梁州亦降。袁曇遠爲其將李萬周所殺。始興土人劉嗣祖，據郡爲明帝。曇遠遣萬周討之。嗣祖誑萬周云：壽陽已平。萬周信之，還襲殺曇遠。始興，見第三章第九節。初鄧琬徵兵巴東，巴東大守羅寶稱持疑未決。會暴病死。巴東人任叔兒起兵據白帝。見第七章第三節。蕭惠開遣巴郡大守費欣壽攻之，巴郡，見第三章第六節。敗歿。更遣州從事程法度領三千人步出梁州，又爲氐賊楊僧嗣所斷。惠開爲治，多任刑誅，蜀土咸懷猜怨。晉原遂反。漢江原縣，李雄置郡，并縣改曰漢原。蜀平後，郡改稱晉原，而縣復曰江原。在今四川崇慶縣東。諸郡悉應之。

并來圍城。聞子勛平，蜀人并欲屠城，以望厚賞。惠開每遣兵出戰，未嘗不捷，而外衆逾合，勝兵者十餘萬人。明帝以蜀土險遠，赦其誅責，遣惠開弟惠基步道使蜀，具宣朝旨。至涪，見第三章第六節。蜀人遏留不聽進。惠基率部曲破其渠帥，然後得前。惠開奉旨歸順，城圍得解。而時明帝又遣惠開宗人寶首水路慰勞益州，寶首欲以平蜀爲功，更獎説蜀人。於是處處鼇起。凡諸離散，一時還合。惠開遣戰，大破之，生禽寶首，蜀亂乃平。案孝武以討元凶立，實不得謂爲不正，孝武正則子業亦正；所云淫虐，事既多誣；則明帝實爲篡弑，此所以四方同契，不謀而咸奉尋陽也。尋陽兵之起也，蕭惠開集將佐謂之曰：“湘東大祖之昭，晉安世祖之穆，其於當璧，并無不可。但景和雖昏，本是世祖之嗣，不任社稷，其次猶多。吾奉武、文之靈，并荷世祖之眷，今便當投袂萬里，推奉九江。”此固義正辭嚴。葛僧韶説殷孝祖曰：“國亂朝危，宜立長主。羣小相扇，貪利幼弱。使天道助逆，羣凶事申，則主幼時艱，權柄不一，兵難互起”云云。此當時推奉明帝者之議論也，然不得謂爲正。史稱鄧琬性鄙闇。貪吝過甚。財貨酒食，皆身自量校。此正見其綜覈名實，賞罰不苟。至是，父子并賣官粥爵，使婢僕出市道販賣。酣歌博弈，日夜不休。大自矜遇。賓客到門者，歷旬不得前。羣小横恣，競爲威福。士庶忿怨，内外離心。此皆故爲訾譽之辭。又云：張悦呼琬計事，琬曰：“正當斬晉安王、封府庫以謝罪耳，”則尤爲厚誣君子。袁顗之與薛伯珍俱走也，夜止山閒，殺馬勞將士，顧謂伯珍曰，“我舉八州，以謀王室，未一戰而敗，豈非天邪？非不能死，望一至尋陽，謝罪主上，然後自刎耳。”因慷慨叱左右索節，無復應者。何惠文才兼將吏，幹略有施。時衡陽内史王應之，衡陽，見第五章第七節。起兵襲長沙，見第三章第九節。與惠文交手戰，爲惠文所殺。明帝特加原宥。惠文曰：“既陷逆節，手刃忠義，天網雖復恢恢，何面目以見天下之士？”卒不食而死。孔覬爲王晏所得，晏謂之曰：“此事孔璪之爲，無豫卿事。可作首辭，當相爲申上。”覬曰：“江東處分，莫不由身，委罪求活，便是君輩行意耳。”晏乃斬之東閤外。袁顗初以糧仗未足，且欲奉表明帝，其子戮曰：“一奉表疏，便爲彼臣，以臣伐君，於義不可。”顗從之，便建牙馳檄，奉表勸子勛即大位，與鄧琬書，使勿解甲。然則一時臣衞，莫匪執德不回，琬年已六十，白頭舉事，復何所圖？豈有反賣晉安以求活者邪？琬與袁顗、孔覬等，皆非能用兵之人。劉胡雖號宿將，功僅在於平蠻，亦不足當大敵，且不免於偃蹇。《鄧琬傳》云：袁顗本無將略，性又怯撓。在軍中，未嘗戎服，語不及戰陳，惟賦詩談義而已。不能撫綏諸將。劉胡每論事，酬對甚簡。由此大失人情。胡常切齒憤恨。雖近誣詆，然謂顗本無將略，當非全虚；即劉胡與顗不協，亦係實情，觀其棄顗而走可知也。特不如史所言之甚耳。薛安都、崔道固、沈文秀皆將才，而去京邑遠，勢不相及。明帝所用諸將帥,年較少,氣較銳。沈攸之既陷逆節,兵敗便無所容,其致死也,蓋非徒盡忠,亦謀自衛。吳喜、張興世輩,則欲乘時以立功名。上流及東方諸將,自謂奉順,且恃勢大,不免疎虞,自非其敵。然成敗之分,固非逆順所在也。

　　先是孝武帝時,山陽王休祐爲豫州刺史,廢帝景和元年,入朝,以長史殷琰行府州事。明帝以休祐爲荊州,即以琰爲豫州刺史。以西汝陰大守龐道隆爲琰長史,西汝陰,宋郡,今安徽阜陽縣。殿中將軍劉順爲司馬。順勸琰同子勛。琰家累在京邑,欲奉明帝,而士人杜叔寶等咸勸琰同子勛。琰素無部曲,門義不過數人,受制於叔寶等。叔寶者,坦之子,既土豪鄉望,內外諸軍事并專之。汝南、新蔡二郡大守周矜,起兵縣瓠見第五章第六節。爲明帝,袁顗遣信誘矜司馬常珍奇,珍奇即日斬矜,送首詣顗。顗以珍奇爲汝南、新蔡二郡大守。明帝以義陽內史龐孟虯爲司州刺史,義陽,見第八章第七節。孟虯不受命,起兵同子勛。子勛召孟虯出尋陽,以其子定光行義陽郡事。明帝知琰逼迫士人,事不獲已,猶欲羈縻之。泰始二年,正月,乃遣劉勔率呂安國西討,休祐出鎮歷陽,見第三章第九節。爲諸軍總統。是月,劉順等以八千人東據宛唐,亭名。此據《殷琰傳》。《黃囘》、《王敬則傳》并作死虎。《水經注》作死虏,在今安徽定遠縣西南。與勔相持。叔寶本謂臺軍停住歷陽不辦進,順等至無不瓦解,惟齎一月糧。既與勔相持,軍食盡。報叔寶送食。安國閒道襲其米車,燒之。順衆潰,奔還壽陽。三月一日。仍走淮西就常珍奇。勔於是方軌而進。叔寶斂居民及散卒嬰城自守。琰本無反心,叔寶等亦有降意,而衆心持疑,莫能相一,嬰城愈固。六月,弋陽西山蠻田益之弋陽,見第三章第九節。攻龐定光,子勛以孟虯爲司州刺史,率精兵五千救義陽,并解壽陽之圍。益之奔散。孟虯向壽陽。七月,至弋陽,見破,走向義陽,義陽已爲王玄謨子曇善起兵所據,乃逃於蠻中。先是劉胡遣薛道標渡江扇動羣蠻,規自廬江襲歷陽。廬江,見第三章第九節。攻合肥,見第三章第九節。陷之。尋陽平定,道標突圍走常珍奇。壽陽人情危懼,將請救於索虜。主簿夏侯詳說殷琰曰:"今日之舉,本效忠節。社稷有奉,便當歸身朝廷。何可屈身,北面異域?"琰許之,即使詳詣劉勔,詳請勔解圍退舍,勔亦許之。遣到城下。詳呼城中人,語以勔辭。即日琰及衆俱出,時十二月也。

第五節　宋失淮北

　　凡羣疑衆難之際,最忌欲藉殺戮以立威。《宋書·蔡興宗傳》言:明帝之初，諸方舉兵，朝廷所保，惟丹陽、淮南數郡，其閒諸縣，或已應賊，東兵已至永世，宮省危懼。參看上節。上集羣臣，以謀成敗。興宗曰："今普天同逆，人有異志，當鎮以靜，以至信待人。比者逆徒親戚，布在宮省，若繩之以法，則土崩立至。宜明罪不相及之義。物情既定，人有戰心。六軍精勇，器甲犀利，以待不習之兵，其勢相萬耳。願陛下勿憂。"此言實深協事宜，而明帝能從之，此其所以獲勝也。《孔覬傳》言：帝之遣兵東討也，將士多是東人，父兄子弟，皆已附逆，上因送軍，普加宣示，曰："朕方務德簡刑，使四畔不相及，助順同逆者，一以從個爲斷，卿等當深達此懷，勿以親戚爲慮也。"衆於是大悅。《本紀》言：上即大位，以寬仁待物。諸軍有父兄子弟同逆者，并授以禁兵，委任不易，故衆爲之用，莫不盡力。平定天下，逆黨多被全。其有才能者，并見授用，有如舊臣。此皆明帝能用興宗之言之徵也。不特此也，《吳喜傳》言：喜孝武世見驅使，常充使命。性寬厚，所至人并懷之。及東討，百姓聞吳河東來，便望風解散，故喜所至克捷。《殷孝祖傳》言：孝祖負其誠節，凌轢諸將。臺軍有父子兄弟在南北，孝祖并欲推治。由是人情乖離，莫樂爲用。劉勔之攻壽陽也，明帝使中書爲詔譬殷琰。蔡興宗曰："天下既定，是琰思過之日，陛下宜賜手詔數行，以相私慰。今直中書爲詔，彼必疑詔非真，未是所以速清方難也。"不從。琰得詔，謂劉勔詐造，果不敢降。及城下，勔并撫宥，無所誅戮。自將帥以下，財物資貨，皆以還之。約令三軍，不得妄動。城內士民，秋豪無所失。百姓感悅，生爲立碑。用能抗拒索虜，卒不陷沒。并可見寬仁與殘暴之得失也。然帝天姿本刻薄，故僅能用之危急之際，及力所不及寫遠之區，如蜀。所全者亦不過無足深忌之人，逮禍患一紓，而措置遂迴異矣。卒因此而失淮北及豫西。孟子曰："不嗜殺人者能一之；"又曰："以力服人者非心服；"誠百世之龜鑑也。

薛安都從子索兒，前廢帝景和中爲前將軍，直閤，從誅諸公。明帝即位，以爲左將軍，直閤如故。右將軍柳光世，本豫廢立，及宗越、譚金誅，光世懼，亦與安都通謀。見《宋書·光世傳》附《柳元景傳》。泰始二年，正月，索兒、光世攜安都諸子及家累，席卷北奔。初沈慶之死，前廢帝遣直閤江方興領兵誅沈文秀。未至，明帝已篡立，馳驛駐之。方興既至，爲文秀所執。尋見釋，遣還京師。帝徵兵於文秀，文秀遣劉彌之、張靈慶、崔僧琁三軍來赴。安都遣使報文秀，文秀又令彌之等回應安都。崔道固亦遣子景徵及傅靈越往應。彌之等南出下邳，見第三章第四節。靈越自泰山道向彭城。泰山，見第三章第四節。時濟陰太守申闡守睢陵，濟陰，見第八章第四節。睢陵，漢縣，今江蘇睢寧縣。宋僑治，在今安徽盱眙縣西。應明帝，索兒率靈越等攻之。彌之等至下邳，歸順明帝。僧琁不同，率所領歸安都。索兒聞彌之有異志，馳赴下邳。彌之等潰，爲所執，見殺。明帝以申令孫爲徐州代安都。令孫北投索兒。索兒使令孫說申闡，闡降。索兒執闡及令孫并殺之，引軍渡淮。明帝以蕭道成爲前鋒，北討。桂陽王休範總統諸軍。道成擊索兒，破之。索兒走向樂平縣界，漢清縣，後漢改曰樂平，在今山東堂邑縣東南。爲申令孫子孝叔所殺。時王廣之隸劉勔，攻殷琰於壽陽。傅靈越奔逃，爲廣之軍人所禽，送詣勔。勔躬自慰勞，詰其叛逆。對曰："九州唱義，豈獨在我？"勔又問："四方阻逆，主上皆加以曠蕩，即其才用，卿何不早歸天闕？"答曰："薛公舉兵淮北，威震天下，不能專任智勇，委付子姪，致敗之由，實在於此。然事之始末，備皆參豫，人生歸於一死，實無面求活。"勔壯其意，送還京師。明帝欲加原宥。靈越辭對如一，終不回改，乃殺之。亦足見當時是非所在矣。山陽內史程天祚，山陽，見第五章第六節。據郡同安都，攻圍彌時，然後歸順。《紀》在六月。索兒之死也，安都使柳光世守下邳，亦率所領歸降。子勛既敗，安都亦遣使歸款。明帝以四方已平，欲示威於淮外，遣張永、沈攸之以重軍迎之。蔡興宗言："安都勢必疑懼，或能招引北虜，爲患不測。彭城險固，兵彊將勇，圍之既難，攻不可拔，臣爲朝廷憂之。"時張永已行，不見從。安都懼，乃遣信要引索虜。時常珍奇亦乞降，明帝以爲司州刺史，而珍奇慮不見納，亦求救於索虜。《魏書》云：子勛敗，珍奇遣使馳詣長社鎮請降。長社，見第七章第六節。而南北之兵端遂起。

　　南朝之孝武帝，略與北朝之文成帝同時。《宋書·索虜傳》言：世祖之立，索虜求互市，江夏王義恭、竟陵王誕、建平王宏、何尚之、何偃以爲宜許，柳玄景、王玄謨、顏竣、檀和之、褚湛之以爲不宜許，時遂通之，蓋亦有意於綏撫矣。大明元年，虜寇兗州。明年，又寇青州。孝武遣龐孟虯、殷孝祖往援，受青州刺史顏師伯節度，擊破之。四年，三月，虜寇北陰平。東晉郡，今四川梓潼縣西北。其十二月，遣使請和。自是使命歲通。《魏書·文成帝紀》言：世祖經略四方，內頗虛耗，高宗與時消息，靜以鎮之，其時固無大兵革也。明帝泰始二年，文成帝死，子獻文帝立，主少國疑，內憂頗切，見第十一章第一節。亦豈有意於遠略？乃因薛安都、常珍奇之叛，卒招魏人南牧之師，內憂之引致外患也，誠可痛矣。

　　魏使尉元、孔伯恭出東道，救彭城，使元石、張窮奇出西道，救縣瓠。元石進至上蔡，漢縣，在今河南上蔡縣西。宋徙治縣瓠。常珍奇率文武來迎。既相見，議欲頓兵汝北。參軍事鄭羲曰："珍奇雖來，意未可量，不如直入其城，奪其管籥，據有府庫。"石從之。城中尚有珍奇親兵數百人，在珍奇宅內。羲謂石曰："觀珍奇，甚有不平之色，可嚴兵設備，以待非常。"其夜，珍奇果使人燒府廂屋，欲因救火作難。以石有備，乃止。虜騎救殷琰，至師水，出湖北隨縣，經河南信陽縣至羅山縣入淮。聞城陷，乃破義陽，見第八章第七節。殺掠數千人而去。珍奇引虜西河公、即元石。長社公攻汝陰大守張景遠，汝陰，見第四章第二節。景遠與軍主楊文萇拒擊，大破之。景遠尋病卒，以文萇代爲汝陰大守。劉勔爲豫州刺史。泰始四年，淮西人賈元友上書，勸明帝北攻縣瓠，可收陳、南頓、汝南、新蔡四郡之地。陳、新蔡，皆見第三章第四節。南頓，見第八章第六節。汝南，見第二章第三節。上以所陳示劉勔。勔言其不足信。且曰："自元嘉以來，傖荒遠人，多干國議；負儋歸闕，皆勸討虜；從來信納，皆詒後悔。界上之人，惟視彊弱。王師至境，必壺漿候塗，裁見退軍，便抄截蠭起。首領回師，何嘗不爲河畔所弊？"明帝納之，元友議遂寢。勔與常珍奇書，勸令反虜。珍奇乃與子超越，羽林監式寶，於譙殺虜子都公費拔等，凡三千餘人。譙縣，見第三章第三節。勔馳驛以聞。上大喜，以珍奇爲司州刺史，超越爲北豫州刺史，式寶爲陳、南頓二郡大守。珍奇爲虜所攻，引軍南出。虜追擊，破之。珍奇走依山，得至壽陽。超越、式寶，爲人所殺。此據《宋書·劉勔傳》。《魏書·珍奇傳》云：魏以珍奇爲豫州刺史。珍奇表請圖南服。雖有虛表，而誠款未純。歲餘，徵其子超。超母胡氏，不欲超赴京師，密懷南叛。時汝、徐未平，元石自出攻之，珍奇乘虛，於縣瓠反叛。燒城東門，斬三百餘人。虜掠上蔡、安城、平輿三縣居民。屯於灌水。石馳往討擊，大破之。會日闇，放火燒其營。珍奇乃匹馬逃免。其子超，走到苦城，爲人所殺。小子沙彌，囚送京師，刑爲閹人。灌水，出河南商城縣，東北至固始縣入史河。安城、平輿，皆漢縣，在今河南汝南縣東南。苦亦漢縣，在今河南鹿邑縣東。

初明帝遣畢衆敬詣兗州募人。衆敬，孝武帝時，爲泰山大守。至彭城，薛安都使行兗州事。時殷孝祖留其妻子，使司馬劉文石守城。衆敬率衆取瑕丘，漢縣，晉省，在今山東滋陽縣西。殺文石。州内悉附。惟東平大守申纂據無鹽，漢縣，在今山東東平縣東。不與之同。明帝授纂兗州刺史。安都降虜，衆敬不同其謀。子元賓，以母并百口，悉在彭城，日夜啼泣，遣請衆敬。衆敬猶未從之。衆敬先已表謝明帝，帝授以兗州刺史，而以元賓有他罪，猶不舍之。此據《魏書·衆敬傳》。《通鑑》從《宋略》，云元賓先坐他罪誅。衆敬拔刀斫柱曰："皓首之年，惟有此子，今不原貸，何用獨全？"及尉元至，遂以城降。元遣將入城。事定，衆敬悔恚，數日不食焉。

畢衆敬既下，申纂亦詐降，尉元遂長驅而進。《魏書·李靈傳》云：軍達九里山，在今江蘇銅山縣北。安都率文武出迎。元不加禮接。安都還城，使遂不至。元令李璨與高閭入城說之。安都乃與俱載赴軍。元等入城收管籥。《安都傳》云：元等既入彭城，安都中悔，謀圖元等，欲遂以城叛。會元知之，不果發。安都因重貨元等，委罪於女壻裴祖隆。元乃殺祖隆而隱安都謀。《宋書·安都傳》則云：祖隆謀殺尉元，舉城歸順，事泄見誅。案安都果欲歸罪，不患無人，何必自殺其女壻？《宋史》之言是也。安都蓋本同祖隆之謀，虜亦懼激變，不敢窮治耳，不必由貪其賄也。張永、沈攸之屯下磑，未詳。其輜重在武原，漢縣，在下邳北。米船在呂梁，《水經注》：泗水自彭城東南過呂縣南，泗水之上，有石梁焉，故曰呂梁。呂縣，見第二節。爲元所破。永、攸之引退，爲虜所乘，大敗於呂梁之東。時泰始三年正月也。攸之留長水校尉王玄載守下邳，積射將軍沈韶守宿豫，見第七章第四節。睢陵、淮陽，晉郡，在今江蘇淮陰縣西南。亦皆置戍，而身還淮陰。見第四章第二節。東安、東莞二郡大守張讜守團城，在彭城東北。始同安都，末亦歸順，明帝以爲徐州刺史；兗州刺史王整，蘭陵大守桓忻，蘭陵，見第五章第六節。保險自固；至是亦皆降於虜。尉元表言：“賊向彭城，必由清、泗過宿豫，歷下邳；趨青州，路亦由下邳入沂水，經東安。漢縣，晉郡，在今山東沂水縣西北。今若先定下邳，平宿豫，鎮淮陽，戍東安，則青、冀諸鎮，可不攻而克。若四處不服，青、冀雖拔，百姓狼顧，猶懷徼幸之心。宜釋青、冀之師，先定東南之地。”八月，明帝復令沈攸之進圍彭城。攸之以清、泗既乾，糧運不繼，固執以爲非宜。往返者七。上大怒。攸之懼，乃進軍。至下邳，尉元使孔伯恭步騎一萬拒之。軍主陳顯達，攸之使守下邳，引兵迎攸之。至睢清口，胡三省曰：清水合於泗水，故泗水亦得清水之名。《水經注》：泗水過下邳縣西，又東南，得睢水口。泗水又東南入於淮水，故謂之睢清口。爲虜所破。攸之棄衆南奔。王玄載狼狽夜走。宿豫、淮陽，皆棄城而遁。魏乃以高閭與張讜對爲東徐州刺史，李璨與畢衆敬對爲東兗州刺史，而拜尉元爲徐州刺史。東徐州，治下邳。東兗州，治瑕丘。徐州，治彭城。

劉彌之爲青州彊姓，門族甚多。彌之既降明帝，諸宗從相率奔北海，據城以拒沈文秀。北海，漢郡，宋治平壽，在今山東濰縣西南。平原、樂安大守王玄默據琅邪，清河、廣川大守王玄邈據盤陽，漢縣，晉省，今山東淄川縣。高陽、渤海大守劉乘民據靈濟，漢狄縣，後漢改曰臨濟，在今山東高苑縣西北。并應明帝。文秀遣攻北海，陷之。乘民從弟伯宗，合率鄉兵，復克北海。因向東陽。文秀拒之，伯宗戰敗見殺。明帝遣青州刺史明僧暠，東安、東莞大守李靈謙伐文秀。玄邈、乘民、僧暠等并進軍攻城。每戰，輒爲文秀所破，離而復合者十餘。尋陽平定，上遣文秀弟文炳詔文秀。泰始三年，二月，文秀歸命請罪。即安本任。崔道固爲土人起兵所攻，屢戰失利，閉門自守。上遣使宣慰。道固亦奉詔歸順。二人先俱遣使引虜。虜使長孫陵、侯窮奇赴之。又使慕容白曜督騎五萬，次於碻磝，見第六章第五節。爲東道後援。白曜攻申纂，三月，克之。纂爲亂兵所傷，走出，被禽，送於白曜。城中火起，纂創重不能避，燒死。清河房法壽，清河，見第五章第三節。少輕率勇果，結羣小爲劫盜。與王玄邈起兵，西屯合討道固。玄邈以爲司馬。道固既歸明帝，乃罷兵。道固慮其扇亂百姓，切遣之。法壽不欲行。其從祖兄弟崇吉，爲沈文秀中兵參軍。大原戍守傅靈越南赴，文秀以崇吉行郡事。大原，晉縣，亦曰升城，宋置郡，在今山東長清縣東北。崇吉背文秀，同於明帝。其母、妻在歷城，爲道固所拘。道固既歸明帝，乃出其母。明帝以崇吉爲并州刺史，領大原大守，戍升城。慕容白曜遣人招之，崇吉不降，遂閉門固守。升城至小，勝仗者不過七百人。白曜侮之，遣衆陵城，不克。乃築長圍三重，更造攻具，日夜攻擊。自二月至四月，糧矢俱盡。崇吉突圍走。母、妻見獲。崇吉東歸舊邨，陰募壯士，欲篡其母，還奔河南。白曜知其如此，守備嚴固。崇吉乃託法壽爲計。時道固以兼治中房靈賓督清河、廣川郡事，廣川，漢縣，後漢爲國，今河北棗彊縣。宋僑治今山東長山縣。戍盤陽。法壽恨道固逼切，遂與崇吉潛謀，襲克之。仍歸款於白曜，以贖母、妻。魏以法壽與韓麒麟對爲冀州刺史，督上租糧，而以其從兄弟爲諸郡大守。白曜先已攻克垣苗、麋溝二戍。皆在大原縣界。於是長孫陵、尉眷東討青州，白曜進攻歷城。時三年八月也。道固固守拒之。虜每進，輒爲所摧。然孤城無援，至四年二月，卒陷。道固兄子僧祐，明帝使領衆數千，從淮海揚聲救援。將至不其，見第八章第四節。聞道固敗，母、弟入魏，徘徊不進。白曜使道固子景徽往喻，僧祐遂降。幽州刺史劉休賓，乘民之兄弟也。鎮梁鄒。漢縣，晉省，今山東鄒平縣。白曜軍至升城，遣人說之。休賓不從。龍驤將軍崔靈延，行渤海郡房靈建等數十家，皆入梁鄒，同舉休賓爲兗州刺史。明帝即以授之。休賓妻，崔邪利女也，邪利守邨山敗没，見第八章第七節。生一男，字文曄，與邪利俱入魏。白曜表請崔與文曄。既至，以報休賓。又於北海執休賓兄弟延和妻子，送至梁鄒，巡視城下。休賓答白曜，許歷城降當即歸順。密遣兼主簿尹文達向歷城，觀魏軍形勢。白曜使至升城見休賓妻子。文曄攀援文達，哭泣號咷。以爪髮爲信。文達回還，復經白曜，誓約而去。還謂休賓曰：“升城已敗，歷城匪朝則夕，公可早圖之。”休賓撫爪髮泣涕曰：“吾荷南朝厚恩，受寄邊任，今顧妻子而降，於臣節足乎？”然密與兄子聞慰爲降計。聞慰曰：“此故當文達誑詐耳。年常抄掠，豈有多軍也？”休賓又遣文達出，與白曜爲期，刻日許送降款。白曜許城內賢豪，隨人補授，文達即爲梁鄒城主。初白曜之表取休賓妻子也，魏獻文帝以道固既叛，詔授休賓冀州刺史。至是，付文達詔策。文達還，謂休賓曰：“白曜信誓如此，公可早爲決計。恐攻逼之後，降悔無由。”休賓於是告聞慰：早作降書。聞慰執不作。遂差本契。白曜尋遣夜至南門下，告城上人曰：“汝語劉休賓，何由遣文達頻造僕射，許送降文，違期不來？”於是門人唱告，城內悉知，遂相維持，欲降不得。尋被攻逼，經冬至春。歷城降下，白曜遣道固子景業與文曄至城下。休賓知道固降，乃出。

歷城既下，白曜遂圍東陽。先是沈文秀既受朝命，乘虜無備，縱兵掩擊，殺傷甚多。及虜圍城，文秀善於撫御，將士咸爲盡力。每與虜戰，輒摧破之。掩擊營砦，往無不捷。明帝所遣救兵，并不敢進。乃以文秀弟文靜統高密、北海、平昌、長廣、東萊五郡軍事，海道救青州。高密，宋郡，在今山東膠縣西南。平昌，見第三章第三節。長廣、東萊，皆見第四章第三節。至不其，爲虜所斷遏，不得進，因保城自守。又爲虜所攻。屢戰輒克。四年，城陷，文靜見殺。文秀被圍三載，外無援軍，士卒爲之用命，無離叛者。日夜戰鬥，甲冑生蟣蝨。五年，正月二十四日，城爲虜所陷。文秀解釋戎衣，緩服靜坐。命左右取所持節。虜既入，兵刃交至。問曰："青州刺史沈文秀何在？"文秀厲聲曰："身是。"因執之。牽出聽事前，剥取衣服。時白曜在城西南角樓，裸縛文秀至曜前。執之者令拜。文秀曰："各二國大臣，無相拜之禮。"曜命還其衣服，設酒食，鑱送桑乾。見第四章第二節。此據《宋書·文秀傳》。《魏書·白曜傳》云，克城之日，以沈文秀抗踞，不爲之拜，忿而捶撻。《文秀傳》云：白曜忿之，乃至摑撻。後還其衣，爲之設饌。

　　是歲，五月，虜徙青、齊民於平城，置升城、歷城民望於下館，此據《白曜傳》。《道固傳》云：初在平城西，後徙治舊陰館之西。陰館見第三章第八節。置平齊郡、懷寧、歸安二縣以居之。自餘悉爲奴婢，分賜百官。薛安都大見禮重。子姪羣從，并處上客，皆封侯。至於門生，無不收叙。又爲起第宅，館宇崇麗。資給甚厚。房法壽爲上客，崇吉爲次客，崔、劉爲下客。法壽供給，亞於安都等。沈文秀與長史房天樂、司馬沈嵩等鑱送平城。面縛，數罪，宥死。待爲下客，給以粗衣疏食。安都、道固、文秀、衆敬皆没於魏。崇吉，停平城半歲南奔。[1] 夫婦異路。薙髮爲沙門，改名僧達。投其族叔法延。住歲餘，清河張略之，亦豪俠士也，崇吉遺其金帛，得以自遣。妻從幽州南出，亦得相會。崔僧祐與法壽諸人皆不穆。法壽等訟其歸國無誠，拘之歲餘，因赦乃釋。後坐與沙門謀反，見殺。

　　青、冀、兖、徐，至是皆陷，并失豫州之淮西。明帝乃僑立兖州於淮陰，見第四章第二節。徐州於鍾離。見第八章第四節。青、冀二州，共一刺史，治鬱州。見第七章第二節。初劉道隆刺徐州，辟垣崇祖爲主簿，厚遇之。景和世，道隆求出爲梁州，與之同行，使還下邳召募。明帝立，道隆被誅。薛安都使將裴祖隆、王世雄據下邳，祖隆引崇祖共拒戰。會劉彌之歸降，祖隆士衆沮散。崇祖與親近數十人夜救祖隆，與俱走還彭城。虜既陷徐州，崇祖仍爲虜將遊兵琅邪間，琅邪，見第二章第三節。不復歸，虜不能制。崇祖密遣人於彭城迎母，欲南奔。事覺，虜執其母爲質。崇祖妹夫皇甫肅，兄婦薛安都之女，故虜信之。肅乃將家屬及崇祖母奔朐山。在今江蘇東海縣南。崇祖因將部曲據之。遣使歸命。蕭道成鎮淮陰，版爲朐山戍主，送其母還京師。明帝納之。崇祖啓明帝曰："淮北士民，

―――――――――

　　① 階級：房崇吉南奔，藉清河俠張略之之力。

力屈胡虜，南向之心，日夜以冀。崇祖父、伯，_{崇祖，護之弟子。}并爲淮北州郡，門族布在北邊，百姓所信。一朝嘯咤，事功可立。乞假名號，以示遠近。"①明帝以爲北琅邪、蘭陵二郡大守。_{蘭陵，見第五章第六節。}數陳計算，欲克復淮北。時虜聲當寇淮南。明帝以問崇祖。崇祖因啓："宜以輕兵深入，出其不意，進可立不世之勳，退可絶窺覦之意。"帝許之。崇祖將數百人，入虜界七百里，據蒙山，_{在今山東蒙陰縣南。}扇動郡縣。虜率大衆攻之。崇祖敗追者而歸。泰豫元年，以崇祖行徐州事，徙戍龍沮。_{在東海縣南六十里。}崇祖啓斷水，清平地，以絶虜馬。帝以問劉懷珍，云可立。崇祖率將吏塞之。未成，虜主謂僞彭城鎮將平陽公曰："龍沮若立，國之恥也，以死争之。"數萬騎奄至。崇祖馬稍陷陳，不能抗，乃築城自守。會天雨十餘日，虜乃還。龍沮竟不立。

　　淮北之陷，全誤於明帝及沈攸之等，志僅在於閱牆，而不在於禦侮。尋陽之起，建康僅保丹陽、淮南數郡，然卒能摧折彊敵，足見其時之兵力，非不足用。綜觀戰事始末，知沈攸之等之將才，亦有足取。使能并力北向，何至以方數千里之地，拱手授人？乃争於内則徵兵遣將，絡繹於途，而其將帥亦能彼此和衷，_{殷孝祖之死也，人情震駭，并謂沈攸之宜代孝祖爲統。時建安王休仁遣江方興、劉靈遺各率三千人赴赭圻。攸之以爲孝祖既死，賊有乘勝之心，若不更攻，則示之以弱，方興名位相亞，必不爲己下，乃率諸軍主詣方興，推爲統。方興甚悦。明旦進戰，遂致克捷。此事非攸之所能爲，所以能爲之者，實以既叛廢帝，敗則無地自容，迫而出此也。}知計迭出；_{如張興世建議，越鵲尾上據錢溪。}戰於外則將帥皆逗橈不前，廟堂亦熟視無覩，攻圍雖久，應接終希；此何哉？尋陽得志，則君若臣皆無地自容，淮北陷没，不過蹙國棄民，君若臣之安富尊榮如故也。不但此也，沈文秀等皆嘍喈宿將，智勇兼人，始同子勛，窮而歸順，安知非明帝所忌？亦安知非攸之等所疾？而故借虜手以除之乎？此非深文周内之辭，綜觀明帝及攸之等之爲人，固令人不得不作此想也。陷虜諸人，其才皆有可用，其心亦無一願投虜者。有之，則惟一少爲劫盜之房法壽耳。而民心尤爲可恃。劉休賓欲降虜，而爲其城民所持。常珍奇降虜，淮西七縣之民，并連營南奔。尉元請攻下邳云："彭城、下邳，信命未斷。此城之人，元居賊界，心尚戀土。輒相詿惑，希幸非望。南來息耗，壅塞不通。雖至窮迫，仍不肯降。"明帝遣明僧暠北征，又使劉懷珍緣海救援。至東海，_{見第三章第三節。}僧暠已退保東萊。懷珍進據朐城。衆心洶懼，或欲且保鬱州。懷珍曰："卿等傳沈文秀厚賂胡師，規爲外援，察其徒黨，何能必就左袒？"遂進至黔陬。_{漢縣，在今山東膠縣}

────────────────

① 宗族：垣崇祖啓明帝，門族布在北邊，一朝嘯咤，事功可立。

西南。然則文秀之能固守，豈獨其撫馭之才，亦以人同此心，不願陷虜故也。人心如此，而以君若臣之僅圖私計棄之，豈不痛哉？

第六節　明帝誅戮宗室大臣

明帝之猜忌好殺，尤甚於孝武帝。《南史・孝武帝母路大后傳》云：明帝少失所生，爲大后所撫養，撫愛甚篤。及即位，供奉禮儀，不異舊日。有司奏宜別居外宫，詔欲親奉晨昏，盡懽閨禁，不如所奏。及聞義嘉難作，義嘉，子勛年號。大后心幸之。延上飲酒，置毒以進。侍者引上衣，上寤，起以其巵上壽，是日，大后崩。案大后果欲毒殺帝，必不能與外閒一無牽連，而當時絶未聞有此，其説恐不足信，而帝之毒后則真矣。孝武帝二十八男：前廢帝，豫章、晉安、始平、南海四王，事已見前。皇子子深、子鳳、子玄、子衡、子況、子文、子雍皆早夭。齊敬王子羽，晉陵孝王子雲，淮陽思王子霄，皆卒於大明世。安陸王子綏，松滋侯子房，十一歲。臨海王子頊，十一歲。皆以同子勛見殺。邵陵王子元，爲子勛所留，事平賜死。九歲。永嘉王子仁，十歲。始安王子真，十歲。淮南王子孟，八歲。南陵王子産，廬陵王子興，東平王子嗣，四歲。皇子子趨、子期、子悦，亦皆見殺。《南史・後廢帝紀》云："孝武帝二十八男，明帝殺其十六，餘皆帝殺之，"誤。錢大昕《廿二史考異》云：泰始六年詔曰：世祖繼體，陷憲無遺，則孝武之嗣，絶於明帝之世，史固有明文矣。長沙景王之孫祇，爲南兖州刺史，謀應子勛；瞻爲晉安大守，彌爲武昌大守，晉安，見第七章第五節。武昌，見第三章第九節。并與子勛同，皆死。韞爲宣城大守，宣城，見第三章第九節。棄郡赴朝廷。韞人才凡鄙，以此特爲帝所寵。襲爲安城大守，安城，見第三章第九節。據郡拒子勛，亦以庸鄙封侯焉。

明帝兄弟：東海王褘，本爲司空，帝即位，進大尉，改封廬江王。泰始五年，河東柳欣慰謀反，欲立褘，褘與相酬和，降爲南豫州刺史，出鎮宣城。上遣腹心楊運長領兵防衛。明年，六月，逼令自殺。子充明，廢徙新安歙縣。今安徽歙縣。大祖諸子，褘尤凡劣，諸兄弟并蚩鄙之，其實未必能謀反也。山陽王休祐，帝初命其刺荆州。尋改江州、南豫州。又改豫州，督劉勔等討殷琰。琰未平，又徙荆州。改封晉平王。休祐素無才能，彊梁自用。大明世，年尚少，未得自專。至是，貪淫好財色。哀刻所在，多營財貨。民不堪命。泰始六年，徵爲南徐州刺史，留之京邑，遣上佐行府州事。休祐很戾彊梁，前後忤上非一。上積不能平；且慮其將來難制。七年，二月，因其從射雉，遣壽寂之等殺之，諱云墮馬。是年，五月，遂殺建安王休仁。休仁年與帝鄰亞，俱好文籍，素相友愛。及廢帝世,同經危難,史云:大宗資其權譎之力。又云:大宗甫隕廢帝,休仁即日推崇,便執臣禮,蓋謀之有素矣。及即位,以爲司徒、尚書令、揚州刺史。大勳克建,任總百揆,朝野四方,莫不輻湊。上漸不悦。休仁悟其旨,五年,冬,表解揚州。及殺晉平王,休仁憂懼轉切。其年,上疾篤,與楊運長爲身後之計,五月,遂殺之。下詔謂其"規逼禁兵,謀爲亂逆,申詔誥厲,辨覈事原,慚恩懼罪,遽自引決。"有司又奏休祐與休仁共爲姦謀,乃追免休祐爲庶人,十三子并徙晉平郡。晉晉安郡,泰始四年,改爲晉平,晉安,見第七章第五節。休仁降始安縣王。子伯融,聽襲封爵。伯猷,先紹江夏國,令還本,賜爵鄉侯。後廢帝時,建平王景素爲逆,楊運長等稱詔賜之死。伯融時年十九,伯猷年十一。休仁之死也,上與諸方鎮及諸大臣詔曰:"休仁既經南討,與宿衛將帥習狎。共事相識者,布滿外内。常日出入,於厢下經過,與諸相識將帥,都不交言。及吾前積日失適,休仁出入殿省,諸衛主帥,裁相悉者,無不和顔,厚相撫勞。"此或是實語。殺機既動,彼此相猜,不必冀幸非常,即爲免禍計者,亦或不得不爾也。而詔又云:"爲詔之辭,不得不云有兵謀,非事實也,"則又慮四方因休仁有異意而生覬覦,故曲諱之,轉非其實矣。史云:上與休仁素厚,至於相害,慮在後嗣不安。休仁既死,痛悼甚至。謂人曰:"我與建安,年時相鄰,少便狎從。景和、泰始之閒,勳誠實重。事計交切,不得不相除。痛念之至,不能自已。懦適之方,於今盡矣。"因流涕不自勝。亦云苦休若,初刺雍州。四年,遷湘州。休祐入,改荆州。休祐被殺,休仁見疑,京邑譌言:休若有至貴之表,帝以言報之。休若聞,甚憂懼。會被徵代休祐爲南徐州,腹心將佐,咸謂還朝必有大禍。中兵參軍王敬先因陳不宜入。勸割據荆楚,以距朝廷。休若僞許之。敬先既出,執録,馳使白之。敬先坐誅死。休若至京口,休仁見害,益懷危慮。上以休若和善,能諧輯物情,慮將來傾幼主。欲遣使殺之,慮不奉詔,徵入朝又恐猜駭;乃僞遷休若爲江州刺史,徵還召拜。手書殷勤,使赴七月七日。即於第賜死。於是文帝之子,存者惟一休範矣。

帝之猜忌好殺,不徒在同姓諸王也,袁顗忠於所事,當其對敵,不得不事翦除,事平,固無所謂恩怨,乃流其尸於江;徐爰亦何能爲,乃徙之交、廣,亦可謂酷矣。其所任者,爲阮佃夫、王道隆、楊運長之徒。史稱其并執權柄,亞於人主,巢、戴大明之世,方之蔑如也。佃夫大通貨賄。宅舍園池,諸王邸第莫及。伎女數千,藝貌冠絶當時。金玉錦繡之飾,宫掖不逮。每製一衣,造一物,京邑莫不法效。僕從附隸,皆受不次之位。道隆亦家産豐積。惟楊運長不事園池,不受餉遺。李道兒亦執權要。壽寂之則見殺。史稱寂之爲南泰山大守,治南城,未詳今地。多納貨賄,請謁無窮。有一不從,切齒罵詈。常云:利刀在手,何憂不辦? 鞭尉史,斫邏將。七年,爲有司所奏,徙送越州。宋置,治臨漳,今廣東合浦縣東北。行至豫章,見第三章第九節。謀欲逃叛,乃殺之。案寂之罪固當誅,然明帝誅之,則亦未足以服其心也。而吳喜尤枉。喜實有大功於帝。史云:初喜東征,白大宗:得尋陽王子房及諸賊帥,即於東梟斬。東土既平,喜見南方賊熾,慮後翻覆受禍,乃生送子房還都,凡諸大主帥顧琛、王曇生之徒,皆被全活。上以喜新立大功,不問也,而内密嫌之。及平荊州,恣意剽虜,臧私萬計。又嘗對賓客言:"漢高、魏武,本是何人?"益不悦。其後誅壽寂之,喜内懼,因啓乞中散大夫,上尤疑駭。會上有疾,爲身後之慮,以喜素得人情,疑其將來不能事幼主,乃賜死。此所言罪狀,并據帝與劉勔、張興世、蕭道成詔辭,多非其實。喜之貪殘罔極,罪固當誅,然帝之誅之,則亦初不以此也。[1] 喜平東土之時,本不利多殺,此乃明帝之深謀,安有衛之之理? 詔又謂張靈度與柳欣慰等謀立劉褘,使喜録之,而喜密報令去,則尤誣矣。以明帝之猜忌,果有此事,安能容忍歷年? 漢高、魏武,本屬何人之語,尤不足辨。喜乃小人,不過欲乘時以取富貴,安有此大志哉? 喜之大罪,在其殘暴。詔云:"喜軍中諸將,非劫便賊。惟云:賊何須殺,但取之,必得其用。"又云:"喜聞天壤閒有罪人死或應繫者,必啓以入軍。""勞人義士,共相歡息。"然又云:"義人雖忿喜不平,又懷其寬弛。""其統軍,寬慢無章,放恣諸將,無所裁檢,故部曲爲之盡力。"蓋其專收集羣不逞之徒,恣其殘民而用之也。詔又云:"喜自得軍號以來,多置吏佐,是人加板,無復限極。爲兄弟子姪,及其同堂羣從,乞東名縣,連城四五。皆灼然巧盜,侵官奪私。他縣女婢,入界便略。百姓牛犢,輒牽噉殺。喜兄茹公等,悉下取錢,盈村滿里。諸吳姻親,就人閒徵求,無復紀極。喜具知此,初不禁呵。""西救汝陰,縱肆兵將掠暴居民。姦人婦女。逼奪雞犬。虜略縱橫。百姓吁嗟,人人失望。近段佛榮求還,欲用賈代之西人聞其當來,皆欲叛走。"此等縱或加甚,必非全誣,惟明帝之殺之,初不以此耳,喜之罪固不容於死矣,詔又謂其"妄竊善稱,聲滿天下,"蓋其宗族、交遊、部曲,相與稱頌之,非人民之感戴之也。王景文爲帝后兄,任揚州刺史。上慮一旦晏駕,皇后臨朝,則景文自然成宰相,門族彊盛,藉元舅之重,歲暮不爲純臣。泰豫元年,春,上疾篤,乃遣使送藥殺之。手詔曰:"與卿周旋,欲全卿門户,故有此處分。"案景文乃一坐談玄理之人,而亦忌而殺之,天下尚有可信之人邪? 帝每殺兄弟及大臣,必爲手詔賜臣下自解説,其言多有理致,而景文求解揚州時答詔,言貴不必難處,賤不必易安,遭遇參差,莫不由命,其言尤爲通達,帝蓋亦長於玄理者。[2] 然史言帝好小數,異於常倫,《本紀》云:帝末年好鬼神,多忌諱。言語文書,有禍敗凶喪及疑似之言應回避者,數百千品。有犯必加罪戮。改驌字爲馬邊瓜,亦以驌字似禍字故也。以南苑借張永,云且給二百年,期訖更啓,其事類皆如此。宣陽門,

---

① 宗族:吳喜姻親爲暴。
② 學術:宋明帝蓋長玄理,而猜忌特甚。

民閒謂之白門。上以白門之名不祥，甚諱之。尚書右丞江謐嘗誤犯，上變色曰："白汝家門。"謐稽顙謝，久之方釋。大后停尸漆牀，先出東宮。上嘗幸宮，見之，怒甚，免中庶子官，職局以之坐者數十人。內外嘗慮犯觸，人不自保。宮內禁忌尤甚。移牀、治壁，必先祭土神，使文士爲文解祝策，如大祭饗。《後廢帝江皇后傳》云：泰始五年，大宗訪求大子妃，而雅信小數，名家女多不合。后弱小，門無彊蔭，以卜筮最吉，故爲大子納之。蓋顧慮禍福大甚，遂至於此耳。[①] 名士之不免忌刻，此亦其一證也。參看第四章第四節。又案明帝之爲人，似有心疾而失其常度者。《本紀》言：泰始、泰豫之際，更忍虐好殺，左右失旨、忤意，往往有斬剠斷截者。此時帝固去死不遠矣。《南史·本紀》云：夜夢豫章大守劉愔反，遣就郡殺之，此非有心疾者，何至於是邪？《明恭王皇后傳》云：嘗宮內大集，而贏婦人觀之，以爲懽笑。宋世宮闈，雖習於無禮，然帝苟爲醫家所謂平人，亦不至於是也。

第七節　宋治盛衰

　　宋氏開國，政事粗有可觀，實由武、文二世之恭儉，而孝武帝及明帝壞之。《宋書·良吏傳》云："高祖起自匹庶，知民事艱難。及登庸作宰，留心吏職。而王略外舉，未遑內務。奉師之費，日耗千金。播兹寬簡，雖所未暇。而絀華屏欲，以儉抑身。左右無幸謁之私，閨房無文綺之飾。故能戎車歲駕，邦甸不擾。大祖幼而寬仁，入纂大業。及難興陝方，六戎薄伐；命將勤師，經略司、兗；費由府實，役不及民。自此區寓晏安，方內無事。三十年閒，氓庶蕃息。奉上供徭，止於歲賦。晨出莫歸，自事而已。守宰之職，以六期爲斷。雖沒世不徙，未及囊時，而民有所係，吏無苟得。家給人足，即事雖難，轉死溝渠，於時可免。凡百户之鄉，有市之邑，歌謠舞蹈，觸處成羣，蓋宋氏之極盛也。暨元嘉二十七年，北狄南侵，戎役大起，傾資掃稸，猶有未供，於是深賦厚斂，天下騷動。自兹至於孝建，兵連不息。以區區之江東，地方不至數千里，户不盈百萬，薦之以師旅，因之以凶荒，宋氏之盛，自此衰矣。晉世諸帝，多處內房。朝宴所臨，東西二房而已。孝武末年，清暑方構。高祖受命，無所改作。所居惟稱西殿，不制嘉名。大祖因之，亦有合殿之稱。及世祖承統，制度奢廣。犬馬餘菽粟，土木衣錦繡。追陋前規，更造正光、玉燭、紫極諸殿。雕欒綺飾，珠窗網户。嬖女幸臣，賜傾府藏。竭四海不供其欲，單民命未快其心。大宗繼祚，彌篤浮侈。恩不恤下，以至橫流。莅民之官，遷變歲屬。蒲、密之化，事未易階。豈徒吏不及古，民僞於昔，蓋由爲上所擾，致治莫從。"案治道之隆汙，係於君心之敬肆。高祖以衲衣付會稽長公主，使戒後嗣之奢，已見第八章第

---

① 宗教：宋明帝多忌諱，由顧慮福禍，不關迷信。齊明帝亦迷信（第三三一頁）。

一節。史又言："上清簡寡欲，嚴整有法度。未嘗視珠玉輿馬之飾後庭無紈綺絲竹之音。寧州嘗獻虎魄枕，光色甚麗。時將北征，以虎魄治金創，上大悅，命擣碎，分付諸將。財帛皆在外府，內無私藏。宋臺既建，有司奏東西堂施局腳牀、銀塗釘，上不許，使用直腳牀，釘用鐵。諸主出適，遣送不過二十萬，無錦繡金玉。內外奉禁，莫不節儉。"又云：微時躬耕於丹徒，見第四章第二節。及受命，耨耜之具，頗有存者，皆命藏之，以留於後。文帝幸舊宮，見而問焉。左右以實對。文帝色慚。及孝武大明中，壞高祖所居陰室，江左諸帝既崩，以其所居爲陰室。於其處起玉燭殿。與羣臣觀之。牀頭有土障。壁上挂葛燈籠、麻蠅拂。侍中袁顗，盛稱上儉素之德。孝武不答，獨曰："田舍公得此，以爲過矣。"蓋文帝已稍陵夷，至孝武而盡忘其本矣。史稱文帝性存儉約，不好奢侈。其鄰乎侈者，惟元嘉二十三年築北堤，立玄武湖於樂游苑，興景陽山於華林園，史云役重人怨。然是歲固大有年也。以視孝武，其奢儉不可以道里計矣。至於明帝，則尤有甚焉。史稱其時經略淮、泗，軍旅不息。荒弊積久，府藏空竭。內外百官，并日料祿奉，而上奢費過度，務爲彫侈。每所造制，必爲正御三十，副御、次御，又各三十，須一物輒造九十枚。天下騷然，民不堪命。廢帝元徽四年，尚書右丞虞玩之表陳時事曰："天府虛散，垂三十年。江、荊諸州，稅調本少，自頃已來，軍募多乏，其穀帛所入，折供文武。豫、兗、司、徐，開口待哺；西北戎將，俁身求衣；委輸京都，益爲寡薄。天府所資，惟有淮海，民荒財單，不及曩日。而國度引費，四倍元嘉。二衛臺坊人力，五不餘一。都水材官朽散，十不兩存。備豫都庫，材竹俱盡。東西二埭，甎瓦雙匱。敕令給賜，悉仰交市。尚書省舍，日就傾頹。第宅府署，類多穿毀。視不遑救，知不暇及。尋所入定調，用恒不周，既無儲積，理至空盡。積弊累耗，鍾於今日。"蓋實自孝武以來，積漸所致也。《沈曇慶傳》言：元嘉十三年，東土潦浸，民命棘矣。大祖省費減用，開倉廩以振之。病而不凶，蓋此力也。大明之末，積旱成災。雖敝同往困，而救非昔主。所以病未半古，死已倍之。并命比室，口減過半。《宋書·本紀》：大明八年，去歲及是歲，東諸郡大旱，甚者米一斗數百，都下亦至百餘，餓死者十有六七。一斗，《南史》作一升。案作一斗者是也。《宋書·孔覬傳》亦云：都邑一斗將百錢。政事之隆汙，係於君心之敬肆，而民生之舒慘，即係於政事之隆汙，可不戒哉。

高祖又非徒恭儉而已。①《宋書·本紀》云：先是朝廷承晉氏亂政，百司縱弛。桓玄雖欲釐革，而衆莫從之。高祖以身範物，先以威禁。內外百官，皆

---

① 學術：宋高祖、劉穆之任法。

蕭然奉職。二三日間，風俗頓改。元興三年。又云：晉自中興以來，治綱大弛。
權門并兼，彊弱相陵，百姓流離，不得保其產業。桓玄頗欲釐改，竟不能行。
公既作輔，大示軌則。豪彊蕭然，遠近知禁。義熙七年。《劉穆之傳》云：從平京
邑。時晉綱寬弛，威禁不行。盛族豪右，負勢陵縱。小民窮蹙，自立無所。重
以司馬元顯政令違舛，桓玄科條繁密。穆之斟酌時宜，隨方矯正。不盈旬日，
風俗頓改。《贊》曰："晉綱弛紊，其漸有由。孝武守文於上，化不下及；道子昏
德居宗，憲章墜矣；重之以國寶啓亂；加之以元顯嗣虐；而祖宗之遺典，羣公之
舊章，莫不葉散冰離，掃地盡矣。主威不樹，臣道專行。國典人殊，朝綱家異。
編戶之命，竭於豪門。王府之蓄，變爲私藏。由是禍基東妖，難結天下。蕩蕩
然王道，不絕者若綖。高祖一朝創義，事屬橫流。改亂章，布平道。尊主卑臣
之義，定於馬棰之間。威令一施，內外從禁。以建武、永平之風，變大元、隆安
之俗。此蓋文宣公之爲也。爲一代宗臣，配饗清廟，豈徒然哉？"然則江左之
不振，非徒兵力之衰頹，政散民流，實爲其本。雖桓玄猶未嘗不知此義，而卒
莫之能革。高祖一朝矯之，此其所以能掃蕩青、齊，廓清關、洛歟？孝武以後，
佞幸專朝，毒流氓庶，而此風息矣，豈不惜哉？

第八節　後廢帝之敗

　　凡好用權術駕馭者，無不思爲萬全之謀，然終不能收萬全之效，以此知智
計之有時而窮，不如道義之足任矣。宋明帝是也。明帝誅鉏宗戚，翦伐大臣，
於可疑者，可謂除之殆盡，然卒失之於蕭道成。

　　道成破薛索兒後，遷巴陵王休若衛軍司馬，隨鎮會稽。又除桂陽王休範
征北司馬，行南徐州事。張永沈攸之敗，出鎮淮陰。泰始六年，徵爲黃門侍
郎，領越騎校尉。《南史·帝紀》云：明帝嫌帝非人臣相，而人間流言，帝當爲
天子，明帝愈以爲疑。遣吳喜留軍破釜，《齊書·本紀》云：以三千人北使。破釜，湖名，即
今之洪澤湖也。在當時爲一小湖。隋煬帝經此，亢旱得雨，改名洪澤。宋熙寧中，開渠通淮，金時河奪
淮流，此湖始大。自持銀壺酒賜帝。帝戎衣出門迎，懼鴆不敢飲，將出奔。喜告以
誠，先飲之，帝即酌飲之。喜還，明帝意乃悅。《齊書·本紀》云：大祖戎衣出門迎，即酌
飲之，乃諱飾之辭。《王玄邈傳》云：仕宋，位青州刺史。齊高帝之鎮淮陰，爲宋明
帝所疑，乃北通魏。遣書結玄邈。玄邈長史房叔安進曰："夫布衣韋帶之士，
銜一餐而不忘，義使之然也。今將軍居方州之重，託君臣之義，無故舉忠孝而
棄之三齊之士，寧蹈東海死耳，不敢隨將軍也。"玄邈意乃定。仍使叔安使建

業,發高帝謀。高帝於路執之。并求玄邈表。叔安答曰:"寡君使表上天子,不上將軍。且僕之所言,利國家而不利將軍,無所應問。"荀伯玉勸殺之。高帝曰:"物各爲主;無所責也。"玄邈罷州還,高帝途中要之,玄邈嚴軍直過。還都,啓宋明帝,稱高帝有異謀,帝不恨也。《垣崇祖傳》云:高帝威名已著,宋明帝尤所忌疾,徵爲黃門郎,規害高帝,崇祖建策以免。由是甚見親,參與密謀。元徽末,高帝懼禍,令崇祖入魏。崇祖即以家口託皇甫肅,勒數百人入魏界,更聽後旨。崇祖所建之策,蓋即通魏。《齊書・王玄邈傳》,無高帝通魏語,亦無使房叔安於建業事;《垣崇祖傳》,亦無崇祖建策以免語;蓋皆爲高帝諱。《南史・荀伯玉傳》云:爲高帝冠軍刑獄參軍。高帝爲宋明帝所疑,被徵爲黃門郎,深懷憂慮。伯玉勸帝遣數十騎入魏界,安置標榜。魏果遣遊騎數百,履行界上。高帝以聞。猶懼不得留,令伯玉占。伯玉言不成行,而帝卒復本任。由是見親待。《齊書・伯玉傳》同。遊騎履行,恐爲年常恒有之事,高帝未必因此獲留,蓋亦不免諱飾也。道成是時,蓋有降魏之謀而未敢顯叛,非事勢迫急,亦不欲遽入魏。明帝或亦鑒於薛安都之覆轍,未敢遽迫之,故獲復安本任。然至明年,卒復徵還京師。《齊書・本紀》曰部下勸勿就徵。大祖曰:"諸卿闇於見事。主上自誅諸弟,爲大子稚弱,作萬歲後計,何關他族?惟應速發,緩必見疑。今骨肉相害,自非靈長之運,禍難將興,方與卿等僇力耳。"此亦事後附會之談。明帝既復道成本任,越一歲而復徵之,必復有所措置。當時謀叛亦非易;若單騎入虜,則非有大志者所肯出;故復冒險就徵耳。既至京師,拜散騎常侍,左衞率。泰豫元年,四月,明帝崩,長子昱即位,是爲後廢帝。年十歲。尚書令袁粲,顗從弟。護軍將軍褚淵湛之子。同輔政。遺詔以道成爲右衞將軍,領衞尉。尋解衞尉,領石頭戍軍事。是時之道成,尚非權重所寄。劉勔守尚書右僕射,爲中領軍。勔爲明帝心腹宿將。道成之不就徵,勔出鎮廣陵,似使之防道成者。勔不死,道成恐未必能以兵權雄於建業也。乃元徽二年,五月,江州刺史桂陽王休範反,而道成之機會至矣。

　　《宋書・休範傳》云:休範素凡訥,少知解,不爲諸兄所齒遇。大宗晚年,休祐以狠戾致禍,休仁以權逼不見容,休若素得人情,又以此見害,惟休範謹澀無才能,不爲物情所向,故得自保。又云:大宗晏駕,主幼時艱,素族當權,近習秉政,休範自謂宗戚莫二,應居宰輔,事既不至,怨憤彌結。招引勇士,繕治器械。行人經過尋陽者,莫不降意折節,重加問遺;留則傾身接引,厚相資結。於是遠近同應,從者如歸。其言未免自相矛盾。蓋當習於覬覦非分之世,又當上下互相猜忌之時,雖素謹願者,亦將怵於禍而求自全;而其下又有輕躁之士，欲翼戴之以立功名，而其禍不可逭矣。休範雖凡訥，翼戴之者似頗有人才。其叛也，大雷戍主杜道欣大雷，見第四章第三節。馳下告變，至一宿，休範已至新林，見第二節。朝廷震動。《齊書·本紀》曰：大祖與護軍褚淵，征北張永，領軍劉勔，僕射劉秉，長沙景王孫。遊擊將軍戴明寶，驍騎將軍阮佃夫，右軍將軍王道隆，中書舍人孫千齡，員外郎楊運長集中書省計議。莫有言者。大祖曰："昔上流謀逆，皆因淹緩，至於覆敗，休範必遠懲前失，輕兵急下，乘我無備。今應變之術，不宜念遠。若偏師失律，則大沮衆心。宜頓新亭、白下，堅守宮掖、東府以待賊。千里孤軍，後無委積，求戰不得，自然瓦解。我請頓新亭以當其鋒。征北可以見甲守白下。中堂舊是置兵地，中堂，見第三節。領軍宜屯宣陽門，爲諸軍節度。諸貴安坐殿中。右軍諸人，不須競出。我自前驅，破賊必矣。"因索筆下議，并注同。當時情勢，欲不守建業不可得，《齊書》之云，恐亦事後附會之談也。道成出次新亭，劉勔及前兗州刺史沈懷明據石頭，張永屯白下，袁粲、褚淵、劉秉等入衛殿省。休範於新林步上。及新亭壘，自臨城南，僅以數十人自衛。屯騎校尉黄回見其可乘，乃與越騎校尉張敬兒同往詐降。敬兒遽奪休範防身刀斬其首。休範左右數百人皆驚散。然休範所遣丁文豪、杜墨蠡等不相知聞。墨蠡急攻新亭壘，文豪直至朱雀桁。見第四章第三節。王道隆率羽林兵在朱雀門外，急召劉勔。勔至，命開桁。道隆怒曰："賊至但當急擊，寧可開桁自弱邪？"勔不敢復言，遂戰没。墨蠡等乘勝至朱雀門道隆爲亂兵所殺。於是張永棄衆於白下，沈懷明於石頭奔散，撫軍典籤茅恬開東府納賊。《通鑑》云：撫軍長史褚澄開東府門納南軍。《考異》曰："《宋書》作撫軍典籤茅恬，《齊書》作軍騎典籤茅恬，蓋皆爲褚澄諱耳。今從《宋略》。"案澄，淵之弟，尚文帝女廬江公主。墨蠡迸至杜姥宅。晉成帝杜皇后之母裴氏，立第於南掖門外，世謂之杜姥宅。宮省恇擾，無復固志。蕭道成遣軍主陳顯達、任農夫、張敬兒、周盤龍等入衛。袁粲慷慨謂諸將帥曰："寇賊已逼，而衆情離沮。孤子受先帝顧託，本以死報，今日當與諸護軍同死社稷。"因命左右被馬，辭色哀壯。於是顯達等感激出戰，斬墨蠡、文豪等。朝廷先以晉熙王燮刺郢州，明帝第六子，繼晉熙王昶，時年四歲。以長史王奐行府州事，配以兵力，出鎮夏口，本所以防休範也。至是，燮遣兵平尋陽。黄回之詐降也，休範以二子德宣、德嗣付回爲質，至即斬之。德嗣弟青牛、智藏并伏誅。自來上流叛亂，建康形勢，未有危於是役者，雖獲戡定，祇可云幸勝耳。然劉勔既死，張永又棄軍，殺休範及固援宮城，功皆成於蕭道成一人之手，遂爾乘時崛起矣。是役之後，道成遂與袁粲、褚淵、劉秉更日入直決事，號爲四貴。

休範難平後二年，又有建平王景素之叛。景素，文帝第七子建平宣簡王

宏之子。宏好文籍，有賢名，景素亦有父風。泰始二年，爲南徐州刺史。《傳》
云：時大祖諸子盡殂，衆孫惟景素爲長。建安王休祐諸子并廢徙，無在朝者。景素好
文章書籍，招集才義之士，傾身禮接。由是朝野翕然。後廢帝凶狂失道，内外
皆謂景素宜當神器。此言蓋景素之黨所造。惟廢帝所生陳氏親戚疾忌之。而楊運
長阮佃夫，并大宗舊隸，貪幼少以久其權，慮景素立，不見容於長主，深相忌
憚。元徽三年，景素防閤將軍王季符失景素旨，單騎奔京邑，告運長、佃夫云：
景素欲反。運長等便欲遣軍討之。齊王蕭道成。及袁粲以下并保持之。景素
亦馳遣世子延齡還朝，具自申理。運長等乃徙季符於梁州，景素稍爲自防之
計。與司馬何季穆，錄事參軍殷濔，記室參軍蔡履，中兵參軍垣慶延，左右賀
文超等謀之。以參軍沈顒、毌丘文子、左暄，州西曹王潭等爲爪牙。季穆薦從
弟豫之爲參軍。景素遣豫之、潭、文超等去來京邑。多與金帛，要結才力之
士。由是冠軍將軍黃囘，遊擊將軍高道慶，輔國將軍曹欣之，前軍韓道清，長
水校尉郭蘭之，羽林監垣祗祖，并皆響附。其餘武人失職不得志者，莫不歸
之。時廢帝單馬獨出，遊走郊野。曹欣之謀據石頭，韓道清、郭蘭之欲説齊
王使同，若不囘者圖之。候廢帝出行，因衆作難，事克奉景素。景素每禁駐
之，未欲怱怱舉動。四年，七月，垣祗祖率數百人奔景素，云京邑已潰亂，勸
令速入。景素信之，即便舉兵。運長等聲祗祖叛走，便纂嚴備辦。齊王出屯
玄武湖。在首都北。任農夫、黃囘、李安民各領步軍，張保率水軍北討。南豫
州刺史段佛榮爲都統。其餘衆軍相繼進。齊王知黃囘有異圖，故使安民、佛
榮俱行以防之。景素欲斷竹里，見第七章第一節。以拒臺軍。垣慶延、祗祖、沈
顒等曰："今天時旱熱，臺軍遠來疲困，引之使至，以逸待勞，可一戰而克
也。"殷濔等固爭，不能得。農夫等既至，放火燒市邑。而垣慶延等各相顧
望，并無鬥志。景素本乏威略，恇擾不知所爲。時張保水軍泊西渚。京口城
西。景素左右勇士數十人，并荆楚快手。自相要結擊水軍，應時摧陷，斬張
保。而諸將不相應赴，復爲臺軍所破。臺軍既薄城池，沈顒先衆叛走。垣祗
祖次之。其餘諸軍，相係奔散。左暄驍果有膽力，欲爲景素盡節，而所配兵
力甚弱。猶力戰不退。於萬歲樓下橫射臺軍，不能禁，然後退散。右衛殿中
將軍張倪奴，前軍將軍周盤龍攻陷京城。倪奴禽景素斬之。時年二十五。
子延齡及二少子并從誅。垣慶延、祗祖、左暄、賀文超并伏誅。殷濔、蔡履徙
梁州。何季穆先遷官，故不及禍。其餘皆逃亡，直赦得免。景素既敗，曹欣
之反告韓道清、郭蘭之之謀。道清等并誅。黃囘、高道慶等，齊王撫之如舊。
至九月，道慶乃伏誅。見《本紀》。

前廢帝之敗也，以佞幸亦叛，則無復腹心，而專恃數武人，故卒以粗疏償事，後廢帝亦然。《阮佃夫傳》云：時廢帝好出遊走。始出宮，猶整羽儀，引隊仗。俄而棄部伍，單騎與數人相隨。或出郊野，或入市廛。內外莫不懼憂。佃夫密與直閤將軍申伯宗、步兵校尉朱幼、于天寶，謀共廢帝立安成王。即順帝，見下。五年，春，帝欲往江乘射雉。江乘，見第三章第九節。帝每北出，常留隊仗在樂遊苑前，棄之而去。樂遊苑，在今首都東北。佃夫欲稱大后令，喚隊仗還，閉城門，分人守石頭、東府，遣人執帝廢之，自爲揚州刺史輔政。與幼等已成謀。會帝不成向江乘，故其事不行。于天寶因以其謀告帝。帝乃收佃夫、幼、伯宗於光祿外部賜死。佃夫、幼罪止身，其餘無所問。蓋以其黨與衆多故也。時爲元徽五年四月。至六月，乃誅其黨司徒左長史沈勃，散騎常侍杜幼文，遊擊將軍孫超之，長水校尉杜叔文。《佃夫傳》云：佃夫矜敖無所降意，入其室者，惟沈勃、張澹等數人而已。幼文者，驥子。《驥傳》云：幼文所莅貪橫，家累千金。女伎數十人，絲竹晝夜不絕。與沈勃、孫超之居止接近，常相從。又并與阮佃夫厚善。佃夫死，廢帝深疾之。帝微行夜出，輒在幼文門牆之間，聽其絃管。積久，轉不能平。於是自率宿衛兵誅幼文、勃、超之。幼文兄叔文及諸子姪在京邑、方鎮者并誅，惟幼文兄季文、弟希文等數人逃亡得免。案此可見廢帝之出行，非徒遊戲，實意在覘司誅殺也。于天寶以發佃夫之謀爲清河大守、右軍將軍。昇明元年，出爲山陽大守。山陽，見第五章第六節。蕭道成以其反覆，賜死。阮佃夫之力，似不足獨行廢立，觀此舉，則佃夫當日，似與道成有交關也。故佃夫之黨甫除，而道成之謀遂亟矣。

《南史·齊高帝紀》曰：休範平後，蒼梧王漸行凶暴，屢欲害帝。常率數十人直入鎮軍府。時暑熱，帝晝臥裸袒。蒼梧王立帝於室內，畫腹爲射的，自引滿將射之。帝神色不變，斂板曰："老臣無罪。"蒼梧左右王天恩諫曰："領軍腹大，是佳射堋。一箭便死，後無復射。不如以骲箭射之。"乃取骲箭。一發即中帝臍。蒼梧投弓於地，大笑曰："此手何如？"建平王舉兵，帝出屯玄武湖，事平乃還。帝威名既重，蒼梧深相猜忌。刻木爲帝形，畫腹爲射堋。自射之。又命左右射，中者加賞。皆莫能中。時帝在領軍府，蒼梧自來燒之，冀帝出因作難。帝堅臥不動。蒼梧益懷忿患。所見之物，呼之爲帝，加以手自磨鋋，曰："明日當以刃蕭道成。"陳大妃罵之曰："蕭道成有大功於國，今害之，誰爲汝盡力？"故止。此等類乎平話之談，固不足信。然《豫章王嶷傳》曰：大祖在領軍府，嶷居青溪宅。蒼梧王夜中微行，欲掩襲宅內。嶷令左右舞刀戟於中庭。蒼梧從牆間窺見，以爲有備，乃去。其後蒼梧見弒，王敬則將其首馳詣大

祖，大祖尚疑爲蒼梧所誑，不敢開門。見《敬則傳》。則蒼梧是時，有輕行掩襲之
計，似不誣也。《巘傳》又曰：大祖帶南兗州，鎮軍府長史蕭順之在鎮，憂危既
切，期渡江北起兵。據此，順之當同大祖渡江之謀。《南史·梁本紀》謂齊高謀出外，順之以爲一
旦奔亡，則危幾不測，不如因人之欲，行伊、霍之事，齊高深然之，與此岐異。彼蓋梁人文飾之辭，不足
信也。巘諫曰："主上凶狂，人不自保。單行道路，易以立功。外州起兵，鮮有克
勝。物情疑惑，必先人受禍。今於此立計，萬不可失。"《垣崇祖傳》曰：元徽
末，大祖欲渡廣陵。榮祖諫曰："領府去臺百步，公走人豈不知？若單行輕騎，
廣陵人一旦閉門不相受，公欲何之？公今動足下牀，便恐有叩臺門者，公事去
矣。"《倖臣·紀僧真傳》曰：大祖欲度廣陵起兵。僧真啓曰："主上雖復狂釁，
虐加萬民，而累世皇基，猶固磐石。今百口北度，何必得俱？縱得廣陵城，天
子居深宮，施號令，目明公爲逆，何以避此？如其不勝，則應北走胡中。竊謂
此非萬全策也。"《劉善明傳》曰：元徽三年，出爲西海大守，未詳所治。行青、冀
二州刺史。從弟僧副，大祖引爲安城王撫軍參軍。蒼梧肆暴，大祖憂恐，常令
僧副微行，伺察聲論。使僧副密告善明及東海大守垣崇祖曰："多人見勸，北
固廣陵，恐一旦動足，非爲長算。今秋風行起，卿若能與垣東海微共動虜，則
我諸計可立。"善明曰："宋氏將亡，愚智所辨，胡虜若動，反爲公患。公神武世
出，惟當靜以待之，因機奮發，功業自定。不可遠去根本，自詒猖獗。"遣部曲
健兒數十人隨僧副還詣領府。大祖納之。《柳世隆傳》云：爲晉熙王安西司
馬。時世祖爲長史，與世隆相遇甚懽。大祖之謀渡廣陵也，令世祖率衆下，同
會京邑，世隆與長流蕭景先等戒嚴待期。事不行。綜觀諸傳，道成當時，渡江
之計頗切。如能動虜而以朝命還鎮淮陰，實爲上計。然廢帝不必墮其計中。
如此，則惟有據廣陵起兵，而使蕭賾帥江州之師，順流而下矣。其計之不易
遂，誠如諸人之說。又時李安民行會稽郡事，欲於東奉江夏王躋起兵，明帝子。
則彌不得地利，亦彌不合人心矣。故諸計皆不行，而肘腋之變作。

　　時王敬則爲直閤將軍，結廢帝左右楊玉夫、楊萬年、陳奉伯等二十五人。
七月七日夕，玉夫與萬年同人，以帝防身刀弑帝。《南史·齊高帝紀》云：齎
首，使奉伯藏衣袖中，依常行法，稱敕開承明門出，囊貯之，以與敬則。敬則馳
至領軍府叩門，大聲言報帝。門猶不開。敬則自門窐中以首見帝。帝猶不
信。乃於牆上投進其首。帝索水洗視。敬則乃踰垣入。帝跣出。敬則叫曰：
事平矣。帝乃戎服夜入殿中。殿中驚怖。及知蒼梧死，咸稱萬歲。明旦，召
袁粲、褚彥同、劉彥節入議。彥同淵字，彥節秉字。《南史》避唐諱，故書其字。帝以事讓彥
節。彥節未答。帝鬚髯盡張，眼光如電。次讓袁粲，又不受。敬則乃拔刀在

牀側躍，麾衆曰："天下之事，皆應關蕭公。敢有開一言者，血染敬則刀。"仍呼虎賁劍戟羽儀，手自取白紗帽加帝首，令帝即位，曰："今日誰敢復動？事須及熱。"帝正色呵之曰："卿都自不解。"粲欲有言，敬則又叱之，乃止。帝乃下議，迎立順帝。《齊書·王敬則傳》略同。《褚淵傳》云：袁粲、劉秉既不受任，淵曰："非蕭公無以了此，"手取書授大祖，大祖曰："相與不肯，我安得辭？"事乃定。順帝者，明帝第三子安成王準也。明帝次子法良，早夭未封。時年九歲。追廢後廢帝爲蒼梧王。後廢帝之爲人，蓋頗材武，史言其好緣漆帳竿，去地丈餘，如此者半食久乃下，亦可見其趫捷之一端。然其輕率寡謀，遠較前廢帝爲甚，宜其敗也。至史所言諸失德，則大抵皆過甚其辭。史言帝年漸長，喜怒乖節。左右有失旨者，輒手加撲打。徒跣蹲踞，以此爲常。常著小袴褶，未嘗服衣冠。或有忤意，輒加以虐刑。有白榜數十枚，各有名號。鉗、鑿、錐、鋸，不離左右。嘗以鐵椎椎人陰破。左右人見之，有斂眉者，昱大怒，令此人袒腹正立，以矛刺腹洞過。阮佃夫腹心人張羊，佃夫敗叛走，後捕得，自於承明門以車轢殺之。杜延載、沈勃、杜幼文、孫超，皆手運矛鋋，躬自臠割。執幼文兄叔文於玄武湖北，昱馳馬執稍，自往刺之。天性好殺，以此爲懼，一日無事，輒慘慘不樂。內外百司，人不自保。殿省憂惶，夕不及旦。又云：帝初嗣位，內畏大后，外憚諸大臣，猶未得肆志。自加元服，變態轉興。內外稍無以制。三年秋冬間，便好出遊行。大妃每乘青篾車，遥相檢攝。昱漸自放恣，大妃不復能禁。單將左右，棄部伍，或十里，二十里，或入市里，或往營署，日暮乃歸。四年春夏，此行彌數。自京城克定，意志轉驕，於是無日不出。與左右人解僧智、張五兒恒相馳逐。夜出開承明門。夕去晨返，晨出暮歸。從行并執鋋矛，行人男女，及犬、馬、牛、驢，值無免者。民間擾懼，晝日不敢開門。道上行人殆絕。又云：制露車一乘，其上施篷，乘以出入。從者不過數十人。羽儀追之恒不及。又善慮禍，不敢近尋，惟整部伍，別在一處瞻望而已。果如所言，除之正自易易，尚安待深謀祕計邪？又謂帝非明帝子，蓋亦有慚德者之加誣，不足信也。《廢帝紀》云：先是民間讙言，謂大宗不男。陳大妃本李道兒妾，道路之言，或云道兒子也。昱每出入去來，常自稱劉統，或自號李將軍。《后妃傳》則云：陳貴妃經世祖先迎入宮，在路大后房內。經二三年，再呼不見幸。大后因言於上，以賜大宗。始有寵。一年許衰歇。以乞李道兒。尋又迎還，生廢帝。故民中皆呼廢帝爲李氏子。廢帝後每自稱李將軍，或自謂李統。又云：大宗晚年痿疾，不能內御。諸弟姬人有懷孕者，輒取以入宮。及生男，皆殺其母，而以與六宮所愛者養之。順帝，桂陽王休範子也，以陳昭華爲母焉。《齊書·劉休傳》云：帝素肥，痿不能御內。諸王妓妾懷孕，使密獻入宮，生子之後，閉其母於幽房，前後十數。順帝，桂陽王休範子也。蒼梧王亦非帝子。陳大妃先爲李道兒妾，故蒼梧微行，常自稱爲李郎焉。案宮禁之事，民間何知焉？明帝仇諸弟特甚，又安肯殺其父而畜其子邪？

第九節　齊高篡宋

蕭道成之得政，觀上節所述，蓋純出一時之劫持，其無以善其後明矣。《齊書·高帝紀》：蒼梧廢，劉秉出集議，於路逢弟韞，韞開車迎問秉曰："今日之事，固當歸兄邪？"秉曰："吾等已讓領軍矣。"韞槌胸曰："君肉中詎有血。"可見當時非以兵力劫持，政柄原無屬道成之理也。故得政未幾,而內外之難交作。

沈攸之以泰始五年刺郢州。明帝崩,與蔡興宗同在外蕃豫顧命。興宗時爲會稽大守。會巴西民李承明反,巴西,見第三章第六節。執大守張澹,蜀土騷擾。時荆州刺史建平王景素被徵,蔡興宗新除荆州刺史,未之鎮,乃遣攸之權行荆州事。攸之既至,會承明已平,乃以攸之爲荆州刺史。攸之自在郢州,便繕治船舸,營造器甲。至荆州,聚斂兵力。養馬至千餘。已皆分賦戌邏將士,使耕田而食,廩財悉充倉儲。荆州作部,歲送數千人仗,攸之割留之,簿上云供討四山蠻。裝戰艦數千艘,沈之靈溪裏。靈溪,見第七章第三節。朝廷疑憚之。累欲徵入,慮不受命,乃止。初張敬兒欲詐降休範,道成言:"卿若能辦,當以本州相賞。"敬兒,南陽冠軍人。冠軍,漢縣,在今河南鄧縣西北。及敬兒既殺休範,道成以其人地既輕,不欲便使爲襄陽重鎮。敬兒求之不已,乃微動道成曰:"沈攸之在荆州,公知其欲何所作? 不出敬兒以防之,恐非公之利也。"道成笑而無言。乃以敬兒爲雍州刺史。時元徽三年閏三月也。四年,又以其長子頲行郢州事。初元嘉中,巴東、建平二郡,軍府富實,與江夏、竟陵、武陵,并爲名郡。巴東、建平、武陵,皆見第三章第六節。江夏,見第三章第四節。竟陵,見第三章第九節。世祖於江夏置郢州,郡罷軍府。竟陵、武陵,亦并殘壞。爲峽中蠻所破。至是,民人流散,存者無幾。其年春,攸之遣軍入峽討蠻帥田五郡等。及景素反,攸之急追峽中軍。巴東大守劉攘兵、建平大守劉道欣,并疑攸之自有異志,阻兵斷峽,不聽軍下。時攘兵元子天賜,爲荆州西曹。攸之遣天賜譬說之,令其解甲,一無所問。攘兵見天賜,知景素實反,乃釋甲謝愆。攸之待之如故。復以攘兵爲府司馬。劉道欣堅守建平,攘兵譬說不回,乃與伐蠻軍攻之,破建平,斬道欣。臺直閤高道慶,家在江陵。攸之初至州,道慶時在家。牒其親戚十餘人,求州從事西曹。攸之爲用三人。道慶大怒,自入州,取教毀之而去。①此據《宋書·攸之傳》。《南史》同。又云:道慶素便馬,攸之與宴飲,於聽事前合馬稍。道慶稍中攸之之馬鞍。攸之怒,索刃架。道慶馳馬而出。至都,云攸之聚衆繕甲,姦逆不久。楊運長等常相疑畏,乃與道慶密遣刺客。齋廢帝手詔,以金餅賜攸之州府佐吏,進其階級。案《佞幸傳》云:攸之反,運長有異志,以此見誅,則運長實與攸之聲勢相倚,當時建業所患,固不在荆州也。高道慶亦爲道成所殺。故此說殊不足信。《南史》云:道慶請以三千人襲之,朝議慮其事難濟,高帝又保持不許。夫攸之兵備甚雄,豈三千人所可襲? 其說更不足辯矣。廢帝既殞,順帝即位,遣攸之長子司徒左長史元琰齎廢帝剖斲之具,以示攸之。元琰既至江陵,攸之便有異志。

① 選舉:沈攸之爲荆,臺直閤高道慶牒其親戚十餘人,求州從事西曹,攸之爲用三人,道慶怒,自入州,取教毀之而去。

腹心議有不同，故其事不果。其年十一月，乃發兵反叛。《南史》云：齊高帝遣元琰齎廢帝剗斷之具以示之。攸之曰："吾寧爲王淩死，不作賈充生。"尚未得即起兵，乃上表稱慶，并與齊高帝書推功。攸之有素書十餘行，常韜在兩當角，云是宋明帝與己約誓。又皇大后使至，賜攸之燭十挺，割之，得大后手令，曰："國家之事，一以委公。"明日遂舉兵。案攸之之反，《宋史·本紀》在十二月丁巳，《南史》同。

沈攸之之兵既起，袁粲遂圖謀於內。時道成居東府，粲鎮石頭。昇明元年八月。劉秉爲丹陽尹；大后兄子王蘊，素好武事；皆與粲相結。將帥黃回、任候伯、農夫弟。孫曇瓘、王宜興、彭文之、卜伯興等，并與粲合。蘊本爲湘州刺史，與沈攸之結厚。及道成輔朝政，蘊、攸之便連謀。會遭母憂，還都，停巴陵十餘日，巴陵，見第三章第九節。更與攸之成謀。欲至郢州，因蕭賾下慰之爲變，據夏口，見第三章第九節。與荆州連橫。賾覺其意，稱疾不往，又嚴兵自衛。蘊計不得行，乃下。及是，道成入屯朝堂。秉從父弟領軍將軍韞入直門下省。卜伯興爲直閤。黃回諸將皆率軍出新亭。粲謀先日矯大后令，使韞、伯興率宿衛兵攻道成於朝堂，回率軍來應。秉、候伯等并赴石頭。本期夜發。秉素恇怯，騷動不自安，再餔後，便自丹陽郡車載婦女，盡室奔石頭。部曲數百，赫奕滿道。由此事泄。先是道成遣將薛淵、蘇烈、王天生等領兵戍石頭，云以助粲，實禦之也。又領王敬則爲直閤，與卜伯興共總禁兵。王蘊聞劉秉已奔，歎曰："今年事敗矣。"時道成使蘊募人，已得數百。乃狼狽率部曲向石頭。本期開南門，時已闇夜，薛淵等據門射之，蘊謂粲已敗，即便散走。道成以報敬則，率所領收劉韞殺之。韞弟述出走，追禽殺之。并誅卜伯興。又遣軍主戴僧靜向石頭助薛淵，殺粲。劉秉踰城出走，於雉檐湖見禽，雉檐湖，《通鑑》作額檐湖。與二子承、俁并死。秉弟遐，爲吳郡大守，道成遣張瓖誅之。瓖，永子。王蘊逃鬥雞場，見禽殺。時昇明元年即元徽五年。十二月也。

沈攸之之舉兵也，遣其中兵參軍孫同等三萬人爲前驅，司馬劉攘兵等二萬人次之。又遣王靈秀等騎二千出夏口，據魯山。城名，見第七章第三節。攸之乘輕舸，從數百人，先大軍下。住白螺洲。在今湖北監利縣東南。以上據《齊書·柳世隆傳》。閏十二月四日，攸之至夏口。時晉熙王燮徵爲揚州刺史，蕭賾亦徵爲左衛將軍，與燮俱下。聞攸之舉兵，即據溢口城。溢口，見第三章第九節。武陵王贊爲郢州，道成令周山圖領兵衛送，賾爲西討都督，啓山圖爲軍副。攸之有順流之志，府主簿宗儼之勸攻郢州。功曹臧寅，以爲攻守勢異，若不時舉，挫銳損威。不從。初道成之謀渡廣陵也，令賾率衆東下。劉懷珍白道成曰："夏口是兵衝要地，宜得其人。"道成納之。與賾書曰："汝既入朝，當須文武兼資人，與汝合意者，委以後事。柳世隆其人也。"於是勣舉世隆自代。轉爲郢州行事。及是，世隆隨宜拒應，攻者披卻。黃回軍至西陽。見第四章第三節。攸之素失人情，初發江陵，已有叛者，至是稍多。攸之大怒。令軍中有叛者，軍主任其罪。於是一人叛，遣十人追，并去不反。莫敢發覺。咸有異計。劉攘兵射書與世隆請降。世隆開門納之。攘兵燒營而去。時昇明二年正月十九日也。衆於是離散，不可復制。攸之還向江陵。聞城已爲張敬兒所據，乃與第三子文和至華容之鱅頭林，華容，見第三章第九節。投州吏家。村人欲取之。與文和俱自經死。村人斬首送之。攸之初下，留元琰守江陵。張敬兒克城，元琰逃走。《南史》云：奔寵洲見殺。第二子懿先卒。第五子幼和，幼和弟靈和，及攸之孫四人，并爲敬兒所禽，伏誅。攸之弟登之，爲新安大守。新安，見第四章第三節。初沈慶之之死，其子文叔謂其弟文季曰："我能死，爾能報。"遂自縊。文季揮刀馳馬去，收者不敢追，遂得免。至是爲吳興大守，吳興，見第三章第九節。道成使督吳興、錢塘軍事，錢塘，見第四章第三節。收斬登之，誅其宗族。昇明元年閏十二月。登之弟雍之，雍之弟榮之，皆先攸之卒。文和娶道成女，早死，有二女，道成迎還第內。後以雍之孫僧照爲之後焉。攸之之舉兵也，使要張敬兒及梁州刺史范柏年，司州刺史姚道和，湘州行事庾佩玉，巴陵内史王文和等。敬兒、文和斬其使，馳表以聞。柏年、道和、佩玉持兩端，密相應和。攸之既平，遣王玄邈代柏年。柏年先誘降晉壽亡命李烏奴，晉壽，見第三章第六節。烏奴勸柏年據漢中不受命。柏年計未決，玄邈已至。柏年遲回魏興不肯下。魏興，見第三章第六節。時道成孫長懋爲雍州刺史，遣使説之，許啓爲府史。柏年乃進襄陽。因執誅之。道和，後秦主興之孫也。被徵。以周盤龍代爲刺史。時昇明二年三月。令有司奏其罪，誅之。見《齊書‧張敬兒傳》。佩玉，王蘊爲湘州時，爲其寧朔長史、長沙内史。蘊去職，南中郎將王翽未之鎮，權以佩玉行府州事。朝廷先遣南中郎將、中兵參軍、臨湘令韓幼宗領軍戍防湘州，臨湘，後漢縣，在今湖南長沙縣南。與佩玉共事不美。攸之難作，二人各相疑阻。幼宗密圖佩玉。佩玉知其謀，襲殺之。黃回至郢州，遣任候伯行湘州事，又殺佩玉。道成以呂安國爲湘州刺史，收候伯誅之。袁粲之舉事也，黃回聞石頭鼓噪，率兵赴之，而朱雀桁有戍軍，受道成節度，不聽夜過。會石頭已平，因稱救援。道成知而不言，撫之愈厚。遣其西上，流涕告別。回與王宜興素不恊，慮或反告，因其不從處分，斬之。不樂停郢，固求南兗，遂率部曲輒還。改南兗州刺史。昇明二年，四月，賜死。回之固求南兗，豈仍欲於肘腋之下，有所作爲邪。彭文之先於二月下獄賜死。孫曇瓘於石頭叛走，逃竄經時，至十月，乃於秣陵縣禽獲伏誅。秣陵，見第四章第三節。沈攸之反，楊運長有異志，道成遣驃騎司馬崔文仲討誅之。攸之本反覆小人，爲政刻暴，《傳》云：或鞭士大夫。上佐以下有忤意，輒面加罵辱。將吏一人亡叛同籍符伍充代者十餘人。賦斂嚴苦，攸之平後，道成次子嶷爲荆州刺史。《齊書》本傳云：初沈攸之欲聚衆，開民相告，士庶坐執役者甚衆，一月遣三千餘人。見囚五歲刑以下，不連臺者皆原遣。以市税重濫，更定塸格，以税還民。禁諸市調及苗籍。二千石官長，不得與人爲市。諸曹吏聽分番假。百姓大悦。徒以軍備充足，自謂可冀有成，實則久溺晏安，加以年衰氣索，宜其亡不旋踵也。《南史》本傳云：富貴擬於王者。夜中，諸厢都然燭達旦。後房服珠玉者數百人，皆一時絶貌。攸之既敗，袁粲復亡，黄回等諸將帥，亦誅鉏殆盡。蕭道成於是莫予毒也已。

昇明二年，四月，蕭道成受宋禪，是爲齊大祖高皇帝。封宋順帝爲汝陰王，居丹陽宫。建元元年，五月，監人殺王，而以疾赴。宋宗室抗齊者：有明帝子晉熙王燮，齊受禪後。江夏王躋，齊受禪後。衡陽文王孫伯玉，長沙景王曾孫晃，臨川烈武王曾孫綽，昇明三年三月。及晉平剌王子十三人，昇明三年。案剌王諸子皆徙晉平，已見第六節。元徽元年，聽還都。皆無成。明恭王皇后，《南史·傳》云：劉晃、劉綽、卜伯興等有異志，大后頗與相關。順帝禪位，遷居丹陽宫，拜汝陰王大后。順帝殂，更立第都下。建元元年，薨於第。蓋亦非良死也。《齊·本紀》言：“宋之王侯，無少長皆幽死，”亦云酷矣。

第十章 齊梁興亡

第一節 齊武文惠猜忌殺戮

凡朝代之革易，其力有自外至者，亦有自內出者。自外至者，非敵國則亂民，往往殺人盈城，僵尸蔽野。然操政權者既悉易其人，政事之改觀自易。自內出者，恒爲前代之權臣。望實既歸，託諸禪讓。市朝無改，宗社已移。兵燹之災，於茲可免。然人猶是人，政猶是政，欲望其除舊布新則難矣。故以社會之安寧論，革易自內者較優，以政治之改革論，革易自外者較善也。蕭齊一代之事迹，幾與劉宋孝建以後無殊，則足以證吾説矣。

齊高帝代宋後，四年而崩。大子賾立，是爲世祖武皇帝。高帝十九男：長武帝。次爲豫章文獻王嶷。與武帝同母，且有賢名。高帝創業之際，亦嘗出作方州，入參密計。《南史·荀伯玉傳》云：建元元年，爲豫章王司空諮議。時武帝居東宮，自以年長，與高帝同創大業，朝事大小，悉皆專斷多違制度。左右張景真，偏見任遇，又多僭侈。武帝拜陵還，景真白服乘畫舫艒坐胡牀，觀者咸疑是大子。[①] 內外祇畏，莫敢言者。驍騎將軍陳胤叔，先已陳景真及大子前後得失。伯玉因武帝拜陵之後密啓之。上大怒。豫章王嶷素有寵。政以武帝長嫡，又南郡王兄弟并列，_{文惠大子，初封南郡王。}故武帝爲大子。至是，有改易之意。武帝東還，遣文惠大子、聞喜公子良宣敕詰責。并示以景真罪狀，使以大子令收殺之。胤叔因白武帝，皆言伯玉以聞。武帝憂懼，稱疾月餘日。上怒不解。晝臥太陽殿。王敬則直入叩頭，啓請往東宮以慰大子。高帝無言。敬則因大聲宣旨往東宮，命裝束。又敕大官設饌。密遣人報武帝令奉迎。因呼左右索輿。高帝了無動意。敬則索衣以衣高帝，仍牽上輿。遂幸東宮。召諸王宴飲。因遊玄圃園。高帝大飲，賜武帝以下酒，并大醉。盡歡，日

---

① 器用：齊武帝爲太子寵張景真，武帝拜陵還，景真坐胡牀，觀者疑爲太子。

317

暮乃去。是日無敬則，則東宮殆廢。高帝重伯玉盡心，愈見信使。掌軍國密事，權動朝右。武帝深怨伯玉。高帝臨崩，指伯玉以屬。武帝即位，伯玉憂懼。上聞之，以其與垣崇祖善，崇祖田業在江西，慮相扇爲亂，加意撫之，伯玉乃安。永明元年，與崇祖并見誣伏誅。而胤叔爲大子左率。《崇祖傳》曰：武帝即位，爲五兵尚書，領驍騎將軍。初豫章王有盛寵，武帝在東宮，崇祖不自附。及破魏軍，建元二年。詔使還朝，與共密議。武帝疑之，曲加禮待。酒後謂曰：“世間流言，我已豁懷抱，自今已後，富貴見付也。”崇祖拜謝。及去後，高帝復遣荀伯玉敕以邊事。受旨夜發，不得辭東宮。武帝以爲不盡誠，心銜之。永明元年，詔稱其與荀伯玉搆扇邊荒，誅之。又《江謐傳》曰：齊建元元年，位侍中。既而驃騎豫章王嶷領湘州，以謐爲長史。三年，爲左户尚書。尋遷掌吏部。高帝崩，謐稱疾不入。衆頗疑其怨不豫顧命。武帝即位，謐又不遷官，以此怨望。時武帝不豫，謐詣豫章王嶷，語閒曰：“至尊非起疾，東宮又非才，公今欲何計？”武帝知之，出謐爲南東海大守。南東海，見第九章第三節。未幾，使御史中丞沈沖奏謐前後罪惡，請收送廷尉。詔賜死。《嶷傳》言：建元中，武帝以事失旨，帝頗有代嫡之意，而嶷事武帝，恭悌盡禮，未嘗違忤顔色，故武帝友愛亦深。蓋高、武同起艱難，高帝鑑於宋代之所以亡知骨肉相争，爲禍至烈，故不敢輕於易儲；觀下以長沙王晃屬武帝語可見。而嶷亦小心謹慎，初雖或有奪宗之謀，繼以知難而退，無足畏忌故得以榮禄終也。高帝第三子臨川獻王映，史稱其善騎射，解聲律，應接賓客，風韻韶美，其性質蓋近乎文，亦不足忌。第四子長沙威王晃，少有武力。爲豫州刺史，嘗執殺其典籤。史稱高帝臨崩，以晃屬武帝，“處以輦轂近藩，勿令遠出”。永明元年，以晃爲南徐州刺史。入爲中書監。時諸王蓄仗，在京都者，惟置捉刀左右四十人。晃愛武飾，罷徐州還，私載數百人仗。爲禁司所覺，投之江中。帝聞之，大怒。將糾以法。豫章王嶷稽首流涕曰：“晃罪誠不足宥，陛下當憶先朝念白象。”白象，晃小字也。上亦垂泣。高帝大漸時，戒武帝曰：“宋氏若不骨肉相屠，他族豈得乘其衰弊？汝深戒之，”故武帝終無異意。然晃亦不被親寵。當時論者，以武帝優於魏文，减於漢明。自此以下諸弟，年皆幼，更不足忌矣。然當時待藩邸頗嚴急。諸王不得讀異書，五經之外，惟得看孝子圖而已。又制諸王年未三十，不得娶妾，皆見《南史·齊高帝諸子傳》。其爲納之軌物邪？抑節其蕃育？未可知也。要之一時之人心，不易驟變，故武帝雖鑑於宋氏之滅亡，勉自抑制，然其於諸弟，終不能泯其猜忌之心也。

　　武帝之猜忌，亦見之於異姓之臣。垣崇祖既死，復殺張敬兒。[1]永明元年，五

月。案敬兒在南北朝武人中，最爲貪殘好殺，沈攸之反，遣使報敬兒。敬兒勞接周至，爲設酒食。謂之曰："沈公那忽使君來？君殊可念。"乃列仗於聽事前斬之。及攸之敗，其留府司馬邊榮見敬兒。敬兒問曰："邊公何不早來？"榮曰："沈公見留守，而委城求活，所不忍也。本不斬生，何須見問？"敬兒曰："死何難得？"命斬之。泰山程邕之，素依隨榮，至是，抱持榮曰："與攸公周旋，不忍見邊公前死，乞見殺。"兵不得行戮，以告敬兒。敬兒曰："求死甚易，何爲不許？"先殺邕之，然後及榮。其至江陵也，誅攸之親黨，没入其財物數十萬，悉以入私。在雍貪殘。人間一物堪用，莫不奪取。於襄陽城西起宅聚物貨，宅大小殆侔襄陽。又欲移羊叔子墮淚碑，於其處置臺。綱紀諫曰："羊大傅遺德，不宜遷動。"敬兒曰："大傅是誰？我不識也。"以此等人莅民，民之受其荼毒，不待言矣。**至此死晚矣**。然武帝謂其招扇羣蠻，規擾樊、夏，敬兒時爲內任。妄設徵祥，潛圖問鼎：則莫須有之辭也。

高、武艱難創業，所期望於後嗣者至深。武帝子文惠大子長懋，當武帝鎮盆城時，即使之勞接將帥。時年二十。事寧遣還都，高帝又命通文武賓客。勅出行日城中軍悉受節度。將受禪，以襄陽兵馬重地，不欲處他族，出爲雍州刺史。會北虜南侵，上慮當出樊、沔，建元二年，乃徵爲中軍將軍，置府，鎮石頭。武帝即位，立爲大子。大子善立名尚。禮接文士，蓄養武人，皆親近左右，布在省闥。與同母弟竟陵文宣王子良，俱好釋氏，立六疾館以養窮民。而性頗奢麗。宮內殿堂，皆彫飾精綺，過於上宮。開拓玄圃園，與臺城北塹等。其中起土山、地閣。樓觀、塔宇，窮極奇麗。費以千萬。多聚奇石，妙極山水。慮上宮望見，乃傍門列脩竹，内施高鄣。造遊牆數百間，施諸機巧，宜須鄣蔽，須臾成立，若應毁徹，應手遷徙。善製珍玩之物。織孔雀毛爲裘，光采金翠，過於雉頭遠矣。以晉明帝爲大子時立西池，乃啓武帝，引前例，求於東田起小苑。① 上許之。永明中，二宮兵力全實，大子使宮中將吏，更番役作。營城包巷，制度之盛，觀者傾都。上性雖嚴，多布耳目，大子所爲，無敢啓者。後上幸豫章王宅，還過大子東田，見其彌互華遠，壯麗極目。大怒，收監作主帥。大子懼，皆藏匿之。由是見責。大子素多疾，體又過壯，常在宮內，簡於遨遊。玩弄羽儀，多所僭擬。雖咫尺宮禁，而上終不知。十一年，薨。年三十六。武帝履行東宮，見大子服翫過制，大怒，勅有司隨事毁除，以東田殿堂爲崇虛館。

《南史·豫章王嶷傳》云：嶷薨後，忽見形於沈文季，曰："我未應便死，皇大子加膏中十一種藥，使我癃不瘥；湯中復加藥一種，使利不斷。吾已訴先帝，先帝許還東邸，當判此事。"因胸中出青紙文書示文季，曰："與卿少舊，因

---

① 宮室：齊文惠太子起東田苑，占民地，蓋甚廣，明帝乃斥賣之（第三三〇頁）。逼人占地（第三七八頁），賂入其他（第三八〇頁）。

卿呈上。"俄失所在。文季祕而不傳,甚懼此事。少時,大子薨。據《本紀》：巆薨於永明十年四月,大子薨於十一年正月。說雖不經,亦可見大子之猜忌矣,而魚服侯子響之事,遂爲亡齊之本。

　　子響,武帝第四子。豫章王巆無子,養子響。後有子,表留爲嫡。有司奏子響宜還本。乃封巴東郡王。子響勇力絕人。初爲豫州刺史,後爲江州,永明七年,遷荊州。子響少好武。居西豫時,自選帶仗左右六十人,皆有膽幹。至鎮,數在齋内殺牛、置酒,與之聚樂。令内人私作錦袍、絳襖,欲餉蠻交易器仗。長史劉寅等連名密啓。上勅精檢。寅等懼,欲祕之。子響聞臺使至,不見勅,召寅及司馬席恭穆,諮議參軍江愈、殷曇粲,中兵參軍周彦,典籤吳修之、王賢宗、魏景淵殺之。上聞之,怒。遣衛尉胡諧之,遊擊將軍尹略,中書舍人茹法亮領齋仗數百人,此據《宋書》。《南史》作羽林三千。檢捕羣小。勅子響："若束手自歸,可全其性命。"《齊書》云：諧之等至江津,築城燕尾洲。胡三省曰：在江津西,江水至此合靈溪水。江津、靈溪,皆見第七章第三節。遣傳詔石伯兒入城慰勞。子響曰："我不作賊,長史等見負,今政當受殺人罪耳。"乃殺牛、具酒饌響臺軍。而諧之等疑畏,執録其吏。子響怒,遣所養數十人收集府州器仗。令二千人從靈溪西渡,刻明旦與臺軍對陳南岸。子響自與百餘人袍騎將萬鈞弩三四張宿江堤上。明日,凶黨與臺軍戰。子響於堤上放弩,亡命王衝天等蒙楯陵城。臺軍大敗。尹略死之。官軍引退。上又遣丹陽尹蕭順之領兵繼至。子響部下恐懼,各逃散。子響乃白服降。賜死。時年二十二。《南史》則云：諧之等至江津,築城燕尾洲。子響白服登城,頻遣信與相聞,曰："天下豈有兒反?身不作賊,直是粗疏,今便單舸還闕,何築城見捉邪?"尹略獨答曰："誰將汝反父人共語?"子響聞之,惟灑泣。又送牛數十頭,酒二百石,果饌三十輿。略棄之江流。子響膽力之士王衝天不勝忿,乃率黨渡洲攻臺軍,斬略,而諧之、法亮,單艇奔逸。上又遣丹陽尹蕭順之領兵繼。子響即日將白衣左右三十人乘舴艋中流下都。初順之將發,文惠大子素忌子響,密遣不許還,令便爲之所。子響及見順之,欲自申明,順之不許,於射堂縊之。及順之還,上心甚怪恨。百日於華林爲子響作齋,上自行香,對諸朝士嚬蹙。及見順之,嗚咽移時。左右莫不掩涕。他日,出景陽山,見第九章第七節。見一猿,透擲悲鳴。問後堂丞："此猨何意?"答曰："猨子前日墮崖致死,其母求之不見,故爾。"上因憶子響,歔欷良久不自勝。順之慚懼成病,遂以憂卒。案子響擊敗臺軍之事,恐當以《齊書》之言爲真。《茹法亮傳》云：子響殺僚佐,上遣軍西上,使法亮宣旨慰勞,安撫子響。法亮至江津,子響呼法亮,法亮疑畏不肯往。又求見傳詔,法亮又不

遣。故子響怒,遣兵破尹略軍。然則激變之咎,實在法亮,特尹略已死,無可
質證,乃以罪歸之耳。至於遣破臺軍,則發蹤指示,自由子響,《南史》舉其罪
而蔽諸王衝天,又諱飾之辭也。《齊書》亦云:上憐子響死,後遊華林園,見猿
對跳子鳴嘯,上留目久之,因嗚咽流涕,則《南史》所云上有憾於蕭順之者自
真。順之蓋非良死? 梁武篡齊,固與報父讎無涉,然其助明帝以傾武帝之嗣,
則不能謂非復讎一念使然也。爭奪相殺之禍,推波助瀾,至於如此,可驚,亦
可哀矣。

第二節　鬱林王之敗

　　文惠大子之死也,武帝立其長子昭業爲大孫。永明十一年,七月,武帝
崩。昭業立,是爲鬱林王。時年二十。竟陵王子良,爲文惠母弟。少有清尚。禮
才好士,傾意賓客,天下才學,皆遊集焉。宋末守會稽。高帝建元二年,爲丹
陽尹。武帝即位,刺南徐州。永明二年,入爲護軍將軍,兼司徒。十年,領尚
書令。爲揚州刺史。尋解尚書令,加中書監。數陳政事。又嘗集學士,鈔五
經、百家,依《皇覽》例,爲《四部要略》千卷。招致名僧,講論佛法。造經唄新
聲。道俗之盛,江左未有。論其地位聲望,本可繼文惠爲儲貳。然史稱文惠
薨,武帝檢行東宮,見服御、羽儀,多過制度,以子良與大子善,不啓聞,頗加嫌
責。蓋二人之罪,本相牽連;而竟陵之爲人,亦文惠一流;武帝固知之,故卒舍
之而立孫也。《南史·子良傳》曰:武帝不豫,詔子良甲仗入延昌殿侍醫藥,日
夜在殿內,大孫聞日入參。武帝暴漸,內外惶懼,百僚皆已變服,物議疑立子
良。俄頃而蘇。問大孫所在。因召東宮器甲皆入。遺詔使子良輔政,明帝知
尚書事。子良素仁厚,不樂時務,乃推明帝。詔云:"事無大小,悉與鸞參懷,"
子良所志也。大孫少養於子良妃袁氏,甚著慈愛。既懼前不得立,自此深忌
子良。大行出大極殿,子良居中書省,帝使虎賁中郎將潘敞二百人仗屯大極
殿西階之下。成服之後,諸王皆出,子良乞停至山陵,不許。進位大傅,加侍
中。隆昌元年,加殊禮。進督南徐州。其年,疾篤,尋薨。四月。高帝第五子
《武陵昭王曄傳》曰:大行在殯,竟陵王子良在殿內,大孫未至,衆論喧疑。曄
衆中言曰:"若立長則應在我,立嫡則應在大孫。"鬱林立,甚見馮賴。《王融
傳》曰:融弘曾孫。魏軍動,竟陵王子良於東府募人,板融寧朔將軍、軍主。融文
辭捷速,有所造作,援筆可待,子良特相友好。晚節大習騎馬,招集江西傖楚
數百人,并有幹用,融特爲謀主。武帝病篤暫絶,子良在殿,大孫未入,融戎服

絳衫，於中書省閤口斷東宮仗不得進。欲矯詔立子良，詔草已立。上重蘇，朝事委西昌侯鸞。俄而帝崩，融乃處分，以子良兵禁諸門。西昌侯聞，急馳到雲龍門，不得進，乃曰：“有敕召我。”仍排而入。奉大孫登殿，命左右扶出子良。指麾音響如鐘，殿内無不從命。融知不遂，乃釋服還省。歎曰：“公誤我。”鬱林深怨融。即位十餘日，收下廷尉獄。朋友、部曲，參問北寺，相繼於道。請救於子良，子良不敢救。西昌侯固争不能得。詔於獄賜死。《十七史商榷》曰：“融乃處分至無不從命一段，《齊書》所無，《南史》所添也。描摹情事，頗覺如繪。但李延壽既知此，則下文西昌侯固争不得一句，亦《齊書》所無，延壽何意又添此一句乎？”①案此可見古人史例，凡衆説皆網羅之，雖相矛盾，亦不刊落，以待讀者之自參。因當時行文通例如此，故不必更加解釋。後人動以矛盾駮雜議古人，實非也。抑表裏之不必如一久矣，鸞雖隱與子良爲敵，何嘗不可顯争融之死乎？王氏之言，未爲達也。《南史·李安人傳》：子元履，爲司徒竟陵王子良法曹參軍，與王融遊狎。及融誅，鬱林敕元履隨右將軍王廣之北征，密令於北殺之。廣之先爲安人所厚，又知元履無過，甚擁護之。會鬱林敗死。元履拜謝廣之曰：“二十二載，父母之年，自此以外，丈人之賜也。”此段亦《齊書》所無。夫果武帝生時，即有召東宮器甲皆入之命，又有使子良輔政、明帝知尚書事之遺詔，何至大行在殯，衆論猶疑？且絶而復蘇，尚能問大孫所在，何以未彌留之際，一任子良晝夜在内，大孫閒日入參乎？然則絶而復蘇一節，必非情實明矣。殆子良欲自立而未果，且防衛未周，倉卒之閒，明帝乃以東宫器甲，入而敗之邪？《齊書·高祖十二王傳》曰：“世祖以羣王少弱，未更多難，高宗清謹，同起布衣，故韜末命於近親，寄重權於疏戚。子弟布列，外有彊大之勢；支庶中立，可息覬覦之謀；表裏相維，足固家國。”以爲末命真出世祖，則爲明帝所欺矣。

　　西昌侯鸞者，高帝次兄始安貞王道生之子也。時爲右衛將軍。鬱林既立，鸞以遺詔爲侍中、尚書令。王晏爲尚書右僕射，轉左僕射。蕭諶爲後軍將軍，領殿内事。蕭坦之爲射聲校尉。晏等并武帝舊人，鬱林深加委信，而皆轉附於鸞。晏本隨世祖盆城。即位後，猶以舊恩見寵。領大孫右衛率。徐孝嗣領左衛率。世祖遺旨，以尚書事付晏及孝嗣，令久於其職。諶於大祖爲絶服族子。元徽末，世祖在郢州，欲知京邑消息，大祖遣諶就世祖宣傳謀計，留爲腹心，世祖在東宫，諶領宿衛。即位，爲步兵校尉，齋内兵仗悉付之。心膂密事，皆使參掌。及臥疾延昌殿，敕諶在左右宿直。上崩，遺敕領殿内事如舊。坦之與諶同族。世祖時，亦以宗族見驅使。鬱林深委信諶。諶每請急出宿，帝通夕不寐，諶還乃安。坦之亦見親信，得入内見皇后。高宗輔政，有所匡諫，惟遣諶及坦之，乃得聞達。鬱林被廢日，聞外有變，猶密敕呼諶焉。徐孝嗣爲右僕射，轉丹陽尹；孝嗣，聿之子。沈文季爲護軍將軍，轉領軍；亦無所可否。惟中書舍人綦毋珍之、朱隆之，直閣將軍曹道剛、周奉叔，并爲帝羽翼。

帝又用閹宦徐龍駒爲後閤舍人，亦爲帝心腹。鸞先啓誅龍駒，帝不能違。奉叔者，盤龍子，父子并以勇名。《齊書》言帝謀誅宰輔，出奉叔爲青州刺史，以爲外援。高宗慮其一出不可復制，與蕭諶謀，稱敕召奉叔，於省内殺之。《南史》則云：明帝令蕭諶、蕭坦之説帝，出奉叔爲外鎮樹腹心。又説奉叔以方倍之重，奉叔納其言。夫是時鬱林所患，近在肘腋之閒，青州孤寄海中，見第九章第五節。安能爲援？《齊書》之言，其不實明矣。殆使諶、坦之脅帝出之，又乘奉叔自謂出外則可以無患，出不意而殺之也。《南史·恩倖傳》云：有杜文謙者，吳郡錢塘人。錢塘，見第四章第三節。帝爲南郡王，文謙侍五經文句。謂綦毋珍之曰："天下事可知灰盡粉滅，匪朝伊夕。不早爲計，吾徒無類矣。"珍之曰："計將安出？"答曰："先帝故人，多見擯斥，今召而使之，誰不慷慨？近聞王洪範與趙越常、徐僧亮、萬靈會共語，皆攘袂搤捥。君其密報周奉叔：使萬靈會、魏僧勔殺蕭諶，則宮内之兵，皆我用也。即勒兵入尚書斬蕭令，兩都伯力耳。其次則遣荆卿、豫讓之徒，因諮事左手頓其胸，則方寸之刃，足以立事，亦萬世一時也。今舉大事亦死，不舉事亦死，二死等耳，死社稷可乎？"珍之不能用。果收送廷尉，與奉叔、文謙同死。觀此，知鬱林羽翼，爲鸞所剗除者多矣。時中書令何胤，以皇后從叔見親，使直殿省。鬱林與胤謀誅鸞，令胤受事，胤不敢當，依違杜諫，帝乃止。謀出鸞於西州。揚州刺史治所。在臺城西，故稱西州。中敕用事，不復關諮。帝謂蕭坦之曰："人言鎮軍與王晏、蕭諶欲共廢我，鸞時領鎮軍將軍。似非虛傳，蘭陵所聞云何？"①坦之嘗作蘭陵令，故稱之。坦之曰："天下寧當有此？誰樂無事廢天子邪？昔元徽獨在路上走，三年，人不敢近，政坐枉殺孫超、杜幼文等，故敗耳。官有何事，一旦便欲廢立？朝貴不容造此論，政當是諸尼師母言耳。豈可以尼姥言爲信？官若無事除此三人，誰敢自保？安陸諸王在外，寧肯復還？道剛之徒，何能抗此？"坦之之言，既以無廢立之虞，寬譬鬱林，又以有外患怵之，此鬱林所以不敢有所舉動也。然帝又曰："蘭陵可好聽察，作事莫在人後，"其信坦之亦至矣。鸞既與諶、坦之定謀，曹道剛疑外閒有異，密有處分，諶未能發。始興内史蕭季敞，始興，見第三章第九節。南陽大守蕭穎胄，南陽，見第三章第四節。并應還都。諶欲待二蕭至，藉其威力以舉事。鸞慮事變，以告坦之。坦之馳謂諶曰："廢天子古來大事。比聞曹道剛、朱隆之等轉已猜疑，衛尉明日若不發，事無所復及。"諶皇遽。明日，諶領兵先入，殺曹道剛、朱隆之。時道剛直閤省，諶先入，若欲論事，兵隨後奄進，以刀刺之，洞胸死。因進宮内廢帝。直後徐僧亮

---

① 宗教：鬱林告蕭坦之，明帝欲廢己，坦之云諸尼師母言。

甚怒，大言於衆曰：“吾等荷恩，今日應死報。”又見殺。王晏、徐孝嗣、蕭坦之、陳顯達、王廣之、沈文季係進。後宮齋内仗身，素隸服諶，莫有動者。此據《齊書·諶傳》。《鬱林紀》：諶初入殿，宿衛將士，皆操弓楯欲拒戰。諶謂之曰：“所取自有人，卿等不須動。”宿衛信之。及見帝出，各欲自奮。帝竟無一言。案帝時已以帛纏頸矣，又安能有言邪？遂弑帝而立其弟新安王昭文，是爲海陵恭王。時隆昌元年七月二十二日也。鬱林之敗，與宋之前後廢帝相似而又不同。宋前後廢帝皆多所誅戮，鬱林則未戮一人。往史誣衊之辭雖多，然細觀之，猶可見其有性情，善容止其文德實遠在宋二廢帝之上。《南史·本紀》曰：帝少美容止，好隸書。武帝特所鍾愛。救皇孫手書，不得妄出以貴之。進退音吐，甚有令譽。生而爲竟陵文宣王所攝養，常在袁妃閒。竟陵王移住西州，帝亦隨住焉。性甚辯慧，哀樂過人。接對賓客，皆款曲周至。矯情飾詐，陰懷鄙慝。與左右無賴羣小二十許人共衣食，同臥起。妃何氏，擇其中美貌者，皆與交歡。密就富市人求錢，無敢不與。及竟陵王移西邸，帝獨住西州，每夜，輒開後堂閤，與諸不逞小人至諸營署中淫宴。凡諸小人，并逆加爵位。皆疏官名號於黃紙，使各囊盛以帶之。許南面之日，即便施行。又別作籤鉤，兼善效人書，每私出還，輒扃籤封題如故，故人無知者。師史仁祖，侍書胡天翼聞之，相與謀曰：“若言之二宮，則其事未易。若於營署爲異人所毆打，及犬、物所傷，豈直罪止一身？亦當盡室及禍。年各已七十，餘生寧足吝邪？”數日中，二人相係自殺，二宮不知也。文惠大子每禁其起居，節其用度。帝謂豫章王妃庾氏曰：“阿婆，佛法言有福生帝王家，今見作天王，便是大罪。左右主帥，動見拘執，不如市邊屠酤富兒百倍。”文惠大子自疾及薨，帝侍疾及居喪，哀容號毁，旁人見者，莫不嗚咽。裁還私室，即歡笑酣飲，備食甘滋。葬畢，立爲皇大孫。問訊大妃，截壁爲閤，於大妃房内往何氏閒，每入輒彌時不出。武帝往東宮，帝迎拜號慟，絶而復蘇，武帝自下輿抱持之。寵愛日隆。又在西州令女巫楊氏禱祀，速求天位。及文帝薨，謂由楊氏之力，倍加敬信，呼楊婆。宋氏以來，人閒有《楊婆兒哥》，蓋此徵也。武帝有疾，又令楊氏日夜禱祈，令宮車早晏駕。時何妃在西州，武帝未崩數日，疾稍危，與何氏書，紙中央作一大喜字，而作三十六小喜字繞之。侍武帝疾，憂容慘戚，言發淚下。武帝每言及存亡，帝輒哽咽不自勝。武帝以此，謂爲必能負荷大業。謂曰：“五年中一委宰相，汝勿厝意。五年以後，勿復委人。若自作無成，無所多恨。”臨崩，執帝手曰：“若憶翁，當好作。”如此再而崩。大歛始畢，乃悉呼武帝諸伎，備奏衆樂。素好狗馬。即位未逾旬，便毁武帝所起招婉殿，以材賜閹人徐龍駒，於其處爲馬埒。馳騎墜馬，面額并傷，稱疾不出者數日。多聚名鷹、快犬，以梁肉奉之。及武帝梓宮下渚，帝於端門内奉辭，輼輬車未出端門，便稱疾遷内。裁入閤，即於内奏胡伎，鞞鐸之聲，震響内外。自山陵之後，便於閤内乘内人車問訊，往皇后所生母宋氏閒。因微服遊走市里。多往文帝崇安陵隧中，與羣小共作諸鄙褻，擲塗、賭跳、放鷹、走狗，雜狡獪。極意賞賜左右，動至百數十萬。每見錢，曰：“我昔思汝，一箇不得，今日得用汝未？”武帝聚錢上庫五億萬，齋庫亦出三億萬，金銀布帛，不可稱計，即位未踰歲，所用已過半，皆賜與諸不逞羣小。諸寶器以相擊уд破碎之，以爲笑樂。及至廢黜，府庫悉空。其在内，常裸袒，著紅紫錦繡新衣、錦帽、紅縠褌、雜采祖服。好鬥雞，密買雞至數千價。武帝御物甘草杖，宮人寸斷用之。徐龍駒爲後宮舍人，日夜在六宮房内。帝與文帝幸姬霍氏淫通，改姓徐氏。龍駒勸長留宮内，聲云度霍氏爲尼，以餘人代之。皇后亦淫亂，齋閣通夜洞開，外内淆雜，無復分別。史之所言如此，雖極誣詆之能事，然其性情真摯，容儀温雅，固仍有隱然可見者。其誣罔，亦稍深思之即可知，不待一一辯正也。《南史·江夏王鋒傳》曰：工書，爲當時蕃王所推。南郡王昭業亦稱工,謂武帝曰:"臣書固應勝江夏王?"武帝答:"闍梨第一,法身第二。"法身昭業小名,闍梨鋒小名也。此足與鬱林善隸書之説相證明。工書之説不誣,知其哀樂過人,接對賓客,款曲周至等語,皆不虛矣。武帝之欲立孫,非偶然也。《安陸王子敬傳》云:初子敬爲武帝所留心。帝不豫,有意立子敬爲大子代大孫。子敬與大孫俱入,參畢同出,武帝目送子敬,良久曰:"阿五鈍。"由此代換之意乃息。其説恐不足據。天王,胡三省曰:"謂天家諸王,"見《通鑑》齊明帝建武元年《注》。文帝,即文惠大子,鬱林立追尊,廟號世宗。乃亦多作淫辭以誣之;不惟誣其身,抑且及其后;《南史·鬱林王何妃傳》云:妃稟性淫亂。南郡王所與無賴人遊,妃擇其美者,皆與交歡。南郡王侍書人馬澄,年少色美,甚爲妃所悅,常與悶腕較力,南郡王以爲歡笑。又有女巫子楊珉之,亦有美貌,妃尤愛悅之,與同寢處如伉儷。及大孫即帝位,珉之爲帝所幸,常居中侍。明帝爲輔,與王晏、徐孝嗣、王廣之并面請,不聽。又令蕭諶、坦之固請。皇后與帝同席坐,流涕覆面,謂坦之曰:"楊郎年,年少無罪過,何可枉殺?"坦之耳語於帝曰:"此事別有一意,不可令人聞。"帝謂皇后爲阿奴,曰:"阿奴暫去。"坦之乃曰:"外聞并云:楊珉之與皇后有異情,彰聞遐邇。"帝不得已,乃爲敕。坦之馳報明帝,即令建康行刑,而果有敕原之,而珉之已死。此等記載,豈近情理乎? 正足見其脅君專殺耳。天下尚安有直道? 使即以其言爲實,天下又安有信史邪?

第三節　明帝誅翦高武子孫

　　海陵既立,明帝遂大殺宗室,而其禍始於鄱陽王鏘。鏘高帝第七子也。隆昌元年,遷侍中、驃騎將軍,開府儀同三司,領兵置佐。鏘雍容得物情,爲鬱林所依信。鬱林心疑明帝,諸王問訊,獨留鏘,謂曰:"聞鸞於法身何如?"鏘曰:"臣鸞於宗戚最長,且受寄先帝,臣等年皆尚少;朝廷之幹,惟鸞一人,願陛下無以爲慮。"鬱林退,謂徐龍駒曰:"我欲與公共計取鸞,公既不同,我不能獨辦,且復小聽。"及鬱林廢,鏘竟不知。延興元年,海陵年號,即鬱林之隆昌元年也。進位司徒,侍中如故。明帝鎮東府,權威稍異。鏘每往,明帝屣履至車迎鏘,語及家國,言涕俱下,鏘以此推信之。而宮、臺內皆屬意於鏘,勸令入宮發兵輔政。制局監謝粲説鏘及隨王子隆曰:"殿下但乘油壁車入宮,出天子置朝堂,二王夾輔號令,粲等閉城門上仗,誰敢不同? 宣城公政當投井求活,豈有一步動哉? 海陵即位,明帝封宣城公。東城人政共縛送耳。"子隆欲定計,鏘以上臺兵力,既悉度東府,且慮難捷,意甚猶豫。馬隊主劉巨,武帝時舊人,詣鏘請閒,叩頭勸鏘立事。鏘命駕將入,復還回內,與母陸大妃別,日暮不成行。典籤知謀告之。數日,明帝遣二千人圍鏘宅害鏘,謝粲等皆見殺。凡諸王被害,皆以夜遣兵圍宅,或斧斫關、排牆,叫噪而入,家財皆見封籍焉。遂殺子隆及安陸王子敬。子隆,武帝第八子,子敬,武帝第五子也。武帝諸子中,子隆最以才貌見憚,故與鏘同夜見殺。時年二十一。子敬年二十三。第三子廬陵王子卿,代鏘爲司徒,尋復見殺。時年二十七。於是晉安王子懋起兵。子懋,武帝第七子也。武帝末刺雍州。隆昌元年,移刺江州。聞鄱陽、隨郡二王見殺,欲起兵赴難。與參軍周英、防閤陸超之議,傳檄荆、郢,入討君側。防閤董僧慧攘袂曰:"此州雖小,孝武亦嘗用之。今以勤王之師,橫長江,指北闕,以請鬱林之過,誰能對之?"於是部分兵將。母阮在都,遣書密欲迎上。阮報同產弟于瑤之爲計。瑤之馳告明帝。於是纂嚴。遣中護軍王玄邈、平西將軍王廣之南北討。使軍主裴叔業與瑤之先襲尋陽。聲云爲郢府司馬。子懋知之,遣三百人守盆城。叔業泝流直上,襲盆城。子懋聞叔業得盆城,乃據州自衛。子懋部曲多雍土人,皆踊躍願奮,叔業畏之,遣于瑤之説子懋曰:"今還都必無過憂,政當作散官,不失富貴也。"子懋既不出兵攻叔業,衆情稍沮。中兵參軍于琳之,瑤之兄也,説子懋重賂叔業。子懋使琳之往。琳之因説叔業,請取子懋。叔業遣軍主徐玄慶將四百人隨琳之入城。琳之從二百人仗自入齋。子懋笑謂之曰:"不意渭陽,翻成梟獍。"琳之以袖障面,使人害之。時年二十三。高帝第十五子南平王銳,時爲湘州刺史。叔業仍進湘州。銳防閤周伯玉大言於衆曰:"此非天子意。今斬叔業,舉兵匡社稷,誰敢不同?"銳典籤叱左右斬之。銳見害。伯玉下獄誅。郢州刺史晉熙王銶,高帝第十八子。時年十六。南豫州刺史宜都王鏗,高帝第十六子。時年十八。皆見殺。時九月也。十月,復殺桂陽王鑠,高帝第八子。衡陽王鈞,高帝第十一子,出繼衡陽元王道度。道度,高帝長兄也。鈞時年二十二。江夏王鋒,高帝第二子。鋒有武力。明帝殺諸王,鋒與書詰責,左右不爲通。明帝深憚之。不敢於第收鋒,使兼祠官於大廟,夜遣兵廟中收之。鋒出登車。兵人欲上車防勒,鋒以手擊卻數人,皆應時倒地。遂逼害之。時年二十。建安王子貞,武帝第九子。時年十九。巴陵王子倫,武帝第十三子。時年十六。是月,以皇大后令,稱帝早嬰尩疾,降封爲海陵王,而鸞即位,是爲高宗明皇帝。改元建武。十一月,稱王有疾,數遣御師覘視,乃殞之。時年十五。明年,建武二年。六月,誅西陽王子明,武帝第十子。年十七。南海王子罕,武帝第十一子。年十七。邵陵王子貞。武帝第十四子。年十五。永泰元年,正月,復殺河東王鉉,高帝第十九子。明帝誅高帝諸子,鉉初以才弱年幼倖全。及年稍長,建武四年,誅王晏,以謀立鉉爲名,鉉免官,以王還第。禁不得與外人交通。永泰元年,明帝暴疾甚,乃見害。二子在孩抱,亦見殺。臨賀王子岳,武帝第十六子。明帝誅武帝諸子,惟子岳及弟六人在後,時呼爲七王。朔望入朝,上還後宮,輒歎息曰:"我及司徒諸兒子皆不長,高、武子孫日長大。"永泰元年,上疾甚,絶而復蘇,於是誅子岳等。延興、建武中,凡三誅諸王,每一行事,明帝輒先燒香,嗚咽涕泣,衆以此輒知其夜當殺戮也。子岳死時年十四。司徒,胡三省曰:指帝弟安陸昭王緬。西陽王子文,武帝第十七子。年十四。衡陽王峻,武帝第十八子。年十四。南康王子琳,武帝第十九子。年十四。永陽王子珉,武帝第二十子,明帝以繼衡陽元王爲孫。年十四。**湘東王子建**,武帝第二十一子。年十三。**南郡王子夏**,武帝第二十三子。年七歲。**巴陵王昭秀**,文惠大子第三子。年十六。**桂陽王昭粲**,文惠大子第四子。年八歲。**於是高、武之子孫盡矣。**高帝十九男:武帝外,豫章文獻王嶷、臨川獻王映、長沙威王晃、安成恭王暠、始興簡王鑑,皆没於永明世。第九、第十三、第十四、第十七皇子皆早亡。其至鬱林世者,惟武陵昭王曄殁於隆昌元年,係善終。餘皆爲明帝所殺。武帝二十三男:文惠大子、竟陵王子良、魚復侯子響,事已見前。第六、第十二、第十五、第廿二皇子早亡。餘亦皆爲明帝所殺。文惠大子四子,鬱林、海陵外,即昭秀、昭粲也。王鳴盛曰:通計高帝之子孫及曾孫三世,爲明帝所殺者凡二十九人,而其子之見於史者,獨有鉉之二子,其實所殺必不止此數,當以其幼稚而略之也。

　　《南史·齊武帝諸子傳》曰:高帝、武帝,爲諸王置典籤帥,一方之事,悉以委之。[1] 每至覲接,輒留心顧問。刺史行事之美惡,係於典籤之口。莫不折節推奉,恒慮弗及。於是威行州部,權重蕃君。武陵王曄爲江州,性烈直不可忤,典籤趙渥之曰:"今出郡易刺史。"及見武帝,相誣,曄遂免還。南海王子罕戍琅邪,此係南琅邪,治白下,見《齊書·本傳》。白下,見第九章第三節。欲暫遊東堂,典籤姜秀不許而止。還,泣謂母曰:"兒欲移五步亦不得,與囚何異?"秀後輒取子罕屐繖、飲器等,供其兒昏,武帝知之,鞭二百,繫尚方,然而擅命不改。邵陵王子貞嘗求熊白,廚人答典籤不在,不敢與。西陽王子明,欲送書參侍讀鮑僎病,典籤吳脩之不許,曰:"應諮行事,"乃止。言行舉動,不得自專。徵求衣食,必須諮訪。永明中,巴東王子響殺行事劉寅等,武帝聞之,謂羣臣曰:"子響遂反。"戴僧静大言曰:"諸王都自應反,豈惟巴東?"武帝問其故。答曰:"天王無罪,而一時被囚。天王,釋見上節。取一挺藕、一杯漿,皆諮籤帥,不在則竟日忍渴。諸州惟聞有籤帥,不聞有刺史。"竟陵王子良嘗問衆曰:"士大夫何意詣籤帥?"參軍范雲答曰:"詣長史以下皆無益,詣籤帥便有倍本之價,不詣謂何?"子良有媿色。及明帝誅異己者,諸王見害,悉典籤所殺,竟無一人相抗。又《恩倖傳》曰:故事,府州部內論事,皆籤前直叙所論之事,後云謹籤,日月下又云某官某籤,故府州置典籤以典之。本五品吏,宋初改爲士職。宋氏晚運,多以幼少皇子爲方鎮,時主皆以親近左右領典籤,典籤之權稍重。大明、泰始,長王臨蕃,素族出鎮,莫不皆內出教命,刺史不得專其任也。宗慤爲豫州,吳喜公爲典籤。慤刑政所施,喜公每多違執。慤大怒曰:"宗慤年將六十,爲國竭命,政得一州如斗大,不能復與典籤共臨。"喜公稽顙流血,乃止。自此以後,權寄彌隆。典籤遞互還都,一歲數反,時主輒與閒言,訪以方事。刺史行事之美惡,係於典籤之口。莫不折節推奉,恒慮不及。於是威行州郡,權重蕃

──────────

①　封建:齊高武置典籤,威行州部,權重蕃君,明帝始輕之(見第三二七──三二八頁)。

君。劉道濟、柯孟孫等姦慝發露,雖即顯戮,而權任之重不異。明帝輔政深知之,始制諸州急事,宜密有所論,不得遣典籤還都,而典籤之任輕矣。案《蕭諶傳》言:諶回附明帝,勸行廢立,密召諸王典籤約語之,不許諸王外接人物,諶親要日久,衆皆憚而從之。然則明帝之翦戮諸王,内外皆得典籤之力,故能深知其弊,而思所以漸戢之也。衆建親戚,不過欲藉作屏藩,至於以幼小蒞之,則其權不得不更有所寄;即長大而昏愚者,亦何獨不然;於是本意失而更滋他禍矣。私天下之制,亦何一而可哉? 吳喜公即吳喜,其人饒權略,亦有武幹,而已不能制一衰遲之宗慤,果有桀驁欲擅土者,典籤又豈足以制之? 而不見童騃之子響,畏嬖之子懋乎?

　　高、武子孫雖盡,而蕭諶及王晏,亦旋見誅夷,并及其子弟親族。諶以建武二年六月誅。兄誕,爲司州刺史,以梁武帝爲別駕,使誅之。弟誄,與諶同豫廢立,時方領軍解司州圍,於其還日誅之。晏之誅以四年正月。《晏傳》云:高宗雖以事際須晏,而心相疑斥。初即位,始安王遥光便勸誅晏,帝曰:“晏於我有勳,且未有罪。”遥光曰:“晏尚不能爲武帝,安能爲陛下?”帝默然變色。時帝常遣心腹左右陳世範等出塗巷,採聽異言。傖人鮮于文粲,與晏子德元往來,密探朝旨,告晏有異志。世範等又啓上云:“晏謀因四年南郊,與世祖故舊主帥于道中竊發。”未郊一日,敕停行。元會畢,乃召晏於華林省誅之。子德元、德和俱被誅。晏弟詡,爲廣州刺史,上遣南中郎將司馬蕭季敞襲殺之。大祖從子景先,與世祖款暱,常相隨逐。建武世爲中領軍。其子毅,性奢豪,好弓馬,爲高宗所疑。晏敗,并陷誅之。華林省,胡三省曰:省在華林園,故名。惟徐孝嗣愛好文學,不以權勢自居,故得見容於建武之世焉。晏誅,以孝嗣爲尚書令。王敬則以隆昌元年,出爲會稽大守。帝既多殺害,敬則自以高、武舊臣,心懷憂恐。帝雖外厚其禮,亦内相疑備。聞其衰老,且以居内地,故得少安。三年中,蕭坦之將齋仗五百人行武進陵,武進,見第五章第二節。敬則諸子在都,憂怖無計。上知之,遣敬則世子仲雄入東安慰之。永泰元年,帝疾,屢經危殆。以張瓌爲平東將軍吳郡大守,吳郡,見第三章第九節。置兵密防敬則。内外傳言:“當有異處分。”敬則聞之,竊曰:“東今有誰? 祇是欲平我耳。”諸子怖懼。第五子幼隆,遣正員將軍徐嶽,密以情告徐州行事謝朓,朓敬則女夫。爲計若同者,當往報敬則。朓執嶽馳啓之。敬則乃起兵。率實甲萬人過江。張瓌遣將吏三千人迎拒於松江,聞敬則軍鼓聲,一時散走。瓌棄郡逃民間。朝廷遣左興盛、劉山陽等三千餘人築壘於曲阿長岡。曲阿,見第四章第三節。沈文季爲持節都督,屯湖頭湖謂玄武湖。備京口路。敬則以舊將舉事,百姓儋篙荷鍤隨逐之,十餘萬衆。遇興盛、山陽二砦,盡力攻之。官軍不敵,欲退,而圍不開,各死戰。馬軍主胡松領馬軍突其後。白丁無器仗,皆驚散。敬則軍大敗。興盛軍容袁文曠斬之。《梁書·丘仲孚傳》:爲曲阿令,王敬則反,乘朝廷不備,反問始至,而前鋒已屆曲阿。仲孚謂吏民曰:“賊乘勝雖鋭,而烏合易離。今若收船艦，鑿長岡埤寫瀆水以阻其路，得留數日，臺軍必至，則大事濟矣。"敬則軍至，值瀆涸，果頓兵不得進，遂敗散。子世雄、季哲、幼隆、少安在京師，皆見殺。長子元遷，領千人於徐州擊虜，敕徐州刺史徐元慶殺之。

敬則事起，南康侯子恪在吳郡，子恪，豫章文獻王嶷子。高宗慮有同異，召諸王侯入宮。晉安王寶義及江陵公寶覽等住中書省，寶義，明帝長子。寶覽，安陸昭王緬之子。高、武諸孫住西省。敕人各兩左右自隨，過此依軍法。孩抱者乳母隨入。其夜，大醫煮藥，都水辦數十具棺材，須三更當悉殺之。子恪奔歸，二更達建陽門。刺啓時刻已至，而帝眠不起。中書舍人沈徽孚與帝所親左右單景雋共謀，少留其事。須臾，帝覺，景雋啓子恪已至。驚問曰："未邪？"景雋具以事答。明日，悉遣王侯還第。《齊書·竟陵王子良傳》。《南史·豫章王嶷傳》云：子恪，建武中爲吳郡大守。敬則反，以奉子恪爲名，而子恪奔走未知所在。始安王遙光勸上并誅高、武諸子孫。於是并敕竟陵王昭胄等六十餘人入永福省。令大醫煮椒二斛。并命辦數十具棺材，謂舍人沈徽孚曰："椒熟則一時賜死。"期三更當殺之。會上暫臥，主書單景雋啓依旨斃之。徽孚堅執，曰："事須更審。"爾夕三更，子恪徒跣奔至建陽門。上聞，驚覺曰："故當未賜諸侯命邪？"徽孚以答。上撫牀曰："遙光幾誤人事。"及見子恪，顧問流涕。諸侯悉賜供饌。以子恪爲大子中庶子。說少不同，恐不如《齊書》之可信。明帝之猜忌好殺，初無待於遙光之教。又士大夫之見解，往往右護同類，而薄視所謂佞幸者流，實則賢不肖之相去，其閒亦不能以寸耳。觀《南史》以高、武諸孫之獲全，悉歸功於沈徽孚，而謂單景雋早欲相覽，亦可見其說之久經傳述，已遭改易也。

第四節　齊治盛衰

蕭齊諸主，猜忌殺戮，固略與劉宋相同，而其政事之得失，亦復相類。齊高帝性極節儉。當其輔政時，即罷御府，省尚方諸飾玩。昇明二年，又上表禁民閒華僞，凡十七條。即位後，詔二宮諸王，悉不得營立邸邸，封略山湖。停大官池籞之稅。《陳顯達傳》云：上即位，御膳不宰牲。顯達上熊羆一盤，上即以充飯。《本紀》言：帝身不御精細之物。敕中書舍人桓景真曰："主衣中似有玉介導。此制始自大明末後泰始尤增其麗，留此置主衣，政是興長疾源，可即時打碎。① 凡復有可異物，皆宜隨例也。"後宮器物、闌檻以銅爲飾者，皆改用鐵。內殿施黃紗帳。宮人著紫皮履。華蓋除金華瓜，用鐵迴釘。每曰："使我治天下十年，當使黃金與土同價。"欲以身率天下，移風易俗云。庶幾媲美宋武帝矣。然及武帝，即稍陵夷。武帝永明元年，詔還郡縣丞、尉田秩。又詔苲

----

① 生計：齊高帝打碎玉介導。

民之職，一以小滿爲限。《南史·恩倖傳》云：晉、宋舊制，宰人之官，以六年爲限。近世以六年過久，又以三周爲期，謂之小滿。而遷換去來，又不依三周之制。送故迎新，吏人疲於道路。①　五年，詔“遠邦嘗市雜物，非土俗所産者，皆悉停之。必是歲賦攸宜，都邑所乏，可見直和市，勿使逼刻。”此皆不得謂非善政。然帝性實猜忌、刻薄。故史雖稱其爲治總大體，以富國爲先，然又云：頗不喜遊宴雕綺之事，言嘗恨之，未能遽絶。《南史·豫章王嶷傳》言：帝奢侈，後宮萬餘人，嶷後房亦千餘人，則《本紀》之言，已爲婉約矣。而帝之失德，尤在拒諫。《嶷傳》又言：穎川荀丕，獻書於嶷，極言其失。嶷咨嗟良久，爲書答之，爲之減遣。而丕後爲荆州西曹書佐，上書極諫，其言甚直，竟於州獄賜死。《齊書·竟陵王子良傳》言：帝好射雉，左衛殿中將軍邯鄲超上書諫，帝雖爲止，久之，超竟被誅。此則絶似宋孝武矣。其施政亦近嚴酷。永明三年，冬，富陽人唐寓之，以連年檢籍，百姓怨望，聚黨連陷桐廬、富陽、錢塘、鹽官、諸暨、餘杭。富陽，秦富春縣，晉改曰富陽，今浙江富陽縣。桐廬，吳縣，在今浙江桐廬縣西。錢塘，見第四章第三節。鹽官，吳縣，今浙江海寧縣。諸暨，秦縣，今浙江諸暨縣。餘杭，見第四章第三節。明年，遂僭號於錢塘。帝遣禁兵數千人平之。臺軍乘勝，百姓頗被掠奪。上聞之，收軍主陳天福棄市，劉明徹免官、削爵，付東冶。天福，上寵將也，既伏誅，内外莫不震肅。《齊書·沈文季傳》。此誠可謂能整飭綱紀。然豫章王嶷因此陳檢籍之非，上答曰：“欺巧那可容？宋世混亂，以爲是不？蚊蟻何足爲憂？已爲義勇所破，官軍昨至，今都應散滅。吾正恨其不辨大耳，亦何時無亡命邪？”又曰：“宋明初九州同反。鼠輩但作，看蕭公雷汝頭。”亦見《沈文季傳》。此則殊非仁者之言也。

明帝亦頗節儉。在位時，嘗罷世祖所起新林苑，以地還百姓。建武元年十一月。廢文惠大子所起東田，斥賣之。建武二年十月。斷遠近上禮。建武元年十月。又詔：“自今雕文篆刻，歲時光新，可悉停省。蕃、牧、守、宰，或有薦獻，事非任土，嚴加禁斷。”十一月，詔曰：“邑宰禄薄俸微，不足代耕，雖任土恒貢，亦爲勞費，自今悉斷。”是月，立皇大子，又詔“東宮肇建，遠近或有慶禮，可悉斷之。”二年，十月，納皇大子妃褚氏，亦斷四方上禮。細作、中署、材官、車府諸工，悉開番假，遞令休息。建武元年十一月。申明守宰六周之制。建武三年正月。詔所在結課屋宅田桑，詳減舊價。建武四年十一月。《本紀》言：帝於永明中興、輦、舟乘，悉剔取金銀還主衣庫。世祖掖庭中宮殿、服御，一無所改。《皇后傳》言：大祖創命，宮禁貶約。毀宋明之紫極，革前代之踰奢。衣不文繡，色無紅采。永巷貧空，有同素室。世祖嗣位，運藉休平。壽昌前興，鳳華晚構，香

---

① 官制：《南史》言送故迎新，吏人疲於道路。鄧元起以迎激變益州（第三四六頁）。

柏文楄，花梁繡柱。雕金鏤寶，頗用房帷。趙瑟吳趨，承閒奏曲。歲費旁恩，足使充牣。事由私蓄，無損國儲。高宗仗素矯情，外行儉陋，內奉宮禁，曾莫云改。《蕭穎冑傳》云：上慕儉約，欲鑄壞大官元日上壽銀酒鎗。尚書令王晏等咸稱盛德。穎冑曰：“朝廷盛禮，莫過三元，此一器既是舊物，不足爲侈。”帝不悅。後豫曲宴，銀器滿席。穎冑曰：“陛下前欲壞酒鎗，恐宜移在此器也。”帝甚有慙色。此等頗近深文。《南史·本紀》言：帝用皂莢訖，授餘瀝與左右，曰：“此猶堪明日用。”大官進御食有裹蒸，帝十字畫之，曰：“可四片破之，餘充晚食。”此雖高帝，何以尚之？要之帝之儉德，實在武帝之上，更無論宋孝武、明帝也。帝亦有吏才。《本紀》云：持法無所借。制御親幸，臣下肅清。《良政傳》云：“永明繼運，垂心治術，仗威善斷，猶多漏網。明帝自在布衣，曉達吏事。君臨億兆，專務刀筆，未嘗枉法申恩守宰以之肅震。”[1]一家哭何如一路哭，當時之人民，必有實受其益者矣。《傳》又云：“永明之世，十許年中，百姓無雞鳴犬吠之警。都邑之盛，士女富逸。歌聲舞節，袨服華妝，桃花綠水之閒，秋月春風之下，蓋以百數。及建武之興，虜難荐急，征役連歲，不遑啓居，軍國糜耗，從此衰矣。”此則時會爲之，不能歸咎於人事也。惟帝之迷信，亦與宋明帝同。史言其每出行幸，先占利害。南出則唱云西行，東遊則唱云北幸。簡於出入，竟不南郊。初有疾，無輟聽覽，祕而不傳。及寢疾甚久，敕臺省府署文簿求白魚以爲治，外始知之。自衣絳衣，服飾皆赤，以爲厭勝。巫覡云：後湖水頭逕過宮內，致帝有疾。後湖，玄武湖。帝乃自至大官行水溝。左右啓：大官無此水則不立。帝決意塞之，欲南引淮流，秦淮。會崩，事寢。此則亦由顧慮禍福大甚，有以致之也。

　　齊世政事，亦皆在佞幸手中。[2]《倖臣傳》云：“中書之職，舊掌機務。漢元以令、僕用事，魏明以監令專權。及在中朝，猶爲重寄。晉令舍人，位居九品。江左置通事郎，管司制誥。其後郎還爲侍郎，而舍人亦稱通事。宋文世，秋當、周糾，并出寒門。孝武以來，士庶雜選。及明帝世，胡母顥、阮佃夫之徒，專爲佞幸矣。齊初亦用久勞，及以親信關讞表啓，發署詔敕。頗涉辭翰者，亦爲詔文。侍郎之局，復見侵矣。建武世，詔命殆不關中書，專出舍人。省內舍人四人，所置四省。其下有主書令史，舊用武官，宋改文吏，人數無員，莫非左右要密。天下文簿、板籍，人副其省。萬機嚴祕，有如尚書。外司領武官，有

---

① 學術：齊明帝任法。
② 職官：晉宋齊中書專權，用佞幸，尚書、九卿皆疏。

制局監,領器仗、兵役,亦用寒人被恩幸者。"其"尚書八坐、五曹,各有恒任。係以九卿、六府,事存副職。咸皆冠冕縉紳,任疏人貴。伏奏之務既寢,趨走之勞亦息"矣。《倖臣傳》所列者,爲紀僧真、劉係宗、茹法亮、吕文顯、吕文度五人。僧真、係宗,并高帝舊人,與於禪代之事。法亮,武帝江州典籤。文顯亦逮事高帝。文度則武帝鎮盆城時知軍隊雜役者也。僧真、係宗,高帝世已爲中書舍人,法亮、文顯,則武帝時爲舍人,其任遇并歷明帝世無替。文度則武帝時爲制局監云。《倖臣傳》言:吕文顯與茹法亮等,迭出入爲舍人,并見親幸。四方餉遺,歲各數百萬。并造大宅,聚山開池。《南史·法亮傳》云:廣開宅宇。杉齋光麗,與延昌殿相埒。延昌殿、武帝中齋也。宅後爲魚池、釣臺,土山、樓館。長廊將一里。竹林、花、藥之美,公家苑囿,所不能及。① 鬱林即位,除步兵校尉。時有綦毋珍之,居舍人之任。凡所論薦,事無不允。内外要職及郡丞、尉,皆論價而後施行。貨賄交至,旬月之間,累至千金。帝給珍之宅,宅邊又有空宅,從取、并取,輒令材官營作,不關詔旨。《贊》又言其"賄賂日積,苞苴歲通,富擬公侯,威行州郡。"《南史·吕文顯傳》云:時中書舍人四人,各住一省,世謂之四户。既總重權,勢傾天下。四方守宰餉遺,一年咸數百萬。舍人茹法亮,於衆中語人曰:"何須覓外禄?此一户内,年辦百萬。"蓋約言之也。其後玄象失度,史官奏宜脩祈禳之禮。王儉聞之,謂上曰:"天文乖忤,此禍由四户。"仍奏文顯等專擅恣和,極言其事。上雖納之,而不能改也。案《齊書·佞倖傳》云:永明中,敕親近不得輒有申薦,人士免官,寒人鞭一百。上性尊嚴。吕文顯嘗在殿側欬聲高,上使茹法亮訓詰之,以爲不敬。故左右畏威承意,非所隸,莫敢有言也。虎賁中郎將潘敞,掌監功作,上使造褝靈寺,新成,車駕臨視,甚悦。敞喜,要吕文顯私登寺南門樓。上知之,繫敞勞方,而出文顯爲南譙郡守,久之乃復。不能總攬事權,徒恃是等小數,誠無益耳。"制局小司,專典兵力。領護所攝,示總成規。若徵兵動衆,大興民役,行留之儀,請託在手。斷割牢廩,賣弄文符。害政傷民,於此爲蠹"云。案江左士大夫,大抵優哉游哉,不親細務,欲求政事之脩舉,誠不能不任寒人;而此曹綜覈之才,亦容有過人者。明帝言:"學士不堪治國,惟大讀書耳,一劉係宗足持如此輩五百人,"其言自非無因。然此輩徒能釐務,不識遠猷;持守文法或有餘,開拓心胸則不足,欲與之大有爲則難矣。齊初所尊者褚淵,所任者王儉,皆贊成禪讓,以取富貴之徒,不徒不逮劉穆之,尚遠在宋文帝所任諸臣之下也。此其爲治之規模,所以尚不若宋氏歟?

第五節　東昏時内外叛亂

永泰元年,七月,明帝崩。帝長子巴陵隱王寶義,少有廢疾,故立次子寶

---

① 宫室:花園式。

卷爲大子。及是即位，是爲東昏侯。明帝兄始安靖王鳳卒於宋世。三子：曰遥光，遥欣，遥昌。遥光襲爵。《齊書·遥光傳》云：高宗簒立，遥光多所規贊。性慘害。上以親近單少，憎忌高、武子孫，欲并誅之，遥光計畫參議，當以次施行。河東等七王一夕見殺，遥光意也。遥欣，建武元年，爲荆州刺史。《齊書》本傳云：高宗子弟弱小，寶義有廢疾，故以遥光爲揚州，居中，遥欣居陝西，在外。陝西，見第九章第三節。永泰元年，以雍州虜寇，詔遥欣領刺史，移鎮襄陽，虜退不行。《梁書·劉季連傳》云：季連，思考子。思考，遵考從父弟也。季連爲遥欣長史。遥欣至州，多招賓客，厚自封殖，明帝甚惡之。季連族甥琅邪王會，爲遥欣諮議參軍。遥欣遇之甚厚。會多所憒忽。於公坐與遥欣競侮季連。季連憾之。乃密表明帝，稱遥欣有異迹。明帝納焉。乃以遥欣爲雍州刺史。明帝心德季連，四年，建武。以爲益州刺史，令據遥欣上流。蓋明帝雖忌遥欣，然任其兄弟久，故未能遽去之也。江祏者，姑爲景皇后，始安貞王妃追尊。少爲高宗所親，恩如兄弟。高宗之崩，祏爲右僕射，弟祀爲侍中，劉暄爲衛尉，暄，明帝后弟。遥光爲中書令，徐孝嗣爲尚書令，蕭坦之爲領軍將軍，六人更日帖敕，時呼爲六貴。高宗雖顧命羣公，而意寄多在祏兄弟。至是，更直殿内，動止關諮。帝稍欲行意，孝嗣不能奪，坦之雖時有異同，而祏堅意執制，帝深忿之。帝失德既彰，祀議欲立江夏王寶玄明帝第三子。劉暄初爲寶玄郢州行事，執事過刻，不同祏議。欲立建安王寶寅。明帝第六子。密謀於遥光。遥光自以年長，屬當鼎命，微旨動祏。祀以少主難保，勸祏立遥光。暄以遥光若立，己失元舅之望，不肯同。故祏遲疑久不决。初謝朓以啓王敬則反謀，明帝甚嘉賞之，遷尚書吏部郎。祏與祀密謂朓曰：“江夏年少輕脱，不堪負荷神器，不可復行廢立。始安年長，入簒不乖物望。非以此要富貴，政是求安國家耳。”遥光又遣親人劉渢，《南史·渢傳》云：渢妹適江祏弟禥。與祏兄弟異常。自尚書比部郎爲遥光諮議，專知腹心任。時遥光任當顧託，朝野向渢如雲，渢忌之，求出爲丹陽丞。雖外遷，而意任無改。密致意於朓，欲以爲肺腑。朓自以受恩高宗，非渢所言，不肯答。少日，遥光以朓兼知衛尉。朓懼見引，即以祏等謀告左興盛、劉暄。興盛不敢言。祏聞，以告遥光。遥光大怒。乃稱敕召朓，仍回車付廷尉，與孝嗣、祏、暄等連名啓誅朓。案朓本疏逖，特以文章見知，祏、祀、遥光等，何必與之謀議？則朓初必參與密計可知。云以受恩高宗，不答劉渢，恐非其實也。朓臨敗，歎曰：“我雖不殺王公，王公由我而死。”夫敬則子雖有命，敬則則未有反謀，小子何能爲？朓遽告之，其傾險可想。一時人士皆如此，安得不亂哉？江祏既不决，遥光大怒，遣左右黄曇慶於青溪道中刺暄。曇慶見暄部伍人多，不敢發。事覺，暄告祏謀。帝處分收祏兄弟，同日見殺。祀弟禧早卒。有子廞，年十二，聞收至，赴井死。時永光元年七月也。遙光與遙欣密相影響。遙光當據東府號令，使遙欣便星速急下。潛謀將發，而遙欣病死，江祏被誅。帝召遙光入殿，告以祏罪。遙光懼，還省，便陽狂號哭。自此稱疾不復入臺。遙昌先卒壽春，豫州部曲，皆歸遙光。及遙欣喪還葬武進，見第五章第二節。停東府前渚，荆州衆送者甚盛。帝誅江祏後，慮遙光不自安，欲轉爲司徒還第，召入喻旨。遙光慮見殺。八月十二日，晡時，收集二州部曲，召劉渢及諸傖楚，欲以討劉暄爲名。夜遣數百人破東冶出囚，尚方取仗。又召驍騎將軍垣歷生。歷生隨信便至。勸遙光，令率城內兵夜攻臺。城謂東府城。《南史·劉渢傳》云：及遙光舉事旦方召渢。渢以爲宜悉呼佐史。渢之徒丹陽丞也，遙光以蕭懿第四弟暢爲諮議，領録事。及召入，遙光謂曰：“劉暄欲有異志，今夕當取之。”遙光去歲暴風，性理乖錯，多時方愈。暢曰：“公去歲違和，今欲發動。”顧左右急呼帥視脈。遙光屬聲曰：“諮議欲作異邪？”因訶令出。須臾，渢入。暢謂曰：“公昔年風疾今復發。”渢曰：“卿視今夕處分云何，而作此語？”及迎垣歷生至，與渢俱勸夜攻臺。既不見納，渢、歷生并撫膺曰：“今欲作賊，而坐守此城，今年坐公滅族矣。”遙光意疑不敢出。天稍曉，遙光戎服出聽事，停輿處分，上仗登城，行賞賜。歷生復勸出軍。遙光不肯，望臺內自有變。至日中，臺軍稍至，圍東城三面。十五日，遙光諮議參軍蕭暢與撫軍長史沈昭略，慶之孫，文叔子。潛自南出，濟淮還臺。人情大沮。十六日，垣歷生從南門出戰，因棄矟降曹虎軍。虎命斬之。遙光大怒，於牀上自踴踊。使殺歷生兒。其晚，臺軍射火箭燒東北角樓。至夜，城潰。遙光還小齋，帳中著衣帢坐，秉燭自照。令人反拒齋閤，皆重關。左右并踰屋散出。遙光聞外兵至，吹滅火，扶匐下牀。軍人排閤入，於暗中牽出斬首。時年三十二。此等人而亦作賊，豈不哀哉？劉渢遁走，還家園，爲人所殺。此據《齊書·遙光傳》，乃當時情實也。《南史·渢傳》云：父紹，仕宋，位中書郎。渢母早亡，紹被敕納路大后兄女爲繼室。渢年數歲，路氏不以爲子。奴婢輩捶之無期度。渢母亡日，輒悲啼不食，彌爲婢輩所苦。路氏生濂，渢憐愛之，不忍捨，恒在牀帳側。輒被驅搖，終不肯去。路氏病經年，渢晝夜不離左右。每有增加，輒流涕不食。路氏病差，感其意，慈愛遂隆。路氏富盛，一旦爲渢立齋宇，筵席，不減侯王。濂有識，事渢過於同産。事無大小，必諮兄而後行。及遙光敗，渢静坐閣舍。濂爲度支郎，亦奔亡。遇渢，仍不復肯去。渢曰：“吾爲人作吏，自不避死。汝可去，無相守同盡。”答曰：“向若不逢兄，亦草閒苟免。今既相逢，何忍獨生？”因以衣帶結兄衣。俱見殺。何胤聞之，歎曰：“兄死君難，弟死兄禍，美哉！”此則加以文飾矣。《南史·遙光傳》曰：“天下知名之士：劉渢，渢弟濂，陸閑，閑子絳，司馬端，崔慶遠皆坐誅，”亦此等議論也。渢之爲亂黨無疑，其弟蓋亦邂逅近死耳。其内行之矯僞，不問可知。乃當時之人，曲稱美之如此，其時安得不亂哉？詔斂葬遙光尸，原其諸子。《南史·遙光傳》云：“東昏爲兒童時，明帝使與遙光共齋居止，呼遙光爲安兄，恩情甚至。及遙光誅後，東昏登舊宮土山望東府，愴然呼曰：安兄，乃嗚咽，左右不忍視。見思如此。”此可見東昏之性情，尚頗溫厚，而遙光之罪不容誅也。

江祏兄弟之欲立遙光也，密謂蕭坦之。坦之曰："明帝取天下已非次，天下人至今不服。今若復作此事，恐四海瓦解。我期不敢言耳。"持母喪還宅。宅在東府城東。遙光起事，遣人夜掩取坦之。坦之科頭著褌踰牆走。閒道還臺。假節督眾軍討遙光。事平二十餘日，帝遣延明主帥黃文濟延明，殿名。領兵圍坦之宅，殺之。子賞亦伏誅。遂殺曹虎及劉暄。虎武帝腹心，明帝本忌之，故亦見殺焉。諸子長成者皆伏誅。時九月也。

遙光之反也，遣三百人於宅掩取尚書右僕射沈文季，欲以為都督。而文季已還臺。明日，與徐孝嗣守衛宮城，戎服共坐南掖門上。孝嗣欲要文季以門為應。四五目之，文季輒亂以他語，乃止。虎賁中郎將許準勸孝嗣行廢立。孝嗣欲候東昏出遊，閉城門，召百僚集議廢之。雖有此懷，終不能決。文季託老疾，不預朝機。兄子昭略謂曰："阿父年六十，為員外僕射，謂為僕射而不與事。欲求自免，豈可得乎？"文季笑而不答。十月與孝嗣俱被召入華林園，賜藥。昭略亦被召。罵孝嗣曰："廢昏立明，古今令典，宰相無才，致有今日。"孝嗣曰："始安事吾欲以門應之，賢叔若同，無今日之恨。"孝嗣長子演，尚武帝女武康公主；三子況，尚明帝女山陰公主；俱見殺。昭略弟昭光，聞收兵至，家人勸逃去，昭光不忍舍母，入執母手悲泣，遂見殺。昭略兄子曇亮，已得逃去，聞昭光死，乃曰："家門屠滅，獨用生何為？"又絕吭死。哀哉！是時之君臣，可謂俱不保其命矣。

六貴皆除，自宋以來，屠戮宗戚、大臣，未有若此之全勝者也，而患又起於外。敵可盡乎？於以見猜防殺戮之終無益，而執權勢者當以與人同利害為尚矣。明帝之末，索虜寇雍州，詔大尉陳顯達往救。永元元年，二月，敗績於馬圈。事見下章。東昏以顯達為江州刺史。初王敬則事起，遙光啓明帝，慮顯達為變，欲追軍還。事尋平，乃寢。顯達亦懷危怖。及東昏立，彌不樂還京師。得此授甚喜。已聞京師大相殺戮，又知徐孝嗣等皆死，傳聞當遣兵襲江州，懼禍。十一月，十五日，舉兵。破臺軍於采石。見第三章第九節。十二月十三日，至新林。潛軍渡取石頭。北上襲宮城。顯達馬稍，從步軍數百人，於西州前與臺軍戰，西州，見第二節。再合大勝。官軍繼至，顯達不能抗，退走，被殺。時年七十三。諸子皆伏誅。

陳顯達年老氣衰，且夙無大略，其舉兵，乃欲以急速徼幸於一勝耳，自未足為大患，而梁武帝蕭衍據雍州，遂為齊室之大敵焉。衍順之子。史言其欲助齊明傾齊武之嗣，以雪心恥，故當齊明篡奪之際，衍頗與其謀。然其志不止於此也。建武四年，魏孝文帝自率大軍逼雍州，刺史曹虎渡泝守樊城。虎舊武帝腹心，明帝忌之，欲使劉暄爲雍州。暄不願出外，因江祏得留。乃以衍監雍州。明帝崩，遺詔以衍爲刺史。陳顯達之圍建業也，豫州刺史裴叔業遣司馬李元護率軍來赴，實應顯達也，顯達敗而還。東昏徙叔業爲南兗。叔業以其去建業近，不欲。茹法珍等疑其有異志。去來者并云叔業將北入。叔業兄子植、颺、粲等，并爲直閤、殿内驅使，棄母奔壽陽。説叔業以朝廷必見掩襲。法珍等以其既在疆場，急則引虜，且欲羈縻之，遣其宗人中書舍人長穆慰誘之，許不復回換。叔業憂懼不已，遣親人馬文範訪衍曰："天下之事，大勢可知，恐無復自立理。雍州若能堅據襄陽，輒當戮力自保。若不爾，回面向北，不失作河南公。"衍遣文範報曰："羣小用事，豈能及遠？多遣人相代，力所不辦；少遣人，又於事不足；意計回惑，自無所成。惟應遣家還都以安慰之，自然無患。若意外相逼，當勒馬步二萬，直至橫江，_{見第三章第九節。}以斷其後，則天下之事，一舉可定也。若欲北向，彼必遣人相代，以河北一地相處，河南公寧可復得？如此，則南歸之望絶矣。"衍之言如此，可見其早有異圖，而其志又非叔業之比也。叔業遣子芬之等還質京師。又遣信詣虜豫州刺史薛真度，_{魏豫州此時治縣瓠。}具訪入虜可否。真度答書勸以早降。云："臨迫而來，便不獲多賞。"數反，真度亦遣使與相報復，乃遣芬之及兄女夫韋伯昕等奉表降虜。永元二年，正月，虜以爲豫州刺史。二月，以蕭懿爲豫州刺史往征。懿，衍之兄也。叔業尋死。植以壽春降虜。三月，朝廷復遣護軍崔慧景往征，而變故復起。

時慧景以年宿位重，不自安。江夏王寶玄鎮京口。寶玄娶徐孝嗣女，孝嗣被誅離絶，恨望，密有異計。聞慧景北行，遣左右余文興説其北取廣陵，身舉州以相應。慧景響應。時廬陵王_{寶源，明帝第五子。}長史蕭寅、司馬崔恭祖守廣陵。慧景以寶玄事告恭祖。恭祖先無宿契，口雖相和，心實不同。還以事告寅，共爲閉城計，慧景襲取之。慧景子覺，爲直閤將軍，慧景密與之期，及是至，使領兵襲京口。寶玄本謂大軍并來，見人少，失望，拒覺，走之。已而恭祖及覺以精兵八千濟江。恭祖心本不同，至蒜山，_{在今江蘇丹徒縣西。}欲斬覺，以軍降，不果。覺等軍器精嚴。諮議柳憕、長史沈佚復勸寶玄應覺。帝聞變，以右衛將軍左興盛督都下水陸衆軍。慧景率大衆一時濟江趣京口。寶玄仍以覺爲前鋒，恭祖次之，慧景領大都督，爲衆軍節度。東府、石頭、白下、新亭諸城皆潰。左興盛走，慧景禽殺之。稱宣德皇后令，_{文惠大子妃王氏。}廢帝爲吳王。先是陳顯達起事，王侯復入宫，竟陵王子良子巴陵王昭胄，懲往時之懼，_{謂王敬則事起，明帝召諸王侯入宫。}與弟永新侯昭穎，逃奔江西，變形爲道人。慧景舉兵，昭胄兄弟出投之。慧景意更向之，故猶豫未知所立。此聲頗泄，憕、恭祖始貳於慧景。蕭懿自歷陽步道征壽陽，時在小峴。歷陽，見第三章第九節。小峴，見第九章第二節。帝遣密使告之。懿率軍主胡松、李居士等自采石濟，頓越城。見第四章第三節。慧景遣覺將精甲數千人度南岸，大敗。人情離沮。崔恭祖與驍騎劉靈運詣城降。慧景乃將腹心數人潛去。至蟹浦，在白下西南。投漁人大叔榮之。榮之故慧景門人，時爲蟹浦戍。爲所斬。時年六十三。覺亡命，爲道人，見執，伏法。寶玄逃奔，數日乃出，殺之。昭胄兄弟投奔胡松，各以王侯還第。不自安。子良故防閤桑偃，爲梅蟲兒軍副，結前巴西大守蕭寅，謀立昭胄。遣人說胡松。松許諾。事泄，昭胄兄弟與同黨皆伏誅。

　　崔慧景之難甫平，蕭懿之禍又起。《梁書·武帝紀》云：東昏即位，高祖謂從舅張弘策曰：“政出多門，亂其階矣。”時高祖長兄懿罷益州還，仍行郢州事。乃使弘策詣郢，陳計於懿：“宜召諸弟，以時聚集。郢州控帶荆、湘，西注漢、沔，雍州士馬，呼吸數萬，虎視其閒，以觀天下，可得與時進退。”懿聞之，變色，心弗之許。弘策還，高祖乃啟迎弟偉及憺至襄陽。《南史·懿傳》言：懿之討裴叔業，武帝遣典籤趙景悦說懿：“興晉陽之甲，誅君側之惡。”懿不答。及崔慧景入寇，馳信召懿，懿時方食，投箸而起，率銳卒三千入援。武帝馳遣虞安福下都說懿曰：“誅賊之後，則有不賞之功，當明君賢主，尚或難立，況於亂朝，何以自免？若賊滅之後，仍勒兵入宮，行伊、霍故事，此萬世一時。若不欲爾，便放表還歷陽，託以外拒爲事，則威振內外，誰敢不從？一朝放兵，受其厚爵，高而無人，必生後悔。”長史徐曜甫亦苦勸，并不從。案《梁書》無懿傳，懿事見其子《長沙嗣王業傳》，與《南史·懿傳》，均無懿罷益州行郢州之文；而《南史·懿傳》，將武帝遣虞安福說懿之事，叙在懿破慧景之前，其事決不容如是之速；故頗啟後人疑竇。《廿二史劄記》謂懿在歷陽，聞詔即赴，一二日已達京師，敗慧景，時武帝方在襄陽，距京師二千里，豈能逆知其事，而遣使在未平慧景之先？然《南史·懿傳》，初無武帝遣使，在未平慧景之先之明文，不過叙次失當；又其叙景福語，亦若在未平慧景之先者然，此則簡策所載，原非脣吻所宣，不過約舉其意，不容以此爲難；罷益州行郢州事，《梁書·張弘策傳》亦云然；似不應疑其子虛也。可見武帝之圖齊久矣。然懿亦非必純臣。懿既平慧景，授侍中、尚書右僕射。未拜，仍遷尚書令，都督征討水陸諸軍事。弟暢爲衛尉，掌管籥。《梁書·安成康王秀傳》。《梁書·安成康王秀傳》云：東昏日夕逸遊，出入無度，衆頗勸懿，因其出舉兵廢之，懿不聽。《長沙嗣王業傳》云：茹法珍等說東昏曰：“懿將行隆昌故事，陛下命在晷刻，”東昏信之，將加酷害。而懿所親知之，密具舟江渚，勸令西奔。懿曰：“自古皆有死，豈有叛走尚書令邪？”遂遇禍。《南史·懿傳》，以具舟江渚者爲徐曜甫。云懿尋見留省賜藥,與弟融俱隕。謂使者曰:"家弟在雍,深爲朝廷憂之。"一似懿爲愚忠之徒者。其實人能自拔於風氣之外者甚鮮,一時之人,處相同之境地中,其情每不甚相遠。當南北朝之世,上下交征,習於爭奪相殺,安得有此純臣?況懿與齊氏有不共之仇乎?《梁書·安成康王秀傳》言:帝左右既惡懿勳高,又慮廢立,并間懿。懿亦危之。自是諸王侯咸爲之備。及難作,臨川王宏以下諸弟姪,各得奔避。方其逃也,皆不出京師,而罕有發覺。惟桂陽王融及禍。高祖義師至新林,秀與諸王侯并自拔赴軍。^{高祖兄}弟九人:長沙宣武王懿,桂林簡王融,爲齊東昏侯所殺。永陽昭王敷,衡陽宣王暢,皆前卒。南平元襄王偉,始興忠武王憺,高祖啓迎至襄陽。臨川靜惠王宏,安成康王秀,鄱陽忠烈王恢,皆高祖至新林乃出迎。可見其非無備豫;且其在京師,黨羽未嘗不衆多也。東昏之作事,誠不可不謂之速,然敵不可盡,而荊、雍之兵旋起矣。

第六節　梁武代齊

梁武在雍州,頗飭武備,《本紀》云:至襄陽,潛造器械,多伐竹木,沈於檀溪,密爲舟裝之備。及建牙,收集得甲士萬餘人,馬千餘匹,船三千艘,出檀溪竹木裝艦。然其地距建業遠,且荊、郢扼其衝,使荊、郢與建業同心,武帝雖有雄圖,亦未必能有所爲也。乃荊州旋與之同,而風雲遂急。此則當時事勢之艱難,不能不爲身當其局者扼腕者矣。

蕭懿之死也,東昏侯先遣巴西、梓潼二郡大守劉山陽,^{巴西、梓潼,皆見第三章第}^{六節。}領兵三千,就蕭穎胄共襲雍州。穎胄者,高帝從祖弟赤斧之子。時明帝第八子南康王寶融爲荊州刺史,穎胄爲長史,行府、州事。《齊書·穎胄傳》云:梁王將起義兵,慮穎胄不識機變,遣王天虎詣江陵,聲云山陽西上,并襲荊、雍,書與穎胄。或勸同義舉。穎胄意猶未決。山陽至巴陵,^{見第三章第九節。}遲回十餘日不進。梁王復遣天虎齎書與穎胄,陳設其略。是時或云山陽謀殺穎胄,以荊州同義舉。穎胄乃與梁王定契。斬天虎首,送示山陽。發百姓牛、車,聲云起步軍征襄陽。十一月十八日,山陽至江津,^{見第七章第三節。}單車白服,從左右數十人詣穎胄。穎胄伏兵斬之。馳驛送山陽首於梁王。《梁書·穎胄傳》云:山陽不敢入城,穎胄計無所出,夜呼席闡文、柳忱閉齋定議。闡文曰:"蕭雍州蓄養士馬,非復一日。江陵素畏襄陽人,人衆又不敵,取之必不可制;制之,歲寒復不爲朝廷所容。今若殺山陽,與雍州舉事,立天子以令諸侯,則霸業成矣。山陽持疑不進,是不信我。今斬送天虎,則彼疑可釋,至而圖之,罔不濟矣。"忱亦勸焉。《忱傳》語意略同。既畏襄陽,復虞建業,此爲荊州同雍之實情,而山陽之畏愞不前,亦有以授之隙。《梁書·本紀》云:高祖遣參軍王天虎、龐慶國詣江陵,徧與州、府書。及山陽西上,高祖謂諸將曰:"我能使山陽至荊,便即授首,諸君試觀何如。"山陽至巴陵,高祖復令天虎齎書與穎冑兄弟。謂張弘策曰:"近遣天虎往,州、府人皆有書。今段乘驛甚急,止有兩封書與行事兄弟,云天虎口具,及問天虎,而口無所説,行事不得相聞,不容妄有所道。天虎是行事心膂,彼聞,必謂行事與天虎共隱其事,則人人生疑。山陽惑於衆口,判相疑貳。則行事進退無以自明,必漏吾謀内。是馳兩空函定一州矣。"一似穎冑、山陽,全落武帝度内者,此則夸侈附會之辭,非其實也。①

　　穎冑既殺劉山陽,乃傳檄京邑,聲東昏侯之罪。以梁武爲左將軍,都督前鋒諸軍事;穎冑爲右將軍,都督行、留諸軍事。《梁書武帝紀》:穎冑使告高祖:時月失利,當須來年二月,乃可進兵。高祖答以"坐甲十萬,糧用自竭。況所藉一時驍鋭,若頓兵十旬,必生悔吝。"然高祖實仍至明年二月,然後進兵。而《紀》又載曹景宗及王茂,勸迎南康王於襄陽然後進軍之説,則荊、雍兵之東下,并不甚速,且二州閒亦不無猜疑,惜乎東昏之無以乘之也。永元三年,即和帝中興元年。寶融稱相國。三月,稱帝於江陵,是爲和帝。以穎冑爲尚書令,監八州軍事,行荊州刺史。

　　梁武帝以二月發襄陽。以王茂、曹景宗爲前軍。時張沖爲郢州刺史,東昏遣薛元嗣等領兵及糧運百四十餘船送沖。竟陵大守房僧寄被代,還至郢,東昏敕留守魯山。竟陵,見第三章第九節。魯山,見第七章第三節。僧寄謂沖曰:"臣雖未荷朝廷深恩,實蒙先帝厚澤,蔭其樹者不折其枝,實欲微立塵效。"沖深相許諾,共結盟誓。乃分部拒守。沖遣軍主孫樂祖數千人助僧寄,據魯山岸立城壘。茂等至漢口,輕兵濟江逼郢城。沖置陳據石橋浦。茂等與戰,不利。諸將議欲并軍圍郢,分兵以襲西陽、武昌。西陽,見第四章第三節。武昌,見第三章第九節。梁武言:漢口不闊一里,若悉衆前進,賊必絶我軍後。乃命王茂、曹景宗濟岸,與荊州所遣鄧元起等會於夏首,而自築漢口城以守魯山。命水軍遊邏江中,絶郢、魯信使。三月,張沖卒,衆推薛元嗣及沖長史程茂爲主。荊州又遣蕭穎達領兵來會。穎達,穎冑弟。五月,東昏遣吳子陽等十三軍救郢州,進據巴口。見第九章第二節。六月,西臺遣衛尉席闡文勞軍。齊穎冑等議,謂高祖曰:"今頓兵兩岸,不并軍圍郢,定西陽、武昌,取江州,此機已失。莫若請救於魏,與北連

---

　　① 史事:梁武初起時,史載其智計不足信(第三三九—三四〇頁)。

和，猶爲上策。"高祖曰："漢口路通荆、雍，控引秦、梁，糧運資儲，聽此氣息。所以兵厭漢口，連絡數州。今若并軍圍城，又分兵前進，魯山必阻沔路，所謂搤喉。若糧運不通，自然離散，何謂持久？鄧元起近欲以三千兵往定尋陽，彼若懵然悟機，一酈生已足，脱距王師，故非三千能下，進退無據，未見其可。西陽、武昌，取便得耳，得便應鎮守，守兩城不減萬人，糧儲稱是，卒無所出。脱賊軍有上者，萬人攻一城，兩城勢不得相救，若我分軍應援，則首尾俱弱，如其不遣，孤城必陷，一城既没，諸城相次土崩，天下大事，於是去矣。若郢州既拔，席卷沿流，西陽自然風靡，何遽分兵散衆，自詒其憂？北面請救，以自示弱，彼未必能信，徒詒我醜聲，此之下計，何謂上策？卿爲我白鎮軍：前途攻取，但以見付，事在目中，無患不捷，恃鎮軍靜鎮之耳。"此言緣飾非事實。《南史·吕僧珍傳》言：武帝攻郢州久不下，咸欲走北，僧珍獨不肯，累日乃見從，則當時實有情見勢絀者。蓋武帝之頓兵漢口，非徒與敵争鋒，亦欲通運路。濟師益饟，持此爲樞，勢固不容輕釋。然頓兵堅城，實犯兵家之忌。敵軍援至，鋭氣方新，決戰既無必勝之機，出奇又苦兵力不足。使不能一戰而勝，成敗正未可知也。子陽進據加湖，去郢三十里，傍州帶水，築柵壘以自固。加湖，《南史·韋叡傳》作茄湖，在今湖北黄陂縣東南。房僧寄死，衆推助防張樂祖代之。七月，高祖命王茂等襲加湖。子陽大潰，竄走。衆盡溺於江，茂虜其餘而還。於是郢、魯二城，相視奪氣。張樂祖、程茂、薛元嗣相繼請降。先是東昏遣陳伯之鎮江州，爲子陽等聲援。加湖之捷，命搜所獲俘囚，得伯之幢主蘇隆之，厚加賞賜，使説伯之。反命，求未便進軍。高祖曰："伯之此言，意懷首鼠。及其猶豫，急往逼之。"乃命鄧元起率衆，即日沿流。八月，高祖登舟，命諸將以次進路。《梁書·張弘策傳》曰：郢城平，蕭穎達楊公則諸將，皆欲頓軍夏口，高祖以爲宜乘勢長驅，直指京邑。以計語弘策。弘策與高祖意合。又訪寧遠將軍庾域，域又同。乃命衆軍即日上道。按是時兵勢已彊，下流之兵，新遭摧挫，卒難更集，風利不泊，愚智所知，斷無頓兵不進之理，蓋穎達等皆系荆州，不欲高祖遽成大功也。伯之收兵，退保湖口，鄱陽湖入江之口。留其子虎牙守盆城。高祖至，乃束甲請罪。於是上流兵勢，如風利不得泊矣，其關鍵，實全在加湖一戰也。

時外患未平，而内亂又作。張欣泰者，興世子。崔慧景圍城，欣泰入城領軍守備。東昏侯以爲雍州刺史。欣泰與弟欣時密謀，結大子右率胡松，前南譙大守王靈秀，南譙，宋郡，在今安徽巢縣東。直閣將軍鴻選等十餘人并同契。會帝遣中書舍人馮元嗣監軍救郢，茹法珍、梅蟲兒及大子右率李居士，制局監楊明泰等相送中興堂。宋孝武帝即位新亭，改新亭曰中興堂。欣泰等使人懷刀，於坐斫殺元嗣、明泰。蟲兒亦被創。居士踰牆得出。法珍散走還臺。時明帝第六子建安王寶寅鎮石頭，靈秀往迎，率城內將吏、見力，載向臺城。至杜姥宅，見第九章第八節。城上人射之，衆散。欣泰初聞事發，馳馬入宮，冀法珍等在外，城內處分，必盡見委，表裏相應，因行廢立。既而法珍得返，處分閉門上仗，不配欣泰兵。選在殿內，亦不敢發。少日，事覺，欣泰、松等皆伏誅。寶寅逃亡之日，戎服詣草市尉。胡三省曰：臺城六門之外，各有草市，置尉司察之。尉馳以啓帝。帝迎寶寅入宮問之。寶寅涕泣，稱爾日不知何人，逼使上車，仍將去，制不自由。帝笑，復其爵位。

江州既破，梁武帝遂乘勝東下。時東昏侯以申胄監豫州事，屯姑熟。見第四章第一節。張瓌鎮石頭。李居士總督西討諸軍事，屯新亭。九月，梁武前軍次蕪湖，見第三章第九節。申胄棄姑熟走。軍東進，李居士迎戰，敗績。新亭城主江道林出戰被禽，餘衆散走，退保朱爵，即朱雀門。馮淮以自固。十月，東昏侯遣王珍國三萬人陳於航南。珍國，廣之子，時爲青、冀二州刺史，梁武兵起，召還京師。三萬人據《齊書·東昏侯紀》。《梁書·武帝紀》云十餘萬人，乃侈辭也。開航背水，以絕歸路。又敗績。投淮死者，積尸與航等。後至者乘之以濟。朱爵諸軍望之皆潰。東昏悉焚燒門內，驅逼營署官府并入城，有實甲七萬。亦據《東昏紀》。《梁書·武帝紀》云：有衆二十萬。梁武命諸軍築長圍。時張稷以侍中兼衛尉，都督城內諸軍，稷，瓌之弟。王珍國結其腹心直閣張齊以要之，稷許諾。十二月，珍國於衛尉府勒兵入弒帝，奉首歸梁武。時年十九。和帝之立，遙廢帝爲涪陵王，至是，又以宣德大后令，廢爲東昏侯。胡三省曰：荆、雍在西，謂帝以昏虐居東。

南北朝時，史所言無道之主甚多，其臚舉罪狀，連篇累牘，尤未有若東昏之甚者，然其見誣亦恐最甚也。史所言者：曰好弄而荒於政事也。《南史·本紀》云：帝在東宮，便好弄，不喜書學。嘗夜捕鼠達旦，以爲笑樂。又云：自江祐、遙光等誅後，無所忌憚。日夜於後堂戲馬鼓譟爲樂。合夕便擊金鼓，吹角，令左右數百人叫，雜以羌、胡横吹諸伎。常以五更就臥，至晡乃起。王侯以下，節朔朝見，晡後方前，或際暗遣出。臺閣案奏，月數十日乃報，或不知所在。閹豎以紙苞裹魚肉還家，并是五省黃案。二年元會，食後方出，朝賀裁竟，便還殿西序寢，自巳至申。百僚陪位，皆僵仆菜色。比起就會，忽遽而罷。又云：於苑中立店肆模大市。日遊市中，雜所貨物，與宮人閹豎，共爲裨販。以潘妃爲市令，自爲市吏録事，將鬥者就潘妃罰之。帝小有得失，潘則予杖。乃敕虎賁威儀，不得進大荆子，閣內不得進實中荻。雖畏潘氏，而竊與諸姊妹淫通。每游走，潘氏乘小輿，宮人皆露褌著緣絲屬，帝自戎服騎馬從後。又開渠立埭，躬自引船。埭上設店，坐而屠肉。曰四出遊走也。《南史·紀》又云：大子所生母黃貴嬪早亡，令潘妃母養之。拜潘氏爲貴妃。乘臥輿，帝騎馬從後。著織成袴褶、金薄帽。執七寶縛矟。又有金銀校具、錦繡諸帽數十種，各有名字。戎服急裝，縛袴上著絳衫，以爲常服。不變寒暑。陵冒雨雪，不避阬穽。馳騁渴乏，輒下馬解取要邊蠱器酌水飲之，復上馳去。馬乘具用錦繡處患爲雨所淫，織雜采珠爲覆蒙，備諸雕巧。教黃門五六十人爲騎客。又選營署無賴小人善走者爲逐馬。鷹犬左右數百人，常以自隨。奔走往來，略不暇息。置射雉場二百九十六處。罻中帷帳及步障，皆袷以綠紅錦。金銀鏤弩，牙璏瑁帖箭。每出，輒與鷹犬隊主徐令孫、媒罻隊主俞靈韻齊馬而走，左右爭逐之。又云：陳顯達卒，漸出遊走。不欲令人見之，驅斥百姓，惟置空宅而已。是時率一月二十餘出。既往無定處，尉司常慮得罪，東行驅西，南行驅北，應旦出，夜便驅逐。吏司奔驅，叫呼盈路，打鼓蹋閽，鼓聲所聞，便應奔走。臨時驅迫，衣不暇披，乃至徒跣走出。犯禁者應手格殺。百姓無復作業，終日路隅。從萬春門由東宮以東至郊外數十里，皆空家盡室。巷陌縣幔爲高障，置人防守，謂之屏除。高障之內，設部伍羽儀。復有數部，皆奏鼓吹羌、胡伎、鼓角、橫吹。夜反，火光照天。每三四更中，鼓聲四出，幡戟橫路。百姓喧走，士庶莫辨。或於市肆左側過親幸家。環繞宛轉，周徧郡下。老小震驚，啼號塞道，處處禁斷，不知所過。疾患困篤者，悉捆移之。無人捆者，扶匐道側，吏司又加捶打，絕命者相係。從騎及左右因之入富家取物，無不蕩盡。工商莫不廢業，樵蘇由之路斷。至於乳婦、昏姻之家，移産寄室。或興病棄尸，不得殯葬。有棄病人於青溪邊者，吏懼爲監司所問，推至水中，泥覆其面，須臾便死，遂失骸骨。前魏興大守王敬賓，新死未斂，家人被驅，不得留視，及家人還，鼠食兩眼都盡。如此非一。又嘗至沈公城，有一婦人當産不去，帝入其家，問何獨在？答曰：“臨産不得去。”因剖腹看男女。又長秋卿王儇病篤，不聽停家，死於路邊。丹陽尹王志被驅急，狼狽步走，惟將二門生自隨，藏朱雀航南酒壚中，夜方得羽儀而歸。喜游獵，不避危險。至蔣山定林寺，一沙門病不能去，藏於草間，爲軍人所得，應時殺之。左右韓暉光曰：“老道人可念。”帝曰：“汝見麞鹿，亦不射邪？”仍百箭俱發。故貴人富室，皆數處立宅，以爲避圍之舍。每還宮常至三更，百姓然後得反，禁斷又不即通，處處屯咽，或泥塗灌注，或冰凍嚴結，老幼啼號，不可聞見。時人以其所圍處號爲長圍。及建康城見圍，亦名長圍，識者以爲讖焉。沈公城，未詳。蔣山，見第六章第四節。**曰宮室、服御，恣爲驕奢，因興苛斂也。**《南史紀》又云：三年，殿內火。合夕便發。其時帝猶未還，宮內諸房閣已閉，內人不得出，外人又不敢輒開。比及開，死者相枕。領軍將軍王瑩率衆救火，大極殿得全。內外叫喚，聲動天地。帝三更方還，先至東宮，慮有亂，不敢便入，參覘審無異，乃歸。其後出游，火又燒璿儀、曜靈等十餘殿及柏寢。北至華林，西至祕閣，三千餘間皆盡。左右趙鬼，能讀《西京賦》，曰：“柏梁既災，建章是營。”於是大起諸殿，芳樂、芳德、仙華、大興、含德、清曜、安壽等殿。又別爲潘妃起神仙、永壽、玉壽三殿。皆币飾以金碧。其玉壽中作飛仙帳，四面繡綺，窗間盡畫神仙。又作七賢，皆以美女侍側。鑿金銀爲書字。靈獸神禽、風雲華炬，爲之玩飾。椽桷之端，悉垂鈴佩。江左舊物有古玉律數枚，悉裁以鈿笛。莊嚴寺有玉九子鈴，外國寺佛面有光相，禪靈寺塔諸寶珥，皆剝取以施潘妃殿飾。又鑿金爲蓮華，以帖地，令潘妃行其上，曰：“此步步生蓮華也。”塗壁皆以麝香。錦幔珠簾，窮極綺麗。縶役工匠，自夜達曉，猶不副速，乃剔取諸寺佛剎殿藻井仙人騎獸，以充足之。武帝興光樓上施青漆，世人謂之青樓，帝曰：“武帝不巧，何不純用瑠璃？”潘氏服御，極選珍寶。主衣庫舊物，不復周用，貴市人間，金銀寶物，價皆數倍。琥珀釧一隻直百七十萬。都下酒租，皆折輸金，以供雜用。猶不能足，下揚、南徐二州橋桁、塘埭丁，計功爲直，斂取見錢，供大樂主衣雜費。① 由是所在塘瀆，悉皆隳廢。又訂出雄雉頭、鶴氅、白鷺縗。百品千條，無復窮已。親幸小人，因緣爲姦，科一輸十。又各就州縣，求爲人輸，準取見直，不爲輸送。守宰懼威，口不得道，須物之處，以復重求。如此相仍，前後不息。百姓困

――――――――――――――――

① 水利：東昏下，揚、南徐、橋、塘埭丁，取見錢，由是塘瀆皆廢。

盡，號泣道路。少府大官，凡諸市買，事皆急速，催求相係。吏司奔馳，遇便虜奪。市廛離散，商旅靡依。又以閱武堂爲芳樂苑，窮奇極麗。當暑種樹，朝種夕死，死而復種，卒無一生。於是徵求人家，望樹便取。毀徹牆屋，以移置之。大樹合抱，亦皆移掘。插葉繫華，取玩俄頃。劃取細草，來植階庭，烈日之中，未便焦燥。紛紜往還，無復已極。山石皆塗以采色。跨池水立紫閣，諸樓壁上，畫男女私褻之象。明帝時多聚金寶。至是金以爲泥，不足周用，令富室買金，不問多少，限以賤價，又不還直。曰賦役嚴急也。《南史紀》又云：自永元以後，魏每來伐，繼以內難，揚、南徐二州人丁，三人取兩，以此爲率。遠郡悉令上米準行，一人五十斛。①輸米既畢，就役如故。又先是諸郡役人，多依人士爲附隸，謂之屬名。又東境役苦，百姓多注籍詐病。遣外醫巫，在所檢占諸屬名，并取病身。凡屬名多不合役，止避小小假，并是役廢之家。凡注病者，或已積年，皆攝充將役。又追責病者租布，隨其年歲多少。銜命之人，皆給貨賂，隨意縱舍。又橫調徵求。皆出百姓。曰迷信鬼神也。《南史·紀》又云：又偏信蔣侯神，迎來入宮，晝夜祈禱。左右朱光尚，詐云見神，動輒諮啓，并云降福。始安之平，遂加位相國。末又號爲靈帝。車服羽儀，一依王者。又曲信小祠，日有十數。師巫媼嫗，迎送紛紜。光尚輒託云神意。後東入樂游，人馬忽驚，以問光尚。光尚曰“向見先帝大瞋，不許數出。”帝大怒，拔刀與光尚等尋覓。既不見處，乃縛菰爲明帝形，北向斬之，縣首苑門上。樂游苑，見第九章第八節。曰不接朝士，樂近鄙人，羣小恣爲威福也。《南史·紀》又云：性訥澀少言，不與朝士接。又云：潘妃放恣，威行遠近。父寶慶，與羣小共逞姦毒。富人悉誣爲罪，田宅貲財，莫不啓乞。或云寄附隱藏，復加收沒。計一家見陷，禍及親鄰。又慮後患，男口必殺。帝年未弱冠，好弄容或有之，然必不至如史所言之甚。果如所言，則是童騃，豈能誅戮宰執，翦除方鎮？《齊書·江祏傳》：祏既死，帝於後堂騎馬致適，顧謂左右曰：江祏若在，我當復能騎此否？不能免於好弄，而亦未至於不可諫誨，東昏之爲人，大致如此。四出遊走，害至如史所言之烈，京師豈復一日居？以當時之裂冠毀冕，習爲故常，其見弒，何待兵臨城下之日？宮室、服御，恣爲奢侈，豈特東昏一人？文惠之孔雀裘，史固言其過於雉頭。其東田之華美，恐亦非東昏諸宮殿之比矣。《王敬則傳》言：敬則爲會稽大守，會土邊帶湖海，民丁無士庶，皆保塘役，敬則以功力有餘，悉評斂爲錢送臺庫，以爲便宜，武帝許之，此與東昏下揚、南徐二州橋航塘埭丁，計功爲直，斂取見錢何異？賦役嚴急，恐自明帝已來即然，讀上節所述可見。尼嫗紛紜，羣小恣橫，亦不自東昏始。《紀》言帝初任徐世㯹爲直閤，凡有殺戮，皆其用命，後稍惡其凶彊，遣禁兵殺之，然則帝所用小人，或且自除之也。要之，史於帝之所爲，皆附會爲罪狀；明明人所共有之事，於帝則指爲罪大惡極；此眞所謂文致。然其鍛鍊并不甚工。如云：帝尤惜金錢，不肯賞賜，茹法珍叩頭請之，帝曰：“賊來獨取我邪？何爲就我求物？”後堂儲數百具榜，啓爲城防，帝曰：“擬作殿，”竟不

──────────

①　役法：永元後，揚、南徐人丁，三取兩，遠郡上米准行，一人五十斛，諸郡役人，依人士爲附隸，謂之屬名（第三四三頁）。

與城防巧手,而悉令作殿,晝夜不休。又催御府細作三百人精仗,須圍解以擬屏除。金銀雕鏤雜物倍急於常。此豈似能堅守圍城者之所爲?且與他諸奢侈之事,何由相容乎?帝之性,蓋頗近材武;《南史·紀》言:帝甚有筋力,牽弓至三斛五斗。能擔幢。初學擔幢,每傾倒,在幢杪者必致踠傷。其後白虎幢七丈五尺,齒上擔之,折齒不倦。始欲騎馬,未習其事,俞靈韻爲作木馬,人在其中,行動進退,隨意所適,其後遂爲善騎。皆可見其材武。圍城之際,被大紅袍,登景陽樓望,弩幾中之,亦非怯弱者所能爲也。而其作事,亦能敏以赴機,《紀》云:明帝臨崩,屬後事,以隆昌爲戒,曰:"作事不可在人後,"故委任羣小,誅諸宰臣,無不如意。案此亦由以近事爲殷鑒使然也。故宰執竟爲所斬艾。然方鎮又相繼背叛,荆、雍厚集其力,合從締交,則其勢實有不易抗者,帝之亡,亦非戰之罪也。遙光之死,罪不及孥,寶貢見脅,亦遭寬釋,寶玄、昭胄,則固罪有應得也。崔慧景之敗也,收得朝野投寶玄及慧景軍名,帝令燒之,曰:"江夏尚爾,豈復可罪餘人?"其措置實頗有思慮。郢、魯二城,死者相積,竟無叛散,時以張沖及房僧寄比臧洪。席謙鎮盆城,聞梁武兵東下,曰:"我家世忠貞,隕死不二。"爲陳伯之所殺。《齊書·張沖傳》。馬仙琕爲豫州刺史,梁武使其故人姚仲賓説之,仙琕斬以徇。梁武兵至新林,仙琕尚持兵於江西,日抄運漕。建康陷,號哭經宿,乃解兵歸罪。凡此效忠者之多,固不必悉由東昏之善用,然亦可見其非不可輔。加湖未捷之際,西師實頗蹈危機,一時敗亡之君,支持危局,未有若是其堅凝者,正未可以成敗論也。

　　蕭穎胄之起兵也,遣楊公則下湘州。公則留長史劉坦行州事,而身率湘府之衆,會於夏口。時義陽大守王撫之天門大守王智遐,武陵大守蕭彊等,并不從命,穎胄遣吉士瞻討平之。義陽,見第八章第七節。天門,見第三章第九節。武陵,見第三章第六節。巴西大守魯休烈,巴東大守蕭惠訓亦不從。巴西、巴東,皆見第三章第六節。穎胄遣劉孝慶進峽口拒之。爲休烈及惠訓子璡所破,進至上明。見第六章第四節。江陵大震。穎胄馳告梁武:宜遣公則還援。梁武不聽。穎胄遣蔡道慕屯上明以拒之,久不決。穎胄憂慮成氣,十二月,病卒。《梁書·柳忱傳》云:郢州平,穎胄議遷都夏口,忱諫以爲巴峽未賓,不宜輕舍根本,搖動民志。穎胄不從。俄而巴東兵至硤口,遷都之議乃息。論者以爲見機。蓋當時荆雍之閒,亦未嘗不相忌,梁武之必厚集其力而不肯分兵,或并非但虞郢、魯二城也。梁武之下也,留弟偉守襄陽,而以杜陵人韋叡爲司馬。秦杜縣,漢曰杜陵,見第三章第五節。時州內儲備及人皆虛竭,魏興大守裴師仁,魏興,見第三章第六節。齊興大守顏僧都,齊興、始平二郡,皆僑治武當。武當見第三章第九節。并據郡不受命,舉兵將襲雍州。州內驚擾。叡素爲州里所信服,乃推心撫御,率募鄉里,得千餘人,與僧都等戰於始平郡南，大破之，百姓乃安。和帝司馬夏侯詳，與蕭穎冑同創大舉，凡軍國大事，穎冑多決於詳。時爲尚書僕射。建議徵兵雍州。遣衛尉席闡文往。偉乃割州府將吏，配弟憺赴之。瓛等聞建康將下，皆降。詳又讓荊州刺史於憺，荊州遂折而入雍。東昏侯之死也，宣德大后令：以梁武帝爲大司馬，録尚書事，揚州刺史，承制。中興二年，正月，后臨朝。二月，湘東王寶晊兄弟有異謀，被殺。安陸昭王緬三子：寶晊，寶覽，寶宏《齊書·本傳》云：東昏廢，寶晊望物情歸之，坐待法駕。既而城內送首詣梁王。宣德大后臨朝，以寶晊爲大常。寶晊不自安，謀反。兄弟皆伏誅。《南史·王亮傳》：亮爲尚書左僕射。東昏遇殺，張稷等仍集亮於大極殿前西鍾下坐議。欲立齊湘東嗣王寶晊。領軍王瑩曰："城閉已久，人情離解，征東在近，何不諮問。"張稷又曰："桀有昏德，鼎遷於殷，今實微子去殷，項伯歸漢之日。"亮默然。朝士相次下牀。乃遣國子博士范雲齎東昏首送石頭。又殺邵陵王寶攸，明帝第九子。晉熙王寶嵩，明帝第十子。桂陽王寶貞，明帝第十一子。鄱陽王寶寅奔虜。和帝東下，至姑熟，禪位於梁。旋死，年十五。

初蕭穎冑弟穎孚在京師，廬陵人脩靈祐，竊將南上，於西昌縣山中，聚兵二千襲郡。此據《齊書》。《梁書·蕭穎達傳》云：穎孚自京師出亡，廬陵人循景智潛引與南歸，至廬陵，景智及宗人靈祐與起兵。廬陵，見第三章第九節。西昌，吳縣，今江西泰和縣。內史謝纂奔豫章。穎孚、靈祐據郡求援。穎冑遣范僧簡入湘州南道援之。僧簡進克安成，以爲內史，安成，見第三章第九節。穎孚爲廬陵內史，合二郡兵出彭蠡口。東昏遣軍主彭盆、劉希祖三千人受陳伯之節度，南討二郡，仍進取湘州。穎孚走。希祖至安成，僧簡見殺。穎孚收散卒據西昌。謝纂又遣兵攻之。穎孚奔湘州，尋卒。希祖移檄湘部。始興內史王僧粲應之。此據《梁書·劉坦傳》。始興，《齊書·蕭穎冑傳》作湘東，皆見第三章第九節。湘部諸郡并起。僧粲遣軍襲湘州，西朝行事劉坦拒之，屢戰不勝。及聞建康下，僧粲散走，乃斬之。楊公則還州，羣賊乃散。劉希祖亦以郡降。

陳伯之本爲劫盜，後隨王廣之。建康平，遣還鎮。伯之不識書，得文牒辭訟，惟作大諾而已。有事典籤傳口語，與奪決於主者。伯之與豫章人鄧繕，永興人漢諸暨縣，吳改名永興。諸暨，見第四節。戴永忠并有舊。及在州，用繕爲別駕，永忠爲記室參軍。河南褚緭，京師之薄行者。齊末爲揚州西曹，遇亂居閭里。時輕薄互能自致，惟緭不達。高祖即位，緭頻造尚書范雲。雲不好緭，堅拒之。緭益怒，私語所知曰："建武以後，草澤底下，悉化成貴人，吾何罪而見棄？今天下草創，饑饉不已，喪亂未可知。陳伯之擁彊兵在江州，非代來臣，有自疑意。且熒惑守南斗，詎非爲我出？今者一行。事若無成，入魏何遽減作河南郡？"遂投伯之書佐王思穆事之。大見親狎。及伯之鄉人朱龍符爲長流參

345

軍，并乘伯之愚闇，恣行姦險。刑政通塞，悉共專之。伯之子虎牙，時爲直閤
將軍，高祖手疏龍符罪，親付虎牙。虎牙封示伯之。高祖又遣代鄧繕。伯之
并不受命。繕於是日夜説伯之云：“臺家府庫空竭，復無器仗，三倉無米，東境
饑流，此萬代一時也，機不可失。”繕、永忠等每贊成之。伯之於是集府、州佐
史，謂曰：“奉齊建安王教，建安王，寶寅。率江北義勇十萬，已次六合，今江蘇六合縣。
見使以江州見力運糧速下。”時天監元年五月也。高祖遣王茂討伯之。伯之
趣豫章，大守鄭伯倫堅守。伯之攻之，不能下。茂前軍至，伯之表裏受敵，敗
走。伯之叛也，遣信還都報虎牙兄弟。虎牙等走盱眙。見第三章第九節。及
是，伯之閒道亡命出江北，與虎牙及褚緭俱入魏。四年，臨川王宏北討，命記
室邱遲與伯之書，伯之乃於壽陽擁衆八千來歸。《紀》在五年三月。虎牙爲魏人所
殺。褚緭在魏，魏人欲擢用之，魏元會，緭戲爲詩曰：“帽上著籠冠，袴上著朱
衣。不知是今是不知非昔非？”①魏人怒，出爲始平大守。魏始平郡，當在今陝西境。
日日行獵，墮馬死。一怒而北走胡、南走越者，可以鑑矣。

　　劉季連爲益州，貪鄙無政績，又嚴愎酷狠，郡縣多叛亂。季連討之，不克。
高祖遣送季連弟及二子喻旨慰勞。季連受命，飭還裝。高祖以鄧元起爲益州
刺史。元起南郡人，季連爲南郡時薄之。元起典籤朱道琛，嘗爲季連府都録，
無賴小人，季連欲殺之，逃免。至是，説元起曰：“益州亂離已久，公私府庫，必
多耗失。劉益州臨歸空竭，豈復能遠遣候遞？道琛請先使檢校，緣路奉迎。
不然，萬里資糧，未易可得。”元起許之。道琛既至，言語不恭。又歷造府州人
士，見物輒奪之。有不獲者，語曰：“會當屬人，何須苦惜？”於是軍府大懼，謂
元起至必誅季連，禍及黨與。競言之於季連。季連亦以爲然。又惡昔之不禮
於元起也，益憤懣。遂矯稱齊宣德皇后令，聚兵復反。收朱道琛殺之。天監
元年，六月，元起至巴西。季連遣將拒戰，互有得失。久之，乃敗退。季連驅
略居人，閉城固守。元起稍進圍之。城中食盡，升米三千，亦無所糶，餓死者
相枕。季連食粥累月。饑窘無計。二年，正月，高祖遣宣詔降季連，季連肉袒
請罪。四月，元起入成都，蜀平。

---

①　民族：褚緭譏魏，魏人出之。

第十一章　元魏盛衰

第一節　馮后專朝

　　元魏之國情，實至孝文遷洛而一大變。① 孝文之爲人，蓋全出文明大后所卵育，其能令行於下，亦大后專政時威令夙行，有以致之；故后實北魏一朝極有關係之人物也。欲知后之得政，又必先知其前此兩朝繼嗣時之爭亂。

　　《魏書》：大武皇帝十一男：賀皇后生景穆皇帝。越椒房生晉王伏羅。舒椒房生東平王翰。初封秦王。弗椒房生臨淮王譚。初封燕王。伏椒房生楚王建閭。後改封廣陽王。《北史》但名建。石昭儀生南安王余。其小兒、貓兒、虎頭、《北史》作彪頭，避唐諱。龍頭，并闕母氏，皆早薨；無傳。《殿本考證》云：“凡十人，而云十一男者？ 蓋其一不特闕母氏，并未有名，故不可得紀也。”案《北史》貓兒下多一真，則足十一之數矣。景穆帝爲其子高宗文成帝濬即位後追諡。廟號恭宗。名晃。以大武帝延和元年，宋文帝元嘉九年。立爲大子。時年五歲。真君五年，元嘉二十一年。監國。正平元年，元嘉二十八年。死。《魏書‧閹官傳》云：宗愛，不知其所由來。以罪爲閹人。歷碎職，至中常侍。正平元年，正月，世祖大會於江上，班賞羣臣，以愛爲秦郡公。恭宗之監國也，每事精察，愛天性險暴，行多非法，恭宗每銜之。給事中仇尼道盛，《北史》作侯道盛。案此等係或從本姓或據後所改之姓追書。侍郎任平城等，任事東宮，微爲權勢，世祖頗聞之。二人與愛并不睦。愛懼道盛等案其事，遂構告其罪。詔斬道盛等於都街。世祖震怒，恭宗遂以憂薨。是後世祖追悼恭宗，愛懼誅，遂謀逆。二年，元嘉二十五年。春，世祖暴崩，二月甲寅。愛所爲也。尚書左僕射蘭延，侍中和疋、薛提等祕不發喪。延、疋議以高宗沖幼，時年十三。欲立長君。徵秦王翰，置之祕室。提以高宗有世嫡之重，

---

　　① 民族：魏史之矯誣。太武之死及文成之立（第三四七—三四九頁），文成死獻文立，文明后誅乙渾（第三四九—三五○頁），獻文之死（第三五○頁），孝文誰子（第三五一頁）。

不可廢所宜立，而更求君。延等猶豫未決。愛知其謀。始愛負罪於東宮，而與吳王余素協。乃密迎余，自中宮便門入。矯皇后令皇后赫連氏，屈丐女。徵延等。延等以愛素賤，弗之疑，皆隨之入。愛先使閹豎三十人持仗於宮內，以次收縛，斬於殿堂。執秦王翰，殺之於永巷。而立余。余以愛爲大司馬、大將軍、大師、都督中外諸軍事，領中祕書，封馮翊王。愛既立余，位居元輔，錄三省，兼總戎禁。坐召公卿，權恣日甚。內外憚之。羣情咸以愛必有趙高、閻樂之禍。余疑之，遂謀奪其權。愛憤怒，使小黃門賈周等夜殺余。事在十月丙午朔。高宗立，誅愛、周等，皆具五刑，夷三族。《余傳》云：余自以非次而立，厚賞羣下，取悅於衆。爲長夜之飲，聲樂不絕。旬月之間，帑藏空罄。尤好弋獵，出入無度。邊方告難，余不恤之。百姓憤惋，而余宴如也。宗愛權恣日甚，內外憚之，余疑愛將謀變，奪其權，愛怒，因余祭廟，夜殺余。

《劉尼傳》云：拜羽林中郎。宗愛既殺南安王余於東廟，祕之，惟尼知狀。尼勸愛立高宗。愛自以負罪於景穆，聞而驚曰：“君大癡人。皇孫若立，豈忘正平時事乎？”尼曰：“若爾，今欲立誰？”愛曰：“待還宮，擇諸皇子賢者而立之。”尼懼其有變，密以狀告殿中尚書源賀。禿髮傉檀子。本名破羌，大武賜姓，後又賜名。賀時與尼俱典兵宿衛。仍共南部尚書陸麗謀。於是賀與尚書長孫渴侯嚴兵守衛，尼與麗迎高宗於苑中。麗抱高宗於馬上，入京城。尼馳還東廟，大呼曰：“宗愛殺南安王，大逆不道。皇孫已登大位。有詔：宿衛之士，皆可還宮。”衆咸唱萬歲。賀及渴侯登執宗愛、賈周等。勒兵而入，奉高宗於宮門外入登永安殿。

《宋書・索虜傳》云：初燾有六子：長子晃，字天真，爲大子。次曰晉王。燾所住屠蘇爲疾雷擊，屠蘇倒，見厭殆死，左右皆號泣，晉王不悲，燾怒，賜死。《魏書》：晉王死於真君八年，即宋元嘉二十四年。次曰秦王烏奕干。與晃對掌國事。晃疾之，惡其貪暴。燾鞭之二百，遣鎮枹罕。見第五章第一節。次曰燕王。次曰吳王，名可博真。次曰楚王，名樹洛真。燾至汝南、瓜步，晃私取諸營鹵獲甚衆。燾歸聞知，大加蒐檢。晃懼，謀殺燾。燾乃詐死，使其近習召晃迎喪，於道執之。及國，罩以鐵籠。尋殺之。《通鑑考異》引《宋略》云：燾既南侵，晃淫於內，謀欲殺燾。燾知之。歸而詐死，召晃迎喪。晃至，執之。罩以鐵籠，搥之三百，曳於叢棘以殺爲。以烏奕干有武用，以爲大子。會燾死，使嬖人宗愛立博真爲後。宗愛、博真恐爲奕干所危，矯殺之而自立。博真懦弱，不爲國人所附。晃子濬，字烏纍直懃，素爲燾所愛。燕王謂人曰：“博真非正，不宜立，真懃嫡孫應立耳。”乃殺博真及宗愛，而立濬爲主。《魏書》之非實錄不俟辯，自當以《宋書》爲據。《魏書・高允傳》云：恭宗季年，頗親近左右，營立田園，以取其利。允諫不納，則恭宗頗好賄，私取鹵獲，説自不誣。仇尼道盛、任平城，蓋即其左右之見親者。秦王既爲大子,則本所當立,薛提非持正之論,反爲干紀之人,故蘭延、和疋疑不敢應;高宗即位,乃以其有謀立之誠,特詔其弟浮子襲兄爵也。宗愛雖爲郡公,究屬閹宦,安能爲所欲爲? 觀《宋書》之説,則知南安之立,本由大武亂命,故雖據非其所,仍能縣歷八閱月也。《魏書·本紀》:文成即位之後,以元壽樂爲大宰,都督中外諸軍,録尚書事。壽樂,章帝之後。《傳》云:有援立功。長孫渴侯爲尚書令,加儀同三司。十一月,二人爭權,并賜死。是月,臨淮王譚薨。平南將軍宋子侯周忸進爵樂陵王。陸麗爲平原王。十二月,以周忸爲大尉,陸麗爲司徒,杜元寶爲司空。遺子。遺,密皇后兄超之從弟。建業公陸俟進爵東平王。俟,麗之父。《麗傳》云:封平原王。頻讓再三。詔不聽。麗又啓曰:"臣父歷奉先朝,忠勤著稱,今年至西夕,未登王爵,願裁過恩,聽遂所講。"高宗曰:"朕爲天下主,豈不能得二王封卿父子也?"乃以其父俟爲樂平王。廣平公杜遺進爵爲王。周忸有罪,賜死。濮陽公閭若文進爵爲王。明年,正月,杜元寶進爵京兆王。是月,杜遺薨。尚書僕射東安公劉尼進爵爲王。封建寧王崇子麗爲濟南王。崇,明元帝子。尚書西平公源賀進爵爲王。二月,杜元寶謀反,伏誅。建寧王崇,崇子濟南王麗爲元寶所引,各賜死。三月,安豐公閭虎皮進爵爲河閒王。七月,閭若文、永昌王仁謀反,仁,明元子永昌莊王健之子。賜仁死於長安,若文伏誅。又古弼與張黎,恭宗攝政時俱爲輔弼。吳王立,弼爲司徒,黎爲大尉。高宗立,二人俱以議不合旨免。弼有怨謗之言,家人告其巫蠱,伏法。黎亦同誅。凡此,皆當與當時爭位之事有關,其詳則不可考矣。

文成帝在位十三年,以宋明帝泰始元年五月死。大子弘立,是爲顯祖獻文皇帝。時年十一。車騎大將軍乙渾矯詔殺尚書楊保年、平陽公賈愛仁、南陽公張天度於禁中。侍中司徒陸麗自湯泉入朝,渾又殺之。此湯泉在代郡,見《麗傳》。以渾爲大尉,録尚書事。七月,爲丞相。位居諸王上。事無大小,皆決於渾。《順陽公郁傳》云:郁,桓帝後。高宗時,位殿中尚書。高宗崩,乙渾專權,隔絶内外,百官震恐,計無所出。郁率殿中衛士數百人,從順德門入,欲誅渾。渾懼,逆出問郁曰:"君入何意?"郁曰:"不見天子,羣臣憂懼,求見主上。"渾窘怖,謂郁曰:"今大行在殯,天子諒陰,故未接百官,諸君何疑?"遂奉顯祖臨朝。後渾心規爲亂,朝臣側目。郁復謀殺渾,爲渾所誅。《宜都王目辰傳》云:爲侍中尚書左僕射。與兄郁議欲殺渾,事泄,郁被誅,目辰逃隱得免。觀此,則渾在當日,殆有廢立之謀而未克遂也。至明年,正月,乃爲文明皇后所殺。

《文成文明皇后傳》云:馮氏,長樂信都人也。父朗,秦、雍二州刺史。母樂浪王氏。信都,見第四章第二節。樂浪,漢武定朝鮮所置四郡之一,治今平壤,此時已没於高句麗矣。后生於長安。朗坐事誅,后遂入宫。世祖左昭儀,后之姑也。雅有母德,撫養教訓。年十四，高宗踐極，以選爲貴人。後立爲皇后。高宗崩，故事，國有大喪，三日之後，御服、器物，一以燒焚，百官及中宮，皆號泣而臨之，后悲叫，自投火中，左右救之，良久乃蘇。案此事極可異，其時殆有欲殺后者？其即乙渾邪？抑非也？《傳》又云：顯祖即位，尊爲皇大后。丞相乙渾謀逆，顯祖年十三，居於諒闇，大后密定大策，誅渾。遂臨朝聽政。《烈帝玄孫丕傳》云：顯祖即位，累遷侍中。丞相乙渾謀反，丕以奏聞，詔丕帥元賀、牛益得收渾誅之。乙渾事之可考者，如是而已。渾妻庶姓，而求公主之號，爲賈秀所拒，見《秀傳》，其事無甚關係。魏史之闕略，誠令人如墮五里霧中也。

獻文帝在位五年，以天安六年，即孝文帝延興元年，宋明帝泰始七年。傳位於子宏，是爲高祖孝文皇帝。又五年而死。孝文帝承明元年，宋後廢帝元徽四年。《文明后傳》云：高祖生，大后躬親撫養，是後罷令不聽政事。大后行不正，內寵李奕，顯祖因事誅之，大后不得意。顯祖暴崩，時言大后爲之也。此十一字，《北史》作"遂害帝"三字。《通鑑考異》引元行沖《後魏國典》云："大后伏壯士於禁中，大上入謁，遂崩。"李奕者，順之子。其見誅在皇興四年，即宋明帝泰始六年，獻文傳位之前一年也。奕兄敷、式，敷次子仲良，敷從弟顯德，妹夫宋叔珍，同時俱死。敷長子伯和，走竄藏餘，爲人執送，殺之。惟奕別生弟阿，逃避得免；伯和庶子孝祖，年小藏免。實當時一大獄也。敷之獲罪，由李訢列其罪惡二十餘條，大和初，大后追念奕兄弟，乃誅訢而存問式子憲等焉。敷之誅，《帝紀》與慕容白曜連書。《白曜傳》云：高宗崩，與乙渾共秉朝政。初乙渾專權，白曜頗所依附，緣此追以爲責。及將誅之，云謀反叛，時論寃之。白曜之誅，非以依附乙渾，無待於言，或正以其與李奕等交關耳。白曜陷青、冀有功，在當時應有威望，然則奕之見誅，恐尚不僅以其爲大后所寵也。案高祖之生，在皇興元年八月，宋泰始三年。其時顯祖年僅十三，能否生子，實有可疑。後來后專朝政，高祖拱手不得有爲，且幾遭廢黜，《高祖紀》云：文明大后以帝聰聖，後或不利於馮氏，將謀廢帝。乃於寒月單衣閉室，絕食三朝。召咸陽王禧，將立之。元丕、穆泰、李沖固諫，乃止。帝初不有憾，惟深德丕等。《天象志》云：大后將危少主者數矣，帝春秋方富，而承事孝敬，故竟得無咎。然迄無怨言。比其死也，方脩諒陰之儀，致史家譏其昧於《春秋》之義。《天象志》云：獻文暴崩，實有酖毒之禍焉。其後文明皇大后崩，孝文皇帝方脩諒闇之儀，篤孺子之慕，竟未能述宣《春秋》之義，而懲姦人之黨。是以胡氏循之，卒傾魏室。豈不哀哉？又高祖之母思皇后李氏，絕無事迹可見。《文明后傳》言："迄后之崩，高祖不知所生"，夫后之於高祖，絕非如宋章獻后之於仁宗，何以爲此諱匿？思皇后爲李惠女，惠家遭文明后屠戮，后死後絕無平反。且高祖於馮氏甚厚，李氏甚薄，至世宗時猶然。李惠者，蓋之子，蓋即尚沮渠牧犍之妻武威公主者也。《外戚傳》云：惠素爲文明大后所忌。誣惠將南叛，誅之。惠二弟初、樂，與惠諸子同戮。後妻梁氏，亦死青州。盡沒其家財。惠本無釁，天下寃惜焉。此事在大和元年，即宋順帝之昇明二年也。惠時爲青州刺史。《傳》又云：惠從弟鳳，爲定州刺史安樂王長樂主簿。後長樂以罪賜死，時卜筮者河間邢讀辭引鳳，云長樂不軌，鳳爲謀主，伏誅。惟鳳弟道念與鳳子及兄弟之子皆逃免。後遇赦乃出。案鳳之死在大和三年，即齊高帝建元元年也。長樂，文成帝子。《傳》又云：大和十二年，高祖將爵舅氏，詔訪存者，而惠諸從以再罷孕戮，難於應命。惟道念敢先詣闕。乃申后妹及鳳兄弟子女之存者。於是賜鳳子屯爵柏人侯，安祖浮陽侯，興祖安喜侯，道念真定侯，從弟寄生高邑子，皆加將軍。十五年，安祖昆弟四人以外戚蒙見。詔謂之曰："卿之先世，內外有犯，得罪於時。然官必用才，以親非興邦之選。外氏之寵，超於末葉。從今已後，自非奇才，不得復以外戚，謬班抽舉。既無殊能，今且可還。"後例降爵，安祖等改侯爲伯，并去軍號。高祖奉馮氏過厚，於李氏過薄，舅家了無叙用，朝野人士，所以竊議。大常高閭，顯言於禁中。及世宗寵隆外家，并居顯位，乃惟高祖舅氏，存己不霑恩澤。其事皆不可解。然則高祖果思后子邪？抑非思后子也？竊謂文明后爲好專權勢之人，豈有因生孫而罷政？且亦何必因此而罷政？豈高祖實后私生之子，后因免乳，乃不得不罷朝歟？此事固無證據可舉，然以事理推之，實不得不作如是想。此等事，固永無證據可得也。馮朗爲北燕末主弘之子。馮跋，史雖云其家於昌黎，遂同夷俗，然觀其政事，即知其大與胡虜不同。樂浪王氏，亦久爲衣冠之族。《齊書・魏虜傳》亦云：馮氏黃龍人。又載一異説云："馮氏本江都人，江都，漢縣，今江蘇江都縣。佛貍元嘉二十七年南侵，略得馮氏。潛以爲妾"，其説恐不足信。即謂可信，其爲以文明人入野蠻部族，亦與燕、魏之爲婚媾同也。高祖之教育，蓋全受諸文明后，與佛貍母雖漢人，教育則全受諸鮮卑者大異，此其所以能去腥羶之鄉，踐禮教之域，毅然獨斷，大革胡俗歟？《北史・薛聰傳》云：帝曾與朝臣論海内姓地人物，戲謂聰曰："世人謂卿諸薛是蜀人，定是蜀人不？"聰對曰："臣遠祖廣德，世仕漢朝，時人呼爲漢人。九世祖永，隨劉備入蜀，時人呼爲蜀臣。今事陛下，是虜非蜀也。"帝撫掌笑曰："卿幸可自明非蜀，何乃遂復苦朕？"彼其胸中，蓋無復絲豪以虜自居之意矣。謂非實有以呂易嬴之事，而彼且自知之，得乎？

　　孝文受禪時，年五歲。史言獻文本欲傳位於京兆王子推，景穆子。以任城王雲亦景穆子。及元丕、源賀、陸馛、侯子。高允、趙黑固諫，乃止。此自爲表面文字。獻文死，文明后爲大皇大后，臨朝稱制。至大和十四年齊武帝永明八年。乃死。稱制凡十五年。自乙渾誅至此，則二十五年矣。《后傳》云：自大后臨朝專政，高祖雅性孝謹，不欲參決，事無巨細，一稟於大后。大后多智略。猜忍，能行大事。生殺賞罰，決之俄頃，多有不關高祖者。是以威福兼作，震動内外。杞道德、即抱嶷，見《閹官傳》。王遇、張祐、苻承祖等，拔自寒閹，歲中而至王公。大后所寵閹人，尚有趙黑。曾爲選部尚書。出爲定州刺史。又爲尚書左僕射。李訢之死，黑有力焉。又有劇鵬、李豐、王質、李堅、孟鸞等，皆見《閹官傳》。王叡出入卧内，數年便爲宰輔。賞賚財帛，以千萬億計。金書鐵券，許以不死之詔。《叡傳》云：出入帷幄，大后密賜珍玩，繒采，人莫能知。率常以夜，帷車載往，閹官防致。前後巨萬，不可勝數。加以田園、奴婢、牛馬、雜畜,并盡良美。大臣及左右,因是以受賚錫,外示不私,所費又以萬計。至其子椿,《傳》猶稱其僮僕千餘,園宅華廣,聲伎自適,無乏於時。叡弟諶之孫超,史亦稱其每食必窮水陸之味焉。《閹官傳》云:李豐之徒數人,皆被眷寵,積貲巨萬,第宅華壯。文明大后崩後,乃漸衰矣。又云:張祐歲月賞賜,家累巨萬。王遇與抱嶷,前後賜奴婢數百人,馬、牛、羊他物稱是。二人俱號富室。王叡疾病,高祖、大后,每親視疾。侍官省問,相望於道。將葬於城東,高祖登城樓以望之。詔爲叡立祀,於都南二十里大道右起廟,以時祭薦。并立碑銘,置守冢五家。京都士女,詺稱叡美,造新聲而絃歌之,名曰中山王樂,詔班樂府,合樂奏之。初叡女妻李沖兄子延寶,次女又適趙國李恢子華,女之將行也,先入宮中,其禮略如公主、王女之儀。大后親御大華殿,寢其女於別帳。叡與張祐侍坐。叡所親及兩李家丈夫、婦人,列於東西廊下。及車引,大后送過中路。時人竊謂天子、大后嫁女。張祐,大后爲造甲宅,宅成,高祖、大后,親率文武往燕會焉。抱嶷,幼時隴東人張乾王反叛,家染其逆,及乾王敗,父雄生逃避得免,嶷獨與母没入京師,遂爲宦人。大后既寵之,乃徵晤生,拜大中大夫。賞賜衣馬。晤生將退,見於皇信堂,高祖執手謂之曰:"老人歸途,幾日可達? 好慎行路。"其上下瀆亂如此,宜乎《天象志》謂大后專朝且多外嬖,雖天子猶依附之也。李沖雖以器能受任,亦由見寵帷幄。密加錫賚,不可勝數。《沖傳》云:沖爲文明大后所幸,恩寵日盛,賞賜月至數十萬。密致珍寶御物,以充其第,外人莫得而知焉。沖家素清貧,至是始爲富室。后性嚴明,假有寵待,亦無所縱。左右纖芥之愆,動加捶楚,多至百餘,少亦數十。然性不宿憾,尋亦待之如初;或因此更加富貴。是以人人懷於利欲,至死而不思退。外禮民望元丕、游明根等,頒賜金帛、輿馬。每至褒美王叡等,皆引丕等參之,以示無私。又自以過失,懼人議己,小有疑忌,便見誅戮。如李訢、李惠之徒,猜嫌覆滅者十餘家,死者數百人,率多枉濫,天下冤之。案后奢侈之事見於史者,不可枚舉。即以營建論:高祖嘗爲后經始靈塔;罷鷹師曹,以其地爲報德佛寺。后與高祖遊於方山,在今山西大同縣北顧瞻川阜,有終焉之志。高祖乃詔有司營建壽陵於方山,又起永固石室,將終爲清廟焉。大和五年起作,齊建元三年。八年而成。刊石立碑,頌大后功德。大后又立宣王廟於長安,大后父。燕思佛圖於龍城;皆刊石立碑。后之侈,未知視胡靈后何如,殺戮則過之矣,而没身無患,至於孝文,猶稱魏之盛世,豈不以距開創未久,兵力尚強,而代北之地,風氣質樸,莫敢稱兵以叛邪? 至於南遷,而情勢又異矣。

第二節　孝文遷洛

魏初風俗至陋。《齊書·魏虜傳》述其情形云:什翼珪始都平城,猶逐水草,無城郭。[1]　木末明元帝。始土著居處。佛貍破涼州、黄龍,徙其居民,大築城邑。《魏書·天象志》:天賜三年,六月,發八部人自五百里內繕修都城。魏於是始有邑居之制度。天

---

[1]　畜牧:魏什翼珪居平城,尚逐水草,無城郭。尒朱牧亦盛(第三九三—三九四頁)。

賜三年,晉安帝之義熙二年也。截平城西爲宮城。四角起樓女牆。門不施屋。城又無壍。南門外立二土門。内立廟。開四門,各隨方色。凡五廟,一世一閒瓦屋。其西立大社。佛貍所居雲母等三殿,又立重屋,居其上。飲食廚名阿真。廚在西,皇后可孫,恆出此廚求食。殿西鎧仗庫,屋四十余閒。殿北絲、緜、布、絹庫,土屋一十餘閒。僞大子宮在城東,亦開四門,瓦屋,四角起樓。妃妾住皆土屋。婢使千餘人,織綾錦,販賣,酤酒,養豬、羊,牧牛、馬,種菜逐利。大官八十餘窖,窖四千斛,半穀半米。又有懸食瓦屋數十閒。置尚方作鐵及木。其袍衣,使宮内婢爲之。僞大子別有倉庫。其郭城繞宮城南,悉築爲坊。坊開巷。坊大者容四五百家,小者六七十家。城西南去白登山七里。山邊別立祖父廟。城西有祠天壇,立四十九木人,長丈許,白幘、練裙、馬尾被立壇上。常以四月四日,殺牛馬祭祀,盛陳鹵簿,邊壇奔馳,奏伎爲樂。城西三里,刻石寫《五經》及其國記,於鄴取石虎文石屋基六十枚,皆長丈餘以充用。國中呼内左右爲直真。外左右爲烏矮真。曹局文書吏爲比德真。檐衣人爲樸大真。帶仗人爲胡洛真。通事人爲乞萬真。守門人爲可薄真。僞臺乘驛賤人爲拂竹真。諸州乘驛人爲咸真。殺人者爲契害真。爲主出受辭人爲折潰真。貴人作食人爲附真。三公貴人,通謂之羊真。佛貍置三公、大宰、尚書令、僕射、侍中,與大子共決國事。殿中尚書知殿内兵馬、倉庫。樂部尚書知伎樂及角史、伍伯。駕部尚書知牛、馬、驢、騾。南部尚書知南邊州郡。北部尚書知北邊州郡。又有俟懃地何,比尚書。莫堤,比刺史。郁若,比二千石。受別官,比諸侯。諸曹府有倉庫,悉置比官。皆使通虜、漢語,以爲傳譯。蘭臺置中丞、御史,知城内事。又置九豆和官,宮城三里内民户籍不屬諸軍戍者悉屬之。其車服:有大小輦,皆五層,下施四輪,三二百人牽之,四施絚索備傾倒。[①] 軺車建龍旗,尚黑。妃后則施雜采幰,無幢絡。大后出,則婦女著鎧騎馬,近輦左右。虜主及后妃常行乘銀鏤羊車,不施帷幔。皆偏坐,垂腳轅中。在殿上亦跂據。正殿施流蘇帳、金博山、龍鳳朱漆畫屏風、織成幌。坐施氍毹。褥前施金香鑪、琉璃鉢、金椀、盛雜食器。設客長盤一尺。御饌圓盤廣一丈。爲四輪車,元會日六七十人牽上殿。蠟日逐除;歲盡,城門磔雄雞;葦索、桃梗如漢儀。自佛貍至萬民,獻文帝。世增雕飾。正殿西築土臺,謂之白樓。萬民禪位後,常遊觀其上。臺南又有伺星樓。正殿西又有祠屋,琉璃爲瓦。宮門稍覆以屋,猶不知爲重樓。并設削泥采,畫金剛力士。又規

---

① 交通:魏輦五層四輪三二百人牽之,爲四輪車。虜車偏坐,垂腳轅中,在殿上亦跂據。

畫黑龍相盤繞，以爲厭勝。其文化，蓋兼受諸中國及西域，然究不脱北狄本色，《魏虜傳》云："佛狸已來，稍僭華典，胡風、國俗，雜相揉亂。"此胡風指西域言，國俗則鮮卑之本俗也。① 欲革之於旦夕之間，固非遷徙不爲功矣。

　　孝文知北人之不樂徙也，乃借南伐爲名以脅衆。齊武帝永明十一年，虜大和十七年也。八月，孝文發代都，聲言南伐。九月，至洛陽。自發代都，霖雨不霽，孝文仍詔發軫。羣臣稽顙馬前。孝文乃言："今者興動不小，動而無成，何以示後？若不南行，即當移都於此。"衆憚南征，無敢言者。遂定遷都洛陽之計。其事詳見《魏書·李沖傳》。孝文此舉，必有參與密謀者，今不可考，以意度之，必爲漢臣，李沖當即其一也。當南伐時，即起宮殿於鄴西，十一月，移居焉。而委李沖以新都營構之任。明年，齊明帝建武元年。二月，北還。詔諭其下以遷都意。閏月，至平城。三月，臨大極殿，諭在代羣臣以遷移之略。其事詳見《魏書·東陽公丕傳》。《傳》謂孝文詔羣下各言其意，然無敢强諫者，蓋逆知其不可回矣。當時贊孝文南遷，并爲開諭衆人，鎮撫舊京者，有任城王澄、南安王楨、廣陵王羽及李韶等，亦不過從順其意而已，非真樂遷也。《于烈傳》云：人情戀本，多有異議。高祖問烈，"卿意云何？"烈曰："陛下聖略淵深，非愚管所測。若隱心而言，樂遷之與戀舊，惟中半耳。"似直言，實亦巽辭也。明帝建武二年，大和十九年。六月，詔遷洛之民，死葬河南，不得還北。《文成五王傳》：廣川王略子諧，大和十九年薨，有司奏王妃薨於代京，未審以新尊從於卑舊，爲宜卑舊來就新尊？詔曰：遷洛之人，自茲厥後，悉可歸骸邙嶺，皆不得就塋恆、代。其有夫先葬在北，婦今喪在南，婦人從夫，宜還代葬。若欲移父就母，亦得任之。其有妻墳於恆、代，夫死於洛，不得以尊就卑。欲移母就父，宜亦從之。若異葬，亦從之。若不在葬限，身在代喪，葬之彼此，皆得任之。其户屬恆、燕，身官京洛，去留之宜，亦從所擇。其屬諸州者，各得任意。其年九月，遂盡遷於洛陽。

　　孝文之南遷，舊人多非所欲也，遂致激成反叛。②《魏書·高祖紀》：大和二十年，齊建武三年。十有二月，廢皇大子恂爲庶人。恆州刺史穆泰等在州謀反，道武都平城，於其地置司州，遷洛後改爲恆州。遣任城王澄案治之。澄景穆子任城王雲之子。樂陵王思譽坐知泰陰謀不告，削爵爲庶人。景穆子樂陵王胡兒無子，顯祖詔胡兒兄汝陰王天賜之第二子永全後之，襲封。後改名思譽。《恂傳》云：恂不好書學。體貌肥大。深忌河、洛暑熱，意每追樂北方。中庶子高道悦數苦言致諫，恂甚銜之。高祖幸崧岳，大和二十年八月。恂留守金墉，見第三章第二節。於西掖門内與左右謀，欲召牧馬，輕騎奔代。手刃道悦於禁中。領軍元儼，勒門防遏，夜得寧静。厥明，尚書陸琇馳啓高祖於南。高祖聞之駭惋。外寢其事，仍至汴口而還。引見羣

————————

① 四裔：魏兼染胡風指西域。
② 民族：魏南遷時，羣臣叛誅。

臣於清徽堂。高祖曰："古人有言，大義滅親。今恂欲違父背尊，跨據恆、朔，今日不滅，乃是國家之大禍。"乃廢爲庶人。置之河陽。漢縣，晉省，魏復置，在今河南孟縣西。以兵守之。服食所供，粗免飢寒而已。恂在困躓，頗知咎悔。恆讀佛經，禮拜，歸心於善。高祖幸代，遂如長安。大和二十一年四月，齊建武四年。中尉李彪，承閒密表，告恂復與左右謀逆。高祖在長安，使中書侍郎邢巒與咸陽王禧獻文子。奉詔齎椒酒詣河陽賜恂死。二十二年，齊明帝永泰元年。冬，御史臺令史龍文觀坐法當死，告廷尉：稱恂前被攝之日，有手書自理不知狀，而中尉李彪，侍御史賈尚，寢不爲聞。尚坐繫廷尉。時彪免歸，高祖在鄴，尚書表收彪赴洛，會赦，遂不窮其本末。賈尚出繫，暴病數日死。案恂死時年十五，廢時年僅十四，安知跨據恆、朔？則其事必別有主謀可知。穆泰之叛也，史云：泰時爲定州刺史，魏於中山置定州。自陳病久，乞爲恆州，遂轉陸叡爲定州，以泰代焉。泰不願遷都，叡未發而泰已至，遂潛相扇誘，與叡及安陸侯元隆、撫冥鎮將魯郡侯元業、驍騎將軍元超，隆、業、超皆丕子。陽平侯賀頭，射聲校尉元樂平，前彭城鎮將元拔，代郡大守元珍，鎮北將軍樂陵王思譽等謀，推朔州刺史陽平王頤爲主。朔州，魏置，今山西朔縣。頤，景穆子陽平幽王新成之子。頤僞許以安之，而密表其事。高祖乃遣任城王澄發并、肆兵以討之。并州治晉陽，今山西陽曲縣。肆州治九原，在今山西忻縣西。澄先遣治書侍御史李煥單車入代，出其不意。泰等驚駭，計無所出。煥曉諭逆徒，示以禍福。於是凶黨離心，莫爲之用。泰自度必敗，乃率麾下數百人攻煥郭門，冀以一捷。不克，單馬走出城西，爲人禽送。《澄傳》：高祖遣澄，謂曰："如其弱也，直往禽翦。若其勢強，可承制發并、肆兵殄之。"澄行達雁門，大守夜告："泰已握衆，西就陽平城下聚結。"澄聞便速進。右丞孟斌曰："事不可量。須依敕召并、肆兵，然後徐動。"澄不聽，而倍道兼行。又遣李煥先赴，至即禽泰。澄亦尋到，窮治黨與。《澄傳》云：獄禁者凡百餘人。高祖幸代，《紀》：大和二十一年正月北巡，二月至平城。親見罪人，問其反狀。泰等伏誅。陸叡賜死於獄。《新興公丕傳》：自高祖南伐以來，迄當留守之任。後又遷大傅，錄尚書。馮熙薨於代都，熙，文明后兄。丕表求鑾駕親臨。詔曰："今洛邑肇構，跂望成勞。開闢迄今，豈有以天子之重，親赴舅國之喪？朕縱欲爲孝，其如大孝何？縱欲爲義，其如大義何？天下至重，君臣道縣，豈宜苟相誘引，陷君不德？令、僕已下，可付法官貶之。"《陸叡傳》：叡表請車駕還代，親臨馮熙之喪，坐削奪都督恆、肆、朔三州諸軍事。又詔以丕爲都督，領并州刺史。丕前妻子隆，同產數人，皆與別居，後得宮人，所生同宅共產，父子情因此偏。丕父子大意不樂遷洛。高祖之發平城，大子恂留於舊京。及將還洛，丕前妻子隆，與弟超等，密謀留恂，因舉兵斷關，規據陘北。見第二章第二節。時丕以老居并州，雖不與其始計,而隆、超咸以告丕。丕外慮不成,口雖致難,心頗然之。及高祖幸平城,推穆泰等首謀,隆兄弟并是黨。隆、超與元業等兄弟,并以謀逆伏誅。有司奏處孥戮。詔以丕不應連坐,但以先許不死之身,躬非染逆之黨,聽免死,仍爲大原百姓。其後妻二子聽隨。隆、超母弟及餘庶兄弟,皆徙敦煌。見第二章第二節。案馮熙死於大和十九年三月。是歲,六月,詔恂赴平城宮。九月,六宮及文武,盡遷洛陽。《恂傳》云:二十年,改字宣道。遷洛,詔恂詣代都。及恂入辭,高祖曰:“今汝不應向代,但大師薨於恆壤,朕既居皇極之重,不容輕赴舅氏之喪,欲使汝展哀舅氏”云云。此與十九年六月之詔,當即一事,叙於二十年改字之後,蓋《傳》之誤。《丕傳》所謂高祖發平城,大子留於舊京者,當即此時。高祖若至代都,稱兵要脅之事,其勢必不可免,代都爲舊人聚集之地,勢必難於收拾,故高祖拒而不往;又慮羣情之滋忿也,乃使恂北行以慰撫之;自謂措置得宜矣,然魏以大子監國,由來舊矣;禪代,獻文又特創其例矣。泰等是時,蓋猶未欲顯叛高祖,特欲挾大子據舊都,脅高祖授以監國之任? 禪代蓋尚非其意計所及。高祖本使恂往,意在消弭釁端,不意恂亦爲叛黨所惑,還洛之後,猶欲輕騎奔代也。然此必非恂所能爲,洛京中人,必又有與叛黨通聲氣者矣,亦可見其牽連之廣也。恂既廢,叛黨與高祖調停之望遂絶,乃又謀推陽平,亦所謂相激使然者邪? 穆泰者,崇之玄孫。以功臣子孫尚章武長公主。文明大后欲廢高祖,泰切諫,乃止。高祖德之,錫以山河,寵待隆至。陸叡,俟之孫。沈雅好學,折節下士。年未二十,時人便以宰輔許之。又數征柔然有功。實肺腑之親,心膂之任,喬木世臣,民之望也,而皆躬爲叛首。《于烈傳》言:代鄉舊族,同惡者多,惟烈一宗,無所染預而已。當時情勢,亦危矣哉?

　　南遷之計,於虜爲損乎? 爲益乎?《齊書·王融傳》:永明中,虜遣使求書,朝議欲不與,融上疏曰:“今經典遠被,詩史北流,馮、李之徒,必欲遵尚,直勒等類,居致乖阻。[①] 何則? 匈奴以氈騎爲帷牀,馳射爲餱糧。冠方帽則犯沙陵雪,服左衽則風驪鳥逝。若衣以朱裳,戴之玄冕,節其揖讓,教以翔趨,必同艱桎梏,等懼冰淵,婆娑蹢躅,困而不能前已。及夫春水草生,阻散馬之適;秋風木落,絶驅禽之歡;息沸脣於桑墟,別蹛乳於冀俗;聽韶雅如聾聵,臨方丈若爰居;馮、李之徒,固得志矣,虜之凶族,其如病何? 於是風土之思深,愎戾之情動;拂衣者連裾,抽鋒者比鏃;部落爭於下,酋渠危於上;我一舉而兼吞,卞莊之勢必也。”其於魏末喪亂,若燭照之矣。《魏書·孫紹傳》:紹於正光後表

―――――――――

　　① 　民族:王融言馮李之徒,當尚中國文化,其本族必反之。

言：“往者代都，武質而治安，中京以來，文華而政亂。故臣昔於大和，極陳得失；延昌、正光，奏疏頻上。”今其所陳不可悉考，然謂武質而安，文華而亂，固已曲盡事情。離乎夷狄而未即乎中國，固不免有此禍。然遂終自安於夷狄可乎？子曰：“朝聞道，夕死可矣”，一人如是，一族亦然。鳥飛準繩，豈計一時之曲直？是則以一時言，南遷於虜若爲害，以永久言，於虜實爲利也。孝文亦人傑矣哉！

《昭成子孫傳》云：高祖遷洛，在位舊貴，皆難於移徙，時欲和合衆情，遂許冬則居南，夏便居北。世宗頗惑左右之言，外人遂有還北之問。至乃榜賣田宅，不安其居。昭成玄孫暉，乃請閒言：“先皇移都，爲百姓戀土，故發冬夏二居之詔，權寧物意耳。乃是當時之言，實非先皇深意。且北來遷人，安居歲久，公私計立，無復還情。陛下當終高祖定鼎之業，勿信邪臣不然之說。”世宗從之。《肅宗紀》：熙平二年，梁武帝天監十六年。十月，詔曰：“北京根舊，帝業所基。南遷二紀，猶有留住。懷本樂業，未能自遣。若未遷者，悉可聽其仍停。”此可見孝文雖雷厲風行，實未能使代都舊貴，一時俱徙，且於既徙者亦仍聽其往還也。然以大體言之，南遷之計，固可謂爲有成矣。

遷都之後，於革易舊俗，亦可謂雷厲風行。大和十八年，齊建武元年。十二月，革衣服之制。明年，六月，詔不得以北俗之語，言於朝廷。若有違者，免所居官。又明年，正月，詔改姓元氏。又爲其六弟各聘漢人之女，前所納者，可爲妾媵，事見《咸陽王禧傳》。《傳》又載：孝文引見羣臣，詔之曰：“今欲斷諸北語，一從正音。年三十以上，習性已久，容或不可卒革，三十以下，見在朝廷之人，語音不聽仍舊。若有故爲，當降爵、黜官。所宜深戒。”又曰：“朕嘗與李沖論此，沖言四方之語，竟知誰是？帝者言之，即爲正矣，何必改舊從新？沖之此言，應合死罪。”乃謂沖曰：“卿實負社稷，合令御史牽下。”又引見王公卿士，責留京之官曰：“昨望見婦女之服，仍爲夾領小袖。我徂東山，雖不三年，既離寒暑，卿等何爲，而違前詔？”案民族根柢，莫如語言，語言消滅，未有不同化於他族者，不則一切取之於人，仍必巋然獨立爲一民族。就國史觀之，往昔入居中原諸族，及久隸我爲郡縣之朝鮮、安南，即其明證。人無不有戀舊之心，有戀舊之心，即無不自愛其語言者。孝文以仰慕中國文化之故，至欲自舉其語言而消滅之，其改革之心，可謂勇矣。其於制度，亦多所釐定，如立三長之制，及正官制，脩刑法是也，別於他章述之。史稱孝文“雅好讀書，手不釋卷。《五經》之義，覽之便講。學不師授，探其精奧。史傳、百家，無不該涉。善談莊、老，尤精釋義。才藻富贍，好爲文章。詩賦銘頌，任興而作。有大文筆，馬上口授，及其成也，不改一字。自大和十年已後，詔册皆帝之文也。"此自不免過譽，然其於文學，非一無所知審矣。亦虜中豪桀之士也。

拓跋氏之任用漢人，始於桓、穆二帝。其時之衛操、姬澹、衛雄、莫含等，雖皆乃心華夏，非欲依虜以立功名，然於虜俗開通，所裨必大，則可想見。六脩之難，晉人多隨劉琨任子南奔，虜之所失，必甚巨也。事見第四章第二節。《衛操傳》云：始操所與宗室、鄉親入國者：衛懃、衛崇、衛清、衛沈、段業、王發、范班、賈慶、賈循、李臺、郭乳。六脩之難，存者多隨劉琨任子遵南奔。昭成愚戆，觀其見獲後對苻堅之語可知，見第六章第三節。其能用漢人，蓋尚不逮桓、穆。其時漢人見用，著於魏史者，惟許謙、燕鳳而已。據《魏書·傳》：鳳爲昭成代王左長史，謙爲郎中令，兼掌書記。道武性質，更爲野蠻。破燕以後，不得不任用漢人，然仍或見誅夷，或遭廢黜，實不能謂爲能用漢人也。《道武本紀》謂參合陂之捷，始於俘虜之中，擇其才識，與參謀議。及并州平，初建臺省，置百官，尚書郎已下，悉用文人。又云：帝初拓中原，留心慰納。諸士大夫詣軍門者，無少長，皆引入賜見，存問周悉，人得自盡。苟有微能，咸蒙敘用。此不過用爲掾史之屬而已，無與大計也。道武所用漢人，較有關係者，爲許謙、燕鳳、張袞、崔宏、鄧淵、崔逞。謙、鳳皆昭成舊人，其才蓋非後起諸臣之敵。宏略見第八章第六節。淵以從父弟暉與跋厚善見殺。逞使妻與四子歸慕容德，獨與小子留平城，道武嫌之，遂借答晉襄陽戍將書不合殺之。張袞以先稱美逞及盧溥，亦見黜廢。《逞傳》言：司馬休之等數十人，爲桓玄所逐，皆將來奔，至陳留南，分爲二輩一奔長安，一歸廣固。大祖初聞休之等降，大悅。後怪其不至，詔兗州尋訪。獲其從者，皆曰："聞崔逞被殺，故奔二處。"大祖深悔之。自是士人有過者，多見優容。此亦不過一時之悔而已，以道武之猜忍好殺，又安知懲前毖後邪？然既荐居中國之地，政務稍殷，終非鮮卑所能了，故漢人之見任者，亦稍多焉。崔浩見信於明元、大武二世，浩以謀覆虜誅，而大武仍任李孝伯；孝伯爲順從弟。《傳》云：自崔浩誅後，軍國之謀，咸出孝伯，世祖寵眷亞於浩。高允與立文成，初不見賞，《允傳》云：高宗即位，允頗有謀焉，司徒陸麗等皆受重賞，允既不蒙褒異，又終身不言。文明后誅乙渾，乃引允與高閭入禁中，共參朝政；即可見此中消息。然允等之見任，實不過職司文筆而已，《允傳》云：自高宗迄於顯祖，軍國書檄，多允文也。末年乃薦高閭以自代。《閭傳》云：文明大后甚重閭，詔令書檄，碑銘贊頌皆其文也。《齊書·王融傳》融上疏曰："虜前後奉使不專漢人，必介以匈奴，備諸覘獲。且設官分職，彌見其情。抑退舊苗，扶任種戚。師保則后族馮晉國，總錄則邦姓直勒渴侯，台鼎則丘頹、苟仁端，執政則目凌鉗耳。至如東都羽儀，四京簪帶，崔孝伯、程虞蚪久在著作，李元和、郭季祐止於中書，李思沖飾虜清官，游明根泛居顯職。"虜之遇漢人如何，當時固人知其情也。《允傳》言：允諫靜，高宗常從容聽之。或有觸迕，帝所不忍聞者，命左右扶出。事有不便，允輒求見。高宗知允意，逆屏左右以待之。禮敬甚重。晨入暮出，或積日居中，朝臣莫知所論。或有上事陳得失者，高宗省而謂羣臣曰："君父一也。父有是非，子何爲不作書於人中諫之，使人知惡，而於家內隱處也？豈不以父親，恐惡彰於外也？今國家善惡，不能面陳，而上表顯諫，此豈不彰君之短，明己之美？至如高允者，真忠臣矣。朕有是非，常正言面論。至朕所不樂聞者，皆侃侃具說，無所避就。朕聞其過，而天下不知其諫，豈不忠乎？汝等在左右，曾不聞一正言，但伺朕喜時，求官乞職。汝等把弓刀侍朕左右，徒立勞耳，皆至公王,此人把筆匡我國家,不過著作郎,汝等不自媿乎?"於是拜允中書令,著作如故。夫以言不忍聞,遂令左右扶出,所謂禮遇甚重者安在? 高宗之愛允,不過以不彰其過而已,此實好諛惡直,豈曰能容諫臣? 允之諫諍,史所舉者,營建宮室,及婚娶喪葬,不依古式,此并非聽者所不樂聞;又以不顯諫自媚;而其見寵,尚不逮把持弓刀之人,虜之視漢人何等哉? 然史又言:"魏初法嚴,朝士多見杖罰,允歷事五帝,出入三省,五十餘年,初無譴咎",蓋允雖貌若謇直,實不肯觸虜之忌,其不欲盡忠於虜,猶崔宏之志也。《傳》又言:高宗既拜允中書令,司徒陸麗曰:"高允雖蒙寵待,而家貧,布衣,妻子不立。"高宗怒曰:"何不先言? 今見朕用之,方言其貧。"是日,幸允第。惟草屋數閒,布被縕袍,廚中鹽菜而已。初與允同徵游雅等,多至通官,封侯,及允部下吏百數十人,亦至刺史、二千石,而允爲郎二十七年不徙官。時百官無禄允常使諸子樵采自給。又云:是時貴臣之門,皆羅列顯官,而允子弟皆無官爵。蓋允之仕虜,特不得已求免死而已。① 雖不逮崔浩之能密圖義舉,視屈節以求富貴者,其猶賢乎? 允之見徵,在大武神䴥四年,宋文帝元嘉八年也。史云至者數百人,皆差次叙用,蓋大武之世徵用漢人最盛者也。事見《魏書‧本紀》。即李沖見寵衽席之上,實亦佞幸之流,高祖特以大后私暱,虛加尊禮,非真與謀軍國大計也。此外李彪、宋弁、郭祚、崔亮之徒,或佐銓衡,或助會計,碌碌者更不足道。虜之楨幹,仍在其種戚之手。此輩一驕奢疲眊,而其本實先撥矣。此則非遷都所能求益,抑且助長其驕淫,所謂離乎夷狄,而未即乎中國也。

第三節 齊魏兵爭

南北之兵爭,至宋末而形勢一變。宋初,中國尚全有河南,魏大武之南伐,中國雖創巨痛深,然虜亦僅事剽掠,得地而不能守也。及明帝篡立,四境叛亂,淮北淪陷,魏人始有占據河南之心,至孝文南遷,而虜立國之性質亦一變;於是所爭者西在宛、鄧,中在義陽,東在淮上矣。

淮北淪没之後,宋、魏之使命仍通。後廢帝元徽元年,魏孝文帝延興三年也。《魏書‧本紀》云:十月,大上皇帝親將南討,詔州郡之民,十丁取一,以充行户,然其後南巡,僅至懷州而還。懷州,後魏置,治野王,今河南沁陽縣。明年,九月,《紀》又云:以劉昱内相攻戰,詔將軍元蘭等五將三萬騎,及假東陽王丕爲後繼伐蜀漢,而《列傳》及《宋書》,皆不載其事,《通鑑》因此未書其事,見《考異》。蓋兵實未出也。及齊高帝建元元年,乃命元嘉出淮陰,大武子廣陽王建閭之子,時爲假梁王。《齊書‧垣崇祖傳》作僞梁王郁豆眷。元琛出廣陵,薛虎子出壽春。代人。《北史》避唐諱作彪子。初,高帝策虜,必以送劉昶爲名出兵,所攻必在壽春,徙垣崇祖爲豫州刺史

---

① 民族: 高允仕虜,特求免死。

以防之。明年，二月，元嘉、劉昶馬步號二十萬攻壽春，《通鑑》：魏將薛道標趨壽陽，上使齊郡大守劉懷慰作將軍薛淵書以招之。魏人聞之，召道標還，使梁郡王嘉代之。爲崇祖所破。攻鍾離，見第八章第四節。又爲徐州刺史崔文仲所敗。虜又遣兵向司州。分兵出兗、青界，圍胊山。見第九章第二節。戍主玄元度固守。青、冀二州刺史盧紹之遣子奐往援。潮水至，虜滒溺，元度出兵奮擊，大破之。虜乃遣馮熙迎嘉等還。是歲，七月，角城戍主降魏。角城晉縣，在今江蘇淮陰縣南。魏詔徐州刺史元嘉赴接。十月，又命馮熙爲西道都督，與桓誕出義陽。誕者，大陽蠻酋，大陽，戍名，在今湖北蘄春縣西北。自云桓玄之子，以宋明帝末降魏者也。時李安民行淮、泗諸戍。三年，魏大和五年。正月，破虜軍於淮陽。見第九章第五節。馮熙向司州，馮熙，《齊書·魏虜傳》作馮莎。荒人桓天生説熙云：諸蠻皆響應。熙至，蠻竟不動。熙大怒，於淮邊獵而去。高帝未遑外略，既克，乃遣後軍參軍車僧朗北使。先是宋使殷靈誕、荀昭先在虜。聞高帝登極，靈誕謂虜典客曰：“宋、魏通好，憂患是同，宋今滅亡，魏不相救，何用和親？”及虜寇豫州，靈誕因請爲劉昶司馬，不獲。僧朗至北，虜置之靈誕下，僧朗立席言曰：“靈誕昔是宋使，今成齊民，實希魏主，以禮見處。”靈誕交言，遂相忿詈。劉昶賂客賈奉君，於會刺殺僧朗。虜即收奉君誅之。殯斂僧朗，送喪隨靈誕等南歸，厚加贈賻。世祖踐阼，昭先具以啓聞。靈誕下獄死。靈誕既欲盡忠於宋，即宜終歿虜廷，乃復顧戀家園，隨喪南返，足見外託盡忠一姓之名，而忘夷夏之大界者，必無端人正士也。永明元年，魏大和七年。魏使李彪來，齊使劉纘報聘，使命復通。五年，魏大和十一年。桓天生與雍、司蠻虜相扇動，據南陽故城，攻舞陰。見《齊書·陳顯達傳》。舞陰，漢縣，後魏置郡，在今河南泌陽縣西北。虜遣騎萬餘人助之。至比陽，亦作沘陽，漢縣，在今河南泌陽縣西。爲戴僧静等所破。天生亦爲舞陰戍主殷公愍所破。明年，天生復引虜出據隔城，在今河南桐柏縣西北。遣曹虎討拔之。十一年，魏大和十七年。二月，雍州刺史王奐輒殺寧蠻長史劉興祖。上怒，遣中書舍人吕文顯、直閤將軍曹道剛領齋仗五百人收奐，鎮西司馬曹虎從江陵步道會襄陽。奐第三子彪，閉門拒守。司馬黃瑤起，寧蠻長史裴叔業於城内起兵攻奐，斬之。彪及弟爽、弼，女壻殷叡皆伏誅。長子融，融弟琛，於都棄市。琛弟肅、秉并奔魏。奐，景文兄子，蘊之兄也，武帝本疑之，以王晏言得解，及是誅滅焉。是歲，七月，魏孝文借南伐爲名，定遷都之計，事已見前。《齊書·魏虜傳》云：北地人支酉，北地，見第二章第二節。聚數千人，於長安城北西山起義。使告梁州刺史陰智伯。秦州人王廣，起義應酉，攻獲僞刺史劉藻。《魏書·藻傳》藻爲秦州刺史。孝文南伐，以爲東道都督。秦人紛擾。詔藻還州，人情乃定。不知宋人傳聞不實邪？抑魏人自諱其喪敗也。秦、雍閒七州民皆響震，衆至十萬，各自保壁望救。宏遣弟僞河南王幹、尚書盧陽烏擊秦、雍義軍，大敗。時虜使趙郡王幹督關右諸軍事，盧淵爲副。幹，獻文子。酉進至咸陽北濁谷，咸陽，見第六章第四節。圍僞司空長洛王繆老生，《魏書》穆亮。大破之，老生走還長安。陰智伯遣數千人應接。酉等進向長安，所至皆靡。會世祖崩，宏聞關中危急，乃稱聞喪退師。遣楊大眼等數萬人攻酉。酉、廣等皆見殺。案孝文此次南伐，雖云意在遷都，然其人初非無意於猾夏者，蓋既欲遷都京洛，則宛、鄧、義陽，皆迫圻甸，其形勢，迥非立國平城時比矣。故《魏書•王肅傳》，謂肅降魏，勸以大舉，而其圖南之志轉銳也。明年，爲明帝建武元年，魏大和十八年。齊使雍州刺史曹虎詐降，以刺魏情。魏遂使薛真度出襄陽，劉昶出義陽，元衍出鍾離，劉藻出南鄭。孝文亦自將南伐，至縣瓠。又明年，建武二年，魏大和十九年。齊使王廣之督司，蕭坦之督徐，沈文季督豫以拒之。又使青、冀二州刺史張沖出兵，分其軍勢。魏孝文自渡淮攻鍾離，爲徐州刺史蕭惠休所破。乃借馮誕死爲名，誕，熙子，時爲司徒。遣使臨江，數明帝殺主自立之罪而還。劉昶與王肅圍義陽，司州刺史蕭誕固守。王廣之遣蕭衍等閒道先進，內外合擊，破之。元英圍南鄭，英，景穆子南安惠王楨之子。刺史蕭懿固守，自春至夏六十餘日。懿又使氐人楊元秀還仇池，說氐起兵，斷虜運道。英乃退入斜谷。參看下節。斜谷，在今陝西郿縣西南。四年，魏大和二十一年。魏孝文又大舉入寇。過赭陽、南陽，留兵攻之，而自南至新野。赭陽，後魏縣，在今河南葉縣西南。南陽，見第三章第四節。新野，見第三章第三節。十月，四面進攻，不克，乃築長圍守之。[1] 曹虎與南陽大守房伯玉不協，頓兵樊城不進。樊城，見第五章第二節。齊遣蕭衍、張稷救雍州。十二月，又遣崔慧景總督衆軍。明年，爲永泰元年，魏大和二十二年。正月，新野大守劉思忌，臿土爲粥，而救兵不至。城陷。虜縛思忌問之曰：“今欲降未？”思忌曰：“寧爲南鬼，不爲北臣。”乃殺之。於是湖陽、赭陽、舞陰、順陽諸戍并棄城走。湖陽，漢縣，在今泌陽縣南。順陽，見第三章第九節。舞陰城主，即黃瑤起也。虜軍追獲之。王肅募人臠食其肉，亦可謂行如野番矣。[2] 二月，房伯玉降虜。初薛真度南侵，爲伯玉所破。《齊書•魏虜傳》言：魏孝文因此怒，以南陽小郡，誓取滅之，故自率軍向雍州。案孝文是役，似因先不得志於淮上而然，謂其甘心於南陽一城，似未必確，然其至南陽，使數伯玉三罪，而敗薛真度居其一，則其未能忘情於喪敗可知也。伯玉雖力屈而降，然虜以爲龍驤將軍，不肯受。高宗知其志，月給其子希哲錢

---

① 史事：元嘉北伐，西路克捷，孝文入寇，秦雍起義，蓋吳亦起關中，則劉裕入關，不守可惜。

② 報仇：黃瑤起殺王奐，王肅募人臠食其肉，蓋虜法也(第二四一頁)。

五千，米二十斛。後伯玉就虜求南邊一郡，爲馮翊大守，此馮翊郡當在今河南境，未詳所治。生子，幼便教其騎馬，常欲南歸。永元末，希哲入虜，伯玉大怒曰："我力屈至此，不能死節，猶望汝在本朝，以報國恩。我若從心，亦欲閒關求返。汝何爲失計？"遂卒虜中。亦可哀矣。齊又遣陳顯達救雍州。崔慧景至襄陽，五郡已没，胡三省曰：五郡，謂南陽、新野、南鄉、北襄城，并西汝南、北義陽二郡大守也。案南鄉即順陽郡治。北襄城治堵陽。西汝南，在今泌陽縣西北。北義陽，在今河南信陽縣南。乃分軍助戍樊城。三月，慧景與蕭衍等五千餘人進行鄧城。漢鄧縣，晉分置鄧城縣，在今湖北襄陽縣北。虜以大軍乘之。慧景敗績。孝文帝自追之。至樊城，曹虎固守。虜耀兵襄陽而還。先是明帝令徐州刺史裴叔業援雍州。叔業啓：北人不樂遠行，惟樂侵伐虜界，則雍、司之賊，自然分張。上從之。徙叔業爲豫州刺史。叔業圍渦陽，後魏縣，今安徽蒙城縣，時爲其南兗州治。分兵攻龍亢戍。在今安徽懷遠縣西北，虜馬頭郡治此。虜徐州刺史廣陵王率二萬人、騎五千匹至龍亢，叔業大敗之。時王肅方攻義陽，孝文帝聞之，使解圍赴渦陽。叔業見兵盛，委軍遁走。明日，官軍奔潰。虜追之，傷殺不可勝數。叔業還保渦口。是歲，七月，明帝崩。九月，孝文稱禮不伐喪，自縣瓠還。明年，爲東昏侯永元元年，魏大和二十三年。陳顯達督崔慧景等軍四萬圍南鄉界馬圈城。在今河南鄧縣東北。四十日，取之。遣兵進取南鄉。三月，孝文復南伐，至馬圈。顯達走均口。均水入漢之口。《梁書》《南史》皆作沔均口，沔當作沟，均乃後人旁注，誤入正文。臺軍緣道奔退，死者三萬人。孝文帝旋死，子宣武帝立。明年，裴叔業降魏。魏使奚康生、楊大眼入據，又以彭城王勰領揚州刺史，與王肅勒步騎十萬赴之。齊以蕭懿爲豫州刺史。懿屯兵小峴，見第九章第二節。使胡松、李居仕據死虎，見第九章第四節。爲肅所破。交州刺史李叔獻屯合肥，見第三章第九節。亦爲魏兵所禽。陳伯之又以水軍敗於肥口。壽春遂入於魏，魏置兵四萬以戍之。案齊自高帝至明帝三世，皆頗有意於恢復。高帝嘗救垣崇祖曰："卿視吾，是守江東而已邪？所少者食。卿但努力營田，自然平殄殘醜。"淮北義民桓磊塊，於抱犢固與虜戰，大破之。抱犢山，在今山東嶧縣北。徐州刺史崔文仲馳啓。上敕曰："北閒起義者衆，深恐良會不再至，卿善獎沛中人，若能一時攘袂，當遣一佳將直入也。"事在建元三年，見《齊書·崔祖思傳》。淮陽之捷，徐州人桓摽之、兗州人徐猛子等合義衆數萬，砦險求援。詔李安民赴救。安民留遲，虜急攻摽之等，皆没，上甚責之。周山圖爲兗州刺史，淮北四州起義，謂宋明帝時所失青、冀、徐、兗之地。上使自淮入清，倍道應赴。敕曰："若不藉此平四州，非丈夫也。"義衆已爲虜所没，山圖僅拔三百家還淮陰。又以彭、沛義民起，遣曹虎領六千人入渦，王廣之出淮上。廣之家在彭、沛，啓求招誘鄉里、部曲，

北取彭城。上許之，以爲徐州刺史。廣之引軍過淮，無所克獲，坐免官。武帝
嘗於石頭造靈車三千乘，欲自步道取彭城。見《魏虜傳》。又使毛惠秀畫《漢武北
伐圖》，置琅邪城射堂壁上，遊幸輒觀覽焉。見《王融傳》。南琅邪，見第九章第三節。孔
稚珪表勸明帝遣使與虜言和，帝不納。永明中，祖沖之造《安邊論》，欲開屯
田，廣農殖。建武中，明帝使沖之巡行四方，興造大業可以利百姓者。會連有
軍事，事竟不行。四年，徐孝嗣又以緣淮諸鎮，皆取給京師，費引既殷，漕運艱
澀，聚糧待敵，每若不周，表立屯田。事御見納。時帝已寢疾，又兵事未已，亦
竟不施行。蓋三主御宇，僅二十年，又非閒暇之時，故雖有志而未逮也。至東
昏失壽春，而形勢愈惡矣。《魏書·高閭傳》：孝文攻鍾離，未克，將於淮南脩
故城而置鎮戍，以撫新附之民，賜閭璽書，具論其狀。閭表曰："昔世祖以回山
倒海之威，步騎數十萬，南臨瓜步，諸郡盡降，而班師之日，兵不戍一郡，土不
闢一廛。夫豈無民？以大鎮未平，不可守小故也。堰水先塞其原，伐木必拔
其本。壽陽、盱眙、淮陰，淮南之原本也。三者不克其一，而留兵守郡，不可自全
明矣。既逼敵之大鎮，隔深淮之險，少置兵不足自固，多留衆糧運難充。又欲附
渠通漕，路必由於泗口；泝淮而上，須經角城；淮陰大鎮，舟船素蓄，敵因先積之
資，以拒始行之路，若元戎旋斾，兵士挫怯，夏雨水長，救援實難。"孝文乃止。及
還，告閭，謂以彼諸將，并列州鎮，至無所獲。蓋時淮北雖亡，而淮南之形勢，尚稱
完固如此。魏孝文之渡淮，兵力不爲不厚，而迄未能得志，乃裴叔業一叛，舉壽
春拱手而授諸人，内亂之招致外侮，誠可懼也。

第四節　梁初與魏戰爭

　　齊末荆、雍之釁既啓，魏人頗有欲乘機進取者。元嵩時爲荆州刺史，嵩，任
城康王雲之子。雲見第一節。魏荆州，初置於上洛，今陝西商縣。大和中改爲洛州，移荆州於魯陽，今
河南魯山縣。後又移治穰城，今河南鄧縣。表言："流聞蕭懿於建業阻兵，與寶卷相持，
荆、郢二州刺史，并是寶卷之弟，必有圖衍之志。臣若遺書相聞，迎其本謀，冀
獲同心，并力除衍。一衍之後，彼必還師赴救丹陽，當不能復經營疆垂，全固
襄、沔，則沔南之地，可一舉而收。緣漢曜兵，示以威德。思歸有道者，則引而
納之；受疑告威者，則援而接之。總兵竚鋭，觀釁伺隙。若其零落之形已彰，
怠懈之勢已著，便可順流摧鋒，長驅席卷。"詔曰："所陳嘉謀，深是良計。如當
機可進，任將軍裁之。"已而無所舉動，蓋以荆、郢已一故也。及梁武帝起兵，
元英時在洛陽，又請躬指沔陰，據襄陽，進拔江陵；又命揚、徐俱舉。英時行揚州

事。事寢不報。英又奏欲取義陽。尚書左僕射源懷亦以爲請。以梁武已克，遂停。此於魏爲失機，若當時乘機進取，則齊、梁相持頗久，魏縱不能大有所獲，中國亦必不能一無所失矣。內亂之招致外患，誠可懼也。

魏宣武帝即位時，年尚幼，諸王又頗有覬覦之心，國家未寧，實不能更圖南牧。故其用兵，絕無方略。齊、梁相敝，既失乘釁之機，逮梁事已定，乃又信降人而輕動干戈焉。梁武帝天監二年，魏宣武帝景明四年。四月，時蕭寶夤在魏，寶夤，《魏書》及《北史》皆作寶寅。伏訴闕下，請兵南伐，陳伯之亦請兵立效；魏乃以寶夤爲揚州刺史，配兵一萬，令且據東城，宋縣，當在今江蘇境。待秋冬大舉；而以伯之爲江州刺史，戍揚石。亦作羊石，城名，在今安徽霍丘縣南。以任城王澄總督二鎮，授之節度。澄雲子。澄表言：“蕭衍頻斷東關，在今安徽巢縣。欲令巢湖汎溢。若賊計得成，則淮南諸戍，必同晉陽之事。壽陽去江，五百餘里，衆庶皇皇，并懼水害。事貴應機，經略須早。縱混一不可必，江西自是無虞。”於是發冀、定、瀛、相、并、濟六州二萬人，馬一千五百匹，令中秋之中，畢會淮南，魏冀州，治信都，見第四章第二節。定州，見第二節。瀛州，治樂成，今河北河間縣。相州，見第八章第二節。并州，見第二節。濟州，治碻磝，見第六章第五節。并壽陽先兵三萬，委澄經略。三年，魏正始元年。三月，寶夤行達汝陰，見第四章第二節。東城已陷，遂停壽春。澄遣統軍傅豎眼等進攻大峴、東關、九山、淮陵等地。大峴，見第七章第四節。九山在盱眙。淮陵僑縣，在今安徽鳳陽縣境。澄總勒大軍，絡繹相接。既而遇雨，淮水暴長，澄引歸壽春。《魏書·澄傳》云：失兵四千餘人，然有司奏奪其開府，又降三階，恐所失必不止此矣。

元英以天監二年八月，進攻義陽。明年，圍之。時城中衆不滿五千，食裁支半歲。魏軍攻之，晝夜不息。刺史蔡道恭，隨方抗禦，皆應手摧卻。相持百餘日，前後斬獲，不可勝計。虜甚憚之，將退。會道恭疾篤，乃呼兄子僧勰，從弟靈恩，及諸將帥，謂曰：“吾受國厚恩，不能破滅寇賊，今所苦轉篤，勢不支久，汝等當以死固節，無令沒有遺恨。”又令取所持節。謂僧勰曰：“稟命出疆，馮此而已。即不能奉以還朝，方欲攜之同逝，可與棺柩相隨。”衆皆流涕。五月，卒。虜知道恭死，攻之轉急。先是朝廷遣郢州刺史曹景宗，及後將軍王僧昞步騎三萬救義陽。僧昞二萬據鑿峴，當在合肥與大小峴之間。景宗一萬繼後。僧昞軍爲元英所破。景宗亦不得前。馬仙琕繼之，盡銳決戰，一日三交，皆不克。據《魏書·元英傳》。八月，義陽糧盡，城陷。三關之戍聞之，亦棄城走。三關：東曰武陽；西曰平靖；中曰黃峴，亦作廣峴；在今河南信陽縣南。於是魏封英爲中山王，而梁以南義陽置義州。南義陽，在今湖北安鄉縣西南。先一月，角城戍主柴廣宗，亦以城降魏。角城，見上節。淮水上下游，同時告警矣，而梁州之變又起。

時有夏侯道遷者，譙國人。見第三章第三節。仕宋明帝。隨裴叔業至壽春，爲南譙大守。南譙，見第十章第十節。兩家雖爲姻好，而親情不協，遂單騎奔魏。又隨王肅至壽春。肅死，魏景明二年，齊和帝中興元年。道遷棄戍南叛。梁武帝以莊丘黑爲梁、秦二州刺史，鎮南鄭。黑請道遷爲長史，帶漢中郡。黑死，武帝以王珍國爲刺史。未至，道遷陰圖歸魏。初楊頭之戍葭蘆也，宋復以楊保宗子元和爲征虜將軍。孝武帝孝建二年。元和繼楊氏正統，羣氏欲相宗推，而年少才弱，不能綏御。頭母妻子弟，并爲索虜所執，而頭至誠奉順，無所顧懷。雍州刺史王謨，請授頭西秦州，假節，孝武帝不許。後立元和爲武都王，治白水。《魏書·氏傳》云：以爲白水大守。白水，齊縣，在今四川劍閣縣東南。不能自立，復走奔索虜。元和從弟僧嗣自立，還戍葭蘆。《魏書》云：僧嗣爲元和從叔。案僧嗣爲文度兄，文度與文德、文弘，當係昆弟，則作從叔爲是。宋以爲仇池大守。後又以爲北秦州刺史、武都王。明帝泰始二年。卒，弟文度自立。泰豫元年，以爲略陽大守，封武都王。文度貳於魏，魏獻文帝授以武興鎮將。武興，城名，在今陝西略陽縣。既而復叛魏。後廢帝元徽四年，以爲北秦州刺史。文度遣弟文弘伐仇池。文弘，《魏書》避獻文諱，書其小名曰楊鼠。順帝昇明元年，以文弘爲略陽大守。魏使皮歡喜等攻葭蘆，破之，皮歡喜，豹子子。《魏書·本傳》但名喜。斬文度首。難當族弟廣香，先奔虜，及是，虜以爲陰平王、葭蘆鎮主。文弘退治武興。宋以爲北秦州刺史，襲封武都王。文弘亦使謝罪於魏。魏以爲南秦州刺史、武都王。齊高帝建元元年，廣香反正。以爲沙州刺史。范柏年誅，李烏奴奔叛，見第九章第一節。文弘納之。帝以文弘背叛，進廣香爲西秦州刺史，子炅爲武都大守。以難當正胤後起爲北秦州刺史、武都王，後起爲文弘從兄子，則係難當之孫。鎮武興。三年，文弘歸降，復以爲北秦州刺史。魏孝文帝亦以文弘爵授後起，而以文弘子集始爲白水大守。廣香病死，氏眾半奔文弘，半詣梁州刺史崔慧景。文弘遣後起進據白水。四年，後起卒，詔以集始爲北秦州刺史、武都王，後起弟後明爲白水大守。魏亦以集始爲武都王。集始朝於魏，魏又以爲南秦州刺史、武興王。武帝永明十年，集始反，率氏、蜀、雜虜寇漢川。刺史陰智伯遣兵擊敗之。集始入武興，以城降虜。氏人符幼孫起義攻之。明帝建武二年，氏、虜寇漢中。梁州刺史蕭懿，遣後起弟子元秀收合義兵。氏眾響應。斷虜運道。虜亦遣僞南梁州刺史仇池公楊靈珍據泥山，未詳。以相拒格。參看上節。元秀病死，符幼孫領其眾。楊馥之聚義眾屯沮水。出今陝西中部縣，東流入洛。集始遣弟集朗迎拒州軍，大敗。集始走下辨。見第五章第一節。馥之據武興。虜軍尋退。馥之留弟昌之守武興，自引兵據仇池。

以爲北秦州刺史、仇池公。四年，楊靈珍據城歸附。攻集始於武興，殺其二弟集同、集衆。集始窮急，請降。以靈珍爲北梁州刺史、仇池公、武都王。東昏侯永元二年，復以集始爲北秦州刺史。梁武帝天監初，亦以爲北秦州刺史、武都王。死，子紹先襲。魏亦以爲南秦州刺史、武興王。初，齊武帝以楊炅爲沙州刺史、陰平王。《齊書·氐傳》。下文又云：隆昌元年，以炅爲沙州刺史，未知孰是。明帝建武三年，死，子崇祖襲。崇祖死，子孟孫立。及是，以孟孫爲沙州刺史、陰平王。二年，以靈珍爲北梁州刺史、仇池王。《南史·氐傳》。《魏書·夏侯道遷傳》云：以爲征虜將軍，假武都王，或在此授之後邪？靈珍助戍漢中，有部曲六百餘人，道遷憚之。時紹先年幼，委事二叔集起、集義。武興私署侍郎鄭洛生至漢中，道遷使報紹先并集起等，請其遣軍以爲腹背。集起、集義貪保邊蕃，不欲救之，而集朗還至武興，使與道遷密議。據道遷叛後上魏主表。表又言："中於壽陽，橫爲韋纘所謗，理之曲直，并是楊集朗、王秉所悉"，則集朗與道遷同在壽陽。又案《魏書·道遷傳》云：年十七，父母爲結昏韋氏。道遷云：欲懷四方之志，不欲取婦。家人咸謂戲言。及至昏日，求覓不知所在。於後訪問，乃云逃入益州。道遷之與武興相句結，當在此時。當狡焉思启之時，實不應令此等人在於疆埸也。梁使吳公之等至南鄭，知其謀，與府司馬嚴思、臧恭、典籤吳宗肅、王勝等共楊靈珍父子謀誅之。道遷乃僞會使者，請靈珍父子。靈珍疑而不赴。道遷乃殺五人。馳擊靈珍，斬其父子。并送五首於魏。即遣馳告集朗求援。白馬戍主尹天寶圍南鄭。陽平關，在今陝西沔縣西北，南北朝時謂之白馬戍。武興軍躡其後。天寶之衆宵潰。依山還白馬。集朗禽斬之。道遷遂據城歸魏。時天監四年正月也。魏正始元年閏十二月。魏授道遷豫州刺史，時魏豫州治縣瓠。而以尚書邢巒督梁、漢諸軍事。

邢巒至漢中，遣兵陷關城。此關城亦曰陽平關，在今陝西寧羌縣西北。又遣統軍李義珍攻晉壽。晉壽大守王景胤宵遁。時梁益州刺史鄧元起，以母老乞歸供養，詔許焉，以西昌侯淵藻代之。長沙嗣王業之弟。《梁書·元起傳》云：元起以鄉人庾黔婁爲録事參軍，又得荆州刺史蕭遙欣故客蔣光濟，并厚待之，任以州事。黔婁甚清潔，光濟多計謀，并勸爲善政。元起之克劉季連也，城內財寶無所私；勤恤民事，口不論財色；性本能飲酒，至一斛不亂，及是絶之；蜀土翕然稱之。元起舅子梁矜孫，性輕脱，與黔婁志行不同，乃言於元起曰："城中稱有三刺史，節下何以堪之？"元起由此疏黔婁、光濟，而治迹稍損。夏侯道遷叛，尹天寶馳使報蜀，東西晉壽，并遣告急。此處於《梁書》元文有刪節。元文云："夏侯道遷以南鄭叛，引魏人。白馬戍主尹天寶馳使報蜀。魏將王景胤、孔陵寇東西晉壽，并遣告急。"《南史》則云："道遷以南鄭叛，引魏將王景胤、孔陵攻東西晉壽，并遣告急。"據《魏書·邢巒傳》，則王景胤爲梁晉壽大守，孔陵亦梁將，爲王足所破者。疑《梁書》元文，當作魏將某某寇東西晉壽，大守王景胤，某官孔陵并遣告急，文有奪佚，傳寫者以意連屬之，以致誤繆，《南史》誤據之，而又有刪節也。①　東晉壽在今四川廣元縣，西晉壽在今四川昭化縣境。眾勸元起急救之。元起曰："朝廷萬里，軍不卒至。若寇賊浸淫，方須撲討，董督之任，非我而誰？何事恩恩便救？"黔婁等苦諫，皆不從。高祖亦假元起都督征討諸軍，將救漢中。比是，魏已攻陷兩晉壽。淵藻將至，元起頗營還裝，糧儲器械，略無遺者。以上《南史》同。淵藻入城，甚怨望。因表其逗留不憂軍事。收付州獄。於獄自縊。《南史》則云：蕭藻入城，《南史》避唐諱，單稱淵藻爲藻。求其良馬。元起曰："年少郎子，何以馬爲？"藻恚，醉而殺之。②　元起麾下圍城哭，且問其故。藻懼，曰："天子有詔。"眾乃散。遂誣以反。帝疑焉。故吏廣漢羅研詣闕訟之。帝曰："果如我所量也。"使讓藻曰："元起爲汝報讎，胡三省曰：謂協力誅東昏，報其父讎。汝爲讎報讎，忠孝之道如何？"觀史傳之文，謂元起逗留不救漢中，必係淵藻之誣巇。觀下引邢巒及羅研所言蜀中空盡之狀，蓋因軍資不足，欲遄征而未果也。於是魏以邢巒爲梁、秦二州刺史。巴西人嚴玄思附魏，攻破其郡，殺大守龐景民。巴西，見第三章第六節。魏統軍王足，頻破梁軍，遂入劍閣，圍涪城。見第三章第六節。巒表曰："揚州、成都，相去萬里。陸途既絕，惟資水路。蕭衍兄子淵藻，去年四月十三日發揚州，今歲四月四日至蜀。水軍西上，非周年不達。外無軍援，一可圖也。益州頃經劉季連反叛，鄧元起攻圍，資儲散盡，倉庫空竭，今猶未復。兼民人喪膽，無復固守之意。二可圖也。蕭淵藻是裙屐少年，未洽治務。今之所任，并非宿將重名，皆是左右少年而已。三可圖也。蜀之所恃，惟在劍閣。既克南安，宋郡，今四川劍閣縣。已奪其險。從南安向涪，方軌任意。前軍累破，後眾喪魂。四可圖也。淵藻是蕭衍兄子，逃亡當無死理。脫軍克涪城，復何宜城中坐而受困？若其出鬥，庸、蜀之卒，惟便刀稍，弓箭至少，假有遙射，弗至傷人。五可圖也。今若不取，後圖便難。輒率愚管，庶幾殄克。如其無功，分受憲坐。且益州殷實，戶餘十萬，壽春、義陽，三倍非匹。可乘、可利，實在於茲。"詔曰："若賊敢窺窬，觀機翦撲；如其無也，則安民保境，以悅邊心；子蜀之舉，更聽後勒。"巒又表曰："昔鄧艾、鍾會，率十八萬眾，傾中國資給，裁得平蜀，所以然者，鬥實力故也。況臣才絕古人，智勇又闕，復何宜請二萬之眾，而希平蜀？所以敢者？正以據得要險，士民慕義；此往則易，彼來則難；任力

_____

①　史事：《梁書》之誤。

②　史事：蕭淵藻誣殺鄧元起，梁武不能治，初已無刑政矣。

而行，理有可克。今王足前進，已逼涪城。脱得涪城，益州便是成禽之物，但得之有早晚耳。且梓潼已附，梓潼，見第三章第六節。民户數萬，朝廷豈得不守之也？若守也，直保境之兵，則已一萬，臣今請二萬五千，所增無幾。且臣之意算，正欲先圖涪城，以漸而進。若克涪城，便是中分益州之地，斷水陸之衝。彼外無援軍，孤城自守，復何能持久？臣今欲使軍軍相次，聲勢連接，先作萬全之計，然後圖彼。得之則大克，不得則自全。又巴西、南鄭，相離一千四百，去州迢遞，恆多生動。昔在南之日，以其統綰勢難，故增立巴州，鎮靜夷獠。梁州藉利，因而表罷。彼土民望，嚴、蒲、何、楊，非唯三五。族落雖在山居，而多有豪右。文學篆啓，往往可觀。冠帶風流，亦不爲少。但以去州既遠，不能仕進。至於州綱，無由廁迹。巴境民豪，便是無梁州之分。是以鬱快，多生動靜。比建義之始，嚴玄思自號巴州刺史，克城已來，仍使行事。巴州廣袤一千，户餘四萬。若彼立州，鎮攝華、獠，則大帖民情，從墊江已還，不復勞征，自爲國有。"墊江，見第三章第六節。世宗不從。又王足於涪城輒還。足事《魏書》附見《崔延伯傳》。云隷邢巒伐蜀，所在克捷，詔行益州刺史。遂圍涪城，蜀人大震。世宗復以羊祉爲益州，足聞而引退，後遂奔蕭衍。遂不能定蜀。巒遣軍主李仲遷守巴西。仲遷得梁將張法養女，有美色，甚惑之。散費兵儲，專心酒色。公事諮承，無能見者。巒忿之切齒。仲遷懼，謀叛。城人斬其首，降梁將譙希遠。遂復巴西。楊集義恐武興不得久存，扇動諸氐，推紹先僭號。集起、集義并稱王。引梁爲援。邢巒遣傳竪眼攻武興，克之，執紹先，送於魏都。遂滅其國，以爲武興鎮。復改鎮爲東益州。《北史·氐傳》云：前後鎮將唐法樂、刺史杜纂、邢豹，以威惠失衷，氐豪相率反叛，朝廷以西南爲憂。正光中，魏子建爲刺史，以恩信招撫，風化大行，遠近款附，如内地焉。後唐永代子建爲州，氐人悉反，永棄城東走，自此復爲氐地。魏末，天下亂，紹先奔還武興，復自立爲王。周文定秦、隴，紹先稱藩，送妻子爲質。死，子辟邪立。大統十一年，於武興置東益州，以辟邪爲刺史。廢帝二年，討平之。先是氐酋楊法深據陰平稱王，亦盛之苗裔也。從尉遲迴定蜀。軍回，法深與其宗人崇集、陳俛各擁衆相攻，乃分其部落，更置州郡以處之。案西魏大統十一年，爲梁武帝大同十一年，廢帝二年，元帝承聖二年也。《南史·武興傳》：楊孟孫死，子定襲封爵。紹先死，子智慧立。大同元年，克復漢中，智慧上表，求率户四千内附，詔許焉，即以爲東益州。楊氏傳世始末，大略如此。案恢復之略，必宜規取秦川，規取秦川，蜀、漢實其根本，第八章第七節已言之；而其地又據荆、郢上流，方舟而下，實有建瓴之勢，從來立國江東者，不得巴、蜀，未有能久存者也。魏孝文時，元英攻梁州，召雍、涇、岐三州兵六千人，魏雍州治長安。涇州治今陝西涇縣。岐州治雍，今陝西鳳翔縣。擬戍南鄭，克城則遣。李沖表諫，言"敵攻不可卒援，食盡不可運糧，南鄭於國，實爲馬腹。"乃止。蓋南山之未易踰如此。乃道遷一叛，舉梁州拱手而授諸人，而益州且幾至不保，内姦之爲禍，亦云烈矣。

然亦非徒一二内姦,遂能爲禍也。《南史·羅研傳》:附《鄧元起傳》後。齊苟兒之役,臨汝侯嘲之曰:"卿蜀人樂禍貪亂,一至於此。"臨汝侯淵猷,淵藻弟。齊苟兒,當時叛者,嘗以十萬衆攻州城。對曰:"蜀中積弊,實非一朝。百家爲村,不過數家有食。窮迫之人,十有八九;束縛之使,旬有二三。貪亂樂禍,無足多怪。若令家畜五母之雞,一母之豕,牀上有百錢布被,甑中有數升麥飯,雖蘇、張巧説於前,韓、白按劍於後,將不能使一夫爲盜,況貪亂乎?"其時蜀中民生之困如此。據《魏書·本紀》所載,王足入蜀,所向摧陷,梁諸將敗亡相係,奏報之辭,固難盡信,然蜀中兵力之不競,則百喙莫能解矣。如此局勢,猶使裙屐少年處之,梁武帝可謂知兵,可謂能用人乎? 而未已也,猶子方失地於西,介弟又興尸於東。

　　天監四年,魏正始二年。十月,武帝詔大舉北伐。以臨川王宏爲都督。明年,魏正始三年。三月,陳伯之自壽陽率衆來降。五月,張惠紹克宿豫。見第七章第四節。此時爲魏南徐州治。昌義之克梁城。東晉時僑立之梁郡,在今安徽鳳陽縣西南。韋叡克合肥。六月,遷豫州於此。裴邃克羊石。又克霍丘。戍名。隋時置縣,即今安徽霍丘縣也。六月,桓和克朐山。見第九章第五節。七月,又取孤山、固城。孤山,未詳。固城,或云即抱犢崮城。魏以中山王英督揚、徐二道諸軍,又以邢巒督東討諸軍事。巒復陷宿豫及淮陽。臨川王宏次洛口,在鳳陽西南,梁城之東。所領皆器械精新,軍容甚盛。北人以爲百數十年所未之有。而宏部分乖方,多違朝制。諸將欲乘勝深入,宏聞魏援近,畏懦不敢進。召諸將,議欲還師。諸將多不同。宏不敢便違羣議,停軍不前。吕僧珍欲遣裴邃分軍取壽陽,大衆停洛口。宏固執不聽。乃令軍中曰:"人馬有前行者斬。"自是軍政不和,人懷憤怒。九月,洛口軍潰。宏棄衆走。其夜,暴風雨,軍驚,宏與數騎逃亡。諸將求宏不得,衆散而歸。棄甲投戈,填滿水陸。捐棄病者,强壯僅得脱身。張惠紹次下邳,見第三章第三節。聞洛口敗,亦退。案是時梁人之兵力,必非不能敵魏,然以如是不和之衆而與敵遇,則必無幸矣,亦無怪宏之不敢戰也。然諸將所以不和,實因元帥不得其人之故,梁武此舉,幾於視國事如兒戲矣。

　　洛口之師既敗,魏人遂乘機進取。十一月,圍鍾離。見第八章第四節。衆號百萬。連城四十餘。鍾離城北阻淮水,魏人於邵陽州兩岸作浮橋,跨淮通道。邵陽州,在今安徽鳳陽縣北。元英據東岸,楊大眼據西岸以攻城。時城中衆裁三千。昌義之督率之,隨方抗禦。魏軍乃以車載土填塹,使其衆負土隨之,嚴騎自後蹙焉。人有未及回者,因以土迮之。俄而塹滿。英與大眼,躬自督戰,晝夜苦攻。分番相代,墜而復升,莫有退者。又設飛樓及衝車以撞之。然不能克。魏詔邢巒帥師會之。巒言鍾離不可取,弗聽。巒又表言:"征南軍士,元英時爲征南將軍。從戎二時，疲斃死病，量可知已。彼牢城自守，不與人戰；城塹水深，非可填塞；空坐到春，則士自疲苦。若信臣言也，願賜臣停；若謂臣難行，求回所領兵統，悉付中山，任其處分。"又不許。巒累表求退，乃許之。更命蕭寶夤往。《魏書·范紹傳》云：任城王澄請征鍾離，勅紹詣壽春，共量進止。澄曰："須兵十萬。往還百日。"紹曰："十萬之衆，往還百日，須糧百日。頃秋已鄉末，方欲徵召，兵仗可集，恐糧難至。有兵無糧，何以克敵?"澄沈思良久，曰："實如卿言。"蓋欲克鍾離，必於春水生前，故自秋末以百日計也。時又詔紹詣鍾離，與元英論攻取形勢。英固言必克。紹觀其城隍形勢，勸令班師。英不從。魏朝詔英有云："師行已久，士馬疲瘵，賊城險固，卒難攻屠"，蓋動於紹與邢巒之説也，而英自詭四月必克，亦可謂貪功矣。梁武帝詔曹景宗往援，又詔韋叡會焉。進頓邵陽州。六年，魏正始四年。三月，春水生，淮水暴長六七尺。武帝先詔景宗等逆裝高艦，使與魏橋等，為火攻計。及是，令景宗與叡，各攻一橋。景宗攻其南，叡攻其北。鬥艦競發，皆臨敵壘。以小船載草，灌之以膏，從而焚其橋。敢死之士，拔柵斫橋。倏忽閒，橋盡壞。軍人奮勇，呼聲動天地。魏人大潰。悉棄其器甲，爭投水死。淮水為之不流。昌義之出逐元英，至於洛口。英以匹馬入梁城。緣淮百餘里，尸骸枕藉。生禽五萬餘。收其軍糧、器械，積如山岳，牛、馬、驢、騾，不可勝計。此為南北交戰以來南朝所未有之一大捷，洵足寒鮮卑之膽已。元英、蕭寶夤皆坐除名；任城王澄奪開府，降三階；楊大眼徙營州為兵；魏營州，治和龍。亦可見其喪敗之烈矣。

司州之陷也，魏人以為郢州，以司馬楚之之孫悦為刺史。後以為豫州，而以婁悦行郢州事。天監七年，魏宣武帝永平元年。九月，魏郢州司馬彭增，治中督榮祖潛引梁軍。三關之戍并降。婁悦嬰城自守。十月，魏陽關主許敬增以城內附。陽關，未詳。詔大舉北伐。使始興王憺入清，王茂向宿豫。縣瓠鎮主白皁生《魏書》作早生。殺司馬悦，《梁書·馬仙琕傳》作司馬慶增。按《魏書·列傳》，悦字慶宗。推鄉人胡遜為刺史，以城內附。詔司州刺史馬仙琕赴之。又遣直閣將軍武會超、馬廣為援。仙琕進頓楚王城。在今河南新蔡縣境。遣別將齊苟兒，《南北史》同。《魏書》作苟仁。以兵三千，助守縣瓠。廣、會超等守三關。魏中山王英以步騎三萬赴之。與邢巒共攻縣瓠。十二月，陷之。斬皁生，執苟兒。寧朔將軍張道凝屯楚王城，棄城南走。英追擊，斬之。八年，魏永平二年。正月，進攻武陽關，禽馬廣。遂攻黃峴、西關，武會超等亦退散。魏人遂復據三關。是月，魏鎮東參軍成景雋斬宿豫戍主嚴仲寶，以城內屬。魏使楊椿以四萬人攻之，不克。二月，其楚王城主李國興亦復內附。白皁生之叛也，魏使其中書舍人董紹慰勞。至上蔡,見第九章第五節。被執,囚送江東。武帝放還,令通好,許以宿豫還魏,而要魏以漢中見歸。魏人不許。

天監十年,魏永平四年。梁復有朐山之捷。是歲,三月,琅邪民王萬壽據《魏書·本紀》。殺琅邪、東莞大守劉晰,《梁書·馬仙琕傳》、《魏書·本紀》同。《梁書·本紀》作鄧晰。以朐山降魏。魏徐州刺史劉昶,使琅邪戍主傅文驥入據。梁使馬仙琕攻之。魏使其滎陽大守趙遐及蕭寶夤等先後往赴,皆無功。十一月,文驥以城降。昶退。諸軍相尋奔遁。遇大寒雪,軍人凍死及落手足者,三分之二。自朐山至於郯城,漢縣,今山東郯城縣。二百里間,僵尸相屬。論者謂自魏經營江左,以鍾離之敗及是役,失利爲最甚焉。《蕭寶夤傳》云:惟寶夤全師而歸。《魏書》於是役,頗歸咎於劉昶。然《游肇傳》:肇,明根子。肇言:"梁於朐山,必致死而爭之。假令必得,亦終難全守。知賊將屢以宿豫,求易朐山,臣謂此言可許。"世宗將從之,尋而昶敗。則亦不能全爲昶咎,蓋以地利論,朐山固非魏所能爭也。初郁州接近邊垂,即鬱州,見第七章第二節。民俗多與魏人交市,及朐山叛,或與魏通,不自安;而張稷爲青、冀二州刺史,寬弛無備,僚吏又頗侵漁。天監十二年,魏宣武帝延昌二年。二月,州人徐文角,從《梁書·康絢傳》。《魏書·本紀》作徐玄明。《游肇傳》云係軍主。夜襲州城,害稷,以郁州降魏。魏使前兗州刺史樊魯率衆赴之。游肇復諫:"以聞遠之兵,攻逼近之衆,其勢不敵。"世宗不納。梁北兗州刺史康絢,遣司馬茅榮伯討平之。北兗州,在今江蘇淮安縣東南。

時魏以李崇爲揚州刺史,守壽春。崇,文成元皇后兄誕之子。是歲,天監十二年。五月,壽春大水。裴叔業長兄之子絢,爲揚州治中,與別駕鄭祖起等謀反正。詔假以豫州刺史。遣馬仙琕赴之,不及。絢投水死。祖起等皆遇害。十三年,魏延昌三年。魏降人王足陳計,求堰淮水,以灌壽陽。高祖以爲然。使水官陳承伯,材官將軍祖暅視地形。咸謂淮內沙土,漂輕不堅實,其功不可就。高祖弗納。發徐、揚人,率二十户取五丁以築之。假大子石衛率康絢節,都督淮上諸軍事,并護堰作。役人及戰士,有衆二十萬。於鍾離南起浮山,北抵巉石,在今盱眙縣西。《昌義之傳》稱爲荊山堰。案王足引北方童謠曰:"荊山爲上格,浮山爲下格。"依岸以築土,合脊於中流。十四年,魏延昌四年。堰將合,淮水漂疾,輒復決潰。衆患之。或謂"江、淮多有蛟,能乘風雨,決壞崖岸,其性惡鐵。"因是引東西二冶鐵器數千萬斤,沈於堰所。猶不能合。乃伐樹爲井幹,填以巨石,加土其上。緣淮百里內,岡陵木石,無巨細必盡。負擔者肩上皆穿。夏日疾疫,死者相枕,蠅蟲晝夜聲相合。是冬,又寒甚,淮、泗盡凍。十一月,魏遣楊大眼揚聲決堰。絢命諸軍撤營,露次以待之。遣其子悅挑戰,斬魏咸陽王府司馬徐方興,魏軍小卻。先是九月。梁將趙祖悦襲據西硤石。今安徽鳳臺縣北夾淮水之山曰硤石。西硤石在淮北岸。又遣昌義之、王神念水軍泝淮而上，以逼壽春。李崇請援，表至十餘。魏使崔亮救硤石，蕭寶寅於堰上流，決淮東注。十二月，亮圍硤石，不克。又與李崇乖貳。十五年，魏明帝熙平元年。正月，魏以李平爲行臺，節度諸軍。與崔亮及李崇所遣水軍李神合攻硤石。別將崔延伯、伊甕生挾淮爲營，舟舸不通，梁兵不能赴救。祖悦力屈降，被殺。李平部分諸軍，將水陸并進以攻堰，而崔亮以疾請還，隨表而發，魏師乃還。《梁書·康絢傳》：十四年，十二月，魏遣其尚書僕射李曇定督衆軍來戰，絢與徐州刺史劉思祖等距之。高祖又遣昌義之、魚弘文、曹世宗、徐元和相次距守。曇定，李平字。《通鑑考異》曰：“《魏紀》：十五年正月，乃遣李平節度諸軍，《絢傳》誤也。”十五年，四月，堰成。其長九里。下闊一百四十丈。上廣四十五丈。高二十丈。深十五丈九尺。夾之以堤。并樹杞柳。軍人安堵，列居其上。其水清潔，俯視居人墳墓，了然皆在其下。或謂絢曰：“四瀆天之所以節宣其氣，不可久塞。若鑿湫東注，則游波寬緩，堰得不壞。”絢然之。開湫東注。又縱反閒曰：“梁人所懼開湫，不畏野戰。”魏人信之，果鑿山深五丈，開湫北注。水日夜分流，湫猶不減。《魏書·蕭寶寅傳》云：寶寅於堰上流更鑿新渠，引注淮澤，水乃小減。案魏人是時，既不能壞梁所作之堰，則惟有自鑿渠以洩水，亦未必中梁反閒之計也。其月，魏軍竟潰而歸。水之所及，夾淮方數百里。魏壽陽城戍，稍徙頓於八公山。見第六章第四節。《魏書·李崇傳》云：崇於八公山之東南，更起一城，以備大水，州人號曰魏昌城。北南居人，散就岡壟。初堰起於徐州界，刺史張豹子，宣言於境，謂己必尸其事，既而絢以他官來監，豹子甚慚。俄而敕豹子受絢節度，每事輒先咨焉。由是遂譖絢與魏交通。高祖雖不納，猶以事畢徵絢。絢還後，豹子不脩堰。至其秋八月，淮水暴長，堰悉決壞，奔流於海。魏以任城王澄爲大都督，勒衆十萬，將出彭、宋，會堰自壞，遂不行。案淮堰大逆自然之勢，即能勤脩，恐亦無久而不壞之理。況四月成而八月即壞，又安能歸咎於失脩邪？用兵當取遠勢，不當斤斤於一地之得失。自壽陽而北，梁、楚之郊，所謂車騎之地，若能挫魏於此，則壽陽反在軍後，其勢自不可守。此正與佛貍南略江、淮，而洛陽、虎牢、滑臺遂不可固同。與其疲民力以築堰，曷不以其暇日，大簡車徒，以奇兵出襄、鄧擬許、洛，而正兵出於陳、宋之郊，與虜一決勝負之爲得邪？

　　魏宣武帝之用兵，可謂絶無方略。既違邢巒之計，舍蜀不取，及其末年，乃復聽降人淳于誕、李苗之説，而興伐蜀之師焉。天監十三年，十一月，以高肇爲大將軍、平蜀大都督。步騎十五萬，分四路出師。傅竪眼出巴北，羊祉出涪城，奚康生出綿竹，甄琛出劍閣。即以誕、苗爲鄉道。明年，正月，宣武帝死，兵罷。先是王足之寇蜀也，高祖使張齊往救，未至而足退。齊進戍南安。天監七年，魏永平元年。秋，使齊置大劍、寒冢二戍。大劍戍，當在大劍山上。寒冢戍，未詳。遷巴西大守。初南鄭沒於魏，乃於益州西置南梁州。未詳治所。《隋志》云：梁於巴西郡置南梁州，不得云益西。《梁書·齊傳》：齊以天監十四年，遷巴西、梓潼二郡大守。十七年，遷持節都督南梁州諸軍事、南梁州刺史。南梁州當以是時，遷於巴西也。州鎮草創，皆仰益州取足。齊上夷獠義租，得米二十萬斛；又立臺傳，興冶鑄，以應贍南梁。十二年，魏延昌元年。魏將傅豎眼寇南安，齊率衆距之，豎眼退走。及是，高祖遣寧州刺史任大洪，從陰平入益州北境，欲擾動氐、蜀，以絕魏運路。此陰平爲晉時所僑置，在今四川梓潼縣西北。梁時曰北陰平郡，仍置陰平縣，爲郡治。魏軍既還，大洪率氐、蜀數千，圍逼關城，胡三省云：即白水關城。爲魏益州刺史傅豎眼遣軍所破。魏益州，時治晉壽。孝明既立，豎眼屢請解州，乃以元法僧代之。法僧既至，大失民和。葭萌人任令宗，葭萌，見第三章第六節。因衆之患魏也，殺魏晉壽大守，以城歸款。益州刺史鄱陽王恢，遣齊帥衆三萬迎令宗。克葭萌、小劍諸戍。進圍州城。明年，魏孝明帝熙平元年。五月，魏驛徵傅豎眼於淮南，仍以爲益州刺史。七月，齊兵少，不利，引還。葭萌復沒於魏。小劍、大劍諸戍，亦捐城走。鄱陽王與張齊，較諸前人，差能經略，然蜀事敗壞已久，亦非一時所能振起也。李苗之勸魏取蜀也，曰：「巴、蜀孤縣，去建業遼遠，偏兵獨戍，泝流十千。牧守無良，專行劫剝。官由財進，獄以貨成。士民思化，十室而九。若命一偏將，可傳檄而定。」其說略與邢巒同。然魏至宣武、孝明之時，亦實已衰敝，蜀縱可取，魏亦未必能取之矣。宣武非有志於拓土者，末年之伐蜀，頗疑高肇欲借此以立功名也，參看下章二節。

第十二章　元　魏　亂　亡

第一節　魏政荒亂上

魏孝文帝既廢大子恂，大和二十一年，齊明帝建武四年。立子恪爲皇大子，即世宗宣武皇帝也。① 母曰昭皇后，高氏，肇之妹。案廢大子恂之母爲貞皇后，林氏。《魏書·皇后傳》云：后平原人。平原，見第二章第三節。叔父金閭，起自閹官，有寵於常大后。高宗乳母即位尊爲保大后，後尊爲皇大后。官至尚書、平涼公。金閭兄勝，爲平涼大守。平涼，見第六章第三節。金閭，顯祖初爲定州刺史。定州，見第十一章第二節。未幾，爲乙渾所誅。兄弟皆死。勝無子，有二女，入掖庭。后容色美麗，得幸於高祖，生皇子恂。以恂將爲儲貳，大和七年，齊武帝永明元年。后依舊制薨謚曰貞皇后。及恂以罪賜死，有司奏追廢后爲庶人。案恂之立，在大和十七年齊永明十一年。六月，其死以二十一年，傳云年十五，則即生於大和七年。使其甫生即有建爲儲貳之意，何以遲至十七年始立？若云建儲之計，決於十七年前後，何以甫生即殺其母？其事殊爲可疑。案孝文之立皇后，事在大和十七年四月，是爲廢皇后馮氏，大師熙之女。二十年齊建武三年。七月廢。明年，七月，立昭儀馮氏爲皇后，是爲幽皇后。亦熙女。《皇后傳》云：母曰常氏。本微賤，得幸於熙。文明大皇大后欲家世貴寵，乃簡熙二女，俱入掖庭，時年十四。其一早卒。后有姿媚，偏見愛幸。未幾，疾病。文明大后乃遣還家爲尼。高祖猶留意焉。幾餘而大后崩。高祖服終，頗存訪之。又聞后素疹痊除，遣閹官璽書勞問。遂迎赴洛陽。及至，寵愛過初。專寢當夕，宮人希復進見。拜爲左昭儀。後立爲皇后。廢后之廢，《傳》云由后譖構也。又《昭后傳》云：馮昭儀寵盛，密有母養世宗之意。后自代如洛陽，暴薨於汲郡之共縣。

---

① 民族：魏史之誣。廢太子恂及宣武母可疑，馮幽后之死可疑。宣武時諸王（第三七四—三七九頁），高肇之誣（第三八一頁）。

漢縣,今河南輝縣。或云:昭儀遣人賤后也。世宗之爲皇大子,三日一朝幽后。后
拊念,慈愛有加。高祖出征,世宗入朝,必久留後宮,親視櫛沐。母道隆備。
魏初固無適庶之別,即長幼之別,亦不甚嚴。宣武死時年三十三,溯其生年,
亦在大和七年,與廢大子長幼之別實微,而宣武母貴矣,何以當時即有立恂爲
儲貳之意而殺其母邪?廢大子有無叛逆之意不可知,然在河陽,則必無能爲,
高祖非好殺者,其廢恂既待自歸,殺恂何如是之果?然則恂之死,殆亦由於幽
后之讒搆邪?《齊書·魏虜傳》云:初僞大后馮氏兄昌黎王馮莎二女:大馮美
而有疾,爲尼。小馮爲宏皇后。生僞大子詢。後大馮疾差,宏納爲昭儀。宏
初徙都,詢意不樂,思歸桑乾。宏制衣冠與之,詢竊毀裂,解髮爲編,服左衽。
大馮有寵,日夜讒詢。宏出鄴城馬射,詢因是欲叛北歸,密選宮中御馬三千匹
置河陰渚。皇后聞之,召執詢,馳使告宏。宏徙詢無鼻城,在河橋北二里。尋
殺之,以庶人禮葬。立大馮爲皇后。便立僞大子恪。是歲,僞大和二十年也。
依此說,則實無所謂貞皇后其人者,不知信否。然魏世皇后略無事迹者,其有
無實皆有可疑,正不獨貞后一人也。

　　廢后雖廢,幽后亦不久即敗。《魏書·皇后傳》云:后始遣歸,頗有失德之
聞。高祖頻歲南征,后遂與中宮高菩薩私亂。及高祖在汝南,不豫,后便公然
醜恣。中常侍雙蒙等爲其心腹。是時,彭城公主,高祖妹。宋王劉昶子婦也,年
少嫠居。北平公馮夙,后之同母弟也,后求婚於高祖。高祖許之。公主志不
願。后欲强之。婚有日矣,公主密與侍婢及家僮十餘人,乘輕車、冒霖雨赴縣
瓠,案高祖以大和二十二年三月至縣瓠,九月自縣瓠返,十一月至鄴,明年五月還洛。奉謁高祖。
自陳本意。因言后與菩薩亂狀。高祖聞而駭愕,未之全信。而秘匿之。惟彭
城王侍疾左右,具知其事。彭城王勰,高祖弟,見下。此後,后漸憂懼,與母常氏,求
託女巫,禱厭無所不至。願高祖疾不起,一旦得如文明大后輔少主稱命者,賞
報不貲。又取三牲宮中妖祠,假言祈福。專爲左道。母常,或自詣宮中,或遣
侍婢與相報答。高祖自豫州北幸鄴,后慮還見治檢,彌懷危怖。驟令閹人託
參起居。皆賜之衣裳,殷勤託寄,勿使漏洩。亦令雙蒙充行,省其信不。惟小
黃門蘇興壽,密陳委曲。《閹官劉騰傳》云:高祖之在縣瓠,騰使詣行所。高祖問其中事,騰具言
幽后私隱,與陳留公主所告符協。高祖問其本末,戒以勿洩。至洛,執問菩薩等六人,
迭相證舉,具得情狀。高祖以疾臥含溫室,夜引后,并列菩薩等於戶外。后臨
入,令閹人搜衣中,稍有寸刃便斬。后頓首泣謝。乃賜坐東楹。去御筵二丈
餘。高祖令菩薩等陳狀。又讓后曰:"汝母有妖術,可具言之。"后乞屏左右,
有所密啓。高祖勑中侍悉出,惟令長秋卿白整在側,取衛直刀拄之。后猶不

375

言。高祖乃以縣堅塞整耳，自小語呼整，再三，無所應，乃令后言。事隱，人莫知之。高祖乃喚彭城、北海二王，亦高祖弟，見下。令入坐，言"昔是汝嫂，今乃他人，但入勿避。"二王固辭不獲命。及入，高祖云："此老嫗乃欲白刃插我肋上，可窮問本末，勿有所難。"高祖深自引過，致媿二王。又曰："馮家女不能復相廢逐，且使在宮中空坐，有心乃能自死，汝等勿謂吾猶有情也。"高祖素至孝，猶以文明大后故，未便行廢。良久，二王出，乃賜后辭，死訣，再拜稽首，涕泣歔欷，令入東房。及入宮後，帝命閹人有所問於后。后罵曰："天子婦親面對，豈令汝傳也？"高祖怒，勑召后母常入，示與后狀。后撻之百餘，乃止。高祖尋南伐，后留京師，雖以罪失寵，而夫人嬪妾，奉之如法，惟令世宗在東宮無朝謁之事。案高祖引問幽后之後，召彭城、北海王入，二王猶固辭，何以彭城公主言后淫亂時，彭城王獨不屏退？《高祖本紀》言其少而善射，有膂力。年十餘歲，能以指彈碎羊髀骨。及射禽獸，莫不隨所志斃之。說雖非實，不合全虛。觀其東征西討，不皇寧處，確非荏弱之人，雖曰病臥，既已搜幽后之身，無復寸刃矣，何必令白整以刀拄之乎？觀高祖謂二王之言，所深憾者，似在常之厭魅，何以後又召其入宮？云以文明大后故，馮家女不能相廢逐，又何以廢廢后如掃落葉邪？其可疑豈直一端而已。

　　高祖弟六人：曰咸陽王禧，曰趙郡靈王幹，曰廣陵惠王羽，曰高陽文穆王雍，曰彭城武宣王勰，曰北海平王詳。幹與高祖同年歿。羽，世宗景明二年，齊和帝中興元年。以淫員外郎馮俊興妻，為俊興所擊死。高祖時，勰最見信任，《勰傳》言：高祖草創，勰以侍中長直禁內，參決軍國大政，萬幾之事，無不豫焉。而任城王澄亦次之。澄，雲子，見第十一章第四節。據《本紀》：大和二十三年，齊東昏侯永元元年。二月，陳顯達陷馬圈。三月，庚辰，車駕南伐。丙戌，不豫。勰侍疾禁中，且攝百揆。丁酉，車駕至馬圈。戊戌，與顯達等戰，破之。庚子，帝疾甚，北次穀塘原。當在今鄧縣、南陽閒。甲辰，詔賜皇后馮氏死。詔司徒勰徵大子，於魯陽見第四章第二節。踐阼。以北海王詳為司空公，王肅為尚書令，廣陽王嘉為尚書左僕射，嘉，建閭子。建閭，見第十一章第一節。尚書宋弁為吏部尚書，與侍中大尉公禧，尚書右僕射任城王澄等六人輔政。四月，丙午朔，帝崩於穀塘原之行宮。至丁巳而世宗即位於魯陽，史稱其居諒闇，委政宰輔焉。《勰傳》言：高祖前在縣瓠不豫，勰內侍醫藥，外總軍國之務。密為壇於汝水之濱，依周公故事，乞以身代。為此矯誣，意欲何為，殊不可測。《任城王澄傳》云：陳顯達入寇漢陽，是時高祖不豫，引澄入見清徽堂，詔曰："顯達侵亂，沔陽不安，朕不親行，莫攘此賊。朕疾患淹年，氣力惙敝，如有非常，委任城大事。是段任城必須從朕。"夫氣力惙敝，猶必親行，元魏當時情形，何至危急如此？《飆傳》言：行次淯陽，淯水，今白河。高祖謂飆曰：“吾患轉惡，汝其努力。”車駕至馬圈，去賊數里，顯達等出戰，諸將大破之。孝文疾患如此，而飆等猶敢以之冒進，至去敵僅數里，有如此大膽之臣子乎？殺后之事，據《后傳》曰：高祖疾甚，謂飆曰：“後宮久乖陰德，自絕於天，若不早爲之所，恐成漢末故事。吾死之後，可賜自盡別宮，葬以后禮，庶掩馮門之大過。”高祖崩，梓宮達魯陽，乃行遺詔。北海王詳奉宣遺旨。長秋卿白整入授后藥。后走呼，不肯引決，曰：“官豈有此也？是諸王輩殺我耳。”整等執持強之，乃含椒而盡。殯以后禮。梓宮次洛南，咸陽王禧知審死，相視曰：“若無遺詔，我兄弟亦當作計去之，豈可令失行婦人，宰制天下，殺我輩也？”夫此時之受遺旨及奉宣遺旨者，即前此彭城公主陳后淫亂時獨得在側與聞，及高祖引問后後，喚令入坐之人；其授藥者，亦即引后時勅中侍悉出，惟令在側以刀拄后者也。然則與后罪狀相終始者，惟此三人耳。生則六宮奉以后禮，死猶以后禮殯之，終莫能言其罪狀，然則史所載后之罪狀，其可信乎？而其載后臨命及咸陽王之辭，則可謂婉而彰矣。《任城王澄傳》：弟嵩。高祖疾甚，將賜后死，曰：“使人不易可得。”顧謂澄曰：“任城必不負我，嵩亦當不負任城，可使嵩也。”於是引嵩入內，親詔遣之。《通鑑考異》曰：“按《馮后傳》，梓宮至魯陽，乃行遺詔賜后死，安有高祖遣嵩之事？”

　　《飆傳》言：飆受顧命時，泣言震主之聲必見忌。高祖久之曰：“吾尋思汝言，理實難奪。”乃手詔世宗曰：“吾百年之後，其聽飆辭蟬舍冕，遂其沖挹之性。”世宗即位，飆跪授高祖遺勅數紙。咸陽王禧疑飆爲變，停在魯陽郡外，久之乃入，謂飆曰：“汝非但辛勤，亦危險至極。”東宮官屬，多疑飆有異志，竊懷防懼。既葬，世宗固以飆爲宰輔。飆頻口陳遺旨，請遂素懷。世宗對飆悲慟，每不許之。飆頻煩表聞，辭義懇切。世宗難違遺勅，猶逼以外任，乃以飆爲定州刺史。定州，見第十一章第二節。所謂遺勅，蓋即出飆時所造也。飆既內侍醫藥，外總軍國之務，豈有反不與於顧命之理？然則與於顧命之人，其遺詔又可信乎？而賜幽后死之詔視此矣。然究極言之，即高祖之死，尚有可疑，而遺詔更不足論矣。

　　彭城既出，任城旋亦被排。《澄傳》云：世宗初，有降人嚴叔懋者，告王肅潛通寶卷，澄信之，乃表肅將叛，輒下禁止。咸陽、北海二王奏澄擅禁宰輔，免官歸第。《肅傳》言：肅與禧等參圖謀謨。自魯陽至於京洛，行途喪紀，委肅參量。禧兄弟并敬而昵之。惟澄以其起自羈遠，一旦在己之上，以爲憾焉。然則當時禧與詳爲一黨，肅亦附和之，而澄孤立也。在孝文時，最有權力者爲飆，次則澄，至此則局面一變矣。

　　孝文死之明年，爲宣武之景明元年，齊東昏侯永元二年也。裴叔業以壽陽叛，勰與王肅同赴之。是年，十月，復以勰爲司徒，録尚書事。明年，宣武帝景明二年，齊和帝中興元年。正月，宣武始親政，聽勰以王歸第，而以詳爲大將軍，録尚書事。《勰傳》云：時咸陽王禧，漸以驕矜，頗有不法，北海王詳陰言於世宗，世宗深忌之。又言勰大得人情，不宜久在宰輔，勸世宗遵高祖遺勅。禧等又出領軍于烈爲恆州，非烈情願，固强之，烈深以爲忿。烈子忠，嘗在左右，密令忠言於世宗云："諸王等意不可測，宜廢之，早自覽政。"時將祫祭，王公并齋於廟東坊，世宗遣于烈將宿衞壯士六十餘人召禧、勰、詳等。衞送至於帝前。諸公各稽首歸政。而烈復爲領軍。自是長直禁中，機密大事，皆所參焉。五月，禧與妃兄兼給事中黃門侍郎李伯尚謀反，事泄遁逃，詔烈遣直閤叔孫侯將虎賁三百人追執之，賜死私第。越三年，爲正始元年梁武帝天監三年也。五月，詳見殺。《詳傳》言詳貪冒無厭，多所取納。公私營販，侵剝遠近。嬖狎羣小，所在請託。珍麗充盈，聲色侈縱。建節第宇，開起山池，所費巨萬矣。又於東掖門外大路之南，驅逼細人，規占第宅。至有喪柩在堂，請延至葬而不見許，乃令輿櫬巷次。行路哀嗟。詳母高大妃，頗亦助爲威虐，親命毆擊，怨響噉噉。妃宋王劉昶女，不見答禮。寵妾范氏，愛等伉儷。及其死也，痛不自勝。乃至葬訖猶毁隧視之。又蒸於安定王燮妃高氏，燮，景穆子安定靖王休之子。高氏即茹皓妻姊。詳既素附於皓，又緣淫好，往來稠密。詳雖貪侈聚斂，朝野所聞，而世宗禮敬尚隆，馮寄無替。軍國大事，總而裁決。每所敷奏，事皆協允。詳常別住華林園之西隅，華林園，見第三章第一節。與都亭宮館，密邇相接。亦通後門。世宗每潛幸其所，肆飲終日。與高大妃相見，呼爲阿母。伏而上酒，禮若家人。臨出，高每拜送，舉觴祝言："願官家千萬歲壽，歲歲一至妾母子舍也。"初世宗之親政也，詳與咸陽王禧、彭城王勰并被召入，共乘犢車，防衞嚴固，高時皇迫，以爲詳必死，亦乘車傍路，哭而送至金墉。見第三章第二節。及詳得免，高云："自今而後，不願富貴，但令母子相保，共汝掃市作活也。"至此，貴寵崇盛，不復言有禍敗之理。後爲高肇所譖，云詳與皓等謀爲逆亂。於時詳在南第，世宗召中尉崔亮入禁，勅糾詳貪淫，及茹皓、劉冑、常季賢、陳掃静等專恣之狀。夜即收禁皓等南臺。又虎賁百人，圍守詳第。至明，皓等皆賜死。詳單車防守，還華林之館。十餘日，徙就大府寺。詔免爲庶人。別營坊館，如法禁衞，限以終身。遂別營館於洛陽縣東北隅。二旬而成。將徙詳居之。會其家奴數人，陰結黨輩，欲劫出詳。密抄名字，潛託侍婢通於詳。詳始得執省，而門防主司，遙見突入，就詳手中，攬得陳奏。至夜，守者以聞；詳哭數聲而暴死。詳貪淫之迹，固非必由於虛構，然世宗寵寄甚隆，則知其誅之初不以此。親政之際，咸陽、彭城，皆遭黜斥，而詳反膺寵寄，則知二王之黜，實由詳之讒搆。當此之際，豈特無被禍之虞？高大妃顧哭而送之，非未知其事之真，則史傳之失實也。《咸陽王禧傳》云：禧性驕奢，貪淫財色。姬妾數十，意尚不已。衣被繡綺，車乘鮮麗。遠有簡娉，以恣其情。由是誅求貨賄。奴婢千數。田業鹽鐵，徧於遠近。① 臣吏僮隸，相繼經營。世宗頗惡之。然其誅之則亦并不以此也，亦可見其綱紀之廢弛矣。

　　茹皓等事，并見《魏書·恩倖傳》。皓爲直閤，率常居内，留宿不還。傳可門下奏事。領華林諸作，多所興立。爲山於天淵池西。天淵池，見第八章第一節。采掘北邙及南山佳石；北邙，見第七章第七節。南山，謂洛陽南方之山。徙竹汝、潁；羅峙其閒。經構樓館，列於上下。樹草栽木，頗有野致。世宗心悦之，以時臨幸。皓資産盈積。起宅宫西，朝貴弗之及也。皓舊吳人，既宦達，自云本出雁門。見第二章第二節。雁門人諂附者，因薦皓於司徒，請爲肆州大中正。肆州，見第十一章第二節。府、省以聞，詔特依許。娶僕射高肇從妹，於世宗爲從母。又爲弟娉安豐王延明妹。延明，文成子安豐匡王猛之子。延明恥非舊流，不許。詳勸解之，云"欲覓官職，如何不與茹皓昏姻也？"延明乃從焉。初趙脩及皓之寵，詳皆附納之，又直閤將軍劉冑，本爲詳所薦，常感詳恩，密相承望，并共來往。高肇乃搆之世宗，云皓等將有異謀。世宗乃召崔亮，令奏皓、冑、常季賢、陳掃静四人擅勢納賄及私亂諸事。季賢起於主馬。世宗初好騎乘，用是獲寵。與茹皓通知庶事。勢望漸隆。引其兄爲朝請、直寢，娶武昌王鑒妹；季賢又將娶洛州刺史元拔女；洛州，見第十一章第四節。并結託帝戚，以爲榮援云。掃静爲世宗典櫛疏；又有徐義恭，善執衣服；并以巧便，旦夕居中，愛幸相伴。二人皆承奉茹皓，皓亦并加接眷，而掃静偏爲親密，與皓常在左右，略不歸休。義恭小心謹慎，謙退少語。皓等死後，彌見幸信。長侍左右，典掌祕密。世宗不豫，義恭晝夜扶侍，崩於懷中。此外，世宗朝佞幸見於《傳》者，尚有王仲興、寇猛、趙邕，而趙脩最横。脩本給事東宫，爲白衣左右，頗有膂力。世宗踐阼，仍充禁侍，愛遇日隆。親政旬月之閒，頻有轉授。每受除設宴，世宗親幸其宅，諸王公卿士百寮悉從。世宗親見其母。脩之葬父也，百寮自王公以下，無不弔祭。酒犢祭奠之具，填塞門街。於京師爲製碑銘，石獸、石柱，皆發民車牛，傳致本縣，財用之費，悉自公家。凶吉車乘將百兩，道路供給，亦皆出官。時將馬射，世宗

---

① 賦税：《咸陽王禧傳》言其田業鹽鐵，徧於遠近。

留脩過之。帝如射宮，脩又驂乘。脩恐不逮葬日，驛赴窆期。左右求從及特遣者數十人。脩道路嬉戲，殆無戚容。或與賓客姦掠婦女俾觀。從者噂嗒喧譁，訬詈無節。莫不畏而惡之。是年，又爲脩廣增宅舍，多所并兼。洞門高堂，房廊周博，崇麗擬於諸王。其四面鄰居，賂入其地者，侯天盛兄弟，越次出補長史大郡。脩起自賤伍，暴致富貴，奢敖無禮，物情所疾。因其在外，左右或諷糾其罪。自其葬父還也，舊寵少薄。初王顯祗附於脩，後因忿鬩，密伺其過，列脩葬父時路中淫亂不軌，又云與長安人趙僧攝謀匿玉印。高肇、甄琛等搆成其罪，乃密以聞。詔鞭之一百，徙敦煌爲兵。敦煌，見第二章第二節。琛與顯監決其罰，遂殺之。仲興與脩，并見寵任。世宗游幸，仲興常侍從，不離左右。外事得徑以聞。百寮亦聳體而承望焉。仲興世居趙郡，見第二章第三節。自以寒微，云舊出京兆霸城，見第五章第六節。故爲雍州大中正。雍州，見第十一章第四節。寇猛以膂力爲千牛備身，歷轉遂至武衞將軍。出入禁中，無所拘忌。自以上谷寇氏，上谷，見第三章第八節。得補燕州大中正。魏燕州，治今河北昌平縣。家漸富侈。宅宇高華，妾隸充溢。趙邕以趙出南陽，見第三章第四節。徙屬荆州，見第十一章第四節。爲南陽中正，父爲荆州大中正，邕後亦爲荆州大中正。世宗崩後，出爲幽州刺史。魏幽州治薊，見第四章第二節。在州貪縱，與范陽盧氏爲婚，范陽，魏郡，晉廢，後魏復爲郡，治今河北涿縣。女父早亡，其叔許之，而母不從。母北平陽氏，北平，見第二章第二節。攜女至家，藏避規免，邕乃考掠陽叔，遂至於死。案宣武之溺於羣小，綱紀蕩然，實自文明大后之世，相沿而來，不得獨爲宣武咎，然其駕馭之才，不如文明大后，則羣小之縱恣彌甚矣。白龍豫且，困於魚服，諸人既皆託於帝戚，又安知其不有覬覦之心哉？高肇之發其謀，恐不得云莫須有也。

永平元年，梁武帝天監七年。宣武弟京兆王愉反，彭城王亦因之見殺。愉，大和二十一年，齊明帝建武四年。爲徐州刺史。世宗初，爲護軍將軍。遷中書監。《愉傳》云：世宗爲納順皇后妹爲妃，順皇后，世宗后，于烈弟勁之女。而不見禮答。在徐州，納妾李氏。本姓楊，東郡人，夜聞其歌，悅之，遂被寵嬖。罷州還京，欲進貴之，託右中郎將趙郡李恃顯爲之養父，就之禮逆。東郡，見第三章第三節。順皇后召李入宮，毆擊之，彊令爲尼於內，以子付妃養之。李産子寶月。歲餘，后父于勁，以后久無所誕，乃上表勸廣嬪侍，因令后歸李於愉。舊愛更甚。愉好文章，時引才人宋世景等，共申燕喜；招四方儒學賓客嚴懷真等數十人，館而禮之；所得穀帛，率多散施；又崇信佛道；用度常至不接。與弟廣平王懷，頗相夸尚，競慕奢麗，貪縱不法。於是世宗攝愉禁中推案，杖愉五十，出爲冀州刺史。愉既勢劣二弟，廣平王及清河王懌。潛懷媿恨；又以幸妾屢被頓辱；在州謀逆。遂殺長史羊靈引及司馬李遵。

《北史·羊祉傳》：弟靈引，甚爲高肇所昵。京兆王愉，與肇深相嫌忌。及愉出鎮冀州，肇以靈引爲愉長史，以相間伺。靈引恃肇勢，每折愉。及愉作逆，先斬靈引於門。時論云：非直愉自不臣，抑亦由肇及靈引所致。此亦私曲之論。愉乃妄人，其爲州，自不得不有人以監之，靈引之折愉，或係裁抑其非法也。稱得清河王密疏，云高肇謀殺害主上。遂爲壇於信都之南，信都，冀州治，見第四章第二節。柴燎告天，即皇帝位。立李氏爲皇后。世宗詔尚書李平討愉。愉出拒，頻敗，遂嬰城自守。愉知事窮，攜妾及四子數十騎出門，諸軍追之，見執。詔徵赴京師，申以家人之訓。愉每止宿亭傳，必攜李手，盡其私情。雖鑕繫之中，飲食自若，略無愧懼之色。至野王，見第五章第一節。愉語人曰："雖主上慈深，不忍殺我，吾亦何面目見於至尊？"於是歔欷流涕，絕氣而死。或云：高肇令人殺之。《飆傳》云：言於朝廷，以其舅潘僧固爲冀州樂陵大守。樂陵，見第三章第四節。京兆王愉搆逆，僧固見逼從之。尚書令高肇，性既凶愎，賊害賢俊；又肇之兄女，入爲夫人，順皇后崩，世宗欲以爲后，飆固執以爲不可；肇於是屢譖飆於世宗。世宗不納。因僧固之同逆，誣飆北與愉通，南招蠻賊。飆國郎中令魏偃，前防閤高祖珍，希肇提攜，搆成其事。肇初令侍中元暉昭成六世孫。以奏世宗，暉不從。令左衞元珍言之。珍，平文第四子。高，涼王孤六世孫。世宗訪之於暉。暉明飆無此。世宗更以問肇。肇以偃、祖珍爲證，世宗乃信之。召飆及高陽王雍、廣陽王嘉、清河王懌、廣平王懷及肇等入，宴於禁中。至夜，皆醉，各就別所消息。俄而元珍將武士齎毒酒殺之。愉、懌皆反狀明白，史皆以爲高肇誣搆，其非實錄明矣。

《魏書·世宗紀》言其雅性儉素。又云：雅愛經史，尤長釋氏之義，每至講論，連夜忘疲。案《邢巒傳》稱巒當世宗初，奏曰："粟帛安國，育民之方；金玉虛華，損德之物。故先王深觀古今，去諸奢侈。服御尚質，不貴雕鏤。所珍在素，不務奇綺。至乃以紙絹爲帳扆，銅鐵爲轡勒。輕賤珠璣，示其無設。府藏之金，裁給而已，更不買積，以費國資。逮景明之初，承升平之業，四疆清宴，遠邇來同，於是蕃貢繼路，商賈交入，諸所獻貿，倍多於常。雖加以節約，猶歲損萬計。珍貨常有餘，國用恆不足。若不裁其分限，便恐無以支歲。"無政事則財用不足，雖躬行儉素何益？況其嬖溺近幸如此，所謂儉素者，又安在邪？溺情釋氏，則亦祇足以廢事而已矣。

第二節　魏政荒亂下

世宗怠荒已甚，當其時，在朝諸臣，幾無一乃心君國者，然有一獨立不倚之人焉，曰高肇。肇者，世宗母文昭皇后之兄也。世宗初立皇后于氏，景明三年，梁武帝天監元年。大尉烈弟勁之女也，是爲順皇后。生子昌。后以正始元年梁天監三年。十月死。永平元年，梁天監七年。三月，昌亦死。七月，立夫人高氏爲皇后。文昭皇后弟偃之女也。《肇傳》云：景明初，世宗追思舅氏，徵肇兄弟等録尚書事。未幾，爲尚書左僕射，領吏部，冀州大中正。冀州，見第十一章第四節。尚世宗姑高平公主。遷尚書令。肇出自夷土，肇自云本渤海蓚人。五世祖顧，晉永嘉中避亂入高麗。父颺，孝文初入魏。蓚，漢縣，《漢書·地理志》作脩，《景帝紀》《周亞夫傳》作條，在今河北景縣境。時望輕之。及在位居要，留心百揆，孜孜無倦，世咸謂之爲能。世宗初，六輔專政，後以咸陽王禧無事搆逆，由是遂委信肇。肇既無親族，頗結朋黨。附之者旬月超升，背之者陷以大罪。以北海王詳位居其上，搆殺之。又説世宗防衛諸王，殆同囚禁。時順皇后暴崩，世議言肇爲之。皇子昌薨，僉謂王顯失於醫療，承肇意旨。及京兆王愉出爲冀州刺史，畏肇恣擅，遂至不軌。肇又譖殺彭城王勰。由是朝野側目，咸畏惡之。因此專權，與奪任己。又嘗與清河王懌，於雲龍門外廡下忽忿諍，大致紛紜。大尉高陽王雍和止之。高后既立，愈見寵信。肇既當衡軸，每事任己。本無學識，動違禮度。好改先朝舊制，出情妄作；減削封秩，抑黜勳人；由是怨聲盈路矣。延昌初，梁天監十一年。遷司徒。雖貴登台鼎猶以去要，怏怏形乎辭色。衆咸嗤笑之。案北海、京兆、彭城三王之事，已見上節，其死是否肇之所致？其叛是否由肇激成無俟深辯。愉之叛，以其妾被頓辱，頓辱其妾者，順皇后也，順皇后者，于忠之從妹，忠則害肇之人也。《勰傳》言肇欲搆勰而元暉不從。《暉傳》言：暉爲侍中，領有衛將軍，深被親寵。凡在禁中要密之事，暉別奉旨藏之於櫃，惟暉入乃開，其餘侍中、黃門，莫有知者。侍中盧昶，亦蒙恩眄，故時人號曰餓虎將軍、飢鷹侍中。遷吏部尚書，納貨用官，皆有定價，出爲冀州刺史。下州之日，連車載物，發信都至湯陰間，首尾相繼，道路不斷。其車少脂角，即於道上所逢之牛，截去角以充其用。其爲人何如邪？又暉嘗欲害其從弟壽興，事見《昭成子孫傳》，而獨厚於勰乎？信都，冀州治，見第四章第二節。湯陰，即蕩陰，見第三章第一節。《勰傳》言：世宗詔宿衛隊主率羽林虎賁幽守諸王，乃由京兆、廣平，暴虐不法，如京兆、廣平之所爲，欲無防禁得乎？《懌傳》云：肇謀去良宗，屢譖懌及愉等，愉不勝忿怒，遂舉逆冀州；因愉之逆，又搆殺勰；懌恐不免。肇又録囚徒，以立私惠。懌因侍宴酒酣，乃謂肇曰：“天子兄弟，詎有幾人，而炎炎不息？”又言於世宗曰：“臣聞唯名與器，不可以假人，減膳録囚，人君之事，今乃司徒行之，詎是人臣之義？”所謂忿争，蓋亦此類。世宗耽於遊宴，故肇爲之録囚，此亦未必僭逆，此自懌之褊衷。史云肇屢譖懌，懌究何嘗見害乎？可見諸王之不終，與肇無涉，至以順皇后母子之死，歸罪於肇，則更所謂莫須有者矣。附之者超升，背之者陷罪，以及予奪任己等辭，則居尚書中者，固易加以此等罪狀也。減削封秩，抑黜勳人，正見其能綜覈名實，予奪不苟耳。《張彝傳》云：陳留公主寡居，彝意願尚主，主亦許之，高肇亦望尚主，主意不可，肇怒，譖彝於世宗，稱彝擅立刑法，勞役百姓，此亦近乎誣罔。彝之爲人，本近嚴酷也。

延昌四年，梁天監十四年。正月，宣武帝死。其第二子翊，母曰胡充華。生於永平三年，梁天監九年。延昌元年，梁天監十一年。立爲大子。領軍將軍于忠，與侍中崔光，迎翊即位，是爲肅宗孝明皇帝。時高肇爲大都督，伐蜀。忠與門下省議：引高陽王雍入居西柏堂，省決庶政；任城王澄爲尚書令，總攝百揆。奏中宮，請即敕授。御史中尉王顯，與中常侍、給事中孫伏連等寢門下之奏，欲以高肇錄尚書事。忠於殿中收顯殺之。入蜀兵罷，肇還，雍與忠潛備壯士十餘人於舍人省，肇入省，壯士搤而拉殺之。忠既居門下，又總禁衞，遂秉朝政，權傾一時。尚書左僕射郭祚，尚書裴植，叔業兄子，見第十章第五節。勸雍出忠，忠并矯詔殺之。又欲殺雍，崔光固執，乃免雍大尉，以王還第。自此之後，詔命生殺，皆出於忠。先是尊皇后高氏爲皇大后，胡充華爲皇大妃。及高肇死，皇大后出俗爲尼。神龜元年，死於瑤光寺，梁天監十七年也。至是，遂尊皇大妃爲皇大后，居崇訓宮。忠又領崇訓衞尉。爲尚書令。大后旋臨朝稱制。解忠侍中及崇訓衞尉。未幾，出忠爲冀州刺史。冀州，見第十一章第四節。史云：世宗崩後，高大后將害靈大后。胡后謚。中常侍劉騰以告侯剛。剛以告忠。忠請計於崔光。光曰："宜置胡嬪於別所，嚴加守衞，理必萬全。"忠等從之。具以此意啓靈大后。故大后深德騰等。熙平二年，梁天監十六年。四月，復以爲尚書右僕射。神龜元年，三月，復儀同三司。旋死。案高后之爲人，未必能殺胡后，此說恐亦不足信也。后聰明多才藝。能親覽萬機，手筆斷決。道武玄孫乂，京兆王黎之曾孫。后妹夫也，爲侍中、領軍將軍，深爲后所信委。大傅清河王懌，參決機事，以乂恃寵驕盈，裁之以法，又遂令通直郎宋維告司染都尉韓文殊欲謀逆立懌。懌坐禁止。後窮治無實，得免，猶以兵衞守於宮西別館。此據《乂傳》。《維傳》云：告文殊父子欲謀逆立懌，懌坐被錄禁中。文殊父子懼而逃遁。鞫無反狀，以文殊亡走，縣處大辟。置懌於宮西別館，禁兵守之。維應反坐。又言於大后，欲開將來告者之路，乃黜爲燕州昌平郡守。及乂殺懌，徵爲散騎侍郎。大后反政，以乂黨除名。尋追其誣告清河王事，賜死。《懌傳》則云：又黨人宗準愛，希乂旨告懌謀反，禁懌門下，訊問左右及朝貴，貴人分明，乃得雪釋。昌平，漢縣，後魏初省，後復置郡。今河北昌平縣。久之，又恐懌終爲己害，乃與侍中劉騰密謀。《騰傳》云：吏部嘗望騰意，奏其弟爲郡，帶戍，人資乖越，懌抑而不與，騰以爲恨，遂與乂害懌。后在嘉福，未御前殿，騰誣懌欲害帝。肅宗聞而信之。案肅宗時年十一耳，懌之誅非自肅宗可知。然《懌傳》及他篇，多以懌爲正人，而《靈后傳》云：后逼幸懌，恐得其實，則覬覦之意，亦不敢保其必無也。乃御顯陽殿。騰閉永巷門，靈大后不得出。懌入，乂使人防守之。騰稱詔召集公卿，議以大逆論。咸畏憚乂，無敢異者。夜中殺懌。於是假爲靈大后辭遜之詔，幽之北宮。時正光元年，七月，梁普通元年也。騰自執管鑰，肅宗亦不得見，裁聽傳食而已，大后不免飢寒。又遂與高陽王雍等輔政。以騰爲司空公。又爲外禦，騰爲内防。迭直禁闥，共裁刑賞。相州刺史中山王熙起兵討乂、騰，相州，見第八章第二節。熙，英子。爲其長史柳元章等所執。又遣尚書左丞盧同殺之，傳首京師。大后從子都統僧敬，此據《后傳》。《外戚傳》：名虔，字僧敬。與備身左右張車渠等謀殺乂，復奉大后臨朝，不克。僧敬坐徙邊，車渠等死。胡氏多廢黜。初奚康生領右衞將軍，與乂同謀廢后。子難，娶左衞將軍侯剛女，剛長子，即乂妹夫也。又以其通姻，深相委託。三人多俱宿禁内，時或迭出。又以難爲千牛備身。康生性粗武，乂稍憚之，見於顏色。明年，正光二年，梁普通二年。肅宗朝后於西林園。文武侍坐，酒酣迭舞。康生顧視大后，爲殺縛之勢。大后解其意而不敢言。日暮，大后欲攜肅宗宿宣光殿。侯剛曰："至尊已朝訖，嬪御在南，何勞留宿？"康生曰："至尊陛下兒，隨陛下將東西，更復訪問誰？"羣臣莫敢應。后自起，援肅宗臂，下堂而去。肅宗引前入閤，左右競相排，閤不得閉，康生奪難千牛刀斫直後元思輔，乃得定。肅宗既上殿，康生時有酒勢，將出處分，遂爲乂所執，鏁於門下。處斬刑。難以侯剛子壻，恕死徙安州。魏置，在今河北密雲縣東。後尚書盧同爲行臺，又令殺之。時靈大后、肅宗同升於宣光殿。左右侍臣，俱立西階下。康生既被囚執，内侍賈粲紿大后曰："侍臣懷恐不安，陛下宜親安慰。"大后信之。適下殿，粲便扶肅宗，於東序前御顯陽，還閉大后於宣光殿。武衞將軍于景，忠弟。亦以謀廢乂，黜爲懷荒鎮將。懷荒，六鎮之一，見下節。初乂之專政，矯情自飾。勞謙待士。時事得失，頗以關懷。而才術空淺，終無遠致。得志之後，便驕愎。耽酒好色，與奪任情。政事怠惰，綱紀不舉。劉騰尤驕恣。八坐九卿，且造其宅，參其顏色，方赴省府。亦有歷日不能見者。公私屬請，惟在財貨。舟車之利，水陸無遺。山澤之饒，所在固護。剥削六鎮，見下節。交通互市，歲入利息，以巨萬計。逼奪鄰居，廣開宅宇。天下咸患苦之。正光四年，梁普通四年。三月，騰死，防衞微緩。又亦頗自寬，時宿於外。每日出遊，留連他邑。靈大后微察知之。五年，梁普通五年。秋，后對肅宗謂羣臣曰："隔絕我母子，不聽我往來兒閒，復何用我爲？放我出家，我當永絕人閒。"欲自下髮。肅宗與羣臣大懼，叩頭泣涕，殷勤苦請，后意殊不回。肅宗乃宿於嘉福殿。積數日，遂與后密圖乂。后瞋忿之言，欲得往來顯陽，皆以告乂。乂殊不爲疑，乃勸肅宗從大后意。於是大后數御顯陽，二宮無復禁礙。丞相高陽王雍，雖位重於乂，而甚畏憚，欲進言於肅宗而事無因。會大后與肅宗，南巡洛水,雍邀請車駕,遂幸雍第。日晏,肅宗及大后至雍内室,從者莫得入,遂定圖又之計。解又領軍。後又出宿,又解其侍中。孝昌元年,梁普通六年。四月,大后復臨朝。劉騰追奪爵位;發其冢,散露骸骨;没入財産。又除名爲民。未幾,有人告又及其弟爪謀反,并賜死於家。出賈粲爲濟州刺史,濟州,見第十一章第四節。未幾,遣使馳驛殺之。又之解領軍也,靈大后以其腹心尚多,恐難卒制,權以侯剛代之,尋出爲冀州刺史,在道又加削黜焉。

　　靈后再臨朝後,朝政疏緩,威刑不立,牧守所在貪惏。鄭儼汙亂宫掖,與徐紇并爲中書舍人,共相表裏,勢動内外。儼本大后父胡國珍司徒參軍,得幸於后。紇,世宗時即爲舍人,諂附趙脩。脩誅,坐黨徙枹罕。後復見用。又事元又,得其懽心。至此,復曲事鄭儼,因得總攝中書門下之事。枹罕,見第五章第一節。李神軌崇子。亦領中書舍人,時云見幸帷幄,與儼爲雙,莫能明也。高陽王雍以大師録尚書事,後又進位丞相;東平王略,中山王英子,熙之弟。城陽王徽,景穆子城陽王長壽之孫。先後爲尚書令;亦惟諂附儼、紇而已。后性奢侈,又信佛法。自其初聽政時,即鋭於繕興,在京師起永寧等佛寺,外州各造五級浮圖。又數爲一切齋會,施物動至萬計。兼曲賚左右,日有數千。《任城王澄傳》。正光後,四方多事,加以水旱,國用不足。預折天下六年租調而徵之。《食貨志》。孝昌二年,梁普通七年。十一月,税京師田租畞五升,借賃公田者畞一斗。[1] 閏月,税市人出入者各一錢。店舍爲五等。三年,梁大通元年。二月,詔凡輸粟瀛、定、岐、雍四州者,瀛、岐、雍州,皆見第十一章第四節。定州,見第十一章第二節。官斗二百斛賞一階;入二華州者,華州,錢大昕云:蓋初治李閏堡,世宗時移治古馮翊。案李閏堡,見第六章第八節。馮翊,見第二章第二節。北華州,治杏城,見第三章第八節。五百石賞一階。不限多少,粟畢授官。蓋其財政,已至山窮水盡之境矣。案肅宗在位十二年,而胡靈后之見幽者凡六年,以魏事敗壞,悉蔽其罪於后,實非平情之論。魏之敗壞,乃其政權始終在親貴及代北舊人手中所致,自文明大后以來,非一朝一夕之故矣。觀元魏之亂亡,而知《春秋》之譏世卿,爲有由也。

第三節　北方喪亂

　　自道武至大武之世,人民之叛魏者甚多,已見第八章第五節。[2] 此等叛

---

①　賦税:魏孝昌二年税京師田租,畞五升,借貸公田者畞一斗。
②　民族:義民抗魏,兩專節外,又見(第三八五—三八七頁)。

亂，至孝文、宣武之朝，迄仍不絕。孝文大和五年，即齊高帝建元三年，沙門法秀謀反，伏誅。十三年，即齊武帝永明七年，兗州人王伯恭聚衆勞山，自稱齊王，東萊鎮將孔伯孫討斬之。十四年，即齊永明八年，沙門司馬惠御自言聖王，謀破平原郡，禽獲伏誅。二十一年，即齊明帝建武四年，先是定州人王金鉤訛言，自稱應王，州郡捕斬之。二十三年，即齊東昏侯永元元年，幽州人王惠定聚衆反，自稱明法皇帝，刺史李肅捕斬之。宣武景明元年，即齊永元二年，齊州人柳世明聚衆反，齊、兗二州討平之。正始二年，即梁武帝天監五年，秦州人王智等聚衆，自號王公，尋推秦州主簿呂苟兒爲主。二月，詔右衛將軍元麗等討，七月，降之，秦、涇二州平。案時反於涇州者爲屠谷陳瞻，苟兒則羌也，見《楊椿傳》。正始四年，即梁天監六年，夏州長史曹明謀反，伏誅。永平二年，即梁天監八年，涇州沙門劉慧汪聚衆反，詔華州刺史奚康生討之。三年，即梁天監九年，秦州沙門劉光秀謀反，州郡捕斬之。秦州隴西羌殺鎮將趙儁反，州軍討平之。四年，即梁天監十年，汾州劉龍駒聚衆反，詔諫議大夫薛和討之。延昌三年，即梁天監十三年，幽州沙門劉僧紹聚衆反，自號淨居國明法王，州郡捕斬之。四年，即梁天監十四年，沙門法慶聚衆反於冀州，殺阜城令，自稱大乘，元遙破斬之。明帝熙平二年，即梁天監十六年，餘賊復相聚攻瀛州，刺史宇文福討平之。神龜元年，即梁天監十七年，秦州羌、東益州南秦州氐皆反。河州人卻鐵忽聚衆反，自稱水池王。後詣行臺源子恭降。正光二年，即梁普通二年，東益、南秦州氐反，河閒王琛討之，失利。至五年，即梁普通五年，而破六汗拔陵反，時局不可收拾矣。魏兗州，初治滑臺，見第六章第五節。後移瑕丘，見第九章第五節。是稱東兗，而滑臺稱爲西兗。大和中，又於渦陽置兗州，是爲南兗。渦陽，見第十一章第三節。勞山，在今山東即墨縣東南。東萊鎮，後改爲光州，今山東掖縣。平原郡，後魏治聊城，在今山東平原縣南。定州，見第十一章第二節。幽州見第十二章第一節。齊州，治歷城，今山東歷城縣。秦州，見第十一章第三節。涇州，見第十一章第四節。夏州，治巖綠，在今陝西橫山縣西。華州，見第二節。隴西，見第二章第二節。汾州，治蒲子，在今山西隰縣東北。冀州，見第十一章第四節。阜城，漢縣，在今河北阜城縣東。瀛州、東益州，皆見第十一章第四節。南秦州，治駱谷，在今甘肅成縣西南。河州，今甘肅導河縣。《魏書·良吏傳》云："魏初，擁節分符，多出豐、沛，政術治風，未能咸允。雖動詔大戮，而貪虐未悛。亦由網漏吞舟，時挂一目。高祖肅明綱紀，賞罰必信，肇革舊軌。時多奉法。世宗優游而治，寬政遂往。大和之風，頗以陵替。肅宗馭運，天下渀然。其於移風革俗之美，浮虎還珠之政，九州百郡，無所聞焉。"然則魏之吏治，實以孝文之時爲最整勑，然據《本紀》所載：則大和十二年，齊永明六年。梁州刺史臨淮王提，魏梁州，初治仇池，夏侯道遷降魏，乃移治南鄭。提，大武子臨淮王譚之子。坐貪縱配北鎮。見第八章第三節。十三年，齊永明七年。夏州刺史章武王彬，又以貪財削封。彬，景穆子章武王大洛之子。汝陰王天賜、南安王楨，并坐臧賄，免爲庶人。天賜、楨，皆景穆子。十五年，齊永明九年。濟陰王鬱，以貪殘賜死。鬱，景穆子濟陰王小新成之子。此等皆係親貴，獲罪較難，而終不免於獲罪，可見其貪殘之甚；抑此等皆係親貴，故其獲罪得以備書於史，俾後人有所考見，此外地位較微，爲史所不載者，蓋不知凡幾矣，又可見其貪殘者之多也。大和七年，齊永明元年。二月，詔曰："朕每思知百姓疾苦，以增脩寬政，故具問守宰苛虐之狀於州郡使者。今秀、孝、計掾，對多不實,甚乖朕虛求之意。宜案以大辟,明罔上必誅。然情猶未忍,可恕罪聽歸。申下天下,使知復犯無恕。"以死罪脅秀、孝、計掾,舉發州郡罪狀,可謂聞所未聞。明年,齊永明二年。正月,詔隴西公琛、尚書陸叡爲東西二道大使,褒善罰惡。是歲,始頒官祿。祿行之後,臧滿一匹者死。虜何愛於中國人?觀其用法之嚴,而知其吏治之惡矣。

　　州郡如此,鎮將尤甚。魏舊制,緣邊皆置鎮,都大將統兵備禦。《官氏志》。其後則内地亦置之。肅宗正光五年改鎮爲州詔曰:"大祖道武皇帝,應期撥亂,大造區夏;世祖大武皇帝,纂戎丕緒,光闡王業;躬率六師,掃清逋穢。諸州鎮城人,本充牙爪,服勤征旅。契闊行閒,備嘗勞劇。逮顯祖獻文皇帝,自北被南,淮、海思乂。便差割彊族,分衞方鎮。高祖孝文皇帝,遠遵盤庚,將遷嵩、洛。規遏北疆,蕩闢南境。選良家酋帥,增戍朔垂。戎捍所寄,實惟斯等。"此魏置鎮之大略也。《魏書·袁翻傳》:翻於正始、熙平之閒,議選邊戍事曰:"自比緣邊州郡,官至便登;疆場統戍,階當即用。或值穢德凡人,或遇貪家惡子。不識字民溫恤之方,惟知重役殘忍之法。廣開戍邏,多置帥領,或用其左右姻親,或受人財貨請屬,皆無防寇禦賊之心,惟有通商聚斂之意。其勇力之兵,驅令鈔掠,若值彊敵,即爲奴虜;如有執獲,奪爲己富。其羸弱老小之輩,微解金鐵之工,小閑草木之作,無不搜營窮壘,苦役百端。自餘或伐木深山,或耘草平陸;販貿往還,相望道路。此等祿既不多,資亦有限,皆收其實絹,給其虛粟;窮其力,薄其衣;用其工,節其食;綿冬歷夏,加之疾苦,死於溝瀆者,常十七八焉。是以吳、楚閒伺,審此虛實,皆云糧匱兵疲,易可乘擾,故驅率犬羊,屢犯疆場。頻年以來,甲冑生蟣,十萬在郊,千金日費。爲弊之深,一至於此。皆由邊任,不得其人,故延若斯之患。賈生所以痛哭,良有以也。"此南邊諸鎮之情形也。北邊則尤有甚焉。《世宗紀》:景明四年,梁天監二年。十一月,詔尚書左僕射源懷撫勞代都、北鎮,隨方拯恤。《懷傳》載懷表曰:"景明已來,北蕃連年災旱。案觀下文所言,當時北蕃飢荒,恐不盡係天災,而實由於人事。延昌二年,梁天監十一年也,二月,以六鎮大飢,開倉振贍,可見其飢荒久而未抒矣。六鎮,見下。高原陸野,不任營殖。惟有水田,少可菑畝。主將參寮,專擅腴美。瘠土荒疇,以給百姓。因此困敝,日月滋甚。諸鎮水田,請依《地令》,分給細民。先貧後富。若分付不平,令一人怨訟者,鎮將已下,連署之官,各奪一時之祿;四人已上,奪祿一周。北鎮邊蕃,事異諸夏,往日置官,全不差別。沃野一鎮,沃野,漢縣,魏置鎮,在今綏遠臨河縣境黃河西岸。自將已下,八百餘人,黎庶怨嗟,僉曰煩猥。邊隅事尠,實少畿服。請主帥吏佐,五分減二。"《傳》云:時細民爲豪彊陵壓,積年枉滯,一朝見申者,日有百數。所上事宜,便於北邊者,凡四十餘條。可見其積弊之深,民生之困矣。而身爲將士者,亦未嘗不抑鬱思亂。《北齊書·魏蘭根傳》曰:正光末,李崇爲都督,討茹茹,以蘭根爲長史。因説崇曰:"緣邊諸鎮,控攝長遠。昔時初置,地廣人稀。或徵發中原,彊宗子弟;或國之肺腑,寄以爪牙。中年已來,有司乖實,號曰府户。役同廝養。官婚班齒,致失清流。而本宗舊類,各各榮顯。顧瞻彼此,理當憤怨。更張琴瑟,今也其時。静境寧邊,事之大者。宜改鎮立州,分置郡縣。凡是府户,悉免爲民。入仕次叙,一准其舊。文武兼用,威恩并施。此計若行,國家庶無北顧之慮矣。"崇以奏聞,事寢不報。逮破六汗拔陵既叛,崔暹敗於白道,見下。廣陽王淵又上書曰:淵,嘉之子,嘉見第一節。淵《北史》避唐諱作深,《魏書·本紀》作淵,《列傳》亦作深,蓋後人所改。《通鑑》亦依《北史》作深。"昔皇始以移防爲重。盛簡親賢,擁麾作鎮。配以高門子弟,以死防遏。不但不廢仕宦,至乃偏得復除。當時人物,忻慕爲之。及大和在歷,僕射李沖,當官任事。涼州土人,悉免廝役;豐、沛舊門,仍防邊戍。自非得罪當世,莫肯與之爲伍。征鎮驅使,但爲虞候、白直。一生推遷,不過軍主。然其往世房分留京者,得上品通官,在鎮者便爲清途所隔。或投彼有北,以禦魑魅。多復逃胡鄉。乃峻邊兵之格,鎮人浮遊在外,皆聽流兵捉之。於是少年不得從師,長者不得遊宦,獨爲匪人,言者流涕。自定鼎伊、洛,邊任益輕。惟底滯凡才,出爲鎮將。轉相模習,專事聚斂。或有諸方姦吏,犯罪配邊,爲之指蹤。過弄官府。政以賄立,莫能自改。及阿那瓌背恩,縱掠竊奔,命師追之,十五萬衆度沙漠,不日而還。邊人見此援師,便自意輕中國。尚書令臣崇,時即申聞,求改鎮爲州。將允其願,抑亦先覺。朝廷未許。今日所慮,非止西北,將恐諸鎮,尋亦如此。天下之事,何易可量?"《淵傳》云:時不納其策。東西勑勒之叛,朝議更思淵言,遣兼黄門侍郎酈道元爲大使,欲復鎮爲州,以順人望。會六鎮盡叛,不得施行。六鎮,在代郡北塞,東至濡源。其自西徂東之次,曰懷朔,曰武川,曰撫冥,曰柔玄,曰懷荒,曰禦夷。懷朔,在今綏遠固陽縣境。武川,已見第一章。撫冥,鎮城所在未詳。柔玄,在今察哈爾興和縣境。懷荒、禦夷二鎮,後改爲蔚州,蔚州,即今察哈爾蔚縣也。六鎮自西徂東之次,依胡三省説,見《通鑑》齊明帝建武元年注。案崔暹之敗,事在正光五年七月。其年八月,《紀》載詔諸州軍貫,元非犯配者,悉免爲民。鎮改爲州,依舊立稱。《酈道元傳》云:肅宗以沃野、懷朔、薄骨律、在今寧夏靈武縣西南。武川、撫冥、柔玄、懷荒、禦夷諸鎮,并改爲州。其郡縣戍名,令準古城邑。詔道元持節兼黄門侍郎,與都督李崇,籌宜置立。裁減去留,儲兵積粟,以爲邊備。而《李崇傳》言:臨淮王彧、李叔仁敗,亦見下。詔引丞相、令、僕、尚書、侍中、黄門於顯陽殿,使陳良策。吏部尚書元脩義景穆子汝陰王天賜之子。謂宜得重貴,鎮壓恆、朔。皆見第十一章第二節。詔欲遣崇。然仍責其改鎮爲州之表，開諸鎮非異之心，致有今日之事。則魏朝當日，始終不甚以此策爲然；加以六鎮盡叛，政令格不能行，詔旨自成虛語矣。然此時即能行之，恐於勢亦已無及也。

　　魏明帝正光五年，梁武帝之普通五年也。三月，沃野鎮人破洛韓拔陵反，殺鎮將。詔臨淮王彧討之。彧，提之孫。五月，敗於五原。朔州治，見第十一章第二節。安北將軍李叔仁尋敗於白道。在今綏遠歸綏縣北。武川陷。詔尚書令李崇爲大都督。崔暹出東道，廣陽王淵出北道，皆受崇節度。崇至五原。七月，崔暹大敗於白道之北。賊遂并力攻崇。崇與淵力戰相持，至冬，乃引還平城。淵表崇長史祖瑩，詐增功級，盜没軍資，崇坐免官爵，徵還，以後事付淵。崇之將班師也，留別將費穆守朔州。穆招離聚散，頗得人心。時北境州鎮，悉皆淪没，惟穆獨據一城，四面抗拒。久之，援軍不至；兼行路阻塞，糧仗俱盡；亦棄城南走。明年，魏孝昌元年，梁普通六年。三月，拔陵別帥王也不盧等攻陷懷朔。至六月，乃爲柔然主阿那瓌所破，南移渡河。而恆州卒於又明年七月失陷，孝昌二年，梁普通七年。恆州，見第十一章第二節。行臺元纂南走。代北遂不可收拾矣。而杜洛周、鮮于脩禮復起。

　　初李叔仁爲破六韓拔陵所逼，求援。廣陽王淵赴之。前後降附二十萬人。淵與元纂，表求於恆州北別立郡縣，安置降户，隨宜振賞，息其亂心。不從。而遣黄門侍郎楊昱，分散之於冀、定、瀛三州就食。淵謂纂曰：「此輩復爲乞活矣。」孝昌元年，八月，柔玄鎮人杜洛周反於上谷。此依《魏書·本紀》。《梁書·侯景傳》作吐斤六周，云柔玄鎮兵。上谷，見第三章第八節。攻没郡縣。南圍燕州。見第十二章第一節。九月，詔幽州刺史常景爲行臺，征虜將軍元譚爲都督討之。譚，獻文子趙郡靈王幹之子。二年，正月，譚次軍都，燕州治。爲洛周所敗。以別將李琚代譚。四月，又敗没於薊城之北。薊，幽州治。五月，燕州刺史崔秉南走中山。定州治。七月，洛周遣其別帥曹紇真寇掠幽州。常景遣都督于榮邀於栗園，胡三省曰：當在固安縣界。大破之，斬紇真。九月，景又破洛周，斬其武川王賀拔文興，別帥侯莫陳升。然至十一月，幽州卒陷，景被執。

　　鮮于脩禮，本懷朔鎮兵，據《梁書·侯景傳》。爲五原降户。以孝昌二年，正月，反於定州。詔長孫稚爲大都督，稚，字承業，史或書其字。《北史》作名幼。與河閒王琛討之。齊郡順王簡子，繼河閒孝王若。簡、若，皆文成子。琛與稚有隙，前到呼沱，稚未欲戰，而琛不從。稚至五鹿，在河北濮陽縣南。爲脩禮所邀，琛不赴。賊總至，遂大敗。稚與琛并除名。脩禮及杜洛周之叛也，其餘降户，猶在恆州，欲推廣陽王淵爲主，淵上書乞還京師，令左衛將軍楊津代爲都督。及是，五月。復以淵爲大都督,章武王融爲左都督,融,彬子。裴衍爲右都督,衍,植之弟。北討。初朔州毛普賢,爲淵統軍,後與脩禮同反。見《甄琛傳》。脩禮常與葛榮謀,《梁書·侯景傳》云:榮懷朔鎮將。後稍信普賢,榮常銜之。淵使人喻普賢,普賢乃有降意。又使録事參軍元晏説賊程殺鬼,果相猜貳。葛榮遂殺普賢、脩禮而自立。此據《淵傳》。《本紀》云:八月,賊帥元洪業斬鮮于脩禮請降,爲賊黨葛榮所殺。榮以新得大衆,上下未安,遂北度瀛洲。淵便率衆北轉。榮東攻。章武王融戰敗於白牛邏,《紀》云在博野。博野,今河北蠡縣。殁於陳。淵退走,趨定州。聞刺史楊津疑其有異志,止於州南佛寺。召都督毛謐等六七人,臂肩爲約,危難之際,期相拯恤。謐疑淵意異,乃密告津,云淵謀不軌。津遣謐討淵。淵走。逢賊游騎,引詣葛榮。爲榮所殺。三年,梁大通元年。榮陷殷州。在今河北隆平縣東。東圍冀州。先是以安樂王鑒爲相州刺史、北討大都督,鑒,文成子安樂王長樂之孫。相州,見第八章第二節。與裴衍共救信都。冀州治。鑒謀反,降榮。八月,都督源子邕懷子。此據《本紀》。《列傳》作子雍。與衍合圍鑒,斬首傳洛。十一月,信都陷。時除子邕冀州刺史。子邕上書曰:“賊中甚飢,專仰野掠。今朝廷足食,兵卒飽暖。高壁深壘,勿與爭鋒。彼求戰不得,野掠無所獲。不盈數旬,可坐制凶醜。”時裴衍復表求行。詔子雍與衍速進。子雍重表固請,不聽。遂與衍俱進。至陽平郡東北漳曲,陽平,見第二章第二節。榮率賊十萬,來逼官軍。子邕、衍并戰殁。明年,武秦元年,梁大通二年。正月,杜洛周陷定州,瀛州亦降。二月,爲榮所并。三月,榮陷滄州。在今河北南皮縣東南。遂獨雄於河北矣。

破洛韓拔陵之叛也,高平酋長胡琛,亦起兵攻鎮以應之。正光五年,四月。高平鎮,後爲原州,今甘肅固原縣。別將盧祖遷擊破之,琛北遁。時秦州刺史李彦,刑政過猛,爲下所怨。六月,城民薛珍、劉慶、杜超等禽彦,推其黨莫折大提爲帥。據《彦傳》。《蕭寶夤傳》杜超作杜粲。詔雍州刺史元志討之。南秦州城人孫掩、張長命、韓祖香據城,殺刺史崔遊,以應大提。大提遣城人卜朝《通鑑》作卜胡。襲克高平。大提尋死,子念生代立。據《蕭寶夤傳》,念生爲大提第四子。僭稱天子。七月,詔元脩義爲西道行臺,率諸將西討。李苗上書,以爲“食少兵精,利於速戰;糧多卒衆,事宜持久。今隴賊猖狂,非有素蓄;雖據兩城,本無德義;其勢在於疾攻,日有降納,遲則人情離沮,坐受崩潰。今宜且勒大將,深溝高壘,堅守勿戰;別命偏師,精卒數千,出麥積崖,在今甘肅天水縣東南。以襲其後;則汧、岐之下,羣妖自散”。於是詔苗爲統軍,與別將淳于誕出梁、益,隸行臺魏子建。東益州刺史,見第十一章第四節。念生遣其兄天生下隴東寇。據《本紀》。《寶夤傳》及《梁書·羊侃傳》:皆云天生爲念生子。八月,元志大敗於隴東,退守岐州。見第十一章第四節。元

脩義性好酒，遂遇風病，神明昏喪，雖至長安，竟無部分之益。九月，更以蕭寶
夤爲西道行臺、大都督，率崔延伯、北海王顥西討。顥，詳子。十一月，天生攻陷
岐州，執元志。遂寇雍州，屯於黑水。在今陝西城固縣北，南流入漢。十二月，魏子建
招降南秦氐、民，復六郡、十三戍，斬韓祖香。張長命畏逼，乃告降於蕭寶夤。
先是涼州幢帥于菩提、呼延雄執刺史宋穎，據州反。七月。吐谷渾主伏連籌討
之。于菩提棄城走，追斬之。城民趙天安復推宋穎爲刺史。是月，莫折念生
遣兵攻涼州，天安復執穎以應之。魏涼州，治姑臧，見第二章第二節。孝昌元年，梁普通
六年。正月，蕭寶夤、崔延伯擊天生，破之黑水。天生退走入隴西。涇、岐及隴
東悉平。先是高平人攻殺卜朝，共迎胡琛。正光五年十一月。琛遣其將万俟醜
奴、宿勤明達寇涇州。延伯、寶夤會於安定。見第二章第二節。甲卒十二萬，鐵馬
八千，軍威甚盛。四月，延伯爲醜奴所敗，戰歿。延伯與奚康生、楊大眼并稱
名將，其死也，朝野歎懼焉。十月，吐谷渾復討趙天安，降之。天水呂伯度兄
弟，天水，見第二章第二節。始與莫折念生同逆。後保於顯親，後漢侯國，後爲縣，在今甘
肅天水縣西北。聚衆討念生。戰敗，降於胡琛。琛資其士馬，還征秦州。大敗念
生將杜粲於成紀。見第三章第八節。又破其金城王莫折普賢於水洛城。在今甘肅莊
浪縣南。遂至顯親。念生身自拒戰，又大奔敗。伯度乃背胡琛，襲琛將劉拔，破
走之。遣其兄子忻和率騎東引魏軍。念生事迫，乃詐降於蕭寶夤。魏朝嘉伯
度之功，授以涇州刺史。而元脩義停軍隴口，久不西進。念生復反。伯度終
爲万俟醜奴所殺。賊勢更盛，蕭寶夤不能制。胡琛與念生交通，事破六韓拔
陵寖慢。拔陵遣其臣費律至高平，誘琛斬之。其衆盡并於万俟醜奴。孝昌三
年，梁大通元年。正月，寶夤大敗於涇州。北海王顥尋亦敗走。岐、幽、東秦、北
華州俱陷。幽州，今陝西邠縣。東秦州，秦州陷後，置於汧城。汧，漢縣，後魏曰汧陰，在今陝西隴縣
南。北華州，見上節。寶夤還雍州。莫折天生乘勝寇雍州。寶夤部將羊侃隱身塹
中射之，斃，其衆乃潰。有司奏處寶夤死罪，詔恕爲民。四月，復以爲雍州刺
史、西討大都督。自關以西，皆受節度。九月，念生爲其常山王杜粲所殺，合
門皆盡。粲據州，請降於寶夤。十二月，粲又爲駱超所殺，亦遣使歸魏。南秦州城民辛
琛，亦自行州事，遣使歸罪。十月，魏朝復寶夤舊封。而寶夤自以出軍累年，
糜費尤廣，一旦覆敗，內不自安。魏朝頗亦疑阻。乃遣御史中尉酈道元爲關
中大使。寶夤謂密欲取己，彌以憂懼。長安輕薄之徒，因相說動。道元行達
陰槃驛，陰槃，漢縣，在今陝西長武縣西北。寶夤密遣其將郭子恢等攻殺之。遂叛魏，
自號爲齊。遣子恢東攻潼關，見第三章第三節。張始榮圍華州。見上節。魏詔尚書
僕射行臺長孫稚討之。初寶夤之敗，北地功曹毛洪賓，據郡引寇，鈔掠渭北。

北地,見第二章第二節。時楊椿爲雍州刺史,其兄子侃爲録事參軍,請討之。洪賓通書送質,乞自效。及是,與其兄遐,糾率鄉義,將攻寶夤。寶夤遣其將盧祖遷擊遐,爲遐所殺。又遣其將侯終德攻遐。時薛鳳賢反於正平,後魏郡,在今山西新絳縣西南。薛脩義屯聚河東,見第二章第二節。分據鹽池,攻圍蒲坂,見第三章第四節。東西連結,以應寶夤。楊侃爲稚行臺左丞。稚軍次弘農,見第二章第二節。侃勸其"北取蒲坂,飛棹西岸。置兵死地,人有鬥心。華州之圍,可不戰而解;潼關之賊,必望風潰散。諸處既平,長安自克。"稚從之。令其子子彥等領騎於弘農北渡。圍城之寇,各自散歸。脩義亦即逃遁。子恢爲官軍所敗。稚又遣子彥破始榮於華州。終德因此勢挫,還圖寶夤。寶夤戰敗,奔万俟醜奴。時武泰元年梁大通二年。正月也。

　　以上皆孝明之世叛亂之較大者;其較小者:在清河則有崔畜。在廣川則有傅堆。清河,見第五章第三節。廣川,見第九章第五節。孝昌元年,三月,畜殺大守董遵,堆執大守劉邈反。青州刺史安樂王鑒討平之。在朔州則有鮮于阿胡、庫狄豐樂。朔州,見第十一章第二節。孝昌二年四月據城反。在平原則有劉樹、劉蒼生。孝昌二年十一月反。州軍破走之。劉樹奔梁。在徐州則有任道棱。孝昌三年,正月,襲據蕭城。州軍討平之。蕭,今江蘇蕭縣。在東郡則有趙顯德。東郡,魏治滑臺,見第六章第五節。顯德,孝昌三年二月反。詔都督李叔仁討之。四月,別將元斌之斬顯德。在齊州則有劉鈞、房須。孝昌三年,三月,鈞執清河大守邵懷,須屯據昌國城。六月,詔李叔仁討鈞,平之。須,《彭城王勰傳》作頊。昌國,漢縣,在今山東淄川縣東北。在陳郡則有劉獲、鄭辨。孝昌三年,七月,反於西華。州軍討平之。西華,漢縣,在今河南西華縣南。在營州則有劉安定、就德興。營州,見第十一章第四節。安定、德興,正光五年,據城反。城人王惡兒斬安定以降。德興東走,自號燕王。孝昌二年,九月,攻陷平州。至孝莊帝永安元年,十一月,乃遣使來降。平州,治肥如,今河北盧龍縣北。在鞏縣一帶,又有李洪。《本紀》:武泰元年,二月,羣盜燒劫鞏縣以西,關口以東,公路澗以南。詔李神軌爲都督,討平之。《神軌傳》云:蠻帥李洪,扇動諸落。伊闕以東,至於鞏縣,多被燒劫。鞏縣,見第五章第一節。關蓋謂函谷關。公路澗,未詳。伊闕,見第六章第五節。雖爲患不廣,然是處蠭起,勢成燎原矣。

　　叛亂之興,固非僅恃兵力所能戡定,然即以兵力論,其不足恃亦已甚。神龜二年,梁天監十七年。征西將軍張彝第二子仲瑀上封事,求銓別選格,排抑武人,不使預在清品。羽林虎賁千餘人焚彝第,毆傷彝,燒殺其長子始均。彝亦旋死。官爲收掩羽林凶彊者八人斬之,不能窮誅羣豎,即爲大赦,以安衆心。史云:"有識者知國紀之將墜矣。"論當時兵事者:路思令曰:"竊以比年以來,將帥多是寵貴兒孫;軍幢統領,亦皆故義託附。貴戚子弟,未經戎役。衒杯躍馬,志逸氣浮。軒眉攘腕,便以攻戰自許。及臨大敵,怖懼交懷。雄圖銳氣,一朝頓盡。乃令羸弱在前以當銳,彊壯居後以安身。兼復器械不精,進止不集。任羊質之將,驅不練之兵,當負險之衆,敵數戰之虜。是以兵知必敗,始集而先逃;將又怖敵,遷延而不進。國家便謂官號未滿,重爵屢加;復疑賞賚之輕,金帛日賜。帑藏空虛,民財殫盡。致使賊徒更增,膽氣益盛;生民損耗,荼毒無聊。"辛雄曰:"秦、隴逆節,將歷數年;蠻左亂常,稍已多戰;凡在戎役,數十萬人。三方師衆,敗多勝少。迹其所由,不明賞罰故也。兵將之勳,歷稔不決;亡軍之卒,宴然在家;致令節士無所勸慕,庸人無所畏懾。進而擊賊,死交而賞賒,退而逃散,身全而無罪。賞罰陛下之所易,尚不能全而行之,攻敵士之所難,欲其必死,寧可得也?"高謙之曰:"自正光已來,邊城屢擾,命將出師,相繼於路,軍費戎資,委輸不絕。至於弓格賞募,咸有出身;槊刺斬首,又蒙階級;故四方壯士,願征者多。若使軍帥必得其人,賞勳不失其實,何賊不平?何征不捷?而諸守帥,或非其才。多遣親者,妄稱入募,虛受征官,身不赴陳,惟遣奴客充數而已,對寇臨敵,曾不彎弓。則是王爵虛加,征夫多闕。賊虜何可殄除?忠貞何以勸誡也?"以此政令,用此將士,無怪契胡一人,莫之能禦矣。[①]

第四節　尒朱榮入洛

兩晉之世,五胡作害中州,不久皆力盡而斃,而元魏崛起北方,獨獲享祚幾百五十年者?自道武登國元年,即晉孝武帝大元十一年,至明帝武泰元年,即梁武帝大通二年,凡百四十三年。以是時中原之地,喪亂方剡,代北僻處一隅,與於戰爭之事較少,民力較完,抑且風氣較質樸,便於戰鬥故也。元魏南遷以來,此等情形,迄未嘗變,故及其衰敝,而尒朱、高、宇文諸氏,又起自代北,紛紛南下焉,而六鎮則其先驅也。魏之所以興,正其所以亡也。

尒朱榮,北秀容人。秀容,見第六章第八節。其先居尒朱川,未詳。因爲氏。常領部落,世爲酋帥。高祖羽健,登國初,爲領民酋長。率契胡武士千七百人,從平晉陽,定中山。胡三省曰:"尒朱氏,契胡種也。"又曰:"契胡,尒朱之種人也。"見《通鑑》梁武帝中大通二年《注》:案昔人於中國言姓氏,於夷狄言種姓。契胡,蓋其氏族或部落之名也。以居秀容川,詔割方三百里封之,長爲世業。曾祖鬱德,祖代勤,父新興,繼爲酋長。

---

① 民族:契胡,西域種?銅鑄像,西域俗(又見第三九四、三九五頁)?

家世豪彊。財貨豐贏。牛羊駝馬，色別爲羣，谷量而已。魏朝每有征討，輒獻私馬，兼備資糧，助褲軍用。正光中，四方兵起，榮遂散畜牧，招合義勇，給其衣馬。秀容内附胡民乞伏莫干破郡，殺大守，魏秀容郡，治秀容，在今山西忻縣北。南秀容牧子萬于乞真反叛，殺大僕卿陸延；事在正光五年八月，見《紀》。并州牧子素和婆崙巂作逆；并州，見第十一章第二節。榮前後討平之。内附叛胡乞步落，堅胡劉阿如等作亂瓜、肆；魏瓜州，治敦煌，見第二章第二節。肆州，見第十一章第二節。勑勒北列步若反於沃陽；漢縣，後漢省，後魏復置，在今察哈爾涼城縣西。榮并滅之。勑勒斛律洛陽作逆桑乾，事在孝昌二年三月，見《紀》。桑乾，見第四章第二節。西與費也頭牧子迭相犄角，榮率騎破洛陽於深井，未詳。逐牧子於河西。孝昌二年，梁普通七年。八月，榮率衆至肆州。刺史尉慶賓畏惡之，閉城不納。榮怒，攻拔之。乃署其從叔羽生爲刺史，執慶賓於秀容。自是榮兵威漸盛，朝廷亦不能罪責也。鮮于脩禮之叛也，榮表東討。杜洛周陷中山，明帝聲將北討，以榮爲左軍，不行。及葛榮吞洛周，榮表求遣騎三千，東援相州，見第八章第二節。不許。榮遣兵固守滏口。大行陘名，在今河南武安、河北磁縣之閒。復上書，求慰喻阿那瓌，直趨下口，胡三省曰："蓋指飛狐口。"案飛狐口，在今河北淶源、察哈爾蔚縣閒。以躡其背；北海王顥之兵，鎮撫相部，以當其前；而自詭自井陘以北，井陘，見第六章第八節。滏口以西，分防險要，攻其肘腋。并嚴勒部曲，廣召義勇，北捍馬邑，見第三章第八節。東塞井陘。榮之意，是時惟在中原，所苦者，未能得閒而入耳。

胡靈后與明帝，母子之閒，嫌隙屢起。帝所親幸者，大后多以事害焉。武泰元年，梁大通二年。正月，潘充華生女。鄭儼與大后計，詐以爲男，大赦改元。二月，明帝死。事出倉卒，時論咸言鄭儼、徐紇之計。大后乃奉潘嬪女即位。經數日，見人心已安，始言潘嬪本實生女，今宜更擇嗣君。遂立故臨洮王寶暉世子釗。寶暉，高祖孫。年始三歲。初李崇北討，高涼王孤六世孫天穆，孤，平文帝第四子。奉使慰勞諸軍。路出秀容，尒朱榮見其法令齊整，深相結託。天穆遂爲榮腹心。及是，榮與天穆等密議，乃抗表請赴闕，問侍臣帝崩之由；以徐、鄭之徒，付之司敗；然後更召宗親，推立年德。大后甚懼，以李神軌爲大都督，將於大行杜防。榮抗表之始，遣從子天光、親信奚毅、及倉頭王相入洛，與從弟世隆，密議廢立。天光乃見長樂王子攸，彭城王勰第三子。具論榮心。子攸許之。天光等還北，榮發晉陽，見第三章第四節。猶疑所立，乃以銅鑄高祖及咸陽王禧等六王子孫像，此據《魏書·榮傳》。《北史》六王作五王。惟子攸獨就。師次河内，重遣王相，密迎子攸。子攸與兄彭城王劭、弟始平王子正潛渡赴之。時四月九日也。十一日，榮奉子攸爲主，是爲敬宗孝莊皇帝。廢帝朗中興二年，謚爲武懷皇帝。孝武帝大昌元年,改謚孝莊,廟號敬宗。以榮爲使持節、都督中外諸軍事、大將軍、開府、尚書、領軍將軍、領左右,謂領左右千牛備身。大原王。是日,榮濟河。大后乃下髮入道。内外百官,皆向河橋迎駕。河橋,見第三章第三節。榮惑武衛將軍費穆之言,謂天下乘機可取,《魏書·穆傳》:穆棄朔州南走,投榮於秀容。既而詣闕請罪。詔原之。榮向洛,靈大后徵穆,令屯小平。及榮推奉孝莊帝,河梁不守,穆遂棄衆先降。穆素爲榮所知,見之甚悅。穆潛説榮曰:"公士馬不出萬人。今以京師之衆,百官之盛,一知公之虛實,必有輕侮之心。若不大行誅罰,更樹親黨,公還北之日,恐不得復大行而内難作矣。"榮心然之。及元顥入洛,穆降,顥以河陰酷濫,事起於穆,引入詰讓,出而殺之。一似榮之濫殺,由穆指蹤,更無疑義者。然《北齊書·慕容紹宗傳》言:榮稱兵入洛,私告紹宗曰:"洛中人士繁盛,驕侈成俗,若不加除翦,恐難制馭。吾欲因百官出悉誅之,爾謂可不?"則其翦戮朝士之計,早定於入洛之先矣。又《魏書·榮傳》云:榮性好獵。元天穆從容謂榮曰:"大王勳濟天下,四方無事,惟宜調政養民,順時蒐狩。"榮便攘肘謂天穆曰:"大后女主,不能自正,推奉天子者,此是人臣常節。葛榮之徒,本是奴才,乘時作亂,妄自署假,譬如奴走,禽獲便休。頃來受國大寵,未能開拓境土,混一海内,何宜今日,便言勳也? 如聞朝士,猶自寬縱。今秋欲共兄戒勒士馬,校獵高原,令貪汙朝貴,入圍搏虎。仍出魯陽,歷三荆,悉擁生蠻。北填六鎮。回軍之際,因平汾胡。明年,簡練精騎,分出江、淮。蕭衍若降,乞萬户侯;如其不降,遥度數千騎,便往搏取。待六合寧一,八表無塵,然後共兄奉天子巡四方,觀風俗,布政教,如此乃可稱勳耳。今若止獵,兵士懈怠,安可復用也?"此段言辭,多出附會,然欲令朝貴入圍搏虎之語則真。榮本不知中國情形,意謂但藉殺戮立威,即可以脅衆戴己,此其本懷。費穆多亦不過附和之,不能匡正而已。謂其謀本出於穆,恐未必然也。元顥之殺穆,或以其不爲己用,或則當時有搆之者耳,不能以此證實穆之罪狀也。小平津,見第五章第六節。晉陽,見第五章第二節。荆州,見第十一章第四節。延興初,於安昌置南荆州,在今河南信陽縣西北,與沘陽之東荆,謂之三荆。乃譎朝士,共相盟誓。將向河陰西北三里。至南北長隄,悉令下馬西度。即遣胡騎四面圍之。妄言丞相高陽王欲反。殺百官、王公、卿士二千餘人,皆斂手就戮。此據《北史》。《魏書·榮傳》云:十三日,榮引迎駕百官於行宮西北,云欲祭天。列騎圍繞。責天下喪亂,明帝卒崩之由,云皆緣此等貪虐,不相匡弼所致。因縱兵亂害。王公卿士,皆斂手就戮。死者千三百餘人。皇弟、皇兄,亦并見害。又命二三十人拔刀走行宮。莊帝及彭城王、霸城王俱出帳。此處亦采《北史》。莊帝兄劭,本封彭城王,弟子正爲霸城公。莊帝即位後,以劭爲無上王,子正爲始平王。上文采《魏書》,於渡河之際,即書子正爲始平王,與《北史》此處稱子正爲霸城王,皆非也。榮先遣并州人郭羅察,《通鑑》察作剎。共西部高車叱列殺鬼,在帝左右,相與爲應。及見事起,假言防衛,抱帝入帳。餘人即害彭城、霸城二王。乃令四五十人遷帝於河橋。沈靈大后及少主於河。時又有朝士百餘人後至,仍於堤東被圍。遂臨以白刃,唱云:"能爲禪文者出,當原其命。"御史趙元則出作禪文。榮令人誡軍士,言"元氏既滅,尒朱氏興"。其衆咸稱萬歲。榮遂鑄金爲己像,數四不成。時榮所信幽州人劉靈助善卜占,言今時人事未可。榮乃曰:"若我作不去,當迎天穆立之。"靈助曰:"天穆亦不吉，惟長樂王有王兆耳。"榮亦精神恍惚，不自支持。遂便媿悔。至四更中，乃迎莊帝。《魏書·榮傳》云：外兵參軍司馬子如等切諫，陳不可之理。榮曰："愆誤若是，惟當以死謝朝廷。今日安危之機，計將安出？"獻武王等曰："未若還奉長樂，以安天下。"於是還奉莊帝。十四日，興駕入宮。《北齊書·神武紀》云：神武恐諫不聽，請鑄像卜之，乃止。《周書·賀拔岳傳》云：榮既殺害朝士，時齊神武爲榮軍都督，勸榮稱帝。左右多同之。岳進言，榮尋亦自悟，乃尊立孝莊。岳又勸榮誅齊神武，以謝天下。左右咸言："高歡雖言不思難，今四方尚梗，事藉武臣，請舍之，收其後效。"榮乃止。史家文飾之辭，敵國誹謗之語，皆不足信。神武是時，位卑言輕，未必能與於是議；即或有言，亦不過隨衆附和；斷無誅之可以謝天下之理也。望馬首叩頭請死。其士馬三千餘騎。既濫殺朝士，乃不敢入京，即欲向北，爲移都之計。持疑經日，始奉駕向洛陽宮。及上北芒見第七章第七節。視宮闕，復懷畏懼，不肯更前。武衞將軍汎禮苦執，不聽。復前入城，不朝戍。北來之人，皆乘馬入殿。諸貴死散，無復次序。莊帝左右，惟有故舊數人。榮猶執移都之議，上亦無以拒焉。又在明光殿重謝河橋之事，誓言無復二心。莊帝自起止之。因復爲榮誓言無疑心。榮喜。因求酒。及醉，熟寐。帝欲誅之，左右苦諫，乃止。即以牀轝向中常侍省。榮夜半方寤，遂達旦不眠。自此不復禁中宿矣。榮女先爲明帝嬪，欲上立爲后。帝疑未決。給事黃門侍郎祖瑩曰："昔文公在秦，懷嬴入侍，事有反經合義，陛下獨何疑焉？"上遂從之。榮意甚悦。於時人閒猶或云榮欲遷都晉陽，或云欲肆兵大掠，迭相驚恐。人情駭震。京邑士子，十不一存。率皆逃竄，無敢出者。直衞空虛，官守曠廢。榮聞之，上書謝愆。請追尊無上王帝號。後追尊爲孝宣皇帝。諸王、百官及白身，皆有追贈。又啓帝，遣使巡城勞問。於是人情遂安。朝士逃亡者，亦稍來歸闕。五月，榮還晉陽，乃令元天穆向京，爲侍中、大尉公，録尚書事、京畿大都督、兼領軍將軍、封上黨王。樹置腹心在列職。舉止所爲，皆由其意。七月，詔加榮柱國大將軍。是時之莊帝，蓋不但僅亦守府而已。榮之將入洛也，鄭儼走歸鄉里。儼，榮陽人也，榮陽，見第三章第二節。其從兄仲明，先爲榮陽大守。儼與仲明欲據郡起衆，尋爲其部下所殺。徐紇走兗州，投泰山大守羊侃，泰山，見第三章第四節。説令舉兵。魏攻侃，紇説侃乞師於梁，遂奔梁。參看第六節。

　　尒朱榮乃粗才，必不能定中原，成大業，然其用兵則頗饒智勇，以其出自代北，習於戰鬭也。此可見代北勁悍之風，尚未全替，周、齊繼元魏之後，復能割據中原數十年，爲有由矣。時中原叛者尚多，孝莊帝永安元年，即明帝武泰元年也。五月，齊州人賈結聚衆反，夜襲州城，會明退走。七月，光州人劉舉，聚衆數千，反於濮陽，八月，討平之。二年，梁武帝中大通元年，二月，燕州人王慶祖，聚衆上黨，尒朱榮討禽之。齊州、光州，皆見第三節。濮陽，見第三章第四節。燕州，見第一節。上黨，見第二章第二節。而西方之万俟醜奴，東方之葛榮,及新起之邢杲,聲勢最大。永安元年,六月,葛榮使其僕射任褒,率車三萬餘乘,南寇沁水。見第四章第二節。魏以元天穆爲大都督討之。八月,榮圍相州,刺史李仁軌閉門自守。賊鋒過汲郡。見第三章第三節。所在村塢,悉被殘略。尒朱榮啓求討之。九月,乃率精騎七千,馬皆有副,倍道兼行,東出滏口。葛榮自鄴以北,列陳數十里,箕張而進。榮潛軍山谷爲奇兵,身自陷陳,出於賊後,表裏合擊,大破之。於陳禽葛榮。餘衆悉降。榮以賊徒既衆,若即分割,恐其疑懼,或更結聚。乃普告勒:"各從所樂,親屬相隨,任所居止。"於是羣情喜悅,登即四散。數十萬衆,一朝散盡。待出百里之外,乃始分道押領,隨便安置,咸得其宜。擢其渠帥,量才授用。新附者咸安。時人服其處分機速。於是冀、定、滄、瀛、殷五州悉平。冀州、瀛州,皆見第十一章第四節。定州,見第十一章第二節。滄州、殷州,皆見第三節。十月,檻送葛榮於洛陽,斬於都市。邢杲者,河閒人。河閒,漢縣,後魏爲郡,在今河北河閒縣西南。魏蘭根之甥。見《北齊書·蘭根傳》。爲幽州平北府主簿。杜洛周、鮮于脩禮爲寇,瀛、冀諸州人多避亂南向。杲擁率部曲,屯據鄚城,鄚,漢縣,在今河北任邱縣北。以拒洛周、葛榮,垂將三載。廣陽王淵等敗後,杲南度,居青州北海界。北海,見第九章第五節。靈大后命流人所在,皆置郡縣,選豪右爲守令以撫鎮之。時青州刺史元世儁表置新安郡,以杲爲大守,未報,會臺以杲從子子瑤資蔭居前,乃授河閒大守,杲深恥恨。永安元年,六月,反。所在流人,先爲土人陵忽,率來從之。旬朔之閒,衆踰十萬。東掠光州,盡海而還。遣李叔仁討之。十月,失利於濰水。時泰山大守羊侃反正,行臺于暉攻之,十二月,詔暉回師討杲,次於歷下。是歲,葛榮餘黨韓樓復據幽州反。幽州,見第一節。明年,永安二年,梁中大通元年。正月,暉所部都督彭樂,率二千餘騎,北走於樓,乃班師。三月,詔元天穆與高歡討杲。破之濟南,見第七章第四節。杲降。送洛陽,斬於都市。於是大敵之未平者,惟一万俟醜奴,而南方之師,乘虛至矣。

第五節　梁武政治廢弛

孟子曰:"國家閒暇,及是時,明其政刑,雖大國,必畏之矣;及是時,般樂怠敖,是自求禍也。"斯言也,觀於梁世而益信。南北朝時,南北兵爭,論者皆謂北强南弱,其實不然。當時兵事,南方惟宋元嘉二十七年一役,受創最巨,然魏亦無所得。此後宋明帝之失淮北,齊東昏之失壽春,皆內亂爲之,非魏之力征經營也。梁武得國,魏政日衰,繼以內亂。自此至東西分裂,凡三十三年;至高歡死,侯景叛魏,則四十六年。此數十年,實爲南方極好之機會。生聚教訓,整軍經武;恢復國土,攘除姦凶;在此時矣。乃不徒不能發憤爲雄,并政刑亦甚廢弛,致有可乘之機會而不能乘,而反以招禍,此則可爲痛哭流涕者也。

　　梁武帝之爲人也,性甚恭儉,亦能勤政恤民,[①]《梁書·本紀》云:帝"勤於政務,孜孜無怠。每至冬月,四更竟,即敕把燭看事。執筆觸寒,手爲皴裂。日止一食。膳無鮮腴,惟豆羹、糲食而已。身衣布衣。木緜皁帳。一冠三載,一被二年。後宫衣不曳地,旁無錦綺。不飲酒。不聽音聲。非宗廟、祭祀、大會、饗宴及諸法事,未嘗作樂。歷觀古昔,人君恭儉莊敬,藝能博學,罕或有焉。"此非虛語。下引《循吏傳序》,可以參觀。又其敕責賀琛自述之辭,雖或過實,亦必不能全虛也。然實非政事之才,故絶不能整飭綱紀。其時散騎常侍賀琛,嘗啓陳事條,讀之最可見當時政俗之弊,今節録其辭如下;其一事曰:"户口減落,誠當今之急務。雖是處彫流,而關外彌甚。郡不堪州之控總,縣不堪郡之裒削,更相呼擾,莫得治其政術,惟以應赴徵斂爲事。百姓不能堪命,各事流移。或依於大姓,或聚於屯封。蓋不獲已而竄亡,非樂之也。國家於關外,賦税蓋微?乃致年常租課,動致逋積,而民失安居,寧非牧守之過?東境户口空虛,皆由使命繁數。大邦大縣,舟舸銜命者,非惟十數。窮幽之鄉,極遠之邑,亦皆必至。每有一使,屬所搔擾。駑困邑宰,則拱手聽其漁獵;桀黠長吏,又因之而爲貪殘。縱有廉平,郡猶掣肘。故邑宰懷印,類無考績。細民棄業,流宂者多。雖年降復業之詔,屢下蠲賦之恩,而終不得反其居也。"案流移之弊,當時實爲極甚。天監十七年,正月朔,詔曰:"夫樂所自生,含識之常性;厚下安宅,馭世之通規。朕矜此庶氓,無忘待旦。亟弘生聚之略,每布寬恤之恩。而編户未滋,遷徙尚有。輕去故鄉,豈其本志?資業殆闕,自返莫由。巢南之心,亦何能弭。今開元發歲,品物惟新,思俾黔黎,各安舊所。將使郡無曠土,邑靡游民;雞犬相聞,桑柘交畛。凡天下之民,有流移他境,在天監十七年正月一日以前,可開恩半歲,悉聽還本。蠲課三年。其流寓過遠者,量加程日。若有不樂還者,即使著土籍爲民。准舊課輸。若流移之後,本鄉無復居宅者,村司、三老及餘親屬,即爲詣縣告請村内官地、官宅,令相容受,使戀本者還有所託。凡坐事除市、坺諸職、割盜、衰滅,應被封籍者,其田宅、車牛,是民生之具,不得悉以没入皆優量分留,使得自止。其商賈富室,亦不得頓相兼并。逋叛之身,罪無輕重,并許首出,還復民伍。若有拘限,自還本役。并爲條格,咸使知聞。"其後大通元年,大同元年、十年,中大同元年,大清元年,皆有逋叛流移,聽復宅業,蠲課役五年之詔。而大同七年,詔曰:"凡是田桑、廢宅没入者,公創之外,悉以分給貧民,皆使量其所能,以受田分。如聞頃者,豪家富室,多占取公田,貴價僦税,以與貧民。[②]

傷時害政,爲蠹已甚。自今公田悉不能假與豪家。"又詔:"州牧多非良才,守宰虎而傅翼。至於民閒,誅求萬端。或供廚帳,或供廐庫,或遣使命,或待賓客,皆無自費,取給於民。又復多遣游軍,稱爲遏防。姦盜不止,暴掠繁多。或求供設,或責腳步,又行劫縱,更相枉逼。良人命盡,富室財殫。此爲怨酷,非止一事。亦頻禁斷,猶自未已。外司明加聽采,隨事舉奏。又復公私傳屯、邸冶,爰至僧尼,當其地界,止應依限守視。乃至廣加封固,越界分斷,水陸采捕,及以樵蘇。遂至細民,措手無所。凡自今,有越界禁斷者,禁斷之身,皆以軍法從事。若是公家創內,止不得輒自立屯,與公競作,以收私利。至百姓樵采,以供煙爨者,悉不得禁;及以采捕,亦勿訶問。若不遵承,皆以死罪結正。"先是天監七年,已有"藪澤山林,毓材是出,斧斤之用,比屋所資,而頃世相承,普加封固,豈所謂與民同利,惠茲黔首?凡公家諸屯戍見封燃者,可悉開常禁"之詔。及大同十二年,又詔:"四方所立屯傳、邸冶、市埭、桁渡、津稅、田園,新舊戍守宰,游軍戍邏,有不便於民者,尚書州郡,各速條上,當隨言除省,以舒民患。"其求民瘼,未嘗不勤。然《南史·郭祖深傳》,載祖深興櫬詣闕上封事,言"朝廷擢用勳舊,爲三垂州郡。不顧御人之道,惟以貪殘爲務。迫脅良善,害甚豺狼。江、湘之人,尤受其弊。自三關以外,是處遭毒。而此勳人,投化之始,但有一身。及被任用,皆募部曲。而揚、徐之人,逼以衆役,多投其募。利其貨財,皆虛名上簿。止送出三津,名在遠役,身歸鄉里。又懼本屬檢問,於是逃亡他境。僑户之興,良由此故。"則所以致民流移者,實即當時之官吏也。空言無施,雖切何補?況又有害之者乎?三關、三津,皆未詳。其二事曰:"今天下宰守,所以皆尚貪殘,罕有廉白者?良由風俗侈靡,使之然也。淫奢之弊,其事多端。粗舉二條,言其尤者。今之燕喜,相競誇豪。^①積果如山岳,列肴同綺繡。露臺之産,不周一燕之資。而賓主之閒,裁取滿腹,未及下堂,已見腐。又歌姬舞女,本有品制。今雖庶賤,皆盛姬、姜。務在貪汙,爭飾羅綺。故爲吏牧民者,競爲剝削。雖致貲巨億,罷歸之日,不支數年,便已消散。乃更追恨向所取之少,今所費之多。如復傅翼,增其搏噬。一何悖哉?其餘淫侈,著之凡百。習以成俗,日見滋甚。欲使人守廉隅,吏尚清白,安可得邪?"其三事曰:"斗筲之人,藻棁之子,既得伏奏帷扆,便欲詭競求進。不説國之大體。不知當一官,處一職,貴使理其紊亂,匡其不及;心在明恕,事乃平章。但務吹毛求疵,擘肌分理。運挈缾之智,徼分外之求。以深刻爲能,以繩逐爲務。迹雖似於奉公,事更成其威福。犯罪者多,巧避滋甚。曠官廢職,長弊增姦,實由於此。"其四事曰:"自征伐北境,帑藏空虚。今天下無事,而猶日不暇給者,良有以也。夫國弊則省其事而息其費。事省則養民,費息則財聚。止五年無事,必能使國豐民阜;若積以歲月,斯乃范蠡滅吳之行,管仲霸齊之由。今應内省職掌,各檢所部。凡京師冶署、邸肆應所爲,或十條宜損其五,或三條宜除其一。及國容戎備,在昔宜多,在今宜少;雖於後應多,即事未須;皆悉減省。應四方屯傳、邸冶,或舊有,或無益,或妨民,有所

---

① 飲食:梁時賀琛言燕會者之侈。

宜除除之,有所宜減減之。凡厥興造,凡厥費財,有非急者,有役民者;又凡厥討召,凡厥徵求,雖關國計;權其事宜,皆息費休民。不息費則無以聚財,不休民則無以聚力。故蓄其財者,所以大用之也;息其民者,所以大役之也。若言小事不足害財,則終年不息矣;以小役不足妨民,則終年不止矣。擾其民而欲求生聚殷阜,不可得矣。耗其財而務賦斂繁興,則姦詐盜竊彌生。是弊不息,而其民不可使也,則難可以語富彊而圖遠大矣。自普通已來,二十餘年,刑役荐起,民力彫流。今魏氏和親,疆埸無警,若不及於此時,大息四民,使之生聚;減省國費,令府庫蓄積;一旦異境有虞,關、河可掃,則國弊民疲,安能振其遠略? 事至方圖,知不及矣。"觀其言,當時政俗之弊,略可見矣。《梁書‧良吏傳》曰:"齊末昏亂,政移羣小。賦調雲起,徭役無度。守宰多倚附權門,互長貪虐,掊克聚斂,侵愁細民。天下搖動,無所措其手足。高祖在田,知民疾苦。及梁臺建,仍下寬大之書,昏時雜調,咸悉除省。於是四海之內,始得息肩。逮踐皇極,躬覽庶事。日昃聽政,求民之瘼。乃命軺軒,以省方俗。《本紀》:帝即位之後,即分遣內侍,周省四方。天監三年,六月,又詔可分將命,巡行州部。其有深寃鉅害,抑鬱無歸,聽詣使者,依源自列。置肺石以達窮民。《本紀》:天監元年,詔可於公車府謗木、肺石旁,各置一函。若肉食莫言,山阿欲有橫議,投謗木函。若從我江、漢,功在可策;次身才高妙,擯壓莫通;大政侵小,豪門陵賤;若欲自申,并可投肺石函。六年,詔四方士民,若有欲陳言刑政,可各詮條,布懷於刺史、二千石。有可申采,大小以聞。大同二年,詔畫可外牒,或致紕繆。凡政事不便於民者,州、郡、縣即時皆言,勿得欺隱。如使怨訟,當境任失。而今而後,以爲永准。務加隱卹,舒其急病。元年,始去人貲,計丁爲布。身服浣濯之衣。御府無文飾。宮掖不過綾采,無珠璣錦繡。大官撤牢饌,每日膳菜蔬。飲酒不過三醆。以儉先海內。每選長吏,務簡廉平。皆召見御前,親勗治道。"又著令:"小縣有能,遷爲大縣;大縣有能,遷爲二千石。"剖符爲吏者,往往承風焉。帝之志在恤民,蓋無疑義。然徒法不能自行。當時後軍參軍郭祖深,又嘗詣闕上封事,言"愚輩各競奢侈,貪穢遂生,頗由陛下,寵勳大過,馭下大寬,故廉潔者自進無途,貪苟者取人多徑。直弦者淪溺溝壑,曲鉤者升進重沓。飾口利辭,競相推薦;訥直守信,坐見埋沒。勞深勳厚,祿賞未均;無功倖入,反加寵擢。昔宋人賣酒,犬惡致酸,陛下之犬,其甚矣哉!"則帝於督責之術,實有所未盡也。《魏書‧島夷傳》曰:"衍所部刺史、郡守,初至官者,皆責其上禮。獻物多者,便云稱職;所貢微少,言爲弱惰。故其牧守在官,皆競事聚斂,劫剝細民,以自封殖。多妓妾、粱肉、金綺。百姓怨苦,咸不聊生。又發召兵士,皆須鐶械,不爾便即逃散。其王侯貴人,奢淫無度。弟弟子姪,侍妾或及千數,至乃回相贈遺。其風俗頹喪,綱維不舉若此。"雖敵國誹謗之辭,亦不能謂其全屬子虛也。帝所任者,周捨、徐勉。捨豫機要二十餘年,性極儉素,身後更蒙褒獎。勉當王師北伐時,候驛填委,參掌軍書,劬勞夙夜，動經數旬，乃一還宅；而亦不營產業，家無蓄積。可謂股肱心膂之臣。然終不能有裨於時者，蓋其所爲，亦不免賀琛所謂以深刻爲能，繩逐爲務，即能盡其用，已不克大有所爲，況帝又寬縱於上乎？周捨卒後，朱异代掌機密，《南史·朱异傳》云：自徐勉、周捨卒後，外朝則何敬容，内省則异。敬容質愨無文，以綱維爲己任。异文華敏洽，曲營世譽。二人行異，而俱見幸。《敬容傳》云：自晉、宋以來，宰相皆文義自逸，敬容獨勤庶務。簡文頻於玄圃，自講老、莊，學士吳孜，每日入聽，敬容謂孜曰："昔晉氏喪亂，頗由祖尚虛玄，胡賊遂覆中夏，今東宮復襲此，殆非人事，其將爲戎乎？"免職出宅，無餘財貨。其爲人，亦可謂庸中佼佼者，然亦不過能應簿書期會而已。周捨卒於普通五年，徐勉卒於大同元年。居權要二十餘年，徒以善窺人主意旨，曲能阿諛聞，而又貪冒財賄，《南史》本傳，言其產與羊侃相埒。《恩倖傳》云：陸驗、徐驎，并吳人。驗、朱异故嘗有德，言於武帝拔之，與驎遞爲少府丞、大市令，并以苛刻爲務，百賈畏之。异尤與之昵。世人謂之三蠹。觀下引魚弘之事，可謂文臣貪將，取之各有其道矣。遂醸大清之禍。蓋帝至晚歲，實已耄荒，而又不免於自滿，國内、國外，情形如何，實非所深悉也。賀琛書奏，帝大怒，召主書於前，口授敕責琛。其辭多自辯白，實則飾非拒諫而已。訑訑之聲音顏色，拒人於千里之外，尚安能自聞其過哉？郭祖深言：當時"執事，皆同而不和，答問唯唯而已。入對則言聖旨神衷，出論則云誰敢逆耳"。好諛惡直者，固勢必至此也。《魏書·島夷傳》曰："衍好人佞己，末年尤甚。或有云國家彊盛者，即便忿怒；有云朝廷衰弱者，因致喜悦。朝臣左右，承其風旨，莫敢正言。"此其所以招侯景之禍也。

當時將帥，亦極驕橫。羊侃可謂乃心華夏者，侃歸國，事見下節。侯景作亂，臺城被圍時，守禦惟侃是杖，亦可謂有將帥之才。然史言其豪侈，乃殊出意計之外。《南史·侃傳》云：性豪侈。善音律。姬妾列侍，窮極奢靡。初赴衡州，於兩艖艁起三閒通梁水齋，飾以珠玉，加之錦繡。盛設帷屏，列女樂。乘潮解纜，臨波置酒。緣塘傍水，觀者填咽。大同中，魏使陽斐、與侃在北嘗同學，有詔命侃延斐。同宴賓客，三百餘人，食器皆金玉雜寶。奏三部女樂。至夕，侍婢百餘人，俱執金花燭。侃不飲酒，而好賓游，終日獻酬，同其醉醒。以賀琛之言衡之，其所費爲何如邪？衡州，梁置，治含洭，在今廣東英德縣西。① 夫侃，晚而歸國；其歸國也，乃在敗逋之後；勢不能多有所攜，而其富厚如此，何所取之，實不能令人無惑。觀於魚弘之貪暴，《南史·弘傳》：嘗謂人曰："我爲郡有四盡：水中魚鱉盡，山中麏鹿盡，田中米穀盡，村里人庶盡。"而知當時武將之剥民，或更甚於文吏矣。此等人，尚安能驅之使立功業哉？

帝於諸王，寬縱尤甚，遂爲異日之禍根。② 帝八子：長昭明大子統，以天監元年立，中大通三年卒。有五子：曰華容公歡，曰枝江公譽，曰曲江公譽，曰詧，曰鑒。次子豫章王綜，實齊東昏侯子也，其事別見下節。三子晉安王綱，

---

① 兵、生計：羊侃、魚弘之富。

② 封建：梁武寬縱出理外，觀淵藻（第三六八頁），則非耄荒私爲之也。

昭明大子母弟也。昭明大子之薨，帝猶豫，自四月上旬至五月二十一日，乃決立綱爲大子。而封歡爲豫章郡王，譽爲河東郡王，詧爲岳陽郡王，詧爲武昌郡王，鑒爲義陽郡王，以慰其心。昭明大子母曰丁貴嬪，以普通七年卒。《南史·大子傳》曰：大子遣人求得善墓地。將斬草。有賣地者，因閹人俞三副求市。若得三百萬，許以百萬與之。三副密啓帝，言大子所得地，不如今所得地於帝吉。帝末年多忌，便命市之。葬畢，有道士，善圖墓，云“地不利長子，若厭伏，或可申延。”乃爲蠟鵝及諸物，埋墓側長子位。宮監鮑邈之、魏雅，初并爲大子所愛，邈之晚見疏於雅，密啓帝云：雅爲大子厭禱。帝密遣檢掘，果得鵝等物，大驚，將窮其事。徐勉固諫，得止。於是惟誅道士。由是大子迄終，以此慚慨。故其嗣不立。後邵陵王臨丹陽郡，因邈之與鄉子爭婢，議以爲誘略之罪，牒宮。簡文追感大子寃，揮淚誅之。案此事爲《梁書》所無。不足以消弭争端，而復授以争奪之資，同室操戈之機，伏於此矣。第四子曰南康簡王績，第五子曰廬江威王績，并先帝卒。績卒於大通三年，績卒於中大同二年。第六子曰邵陵攜王綸。第七子曰湘東王繹，即元帝也。第八子曰武陵王紀。史惟於績無貶辭。於績即言其貪財，而綸悖戾尤甚。《南史·綸傳》：普通五年，攝南徐州事。在州輕險躁虐，喜怒不恒。車服僭擬，肆行非法。邀遊市里，雜於廝隸。嘗問賣鮑組者曰：“刺史何如？”對者言其躁虐。綸怒，令吞組以死。自是百姓皇駭，道路以目。嘗逢喪車，奪孝子服而著之，甸甸號叫。籤帥懼罪，密以聞。帝始嚴責。綸不能改。於是遣代。綸悖慢愈甚。乃取一老公短瘦類帝者，加以衮冕，置之高坐，朝以爲君。自陳無罪。使就坐，剥裎，箠之於庭。忽作新棺木，貯司馬崔會意，以輴車輓歌，爲送葬之法，使嫗乘車悲號。會意不堪，輕騎還都以聞。帝恐其奔逸，以禁兵取之。將於獄賜盡。昭明大子流涕固諫，得免。免官，削爵土，還第。大通元年，復封爵。中大通四年，爲揚州刺史。綸素驕縱，欲盛器服，遣人就市賒買錦采絲布數百匹，擬與左右職局防閣爲絳衫，內人帳幔。百姓并關閉邸店不出。臺續使少府市采，經時不能得。敕責，府丞何智通具以聞。因被責還第。恆遣心腹康容、戴子高、戴瓜、李撤、趙智英等於路尋何智通。於白馬巷逢之，以稍刺之，刃出於背。智通以血書壁作邵陵字乃絶。帝懸錢百萬購賊。西州游軍將宋鵲子條姓名以啓。敕遣舍人諸曇粲領齋仗五百人圍綸第。於内人檻中禽瓜、撤、智英。子高驍勇，踰牆突圍，遂免。綸鎖在第。曇粲并主帥領仗身守視，免爲庶人。經三旬，乃脱鎖。頃之，復封爵。後預餞衡州刺史元慶和，於坐賦詩十二韻。末云：“方同廣川國，寂寞久無聲。”大爲武帝所賞，曰：“汝人才如此，何慮無聲？”旬日間，拜郢州刺史。初昭明之薨，簡文入居監撫，綸不謂德舉，而云時無豫章，故以次立。及廬陵之没，綸觖望滋甚。於是伏兵於莽，用伺車駕。而臺舍人張僧胤知之，其謀頗洩。又綸獻曲阿酒百器，上以賜寺人，飲之而斃。上乃不自安，頗加衛士，以警宫内。而綸亦不懼。帝竟不能有所廢黜。西州，見第十章第二節。曲阿，見第四章第三節。案《南史》言諸王之惡，多爲舊史所無；其中邵陵王綸，當侯景難作後，差能盡忠君父，而史乃言其再謀弑逆；故頗有疑其不實者。然其辭必不能盡誣。而帝之寬縱，又不但己子，於昆弟，於昆弟之子，無不如是者。史所載者：如臨川静惠王宏，[1]《南史·本傳》云：宏自洛口之敗，常懷愧憶。都下每有竊發，輒以宏爲名。屢爲有司所奏。帝每貰之。

----

[1]　生計：梁臨川王宏之富，亦高利貸奪人産業。

十七年,帝將幸光宅寺,有士伏於驃騎航,待帝夜出。帝將行,心動,乃於朱雀航過。事發,稱爲宏所使。帝泣謂宏曰:「我人才勝汝百倍,當此猶恐顛墜,汝何爲者? 我非不能爲周公、漢文,念汝愚故。」宏頓首曰:「無是無是。」於是以罪免。而縱恣不悛。奢侈過度。脩第擬於帝宮。後庭數百千人,皆極天下之選。所幸江無畏,服玩擬於齊東昏潘妃,寶屨直千萬。好食鯖魚頭,常日進三百。其佗珍膳,盈溢後房,食之不盡,棄諸道路。宏未幾復爲司徒。普通元年,遷大尉、揚州刺史,侍中如故。七年,薨。宏恣意聚斂。庫室垂有百間,在内堂之後,關籥甚嚴。有疑是鎧仗者,密以聞。宏愛妾江氏,寢膳不能暫離。上佗日送盛饌與江,曰:「當來就汝歡宴。」惟攜布衣之舊射聲校尉邱佗卿往,與宏及江大飲。半醉後,謂曰:「我今欲歷行汝後房。」便呼後閤輿,徑往屋所。宏恐上見其賄貨,顏色怖懼。上意彌言是仗。屋屋檢視。宏性愛錢,百萬一聚,黄牓標之;千萬一庫,懸一紫標。如此三十餘間。帝與佗卿屈指計,見錢三億餘萬。餘屋貯布、絹、絲、緜、漆、蜜、紵、蠟、朱沙、黄屑、雜貨,但見滿庫,不知多少。帝始知非仗,大悦,曰:「阿六,汝生活大可。」方更劇飲,至夜,舉燭而還。宏都下有數十邸,出懸錢立券。每以田宅、邸店,懸上文券,期訖便驅券主,奪其宅。都下、東土百姓,失業非一。帝後知,制懸券不得復驅奪,自此後,貧庶不復失居業。宏又與帝女永興主私通。因是遂謀弑逆。許事捷以爲皇后。帝嘗爲三百齋,諸主并豫。永興乃使二僮,衣以婢服,僮踰閾失屨,閤帥疑之,密言於丁貴嬪。欲上言,懼或不信,乃使宮帥圖之。帥令内輿人八人,纏以純錦,立於幕下。齋坐散,主果請閒。帝許之。主升階,而僮先趨帝後,八人抱而禽之。帝驚,墜於牀。搜僮得刀。辭爲宏所使。帝祕之。殺二僮於内。以漆車載主出。主恚死,帝竟不臨之。宏性好内樂酒,沈湎聲色。侍女千人,皆極綺麗。**如南平元襄王偉,**《南史·本傳》云:齊世青溪宮,改爲芳林苑。天監初,賜偉爲第。又加穿築。果木珍奇,窮極彫靡,有侔造化。立游客省,寒暑得宜,冬有籠爐,夏設飲扇,每與賓客游其中。命從事中郎蕭子範爲之記。梁蕃邸之盛無過焉。**如臨賀王正德,**臨川靖惠王子。《南史·本傳》云:少而凶慝。招聚亡命,破家屠牛。兼好弋獵,齊建武中,武帝胤嗣未立,養以爲子。及平建康,生昭明大子,正德還本。自謂應居儲嫡,心常怏怏。普通三年,奔魏。魏不禮之。又逃歸。武帝泣而誨之,特復本封。正德志行無悛。常公行剥掠。東府有正德及樂山侯正則,潮溝有董當門子遷,南岸有夏侯夔世子洪,爲百姓巨蠹。多聚亡命。黄昏殺人於道,謂之打稽。時勳豪子弟多縱恣,以淫盜屠殺爲業,父祖不能制,尉邏莫能禦。後正則爲劫殺沙門徙嶺南死。洪爲其父奏繫東冶,死於徙。遷坐與永陽王妃王氏亂誅。三人既除,百姓少安,正德淫虐不革。六年,爲輕車將軍,隨豫章王北伐,輒棄軍走,爲有司所奏,下獄,免官削爵土,徙臨海郡。未至,道追赦之。八年,復封爵。大通四年,特封臨賀郡王。後爲丹陽尹,坐所部多劫盜,復爲有司所奏,去職。出爲南兗州,在任苛刻,人不堪命。廣陵沃壤,遂爲之荒,至人相食噉。既累試無能,從是黜廢,轉增憤恨,乃陰養死士,常思國釁。其後與侯景通之事,見第十三章第二節。正則,正德弟也。恆於第内私械百姓令養馬。又盜鑄錢。大通二年,坐匿劫盜,削爵,徙鬱林。與西江督護靳山顧通室。招誘亡命,將襲番禺。未及期而事發,遂鳴鼓會將攻州城。刺史元景仲命長史元孝深討之。正德敗逃於廁。村人縛送之。詔斬於南海。東府,見第三章第九節。臨海,見第四章第三節。番禺,南海郡治,亦廣州治,見第七章第五節。鬱林,見第三章第九節。**其罪惡無不駭人聽聞。有一於此,綱紀已不可問,況其多乎? 帝之不誅齊室子孫,頗爲史家所稱道,**事見《南史·齊高帝諸子傳》。《廿二史劄記》曰:「宋之於晉,齊之於宋,每當革易,輒取前代子孫盡殄之。梁武父順之,在齊時,以縊殺魚復侯子響事,爲孝武所惡,不得志而死,故梁武贊齊明帝除孝武子孫以復私讎,然亦本明帝意,非梁武能主之也。後其兄懿又爲明帝子東昏侯所殺,故革易時亦盡誅明帝子以復之，所謂自雪門恥也。至於齊高子孫，猶有存者，則皆保全而録用之。”又云：“高、武子孫，已爲明帝殺盡，惟豫章王一支尚留。”案齊明帝十一男：長巴陵隱王寶義，次東昏侯，三江夏王寶玄，五廬陵王寶源，六鄱陽王寶寅，八和帝，九邵陵王寶攸，十晉熙王寶嵩，十一桂陽王寶貞。史云餘皆早夭，謂第四、第七二皇子也。東昏侯、和帝外，寶玄爲東昏侯所殺。寶攸、寶嵩、寶貞，皆以中興二年見殺。寶玄亦死於是年，史書薨，然恐實非良死也。寶寅奔虜。寶義封巴陵郡王，奉齊後，天監七年薨，蓋以幼有廢疾，故獨得全也。寶攸，《南史》本傳作寶脩，《本紀》亦作寶攸。然其縱恣親貴，詒害於民如此，以一家哭何如一路哭之義衡之，覺列朝之誅戮功臣、親貴者，其流毒，反不若是之巨矣。

帝之詒譏後世者，爲信佛法。其實信佛法而無害於政事，初未足以召亂，帝之所以召亂者，亦以其綱紀之廢弛耳。郭祖深言：“都下佛寺，五百餘所，窮極侈麗。僧尼十餘萬，資産豐沃。所在郡縣，不可勝言。道人又有白徒，尼則皆畜養女，皆不貫人籍。[1] 天下户口，幾亡其半。而僧尼多非法。養女皆服羅紈。蠹俗傷法，抑由於此。請精加檢括。若無道行，四十已下，皆使還俗附農。罷白徒養女，聽畜奴婢。婢惟著青布衣。僧尼皆令蔬食。如此，則法興俗盛，國富人殷。不然，恐方來處處成寺，家家棄落，尺土一人，非復國有。”僧尼之害治如此，崇信之者，復何以爲國哉？帝之學問，在歷代帝王中，自當首屈一指。當其在位時，脩飾國學，增廣生員；立五經館，置五經博士；又撰吉、凶、軍、賓、嘉五禮一千餘卷。史稱“自江左以來，年踰二百，文物之盛，獨美於兹”，《南史·本紀》贊。良亦有由，然粉飾升平之爲，終非所以語於郅治之實也。

第六節　梁納元顥

魏至明帝之朝，政事紊亂，干戈四起，勢已不能與梁競。爲梁人計者，實宜厚集其力，爲一舉廓清之計，而不宜輕用其鋒。以北朝是時之衰亂，梁苟能出全力以乘之，河北、河東，縱難全復；河南、關中，必可全而有也。梁若有力以出關中，必非蕭寶寅、万俟醜奴等所能禦。河南、關中既下，秣馬厲兵，再接再厲，而六合之澄清有望矣。然梁武本非能用兵之人，亦未嘗實有恢復之志。疆場無事，偷安歲久，兵力之不振，實更甚於其有國之初。故北方雖有機可乘，而梁人用兵，仍不越乎淮上。若言大舉，則始終思藉降人之力。獨不思降人若本無能爲，輔之安能有濟？若有雄略，又安肯爲我不侵不叛之臣？輔而立之，豈非自樹一敵邪？

梁武帝普通五年，魏孝明帝正光五年也。武帝復謀北伐。使裴邃率騎三

---

[1]　户口：郭祖深言僧尼及白徒、養女皆不貫籍。

千,先襲壽春。遠時爲豫州刺史鎮合肥。入其郛。以後軍失道不至,拔還。時諸將北征,多所克獲。魏遣河間王琛援壽春,安樂王鑒援淮陽。見第九章第五節。初魏徐州刺史元法僧,據鎮自立。法僧,道武子陽平王熙之曾孫。《梁書》本傳云:普通五年,魏室大亂,法僧遂據鎮稱帝。誅鉏異己。立諸子爲王部署將帥,欲議匡復。既而魏亂稍定,將討法僧。法僧懼,乃遣使歸款,請爲附庸。欲議匡復,乃其歸梁後之飾說。法僧乃一妄人,刺益州時,殺戮自任,威怒無恆,致令境皆叛,招引外寇,具見《北史》本傳。且歸梁時年已七十有二矣,復何能爲? 梁乃賜之甲第,女樂金帛,前後不可勝數,謂方事招攜,欲以撫悅初附,何不回此貲財,以餉戰士邪? 法僧之叛,《魏書・本紀》謂其自稱宋王,其本傳及《北史》皆云稱尊號,與《梁書》合。《通鑑考異》云:法僧立諸子爲王,則必稱帝,其說是也。時又有元略者,中山王英之第四子也。其兄熙起兵而敗,略奔梁。梁封爲中山王。法僧降,以爲大都督,令詣彭城誘接初附。尋與法僧同徵還。後豫章王綜入魏,長史江革及將士五千人,悉見禽虜,魏明帝悉遣還以徵略。梁乃備禮而遣之。魏人將討之,法僧懼,六年,魏孝昌元年。正月,遣使歸款,請爲附庸。魏安樂王鑒攻之,不克。魏又使臨淮王彧、見第三節。安豐王延明、見第一節。尚書李憲討之。法僧請還朝。高祖遣朱異迎之,而使豫章王綜頓彭城,總督諸軍。五月,裴邃卒於軍。詔中護軍夏侯亶代焉。與魏河間王琛、臨淮王彧等相拒,頻戰克捷。時方脩宿豫堰,宿豫,見第七章第四節。又脩曹公堰於濟陰,宋郡,在今安徽盱眙縣西。有密敕:班師合肥,以休士馬,須堰成復進。而豫章王之變起。[1] 初綜母吳淑媛,本在齊東昏侯宮,後得幸於武帝,七月而生綜。綜自信爲東昏侯子。《南史》本傳云:在西州,於別室歲時設席,祠齊氏七廟。又累微行至曲阿,拜齊明帝陵。聞俗說:以生者血瀝死者骨,滲即爲父子,綜乃私發齊東昏墓,出其骨瀝血試之。既有徵矣,在西州生次男,月餘日,潛殺之,既瘞,夜遣人發取其骨,又試之。每武帝有敕疏至,輒怨恚形於顏色。徐州所有練樹,并令斬毀,以帝小名練故。西州,見第十章第二節。曲阿,見第四章第三節。降意下士,以伺風雲之會。又爲入北之備。《南史》本傳又云:輕財好士,分施不輟。常於内齋,布沙於地,終日跣行,足下生胝。日能行三百里。於徐州遺,頻載表陳便宜,求經略邊境。累致意尚書僕射徐勉,求出鎮襄陽。爲南兗,頗勤於事,而不見賓客;其辭訟則隔簾理之;方輻出行,垂帷於輿;每云惡人識其面也。諸侯王、妃、主及外人,并知此懷,惟武帝不疑。帝性嚴,羣臣不敢輕言得失,綜所行,帝亦弗之知也。嘗使人入北,與蕭寶寅相知,呼爲叔父,許舉鎮歸之。及是,敕綜退軍,綜懼南歸則無因復與寶寅相見,乃與數騎夜奔延明。此據《梁書》。《南史》本傳云:武帝曉別玄象,知當更有敗軍失將,恐綜爲北所禽,手敕綜令拔軍,每使居前,勿在人後,綜恐帝覺其意,遂奔。又云:綜至魏,改名纘。追服齊東昏斬衰。八月,有司奏削爵土,絕其屬籍。改子直姓悖氏。未及旬日,有詔復屬籍。封直永新侯。久之乃策免。吳淑媛俄遇鴆而卒,有詔復其品秩,謚曰敬。使直主其喪。及蕭寶寅據長安反,綜復去洛陽欲奔之。魏法:度河橋不得乘馬,綜乘馬而行,橋吏執之,送洛陽。陳慶之之至洛也,

---

[1] 報讎:梁豫章王綜。

送綜啓求還。時吳淑媛尚在，敕使以綜小時衣寄之。信未達而慶之敗。未幾，終於魏。後梁人盜其柩來奔，武帝猶以子禮，祔葬陵次。案陳慶之至洛時，吳淑媛尚在，不得云俄遇鴆，此亦古人博采兼存，不加註釋之一證。或謂俄遇鴆之俄字，乃承上久之二字而言，則於語氣不合也。於是衆軍皆潰。魏人遂復據彭城。時魏揚州刺史長孫稚，擁强兵而久不決戰，議者疑其有異圖。魏之遣河間、臨淮二王及李憲，外聲助稚，實防之也。七年，魏孝昌二年。鮮于脩禮反，遂調稚北討。初魏咸陽王禧之死也，其長子通亦見殺。通竊入河內，大守陸琇，初與通情，聞禧敗，乃殺之。河內，見第二章第二節。通弟翼，會赦，詣闕上書，求葬其父；又頻年泣請；世宗不許。翼乃與弟昌、曄來奔。翼弟顯和，昌弟樹，後亦來奔。武帝封翼爲咸陽王，以爲青、冀二州刺史。翼謀舉州歸魏，爲武帝所移。樹，武帝封爲魏郡王，後改封鄴王，數爲將。是夏，淮堰水盛，壽陽將没，帝乃使樹北道稍進。夏侯亶通清流澗，在今安徽滁縣西北。韋放自北道會焉。放，叡子。兩軍既合，所向皆下，凡克城五十二。十一月，魏揚州刺史李憲降。於是久爲敵據之壽春克復。詔依前代，於壽陽置豫州，以合肥爲南豫州。以夏侯亶爲二州刺史。大通三年，卒於鎮。明年，爲大通元年，魏孝昌三年。正月，司州刺史夏侯夔出義陽道，夔，亶弟。攻平靜、穆陵、陰山三關，克之。平靜，即平靖，見第十一章第四節。穆陵，亦作木陵，在今湖北麻城縣北。陰山，在麻城縣東北。時譙州刺史湛僧智圍魏東豫州刺史元慶和於廣陵，今河南息縣。夔自武陽會焉。武陽，義陽三關之一，見第十一章第四節。九月，慶和降。詔以僧智領東豫州，鎮廣陵。又遣領軍曹仲宗攻渦陽。見第十一章第三節。渦陽城主王偉降。詔以渦陽置西徐州。二年，魏明帝武泰，孝莊帝永安元年。二月，魏孝明帝死，國大亂。四月，其郢州刺史元願達以義陽降。願達，明元孫，《南史》作顯達。詔改爲北司州。以夏侯夔爲刺史。四月，魏北海王顥、見第三節。臨淮王彧、汝南王悦孝文子。并來奔。時魏以顥爲相州刺史，禦葛榮。顥至汲郡，屬尒朱榮入洛，推奉莊帝，遂盤桓顧望，圖自安之策。先是顥啓其舅范遵爲殷州刺史，遵以葛榮見逼，未得行，顥令遵權停於鄴。顥既懷異謀，乃遣遵行相州事，代前刺史李神，爲己表裏之援。相州行臺甄密，先受朝旨，委其守鄴。知顥異圖，恐遵爲變，遂相率廢遵，還推李神，攝理州事。然後遣軍候顥逆順之勢。顥遂與子冠受來奔。彧時爲東道行臺，以尒朱榮殺害元氏，故來奔。旋北還。悦則清狂不惠。故三人中惟顥爲梁所資焉。六月，魏北青州刺史元世儁，南荆州刺史李志皆以城降。胡三省曰：“魏北青州治東陽，去梁境甚遠。《五代志》：東海郡，梁置南北二青州，郡領懷仁縣。又《注》云：梁置南北二青州，意元世儁以懷仁之地來降也。”案懷仁，東魏縣，在今江蘇贛榆縣西。南荆州，見第四節。泰山大守羊侃，後魏泰山郡，治鉅平，在今山東泰安縣西南。祖規，爲宋徐州從事，以薛安都降北陷魏。父祉，每有南歸之志。常謂諸子曰：“人生安可久淹異域？汝等可歸奉本朝。”侃至是，將舉河、濟，以成先志。兗州刺史羊敦，魏兗州，初治滑臺，後移瑕丘。亦稱東兗，而稱滑臺爲西兗。大和中，於渦陽置兗州，正光中移於譙城，謂之南兗。西兗，孝昌三年，嘗移於定陶，後復。滑臺，見第六章第五節。瑕丘，見第九章第五節。渦陽，見第十一章第三節。譙城，見第三章第三節。定陶，秦縣，在今山東定陶縣西北。侃從兄也，密知之，據州拒侃。侃率精兵三萬襲之，弗克。仍築十餘城守之。魏主聞之，使授侃驃騎大將軍、司徒、泰山郡公，長爲兗州刺史。侃斬其使以徇。魏人大駭。十月，以于暉爲行臺，與徐、兗行臺崔孝芬，大都督刁宣等攻之。南軍不進。侃乃潰圍南奔。是月，魏豫州刺史鄧獻以地降。治縣瓠。此時梁用兵頗致克捷，惟曹義宗圍魏荊州，見第十一章第四節。爲費穆所破，義宗被禽。益州刺史蕭淵猷，長沙宣武王子。遣樊文熾、蕭世澄圍小劍戍，見第十一章第四節。魏益州刺史邢虯，遣子子達，行臺魏子建，遣別將淳于誕拒破之。禽世澄等十一人，文熾爲元帥，先走獲免。事在普通六年。魏遂分安康置東梁州，以誕爲刺史。事在大通元年。安康，漢安陽縣，晉改曰安康，在今陝西漢陰縣西。則梁仍爲失利：此魏孝明之世南北搆兵之大略也。

　　大通二年，北方既大亂，梁武帝乃立元顥爲魏主，遣東宮直閤將軍陳慶之衛送北歸。顥於渙水即魏帝號。渙水，出陳留，入宿縣，至靈壁縣入淮。今上流已湮，下流即永城以東之澮河也。授慶之前軍大都督。發自銍縣。秦縣，在今安徽宿縣西南。進拔滎城。胡三省曰：“《春秋》沙隨之地，杜預《注》以爲即梁國寧陵縣北之沙陽亭，俗謂之堂城。滎堂字相近，意即此地而字譌也。”案寧陵，漢縣，在今河南寧陵縣南。遂至睢陽。秦縣，在今河南商邱縣南。魏將邱大千，有衆七萬，分築九城以距。慶之攻之。自旦至申，陷其三壘。大千乃降。濟陰王元暉業景穆子濟陰王小新城之曾孫。率二萬人，來救梁、宋，進屯考城。漢縣，在今河南考城縣東南。慶之攻陷其城，生擒暉業。仍趨大梁，今河南開封縣。望旗歸款。時中大通元年魏永安二年。五月朔也。魏乃以楊昱椿子。爲東南道大都督，鎮滎陽，見第三章第三節。尚書僕射尒朱世隆見第四節。鎮虎牢；見第四章第二節。尒朱世承榮從弟。鎮崿阪。本傳云：守轘轅，見第三章第四節。初元顥之北也，魏元天穆方總衆以討邢杲。顥據鄴城，見第四章第二節。天穆集文武議所先。議者咸以杲衆甚盛，宜先經略。行臺尚書薛琡，以爲邢杲聚衆無名，雖彊猶賊；元顥皇室昵親，來稱義舉，此恐難測；宜先討顥。天穆以羣情不欲，遂先討杲。此據《北齊書·琡傳》。《魏書·尒朱榮傳》云：朝廷以顥孤弱，不以爲慮，詔穆先平齊地，然後回師征顥。及是，慶之率衆而西，攻滎陽，未能拔，而天穆大軍將至。士衆皆恐。慶之乃解鞍秣馬，宣喻衆曰：“吾至此以來，屠城略地，實爲不少；君等殺人父兄，略人子女，又爲無算；天穆之衆，并是仇讎。我等裁有七千，虜衆三十餘萬。今日之事，義不圖存。虜騎不可争力平原，及未盡至，須平其城。”一鼓悉使登城，克之。執楊昱。時五月二十二日。俄而魏陳外合，慶之率騎三千，背城逆戰。大破之。天穆單騎獲免。進赴虎牢，尒朱世隆棄城走。不暇追報世承，尋爲元顥所禽，殺之。於是孝莊帝出奔。五月二十三日。二十四日至河内。其臨淮王彧、安豐王延明率百僚迎顥入洛陽。二十五日。元天穆率衆四萬，攻陷大梁；分遣王老生、費穆兵二萬據虎牢，刀宣、刀雙入梁、宋。慶之隨方掩襲，并皆降款。天穆與十餘騎北渡河。《周書・楊寬傳》：邢杲反，寬以都督從元天穆討平之。屬元顥入洛，天穆懼，計無所出，集諸將謀之。寬曰：“吴人輕佻，非王之敵；況縣軍深入，師老兵疲，彊弩之末，何能爲也？願徑取成皋，合兵伊、洛，戳帶定襄，於是乎在。此事易同摧朽，王何疑焉？”天穆然之，乃引軍趣成皋。尋以衆議不同，乃回赴石濟。蓋魏是時軍氣不振，故天穆未能悉力與慶之決戰也。石濟，見第八章第七節。自發銍縣，至於洛陽，十四旬，平三十二城，四十七戰，所向無前，其兵鋒可謂鋭矣。然魏之兵力，未大損也。初元顥之逼虎牢也，或勸魏孝莊帝赴關西。孝莊以問其中書舍人高道穆。道穆對曰：“關西殘荒，何由可往？元顥兵衆不多，乘虚深入，由將帥征提，不得其人耳。陛下若親率宿衛，高募重賞，背城一戰，破顥孤軍，必不疑矣。如恐成敗難測，便宜車駕北渡，循河東下，徵天穆合於滎陽，向虎牢；别徵尒朱榮軍，令赴河内，以犄角之。旬月之間，何往不克？”帝曰：“高舍人議是。”尒朱榮聞莊帝渡河，即時馳傳，與之會於長子。見第三章第四節。於是魏人重來之計決，而元顥之勢危矣。《梁書・陳慶之傳》云：初元子攸止單騎奔走，宮衛嬪侍，無改於常。顥既得志，荒於酒色，乃日夜宴樂，不復視事。《魏書・顥傳》云：顥以數千之衆，轉戰輒克，據有都邑，號令自己，天下人情，想其風政。而自謂天之所授，頗懷驕怠。宿昔賓客近習之徒，咸見寵待，干擾政事。又日夜縱酒，不恤軍國。所統南兵，陵竊市里。朝野莫不失望。時又酷斂，公私不安。案顥固非能有爲之人，然其猜忌陳慶之，則亦勢所必至，無足爲怪。當日情勢，遣兵大少，非不足定顥，則顥位既定之後，必反爲所戕，其事至顯，而梁當日，一遣慶之，遂無後繼，此其舉措，所以爲荒繆絶倫也。又《楊昱傳》：謂昱之敗，陳慶之等三百餘人伏顥帳前請曰：“陛下渡江，三千里無遺鏃之費，昨日一朝殺傷五百餘人，求乞楊昱以快意。”顥不可，而曰：“自此之外，惟卿等所請。”於是斬昱下統帥三十七人，皆令蜀兵剖腹取心食之。則南兵驕横殘暴，亦自實情。實非弔民伐罪之師。遣此等兵，雖善戰，亦不能定國也。與安豐、臨淮，共立姦計，將背朝恩。慶之心知之，乃説顥曰：“今遠來至此，未伏尚多。若知人虚實，方更連兵。宜啓天子，更請精兵。并勒諸州：有南人没此者，悉須部送。”顥欲從之。元延明説顥曰：“陳慶之兵不出數千，已自難制，今增其衆，寧復肯爲用乎？”顥乃表高祖曰：“河北河南，一時已定，惟尒朱榮尚敢跋扈，臣與慶之，自能禽討。今州郡新服，政須綏撫，不宜更復加兵，摇動百姓。”高祖遂詔衆軍，皆停界首。顥前以慶之爲徐州刺史，因固求之鎮。顥曰：“主上以洛陽之地，全相任委。忽聞舍此朝寄，欲往彭城，謂君邃取富貴，不爲國計。手敕頻仍，恐成僕責。”慶之不敢復言。惟有坐待喪敗矣。《王規傳》言：慶之克復洛陽，百僚稱賀，規退曰：“孤軍無援，深入寇境；威勢不接，餽運難繼。將是役也，爲禍階矣。”此固人人之所知，而梁武漫不加省，舉朝亦莫以爲言，怠荒至此，何以爲國？況求克敵乎？

元顥入洛後二日，魏行臺崔孝芬、大都督刀宣即破顥後軍都督侯暄於梁國，見第二章第三節。斬之。及尒朱榮與孝莊帝會，即日反斾。旬日之間，兵馬大集。資糧器仗，繼踵而至。於是魏軍聲勢驟盛。顥都督宗正珍深、河内大守元襲固守不降。榮攻克之，斬以徇。孝莊如河内。榮與顥相持於河上。顥令延明緣河據守。榮無舟船。有夏州人爲顥守河中渚，求破橋立效。榮率軍赴之。及橋破，應接不果，皆爲顥所屠。榮悵然，將圖還計。黃門侍郎楊侃及高道穆，并固執不可。以爲大軍若還，失天下之望。并教以縛筏造船，處處遣渡。屬馬渚諸楊，云有小船，求爲鄉道。《周書·楊擷傳》：元顥入洛，孝莊欲往晉陽就尒朱榮，詔擷率其宗人，收船馬渚。擷未至，帝已北度大行，擷遂匿所收船，不以資敵。及尒朱榮奉帝南討，至馬渚，擷乃具船以濟王師。馬渚，在硤石東。硤石，見第四章第二節。七月，榮乃令尒朱兆等率精騎夜渡。兆，榮從子。顥子冠受，率馬步五千拒戰，兆大破禽之。延明聞冠受見禽，遂自逃散。顥率麾下數百騎及南兵勇健者，自轘轅而出。至臨汝，宋縣，治所未詳。部騎分散，爲臨潁縣卒所斬。臨潁，漢縣，在今河南臨潁縣西北。潁弟瑱，潛竄，爲人執送，斬於都市。延明南奔，後死於江南。陳慶之馬步數千，結陳東反。榮親自來追。直嵩高山水洪溢，軍人死散。慶之乃落髮爲沙門，間行至豫州。豫州程道雍等潛送出汝陰，見第四章第二節。乃得歸。

第七節　孝莊帝殺尒朱榮

元顥敗後，尒朱榮復繼平内亂。其年，九月，侯淵討韓樓於薊，破斬之。幽州平。《周書·竇熾傳》：葛榮別帥韓婁、郝長衆數萬人據薊城不下，以熾爲都督，從驃騎將軍侯深討之，熾手斬婁。深即淵，避唐諱改字。明年，梁中大通三年，魏莊帝永安三年，長廣王曄建明元年，前廢帝即節閔帝普泰元年，後廢帝中興元年。正月，東徐州城民呂文欣、王赦等殺刺史元大賓，據城反。魏東徐州，治下邳，見第三章第三節。以樊子鵠爲行臺討之。二月，克之。東徐平。事亦見《魏書·鹿悆傳》。万俟醜奴以去年夏僭號。從《尒朱天光傳》。《本紀》在七月，蓋魏朝至此始聞之。九月，陷東秦州。見第三節。是歲，除尒朱天光雍州刺史，率賀拔岳、侯莫陳悦等討之。天光初行，惟配軍士千人。詔發京城已西路次民馬給之。時東雍赤水蜀賊斷路。胡三省曰：東雍州時治鄭縣。赤水，《水經注》：在鄭縣北。鄭縣，見第三章第三節。詔侍中楊侃先行曉喻。蜀持疑不下。天光遂入關擊破之。簡取壯健，以充軍士。悉收其馬。至雍，見第三章第五節。又稅民馬。合得萬匹。以軍人寡少，停留未進。榮遣責之，杖天光一百。而復遣二千人往赴。天光令賀拔岳率千騎先驅。至岐州界長城，岐州，見第十一章第四節。與醜奴行臺尉遲菩薩遇，破禽之。醜奴棄岐州，走還安定。置柵於平亭。涇州，治安定，見第十一章第四節。平亭，在涇州北。天光至岐，與岳合勢。於汧、渭之間，停軍牧馬。宣言待至秋涼，別量進止。醜奴謂爲實，分遣諸軍，散營農稼。天光襲破之。醜奴棄平亭，欲趨高平。見第三節。天光遣岳輕騎急追，禽之。天光逼高平，城內執送蕭寶寅。囚送魏都。斬醜奴，賜寶寅死。涇、豳、二夏，北至靈州，并來歸降。豳州、夏州、靈州，皆見第三節。二夏，謂夏州及東夏州。東夏州，在今陝西北境，治所未詳。其黨万俟道洛、費連少渾猶據原州。見第三節。天光使造高平李賢，令圖道洛。賢紿道洛出城。天光至，遂克之。遣都督長孫邪利率二百人行原州事。道洛襲殺邪利。天光與岳、悦馳赴之。道洛還走入山，西依牽屯。見第六章第六節。榮責天光失邪利，不獲道洛，復使杖之一百。天光與岳、悦等復赴牽屯。道洛入隴，投略陽賊帥白馬龍涸胡王慶雲。略陽，見第二章第二節。龍涸，亦作龍鵠，今四川松潘縣。道洛驍果絕倫，慶雲得之甚喜。乃自稱皇帝，以道洛爲將軍。《紀》在六月。天光率諸軍入隴。至慶雲所居水洛城，見第三節。禽慶雲、道洛。悉阬其衆，死者萬七千人。分其家口。於是三秦、河、渭、瓜、涼、鄯善，咸來歸順。據《魏書·天光傳》。《周書》鄯善作鄯州。三秦，秦州，見第十一章第三節。東秦、南秦、河、涼州，皆見本章第三節。瓜州，見第四節。渭州，後魏置於隴西郡。隴西，見第二章第二節。鄯州，治西都，今青海樂都縣。賊帥宿勤明達，降天光於平涼，見第六章第三節。復北走，收聚部類，攻降人叱干麒麟。麒麟請救。天光遣岳討之。未至，明達走於東夏。岳聞尒朱榮死，不追之，還涇州以待天光。天光亦下隴，與岳圖入洛之策。迨前廢帝立，乃復出夏州，遣將討禽之焉。

尒朱榮破葛洪後，爲大丞相，進位大師。及平元顥，又造立名目，稱爲天柱大將軍。榮尋還晉陽，遥制朝廷。親戚腹心，皆補要職、百寮，朝廷動静，莫不以申。至於除授，皆須榮許，然後得用。莊帝雖受制權臣，而勤於政事。朝夕省納，孜孜不已。以選司多濫，與吏部尚書李神儁議正綱紀。榮乃大相嫌責。曾關補定州曲陽縣令，曲陽，見第六章第八節。神儁以階懸不奏，別更擬人，榮大怒，即遣其所補者，往奪其任。榮使入京，雖復微蔑，朝貴見之，莫不傾靡。及至闕下，未得通奏，恃榮威勢，至乃忿怒。神儁遂上表遜位。榮欲用其從弟

世隆攝選，世隆時爲尚書左僕射。上亦不違。榮曾啓北人爲河内諸州，欲爲犄角
勢。上不即從。元天穆入見論事，上猶未許。天穆曰："天柱有大功，爲國宰
相。若請普代天下官屬，恐陛下亦不得違。如何啓數人爲州，便停不用？"帝
正色曰："天柱若不爲人臣，朕亦須代；如猶存臣節，無代天下百官理。"榮聞，
大怒，曰："天子由誰得立？今乃不用我語。"皇后復嫌内妃嬪，甚有妒恨之事。
帝遣世隆語以大理。后曰："天子由我家置立，今便如此。我父本即自作，今
亦復決。"世隆曰："兄止自不爲。若本自作，臣今亦得封王。"榮見帝年長明
晤，爲衆所歸，欲移自近，皆使由己。每因醉云："入將天子拜謁金陵，後還復
恆、朔"；而侍中朱元龍，輒從尚書索大和中遷京故事；於是復有移都消息。榮
乃暫來向京，言看皇后娩難。帝懲河陰之事，終恐難保，乃與城陽王徽，見第二
節。侍中楊侃、李彧，尚書右僕射元羅謀。皆勸帝刺殺之。惟膠東侯李侃晞、
濟陰王暉業言：榮若來，必有備，恐不可圖。李彧，莊帝舅延寔之子。尚帝姊壽亭公主。
任俠交遊。尒朱榮之死，武毅之士，皆彧所進。孝靜初被殺。延寔爲青州刺史，尒朱兆入洛，亦見害。
侃晞，鳳之孫。與魯安等同殺榮。後奔梁。皆見《魏書·外戚傳》。又欲殺其黨與，發兵拒之。
帝疑未定。而京師人懷憂懼。中書侍郎邢子才之徒，已避之東出。榮乃徧與
朝士書，相任留。中書舍人溫子昇以書呈帝。帝恆望其不來，及見書，以榮必
來，色甚不悦。武衛將軍奚毅，建義初，建義，亦孝莊年號，後乃改永安。往來通命，帝
每期之甚重，然以爲榮通親，不敢與之言。毅曰："若必有變，臣寧死陛下難，
不能事契胡。"帝曰："朕保天柱無異心，亦不忘卿忠款。"是年，八月，榮將四五
千騎向京。時人皆言其反，復道天子必應圖之。九月初，榮至京。有人告云：
"帝欲圖之。"榮即具奏。帝曰："外人亦言王欲害我，豈可信之？"於是榮不自
疑，每入謁帝，從人不過數十，皆不持兵仗。帝欲止。城陽王曰："縱不反亦何
可耐，況何可保邪？"北人語訛尒朱爲人主，上又聞其在北言我姓人主。先是
長星出中台，掃大角。恆州人高榮祖，頗明天文，榮問之曰："是何祥也？"答
曰："除舊布新象也。"榮聞之悦。又榮下行臺郎中李顯和曾曰："天柱至那無
九錫？安須王自索也？亦是天子不見機。"都督郭羅察曰："今年真可作禪文，
何但九錫？"參軍褚光曰："人言并州城上有紫氣，何慮天柱不應？"榮下人皆陵
侮帝左右，無所忌憚，事皆上聞。奚毅又見求聞。帝即下明光殿與語。帝又
疑其爲榮，不告以情。及知毅赤誠，乃召城陽王及楊侃、李彧，告以毅語。榮
小女嫁與帝兄陳留王，小字伽邪，榮嘗指之曰："我終當得此女婿力。"徽又
云："榮慮陛下終爲此患，脱有東宫，必貪立孩幼；若皇后不生大子，則立陳留，
以安天下。"并言榮指陳留語狀。十五日，天穆到京。《魏書·榮傳》云：帝既圖榮，榮

至入見，即欲害之，以天穆在并，恐爲後患，故隱忍未發。駕迎之。榮與天穆并從入西林園宴射。榮乃奏曰："近來侍官皆不習武，陛下宜將五百騎出獵，因省辭訟。"先是奚毅言："榮因獵挾天子移都，至是，其言相符。"十八日，召溫子昇，告以殺榮狀。并問以殺董卓事。子昇具道本末。上曰："王允若即赦涼州人，必不應至此。"良久，語子昇曰："朕之情理，卿所具知。死猶須爲，況不必死？寧與高貴鄉公同日死，不與常道鄉公同日生。"上謂殺榮、天穆，即赦其黨，便應不動。應詔王道習曰："尒朱世隆、司馬子如、自云晉南陽王模之後，時爲金紫光禄大夫。朱元龍，比來偏被委付，具知天下虛實，謂不宜留。"城陽王及楊侃曰："若世隆不全，仲遠、天光，豈有來理？"仲遠，榮從弟，見下。帝亦謂然，無復殺意。城陽曰："榮數征伐，要閒有刀，或能很戾傷人，臨事願陛下出。"乃伏侃等十餘人於明光殿東。其日，榮與天穆并入。坐食未訖，起出。侃等從東階上殿，見榮、天穆已至中庭，事不果。十九日是帝忌日。二十日榮忌日。二十一日，暫入，即向陳留王家。飲酒極醉。遂言病動，頻日不入。上謀頗泄。世隆等以告榮。榮輕帝，不謂能反。[①]《魏書·榮傳》云：榮啟將入朝，世隆與榮書，勸其不來。榮妻北鄉郡長公主亦勸不行。榮并不從。《世隆傳》云：莊帝將圖榮，或榜世隆門，以陳其狀。世隆封以呈榮，勸其不入。榮自恃威彊，不以爲意。遂手毀密書，唾地曰："世隆無膽，誰敢生心？"《北史》則云：莊帝之將圖榮，每屏人言。世隆懼變，乃爲匿名書，自榜其門，曰："天子與侍中楊侃，黃門馬道穆等爲計，欲殺天柱。"以此書與北鄉郡公主。并以呈榮，勸其不入。又勸其速發。皆不見從。案當時恐無肯泄密謀於尒朱氏者，且誰能榜世隆之門？《北史》所言蓋是，此可見榮之難於告語矣。北鄉郡，《魏書·帝紀》作鄉郡，當從之。《五代志》：上黨郡鄉縣，石勒置武鄉郡，後魏去武字爲鄉郡。魏收《志》無北鄉郡。二十五日旦，榮、天穆同入。其日大欲革易。上在明光殿東序中，西面坐。榮與天穆，并御牀西北小牀上南向坐。城陽入，始一拜，榮見光禄卿魯安等持刀從東户入，即馳向御坐。帝拔千牛刀手斬之。《魏書·榮傳》云：帝先橫刀膝下，遂手刃之。安等亂斫，榮與天穆、菩提，同時并死。時年三十八。得其手板，上有數牒啓，皆左右去留人名。非其腹心，悉在出限。帝曰："豎子若過今日，便不可制。"天穆與榮子菩提亦就戮。於是内外喜叫，聲滿京城。既而大赦。以上叙榮事，以《北史·本傳》爲主。案榮本粗才，無可成大業之理。《北史·榮傳》云：性甚嚴暴。弓箭刀稍不離於手。每有瞋嫌，即行忍害。左右恆有死憂。曾欲出獵，有人訴之，披陳不已，榮怒，即射殺之。又云：榮好射獵，不舍寒暑。法禁嚴重，若一鹿出，乃有數人殞命。曾有一人，見猛獸便走，謂曰："欲求活邪？"即斬之。自此獵如登戰場。曾見一猛獸，在窮谷中，乃令餘人，重衣空手搏之，不令傷損。於是數人被殺，遂禽得之。列圍而進，雖險阻不得迴避。其爲人，蓋與魏道武相類。然道武行之代北可也，榮行之中原，則不可一

日居矣。然北魏本出竊據，非如後漢之足以維繫人心；況尒朱氏安知名分？徒恃大赦，欲安反側，安可得邪？

　　尒朱氏之族：天光較有才略，然時方督師下隴，與洛邑聲勢不相接；仲遠刺徐州，去洛邑亦較遠，且其人本無能爲；惟兆刺汾州，見第三節。去晉陽、洛邑皆近，兆又夙從榮征伐，故榮一死，而兆之師即至焉。莊帝之殺榮，遣奚毅、崔淵鎮北中。北中郎府城，在河橋北岸。今河南孟縣南。是夜，尒朱世隆奉鄉郡長公主，率榮部曲，焚西陽門出走。便欲還北。司馬子如曰：“事貴應機，兵不厭詐。天下洶洶，惟强是視。於此際會，不可以弱示人。若必走北，即恐變故隨起。不如分兵守河橋，迴軍向京。出其不意，或可離潰。假不如心，猶足示有餘力，使天下觀聽，懼我威强。”世隆從之。還攻河橋，禽奚毅等害之。據北中城，南逼京邑。莊帝以楊津爲并州刺史，北道大行臺，經略并、肆。肆州，見第十一章第二節。李叔仁爲大都督，討世隆。魏蘭根爲河北行臺，節度定、相、殷三州。後代以薛曇尚。定州，見第十一章第二節。相州，見第八章第二節。殷州，見本章第三節。帝臨大夏門，集羣臣博議。百寮恇懼，計無所出。李苗請斷河橋。城陽王及高道穆贊成其計。苗乃募人，以火船焚河橋。官軍不至，苗戰歿。然世隆因此退走。至建州，後魏置，今山西晉城縣東北。刺史陸希質拒守。城陷，世隆盡屠之，以洩其忿。停高都，後魏郡，在晉城東北。尒朱兆自晉陽來會。共推大原大守行并州刺史長廣王曄爲主。景穆子南安王楨之孫。尒朱仲遠亦率衆向京師。莊帝使源子恭鎮大行丹谷。在晉城東南。鄭先護爲大都督，與賀拔勝等拒仲遠。勝與仲遠戰於滑臺東，滑臺，見第六章第五節。失利，遂降之。先護部衆逃散。尒朱兆攻丹谷，都督崔伯鳳戰歿，羊文義、史仵龍降，源子恭奔退。兆輕兵倍道，與尒朱度律榮從父弟。自富平津上，富平津，即孟津，見第二章第二節。率騎涉渡。《北史·景穆十二王傳》：任城王雲之孫世儁，尒朱兆寇京師，爲都督，守河橋。兆至河，世儁便隔岸遙拜。遂將船五艘迎兆軍，兆因得入。京都破殘，皆世儁之罪，時論疾之。《魏書》無“遂將船”以下二十一字。案世儁雖無守意，然兆之得濟，必不能恃其所將之五船也。十一月三日，大風鼓怒，黃塵漲天。騎叩宮門，宿衞乃覺。彎弓欲射，袍撥弦，矢不得發。一時散走。莊帝步出雲龍門，爲兆騎所繫。兆先令衞送晉陽。留洛旬餘，撲殺皇子，汙辱妃嬪，縱兵虜掠，乃歸晉陽。十三日，害帝於五級寺。時年二十四。并害陳留王覽。即伽邪。城陽王徽走山南。至故吏寇彌宅。彌怖徽云：“官捕將至。”令避他所，使人於路邀害之，送尸於兆。史言尒朱榮死後，徽總統內外，算略無出，憂怖而已。性多嫉妒，不欲人居其前。每入參謀議，獨與帝決。朝臣有上軍國籌策者，并勸帝不納。乃云：“小賊何慮不除？”又吝惜財物。有所賞賜，咸出薄少。或多而中

413

減,與而復追。徒有糜費,恩不感物。案徽誠非匡濟之才,然時事勢實艱難,亦不能爲徽咎也。莊帝先以高道穆爲南道大行臺,外託征蠻,陰爲不利則南行之計,未及發,爲尒朱世隆所害。

長廣王之立也,以世隆爲尚書令,先赴京師。世隆與兆會於河陽。見第十一章第二節。兆讓世隆曰:"叔父在朝多時,耳目應廣,如何不知不聞,令天柱受禍?"按劍瞋目,聲色甚厲。世隆遜辭拜謝,然後得已。深恨之。時尒朱度律留鎮洛陽,仲遠亦自滑臺入京,世隆乃與兄弟密謀,別行擁立。廣陵王恭,獻文子廣陵惠王羽之子。以元又專權,託稱瘖病,絶言垂一紀。居於龍華佛寺,無所交通。世隆欲立之。而度律意在南陽王寶炬。孝文子京兆王愉之子。乃曰:"廣陵不言,何以主天下?"世隆兄彥伯,密相敦喻。又與度律同往龍華佛寺,知其能言。三月曄至邙南,世隆等遂廢之而立恭。是爲《魏書》所謂前廢帝。《北史》從西魏追謚,稱爲節閔帝。兆以已不與謀,大患,欲攻世隆。詔令華山王鷙兼尚書僕射、北道大使慰喻之,兆猶不釋。鷙,平文子高涼王孤之六世孫。《魏書》以爲尒朱氏黨。云:兆爲亂,莊帝欲率諸軍親討,鷙與兆陰通,乃勸帝曰:"黄河萬仞,寧可卒渡?"帝遂自安。及兆入殿,鷙又約止衛兵。帝見逼,京邑破,皆由鷙之謀。案時魏朝兵力,自不足用,莊帝即親討,亦何能爲?逮兆既入殿,又豈衛兵所能格邪?此等傳説,自近虛誣。然觀此時特令鷙喻止兆,則其爲尒朱氏之黨不疑也。世隆復遣彥伯自往喻之,兆乃止。《北史·世隆傳》曰:世隆與兄弟密謀。慮元曄母干豫朝政,伺其母衛氏出行,遣數十騎如劫賊,於京巷殺之。尋又以曄疏遠,欲推立節閔帝。夫當時元魏之君,奚翅僅亦守府?況於其母?既視置君如弈碁矣,親疏又何擇焉?《天光傳》言:兆入京後,天光曾輕騎向都見世隆等,乃還雍,世隆等議廢立,遣告天光,天光亦與定策。然則當時之廢立,蓋專以犄兆,即無神武之兵,尒朱氏之內難亦必作。然其毒痛四境,使人人有時日曷喪之懷,則并其內難之作而亦有所不能待矣。

時天光控關右,仲遠居大梁,仲遠時仍爲徐州刺史,不之鎮而居大梁,後又移屯東郡。大梁,見上節。東郡,見第三節。兆據并州,世隆處京邑,各自專恣。除天光史言其"差不酷暴",彥伯史言其"差無過患"外,均極貪虐,而仲遠尤甚。於大家富族,誣之以反,没其家口;簿籍財物,皆以入己;丈夫死者,投之河流;如此者不可勝數。諸將婦有美色者,莫不被其淫亂。東南牧守,下至民俗,比之豺狼。世隆既總朝政,生殺自由。公行淫佚。信任近小,隨其與奪。度律亦所至爲百姓患毒。世隆之入洛也,主者欲追李苗贈封,世隆曰:"吾尒時羣議:更一二日,便欲大縱兵士,焚燒都邑,任其采掠,賴苗京師獲全,天下之善士也,不宜追之。"尒朱兆既縱掠京邑,先令衛送莊帝於晉陽,乃自於河梁監閱財貨。貪暴如此,雖與之天下,豈能一朝居? 況乎怨讎者之日伺其側邪?

第八節　齊神武起兵

　　尒朱世隆等既立節閔帝,是月,鎮遠將軍崔祖螭即聚青州七郡之眾圍東陽。青州治,見第六節。劉靈助時爲幽州刺史,亦起兵於薊。幽州治。渤海蓚人高翼,魏渤海郡,因宋僑置之舊,治靈濟城,在今山東高苑縣西北。蓚,見第二節。爲山東豪右,葛榮亂作,魏朝即家拜爲渤海大守。至郡未幾,賊徒愈盛,翼部率合境,徙於河、濟之間。魏因置東冀州,以翼爲刺史。尒朱榮弑莊帝,翼保境自守,謂諸子圖之。事未輯而卒。翼三子:乾、昂、季式,皆輕俠。孝莊居藩,乾潛相託附。及立,遙除龍驤將軍、通直散騎常侍。乾兄弟皆受葛榮官爵。莊帝尋遣右僕射元羅巡撫三齊,乾兄弟相率出降。孝莊以乾爲給事黃門侍郎。尒朱榮以乾前罪,不應復居近要,莊帝乃聽乾解官歸鄉里。乾與昂俱在鄉里,陰養壯士。尒朱榮聞而惡之。密令刺史元仲宗此據《北齊書·昂傳》。《魏書》、《北史·本紀》皆作嶷。案嶷爲昭成孫常山王遵之玄孫,字子仲,見《魏書·昭成子孫傳》。《北史》同。誘執昂,送於晉陽。莊帝末,榮入洛,以昂自隨,禁於駞牛署。榮死,莊帝即引見勞勉之。乾聞榮死,馳赴洛陽。莊帝以爲河北大使,令招集鄉閭,爲表裏形援。昂亦請還鄉里,招集部曲。尒朱兆入洛,遣其監軍孫白鷂至冀州,託言普徵民馬,欲待乾兄弟送馬,因收之。乾乃潛勒壯士,襲據州城。殺白鷂。執元仲宗,推封隆之行州事。隆之亦蓚人。爲河內大守。尒朱兆入洛,隆之持節東歸。與乾等定計,襲克州城。受劉靈助節度。① 靈助本以方技見信尒朱榮。其舉兵也,《魏書》言其馴養大鳥,稱爲己瑞;又妄說圖讖;作詭道厭祝之法。然又言幽、瀛、滄、冀之民悉從之;瀛州,見第十一章第四節。滄州,見本章第三節。《北齊書·叱列延慶傳》亦云:諸州豪右咸相結附;如李元忠宗人愍及安州刺史盧曹等皆是,見《北齊書·元忠傳》。安州,見第二節。盧曹,《北史》作盧曺。則其聲勢亦頗盛。靈助本幽州大俠,非徒恃邪術惑民者也。靈助至博陵之安國城,今河北安國縣。與魏侯淵及定州刺史叱列延慶、定州,見第十一章第二節。延慶,尒朱世隆姊壻,時爲山東行臺。殷州刺史尒朱羽生等戰,敗死。四月,尒朱仲遠使其都督魏僧勖等攻崔祖螭,斬之。《通鑑考異》曰:《北齊·李渾傳》:普泰中,崔社客反於海、岱,攻圍青州,以渾爲征東將軍都官尚書行臺赴援。而社客宿將多謀,諸城各自保固,堅壁清野。諸將議有異同。渾曰:"社客賊之根本。若簡練驍勇,銜枚夜襲,徑趨營下,出其不意,咄嗟之間,

──────────

① 宗教:劉靈助。

415

便可擒珍。如社客就擒，則諸郡可傳檄而定。"諸將遲疑。渾乃速行。未明達城下。賊徒驚駭。擒社客，斬首送洛陽。按其年時事迹，與祖蠣略同。未知社客即祖蠣，為別一人也？然齊神武之兵旋起矣。

北齊高祖神武皇帝高歡，亦渤海蓚人。祖謐，魏侍御史，坐法徙居懷朔鎮。見第三節。神武累世北邊，習其俗，遂同鮮卑。① 神武深沈有大度。輕財重士，為豪俠所宗。初給鎮為隊主。轉為函使。後從杜洛周。與尉景、善無人，神武姊夫。善無，見第三章第八節。段榮、武威人。祖信，仕沮渠氏。入魏，以豪族徙北邊。家於五原。武威，見第二章第二節。五原，見第三章第八節。蔡儁廣寧石門人。父普，北方擾亂，奔走五原，守戰有功。儁豪爽有膽氣，高祖微時，深相親附。廣寧，後魏郡，石門，後魏縣，在今山西壽陽縣境。圖之，不果。奔葛榮。又亡歸尒朱榮於秀容。從榮徙并州。榮以為親信都督。又以為晉州刺史。晉州，東雍州改，今山西臨汾縣。尒朱兆將赴洛，召神武。神武使長史孫騰，辭以絳蜀、汾胡欲反，不可委去。兆恨焉。及兆入洛，執莊帝以北，神武聞之，大驚。《魏書·兆傳》：騰還具報。王曰："兆等猖狂，舉兵犯上，吾今不同，猜忌成矣。今也南行，天子列兵河上，兆進不能度，退不得還，吾乘山東下，出其不意，此徒可以一舉而擒。"俄而兆克京師，孝莊幽縶，都督尉景，從兆南行，以書報王，王得書，大驚。又使孫騰偽賀兆，因密覘孝莊所在，將劫以舉義，不果。《魏書·兆傳》：王得書大驚，召騰示之，曰："卿可馳驛詣兆。示以謁賀。密觀天子，今在何處？為隨兆軍府？為別送晉陽？脫其送并，卿宜馳報，吾當於路要迎。"騰晨夜驅馳，已遇帝於中路。王時率騎東轉，聞帝已渡，於是西還。案神武此時，兵力實未足與兆敵，史所傳恐未必可信也。神武之所以興者，實緣得六鎮之衆，而其所以得此衆者，則史之所傳又互異。《北齊書·本紀》云：費也頭紇豆陵步藩入秀容，逼晉陽。兆徵神武。神武將往。賀拔焉過兒請緩行以弊之。神武乃往，逗留，辭以河無橋，不得渡。步藩軍盛，兆敗走。初孝莊之誅尒朱榮，知其黨必有逆謀，乃密敕步藩，令襲其後。步藩既敗兆等，兵勢日盛。兆又請救於神武。神武内圖兆，復慮步藩之難除，乃與兆悉力破之，藩死。兆深德神武，誓為兄弟。葛榮衆流入并、肆者二十餘萬，為契胡陵暴，皆不聊生。大小二十六反，誅夷者半，猶草竊不止。兆患之，問計於神武。神武曰："六鎮反殘，不可盡殺。宜選王素腹心者，私使統焉。若有犯者，直罪其帥，則所罪者寡。"兆曰："善。誰可行也？"賀拔允時在坐，請神武。神武拳毆之，折其一齒，曰："生平天柱時奴輩伏處分如鷹犬，今日天下，安置在王，而阿鞠泥敢誣下罔上，請殺之。"兆以神武為誠，遂以委焉。神武以兆醉，恐醒後或致疑貳，遂出。宣言"受委統州

_____

① 民族：神武累世北邊，遂同鮮卑。尒朱兆分與神武之衆，《齊書·慕容紹宗傳》謂為鮮卑（第四一七頁），故神武詐言特以六鎮人配契胡為部曲（第四一八頁），不得欺漢兒（第四一九頁）。

鎮兵,可集汾東受令"。乃建牙陽曲川,陳部分。陽曲,見第二章第二節。兵士素惡
兆而樂神武,莫不皆至。居無何,又使劉貴請兆:以"并、肆頻歲霜旱,降户掘
黄鼠而食之,皆面無穀色,徒汙人國土。請令就食山東,待温飽而處分之"。
兆從其議。其長史慕容紹宗諫曰:"今四方擾擾,人懷異望,高公雄略,又握大
兵,將不可爲。"兆曰:"香火重誓,何所慮也?"紹宗曰:"親兄弟尚爾難信,何論
香火?"時兆左右已受神武金,因譖紹宗與神武舊有隙。兆乃禁紹宗而催神武
發。神武乃自晉陽出滏口。見第四節。路逢尒朱榮妻北鄉長公主自洛陽來,馬
三百匹,盡奪易之。兆聞,乃釋紹宗而問焉。紹宗曰:"猶掌握中物也。"於是
自追神武。至襄垣,漢縣,後魏置郡,在今山西襄垣縣北。會漳水暴長,橋壞。神武隔
水拜曰:"所以借公主馬,非有他故,備山東盜耳。王受公主言,自來賜追。今
渡河而死不辭,此衆便叛。"兆自陳無此意。因輕馬渡,與神武坐幕下。陳謝。
遂授刀引頭,使神武斫己。神武大哭曰:"自天柱薨背,賀六渾更何所仰? 願
大家千萬歲,以申力用。今旁人搆間至此,大家何忍復出此言?"兆投刀於地,
遂刑白馬而盟,誓爲兄弟。留宿夜飲。尉景伏壯士欲執之。神武齧臂止之,
曰:"今殺之,其黨必奔歸聚結,兵饑馬瘦,不可相支。若英雄崛起,則爲害滋
甚。不如且置之。兆雖勁捷,而凶狡無謀,不足圖也。"旦日,兆歸營,又召神
武。神武將上馬詣之。孫騰牽衣,乃止。兆隔水肆詈,馳還晉陽。兆心腹念
賢,領降户家累別爲營。神武偽與之善,觀其佩刀,因取之以殺其從者,從者
盡散。於是士衆咸悦,倍願附從。神武遂前行,屯鄴。《魏書·尒朱兆傳》云:
初榮既死,莊帝詔河西人紇豆陵步蕃等,令襲秀容。兆入洛後,步蕃兵勢甚
盛,南逼晉陽。兆所以不暇留洛,回師禦之。兆雖驍果,本無策略,頻爲步藩
所敗。於是部勒士馬,謀出山東。令人頻徵獻武王於晉州。乃分三州、六鎮之
人,令王統領。既分兵別營,乃引兵南出,以避步蕃之鋭。步蕃至於樂平郡,治沾
城,在今山西昔陽縣西南。王與兆還討破之,斬步蕃於秀容之石鼓山。其衆退走。兆
將數十騎詣王,通夜宴飲。後還營招王。王知兆難信,未能顯示,將欲詣之。臨
上馬,長史孫騰牽衣而止。兆乃隔水責罵騰等。於是各去。王還自襄垣東出,
兆歸晉陽。謂歡受兆命統衆,在破步蕃之前,亦無請就食山東之事,與《齊書·
本紀》異。《齊書·慕容紹宗傳》云:紇豆陵步藩逼晉陽,尒朱兆擊之,累爲所破,
欲以晉州徵高祖,共圖步藩。紹宗諫曰:"今天下擾擾,人懷覬覦,高晉州才雄氣
猛,英略蓋世,譬諸蛟龍,安可借以雲雨?"兆怒曰:"我與晉州,推誠相待,何忽輒
相猜阻,橫生此言?"便禁止紹宗,數日方釋。遂割鮮卑隸高祖。其謂分衆在平
步蕃之前與《魏書》同,而又謂所分者爲鮮卑。今案費也頭爲河西强部。《北

史·尒朱榮傳》曰：莊帝恆不慮外寇，惟恐榮爲逆。常時諸方未定，欲使與之相持，及告捷之日，乃不甚喜。《魏書·尒朱天光傳》言：前廢帝立後，天光復出夏州，遣將討宿勤明達，擒之送洛，時費也頭帥紇豆陵伊利、万俟受洛干等據有河西，未有所附，天光以齊獻武王起兵，內懷憂恐，不復北事伊利等，但微遣備之而已。費也頭蓋北方諸部中僅存而未服於尒朱氏者，故莊帝因而用之也。莊帝誅尒朱榮後，所遣經略防守之兵甚多，無一能奏效者，牽制之師，蓋以此爲最盡力矣。然謂其能南逼晉陽，亦似大過。《魏書·孝莊紀》：永安三年，十二月，河西人紇豆陵步蕃、破落韓常大敗尒朱兆於秀容，此即兆入洛而步蕃犄其後之事，其戰事固猶在代北也。當時抗尒朱氏者，劉靈助、高乾兄弟，皆在山東，尒朱兆部勒士馬欲東出，蓋以此故？步蕃蓋以此時踵其後而逼晉陽？晉陽爲尒朱氏根本之地，兆自不得不回師禦之。其所統者，蓋即《魏書·兆傳》所云六鎮之兵，亦即《齊書·慕容紹宗傳》所謂鮮卑？三州，蓋謂并、肆及兆所刺之汾州？其兵蓋多出六鎮？固非必鮮卑種人，然亦必所謂累世北邊，習其俗，遂同鮮卑者。其中葛榮降衆必多，皆有家累，故《齊書·神武紀》侈言其數爲二十餘萬也。其分屬神武，自當在破步蕃之前。兆回攻步蕃所以屢敗者，蓋正以所將者爲此曹，心懷怨恨之故。故一分諸神武而即克。然則兆之分兵，實迫於勢不得已，非因醉而然也。[1]《齊書·神武紀》，敘此於既破步蕃之後，實爲大誤。然其建牙而東，則必在求就食山東得請之後，《魏書》敘神武得衆之時雖不誤，而漏去請就食山東一節，一似神武既平步蕃，遽行東出者，當時情事，亦不可見矣。神武在尒朱榮時已爲晉州，而《齊書·慕容紹宗傳》謂兆欲以晉州徵高祖，一似以此爲共圖步蕃之報者？蓋兆徵神武入洛而神武不從，嫌隙已搆，兆於是時，蓋有欲奪神武晉州之意，至此，乃又以許仍舊貫爲并力之報也。紹宗諫兆，未知究在何時，然必非因其徵神武而發。何則？徵神武，則神武且爲兆用，而又何猜焉？兆所分諸神武者，未知究有若干人，然必不能甚衆。觀韓陵戰時，神武衆尚不滿三萬可知。然此衆雖寡弱，而於尒朱氏蓄怨甚深，故神武得因之而起也。

　　節閔帝普泰元年，梁武帝中大通三年也。二月，神武軍次信都。冀州治。高乾、封隆之開門以待，遂據冀州。尒朱度律白節閔帝，封神武爲渤海王，徵使入覲。神武辭。神武自向山東，養士繕甲，禁侵掠，百姓歸心。乃詐爲書，言尒朱兆將以六鎮人配契胡爲部曲。衆皆愁怨。又爲并州符，徵兵討步落

稽。發萬人，將遣之。孫騰、尉景爲請留五日。如此者再。神武親送之郊，雪涕執別。人皆號慟，哭聲動地。神武乃喻之曰："與爾俱失鄉客，義同一家。不意在上，乃爾徵召？直向西，已當死；後軍期，又當死；配國人，又當死；奈何？"衆曰："惟有反耳。"神武曰："反是急計，須推一人爲主。"衆願奉神武。神武曰："爾鄉里難制。不見葛榮乎？雖百萬衆，無刑法，終自灰滅。今以吾爲主，當與前異。不得欺漢兒，不得犯軍令，生死任吾則可；不爾，不能爲，取笑天下。"衆皆頓顙，"死生惟命。"明日，椎牛饗士，喻以討尒朱之意。六月，庚子，遂建義於信都。尚未顯背尒朱氏。趙郡柏人李元忠，趙郡，見第二章第三節。柏人，見第五章第三節。善方技，見有疾者，不問貴賤，皆爲救療。家素富實。其家人在鄉，多有舉貸求利，元忠每焚契免責。① 鄉人甚敬重之。永安初，就拜南趙郡大守。南趙郡，大和時分趙郡置，在今河北隆平縣東。直洛陽傾覆，元忠棄官還家，潛圖義舉。會神武率衆東出，便自往奉迎。時高乾亦將十數騎迎謁。神武密遣元忠舉兵逼殷州，令乾僞往救之。乾入見尒朱羽生，羽生與乾俱出，因擒之。遂平殷州。斬羽生首來謁。神武撫膺曰："今日反決矣。"乃以元忠爲殷州刺史。《本紀》云：鎮廣阿。案廣阿，漢侯邑，後廢，後魏置縣，在今河北隆平縣東。八月，尒朱兆率步騎二萬出井陘。見第六章第八節。元忠棄城還信都。孫騰以爲朝廷隔絕，不權立天子，則衆望無所繫。十月，舉章武王融子渤海大守朗爲帝。《魏書》稱曰後廢帝，《北史》但曰廢帝。於時度律、仲遠之軍，皆與兆會。屯於廣阿，衆號十萬。神武乃廣縱反間，或云世隆兄弟謀欲害兆，復言兆與神武同圖仲遠等。於是兩不相信，各致猜疑，徘徊不進。仲遠等頻使斛斯椿、賀拔勝喻兆。兆輕騎三百，來就仲遠。同坐幕下。兆性粗獷，意色不平。手舞馬鞭，長嘯凝望。深疑仲遠等有變，遂趨出馳還。仲遠遣椿、勝等追而曉譬，兆遂拘迫將還，經日放遣。仲遠等於是奔退。神武乃進擊兆軍，兆大敗。十一月，神武攻鄴。明年，梁中大通四年，魏孝武帝永熙元年。正月，拔之。二月，後廢帝如鄴。

　　尒朱氏中，世隆、天光，較有智計。齊神武之起兵也，仲遠、度律等，皆不以爲慮，惟世隆獨深憂恐。廣阿戰後，兆與仲遠、度律，遂相疑阻，久而不和。世隆請前廢帝納兆女爲后，兆乃大喜。世隆厚禮喻兆赴洛。深示卑下。隨其所爲，無敢違者。又累使徵天光，天光不從。《周書·賀拔岳傳》：天光將率衆距齊神武，遣問計於岳。岳報曰："王家跨據三方，士馬殷盛，高歡烏合之衆，豈能爲敵？然師克在和，但願同心戮力耳。若骨肉離隔，自相猜貳，則圖存不暇，安能制人？如下官所見：莫若且鎮關中，以固根本，分遣銳

---

① 生計：豪俠者家人舉貸求利，焚契免責。

師，與衆軍合勢，進可以克敵，退可以克全。"此説不知岳當日果有是言，抑係後來附會？然使當日，天光不盡衆東出，則必可以後亡，當時事勢，神武欲進取關中，固不易也。後令斛斯椿苦要之，曰："非王無以克定，豈可坐視宗家之滅也？"天光不得已，東下。《北史‧椿傳》：椿謂賀拔勝曰："天下皆怨毒尒朱，吾等附之，亡無日矣。不如圖之。"勝曰："天光與兆，各據一方，俱禽爲難。"椿曰："易致耳。"乃説世隆追天光等赴洛討齊神武。此非實錄。在尒朱、高二氏之間，椿與勝皆忠於尒朱氏者也。於是兆與天光、度律，更自信約。閏三月，天光自長安，兆自并州，度律自洛陽，仲遠自東郡，同會於鄴。衆號二十萬。神武馬不滿二千，步兵不至三萬，乃於韓陵爲圓陳，連牛驢以塞歸道，四面赴擊，大敗之。韓陵，山名，在今河南安陽縣東北。《北齊書‧高昂傳》云：韓陵之戰，高祖不利，軍小卻，兆等方乘之，高岳、韓匈奴等以五百騎衝其前，斛律敦收散卒蹦其後。昂與蔡儁以千騎自栗園出，橫擊兆軍，兆衆由是大敗。是日無昂等，高祖幾殆。《北史‧賀拔勝傳》云：韓陵之役，尒朱兆率鐵騎陷陳，出齊神武後，將乘其背而擊之。度律惡兆之驍悍，懼其陵己，勒兵不進。勝以其攜貳，遂以麾下降齊神武。度律軍以此免退，遂大敗。案此役勝負，固在幾微之間，然尒朱氏積失人心，而又自相乖離，欲求幸勝，實不易也。於是兆趨并州，仲遠奔東郡。天光、度律，將赴洛陽，斛斯椿與都督賈顯智倍道先還。四月朔，椿等據河橋。世隆請出收兵，前廢帝不許。此據《魏書》。《北史》則云：彥伯欲領兵屯河橋，世隆不從。世隆令其外兵參軍陽叔淵單騎馳赴北中，見上節。簡閲敗衆，以次納之。斛斯椿詭説叔淵曰："天光部下，皆是西人，聞其欲掠京邑，遷都長安，宜先内我，以爲其備。"叔淵信而納之。椿既至橋，盡殺世隆黨附。度律欲攻之，會大雨，士馬疲頓，弓矢不能施用，遂西走。於湹波津爲人擒執。湹波津，在河橋西。天光亦被執。囚送於齊神武。神武攻尒朱兆時，致之洛陽，斬之。斛斯椿令行臺長孫稚詣闕奏狀，別使賈顯智、張勸率騎掩執世隆與其兄彥伯，俱斬之。叱列延慶時爲定州刺史，亦在軍中，與仲遠走渡石濟。見第七節。仲遠奔梁。延慶北降齊神武。後爲孝武帝中軍大都督。神武入洛，殺之。青州刺史尒朱弼，亦欲奔梁爲其部下所殺。神武至河陽，見第十一章第二節。使魏蘭根觀察前廢帝。蘭根，莊帝末爲定州，爲侯淵所敗，走依高乾。乾以蘭根宿望，深禮遇之。大僕卿綦儁主仍前廢帝，而蘭根與高乾及黃門侍郎崔㥄固主廢之。時梁武帝復遣兵送汝南王悦，置之境上，乃遣使迎之。既至，清狂如故，乃舍之，是歲十二月，悦被殺。而立平陽王脩。脩，廣平文穆王懷子，孝文帝孫也。是爲孝武帝，《魏書》謂之出帝。神武還鄴。七月，神武入自滏口，大都督庫狄干入自井陘，討尒朱兆。兆大掠晉陽，北走秀容。并州平。神武以晉陽四塞，乃建大丞相府而定居焉。兆既至秀容，分兵守險，出入寇抄。神武揚聲討之，師出而止者數四。兆意怠。神武揣其歲首當宴會，遣竇泰以精騎馳之，一日一夜行三百里，而自以大軍繼之。明年，孝武帝永熙二年，梁中大通五年。正月，泰奄至兆庭。軍人因宴休墮，忽見泰軍，驚走。追破之於赤洪嶺。胡三省曰：杜佑曰：石州離石縣有赤洪水，即離石水，赤洪其別名也，高歡破尒朱兆於赤洪嶺，蓋近此。案離石，今山西離石縣。兆自縊。兆弟智虎，前廢帝以爲肆州刺史，與兆俱走。神武禽之於岢嵐南山。岢嵐，後魏縣，在今山西嵐縣北。赦之。後死於晉陽。尒朱榮子菩提，與榮俱死。叉羅、文殊皆早卒。文暢，姊爲魏孝莊帝后，神武納之，待其家甚厚。文暢及弟文略皆素侈。文暢與丞相司馬任胄，主簿李世林，都督鄭仲禮、房子遠等相狎，謀害神武，事捷共奉文暢。謀泄，以姊寵，止坐文暢一房。任胄，延敬子。延敬初從葛榮，榮敗，降。隨神武起兵。後爲魏尚書左僕射，斛斯椿釁發，棄家北走。胄少在神武左右，興和末，神武攻玉壁，還，以晉州西南重要，留西河公岳爲行臺鎮守，以胄隸之。胄飲酒游縱，不勤防守。神武責之。胄懼，遂潛遣使送款於周。爲人糾列。窮治未得其實。神武特免之。謂胄曰："我推誠於物，謂卿必無此理。且黑獺降人，首尾相繼，卿之虛實，於後何患不知。"胄內不自安，乃謀害神武。事發，及子弟并誅。時武定三年也。文暢時年十八。静帝使人往晉陽，欲拉殺文略，神武特奏免之。遺令恕文略十死。恃此益橫。後爲齊文宣所殺。尒朱氏自榮入中國，至兆之死，凡六年。席有爲之資，值可爲之時，而其運祚短促至此，誠蠻夷不知中國情形，徒肆暴戾者之殷鑒也。

第九節　魏分東西

高歡雖滅尒朱氏，然時北方諸族，不爲歡下者尚多，如斛斯椿，如賀拔氏兄弟，皆其佼佼者也。而宇文氏遭遇時會，遂獲創立基業，與歡對峙。

後周之先，爲匈奴之裔君臨鮮卑部落者，已見第三章第八節。侯豆歸子陵，仕燕。魏道武攻中山，陵從慕容寶禦之，寶敗，歸魏。天興中，隨例遷武川。陵生系。系生韜。韜生肱。破六汗拔陵作亂，其偽署王衞可孤，徒黨最盛。肱糺合鄉里，斬可孤，其衆乃散。後避地中山，陷於鮮于脩禮。爲定州軍所破，沒於陳。四子：長顥，與衞可孤戰歿。次連，與肱俱死。次洛生，葛榮破鮮于脩禮，以爲漁陽王，領肱餘衆。尒朱榮擒葛榮，定河北，隨例遷晉陽。次泰，字黑獺，即周大祖文皇帝也。榮誅洛生，復欲害泰。泰自理家冤，辭旨慷慨，榮感而免之。泰與賀拔岳有舊，岳討元顥，以別將從。孝武帝圖高歡，以斛斯椿及岳兄弟爲心腹。岳長兄允爲侍中，勝爲荆州刺史。荆州，見第十一章第四節。初尒朱天光入洛，使岳行雍州，見第十一章第四節。侯莫陳悅行華州事。華州，見第二節。普泰中，梁中大通三年。以岳爲雍州，悅爲岐州刺史。岐州，見第十一章第四節。天光率衆赴洛，岳與悅下隴赴雍，禽其弟顯壽，以應高歡。《周書·文帝紀》：天光東拒齊神武，留弟顯壽鎮長安。秦州刺史侯莫陳悅，爲天光所召，將軍衆東下。岳知天光必敗，欲留悅共圖顯壽，而計無所出。大祖謂岳曰："今天光尚邇，悅未有二心，若以此事告之，恐其驚懼。然悅雖爲主將，不能制物。若先説其衆，必人有留心。進失尒朱之期，退恐人情變動，乘此説悅，事無不遂。"岳大喜。即令大祖入悅軍説之。悅遂不行。乃相率襲長安。令大祖輕騎爲前鋒。大祖策顯壽怯懦，聞諸軍將至，必當東走，恐其遠遁，乃倍道兼行。顯壽果已東走。追至華山，擒之。此説恐出文飾。觀悅後附齊神武，此時恐已有叛尒朱氏之心，不待大祖之計也。華山，後魏郡，今陝西大荔縣。孝武即位，加岳關中大行臺。《北史・薛孝通傳》曰：齊神武起兵河朔，尒朱天光自關中討之，孝通以關中險固，秦、漢舊都，須預謀鎮遏，以爲後計。縱河北失利，猶足據之。節閔深以爲然。問誰可任者？孝通與賀拔岳同事天光，又與周文帝有舊，二人并先在關右，因并推薦之。乃超授岳關西大行臺、雍州牧，周文帝爲左丞，孝通爲右丞，齎詔書馳驛入關授岳等，同鎮長安。後天光敗於韓陵，節閔遂不得入關，爲齊神武幽廢。觀此，知以關中爲退據之資，當時事勢實爾，東西魏之分立，非偶然矣。

永熙二年，梁中大通五年。孝武密令岳圖歡。岳自詣北境，安置邊防。率衆趣平涼西界。平涼，見第六章第三節。先是費也頭万俟受洛干，鐵勒斛拔彌俄突、紇豆陵伊利等，并擁衆自守，至是皆款附。秦、南秦、河、渭四州刺史，又會平涼，受岳節度。惟靈州刺史曹泥不應召，而通使於歡。秦州，見第十一章第三節。南秦州、河州、靈州，即薄骨律鎮，皆見本章第三節。渭州，見第七節。《周書・文帝紀》：大祖謂岳曰："今費也頭控弦之騎，不下一萬；夏州刺史斛拔彌俄突，勝兵之士，三千餘人；及靈州刺史曹泥；并恃其僻遠，常懷異望。河西流民紇豆陵伊利等，戶口富實，未奉朝風。今若移軍近隴，扼其要害，示之以威，服之以德，即可收其士馬，以實吾軍。西輯氐、羌，北撫沙塞，還軍長安，匡輔魏室，此桓、文舉也。"此言不知果出周文以否，然實當時西方之形勢也。夏州，見第三節。歡乃遣左丞翟嵩使至關中，閒岳及悅。三年，梁中大通六年。岳召悅會於高平。原州治，見第三節。將討曹泥，令悅爲前驅。悅誘岳入營，令其壻元洪景斬岳於幕中。岳左右奔散。悅遣人安慰，云："我別稟意旨，止在一人，諸君勿怖。"衆皆畏服，無敢拒遣。悅心猶豫，不即撫納。乃還入隴，止水洛城。見第三節。其士衆散還平涼。諸將以都督寇洛年最長，推總兵事。洛素無雄略，威令不行。岳之爲關西大行臺，以泰爲左丞，領府司馬。及次平涼，表爲夏州刺史。於是大都督趙貴言於衆，共推泰。《周書・赫連達傳》：少從賀拔岳征討，有功，拜都將。及岳爲侯莫陳悅所害，軍中大擾。趙貴建議迎大祖。諸將猶豫未決。達曰："宇文夏州昔爲左丞，明略過人，一時之傑。今日之事，非此公不濟。趙將軍議是也。達請輕騎告哀，仍迎之。"諸將或欲南追賀拔勝，或云東告朝廷。達又曰："此皆遠水，不救近火，何足道哉？"貴於是謀遂定，令達馳往。泰乃率帳下輕騎，馳赴平涼。賀拔勝使其大都督獨孤信入關，撫岳餘衆，泰已統岳兵矣。孝武帝聞岳被害，遣武衛將軍元毗宣旨慰勞，追岳軍還洛陽。亦勅追侯莫陳悅。悅不應召。泰表言："軍士多是關西之人，不願東下。乞少停緩，徐事誘導。"孝武詔泰即統岳衆。且曰："今亦徵侯莫陳悅。若其不來，朕當親自致罰。宜體此意，不過淹留。"泰奉此詔後，表有"臣以大宥既頒，忍抑私憾"之語，則時孝武已赦悅罪。泰又表乞少停緩。而與悅書，約同東下。不則"枕戈坐甲，指日相見"。悅詐爲詔書，與秦州刺史万俟普撥，《北齊書》本傳：名撥，字普撥。令與悅爲黨援。普撥疑之，封詔呈泰。泰表言："今若召悅，授以内官，臣亦列旆東轅，匪伊朝夕。若以悅堪爲邊扞。乞處以瓜、涼一藩。瓜州，見第四節。涼州，見第三節。不然，則終致猜虞，於事無益。"初原州刺史史歸，爲岳所親任。河曲之變，反爲悅守。悅遣其黨王伯和、成次安將兵二千人助歸鎮原州。泰遣都督侯莫陳崇率輕騎一千襲歸，禽之。并獲次安、伯和等。表崇行原州事。万俟普撥又遣騎二千來從軍。三月，泰進軍。四月，出隴。留兄子導鎮原州。導，顥之子。軍出木峽關，在今甘肅固原縣西南。大雨雪，平地二尺。泰知悅怯而多猜，乃倍道兼行，出其不意。悅果疑其左右有異志者。左右亦不安。衆遂離貳。聞大軍且至，退保略陽。留一萬餘人，據守水洛。泰至，圍之，城降。即率輕騎數百趨略陽。悅召其部將議之。皆曰："此鋒不可當。"勸悅退保上邽。見第三章第三節。悅棄城，南據山水之險，設陳候戰。悅先召南秦州刺史李弼，從《周書》。《魏書》作李景和。景和，弼字也。弼妻，悅之姊也，特爲悅所信委。弼遣人詣泰，密許翻降。至暮，乃勒所部，使上驢馳。復紿悅帳下云："儀同欲還秦州，汝等何不裝辦？"衆謂爲實，以次相驚。皆散走，趨秦州。弼先馳據城門，以慰輯之。遂擁衆以歸泰。悅由此敗。案悅之敗，似由衆皆欲走秦州，而悅逆之，故然。弼果有意叛悅？抑衆已潰散，乃不得已而率之投泰，乃以搖惑軍心爲功；尚未可知也。悅之失，首在不能撫納岳衆；次則不敢與泰決戰，而欲避入險僻之區，致逆衆心；其失在於無勇。若能奮力迎戰，泰之兵力，實亦有限，非不可敵也。與子弟及麾下數十騎遁走。泰曰："悅本與曹泥應接，不過走向靈州。"乃令導要其前，都督賀拔穎等追其後。至牽屯山，見第六章第六節。追及悅，斬之。《魏書·悅傳》云：悅部衆離散，猜畏旁人。不聽左右近己。與其二弟并兒及謀殺岳者八九人，棄軍进走。數日之中，盤回往來，不知所趨。左右勸向靈州，而悅不決。言下隴之後，恐有人所見。乃於中山令從者悉步，自乘一騾，欲向靈州。中路，追騎將及望見之，遂縊死野中。弟、息、部下，悉見擒殺。惟先謀殺岳者悅中兵參軍豆盧光走至靈州，後奔晉陽。案《周書·李賢傳》，大祖令導追悅，以賢爲前驅。轉戰四百餘里。至牽屯山，及之。悅自縊於陳。賢亦被重創，馬中流矢。則《魏書》之言，似失其實。泰入上邽。令李弼鎮原州，夏州刺史跋也惡蚝鎮南秦州，渭州刺史可朱渾元還鎮渭州，《元傳》在《北齊書》，云：悅走，元收其衆，入據秦州，爲周攻圍苦戰，結盟而罷。後仍奔高歡。趙貴行秦州事。徵豳、涇、東秦、岐四州粟以給軍。豳州，見第三節。涇州，見第十一章第四節。《周書·劉亮傳》：悅之黨豳州刺史孫定兒據州不下，涇、秦、靈等州，悉與相應，大祖令亮襲斬之，於是諸州皆即歸款。自關以西，大致平定。是歲，正月，高歡西伐費也頭，虜紇豆陵伊利，遷其部於河東。歡所得於西方者，如是而已。是時孝武帝志欲與歡決戰，其欲并召泰及侯莫陳悦東下蓋以此？使泰從命而東，不過行閒之一將，且其勢未必能與歡敵，在關西則有負嵎之勢，且可自擅於遠，泰固籌之熟矣。然當時欲與歡抗，自以持重爲善，泰之計固未爲失也。

秦州既捷，孝武徵二千騎鎮東雍州，見第七節。仍令泰稍引軍而東。泰乃遣大都督梁禦，率步騎五千，鎮河、渭合口，爲圖河東之計。泰之討侯莫陳悦也，悦使請援於高歡。歡使其都督韓軌，將兵一萬據蒲坂。雍州刺史賈顯度送船與軌，請軌兵入關。泰因梁禦之東，乃逼召顯度赴軍。禦遂入雍州。孝武進泰關西大都督。於是以寇洛爲涇州刺史，李弼爲秦州刺史，前略陽守張獻爲南岐州刺史。南岐州，《魏書‧地形志》不言治所。錢大昕曰：以《隋志》考之，當治固道郡之梁泉縣。按梁泉，後魏縣，今陝西鳳縣。南岐州刺史盧待伯拒代，遣輕騎襲禽之。待伯自殺。時斛斯椿爲侍中，密勸孝武帝置閤内都督、部曲。又增武直人數百；直閤已下，員別數百；皆選天下輕剽以充之。又説帝數出遊幸，號令部曲。別爲行陳，椿自約勒，指揮其閒。軍謀、朝政，一決於椿。尒朱榮之敗，汝南王悦在梁，椿歸之；後又歸尒朱兆；兆敗，與賈顯智等覆尒朱氏；及是又圖高歡；一似其人反覆無常者。史於椿尤多貶辭。然原其心而論之，椿實忠於魏朝，亦未嘗不睠睠於尒朱氏，觀其力謀和解兆與世隆、度律等可知。尒朱氏既不可輔，愛其身以有爲，而不忍輕於一擲，此亦厚自期許者宜然，不能以硜硜小節責之也。賀拔勝始降尒朱仲遠，又降高歡，又與武帝圖歡，迹亦與椿相似，亦當以此觀之。尒朱榮之死，勝與田怡等奔赴榮第。時宮殿之門，未加嚴防，怡等議即攻門。勝止之曰：“天子既行大事，必當更有奇謀，吾衆旅不多，何輕爾？”怡乃止。乃世隆夜走，勝隨至河橋，以爲臣無讎君之義，遂勒所部還都。於輕重之際，尤有權衡，非徒激於意氣者比。要之椿與勝，以古義衡之，俱可謂有君子之風也。① 初後廢帝之立也，以高乾爲侍中，又拜司空。時乾遭喪，未得終制。及孝武立，乃表請解職，行三年之禮。詔聽解侍中。既去内侍，朝廷罕所關知，居常怏怏。帝望乾爲己用。華林園宴罷，獨留乾。謂曰：“司空奕世忠良，今日復建殊效。相與雖則君臣，實亦義同兄弟。宜立盟約，以敦情契。”殷勤逼之。乾不謂帝便有異圖，遂不固辭，亦不啓高歡。及帝置部曲，乾乃啓歡。歡召乾詣并州，面論時事。啓乾復爲侍中。屢啓，詔書竟不施行。乾知變難將起，求爲徐州。將發，帝知乾漏泄前事，乃詔歡云：“曾與乾邕，乾字。私有盟約，今復反覆兩端。”歡便取乾前後啓論時事者，遣使封送帝。帝遂賜乾死。乾弟慎、昂皆奔歡。封隆之、孫騰爲侍中，皆逃歸鄉里。歡召隆之至晉陽。騰亦奔晉陽。妻昭，歡妻弟

① 史事：斛斯椿、賀拔勝有古君子風。謂椿欲以二千騎襲齊神武則誣（第四二六頁）。

也,亦辭疾歸晉陽。於是孝武與歡之相圖,如箭在弦上矣。帝以斛斯椿兼領軍。分置督將及河南關西諸刺史。華山王鷙在徐州,歡使邸珍奪其管籥。建州刺史韓賢,建州,見第七節。濟州刺史蔡儁濟州,治碻磝,見第六章第五節。皆歡黨,帝省建州以去賢,而以賈顯智爲濟州。儁拒之。五月,帝下詔云將南伐。發河南諸州兵。增宿衞守河橋。六月,帝密詔歡:言“宇文黑獺,事資經略,故假稱南伐”。歡謀遷帝於鄴。遣騎三千鎮建興。益河東及濟州兵。於白溝虜船,不聽向洛。白溝,在今河南陽武、封丘二縣閒。諸州和糴粟,運入鄴城。於是孝武下詔罪狀歡,歡亦宣告誅斛斯椿,而兵事作。歡以高昂爲前鋒。武帝徵兵關右。召賀拔勝赴行在所。遣大行臺長孫稚、大都督潁川王斌之安樂王鑒弟。共鎮虎牢。汝陽王暹鎮石濟。見第八章第七節。行臺長孫子彥稚子。帥前弘農大守元洪略鎮陝。見第六章第一節。賈顯智率豫州刺史斛斯元壽椿弟。伐蔡儁。歡使竇泰與莫多婁貸文逆顯智,韓賢逆暹。元壽軍降。泰、貸文與顯智遇於長壽津。在今河南滑縣東北。顯智陰約降,引軍退。軍司元玄莬覺之,馳還請益師。孝武遣大都督侯幾紹赴之。戰於滑臺東,顯智以軍降,紹死之。七月,孝武躬率大衆屯河橋。歡至河北十餘里,再遣口申誠款。孝武不報。歡乃引軍渡河。孝武問計於羣臣。或云南依賀拔勝,或云西就關中,或云守洛口死戰。帝未決,而元斌之與斛斯椿爭權,棄椿徑還,紿帝曰:“歡兵至矣。”乃決西行。《周書·王思政傳》曰:齊神武潛有異圖,帝以思政可任大事,拜中軍大將軍大都督,總宿衞兵。思政乃言於帝曰:“高歡之心,行路所共知矣。洛陽四面受敵,非用武之地。關中有崤、函之固,一人可禦萬夫。且士馬精彊,糧儲委積。進可以討除逆命,退可以保據關、河。宇文夏州,糾合同盟,願立功效。若聞車駕西幸,必當奔走奉迎。藉天府之資,因已成之業;一二年閒,習戰陳,勸耕桑,脩舊京;何慮不克?”帝深然之。《北史·裴俠傳》:孝莊授俠東郡太守。及孝武與齊神武有隙,徵兵,俠率所部赴洛陽。王思政謂曰:“當今權臣擅命,王室日卑,若何?”俠曰:“宇文泰爲三軍所推,居百二之地,所謂已操戈矛,寧肯授人以柄?雖欲撫之,恐是據於蒺藜也。”思政曰:“奈何?”俠曰:“圖歡有立至之憂,西巡有將來之慮,且至關右,日愼一日,徐思其宜耳。”思政然之。《周書·柳慶傳》云:魏孝武將西遷,除慶散騎侍郎,馳傳入關。慶至高平,見大祖,共論時事。大祖即請奉迎輿駕,仍命慶先還復命。時賀拔勝在荆州。帝屏左右謂慶曰:“高歡已屯河北,關中兵既未至,朕欲往荆州,卿意何如?”慶對曰:“荆州地非要害,衆又寡弱,外迫梁境,内拒歡黨,危亡是懼,寧足以固鴻基?”帝深納之。合此三者觀之,具見當日西行實非良圖,然舍此又無他策。《北史·斛斯椿傳》云：帝以椿爲前驅大都督。椿因奏請率精騎二千，夜渡河掩其勞弊。帝始然之。黃門侍郎楊寬曰：「高歡以臣伐君，何所不至？今假兵於人，恐生他變。今度河，萬一有功，是滅一高歡，生一高歡矣。」帝遂勑椿停行。椿歎曰：「頃熒惑入南斗。今上信左右閒搆，不用吾計，豈天道乎？」此非實錄。孝武與椿，相信有素，何至臨時，更生疑忌？椿即掩擊克捷，亦豈能遽爲高歡？《周書·文帝紀》云：齊神武稍逼京邑，魏帝親總六軍，屯於河橋，令左衞元斌之、領軍斛斯椿鎮武牢，遣使告大祖。大祖謂左右曰：「高歡數日行八九百里，曉兵者所忌，正須乘便擊之，而主上以萬乘之重，不能決戰，方緣津據守。且長河萬里，扞禦爲難，若一處得度，大事去矣。」此乃附會之談。決戰須視兵力，豈能藉萬乘之空名徼幸？蕩陰之役，晉惠帝獨非萬乘乎？戰而不捷，則并關西亦不可得至矣。孝武當日，前驅之師，無不迎降、奔北者，人心士氣，亦既可知，豈能徼幸於一捷？決戰尚不可恃，況以二千騎掩襲？即獲小勝，又何裨於大局邪？《北史·魏宗室傳》：常山王遵之曾孫毗，武帝少親之。及即位，出必陪乘，入於臥內。帝與齊神武有隙，議者各有異同，惟毗數人，以關中帝王桑梓，殷勤叩頭請西入。策功論賞，與領軍斛斯椿等十三人爲首。然則勸入關者，椿固十三之一也。事勢所限，雖有善者，亦如之何哉？以爲由於元斌之之一言，則愈疏矣。

　　孝武帝之徵兵於西也，宇文泰令前秦州刺史駱超，率精騎一千赴洛，而傳檄方鎮，罪狀高歡。七月，泰發自高平。前軍至於弘農，見第二章第二節。歡稍逼京邑，泰又以趙貴爲別道行臺，自蒲坂濟，趨并州；遣大都督李賢將輕騎一千赴洛。是月，孝武帝自洛陽率輕騎入關。高歡入洛陽，以清河王亶爲大司馬，居尚書下舍，承制決事。亶，孝文子清河文獻王懌之子。歡歸至弘農。初北地三原人毛鴻賓，北地，見第二章第二節。三原，見第五章第六節。世爲豪右。與兄遐，共起兵以拒蕭寶夤。明帝改北地郡爲北雍州，以鴻賓爲刺史；改三原縣爲建中郡；以旌其兄弟。孝武與高歡隙，令鴻賓鎮潼關，爲西道之寄。九月，歡攻潼關，克之，執鴻賓。至并州，以憂恚卒。命長史薛瑜守之。此從《北齊書》。《周書·大祖紀》作薛瑾，《北史》同。大都督庫狄溫守封陵。見第八章第七節。於蒲津西岸築城，以守華州，以薛紹宗爲刺史。使高昂行豫州事。還至洛陽，立清河世子善見，亶之世子。是爲孝靜帝。時年十一。魏於是分爲東西。歡以孝武既西，恐逼崤、陝；洛陽復在河外，接連梁境；北向晉陽，形勢不能相接；乃議遷鄴。詔下三日便發。四十萬戶，狼狽就道。歡留洛陽部分畢，乃還晉陽。自是軍國政務，皆歸相府已。孝武帝至關中，閏十二月，見弒，立南陽王寶炬，見第七節。是爲西魏文帝。

賀拔勝至廣州，治魯陽，今河南魯山縣。猶豫未進，武帝已入關。勝還軍南陽，令長史元穎行州事，自率所部，將赴關中。進至淅陽，今河南淅川縣。聞高歡已平潼關，乃還荆州。州人鄧誕，執元穎，引歡軍。時歡已遣行臺侯景、大都督高昂赴之。勝戰敗，奔梁。在南三年，乃還長安。其兄允，爲歡所殺。樊子鵠據兗州不服歡。南青州刺史大野拔率衆就之。南青州，今山東沂水縣。歡遣婁昭等攻之。大野拔斬子鵠以降。侯淵之平韓樓，爲平州刺史，鎮范陽。見第一節。尒朱榮死，大守盧文偉，誘淵出獵。閉門拒之。淵帥部曲，屯於郡南，爲榮舉哀，勒兵南向。莊帝使東萊王貴平爲大使，慰勞燕、薊，淵乃詐降，執貴平自隨。元曄立授淵定州刺史。後隨尒朱兆拒高歡於廣阿。兆敗，淵從歡，破尒朱氏於韓陵。永熙初，除齊州刺史。齊州見第三節。孝武末，淵與樊子鵠及青州刺史東萊王貴平相連結，又遣使通誠於高歡。及孝武入關，復還顧望。清河王亶承制，以汝陽王暹爲青州刺史。淵不時迎納。城人劉桃符等，潛引暹入據西城。淵爭門不克，率騎出奔。會承制以淵行青州事，淵乃復還。貴平自以斛斯椿黨，不受代。淵率輕騎夜趣青州。城人執貴平出降。淵自惟反覆，慮不獲安，遂斬貴平，傳首於鄴，明不同於斛斯椿。及樊子鵠平，詔以封延之爲青州刺史。淵既不獲州任，情又恐懼，遂劫光州庫兵反。光州，見第三節。其部下督帥叛拒之。淵奔梁。達南青州境，爲賣漿者所殺，傳首於鄴。

第十節　東西魏爭戰

東西魏分立後，高歡、宇文泰，劇戰凡十餘年，各不逞志，於是東西分立之局定；而高歡死後，侯景背叛，禍轉中於梁矣。

高歡還軍之後，宇文泰進攻薛瑜，虜其卒七千。梁武帝大同元年，西魏文帝大統元年，東魏孝靜帝天平二年也。正月，西魏渭州刺史可朱渾道元率所部降於東魏。東魏將司馬子如攻潼關。宇文泰軍於霸上。見第五章第六節。子如回軍，自蒲津攻華州。刺史王羆擊走之。二年，西魏大統二年，東魏天平三年。正月，高歡襲夏州，禽其刺史斛拔彌俄突，留將張瓊、許和守之，遷其部落五千戶以歸。靈州刺史曹泥，與其女夫涼州刺史劉豐請內屬於東魏。宇文泰遣兵圍之，水灌其城，不沒者四尺。高歡命阿至羅虜繞出西魏軍後，西魏軍乃還。歡迎泥、豐，拔其戶五千以歸。二月，歡又令阿至羅逼秦州，自以衆應之。三月，其刺史万俟普撥亦歸於東魏。宇文泰勒輕騎追之，不及。此時關中形勢，已頗完固，非挑誘一二叛人，所能傾覆矣。

是歲,十二月,高歡自晉陽西伐,次於蒲津。使高昂趨上洛,見第三章第五節。賓泰入潼關。三年,西魏大統三年,東魏天平四年。宇文泰軍於廣陽,縣名,在今陝西大荔縣境。召諸將曰:"賊今犄吾三面,又造橋於河,示欲必渡,是欲綴吾軍,使賓泰得西入耳。歡起兵以來,泰每爲先驅,其下多銳卒,屢勝而驕。今出其不意襲之,必克。克泰,則歡不戰而自走矣。"諸將咸曰:"賊在近,舍而遠襲,事若蹉跌,悔無及也。"泰曰:"歡前再襲潼關,吾軍不過霸上;今者大來,亦未出郊,賊顧謂但自守耳。又狃於得志,有輕我之心。乘此擊之,何往不克?賊雖造橋,不能徑渡。此五日中,吾取賓泰必矣。"《周書·達奚武》、《蘇綽傳》,均謂泰此策惟武及綽同之,《宇文深傳》又謂大祖將襲泰,諸將咸難之,大祖乃隱其事,陽若未有謀者,而獨問策於深,深勸其襲泰,恐未必可信。於是率騎六千還長安,聲言欲保隴右,而潛出軍。賓泰卒聞軍至,惶懼,依山而陳。未及成列,泰縱兵擊破之。盡俘其衆萬餘人。斬泰,傳首長安。《北齊書》云:泰自殺。高昂陷洛州,執刺史泉企。聞泰歿,棄城走。高歡亦撤橋而退。企子元禮歸復洛州。是爲東魏西征一小挫。

是歲,六月,宇文泰遣于謹取楊氏壁。胡三省曰:蓋華陰諸楊遇亂築壁以自守者。華陰,見第三章第三節。七月,徵兵會咸陽。今陝西咸陽縣。八月,率李弼等十二將東伐。取弘農。高歡率衆十萬出壺口,山名,在今山西臨汾縣西南。趨蒲坂。又遣高昂以三萬人出河南。是歲,關中饑。泰既平弘農,因館穀五十餘日。時戰士不滿萬人。聞歡將渡,乃引軍入關。歡遂渡河,逼華州。刺史王罷嚴守。乃涉洛,軍於許原西。許原,在洛南。泰據渭南,徵諸州兵皆未會。乃召諸將謂之曰:"高歡越山渡河,遠來至此,吾欲擊之,何如?"諸將咸以衆寡不敵,請待歡更西,以觀其勢。泰曰:"歡若得至咸陽,人情轉擾。今及其新至,便可擊之。"即造浮橋於渭。令軍人齎三日糧,輕騎渡渭。輜重自渭南夾渭而西。十月,至沙苑。在今陝西大荔縣南。距歡軍六十餘里。歡聞泰至,引軍來會。李弼曰:"彼衆我寡,不可平地置陳。此東十里有渭曲,可先據以待之。"遂進軍。至渭曲,背水東西爲陳。命將士皆偃戈於葭蘆中,聞鼓聲而起。歡軍至,大破之。歡夜遁。追至河上,復大克獲。虜其卒七萬。留其甲士二萬,餘悉縱歸。收其輜重、兵甲。《北齊書·神武紀》云:棄器甲十有八萬。還軍渭南,所徵諸州兵始至。乃於戰所准當時兵士,人種樹一株,以旌武功。案此役,東魏之兵力,遠優於西魏;且已得渡河;當時西魏形勢,實極危迫,縱不至舉隴以東而棄之,然長安不守,則意中事。何者?東魏兵數既多,無論屯聚或分道而進,其勢皆不易遏止也。長安若陷,所徵之兵能集與否?集而能整與否?俱不可知;即曰能之,東魏遂不能久據關中,復收衆而返,而西魏之受創已深矣。故曰:此役爲西魏一大危機也。然東魏遂一蹶不振者，實失之恃衆而寡慮。《北齊書·斛律羌舉傳》曰：從高祖西討。大軍濟河，集諸將議進趣之計。羌舉曰："黑獺聚凶，強弱可知。若欲固守，無糧援可恃。今揣其情，已同困獸。若不與戰，徑趣咸陽，咸陽虛空，可不戰而克，拔其根本，彼無所歸，則黑獺之首，縣於軍門矣。"諸將議有異同，遂戰於渭曲，大軍敗績。又《薛琡傳》云：高祖大舉西伐，將度蒲津，琡諫曰："西賊連年饑饉，無食可啗，故冒死來入陝州，欲取倉粟。今高司徒已圍陝城，粟不得出。但置兵諸道，勿與野戰，比及來年麥秋，人民盡應餓死。寶炬、黑獺，自然歸降。願王無渡河也。"侯景亦曰："今者之舉，兵衆極大，萬一不捷，卒難收斂。不如分爲二軍，相繼而進。前軍若勝，後軍合力；前軍若敗，後軍乘之。"高祖皆不納，遂有沙苑之敗。夫如薛琡之説，則失之輕進；如羌舉之説，則失之輕戰；如侯景之説，則又失之於臨戰之時；一人三失，其敗宜矣。自經此挫，東魏遂不復能渡河、入關矣。

然西魏欲圖進取，力亦不足，此東西所以遂成相持之局也。宇文泰既捷於沙苑，遣左僕射馮翊王元季海爲行臺，與開府獨孤信，率步騎二萬向洛陽。洛州刺史李顯趨荊州。賀拔勝、李弼渡河圍蒲坂。牙門將高子信開門納勝軍，事亦見《周書·薛善傳》。東魏將薛崇禮棄城走。勝等追獲之。泰遂進軍蒲坂，略定汾、絳。於是許和殺張瓊，以夏州降。初泰自弘農入關，高昂圍弘農，聞軍敗，退守洛陽。獨孤信至新安，見第二章第三節。昂復走渡河，信遂入洛陽。東魏潁州長史賀若統，潁州，治長社，見第七章第六節。賀若統，從《周書·本紀》。《北齊書·堯雄傳》作賀若徽。《周書·宇文貴傳》亦作統，而云刺史。與密縣人張儉，密縣，見第三章第五節。《北史·本紀》云：儉滎陽人。執刺史田迅，舉城降。西魏都督梁回入據之。滎陽鄭榮業、鄭偉等攻梁州，見第十二章第三節。擒其刺史鹿永吉；清河崔彥穆、檀深攻滎陽，擒其郡守蘇定；皆附西魏。東魏將堯雄、趙育、是云寶《北齊書·堯雄傳》作是育寶。《北史》作是寶。《梁書·陳慶之傳》作元云寶，一本作是元寶。《周書·文帝紀》作是云寶。《通鑑》同。案《魏書·官氏志》有是云氏，後改是氏。出潁川，治潁陰，今河南許昌縣。欲復降地。泰遣宇文貴、梁遷等逆擊，大破之。趙育降。東魏復遣將任祥，率河南兵與堯雄合。西魏將怡峯，復與貴、遷等擊破之。又遣韋孝寬取豫州。《北齊書·堯雄傳》：雄都督郭丞伯、程多寶等舉豫州降敵，執刺史馮邕。是云寶殺其陽州刺史邢椿，以州降。陽州，治宜陽，見第三章第三節。四年，西魏大統四年，東魏元象元年。東魏賀拔仁攻南汾州，今山西吉縣。拔之。任祥、堯雄與侯景、高昂、万俟受洛取潁州，梁回等遁走。二月，堯雄又取陽州。七月，侯景、高昂圍獨孤信於金墉。西魏文帝與宇文泰來救。東魏使庫狄干率諸將先驅，高歡總衆繼進。八月，宇文泰至穀城，漢穀成縣，後漢曰穀城，晉省，在洛陽西北。莫多婁貸文、可朱渾元來逆。臨陳斬貸文。元單騎遁免，悉虜其衆。送弘農。遂進軍瀍東。是夕，景等解圍夜去。及旦，泰率輕騎追之，至於河橋。景等北據河橋，南屬邙山爲陳。戰，東魏將高昂、李猛、宋顯等皆死，而西魏右軍獨孤信、李遠，左軍趙貴、怡峯并不利，皆棄其卒先歸。後軍李虎、念賢遇信等，亦與俱還。由是班師。洛陽亦失守。留長孫子彥守金墉，高歡渡河，亦棄城。西魏軍至弘農，守將皆已西走，所虜降卒在弘農者，因相與閉門拒守。進攻，拔之，誅其魁首數百人。關中留守兵少，而前後所虜東魏士卒，皆散在民間，乃謀爲亂。李虎等至長安，計無所出，乃與公卿輔魏大子欽出次渭北。沙苑所俘軍人趙青雀、雍州民于伏德等遂反。青雀據長安子城。伏德保咸陽，與大守慕容思慶各收降卒，以拒還師。長安大城民皆相率拒青雀，每日接戰。華州刺史宇文導襲咸陽，斬思慶，擒伏德。南渡渭，與泰會。攻青雀，破之。關中乃定。此數年中，西魏經營東方，不爲不力；兵鋒亦甚銳利；然終至挫衄，關中且幾致大亂者，失之力小而任重也。觀於此，而知西魏之祇足自保，不能進取矣。

　　是歲，十一月，侯景攻陷廣州。見第九節。十二月，是云寶襲洛陽，東魏將王元軌棄城走。趙剛襲廣州，拔之。自襄廣以西城、鎮，復爲西魏。襄州，今河南葉縣。六年，西魏大統六年，東魏興和二年。侯景出三鵶，在今河南南召縣北，接魯山縣界。將侵荊州。宇文泰遣李弼、獨孤信各率騎五千出武關，景乃退還。蓋東魏兵力，重於河北，故在河南，尚不能與西魏争也。初河橋戰後，王思政鎮弘農，以玉壁險要，請築城移鎮之。在今山西稷山縣西南。八年，西魏大統八年，東魏興和四年。十月，高歡出兵圍之。不能克。大寒，士卒多死，乃還。是爲東魏出河北又一挫衄。九年，西魏大統九年，東魏武定元年。二月，東魏北豫州刺史高慎，與吏部郎中崔暹有隙，暹時被高歡子澄委任，慎恐其構己，每不自安。東魏又遣鎮城奚壽興典兵事，慎但知民務而已。遂執壽興，以虎牢歸西魏。據《周書·李棠傳》。宇文泰以慎所據遼遠，難爲應接。諸將亦皆憚行。惟李遠曰："北豫遠在賊境，高歡又屯兵河陽，見第十一章第二節。常理實難救援。但兵務神速，事貴合機，古人有言：不入虎穴，安得虎子？若以奇兵，出其不意，事或可濟。脫有利鈍，故是兵家之常。如其顧望不行，便無克定之日。"泰喜曰："李萬歲所言，萬歲，遠字。差強人意。"乃授遠行臺尚書，前驅東出。泰率大兵繼進。遠乃潛師而往，拔慎以歸。泰圍斛律金於河陽。三月，高歡至河北。泰還軍瀍上。歡渡河，據邙山爲陳。泰夜登山，未明擊之。中軍右軍皆捷，而左軍趙貴不利，遂敗退。歡追至陝，西魏使達奚武禦之。《北齊書·封子繪傳》曰：高祖總命羣僚，議其進止。子繪言曰："賊帥才非人雄，偷竊名號。遂敢驅率亡叛，送死伊、瀍，天道禍淫，一朝瓦解。雖僅以身免，而魂膽俱喪。混一車書，正在今日。天與不取，反得其咎。伏願大王不以爲疑。"高祖深然之，但以時既盛暑，方爲後圖，遂命班師。《陳元康傳》曰：大會諸將，議進退之策。咸以爲野無青草，人馬疲瘦，不可遠追。元康曰："兩雄交戰，歲月已久。今得大捷，便是天授。時不可失，必須乘勝追之。"高祖曰："若遇伏兵，孤何以濟？"元康曰："王前涉沙苑還軍，彼尚無伏，今奔敗若此，何能遠謀？"高祖竟不從。及疾篤，謂世宗曰："邙山之戰，不用元康之言，方詒汝患，以此爲恨，死不瞑目。"此非實録。沙苑尚致喪敗，況此時尚未入關，人馬疲瘦，又迫盛暑邪？然西魏東略之不易得志，則觀於是役而彌可見矣。歡使劉豐生追奔，拓地至弘農而還。北豫、洛皆復入東魏。

中大同元年，西魏大統十二年，東魏武定四年。春，西魏涼州刺史宇文仲和反。瓜州民張保，害刺史成慶以州應仲和。涼州，見第三節。瓜州，見第四節。宇文泰遣獨孤信討之。五月，禽仲和。遷其民六千余家於長安。瓜州都督令孤延起兵，禽張保。瓜州亦平。此爲西魏之小釁，東魏自不能乘機也。邙山之敗，宇文泰命王思政鎮弘農，命舉代己者。思政進所部都督韋孝寬。是歲，九月，高歡自鄴西伐，圍玉壁。孝寬拒守六旬，不能下。會歡有疾，燒營而退。明年，正月朔，歡死，其後嗣不復能爲呑并之計，西魏力亦不足，東西戰争之勢殺矣。

第十三章 梁陳興亡

第一節 侯景亂梁上

侯景，朔方人，或云雁門人。朔方，見第八章第五節。雁門，見第二章第二節。此據《梁書·景傳》。《南史》云：景懷朔鎮人。懷朔，見第十二章第三節。少而不羈，見憚鄉里。及長，驍勇，有膂力，善騎射。《南史》云：景右足短，弓馬非其長。案景右足短之説，他無所見，恐非其實。以選爲北鎮戍兵，北鎮，見第八章第三節。《南史》云：爲鎮功曹史。稍立功效。尒朱榮自晉陽入，景始以私衆見榮。榮甚奇景，即委以軍事。會葛賊南逼，榮自討，命景先驅。以功擢爲定州刺史，大行臺。定州，見第十一章第二節。自是威名遂著。齊神武入洛，景復以衆降之。仍爲神武所用。《南史》云：高歡微時，與景甚相友好。及歡誅尒朱氏，景以衆降。仍爲歡用，稍至吏部尚書。景性殘忍酷虐。馭軍嚴整，然破掠所得財寶，皆班賜將士，故咸爲之用，所向多捷。總攬兵權，與神武相亞。魏以爲司徒、南道行臺，案事在大同八年，即東魏興和四年。擁衆十萬，專制河南。《南史》云：歡使擁兵十萬，專制河南，杖任若己之半體。又云：時歡部將高昂、彭樂，皆雄勇冠時。景常輕之，言似豕突爾，勢何所至？案歡所用，戰將多而有謀略者少；又歡居晉陽，去河南較遠，勢不能不專有所任；此景之所以有大權也。神武疾篤，謂子澄曰：“侯景狡猾多計，反覆難知，我死後，必不爲汝用。”乃爲書召景。景知之，慮及於禍，《南史》云：將鎮河南，請於歡曰：“今握兵在遠，姦人易生詐僞，大王若賜以書，請異於他者。”許之。每與景書，別加微點，雖子弟弗之知。及歡疾篤，其世子澄矯書召之。景知，懼禍，因用王偉計求降。《北齊書·神武紀》亦云：世子爲神武書召景。景先與神武約，得書書背微點乃來。書至無點，景不至。[1] 又聞神武疾，遂擁兵自固。案神武猜忌性成，從未聞以將帥爲腹心，而自疏其子弟；況文襄在神武世，與政已久，神武與景有約，文襄安得不知？説殆不足信也。大清元年，西魏大統十三年，東魏武定五年。乃遣其行臺郎中丁和來，上表請降。《本紀》事在二月。云：景求以豫章、廣、穎、洛陽、西揚、東荊、北荊、襄、東豫、南兗、西兗、齊等十三州內屬。《景傳》載景降表，則云與豫州刺史高成，廣州刺史郎椿，襄州刺史李密，兗

---

[1] 史事：神武與侯景約，爲書加微點説不足信。

州刺史邢子才,南兗州刺史石長宣,齊州刺史許季良,東豫州刺史丘元征,洛州刺史朱渾願,揚州刺史樂恂,北荆州刺史梅季昌,北揚州刺史无神和等。《廿二史考異》云:"豫章之章字衍。洛陽之陽當作揚。廣州刺史下,奪'暴顯潁州刺史司馬世雲荆州刺史'十四字,當據《通鑑考異》補。朱渾願,當依《考異》作尒朱渾願。《紀》有西揚,《傳》作北揚;《紀》有東荆,《傳》但云荆;未審誰是。"案豫州,見第十二章第六節。廣州,見第十二章第九節。後移襄城,今河南方城縣。潁州,見第十二章第十節。洛州,見第十一章第四節。揚州,見第十二章第十節。西揚,未詳。東荆,見第十二章第四節。北荆,魏收《志》不言治所。或云治其首郡伊陽,在今河南嵩縣東北。襄州,見第十二章第十節。東豫州,見第十二章第六節。南兗州,正光中移治譙城,見第三章第三節。西兗州,治定陶,在今山東定陶縣西北。後移左城,在今定陶縣西南。齊州,見第十二章第三節。北揚州,治項城,見第三章第三節。荆州,見第十一章第四節。景之叛也,潁州刺史司馬世雲應之。景入據潁城。誘執豫、襄、廣諸州刺史。高澄遣韓軌等討之。景以梁援未至,又請降於西魏。三月,宇文泰遣李弼援之。《魏書》作李景和,弼字。軌等退去。《周書·文帝紀》云:景請留收輯河南,遂徙鎮豫州。於是遣王思政據潁川,見第十二章第十節。弼引軍還。七月,景密圖附梁。大祖知其謀,追還前後所配景將士。景懼,遂叛。案景之降梁,在降西魏之先,事甚明白,安得云此時始有是謀?蓋至此乃與西魏絕耳。《周書·王悅傳》云:侯景據河南來附,大祖先遣韋法保、賀蘭願德等率衆助之。悅言於大祖,大祖納之,乃遣追法保等。而景尋叛。《裴寬傳》言:寬從法保向潁川。景密圖南叛,軍中頗有知者,以其事計未成,外示無貳。景往來諸軍閒,侍從寡少。軍中名將,必躬自造。至於法保,尤被親附。寬謂法保曰:"侯景狡猾,必不肯入關。雖託款於公,恐未可信。若杖兵以斬之,亦一時之計也。如曰不然,便須深加嚴警。不得信其詿誘,自詒後悔。"法保納之。然不能圖景,但自固而已。蓋時西魏欲召景入關,而景不肯,遂至彼此相圖。① 西魏兵力,未足取景,然其將帥嚴警有備,景亦不能圖之,故棄潁川而走豫州也。景非不侵不叛之臣,此自西魏所知。爲之出師,原不過相機行事。而當時事機,并不甚順。必欲乘釁進取,勢非更出大兵不可。然此時西魏,亦甚疲敝;兼之景既不易駕馭,又須抗拒東魏及梁;利害紛紜,應付非易,故西魏始終以謹慎出之。此自不失爲度德量力。而梁之貪利冒進者,乃自詒伊戚矣。

梁武帝既納元顥而無成,其年,中大通元年,魏孝莊帝永安二年。十一月,魏巴州刺史嚴始欣以城降。見第十一章第四節。遣蕭玩等援之。明年,中大通二年,魏永安三年。正月,始欣爲魏所破斬。玩亦被殺。是歲,六月,又遣元悅還北。高歡欲迎立之而未果,事已見前。其明年,中大通三年,魏節閔帝普泰元年。魏詔有司不得

----

① 史事:西魏不援侯景。王思政之没。

復稱僞梁，罷細作之條；無禁隣國還往；蓋頗有意於與南言和矣。是年，南兗州城民王買德，逼前刺史劉世明以州降。十一月，梁使元樹入據。四年，魏孝武帝永熙元年。二月，復以元法僧爲東魏王。蓋欲并建法僧與樹。魏以樊子鵠爲東南道行臺，率徐州刺史杜德討元樹。樹城守不下。七月，子鵠使説之。樹請委城南還。子鵠許之。樹恃誓約，不爲戰備。杜德襲擒之。送魏都，賜死。時梁以羊侃爲兗州刺史，隨法僧還北。行次官竹，《水經注》：睢水自睢陽東南流，歷竹圃，世人謂之梁王竹園。官收其利，因曰官竹。睢陽，見第十二章第六節。聞樹喪師，軍亦罷。十二月，魏尒朱仲遠來奔。以爲定洛將軍，封河南王，北侵。隨所克土，使自封建。亦無所成。五年，魏永熙二年。四月，青州人耿翔，襲據膠州，《魏志》云：治東武陵。陵字當係城字之譌。東武，漢縣，今山東諸城縣。殺刺史裴粲，來降。六月，魏以樊子鵠爲青、膠大使，督濟州刺史蔡儁討之。師達青州，翔拔城走。是月，魏建義城主蘭保，殺東徐州刺史崔祥，以下邳降。《魏書·紀》云：東徐州城民王旱、簡寶等殺刺史崔庠，據州入蕭衍。六年，魏永熙三年。十月，以元慶和爲鎮北將軍，封魏王，率衆北侵。閏十二月，據瀨鄉。胡三省曰：即陳國苦縣之賴鄉。案其地在今河南鹿邑縣東。是歲，魏始分爲東西。明年，爲大同元年，西魏文帝大統元年，東魏孝靜帝天平二年。東魏東南道行臺元宴擊元慶和，破走之。六月，慶和又攻南頓，見第八章第六節。爲東魏豫州刺史堯雄所破。北梁州刺史蘭欽攻漢中，西魏梁州刺史元羅降。《北史》在七月，《梁書》在十一月。二年，西魏大統二年，東魏天平三年。九月，魏以侯景節度諸軍入寇。十月，梁亦下詔北伐。侯景攻楚州，治楚城，在今河南息縣西。刺史桓和陷没。景仍進兵淮上，陳慶之擊破之。十一月，詔北伐衆軍班師。十二月，與東魏通和。自此歲通使聘，直至侯景來降，而兵釁始啓。《北史·本紀》：東魏孝靜帝武定二年，二月，徐州人劉烏黑聚衆反，遣行臺慕容紹宗討平之。《北齊書·慕容紹宗傳》云：梁劉烏黑入寇徐方，《北史》作寇人劉烏黑。此特人民之叛魏，非兩國有戰事。

　　侯景之來降也，高祖詔羣臣廷議。尚書僕射謝舉及百辟等議，皆云納景非宜。高祖不從。《梁書·景傳》。下文又云：初大同中，高祖嘗夜夢中原牧守，皆以地來降。旦見朱异，説所夢。异曰："此豈宇内方一，天道前見其徵乎？"及景歸附，高祖欣然自悦，謂與神通。乃議納之。而意猶未決。曾夜出視事，至武德閣，獨言："我國家猶若金甌，無一傷缺。今便受地，詎是事宜？脱致紛紜，非可悔也。"异接聲而對曰："侯景據河南十餘州，分魏土之半，輸誠送款，遠歸聖朝，若拒而不容，恐絶後來之望。此誠易見，願陛下無疑。"高祖深納异言，又信前夢，乃定議納景。①《异傳》略同。此乃歸罪於异之辭，不足信。觀前文叙廷議事，并無异欲納景之説可知。高祖是時，於北方降者，無所不納，何獨至於景而疑之？《南史·謝舉傳》云：侯景來降。帝詢諸羣臣。舉及朝士，皆請拒

_____

① 史事：謂梁武納侯景由朱异不足信。

之。帝從朱异言納之，以爲景能立功趙、魏。舉等不敢復言。《南史》後出，但主博采，亦不足信也。乃下詔：封景爲河南王，大將軍、使持節、董督河南北諸軍事、大行臺，承制輒行，如鄧禹故事。遣北司州刺史羊鵶仁，督土州刺史桓和之，土州，治龍巢，在今湖北隨縣東北。仁州刺史湛海珍，仁州，治己吾，在今河南寧陵縣南。精兵三萬，趨縣瓠應接。七月，鵶仁入縣瓠。詔以縣瓠爲豫州，壽春爲南豫州。改合肥爲合州，北廣陵爲淮州，項城爲殷州，合州爲南合州。以西陽大守羊思建爲殷州刺史。高澄以書喻侯景云：“若能卷甲來朝，當授豫州刺史，即使終君之世；所部文武，更不追攝；寵妻愛子，亦送相還。”景報書曰：“爲君計者，莫若割地兩和，三分鼎峙。燕、衛、晉、趙，足相奉禄；齊、曹、宋、魯，悉歸大梁。”觀此，知景之意，亦僅在於河南，無意進取河北也。六月，以鄱陽王範總督漢北征討諸軍事。範，鄱陽忠烈王恢之子。八月，命羣帥大舉北伐。以南豫州刺史淵明爲大都督。淵明，長沙宣武王懿之子。《南史・範傳》云：爲雍州刺史。範作牧莅人，甚得時譽；撫循將士，盡獲歡心。於是養士馬，脩城郭，聚軍糧於私邸。時廬陵王續。爲荆州，既是都督府，又素不相能，乃啓稱範謀亂。範亦馳啓自理。武帝恕焉。時論者猶謂範欲爲賊。又童謠云：“莫忽忽，且寬公。誰當作人主？草覆車邊己。”①時武帝年高，諸王莫肯相服。簡文雖居儲貳，亦不自安。而與司空邵陵王綸，特相疑阻。綸時爲丹陽尹，威震都下，簡文乃選精兵，以衛宮内。兄弟相貳，聲聞四方。範以名應謠言，而求爲公。未幾，加開府儀同三司。範心密喜，以爲謠驗。武帝若崩，諸王必亂，範既得衆，又有重名，謂可因機，以定天下。乃更收士衆，希望非常。大清元年，大舉北侵，初謀元帥，帝欲用範。時朱异取急外還，聞之，遽入曰：“嗣王雄豪蓋世，得人死力，然所至殘暴非常，非弔人之材。昔陛下登北顧亭以望，謂江右有反氣，骨肉爲戎首。今日之事，尤宜詳擇。”帝默然曰：“會理何如？”南康簡王續子。對曰：“陛下得之，臣無恨矣。”會理懦而無謀。所乘襻輿施版屋，冠以牛皮。帝聞，不悦。行至宿豫，見第七章第四節。貞陽侯明《南史》避唐諱，淵明但稱明。請行，又以代之，而以範爲征北大將軍，總督漢北征討諸軍事。内相乖離如此，安冀克捷？況範與會理、淵明等，無一爲將帥之才，而必用爲元帥，安得不召興尸之禍邪？《明傳》云：代爲都督，趨彭城。《敕》曰：“侯景志清鄴、洛，以雪讎恥，其先率大軍，隨機撫定。汝等衆軍，可止於寒山，在今江蘇銅山縣東南。築堰引清水，以灌彭城。大水一沈，孤城自殄，慎勿妄動。”觀此，知武帝欲以掃蕩北方之責，全委諸侯景，即使克捷，景又

---

① 宗教：“莫忽忽”云云似讖。

安可制邪？《傳》又云：明師次吕梁，見第九章第五節。作寒山堰，以灌彭城。水及於堞，不没者三版。魏遣將慕容紹宗赴援。時魏以紹宗爲東南道行臺，與高歡從父弟清河王岳及潘樂共禦淵明。明謀略不出，號令莫行。諸將每諮事，輒怒曰："吾自臨機制變，勿多言。"衆乃各掠居人。明亦不能制，惟禁其一軍，無所侵略。紹宗至，決堰水，明命諸將救之，莫肯出。魏軍轉逼，人情大駭。胡貴孫謂趙伯超曰："不戰何待？"伯超懼不能對。貴孫乃入陳苦戰。伯超擁衆弗敢救。乃使具良馬，載愛妾自隨。貴孫遂没。伯超子威方將赴戰，伯超使人召之，遂相與南還。明醉不能興，衆軍大敗。明見俘執。十一月。北人懷其不侵略，謂之義王。《羊侃傳》云：大舉北侵，以侃爲冠軍將軍，監作寒山堰。堰立，侃勸明乘水攻彭城，不見納。既而魏援大至。侃頻言乘其遠來可擊；旦日，又勸出戰；并不從。侃乃率所領頓堰上。及衆軍敗，侃結陳徐還。觀此，知當日梁兵，真同兒戲，他時臺城被圍，援軍四集而不能救，而徒以擾民，其機已兆於此矣。淵明既敗，慕容紹宗進圍潼州。治夏丘，今安徽泗縣。刺史郭鳳棄城走。十二月，景圍譙城，不下。攻城父，見第五章第三節。拔之。遣其行臺左丞王偉、左民郎中王則詣闕獻策：求諸元子弟，立爲魏主，輔以北伐。詔遣元貞爲咸陽王，貞，樹子。須渡江，許即僞位。乘輿副御，以資給之。齊遣慕容紹宗追景。景退入渦陽。見第十一章第三節。相持於渦北。景軍食盡。士卒并北人，不樂南渡。其將暴顯等，各率所部，降於紹宗。景軍潰。與腹心數騎，自硤石濟淮。硤石，見第六章第四節。稍收散卒，得馬步八百人，奔壽春。羊鴉仁、羊思建并棄城，魏進據之。恢復河南，遂成畫餅矣。

　　侯景之去潁川也，王思政分布諸軍，據其七州、十二鎮。景既敗，東魏使高岳、慕容紹宗、劉豐生攻之。宇文泰遣趙貴帥軍至穰，魏荊州治，見第十一章第四節。并督東西諸州兵，以救思政。東魏起堰，引洧水以灌城。自潁川以北，皆爲陂澤，兵不得至。貴還。大清三年，西魏大統十五年，東魏武定七年。四月，紹宗、豐生共乘樓船，以望城内。大風暴起，船飄至城下。城上人以長鉤牽船，弓弩亂發。紹宗窮急，赴水死。豐生浮向土山，復中矢而斃。陳元康勸高澄自以爲功。澄從之，自將而往。六月，陷之。思政見俘。《周書·崔猷傳》言：思政初赴景，大祖與書曰："崔宣猷智略明贍，有應變之才。若有所疑，宜與量其可否。"思政初頓兵襄城，後欲於潁川爲行臺治所，遣使人魏仲奉啓陳之，并致書於猷。猷復書曰："襄城控帶京、洛，實當今之要地。如有動静，易相應接。潁川既隣寇境，又無山川之固。賊若充斥，徑至城下。莫若頓兵襄城，爲行臺治所；潁川置州，遣郭賢鎮守；則表裏膠固，人心易安。縱有不虞，豈能爲患？"仲見大祖，具以啓聞。大祖即遣仲遵，令依獻之策。思政重啓，求與朝廷立約：“賊若水攻，乞一周爲斷；陸攻請三歲爲期；限内有事，不煩赴援。過此以往，惟朝廷所裁。”大祖以思政既親其事，兼復固請，遂許之。及潁川没，大祖深追悔焉。案潁川之敗，實敗於無援。小敵之堅，大敵之禽，若終無援師，即據襄城何益？自侯景之敗，思政即勢成孤懸，不拔之還，即宜豫籌救援之策。趙貴之兵，縱云沮於水不得至，豈出他道牽掣之師，亦不能籌畫邪？而當時絶不聞有是，是棄之也。豈思政爲孝武腹心，宇文泰終不免於猜忌歟？亦可異矣。

第二節　侯景亂梁中

侯景之濟淮也，莫適所歸。時鄱陽王範爲南豫州刺史，未至，馬頭戍主劉神茂，馬頭，見第八章第七節。爲監州韋黯所不容，馳謂景曰：“壽陽去此不遠，城池險固。王次近郊，黯必郊迎，因而執之，可以集事。得城之後，徐以啓聞，朝廷喜王南歸，必不責也。”景執其手曰：“天教也。”及至，而黯授甲登陴。景謂神茂曰：“事不諧矣。”對曰：“黯懦而寡知，可説下也。”乃遣豫州司馬徐思玉夜入説之。黯乃開門納景。據《南史·景傳》。《梁書·景傳》云：監州韋黯納之，其辭較略。《蕭介傳》云：高祖敕防主韋黯納之，則恐非其實也。景遣于子悦馳以敗聞，自求貶削。優詔不許。復求資給。即授南豫州刺史。光禄大夫蕭介表諫，言“景必非歲暮之臣。今既亡師失地，直是境上一匹夫。陛下愛匹夫而棄與國之好，臣竊不取也。”不聽。而以鄱陽王範爲合州刺史，鎮合肥。其措置，實不免於姑息矣。

《梁書·傅岐傳》云：大清二年，淵明遣使還，述魏人欲更通和好。敕有司及近臣定議。朱异言：“且得静寇息民，於事爲便。”議者并然之。岐獨曰：“高澄既新得志，其勢非弱，何事須和？此必是設間，故令貞陽遣使，令侯景自疑：當以貞陽易景。景意不安，必圖禍亂。今若許澄通好，正是墮其計中。且彭城去歲喪師，渦陽新復敗退，今便就和，益示國家之弱。”朱异等固執。高祖遂從异議。《南史·侯景傳》云：魏人更求和親，帝召公卿謀之，張綰、朱异咸請許之。景聞，未之信，乃僞作鄴人書，求以貞陽侯换景。帝將許之。舍人傅岐曰：“侯景以窮歸義，棄之不祥。且百戰之餘，寧肯束手受縶？”謝舉、朱异曰：“景奔敗之將，一使之力耳。”帝從之。復書曰：“貞陽朝至，侯景夕返。”景謂左右曰：“我知吳兒老公薄心腸。”案鄴人之書，似不易僞爲；即能僞之，武帝復書，亦未必輕率至是；此説殆不足信。不則景妄爲此言，以激怒其衆也。然即不以淵明易景，當時與北言和，亦非所宜。傅岐之議，可謂洞燭事機。史言岐在禁省十餘年，機事密勿，亞於朱异，而武帝於此，獨不用其議，蓋偷安苟且之念，人之深矣。是歲，六月，遣使通好於北。侯景累啓絶和，及請追使。又致書朱异，辭意甚切。异但述敕旨以報之。案和議合宜與否，別是一事。國家和戰之計，要非降人所得與。若如景之所爲，是國家當守小諒，爲匹夫報讎也，其悖亦甚矣。既決意言和，而景有此請，便宜乘機，加以誅責，乃又優容不斷，又曷怪景之生心乎？鄱陽王及羊鴉仁累啓稱景有異志，朱异并抑不奏聞。异蓋以常理度之，謂景必不能叛也。然事有出於意計之外者，而其變化，遂非恒情所能測度矣。故曰："日中必熭，操刀必割"也。

是歲八月，侯景舉兵反。《南史・景傳》：景上言曰："高澄狡猾，寧可全信？陛下納其詭語，求與通和，臣亦所竊笑也。臣行年四十有六，未聞江左有佞邪之臣，一旦入朝，乃致躑躅。寧堪粉骨，投命讎門？請乞江西一境，受臣控督。如其不許，即領甲臨江，上向閩越。非惟朝廷自恥，亦是三公尸食。"帝使朱异宣語答景使曰："譬如貧家，畜十客五客，尚能得意，朕惟有一客，致有忿言，亦是朕之失也。"景又知臨賀王正德怨望朝廷，密令要結，正德許爲内應，景遂發兵反。以誅朱异等爲辭。攻馬頭木柵，執大守劉神茂、戍主曹瑃等。武帝聞之，笑曰："是何能爲？吾以折箠笞之。"於是詔鄱陽王範爲南道都督，封山侯正表臨川靖惠王子，正德之弟。時爲北徐州刺史，治鍾離，見第八章第四節。爲北道都督，柳仲禮爲西道都督，裴之高邃兄子。爲東道都督。又令邵陵王綸董督衆軍。景聞之，謀於王偉。偉曰："莫若直掩揚都，臨賀反其内，大王攻其外，天下不足定也。兵聞拙速，不聞工遲，即今便須進路。不然，邵陵及人。"案景乃羈旅之臣，衆又寡弱，即極剽悍，安敢遽犯京師？縱使幸勝，亦將何以善其後乎？景上武帝書，雖絶悖慢，然其"表疏跋扈，言辭不遜"，亦《南史・景傳》語。爲朝廷所優容久矣，實未可指爲反迹，故武帝不以爲意，及其既叛，尚以談笑處之也。然則無正德之許，景必不敢遽叛。《正德傳》云：正德陰養死士，常思國釁。侯景反，知其有姦心，徐思玉在北，經與正德相知，至是，景遣思玉至建業，具以事告。又與正德書曰："今天子年尊，姦臣亂國，以景觀之，計日必敗。大王屬當儲貳，中被廢辱，天下義士，竊所憤慨，豈得顧此私情，棄兹億兆？景雖不武，實思自奮。"正德得書大喜，曰："侯景之意，暗與人同，天贊我也。"遂許之。謂景之要結正德，在其舉兵之後，必不然矣。九月，景發壽春，聲云游獵，僞向合肥，遂襲譙州。南譙州，今安徽滁縣。助防董紹先開城降之。高祖聞之，遣大子家令王質率兵三千，巡江遏防。景進攻歷陽，見第三章第九節。大守莊鐵又降。帝問羊侃以討景之策。侃求以二千人急據采石，見第三章第九節。令邵陵王襲取壽春。使景進不得前，退失巢窟，烏合之衆，自然瓦解。議者謂景未敢便逼都城，遂寝其策。陳慶之子昕，爲臨川大守，臨川，見第七章第一節。敕召之還。昕啓云：“采石急須重鎭，王質水軍輕弱，恐虜必濟。”乃版昕爲雲騎將軍，代質，而追質爲丹陽尹。時正德都督京師諸軍，屯丹陽郡，先遣大船數十艘，僞稱載荻，實擬濟景。景至江將渡，慮王質爲梗，俄而質退，而陳昕尚未下渚，景遂自采石濟。馬數百匹，兵八千人。京師不之覺。景分襲姑熟，見第四章第一節。遂至慈湖。見第七章第一節。皇大子見事急，入啓帝曰：“請以事垂付，願不勞聖心。”帝曰：“此是汝事，何更問爲？”大子仍停中書省指授。於是以宣城王大器都督城内諸軍事，大器，簡文帝長子，即哀大子也。羊侃爲軍師將軍副焉。十二月，侃卒。朱异以明年正月卒。正德守朱雀航。景至，正德率所部與之合。石頭、白下皆棄守。景百道攻城，不克。傷損甚多。乃築長圍，以絶内外。十一月，景立正德爲帝。攻陷東府城。於城東西各起土山，以臨城内。城内亦作兩山以應之。材官將軍宋嶷降賊，又爲賊立計，引玄武湖水以灌城。闕前御街，盡爲洪波矣。十二月，景造諸攻具，百道攻城，又不克。時梁興四十七年，在位及閭里士大夫，莫見兵甲；宿將已盡，後進少年，并出在外，城中惟羊侃、柳津、韋黯，津老疾，黯懦而無謀，軍旅指撝，一決於侃，《南史·羊侃傳》。而侃又卒，平蕩之事，自不得不期望援軍。援軍最先至者，爲南徐州刺史邵陵王綸。直指鍾山，見第四章第三節。爲賊所敗。退奔京口。已而鄱陽世子嗣、範子。西豫州刺史裴之高、司州刺史柳仲禮、前衡州刺史韋粲、宣猛將軍李孝欽、南陵大守陳文徹等皆至。共推仲禮爲大都督。仲禮者，津子。《南史·仲禮傳》云簡文帝爲雍州，津爲長史。及入居儲宮，津從，仲禮留在襄陽，馬仗、軍人悉付之。稍遷司州刺史。侯景潛圖反噬，仲禮先知之，屢啓求以精兵三萬討景，朝廷不許；及景濟江，朝野便望其至；兼畜雍、司精卒，見推總督；景素聞其名，甚憚之。《梁書·韋粲傳》云：粲建議推仲禮爲大都督。報下流衆軍。裴之高自以年位，恥居其下，累日不決。粲乃抗言於衆曰：“今者同赴國難，志在除賊。所以推柳司州者？政以久捍邊疆，先爲侯景所憚；且士馬精銳，無出其前。若論位次，柳在粲下；語其年齒，亦少於粲；直以社稷之計，不得復論。今日形勢，貴在將和。若人心不同，大事去矣。裴公朝之舊齒，年德已隆，豈應復挾私情，以沮大計？粲請爲諸君解釋之。”乃單舸至之高營，切讓之。於是諸將定議。仲禮方得進軍。軍次新亭。賊列陳於中興寺。相持至晚，各解歸。是夜，仲禮入粲營部分。令粲頓青塘。青塘當石頭中路，粲慮柵壘未立，賊必争之，頗以爲憚。仲禮使直閤將軍劉叔胤助粲。直昏霧，軍人迷失道，比及青塘，夜已過半，壘柵至曉未合。景登禪靈寺門閣望粲營未立，便率鋭卒來攻。軍副主王長茂勸據柵待之，粲不從。令軍主鄭逸逆擊之，劉叔胤以水軍截其後。叔胤畏懦不敢進逸遂敗。賊乘勝入營。左右牽粲避賊，粲不動。猶叱子弟力戰。兵死略盡，遂見害。子尼，及三弟助、警、構，從弟昂皆戰死，親戚死者數百人。《南史·仲禮傳》曰：韋粲見攻，仲禮方食，投箸，被練馳之。騎能屬者七十。比至，粲已敗。仲禮因與景戰於青塘，大敗之。景與仲禮交戰，各不相知。仲禮稍將及景，賊將支伯仁自後砍仲禮，中肩，馬陷於淖。賊聚稍刺之。騎將郭山石救之以免。自此壯氣外衰，不復言戰。神情敖很，凌蔑將帥。邵陵王綸亦鞭策軍門，每日必至，累刻移時，仲禮亦弗見也。綸既忿歡，怨隙遂成。而仲禮常置酒高會，日作優倡。毒掠百姓。汙辱妃主。父津，登城謂曰"汝君父在難，不能盡心竭力，百代之後，謂汝爲何？"仲禮聞之，言笑自若。晚又與臨城公大連不協。大連，亦簡文子，時爲東揚州刺史，以兵至，見下。東揚州，治會稽。景嘗登朱雀樓與之語，遺以金環。是後開營不戰。衆軍日固請，皆悉拒焉。案謂仲禮一戰而傷，遂氣索不敢復戰，殊不近情；謂其與侯景通，亦近溢惡：《南》、《北史》主博采，鮮別擇，所言固不盡可信也。當日者，諸軍獨力皆不足破景，欲解臺城之圍，非齊力決戰不可。然將驕卒惰，久成痼疾，不有嚴令，孰肯向前？而一時諸將，無一材望足資統率者。不得已，就兵之最強者求之，柳仲禮遂以小器出承其乏。得之既不以其道，自爲衆情所不服，雖膺都督之任，依然號令不行，欲決戰，仍非獨力前進不可，此自非仲禮所樂爲；諸軍亦無不如是；如其向前，亦徒爲韋粲耳，然并此亦無第二人也。遂成相杖不戰之局矣。此正與寒山之役，齊師決堰，諸軍莫肯出戰同。故曰：觀於寒山，而知臺城之圍之不可解也。[1] 時邵陵王之兵，與臨城公大連再至南岸，亦無功。荊州刺史湘東王繹，遣世子方等、司馬吴曄、天門大守樊文皎下援。與鄱陽世子，及永安侯確，邵陵王綸子。前高州刺史李遷仕，前司州刺史羊鴉仁共破東府前柵，營青溪東。旋爲景將宋子仙所破，文皎死之。《南史·景傳》云：是時邵陵王與柳仲禮，甚於讎敵；臨城公與永安侯，逾於水火。諸軍之情形，固如出一轍也。

　　時城中疾疫，死者大半。景軍亦飢，不能復戰。東城東府城。有積粟，其路爲援軍所斷；且聞湘東王下荊州兵；彭城劉邈，乃説景乞和，全師而返。景與王偉計，遣任約至城北，拜表僞降，以河南自效。帝曰："吾有死而已，寧有是議？且賊凶逆多詐，此言云何可信？"既而城中日蹙，簡文乃請帝許和，更思後

---

① 史事：臺城之圍，何以不能解。

計。帝大怒曰："和不如死。"遲回久之，曰："爾自圖之，無令取笑千載。"乃聽焉。景請割江右四州之地，謂南豫州、西豫州、合州、光州。南豫州、合州皆見第一節。西豫州，今安徽懷寧縣。光州，今河南潢川縣。并求宣城王大器出送，然後解圍濟江。仍許遣其儀同于子悦、左丞王偉入城爲質。傅岐議：以宣城王嫡嗣之重，不容許之，乃請石城公大款出送。大款，大器弟。詔許焉。遂於西華門外設壇爲盟誓。遣尚書僕射王克，兼侍中上甲鄉侯韶，散騎常侍蕭瑳，與于子悦、王偉等登壇共盟。武衛將軍柳津出西華門下，景出其柵門，與津遙相對，刑牲歃血。韶，長沙宣武王懿孫。時大清三年二月也。景之渡江也，武帝召封山侯正表入援。正表率衆次廣陵，聞正德爲景所推，遂託舫糧未集，盤桓不進。景以正表爲南兗州刺史，封南郡王。正表既受景署，遂於歐陽立柵，歐陽，在今江蘇儀徵縣境。以斷援軍。又欲進攻廣陵。南兗州刺史南康王會理遣軍擊破之。正德走還鍾離，遂降魏。會理與前青、冀二州刺史湘潭侯退，鄱陽忠烈王恢子。西昌侯世子彧，西昌侯淵藻，長沙宣武王懿子，時爲南徐州刺史。率衆三萬，至於馬卬州。在臺城北。景慮其自白下而上，斷其江路，請悉勒聚南岸；又啓稱永安侯、趙威方頻隔柵訴臣，乞召入城；敕并從之。《南史·本傳》云：確知此盟多貳，欲先遣趙威方入，確因南奔。繹聞之，逼確使入。後與景獵鍾山，引弓將射景，弦斷不得發，賊覺，殺之。景運東城米於石頭，食遂足。湘東王繹師於武城，在湖北黃陂縣南。湘州刺史河東王譽次巴陵，見第三章第九節。前信州刺史桂陽王慥頓江津，慥，桂陽簡王融之子。江津，見第七章第三節。未進，亦有敕班師。景知援軍號令不一，終無勤王之效。又聞城中死疾轉多，謂必有應之者。王偉又説景曰："王以人臣，舉兵背叛，圍守宮闕，已盈十旬，逼辱妃主，陵穢宗廟，今日持此，何處容身？願且觀其變。"景然之。乃抗表陳帝十失。請誅君側之惡臣，清國朝之秕政，然後還守藩翰。三月朔旦，城內以景違盟，舉燧鼓譟。景決石闕前水，胡三省曰：景前決玄武湖水積於此。百道攻城，晝夜不息，城遂陷。景矯詔遣石城公大款解外援軍。於是諸軍并散。《南史·柳仲禮傳》：仲禮及弟敬禮、羊鴉仁、王僧辯、趙伯超，并開營降賊。僧辯者，湘東王使督舟師援臺者也，纔至而宮城陷。景留敬禮、鴉仁，而遣仲禮、僧辯西上，各復本位。餞於後渚。敬禮謂仲禮曰："景今來會，敬禮抱之，兄便可殺，雖死無恨。"仲禮壯其言，許之。及酒數行，敬禮目仲禮，仲禮見備衛嚴，不敢動，遂不果。後景征晉熙，敬禮與南康王會理謀襲其城，刻期將發，建安侯蕭賁告之，遂遇害。賁者，正德弟正立之子。正德爲侯景所立，賁出投之。專監造攻具，以攻臺城。常爲賊耳目。後賊惡其反覆，殺之。羊鴉仁奔江西，將赴江陵，於路爲人所害。惟趙伯超爲賊用。景降蕭正德爲大司馬。撤二宮侍衛，而使其黨防守。武帝憂憤感疾。五月，崩。年八十六。景密不發喪。二十餘日，乃迎皇太子即位，是爲太宗簡文皇帝。正德知爲賊所賣，密書與鄱陽王，期以兵入，賊遮得，矯詔殺之，時六月也。

先是景以武帝手敕召南康王會理,而使其黨董紹先據南兗州。會理僚佐咸勸距之。會理用其典籤范子鸞計,謂處江北功業難成,不若身赴京師,圖之肘腋,遂以城輸紹先。至都,景以爲司空,兼尚書令。祖皓起義,期以會理爲内應,景矯詔免會理官。後景往晉熙,都下虛弱,會理與柳敬禮謀取王偉,事覺,與弟通理皆遇害。祖皓起義,見下。又使蕭邕代西昌侯淵藻據南徐州。以任約爲南道行臺,鎮姑熟。使李賢降宣城。見第三章第九節。于子悦、張大黑入吳。大守袁君正迎降。子悦、大黑,肆行毒虐,吳人各立城柵拒守。景又遣侯子鑒入吳。收子悦、大黑還京誅之。戴僧遏據錢唐,東揚州刺史臨城公大連據州,吳興大守張嵊據郡,吳興,見第三章第九節。景使宋子仙、趙伯超、侯子鑒、劉神茂等攻破之。文成侯寧於吳西鄉起兵,亦爲景黨孟振、侯子榮所破殺。景又以郭元建爲北道行臺,總江北諸軍,鎮新秦。宋郡,今江蘇六合縣。前江都令祖皓起兵,襲殺董紹先,亦爲景所破,更以侯子鑒監南兗州。鄱陽王範棄合肥,出東關,見第十一章第四節。請兵於魏,遣二子爲質。魏人據合肥,竟不出師助範。範屯於柵口,今安徽裕溪口,在蕪湖東北。待援兵總集,欲俱進。江州刺史尋陽王大心聞之,遣要範西上,以湓城處之。大心,簡文子。湓城,即湓口城,見第三章第九節。景出頓姑熟。範將裴之悌、夏侯威生以衆降。景以之悌爲合州刺史,威生爲南豫州刺史。範至湓城,以晉熙爲晉州,晉熙,晉郡,治懷寧,今安徽潛山縣。遣子嗣爲刺史。江州郡縣,輒更改易。尋陽政令所行,惟存一郡。初莊鐵降景,又奉其母奔大心。大心以鐵舊將,厚爲其禮。軍旅之事,悉以委之。仍以爲豫章内史。鐵據豫章反。大心令中兵參軍韋約等擊之。鐵敗績,又乞降。嗣先與鐵遊處,請援之。範從之。乃遣將侯瑱,率精甲五千救鐵。夜襲破韋約等營。於是二藩釁起,人心離貳。範居湓城,商旅不通,音使距絶。範數萬之衆,皆無復食,人多餓死。範恚,發背薨。嗣猶據晉熙。城中食盡,士乏絶。簡文帝大寶元年,七月,任約、盧暉略攻晉熙。嗣中流矢,殁於陳。約進襲江州。大心遣司馬韋質拒戰,敗績。時帳下猶有勇士千餘人,咸説大心輕騎往建州,以圖後舉。此建州置於苞信縣,在今河南商城縣西。勸往此者,蓋以便於入齊也。而大心母陳淑容不肯行。大心乃止。遂與約和。於是景之兵鋒,直逼荆、郢矣。

第三節 侯景亂梁下

先是上流之地,湘東王繹刺荆州,岳陽王詧刺雍州,武帝内弟張纘刺湘州。纘,弘策子,出後伯父弘籍。大清二年,徵纘爲領軍,俄改雍州刺史,而以河東王譽刺湘州。纘素輕少王,州府迎候及資待甚薄。譽深銜之。至州,遂託疾不見纘,仍檢校州、府庶事,留纘不遣。侯景寇京師,湘東王繹軍於武城,見上節。
譽飭裝當下援,纘密報繹曰:"河東起兵,岳陽聚米,將來襲江陵。"繹懼,沈米、
斷纜而歸。因遣諮議周弘直至譽所,督其糧、衆。三反,譽不從。繹大怒。七
月,遣世子方等討譽。方等,繹長子也。母曰徐妃,以嫉妒失寵。而繹第二子
方諸母王氏,以冶容倖嬖。王氏死,繹歸咎徐妃。方等意不自安。繹聞之,又
惡方等。方等益懼。時武帝年高,欲見諸王長子,繹遣方等,方等欣然登舟。
遇侯景亂,繹召之。方等啓曰:"昔申生不愛其死,方等豈顧其生?"繹省書,知
無還意,乃配步騎一萬,使援臺城。賊每來攻,方等必身當矢石。及是,求征
譽。臨行,謂所親曰:"吾此段出征,必死無二。死而獲所,吾豈愛生?"及至麻
溪,在今湖南長沙縣北。軍敗溺死。繹遣鮑泉繼之。初繹命所督諸州并發兵下,岳
陽王譽遣司馬劉方貴爲前軍,出漢口。及將發,繹又使喻譽自行。譽辭頗不
順。繹怒。而方貴先與譽不協,潛與繹相知,刻期襲譽。未及發,會譽以他事
召方貴。方貴疑謀泄,遂據樊城拒命。樊城,見第五章第二節。譽遣軍攻之。時張
纘棄所部,單舸赴江陵。繹乃厚資遣纘,若將述職,而密援方貴。纘次大隄,胡
三省曰:《沈約志》:華山郡,治大隄。《五代志》:襄陽郡漢南縣,宋置華山郡。唐并漢南入宜城。曾鞏
曰:宋武帝築宜城之大隄爲城。案宜城,今湖北宜城縣。樊城已陷。譽擒方貴兄弟及黨
與,并斬之。纘因進至州。譽遷延不受代,而密圖之。纘懼,請繹召之。繹乃
徵纘於譽。譽留不遣。州助防杜岸兄弟紿纘曰:"岳陽殿下,勢不仰容。不如
且往西山,以避此禍。使君既得物情,遠近必當歸集。以此義舉,事無不濟。"
纘深以爲然。因與岸等結盟誓,又要雍州人席引等於西山聚衆。纘服婦人
衣,乘青布輿,與親信十餘人出奔。引等與杜岸馳告譽。譽令中兵參軍尹正
與岸等追討,并擒之。纘懼不免,因請爲沙門。譽以譽危急,率衆三萬,騎千
匹伐江陵以救之。大雨暴至,衆頗離心。繹與岸弟崱有舊,密要之。崱乃與
兄岸,弟幼安及楊混各率其衆降。譽夜遁。初譽囚張纘於軍,至是,先殺纘而
後退焉。杜岸之降也,請以五百騎襲襄陽。譽至,岸奔其兄巇於廣平。晉渡江,
僑置廣平郡於襄陽,宋以漢南陽郡之朝陽爲實土。案朝陽,在今河南鄧縣東南。譽遣尹正、薛暉
等攻之,獲巇、岸等。并其母、妻、子女殺之。盡誅諸杜宗族、親舊。其幼稚疏
屬下蠶室。又發掘其墳墓,燒其骸骨,灰而揚之。其酷虐如此。鮑泉圍湘州,
久未能拔,繹命王僧辯代之。大寶元年,四月,克湘州,斬譽。譽自稱梁王,稱
蕃於魏。魏遣兵助戍襄陽。臺城之陷也,邵陵王綸奔禹穴,在今浙江紹興縣。東
土皆附。南郡王大連懼,圖之。綸覺,去至尋陽。尋陽王大心欲以州讓之,綸
不受。至郢州,刺史南平王恪以州讓之,恪,南平元襄王偉之子。綸又不受。河東

王譽請救,綸欲往救之,以軍糧不繼而止。與繹書勸止之。繹不聽。綸大脩器甲,將討侯景。繹聞其盛,八月,遣王僧辯帥舟師一萬逼之,綸走。於是侯景之兵鋒,繹實當之矣。

　　江州之陷,繹遣徐文盛率衆軍下武昌。文盛,寧州刺史,聞國難,召募得數百人來赴。是歲,九月,侯景率舟師上皖口。皖水入江之口,在今安徽懷寧縣西。十二月,繹又遣尹悦、王珣、杜幼安助文盛。任約以西臺益兵,告急於景。二年,閏三月,景自率衆二萬,西上援約。至西陽,見第四章第三節。徐文盛不敢戰。文盛妻石氏,先在建業,至是,景載以還之。文盛深德景,遂密通信使,都無戰心。衆咸憤怨。初郢州之平,繹以子方諸爲刺史,鮑泉爲長史,行府、州事。方諸與泉,不恤軍政,惟蒲酒自樂。景訪知其無備,兵少,四月,遣宋子仙襲陷之,執方諸及泉。盡獲武昌軍人家口。文盛等大潰,奔歸江陵。王珣、尹悦、杜幼安并降於賊。景遂乘勝西上。繹先遣王僧辯東下代文盛,軍次巴陵,會景至,僧辯因堅壁拒之。景設長圍,築土山,晝夜攻擊,不克。軍中疾疫,死傷大半。繹遣胡僧祐、陸法和援巴陵。景遣任約以精卒數千逆擊,六月,僧祐等擊破之,擒約。王僧辯督衆軍追景,而陳霸先之兵亦來會。

　　陳霸先,吳興長城人。長城,見第三章第九節。爲廣州刺史蕭映僚佐。映,始興忠武王憺子。討破交州叛賊李賁。映卒,以霸先爲交州司馬,與刺史楊瞟討賁,平之。除西江督護、高要大守。高要,漢縣,梁置郡,今廣東高要縣。時大清元年也。二年,冬,侯景寇京師,霸先將率兵赴援。廣州刺史元景仲,法僧子也,欲圖霸先。《北史·道武七王傳》云:侯景遣誘召之,詐奉爲主,景仲將應之。霸先知其計,與成州刺史王懷明,成州,今廣西蒼梧縣。行臺選郎殷外臣等密議戒嚴。三年,七月,集義兵於南海,馳檄以討景仲。景仲窮蹙,自縊死。霸先迎定州刺史蕭勃鎮廣州。定州,治鬱林,見第三章第九節。勃,武帝從弟吳平侯昺之子。初衡州刺史韋粲,自解還都征侯景,以臨賀内史歐陽頠監衡州。衡州,治曲江,今廣東曲江縣。臨賀,見第三章第九節。京城陷後,嶺南互相吞并。高州刺史蘭裕,攻始興内史蕭紹基,奪其郡。高州,治高涼,在今廣東陽江縣西。始興,見第三章第八節。裕以兄欽與頠有舊,遣招之。頠不從。裕攻之。頠請援於勃。勃令霸先救之,悉擒裕等。仍監始興郡。十一月,霸先遣杜僧明、胡穎將二千人頓於嶺上。僧明,廣陵臨澤人。梁大同中,盧安興爲廣州南江督護,僧明與兄天合及周文育,并爲所啓,與俱行。安興死,僧明復副其子子雄。及李賁反,逐交州刺史蕭諮,諮奔廣州。臺遣子雄與高州刺史孫冏討賁。時春草已生,瘴癘方起,子雄請待秋。廣州刺史蕭映不聽。諮又促之。子雄不得已,遂行。至合浦,死者十六七。衆并憚役潰散,禁之不可,乃引其餘兵退還。蕭諮啓子雄及冏與賊交通,逗留不進。梁武帝勑於廣州賜死。子雄弟子略、子烈,并雄豪任俠,家屬在南江,天合乃與周文育等率衆結盟,奉子略爲主,以攻蕭映。霸先時在高要,聞事起,率衆來討,大破之。殺天合。禽僧明及文育等,并釋之,引爲主帥。案陳武生平,用降將最多,詳見《廿二史劄記》,其氣度必有大過人者,僧明、文育,特其一耳。① 頴,吳興東遷人,爲廣州西江督護。霸先與其同郡,待之甚厚。蕭諮,鄱陽王範之子。臨津,宋縣,在今江蘇高郵縣東北。合浦,漢郡,治徐聞,今廣東海康縣。後漢治合浦,今廣東合浦縣。梁、陳閒復治徐聞。東遷,晉縣,今爲鎮。屬浙江吳興縣。并結始興豪傑,同謀義舉。郡人侯安都、張偲等率千餘人來附。蕭勃聞之,遣説停霸先。霸先不聽。使閒道馳往江陵,秉承軍期節度。時蔡路養南康土豪。起兵據南康,見第七章第五節。勃遣腹心譚世遠爲曲江令,與路養相結,同遏義軍。大寶元年,霸先發自始興,次大庾嶺。在今江西大庾縣、廣東南雄縣之閒。路養出軍頓南野,秦縣,在今江西南康縣西南。依山水立四城以拒。霸先與戰,大破之。路養脱身竄走。霸先進頓南康。六月,脩崎頭古城,在大庾縣東。徙居焉。高州刺史李遷仕據大皋,在江西吉安縣南。遣主帥杜平虜等率千人入瀨石、魚梁。瀨石,指瀨江十八灘,在今江西贛縣至萬安縣閒。魚梁,在萬安縣南。遷仕之兵,蓋以援臺至此。霸先命周文育擊走之。遷仕奔寧都。吳陽都縣,晉更名,今江西寧都縣。寧都人劉藹等資遷仕舟艦、兵仗,將襲南康。霸先遣杜僧明等率二萬人據白口,《通鑑考異》引《大清紀》云:於雩都縣連營相拒,則其地當在雩都。雩都,漢縣,今江西雩都縣東北。築城以拒之。遷仕亦立城以相對。二年,三月,僧明等攻拔其城,生擒遷仕送南康。霸先斬之。湘東王繹命霸先進兵定江州,仍授江州刺史。九月,又以王僧辯刺江州,而以霸先爲東揚州刺史。

　　侯景之東還也,以丁和爲郢州刺史,留宋子仙、時靈護等助和守禦。以支化仁、閭洪慶等守魯山城。見第七章第三節。王僧辯率巴陵諸軍,沿流討景。攻魯山,化仁降。攻郢,擒靈護。子仙行戰行走。至白楊浦,胡三省曰:蓋去郢城未遠。大破之,生擒子仙送江陵。鄱陽王範及其子嗣之死也,侯瑱領其衆,依於莊鐵。鐵疑之。瑱懼,詐引鐵謀事,因而刃之。據有豫章。侯景將于慶南略,至豫章,瑱窮蹙,降於慶。慶送瑱於景。景以瑱與己同姓,託爲宗族,待之甚厚。留其妻子及弟爲質,遣瑱隨慶平定蠡南諸郡。蠡南,謂彭蠡湖以南。及是,瑱起兵襲之,慶敗走。景盡誅瑱妻、子及弟。湘東王繹授瑱南兗州刺史。七月,僧辯軍次湓城,賊行江州事范希榮棄城走。八月,晉熙人王僧振、鄭寵起兵襲城,僞刺史夏侯威生、儀同任延遁。繹命僧辯且頓江州,須衆軍齊集。頃之,命江州衆軍,悉同大舉。於是發江州。命侯瑱率銳卒輕舸,襲南陵、鵲頭等戍,至

―――――――

① 史事:陳武用降將(第四六〇頁)。侯瑱、魯悉達不降齊(第四六五―四六六頁)。孫瑒(第四六七頁)。

即克之。南陵,見第七章第五節。鵲頭,見第九章第二節。三年,元帝承聖元年。二月,霸先與僧辯會於白茅洲,在江西德化縣北,與安徽宿松縣接界。登壇盟誓。

　　侯景之東還也,二年,八月,廢大宗爲晉安王,幽於永福省。害皇大子大器、尋陽王大心、西陽王大鈞、武寧王大威、建平王大球、義安王大昕、綏建王大摯,皆簡文子。及尋陽王諸子二十人。矯爲大宗詔,禪位於豫章嗣王棟。歡子。遣使害南海王大臨於吳郡,南郡王大連於姑孰,安陸王大春於會稽,新興王大壯於京口。亦皆簡文子。大壯,《南史》作大莊。初景既平京邑,便有篡奪之心,以四方須定,且未自立。既巴陵失律,江、郢喪師,猛將外殲,雄心内沮,便欲僭僣大號,遂其姦心。其謀臣王偉云:“自古移鼎,必須廢立,”故景從之。其大尉郭元建聞之,自秦郡馳還,諫景曰:“四方之師,所以不至者?政爲二宮萬福。若遂行弑逆,結怨海内,事幾一去,雖悔無及。”王偉固執不從。此據《梁書·景傳》。《南史》則云元建諫廢簡文,景意遂回,欲復帝位,以棟爲大孫,王偉固執不可。又《南史·簡文紀》云:景納帝女溧陽公主。公主有美色,景惑之,妨於政事。王偉每以爲言。景以告主,主出惡言。偉知之,懼見讒,乃謀廢帝而後周主,苦勸行弑,以絕衆心。此亦不根之談。偉小人,安知遠慮。知遠慮,不事景矣。十月,景弑大宗。十一月,遂廢棟而自立。先是張彪起義於會稽若邪山,事在大寶元年,《紀》在十一月,《景傳》在十二月。彪,南郡王前中兵參軍。若邪山,在今浙江紹興縣南。攻破浙東諸縣。景遣田遷、趙伯超、謝答仁等東伐彪。是年,正月,彪遣別將寇錢唐、富春。錢唐,見第四章第三節。富春,即富陽,晉避大后諱改,見第十章第四節。田遷進軍與戰,破之。十月,景司空東道行臺劉神茂,儀同尹思合、劉歸義、王曄,雲麾將軍桑乾王元頵等據東陽歸順。東陽,見第五章第六節。仍遣元頵及別將李占、趙惠朗下據建德江口。建德,秦縣,今浙江建德縣。尹思合收景新安大守元義,奪其兵。新安,見第四章第二節。張彪攻永嘉,見第七章第二節。永嘉大守秦遠降。十一月,景以趙伯超爲東道行臺,鎮錢唐。遣田遷、謝答仁等東征神茂。十二月,答仁等至建德,攻元頵、李占柵,大破之。執頵、占送景。明年,大寶三年,即元帝承聖元年。謝答仁攻劉神茂。劉歸義、尹思合等棄城走。神茂孤危,復降。初海寧程靈洗,吳海陽縣,晉曰海寧,在今安徽休寧縣東。據黝、歙以拒景。漢黝縣,宋曰黝,在今安徽黝縣東。歙縣,見第九章第六節。景軍據有新安,新安大守西鄉侯隱奔依靈洗,靈洗奉以主盟。劉神茂建義,靈洗攻下新安,與之相應。及是,景偏帥吕子榮進攻新安,靈洗復退保黝、歙。景敗,子榮走,靈洗復據新安,進軍建德。二月,王僧辯軍至蕪湖。見第三章第九節。蕪湖城主宵遁。景遣史安和、宋長貴等率兵二千,助侯子鑒守姑熟。見第四章第一節。追田遷還京師。三月,景往姑熟,巡視壘柵。誡子鑒曰:“西人善水戰,不可與爭鋒。若得馬步一交,必當可破。汝但堅壁,以觀其變。"子鑒乃舍舟登岸,閉營不出。僧辯等遂停軍十餘日。賊黨大喜,告景曰:"西師懼吾之强,必欲遁走。不擊,將失之。"景復命子鑒爲水戰之備。子鑒乃率萬餘人渡洲,并引水軍俱進。僧辯逆擊,大破之。子鑒僅以身免。僧辯進軍次張公洲。即蔡洲,見第四章第三節。景以盧暉略守石頭,紇奚斤等守捍國城。在今江蘇江寧縣南。悉逼百姓及軍士家累入臺城。僧辯焚景水柵,入淮。至禪靈寺渚。景大驚,乃緣淮立柵。自石頭迄青溪十餘里,樓雉相接。僧辯遣杜崱問計於陳霸先。霸先曰:"前柳仲禮數十萬,隔水而坐,韋粲之在青溪,竟不渡岸,賊乃登高望之,表裏俱盡。今圍石頭,須渡北岸。諸將若不能當鋒,請先往立柵。"霸先即於石頭城西橫隴築柵。衆軍次連八城,直出西北。賊恐西州路斷,西州,見第十章第二節。亦於東北果林築五城,以逼大路。景自率侯子鑒、于慶、史安和、王僧貴等拒守。使王偉、索超世、呂季略守臺城。景列陳挑戰,僧辯率衆軍奮擊,大破之。侯子鑒、王僧貴各棄柵走。盧暉略、紇奚斤并以城降。景既退敗,不入宮,斂其散兵,屯於闕下。遂將逃竄。王偉攬轡諫曰:"自古豈有叛天子? 今宮中衛士,尚足一戰,寧可便走? 棄此欲何所之?"景曰:"我在北,打賀拔勝,敗葛榮,揚名河朔,與高王一種人。今來南,渡大江,取臺城如反掌,打邵陵王於北山,破柳仲禮於南岸,皆乃所親見。今日之事,恐是天亡。乃好守城,我當復一決耳。"仰觀石闕,逡巡歎息。久之,乃以皮囊盛二子《通鑑》云:江東所生。挂馬鞍,與其儀同田遷、范希榮等百餘騎東奔。王偉委臺城竄逸。侯子鑒等奔廣陵。王僧辯命衆將入據臺城,侯瑱、裴之橫率精甲五千,東入討景。景至晉陵,見第四章第三節。劫大守徐永,東奔吳郡。進次嘉興。見第三章第四節。趙伯超據錢唐拒之。景退還吳郡。達松江,而侯瑱軍奄至。景衆未陳,皆舉幡乞降。景不能制,乃與腹心數十人單舸走。推墮二子於水,自滬瀆入海。滬瀆,見第七章第二節。羊侃第三子鵾,隨侃臺內,城陷,竄於陽平,宋縣,未詳今地。景呼還,待之甚厚。及景敗,鵾密圖之,乃隨其東走。景於松江戰敗,惟餘三舸下海,欲向蒙山。在今山東蒙陰縣。會景倦,晝寢,鵾語海師:"此中何處有蒙山? 汝但聽我處分。"遂直向京口。至胡豆洲,此據《羊侃傳》。《景傳》作壺豆洲。在今江蘇鎮江縣北。景覺,大驚。問岸上人,云郭元建猶在廣陵。景大喜,將依之。鵾拔刀叱海師,使向京口。景欲投水,鵾抽刀斫之。景乃走入船中,以小刀抉船底。鵾以矟入,刺殺之。送尸於王僧辯。傳首西臺。僧辯收賊黨王偉等二十餘人,送於江陵。趙伯超降於侯瑱,亦送江陵。陳霸先出廣陵,郭元建奔齊。

　　侯景之爲人也,可謂酷虐無倫。其犯建康,初至便望克定,號令甚明,不犯百姓。既攻城不下，人心離沮；又恐援軍總集，衆必潰散；乃縱兵殺掠。交尸塞路。富室豪家，恣意哀剥。子女玉帛，悉入軍營。及築土山，不限貴賤。晝夜不息，亂加毆棰。疲羸者因殺之以填山。號哭之聲，響動天地。時百姓不敢藏隱，并出從之，旬日之閒，衆盈數萬。東府之陷，景使盧暉略率數千人持長刀夾城門，悉驅城内文武，裸身而出，賊交兵殺之。死者二千餘人。臺城之陷，悉鹵掠乘輿服玩，後宫嬪妾。初城中積尸，不暇瘞埋；又有已死而未斂，或將死而未絶者；景悉聚而燒之，臭氣聞十餘里。性殘忍，好殺戮，恒以手刃爲戲。方食，斬人於前，言笑自若，口不輟飡。或先斷手足，割舌，劓鼻，經日乃殺之。於石頭立大舂碓，有犯法者擣殺之。又禁人偶語，不許大酺，有犯則刑及外族。東陽人李瞻起兵，爲賊所執，送詣建業，景先出之市中，斷其手足，剖析心腹，破出肝腸。祖皓之敗，射之，箭徧體，然後車裂以徇。城中無少長皆斬之。此據《梁書·景傳》。《南史》作埋而射之。元頵、李占被執送京口，景截其手足，徇之，經日乃死。劉神茂降，送建康，景爲大剉碓，先進其腳，寸寸斬之，至頭方止，使衆觀之以示威。每出師，戒諸將曰："若破城邑，净殺卻，使天下知吾威名。"故諸將以殺人爲戲笑。百姓雖死，亦不從之。然景之南奔也，高澄悉命先剥景妻子面皮，以大鐵鑊盛油煎殺之。女以入宫爲婢。男三歲者并下蠶室。後齊文宣夢獼猴坐御牀，乃并賣景子於鑊。其子之在北者殲焉。則初非景一人如是，蓋代北之風氣然也。魏道武等，亦特此風氣中之一人耳。簡文帝時，景嘗矯詔自加宇宙大將軍，都督六合諸軍事。及僭位，王偉請立七廟，并請七世諱，敕大常具祭祀之禮。景曰："前世吾不復憶，惟阿爺名摽；且在朔州；伊那得來噉是？"牀上常設胡牀及筌蹄，著鞾垂腳坐。[1] 或跂户限。或走馬敖游，彈射鴉鳥。自爲天子，王偉不許輕出，鬱快更成失志，曰："吾不事爲帝，與受擯不殊。"豈特沐猴而冠而已。

　　是時王師殺掠之酷，亦幾不減於景。臺城之被圍也，援兵至北岸，百姓扶老攜幼以候之，纔得過淮，便競剥掠。賊黨有欲自拔者，聞之咸止。景之走，王克開臺城引裝之橫入宫，縱兵蹂掠。時都下户口，百遺一二，大航南岸，極目無煙，老小相扶競出，纔度淮，王琳、杜龕軍人掠之，甚於寇賊，號叫徹於石頭。王僧辯謂爲有變，登城問故，亦不禁也。是役也，可謂江南一浩劫。臺城初被圍，男女十餘萬，貫甲者三萬，及景違盟，疾疫且盡，守埤者止二三千人，并悉羸懦。景攻臺時，食石頭常平倉，既盡，便掠居人。爾後米一升七八萬

───────────

① 器用：侯景牀上垂腳坐。

錢，人相食，有食其子者。此據《南史·景傳》。《梁書》云：米斛數十萬，人相食者十五六。《魏書·島夷傳》云：城內大饑，人相食。米一斗八十萬。皆以人肉雜牛、馬肉而賣之。軍人共於德陽堂前立市，屠一牛得絹三千匹，賣一狗得錢二十萬。皆熏鼠、捕雀而食之。至是，雀、鼠皆盡，死者相枕。大寶元年，時江南大饑，江、揚彌甚。旱蝗相繫，年穀不登。百姓流亡，死者塗地。父子攜手，共入江、湖；或弟兄相要，俱緣山岳；芰實荇花，所在皆罄；草根木葉，爲之彫殘；雖假命須臾，亦終死山澤。其絕粒久者，鳥面鵠形，俯伏牀帷，不出戶牖，莫不衣羅綺，懷金玉，交相枕藉，待命聽終。於是千里絕煙，人迹罕見，白骨成聚，如丘壟焉。代北殘暴之風，江南淫靡之俗，合而成此大災，祇可謂人類所造之惡業，人類還自受之而已矣。[①]

第四節　江陵之變

簡文帝之崩也，四方勸進於湘東者相屬。湘東以巨寇未平，未欲即位。然簡文之立，湘東謂其制於賊臣，始終仍用大清年號，則其懷自立之心久矣。《南史·豫章王棟傳》云：棟既廢，及二弟橋、摎，并鎖於密室。景敗走，兄弟相扶出。初王僧辯之爲都督，將發，諮元帝曰："平賊之後，嗣君萬福，未審有何儀注？"帝曰："六門之內，自極兵威。"僧辯曰"平賊之謀，臣爲己任，成濟之事，請別舉人。"[②]由是帝別敕宣猛將軍朱買臣，使行忍酷。會簡文已被害，棟等與買臣遇見，呼往船共飲，未竟，并沈於水。案王僧辯乃一熱中之士，惟思乘時以立功名，《梁書·僧辯傳》：趙伯超降於侯瑱，送至，既出，僧辯顧坐客曰："朝廷昔惟知有趙伯超耳，豈識王僧辯？社稷既傾，爲我所復，人之興廢，亦復何常？"器小易盈，情見乎辭矣。於逆順之際，初無所擇。故一戰而敗，即不惜屈膝於異族，以奉淵明。而何愛於簡文及豫章？況元帝爲人，猜忍至極，僧辯征陸納時，以欲待部下之集，見疑規避，幾遭誅戮，陸納事見下。《僧辯傳》曰：世祖斫之，中其左髀，流血至地。僧辯悶絕，久之方蘇。即送付廷尉。并收其子姪，并皆繫之。會岳陽王軍襲江陵，人情騷擾，未知其備。世祖遣左右往獄，問計於僧辯。僧辯具陳方略。乃赦爲城內都督。此時又安敢批其逆鱗邪？故謂湘東授意僧辯，使賊嗣君，而僧辯不肯從者，必失實之辭也。然朱買臣之賊豫章，即非承湘東之旨，亦必窺其意而爲之，則無疑矣。大寶三年，十一月，湘東即位於江陵，是爲世祖孝元皇帝。

柳仲禮之入援也，竟陵郡守孫暠，以郡降西魏。竟陵，見第三章第九節。宇文泰

---

① 風俗：代北殘暴之風，江南淫靡之俗，合成梁末大災。

② 史事：王僧辯不肯作成濟，不足信。

使符貴往鎮之。及臺城陷，仲禮降景，景遣西上，湘東王以爲雍州刺史，使襲襄陽。仲禮方觀成敗，未發。及南陽圍急，杜岸請救，仲禮乃以別將夏侯强爲司州刺史，守義陽，自帥衆如安陸。見第三章第九節。使司馬康昭討孫暠，暠執符貴以降。仲禮命其將王叔孫爲竟陵大守，軍副馬岫爲安陸大守，置孥於安陸，而以輕兵師於溳頭，在湖北安陸縣西北。將侵襄陽。岳陽王詧告急於魏，遣妃王氏及世子嶚爲質。宇文泰遣楊忠、長孫儉救之。陷隨郡。見第四章第三節。進圍安陸。大寶元年，西魏大統十六年。正月，仲禮來援，忠逆擊，破禽之。馬岫以城降。王叔孫亦斬孫暠降。元帝遣子方略爲質。并送載書，請魏以石城爲限，石城，竟陵郡治，見第三章第九節。梁以安陸爲界。忠乃旋師。據《周書・楊忠傳》。《南史・梁本紀》：是年，正月，使少子方略質於魏。魏不受質，而約爲兄弟。《元帝諸子傳》云：方略年數幾。至長安，即得還。魏命詧發喪嗣位，策命爲梁王。邵陵王綸之敗也，與子確等十餘人輕舟走武昌。時綸長史韋質，司馬姜律，先在於外，聞綸敗，馳往迎之。於是復收散卒，屯於齊昌。齊郡，在今湖北蘄春縣西北。將引魏軍共攻南陽。任約聞之，使鐵騎二百襲綸。綸無備，又敗。走定州。治蒙籠城，在今湖北麻城縣西。定州刺史田龍祖迎綸。綸以龍祖荆鎮所任，懼爲所執，復歸齊昌。行至汝南，《隋志》：安陸郡吉陽，梁立汝南郡，在今湖北應山縣北。西魏所署汝南城主李素，綸之故吏，聞綸敗，開城納之。綸乃脩浚城池，收集士卒，將攻竟陵。西魏安州刺史馬岫聞之，報於西魏。安州，安陸。西魏遣楊忠、侯幾通率衆赴焉。二年，西魏大統十七年。二月，忠等至於汝南。綸嬰城自守。會天寒大雪。忠等攻之，不能克，死者甚衆。後李素中流矢卒，城乃陷。忠等執綸，綸不爲之屈，遂害之。《周書・楊忠傳》云：綸與前西陵郡守羊思達，要隨、陸土豪段珍寶、夏侯珍洽合謀，送質於齊，欲來寇掠。汝南城主李素，綸故吏也，開門納焉。梁元帝密報大祖，大祖乃遣忠督衆討之。詰旦陵城，日昃而克。擒綸，數其罪而殺之。忠閒歲再舉，盡定漢東之地。於是漢東之地，入於西魏矣。初大同元年，魏梁州民皇甫圓、姜宴反正，《周書・楊乾運傳》。北梁州刺史蘭欽因攻漢中，魏梁州刺史元羅降，梁遂復梁州。是歲，十月，宇文泰遣王雄出子午，見第五章第四節。伐上津、在今湖北鄖西縣北，路通陝西之山陽縣。魏興；見第三章第六節。達奚武出散關，伐南鄭。明年，大寶三年，即元帝承聖元年。西魏廢帝元年，不立年號。春，王雄陷上津、魏興，以其地置東梁州。達奚武圍南鄭，梁梁州刺史宜豐侯循鄱陽忠烈王恢子。《南北史》皆作脩。力屈降。八月，東梁州民叛魏，圍州城。泰復遣王雄攻之。明年，承聖二年，魏廢帝二年。春，平之。遷其豪帥於雍州。事見《周書・泉企傳》。於是漢中之地，亦入於西魏矣。其東方之地，則東魏於大清二年，東魏武定六年。以辛術爲東徐州刺史、淮南經略使。術本爲東南道行臺，與高岳等同破侯景及淵明。明年，大清三年，武定七年。蕭正表以北徐州降魏。侯景使王顯貴守壽陽，亦降魏青、冀二州刺史明少遐，東徐州刺史湛海珍，北青州刺史王奉伯，各舉州附於魏。《隋志》：東海郡懷仁縣，梁置南北二青州。下邳郡，梁置東徐州。案懷仁，東魏縣，在今江蘇贛榆縣西。下邳，見第三章第四節。初北兗州刺史定襄侯祗，南平元襄王偉子。與湘潭侯退，及前潼州刺史郭鳳，同起兵，將赴援，至是，鳳謀以淮陰應景，淮陰，見第四章第二節。祗等力不能制，并奔魏。景以蕭弄璋爲北兗州刺史。州民發兵拒之。景遣廂公丘子英，直閤將軍羊海赴援。海斬子英，率其衆降於魏。魏人遂據淮陰。鄱陽王範出東關，魏又據合肥。事見上節。柳仲禮使夏侯强守司州，魏又使潘樂取之。城鎮先後附魏者二十餘州。辛術遂移鎮廣陵。大寶元年，齊文宣帝天保元年。齊篡東魏。明年，大寶二年，齊天保二年。五月，齊合州刺史斛斯顯攻歷陽，見第三章第九節。陷之。江北之地盡矣。《南史·元帝紀》云：“自侯景之難，州郡大半入魏。自巴陵以下至建康，以江爲限。荆州界北盡武寧，東晉郡，今湖北荆門縣北。西拒峽口。自嶺以南，復爲蕭勃所據。文軌所同，千里而近。人户著籍，不盈三萬。中興之盛，盡於是矣。”其形勢實至蹙也。

武陵王紀，以大同三年爲益州刺史，至是已十六年矣。紀在蜀，南開寧州、越巂，寧州，見第三章第六節。越巂，漢郡，治邛都，在今四川西昌縣東南。晉徙治會無，今四川會理縣。宋還治邛都。齊没於獠。西通資陵、吐谷渾；内脩耕桑、鹽鐵之功；外通商賈遠方之利；故能殖其財用，器甲殷積。大寶元年，六月，紀遣世子圓照領兵三萬東下，受元帝節度，元帝命且頓白帝。見第七章第三節。七月，元帝遣報武帝崩問。十一月，紀總戎將發，元帝又書止之曰：“蜀中斗絶，易動難安，弟可鎮之，吾自滅賊。”又別紙云：“地擬孫、劉，各安境界，情深魯、衛，書信恒通。”三年，四月，紀稱帝。元帝遣萬州刺史宋籧襲圓照於白帝。萬州，治石城，今四川達縣。紀第二子圓正，時爲西陽大守，西陽，見第四章第三節。召至，鎖於省内。承聖二年，五月，紀東下，次西陵。見第七章第三節。元帝命陸法和立二城於峽口，名七勝城，鎖江以斷峽。湘州刺史王琳，本兵家，元帝居藩，琳姊妹并入後庭見幸，琳由此未弱冠得在左右。少好武，遂爲將帥。琳果勁絶人，又能傾身下士。麾下萬人，多是江、淮羣盜。平景之功，與杜龕俱爲第一。恃寵縱暴於建業。王僧辯禁之不可，懼將爲亂，啓請誅之。琳亦疑禍，令長史陸納率部曲前赴湘州，身遄上江陵。將行，謂納等曰：“吾若不返，子將安之？”咸曰：“請死相報。”泣而別。及至，帝以下吏，而以子方略爲湘州刺史。時承聖元年十月也。於是陸納及其將潘烏累等反。襲陷湘州。十一月，納遣潘烏累等攻破衡州。此衡州治衡陽，今湖南衡陽縣。十二月，分兵襲巴陵，爲湘州刺史蕭循所破。循降魏後，字文泰使還江陵。營州刺史李洪鴉，營州，治營陽，今湖南道縣。自零陵率衆出空靈灘，零陵，漢郡，治零陵，在今廣西全縣北。後漢徙治泉陵，在今湖南零陵縣北。空靈灘，據《王僧辯傳》，《本紀》作空雲，在今湖南湘潭縣北。稱助討納。朝廷未達其心，深以爲慮。乃徵王僧辯兵上，就循南征。二年，二月，李洪雅降賊。賊將吳藏等據車輪，洲名，在湖南湘陰縣北。夾岸爲城，前斷水勢。士卒驍猛，皆百戰之餘。僧辯乃不戰以驕之。五月，因其無備，陷其二城。賊歸保長沙。時武陵擁衆上流，內外駭懼，元帝乃遣王琳以和解之。六月，湘州平。僧辯旋於江陵，因被詔會衆軍西討，而武陵之難已平矣。初興勢楊乾運，興勢，晉縣，今陝西洋縣。爲方隅豪族，魏除安康郡守。安康，見第十二章第六節。漢中之復，乾運亦來歸。求爲梁州刺史，不得，而以爲潼州刺史。此從《南史・紀傳》。《周書・乾運傳》云：紀稱尊號，以乾運威服巴、渝，拜梁州刺史，鎮潼州。潼州，今四川縣陽縣。乾運兄子略，説乾運送款關中。乾運深然之。乃令略將二千人鎮劍閣。又遣其壻樂廣鎮安州。今四川劍閣縣。會宇文泰遣乾運孫法洛及使人牛伯友等至，略即夜送乾運，乾運乃使入關送款。氐酋楊法琛，求爲黎州刺史，不得，以爲沙州刺史，亦遣使通西魏。大同元年漢中之復，法琛爲北益州刺史陰平王，見《梁書・本紀》。《通鑑》：大寶元年，黎州民攻刺史張賁，賁棄城走，州民引法琛據黎州，命王、賈二姓詣紀，請法琛爲刺史。紀深責之，囚其質子。使楊乾運攻之。法琛使降魏，而據劍閣以拒乾運。明年，乾運破之，焚平興。平興，法琛治所也。胡三省曰：魏以武興爲東益州，梁蓋以爲北益州。平興，宋縣，在今四川昭化縣西北。黎州，今四川廣元縣。沙州，胡三省曰：蓋即以平興爲之。時元帝以紀東下，請救於魏，又請伐蜀。據《周書・尉遲迴傳》。宇文泰與羣公會議。諸將多有異同。惟尉遲迴以爲“紀既盡銳東下，蜀必空虛，王師臨之，必有征無戰。”乃令迴督甲士一萬二千，騎萬匹伐蜀。承聖二年，春，前軍臨劍閣。樂廣降。楊乾運又降。六月，迴至潼州，大饗將士，引之而西。紀之次西陵也，軍容甚盛。時陸納未平，蜀軍復逼，元帝甚憂。陸法和告急，旬日相繼。帝乃拔任約於獄，以爲晉安王司馬，撤禁兵以配之，并遣宣猛將軍劉棻，共約西赴。六月，紀築連城，攻絕鐵鎖。元帝復於獄拔謝答仁爲步兵校尉，配衆一旅上赴。紀頓兵日久，頻戰不利，師老糧盡，智力俱殫；又魏人入劍閣，成都虛弱；憂懣不知所爲。先是元帝已平侯景，執所俘馘，頻遣報紀。圓照鎮巴東，留執不遣。啓紀云：“侯景未平，宜急征討。已聞荊鎮，爲景所滅，疾下大軍。”紀謂爲實然，故仍率衆沿江急進。於路方知侯景已平，便有悔色，召圓照責之。圓照曰：“侯景雖誅，江陵未服，宜速平蕩。”紀亦以既居尊位，宣言於衆：“敢諫者死。”蜀中將卒，日夜思歸。所署江州刺史王開業進曰：“宜還救根本，更爲後圖。”江州，治犍爲，今四川彭山縣。諸將僉以爲然。圓正、劉孝勝獨言不可，孝勝，紀長史,紀僭號,以爲尚書僕射。紀乃止。聞王琳將至,潛遣將軍侯叡,傍險出陸法和後,臨水築壘,以禦琳及法和。元帝書遺紀,遣使喻意,許其還蜀,專制岷方。紀不從。既而侯叡爲任約、謝答仁所破;又陸納平,諸軍并西赴;紀頻敗,知不振,遣往江陵,論和緝之計。元帝知紀必破,遂拒而不許。於是兩岸十餘城俱降。七月,陸法和揣紀師老卒惰,令將樊猛,率驍勇三千,輕舸百餘,乘流直上,出不意薄之。紀衆驚駭,不及整列,皆棄艦登岸,赴水死者以千數。獲紀及其第三子圓滿,俱殺之於峽口。法和收圓照兄弟三人。圓照及紀第四子圓普,第五子圓肅。《南史·圓照傳》云:次弟圓正,先見鎮在江陵,元帝使謂曰:"西軍已敗,汝父不知存亡。"意欲使其自裁,頻看知不能死,又付廷尉獄,并命絶食,於獄齧臂啖之,十三日死。并命絶食,當兼指圓正及圓照兄弟三人言之也。紀之東下,留永豐侯撝爲益州刺史,撝,武帝弟安成康王秀之子。見兵不滿萬人。倉庫空竭,軍無所資。尉遲迥至,乃爲城守之計。迥進軍圍之。紀至巴郡,見第三章第六節。聞迥來侵,遣譙淹回援,爲迥分兵所破。撝前後戰數十合,皆不克,乃降。時八月也。案紀果有覬覦天位之心,則當臺城被圍時,宜傾蜀中之衆東下,以圖一決,其時元帝未必能阻,乃裴回不進,至景已將平,忽又稱帝,豈不進退失據?史言其東下時,黃金一斤爲餅,百餅爲簉,至有百簉;銀五倍之;其他錦罽繒采稱是。每戰,則懸金帛以示將士,終不賞賜。寧州刺史陳知祖請散金銀募勇士,不聽,慟哭而去。自是人有離心,莫肯爲用。豈非妄庸人哉?然脣亡齒寒,蜀既亡,江陵亦益危矣。

時東方寇氛,亦甚熾烈。郭元建之奔齊也,陳霸先納其部曲三千人而還。王僧辯啓霸先鎮京口。承聖元年,齊天保三年。三月,齊以其清河王岳爲南道大都督,潘樂爲東南道大都督,及行臺辛術,率衆南伐。五月,術圍嚴超達於秦郡。見上節。霸先命徐度領兵,助其固守。齊衆七萬,填塹,起土山,穿地道,攻之甚急。霸先自率萬人解其圍。縱兵四面擊之。齊平秦王中流矢死,斬首數百級。齊人乃收兵而退。七月,廣陵僑民朱盛、張象潛結兵襲齊刺史溫仲邕,遣使來告。霸先率衆濟江以應之。會齊人來聘,求割廣陵之地,王僧辯許焉,仍報霸先,霸先乃引還。元帝承制授霸先南徐州刺史。及王僧辯征陸納,又命霸先代鎮揚州。二年,齊天保四年。九月,齊遣郭元建率衆二萬,大列舟艦於合肥,謀襲建業,又遣其大將邢景遠、步大汗薩、東方老等繼之。霸先馳報江陵。元帝詔王僧辯次於姑孰,即留鎮焉。十一月,僧辯遣侯瑱帥精甲三千人築壘於東關,見第十一章第四節。徵吳郡大守張彪,吳興大守裴之橫繼之。十二月,宿豫土民東方光宿豫,見第七章第四節。東方光,《齊書》作東方白領。據城歸化。江西州郡，皆起兵應之。三年，_{齊天保五年。}正月，霸先攻廣陵。秦州刺史嚴超達圍涇州。_{治石梁戍，在今安徽天長縣西北。}侯瑱出石梁，爲其聲援。霸先遣杜僧明助東方光。三月，齊將王球攻宿豫，僧明逆擊，大破之。六月，齊遣步大汗薩救涇州。又徵其冀州刺史段韶攻宿豫。詔留兵圍守，自將步騎數千人，倍道赴涇州，破嚴超達。迴赴廣陵，霸先亦引還。詔遣辯士喻東方光。光請盟。盟訖，詔執而殺之。圖江北之事，更無所成，而精兵良將，已萃於下游矣。武陵王之敗也，元帝授王琳衡州刺史，又改廣州。琳友人主書李膺，帝所任遇，琳告之曰："琳蒙拔擢，常欲畢命以報國恩。今天下未平，遷琳嶺外，如有不虞，安得琳力？何不以琳爲雍州刺史，使鎮武寧？琳自放兵作田，爲國禦捍也。"膺然其言，而不敢啓。王琳雖無足取，自不失爲一戰將，琳去，上游彌空虛矣。

承聖三年，_{西魏廢帝三年。}九月，魏遣于謹、宇文護、楊忠、韋孝寬等步騎五萬入寇。其啓釁之因：《周書・于謹傳》云：帝密與齊氏通使，將謀侵軼。《文帝紀》則云：梁元帝遣使請據舊圖，以定疆界；又連結於齊，言辭悖慢。此皆所謂強爲之辭。《長孫儉傳》：儉除荆州刺史，密陳攻取之謀，於是徵儉入朝，問其經略。儉對曰："湘東即位，已涉三年，觀其形勢，不欲東下。國家既有蜀土，若更平江、漢，撫而安之，收其貢賦，以供軍國，天下不足定也。"此當是啓釁之實情。_{江陵陷後，以儉元謀，賞奴婢三百口，遂令鎮江陵。}而《于謹傳》言岳陽王詧"仍請王師"，或亦足以促其生心耳。十月，丙寅，虜兵至襄陽。蕭詧帥衆會之。元帝徵王僧辯及王琳，倉卒皆不得至，惟徐世譜、任約以軍次馬頭岸。_{見第七章第三節。世譜，魚復人。善水戰。從陸法和討任約，隨王僧辯攻郢州，皆有功。仍隨僧辯東下，恒爲軍鋒。時爲衡州刺史。江陵陷後，世譜、約皆退巴陵，約後降於齊。魚復，漢縣，以魚復浦名，在今四川奉節縣東，後移治白帝。}於是樹木柵於外城，廣輪六十里。以領軍胡僧祐都督城東、城北諸軍事，左僕射王褒都督城西、城南諸軍事。虜以十一月丙申至，悉衆圍城。戊申，胡僧祐、朱買臣等出戰，買臣敗績。辛亥，魏軍大攻。帝出枇杷門，親臨陳督戰。胡僧祐中流矢薨，軍敗。反者斬西門守卒，以納魏軍。帝見執。如蕭詧營，甚見詰辱。他日，見長孫儉，譎儉云："埋金千斤於城內，欲以相贈，"儉乃將帝入城。_{此可見魏人之貪。}帝因述詧相辱狀。謂儉曰："向聊相譎，欲言耳，豈有天子自埋金乎？"儉乃留帝於主衣庫。十二月，辛未，魏人戕帝。_{據《南史・本紀》。其下文云：梁王詧遣尚書傅準監行刑，帝謂之曰："卿幸爲我宣行。"準捧詩流淚不能禁，進土囊而殞之。詧使以布帊纏尸，斂以蒲席，束以白茅，以車一乘，葬於津陽門外。蓋魏欲戕帝，而使詧行之也。詧誠可謂梟獍矣。}愍懷大子元良_{帝弟四子方矩更名。}及始安王方略等皆見害。

簡文子臨川王大款、桂陽王大成亦遇害。惟汝南王大封,《南史・傳》云:魏克江陵遇害則誤。《北史・蕭大圜傳》云:元帝令大封充使,大圜副焉,其實質也。周保定二年,大封爲晉陵縣公。《南史・元帝紀》亦云:大封爲俘歸長安,與傳異。大圜,亦簡文子。于謹收府庫珍寶,及宋渾天儀,梁日晷,銅表,魏相風烏,銅蟠螭趺,大玉徑四尺、圍七尺,及諸轝輦法物以歸。虜百官及士民十餘萬人,没爲奴婢,其免者二百餘家而已。①兼據《周書・文帝紀》及《于謹傳》。《梁書・本紀》云:"乃選百姓男女數萬口,分爲奴婢,驅入長安,小弱者皆殺之,"數字上疑奪十字。

元帝之亡,論者多咎其不肯遷都建業,其實亦不盡然。當時江陵、建業,皆隔江是敵,形勢之淺露正同,而江陵,元帝居之有年矣,其完富,亦非建業新遭兵燹者比,江陵不可守,豈建業獨可守乎?敬帝即位之後,齊氏大舉入犯,其兵力,曷嘗薄於西魏之師,若如元帝之所爲,建業亦安有不亡者哉?《南史・元帝紀》云:武陵之平,議者欲因其舟艦,遷都建業。宗懔、黄羅漢皆楚人,不願移。帝及胡僧祐,亦俱未欲動。僕射王褒,左户尚書周弘正,驟言即楚非便。宗懔及御史大夫劉懿,以爲建業王氣已盡,且渚宫洲已滿百,於是乃留。及魏軍逼,朱買臣按劍進曰:"惟有斬宗懔、黄羅漢,可以謝天下。"帝曰:"曩實吾意,宗、黄何罪?"渚宫洲已滿百者?下文云:江陵先有九十九洲,古老相承,云洲滿百當出天子。桓玄之爲荆州,内懷篡逆,乃遣鑿破一洲,以應百數,隨而崩散,竟無所成。宋文帝在蕃,一洲自立,俄而纂統。後遇元凶之禍,此洲還没。大清末,枝江楊之閣浦復生一洲,羣公上疏稱慶,明年而帝即位。承聖末,其洲與大岸相通,惟九十九云。此本不足信之説,不欲遷者,不過姑借以爲言,元帝亦未必真信此也。《周書・王褒傳》云:元帝以建業彫殘,方須脩復,江陵殷盛,便欲安之。又其故府臣寮,皆楚人也,并願即都荆、郢。嘗召羣臣議之。領軍將軍胡僧祐,吏部尚書宗懔,大府卿黄羅漢,御史中丞劉穀等曰:"建業雖是舊都,王氣已盡。且與北寇鄰接,止隔一江,若有不虞,悔無及矣。臣等又嘗聞之:荆南之地,有天子氣,今陛下龍飛纘業,其應斯乎?天時人事,徵祥如此,臣等所見,遷徙非宜。"元帝深以爲然。時褒及尚書周弘正咸侍坐,乃顧謂褒等曰:"卿意以爲何如?"褒性謹慎,知元帝多猜忌,弗敢公言其非,當時唯唯而已。後因清閒密諫,言辭甚切。元帝頗納之。然其意好荆楚,已從僧祐等策。明日,乃於衆中謂褒曰:"卿昨日勸還建業,不爲無理。"褒以宣室之言,豈宜顯之於衆,知其計之不用也,於是止不復言。謂建業彫殘,方須脩復,又與寇止隔一江,皆係實情,當時梁與齊干戈日接,與西魏則固和好也。然則主不遷者,實未必專爲鄉里之私。遷之利究何在,求之於史,并無切實之説。則以不遷爲失計者,特事後追咎之辭,或竟出於欲遷者之附會,亦未可知也。枝江,見第七章第三節。帝之失,首在信敵國過深。夫狡焉思啓封疆者,何國蔑有?況在巴蜀已亡,襄陽作倀,武寧而外,即爲敵境之時乎?而帝信魏人之和好,將精兵良將,盡行遣往下流,賸一王琳,又遷諸嶺外,於是江陵宿將,惟一胡僧祐,精兵蓋無一人焉,此而可恃以爲安乎?元帝敕王僧辯曰:"國家猛將,多在下流,荆、陝之衆,悉非勁勇,"此是實情。禦武陵時,即須拔任約、謝答仁而用之,可見其將才之乏也。然江陵兵力雖薄,謂當時即有必

① 階級:于謹陷江陵,梁人十餘萬爲奴婢。

亡之勢，則又未必然，此又誤於帝之不能堅守。《周書·于謹傳》云：謹率衆出討，大祖餞於青泥谷，見第五章第六節。長孫儉問謹曰：“爲蕭繹之計將如何？”謹曰：“耀兵漢、沔，席卷渡江，直據丹陽，今湖北枝江縣境。是其上策。移郭内居民，退保子城，峻其陴堞，以待援至，是其中策。若難於移動，據守羅郭，是其下策。”儉曰：“揣繹定出何策？”謹曰：“必用下策。”儉曰：“何也？”對曰：“蕭氏保據江南，緜歷數紀，屬中原多故，未遑外略；又以我有齊氏之患，必謂力不能分；且繹懦而無謀，多疑少斷，愚民難與慮始，皆戀邑居，既惡遷移，當保羅郭；所以用下策也。”夫棄城而逆走，安能必所走者之必可守？攻者不足，守者有餘，南北朝時，以重兵攻一小城而不能下者多矣。然則謹所謂上策，特史家文飾，侈其兵威之辭，所謂中策，乃上策也。《梁書·王僧辯傳》曰：世祖遣李膺徵僧辯，僧辯命侯瑱等爲前軍，杜僧明等爲後軍。處分既畢，乃謂膺云：“秦兵驍猛，難與爭銳，衆軍若集，吾便直指漢江，截其後路。千里餽糧，尚有飢色，況賊越數千里者乎？此孫臏克龐涓時也。”此亦良謀。魏師至凡二十八日而城敗，《南史·本紀》。從來下流應援，本無如是之速，即僧辯亦未料及江陵之遂破也。或咎下流應援之過遲，又非其實矣。江陵之守，若更能緜互旬月，于謹即不爲龐涓，亦必斂兵而退。謹謂梁人以我有齊患，謂力不能分，此乃當時實在情勢。觀長孫儉觀其形勢，不欲東下之語，則魏人本意，原冀元帝遷都建業，乃乘虛而取江陵，其不能用甚厚之兵力可知，一大創之，則此後不敢復至，而江陵安如泰山矣。故曰：元帝之失策，不在不遷建業，而在不能堅守江陵也。[①]《南史·本紀》曰：魏人燒柵，朱買臣、謝答仁勸帝乘暗潰圍，出就任約。帝素不便馳馬，曰：“事必無成，徒增辱耳。”答仁又求自將。帝以問王褒。褒曰：“答仁侯景之黨，豈是可信？成彼之勳，不如降也。”答仁又請守子城，收兵可得五千人。帝然之，即授城内大都督，以帝鼓吹給之，配以公主。既而又召王褒謀之，答仁請入不得，歐血而去。遂使皇大子、王褒出質請降。論者或又以是爲帝之失計，此又不然。《周書·王褒傳》云：褒本以文雅見知，一旦總戎，深自勉厲，盡忠勤之節。被圍之後，上下猜懼，元帝惟於褒深相委信，此必非偶然。又言褒從元帝入子城，猶欲固守，然則謂元帝聽其言，致誤潰圍、守城之計，非傳者之誣，則必任約、謝答仁，有其灼然不可信者在也。元帝猜忌，自難爲辯，然傳述之辭，亦多過其實。帝多殺戮，自係實録，然當時如此者實非帝一人，如蕭詧其忍虐，豈不更甚於帝乎？殺機既動矣，親戚相屠，既已成習矣，徒爲徐偃、宋襄，豈遂有裨於大局？

_____

① 史事：元帝失策不在不遷，而在信敵不備及不能堅守。

《南史・本紀》云：帝性好矯飾。多猜忌。於名無所假人，微有勝己者，必加毀害。帝姑義興昭長公主子王銓，兄弟八九人，有盛名，帝妒害其美，遂改寵姬王氏兄王珩名琳，以同其父名。忌劉之遴學，使人鴆之。如此者甚衆。改寵姬兄名同人父名，何以能敗其名。有學問者多矣，殺一劉之遴何益？此等皆傳者之過也。《侯景傳》云：王偉及呂季略、周石珍、嚴亶俱送江陵。偉尚望見全，於獄爲詩贈元帝下要人，又上五百字詩於帝。帝愛其才，將舍之。朝士多忌，乃請曰："前日偉作檄文，有異辭句。"元帝求而視之。《檄》云："項羽重瞳，尚有烏江之敗；湘東一目，寧爲四海所歸？"帝大怒，使以釘釘其舌於柱，剜其腸，仇家臠其肉至骨，方刑之。石珍及亶，并夷三族。其殺之之法誠酷矣，殺之之由，是否如史之所云，亦難遽斷。且當時用此等酷刑者，亦非帝一人也。觀其於任約、謝答仁，尚能釋而用之，臨難時又能擢王褒於文臣之中，則亦非全不能用人者，惟究非豁達大度之流，故其下可任之才甚少，如陳武帝，帝即用之未盡其才也。灑落君臣契，飛騰戰伐名，杜陵所以慨想於孫吳之世歟？

　　江陵既亡，宇文泰命蕭詧主梁嗣，居江陵東城，資以江陵一州之地。其襄陽所統，盡入於魏。詧乃稱皇帝於其國。惟上疏則稱臣，奉正朔。仍置江陵防主，統兵居於西城，名曰助防，外示助詧備禦，内實兼防詧也。江陵陷時，宿將尹德毅謂詧曰："人主之行，與匹夫不同。魏虜貪惏，肆其殘忍，多所誅夷；俘囚士庶，并充軍實；此等戚屬，咸在江東，痛心疾首，何日能忘？悠悠之人，不可户説，塗炭至此，咸謂殿下爲之。殿下既殺人父兄，孤人子弟，人盡讎也，誰與爲國？魏之精鋭，盡萃於此。若殿下爲設享會，固請于謹等爲歡，彼無我虞，當相率而至。豫伏武士，因而斃之。分命果毅，掩其營壘，斬馘逋醜，俾無遺噍。江陵百姓，撫而安之。文武官寮，隨即銓授。魏人懾息，未敢送死。僧辯之徒，折簡可致。然後朝服濟江，入踐皇極，纘堯復禹，萬世一時。晷刻之間，大功可立。願殿下恢弘遠略，勿懷匹夫之行。"詧不從。既而闔城長幼，被虜入關，又失襄陽之地，詧乃追悔曰："恨不用尹德毅之言。"居常怏怏，遂以憂憤，發背而死。烏乎！哀莫大於心死，梁武當攻郢不下，進退惟谷之際，尚不肯求援於異族，雖裴叔業欲入虜，亦勸止之，而詧託庇於非類，以主其祀，春秋饗祭，祝史將何辭以告？而詧亦何顏以入其父祖之廟乎？

第五節　陳武帝卻齊師

　　江陵既陷，建業復危，斯時之中國，幾於不國矣。梁任公曰："曠觀我國之歷史，每至羣陰交搆，蜩螗沸羹之際，則非常之才出焉，"則陳武帝其人也。

　　梁元帝第九子晉安王方智，爲江州刺史。江陵既陷，王僧辯與陳霸先奉爲梁王，大宰、承制，奉迎還建康。江陵陷之明年，_{敬帝紹泰元年，齊天保六年。}二月,即位,是爲敬帝。時年十三。而齊即以是月,遣其上黨王渙,神武第七子。納貞陽侯淵明爲梁主。齊文宣與王僧辯書,屬其迎接。淵明亦頻與僧辯書。僧辯不納。三月,渙陷譙郡,見第十章第十節。至東關。見第十一章第四節。裴之横拒之。營壘未周,齊軍大至,兵盡矢窮,没於陳。案是時下流兵力,未爲甚乏,僧辯何以遣之横孤軍迎敵,不籌應援,甚可疑也。之横既死,僧辯遂謀納淵明。具啓定君臣之禮。淵明復書,許齊師不渡江。僧辯又報書,許遣其第七子顯,顯所生劉,并弟子世珍爲質。仍遣左民尚書周弘正至歷陽奉迎,歷陽,見第三章第九節。因求以敬帝爲大子。淵明許之。又許衆軍不渡。僧辯遂使送質於鄴。淵明求渡衛士三千,僧辯止受散卒千人。七月,淵明自采石濟,采石,見第三章第九節。入京師,即僞位。以敬帝爲皇大子。此時齊人若果有吞并江南之心,其師必不臨江而返。齊人當日,蓋亦如梁之納元顥,以偏師要幸而已。其兵鋒,尚不及陳慶之之鋭也。有何不可拒,而必迎立之哉? 僧辯在梁世,功名不爲不高,而其晚節不終如此,小人豈知自愛哉? 淵明既即僞位,大赦,惟宇文黑獺、賊詧等不在赦例,是時之中國,則純乎一齊而已矣。

　時陳霸先爲南徐州刺史,鎮京口。九月,江、淮人報云:齊兵大舉至壽春。王僧辯謂齊軍必出江表,遣記室參軍江旰報霸先,仍使整舟艦器械。霸先因與薛安都謀襲之。使安都率水軍,自京口趨石頭,自率馬、步,從江乘羅落會之。江乘,見第三章第九節。自江乘至羅落橋,爲自京口趨建康之大路。安都至石頭北,棄舟登岸。僧辯弗之覺也。石頭城北接岡阜,雉堞不甚危峻,安都被甲、帶長刀,軍人捧之,投於女垣内。衆隨而入。進逼僧辯卧室。霸先大軍亦至。僧辯正視事,與其子頠走出閤,據南門樓,乞命拜請。霸先命縱火焚之。方共頠下就執。爾夜斬之。《南史·僧辯傳》云:陳武宿有圖僧辯志,及聞命,留江旰城中,銜枚而進,知謀者惟侯安都、周文育而已。外人但謂旰徵兵扞北。時壽春竟無齊軍,又非陳武之譎,殆天授也。然陳武亦可謂善於乘機矣。《傳》又云:僧辯平建業,遣陳武守京口,推以赤心,結廉、藺之分;且爲第三子頠許娶陳武章后所生女,未婚而僧辯母亡,然情好甚密,可見陳武此舉,純出公義。抑《梁書·僧辯傳》言:僧辯既就執,陳武謂之曰:"我有何辜,公欲與齊師致討?"此語最堪注意。陳武既不能屈膝於異族,僧辯倒行逆施,何所不至? 壽春雖無齊師,安知不忽焉而有? 陳武果聽其調遣而出江西,安知不爲裴之横之續邪? 要之陳武之於中國,有存亡絶續之功,則不可誣矣。僧辯既伏誅,陳武乃黜淵明,復立敬帝。封淵明爲建安郡王,後復以爲大傅。《齊書·淵明傳》云:霸先奉表朝廷,云僧辯陰謀篡逆,故誅之。方智請稱臣,永爲蕃國。齊遣行臺司馬恭及梁人盟於歷陽。明年，詔徵明，霸先猶稱藩將，遣使送明，會疽發背死。明以疽發背死，不知信否，則方智請稱臣爲蕃國，其説之信否，亦不可知矣。即謂爲信，是時之臣齊，亦文而非實，而膺懲之師，且旋起矣。

吳興大守杜龕，崱兄岑之子，王僧辯壻也。吳興，見第三章第九節。僧辯以吳興爲震州，以龕爲刺史。霸先誅僧辯，密使兄子蒨還長城立柵以備之。蒨，陳武帝兄始興昭烈王道談子。長城，見第三章第九節。十月，龕與義興大守韋載同舉兵反。據《陳書·本紀》。《載傳》云：高祖誅王僧辯，乃遣周文育輕兵襲載。未至而載先覺，乃嬰城自守。案陳武生平，用降將最多，其豁達大度，實古今罕匹。載降後陳武重用之，載亦爲陳武盡力。載雖久隨僧辯，似不至遣兵襲之也。義興，見第五章第六節。時蒨收兵纔數百人，戰備又少。龕遣其將杜泰領精兵五千，乘虛掩至。日夜苦攻。蒨激厲將士，身當矢石。相持數旬，泰乃退走。周文育攻韋載。載所屬縣卒，并霸先舊兵，多善用弩。載收得數十人，繫以長鎖，命所親監之。約曰：“十發不兩中則死。”每發輒中，所中皆斃。文育軍稍卻。因於城外據水立柵相持。霸先聞文育軍不利，自將征之，克其水柵，而齊寇至。

時徐嗣徽爲秦州刺史，秦州，即秦郡，見第三節。其從弟嗣先，王僧辯之甥也，與嗣徽弟嗣宗、嗣産，俱逃就嗣徽。嗣徽據其城以入齊。又要南豫州刺史任約，共舉兵應杜龕、韋載。南豫州時治宣城。齊人資其兵食。嗣徽等以京師空虛，率精兵五千，掩至闕下。時侯安都宿衞宮省，閉門偃旗幟，示之以弱。夜令士卒，密營禦敵之具。將旦，賊騎又至。安都率甲士三百人，開東西掖門與戰，大敗之。賊乃退還石頭。霸先遣韋載族弟翽，齎書喻載以誅王僧辯之意，并奉梁敬帝勑，勑載解兵。載得書，乃以衆降。霸先厚加撫慰。即以翽監義興郡。所部將帥，并隨才任使。引載恒置左右，與之謀議。而卷甲還都。命周文育進討杜龕。十一月，己卯，齊遣兵五千，渡據姑孰。見第四章第一節。霸先命徐度於冶城寺立柵，南抵淮渚。冶城，在今江蘇江寧縣西。齊又遣其安州刺史翟子崇、楚州刺史劉仕榮、淮州刺史柳達摩安州，治定遠，在今安徽定遠縣東。楚州，治鍾離，見第八章第四節。淮州，治淮陰，見第四章第二節。領兵萬人，於胡墅渡。胡墅，在今江蘇江浦縣南。米粟三萬，馬千匹。入於石頭。時蕭軌爲大都督，至江而還。霸先問計於韋載。載曰：“齊軍若分兵先據三吳之路，略地東境，則時事去矣。今可急於淮南即侯景故壘築城，以通東道轉輸。別令輕兵，絶其糧道，使進無所虜，退無所資，則齊將之首，旬日可致。”霸先從其計。癸未，霸先遣侯安都領水軍夜襲胡墅，燒齊船千餘艘。周鐵虎率舟師斷齊運輸。仍遣韋載於大航築城，使杜稜據守。齊人又於倉門、水南立二柵，以拒官軍。倉門，石頭倉城門。水南，秦淮河之南。甲辰，嗣徽等攻冶城柵。霸先領鐵騎精甲，出自西明門襲擊之。賊衆大潰。嗣徽留柳達摩等守城，自率親屬、腹心往采石迎齊援。十二月，癸丑，霸先遣侯安都領舟師襲嗣徽家口於秦州，俘獲數百人。官軍連艦塞淮口，斷賊水路。丙辰，霸先盡命衆軍，分部甲卒，對冶城立航渡兵，攻其水南二柵。柳達摩等渡淮置陳。霸先督兵疾戰。縱火燒柵，煙塵漲天。賊潰。爭舟相排擠，死者以千數。時百姓夾淮觀戰，呼聲震天地。軍士乘勝，無不一當百。盡收其船艦。賊軍懾氣。是日，嗣徽、約等領齊水步萬餘人還據石頭。霸先遣兵往江寧，見第九章第一節。據要險以斷賊路。賊水步不敢進，頓江寧浦口。霸先遣侯安都領水軍襲破之。嗣徽等乘單舸脱走。盡收其軍資器械。丁巳，拔石頭南岸柵，移渡北岸，起柵以絶其汲路。又堙塞東門故城中諸井。齊所據城中無水，水一合貿米一升，米一升貿絹一疋。己未，官軍四面攻城。自辰迄酉，得其東北小城。及夜，兵不解。庚申，柳達摩使侯子欽、劉仕榮等詣霸先請和。霸先許之。乃於城門外刑牲盟約。其將士部曲，一無所問，恣其南北。辛酉，霸先出石頭南門，陳兵數萬，送齊人歸北者。

　　是月，杜龕以城降。明年，敬帝大平元年，齊天保七年。正月，癸未，誅龕於吳興。① 據《陳書·本紀》。《梁書·龕傳》云：龕聞齊兵還，乃降。案齊兵之還在辛酉，而《陳書·本紀》紀龕之誅在癸未，相距二十一日，明是龕降後得朝命乃誅之。乃《南史·龕傳》云：龕好飲酒，終日恒醉。勇而無略。部將杜泰，私通於文帝，説龕降，龕然之。其妻王氏曰："霸先讎隙如此，何可求和？"因出私財賞募，復大敗文帝軍。後杜泰降文帝，龕尚醉不覺，文帝遣人負出項王寺前斬之。其言野矣。《梁書·龕傳》云：龕遣軍副杜泰攻陳蒨於長城，反爲蒨所敗，與《陳書·文帝紀》合。又云：霸先遣將周文育討龕，龕令從弟北叟出距，又爲文育所破，走義興，亦與《陳書·武帝紀》合。乃《南史·龕傳》謂其頻敗陳文帝軍，又謂其妻出私財賞募，又大敗文帝軍，是又不根之辭也。《梁書》云：龕以霸先既非貴素，兵又猥雜，在軍府日，都不以霸先經心；及爲本郡，每以法繩其宗門，無所縱舍；霸先銜之切齒。《南史》略同。然則陳武帝之誅龕，乃所以報私怨者邪？抑龕豈能用法之人乎？是皆所謂自比於逆亂，設淫辭而助之攻者也。初僧辯之誅，弟僧智舉兵據吳郡。霸先遣黃他攻之，不能克。又使裴忌討之。忌勒部下精兵，輕行倍道，自錢唐直趨吳郡。夜至城下，鼓噪薄之。僧智疑大軍至，輕舟奔杜龕。後奔齊。僧愔，亦僧辯弟，亦奔齊。《梁書·侯瑱傳》：瑱爲江州刺史，王僧辯使僧愔率兵與瑱共討蕭勃。及高祖誅僧辯，僧愔陰欲圖瑱而奪其軍。瑱知之，盡收僧愔徒黨。僧愔奔齊。《南史·瑱傳》同。其《僧辯傳》則云：僧愔爲譙州刺史，征蕭勃。及聞兄死，引軍還。吳州刺史羊亮，隸僧愔下，與僧愔不平，密召侯瑱，見禽。僧愔以名義責瑱。瑱乃委罪於將羊鯤，殺之。僧愔復得奔齊。未知孰是。譙州，即譙郡，見上。吳州，治郡陽，見第四章第三節。初張彪攻侯子鑒，不克，仍走向剡。漢縣，今浙江嵊縣。及侯景平，王僧辯

────────────

　　① 史事：史記杜龕事之誣。龕，僧辯壻。

遇之甚厚。引爲爪牙，與杜龕相似，世謂之張、杜。淵明纂立，以爲東揚州刺史。東揚州，見第二節。是時亦起兵圍臨海，大守王懷振遣使求救。臨海，見第四章第三節。此從《陳書・世祖紀》。《南史・彪傳》云：剡令王懷之不從，彪自征之。陳蒨與周文育輕兵往會稽掩彪。彪將沈泰等與長史謝岐迎蒨。彪因其未定，踰城入。蒨走出。文育時頓城北香巖寺，蒨夜往赴之。因共立柵。彪來攻，不能克。還入若邪山。見第三節。蒨遣章昭達以千兵往，重購之。若邪村民斬彪，傳其首。於是僧辯餘孽，在肘腋間者略盡矣，而齊師又至。

大平元年，二月，陳霸先遣侯安都、周鐵虎率舸艦備江州，仍頓梁山起柵。梁山，見第九章第一節。是月，齊人來聘。使侍中王廓報聘。三月，戊戌，齊遣水軍儀同蕭軌、庫狄伏連、堯難宗、東方老，侍中裴英起，東廣州刺史獨孤辟惡，洛州刺史李希光，并任約、徐嗣徽等，據《陳書・本紀》。《南史》徐嗣徽下又有王僧愔。《梁書・敬帝紀》則但書齊大將蕭軌。《北齊書・高乾傳》云：命儀同蕭軌，率李希光、東方老、裴英起、王敬寶。又云：五將名位相伴。英起以侍中爲軍師。蕭軌與希光，并爲都督。軍中抗禮，不相服御。競說謀略，動必乖張。故致敗亡。東廣州，見第一節。洛州，見第十一章第四節。率衆十萬出柵口。見第二節。向梁山。帳內盪主黃叢逆擊敗之，燒其前軍船艦。齊頓軍保蕪湖。見第三章第九節。霸先遣沈泰、裴忌就侯安都，其據梁山以禦之。四月，丁巳，霸先詣梁山軍巡撫。五月，甲申，齊兵發自蕪湖。丙申，至秣陵故治。今江寧縣南之秣陵關。霸先遣周文育頓方山，在江寧東南。徐度頓馬牧，胡三省曰：牧馬之地。杜稜頓大航南。己亥，霸先率宗室、王侯，及朝臣、將帥，於大司馬門外白虎闕下刑牲告天，以齊人背約。發言慷慨，涕泗交流，同盟皆莫能仰視。士卒觀者益奮。辛丑，齊軍於秣陵故縣跨淮立橋柵，引渡兵馬。其夜，至方山。侯安都、周文育、徐度等各引還京師。癸卯，齊兵自方山進及兒塘。在方山西北。游騎至臺。周文育、侯安都頓白土岡。在方山北。旗鼓相望，都邑震駭。霸先潛撤精卒三千配沈泰，渡江襲齊行臺趙彥深於瓜步，見第八章第七節。獲舟艦百餘艘，陳粟萬斛。即日，天子總羽林禁兵頓於長樂寺。六月，甲辰，齊兵潛至鍾山龍尾。鍾山，見第四章第三節。龍尾，在鍾山東北。丁未，進至幕府山。在今首都北，長江南岸。霸先遣錢明領水軍出江乘，見第三章第九節。要擊齊人糧運，獲其船米。齊軍大餒，殺馬驢而食之。庚戌，齊軍踰鍾山。霸先衆軍分頓樂遊苑東及覆舟山北，斷其衝要。覆舟山，見第七章第三節。樂遊苑，在覆舟山南。壬子，齊軍至玄武湖西北，幕府山南，將據北郊壇。玄武湖，見第九章第八節。衆軍自覆舟東移，頓郊壇北，與齊人相對。其夜，大雷震電，暴風拔木，平地水深丈餘。齊軍晝夜坐立泥中，懸鬲以爨。而臺中及潮溝北，水退路燥，官軍每得番休。引玄武湖水，南遷臺城，入秦淮支流,曰潮溝。是時食盡,調市人餉軍,皆是麥屑爲飯,以荷葉裹而分給,間以麥餅,兵士皆困。會陳蒨遣送米三千石,鴨千頭。霸先即炊米煮飯,誓申一戰。士及防身,計糧數臠,人人裹飯,混以鴨肉。據《南史·本紀》。《陳書·孔奐傳》云:齊軍至後湖,都邑騷擾;又四方壅隔,糧運不繼,三軍取給,惟在京師;乃除奐建康令。時累歲兵荒,戶口流散,勃敵忽至,徵求無所,高祖刻日決戰,乃令奐多營麥飯,以荷葉裹之。一宿之間,得數萬裹。軍人旦食訖,棄其餘,因而決戰,遂大破賊。案時建康荒殘已甚,雖戰於我境,敵軍反飽,我衆反飢,齊師初至時,韋載重護東路,陳武運籌,每重斷敵糧道以此。此亦可見梁元不欲還都爲有由也。甲寅,少霽,霸先命衆軍秣馬蓐食,通明攻之。乙卯,自率帳内麾下出幕府山南,吳明徹、沈泰等衆軍,首尾齊舉,縱兵大戰。侯安都自白下引兵橫出其後。白下,見第九章第三節。齊師大潰。斬獲數千人。相蹂藉而死者,不可勝計。生執徐嗣徽及其弟嗣宗,斬之以徇。追奔至於臨沂。晉縣,在今首都東北。江乘、攝山、鍾山諸軍,相次克捷。攝山,今江寧棲霞山。虜蕭軌、東方老、裴英起等將帥凡四十六人。據《陳書·本紀》。《南史》此處多一王僧智。其《僧辯傳》云:僧辯既亡,僧智得就任約,約敗走,僧智肥不能行,又遇害。其軍士得竄至江者,縛荻筏以濟,中江而溺,流尸至京口,翳水彌岸。《北齊書·高乾傳》云:是役將帥俱死;士卒得還者十二三;所没器械軍資,不可勝紀。《南史》云:惟任約、王僧愔得免。《僧辯傳》同。先是童謠云:"虜萬夫,入五湖,城南酒家使虜奴。"自晉、宋以後,經綸在魏境,江、淮以北,南人皆謂爲虜。是時以賞俘貿酒者,一人裁得一醉。亦可見其荒殘之甚已。處如比困境,而能克敵衛國,陳武帝誠可謂天錫智勇,觀於此,而知人定勝天,而笑王僧辯等之徒自怯也。裴之横一戰而敗,遽迎淵明,僧辯何至怯弱如此? 故其先已通敵與否,終有可疑,惟無明確證據耳。① 丁巳,衆軍出南州,燒賊船艦。己未,斬劉歸義、徐嗣產、傅野猪於建康市。《南史·王僧辯傳》:徐嗣徽與任約、王曄、席皋渡江。及戰敗,嗣徽墮馬,嗣宗援兄見害,嗣產爲陳武軍所擒死,任約、王曄得北歸。是日,解嚴。庚申,蕭軌、東方老、王敬寶、李希光、裴英起皆伏誅。初齊師之去石頭,求霸先子姪爲質。霸先遣弟子曇朗往。霸先母弟南康忠壯王休先之子。《陳書·曇朗傳》云:時四方州郡,并多未賓;京都虛弱,糧運不繼;在朝文武,咸願與齊和親。高祖難之,而重違衆議。乃言於朝曰:"今在位諸賢,且欲息肩偃武,若違衆議,必謂孤惜子姪。今決遣曇朗,棄之寇庭。且齊人無信,窺窬不已,謂我浸弱,必當背盟。齊寇若來,諸君須爲孤力鬥也。"高祖慮曇朗憚行,或奔竄東道,乃自率步騎往京口迎之,以曇朗還京師。仍使爲質於齊。齊果背約,復遣蕭軌等隨嗣徽渡江。高祖與戰,大破之,虜蕭軌、東方老

____

① 史事:王僧辯見通敵否可疑。

等。齊人請割地，并入馬牛以贖之。① 高祖不許。及軌等誅，齊人亦害曇朗於晉陽。案蕭軌等以乙卯見獲，庚申伏誅，相距僅五日，齊朝且不及聞敗報，安能遣使？割地求贖之請，其出於軍中敗將可知。二月使節猶通，三月大軍遽至，齊朝信誓如此，況於敗將？匹夫不可狙，況國乎？無怪陳武之不許也。陳武明知曇朗之不返，而決遣之，此時又不以私愛害公義，其公忠體國爲何如？以視梁武帝惜一淵明，遽欲與北言和者，其度量之相越，豈可以道里計哉？明年，二月，遣徐度入東關。度至合肥燒齊船三千艘。是月，南豫州刺史沈泰奔齊，齊亦不能更爲之援矣。

　　大平二年，即陳武帝永定元年。十月，陳霸先受梁禪，是爲陳高祖武皇帝。從來人君得國，無如陳武帝之正者。記曰："禮，時爲大。堯授舜，舜授禹；湯放桀武王伐紂；時也。"人君之責，在於内安外攘而已。當强敵侵陵，干戈徧地之際，豈可以十餘齡之稚子主之哉？陳武帝與宋武帝，并有外攘之功，陳武之所成就，似不如宋武之大，然此乃時勢爲之，論其功績，則陳武實在宋武之上。② 且宋武自私之意多，陳武則公忠體國。宋武乃一武夫，陳武則能幸莊嚴寺講經，可見其於學問非無所知；而又非如梁武帝之僅長於學問，而不宜於政事。宋武於并時儕輩，無不誅夷，陳武則多能收用降將，其度量之寬廣，蓋又有大過人者。陳武誠文武兼資，不世出之偉人哉！敬帝遜位後，旋死。《南史·劉師知傳》云：陳武帝入輔，以師知爲中書舍人，掌詔誥。梁敬帝在内殿，師知常侍左右。③ 及將加害，師知詐令帝出。帝覺，繞牀走曰："師知賣我，陳霸先反。我本不須作天子，何意見殺？"師知執帝衣，行事者加刃焉。既而報陳武帝曰："事已了。"武帝曰："卿乃忠於我，後莫復爾。"一武夫豈不足了敬帝，而待師知執衣；觀乃忠於我，後莫復爾之言，又似武帝初不之知者；有是理乎？師知後爲宣帝所誅，此言蓋宣帝之黨造作以誣之也。④ 敬帝之見殺，自不能謂非陳武之意，然此乃革易之際，事勢不得不然。蕭莊尚有居爲奇貨者，況敬帝乎？是時情勢，兀臬已甚，使有藉其名而起者，又必九州雲擾，且至牽引外寇矣。周餘黎民，靡有孑遺，黃臺之瓜，豈堪三摘？又安能顧一人而詒憂大局乎？

----

① 史事：謂齊人請贖蕭軌、東方老等之誣。
② 史事：陳武得國正，功大於宋武。公忠體國，度量大。
③ 史事：紀梁敬帝見賊之誣。
④ 史籍：《北齊書·慕容儼傳》、《周書·賀若敦傳》爲極端誣罔之例（第四六八頁）。

第六節　陳平內亂上

國門之外，强敵雖除，然梁室遺孽，尚思蠢動；又是處武夫專橫，土豪割據，陳氏開創之艱難，實十倍於宋、齊、梁三朝而未有已也。

陳武帝之迎蕭勃爲廣州刺史也，梁元帝力不能制，遂從之。江表定，以王琳代爲廣州。琳至小桂嶺，當在曲江縣北。遣其將孫瑒監州。勃率部下至始興，見第三章第九節。以避琳兵鋒。《陳書·歐陽頠傳》。孫瑒聞江陵陷，棄州還。勃復據廣州。大平二年，二月，勃舉兵自廣州度嶺，頓南康。見第七章第五節。初梁元帝承制，以始興爲東衡州，以歐陽頠爲刺史。勃至始興，頠別據一城，不往謁，閉門高壘，亦不拒戰。勃怒，遣兵襲頠，盡收其貲財馬仗。尋赦之，還復其所，復與結盟。荆州陷，頠委質於勃。及是，勃以頠爲前軍都督，頓豫章之苦竹灘。在今江西豐城縣西北。使傅泰據墟口城。在今江西南昌縣西南。新吳洞主余孝頃，據《陳書·周文育傳》。《紀》作南江州刺史，蓋即新吳置南江州耳。新吳，漢縣，在今江西奉新縣西。舉兵應勃。遣其弟孝勱守郡城，自出豫章，據於石頭。豫章，見第三章第九節。《水經注》：贛水經豫章郡北，水之西岸有石盤，謂之石頭。勃使其子孜將兵與孝頃會。使周文育討之。於豫章立柵。官軍食盡，并欲退還。文育不許。周迪者，臨川南城人也。臨川，見第七章第一節。南城，漢縣，今江西南城縣。少居山谷，有膂力，能挽强弩，以弋獵爲事。侯景之亂，迪宗人周續，起兵於臨川，梁始興王蕭毅，以郡讓續，迪召募鄉人從之。續所部渠帥，皆郡中豪族，稍驕橫，續頗禁之，渠帥等并怨望，乃相率殺續，推迪爲主。迪乃據有臨川之地，築城於工塘。在今江西臨川縣東南。大平元年，除臨川內史。文育討勃，迪按甲保境，以觀成敗。文育使長史陸山才説迪。迪乃大出糧餉，以資文育。文育燒所立柵僞退。孝頃望之，大喜，因不設備。文育由間道兼行，信宿達芊韶。在今江西新建縣南。芊韶上流則歐陽頠、蕭勃，下流則傅泰、余孝頃，文育據其中閒，築城饗士。賊徒大駭。歐陽頠乃退入泥溪，在今江西新淦縣南。作城自守。文育遣周鐵虎與陸山才襲擒之。三月，前軍丁法洪生俘傅泰。蕭孜、余孝頃退走。蕭勃在南康，聞之，衆皆股栗，莫能自固。其將譚世遠斬勃欲降。四月，勃故主帥蘭敳襲殺世遠，敳仍爲夏侯明徹所殺。《梁本紀》云：亡命夏侯明徹，《陳書·周文育傳》云：明徹世遠軍主。明徹持勃首以降。蕭孜、余孝頃猶據石頭。高祖遣侯安都助文育攻之。孝頃棄軍走。孜請降。豫章平。五月，孝頃亦遣使詣丞相府乞降。文育送歐陽頠於高祖，高祖釋之。蕭勃死後，嶺南擾亂，乃授頠衡州刺史。未至嶺南，頠子紇，已克定始興。及顗至，嶺南皆懾伏。乃進廣州，盡有越地。改授廣州刺史。

　　蕭勃乃一妄人，附從之者，亦皆土豪之流，出其境則無能爲，未足憚也，而王琳則異是。西魏之寇江陵也，梁元帝請援於齊。齊使其清河王岳爲西南道大行臺，統潘樂等救江陵。明年，敬帝紹泰元年，齊天保六年。正月，次義陽，荆州已陷。因略地，南至郢州，獲刺史陸法和。齊朝知江陵陷，詔岳旋師。岳留慕容儼據郢。梁使侯瑱都督衆軍攻之。儼食盡請和。瑱還鎮豫章。據《梁書·瑱傳》。此實錄也。《北齊書·儼傳》，侈陳瑱攻擊之烈，儼守禦之堅，無一語在情理之中，真可發一大噱。儼，魔後。《梁書·侯瑱傳》作恃德，乃其字也。及敬帝立，齊文宣以城在江表，據守非便，詔還之。於是上流之齊師亦退矣，而王琳竊發。初梁元帝徵琳赴援，除琳湘州刺史。琳師入長沙，知魏已陷江陵，立蕭詧，乃爲元帝舉哀，遣別將侯平率舟師攻梁。琳屯兵長沙，傳檄諸方，爲進趨之計。時長沙蕃王蕭韶見第二節。及上游諸將，推琳主盟。侯平雖不能渡江，頻破梁軍；又以琳兵威不接；翻更不受指麾。琳遣將討之，不克。又師老兵疲，不能進。乃遣使奉表詣齊，并獻馴象。又使獻款於魏，《周書·權景宣傳》：梁將王琳在湘州，景宣遣之書，諭以禍福，琳遂遣長史席毊，因景宣請舉州款附。求其妻子。亦稱臣於梁。陳武帝立敬帝，以侍中、司空徵之，琳不從命。乃大營樓艦。大平二年，八月，遣周文育、侯安都率衆討之。時兩將俱行，不相統攝，因部下交爭，稍不平。十月，戰於沌口，見第三章第九節。敗績。安都，文育，并爲琳所擒。後自琳所逃歸。琳乃移湘州軍府就郢城。又遣樊猛襲據江州。梁元帝孫永嘉王莊，方等子。江陵陷時，年七歲，逃匿民家。後琳迎還湘中，衞送東下。及敬帝立，出質於齊。琳乃請納莊爲梁主。齊文宣遣兵援送。仍册拜琳爲梁丞相、都督中外諸軍、録尚書事。琳乃遣兄子叔寶，率所部十州刺史赴鄴，奉莊簒梁祚於郢州。據《北齊書·琳傳》。《文宣紀》：天保九年，十一月，王琳遣使請立蕭莊爲梁主，仍以江州內屬，令莊居之。《通鑑考異》云：琳時在溢城，蓋始居江州，後遷郢州耳。時永定二年齊天保九年。三月也。先是侯瑱據中流，兵甚強盛；又以本事王僧辯；雖外示臣節，未有入朝意。余孝頃初爲豫章大守，及瑱鎮豫章，乃於新吳縣別立城柵，與瑱相拒。瑱留軍人妻子於豫章，令從弟濬知後事，悉衆以攻孝頃。自夏及冬，弗能克。乃長圍守之。盡收其禾稼。濬與其部下侯平不協，平率所部攻濬，虜掠瑱軍府妓妾、金玉，歸於高祖。瑱既失根本，兵衆皆潰，輕歸豫章，豫章人拒之，乃趨溢城，投其將焦僧度。僧度勸瑱投齊。瑱以高祖有大量，必能容己，乃詣闕請罪。高祖復其爵位。大平元年七月。及是，詔瑱與徐度率舟師爲前軍以討琳。七月，又遣吏部尚書謝哲諭琳。詔臨川王蒨西討，以舟師五萬發京師。謝哲反命，琳請還鎮湘州，詔追衆軍，緩其伐。蓋時内憂外患孔多,故高祖不欲竟其誅也。扶風郿人魯悉達,侯景之亂,糾合鄉人保新蔡,_{新蔡,秦縣,晉置郡,今河南新蔡縣。梁僑置,在今安徽霍丘縣東。}力田蓄穀。時兵荒饑饉,京都及上川,餓死者十八九,有存者,皆攜老幼以歸之,悉達分給糧廩,所濟活者甚衆。仍於新蔡置頓以居之。招集晉熙等五郡,盡有其地。_{晉熙,見第二節。}使其弟廣達,領兵隨王僧辯討侯景。景平,梁元帝授悉達北江州刺史。_{梁北江州,在今湖北黄岡縣。}撫綏五郡,甚得民和。士卒皆樂爲之用。王琳授悉達鎮北將軍,高祖亦授以江州刺史,_{陳北江州,治南陵,見第九章第四節。}各送鼓吹女樂。悉達兩受之,遷延顧望,皆不就。高祖使沈泰潛師襲之,不能克。琳欲圖東下,以悉達制其中流,恐爲己患,頻遣使招誘。悉達終不從。琳不得下,乃連結於齊,共爲表裏。齊遣其清河王岳助之。相持歲餘,悉達裨將梅天養懼罪,引齊軍入城。悉達勒麾下數千人,濟江而歸高祖。永定三年,六月,遣臨川王蒨往皖口,_{皖水入江之口,在今安徽懷寧縣西。}置城栅,使錢道戢守焉。是月,高祖崩。帝第六子昌,帝爲長城侯時,嘗立爲世子。_{帝一至五子皆無考。}逮平侯景,鎮京口,梁元帝徵帝子姪入侍,與兄子頊俱西。_{頊,始興昭烈王第二子。}荆州陷,又與頊俱遷關右。武帝即位,頻遣使請諸周,周人許之,而未即遣,及武帝崩,乃遣之,而王琳梗於中流,未得還。皇后章氏,與中書舍人蔡景歷等定議迎立蒨,是爲世祖文皇帝。_{詳見第八節。}時王琳輔蕭莊,次於濡須口。_{即栅口,見第二節。}齊遣揚州道行臺慕容儼率衆臨江,爲其聲援。十一月,琳寇大雷,_{見第四章第三節。}遣侯瑱、侯安都、徐度禦之。_{瑱爲都督。}又遣吴明徹襲溢城,爲琳將任忠所敗。瑱與琳相持百餘日,未決。天嘉元年,_{周武成二年,齊天保十年。}二月,東關春水稍長舟艦得通。琳引合肥、巢湖之衆,舳艫相次而下,其勢甚盛。瑱率軍進虎檻洲。_{見第九章第四節。}戰,琳軍稍退,卻保西岸。是時西魏遣大將史寧躡其上流,瑱聞之,知琳不能持久,收軍卻據湖浦,_{《北齊書・琳傳》云:引軍入蕪湖。}以待其敝。及史寧至,圍郢州,琳恐衆潰,乃率船艦來下,去蕪湖十里而泊。明日,齊人遣兵數萬助琳。琳引衆向梁山,欲越大軍,以屯險要。_{梁山,見第九章第一節。}齊行臺劉伯球,率兵萬餘人助琳水戰;慕容儼子子會,領鐵騎二千,在蕪湖西岸博望山南,爲其聲勢。瑱令軍中晨炊蓐食,頓蕪湖洲尾以待之。將戰,有微風至自東南,衆軍施拍縱火。章昭達乘平虜大艦,中江而進,發拍中於賊艦。其餘冒突、青龍,各相當直。又以牛皮冒蒙衝小船,以觸賊艦,并鎔鐵灑之。琳軍大敗。其步兵在西岸者,自相蹂踐。馬騎并淖於蘆荻中,棄馬脱走以免者十二三。盡獲其舟艦、器械。并擒劉伯球、慕容子會。自餘俘馘以萬計。琳與其黨潘純陁等乘單舴艋冒陳走。《北齊書・琳傳》云:時西南風忽至,琳謂得天道,將直取揚州。侯瑱等徐出蕪湖躡其後。比及兵交,西南風翻爲瑱用。琳兵放火燧以擲船者,皆反燒其船。琳船艦潰亂,兵士投水死者十二三,其餘皆棄船上岸,爲陳軍所殺殆盡。至湓城,猶欲收合離散,衆無附者,乃與妻妾、左右十餘人入齊。初琳命左長史袁泌,御史中丞劉仲威同典兵侍衞蕭莊。及兵敗,泌降。仲威以莊投歷陽。琳尋與莊同降鄴都。先是蕭詧遣其大將王操,略取琳之長沙、武陵、南平等郡。永定二年。琳亦遣其將雷文柔襲陷監利。永定三年。武陵,漢郡,治義陵,在今湖南漵浦縣南。後漢移治臨沅,在今湖南常德縣西。南平,吳南郡,晉改曰南平。南齊治屏陵,在今湖北公安縣南。陳後移治作唐,在今湖南安鄉縣北。監利,吳縣,後梁是時爲郡,今湖北監利縣。及琳與陳相持,稱藩乞師於詧,詧許之,師未出而琳敗。從來論琳者,或以爲忠於梁室而恕之,且有稱之者。曾亦思淵明之入,中國既不國矣!拯中國於被髮左袵者誰乎?即以忠於一姓論:陳武自立之後,琳亦立蕭莊,猶可説也,當其立敬帝時,何名拒之?蕭詧者,親結虜以剚刃於琳之君之腹者也,琳顧稱臣焉;且以妻子之故而獻款於虜焉;忠臣顧如是乎?國士顧如是乎?陽託效忠一姓之名,陰行割據自私之實,惟利是視,琳之謂矣,又何取焉?[1]

王琳之入寇也,以孫瑒爲郢州刺史,總留府之任。史寧奄至,助防張世貴舉外城以應之。瑒兵不滿千人,乘城拒守,周人苦攻不能克。及聞大軍敗王琳,乘勝而進,周兵乃解。瑒於是盡有中流之地,遣使奉表詣闕。先是齊軍守魯山,見第七章第三節。至是,亦棄城走。詔南豫州刺史程靈洗守之。分荆、郢置武州,治武陵,以吳明徹爲刺史,而以瑒爲湘州刺史。瑒懷不自安,固請入朝。不忠於一姓,而忠於民族、國家;且舉可以自擅之地而奉諸朝廷;可謂君子矣。時三月也。

江陵陷後,巴、湘之地,并屬於周,周遣梁人守之。至是,陳人圍逼湘州,遏絶糧援。《周書·賀若敦傳》云:陳將侯瑱、侯安都等圍逼湘州,遏絶糧援,考諸《陳書·紀傳》,實敦等先犯巴、湘,乃遣侯瑱等出討,其初圍逼湘州之師,非瑱等自行也。周使賀若敦率步騎六千,渡江赴救。八月,敦率馬、步一萬,奄至武陵。吳明徹不能拒,引軍還巴陵。九月,周將獨孤盛領水軍,將趣巴、湘,與敦水陸俱進。侯瑱自尋陽往禦。遣徐度率衆會瑱於巴丘。在今湖南岳陽縣西南。十月,瑱襲破獨孤盛於楊葉洲,在湘江口。盡獲其船艦。盛收兵登岸,築城以保之。十二月,周巴陵城主尉遲憲降,遣巴州刺史侯安都守之。巴州,治巴陵。獨孤盛收餘衆遁。明年,天嘉二年,周保定元年。正月,周湘州城主殷亮降,湘州平。二月,以侯瑱爲湘州刺史。三月,

<hr>

①　史事:王琳不受陳武之征,蓋欲自擅(第四六五頁),譽琳之繆(第五一六頁)。

瑱薨，以徐度爲之。四月，分荆州置南荆州，鎮河東，晉僑郡，今湖北松滋縣。以吳明徹爲刺史。七月，賀若敦自拔遁歸，人畜死者十七八。據《陳·本紀》。此實録也。《周書·敦傳》，侈陳敦守禦之功，與《北齊書·慕容儼傳》，同一可笑。其尤甚者，乃云：相持歲餘，瑱等不能制，求借船送敦度江。敦慮其或詐，拒而弗許。瑱復遣使謂敦曰：“驃騎在此既久，今欲給船相送，何爲不去？”敦報云：“湘州是我國家之地，爲爾侵逼，敦來之日，欲相平殄，既未得一决，所以不去。”瑱後日復遣使來，敦謂使者云：“必須我還，可舍我百里，當爲汝去。”瑱等留船於江，將兵去津路百里。敦覘知非詐，徐理舟楫，勒衆而還。夫瑱死在三月，而敦之遁在七月，乃絮絮述其使命往復如此，敦豈共鬼語邪？武陵、天門、見第三章第九節。南平、義陽，東晉分南平郡置，在今湖南安鄉縣西南。河東、宜都郡悉平。宜都，見第三章第六節。陳始獲以江爲界矣，然東南之地，仍多未定。

第七節　陳平内亂中

　　王琳之叛，不徒招引齊寇，擾亂緣江也，於今閩、浙之地，牽引亦廣。時周迪欲自據南川，胡三省曰：自南康至豫章之地，謂之南川。乃總召所部八郡守宰結盟，聲言入赴。朝廷恐其爲變，因厚撫慰之。琳至溢城，余孝頃舉兵應琳，琳以爲南川諸郡，可傳檄而定，乃遣其將李孝欽、樊猛等南徵糧餉。猛等與余孝頃合，衆且二萬，來趨工塘，連八城以逼迪。臨川周敷，爲郡豪族。性豪俠，輕財重士，鄉黨少年任氣者咸歸之。周迪之代周續也，以素無簿閥，恐失衆心，倚敷族望，深求交結。敷未能自固，事迪甚恭。迪大馮杖之。漸有兵衆。迪據臨川之工塘，敷鎮臨川故郡。黃法𣰇者，巴山新建人。巴山，梁郡，在今江西崇仁縣西南。新建，吳縣，亦在崇仁西南境。侯景之亂，於鄉里合徒衆。大守賀詡下江州，法𣰇監知郡事。高祖將踰嶺入援，李遷仕作梗中途，侯景又遣于慶至豫章，法𣰇助周文育破之。梁元帝以爲新淦縣令。新淦，漢縣，在今江西清江縣北。敬帝大平元年，割江州四郡置高州，以法𣰇爲刺史，鎮於巴山。蕭勃遣歐陽頠攻法𣰇，法𣰇與戰，破之。及是，率兵援迪。迪使周敷頓臨川故郡，截斷江口。出戰，屠八城，生擒李孝欽、樊猛、余孝頃，送於京師。收其軍實器械山積，并虜其人馬，迪并自納之。時永定二年七月也。孝頃子公颺，弟孝勱，猶據舊柵，扇動南土。十月，高祖復遣周文育及迪、法𣰇討之。熊曇朗者，豫章南昌人。南昌，漢縣，在今江西南昌縣東。世爲郡著姓。侯景之亂，稍聚少年，據豐城縣爲柵，吳富城縣，晉改曰豐城，在今江西豐城縣西南。桀黠劫盜多附之。梁元帝以爲巴山大守。荆州陷，曇朗兵力稍強，劫掠鄰縣，縛賣居民，山谷之中，最爲巨患。侯瑱據豫章，曇朗外示服從，陰欲圖瑱。侯平之反瑱，曇朗爲之謀主。瑱敗，曇朗獲瑱馬仗、子女甚多。及蕭勃踰嶺，歐陽頠爲前軍，曇朗紿頠共往巴山襲黃法𣰰。又報法𣰰，期共破頠。約曰：“事捷，與我馬仗。”及出軍，與頠犄角而進，又紿頠曰：“余孝頃欲相掩襲，須分留奇兵，甲仗既少，恐不能濟。”頠乃送甲三百領助之。及至城下，將戰，曇朗僞北，法𣰰乘之，頠失援，狼狽退歸，曇朗取其馬仗。時巴山陳定，亦擁兵立寨，曇朗僞以女妻定子。又謂定曰：“周迪、余孝頃，并不願此婚，必須以强兵來迎。”定乃遣精甲三百，并土豪二十人往迎。既至，曇朗執之，收其馬仗，并論價折贖。蓋土豪中最反覆桀黠者也。大平元年，以桂州刺史資領豐城縣令。及是，亦率軍來會。衆且萬人。文育遣吳明徹爲水軍，配周迪運糧。自率衆軍入象牙江，城於金口。在今江西新建縣西南。金口，金谿口，奉新縣小溪。公颺領五百人僞降，謀執文育。事覺，文育囚之，送於京師。以其部曲分隸衆軍。乃舍舟爲步軍，進據三陂。在金口西南。王琳遣將曹慶，率兵二千人，以救孝勱。慶分遣主帥常衆愛與文育相拒，自率所領徑攻周迪、吳明徹軍。迪等敗績。文育退據金口。曇朗因其失利，害之。時永定三年，五月也。

　　時令侯安都繼攻孝勱及曹慶、常衆愛等。安都自宮亭湖出松門，躡衆愛後。宮亭湖，鄱陽湖罌子口以南。松門，山名，在新建縣北。文育見害，安都回取大艦，值琳將周炅、周協南歸，與戰，破之。生擒炅、協。孝勱弟孝猷，率部下四千家，欲就王琳，遇炅、協敗，乃詣安都降。安都進軍禽奇洲，破曹慶、常衆愛等。焚其船艦。《本紀》：侯安都敗衆愛等於左里，禽奇洲當距左里不遠。左里，見第七章第五節。衆愛奔廬山，爲村人所殺。餘衆悉平。熊曇朗既殺周文育，據豫章。將兵萬餘人襲周敷，徑至城下。敷與戰，大敗之。曇朗盡執文育所部諸將，據新淦縣，帶江爲城。王琳東下，世祖徵南川兵，周迪、黃法𣰰欲沿流應赴，曇朗乃據城列艦斷遏。迪等與法𣰰，因率南川兵築城圍之，絶其與琳信使。及王琳敗走，曇朗黨援離心，迪等攻陷其城，虜其男女萬餘口。曇朗走入村中，村民斬之，傳首京師。於是盡收其黨族，無少長皆棄市，時天嘉元年三月也。

　　留異，東陽長山人。長山，後漢縣，今浙江金華縣。世爲郡著姓。異爲鄉里雄豪，多聚惡少，陵侮貧賤，守宰皆患之。梁代爲蟹浦戍主，蟹浦，見第十章第五節。歷晉安、安固二縣令。吳東安縣，晉改曰晉安，今福建南安縣。漢安陽縣，晉改曰安固，今浙江瑞安縣。侯景之亂，還鄉里召募士卒。東陽郡丞與異有隙，異引兵誅之，及其妻子。大守沈巡援臺，讓郡於異。異使兄子超監知郡事，率兵隨巡出都。及京城陷，異隨臨城公蕭大連。大連板爲司馬，委以軍事。景將宋子仙濟浙江，異奔還鄉里。尋以其衆降於子仙。大連趣東陽之信安嶺，後漢新安縣，晉改曰信安，今浙江衢縣境。欲之鄱陽，見第四章第三節。異乃爲子仙鄉道，令執大連。侯景署異爲東陽大守,收其妻子爲質。劉神茂拒景,異外同神茂,而密契於景。及神茂敗績,爲景所誅,異獨獲免。侯景平後,王僧辯使異慰勞東陽。仍糾合鄉閭,保據巖阻。其徒甚盛,州郡憚焉。元帝以爲信安令。荆州陷,王僧辯以異爲東陽大守。世祖平定會稽,異雖轉輸糧餽,而擁擅一郡,威福在己。大平元年,除縉州刺史,領東陽大守。又以世祖長女豐安公主配異第三子貞臣。永定二年,徵異爲南徐州刺史。異遷延不就。世祖即位,改授縉州刺史,領東陽大守。異頻遣其長史王澌爲使入朝,澌每言朝廷虚弱,異信之,雖外示臣節,恒懷兩端,與王琳潛通信使。琳又遣使往東陽署守宰。及琳敗,世祖遣沈恪代異爲郡,實以兵襲之。異出下淮抗禦。當在今蘭谿縣。恪與戰,敗績,退還錢唐。異乃表啓遜謝。是時衆軍方事湘、郢,乃降詔書慰喻,且羈縻之。異知朝廷終討於己,乃使兵戍下淮及建德,以備江路。建德,見第三節。湘州平,世祖乃下詔命侯安都討之。天嘉二年十二月。異本謂官軍自錢唐江而上,安都乃由會稽、諸暨步道襲。諸暨,見第十章第四節。異聞兵至,大恐,棄郡奔桃支嶺,在今浙江縉雲縣境。立柵自固。明年,春,《紀》在三月。安都大破其柵。異與第二子忠臣奔陳寶應。異黨向文政,據有新安,見第四章第三節。程靈洗子文季爲新安大守,隨安都討異,降之。文政,新安人,見《陸繕傳》。

　　熊曇朗之亡,周迪盡有其衆。王琳敗後,世祖徵迪出鎮溢城,又徵其子入朝。迪趑趄顧望,并不至。豫章大守周敷,本屬於迪,至是,與黃法氍率其所屬詣闕,世祖録其破曇朗之功,并加官賞。迪聞之,甚不平,乃陰與留異相結。及王師討異,迪疑懼不自安,乃使其弟方興襲周敷。敷與戰,破之。又別使兵襲華皎於溢城。皎時爲尋陽大守,監江州事。事覺,盡爲皎所擒。天嘉三年,三月,以吳明徹爲江州刺史,都督衆軍,與黃法氍、周敷討之。明徹至臨川,攻迪,不能克,乃遣安成王頊總督討之。此據《迪傳》。《本紀》:九月,迪請降,詔安成王頊督衆軍以招納之。迪衆潰,妻子悉擒,脱身踰嶺依陳寶應。《紀》:四年,正月,臨川平。東昌縣人脩行師應迪,東昌,吳縣,在今江西泰和縣西。攻廬陵大守陸子隆。廬陵,見第三章第九節。子隆擊敗之。行師乞降。送於京師。以黃法氍爲江州刺史,周敷爲臨川大守。六年,徵法氍爲中衛將軍。

　　陳寶應,晉安侯官人也。[1]晉安,晉郡,在今福建閩侯縣東北。侯官,漢治縣,後漢改曰侯官,亦在今閩侯縣境。世爲閩中四姓。父羽,有材幹,爲郡雄豪。梁代晉安數反,累殺郡將,羽初并扇惑,合成其事,後復爲官軍鄉道破之,由是一郡兵權,皆自己

---

[1]　封建:南北朝時土豪爲郡縣世襲者,如陳羽與子寶應其一例也。

出。侯景之亂，晉安大守賓紀侯蕭雲以郡讓羽。羽年老，但治郡事，令寶應典兵。是時東境饑饉，會稽尤甚，死者十七八，平民男女，并皆自賣，而晉安獨豐沃。寶應自海道寇臨安、永嘉及會稽、餘姚、諸暨；後漢臨水縣，晉改曰臨安，在今浙江杭縣北。永嘉，見第七章第二節。又數載米粟，與之貿易，多致玉帛子女；其有能致舟乘者，亦并奔歸之；由是大致資産，士衆强盛。侯景平，元帝因以羽爲晉安大守。高祖輔政，羽請歸老，求傳郡於寶應。高祖許之。時東西嶺道，寇賊擁隔，寶應自會稽趨於海道貢獻。高祖受禪，授閩州刺史，領會稽大守。世祖嗣位，命宗正録其本系，編爲宗室。并遣使條其子女，無大小，并加封爵。其寵可謂盛矣。而寶應取留異女爲妻，侯安都之討異也，寶應遣助之。又以兵資周迪。留異又遣第二子忠臣隨之。天嘉四年，秋，迪復越東興嶺。東興、南城、永城縣民，皆迪故人，復共應之。東興，吳縣，在今江西黎川縣東北。永城，吳縣，在今黎川縣北。世祖遣章昭達征迪。迪又散於山谷。《紀》在十一月。詔昭達由建安南道度嶺，建安，見第八章第一節。又命益州刺史領信義大守余孝頃都督會稽、東陽、臨海、永嘉諸軍，自東道會之。《紀》在十二月。時益州地已入周，陳蓋命孝頃遙領。信義，梁縣，在今江蘇崑山縣東，時蓋以爲郡。昭達踰東興嶺，頓於建安。寶應據建安之湖際，此據《寶應傳》。《昭達傳》云：據建安、晉安二郡之界。水陸爲柵。昭達與戰，不利。因據其上流，命兵士伐木帶枝葉爲筏，施拍於其上。綴以大索，相次列營，夾於兩岸。寶應數挑戰，昭達按甲不動。俄而暴雨，江水大長，昭達放筏衝突寶應水柵，水柵盡破。又出兵攻其步軍。方大合戰，余孝頃出自海道適至，因并力乘之。寶應大潰。奔山草閒，窘而就執。并其子弟二十人及留異送都，斬於建康市。異子姪及同黨無少長皆伏誅，惟貞臣以尚主獲免。《紀》天嘉五年十一月。

侯景之亂，百姓皆棄本業，羣聚爲盜，惟周迪所部，獨不侵擾。并分給田疇，督其工作。民下肆業，各有贏儲。政教嚴明，徵斂必至。餘部乏絶者，皆仰以取給。迪性質樸，不事威儀。輕財好施。凡所周贍，豪釐必均。訥於語言，而襟懷信實。臨川人皆德之，并共藏匿，雖加誅戮，無肯言者。章昭達度嶺，與陳寶應相抗，迪復收合出東興。時宣城大守錢肅鎮東興，以城降迪。以吳州刺史陳詳爲都督，討迪。吳州，治鄱陽。至南城，與賊相遇，戰敗，死之。迪衆復振。時周敷又從軍，至定川縣，未詳。與迪相對，迪紿敷共盟，敷許之，爲迪所害。世祖遣都督程靈洗擊破之。迪又與十餘人竄於山谷。日月轉久，相隨者亦稍苦之。復遣人潛出臨川郡市魚鮭。足痛，舍於邑子。邑子告臨川大守駱牙。《南史》作駱文牙。牙執之，令取迪自效。因使心腹勇士，隨入山中。誘迪出獵，伏兵於道旁斬之。傳首京師。《紀》在天嘉六年七月。

淳于量當梁元帝時，出爲桂州刺史。桂州，今廣西桂林縣。荆州陷，量保據桂州。王琳擁割湘、郢，累遣召量，量外雖與琳往來，而别遣使從間道歸於高祖。琳平後，頻請入朝。天嘉五年，徵爲中撫大將軍。量所部將士，多戀本土，并欲逃入山谷。世祖使湘州刺史華皎征衡州界黄洞，且以兵迎量。天康元年，至都。至此，武人及豪右之割據者略盡矣，而以宣帝之篡，復召湘、廣之變。

<h2 style="text-align:center">第八節　陳平内亂下</h2>

繼嗣之争，乃南北朝之世召禍之最烈者也，而陳氏亦以此致變。陳文帝之立，實已非正，然時武帝之子未歸，君位不可久曠；且文帝究有功於天下，爲衆所服；故未至大變，至宣帝則異是矣。

文帝之被徵也，侯安都隨之還朝。《安都傳》云：時世祖謙讓弗敢當；大后又以衡陽王故，未肯下令；羣臣猶豫不能決。安都曰：“今四方未定，何暇及遠？臨川王有功天下，須共立之。今日之事，後應者斬。”便按劍上殿，白大后出璽，又手解世祖髮，推就喪次。其情形，實與迫脅無異。昌之還也，居於安陸。見第三章第九節。明年，王琳平，二月，乃由魯山濟江。魯山，見第七章第三節。百僚表以爲湘州牧，封衡陽王。詔可。三月，入境。詔令主書舍人，緣道迎接。濟江，中流船壞，以溺薨。《安都傳》云：昌之將入也，致書於世祖，辭甚不遜。世祖不懌，乃召安都從容言曰：“大子將至，須别求一蕃，吾將老焉。”安都對曰：“自古豈有被代天子？臣愚不敢奉詔。”因自請迎昌。昌濟漢而薨。武帝有再造華夏之功，安都事帝亦久，而以逢迎時主之故，絶其胤嗣，亦酷矣。《蔡景歷傳》云：高祖崩時，外有强寇，世祖鎮於南皖，朝無重臣，宣后呼景歷及江大權、杜稜定議，《稜傳》云：侯瑱、侯安都、徐度等并在軍中，朝廷宿將，惟稜在都，獨典禁兵。乃祕不發喪，疾召世祖。景歷躬共宦者及内人，密營斂服。時既暑熱，須治梓宫，恐斤斧之聲，或聞於外，仍以蠟爲祕器。文書詔誥，依舊宣行。苟朗者，潁川潁陰人。潁陰，漢縣，今河南許昌縣。侯景之亂，招率徒旅，據巢湖間，無所屬。臺城陷後，簡文帝密詔授朗豫州刺史，令與外蕃討景。景使宋子仙、任約等頻往征之。朗據山立砦自守，子仙不能克。時京師大饑，百姓皆於江外就食。朗更招致部曲，解衣推食，以相振贍。衆至數萬人。侯景敗於巴陵，朗出自濡須，見第六節。截景，破其後軍。王僧辯東討，朗遣其將范寶勝及弟曉領兵二千助之。承聖二年，率部曲萬餘家濟江，入宣城郡界立頓。齊寇據石頭城，朗自宣城來赴，與侯安都等大破齊軍。時亦隨世祖拒王琳於南皖。宣大后與景歷祕不發喪，曉在都微知之，乃謀率其家兵襲臺。事覺，景歷殺曉，仍繫其兄弟。世祖即位，并釋之。因厚撫慰朗，令與侯安都等共拒王琳。荀曉是時，權位尚微，衡陽未歸，襲臺縱克，將何所奉？觀世祖既還，大后猶以衡陽故不肯下詔，則曉之謀襲臺，究係自有異志？抑承大后之旨而爲之？亦殊難言之矣。朗亦魯悉達之倫，當時緣江尚未平定，其未致召變者亦幸也。景歷之有功於世祖，蓋不讓安都，然以其爲文人，故不爲世祖所忌，而安都卒不終。《安都傳》云：自王琳平後，安都勳庸轉大，又自以功安社稷，漸用驕矜。數招聚文武之士，或射御馳騁，或命以詩賦，第其高下，以差次賞賜之。齋內動至千人。部下將帥，多不遵法度。檢問收攝，則奔歸安都。世祖性嚴察，深銜之。安都弗之改，日益驕橫。每有表啓，封訖，有事未盡，乃開封自書之，云又啓某事。① 及侍燕酒酣，或箕踞傾倚。嘗陪樂游禊飲，乃白帝曰：“何如作臨川王時？”帝不應。安都再三言之。帝曰：“此雖天命，抑亦明公之力。”燕訖，又啓便借供帳水飾，將載妻妾，於御堂歡會。世祖雖許其請，甚不懌。明日，安都坐於御坐，賓客居羣臣位，稱觴上壽。初重靈殿災，安都率將士帶甲入殿，帝甚惡之，自是陰爲之備。又周迪之反，朝望當使安都討之，帝乃使吳明徹討迪。又頻遣臺使，案問安都部下，檢括亡叛。安都內不自安。天嘉三年，冬，遣其別駕周弘實，自託於舍人蔡景歷，并問省中事。景歷錄其狀具奏之，希旨稱安都謀反。世祖慮其不受制，明年，春，乃除安都江州刺史。自京口還都，部伍入於石頭。世祖引安都燕於嘉德殿。又集其部下將帥，會於尚書朝堂。於坐收安都，囚於嘉德西省。又收其將帥，盡奪馬仗而釋之。因出景歷表以示於朝。明日，於西省賜死。安都固非純臣，然史所載之罪狀，其辭多誣，則至易見矣。文帝之誅安都，可謂謀之至深，稍或不慎，其召變亦易耳。

　　文帝長子曰伯宗，立爲大子。帝弟安成王頊，與衡陽獻王同遷關右，事已見前。永定元年，遙襲封始興郡王。世祖嗣位，以本宗乏饗，徙封安成郡王，而自封其第二子伯茂爲始興王，以奉昭烈王祀，滎陽毛喜，與頊俱往江陵，俱遷關右。世祖即位，喜自周還，進和好之策。朝廷乃遣周弘正等通聘。事在天嘉元年，周明帝武成二年。周命杜杲來使。世祖遣使報聘，并賂以黔中數州之地，仍請畫界分疆。周使杲再來。陳以魯山歸周。周拜頊柱國大將軍，使杲送之還國。喜於郢州奉迎。頊之入關，妻柳氏，子叔寶、叔陵并留於穰。魏荊州治，見第十一章第四節。又遣喜入關，以家屬爲請。仍迎之還。時天嘉三年也。頊既還，

授侍中、中書監。尋授揚州刺史。大康元年，授尚書令。是歲，四月，文帝崩。大子立，是爲廢帝。頊與僕射到仲舉，中書舍人劉師知、陰不佞等并受遺詔輔政。師知與仲舉，恒居禁中，參決衆事。頊爲揚州刺史，與左右三百人入居尚書省。師知、仲興、不佞與尚書右丞王暹謀，矯勑頊還東府。衆人猶豫，未敢先發。不佞素以名節自立，又受委東宮，世祖以爲東宮通事舍人。乃馳詣相府，面宣勑令。毛喜時爲頊驃騎府諮議參軍，領中記室，止之曰："今若出外，便受制於人，譬如曹爽，願作富家翁，不可得也。"頊使與吳明徹籌焉。明徹時爲丹陽尹。明徹曰："殿下親寶周、召，德冠伊、霍，社稷至重，願留中深計，慎勿致疑。"頊乃稱疾。召師知，留之與語，使喜先入，言之於后。世祖沈皇后。后曰："此非我意。"喜又言於廢帝。帝曰："此自師知等所爲。"喜出報頊，頊因囚師知，自入見后及帝，草勑請畫，以師知付廷尉。其夜，於獄中賜死。暹、不佞并付治。頊素重不佞，特赦之，免其官而已。乃以仲舉爲貞毅將軍、金紫光禄大夫。仲舉子郁，尚文帝女信義長公主。官至中書侍郎。出爲宣城大守，文帝配以士馬。是年，遷爲南康内史。以國哀未之任。仲舉既廢，居私宅，與郁皆不自安。右衛將軍韓子高，少爲文帝親侍。及長，稍習騎射，頗有膽決，願爲將帥。帝配以士卒。子高亦輕財禮士，歸之者甚衆。將士依附之者，子高盡力論進，文帝皆任使焉。郁每乘小輿，蒙婦人衣，與子高謀。前上虞令陸昉及子高軍主告言其事。頊收子高、仲舉及郁，并付廷尉，於獄賜死。《子高傳》言其求出爲衡、廣諸鎮。《毛喜傳》云：子高始與仲舉通謀，其事未發，喜請高宗曰："宜簡選人馬，配與子高；并賜鐵炭，使脩器甲。"高宗驚。喜曰："子高甚輕狷，脱其稽誅，或愆王度，宜推心安誘，使不自疑，圖之一壯士力耳。"高宗深然之，卒行其計。蓋時四方平定未久，故深慮外州之有變也。然外變卒不可免。光大元年，三月，《紀》書南豫州刺史余孝頃謀反伏誅。其後高祖章后廢廢帝之詔曰："韓子高小豎輕佻，推心委杖，陰謀禍亂，決起蕭牆。元相雖持，但除君側。又以余孝頃密邇京師，便相徵召。殃鼮之咎，凶徒自擒。宗社之靈，祅氛自滅。"則孝頃之變，實繼子高而作，《子高傳》謂其死在光大元年八月者誤也。《華皎傳》云：子高誅後，皎不自安，乃有反謀，《紀》亦書其反於光大元年五月，疑子高之死，實在天康元年八月，《紀》誤後一年。子高謀之於內而敗，孝頃謀之於近畿而亦敗而上流之變作矣。

　　華皎，晉陵暨陽人。暨陽，見第八章第七節。世爲小吏。皎，梁代爲尚書比部令史。侯景之亂，事景黨王偉。高祖南下，文帝爲景所囚，皎遇之甚厚。景平，文帝爲吳興大守，以皎爲都録事，軍府穀帛，多以委之。及平杜龕，仍配以人馬甲仗，猶爲都録事。稍擢爲暨陽、山陰令。<small>山陰，見第二章第二節。</small>王琳東下，皎隨侯瑱拒之。琳平，鎮溢城，知江州事。時南州守宰，多鄉里酋豪，不遵朝憲，文帝令皎以法馭之。王琳奔散，將卒多附於皎。後隨吳明徹征周迪，授湘州刺史。皎起自下吏，善營産業。湘川地多所出，所得并入朝廷。又征伐川洞，多致銅鼓，并送於京師。[1]　韓子高誅後，皎内不自安，密啓求廣州，以觀時主意。頊僞許之，而詔書未出。皎亦遣使句引周兵，又崇奉蕭巋爲主。士馬甚盛。詔乃以吳明徹爲湘州刺史，實欲以輕兵襲之。時光大元年五月也。是時慮皎先發，乃前遣明徹率衆三萬，乘金翅直趨郢州。又遣淳于量帥衆五萬，乘大艦以繼之。又令徐度與楊文通，別從安城步道出茶陵，<small>安成縣，晉改曰安復，今江西安福縣西。茶陵，漢縣，今湖南茶陵縣東。</small>巴山大守黃法慧，別從宜陽出澧陵，<small>漢宜春縣，晉避大后諱，改曰宜陽，今江西宜春縣。澧陵，漢侯國，後漢爲縣，今湖南醴陵縣。</small>與郢州程靈洗，參謀討賊。先是蕭詧以天嘉三年死，<small>僞諡宣皇帝，廟號中宗。</small>子巋嗣。<small>僞諡孝明皇帝，廟號世宗。</small>及是，皎與巴州刺史戴僧朔，<small>巴州，見第六節。</small>并附於巋。皎遣子玄響爲質，仍請兵伐陳。巋上其狀於周。周武帝命其弟衛公直督荆州總管權景宣、大將軍元定等赴之，因而南伐。巋亦遣其柱國王操，率水軍二萬，會皎於巴陵。直屯魯山，定攻圍郢州。皎於巴州之白螺，列舟艦與王師相持。<small>白螺，見第九章第九節。</small>未決，聞徐度趨湘州，乃率兵自巴、郢因便風下戰。淳于量、吳明徹等大敗之。權景宣統水軍，與皎俱下，一時奔北，船艦器仗，略無孑遺。皎與戴僧朔單舸走。至巴陵，不敢登岸，徑奔江陵。時九月也。元定等無復船渡，步趨巴陵。巴陵城邑爲官軍所據，乃向湘州。至水口，不得濟，食且盡，詣軍請降。俘獲萬餘人，馬四千餘匹，送於京師。程靈洗出軍躡定，因進攻周沔州，克之，擒其刺史裴寬。<small>周沔州，在今湖北漢川縣東南。</small>陸子隆督武州諸軍事，<small>武州，見第六節。</small>皎以子隆居其心腹，頻遣使招誘，子隆不從，皎因遣兵攻之，不能克。及皎敗，子隆出兵以襲其後，因與王師相會。尋遷荆州刺史。是時荆州新置，治於公安，<small>蜀漢縣，在今湖北公安縣東北。</small>城池未固，子隆脩建城郭，綏集夷夏，甚得民和焉。宇文直既敗，歸罪於蕭巋柱國殷亮，巋不敢違命，遂誅之。吳明徹乘勝攻克巋之河東郡。<small>見第六節。</small>明年，<small>光大二年，周天和三年。</small>明徹進攻江陵，引江水灌城。巋出頓紀南，以避其銳。<small>紀南，見第七章第三節。</small>周江陵副總管高琳，與巋尚書僕射王操拒守。巋馬軍主馬武、吉徹等擊明徹，明徹退保公安，巋乃還江陵。宣后廢廢帝詔曰："密詔華皎，稱兵上流，國祚憂惶，幾移醜類。乃至要招

---

① 民族：華皎征伐川洞，多致銅鼓。歐陽頠南致銅鼓（第四七七頁）。

遠近,協力巴、湘;支黨縱橫,寇擾黝、歙。見第九章第六節,第十三章第三節。又別敕歐陽紇等,攻逼衡州,嶺表紛紜,殊淹弦望。"當時牽動之廣,聲勢之盛可知,此舉敗而頊之簒勢成矣。

宣后廢廢帝詔又曰:"張安國蕞爾凶狡,窮爲小盜,仍遣使人蔣裕,鉤出上京,即置行臺,分選凶黨。賊皎妻吕,春徒爲戮,納自奚官,藏諸永巷,使其結引親舊,規圖戕禍。盜主侯法喜等,大傅麾下,恒遊府朝,啗以深利,謀興肘腋。適又盜主孫泰等,潛相連結,大有交通,兵力殊强,指期挺亂。皇家有慶,厤數遐長,天誘其衷,同然開發。"《世祖沈皇后傳》云:后憂悶,計無所出,乃密賂宦者蔣裕,令誘建安人張安國,建安,見第八章第一節。使據郡反,冀因此以圖高宗。安國事覺,并爲高宗所誅。時后左右近侍,頗知其事,后恐連逮黨與,并殺之。案建安距京邑大遠,勢不相及,故《通鑑》疑其事而不取,見《考異》。竊疑當時欲使安國據以建義者,實非建安郡,《后傳》之文,非史氏言之不審,則傳寫或有佚奪也。使據郡反一語,使據之下,容有奪文。此次外鉤盜黨,內結武夫,實爲廢帝親黨最後之一舉,其計亦敗,事乃無可爲矣。光大二年,十一月,以大皇大后令,廢帝爲臨海郡王。大建二年,四月薨,時年十九。頊立,是爲高宗孝宣皇帝。劉師知等之矯詔出高宗也,始興王伯茂勸成之。師知等誅後,高宗恐伯茂扇動朝廷,令入居禁中,專與廢帝遊處。蔣裕與韓子高等謀反,伯茂并陰預其事。案既入居禁中,復何能爲? 此語亦必誣也。既廢帝爲臨海王,其日,又下令降伯茂爲溫麻侯。時六門之外有別館,以爲諸王冠婚之所,名曰婚第,至是,命伯茂出居之,於路遇盜,殞於軍中。世祖第三子鄱陽王伯山,本爲南徐州刺史,高宗不欲令處邊,光大元年,徙爲東揚州。廢帝后父王固,爲侍中、金紫光禄大夫,嬭媼往來禁中,頗宣密旨。事洩。比將伏誅,高宗以固本無兵權,且居處清潔,止免所居官,禁錮。《廢帝紀》曰:帝仁弱,無人君之器,世祖憂慮不堪繼業,既居冢嫡,廢立事重,是以依違積載。及疾將大漸,召高宗謂曰:"吾欲遵泰伯之事。"高宗初未達旨,後瘄,乃拜伏涕泣固辭。其後宣大后依詔廢帝焉。《孔奐傳》:奐爲五兵尚書,世祖不豫,臺閣衆事,并令到仲舉共奐決之。及世祖疾篤,奐與高宗及仲舉,并吏部舍人袁樞,中書舍人劉師知等,入侍醫藥。世祖嘗謂奐等曰:"今三方鼎峙,生民未乂,四海事重,宜須長君。朕欲近則晉成,遠隆殷法,卿等須遵此意。"奐流涕歔欷而對曰:"皇大子春秋鼎盛,聖德日躋,安成王介弟之尊,足爲周旦,若有廢立之心,臣等愚誠,不敢聞詔。"世祖曰:"古之遺直,復見於卿。"天康元年,乃用奐爲大子詹事。此等則皆高宗之黨所造作之言語也。

　　歐陽頠之至廣州也，王琳據有中流，頠自海道及東嶺，奉使不絕。時頠弟盛爲交州刺史，次弟邃爲衡州刺史，合門顯貴，名振南土。又南致銅鼓、生口，獻奉珍異，前後委積，頗有助於軍國焉。天嘉四年，薨，子紇嗣。大建元年，徵紇爲左衛將軍。其部下多勸之反。遂舉兵攻衡州，始興之衡州。刺史錢道戢告變。《紀》在十月。昭達倍道兼行，達於始興。紇出頓洭口。洭水、溱水合口，在今廣東英德縣西南。多聚沙石，盛以竹籠，置於水柵之外，用遏舟艦。昭達敗之，禽紇，送於京師。《紀》大建二年二月。以沈恪爲廣州刺史。四年，徵還。蕭引者，思話曾孫，侯景之亂，與弟彤及宗親百餘人奔嶺表。時歐陽頠爲衡州刺史，引往依焉。章昭達平番禺，始北還。大建十二年，時廣州刺史馬靖，甚得嶺表人心，而兵甲精練，每年深入俚洞，又數有戰功，朝野頗生異議。高宗以引悉嶺外物情，且遣引觀靖，審其舉措，諷令送質。既至番禺，靖即悟旨，盡遣兒、弟下都爲質。然至後主至德二年，卒以臨池縣侯方慶爲廣州刺史，方慶，南康愍王曇朗之子。襲靖誅之。章昭達子大寶，爲豐州刺史，胡三省曰：陳豐州治閩縣。案閩，隋縣，今福建閩侯縣。在州貪縱。三年，後主以大僕卿李暈代之。大寶襲殺暈；舉兵反。《紀》在三月，《傳》云四月。遣將楊通寇建安。建安内史吳慧覺據郡城距之。通累攻不克。官軍稍近，人情離異，大寶計窮，乃與通俱逃。臺軍主陳景祥追禽之。於路死。傳首，夷三族。

第十四章　周齊興亡

第一節　齊篡東魏

　　北齊基業，雖創自神武，而其能整頓內治，則頗由於文襄。文襄者，神武長子，名澄，文宣篡魏後，追謚爲文襄皇帝，廟號世宗。武明皇后婁氏所生也。后爲神武微時妃。《齊書》本傳云：少明悟。彊族多聘之，并不肯行。及見神武於城上執役，驚曰："此真吾夫也。"乃使婢通意。又數致私財，使以聘己。父母不得已而許焉。蓋實奸通，非聘娶也。《傳》又云：神武既有澄清之志，傾產以結英豪，密謀祕策，后恒參與，此乃妄說。《傳》又云：神武逼於茹茹，欲取其女而未決，后曰："國家大計，願不疑也。"及茹茹公主至，后避正室處之。①《北史·彭城大妃尒朱氏傳》云：榮之女，魏孝莊后也。神武納爲別室，敬重踰於婁妃。《馮翊大妃鄭氏傳》云：名大車。初爲魏廣平王妃，遷鄴後，神武納之。寵冠後庭。神武之征劉蠡升，文襄蒸於大車。神武還，一婢告之，二婢爲證。神武杖文襄一百而幽之。武明后亦見隔絕。時彭城尒朱大妃有寵，生王子浟，神武將有廢立意。文襄求救於司馬子如。子如來朝，僞爲不知者，請武明后。神武告其故。子如曰："消難亦奸子如妾，如此事正可覆蓋。妃是王結髮婦，常以父母家財奉王；王在懷朔被杖，背無完皮，妃晝夜供給看創；後避葛榮，同走并州，貧困，然馬矢，自作韉；恩義何可忘？夫婦相宜；女配至尊，男承大業；又婁領軍勳；何宜搖動？一女子如草芥，況婢言不必信？"神武因使子如鞫之。子如見文襄，尤之曰："男兒何意畏威自誣？"因告二婢反辭，脅告者自縊。乃啓神武曰："果虛言。"神武大悅，召后及文襄。武明后遙見神武，一步一叩頭，文襄且拜且進，父子夫妻，相泣，乃如初。觀此數事，神武於父子夫妻之際薄矣。北夷本不嚴嫡庶之別，所重特在貴族，婁后之家世，自遠不逮尒朱氏等，然神武不替文襄者？創業之際，長子未可輕動；抑文襄頗有吏才，政事實賴之；又婁后女配至尊，其弟昭，即子如所謂婁領軍者，亦有勳績；此正如漢高不替呂后、惠帝，爲有種種牽制也。《后傳》又云：文宣將受魏禪，后固執不許，帝所以中止，此又妄說。文宣欲受禪，豈其謀及於后？且后亦曷嘗能終止文宣之篡乎？其後孝昭、武成之篡，后若成之，則其地位使然，且亦二王勢力已成，非眞后之能有所作爲也。讀史者或以后爲能通知政事，能豫政，其說實誤，故一辯之。北夷入中國，多以不知政理敗，如尒朱榮即是，齊神武雖有才，政事尚不能不藉文襄爲助，況於婁后邪？早豫軍國籌策。天平三年，梁武帝大同二年。入輔朝

---

　　①　婚姻：神武婁后避正室，以處茹茹公主。神武納尒朱榮女，敬重踰於婁后。

政。時年十六。元象元年，梁大同四年。攝吏部尚書。《北齊書·本紀》云：魏自崔亮以後，選人常以年勞爲制，文襄乃釐改前式，銓擢惟在得人。又沙汰尚書郎，妙選人地以充之。至於才名之士，咸被薦擢。假有本居顯位者，皆致之門下，以爲賓客。蓋頗能於武人、勳貴之外，有所任用矣。《紀》又云：興和二年，梁大同六年。加大將軍，領中書監，仍攝吏部尚書。自正光以後，天下多事，在任羣官，廉絜者寡。文襄乃奏吏部郎崔暹爲御史中尉，糾劾權豪，無所縱捨。於是風俗更始，私枉路絕。案《孫騰傳》云：騰早依附高祖，契闊艱危，勤力恭謹，深見信待。及高祖置之魏朝，寄以心腹，遂志氣驕盈，與奪由己。求納財賄，不知紀極。生官死贈，非貨不行。府藏銀器，盜爲家物。親狎小人，專爲聚斂。在鄴，與高岳、高隆之、司馬子如號爲四貴。非法專恣，騰爲甚焉。騰、隆之、子如皆爲尚書令、僕，岳爲京畿大都督。《論》曰：“高祖以晉陽戎馬之地，霸圖攸屬，治兵訓旅，遙制朝權，京臺機務，委寄深遠。孫騰等俱不能清貞守道，以治亂爲懷。厚斂貨財，填彼谿壑。賴世宗入輔，責以驕縱，厚遇崔暹，奮其霜簡。不然，則君子屬厭，豈易閒焉？”《循吏傳》曰：“高祖以戰功諸將，出牧外藩。不識治體，無聞政術。非惟闇於前言往行，乃至始學依判、付曹。聚斂無厭，淫虐不已。雖或直繩，終無悛革。此朝廷之大失。”可見當時内外皆殘民以逞之徒矣。《高隆之傳》云：入爲尚書右僕射。時初給民田，貴勢皆占良美，貧弱咸受瘠薄。①　隆之啓高祖，悉更反易，乃得均平。魏自孝昌已後，天下多難，刺史、大守，皆爲當部都督。雖無兵事，皆立佐僚，所在頗爲煩擾。②　隆之表請：自非實在邊要，見有兵馬者，悉皆斷之。自軍國多事，冒名竊官者，不可勝數。隆之奏請檢括，獲五萬餘人。而羣小諠囂，隆之懼而止。夫隆之等雖貪暴，然遇有益於公，無損於私者，則亦未嘗無整頓之心，此實自古暴君汙吏皆然。委寄深遠，宜若可行其志，然猶以羣情弗順，有所懾憚而止，可見整頓之不易矣。文襄作輔，於崔暹之外，又任宋遊道、盧斐、畢義雲等，加以直繩。三人皆見《北齊書·酷吏傳》。道初爲殿中侍御史，以風教著。孝莊即位，除左兵郎中，與尚書令臨淮王彧相失，上書告之，解職。後除司州中從事。神武自大原來朝，見之曰：“此人宋遊道邪？常聞其名，今日始識其面。”遷遊道別駕。後日，神武之司州饗朝士，舉觴屬遊道曰：“飲高歡手中酒者大丈夫，卿之爲人，合飲此酒。”及還晉陽，百官辭於紫陌，神武執遊道手曰：“甚知朝貴中有憎忌卿者，但用心，莫懷畏慮，當使卿位與之相似。”於是啓以遊道爲中尉。文襄執請，乃以崔暹爲御史中尉，以遊道爲尚書左丞。文襄謂

---

①　地權：初給民田，貴勢良美，貧弱瘠薄。高隆之啓齊高祖，乃反易。

②　職官：魏孝昌后刺史太守皆爲當部都督，雖無兵事，皆立佐僚。

暹、遊道曰:“卿一人處南臺,一人處北省,當使天下肅然。”遊道入省,劾大師咸陽王坦,大保孫騰,司徒高隆之,司空侯景,録尚書元弼,尚書令司馬子如,官貸金銀,催徵酬價,雖非指事贓賄,終是不避權豪。① 又奏駁尚書違失數百條。省中豪吏王儒之徒,并鞭斥之。始依故事,於尚書省立門名,以記出入早晚。令、僕已下皆側目。爲高隆之所誣,處其死罪,朝士皆分爲遊道不濟,而文襄聞其與隆之相抗之言,謂楊遵彦曰:“此真是鯁直,大剛惡人。”遵彦曰:“譬之畜狗,本取其吠,今以數吠殺之,恐將來無復吠狗。”詔付廷尉,遊道坐除名。文襄使元景康謂曰:“卿早逐我向并州,不爾,他經略殺卿。”遊道後至晉陽,以爲大行臺吏部。盧斐,文襄引爲相府刑獄参軍。畢義雲爲尚書都官郎中。文襄令普句僞官,專以車輻考掠,所獲甚多,然大起怨謗。會爲司州吏所訟,文襄以其推僞衆人怨望,并無所問,乃拘吏數人斬之,因此鋭情訊鞫,威名日盛。紫陌,在鄴城西北五里。遵彦,愔字。神武雖閒以舊恩,有所縱舍,如尉景司馬子如是也。《景傳》云:景以勳戚,每有軍事,與庫狄干常被委重,而不能忘懷財利,神武每嫌責之。轉冀州刺史,又大納賄。發夫獵,死者三百人。庫狄干在神武坐,請作御史中尉。神武曰:“何意下求卑官?”干曰:“欲捉尉景。”神武大笑。令優者石董桶戲之。董桶剥景衣,曰:“公剥百姓,董桶何爲不剥公?”神武誡景曰:“可以無貪也?”景曰:“與爾計,生活孰多? 我止人上取,爾割天子調。”神武笑不答。歷位大保、大傅。坐匿亡人見禁止。使崔暹謂文襄曰:“語阿惠:兒富貴,欲殺我邪?”神武聞之,泣詣闕曰:“臣非尉景,無以至今日。”三請,帝乃許之。於是黜爲驃騎大將軍、開府、儀同三司。神武造之。景恚,卧不動,叫曰:“殺我時趣邪?”常山君謂神武曰:“老人去死近,何忍煎迫至此?”又曰:“我爲爾汲水胝生。”因出其掌。神武撫景,爲之屈膝。先是景有果下馬,文襄求之,景不與,曰:“土相扶爲牆,人相扶爲王,一馬亦不得畜而索也?”神武對景及常山君責文襄而杖之。常山君泣救之。景曰:“小兒慣去,放使作心腹,何須乾啼濕哭,不聽打邪?”常山君,景妻,神武姊也。《北史·司馬子如傳》曰:文襄輔政,以賄爲崔暹劾在獄,一宿而髮盡白。辭曰:“司馬子如本從夏州策一杖投相王,王給露車一乘,觠牸牛犢。犢在道死,惟觠角存,此外皆人上取得。”神武書敕文襄曰:“馬令是吾故舊,汝宜寬之。”文襄駐馬行街,以出子如,脱其鎖。子如懼曰:“非作事邪?”於是除削官爵。神武後見之,哀其顦悴,以膝承其首,親爲擇蝨。賜酒百瓶,羊五百口,粳米五百石。然文襄能行其意者蓋多。《宋遊道傳》曰:兗州刺史李子貞,在州貪暴,遊道案之。文襄以貞豫建義勳,意將含忍。遊道疑陳元康爲其内助,密啓云:“子貞、元康交遊,恐其别有請屬。”文襄怒,於尚書都堂集百僚撲殺子貞。則雖豫建義之勳者,亦不必盡蒙寬宥;而親要如元康,亦時有不能庇右者矣。《崔暹傳》言:暹前後表彈尚書令司馬子如,及尚書元羡,雍州刺史慕容獻。又彈大師咸陽王坦,禧子。并州刺史可朱渾道元罪狀極筆。并免官。其餘死黜者甚衆。高祖書與鄴下諸貴曰:“咸陽王、司馬令,并是吾對門布衣之舊。尊貴親昵,無過二人,同時獲罪,吾不能救,諸君其慎之。”高祖如京師,羣官迎於紫陌,高祖握暹手而勞之曰:“往前朝廷豈無法官? 而天下貪婪,莫肯糾劾。中尉盡心爲國,不避豪强,遂使遠邇肅清,羣公奉法。衝鋒陷陣,大有其人,當官正色,今始見之。今榮華富貴,直是中尉自取。高歡父子,無以相報。”賜暹良馬,使騎之以

① 生計:官貸金銀。放債交易,遍於州郡(第四八二頁)。

從。且行且語。遽下拜，馬驚走，高祖親爲擁之而授轡。魏帝宴於華林園，此鄴下之華林園。謂高祖曰：“自頃朝貴，牧、守、令長，所在百司，多有貪暴，侵削下人。朝廷之中，有用心公平，直言彈劾，不避親戚者，王可勸酒。”高祖降階跪而言曰：“惟御史中丞崔暹一人。謹奉明旨，敢以酒勸。并臣所射賜物千匹，乞回賜之。”其所以風厲之者至矣。自是之後，諸勳貴亦頗知斂迹，如尉景獲罪後，授青州刺史，史言其操行頗改。司馬子如起行冀州事，亦能自屬改。不可謂非整頓之效也。從來惡直醜正之論，無如《北齊書·杜弼傳》之甚者，不可不辭而闢之。①《傳》曰：弼以文武在位，罕有廉潔，言之於高祖。高祖曰：“弼來，我語爾。天下濁亂，習俗已久。今督將家屬，多在關西，黑獺常相招誘，人情去留未定。江東復有一吳兒老翁蕭衍者，專事衣冠禮樂，中原士大夫望之，以爲正朔所在。我若急作法網，不相饒借，恐督將盡投黑獺，士子悉奔蕭衍，則人物流散，何以爲國？爾宜少待，吾不忘之。”及將有沙苑之役，弼又請先除內賊，卻討外寇。高祖問內賊是誰？弼曰：“諸勳貴掠奪萬民者皆是。”高祖不答，因令軍人皆張弓挾矢，舉刀按矟以夾道。使弼冒出其間，曰：“必無傷也。”弼戰栗汗流。高祖然後喻之曰：“箭雖注不射，刀雖舉不擊，矟雖按不刺，爾猶頓喪魂膽，諸勳人身觸鋒刃，百死一生，縱其貪鄙，所取處大，不可同之，循常例也。”弼於時大恐，因頓顙謝曰：“愚癡無智，不識至理，今蒙開曉，始見聖達之心。”夫兵之所以可畏者，以其將殺傷人也，若明知其注而不射，舉而不擊，按而不刺，則人孰未嘗見兵？弼即畏懦，何至戰栗汗流？高歡乃一獷悍之夫，安知衣冠禮樂爲何事？且果如所言，其任高澄以裁勳貴，又何爲乎？稍深思之，即知此傳所云，并非實錄，而爲不快於督責之治者所造作矣。《北史·文襄紀》云：少壯氣猛，嚴峻刑法。高愼西叛，侯景南驣，非直本懷很戾，兼亦有懼威略，亦此等人所造作也。其《論》曰：“文襄志在峻法，急於御下，於前王之德，有所未同。蓋天意人心，好生惡殺，雖吉凶報應，未皆影響，總而論之，積善多慶。然文襄之禍生所忽，蓋有由焉。”此論亦必有本，可謂怨毒之情，形於辭表矣。果如此曹之意，則欲求輔弼者，必縱其虐民而後可乎？此真所謂盜憎主人者也。又案《陳元康傳》云：高仲密之叛，高祖知其由崔暹故也，將殺暹，世宗匿而爲之諫請，高祖曰：“我爲舍其命，須與苦手。”世宗乃出暹而謂元康曰：“卿若使崔暹得杖，無相見也。”暹在廷，解衣將受罰，元康趨入，歷陛而升，且言曰：“王方以天下付大將軍，有一崔暹，不能容忍邪？”高祖從而宥焉。又云：侯景反，世宗逼於諸將，欲殺崔暹以謝之。密語元康。元康諫曰：“今四海未清，綱紀已定。若以數將在外，苟悅其心，枉殺無辜，虧廢刑典，豈直上負天神，何以下安黎庶？晁錯前事，願公愼之。”世宗乃止。《暹傳》云：顯祖初嗣霸業，司馬子如挾舊怨，言遣罪重，謂宜罰之。高隆之亦言：宜寬政網，去苛察法官，黜崔暹，則得遠近人意。顯祖從之。及踐阼，譖毀之者猶不息。帝乃令都督陳山提等搜暹家。甚貧匱，惟得高祖、世宗與暹書千餘紙，多論軍國大事。帝嗟賞之。仍不免衆口。乃流暹於馬城。晝則負土供役，夜則置地牢。歲餘，奴告暹謀反，鏁赴晉陽。無實。釋而勞之。尋還大常卿。帝謂羣臣曰：“崔大常清正，天下無雙，卿等不及。”《崔季舒傳》云：時勳貴多不法，文襄無所縱舍，外議以季舒及崔暹等所爲，甚被怨疾。及文襄遇難，文宣將赴晉陽，黄門郎陽休之勸季舒從行，曰：“一日不朝，其間容刀。”季舒性愛聲色，心在閑放，遂不請行，欲恣其行樂。司馬子如緣宿憾，及尚食典御陳山提等共列其過狀，由是季舒及暹，各鞭二百，徙北邊。天保初，文宣知其無罪，追爲將作大匠。再遷侍中。俄兼尚書左僕射，儀同三司。大被恩遇。夫文宣猶知季舒、遘之無罪，況於神武及文襄？然當武夫搆變之時，遘即幾罹不測；至文宣，則竟爲所脅，而遘、季舒并不免流徙、鞭責之禍，可見當時惡直醜正之徒，其勢甚可畏也。《元康傳》又云：世宗入輔京室，崔遘、崔季舒、崔昂等并被任使，張亮、張徽纂并高祖所待遇，然委任皆出元康之下，時人語曰：“三崔二張，不如一康。”又云：元康溺於財利，受納金帛，不可勝紀，放責交易，徧於州郡，爲清論所譏。然則當時遘等雖云鋒利，而真被寵任之徒，仍有爲霜簡所不及者矣。劃除貪暴，其難如此，而豈得如《弼傳》所云，復故縱舍之哉。馬城，漢縣，晉廢，在今察哈爾懷安縣北。

　　文襄之爲中書監也，移門下機事，總歸中書。《北齊書·崔季舒傳》。以其中兵參軍崔季舒爲中書侍郎，令監察魏主動静。武定五年，梁武帝大清元年。正月，神武死，文襄祕喪，至六月乃發。七月，魏主詔以文襄爲使持節、大丞相、都督中外諸軍、録尚書、大行臺、渤海王，而以其母弟洋爲尚書令、中書監、京畿大都督。八月，文襄朝於鄴，固辭丞相。魏主詔復前大將軍，餘如故。《魏書·孝静帝紀》曰：文襄嘗侍飲，大舉觴曰：“臣澄勸陛下酒。”帝不悦曰：“自古無不亡之國，朕亦何用此活？”文襄怒曰：“朕朕，狗脚朕。”文襄使季舒毆帝三拳，奮衣而出。明日，使季舒勞帝，帝亦謝焉。賜絹。季舒未敢受，以啓文襄。文襄使取一段。帝束百匹以與之，曰：“亦一段耳。”帝不堪憂辱，詠謝靈運詩曰：“韓亡子房奮，秦帝魯連恥。本自江海人，忠義動君子。”常侍侍講荀濟知帝意，乃與華山王大器、鷙子。鷙高涼王孤六世孫。元瑾密謀，於宮内爲山，而作地道向北城。至千秋門，門者覺地下響動，以告文襄。文襄勒兵入宮，曰：“陛下何意反邪！臣父子功存社稷，何負陛下邪？”將殺諸妃。帝正色曰：“王自欲反，何關於我？我尚不惜身，何況妃嬪？”文襄下牀叩頭，大啼謝罪。於是酣飲，夜久乃出。居三日，幽帝於含章堂。大器、瑾等皆見烹於市。《荀濟傳》云：燔殺之。見《北史·文苑傳》。蓋時侯景尚未平，故文襄未能遽篡也。六年，梁大清二年。正月，侯景敗；七年，梁大清三年。六月，潁川亦平；於是篡謀轉急。七月，文襄如鄴。八月，爲盜所殺。時年二十九。《北齊書·文襄紀》云：初梁將蘭欽子京，爲東魏所虜，王命以配廚。[1] 欽請贖之，王不許。京再訴，王使監廚蒼頭薛豐洛杖之，曰：“更訴當殺爾。”京與其黨六人謀作亂。將欲受禪，與陳元康、崔季舒等屏斥左右署擬百官。京將進食，王卻之。謂諸人曰：“昨夜夢此奴斫我，宜殺卻。”京聞之，實刀於盤，冒言進食。王怒曰：“我未索食，爾何遽來？”京揮刀曰：“來將殺汝。”王自投傷足，入於牀下。賊黨去牀，因而見殺。《北史》略同。案此卷《齊書》實亡，蓋後人取《北史》補之。《陳元康傳》云：世宗將受魏禪，元康與楊愔、崔季舒并在世宗坐，將大遷除朝士，共品藻之。世宗家蒼頭奴蘭固成，《北史·元康傳》云：固成，一名京。先

---

① 政治：文襄獲陳將之子，以配廚所殺。古者不近刑人以此？

掌廚膳，甚被寵眤。先是世宗杖之數十。其人性躁，又恃舊恩，遂大忿恚。與其同事阿改，《北史》云弟阿改。謀害世宗。阿改時事顯祖，常執刀隨從。云若聞東齋叫聲，即加刃於顯祖。是日，東魏帝初建東宮，《魏書・本紀》：八月，辛卯，詔立皇子長仁爲皇大子。案時齊將篡而爲魏立大子者，蓋欲先行廢立，後乃禪代也。羣官拜表，事罷，顯祖出東止車門，別有所之，未還而難作。固成因進食，置刀於盤下，而殺世宗。元康以身扞蔽，被刺傷重，至夜而終。楊愔狼狽走出。季舒逃匿於廁。蓋魏人陰謀，欲并澄與洋而殲之也。而洋以避近得脱，乃入誅京等。旋歸晉陽。明年，梁簡文帝大寶元年，魏武定八年，齊文宣天保元年。五月，如鄴，遂廢魏主而自立。明年，十二月，遇鴆死。是爲北齊顯祖文宣皇帝。文宣之篡，高德政與楊愔實成之。時德政從文宣於晉陽，愔居鄴。史言婁大后及勳貴多弗順，然時篡勢已成，必無人能阻之者，德政與愔，亦乘已成之勢而成之耳，非能有所作爲也。事見《北史・文宣紀》及《齊書・德政傳》，以其無甚關係，今略之。

第二節　文　宣　淫　暴

自元魏分裂以來，東西南三方，遂成鼎峙之勢，地廣兵彊，實推東國，然其後齊反滅於周者，則以北齊諸主，染鮮卑之習大深，以致政散民流，不能自立也。北齊亂君，實以文宣爲首。

《北史・文宣紀》云：帝沈敏有遠量，外若不遠，内鑒甚明。文襄年長英秀，神武特所愛重，百僚承風，莫不震懼，而帝善自晦迹，言不出口，恒自貶退，言咸順從，故深見輕，雖家人亦以爲不及。文襄嗣業，帝以次長見猜嫌。帝后李氏，色美，每預宴會，容貌遠過靖德皇后，文襄彌不平焉。帝每爲后私營服翫，小佳，文襄即令逼取。后恚，有時未與，帝笑曰："此物猶應可求，兄須何容恡？"文襄或愧而不取，便恭受，亦無飾讓。每退朝還第，輒閉閤静坐，雖對妻子，能竟日不言。或祖跣奔躍，后問其故，對曰："爲爾慢戲，"此蓋習勞而不肯言也。及登極之後，神明轉茂。外柔内剛，果於斷割，人莫能窺。又特明吏事，留心政術。簡靖寬和，坦於任使。故楊愔等得盡匡贊，朝政粲然。兼以法馭下，不避權貴。或有違犯，不容勳戚。内外莫不肅然。至於軍國機策，獨決懷抱，規謀宏遠，有人君大略。又以三方鼎峙，繕甲練兵。左右宿衞，置百保軍士。① 每臨行陳，親當矢石。鋒刃交接，惟恐前敵不多。屢犯艱厄，常致克

---

① 民族："百保軍士"，案此即所謂百保鮮卑，亦未必皆鮮卑人也。高歡調和漢鮮卑，鮮卑亦未必真鮮卑（第五八八頁）。

捷。既征伐四克，威振戎夏，六七年後，以功業自矜，遂留情耽湎，肆行淫暴。或躬自鼓舞，歌謳不息，從旦通宵，以夜繼晝。或袒露形體，塗傅粉黛，散髮胡服，雜衣錦綵，拔刀張弓，遊行市肆。勳戚之第，朝夕臨幸。時乘鹿車，白象、駱駝、牛、驢，并不施鞍勒。或盛暑炎赫，日中暴身；隆冬酷寒，去衣馳走；從者不堪，帝居之自若。街坐巷宿，處處遊行。多使劉桃枝、崔季舒負之而行。或擔胡鼓而拍之。親戚貴臣，左右近習，侍從錯雜，無復差等。徵集淫嫗，悉去衣裳，分付從官，朝夕臨視。或聚棘爲馬，紐草爲索，逼遣乘騎，牽引來去，流血灑地，以爲娛樂。凡諸殺害，多令支解，或焚之於火，或投之於河。沈酗既久，彌以狂惑。每至將醉，輒拔劍挂手，或張弓傅矢，或執持牟槊，游行市廛。問婦人曰：“天子何如？”答曰：“顛顛癡癡，何成天子？”帝乃殺之。或馳騁衢路，散擲錢物，恣人拾取，爭競諠譁，方以爲喜。三臺構木，高二十七丈，兩棟相距二百餘尺，工匠危怯，皆繫繩自防，帝登脊疾走，都無怖畏；時復雅舞，折旋中節；旁人見者，莫不寒心。[1]　又召死囚，以席爲翅，從臺飛下，免其罪戮。[2]果敢不慮者，盡皆獲全；危怯猶豫者或致損跌。沈酗既久，轉虧本性。怒大司農穆子容，使之脫衣而伏，親射之，不中，以橛貫其下竅，入腸。雖以楊愔爲宰輔，使進廁籌。以其體肥，呼爲楊大肚。馬鞭鞭其背，流血浹袍。以刀子剺其腹。崔季舒託俳言曰：“老小公子惡戲，”因掣刀子而去之。又置愔於棺中，載以輼車，幾下釘者數四。曾至彭城王浟宅，謂其母尒朱曰：“憶汝辱我母壻時，何由可耐？”手自刃殺。又至故僕射崔暹第，謂暹妻李曰：“頗憶暹否？”李曰：“結髮義深，實懷追憶。”帝曰：“若憶時，自往看也。”親自斬之，棄頭牆外。嘗在晉陽，以稍戲刺都督尉子耀，應手而死。在三臺大光殿上，鋸殺都督穆嵩。又幸開府暴顯家，有都督韓哲無罪，忽衆中召斬之數段。魏安樂王元昂，后之姊壻，其妻有色，帝數幸之，欲納爲昭儀，召昂令伏，以鳴鏑射一百餘下，凝血垂將一石，竟至於死。後帝自往弔，哭於喪次，逼擁其妻。仍令從官脫衣助繐，兼錢綵，號爲信物，一日所得，將踰巨萬。后啼不食，乞讓位於姊，大后又爲言，帝意乃釋。所幸薛嬪，甚被寵愛，忽意其輕與高岳私通，無故斬首，藏之於懷。於東山宴，勸酬始合，忽探出頭投於柈上。支解其尸，弄其髀爲琵琶。一坐驚怖，莫不喪膽。帝方收取，對之流淚，云“佳人難再得，甚可惜也”。載尸以出，被髮步哭而隨之。至有閭巷庸猥人無識知者，忽令召斬。鄴下繫徒，

罪至大辟，簡取隨駕，號爲供御囚，手自刃殺，持以爲戲。兼以外築長城，內營宮殿，賞賚過度，天下騷然。內外憒憒，各懷怨毒。而素嚴斷臨下，加之默識強記，百寮戰栗，不敢爲非。案文宣本性，或尚較文襄爲深沈，其吏才亦不讓文襄。《文襄紀》言其情欲奢淫，動乖制度。嘗於宮西造宅，牆院高廣，聽事宏壯，亞大極殿，神武入朝責之乃止，使其獲登大位，亦未必愈於文宣也。文宣淫暴之事，多在天保六七年後，非徒本性，實亦疾病使然，觀其冒犯寒暑，臨履危險，多爲人所不堪可知，《本紀》又云：至於末年，每言見諸鬼物，亦云聞異音聲，亦其有疾之一證。即其耽於麴蘗，亦未必非病狀也。特有狂易之疾者，發爲何種行動，仍係習染使然，文宣雖云有疾，非染於鮮卑之俗，其淫暴，亦當不至如是其甚耳。

《北齊書·本紀》述文宣淫虐之事云：諸元宗室，咸加屠勦。永安、上黨，并致冤酷。高隆之、高德政、杜弼、王元景、李蒨之等，皆以非罪見害。案諸元被戮，見於史者，有咸陽王禧之子坦，高陽王雍之子斌，濟陰王小新成之曾孫暉業，臨淮王彧之弟孝友，昭成五世孫景皓，無上王之子彭城王韶。坦之死，以其子酒醉誹謗，妄說圖讖，坦因此配北營州，和龍。死於配所。斌，天保二年從討契丹，還至白狼河，今大淩河。以罪賜死，未知罪狀爲何。暉業亦死於是年，以罵元韶"不及一老嫗，背負璽與人，何不打碎之？"暉業在魏宗室中，頗有學問、氣節。其在晉陽，無所交通，而撰魏藩王家世，爲《辨宗錄》三十卷，蓋不勝其宗國之痛焉。孝友與之俱死。孝友，史亦稱其明於政理，蓋皆忌之也。景皓：天保時，諸元帝室親近者，多被誅戮，疏宗如景安之徒，議欲請姓高氏，景皓不肯，曰："豈得棄本宗，逐他姓？大丈夫寧可玉碎，不能瓦全。"景安以此言白文宣，遂被誅，家屬徙彭城。元韶：齊神武以孝武帝后配之。《傳》云：韶性行溫裕。以高氏壻，頗膺時寵。能自謙退。臨人有惠政。好儒學，禮致才彥。愛林泉，脩第宅，華而不侈。可謂曲意求全矣，然亦卒不免。《傳》又云：文宣髠韶鬚髯，加以粉黛，衣婦人服以自隨，曰："我以彭城爲嬪御，"譏元氏微弱，比之婦女。十年，天保十年。大史奏云："今年當除舊布新。"文宣謂韶曰："漢光武何故中興？"韶曰："爲誅諸劉不盡。"乃誅諸元以厭之。遂以五月誅元世哲、景武等二十五家。餘十九家，并禁止之。韶幽於京畿地牢，絕食，啗衣袖而死。及七月，大誅元氏。自昭成已下，并無遺焉。或父祖爲王，或身嘗貴顯，或兄弟强壯，皆斬東市。其嬰兒，投於空中，承之以矟。前後死者，凡七百二十一人。悉投尸漳水。剖魚多得爪甲，都下爲之久不食魚。《北史》同。又云：世哲從弟黃頭，使與諸囚自金鳳臺各乘紙鴟以飛。黃頭獨能飛至紫陌。見上節。仍付御史獄，畢義雲餓殺之。《本紀》紀五月誅二十五家、禁止十九家，并同《勸傳》,而無七月大屠勤之事。《北史》則誅二十五家、禁止十九家之下又云:"尋并誅之,男子無少長皆斬,所殺三千人,并投漳水,"與《勸傳》所云七百二十一人者,多寡懸殊。《紀》又書八月癸卯,詔諸軍民:"或有父祖改姓,冒入元氏,或假託攜認,妄稱姓元者,不問世數遠近,悉聽改復本姓,"《北史》亦同,豈《傳》之所云,特就二十五家、十九家言之,《紀》則并當時濫及者數之,故其數不同邪?棄本宗,逐他姓,而卒遭駢戮之慘,亦可哀矣。然雖如是,元氏之獲漏網者,仍非無之。景安以改姓獲免。賜姓高氏。景安叔父种之子豫,景安告景皓時,漫言引之,云相應和。豫占云:"爾時以衣袖掩景皓口,云兄莫妄言。"及問景皓,所列符同,亦獲免。元文遙者,昭成六世孫。文襄時爲大將軍府功曹。齊受禪時爲中書舍人。後被幽執,不知所由。積年,文宣自幸禁獄釋之。遂見任用,歷武成、後主之世焉。元蠻者,江陽王繼之子,孝昭元皇后之父,十年大誅元氏,孝昭爲之苦請,因是追原之,賜姓步六孤氏,見《北齊書·外戚傳》。昭成之後,又有名士將者,武成時位將作大匠,見《北史·魏諸宗室傳》。即元坦家屬徙彭城,亦未聞其更行追戮也。《十七史商榷》云:"《新唐書·宰相世系表》,序元魏之後,聞於唐世者甚多,然所列者,皆是後周韓國公謙及隋兵部尚書平昌公巖之後,則知元氏惟西魏尚有存者,而東魏已絕,"其説實爲非是。惟屠戮多而所存廑耳。王氏又云:"《洛陽伽藍記》第四卷云:河陰之役,諸元殲盡,王侯第宅,多題爲寺,未及三十年,而元氏子孫三千人,又被高洋盡殺之;且前代之翦滅,不過陰行酖害,此則駢斬於市"云云,則誠蠻夷猾夏者百世之龜鑑矣。

永安簡平王浚,神武第三子;上黨剛肅王渙,神武第七子;其被禍俱在天保九年。陳永定二年。史言浚小時本與文宣有隙,後又以直諫被禍;渙之被禍,則以術士言亡高者黑衣,文宣問左右:"何物最黑?"對曰:"莫過漆,"帝以渙第七爲當之;此皆非其真。史又言浚豪爽有氣力,善騎射;渙材武絕倫,嘗率衆送蕭淵,破東關,斬裴之橫,威名甚盛;則或其見殺之由耳。先一年,文宣在晉陽,浚時爲青州刺史,見第十二章第六節。渙録尚書事。文宣徵浚,浚謝疾不至。文宣怒,馳驛收之。又使庫直都督破六韓伯昇之鄴徵渙。渙至紫陌橋,見第一節。殺伯昇以逃,馮河而渡,土人執以送帝。既至,盛以鐵籠,俱寘北城地牢下。飲食溲穢,共在一所。是年,帝親將左右,臨穴歌謳,令浚等和之。浚等皇怖且悲,不覺聲戰。帝爲悵然,因泣,將赦之。長廣王湛,神武第九子,即武成帝。先與浚不睦,進曰:"猛虎安可出穴?"帝默然。浚等聞之,呼長廣小字曰:"步落稽,皇天見汝。"左右聞者,莫不悲傷。浚與渙皆有雄略,爲諸王所傾服,帝恐爲害，乃自刺渙，又使壯士劉桃枝就籠亂刺。稍每下，浚、渙輒以手拉折之，號哭呼天。於是薪火亂投，燒殺之。填以石土。後出，皮髮皆盡，尸色如灰。帝以浚妃陸氏配儀同劉郁捷，渙妃李氏配馮文洛，皆帝家舊奴，令殺浚、渙，故以配焉。① 又神武第十二子博陵文簡王濟，嘗從文宣巡幸，在路忽憶大后，遂逃歸，帝怒，臨以白刃，因此驚恍。又清河王岳，爲高歸彥所搆，歸彥，神武族弟。屬文宣召鄴下婦人薛氏入宮，即《紀》所云薛嬪。而岳先嘗喚之至宅，由其姊也，帝懸薛氏姊而鋸殺之，讓岳，以爲姦民女。岳曰“臣本欲取之，嫌其輕薄不用，非姦也。”帝益怒。天保六年，梁敬帝紹泰元年。十一月，使歸彥就宅切責之。岳憂悸不知所爲，數日而死。時論紛然，以爲遇鴆焉。案觀長廣王猛虎不可出穴之語，則知高氏弟兄相忌，初非獨文宣一人，此當時風氣使然，無足爲怪，至其殺之之慘酷，則自由文宣有狂易之疾故也。

　　高隆之：齊受禪，進爵爲王，尋以本官錄尚書事。天保五年，梁元帝承聖三年。見殺。《傳》云：初世宗委任崔暹、崔季舒等，及世宗崩，隆之啟顯祖，并欲害之，不許。顯祖以隆之舊齒，委以政事，季舒等仍以前隙，乃譖云：“隆之每見訴訟者，輒加哀矜之意，以示非己能裁。”顯祖以其委過要名，非大臣義，禁止尚書省。隆之曾與元昶宴飲，酒酣，語昶曰：“與王交游，當生死不相背。”人有密言之者。又帝未登庸之日，隆之意常侮帝，帝將受魏禪，大臣咸言未可，隆之又在其中，帝深銜之，因此遂大發怒，令壯士築百餘下放出。渴將飲水，人止之，隆之曰：“今日何在？”遂飲之。因從駕死於路。帝末年追忿隆之，誅其子德樞等十餘人，并投漳水。又發隆之冢，出其尸，斬截骸骨，投之漳流。高德政：受禪之日，除爲侍中。天保七年，遷尚書右僕射，仍兼侍中。其《傳》云：德政與尚書令楊愔綱紀政事，多有弘益。顯祖末年，縱酒酖醉，所爲不法，德政屢進忠言，帝不悅。謂左右云：“高德政恒以精神凌逼人。”德政甚懼，乃稱疾，屏居佛寺，兼學坐禪，爲退身之計。帝謂楊愔曰：“我大憂德政，其病何似？”愔以禪代之際，因德政言情切至，方召致誠款，常內忌之，由是答云：“陛下若用作冀州刺史，病即自差。”帝從之。德政見除書而起。帝大怒，召德政謂之曰：“聞爾病，我爲爾鍼。”親以刀子刺之，血流霑地。又使曳下斬去其趾。劉桃枝捉刀不敢下。帝起臨階砌，切責桃枝曰：“爾頭即墮地。”因索大刀自帶，欲下階。桃枝乃斬足之三指。帝怒不解，禁德政於門下。其夜，開城門，以氈輿送還家。旦日，德政妻出寶物滿四牀，欲以寄人。帝奄至其宅，見而怒

---

①　階級：文宣以弟之妃賜奴。朝士賜人爲奴（第四八八頁）。

曰："我府藏猶無此物。"詰其所從得，皆諸元賂之也。遂曳出斬之。時妻出拜，又斬之。并其子祭酒伯堅。德政死後，顯祖謂羣臣曰："高德政常言宜用漢人，除鮮卑，此即合死。^①又教我誅諸元，我今殺之，爲諸元報讎也。"案德政之死，在天保十年八月，正大誅諸元之後，德政乘機脅取其賂，而仍不能爲之救解；如文宣言，則且從而下石焉；亦可謂險巇矣，足見僞朝之無正士也。杜弼亦以是年夏見殺。弼時爲膠州刺史。見第十三章第一節。其《傳》云：弼性質直。前在霸朝，多所匡正。及顯祖作相，致位僚首。初聞揖讓之議，猶有諫言。顯祖嘗問弼云："治國當用何人？"對曰："鮮卑車馬客，會須用中國人。"顯祖以爲譏我。高德政在要，不能下之，德政深以爲恨，數言其短。又令主書杜永珍密啓弼：在長史日，受人請屬，大營婚嫁。顯祖内銜之。弼恃舊，仍有公事陳請。上因飲酒，遂遣就州斬之。既而悔之，驛追不及。王元景，名昕，猛六世孫。爲祕書監。《傳》云：顯祖以昕疏誕，罵之曰："好門户，惡人身。"又有讒之者曰："王元景每嗟水運不應遂絶。"帝愈怒，乃下詔徙幽州。後徵還，判祠部尚書事。帝怒臨漳令嵇曄，臨漳，見第三章第三節。及舍人李文師，以曄賜薛豐洛，文師賜崔士順爲奴。鄭子默私誘昕曰："自古無朝士作奴。"昕曰："箕子爲之奴，何言無也？"子默遂以昕言啓顯祖，仍曰："王元景比陛下於殷紂。"帝後與朝臣酣飲，昕稱病不至，帝遣騎執之，見其方摇膝吟詠，遂斬於御前，投尸漳水。亦天保十年也。李蒨之事，其詳無所見。案高隆之、高德政，位高權重，皆有取死之道焉，史所言致死之由，不必實也。其殺王昕、杜弼，自爲淫刑，然觀高德政、杜弼，皆以譏鮮卑獲罪，文宣種族之見，亦可謂深矣，安得盡委之於狂易哉？

　　文宣之營三臺，《本紀》書其事於天保九年八月，云：先是發丁匠三十餘萬，營三臺於鄴下，因其舊基而高博之。大起宮室及遊豫園。至是，三臺成，改銅雀曰金鳳，金獸曰聖應，冰井曰崇光云。此爲文宣侈靡之一端，至其起長城，則意在守禦北方，雖曰勞民，不能盡目爲暴政也。

　　文宣亦薄有武略。惟其時關西無隙可乘；南方陳武帝崛興，力亦足以攘外，始納淵明，繼輔蕭莊，皆致失利；故其力，僅用之於北邊焉。魏世北邊大敵，本爲柔然。宣武帝時，柔然衰亂，其主阿那瓌奔魏，魏人輔之還北，一時頗見馴伏。六鎮亂作，魏人始畏柔然。逮東西既分，乃競與結好。西魏文帝，以元昱之女，稱爲化政公主，昱孝武時舍人。妻阿那瓌兄弟塔寒。又自納阿那瓌女

────────────

爲后。加以金帛誘之。阿那瓌遂留東魏使元整，不報信命。又掠范陽、見第四章第二節。秀容，見第六章第八節。殺元整，轉謀侵害。孝靜帝元象元年，梁武帝大同四年。神武志在綏撫。會阿那瓌女妻文帝者遇疾死，因遣相府功曹參軍張徽纂使阿那瓌，聞説之云："文帝及周文，既害孝武；又殺阿那瓌之女；妄以疏屬假公主之號，嫁彼爲親。又阿那瓌渡河西討時，周文燒草，使其馬飢，不得南進。"又論"東魏正統所在。言其往者破亡歸命，魏朝保護，得存其國。若深念舊恩，以存和睦，當以懿親公主，結成姻媾；爲遣兵將，伐彼叛臣。"阿那瓌乃歸誠於東魏。東魏以常山王騭妹樂安公主妻之，改封爲蘭陵郡長公主。興和三年，梁大同七年。阿那瓌以其孫女號隣和公主，妻神武第九子長廣王湛。興和四年，梁大同八年。又以其愛女，號爲公主妻神武。武定四年，梁中大同元年。自此東魏邊塞無事。至武定末，貢獻相尋。齊受禪，亦歲時來往不絶。天保三年，梁元帝承聖元年。阿那瓌爲突厥土門所破。突厥，自其初起時，即親附西魏，西魏嘗以長樂公主妻之。大統十七年，梁簡文帝大寶二年，即文宣天保二年也。案西魏文帝后本乙弗氏，以納蠕蠕主故，廢而殺之。《北史·后傳》云：年十六，帝納爲妃。及帝即位，以大統元年，册爲皇后。生男女十二人。多早夭，惟太子及武都王戊存焉。帝更納悼后，命后遜居别宫，出家爲尼。悼后猶懷猜忌，復徙后居秦州，依子刺史武都王。帝雖限大計，恩好不忘。後密令養髮，有追還之意。然事祕禁，外無知者。六年，春，蠕蠕舉國渡河，頗有言虜爲悼后之故興此役。帝曰："豈有百萬之衆，爲一女子舉也？雖然，致此物論，朕亦何顔以見將帥邪？"乃遣中常侍曹寵齎手勅，令后自盡。年三十一。及文帝山陵畢，手書云：萬歲後欲令后配饗。公卿乃議追謚曰文皇后，祔於大廟。案之廢，在大統四年，年二十九。自其十六歸帝，至此僅十有四年，而生男女十二人，足見其情好之篤。而帝竟不能庇其命，亦可哀矣。《蠕蠕傳》云：阿那瓌率衆度河，以廢后爲言，文帝不得已，遂勅廢后自殺，與《后妃傳》岐異。觀下述阿那瓌以蠕蠕公主妻神武，而勒禿突佳留住，待見外孫乃歸，恐以《蠕蠕傳》之言爲信；抑非蠕蠕有是言，當時魏朝，亦未必有欲害文后者也。然以憚於禦敵之故，而使文后死於非命，魏之軍人，亦可恥矣。蘭陵公主之適蠕蠕也，自晉陽北邁，資用器物，神武親自經紀，咸出豐渥。蠕蠕公主之來也，阿那瓌女妻神武者，號曰蠕蠕公主。武明皇后亦避正室以處之。阿那瓌使其弟禿突佳來送女，仍戒曰："待見外孫，然後返國。"神武嘗有病，不得往公主所，禿突佳怨恚，神武即自射堂輿疾就之。觀此諸事，可見當時宇文、高氏畏北狄之甚。齊既與柔然睦，而柔然爲突厥所破，突厥又夙睦於西魏，固無怪文宣之欲經略之也。又宇文氏爲慕容氏所破，别種竄於松漠之間者爲奚、契丹，至南北朝末，亦漸强盛，能犯塞。此等雖未必大敵，然必邊塞安，乃能盡力於西南二方，文宣乘閒暇之時，出兵經略，固不能謂爲非計也。

　　文宣之用兵於北垂，事起天保三年。梁承聖元年。《北齊書·本紀》：是歲，三月，討庫莫奚於代郡，大破之。獲雜畜十餘萬，分賚將士各有差。以奚口付山東爲民。二月,阿那瓖爲突厥所破,自殺。其大子菴羅辰,及瓖從弟登注俟利發,注子庫提,并擁衆來奔。茹茹餘衆,立注次子鐵伐爲主。九月,帝自并州幸離石。見第三章第四節。十月,至黄櫨嶺。在今山西汾陽縣西北,接離石縣界。仍起長城,北至社干戍,①胡三省云:此長城蓋起於唐石州,北抵武州之境。案唐石州,今山西離石縣。武州,今山西五寨縣。社干戍,《通鑑》作社平戍,胡《注》云:《齊紀》作社干。四百餘里。立三十六戍。四年,梁承聖二年。二月,送鐵伐、登注、庫提還北。鐵伐尋爲契丹所殺。國人立登注爲主,仍爲其大人阿富提等所殺。國人復立庫提。九月,契丹犯塞。帝北討。十月,至平州。見第十二章第三節。從西道趨長塹。胡三省曰:曹操征烏丸,出盧龍塞,塹山堙谷,五百餘里,後人因謂之長塹。案盧龍塞,在今河北遷安縣北。詔司徒潘相樂率精騎五千,自東道趨青山。未詳。復詔安德王韓軌率精騎四千,東趨斷契丹走路。帝至陽師水,胡三省曰:《唐志》:貞觀三年,以契丹,室韋部落置師州及陽師縣於營州之廢陽師鎮,即此。倍道兼行,掩襲,大破之。虜獲十餘萬口,雜畜數十萬頭。樂又於青山大破契丹別部。所虜生口,皆分置諸州。十二月,突厥復攻茹茹。茹茹舉國南奔。帝自晉陽北討突厥,迎納茹茹。乃廢庫提,立菴羅辰,置之馬邑。見第三章第八節。親追突厥於朔州。見第十一章第二節。突厥請降,許之而還。五年,梁承聖三年。三月,菴羅辰叛。帝親討,大破之。辰父子北遁。四月,茹茹寇肆州。見第十一章第二節。帝自晉陽討之。至恒州見第十一章第二節。黄瓜堆,在今山西山陰縣北。虜騎散走。五月,北討茹茹,大破之。六月,茹茹率部衆東徙,將南侵。帝率輕騎於金山下邀擊之。金山,未詳。茹茹聞而遠遁。十二月,北巡。至達速嶺,在今山西平魯縣西北。覽山川險要,將起長城。六年,梁紹泰元年。六月,親討茹茹。七月,頓白道,見第十二章第三節。留輜重,親率輕騎五千追茹茹,及於懷朔鎮。見第十二章第三節。帝躬當矢石,頻大破之。遂至沃野。見第十二章第三節。獲口二萬餘,牛、羊數十萬頭。是年,發夫一百八十萬人築長城,自幽州北夏口胡三省云:蓋即居庸下口。案居庸關,在今河北昌平縣察哈爾延慶縣之間。至恒州,九百餘里。據《趙郡王琛傳》,築城時在六月。十二月,先是自西河總秦戍未詳。築長城,東至於海。前後所築,東西凡三千餘里,率十里一戍,其要害置州鎮,凡二十五所。八年,陳永定元年。於長城內築重城,自庫洛拔而東,至於塢紇戍,庫洛拔,《通鑑》作庫洛枝。塢紇戍,《通鑑》作塢紇戍。未詳爲今何地。凡四百餘里。八年築城之役,亦見《趙郡王叡傳》。經略北邊之事,蓋至此而粗畢,故自是不復北出,亦無復大舉矣。史所稱帝之雄武,大抵皆指此諸役言之。《紀》於天保四年伐契丹之役云:"帝親蹠

---

　　①　民族、長城:北齊築長城,案此時之築長城,可見契丹稍强。

山嶺，爲士卒先，指麾奮擊。"又云："是行也，帝露頭袒膊，晝夜不息，行千餘里，惟食肉飲水，壯氣彌屬。"五年四月之役云："大軍已還，帝率麾下千餘騎，遇茹茹別部數萬，四面圍逼。帝神色自若，指畫形勢，虜衆披靡，遂縱兵潰圍而出。虜走，追擊之。伏尸二十里。獲菴羅辰妻子及生口三萬餘人。"前所引《北史·本紀》，謂帝每臨行陳，親當矢石云云，即驪栝是諸役而爲言也。當時北邊安靜，遠國來朝貢者頗多，此數年中，奚、契丹、突厥外，尚有肅慎、地豆于亦來朝，皆見《本紀》。其功績似不無足稱，然亦不過使北邊暫告安靜而已。當時之茹茹、突厥及奚、契丹，兵力皆不甚強；史於文宣武功，又不免鋪張揚屬；實亦無甚足稱也。柔然、突厥、奚、契丹之事，參看第十六章。

第三節　孝昭武成篡奪

北齊之事，始壞於文宣，而大壞於武成。文宣嗣子幼弱，致啓孝昭、武成二世之爭奪，自此宗室之中，猜忌覬覦，互相屠戮，奸臣因之竊柄。孝昭在兄弟中，似較修飭，然享年不永；武成荒淫，實更甚於文宣；詒謀不臧，至後主而益昏蕩。政治内紊，強敵外陵，於是大寧之後，不及二十年，而齊祚迄矣。

文宣母弟四人：常山王演，神武第六子。襄城王淯，神武第八子。長廣王湛，見上節。博陵王濟神武第十二子。是也。襄城爲人，蓋無能爲；博陵年幼；故惟常山、長廣二王爲親逼。常山：天保五年，梁元帝承聖三年。除并省尚書令。七年，梁敬帝大平元年。從文宣還鄴。文宣以尚書奏事，多有異同，令與朝臣先論定得失，然後敷奏。八年，陳武帝永定元年。轉司空，録尚書事。九年，陳永定二年。除大司馬，仍録尚書。《孝昭紀》云：文宣溺於遊宴，帝密撰事條將諫，其友王晞以爲不可，帝不從，因間極言，遂逢大怒。帝性頗嚴，尚書郎中，剖斷有失，輒加捶楚；令史姦慝，并即考竟。文宣乃立帝於前，以刀環擬脅；召被罰者，臨以白刃，求帝之短，咸無所陳，方見解釋。後賜帝魏時宮人，醒而忘之，謂帝擅取，遂以刀環亂築，因此致困。皇大后日夜啼泣。文宣不知所爲。先是禁王晞，乃捨之，令侍帝。《晞傳》云：文宣昏逸，常山王數諫，帝疑王假辭於晞，欲加大辟。王私謂晞曰："博士，明日當作一條事，爲欲相活，亦圖自全，宜深體勿怪。"乃於衆中杖晞二十。帝尋發怒，聞晞得杖，以故不殺，髠鉗鞭配甲坊。居三年，王又因諫爭，大被毆撻，閉口不食。大后極憂之。帝謂左右曰："儻小兒死，奈我老母何？"於是每問王疾。謂曰："努力強食，當以王晞還汝。"乃釋晞令往。後王承間苦諫，遂至忤旨。帝使力士反接，拔白刃注頸，罵曰："小子何知？欲以吏才非我。是誰教汝？"催遣捶楚。亂杖抶數十。會醉卧得解，蓋常山當文宣之世，實已屢瀕於危，特以大后故得免耳。十年，陳永定三年。十月，文宣死於晉陽。大子殷立，是爲廢帝。尚書令楊愔，與左僕射平秦王歸彥，侍中燕子獻，黃門侍郎鄭子默，名頤。同受遺詔輔政。愔在文宣朝，稱爲賢相，史稱自天保五年以後，維持匡救，實有賴焉。尚大原長公主。歸彥，文宣誅高德政，金寶財貨，悉以賜之，蓋亦頗得寵信。子獻，尚陽翟長公主。子默，文宣爲大原公時，爲東閤祭酒。與宋欽道特相友愛。欽道爲文宣大將軍主簿。後令在東宮教大子習事。欽道文法吏，不甚諳識古今，而子默以文學見知，有疑事必詢焉。二人幸於兩宮，雖諸王大臣，莫不敬憚，蓋又與廢帝關係較深者也。并以二王威望先重，咸有猜忌之心。初在晉陽，以大行在殯，天子諒闇，議令常山王在東館。欲奏之事，皆先諮決。二旬而止。仍欲以常山王隨梓宮至鄴，留長廣王鎮晉陽。執政復生疑貳，而王又俱從至於鄴。子獻立計，欲處大皇大后於北宮，武明后。政歸皇大后。文宣后李氏。自天保八年以來，爵賞多濫，愔先自表解其開封王，諸叨竊恩榮者，皆從黜免，由是嬖寵失職之徒，盡歸心二叔。歸彥初雖同德，尋以疏忌之跡，盡告兩王。《歸彥傳》云：濟南自晉陽之鄴，楊愔宣勅，留從駕五千兵於中山，陰備非常，至鄴數日，歸彥乃知之，由是陰怨楊、燕。楊、燕等欲去二王，問計歸彥，歸彥詐喜，請共元海量之，元海亦口許心違，馳告長廣。元海者，上洛王思宗子，思宗，神武從子也。可朱渾天和道元季弟。尚東平公主。時爲領軍大將軍。又每云："若不誅二王，少主無自安之理。"欽道面奏帝：稱"二叔威權既重，宜速去之。"帝不許，曰："可與令公共詳其事。"愔等議出二王爲刺史，以帝仁慈，恐不可所奏，乃通啓皇大后，具述安危。宮人李昌儀者，胡三省曰：昌儀蓋亦內職，而《北史·后妃傳》無之，蓋大后女官之名。高仲密之妻，坐仲密事入宮，大后以昌儀宗情，甚相昵愛，以啓示之，昌儀密啓大皇大后。愔等又議不可令二王俱出，乃奏以長廣王爲大司馬、并州刺史，常山王爲大師、録尚書事。及二王拜職，於尚書省大會百僚，愔等并將同赴，子默止之，不聽。長廣旦伏家僮數十人於録尚書後室。仍與席上勳貴數人相知。并與數勳冑約："行酒至愔等，我各勸雙杯。彼必致辭。我一曰捉酒，二曰捉酒，三曰何不捉？爾輩即捉。"及宴，如之。於是愔及天和、欽道，皆被拳杖亂毆擊，頭面血流。各十人持之。子獻素多力，頭又少髮，排衆走出省門。斛律光逐而擒之。使執子默於尚藥局。《孝昭紀》云：帝戎服，與平原王段韶、平秦王高歸彥、領軍劉洪徽入自雲龍門。於中書省前遇散騎常侍鄭子默，又執之。二叔率高歸彥、賀拔仁、斛律金擁愔等唐突入雲龍門。見都督叱利騷，招之，不進，使騎殺之。開府成休寧拒門，歸彥喻之，乃得入。《孝昭紀》：帝至東閤門，都督成休寧抽刃呵帝，帝令高歸彥喻之，休寧屬聲大呼不從。歸彥既爲領軍，素爲兵士所服，悉皆弛杖，休寧乃歎息而罷。《歸彥傳》云：孝昭將入雲龍門，都督成休寧列仗拒而不納，歸彥喻之，然後得入。進而柏閣、永巷，亦如之。送愔等於御前。長廣王及歸彥在朱華門外。大皇大后臨昭陽殿。大后及帝側立。常山王以塼叩頭，進而言曰：“臣與陛下，骨肉相連。楊遵彥等欲擅朝權，威福自己。王公以還，皆重足屏氣，共相脣齒，以成亂階。若不早圖，必爲宗社之害。臣與湛等爲國事重；賀拔仁、斛律金等惜獻皇帝基業；共執遵彥等領入宮。未敢刑戮。專輒之失，罪合萬死。”帝時默然。領軍劉桃枝之徒陛衛，叩刀仰視，帝不睨之。大皇大后令卻仗，不肯。又厲聲曰：“奴輩即今頭落，”乃卻。《孝昭紀》：時庭中及兩廊下衛士二千餘人，皆被甲待詔。武衛娥永樂，武力絕倫，又被文宣重遇，撫刃思效。廢帝性吃訥，兼倉卒不知所言；大皇大后又爲皇大后誓言帝無異志，惟去逼而已；高歸彥勒勞衛士解嚴，永樂乃納刀而泣。帝乃令歸彥引侍衛之士向華林園，以京畿軍入守門閤，斬娥永樂於園。與《楊愔傳》不同，當以《孝昭紀》爲確，觀永樂被害，桃枝安然無患可知。《武成紀》帝既與孝昭謀誅諸執政，遷大傅，錄尚書事，領京畿大都督，正使之守禦門閤也。乃讓帝曰：“此等懷逆，欲殺我二兒，次及我，爾何縱之？”帝猶不能言。大皇大后怒且悲。王公皆泣。大皇大后又曰：“豈可使我母子受漢老嫗斟酌？”①大后拜謝。常山王叩頭不止。大皇大后謂帝曰：“何不安慰爾叔？”帝乃曰：“天子亦不敢與叔惜，豈敢惜此漢輩？但願乞兒性命，兒自下殿去，此輩任叔父處分。”遂皆斬之。長廣王以子默昔讒己，作詔書，故先拔其舌，截其手焉。以上據《楊愔傳》。時廢帝乾明元年二月也。即孝昭帝皇建元年，陳文帝天嘉元年。以趙彥深代總機務。彥深者，幼孤貧，司馬子如用爲尚書令史。後薦諸神武，爲大丞相功曹參軍，專掌機密。歷文襄、文宣之世。以溫柔謹慎稱。蓋委蛇自保之流，故能歷武成、後主之世而無患。楊愔固非端人，至彥深，則每況愈下矣。後主時，趙郡王儼作亂，見下節。率京畿軍士三千餘人屯千秋門。廣寧、安德二王廣寧王孝珩，文襄第二子。安德王延宗，文襄第五子。適從西來，欲助成其事，曰：“何不入？”中常侍劉辟疆曰：“人少。”安德王顧衆而言曰：“孝昭帝殺楊遵彥，止八十人，今乃數千，何言人少？”孝昭殺楊遵彥止八十人，未知信否，然時二王非有兵權，徒黨必不能多；勳胄特以利合，或則年少好事，豈能爲之力戰？陛衛之士，自足禦之，而廢帝吃訥不能發言，遂使二王幸而獲濟矣。《廢帝紀》云：文宣登鳳臺，召大子使手刃囚，大子惻然有難色，再三不斷其首。文宣怒，親以馬鞭撞大子三下。由是氣悸語吃，精神時復昏擾。然則教之殺人者，適所以使之見殺於人也。② 亦可哀矣。

---

① 民族：武明后曰：豈可使我母子受漢老嫗斟酌，此可見高氏以鮮卑自居。

② 道德：教之殺人者，適使之見殺於人。

楊愔等既死，於是以常山王演爲大丞相、都督中外諸軍、録尚書事，長廣王湛爲大傅、録尚書、京畿大都督。演尋如晉陽。有詔：軍國大政，咸諮決焉。八月，大皇大后令廢帝爲濟南王。演即位於晉陽，是爲孝昭皇帝。

孝昭之誅楊愔等，謂長廣王湛曰：“事成，以爾爲皇大弟。”及踐阼，乃使湛在鄴主兵，立子百年爲皇大子。湛甚不平。時留濟南於鄴，除領軍庫狄伏連爲幽州刺史，以斛律豐樂光弟，名羨。爲領軍，以分湛之權。湛留伏連，不聽豐樂視事。乃與河陽王孝瑜僞獵，謀於野，闇乃歸。孝瑜，文襄長子。本傳云：孝瑜養於神武宮中，與武成同年相愛，將誅楊愔等，孝瑜豫其謀。及武成即位，禮遇特隆。《孝昭紀》云：帝以尊親而見猜斥，乃與長廣王期獵，謀之於野，疑即與武成謀之傳誤也。既而大史奏言：“北城有天子氣。”孝昭以爲濟南應之，使平秦王歸彥之鄴，迎濟南赴并州。時高元海以散騎常侍留鄴典機密，湛先咨焉，并問自安之計。元海説梁孝王懼誅入關事。請以數騎入晉陽，先見大后求哀，後見主上，請去兵權，以死爲限，求不干朝政，必保泰山之安，此上策也。若不然，當且表云：威權大重，恐取謗衆口，請青、齊二州刺史，沈静自居，必不招物議，此中策也。更問下策。曰：“發言即恐族誅。”逼之。答曰：“濟南世嫡，主上假大后令而奪之，孝昭即位，武明后復爲大后，文宣后降居昭信宮，稱昭信大后。今集文武，示以此勅，執豐樂，斬歸彥，尊濟南，號令天下，以順討逆，此萬世一時也。”湛大悦，狐疑竟未能用，乃令數百騎送濟南於晉陽。既至，孝昭殺之。時皇建二年九月也。陳天嘉二年。十一月，孝昭死，徵湛入即位，是爲世祖武成皇帝。

孝昭之篡也，高歸彥以司空兼尚書令。孝昭死，歸彥迎武成於鄴，進位大傅，領司徒。武成以前翻復之跡，漸忌之。河清元年，陳天嘉三年。二月，出爲冀州刺史。至州，不自安，謀逆。望車駕入晉陽，乘虛入鄴。爲其郎中令吕思禮所告。詔段韶襲之。城破，歸彥單騎北走，至交津，《水經注》：白馬河入衡漳之口，在武隧縣南。武隧，漢縣，後漢曰武遂，北齊省，在今河北武强縣東北。見獲，鏁送鄴，并子孫十五人皆棄市。明年，河清二年，陳天嘉四年。高元海亦被捶馬鞭六十，出爲兗州。先是已殺文宣次子大原王紹德。及是，復殺河南王孝瑜，及其弟河閒王孝琬。孝琬弟延宗，亦被捶幾死。紹德之死，《后妃傳》謂由武成淫其母，生女，紹德慍，母慙，殺其女，即昭信李后也。《傳》云：武成踐阼，逼后淫亂，云：“若不許，我當殺爾兒。”后懼，從之。後有娠，紹德至閤，不得見，慍曰：“兒豈不知邪？姊姊腹大，故不見兒。”后聞之，大慙，由是生女不舉。帝横刀詬曰：“爾殺我女，我何不殺爾兒？”對后前築殺紹德。后大哭。帝愈怒。裸后亂撾撻之。號天不已。盛以絹囊，流血淋瀝，投諸渠水，良久乃蘇。犢車載送妙勝尼寺。后性愛佛法，因此爲尼。《南陽王綽傳》云：綽兄弟皆呼父爲兄兄，嫡母爲家家，乳母爲姊姊，婦爲妹妹。本傳謂係修舊怨,《傳》云:武成因怒李后,罵紹德曰:"爾父打我時,竟不來救,"以刀環築殺之。其説兩岐,蓋特以其爲廢帝母弟而殺之;至孝瑜之見殺,則其故自與歸彦、元海之見忌同也。《孝瑜傳》云:武成嘗使和士開與胡后對坐握槊,孝瑜諫曰:"皇后天下之母,不可與臣下接手。"帝深納之。後又言趙郡王父死非命,不可親。由是叡及士開皆側目。士開密告其奢僭。叡又言"山東惟聞河南王,不聞有陛下。"帝由是忌之。尒朱御女,名摩女,本事大后,孝瑜先與之通,後因大子婚夜,孝瑜竊與之言。武成大怒。頓飲其酒三十七杯。使婁子彦載以出,酖之於車。至西華門,煩熱躁悶,投水而絶。趙郡王叡,琛子,琛,神武弟,以亂後庭,因杖而斃。武成后通和士開,可信與否,尚在疑似之間,觀下節自見,謂孝瑜因諫后與士開握槊而招怨,更不足信矣。孝琬,文襄第三子。《傳》云:突厥與周師入大原,武成將避之而東,孝琬叩馬諫,請委趙郡王部分之,必整齊,帝從其言。孝琬免胄將出,帝使追遺。孝琬以文襄世嫡,驕矜自負。河南王之死,諸王在宫内,莫敢舉聲,惟孝琬大哭而出。又怨執政,爲草人而射之。和士開與祖珽譖之云:"草人擬聖躬也。又前突厥至州,孝琬脱兜鍪抵地,云豈是老嫗? 須著此? 此言屬大家也。"初魏世謡言:"河南種穀河北生,白楊樹頭金雞鳴。"珽乃説曰:"河南河北,河間也。金雞鳴,孝琬將建金雞而大赦。"帝頗惑之。時孝琬得佛牙,置於第内,夜有神光照室,玄都法順請以奏聞,不從。帝聞,使搜之,得鎮庫稍幡數百。帝聞之,以爲反狀。訊其諸姬。有陳氏者,無寵,誣對曰:"孝琬畫作陛下形哭之。"然實是文襄像,孝琬時時對之泣。帝怒,使武衛赫連輔玄倒鞭撾。孝琬呼阿叔。帝怒曰:"誰是爾叔? 敢喚我作叔?"孝琬:"神武皇帝嫡孫,文襄皇帝嫡子,魏孝静皇帝外孫,何爲不得喚作叔也?"帝愈怒,折其兩脛而死。案文襄第二子廣寧王孝珩,第四子蘭陵王長恭,一名孝瓘,武成世皆無患;第五子安德王延宗,雖被撾幾死,亦獲保全;而孝琬獨見殺者? 蓋由其以文襄世嫡自負,故爲武成所忌也。《延宗傳》云:河間死,延宗哭之淚赤。又爲草人以像武成,鞭而訊之,曰:"何故殺我兄?"奴告之。武成覆卧延宗於地,馬鞭撾之二百,幾死。其明年,河清三年,陳天嘉五年。遂殺孝昭大子樂陵王百年。《百年傳》云:河清三年,五月,白虹圍日再重,又横貫而不達;赤星見,帝以盆水承星影而蓋之,一夜盆自破;欲以百年厭之。會博陵人賈德胄教百年書,百年嘗作數勅字,德胄封以奏。帝大發怒,使召百年。百年被召,自知不免,割帶玦留與妃斛律氏。見帝於玄都苑涼風堂。使百年書勅字,驗與德胄所奏相似。遣左右亂捶擊之。又令人曳百年遶堂,且走且打,所過處血皆徧地。氣息將盡,曰:"乞命,願與阿叔作奴?"遂斬之。棄諸池,池水盡赤。於後園親看埋。妃把玦哀號,不肯食,月餘亦死。玦猶在手,拳不可開。時年十四。其父光自擘之,乃開。《孝昭紀》云:初帝與濟南約不相害。及輿駕在晉陽,武成鎮鄴,望氣者云鄴城有天子氣,帝嘗恐濟南復興,乃密行鴆毒。濟南不從,乃扼而殺之。後頗魄悔。初苦内熱,頻進湯散。時有尚書令史,姓趙,於鄴城見文宣從楊愔、燕子獻等西行,言相與復讎。帝在晉陽,與毛夫人亦見焉。遂漸危篤。備禳厭之事。諸厲方出屋梁,騎棟上,歌呼自若,了無懼容。時有天狗下,乃於其所講武以厭之。有兔驚馬,帝墜而絶肋。大后視疾,問濟南所在者三。帝不對。大后怒曰:"殺之邪? 不用吾言,死其宜矣。"臨終之際,惟扶服牀枕,叩頭求哀。遣使詔追長廣王入篡大統,手書云:"宜將吾妻子,置一好處,勿學前人也。"《百年傳》亦云:帝臨崩,遺詔傳位於武成,并有手書,其末曰:"百年無罪,汝可以樂處置之,勿學前人。"説雖荒誕，謂孝昭殺濟南而悔，及其臨死屬武成之語則或真，亦可哀矣。《廢帝紀》云：初文宣命邢卲制帝名殷，字正道，帝從而尤之曰："殷家弟及，正字一止，吾身後兒不得也。"卲懼，請改焉。文宣不許，曰："天也。"因謂孝昭帝曰："奪時但奪，慎勿殺也。"與史紀孝昭屬武成之語頗相類，此則殊不足信。大抵帝王必有所私暱之人，喪敗之後，私暱爲之不平，又感激私恩，乃造作此等言語，以見其能前知，流俗無識，則亦相與傳之云爾。其實富貴中人，大多神識昏瞀，不能懸鑒未來，亦且不暇豫慮後事也。①　是歲，又殺神武第四子平陽靖翼王淹。《淹傳》云：河清三年，薨於晉陽，或云以鴆終。神武第五子彭城景思王浟，車駕臨幸常留鄴，是歲，二月，羣盜田子禮等謀劫浟爲主，不從，遇害。

　　因宗室之閒，猜忌甚深，遂有傳位大子之舉。武成后胡氏，生子緯，以河清元年，立爲大子。次子曰東平王儼。《祖珽傳》云：皇后愛少子，願以爲嗣。武成以後主體正居長，難於移易。珽私於和士開曰："君之寵幸，振古無二，宮車一日晚駕，欲何以克終？"士開因求策焉。珽曰："宜説主上云：襄、宣、昭帝子俱不得立，今宜命皇大子早踐大位，以定君臣之分。若事成，中宮、少主皆德君，此萬全計也。君此且微説，令主上粗解，珽當自外論之。"士開許諾。因有彗星出，大史奏云除舊布新之徵，珽於是上書，帝從之。河清四年，即後主天統元年，陳天嘉六年。四月，傳位於緯，是爲後主。時年十歲。案武成時年二十有九，何至慮及其將死？則《珽傳》之言，不足信也。帝蓋亦自有此意？其不肯廢長立幼亦以此？然君臣之位，又豈可以虛名定哉？

第四節　武成後主荒淫

　　神武諸子，孝昭才性，似爲最優。《本紀》云：帝聰敏有識度。深沈能斷，不可窺測。自居臺省，留心政術。閑明簿領，吏所不逮。及正位宸居，彌所刻厲。輕徭薄賦，勤恤人隱。内無私寵，外收人物。日昃臨朝，務知人之善惡。每訪問左右，冀獲直言。曾問舍人裴澤在外議論得失。澤率爾對曰："陛下聰明至公，自可遠侔古昔，而有識之士，咸言傷細，帝王之度，頗爲未弘。"帝笑曰："誠如卿言。朕初臨萬幾，慮不周悉，故致爾耳。此事安可久行？恐後又嫌疏漏。"澤因被寵遇。其樂聞過如此。雄斷有謀。於時國富兵强，將雪神武遺恨，意在頓駕平陽，爲進取之策，參看下節。遠圖不遂，惜哉！説雖過情，然其視文襄、文宣爲優，則必不誣矣。至武成而大壞。

《恩倖傳》云：高祖、世宗，情存庶政，文武任寄，多楨幹之臣，惟郭秀小人，有累明德。秀事高祖，爲尚書右丞。天保五年之後，雖罔念作狂，所幸之徒，惟左右驅馳，内外褻狎，其朝廷之事，一不與聞。大寧之後，姦佞寖繁，盛業鴻基，以兹顛覆。《後主紀》云："武成愛狎庸豎，委以朝權；帷薄之閒，淫侈過度；滅亡之兆，其在斯乎？後主以中庸之姿，懷易染之性。永言先訓，教匪義方。始自襁褓，至於傳位，隔以正人，閉其善道。養德所履，異乎春誦夏弦。過庭所聞，莫非不軌不物。輔之以中宮嬌娼，屬之以麗色淫聲。縱轡綎之娛，恣朋淫之好。語曰：從惡若崩，蓋言其易。"然則後主之荒淫，亦不翅武成爲之也。武成誠亡齊之罪魁矣。武成、後主之世，嬖幸極多，其亂政最甚者，實爲和士開、穆提婆、高阿那肱、韓長鸞等數人。士開：初爲武成開府參軍，甚相親狎。文宣知其輕薄，責以戲狎過度，徙長城。後武成復請爲京畿士曹參軍。及踐阼，累除侍中，又除右僕射。武成寢疾，士開入侍醫藥。武成謂其有伊、霍之才，殷勤屬以後事。臨崩，握士開之手曰："勿負我也。"仍絕於其手。士開雖小人，然不能謂其無才。《齊書・佞倖傳》謂其説世祖云："自古帝王，盡爲灰燼，堯、舜、桀、紂，竟復何異？陛下宜及少壯，恣意作樂，縱橫行之，即是一日快活敵千年；國事分付大臣，何慮不辦？無爲自勤苦也。"[1]世祖大悅。又謂壽陽陷没，後主使於黎陽臨河築城戍，曰："急時且守此，作龜兹國子。更可憐人生如寄，惟當行樂，何因愁爲？"此乃其時士大夫見解如此，乃傅會乎此説耳。自古荒淫之人，皆惟溺其事，安論其理邪？武成好握槊，士開善於此戲，以此得幸。《胡后傳》又謂士開每與后握槊，因此與后姦通云。案觀下文所述，后之見禁，實以趙王儼之故，則史所叙后淫亂之迹，不必盡信。穆提婆，本姓駱，後其母陸令萱佞媚穆昭儀，養之爲女，見下。乃改姓穆氏。令萱以配入掖庭。後主襁褓之中，令其鞠養，謂之乾阿嬭。遂大爲胡后所昵愛。令萱奸巧多機辯，取媚百端。宮掖之中，獨擅威福。天統初，奏引提婆，入侍後主。朝夕左右，大被親狎。高阿那肱：父市貴，從高祖起義，那肱爲庫典，從征討，以功勤，擢爲武衛將軍。妙於騎射，便辟善事人。每宴射之次，大爲世祖所愛重。又諂悦和士開，尤相褻狎，士開每爲之言，彌見親待。韓鳳，字長鸞。有膂力，善騎射。稍遷都督。後主居東宮，世祖簡都督二十人，送令侍衛，鳳在其數，數喚共戲云。此外又有宦官、神武時，宦者惟閣内驅使，不被恩遇。歷天保、皇建之朝，亦不至寵幸，但漸有職任。武成時，有至儀同、食幹者，[2]而鄧長顒任參宰相，干豫朝權。又有陳得信，亦參時宰。與長顒并開府、封王。後主朝，多授開府，罕止儀同，亦有加光禄大夫，金章紫綬者。多帶侍中、中常侍，此二職乃至數十人。史稱其"敗政虐民，古今未有。""一戲之賞，動逾巨萬；

---

① 風俗：《齊書・佞倖傳》載和士開説武成行樂，傷《列子・楊朱篇》即此等見解。

② 職官：食幹，食縣幹（第五〇七頁）。

丘山之積，貪惏無厭"焉。蒼頭，高祖時有陳山提、蓋豐樂、劉桃枝等。天保、大寧之朝，漸以貴盛。至武平時，皆以開府封王。其不及武平者，則追贈王爵。又有何海及子洪珍皆爲王，尤爲親要。洪珍侮弄權勢，鬻獄賣官。胡小兒，①史醜多之徒胡小兒等數十，咸能舞工歌，亦至儀同、開府，封王。眼鼻深險，排突朝貴，尤爲人士之所疾惡。及以音樂，沈過兒，官至開府、儀同。王長通，年十四五，便假節通州刺史。使鬼等見幸者，時又有開府薛榮宗，常自云能使鬼。及周兵之逼，言於後主曰："臣已發遣斛律明月，將大兵在前去。"帝信之。經古冢，榮宗謂舍人元行恭："是誰冢？"行恭戲之曰："林宗冢。"復問："林宗是誰？"行恭曰："郭元貞父。"榮宗前奏曰："臣向見郭林宗從冢出，著大帽吉莫鞾，捶馬鞭，問臣：我阿貞來否？"是時羣妄多類此。以上據《北齊書》及《北史·佞倖傳》。皆盛於武成之朝，而詒諸後主者也。武成傳位元子，名號雖殊，政猶己出，及其身，朝局尚無大變動，至武成死而波瀾迭作矣。

武成死於天統四年十二月。陳廢帝光大二年。時年三十二。黄門侍郎胡長粲，武成皇后從兄。領軍婁定遠，昭子。録尚書趙彦深，左僕射和士開、高文遥，即元文遥賜姓。領軍綦連猛、高阿那肱，右僕射唐邕同知朝政，時人號爲八貴。武成之死也，和士開祕喪三日不發。黄門侍郎馮子琮，其妻，胡皇后之妹也。《子琮傳》云：子琮素知和士開忌趙郡王叡及婁定遠，恐其矯遺詔，出叡外任，叡時爲大尉，録尚書事。奪定遠禁衛之權，乃謂士開曰："但令在内貴臣，一無改易，王公已下，必無異望。"乃發喪。文遥以子琮大后妹夫，恐其獎成大后干政，説趙郡王及士開出之，拜鄭州刺史。鄭州，治潁陰，見第十三章第八節。至州未幾，大后爲齊安王納子琮長女爲妃，齊安王廓，武成第四子。子琮因請假赴鄴，遂授吏部尚書，俄遷右僕射，乃攝選。觀此，知武成甫死，大后與趙郡王，業已互相齮齕矣。明年，天統五年，陳宣帝大建元年。正月，殺定州刺史博陵王濟。濟，神武第十二子也。其傳云：天統五年，在州語人云，"計次第亦應到我。"後主聞之，陰使人殺之。案是時神武第十子任城王湝尚存，濟安得作此語？濟之死，必別有其故可知矣。至二月而趙郡王之變作。《和士開傳》云：叡與婁定遠等謀出士開，引諸貴人，共爲計策。《北史》云：仍引任城、馮翊二王及段韶、安吐根，共爲計策。馮翊王潤，神武第十四子也。安吐根，安息胡人。曾祖入魏，家於酒泉。吐根，魏末充使蠕蠕。天平初，蠕蠕使至晉陽。吐根密啓本蕃情狀，神武得爲之備。神武以其忠款，厚加賞賚。其後與蠕蠕和親，結成婚媾，皆吐根爲行人也。在其本蕃，爲人所譖，投奔神武。屬大后觴朝貴於前殿，叡面陳士開罪失。大后曰："先帝在時，王等何不道？今日欲欺孤寡邪？但飲酒，勿多言。"叡辭色愈厲。或曰：《北史》作"安吐根繼進曰。""不出士開，朝野不定。"叡等或投冠於地，或拂衣而起，言辭咆勃，無所不至。明日，叡等共詣雲龍門，令文遥入奏。大后

———————————

① 民族：胡小兒眼鼻深險。

不聽。段韶呼胡長粲傳言："大后曰：梓宫在殯，事大恩促，欲王等更思量。"趙郡王等遂并拜謝，更無餘言。《北史》云：長粲復命，大后謂曰："成妹母子家計者，兄之力也。"厚賜叡等而罷之。大后及後主召見問士開。士開曰："先帝羣官之中，待臣最重。陛下諒闇始爾，大臣皆有覬覦心。若出臣，正是翦陛下羽翼。宜謂叡等曰：令士開爲州，待過山陵，然後發遣。《北史》作"宜謂叡等云：文遙與臣，同是任用，豈得一去一留？并可以爲州，且依舊出納，待過山陵，然後發遣。"叡等謂臣真出，必心喜之。"後主及大后然之，告叡等如士開旨。以士開爲兗州刺史。《北史》多文遙爲西兗州刺史句。山陵畢，叡等促士開就路。士開載美女、珠簾，及條諸寶翫，詣定遠謝。定遠喜，謂士開曰："欲得還入不？"士開曰："在内久，常不自安，今得出，實稱本意，不願更入，但乞王保護，長作大州刺史。今日遠出，願得一辭覲二宫。"定遠許之。士開由是得見大后及後主。進說曰："觀朝貴意，勢欲以陛下爲乾明，濟南年號。臣出之後，必有大變。"因慟哭。帝及大后皆泣。問計將安出？士開曰："臣已得入，復何所慮？正須數行詔書耳。"於是詔出定遠爲青州刺史；責叡以不臣之罪，召入而殺之。《叡傳》云：入見大后，出至永巷，遇兵被執，送華林園，於雀離佛院令劉桃枝拉而殺之。時年三十六。復除士開侍中、尚書、右僕射。定遠歸士開所遺，加以餘珍賂之。武平元年，陳宣帝大建二年。封淮陽王。除尚書令，録尚書事，復本官，悉得如故。觀此傳所言，叡不臣之迹，較然甚明。段韶、婁定遠，特劫於勢無可如何，初非與之爲黨，亦顯而易見。士開藉定遠之力乃得入見，可見叡之跋扈。當日者，與謂齊之社稷，與叡共安危，毋寧謂大后、後主，與士開同利害，曷怪武成臨終，殷勤託付哉？《叡傳》所言，叡之邪正，適與此傳反，其不足信亦明矣。

文遙、定遠既出，唐邕專典外兵，參看第八節。綦連猛、高阿那肱別總武任，惟胡長粲常在左右，兼宣詔令。從幸晉陽，後主富於春秋，庶事皆歸長粲。胡長仁者，武成皇后長兄也。言於后，發其陰私，請出爲州，後主不得已，從焉。長仁初以内戚，歷位尚書左僕射，尚書令。武成崩，參豫朝政。封隴東郡王。左丞酈孝裕，郎中陸仁惠、盧元亮，厚相結託，人號爲三佞。孝裕勸其求進。和士開深疾之。於是奏除孝裕爲章武郡守，章武，見第八章第五節。元亮爲淮南郡守，淮南郡，治壽春。仁惠爲幽州長史。孝裕又説長仁曰："王陽卧疾，和士開必來，因而殺之，入見大后，不過百日失官，便代其處。"士開知其謀，更徙孝裕爲北營州建德郡守。建德，後魏郡，未詳今地。長仁每干執事，求爲領軍。將相文武，抑而不許，以本官攝選。長仁意猶未盡。天統五年，陳大建元年。從駕自并還鄴。夜發滏口，見第十二章第四節。帝以夜漏尚早，停於路旁。長仁後來，謂是從行諸貴，遂遣門客程牙馳騎呼問。帝遣中尚食陳德信問是何人。牙不答而走。帝命左右追射之。既而捉獲。令壯士撲之，決馬鞭二百。牙一宿便死。士開因此，遂令德信列長仁倚親驕豪，無畏憚。據《北史·長仁傳》。《北齊書》云："後長仁倚親驕豪，無畏憚"，則以德信之彈文爲事實矣。由是除齊州刺史。齊州，見第十二章第三節。及辭，於昭陽列仗引見，長仁不敢發語，惟泣涕橫流。到任，啓求暫歸，所司不爲奏。怨憤，謀令人刺士開。其弟告之。士開密與祖孝徵斑字。議之。孝徵引漢文帝殺薄昭故事，於是勅遣張固、劉桃枝馳驛詣齊州，責長仁謀害宰輔，遂賜死。案長仁親大后兄，而其死也，大后不能庇，恐其罪狀，亦不止於欲謀殺士開矣。《祖斑傳》：斑以言禪事，拜祕書監，加儀同三司，大被親寵。既見重二宮，因志於宰相。先與黄門侍郎劉逖友善，乃疏趙彦深、和士開罪狀，令逖奏之。逖懼不敢通，其事頗泄。彦深等先詣帝自陳。武成。帝大怒，鞭二百，配甲坊。尋徙於光州。見第十二章第三節。爲深阬置諸内，桎梏不離其身。夜中以薰青子燭熏眼，因此失明。武成崩，後主憶之，就除海州刺史。東魏改青州爲海州。治龍沮，見第九章第五節。是時陸令萱外干朝政，其子穆提婆愛幸，斑乃遺陸媪弟悉達書。和士開亦以斑能決大事，欲以爲謀主，故棄除舊怨，虚心待之。與陸媪言於帝。斑由是入爲銀青光禄大夫、祕書監，加開府儀同三司。蓋時士開勢亦甚危，故明知斑之傾險，而亦欲引以自助也，然卒不免於趙郡王之禍。

趙郡王儼，在武成時，已拜開府、侍中、中書監、京畿大都督、領軍大將軍、領御史中丞，遷大司徒、尚書令、大將軍、録尚書事、大司馬。帝幸并州，儼常居守。《傳》云：帝每稱曰："此黠兒也，當有所成，"以後主爲劣，有廢立意。此與《和士開傳》謂胡后欲立儼，而武成以後主體正居長，難於移易者又不同，足見史説多不盡信。和士開、駱提婆忌之。武平二年，陳大建三年。出儼居北宮，五日一朝，不得復每日見大后。每日，《北史》作無時。四月，詔除大保，餘官悉解。猶帶中丞，督京畿。以北城有武庫，欲移儼於外，然後奪其兵權。治書侍御史王子宜，與儼左右開府高舍洛，中常侍劉辟疆説儼曰："殿下被疏，正由士開閒構。何可出北宮，入百姓叢中也？"儼謂侍中馮子琮曰："士開罪重，兒欲殺之。"子琮心欲廢帝而立儼，因贊成其事。儼乃令子宜表彈士開罪，請付禁推。子琮雜以他文書奏之。後主不審省而可之。儼詿領軍庫狄伏連曰："奉勅令領軍收士開。"伏連以諮子琮，且請覆奏。子琮曰："琅邪王受勅，何須重奏？"伏連信之。伏五十人於神虎門外，詰旦，執士開送御史。儼使馮永洛就臺斬之。儼徒本意，惟殺士開，及是，因逼儼曰："事既然，不可中止。"儼遂率京畿軍士三千餘人，屯千秋門。後主急召斛律光。光入見後主於永巷。帝率宿衛者步騎四百授甲將出戰。

光曰："小兒輩弄兵，與交手即亂。至尊宜自至千秋門，琅邪必不敢動。"皮景和亦以爲然。景和時爲領軍將軍。後主從之。光步道使人走出曰："大家來。"儼徒駭散。帝駐馬橋上呼之。儼猶立不進。光就謂曰："天子弟殺一漢，何所苦？"①執其手，彊引以前。帝拔儼帶刀環亂築辮頭，良久，乃釋之。② 收伏連及高舍洛、王子宜、劉辟疆、都督翟顯貴於後園，帝親射之而後斬。皆支解，暴之都街下。文武職吏，盡欲殺之。光以皆勳貴子弟，恐人心不安；趙彥深亦云：《春秋》責帥；於是罪之各有差。自是大后處儼於宫内，食必自嘗之。陸令萱説帝：何洪珍與和士開素善，亦請殺之；未決，以食輿密迎祖珽問之。珽稱周公誅管叔，季友酖慶父，帝納其言。以儼之晉陽。九月下旬，帝啓大后曰："明日欲與仁威出獵，仁威，儼字。須早出早還。"是夜四更，帝召儼，使劉桃枝殺之。時年十四。有遺腹四男，皆幽死。《北史·馮子琮傳》云：和士開居要日久，子琮舊所附託，中雖阻異，其後還相彌縫。時內外除授，多由士開奏擬，子琮既恃内戚，兼帶選曹，自擅權寵，頗生間隙。時陸媼勢震天下，大后與之結爲姊妹，而和士開於大后有醜聲，子琮欲陰殺陸媼及士開，因廢帝而立琅邪王儼。以謀告儼，儼許之。乃矯詔殺士開。及儼見執，言子琮教己。大后怒，又使執子琮，遣右衛大將軍侯吕芬就內省以弓弦絞殺之。此與《儼傳》謂儼徒本意惟欲殺士開者絶異。《胡后傳》言：后自武成崩後，數出詣佛寺，又與沙門曇獻通。乃置百僧於内殿，託以聽講，日夜與曇獻寢處。以獻爲昭玄統。帝聞大后不謹而未之信。後朝大后，見二少尼，悦而召之，乃男子也。於是曇獻事亦發。皆伏法。帝自晉陽奉大后還鄴，至紫陌，見第一節。卒遇大風雪，舍人魏僧伽明風角，奏言即時當有暴逆事。帝詐云鄴中有急，彎弓纏稍，馳入南城。令鄧長顒幽大后北宫。仍有勑：内外諸親，一不得與大后相見。久之，帝迎復大后。大后初聞使者至，大驚，慮有不測。每大后設食，帝亦不敢嘗。周使元偉來聘，作《述行賦》，叙鄭莊公克段而遷姜氏，文雖不工，當時深以爲愧。然則馮子琮之死，究出大后意？抑其逆謀竟與大后相連？又不可知矣。要之，和士開雖小人，然當時傾側冒利之徒，其不知利害，罔顧大局，恐尚皆出士開下也。《封隆之傳》：隆之弟子孝琰，爲通直散騎常侍，以本官兼尚書左丞，其所彈射，多承意旨。有僧尼以他事訴競者，辭引曇獻，上令有司推劾，孝琰案致極法，由是正授左丞，仍令奏門下事。

　　趙王既死，南陽王綽遂見殺。《綽傳》云：綽實武成長子，以五月五日辰時

①　民族：斛律光説趙郡王儼，謂"天子弟殺一漢，何所苦"？
②　民族：北齊后主築趙郡王儼辮頭。

生，至午時，後主乃生，武成以綽母李夫人非正嫡，故貶爲第二，其見忌宜矣。綽時爲定州刺史。《綽傳》言其好微行，遊獵無度，恣情彊暴，云學文宣伯爲人。後主聞之，詔鏁赴行在所。至而宥之。問在州何者最樂？對曰："多取蝎，將蛆混看極樂。"後主即夜索蝎一斗。比曉，得三二升。置諸浴斛，使人裸臥斛中，號叫宛轉。帝與綽臨觀，喜噱不已。謂綽曰："如此樂事，何不早馳驛奏聞？"綽由是大爲後主寵，拜大將軍，朝夕同戲。韓長鸞聞之，除綽齊州刺史。將發，長鸞令綽親信誣告其反。奏云："此犯國法，不可赦。"後主不忍顯戮，使寵何猥薩後園與綽相撲，搤殺之。其説非實，顯而易見。武成第四子齊安王廓，《傳》云：性長者，無過行，其爲人蓋無足忌，故免於患。第五子北平王貞，武成行幸，總管留臺事積年。阿那肱承旨，令馮士幹劾繫於獄，奪其留後之權。第六子高平王仁英，第七子淮南王仁光，位清都尹。次河西王仁幾，次樂平王仁邕，次潁川王仁儉，次安樂王仁雅，次丹陽王仁直，次東海王仁謙。皆養於北宮。琅邪死後，諸王守禁彌切。武平末年，仁邕以下，始得出外。供給儉薄，取充而已。

　　趙王儼之變，所以戡定甚易，蓋頗有賴於斛律光，然未幾，光亦遭族誅之慘，立亂朝者，誠無以自全哉！光父金，先世本朔州勅勒部人。高祖侯倍利，道武時率户内附。父那瓌，爲領民酋長。金初從破六韓拔陵，後詣雲州降。後魏正光中，改朔州爲雲州。稍南出，爲杜洛周所破，與兄平脱身歸尒朱榮。後從神武爲將。金老壽。光，神武時久刺晉州，後移朔州，乾明後刺并州。弟羨，字豐樂，久刺幽州。《北齊書·光傳》，侈陳光之功績，幾於爲齊之長城，其實所爭者不過汾州、宜陽間之小成，且亦無大克捷，讀第六節自見，《光傳》蓋阿私斛律氏者之所爲，不足信也。[1] 光之所以見忌者，徒以仍世貴顯，男尚公主，女爲皇后，又兄弟并膺邊任故耳。武平二年，陳大建六年。周人圍宜陽，光赴之，還軍未至鄴，勅令便放兵散。光以爲軍人多有功勳，未得慰勞，乃密通表請使宣旨，軍仍且進。朝廷發使遲留，軍還將至紫陌，光仍駐營待使。帝心甚惡之。急令舍人追光入見，然後宣勞散兵。拜光左丞相。光忿祖珽。穆提婆求娶光庶女，不許。帝賜提婆晉陽之田，光言於朝曰："此田神武以來，常種禾飼馬數千匹，以擬寇難，今賜提婆，無乃闕軍務也？"[2] 由是祖、穆積怨。周將韋孝寬忌光，乃作謡言，令閒諜漏其文於鄴。祖珽因續之，令小兒歌之於路。提婆聞之，以告其母。遂相與協謀，以謡言啓帝，曰："斛律累世大將；明月聲震關西；明月，光字。豐樂威行突厥；女爲皇后，男尚公主，謡言甚可畏也。"帝以問韓長鸞，長鸞以爲不可，事寢。祖珽又見帝請閒。惟何洪珍在側。帝曰："前得公

---

① 史籍：《北齊書·斛律光傳》阿好者所爲。

② 畜牧：晉陽田，自神武以來，常種禾，飼馬數千匹。

啟，即欲施行，長鸞以爲無此理。"斑未對，洪珍進曰："若本無意則可，既有此意，而不決行，萬一泄露，如何？"帝曰："洪珍言是也。"猶豫未決。會丞相府佐封士讓密啟云："光前西討還，勅令放兵散，光令軍逼帝京，將行不軌，事不果而止。家藏弩甲，奴僮千數；每遣使豐樂、武都處，武都，光長子，見下。陰謀往來，若不早圖，恐事不可測。"啟云軍逼帝京，會帝所疑憶。謂何洪珍云："人心亦大聖，我前疑其欲反，果然。"帝性至怯愞，恐即變發，令洪珍馳召祖斑告之。又恐追光不從命。斑因云："正爾召之，恐終不肯入。宜遣使賜其一駿馬，云明日將往東山遊觀，王可乘此馬同行。光必來奉謝，因引入執之。"帝如其言。頃之，引入涼風堂，劉桃枝自後拉而殺之。於是下詔稱光謀反，今已伏法，其餘家口，并不須問。尋而發詔盡滅其族。勅使中領軍賀拔伏恩等十餘人驛捕羨。遣領軍大將軍鮮于桃枝、洛州行臺僕射獨孤永業便發定州騎卒續進，仍以永業代羨。伏恩等至，羨出見，遂執之，死於長史聽事。光四子：長武都，梁、兗二州刺史，遣使於州斬之。次須達，先卒。次世雄，次恒伽，并賜死。少子鍾，年數歲，獲免。羨之死，及其五子世達、世遷、世辨、世酋、伏護，餘年十五以下者宥之。案光雖再世爲將，兄弟又并握兵，然自乾明以來，中朝政變迭乘，光皆若不聞者；亦不聞有人與之相結；光女爲樂陵王妃，死狀甚慘，光亦無怨懟意；其不足忌可知，而後主畏忌之如是，可見其度量之不廣矣。

斛律光以武平三年陳大建四年。七月死，八月，其女爲皇后者遂廢。拜右昭儀胡氏爲皇后，長仁女也。十月，又拜弘德夫人穆氏爲左皇后。十二月，廢胡后爲庶人。明年，武平四年，陳大建五年。二月，拜穆氏爲皇后。《后妃傳》云：穆氏名邪利，本斛律后從婢也。母名欽霄，本穆子倫婢也，轉入侍中宋欽道家，姦私而生后，莫知氏族。或云后即欽道女子也。欽道伏誅，因此入宮。有幸於後主。陸大姬知其寵，養以爲女。《佞倖傳》云：穆后立，令萱號曰大姬，此即齊朝母氏之位號也，則此時尚未有大姬之號。武平元年，六月，生皇子恒。慮皇后斛律氏懷恨，先令母養之，立爲皇大子。陸以國姓之重，穆、陸相對，又奏賜姓穆氏。斛律后廢，陸媼欲以穆夫人代之，大后不許。祖孝徵請立胡昭儀。其後陸媼於大后前作色而言曰："何物親姪女？作如此語言。"大后問有何言？曰："不可道。"固問之，乃曰："語大家云：大后多行非法，不可以訓。"大后大怒，喚后出，立髠其髮，送令還家。案大后見幽，不知此時已迎復不？即已迎復，與後主猜忌甚深，安能立髠后髮，即送回家？其不足信可知。《北史·穆提婆傳》曰：令萱，自大后已下，皆受其指麾。斛律皇后之廢也，大后欲以胡昭儀正位後宮，力不能遂，乃卑辭厚禮，以求令萱，說較《后妃傳》爲近理。《祖斑傳》云：和士開死後，仍說陸媼出趙彥深，以斑爲侍中。在晉陽，通密啓請誅琅邪王。其計既行，漸被任遇。大后之被幽也，斑欲以陸媼爲大后，撰魏大后故事，爲大姬言之。大姬亦稱斑爲國師、國寳。由是拜尚書左僕射。斛律光甚惡之。常謂諸將云："邊境消息，處分兵馬，趙令嘗與吾等參論之，盲人掌機密以來，全不共我輩語，正恐誤他國家事。"斑頗聞其言，因其女皇后無寵，以謠言聞上。令其妻兄鄭道蓋奏之。斑又附陸媼，求爲領軍。後主許之。詔須覆奏，取侍中斛律孝卿署名。孝卿密告高元海。元海語侯吕芬、穆提婆云："孝徵漢兒，兩眼又不見物，豈合作領軍也？"①明旦，面奏具陳斑不合之狀。并書斑與廣寧王孝珩交結，無大臣體。斑亦求面見。帝令引入。斑自分疏。并云："與元海素相嫌，必是元海譖臣。"帝弱顔，不能諱，曰："然。"斑列元海共司農卿尹子華、大府少卿李叔元、平準令張叔略等結朋樹黨。遂除子華仁州刺史，仁州，梁置，後入魏。治赤坎城，在今安徽靈壁縣東南。叔元襄城大守，襄城，見第三章第四節。叔略南營州録事參軍。魏孝昌中，營州陷，永熙二年，置南營州，治英雄城，在今河北徐水縣西南。陸媼又唱和之，復除元海鄭州刺史。斑自是專主機衡，總知騎兵外兵事。委任之重，羣臣莫比。《元海傳》云：河清二年，元海爲和士開所譖，被棰馬鞭六十，出爲兗州刺史。元海後妻，陸大姬甥也，故尋被追任使。武平中，與祖斑共執朝政。元海多以大姬密語告斑。斑求領軍，元海不可，斑乃以其所告報大姬。大姬怒，出元海爲鄭州刺史。《斑傳》又云：自和士開執事以來，政體隳壞，斑推崇高望，官人稱職，内外稱美。復欲增損政務，沙汰人物。始奏罷京畿府，并於領軍。案此事在武平二年十月，正琅邪王儼死後，蓋因儼以此作亂故也。事連百姓，皆歸郡縣。宿衛、都督等，號位從舊。官名、文武章服，并依故事。又欲黜諸閹豎及羣小輩，推誠延士，爲致治之方。陸媼、穆提婆議頗同異。斑乃諷御史中丞麗伯律，令劾主書王子沖納賄，知其事連穆提婆，欲使臧罪相及，望因此坐，并及陸媼。猶恐後主溺於近習，欲因后黨爲援，請以皇后兄胡君瑜爲侍中、中領軍，又徵君瑜兄梁州刺史君璧，欲以爲御史中丞。陸媼聞而懷怒，百方排毀。即出君瑜爲金紫光禄大夫，解中領軍，君璧還鎮梁州。皇后之廢，頗亦由此。王子沖釋而不問。斑日益以疏。又諸宦者更共譖毀之。後主問諸大姬。閔默不對。三問。乃下牀曰："老婢合死。本見和士開道孝徵多才博學，言爲善人，故舉之。比來看之，極是罪過。人實難知，老婢合死。"後主令韓長鸞檢案，得其詐出勅受賜十餘事。以前與其重誓，不殺，遂

———————————————

①　民族：穆提婆謂：孝徵（祖斑）漢兒……豈合作領軍……韓長鸞言漢兒文官，連名總署。

解珽侍中、僕射，出爲北徐州刺史。珽求見後主。韓長鸞積嫌於珽，遣人推出柏閣。珽固求見面，坐不肯行。長鸞乃令軍士曳牽而出，立珽於朝堂，大加誚責。上道後，令追還，解其開府、儀同、郡公，直爲刺史。觀此，知胡、穆之興替，實祖珽與陸令萱、穆提婆母子之爭耳。祖珽小人，安得忽有整頓政事之想？蓋居機衡之地者，無論如何邪曲，其所爲，終必有爲羣小所不便之處，故韓長鸞及諸閹宦，羣起而攻之，此乃勢所不免，而非珽之能出身犯難也。珽雖無行，究係士人，珽敗，穆提婆遂爲尚書左僕射；高阿那肱録尚書，後且進位丞相；韓長鸞爲領軍大將軍；共處衡軸，朝局益不可問矣。段韶之弟孝言，爲吏部尚書，抽擢之徒，非賄則舊。祖珽執政，將廢趙彥深，引爲助。又託韓長鸞，共構祖珽之短。及珽出，除尚書右僕射，仍掌選舉。恣情用舍，請謁大行。富商大賈，多被銓擢。所用人士，咸是傾險放縱之流。尋遷左僕射，特進，侍中如故。

　　是時王師來討，江、淮失陷，見第七節。於是蘭陵王長恭見殺，武平四年五月。蓋忌之也。無幾，又有崔季舒等見殺之事。十月。季舒時待詔文林館，監撰《御覽》。《後主紀》：武平三年，二月，勅撰《玄洲苑御覽》，後改名《聖壽堂御覽》。八月，《聖壽堂御覽》，成勅付史閣。後改名《修文殿御覽》。季舒素好圖籍，暮年轉更精勤，實已無意於政事。祖珽受委，奏季舒總監內作。珽被出，韓長鸞以爲珽黨，亦欲出之。屬後主將適晉陽，季舒與張雕虎議，張雕虎從《本紀》。本傳作張雕，《北史》作張雕武，皆避唐諱也。以爲壽春被圍，大軍出拒，信使往還，須稟節度；兼道路小人，或相驚恐，云大駕向并，畏避南寇；若不啓諫，必動人情。遂與從駕文官，連名進諫。時貴臣趙彥深、唐邕、段孝言等，初亦同心，臨時疑貳。季舒與爭，未決。長鸞遂奏云："漢兒文官，連名總署，聲云諫止向并，其實未必不反，宜加誅戮。"帝即召已署表官人集含章殿。以季舒、張雕虎、侍中。劉逖、封孝琰、皆散騎常侍。裴澤、郭遵等皆黄門侍郎。爲首，并斬之殿庭。長鸞令棄其尸於漳水。自外同署，將加鞭撻，趙彥深執諫獲免。季舒等家屬男女徙北邊，妻、女、子婦配奚官，小男下蠶室，没入貲産。張雕虎者，見《齊書·儒林傳》中。嘗入授後主經書。後主甚重之，以爲侍讀，與張景仁并被尊遇。其《傳》云：胡人何洪珍，有寵於後主，欲得通婚朝士，以景仁在内，官位稍高，遂爲其兄子娶景仁第二息子瑜之女。因此表裏，恩遇日隆。雕以景仁宗室，自託於洪珍。傾心相禮，情好日密。公私之事，雕嘗爲其指南。時穆提婆、韓長鸞與洪珍同侍帷幄，知雕爲洪珍謀主，甚忌惡之。洪珍又奏雕兼國史。尋除侍中，加開府，奏度支事。大被委任，言多見從。特勅奏事不趨，呼爲博士。雕自以出於微賤，致位大臣，屬精在公，有匪躬之節。論議抑揚，無所回避。宮掖不急之費，大存減省。左右縱恣之徒，必加禁約。數譏切寵要，獻替帷扆。上亦深倚杖之。方委以朝政。雕便以澄清爲己任，意氣甚高。長鸞等慮其干政不已，陰圖之。劉逖見《文苑傳》，云：初逖與祖珽，以文義相待，結雷、陳之契。又爲弟俊聘珽之女。珽之將免趙彥深等也，先以造逖，仍付密契，令其奏聞。彥深等頗知之，先自申理。珽由此疑逖告其所爲。及珽被出，逖遂遣弟離婚，其輕交易絶如此。然則季舒等之見殺，其中又有趙彥深、祖珽之爭焉，真匪夷所思矣。張雕虎亦非正士，而爲韓長鸞所疾，其故，正與祖珽之見疾同，要而言之，則不容有政治耳。

武平五年，陳大建六年。二月，南安王思好反。思好本浩氏子，上洛王思宗元海之父。養以爲弟。累遷朔州刺史，甚得邊朔人心。《傳》云：後主時，斫骨光弁奉使至州，思好迎之甚謹，光弁倨敖，思好銜恨，遂反。帝聞之，使唐邕、莫多婁敬顯、劉桃枝、中領軍庫狄士連馳之晉陽，帝勅兵續進。思好兵敗，投水死。其麾下二千人，桃枝圍之，且殺且招，終不降以至盡。此豈似徒有憾於斫骨光弁者耶？北齊是時，即無外患，内亂亦必作，然外患既迫，内亂且欲起而不及矣。

《後主本紀》總述當時荒淫之狀云：帝言語澀呐，無志度。不喜見朝士。自非寵私昵狎，未嘗交語。性懦不堪，人視者即有忿責。其奏事者，雖三公、令、録，莫得仰視，皆略陳大旨，驚走而出。每災異、寇盜、水旱，亦不貶損，惟諸處設齋，以此爲修德。雅信巫覡，解禱無方。盛爲無愁之曲，帝自彈胡琵琶而唱之，侍和之者以百數。人閒謂之無愁天子。嘗出見羣厲，盡殺之。或剥人面皮而視之。任陸令萱、和士開、高阿那肱、穆提婆、韓長鸞等宰制天下，陳德信、鄧長顒、何洪珍參預機權。各引親黨，超居非次。官由財進，獄以賂成。其所以亂政害人，難以備載。諸官奴婢、閹人、商人、胡户、雜户、歌舞人、見鬼人濫得富貴者將萬數，庶姓封王者百數，不復可紀。開府千餘，儀同無數，領軍一時二十。連判文書，各作依字，不具姓名，莫知誰也。諸貴寵祖禰追贈官，歲一進，位極乃止。宮掖婢皆封郡君。宮女寶衣玉食者，五百餘人。一裙直萬疋，鏡臺直千金。競爲變巧，朝衣夕弊。《穆后傳》云：武成時，爲胡后造真珠裙袴，所費不可稱計，被火所燒。後主既立穆皇后，復爲營之。屬周武遭大后喪，詔侍中薛孤、康買等爲弔使，又遣商胡齎錦采三萬疋，與弔使同往，欲市真珠，爲皇后造七寶車。周人不與交易。[①] 然而竟造焉。顔之推《觀我生賦注》云："武成奢侈，後宮御者數百人，食於水陸貢獻珍異，至乃厭飽。禪衣悉羅纈錦繡珍玉織成，五百一段。爾後宮掖遂爲舊事。"故曰：後主之侈靡，其原實自武成開之也。承武

成之奢麗，以爲帝王當然。乃更增益宮苑。造偃武修文臺。其嬪嬙諸宮中，起鏡殿、寶殿、瑇瑁殿。丹青雕刻，妙極當時。又於晉陽起十二院，壯麗逾於鄴下。所愛不恒，數毀而又復。夜則以火照作，寒則以湯爲泥，百工困窮，無時休息。鑿晉陽西山爲大佛像，一夜然油萬盆，光照宮內。又爲胡昭儀起大慈寺。未成，改爲穆皇后大寶林寺。窮極工巧。運石填泉，勞費億計。人牛死者，不可勝紀。《文襄六王傳》云：初文襄於鄴東起山池遊觀，時俗眩之。孝瑜遂於第作水堂、龍舟，植幡稍於舟上。數集諸弟，宴射爲樂。武成幸其第，見而悦之，故盛興後園之翫。於是貴賤慕斆，處處興造。則後主之侈於宮室，亦自武成啓之也。御馬則藉以氈罽，食物有十餘種。將合牝牡，則設青廬、具牢饌而親觀之。狗則飼以粱肉。馬及鷹、犬，乃有儀同、郡君之號。犬於馬上設褥以抱之。鬥雞亦號開府。犬、馬、雞、鷹，多食縣幹。鷹之入養者，稍割犬肉以飼之，至數日乃死。又於華林園立貧窮村舍，帝自弊衣爲乞食兒。又爲窮兒之市，躬自交易。嘗築西鄙諸城，使人衣黑衣爲羌兵鼓噪陵之，親率內參臨拒。或實彎弓射人。自晉陽東巡，單馬馳鶩，衣解髮散而歸。又好不急之務。曾一夜索蠍，及旦得三升。特愛非時之物，取求火急，皆須朝徵夕辦。當勢者因之，貸一而責十焉。賦斂日重，繇役日繁。人力既殫，帑藏空竭，乃賜諸佞幸賣官。或得郡兩三，或得縣六七。各分州郡。下逮鄉官，亦多降中者。故有勅用州主簿，勅用郡功曹。於是州縣職司，多出富商大賈。競爲貪縱，人不聊生。爰自鄴都，及諸州郡，所在徵稅，百端俱起。凡此諸役，皆漸於武成，至帝而增廣焉。然未嘗有帷薄淫穢，惟此事頗優於武成云。案後主雖荒淫，不甚暴虐，謂其盡殺羣屬，剝人面皮，似近於誣。一夜索蠍，與《南陽王傳》所言，似即一事，其說之不足信，前已辨之矣。後主受病之根，在於承武成而以爲帝王當然一語，故曰詒謀之不臧也。

第五節　周篡西魏

從來北狄入中國者，其能否有成，恒視其能否通知中國之情形。以此言之，則尒朱榮不如高歡，高歡又不如宇文泰。歡之任其子澄以繩抑勳貴，特因諸勳貴縱恣太甚，綱紀蕩然，不得不如是耳，非真能留意政事也，而泰則頗知治體。泰之平侯莫陳悦也，周惠達歸之。惠達初從賀拔岳。泰任以後事。營造戎仗，儲積食糧，簡閱士馬，時甚賴焉。趙青雀之叛，輔魏大子出渭橋以禦之者，即惠達也。時惠達輔魏大子居守，總留臺事。史稱自關右草創，禮樂闕然，惠達與禮官損益舊章，儀軌稍備，其人蓋亦粗知治制。爲大行臺僕射，薦行臺郎中蘇綽於泰。泰與語，悅之。即拜大行臺左丞，參典機密。後又授大行臺度支尚書，領著作，兼司農卿。輔泰凡十二年。自大統元年至十二年，即自梁大同元年至中大同元年。史稱綽之見泰，指陳帝王之道，兼述申、韓之要。① 指陳帝王之道，不過門面語，兼述申、韓之要，則實爲當時求治之方，蓋爲治本不能廢督責，而當文武官吏，競爲貪虐之亂世爲尤要也。綽始制文案程式，朱出墨入；及計帳、戶籍之法。又減官員，置二長。并置屯田，以資軍國。又爲六條詔書，奏施行之。一治心身，二敦教化，三盡地利，四擢賢良，五卹獄訟，六均賦役。牧、守、令長，非通六條及計帳者，不得居官。餝吏治以卹民生，可謂得爲治之要矣。泰於綽，實能推心委任。凡所薦達，皆至大官。泰或出遊，常豫署空紙以授綽，須有處分，隨事施行，及還，啓之而已。泰又欲放《周官》改官制，命綽專掌其事。未幾而綽卒，令盧辯成之。辯亦累世以儒學名者也。泰又立府兵之制，以整軍戎。建國之規模粗備。

西魏文帝，以大統十七年死。梁簡文帝大寶二年。大子欽立，是爲廢帝。廢帝二年，梁元帝承聖二年，廢帝不建年號。尚書元烈謀殺宇文泰，事泄而死。廢帝仍欲謀泰。時泰諸子皆幼；猶子章武公導、中山公護，復東西作鎮，故惟託意諸壻，以爲心膂。李遠子基，李弼子暉，于謹子翼，俱爲武衛將軍，分掌禁旅，故密謀遂泄。據《周書·李遠傳》。案泰長子毓，即明帝，當魏恭帝元年，年已二十一，不爲甚幼，蓋其人本無能爲，故泰不得不以後事屬宇文護也。泰使尉遲綱典禁旅，密爲之備。綱者，迥之弟。其父俟兜，娶泰姊昌樂長公主。迥與綱少孤，依託舅氏。明年，泰廢帝，立齊王廓，寶炬第四子。是爲恭帝。仍以綱爲中領軍，總宿衛。是年，泰死，梁敬帝之大平元年也。泰長子寧都郡公毓，其妻，獨孤信之女也。次子曰宋獻公震，前卒。第三子略陽郡公覺，母魏孝武帝妹，立爲世子。《周書·李遠傳》云：大祖嫡嗣未建，明帝居長，已有成德，孝閔處嫡，年尚幼沖，乃召羣公謂之曰："孤欲立嫡，恐大司馬有疑。"大司馬即獨孤信，明帝敬后之父也衆皆默，未有言者。遠曰："夫立子以嫡不以長，《禮經》明義，略陽公爲世子，公何所疑？ 若以信爲嫌，請即斬信。"便拔刀而起。大祖亦起曰："何事至此？"信又自陳說。遠乃止。於是羣公并從遠議。出外，拜謝信曰："臨大事不得不爾。"信亦謝遠曰："今日賴公，決此大議。"案信在諸將中不爲特異，大祖何至憚之？ 疑傳之非其實也。泰長兄邵惠公顥，與衛可孤戰死。次兄曰杞簡公連，與其父俱死定州。三兄曰莒莊公洛生，爲尒朱榮所殺。參看第十二章第九節。顥長子什肥，連子光寶，洛生子菩提，皆爲齊神武所害。顥次子導，夙從泰征伐，死魏恭帝元年。導弟護，泰初以諸子并幼，委以家務，故泰死，宇文

---

① 學術：蘇綽用申韓。

氏之實權集於護。《周書·于謹傳》曰:"大祖崩,孝閔帝尚幼,中山公護雖受
顧命,《護傳》云:大祖西巡,至牽屯山,遇疾,馳驛召護。護至涇州見大祖,而大祖疾已綿篤。謂護
曰:"吾形容若此,必是不濟。諸子幼小,寇賊未寧。天下之事,屬之於汝。宜勉力以成吾志。"護涕泣
奉命。行至雲陽而大祖崩。護祕之,至長安,乃發喪。牽屯山,見第六章第六節。涇州,見第十一章第
四節。雲陽,見第三章第五節。而名位素下,羣公各圖執政,莫相率服。護深憂之。
密訪於謹。謹曰:夙蒙丞相殊眷,情深骨肉,今日之事,必以死爭之。若對衆
定策,公必不得辭讓。明日,羣公會議。謹曰:昔帝室傾危,人圖問鼎,丞相志
任匡救,投袂荷戈,故得國祚中興,羣生遂性。今上天降禍,奄棄羣寮。嗣子
雖幼,而中山公親則猶子,兼受顧託,軍國之事,理須歸之。辭色抗厲,衆皆悚
動。護曰:此是家事,素雖庸昧,何敢有辭? 謹既大祖等夷,護每申禮敬,至
是,謹乃趨而言曰:公若統理軍國,謹等便有所依。遂再拜。羣公迫於謹,亦
再拜。因是衆議始定。"觀此,便知泰死後宇文氏急於圖篡之故,蓋不篡則魏
相之位,人人可以居之,不徒若護之名位素下者,不能久據,即宇文氏亦且瀕
於危;既篡則天澤之分定,而護亦居親賢之地,不復以名位素下爲嫌矣。於是
泰既葬,護使人諷魏恭帝,恭帝遂禪位於覺,是爲周孝閔皇帝。

　　然衆究不可以虛名劫也,於是趙貴、獨孤信之謀起焉。《貴傳》云:孝閔帝
即位,晉公護攝政,貴自以元勳佐命,每懷怏怏,有不平之色。乃與信謀殺護。
及期,貴欲發,信止之。尋爲開府宇文盛所告,被誅。信以同謀坐免。居無
幾,晉公護又欲殺之,以其名望素重,不欲顯其罪,逼令自盡於家。時閔帝元
年二月也。陳武帝永定元年,閔帝亦不建年號。及九月而閔帝亦廢。《紀》云:帝性剛
果,見晉公護執政,深忌之。司會李植,軍司馬孫恒,以先朝佐命,入侍左右,
亦疾護之專。乃與宮伯乙弗鳳、賀拔提等潛謀,請帝誅護。帝然之。又引宮
伯張光洛同謀。光洛密白護。護乃出植爲梁州刺史,恒爲潼州刺史。潼州,今四
川縣陽縣。鳳等遂不自安。更奏帝,將召羣公入,因此誅護。光洛又白之。時小
司馬尉遲綱統宿衛兵,護乃召綱,共謀廢立。令綱入殿中,詐呼鳳等論事。既
至,以次執送護第,并誅之。綱乃罷散禁兵。帝方悟無左右。獨在內殿,令宮
人持兵自守。護又遣大司馬賀蘭祥逼帝遜位。遂幽於舊邸。月餘日,以弒
崩。時年十六。植、恒等亦遇害。觀閔帝欲召羣公而誅護,則知是時朝貴之
不服護者仍多矣。李植者,遠之子,護并逼遠令自殺。植弟叔諧、叔謙、叔讓
亦死。惟基以主壻,又爲季父穆所請得免。遠兄賢,亦坐除名。賀蘭祥者,父
初真,尚大祖姊建安長公主,祥年十一而孤,長於舅氏。與護中表,少相親愛,
軍國之事,護皆與祥參謀。亦尉遲綱之流也。時與綱俱掌禁旅,遞直殿省者,

尚有蔡祐。祐父事大祖。閔帝謀害護,祐常泣諫,不從。蓋時閔帝尚在幼沖,欲圖搖動護,實非易也。閔帝既廢,護乃迎大祖長子毓而立之,是爲世宗明皇帝。明年,建元武成。陳永定三年。正月,護上表歸政。許之。軍國大政,尚委於護。帝性聰睿,有識量,護深憚之。有李安者,本以鼎俎得幸於護,稍被升擢,至膳部下大夫。二年,陳文帝天嘉元年。四月,護密令安因進食加以毒藥弑帝。於是迎立大祖第四子魯公邕,是爲高祖武皇帝。百官總己,以聽於護。

自大祖爲丞相,立左右十二軍,總督相府。大祖崩後,皆受護處分。凡所徵發,非護書不行。護第屯兵禁衛,盛於宮闕。事無巨細,皆先斷後聞。保定元年,陳天嘉二年。以護爲都督中外諸軍事。令五府總於天官。二年,陳天嘉三年。侯莫陳崇從高祖幸原州,高祖夜還,京師竊怪其故。崇謂所親曰:“吾昔聞卜筮者言:晉公今年不利,車駕今忽夜還,不過是晉公死耳。”於是衆皆傳之。有發其事者。高祖召諸公卿於大德殿責崇。崇惶恐謝罪。其夜,護遣使將兵就崇宅逼令自殺。《崇傳》云:“初魏孝莊帝以尒朱榮有翊戴之功,拜榮柱國大將軍,位在丞相上。榮敗後,此官遂廢。大統三年,梁大同三年。魏文帝復以大祖建中興之業,始命爲之。其後功參佐命,望實俱重者,亦居此職。自大統十六年梁大寶元年。以前,任者凡有八人。大祖位總百揆,督中外軍。魏廣陵王欣,元氏懿戚,從容禁闥而已。欣,獻文子廣陵王羽之子。此外六人,各督二大將軍,分掌禁旅,當爪牙禦侮之寄。當時榮盛,莫與爲比。故今之言門閥者,咸推八柱國家云。”六人者,李虎、李弼、獨孤信、趙貴、于謹及崇也,而爲護所殺者三焉。初大祖創業,即與突厥和親,謀爲掎角,共圖高氏。是年,乃遣楊忠與突厥東伐。期後年更舉。先是護母閻姬,與皇第四姑,及諸戚屬,并没在齊,皆被幽繫。護居宰相之後,每遣閒使尋求,莫知音息。至是并許還朝。四年,陳天嘉五年。皇姑先至,護母亦尋還。周爲之大赦。護與母睽隔多年,一旦聚集,凡所資奉,窮極華盛。每四時伏臘,高祖率諸親戚,行家人之禮,稱觴上壽。榮貴之極,振古未聞。是年,突厥復率衆赴期。護以齊氏初送國親,未欲即事征討,復慮失信蕃夷,更生邊患,不得已,遂請東征。護性無戎略,此行又非本心,遂至敗績。周與突厥伐齊之事,詳見下節。天和二年,陳廢帝光大元年。護母薨。尋有詔起令視事。高祖以護暴慢,密與衛王直圖之。七年,誅護後改元建德。陳宣帝大建四年。三月十八日,護自同州還。魏華州,西魏改爲同州,見第十二章第二節。帝御文安殿見護訖,引護入含仁殿朝大后。帝以玉珽自後擊之。護踣於地。又令宦者何泉以御刀斬之。泉惶懼,斫不能傷。時衛王直先匿於户内,乃出斬之。初帝欲圖護,王軌、宇文神舉、宇文孝伯頗豫其謀,參看第十五章第一節。是日軌等并在外,更無知者。殺護訖,乃召宮伯長生覽等告之。即令收護諸子及黨與,於殿中殺之。李安亦豫焉。齊王憲白帝曰:"李安出自皁隸,所典惟庖廚而已。既不預時政,未足加戮。"高祖曰:"公不知耳,世宗之崩,安所爲也。"護世子訓,爲蒲州刺史,蒲州,周置,今山西永濟縣。徵赴京師,至同州,賜死。昌城公深使突厥,遣齎璽書就殺之。《于翼傳》言:翼遷大將軍,總中外宿衛兵事,晉公護以帝委翼腹心,内懷猜忌,轉爲小司徒,拜柱國,雖外示崇重,實疏斥之。武帝之圖護,蓋未嘗用一兵;并王軌等數人,臨事亦無所聞;可謂藏之深而發之卒矣。衛王直,大祖第四子,帝母弟也。大祖第五子齊王憲,才武。世宗時爲益州刺史。後爲雍州牧。數與齊人戰。護雅相親委,賞罰之際,皆得豫焉。護誅,以憲爲大冢宰,實奪其權也。直請爲大司馬,帝以爲大司徒。建德三年,陳大建六年。帝幸雲陽宫,直在京師舉兵反。襲肅章門。宮門。司武尉遲運綱子。時輔大子居守。閉門拒守。直不得入,遁走。追至荆州,獲之。免爲庶人。囚於別宫。尋誅之,及其子十人。宇文護雖跛厦,亦不可謂無才。《周書·護傳論》曰:"大祖崩殂,諸子沖幼,羣公懷等夷之志,天下有去就之心,卒能變魏爲周,俾危獲乂者,護之力也。"大祖諸子,較長者無才,有才者多幼,微護,宇文氏之爲宇文氏,蓋有不可知者矣。其居相位時,政事亦似未大壞。《傳》言護"凡所委任,皆非其人;兼諸子貪殘,寮屬縱逸,恃護威勢,莫不蠹政害民";或死後加罪之辭也。至周武帝之爲人,則性極雄武。《周書·本紀》云:"帝沈毅有智謀。初以晉公護專權,常自晦迹,人莫測其深淺。及誅護之後,始親萬機。克己屬精,聽覽不怠。用法嚴整,多所罪殺。號令懇惻,惟屬意於政。羣下畏服,莫不肅然。性既明察,少於恩惠。凡布懷立行,皆欲蹈越古人。身衣布衣,寝布被,無金寶之飾。諸宫殿華綺者,皆撤毀之,改爲土堦數尺,不施櫨栱。其雕文、刻鏤、錦繡、纂組,一皆禁斷。後宫嬪御,不過十餘人。勞謙接下,自强不息。以海内未康,鋭情教習。校兵閲武,步行山谷,履涉勤苦,皆人所不堪。平齊之役,見軍士有跣行者,親脱韡以賜之。每宴會將士必自執杯勸酒,或手付賜物。至於征伐之處,躬在行陳。性又果决,能斷大事。故能得士卒死力,以弱制强。破齊之後,遂欲窮兵極武,平突厥,定江南,一二年閒,必使天下一統,此其志也。"帝之爲人,蓋極宜於用兵。周之政治,本較齊爲脩飭,而帝以雄武乘齊人之昏亂,遂成吞并之勢矣。

第六節　周　齊　兵　事

當高歡、宇文泰之世,東西仍歲戰争,而彼此地醜德齊,莫能相尚。及文宣篡魏,宇文泰遂以其年東伐。蓋以有辭可藉,姑出兵以嘗之也。是歲,九月,泰發長安。時連雨,自秋及冬,諸軍馬驢多死。十一月,至陝城。見第六章第一節。於弘農北造橋濟河。弘農,見第二章第二節。文宣親戎,次於城東。晉陽城東。泰聞其軍容嚴盛,自蒲坂還。蒲坂,見第三章第四節。河南自洛陽,河北自平陽以東,皆入於齊。爾後八年,西魏用兵於南,取蜀,陷江陵;齊則用兵於柔然、突厥、奚、契丹;魏、齊初無甚爭戰,蓋彼此皆知敵之無釁可乘也。陳敬帝大平元年,齊天保七年,魏恭帝三年。宇文泰死。《北齊書·文宣紀》云:"嘗於東山遊燕,以關、隴未平,投杯震怒,召魏收於御前,立爲詔書,宣示遠近,將事西伐。是歲,周文帝殂,西人震恐,常爲度隴之計。"此乃侈辭。沙苑之戰,神武尚致喪敗,況西魏此時,立國已久,根基已固邪? 文宣蓋亦明知其事之難,故兵竟不出也。明年,陳武帝永定元年,齊天保八年,周閔帝元年。周閔帝篡魏。又明年,陳永定二年,齊天保九年,周明帝元年。三月,齊北豫州刺史司馬消難降於周。北豫州,治虎牢,見第十一章第四節。消難,子如子也。尚神武女。在州不能廉潔,爲御史所劾。又與公主情好不睦,主譖訴之。文宣在并,驛召上黨王渙,渙斬使者東奔,朝士私相謂曰:"上黨亡叛,似赴成皋,若與司馬北豫州連謀,必爲國患。"言達文宣,文宣頗疑之。消難懼,故降周。周使達奚武、楊忠拔之以歸。此亦徒得一齊之叛臣耳。又明年,陳永定三年,齊天保十年,周明帝武成元年。齊文宣死,孝昭立,《紀》謂其意在頓駕平陽,爲進取之計。按《北齊書·盧叔武傳》云:叔武,《北史》作叔彪,實名叔虎,避唐諱。肅宗即位,召爲大子中庶子,問以世事。叔武勸討關西,曰:"强者所以制弱,富者所以兼貧。大齊比之關西,强弱不同,貧富有異,而戎馬不息,未能吞并,此失於不用强富也。輕兵野戰,勝負難必,是胡騎之法,非深謀遠算,萬全之術也。宜立重鎮於平陽,與彼蒲州相對。蒲州,見上節。深溝高壘,運糧積甲,築城戍以屬之。彼若閉關不出,則取其黃河以東。長安窮蹙,自然困死。如彼出兵,非十萬以上,不爲我敵。所供糧食,皆出關內。我兵士相代,年別一番;穀食豐饒,運送不絶。彼來求戰,我不應之;彼若退軍,即乘其弊。自長安以西,民疏城遠,敵兵來往,實有艱難,與我相持,農作且廢,不過三年,彼自破矣。"帝深納之。又願自居平陽,成此謀略。令元文遙與叔武參謀,撰《平西策》一卷。未幾,帝崩,事遂寢。此《本紀》之言所由來也。案關、隴户口,或較少於東方;然西魏之地,本踰函谷,扼三鵶,攻守之計,非但蒲津一路;況周是時,已取全蜀,并襄陽,兵饟所資,又豈必專恃關、隴? 則叔虎之言,亦失之誇矣。然使孝昭在位,雖不足言兼并,或可與周相抗,孝昭死而武成荒淫,志不在敵,至後主昏亂彌甚,於是東西搆兵,祇有東略之師,更無西入之計矣。

陳文帝天嘉二年，齊武成之大寧元年，而周武帝之保定元年也。周於玉壁置勳州，玉壁，見第十二章第十節。以韋孝寬爲刺史。案東魏及齊，國都在鄴，其兵馬重鎮，則在晉陽。自潼關東出，取洛陽，度河北上，以搖動鄴與晉陽較難，而自蒲津度河東出較易；自東方西入，欲圖搖動長安者亦然。故神武之攻西魏，始終重在汾北；周武帝亦卒出此而後成功；而此時齊孝昭欲頓駕平陽，周亦注重於此一路之防守也。四年，齊河清二年，周保定三年。九月，周楊忠率騎一萬，與突厥伐齊。十二月，復遣達奚武率騎三萬出平陽以應忠。武成自鄴赴救。明年，陳天嘉四年，齊河清三年，周保定四年。正月，楊忠至晉陽，戰，大敗。齊段韶追之，出塞而還。《周書・楊忠傳》云：朝議將與突厥伐齊，公卿咸曰：“非十萬不可”，忠獨曰：“師克在和，不在衆，萬騎足矣”，與《本紀》言忠率騎一萬相合；而《齊書・本紀》言：忠率突厥阿史那木可汗等二十餘萬人；《段韶傳》言突厥從北結陳而前，東距汾河，西被風谷；山名，在大原西，接交城縣界。則周兵寡而突厥頗衆。然《韶傳》又言：周人以步卒爲先鋒，從西山而下；而《楊忠傳》謂突厥引上西山不肯戰；則突厥此役，實未與於戰事，故楊忠以寡弱而敗也。《北齊書・武成紀》言：突厥自恒州分爲三道，殺掠吏人；恒州，見第十一章第二節。《周書・楊忠傳》言：突厥縱兵大掠，自晉陽至樂城，後漢縣，晉省，魏復置，北齊又廢，在今山西樂城縣北。七百餘里，人畜無遺；則周雖喪敗，而齊之受創亦深矣。齊使斛律光禦達奚武。武聞楊忠敗，亦還。武成歸宇文護之母以通好，已見上節。突厥復率衆赴期，護不欲行，又恐失信突厥，或生邊患，不得已，徵二十四軍及左右廂散隸，暨秦、隴、蜀之兵，諸蕃國之衆，凡二十萬，十月，復東征。至潼關，遣尉遲迥以精兵十萬爲先鋒。權景宣率山南之兵出豫州，縣瓠。楊檦出軹關。大行八陘之一，在今河南濟源縣西北。護連營漸進，屯軍弘農。尉遲迥圍洛陽。十二月，與齊救兵戰於邙山，見第七章第七節。大敗。《周書・宇文護傳》云：護本令塹斷河陽，見第十一章第二節。遏其救兵，然後同攻洛陽。諸將以爲齊兵必不敢出，惟斥候而已。直連日陰霧，齊騎直前。圍洛之軍，一時潰散。惟尉遲迥率數十騎扞敵，齊公憲又督邙山諸將拒之，乃得全軍而返。《齊煬王憲傳》云：晉公護東伐，以尉遲迥爲先鋒，圍洛陽。憲與達奚武、王雄等軍於邙山。自餘諸軍，各分守險要。齊兵數萬，奄至軍後。諸軍恇怯，并各退散。惟憲與王雄、達奚武拒之，而雄爲齊人所斃，三軍震懼。《達奚武傳》言：至夜收軍，憲欲待明更戰，武欲還，固爭未決。武曰：“洛陽軍散，人情駭動，若不因夜速還，明日欲歸不得。武在軍旅久矣，粗見形勢，大王少年未經事，豈可將數營士衆，一旦棄之乎？”憲從之，乃全軍而返。《齊書·段韶傳》云：尉遲迥等襲洛陽，詔遣蘭陵王長恭、大將軍斛律光擊之。軍於邙山之下，逗留未進。世祖召謂曰：“今欲遣王赴洛陽之圍，但突厥在北，復須鎮禦，王謂如何？”韶曰：“北狄侵邊，事等疥癬，西羌窺邊，便是膏肓之病，請奉詔南行。”世祖曰：“朕意亦爾。”乃令韶督精騎一千，發自晉陽。五日便濟河。韶旦將帳下二百騎，與諸軍共登邙阪，聊觀周軍形勢。至大和谷，邙山谷名。便直周軍。即遣馳告諸營，追集兵馬。乃與諸將結陳以待之。韶爲左軍，蘭陵王爲中軍，斛律光爲右軍。周人仍以步人在前，上山逆戰。韶以彼徒我騎，且卻且引，待其力弊，乃下馬擊之。短兵始交，周人大潰。其中軍所當者，亦一時瓦解，投墜谿谷而死者甚衆。洛城之圍，亦即奔遁。盡棄營幕。從邙山至穀水，三十里中，軍資器物，彌滿川澤。綜觀諸傳之文，周軍當日，實以斥候不明而敗，謂其未斷河陽之路，尚屬恕辭。何者？長恭與光，至邙山已久，并非倉卒奄至也。至已久而逗留不進，必待段韶迫之，然後能戰，則齊之將帥，亦并無勇氣，而周竟喪敗如此，謂其同於兒戲，亦不爲過矣。此實由元戎威令不行，諸將治軍不肅，有以致之，《宇文護傳》謂其性無戎略，信哉！時權景宣已降豫州，聞敗，亦棄之。楊檦以戰敗降齊。楊忠出沃野，見第十二章第三節。應接突厥，聞護退，亦還。周與突厥無能爲如此，而武成一遭侵伐，即急還護母以言和；《段韶傳》言：宇文護因邊境移書，請還其母，并通隣好。世祖遣黃門徐世榮乘傳齎周書問詔。韶以“護外託爲相，其實王也，既爲母請而不遣一介之使，申其情理，乃據移書，即送其母，恐示之弱。如臣管見，且外許之，待通和後，放之未晚。”不聽。《周書·護傳》言：護報閻姬書後，齊朝不即發遣，更令與護書，要護重報，往返再三，而母竟不至，朝議以其失信，令有司移齊，移書未送而母至，則齊終據護私書而還其母也。亦可見武成求和之亟矣。邙山捷後，亦不聞乘勝更有經略；其無能爲，實更甚矣。陳廢帝光大二年，齊後主天統四年，周天和三年。兩國遂通和。是歲，武成死。宣帝大建元年，齊天統五年，周天和四年。周盜殺孔城防主，以其地入齊，孔城，後魏新城郡治，在今河南洛陽縣南。兩國釁端復起。齊蘭陵王長恭、斛律光，周齊王憲等互爭宜陽及汾北之城戍。宜陽，見第三章第三節。至三年齊武平二年，周天和六年。四月，而周陳公純等取宜陽，六月，齊段韶取汾州。見第十二章第三節。然初無與於勝負之大計；而此數年中，兩國使命，亦仍相往來；則特疆場上釁而已，《周》、《齊》兩書諸列傳，侈陳戰績，乃邀功、誇敵之辭，不足信也。是歲，九月，段韶卒。明年，陳大建四年，齊武平三年，周建德元年。三月，周殺宇文護。六月，齊殺斛律光。《周書·于翼傳》曰：先是與齊、陳二境，各脩邊防，雖通聘好，而每歲交兵，然一彼一此，不能有所克獲。高祖既親萬機，將圖東討，詔邊城鎮并益儲偫，加戍卒。二國聞之，亦增脩守禦。翼諫曰："宇文護專制之日，興兵至洛，不戰而敗，所喪實多。數十年委積，一朝糜散。雖爲護無制勝之策，亦由敵人有備故也。且疆場相侵，互有勝敗，徒損兵儲：非策之上者。不若解邊嚴，減戍防，繼好息民，以待來者。彼必喜於通和，懈而少備，然後出其不意，一舉而山東可圖。若猶習前蹤，恐非蕩定之計。"帝納之。於是周、齊之爭，内急而外緩，而齊人是時，荒縱已甚，敵皆能識其情，而陳人經略之師起矣。

第七節　陳取淮南

華皎之亂，陳與梁、周啓釁。大建二年，_{周天和五年。}章昭達復伐梁。時蕭巋與周軍，大蓄舟艦於青泥中。昭達遣偏將錢道戢、程文季襲之，焚其舟艦。周軍於峽下南岸築壘，_{峽，謂西陵峽。}名曰安蜀城。於江上橫列大索，編葦爲橋，以度軍糧。昭達命軍士爲長戟，施於樓船之上，仰割其索。索斷糧絕。因縱兵以攻其城，降之。巋告急於周襄州總管衛公直。_{襄州，見第十二章第十節。}直令趙誾、李遷哲救之，并受江陵總管陸騰節度。遷哲守江陵外城，程文季與雷道勤夜襲人之。遷哲不能抗。陸騰遣甲士出擊，道勤中流矢死，文季僅以身免。昭達又決龍川寧朔隄，引水灌城。_{《水經注》：紀南城西南有赤坂岡，岡下有瀆水，東北流入城，又東北出城，西南注於龍陂。陂在靈溪東。紀南、靈溪，皆見第七章第三節。}遷哲塞北隄以止水。騰率將士戰於西隄，陳兵不利。昭達乃還。周武帝使杜杲來，論保境息民之意。宣帝許之。使命復通。三年，_{齊武平二年，周天和六年。}帝遣使如齊謀伐周。齊人弗許。四年，_{齊武平三年，周建德元年。}杜杲復來。帝使謂之曰："若欲合從圖齊，當以樊、鄧見與，方可表信。"杲答曰："合從圖齊，豈惟敝邑之利？必須城鎮，宜待得之於齊，先索漢南，使臣不敢聞命。"是歲，華皎朝於周。至襄陽，謂衛公直曰："梁主既失江南諸郡，人少國貧，望借數州，以裨梁國。"直然之，遣使言狀。武帝許之。以基、平、鄀三州歸於巋。_{基州，西魏置，在今湖北鍾祥縣南。平州，周置，今湖北當陽縣。鄀州，西魏置，在今湖北荆門縣北。}蓋周之意，始終在翼梁以敵陳也。是時周無釁可乘，而齊政荒亂，宣帝乃舍西而圖東。

大建五年，_{齊武平四年。}三月，分命衆軍北伐。以吳明徹都督征討諸軍事，出秦郡。_{見第十三章第三節。}黄法氍出歷陽。齊遣其歷陽王步騎來援，於小峴築城。法氍遣樊毅禦之大峴，大破其軍。_{大小峴，見第九章第二節。}吳明徹至秦郡，克其水栅。初王琳之歸齊也，齊孝昭帝遣琳出合肥，鳩集義故，更圖進取。琳乃繕艦，分遣招募。淮南儁楚，皆願戮力。陳合州刺史裴景暉，琳兄珉之壻也，請以私屬，道引齊師。孝昭委琳與行臺右丞盧潛率兵應赴。沈吟不決。景暉懼事泄，挺身歸齊。孝昭令琳鎮壽陽。其部下將帥，悉聽以行。乃除琳揚州刺史。琳水陸戒嚴，將觀釁而動。屬陳氏結好於齊，齊乃使琳更聽後圖。琳在壽陽，與行臺尚書盧潛不協，更相是非。被召還鄴。武成置而不問。及是，勑領軍將軍尉破胡等出援秦州，令琳共爲經略。《北齊書·源文宗傳》云：趙彥深密訪文宗。文宗，賀曾孫，名彪，《齊書》《北史》皆稱其字，疑實名虎，以避唐諱改也。文宗曾爲涇、秦二州刺史，知江、淮閒事，故彥深訪之。文宗曰："朝廷精兵，必不肯多付諸將，數千已下，復不得與吳、楚爭鋒，命將出軍，反爲彼餌。尉破胡人品，王之所知。進既不得，退又未可，敗績之事，匪伊朝夕。國家待遇淮南，得失同於蒿箭。如文宗計者：不過專委王琳，淮南招募三四萬人，風俗相通，能得死力。兼令舊將，淮北捉兵，足堪固守。且琳之於曇頊，不肯北面事之明矣。竊謂計之上者：若不推赤心於琳，別遣餘人掣肘，更成速禍，彌不可爲。"彥深歎曰："弟此良圖，足爲制勝千里。但口舌爭來十日，已不見從。時事至此，安可盡言？"因相顧流涕。案王琳一人，豈有足禦陳大軍之理？[1] 蓋齊人是時，已決棄淮南，特以琳委之於陳，勝則爲意外之捷，不勝則於齊無所損耳。所以決棄淮南者？以一與陳連兵，則恐周人乘釁而至，其精兵之不肯多付諸將者以此。然則陳宣大舉，亦係乘周、齊之釁而動。此固兵機宜然，然克捷之後，遂忘其本來，而自謂兵力足恃則誤矣。此其所以旋敗於周邪？琳背父母之邦而投戎狄，而敵人乃更令其代己受禍。爲漢奸者，亦可以憬然悟矣。琳進戰，大敗，單馬突圍僅免。還至彭城，後主令便赴壽陽，并許召募。明徹既破破胡，遂降秦郡。五月。進兵仁州。見第四節。六月。至於峽口。見第六章第四節。七月。進圍壽陽。堰肥水以灌其城。時魏皮景和等屯於淮南，竟不赴救。十月，城陷，琳被執，明徹斬之。皮景和等遁去。此蓋源文宗所謂淮南得失，同之蒿箭，但令舊將，固守淮北者，乃齊人是時已定之策，非必景和等之駑怯也。史稱琳有忠義之節，已辯於前。又稱其"輕財愛士，得士卒之心"。其敗也，"吳明徹欲全之，而其下將領，多琳故吏，爭來致請，并相資給，明徹由此忌之，故及於難"。又言"琳被執，百姓泣而從之，明徹恐其爲變，殺之，哭者聲如雷。有一叟，以酒脯來，號酹盡哀，收其血，懷之而去。田夫野老，知與不知，莫不爲之歔欷流泣。觀其誠信感物，雖李將軍之恂恂善誘，殆無以加焉"。此真所謂淫辭。夫琳，不過一輕俠之徒。其在建業，既因恃功爲暴，雖王僧辯之寬縱，亦不能舍之。張載之見害也，陸納等抽其腸，繫諸

馬脚，使繞而走，腸盡氣絶，又臠割，備五刑而斬之。琳之徒黨，所爲如是，曾是百姓，冒死以從此等人，而爲之流泣乎？王僧辯之子顗，隨琳入齊，爲竟陵郡守。竟陵，見第三章第九節。聞琳死，乃出郡城南，登高冢上號哭，一慟而絶。漢奸末路，亦可悲矣。時黄法㲟亦克歷陽，五月。進取合州。六月。諸軍所向克捷。淮南之地盡復。於是南豫州還治歷陽，先治宣城。豫州還治壽陽，而於黄城置司州。明徹進攻彭城。七年，齊武平六年。九月，大敗齊師於吕梁。見第九章第五節。時周人攻齊之師，亦已起矣。

第八節　周滅北齊

　　陳取淮南，齊人所以視同蒿箭者，以備周也，然亦因此而更啓周人之輕視。《周書・韋孝寬傳》云：武帝志在平齊，孝寬上疏陳三策。[1] 其第一策曰："臣在邊積年，頗見閒隙。不因際會，難以成功。是以往歲出軍，徒有勞費。長淮以南，舊爲沃土，陳氏以破亡餘燼，猶能一舉平之，齊人歷年赴救，喪敗而返。内離外叛，力盡計窮。《傳》不云乎？讎有釁焉，不可失也。今大軍若出軹關，見第六節。方軌而進；兼與陳氏，共爲犄角；并令廣州義旅，出自三鵶；廣州，見第十三章第一節。三鵶，見第十二章第十節。又募山南驍鋭，沿河而下；復遣北山稽胡，北山，謂稽胡所據之山，在長安之北。絶其并、晉之路；凡此諸軍，仍命各募關、河以外勁勇之士，厚其爵賞，使爲前驅；岳動川移，雷駭電激，百道俱進，并趨虜廷，必當望旗奔潰，所向摧殄。一戎大定，實在此機。"其第二策曰："若國家更爲後圖，未即大舉，宜與陳人，分其兵勢。三鵶以北，萬春以南，胡三省曰：《新唐志》：武德五年，析龍門置萬春縣，蓋以舊地名名縣也。案萬春，今山西河津縣。廣事屯田，豫爲貯積；募其驍悍，立爲部伍。彼既東南有敵，戎馬相持，我出奇兵，破其疆場。彼若興師赴援，我則堅壁清野，待其去遠，還復出師。常以邊外之師，引其腹心之衆。我無宿舂之費，彼有奔命之勞。一二年中，必自離叛。然後乘閒電掃，事等摧枯。"其第三策曰："大周土宇，跨據關、河，南清江、漢，西龕巴、蜀，塞表無虞，河右底定，惟彼趙、魏，獨爲榛梗。今若更存遵養，且復相時，臣謂宜還崇鄰好，申其盟約。安人和衆，通商惠工。蓄鋭震威，觀釁而動。斯則長策遠馭，坐自兼并也。"此三策，洵爲當時進取之良圖。周武帝氣鋭才雄，遂取其第一策。

---

　　① 史事：周武帝滅齊戰略（第五一七—五二三頁）。

　　齊氏政治雖亂，兵力尚彊，非一舉摧破其大軍，終難期廓清底定，故周武攻取之方，乃在攻其所必救，以致其一戰。建德四年，齊武平六年，陳大建七年也。七月，武帝召大將軍已上於大德殿，告以出師方略，曰："今欲數道出兵，水陸兼進。北拒大行之路，東扼黎陽之險。黎陽，見第五章第三節。若攻拔河陰，漢平陰縣，三國魏改曰河陰，在今河南孟津縣東。兗、豫則馳檄可定。然後養銳享士，以待其至。但得一戰，則破之必矣。王公以爲何如？"羣臣咸稱善。於是部分諸軍。使齊王憲以二萬人出黎陽，于翼以二萬人出陳、汝，侯莫陳芮以一萬人守大行，李穆以三萬人守河陽。又使楊堅以舟師三萬，自渭入河。而自率衆六萬，直指河陰。八月，攻其大城，克之。進攻子城，未克。閏月，齊大丞相高阿那肱自晉陽禦之，師次河陽。九月，周師還。齊王憲、李穆、于翼降拔三十餘城，皆棄不守。水師亦焚舟而退。是役也，周武帝謂有疾故退師，恐係託辭。或謂以淺攻嘗之，亦未必然。以予觀之，似以河陰距長安較遠，應接非易，恐戰或不捷，復爲邙山之續，故寧知幾而退也。明年，周建德五年，陳大建八年。十月，武帝謂羣臣曰："前入賊境，備見敵情。觀彼行師，殆同兒戲。晉州本高歡所起，控扼要重，今往攻之，彼必來援。吾嚴軍以待，擊之必克。然後乘破竹之勢，鼓行而東。足以窮其窟穴，混同文軌。"諸將多不願行。帝曰："若有沮吾軍者，當以軍法裁之。"遂復總戎東伐。分兵守諸要害。癸亥，自攻晉州。壬申，克之。以梁士彥爲刺史，留精兵一萬守之。時齊主獵於祁連池，即天池，山名，在今山西寧武縣西南。聞之，乃還晉陽，自將來救。十一月，己卯，周主班師，留齊王憲爲後拒。是日，齊主至晉州。憲亦引軍度汾。齊師遂圍晉州。癸巳，周主至長安。丁酉，復東伐。十二月，戊申，至晉州。庚戌，戰於城南，齊師大敗。《周書·文帝紀》曰：初齊攻晉州，恐王師卒至，於城南穿塹，自喬山屬於汾水。帝率諸軍八萬人置陳，東西二十餘里。齊主亦於塹北列陳。申後，齊人填塹南引。帝大喜，勒諸軍擊之。齊人便退。齊主與其麾下數十騎走還并州。齊衆大潰。軍資甲仗，數百里閒，委棄山積。《齊書·高阿那肱傳》曰：周師逼平陽，後主於天池校獵，晉州頻遣馳奏，從旦至午，驛馬三至。肱曰："大家正作樂，何急奏聞？"至暮，使更至，云平陽城已陷，賊方至，乃奏知。明早，旦即欲引，淑妃又請更合一圍。及軍赴晉州，令肱率前軍先進，仍留節度諸軍。後主謂肱曰："戰是邪？不戰是邪？"肱曰："勿戰，卻守高梁橋。"在今山西臨汾縣北。安吐根曰："一把賊，馬上刺取擲汾河中。"帝意未決。諸內參曰："彼亦天子，我亦天子，彼尚能遠來，我何爲守塹示弱？"帝曰："此言是也。"於是漸進。後主從穆提婆觀戰，東偏頗有退者，提婆怖曰："大家去，大家去。"帝以淑妃奔高梁。開府奚長樂諫曰："半進半退，戰之常體。今兵衆齊整，未有傷敗，陛下舍此安之？御馬一動，人情驚亂，且速還安慰之。"武衛張常山自後至，亦曰："軍尋收回，甚整頓。圍城兵亦不動。至尊宜迴。不信臣言，乞將內參往視。"帝將從之。提婆引帝肘曰："此言難信。"帝遂北馳。《北史·馮淑妃傳》曰：淑妃名小憐，大穆后從婢也。穆后愛衰，以五月五日進之，號曰續命。慧黠，能彈琵琶，工歌舞，後主惑之。晉州告亟，帝將還，淑妃請更殺一圍，帝從其言。及帝至晉州，城已欲沒矣。作地道攻之，城陷十餘步。將士乘勢欲入。帝勅且止，召淑妃共觀之。淑妃妝點，不獲時至。周人以木拒塞城，遂不下。舊俗相傳：晉州城西石上有聖人迹，淑妃欲往觀之。帝恐弩矢及橋，故抽攻城木造遠橋。監作舍人以不速成受罰。帝與淑妃度橋，橋壞，至夜乃還。稱妃有功勳，將立爲左皇后，即令使馳取褘翟等皇后服御。仍與之并騎觀戰。東偏少卻，淑妃怖曰："軍敗矣。"帝遂以淑妃奔還。至洪洞戍，_{在今山西洪洞縣北。}淑妃方以粉鏡自玩，後聲亂唱賊至，於是復走。內參自晉陽以皇后衣至，帝爲按轡，命淑妃著之，然後去。其言頗類平話，未必盡信。綜全局而觀之，齊師不能堅戰，自爲致敗之由，然其大失，尚不在此。周人是時，欲誘齊師一戰之策，仍與去年無異，特所攻者近而少，則兵力益得厚集，且應援較易，決戰更有把握耳。《隋書·趙煚傳》：武帝出兵鞏、洛，欲收齊河南之地。煚諫曰："河南洛陽，四面受敵，縱得之不可以守。請從河北直指太原，傾其巢穴，可一舉以定。"帝不從，師竟無功。《宇文弼傳》：武帝將出兵河、洛以伐齊，弼進策曰："齊氏建國，於今累葉，雖曰無道，藩屏之寄，尚有其人。今之用兵，須擇其地。河陽衝要，精兵所聚，盡力攻圍，恐難得志。如臣所見，彼汾之曲，戍小山平，攻之易拔，用武之地，莫過於此。願陛下詳之。"帝不納，師竟無功。《鮑宏傳》：帝嘗問宏取齊之策。宏對曰："先皇往日，出師洛陽，彼有其備，每不克捷。如臣計者，進兵汾、潞，直指晉陽，出其不虞，斯爲上策。"帝從之。此等庸有事後附會之談，然攻平陽勝於攻洛陽，則無足惑，以其道里近而地勢亦較平坦也。周人既厚集其力而來，齊人自亦宜厚集其力以待之。平陽雖云重鎮，必難當周舉國之師，則救之宜如沃焦捧漏。乃周師既發七日，齊主尚獵於天池；_{周師以己酉發，齊主以丙辰獵於天池。}又七日，周主已至晉州，齊主乃以其日還晉陽；又七日，乃自晉陽南下，_{庚午。}則發二日而晉州已陷矣。此誤於赴救之大遲也。周人是時，蓋以晉州委齊，誘使攻城，以敝其力。故不特周主引還，即齊王憲亦渡汾不戰。晉州若陷，所失不過梁士彥萬人，不下而齊力已敝，則決戰之機至矣。爲齊人計者：度能速下晉州而所傷不多，則宜攻之，不則當別思方略。乃遂引兵急攻，此則爲周人所致矣。而攻之又不能下。_{齊人以己卯至，即攻城，至庚戌戰，凡三十二日。}頓兵堅城，主反爲客，銳氣已墮，故周武度其可破，引兵再來。是時之計，蓋以高阿那肱不戰而卻守高梁橋之説爲較得，此又所以挫周人新銳之氣也。乃後主又不能用，則不戰而先自敗矣。故曰：戰不能堅，尚其失之小焉者也。戰之明日，辛亥。周武帝至晉州，仍率諸軍追齊主。諸將固請還師。帝曰："縱敵患生，卿等若疑，朕將獨往。"諸將乃不敢言。武帝蓋度齊之不能整，而亦使之不及整也。高阿那肱守高壁，嶺名，在今山西靈石縣東南。望風退散，周師遂至并州。

　　齊師之敗也，後主棄軍先還。後三日，入晉陽。癸丑。謂朝臣曰："周師甚盛，若何？"羣臣咸曰："一得一失，自古皆然。宜停百賦，安慰朝野。收拾遺兵，背城死戰，以存社稷。"帝意猶豫，欲向北朔州。乃留安德王延宗、廣寧王孝珩等守晉陽。若晉陽不守，即欲奔突厥。羣臣皆曰不可。帝不從。密遣送皇大后、皇大子於北朔州。丙辰，帝幸城南軍勞將士。其夜，欲遁。諸將不從。丁巳，穆提婆降周。陸令萱自殺。詔除安德王延宗爲相國，委以備禦。延宗流涕受命。帝乃夜斬五龍門而出。欲幸突厥。從官多散。領軍梅勝郎叩馬諫，乃迴之鄴。在并將卒，咸請於延宗曰："王若不作天子，諸人實不能出死力。"延宗不得已，即皇帝位。《北齊書·唐邕傳》曰：周師來寇，丞相高阿那肱率兵赴援，邕配割不甚允，因此有隙。肱譖之。遣侍中斛律孝卿宣旨責讓，留身禁止。尋釋之。車駕將幸晉陽，勑孝卿總知騎兵、度支，事多自決，不相諮稟。邕自霸朝以來，常典樞要，歷事六帝，恩遇甚重，一旦爲孝卿所輕，負氣鬱怏，形於辭色。帝平陽敗後，狼狽還鄴都，邕懼那肱譖之，恨孝卿輕己，遂留晉陽，與莫多婁敬顯等宗樹安德王爲帝。信宿城陷，邕遂降周。然則當日立延宗者，亦未必皆無私意。然以大體言之，則失望於後主，而欲別圖擁戴以拒敵者必多也。邕初爲高祖直外兵曹，擢爲世宗大將軍府參軍。世宗崩，事出倉卒，顯祖部分將士，鎮壓四方，夜中召邕支配，造次便了。顯祖甚重之。顯祖頻年出塞，邕必陪從，專掌兵機。識悟閑明，承變敏速。自督將以還，軍吏以上，勞效由緒，無不諳練。每有顧問，占對如響。或於御前簡閱，雖三五千人，邕多不執文簿，暗唱官位姓名，未嘗繆誤。凡是九州軍士，四方勇募，強弱多少，番代往還，及器械精粗，糧儲虛實，精心勤事，莫不諳知。史所言者如此，雖或過情，其爲本兵長才，則決無疑義，乃以高阿那肱之私憾、斛律孝卿之驕縱而失之，用人如此，此亦齊之所以速亡歟？衆聞之，不召而至者相屬。延宗傾覆府藏，及後宮美女，以賜將士。籍沒內參千餘家。見士卒，皆親執手，陳辭自稱名，流涕嗚咽。衆爭爲死。周軍圍晉陽，望之如黑雲四合。庚申，延宗擁兵四萬出城。周武帝率諸將合戰。齊軍退。帝乘勝逐北，際昏，率千餘騎入東門。詔諸軍繞城置陳。至夜，延宗與莫多婁敬顯自門入，夾擊之。延宗本命敬顯拒城南，親當周主於城北。城中軍卻，人相蹂踐，大爲延宗所敗，死傷略盡。齊人欲閉門，以閣下積尸，扉不得合。帝從數騎，崎嶇危險，僅得出門。時四更也。齊人既勝，皆入坊飲酒，延宗不復能整。詰旦，周武帝還攻東門，克之。又入南門。延宗戰，力屈，走至城北，於民家見禽。晉陽遂陷。以上兼採《周書·武帝紀》及《齊書·延宗傳》。《延宗傳》曰：周武帝出城，饑甚，欲爲遁逸計。齊王憲及柱國王誼諫，以爲去必不免。延宗叛將段暢，亦盛言城內空虛。周武帝乃駐馬鳴角收兵，俄頃復振。案是時，周、齊兵力，相去縣殊，齊人僅一小捷，何益於事？周人所失，不過入城之千人耳，其繞城置陳之兵自在也，武帝何遽欲走？又何至走即不免？果其奔潰者眾，又豈俄頃所能振邪？① 後十三日，癸酉。武帝率軍趨鄴。

後主以延宗出戰之日入鄴。後四日，甲子。皇大后從北道至。引文武一品已上入朱雀門，賜酒食，給筆紙，問以禦周之方。羣臣各異議。帝莫知所從。《廣寧王孝珩傳》曰：後主自晉州敗奔鄴，詔王公議於含光殿。孝珩以“大敵既深，事藉機變。宜使任城王領幽州道兵入土門，揚聲趨并州；獨孤永業領洛州兵趨潼關，揚聲趨長安；臣請領京畿兵出滏口，鼓行逆戰。敵聞南北有兵，自然潰散”。又請出宮人、珍寶，以賜將士。帝不能用。案是時周師方銳，斷非虛聲所能懾之使退；齊銳氣已墮，孝珩逆戰，亦必不能勝也。又引高元海等議，依大統故事，以明年陳大建九年，周建德六年。正月朔，傳位於大子恒，是爲幼主。時年八歲。周軍續至。人皆洶懼，無有鬥心。朝士出降，晝夜相屬。清河王岳之子勱奏後主曰：“今所翻叛，多是貴人，至於卒伍，猶未離貳。請追五品已上家屬，置之三臺，因脅之曰：若戰不捷，即退焚臺。此曹顧惜妻子，必當力戰。且王師頻北，賊徒輕我，背城一決，理必破之。”後主不能用。於是黃門侍郎顏之推，中書侍郎薛道衡，侍中陳德信等勸後主往河外募兵，更爲經略。若不濟，南投陳國。從之。《之推傳》曰：帝窘急，計無所從。之推因宦者侍中鄧長顒進奔陳之策。② 仍勸募吳士千餘人，以爲左右，取青、徐路，共投陳國。帝甚納之。以告丞相高阿那肱等。肱不願入陳，乃云：“吳士難信，不須募之。”勸帝送珍寶、累重向青州，且守三齊之地，若不可保，徐浮海南度。丁丑，大皇大后、大上皇後主。先趨濟州。見第十二章第九節。癸亥，幼主又自鄴東走。壬辰，周武帝至鄴。癸巳，圍之。遂入鄴。遣尉遲勤率騎二千追後主。後主以乙亥渡河，入濟州。其日，幼主禪位於任城王湝。爲任城詔，尊後主爲無上皇，幼主爲守國天王。留大皇大后於濟州，遣高阿那肱留守。大上皇并皇后攜幼主走青州。韓長鸞、鄧長顒等數十人從。大上皇既至青州，即爲入陳之計。而高阿那肱召周軍，約生致齊主。屢使人告：“賊軍在遠，已令人燒斷橋路。”大上所以停緩。《肱傳》：後主自晉州北馳，有軍士告稱肱遣臣招引西軍，今欲聞奏。後主令侍中斛律孝卿檢校。孝卿云：此人妄語。還至晉陽，肱腹心告肱謀反，又以爲妄，斬之。乃顛沛還鄴。侍衛逃散，惟肱及內官數十騎從行。後主走度大行，令肱以數千人投齊州，仍遣覘候。每奏云：周兵未至，且在青州集兵，未須南行。及周將軍尉遲迥至關，肱遂降。時人皆云肱表款周武，必仰生致齊主，故不速報兵至，使後主被禽。然則謂肱約降而賣後主，特時人測度之辭。肱雖不忠，此說似屬誣衊；謂其在晉州時即有叛意，尤必無之理也。周軍奄至青州，大上窘急，將遜於陳，與長鸞、淑妃等十數騎至青州南鄧村，爲尉遲勤所獲。送鄴。

---

① 史事：齊延宗捷后，周武帝欲走之誣。

② 民族：顏之推勸北齊後主投陳。

任城王湝,時爲瀛州刺史,瀛州,見第十一章第四節。後主奔鄴,加大丞相。安德王稱尊號,使脩啓於湝,湝執送鄴。幼主禪位,令斛律孝卿送禪文及璽紱,不達。此從《湝傳》。《後主紀》云:孝卿以之歸周,《周書·武帝紀》則云:被執送鄴。初幼主即位,以廣寧王孝珩爲大宰,孝珩與呼延族、莫多婁敬顯、尉相願同謀,期正旦五日,孝珩於千秋門斬高阿那肱,相願在内以禁兵應之,相願時爲領軍。族與敬顯自遊豫園勒兵出,廢後主而立孝珩。既而阿那肱從别宅取便路入宫,事不果。乃求出拒西軍。肱及韓長鸞恐其爲變,出爲滄州刺史。見第十二章第三節。至州,以五千人會任城王於信都。見第十一章第四節。召募,得四萬餘人。周遣齊王憲、楊堅討之。戰敗,湝、孝珩俱被禽。周武帝以湝已下大小三十王歸長安。孝珩以十月卒。是月,周誣後主與穆提婆等謀反,與湝、延宗等數十人無少長皆賜死。惟高平王仁英以清狂,安樂王仁雅以瘖疾獲免。俱徙蜀。神武子孫,存者一二而已。時惟文宣第三子范陽王紹義及齊疏屬高寶寧能拒周。

紹義,後主奔鄴,以爲尚書令、定州刺史。定州,見第十一章第二節。周武帝克并州,以封輔相爲北朔州總管。北朔州齊之重鎮,諸勇士多聚焉。前卒長趙穆,司馬王當萬等謀執輔相,迎任城王於瀛州。事不果。便迎紹義。紹義至馬邑,輔相及其屬韓阿各奴等數十人,皆齊叛臣。及肆州以北城戍二百八十餘從輔相者,皆反爲齊。肆州,見第十一章第二節。紹義與靈州刺史袁洪猛引兵南出,靈州,見第十二章第三節。欲取并州。至新興,見第二章第二節。而肆州已爲周守。前隊二儀同以所部降周。周兵擊顯州,後魏置,在今山西孝義縣西。執刺史陸瓊。又攻陷諸城。紹義還保北朔。周將宇文神舉軍逼馬邑,紹義遣杜明達拒之,大敗。紹義曰:"有死而已,不能降人。"遂奔突厥。衆三千家,令之曰:"欲還者任意。"於是哭拜别者大半。突厥他鉢可汗謂文宣爲英雄天子,以紹義重踝似之,甚見愛重。凡齊人在北者,悉隸紹義。高寶寧,《齊書》本傳云:代人也,不知其所從來,《北史》同,而其《陰壽傳》及《周書·文帝紀》則皆云寶寧爲齊之疏屬。武平末,爲營州刺史,鎮黄龍。① 周師將至鄴,幽州行臺潘子晃徵黄龍兵,保寧率驍鋭并契丹、靺鞨萬餘騎將赴救,至北平,後魏郡,今河北盧龍縣。知子晃已發薊,見第四章第二節。又聞鄴都不守,便歸營州。周武帝遣使招慰,不受,而上表紹義勸進。紹義遂即皇帝位。署寶寧爲丞相,以趙穆爲天水王。他鉢聞寶寧得平州,亦招諸部各舉兵南向,云共立范陽王作齊帝,爲其報讎。周武帝大集兵於雲陽,將親北伐,遇疾暴崩。紹義聞之,以爲天贊己,范陽人盧昌

---

① 民族:周之滅齊,高寶寧爲營州刺史,以契丹、靺鞨入救。北走後,又引契丹、勿吉之衆來攻。

期亦叛周,表迎紹義。范陽,見第四章第二節。俄爲宇文神舉攻滅。保寧引紹義集夷夏兵數萬騎來救。至潞河,神舉已屠范陽,紹義乃迴入突厥,寶寧還據黄龍。周人購之於他鉢,又使賀若義往説之。他鉢僞與紹義獵於南境,使義執之。流於蜀,死蜀中。寶寧至隋世,尚與突厥合兵爲寇。開皇三年,陳後主至德元年。幽州總管陰壽出塞擊之。寶寧棄城奔磧北。壽班師,留開府成道昂鎮之。寶寧尋引契丹、勿吉之衆來攻。壽患之,以重賞購之,又遣人陰閒其所親任者。寶寧走契丹,爲其麾下所殺。北邊平。

第九節　陳失淮南

甚哉,陳宣帝之不度德、不量力也,聞齊亡而遽欲進取淮北也。周之攻齊也,凡四閲月而齊亡,建德五年十月,至六年正月入鄴。而陳之攻齊也,則歷二年而僅得淮南之地耳。自大建五年三月至七年二月。且周之攻齊也,是存亡生死之爭也,而陳之攻齊,則齊迄視淮南如蒿箭。陳之與周,强弱見矣。不爭之於齊未亡之日,而爭之於齊既亡之後乎?陳果欲復淮北,則齊師敗於晉州之後,即當亟起與周分功。齊必不能分兵捍禦,淮北之地,唾手可得。進取山東,後主可以卵翼,藉其名以撫用任城、廣寧、范陽、高寶寧等,周雖彊,必不能取之如拉枯朽也。大建七年九月,陳已有吕梁之捷,此後一年餘,周、齊之爭方劇,陳竟熟視若無覩,至齊地已定,周人之鋭氣方新,乃忽欲進取淮北,是誠何心哉?於時蔡景歷諫,以爲“師老將驕,不宜過窮遠略”。毛喜亦諫,以爲“淮左新平,邊民未乂,周氏始吞齊國,難與爭鋒,豈以敝卒疲兵,復加深入?且棄舟楫之工,踐車騎之地,去長就短,非吳人所便。不若安民保境,寢兵復約,然後廣募英奇,順時而動”。帝皆不聽。且以景歷爲沮衆,出爲豫章内史。未行,爲飛章所劾,以在省之月,臧汙狼籍,免官、削爵土,徙居會稽。蓋度出兵之舉,弗順者必多,故以是威衆也。史官論之曰:“李克以爲吳之先亡,由數戰數勝,數戰則民疲,數勝則主驕,以驕主馭疲民,未有不亡者也”,豈不信哉!

大建九年,周建德六年。以吳明徹爲大都督,北伐。十月,軍至吕梁。周徐州總管梁士彦拒戰,明徹頻破之。士彦守城不敢復出。明徹仍迮清水,以灌其城。環列舟艦於城下,攻之甚急。周以王軌爲行軍總管救之。軌輕行,自清水入淮口。横流竪木,以鐵鎖貫車輪,遏斷船路。欲密決其堰。諸將聞之,甚恐。議欲破堰拔軍,以舫載馬。馬主裴子烈曰:“若決堰下船,船必傾倒,不如前遣馬出,於事爲允。”適會明徹苦背疾甚篤,知事不濟,遂從之。乃遣蕭摩訶率馬軍數千前還。明徹仍自決其堰,乘水勢以退軍。及至清口,水勢漸微,舟艦并不得渡。衆軍皆潰。明徹窮蹙就執。時大建十年二月也。周宣政元年。尋以憂憤遘疾,卒於長安。時年六十七。明徹之敗,實不得謂非人謀之不臧也。《陳書・蕭摩訶傳》:摩訶謂明徹曰:"聞王軌始斷下流,其兩頭築城,今尚未立。公若見遣擊之,彼必不敢相拒。水路未斷,賊勢不堅。彼城若立,吾屬且爲虜矣。"明徹奮髯曰:"搴旗陷陳,將軍事也,長算遠略,老夫事也。"摩訶失色而退。一旬之間,周兵益至。摩訶又請曰:"今求戰不得,進退無路,潛軍突圍,未足爲恥。願公引步卒乘馬轝徐行,摩訶領鐵騎數千,驅馳前後,必當使公安達京邑。"明徹曰:"弟之此計,乃良圖也。然步軍既多,吾爲總督,必須身居其後,相率兼行,弟馬軍宜須在前,不可遲緩。"摩訶因率馬軍夜發。先是周軍長圍既合,又於要路下伏數重。摩訶選精騎八十,率先衝突,自後衆騎繼焉。比旦,達淮南。明徹兵力,不爲不厚,任王軌斷其下流,且合長圍,而不出兵力爭,殊不可解。《周書・王軌傳》言:是役惟蕭摩訶以二千騎先走得免,則摩訶之能突圍不虛。長圍既合,尚能突走,況於築城未立之際乎?明徹固拒其請,何哉?無他,驕耳。明徹本非將才,迹其生平用兵,敗多勝少,況於是時,衰遲不振,陳宣用之,實爲失策。《陳書・徐陵傳》云:廢帝即位,高宗入輔,謀黜異志者,引陵豫其謀。大建元年,除尚書右僕射。二年,遷左僕射。陵抗表推周弘正、王勱等。高宗苦屬之。陵乃奉詔。及朝議北伐,高宗曰:"朕意已決,卿可舉元帥。"衆議以中權將軍淳于量位重,共署推之。陵獨曰:"不然。吳明徹家在淮左,悉彼風俗,將略人才,當今亦無過者。"於是爭論,累日不能決。都官尚書裴忌曰:"臣同徐僕射。"陵應聲曰:"非但明徹良將,裴忌即良副也。"是日,詔明徹爲大都督,令忌監軍事。遂克淮南數十州之地。高宗因置酒舉杯屬陵曰:"賞卿知人。"夫徐陵非知兵之人,其舉明徹,豈有真知灼見?當時盈廷爭論,至於累日不決,必有深知其不可者,高宗顧違衆而用之,豈以篡立之際,陵與明徹,皆嘗與謀,故其言易入邪?[①] 決策如彼,用人如此,不敗何待?

明徹既敗,乃分命衆軍以備周。淳于量爲大都督,總水陸諸軍事。孫瑒都督荊、郢水陸諸軍事。樊毅都督清口上至荊山緣淮衆軍。清口,泗水入淮之口。荊山,在今安徽懷遠縣西南。任忠都督壽陽、新蔡、霍州等衆軍。霍州,治濘縣,在今安徽霍山縣北。樊毅遣軍渡淮北,對清口築城。霖雨,城壞,自拔而還。是歲,六月,周

---

① 史事:陳任吳明徹取淮南,蓋以其與立己。

武帝死,宣帝立。十二月,周以滕王逌爲行軍元帥,南伐。明年,_{陳大建十一年,周}
_{大象元年}。正月,殺王軌,停南伐諸軍。九月,復以韋孝寬爲行軍元帥,率杞國公
亮及梁士彥南伐。然仍遣杜杲來使。蓋周在是時,亦無意於大舉也。陳復遣
淳于量、樊毅、任忠等拒之,皆無功。豫州、_{壽陽}。霍州相繼陷。南北兗、_{南兗治廣}
_{陵,北兗治淮陰}。晉三州,_{晉州,治懷寧}。及盱眙、_{見第三章第九節}。山陽、_{見第五章第六節}。
陽平、_{在今江蘇寶應縣西}。馬頭、_{見第八章第七節}。秦、_{見第十三章第三節}。歷陽、_{見第三章第}
_{九節}。沛、_{治石梁,在今安徽天長縣東北}。北譙、_{今安徽全椒縣}。南梁等九郡,_{胡三省曰:南}
_{梁,自《宋志》有之,不知其實土。梁馮道根行南梁大守,戍阜陵,蓋自是爲實土。案阜陵,見第三章第}
_{九節}。并自拔還京師。譙、_{渦陽}。北徐州又陷。淮南之地,遂盡没於周矣。

第十五章　南　北　統　一

第一節　隋　文　帝　代　周

周武帝之生平，頗與後周世宗相似。武帝之滅齊，猶世宗之破北漢也；其破陳，取淮南，猶世宗之破南唐也；破陳而即伐突厥，猶世宗之破南唐而即伐契丹也；而其北伐遇疾，齎志身死，國祚旋移，二者亦無不相類。史事不能相同也，而其相類至於如此，豈不異哉。

武帝宣政元年，陳宣帝之大建十年也，五月，北伐突厥。至雲陽，遇疾。六月，還京。其夜，死於途。參看第十四章第八節。時年三十六。大子贇立，是爲宣帝。武帝生平，所最信任者，爲宇文孝伯。孝伯，安化縣公深之子，深文帝族子也。孝伯與高祖同生，大祖甚愛之，養於第內。及長，又與高祖同學。高祖即位，欲引置左右，託言與孝伯同業受經，思相啓發，由是晉公護弗之猜也，得入爲右侍上士。恒侍左右，出入卧內。朝之機務，皆得與焉。次則王軌及宇文神舉。神舉，文帝族子。誅宇文護之際，惟三人者頗得與焉。而尉遲運平衛剌王之亂，總宿衛軍事，亦稱帝之信臣。武帝寢疾，驛召孝伯赴行在所。帝執其手曰："吾自量必無濟理，以後事付君。"是夜，授司衛上大夫，總宿衛兵馬事。又令馳驛入京鎮守，以備非常。而尉遲運總侍衛兵還京師。宣帝之爲皇大子，武帝嘗使巡西土，因討吐谷渾。軌與孝伯并從。《軌傳》云：軍中進止，皆委軌等，帝仰成而已。時宮尹鄭譯、王端等并得幸。帝在軍中，頗有失德，譯等皆與焉。軍還，軌等言之於高祖。高祖大怒，乃撻帝，除譯等名，仍加捶楚。後軌與孝伯等屢言宣帝之短，神舉亦頗與焉。《神舉傳》。而軌言之最切。《周書》諸人列傳，謂皆由宣帝多過失，《隋書·鄭譯傳》，則謂軌欲立武帝第三子秦王贄，未知事究如何，要之，諸人當武帝時，皆有權勢，其見忌於宣帝，自有其由；王軌等之死，亦是一疑案。①《軌傳》云：軌嘗與小内史賀若弼言："皇大子必不克負荷。"弼深以爲然，勸軌言之。軌後因侍坐，乃謂高祖曰："皇大子仁孝無聞，復多涼德，恐不了陛下家事。愚臣短暗，不足以論是非，陛下恒以賀若弼有文武

---

① 史事：王軌之獄。鄭譯不必惡（第五二八頁）。

奇才,識度宏遠,而弼比每對臣,深以此事爲慮。"高祖召弼問之。弼乃詭對曰:"皇太子養德春宮,未聞有過,未審陛下何從得聞此言?"既退,軌誚弼曰:"平生言論,無所不道,今者對揚,何得乃爾翻覆?"弼曰:"此公之過也。皇太子國之儲副,豈易攸言?事有蹉跌,便至滅門之禍。本謂公能陳臧否,何得遂至昌言?"軌默然。久之,乃曰:"吾專心國家,遂不存私計。向者對衆,良實非宜。"後軌因內宴上壽,又捋高祖鬚曰:"可愛好老公,但恨後嗣弱耳。"高祖深以爲然。但漢王次長,又不才,此外諸子并幼,故不能用其説。《孝伯傳》:孝伯爲東宮左宮正,白高祖曰:"皇太子四海所屬,而德聲未聞。臣忝宮官,實當其責。且春秋尚少,志業未成。請妙選正人,爲其師友,調護聖質,猶望日就月將,如或不然,悔無及矣。"帝曰:"正人豈復過君?"於是以尉遲運爲右宮正,孝伯仍爲左宮正。尋拜宗師中大夫。及吐谷渾入寇,詔皇太子征之,軍中之事,多決於孝伯。俄授京兆尹。入爲左宮伯。轉右宮伯。嘗因侍坐,帝問之曰:"我兒比來,漸長進不?"答曰:"皇太子比懼天威,更無罪失。"及王軌因內宴捋帝鬚,言太子之不善,帝罷酒,責孝伯曰:"公常語我云太子無過,今軌有此言,公爲誑矣。"孝伯再拜曰:"臣聞父子之際,人所難言。臣於陛下不能割情忍愛,遂爾結舌。"帝知其意,默然。久之,乃曰:"朕已委公矣,公其勉之。"《隋書・賀若弼傳》,謂弼知太子不可動搖,故詭辭以對,與《孝伯傳》不能割情忍愛之説合,則《軌傳》謂高祖深以軌言爲然者不讎矣。孝伯雖言太子之失,而其辭甚婉。《尉遲運傳》云:運爲宮正,數進諫,帝不能納,反疏忌之。時運及與王軌、宇文孝伯等皆爲高祖所親待,軌屢言帝失於高祖,帝謂運與其事,愈更銜之,是運實未嘗言帝之失。《神舉傳》亦不過謂其頗與焉而已。樂運以強直稱,其《傳》云高祖嘗幸同州,召運赴行在所。既至,謂曰:"卿來日見太子不?"運曰:"臣來日奉辭。"高祖曰:"卿言太子何如人?"運曰:"中人也。"時齊王憲以下,并在帝側,高祖顧謂憲等曰:"百官佞我,皆云太子聰明睿知,惟運獨云中人,方驗運之忠直耳。"因問運中人之狀。運對曰:"班固以齊桓公爲中人,管仲相之則霸,豎貂輔之則亂,謂可與爲善,亦可與爲惡也。"高祖曰:"我知之矣。"遂妙選宮官以匡弼之。運之言,亦不過如宇文孝伯耳。然則始終力言太子之不善者,王軌一人而已。《宣帝紀》云:帝憚高祖威嚴,矯情脩飾,以是過惡遂不外聞,與孝伯太子比懼天威,更無罪失之説合,則宣帝在武帝世,實無大過惡。宣帝爲武帝長子,次漢王贊,次秦王贄,《軌傳》云武帝以漢王不才,故不能用其説,而《隋書・鄭譯傳》,謂軌欲立秦王,其説亦隱相符合,然則軌之力毀太子,又惡知其意果何在邪?《譯傳》云:軌每勸帝廢太子而立秦王,由是太子恒不自安。其後詔太子西征吐谷渾,太子乃陰謂譯曰:"秦王上愛子也,烏丸軌上信臣也,今吾此行,得毋扶蘇之事乎?"譯曰:"願殿下勉著仁孝,毋失子道而已,勿憂佗慮。"太子然之。既破賊,譯以功最,賜爵開國子,邑三百户。後坐褻狎皇太子,帝大怒,除名爲民。太子復召之,譯戲狎如初。因言於太子曰:"殿下何時可得據天下?"太子悦而益昵之。夫譯以功最受賞,則謂軍中之事,皆由軌及宇文孝伯者爲不讎矣。何時得據天下之言,又何其與勉著仁孝之語,大不相類也?**而齊王憲,自武帝之世,即專征伐,見猜疑,**參看第十四章第五節。《憲傳》云:憲自以威名日重,潛思屏退。及高祖欲親征北蕃,乃辭以疾。高祖變色曰:"汝若憚行,誰爲吾使?"憲懼曰:"臣陪奉鑾輿,誠爲本願,但身嬰疹疾,不堪領兵。"帝許之。果憲欲屏退,抑帝不欲其領兵,亦不可知也。**其不能見容於宣帝,自更不待言矣。帝即位未踰月,即殺憲,**《憲傳》云:高祖未葬,諸王在內治服,司衛長孫覽總兵輔政,而諸王有異志,奏令開府於智察其動静。及高祖山陵還,諸王歸第,帝又命智就宅候憲。因是告憲有謀。帝乃遣小冢宰宇文孝伯詔憲:晚共諸王俱至殿門。憲獨被引進。帝先伏壯士於別室,執而縊之。憲六子:貴,先憲卒。質、賨、貢、乾禧、乾洽,并與憲俱被誅。《孝伯傳》云:帝忌齊王憲,意欲除之,謂孝伯曰:"公能爲朕圖齊王,當以其官位相授。"孝伯叩頭曰:"先帝遺詔,不許濫誅骨肉,齊王陛下之叔父,戚近功高,社稷重臣,棟梁所寄。陛下若妄加刑戮,微臣又順旨曲從,則臣爲不忠之臣,陛下爲不孝之子也。"帝不懌。因漸疏之。乃與于智、王端、鄭譯等密圖其事。後令智告憲謀逆,遣孝伯召憲入,遂誅之。孝伯既不肯害憲矣,何以召憲時必遣孝伯?孝伯又何以肯承命召憲?豈真全不知帝之將殺之邪?明年,宣帝大成元年。及傳位,改元大象。陳宣帝大建十一年。二月,又殺王軌。神舉時爲并州總管,使人鴆諸馬邑。又賜宇文孝伯死。尉遲運求外出,爲秦州總管,亦以憂死。《孝伯傳》曰:帝誅軌,尉遲運懼,私謂孝伯曰:"吾徒必不免禍,爲之奈何?"孝伯對曰:"今堂上有老母,地下有武帝,爲人臣子,知欲何之?且委質事人,本徇名義,諫而不入,將焉逃死?足下若爲身計,宜且遠之。"於是各行其志。運出爲秦州總管。《運傳》云:運至州,猶懼不免,大象元年,二月,遂以憂薨於州。

　　宣帝,史以爲無道之主,然其人初非大惡,特武帝束之大嚴,《紀》云:帝之在東宮也,高祖慮其不堪承嗣,遇之甚嚴。朝見進止,與諸臣無異。雖隆寒盛暑,亦不得休息。性既嗜酒,高祖遂禁醪醴不許至東宮。帝每有過,輒加棰朴。嘗謂之曰:"古來大子,被廢者幾人?餘兒豈不堪立邪?"於是遣東宮官屬録帝言語動作,每月奏聞。此等如束溼薪之教往往一縱弛即不可收拾。而實未親正人,又年少無學識,其舉動遂多可笑耳。《紀》言其每對臣下,自稱爲天。以五色土塗所御天德殿,各隨方色。又於後宮與皇后等列坐,用宗廟禮器罇彝珪瓚之屬以飲食。此等皆孩稚所爲耳。史所謂侈君者,亦有二科:其一惟務行樂,他無所知。① 一則頗欲有所興作,釐正制度。然生長深宮,不知世務。所興所革,皆徒眩耳目,不切實際。非惟無益,反致勞民傷財。二者之詒害或惟均,然原其本心,固不可同日而語。漢武帝即屬於後一類,參看《秦漢史》第五章第二節。周宣帝亦其倫也。《本紀》言帝於國典朝儀,率情變改;又云:後宮位號,莫能詳録,可見其所改之多。變改必不能專於後宮,史不能詳記耳。又言其每召侍臣論議,惟欲興造變革;又云:未嘗言及治政,蓋意在創制立法,而不重目前之務也。王莽以爲制定則天下自平,與公卿旦夕論議,不省獄訟,亦係此等見解。此等人往往闊於事情,然謂其規模不弘遠,不可得也。即可見其欲興作,釐正制度。其所行者,亦不得謂無善政。如即位之歲,即遣大使巡察諸州。又詔制九條,宣下州郡,一曰:決獄科罪,皆准律文。二曰:母族絶服外者聽昏。三曰:以杖決罰,悉令依法。四曰:郡縣當境賊盜不擒獲者,并仰録奏。五曰:孝子順孫,義夫節婦,表其門閭。才堪任用者,即宜申薦。六曰:或昔經驅使,名位未達;或沈淪蓬蓽,文武可施;宜并採訪,具以名奏。七曰:偽齊七品以上,已敕收用,八品以下,爰及流外,若欲入仕,皆聽豫選,降二等授官。八曰:州舉高才博學者爲秀才,郡舉經明行脩者爲孝廉,上州上郡歲一人,下州下郡三歲一人。九曰:年七十以上,依式授官。鰥寡困乏,不能自存者,并加稟恤。此即蘇綽制六條詔書之意。明年,正月,受朝於露門,帝服通天冠,絳紗袍,羣臣皆服漢、魏衣冠,一洗代北之俗。胡三省《通鑑注》曰:以此知周

---

① 政治:侈君有二科,周宣與漢武同科。

之君臣，前此蓋胡服也。① 又明年，大象二年，陳大建十二年。二月，幸露門學，行釋奠之禮。三月，追封孔子爲鄒國公，立後承襲。別於京師置廟，以時祭享。皆可見其能留意於文教：此蓋自文帝以來，即喜言創制改革，故帝亦習染焉而不自知也。然其亡謂且有害之事亦甚多。即位之明年，二月，即傳位於大子衍。後更名闡。自稱天元皇帝。所居稱天臺。冕二十有四旒。車服、旗鼓，皆以二十四爲節。皇帝衍稱正陽宮。衍時年七歲耳。帝耽酗於後宮，或旬日不出。公卿、近臣請事者，皆附奄官奏之。初詔營鄴宮。大象元年，二月，停之，而發山東諸州兵，增一月功爲四十五日役，起洛陽宮。常役四萬人，迄於晏駕。史言帝所居宮殿帷帳，皆飾以金玉珠寶，光華炫耀，極麗窮奢，及營洛陽宮，雖未成畢，其規模壯麗，踰於漢、魏遠矣。爲大子時，立妃楊氏，隋文帝之女也。即位後立爲皇后。傳位後，改稱天元大皇后。是年四月，立妃朱氏爲天元帝后。朱氏，靜帝所生母也。吳人。坐事没入東宮。年長於帝十餘歲，疏賤無寵，以靜帝故，特尊崇之。帝所寵元氏，魏宗室晟之女。陳氏，高氏隷山提之女。陳山提，見第十四章第四節。《北史》云尒朱氏之隷，誤。西陽公溫，杞國公亮之子也。妻尉遲氏，迴之孫女，有容色。以宗婦例入朝，帝逼而幸之。亮方爲行軍總管伐陳，聞之懼，因謀反。還至豫州，夜將數百騎襲行軍元帥韋孝寬營，爲孝寬所擊斬。帝即誅溫，追尉遲氏入宮，立爲妃。七月，取法於后妃四星，改稱朱氏爲天皇后，立元氏爲天右皇后，陳氏爲天左皇后。明年，二月，又取五帝及土數惟五之義，以楊后爲天元大皇后，朱后爲天大皇后，陳氏爲天中大皇后，元氏爲天右大皇后，而立尉遲氏爲天左大皇后焉。嘗遣使簡京兆及諸州士民之女，以充後宮。事在大象元年五月，見《本紀》。又詔儀同以上女，不許輒嫁。致貴賤同怨，聲溢朝野。樂運所陳帝八失之一，見《運傳》。帝好出遊。即位之年，八月，幸同州。見第十四章第五節。十月乃還。明年，正月，東巡狩。三月乃還。八月，幸同州。十一月，幸温湯。又幸同州。十二月，幸洛陽。帝親御驛馬，日行三百里。四皇后及文武侍衛數百人，并乘驛以從。仍令四后方駕齊驅。或有先後，便加譴責。人馬頓仆相屬。又明年，三月，行幸同州。增候正前驅戒道爲三百六十重。自應門至於赤岸澤，在長安北。數十里閒，幡旗相蔽，鼓樂俱作。又令虎賁持鈒馬上稱警蹕，以至於同州。四月，幸中山祈雨。中山，亦作仲山，在雲陽西。至咸陽宮，雨降，還宮。令京城士女於衢巷作音樂迎候。其後遊戲無恒，出入不飾，羽儀仗衛，晨出暮還，陪侍之官，皆不堪命。武帝時嘗斷佛、道二教，經像

----

① 服飾：周至宣帝始革胡服。

悉毀。大象元年，初復佛像及天尊像。十月，帝與二像俱南面而坐，大陳雜戲，令京城士民縱觀。十二月，御正武殿，集百官及宮人、內外命婦，大列伎樂。又縱胡人乞寒，用水澆沃爲戲。散樂雜戲，魚龍爛漫之伎，常在目前。好令京城少年爲婦人服飾，入殿歌舞，與後宮觀之，以爲戲樂。京兆郡丞樂運，輿櫬詣朝堂，言帝八失，有云：“都下之民，徭賦稍重。必是軍國之要，不敢憚勞，豈容朝夕徵求，惟供魚龍爛漫，士民從役，祗爲俳優角觝？紛紛不已，財力俱竭，業業相顧，無復聊生。”則其遊戲舉動，詒害於人民甚烈矣。遊戲無節如此，度支自不免竭蹶。大象二年，正月，乃稅入市者人一錢。此蓋史紀其徵斂之至苛者，其爲史所不載者，又不少矣。

　　樂運之陳帝八失也，帝大怒，將戮之。內史元巖紿帝曰：“樂運知書奏必死，所以不顧身命者，欲取後世之名。陛下若殺之，乃成其名也。”帝然之，因而獲免。翼日，帝頗感悟，召運謂之曰：“朕昨夜思卿所奏，實是忠臣。先皇明聖，卿數有規諫，朕既昏暗，卿復能如此。”乃賜御食以賞之。則帝亦不盡拒諫。《顏之儀傳》云：周祖初建儲宮，盛選師傅，以之儀爲侍讀。大子後征吐谷渾，在軍有過行，鄭譯等并以不能匡弼坐譴，惟之儀以累諫獲賞。即拜小宮尹。宣帝即位，遷御正中大夫。帝後刑政乖僻，昏縱日甚，之儀犯顏驟諫。雖不見納，終亦不止。深爲帝所忌。然以恩舊，每優容之。及帝殺王軌，之儀固諫，帝怒，欲并致之法。後以其諒直無私，乃舍之。案帝於之儀，任之甚重，見下。謂其欲致之法，恐亦莫須有之辭也。斛斯徵者，高祖以其治經有師法，令教授皇子。帝時爲魯公，與諸皇子等咸服青衿，行束脩之禮。及即位，遷大宗伯。上疏極諫。帝不納。鄭譯因譖之。遂下徵獄。獄卒張元哀之，以佩刀穿獄牆出。此雖酷暴，然徵因遇赦獲免，亦未聞帝之更事追求也。然帝之用刑確不詳，而又偏於嚴酷。初高祖作《刑書要制》，用法嚴重。及帝即位，以海內初平，恐物情未附，乃除之。大象元年，八月，大醮於正武殿，又告天而行焉。樂運初以帝數行赦宥，上疏極諫，及其陳帝八失，則云：“變故易常，乃爲政之大忌，嚴刑酷罰，非致治之弘規。若罰無定刑，則天下皆懼，政無常法，則民無適從。豈有削嚴刑之詔，未及半祀，便即追改，更嚴前制？今宿衛之官，有一人夜不直者，罪至削除，因而逃亡者，遂便籍沒，此則大逆之罪，與十杖同科，雖爲法愈嚴，恐人情轉散。請遵輕典，并依大律，則億兆之民，手足有所措矣。”《本紀》言：帝擯斥近臣，多所猜忌。常遣左右，伺察羣臣。動止所爲，莫不鈔錄。小有乖違，輒加其罪。自公卿已下，皆被楚撻。其閒誅戮、黜免，不可勝言。每笞棰人，皆以百二十爲度，名曰天杖。宮人內職亦如之。后妃嬪御,雖被寵嬖,亦多被杖背。於是内外恐懼,人不自安。皆求苟免,莫有固志。重足累息,以逮於終。蓋帝之爲人,凡事皆任情而動,又承武帝酷法之後,遂致有斯弊耳。

鮮卑立國,本無深根固柢之道,周武帝雖云英武,亦僅能致一時之富彊耳,故嗣子不令,國祚即隨之傾覆焉。大象二年,五月,宣帝死。帝之即位也,以鄭譯爲内史下大夫,委以朝政。俄遷内史上大夫。譯頗專擅。帝幸東京,譯擅取宮材,自營私第,坐是復除名爲民。劉昉數言於帝,帝復召之,顧待如初。劉昉者,武帝時以功臣子入侍皇大子,及帝嗣位,以技佞見狎,出入宮掖,寵冠一時。授大都督。遷小御正。與御正中大夫顏之儀,并見親信。譯與楊堅,有同學之舊,昉亦素知堅。宣帝不念,召昉及之儀俱入臥内,屬以後事。昉遂與譯謀,引堅輔政。《周書·顏之儀傳》云:宣帝崩,劉昉、鄭譯等矯遺詔,以隋文帝爲丞相,之儀知非帝旨,拒而弗從。昉等草詔署記,逼之儀連署。之儀属聲謂昉等曰:"主上升遐,嗣子沖幼,阿衡之任,宜在宗英。方今賢戚之内,趙王最長,以親以德,合膺重寄。公等備受朝恩,當思盡忠報國,奈何一旦,欲以神器假人? 之儀有死而已,不能誣罔先帝。"昉等知不可屈,乃代之儀署而行之。案隋文帝在周世,既無大權,亦無重望,之儀安知其將篡?《傳》所載之儀之言,必非實録。《隋書·鄭譯傳》,謂之儀與宦者謀,引大將軍宇文仲輔政,仲已至御坐,譯知之,遽率開府楊惠及劉昉、皇甫績、<small>韋孝寬外孫</small>爲宮尹中士。衛刺王作亂,城門已閉,百寮多有遁者,績聞難赴之。於玄武門遇皇大子。大子下樓,執績手,悲喜交集。武帝聞而嘉之。遷小宮尹。宣政初,拜畿伯下大夫。累轉御正下大夫。柳裘俱入,<small>柳裘本仕梁。梁元帝爲魏軍所逼,遣裘請和於魏。俄而江陵陷,遂入關中。時爲御飾大夫。宣帝不念,留侍禁中。</small>仲與之儀見譯等,愕然,逡巡欲出,高祖因執之,則更東野人之言矣。《隋書·高祖紀》:宣帝即位,以后父,徵拜上柱國、大司馬。大象初,遷大後丞、右司武。俄轉大前疑。每巡幸,恒委居守。位望益隆,帝頗以爲忌。帝有四幸姬,并爲皇后,諸家爭寵,數相毀譖。帝每忿怒,謂后曰:"必族滅爾家。"因召高祖,命左右曰:"若色動即殺之。"高祖既至,容色自若,乃止。大象二年,五月,以高祖爲揚州總管。將發,暴有足疾,不果行。《鄭譯傳》云:高祖爲宣帝所忌,情不自安。嘗在永巷,私於譯曰:"久願出藩,公所悉也。敢布心腹,少留意焉。"譯曰:"以公德望,天下歸心。欲求多福,豈敢忘也? 謹即言之。"時將遣譯南征。譯請元帥。帝曰:"卿意如何?"譯對曰:"若定江東,自非懿戚重臣,無以鎮撫。可令隋公行。且爲壽陽總管,以督軍事。"帝從之。乃下詔,以高祖爲揚州總管,譯發兵俱會壽陽以伐陳。謂高祖爲宣帝所忌,全係事後附會之談，實則當日伐陳，尚係以鄭譯爲主，高祖但以宿將懿戚，與之偕行耳。《李德林傳》云：鄭譯、劉昉，初矯詔召高祖受顧命，輔少主，總知内外兵馬事。諸衛既奉敕，并受高祖節度。譯、昉議欲授高祖冢宰，譯自攝大司馬，昉又求小冢宰。高祖私問德林曰：“欲何以見處？”德林曰：“即宜作大丞相，假黄鉞，都督内外諸軍事。不爾，無以壓衆心。”及發喪，便即依此。以譯爲相府長史，帶内史上大夫，昉但爲丞相府司馬。譯、昉由是不平。觀此，便知譯、昉所以引高祖之故，而亦知高祖所以克成大業之由。蓋譯、昉之意，原欲與高祖比肩共攬朝權，而不意高祖究係武人，兵權既入其手，遂抑譯、昉爲僚屬也。此譯、昉之所以不終。抑高祖位望素輕，當日安知其將篡？此又尉遲迥等之起，韋孝寬等之所以爲高祖盡力歟？彼固以爲扶翼周朝，不以爲助成高祖之篡奪。抑尉遲迥等之。起兵，未嘗非覬覦權勢，亦未必知高祖之將篡，而志在扶翼周朝也。及迥等既敗，則高祖之權勢坐成，而其篡奪，轉莫之能禦矣。此乃事勢邂逅使然，即高祖，亦未必自知其成大業如此之易也。自來篡奪之業，必資深望重，大權久在掌握而後克成，而高祖獨以資淺望輕獲濟，此又得國者之一變局矣。

　　高祖之驟獲大權，實得武人擁戴之力。《隋書・盧賁傳》：賁轉司武上士，時高祖爲大司武，賁知高祖非常人，深自推結。及高祖初被顧託，羣情未一，乃引賁置於左右。高祖將之東第，百官皆不知所去，高祖潛令賁部伍仗衛，因召公卿謂曰：“欲求富貴者，當相隨來。”往往偶語，欲有去就。賁嚴兵而至，衆莫敢動。出崇陽門至東宫，門者拒不納。賁諭之，不去。瞋目叱之，門者遂卻。既而高祖得入。賁恒典宿衛。當日之情形，實類陳兵劫迫，此周之宗戚，所以束手而不敢動也。觀此，而知周宣帝之廢尉遲運爲自詒伊戚矣。東宫即正陽宫也，時以爲丞相府，而静帝入居天臺。漢王贊爲右大丞相，高祖爲左大丞相。百官總己，以聽於左大丞相。《劉昉傳》云：時漢王贊居禁中，每與高祖同帳而坐。昉飾美妓進於贊，贊甚悦之。昉因説贊曰：“大王先帝之弟，時望所歸。孺子幼沖，豈堪大事？今先帝初崩，羣情尚擾，王且歸第，待事寧之後，入爲天子，此萬全之計也。”贊時年未弱冠，性識庸下，聞昉之説，以爲信然，遂從之。其説未知信否，然贊即居禁中亦未必能與高祖相持也。於是京城之大權，盡歸於高祖矣。

　　時尉遲迥爲相州總管。高祖令迥子惇齎詔書以會葬徵迥，以韋孝寬代之。迥留惇舉兵。迥弟子勤，時爲青州總管，亦從迥。衆數十萬。滎州刺史宇文冑，滎州，魏之北豫州，見第十一章第四節。冑，什肥子，見下。申州刺史李惠，申州，江左之司州，後魏之郢州也，見第十一章第四節。東楚州刺史費也利進，東魏東楚州，治宿豫，後周改泗州，蓋史以舊名稱之。東潼州刺史曹惠達，《五代志》：下邳郡夏丘縣，梁置潼州，蓋時尚未廢。夏丘，漢縣，今安徽泗縣。各據州以應迥。高祖以韋孝寬爲元帥討之。惇率衆十萬入武陟。今河南武陟縣。爲孝寬所敗。孝寬乘勝進至鄴。迥與子惇、祐等悉其卒十三萬陳於城南。勤率衆五萬，自青州來赴，以三千騎先至。戰，又敗。迥自殺。勤、惇、祐東走，并追獲之。鄖州總管司馬消難，鄖州，周置，今湖北安陸縣。聞迥不受代，舉兵應迥。使其子泳質於陳以求援。高祖命襄州總管王誼討之。襄州，見第十二章第十節。消難奔陳。王謙者，雄之子，時爲益州總管，亦舉兵。隆州刺史阿史那瓌爲畫三策，梁南梁州，西魏改曰隆州，今四川閬中縣。曰："親率精銳，直指散關，見第八章第五節。上策也。出兵梁、漢，以顧天下，中策也。坐守劍南，發兵自衛，下策也。"謙參用其中下二策，遣兵鎮始州。西魏置，今四川劍閣縣。高祖以梁睿爲行軍元帥討之。益州刺史達奚惎，總管長史乙弗虔等攻利州，西魏置，今四川廣元縣。聞睿至，衆潰。密使詣睿，請爲内應以贖罪。謙不知，并令守成都。睿兵奄至，謙自率衆迎戰，又以惎、虔之子爲左右軍。行數十里，軍皆叛。謙以二十騎奔新都。漢縣，今四川新都縣。縣令王寶斬之。惎、虔以成都降。高祖以其首謀，斬之。阿史那瓌亦誅。皆七月中事也。尉遲迥時已衰暮；王謙徒藉父勳，本無籌略，司馬消難則一反覆之徒耳；《消難傳》云：性貪淫，輕於去就，故世之言反覆者，皆引消難云。韋孝寬時亦年老無奢望，孝寬平迥後即死，時年七十二。且事出倉卒，諸鎮即懷異志，亦不及合謀；而高祖所以駕馭之者，亦頗得其宜；此其戡定之所以易也。《隋書·李德林傳》：韋孝寬爲沁水泛漲，兵未得度，長史李詢上密啓云：大將梁士彥、宇文忻崔弘度并受尉遲迥餉金，軍中恟恟，人情大異。高祖得詢啓，深以爲憂。與鄭譯議，欲代此三人，德林獨進計曰："公與諸將，并是國家貴臣，未相伏馭，以挾令之威使之耳。安知後所遣者能盡腹心，前所遣者獨致乖異？又取金之事，虛實難明。即令換易，彼將懼罪。恐其逃逸，便須禁錮。然則鄖公以下，必有驚疑之意。且臨敵代將，自古所難。如愚所見；但遣公一腹心，明於智略，爲諸將舊來所信服者，速至軍所，觀其情僞，縱有異志，必不敢動。"丞相大悟，即令高熲馳驛往軍所，爲諸將節度，竟成大功。《柳裘傳》云：尉迥作亂，天下騷動，并州總管李穆，頗懷猶豫，高祖令裘往喻之，穆遂歸心高祖。《周書·穆傳》云：尉遲迥舉兵，穆子榮欲應之，穆弗聽。時迥子誼爲朔州刺史，穆執送京師。此等皆隋事成敗之關鍵。

周文帝子十三人：長明帝。次宋獻公震，前卒。次閔帝。次武帝。次衛刺王直，以謀亂并子十人被誅，次齊煬王憲，與子并爲宣帝所殺；已見前。次趙僭王招。次譙孝王儉。次陳惑王純。次越野王盛。次代奰王達。次冀康公通。次滕聞王逌。儉與通亦前卒。趙、陳、越、代、滕五王，大象元年五月，各之國。宣帝疾，追入朝。《隋書·高祖紀》曰：周氏諸王在藩者，高祖恐其生變，以趙王招將嫁女於突厥爲辭徵之。比至,帝已死。五王與明帝長子畢剌王賢謀作亂。高祖執賢斬之,并其子弘義、恭道、樹孃等。寢趙王等之罪。因詔五王劍履上殿,入朝不趨,用安其心。九月,趙王伏甲以宴高祖,《周書·招傳》云:招邀隋文帝至第,飲於寢室;《隋書·元胄傳》亦云:招要高祖就第,其説當是。《高祖紀》云:高祖齋酒肴造趙王第,欲觀所爲,恐非。爲高祖從者元胄所覺,獲免。胄,魏昭成帝六代孫。齊王憲引致左右,數從征伐,官至大將軍。高祖初被召入,將受顧託,先呼胄,次命陶澄,并委以腹心。恆宿臥内。及爲丞相,每典軍在禁中。又引弟威俱入侍衞。於是誅招及盛,并招子員、貫、乾銑、乾鈴、乾鑑,盛子忱、悰、恢、愪、忻。十月,復誅純及其子謙、讓、議。十一月,誅達及其子執、轉,逌及其子祐、裕、禮、禧。而儉之子乾惲,畢剌王之弟酆王貞及其子德文,宋王寔,出後宋獻公。閔帝子紀厲王康之子湜,康武帝世爲利州刺史,有異謀,賜死。宣帝弟漢王贊并其子道德、道智、道義,秦王贄并其子靖智、靖仁,曹王允,道王充,蔡王兑,荆王元,静帝弟鄴王衎,從《本紀》。《傳》作衍,則與静帝初名同矣。郢王術亦皆被殺。於是宇文泰之子孫盡矣。泰三兄,惟邵惠公顥有後。顥長子什肥,爲齊神武所害;第三子護,武帝時與諸子皆被誅;亦已見前。什肥被害時,子冑,以年幼下蠶室。天和中,與齊通好,始得歸。舉兵應尉遲迥,戰敗被殺。顥次子導,有五子:曰廣、亮、翼、椿、衆。廣、翼皆前死。亮,宣帝時以反誅,子明、温皆坐誅。温出後翼。廣子洽,椿、衆,椿子道宗、本仁、隣武、子禮、獻,衆子仲和、執倫,亦皆被殺。惟德帝從父兄仲之孫洛,静帝死後,封介國公,爲隋國賓云。周於元氏子孫,無所誅戮,見《周書·元偉傳》。且待之頗寬,《周書·明帝紀》:閔帝元年,十二月,詔元氏子女,自坐趙貴等事以來,所有没入爲官口者,悉宜放免。而高祖於宇文氏肆意屠翦,讀史者多議其非,然宇文氏代魏時,元氏已無能爲,而隋高祖執權時,宇文氏生心者頗衆,勢亦有所不得已也。《廿二史劄記》云:隋滅陳,不惟陳後主得善終,凡陳氏子孫,自岳陽王叔慎以抗拒被殺外,其餘無一被害者,皆配往隴右及河西諸州,各給田業以處之。同一滅國也,於宇文氏則殄滅之,於陳則悉保全之,蓋隋之篡周,與宇文有不兩立之勢,至取陳則基業已固,陳之子孫,又皆孱弱不足慮,故不復肆毒也。

内外之敵皆除,隋高祖遂以陳大建十二年二月代周。周静帝旋見殺。隋室之先,史云弘農華陰人,華陰,見第三章第三節。漢大尉震之後,此不足信。高祖六世祖元壽,仕魏,爲武川鎮司馬,因家焉,蓋亦代北之族。然高祖時胡運既迄,文化大變,高祖所爲,皆以漢人自居,不復能以胡人目之,五胡亂華之局,至此終矣。

第二節　陳后主荒淫

甚哉,積習之不易變也!荒淫、猜忌,爲江左不振之大原,陳武帝崛起嶺嶠，豁達大度，今古罕儔；且能以恭儉自厲；至文帝，尚能守其遺風；《高祖紀》言：升大麓之日，居阿衡之任，恒崇寬政，愛育爲本。有須調發軍儲，皆出於事不可息。加以儉素自率。常膳不過數品。私饗曲宴，皆瓦器蚌盤；肴核庶羞，裁令充足而已；不爲虛費。初平侯景，及立紹泰，子女玉帛，皆班將士。其充闈房者，衣不重采，飾無金翠。歌鐘女樂，不列乎前。及乎踐阼，彌厲恭儉。《世祖紀》云：世祖起自艱難，知百姓疾苦。國家資用，務從儉約。常所調斂，事不獲已者，必咨嗟改色，若在諸身。主者奏決，妙識真僞，下不容姦，人知自厲矣。一夜內刺閨取外事判者，前後相續。每雞人伺漏，傳更籤於殿中，乃敕送者："必投籤於階石之上，令鏗然有聲，"云"吾雖眠，亦令自驚覺也。"始終梗概，若此者多焉。《后妃傳》云：世祖性恭儉，嬪嬙多闕。庶幾積習可以漸變矣。乃至後主，卒仍以此敗，豈不哀哉！

大建十四年，正月，陳宣帝崩。大子叔寶立，是爲後主。宣帝次子始興王叔陵，性彊梁。嘗刺江、湘二州，又爲揚州，皆極暴橫。宣帝初不之知，後雖稍知之，然素愛叔陵，責讓而已，不能繩之以法也。第四子長沙王叔堅，亦桀黠凶虐。與叔陵俱招聚賓客，各爭權寵，甚不平。文帝第五子新安王伯固，性輕率。與叔陵共謀不軌。宣帝弗豫，叔堅、叔陵等并從後主侍疾。叔陵陰有異志。乃令典藥吏曰："切藥刀甚鈍，可礪之。"及宣帝崩，倉卒之際，又命其左右於外取劍。左右弗悟，乃取朝服所佩木劍以進。叔陵怒。叔堅在側聞之，疑有變，伺其所爲。及翼日小斂，後主哀頓俯服，叔陵袖剉藥刀趨進，斫後主中項。後主悶絕於地。又斫大后數下。宣帝后柳氏。後主乳媼吳氏，樂安君。時在大后側，自後掣其肘。後主因得起。叔陵仍持後主衣。後主自奮得免。叔堅手搤叔陵，奪去其刀。仍牽就柱，以其褾袖縛之。時吳媼已扶後主避賊。叔堅求後主所在，將受命焉。叔陵因奮袖得脫。此據《叔陵傳》。《叔堅傳》云：叔堅自後扼叔陵，禽之。并奪其刀，將殺之。問後主曰："即盡之，爲待邪？"後主不能應。叔陵舊多力，須臾，自奮得脫。突走出雲龍門，馳車還東府。放囚以充戰士。又遣人往新林，追其所部兵馬。仍自被甲、著白布帽，登城西門，招募百姓。召諸王將帥，莫有應者，惟伯固聞而赴之。伯固時爲揚州刺史。是時衆軍并緣江防守，臺內空虛。叔堅乃白大后，使大子舍人司馬申以後主命召蕭摩訶，令討之。摩訶時爲右衞將軍。叔陵聚兵僅千人，自知不濟，遂入內，沈其妃沈氏及寵妾七人於井，率人馬數百，自小航渡，秦淮上航，當東府門。欲趨新林，以舟艦入北。爲臺軍所邀，與伯固皆被殺。叔陵諸子，即日并賜死。一場叛亂，不過自寅至巳而已，真兒戲也。

叔陵既平，叔堅以功進號驃騎將軍，爲揚州刺史。尋遷司空，將軍、刺史如故。時後主患創，不能視事，政無大小，悉委叔堅決之，於是勢傾朝廷。叔堅因肆驕縱，事多不法。後主由是疏而忌之。至德元年，出爲江州刺史。未發，又以爲驃騎將軍，重爲司空，實欲去其權勢。叔堅不自安。稍怨望。乃爲左道厭魅，以求福助。其年冬，有人上書告其事。案驗并實。此據《陳書·本傳》。《南史》云：陰令人造其厭魅，又令人上書告其事，案驗令實。後主召叔堅，囚於西省，將殺之。其夜，令近侍宣敕，數之以罪。叔堅對曰："臣之本心，非有他故，但欲求親媚耳。臣既犯天憲，罪當萬死。臣死之日，必見叔陵，願宣明詔，責於九泉之下。"後主感其前功，乃赦之。

　　司馬申以功除大子左衛率，兼中書通事舍人。遷右衛將軍。申歷事三帝，內掌機密，頗作威福。性忍害，好飛書譖毀，朝之端士，徧罹其殃。性又果敢。善應對。能候人主顔色。有忤己者，必以微言譖之，附己者因機進之。是以朝廷內外，皆從風而靡。初宣帝委政於毛喜。喜數有諫爭，事并見從。自吳明徹敗後，帝深悔不用其言，謂袁憲曰："一不用喜計，遂令至此。"由是益見親重。喜乃言無回避。時後主爲皇大子，好酒，每共親幸人爲長夜之宴，喜嘗言之宣帝，後主遂銜之。即位後，稍見疏遠。及被始興王傷，創愈置酒，引江總以下，展樂賦詩。醉酣而命喜。於時山陵初畢，未及踰年，喜見之不懌。欲諫而後主已醉。乃詳爲心疾，升階，仆於階下。移出省中。後主醒乃疑之。謂江總曰："我悔召毛喜。知其無疾，但欲阻我歡宴，非我所爲耳。"乃與申謀曰："此人負氣，我欲將乞鄱陽兄弟，鄱陽王伯山，文帝第三子。聽其報讎，可乎？"對曰："終不爲官用，願如聖旨。"傅縡爭之曰："若許報讎，欲置先皇何地？"後主乃曰："當乞一小郡，勿令見人事耳。"乃以喜爲永嘉內史。傅縡者，亦爲中書舍人。性木彊。不持檢操。負才使氣，陵侮人物，朝士多銜之。會施文慶、沈客卿以便佞親幸，專制衡軸，而縡益疏。文慶等因共譖縡受高麗使金。後主收縡下獄。縡素剛，因憤恚，於獄中上書。略云："陛下頃來，酒色過度。小人在側，宦豎弄權。惡忠直若仇讎，視生民如草芥。後宮曳綺繡，廄馬餘菽粟。百姓流離，僵尸蔽野。貨賂公行，帑藏損耗。神怒民怨，衆叛親離。恐東南王氣，自斯而盡。"書奏，後主大怒。頃之，意稍解，遣使謂縡曰："我欲赦卿，卿能改過不？"縡對曰："臣心如面，臣面可改，則臣心可改。"後主益怒。令宦者李善度窮治其事，遂賜死獄中。時又有章華者，亦以不得志，禎明初上書極諫。書奏，後主大怒，即日命斬之。施文慶者，家本吏門，至文慶，好學，頗涉書史。後主之在東宮，文慶事焉。及即位，擢爲中書舍人。大被親幸。自大建以來，吏道疏簡，百司弛縱，文慶盡其力用，無所縱舍，分官聯事，莫不振懼。又引沈客卿、陽惠朗、徐哲、暨惠景等，云有吏能。後主信之。然并不達大體，督責苛碎，聚斂無厭。王公大人，咸共疾之。後主益以文慶爲能，尤親重內外衆事，無不任委。客卿，至德初爲中書舍人，兼步兵校尉，掌金帛局。

舊制：軍人、士人，二品清官，并無關市之稅。① 後主盛修宮室，窮極耳目，府庫空虛，有所興造，恒苦不給。客卿每立異端；惟以刻削百姓爲事。奏請不問士庶，并責關市之估，而又增重其舊。於是以陽慧朗爲大市令，暨慧景爲尚書金倉都令史。二人家本小吏，考校簿領，豪釐不差。糺謫嚴急，百姓嗟怨。而客卿居舍人，總以督之。每歲所入，過於常格數十倍。後主大悅。尋加客卿散騎常侍、左衛將軍，舍人如故。惠朗、慧景奉朝請。禎明三年，客卿遂與文慶俱掌機密。案爲治之道，必不能廢督責，而督責之術，惟無朋黨者爲能施之。南朝君主，好言吏事，好用寒人，實不能謂爲無理。② 其爲史所深詆者，則史籍皆出於士大夫之手，正所謂朋黨之論也。然以此求致治則可，以此事聚斂而中人主之欲，則爲民賊矣。不龜手之藥一也，或以封，或不免於洴澼絖，則其所以用之者異也，夫惡可以不審？況乎出於文法之外，而使之參與大計哉？抑督責之家，每戒主勞而臣逸，謂不可躬親細務，而遺其大者遠者耳，非謂自求逸豫也。若其自求逸豫，則爲有天下而不恣睢，命之曰桎梏之邪説。南朝君主，多好吏事而不治，病正坐此，而後主亦然。以江總爲尚書令，不持政務，日與後主遊宴後庭。共陳暄、孔範、王瑳等十餘人，當時謂之狎客。國政日頹，綱紀不立。有言者，輒以罪斥之。於是危亡迫於眉睫而不自知矣。而其時女謁尤盛。

後主皇后沈氏，賢而無寵，而寵張貴妃及龔、孔二貴嬪。后無子，孫姬生子胤。姬因產卒，后哀而養之，以爲己子。時後主年長，未有胤嗣，宣帝因命以爲嫡孫。大建五年。後主即位，立爲皇大子。後卒廢之而立張貴妃之子深焉。禎明二年。據《袁憲傳》，大子頗不率典訓，然後主之廢之，則初不以此。後主第八子會稽王莊，性嚴酷，數歲，左右有不如意，輒剟刺其面，或加燒爇，以母張貴妃有寵，後主甚愛之。《陳書‧后妃傳》述後主之惡德云：魏徵考覽記書，參詳故老，云：後主初即位，以始興王叔陵之亂，被傷卧於承香閣下，時諸姬并不得進，惟張貴妃侍焉。至德二年，乃於光照殿前起臨春、結綺、望仙三閣。閣高數丈，并數十閒。其窗牖、壁帶、懸楣、欄、檻之類，并以沈檀香木爲之。又飾以金玉，閒以珠翠。外施珠簾，内有寶牀、寶帳。其服玩之屬，瓌奇珍麗，近古所未有。每微風暫至，香聞數里；朝日初照，光映後庭。其下積石爲山，引水爲池；植以奇樹，雜以花藥。後主自居臨春閣，張貴妃居結綺閣，龔、孔二貴嬪居望仙閣，并複道交相往來。又有王、李二貴人，張、薛二淑媛，袁昭儀，何婕妤，江修容等七人，并有寵，遞代以

① 賦税商業：舊制軍人、士人二品清官并無關市之税。

② 學術：南朝君主用寒人，亦督責之術，而亂者由求逸樂，此有天下而不恣睢之邪説。文法吏之弊（第五四〇頁）。

遊其上。以官人有文學者袁大捨等爲女學士。後主每引賓客，對貴妃等遊宴，則使諸貴人及女學士與狎客共賦新詩，互相贈答。采其尤豔麗者，以爲曲詞。被以新聲，選宮女有容色者以千百數，令習而歌之，分部迭進，持以相樂。其曲有《玉樹後庭花》、《臨春樂》等，大指所歸，皆美張貴妃、孔貴嬪之容色也。張貴妃才辯彊記，善候人主顏色。是時後主怠於政事，百司啓奏，并因宦者蔡脱兒、李善度進請。後主置張貴妃於膝上共決之。李、蔡所不能記者，貴妃并爲條疏，無所遺脱。《南史》此下又云：因參訪外事。人間有一言一事，貴妃必先知白之。由是益加寵異，冠絶後庭。而後宮之家，不遵法度，有挂於理者，但求哀於貴妃，貴妃則令李、蔡先啓其事，而後從容爲言之。大臣有不從者，亦因而譖之。所言無不聽。於是張、孔之勢，熏灼四方。《南史》此下云：内外宗族多被引用。大臣、執政，亦從風而靡。閹宦、便佞之徒内外交結。賄賂公行、賞罰無章，綱紀瞀亂矣。術家所坊，同牀其一後主引張貴妃共決事，方自謂有裨治理，而惡知其弊之至於此哉？

第三節　隋并梁陳

自周滅北齊之後，北方吞并之形勢已成，隋文帝篡立之初，内憂未弭，故與陳仍敦隣好。然開皇元年，陳大建十三年。三月，以賀若弼爲楚州總管，鎮廣陵；此據《隋書·本紀》。《弼傳》楚州作吳州。韓禽虎爲廬州總管，鎮廬江；見第三章第九節。已稍爲用兵之備矣。司馬消難之來降也，陳以樊毅督沔、漢諸軍事，使任忠趨歷陽，宜陽侯慧紀高祖從孫。爲前軍都督，趨南兗州。諸軍并無甚功績。惟樊毅等據甑山，鎮名，消難以之來降，在今湖北漢川縣南。周羅睺攻陷胡墅。見第十三章第二節。大建十四年，隋開皇二年。九月，隋以長孫覽、元景山爲行軍元帥，來伐。仍命高熲節度諸軍。景山出漢口，甑山守將棄城遁。明年，陳後主至德元年，隋開皇三年。陳遣使請和於隋，歸隋胡墅。高熲乃以禮不伐喪，奏請班師。蓋隋是時之志，僅在復消難叛時所失之地而已。

至德三年，隋開皇五年。梁主蕭巋死，僞謚孝明皇帝，廟號世宗。子琮嗣。初尉遲迥等起兵，巋將帥皆密請興師，與迥等爲連衡之勢，進可以盡節周氏，退可以席卷山南。巋以爲不可。《隋書·柳莊傳》：莊仕後梁，爲鴻臚卿。高祖輔政，蕭巋令莊奉書入關。時三方搆亂，高祖懼巋有異志，莊還，執手使申意於梁主。莊言於巋曰："尉迥雖曰舊將，昏耄已甚；消難、王謙，常人之下者；非有匡合之才。況山東、庸、蜀，從化日近，周室之恩未洽。在朝將相，多爲身計，競效節於楊氏。以臣料之，迥等終當覆滅，隋公必移周國。未若保境息民，以觀其變。"巋深以爲然。衆議遂止。未幾，消難奔陳，迥及謙相次就戮。歸謂莊曰："近者若從衆人之言，社稷已不守矣。"案高祖初輔政時，未必有篡周之勢，説已見第一節。莊之説，乃事後附會之談，不待深辯。梁欲盡節於周，本無此理；即謂欲盡節，在當時，亦豈易辨高祖與尉遲迥等之順逆邪？然使迥等而成，必不能責蕭歸之不協力；歸即與之協力，亦未必能遂據山南；迥等而敗，則禍不旋踵矣。利害明白，中智所知，又豈待莊之決策也。開皇二年，隋文帝納歸女爲晉王妃；晉王廣，即煬帝。又欲以其子瑒尚蘭陵公主；由是罷江陵總管，歸專制其國。及琮立，復置總管以監之。後二歲，陳禎明元年，隋開皇七年。隋徵琮入朝，遣崔弘度將兵戍之。軍至都州，見第十四章第九節。琮叔父巖及弟瓛等虜居民奔陳。宜黄侯慧紀時爲荆州刺史，以兵迎之。隋遂廢梁國。先是隋已以楊素爲信州總管，今四川奉節縣。及梁亡，而順流之勢成矣。

禎明二年，隋開皇八年也。十月，隋置淮南行臺於壽春，以晉王廣爲尚書令。旋命晉王廣、秦王俊、文帝第三子。清河公楊素并爲行軍元帥以伐陳。於是晉王廣出六合，秦王俊出襄陽，楊素出信州，荆州刺史劉仁恩出江陵，王世積出蘄春，漢縣，北齊以爲齊昌郡，見第十三章第四節。韓禽虎出廬江，賀若弼出吳州，燕榮出東海。東魏海州，隋改爲東海郡，今江蘇東海縣。合總管九十，兵五十一萬八千，皆受晉王節度。

蕭巖、蕭瓛之至也，後主忌之，遠散其衆，以巖爲東揚州，瓛爲吳州刺史。使領軍任忠出守吳興，欲以襟帶二州。使南平王嶷鎮江州，永嘉王彦鎮南徐州。皆後主子。尋詔二王赴明年元會，命緣江諸防船艦，悉從二王還都，爲威勢以示梁人之來者。由是江中無一鬥船。上流諸州兵，皆阻楊素軍不得至。然都下甲士，尚十餘萬人。及聞隋軍臨江，後主曰："王氣在此，齊兵三度來，周軍再度至，無不摧没，虜今來者必自散。"《南史・施文慶傳》曰：時湘州刺史晉熙王叔文，高宗第十二子。在職既久，大得人和，後主以其據有上流，陰忌之。自度素與羣臣少恩，恐不爲用，無所任者，乃擢文慶爲都督、湘州刺史，配以精兵，欲令西上。仍徵叔文還朝。文慶深喜其事。然懼居外後執事者持己短長，因進沈客卿以自代。尚書僕射袁憲，驃騎將軍蕭摩訶及文武羣臣共議，請於京口、采石，各置兵五千；并出金翅二百，緣江上下；以爲防備。文慶恐無兵從己，廢其述職；而客卿又利文慶之任，己得專權；俱言於朝曰："必有論議，不假面陳，但作文啓，即爲通奏。"憲等以爲然。二人齊啓入白後主，曰："此是常事，邊城將帥，足以當之，若出人船，必恐驚擾。"及隋軍臨江，閒諜數至，憲等殷勤奏請，至於再三。文慶曰："元會將逼，南郊之日，大子多從，今若出兵，事便廢闕。"後主曰："今且出兵，若北邊無事，因以水軍從郊，何爲不可？"又對曰："如此，則聲聞隣境，便謂國弱。"後又以貨動江總。總內爲之游説。後主重違其意，而迫羣官之請，乃令付外詳議。又抑憲等。由是未決而隋師濟江。《孔範傳》云：時孔貴人極愛幸，範與結爲兄妹，寵遇優渥，言聽計從，朝廷公卿咸畏。範因驕矜，以爲文武才能，舉朝莫及。從容白後主曰："外聞諸將，起自行伍，匹夫敵耳，深見遠慮，豈其所知？"後主以問施文慶。文慶畏範，益以爲然。自是將帥微有過失，即奪其兵，分配文吏。隋師將濟江，羣官請爲備防，文慶沮壞之，後主未決，範奏曰："長江天塹，古來限隔，虜軍豈能飛度？邊將欲作功勞，妄言事急。臣自恨位卑，虜若能來，定作大尉公矣。"或妄言北軍馬死。範曰："此是我馬，何因死去？"後主笑以爲然，故不深備。案史所言施文慶、沈客卿罪狀，皆近深文周内。二人者蓋文法之吏。凡文法吏，往往不知大局，即遇非常之事，亦以尋常公務視之，此等人吾數見不鮮矣。謂孔範自負才能，亦非其實。如範者，豈知以才能自負？徒知取媚而已。文法之吏，狃於故常；諂臣媚子，惟知諂媚；承當時上下相猜之習，惟求中於時主之心，大兵壓境，滅亡在即，而仍無所委任，無所措置，此則當時朝局之真相。故曰：猜忌與荒淫，同爲江左滅亡之大原因也。諂臣媚子，惟知諂媚，即國亡家破，彼亦漠然無所動於其中，此真隋文帝所謂全無心肝者。文法之吏，似愈於彼矣，然狃於故常，罔知大局，雖國事由彼而敗壞，彼尚以爲世運如此，吾之所爲固未嘗誤也。野老早知今日事，朝臣猶護昔年非，處存亡絶續之交，而以國事付諸此等人之手，誠使旁觀者不勝其欷息矣。

禎明三年，隋開皇九年。正月，乙丑朔，賀若弼自廣陵濟京口。韓禽虎趣橫江濟采石，自南道將會弼軍。丙寅，采石戍主徐子建馳啓告變。丁卯，召公卿入議軍旅。以蕭摩訶、樊毅、魯廣達并爲都督。遣南豫州刺史樊猛帥舟師出白下。散騎常侍皋文奏將兵鎮南豫州。庚午，賀若弼攻陷南徐州。辛未，韓禽虎又陷南豫州。時樊猛第六子巡攝行州事，及家口并見執。猛與左衛將軍蔣元遜、南康嗣王方泰領水軍於白下遊奕，以禦隋六合兵。隋行軍元帥長史高熲泝流當之。猛及元遜并降。方泰所部將士離散，乃棄船走。方泰，曇朗子。文奏敗還。隋軍南北道并進。辛巳，賀若弼進據鍾山。見第四章第三節。初弼鎮廣陵，後主以蕭摩訶爲南徐州刺史，委以備禦之任。是年元會，徵摩訶還朝，弼乘虛濟江襲京口。摩訶請兵逆戰。後主不許。及弼進軍鍾山，摩訶又請曰："賀若弼縣軍深入，聲援猶遠；且其營壘未堅，人情皇懼；出兵掩襲，必大克之。"後主又不許。任忠入赴，後主召摩訶以下於内殿定議。忠執議曰："客貴速戰，主貴持重，宜且益兵堅守宮城，遣水軍分向南豫州及京口，斷寇糧道。待春水長，上江周羅睺等衆軍，必沿流赴援。此良計也。”而衆議不同。任蠻奴請不戰而已度江攻其大軍。司馬消難言於後主曰：“弼若登高舉烽，與韓禽虎相應，鼓聲交震，人情必離。請急遣兵北據蔣山，見第六章第四節。南斷淮水。質其妻子，重其賞賜。陛下以精兵萬人，守城莫出。不過十日，食盡，二將之頭，可致闕下。”孔範冀欲立功，志在於戰，案此説亦未必實。範在此時，不過束手無策，乃姑徇後主之意請戰而已。乃曰：“司馬消難狼子野心，任蠻奴淮南傖士，語并不可信。”事遂不行。隋軍既逼，蠻奴又欲爲持久計。範又奏請作一決，“當爲官勒石燕然。”後主從之。案隋當是時，兵力固較任約、徐嗣徽等爲厚，而陳是時兵力，亦遠厚於武帝時。武帝之禦任約、徐嗣徽，其得策，全在斷其後路，而陳此時乃徒爲孤注一擲之計，其輕亦甚矣。輕爲用兵之大忌，此陳之所以速亡也。甲申，後主遣衆軍與賀若弼合戰。中領軍魯廣達陳兵白土岡，見第十三章第五節。居衆軍之南偏，與弼旗鼓相對。任忠次之。樊毅、孔範又次之。蕭摩訶最居北。衆軍南北亘二十里，首尾進退，各不相知。廣達躬擐甲冑，手執枹鼓，率屬敢死，冒刃而前。隋軍退走。逐北至營，殺傷甚衆。如是者數四。弼分軍趣北。孔範出戰，兵交而走。諸將支離，陳猶未合，騎卒潰散，駐之弗止。蕭摩訶無所用力，爲隋軍所執。後同漢王諒反，見殺。弼乘勝至樂遊苑。見第九章第八節。廣達猶督散兵力戰，不能拒。弼進攻宫城，燒北掖門。廣達督餘兵苦戰，斬獲數十百人。會日暮，乃解甲，面臺再拜慟哭，謂衆曰：“我身不能救國，負罪深矣。”士卒皆涕泣歔欷。於是就執。入隋，遘疾不治卒。是時韓禽虎自新林至石子岡。在今江寧縣南。任忠馳入臺見後主言敗狀。啟云：“陛下惟當具舟楫，就上流衆軍，臣以死奉衞。”後主信之，勅忠出部分。忠辭云：“臣處分訖，即當奉迎。”後主令宫人裝束以待忠，久望不至。忠乃率數騎往石子岡降韓禽虎。仍引禽虎經朱雀航趣宫城。自南掖門入。臺城遂陷。後主聞兵至，自投於井。及夜，爲隋軍所執。丙戌，晉王廣入據京城。三月，己巳，後主與王公、百司、發自建業，入於長安。隋仁壽四年，十一月，薨於洛陽。隋師之至也，宗室王侯在都者百餘人。後主恐其爲變，乃并召入，令屯朝堂，使豫章王叔英宣帝第三子。總督之，而又陰爲之備。及六軍敗績，相率出降。因從後主入關。至長安，隋文帝并配於隴西及河西諸州，各給田業以處之。大業二年，煬帝以後主第六女女嬃爲貴人，絶愛幸，因召陳氏子弟盡還京師，隨才叙用，由是并爲守宰，徧於天下焉。《陳書·世祖九王傳》。

　　隋師之濟江也，荆州刺史宜黃侯慧紀率將士三萬，船艦千餘，沿江而下，欲趣臺城。遣南康大守吕肅將兵據巫峽，《南史·慧紀傳》。案巫峽恐係西陵峽之誤。楊素擊之。肅力戰，久之乃敗。慧紀至漢口，爲隋秦王俊所拒，不得進。聞肅敗,盡燒公安之儲,公安,見第十三章第八節,時爲荆州治。僞引兵東下。時晉熙王叔文自湘州還朝,因推爲盟主,而叔文已請降於隋矣。水軍都督周羅睺,與郢州刺史荀法尚守江夏。見第三章第四節,時爲郢州治。晉王廣遣使以慧紀子正業來諭。又使樊猛喻羅睺。上流城戍悉解甲。慧紀及巴州刺史畢寶巴州,治巴陵,今湖南岳陽縣。乃慟哭俱降。羅睺亦降。王世積以舟師自蘄水趣九江。與陳將紀瑱戰於蘄口,蘄水入江之口。破之。建業平,世積乃移書告諭。陳江州司馬黃偲棄城走。南川守將并詣世積降。楊素兵下荆門,山名,在今湖北宜都縣西北,與江北岸虎牙山相對。別遣龐暉略地,南至湘州。刺史岳陽王叔慎,宣帝第十六子。與助防遂興侯正理詐降,縛暉斬之。招合士衆,數日之中,兵至五千人。衡陽太守樊通,衡陽,見第五章第七節。武州刺史鄔居業武州今湖南常德縣。皆請赴難。隋遣薛冑爲湘州刺史,聞龐暉死,請益兵。隋遣行軍總管劉仁恩救之。未至,薛冑兵次鵝羊山,未詳。叔慎遣正理及樊通等拒之。戰,自旦至於日昃,隋兵迭息迭戰,正理兵少不敵,於是大敗,冑乘勝入城,禽叔慎。時鄔居業來赴,劉仁恩亦至。戰,居業又敗。仁恩虜叔慎、正理、居業及其黨與十餘人,秦王斬之漢口。叔慎時年十八。初後主除王勇爲東衡州刺史,《南史》作王猛,云本名勇。清子。清爲新野、東陽二郡太守,文帝攻杜龕,龕告難於清,清引兵援之。歐陽頠初同清,中更改異,殺清而歸陳武帝。猛終文帝世,不聽音樂,疏食布衣,以喪禮自處,宣帝立,乃求位。見《王淮之傳》。領始興內史,與廣州刺史陳方慶共取馬靖,事見第十三章第八節。禎明二年,徙鎮廣州。未之鎮,而隋師濟江。勇遣高州刺史戴智烈迎方慶,欲令承制,總督征討諸軍事。是時隋行軍總管韋洸帥兵度嶺,宣文帝敕云:"若嶺南平定,留勇與豐州刺史鄭萬頃且依舊職。"豐州,見第十三章第八節。方慶聞之,恐勇賣己,乃率兵以拒智烈。智烈與戰,敗之。斬方慶於廣州,虜其妻子。勇又令其將王仲宣、曾孝武迎西衡州刺史衡陽王伯信。文帝第七子。伯信懼,奔清遠。漢縣,梁置郡,今廣東清遠縣。孝武追殺之。時韋洸兵已上嶺。鄭萬頃初居周,深被隋文帝知遇,萬頃隨司馬消難奔陳。乃率州兵拒勇,遣使由閒道降於隋軍。而陳將徐璒,以南康拒守,南康,見第七章第五節。韋洸至嶺下,逡巡不敢進。初高涼洗氏,高涼,高州治,見第十三章第三節。世爲南越首領。羅州刺史馮融,治石龍郡,在今廣東化縣東北。爲其子高涼太守寶聘其女爲妻。融本北燕苗裔。太父業,以三百人浮海歸宋,留於新會。宋郡,今廣東新會縣。自業及融,三世爲守牧。他鄉羈旅,號令不行。夫人誡約本宗,使從民禮。自此政令有序,人莫敢違。李遷仕據大皋口,遣召寶,夫人止寶勿往,而自襲破其將杜遷虜,與陳武帝會於灨石。事見第十三章第三節。及寶卒,嶺表大亂,夫人懷集百越,新州晏然。歐陽紇反,夫人發兵拒境,帥百越迎章昭達。時夫人子僕爲石龍大守，詔册夫人爲石龍大夫人。至德中，僕卒。陳亡，嶺南未有所附，數郡共奉夫人，號爲聖母，保境安民。晉王廣遣陳後主遺夫人書，諭以國亡，令其歸化。夫人遣其孫魂迎韋洸入廣州。王勇計無所出，乃降。蕭瓛、蕭巖擁兵拒守。隋行軍總管宇文述討之。燕榮以舟師自海至。陳永新侯君範，自晉陵奔瓛。晉陵，見第四章第三節。瓛戰敗，彼執。巖、君範降。送長安斬之。南方悉平。

第十六章　晉南北朝四裔情形

第一節　東方諸國

中國文化之傳播，莫盛於東方，東方諸國，能承受中國之文化者，莫如貊族；《先秦史》及《秦漢史》已言之。貊族之立國北方者曰夫餘，使夫餘而能日益昌大，則白山、黑水之區，可早成文明之域，惜乎塞北苦寒，崎嶇於鮮卑、靺鞨之間，至竟不能自立；爾後貊族之展布，日趨於東南；而遼東、西已北之地，爲鮮卑、靺鞨所據，遂與漠南北遊牧之民，同爲侵掠之族矣。近人撰《東北史綱》，謂此一轉變，關係之大，不讓中央亞細亞自印度日耳曼人之手轉入突厥人之手，誠不誣也。

公孫康因夫餘介居句麗、鮮卑之間，妻以宗女，已見《秦漢史》第十二章第十節。此時之夫餘，形勢蓋已頗危殆，然中國之聲威，未盡失墜，爲蕃國者，究不敢明目張膽，互相吞并也。及晉初而形勢又惡。《晉書·夫餘傳》云：武帝時，頻來朝貢。[1] 大康六年，爲慕容廆所襲破，其王依慮自殺，《廆載記》云：廆夷其國城，驅萬餘人而歸。子弟走保沃沮。今朝鮮咸鏡道之地，詳見《秦漢史》第九章第七節。帝爲下詔曰："夫餘王世守忠孝，爲惡虜所滅，甚愍念之。若其遺類足以復國者，當爲之方計，使得存立。"有司奏護東夷校尉鮮于嬰不救夫餘，失於機略。詔免嬰，以何龕代之。明年，夫餘後王依羅遣詣龕，求率見人，還復舊國。仍請救。龕上列，遣督郵賈沈以兵送之。廆又要之於路。沈與戰，大敗之。廆衆退，羅得復國。《廆載記》云：廆遣沈迎立依慮之子爲王，廆遣其將孫丁率騎邀之，沈力戰斬丁，遂復夫餘之國。爾後每爲廆掠其種人，賣於中國。[2] 帝愍之。又發詔以官物贖還。下司、冀二州，禁市夫餘之口。《隋書·高麗傳》謂朱蒙曾孫莫來并夫餘，《北史》同，

---

①　四裔：夫餘之亡（第五四四—五四六頁）。

②　階級：慕容廆掠夫餘人，賣於中國。

其說殊誤。莫來尚在宮之前,讀《秦漢史》第九章第七節,其誤立見。《魏書·句麗傳》但云莫來征夫餘,夫餘大敗,遂統屬焉;《周書》亦但云莫來擊夫餘而臣之;其說蓋是。然亦一時之事,非謂自此以後,夫餘遂永爲句麗之臣屬也。不然,宮犯玄菟時,夫餘王又何緣遣子與州郡并力邪?《晉書·慕容皝載記》:永和三年,皝遣其世子儁與恪率騎萬七千東襲夫餘,克之,虜其王及部衆五萬餘口以還,亦見《恪傳》。案慕容氏是時用兵,蓋專務俘略以益其衆,故其所虜至於如是之多,參觀其伐句麗時之俘略可見。經一次見侵,則人衆寡弱一次,此夫餘之所以卒難復振。夫餘距遼東、西近,又其地平夷,無險可扼,而句麗則反之,此又夫餘之所以難於自全,句麗之克避凶鋒,終至昌大也。是其國當晉穆帝之世,猶自有王也。《慕容暐載記》:苻堅攻鄴,散騎侍郎徐蔚率扶餘、高句麗及上黨質子五百餘人,夜開城門,以納堅軍,是其國當海西公之世,仍與句麗比肩而事燕也。《魏書·高宗紀》:大安三年,十二月,于闐、夫餘等五十餘國各遣朝獻。大安三年,爲宋孝武帝大明三年,則其國至宋世仍能自達於中原。然所居似已非故地。《魏書·高句麗傳》:世祖時,遣員外散騎侍郎李敖使其國。敖至其所居平壤城,訪其方事。云其地北至舊夫餘。《豆莫婁傳》云:在勿吉國北千里,舊北夫餘也。在室韋之東,東至於海,方二千里。下文述其法俗,全與前史《夫餘傳》同,其爲夫餘遺種無疑。《唐書》云:達末婁,自言北夫餘之裔,高麗滅其國,遺人度那河,因居之。達末婁即豆莫婁,那河,今嫩江也。句麗疆域,南北不過千餘里,亦李敖所説。似不能至此。則所謂舊夫餘者,必在靺鞨之南或在今圖們江流域。若後漢以來之夫餘,則在句麗之西北而不在其北,且句麗境界,亦不能至此。疑夫餘自遭破敗,分爲兩支:一北走,居靺鞨之北,是爲豆莫婁;一南出,居句麗、靺鞨之間,其後又經喪敗,乃并此而失之,則此所謂舊夫餘之地也。南出之夫餘,失此舊夫餘之地後,播遷何處,今難質言,但知其地仍產黃金。何者?《高句麗傳》又云:正始中,世宗於東堂引見其使芮悉弗,芮悉弗進曰:"高麗係誠天極,累葉純誠,地產土毛,無愆王貢。但黃金出自夫餘,珂則涉羅所產,今夫餘爲勿吉所逐,涉羅爲百濟所并,國王臣雲,惟繼絕之義,悉遷於境內。二品所以不登王府,實兩賊是爲。"案句麗當世祖時,歲致黃金二百斤,白銀四百斤。高祖時貢獻倍前,賞賜亦稍加焉。黃金之闕貢,當在世宗之朝。則夫餘當是時,又經一破敗,并其既失舊夫餘後所居之地而失之,而爲句麗封內之寓公矣。其祭祀絕於何時不可考。《北史》言豆莫婁、地豆干、烏洛侯等國,歷齊、周及隋,朝貢遂絕,則豆莫婁雖唐世猶存,亦必式微已甚矣。東國史籍,自句麗、百濟以前悉亡佚,今所謂古史者,類皆出於後人之附會,不盡可據。據其說:則夫餘國王有曰解夫婁者,用其相阿蘭弗之言,遷於加葉原,是爲東夫餘。其族人解慕漱,代主舊國,是爲北夫餘。中國史所述夫餘之事，彼皆以爲北夫餘之事。而所謂東夫餘者，則以齊明帝建武元年，爲靺鞨所逐，降於句麗。據朝鮮金于霖《韓國小史》。覈以中國史籍，説亦不相矛盾，但夫餘國王，似應氏夫餘而不應氏解耳。觀百濟出於夫餘，而以夫餘爲氏可見。

　　夫餘雖敝，貉族之移殖於南者，則日益昌大，則句麗、百濟是也。《魏書》述句麗緣起，已見《秦漢史》第九章第七節。《魏書》又云：朱蒙在夫餘時，妻懷孕，朱蒙逃後生一子，字始閭諧。及長，知朱蒙爲國王，即與母亡而歸之。名之曰閭達，委之國事。朱蒙死，閭達代立。閭達死，子如栗代立。如栗死，子莫來代立。後漢時之句麗王宮，《魏書》謂爲莫來裔孫，而不能詳其世數。清光緒七年，遼東懷仁縣今曰桓仁。發見《高句麗永樂大王碑》，稱句麗之始祖爲鄒牟王，即朱蒙音轉；新羅僧無亟所作《東事古記》，亦稱朱蒙爲鄒牟。稱朱蒙之子爲儒留王，則音與始閭諧及閭達皆不合。然碑爲稱頌功德之作，亦不必其所言者較中國史籍爲可信也。宮及其子遂成、孫伯固、曾孫伊夷模、玄孫位宮之事，已見《秦漢史》第九章第七節，第十二章第十節。《魏書》云：位宮玄孫乙弗利，利子釗。《梁書》云：釗頻寇遼東，慕容廆不能制。據《晉書·廆載記》：平州刺史東夷校尉崔毖，嘗結高句麗及宇文、段國等，謀滅廆而分其地。大興初，三國伐廆，攻棘城。見第三章第八節。廆行反間之策，二國疑宇文同於廆，引歸，宇文悉獨官遂敗績。崔毖亦奔句麗。然其明年，句麗復寇遼東。又《石季龍載記》：季龍謀伐昌黎，見第二章第二節。嘗以船三百艘運穀三十萬斛詣高句麗。俱可見句麗之日漸彊大，而足爲慕容氏之患。然句麗究係小部，崎嶇山谷之閒，故其勢尚不足與大舉之鮮卑敵。廆之世，使其庶長子翰鎮遼東。見《翰傳》。廆死，子皝嗣，翰奔段遼，皝母弟仁，又據遼東以叛，故皝不能逞志於句麗。已而皝襲仁，殺之；翰亦復歸，皝乃以咸康七年伐句麗。率勁卒四萬，入自南陝，使翰及子垂爲前鋒。又遣長史王寓等勒衆萬五千，從北置而進。南陝、北置，蓋從遼東趨木底、丸都之南北兩道，今難確指。釗謂皝軍從北路，遣其弟武，統精鋭五萬距北置。躬率將卒，以防南陝。翰與釗戰於木底，見第六章第八節。大敗之。乘勝遂入丸都。句麗都城，在今遼寧輯安縣境。釗單馬而遁。皝掘釗父利墓，載其尸，并其母、妻、珍寶，掠男女五萬餘口，《皝載記》載其記室參軍封裕諫皝之辭曰："句麗、百濟，及宇文、段部之人，皆兵勢所徙，非如中國慕義而至，咸有思歸之心。今户垂十萬，狹湊都城，恐方將爲國家之患。宜分其兄弟、宗屬，徙於西境諸城，撫之以恩，檢之以法使不得散在居人，知國之虛實。"合前慕容廆虜夫餘人之事觀之，可見慕容氏是時用兵，極重俘掠人口。焚其宮室，毀丸都而歸。明年，釗遣使稱臣於皝，貢其方物。乃歸其父尸，而使慕容恪鎮遼東。見《恪傳》。

釗於是淪爲慕容氏之臣屬矣。《慕容儁載記》：儁僭位後，高句麗王釗遣使謝恩，貢其方物，儁以釗爲營州諸軍事、征東大將軍、營州刺史，封樂浪公，王如故。釗後爲百濟所殺。《魏書·高句麗傳》。事見下。自釗以後，句麗與晉及拓跋魏，皆無交涉，故其世次史亦不詳。據東史，則釗稱故國原王，歿於晉簡文帝咸安元年。子小獸林王丘夫立，歿於孝武帝大元九年。弟故國壤王伊連立，歿於大元十五年。子廣開土王談德立，即所謂永樂大王也。燕之亡也，慕容評奔句麗，郭慶追至遼海，句麗縛評送之，《苻堅載記》。此事尚在釗之世。其後苻洛謀叛，徵兵於鮮卑、烏丸、高句麗、百濟，及薛羅、休忍等，諸國不從，亦見《堅載記》，事在大元五年。則在小獸林王之世矣。自前燕入中原，遼東守禦之力稍薄，句麗之勢，蓋至此而稍張；至苻秦亡而益盛。《晉書·慕容垂載記》：高句麗寇遼東，垂平北慕容佐遣司馬郝景救之，爲所敗，遼東、玄菟遂没。建節將軍徐巖叛，據令支，見第五章第二節。慕容農攻克之，斬巖兄弟。進伐高句麗，復遼東、玄菟二郡。此事據《北史》在大元十年。然據《慕容熙載記》：高句麗寇燕郡，未詳。殺掠百餘人，熙伐高句麗，以苻氏從，爲衝車地道，以攻遼東，不能下。又與苻氏襲契丹，憚其衆，將還，苻氏弗聽，遂棄其輜重，輕襲高句麗。周行三千餘里，士馬疲凍，死者屬路。攻木底城，不克而還。此二事，《通鑑》繫諸義熙元、二年，則不及二十年，而遼東復陷矣。[①]《馮跋載記》有遼東太守務銀提，以謀外叛見殺，《通鑑》繫義熙十一年，馮氏未聞用兵於東方，其時之遼東，恐係僑置或遙領，未必仍在故地也。《北史·句麗傳》：慕容垂死，子寶立，以句麗王安爲平州牧，封遼東、帶方二國王。安始置長史、司馬、參軍官。後略有遼東郡，不言其年代。《韓國小史》：遼東之陷，在隆安元年，至元興元年，又陷平州，皆在廣開土王之世。王歿於義熙八年。東史叙事已不足據，紀年更無論也。釗之曾孫璉，始復見於中國史。據東史，爲廣開土王之子。《魏書》云：璉以大和十五年死，齊武帝永明九年。年百餘歲，故東史稱爲長壽王焉。子雲立，東史文明咨王羅雲。天監十七年卒。子安立，東史大安藏王興安。普通七年卒。子延立，東史安原王寶延，云係安藏王之弟。大清二年卒。子成立。東史陽原王平成。成卒，東史在永定三年。子湯立，東史平原王陽成。而南北朝之世遂終。自璉至湯，皆兼通貢於南北朝，受封爵。然魏大武帝詔璉送馮弘，璉不聽。後文明大后以顯祖六宮未備，勅璉薦其女，璉始稱女已出嫁，求以弟女應旨，及遣送幣，則又稱女死，魏遣使切責之，云若女審死者，聽更選宗淑，璉雖云當奉詔，會顯祖死，事遂止，設顯祖不死，亦未必其女之果至也。雲之立，高祖詔其遣世子入朝，雲亦惟遣其從叔升于隨使詣闕而已，詔嚴

_____

① 史事：句麗陷遼東之年。

責之，終亦不聞其至也。而宋大祖欲北討，詔璉送馬，璉即獻馬八百匹。蓋句麗之於虜，特畏其無道，不得不姑與周旋，於中國，則心悅誠服者也，此則不可以力致者也。

半島諸國，嗣受中國之文化者，在晉、南北朝之世，似當以百濟爲嫡乳。[1]高句麗雖係出夫餘，然以高爲氏，似係夫餘之支庶，百濟以夫餘爲氏，則似係夫餘之正支也。《周書・百濟傳》云：王姓夫餘氏。《北史》作餘氏，即夫餘氏之略稱。如其王餘映、餘毗等，餘皆其氏也。句麗名城曰溝婁，見《三國志・本傳》，北沃沮一名置溝婁，蓋猶言置城。句麗二字，疑仍係溝婁異譯，高句麗亦猶言高氏城耳。百濟開國神話，見於《隋書》。《隋書》云：百濟之先，出自高麗國。《北史》作出自索離國。索疑橐之誤；說見《秦漢史》第九章第七節。其國王有一侍婢，忽懷孕，王欲殺之。《北史》：其王出行，其侍兒於後妊娠，王還欲殺之。婢云"有物狀如雞子，來感於我，故有娠也。"《北史》：侍兒曰："前見天上有氣，如大雞子來降感，故有娠。"王舍之。後遂生一男。棄之廁溷，久而不死。《北史》：王置之豕牢，豕以口氣嘘之，不死，後徙於馬闌，亦如之。以爲神，命養之。名曰東明。及長，高麗王忌之。《北史》：及長，善射，王忌其猛，復欲殺之。東明懼，逃至淹水，夫餘人共奉之。《北史》：東明乃奔走，南至淹滯水，以弓擊水，魚鼈皆爲橋，東明乘之得度，至夫餘而王焉。東明之後，有仇台者，篤於仁信，始立其國於帶方故地。帶方，漢縣，公孫康以爲郡，在今朝鮮錦江流域，詳見《秦漢史》第十二章第十節。漢遼東大守公孫度以女妻之，漸以昌盛，《北史》無此四字。爲東夷彊國。初以百家濟海，《北史》無海字。因號百濟。與夫餘、句麗開國傳說略同，蓋係貉族所共。然云夫餘人共奉之，則所君者仍係夫餘人，與自夫餘出走，而爲他族之大長者異矣。云初以百家濟海，則其播遷至帶方舊壤，實係浮海而來，此語自爲仇台之事，乃史實而非神話也。東明傳說，乃貉族之所共，仇台則誠百濟始祖，故百濟歲四祠之，見《周書》本傳。《隋書》以百家濟海之語，《北史》刪一海字，出入甚大，作史之不可輕於增刪如此。案《晉書》尚祇有《三韓傳》。其《馬韓傳》云：武帝大康元年、二年，其王頻遣使入貢方物。七年、八年、十年又頻至。大熙元年，詣東夷校尉何龕上獻。咸寧三年，復來。明年，又請內附。《辰韓傳》云：大康元年，其王遣使獻方物。二年，復來朝貢。七年，又來。弁辰十二國，屬於辰韓，故不能逕通於中國。蓋皆以馬韓及辰韓之名自通，則百濟、新羅之大，必在武帝以後也。新羅出於辰韓，辰韓，前史言爲秦人避役者，見《秦漢史》第九章第七節。然至晉、南北朝之世，則似新羅之中國人反少，而百濟反多。《梁書・百濟傳》云：

---

[1]　四裔：百濟氏夫餘，句麗氏高，則百濟必正支，其始祖爲仇台，係浮海至百濟，梁氏爲句麗所破，乃遷南韓，蓋亦浮海，其類中國，反過新羅。梁隋書新羅之君，非一氏，疑初爲募氏，后爲金氏所滅（第五四八—五五二頁）。

今言語、服章，略與高麗同，行不張拱，拜不申足則異。《魏書‧句麗傳》云：立則反拱，拜曳一腳，行步如走。《隋書》云：拜則曳一腳，立各反拱，行必搖手。拜申足，即滿洲人之打跧，乃夷俗，而百濟無之。《梁書》又云：呼帽曰冠，襦曰複衫，袴曰褌，其言參諸夏，亦秦韓之遺俗云。而新羅則冠曰遺子禮，襦曰尉解，袴曰柯半，靴曰洗其；拜及行與高麗相類。亦見《梁書》本傳。則秦韓遺俗，不在新羅，顧在百濟矣。觀史所載三國法俗，文化程度，似以百濟爲最高。百濟法俗，《北史》言之最詳。其官制較之句麗，即遠近於中國。昏取之禮，略同華俗。其王每以四仲月祭天及五帝之神；都下有方，分爲五部，部有五巷，士庶居焉；亦中國法也。俗重騎射，兼愛文史，秀異者頗解屬文。新羅則《梁書》本傳言其無文字，刻木爲信，語言且待百濟而後通也。日本之文化，據彼國史籍，受諸百濟者，亦較句麗、新羅爲多，其以是歟？

　　《宋書‧百濟傳》云：本與高麗俱在遼東之東千餘里，其後高麗略有遼東，百濟略有遼西。百濟所治，謂之晉平郡晉平縣。《梁書》云：晉世句麗既略有遼東，百濟亦據有遼西、晉平二郡地矣。自置百濟郡。《宋書》云：義熙十二年，以百濟王餘映爲使持節都督百濟諸軍事、鎮東將軍、百濟王。百濟二字，蓋即據其自置之郡也。百濟是時之都，應在遼西。《周書》云：百濟治固麻城；《隋書》云：其都曰居拔城，則其遷歸半島後之所居也。自帶方故地遵陸而至遼西非易；且句麗未必容其越境；疑其略有遼西，亦浮海而至也。據《梁書》，則晉大元中，其王須，已遣使獻生口。餘映之後餘毗，於宋元嘉七年，復脩貢職。毗死，子慶立。《宋書》。慶死，子牟都立。都死，子牟大立。天監元年，進號。尋爲高句麗所破，衰弱者累年，遷居南韓地。普通二年，王餘隆始復遣使奉表，稱累破句麗，今始與通好。《梁書》云：百濟更爲彊國，然遼西之地，則似未能恢復也。《魏書‧百濟傳》云：延興二年，宋泰豫元年。其王餘慶始遣使上表，云：“臣與高句麗，源出夫餘。先世之時，篤崇舊款。其祖釗，輕廢舊好。親率士衆，陵踐臣境。臣祖須，整旅電邁，應機馳擊，矢石暫交，梟斬釗首。自爾已來，莫敢南顧。自馮氏數終，餘燼奔竄，醜類漸盛，遂見陵逼。構怨連禍，三十餘載。財殫力竭，轉自孱踧。若天慈曲矜，遠及無外，速遣一將，來救臣國。當奉送鄙女，執帚後宮，并遣子弟，牧圉外廏；尺壤匹夫，不敢自有。”又云：“今璉有罪，國自魚肉，大臣彊族，戮殺無已，罪盈惡積，民庶崩離，是滅亡之期，假手之秋也。且馮族士馬，有鳥畜之戀；樂浪諸郡，懷首丘之心。天威一舉，有征無戰。臣雖不敏，志效畢力，當率所統，承風響應。”又云：“去庚辰年後，庚辰當係宋元嘉十七年，即魏大平真君元年。臣西界小石山北國海中見尸十餘，并得衣器、鞍勒。視之非高麗之物。後聞乃是王人，來降臣國，長蛇隔路，以沈於海。今上所得鞍一，以爲實驗。"顯祖遣使者邵安與其使俱還。詔曰："前所遣使，浮海以撫荒外之國，從來積年，往而不返，存亡達否，未能審悉。卿所送鞍，比校舊乘，非中國之物。不可以疑似之事，生必然之過。"又曰："高麗稱藩先朝，共職日久，於彼雖有自昔之釁，於國未有犯令之愆。卿使命始通，便求致伐，尋討事會，理亦未周。故往年遣禮等至平壤，_{餘禮，百濟使。}欲驗其由狀。然高麗奏請頻煩，辭理俱詣，行人不能抑其請，司法無以成其責，故聽禮等還。若今復違旨，則過咎益露，後雖自陳，無所逃罪，然後興師討之，於義爲得。"又詔璉護送安等。安等至高句麗，璉稱昔與餘慶有讎，不令東過。安等於是皆還。_{案餘慶表有"投舫波阻，搜徑玄津"之語，則其使本自海至。}乃下詔切責之。五年，_{宋元徽三年。}使安等從東萊浮海_{東萊，見第三章第四節。}賜餘慶璽書。至海濱，遇風飄蕩，竟不達而返。案自延興二年上溯三十六年，爲宋文帝元嘉十三年，魏大武帝大延二年。馮弘實以其歲走句麗。百濟之事勢，蓋自此逐漸緊急。觀此，知句麗不肯送馮弘於魏，又不肯聽其歸宋，蓋欲留其衆以爲用也。馮氏在十六國中兵力不爲彊盛，然句麗一得其衆，百濟之事勢，即形緊急，則知是時半島諸國之兵力，遠非中國之敵，此其所以自慕容氏以前，累爲遼東所弱歟？《永樂大王碑》言：王以丙申之歲伐百濟，取城五十八，部落七百。己亥之歲，百濟違誓，與倭連和，新羅請救。庚子，王以步騎五萬救新羅，倭退。移師伐百濟，取質而歸。丙申爲晉孝武帝大元二十一年，己亥爲安帝隆安三年，庚子爲其四年，又在馮弘亡前四十載。釗之用兵於百濟，當在其見敗於慕容氏之後，慕容皝之入丸都，下距大元二十一年，凡五十四年。麗、濟之搆釁，可謂舊矣。《隋書》稱釗爲昭烈帝，似係其國之私謚。觀此，知其人好黷武，雖始喪師於北，繼且殞命於南，亦必自有其功烈，故能竊帝號以自娛，而其國人亦被之以大名也。《梁書》：隆以普通五年死，復詔其子明襲其爵號。《北史》云：齊受禪，其王隆亦通使焉，齊受禪上距普通五年二十有六載，疏矣。或傳寫誤邪？隆之後爲昌，嘗通使於陳，_{天嘉三年，光大元年，大建九年，至德二年，皆見《紀》。}亦通使於齊、周。_{見《北史》本傳。}

《梁書·新羅傳》云：新羅者，其先本辰韓種也。辰韓始有六國，後稍分爲十二，新羅則其一也。魏時曰新盧，宋時曰新羅，或曰斯羅。其國小，不能自通使聘。普通二年，王名慕泰，始使隨百濟奉獻方物。《隋書》則云：新羅居漢時樂浪之地，或稱斯羅。魏將毌丘儉討高句麗，奔沃沮，其後復歸故國，留者遂爲新羅焉。故其人雜有華夏、高麗、百濟之屬。兼有沃沮、不耐、韓、濊之地。其王本百濟人，自海逃入新羅，遂王其國。傳祚至金真平，開皇十四年，遣使貢方物。又云：其先附庸於百濟，後因百濟征高麗，高麗人不堪戎役，相率歸之，遂致彊盛。因襲百濟，附庸於迦羅國。《北史》說同《梁書》，又列《隋書》之說於後爲或說。案沃沮爲今朝鮮咸鏡道，樂浪爲平安南道、黃海道、京畿道之地，辰韓則慶尚道地，詳見《秦漢史》第五章第四節，第九章第七節。疆域既各不相干。《梁書》之王名募泰，《南史》作姓募名泰，當有所據。《陳書·本紀》：大建二年、三年、十年，新羅并遣使貢方物，不言其王之姓名。《北齊書》武平三年，亦但云遣使朝貢，而河清四年，《紀》載以其國王金真興爲樂浪郡公、新羅王，與《隋書》王氏金者相合。金之與募，亦各不相干。又據《梁》、《隋》二書，一則君民皆屬辰韓，一則民雜華夏、句麗、百濟、沃沮、韓、濊，而君爲百濟人，亦若風馬牛之不相及。迦羅當即《齊書》之加羅，云：三韓種也。建元元年，國王荷知使來獻。三韓在半島中，勢較微末，未必能拓土而北。加羅既能自通於上國，蓋其中之佼佼者，故新羅曾附庸焉。則新羅與今慶尚道之地有交涉矣。竊疑《梁書》所謂新羅，與《隋書》所謂《新羅》，本非一國。新羅本辰韓十二國之一，其王氏募，在梁普通二年至齊河清四年，即陳天嘉六年之間，凡四十四年。自百濟浮海逃入樂浪故地之金氏，拓土而南，兼并其國，而代募氏爲王。《梁書》祇知募氏時事，《隋書》又不知有募氏，奪去中間一節，故其說齟齬而不可通也。東史云：辰韓有二種：一曰辰韓本種，一曰秦韓，是爲楊山、高墟、大樹、珍支、加利、明活六村，今慶州之地也。新羅始祖曰赫居世。其生也，蒙胞衣而出，其狀似瓠，方言呼瓠爲朴，故以朴爲姓。年十三，高墟部長與諸部推尊之，赫居世乃即王位。卒，子南解立。南解子曰儒理，壻曰昔脫解。南解遺命：繼嗣之際，於朴、昔二姓中，擇年長者立之。於是二姓迭承王位。第十一世王曰助賁，壻曰金仇道。助賁卒，弟沾解立。沾解傳位於仇道之子味鄒，而復歸於助賁之子儒理。儒理傳其弟子基臨。基臨傳昔氏之族訖解。訖解傳味鄒兄子奈勿。自此新羅王位，遂永歸於金氏。《隋書》之金真平，東史稱爲金平王，名伯淨，爲新羅第二十六王。《北史》云：新羅傳世三十至真平，說差相近，或不盡無據。然即有據，亦必居樂浪故地金氏之世系，以之牽合於辰韓則誤矣。豈金氏之於朴氏，實如莒之於鄅，非以力取邪？迦羅，東史作駕洛，云：少昊金天氏之裔八人，自中國之莒縣見第六章第八節。之辰韓之西，人稱其地曰八莒，今之星洲也。其後有名首露者，弁韓九干立爲君。干尊稱。案此說出金海《金氏譜》。金氏又有惱窒朱日者，別開國曰大加耶，今高靈。或曰任那。說出崔致遠《釋利貞傳》。或曰：駕洛之始，有兄弟六人，皆美好長大，衆推其兄爲駕洛之主，餘五人則分爲大、小、阿羅、古寧、碧珍五加耶焉。小加耶，今固城。阿羅加耶、古寧加耶，皆今咸安。碧珍加耶，今星洲。此説出新羅僧無亟《東事古記》。首露神聖，在位凡百五十八年，乃死。自後漢光武帝建武十八年至獻帝建安四年。其後傳九世，合首露十世。至梁中大通四年，乃降於新羅。加耶則嘗爲日本所據。彼國史有所謂神功皇后者，即《秦漢史》第九章第七節擬爲我國史之卑彌呼者也。據彼國史，嘗渡海伐新羅，新羅降，得金帛八十艘。其後日本遂定任那之地，置府駐兵。據朝鮮史籍，則陳文帝天嘉三年，大加耶爲新羅所滅，日本所置府亦毁。以上所述朝鮮事，亦據金于霖《韓國小史》。《永樂大王碑》亦載王援新羅卻倭人之事，則朝鮮、日本史籍所載，不盡子虚，可知是時三韓、日本，隔海相對，日本之勢，較之三韓爲少彊也。

　　日本在晉、南北朝之世，與中國交涉頗繁。卑彌呼、壹與之事，已見《秦漢史》第十二章第十節。《晉書·倭傳》云：宣帝之平公孫氏也，其女王遣使至帶方朝見，其後貢聘不絶。及文帝作相，又數至。泰始初，遣使重譯入貢。《晉帝紀》：魏正始元年，東倭重譯納貢。《武帝紀》：泰始二年，倭人來獻方物。《梁書·倭傳》云：其後復立男王。其事在於何時，則不可考矣。《南史·倭傳》云：晉安帝時，有倭王讚，遣使朝貢。《晉書·本紀》在義熙九年，云高句麗、倭國及西南夷銅頭大帥并獻方物。《宋書·倭傳》云：高祖永初二年，詔曰："倭讚萬里脩貢，遠誠宜甄，可賜除授，"而不言所除授者爲何。元嘉中，讚死，弟珍立。遣使貢獻。自稱使持節，都督倭、百濟、新羅、任那、秦韓、慕韓即馬韓。六國諸軍事，安東大將軍。表求除正。詔除安東將軍、倭國王。二十年，倭國王濟遣使貢獻。復以爲安東將軍、倭國王。二十八年，乃加使持節、都督倭、新羅、任那、加羅、秦韓、慕韓六國諸軍事。濟死，世子興遣使貢獻。世祖大明六年，詔除安東將軍、倭國王。興死，子武立。自稱使持節、都督倭、百濟、新羅、任那、加羅、秦韓、慕韓七國諸軍事、安東大將軍、倭國王。順帝昇明二年，遣使上表曰："封國偏遠，作藩於外。自昔祖禰，躬擐甲胄，跋涉山川，不遑寧處。東征毛人，五十五國；西服東夷，六十六國；渡平海北，九十五國；王道融泰，廓土遐畿，累葉朝宗，不愆於歲。臣雖下愚，忝胤先緒。驅率所統，歸崇天極。道徑百濟，裝治舡舫。而句麗無道，圖欲見吞。掠抄邊隸，虔劉不已。每致稽滯，以失良風。雖曰進路，或通或否。臣亡考濟，實忿寇讎，壅塞天路。控弦百萬，義聲感激。方欲大舉，奄喪父兄，使垂成之功，不獲一簣。居在諒闇，不動兵甲，是以偃息，未捷至今。欲練甲治兵，申父兄之志。義士虎賁，文武效功，白刃交前，亦所不顧。若以帝德覆載，摧此彊敵，克靖方難，無替前功。竊自假開府、儀同三司，其餘咸假受，以勸忠節。詔除武使持節、都督倭、新羅、任那、加羅、秦韓、慕韓六國諸軍事、安東大將軍、倭王。”《宋書·本紀》：元嘉七年、十五年、二十年，大明四年，昇明元年，皆書倭國王遣使獻方物。齊建元元年，進號爲鎮東大將軍。梁高祖即位，進號征東將軍。《紀》在天監元年。案觀倭武表辭，可知是時句麗爲倭彊敵。倭人自假所督諸國，中國除百濟外，皆如其所請與之，又可見是時中國視百濟與倭相等夷，餘則皆下於倭也。黄公度《日本國志鄰交志》曰：“源光國作《大日本史》，青山延光作《紀事本末》，皆謂通使實始於隋，而於《魏志》、《漢書》所叙朝貢、封拜，概置弗道。① 揣其意，蓋因推古以降，稍習文學，略識國體，觀於世子草書，自稱天皇；表仁争禮，不宣帝詔；其不肯屈膝稱臣，始於是時，斷自隋、唐，所以著其不臣也。彼謂推古以前，國家并未遣使，漢史所述，殆出於九州國造任那守帥之所爲。余考委奴國印，出於國造，是則然矣。《魏志》、《漢書》所謂女皇卑彌呼，非神功皇后而誰？武帝滅朝鮮而此通倭使，神功攻新羅而彼受魏詔，其因高麗爲鄉道，情事確鑿，無可疑者。神功既已上表貢物，豈容遽停使節？且自應神已還，求縫織於吳，求《論語》、《千文》、佛像、經典於百濟，豈有上國朝廷，反吝一介往來之理？宋順帝時，倭王上表，稱東征毛人，五十五國；西服衆夷，六十六國；渡平海北，九十五國；謂有國造、守帥，能爲此語者乎？惟《宋》、《齊》、《梁》諸書所云倭王，考之倭史，名字、年代，皆不相符，然日本於推古時始用甲子，始有紀載，東西遼遠，年代舛異，譯音輾轉，名字乖午，此之不同，亦無足怪。按此自黄氏時之見解，由今言之，日本、朝鮮、安南等之古史，皆馮藉中國史籍，附會而成，治此諸史者，反當以中國史爲據，理極易明，不待更説也。日本人每諱言臣我，而中土好自誇大，輒視爲屬國。余謂中古之時，人文草昧，禮制簡質，其時瞻仰中華，如在天上，慕漢大而受封，固事之常，不必諱也。隋、唐通使，往多來少，中國未嘗待以鄰禮，而《新》、《舊唐書》，不載一表，其不願稱臣、稱藩，以小朝廷自處，已可想見。五代以後，通使遂希。而自元兵遇颶，倭寇擾邊以來，雖足利義滿，稱臣於明，樹碑鎮國，賜服封王，而不知乃其將軍，實爲竊號。神宗之封秀吉，至於裂冠毀冕，擲書於地，此又奚足誇也？史家舊習，尊己侮人，索虜、島夷，互相嘲罵。中國列日本於《東夷傳》，日本史亦列隋、唐爲《元蕃傳》；中國稱爲倭王，彼亦書隋主、唐主，譬之鄉鄰交罵，於事何益？”此論可謂極其持平，足以破拘墟狹隘之見矣。《北史·倭傳》云：“居於耶摩堆，則《魏志》所謂邪馬臺者也。”亦可見與我往還者，確爲其共主也。

---

① 四裔：日本諱事中國。

第二節　南方諸異族之同化

內地諸異族之同化，爲晉、南北朝之世之一大事，第一章已言之。此等異族之同化，固由漢族入山，與之雜居，亦由地方喪亂，曠土增多，諸蠻族逐漸出居平地。當政事紊亂、防務空虛之日，自不免苦其擾害，然易一端而論之，則同化之功，正因之而加速，長江流域之全闢，實深有賴於茲，史事利害，繁賾難明，固不容偏執一端也。

曷言乎斯時之開拓，深有賴於諸異族之出居平地也？大抵當九州鼎沸，羣龍無首之日，海內之擾亂必甚，可謂幾無一片乾淨土，若猶有一政府，則暴政雖曰亟行，疆場雖曰多故，較之羣龍無首之世，終必有閒。故後漢之末，華人相率入山者，至晉、南北朝之世，則又相率而出焉。其出也，不徒一身，必有稍已同化之蠻民，與之偕出，勢也。又不徒在其附近之地，而必分播於較遠之區。何哉？喪亂之後，曠土增多，遷徙者必追蹤而往，一也。新居不必安靖，甫奠居者或又將轉徙，二也。如是，故其爲數滋繁，而所至亦頗遠。《宋書》分蠻爲荊雍州蠻及豫州蠻。《齊書》則云：布荊、湘、雍、郢、司五州界。《魏書》云：在江、淮之閒。依託險阻，部落滋蔓，布於數州。東連壽春，西通上洛，北接汝、潁，往往有焉。其地實苞今湖南、湖北、江西、安徽、河南、陝西六省。《宋書》以荊雍州蠻爲槃瓠後，豫州蠻爲廩君後；《魏書》亦云：蠻之種類，蓋槃瓠之後。夫槃瓠、廩君，皆不過一小部落，安能散布至於如是之廣？《齊書》云：蠻言語不一；又言其俗或椎髻，或翦髮；即可見其種類之多。然觀其一出山即可列爲編户，又可見其中漢人實不少；即本爲蠻族，其同化於漢，亦必已甚深。《三國·魏志·四裔傳注》引《魏略·西戎傳》，謂氐人多知中國語，由與中國錯居故也，其自還種落閒，則自氐語，《齊書》謂蠻言語不一，當亦如是，非遂不知華語也。

《宋書·荊雍州蠻傳》云：結黨連羣，動有數百千人，州郡力弱，則起爲盜賊。《豫州蠻傳》云：歷世爲盜賊，北接淮、汝，南極江、漢，地方數千里。《齊書》云：蠻俗善弩射，皆暴悍，好寇賊。《魏書》云：魏氏之時，不甚爲患。至晉之末，稍以繁昌，漸爲寇暴。自劉、石亂後，諸蠻無所忌憚，故其族類，漸得北遷；陸渾以南，滿於山谷；宛、洛蕭條，略爲丘墟矣。觀此諸語，一似華夏與諸蠻，日在爭戰之中者，其實不然。《宋書·荊雍州蠻傳》云：蠻民順附者，一户輸穀數斛，其餘無雜調，而宋民賦役嚴苦，貧者不復堪命，多逃亡入蠻。蠻無徭役，彊者又不供賦稅。然則蠻人之擾亂，仍是中國貧民，鋌而走險耳。當兩國相爭之時，彼此咸藉蠻以爲用。平時則資其捍蔽，戰時則用爲前驅。又或使其擾亂敵後，阻塞道路。蠻族之桀黠者，遂得叛服於二國之間焉。《北齊書·元景安傳》言：景安除豫州刺史。管内蠻多華少，景安被以威恩，咸得寧輯。招慰生蠻，輸租賦者數萬户。豫州中原之地，而至於蠻多華少者？干戈數動，則民卒流亡，惟蠻人依據險阻，又質直，能耐勞苦，不慮危難，故其蕩析離居，轉不如漢人之甚也。土滿者豈曰能有其土？疆場之控扼，不能謂其無成勞矣。即内爭之際，亦有引以爲助者。而戰敗之士，亡命之徒，又或藉爲逋逃之藪。史所記者，本以兵事爲多，遂覺殺伐之氣，滿於紙上矣。然其同化，實仍在平和中逐漸致之。綜觀晉、南北朝之世，所謂諸蠻，大煩征討者，不過三役：一爲宋文帝、孝武世之於沔中蠻及西陽蠻。沔中蠻，亦曰緣沔蠻，即雍州蠻。元嘉七年，劉道產爲雍州刺史，諸蠻悉出，緣沔而居。十九年，道產卒，羣蠻大動，朱脩之討之失利，沈慶之乃討破之。二十二年，孝武帝爲雍州，慶之又隨之西上，率柳元景、宗愨等，前往討擊。漢西陽縣，本在今河南光山縣境，晉世爲蠻所據，乃於今湖北黃岡縣西立西陽郡。元嘉末，爲亡命司馬黑石等所誑動，自淮、汝至於江、沔，咸罹其患。孝武時爲江州刺史，與沈慶之往討之，會元凶弒逆，旋師起義，至孝建四年，慶之乃復往討定，事見《宋書》諸人本傳。二周文帝之於峽中蠻。詳見《周書·蠻傳》。三魏明帝之末，三鴉蠻人，大肆擾亂，明帝至欲親征，後卒未果，而遣臨淮王彧討之。事在孝昌元年，見《紀》。前二役誠用兵力戡定，後一役仍不過徒有其名，此外則皆州郡及理蠻之官，晉武帝於荆州置南蠻校尉，雍州置寧蠻校尉，皆治襄陽。江左省。尋置南蠻校尉，治江陵。孝武帝又置寧蠻校尉，以授魯宗之。宋世祖罷南蠻，而寧蠻如故。事見第九章第二節。武帝又置南夷校尉，治寧州，江左改曰鎮蠻校尉，見《宋書·百官志》。廣州西南二江，川源深遠，別置督護，專征討之任，見《齊書·州郡志》。此等皆理蠻之官也。隨宜討伐而已。諸蠻既與漢人習狃，撫之者自以能行德化爲上。《梁書·良吏傳》：孫謙擢爲巴東、建平二郡大守。郡居三峽，恒以威力鎮之。謙將述職，敕募千人自隨。謙曰：“蠻夷不賓，蓋待之失節耳，何煩兵役，以爲國費。”固辭不受。至郡，布恩惠之化，蠻、獠懷之。又《文學傳》：臧嚴，歷監義陽、武寧郡。累任皆蠻左，前刺守常選武人，以兵鎮之。嚴獨以數門生單車入境，羣蠻悦服，遂絶寇盗。此皆治蠻不必用兵力之證也。然能如是者卒鮮，往往濫施討伐；而其行軍且極殘酷。《宋書·夷蠻傳》曰：自元嘉將半，寇盗彌廣，於是命將出師，恣行誅討。自江、漢以北，廬江以南，搜山蕩谷，窮兵罄武。繫頸囚俘，蓋以數百萬計。至於孩年、齯齒，執訊所遺，將卒申好殺之憤，干戈窮酸慘之用，雖云積怨，爲報已甚。按俘虜之多，蓋利其可輸稅租，勠力役，甚且没爲奴婢耳。亦有無所利而肆情誅殺者，如陳顯達爲益州刺史，使責大度村獠租賧，獠帥殺其使，顯達分部諸將，聲言出獵，夜襲之，男女無少長皆斬，此則所謂申好殺之憤者也。此實將帥之貪功徼利，謂蠻非討伐不可，固不其然。抑雖如是，真能深入其阻者，亦卒鮮也。當時諸蠻之出山，固有脅以兵力者；又有由於俘獲，迫令遷移者；然其慕化内徙，或酋長身來歸順者，亦屬不少。

慕化內徙，即同齊民。酋長內附，往往設置郡縣，即以其人爲守令，多有仍行世襲之制者，然數世之後，終必別簡人以代之，此亦無形之改土歸流也。《隋書·南蠻傳》云："南蠻雜類，與華人錯居，曰蜒，曰儴，曰俚，曰獠，曰㐌，俱無君長；既同於齊民，則無復君長耳，非本無君長也。隨山洞而居，古所謂百越是也。浸以微弱，稍屬於中國，皆列爲郡縣，同之齊人，不復詳載。"可見晉、南北朝之世所謂蠻者，至隋、唐時，多已泯然無迹矣。使其言語風俗，判然與我不同，豈能泯然於一旦？可見民族早已同化，覺其不同者，特時勢之不安謐，激之使然耳。然則民族之同化，實皆社會自爲之，政治之所能爲力者甚鮮也。

梁、益二州情形，則較荊、雍、豫州爲惡。以荊、雍、豫州，漢末以來，喪亂較烈，華人之入山者較多，梁、益二州則不然；觀此二州無所謂山越，史閒言山獠亦甚希可知。又荊、雍、豫州，去大川及平地近，其人之出山較易，梁、益地勢較險，夷人自深山而出者，仍依山并谷故也。《魏書》云："自漢中達於邛、筰，川洞之閒，所在皆有。"獠即今所謂仡佬，見《秦漢史》第九章第四節。雖處山谷，其初本來自海濱，《魏書》言其"能臥水底，持刀刺魚"。又曰："報怨相攻擊，必殺而食之。俗畏鬼神，尤尚淫祀。所殺之人，美鬚髯者，必剥其面皮，籠之於竹，及燥，號之曰鬼，鼓舞祀之，以求福利。至有賣其昆季妻孥盡，乃自賣以供祭者。"此緣海之馬來人，即古所謂越族者食人之俗也。詳見《先秦史》。因所居深阻，罕與華人交接，故其舊俗沿襲尚多，而其文明程度亦較低焉。《魏書》云："種類甚多，散居山谷。略無氏族之別。又無名字，所生男女，惟以長幼次第呼之，其丈夫稱阿謩、阿段，婦人稱阿夷、阿等之類，皆語之次第稱謂也。依樹積木，以居其上，名曰干闌。干闌大小，隨其家口之數。往往推一長者爲王，亦不能遠相統攝。父死則子繼，若中國之貴族也。獠王各有鼓角一雙，使其子弟自吹擊之。好相殺害，多不敢遠行。性同禽獸，至於忿怒，父子不相避，惟手有兵刃者先殺之。若殺其父，走避，求得一狗，以謝其母，母得狗，不復嫌恨。若報怨相攻，必殺其食之。平常劫掠，賣取豬狗而已。親戚比鄰，指授相賣。被賣者號哭不服，逃竄避之。乃將買人捕逐，指若亡叛，獲便縛之。但經被縛者，即服爲賤隸，不敢稱良矣。亡失兒女，一哭便止，不復追思。惟執盾持矛，不識弓矢。"案干闌之名，與後印度諸國同，亦可見其初居海濱也。《魏書》云："李勢之時，諸獠始出，攻破郡縣，爲益州大患。桓溫破蜀之後，力不能制；又蜀人東流，山險之地多空，獠遂挾山傍谷。此謂華人所居山谷之地，獠自深山遷此。與夏人參居者，頗輸租賦。在深山者，仍不爲編戶。蕭衍梁、益二州，歲歲伐獠，以自裨潤，公私頗藉爲利。"夏侯始遷之叛也，魏以邢巒爲梁、益二州刺史，頗得獠和。後以羊祉、元恒、元子真爲梁州，傅豎眼爲益州。豎眼頗得物情。祉性酷虐，恒、子真并無德績，諸獠苦之。魏以梁、益二州，統攝險遠，又立巴州，以統諸獠，《魏書·地形志》：巴州郡縣闕。《隋書·地理志》：清化郡，舊置巴州，今四川巴中縣。以巴酋嚴始欣爲刺史。又立隆城鎮，蓋因梁之隆城郡，在今四川儀隴縣北。所綰獠二十萬戶。隆城所統，謂之北獠，歲輸租布，又與外人交通貿易。巴州生僚，并皆不順，其諸頭王，每於時節，謁見刺史而已。孝昌初，諸僚以始欣貪暴，相率反叛，攻圍巴州。時魏子建爲山南行臺，勉諭之，乃得散罷。始欣慮獲罪譴，謀來附，而其族子愷爲隆城鎮將，歸心於魏。魏子建啓以鎮爲南梁州，以愷爲刺史。發使執始欣，囚於南鄭。遇子建見代，傅堅眼爲行臺，堅眼久病，其子敬紹，納始欣重賄，使得還州，始欣乃起衆攻愷屠滅之，據城南叛。梁將蕭玩，率衆援接，爲魏梁、益二州兵所破斬。魏攻陷巴州，執始欣，然梁州未久即入梁。其後梁、益皆陷於周。《周書》云：“每歲命隨近州鎮，出兵討之，獲其口以充賤隸，謂之壓僚。①　後有商旅往來者，亦資以爲貨。公私逮於民庶之家，有僚口者多矣。”其虐，亦無以異於梁也。又云：“其種類滋蔓，保據巖壑，依林走險，若履平地，雖屢加兵，弗可窮討。性又無知，殆同禽獸。諸夷之中，最難以道義招懷者也。”可見其同化，遠較豫、荊、雍州蠻爲後矣。

　　交、廣、寧三州，情形較梁、益二州爲尤惡。案此三州，西通緬甸，東苞東京灣爲内海，實爲中國向南拓展之樞機，惜距中原較遠，民族拓展之力，一時有所不及，而政事尤欠清明，遂至越南之地，終於分裂以去，而自雲南西南出之路，亦未能盡力經營也。中國之稍知注意於交土，似自後漢中葉以來。《晉書・地理志》云：順帝永和九年，交趾大守周敞交趾，今越南河内。求立爲州，朝議不許，即拜敞爲交趾刺史。建安八年，張津爲刺史，士燮爲交趾大守，共表立爲州，乃拜津爲交州牧。②　十五年，移治番禺。《三國・吳志・孫策傳注》引《江表傳》，謂策欲殺于吉，諸將連名陳乞，策曰：“昔南陽張津，爲交州刺史，舍前聖典訓，廢漢家法律，常著絳帕頭，鼓琴燒香，讀邪俗道書，云以助化，卒爲南夷所殺。此甚無益，諸君但未悟耳。”又引虞喜《志林》：喜推考桓王之薨，在建安五年四月四日，是時曹、袁相攻，未有勝負，夏侯元讓與石威則書，袁紹破後也，書云：“授孫賁以長沙，業張津以零、桂。”此爲桓王於前亡，張津於後死，不得相讓譬言津之死意矣。裴松之案：“大康八年，廣州大中正王範上《交廣二州春秋》，建安六年，張津猶爲交州牧，《江表傳》之虛，如《志林》所云。”此云津拜交州在建安八年，又與《交廣春秋》不合。案當時任疆寄者，多自刺史進爲州牧，津蓋本爲交趾刺史，至八年乃進爲牧也。桓王引津死事，以譬將吏，自爲虛辭，古人輕事重言，此等處多不審諦，不足深較也。《宋書・州郡志》云：交州刺史，本治龍編，見第七章第五節。漢獻帝建安八年，改曰交州，治蒼梧廣信縣，廣信，漢縣，爲蒼梧郡治，隋時改縣曰蒼梧，今廣西蒼梧縣。十六年，徙治南海番禺縣。州甫立而治所即内移，可見中朝威柄之失墜矣。觀下引《薛綜疏》，津或因欲與劉表爭，以致無暇顧及交土也。是時交土實權，乃入

---

① 階級：梁周伐僚以爲奴。

② 宗教、四裔：張津爲交州牧，蓋在建安八年，自龍編徙廣信，津爲區景所殺（第五五八頁）。孫權分交爲廣，乃遷龍編（第五五八頁），津與劉表歲興兵（第五五九頁）。

於士燮之手。《三國·吳志》：燮蒼梧廣信人。其先本魯國汶陽人，汶陽，漢縣，在今山東寧陽縣東北。王莽之亂，避地交州，六世至燮。燮父賜，桓帝時爲日南大守。日南，今越南乂安。燮爲交趾大守。交州刺史朱符爲夷賊所殺，州郡擾亂，燮乃表弟壹領合浦大守，合浦，見第十三章第三節。次弟䵍領九真大守，九真，今越南清華。䵍弟武領南海大守。兄弟并爲列郡，雄長一州。偏在萬里，威尊無上。武先病歿。朱符死後，漢遣張津爲交州刺史。津後爲其將區景所殺。而荊州牧劉表，遣零陵賴恭代津。零陵，見第三章第六節。是時蒼梧大守史璜死，表又遣吳巨代之，與恭俱至。漢聞張津死，賜燮璽書曰："交州絕域，南帶江海，上恩不宣，下義壅隔。知逆賊劉表，又遣賴恭，闚看南土。今以燮爲綏南中郎將，董督七郡，領交趾大守如故。"後巨與恭相失，舉兵逐恭。恭走還零陵。建安十五年，孫權遣步騭爲交州刺史。建安七年，權嘗表朱治爲九真大守，見《治傳》。騭到，燮率兄弟奉承節度。而吳巨懷異心。騭斬之。據《騭傳》事在建安十六年。燮又誘導益州豪姓雍闓等，率郡人民，使遙內附。益州，漢郡，蜀漢改曰建寧，在今四川晉寧縣東。權益嘉之。燮在郡四十餘歲，黃武五年，魏文帝黃初七年。年九十卒。權以交趾縣遠，乃分合浦以北爲廣州，呂岱爲刺史，交趾以南爲交州，戴良爲刺史。又遣陳時代燮爲交趾大守。岱留南海，良與時俱前。行到合浦，而燮子徽，自署交趾大守，發宗兵拒良。時以徽領九真大守，見《呂岱傳》。宗即賨，賨乃夷人所出賦稅之名，用爲種族之名，實借字耳。《三國志》多作宗。以上據《士燮傳》。呂岱督兵三千人浮海，與良共討平之。殺徽兄弟六人，見《士燮傳》。於是除廣州，復爲交州如故。《呂岱傳》。交、廣之分，交州業已還治龍編，《宋書·州郡志》。至是，則復舉七郡之地，通以龍編爲控制之所矣，可謂內地威柄之一振也。黃龍三年，魏明帝大和五年。以南土清定，召岱還。竹邑薛綜，竹邑，後漢縣，屬沛郡，在今安徽宿縣北。少依族人，避地交州。孫權除爲合浦、交趾大守。岱之討伐，綜與俱行。及是，上疏曰："昔帝舜南巡，卒於蒼梧，秦置桂林、南海、象郡，然則四國之內屬也，有自來矣。案漢武帝平南越，以其地爲儋耳、珠崖、南海、蒼梧、鬱林、合浦、交趾、九真、日南九郡。昭帝時罷儋耳。元帝時又罷珠崖。孫權之分交、廣，以南海、蒼梧、鬱林三郡爲廣州，交趾、日南、九真、合浦四郡爲交州，見《晉書·地理志》。此云四國，指交趾、日南、九真、合浦也。秦趙佗起番禺，懷服百越之君，珠官之南是也。孫權黃武七年，改合浦爲珠官郡。漢武帝誅呂嘉，開九郡，設交趾刺史以鎮監之。山川長遠，習俗不齊。言語同異，重譯乃通。民如禽獸，長幼無別。椎髻徒跣，貫頭左袵。長吏之設，雖有若無。自斯以來，頗徙中國罪人，雜居其間。稍使學書，粗知言語。使驛往來，觀見禮化。及後錫光爲交趾，任延爲九真大守，乃教其耕犂，使之冠履，爲設媒官，始知聘娶，建立學校，導之經義。由此以降，四百餘年,頗有似類。參看《秦漢史》第九章第六節。自臣昔客,始至之時,珠崖今廣東瓊山縣。除州縣,嫁娶皆須八月引戶,人民集會之時,男女自相可適,乃爲夫妻,父母不能止。① 交阯麋泠、九真都龐二縣,皆在今安南境。皆兄死弟妻其嫂,世以此爲俗,長吏恣聽,不能禁制。日南郡男女倮體,不以爲羞。② 由此言之,可謂蟲豸,有靦面目耳。然而土廣人衆,阻險毒害。易以爲亂,難使從治。縣官羈縻,示令威服。田戶租賦,裁取供辦貴致遠珍,名珠、香藥、象牙、瑇瑁、珊瑚、琉璃、鸚鵡、翡翠、孔雀奇物,充備寶玩,不必仰其賦入,以益中國也。③ 然在九甸之外,長吏之選,類不精覈。漢時法寬,多自放恣,故數反違法。珠崖之廢,起於長吏,覩其好髮,髡取爲髲。及臣所見:南海黃蓋,爲日南大守,下車以供設不豐,撾殺主簿,仍見驅逐。④ 九真大守儋萌,爲妻父周京作主人,并請大吏。酒酣作樂,功曹番歆,起舞屬京,京不肯起,歆猶迫彊,萌忿杖歆,亡於郡內。歆弟苗,帥衆攻府,毒矢射萌,萌至物故。交阯大守士燮,遣兵致討,卒不能克。又故刺史會稽朱符,多以鄉人虞褒、劉彥之徒,分作長吏。侵虐百姓,彊賦於民。黃魚一枚,收稻一斛。百姓怨叛。山賊并出,攻州突郡。符走入海,流離喪亡。次得南陽張津,與荊州牧劉表爲隙,兵弱敵彊,歲歲興軍,諸將厭患,去留自在,津小檢攝,威武不足,爲所陵侮,遂至殺没。後得零陵賴恭,先輩仁謹,不曉時事。表又遣長沙吳巨爲蒼梧大守,巨武夫輕悍,不爲恭服,所取相怨,恨逐出恭,求步騭。是時津故將夷廖、錢博之徒尚多,騭以次鉏治,綱紀適定,會仍召出。呂岱既至,有士氏之變,越軍南征。平討之日,改置長吏,章明王綱。威加萬里,大小承風。由此言之,綏邊撫裔,實有其人。牧伯之任,既宜清能,荒流之表,禍福尤甚。今日交州,雖名粗定,尚有高涼宿賊。高涼,見第十五章第三節。其南海、蒼梧、鬱林、珠官四郡界未綏,鬱林,今廣西貴縣。依作寇盜,專爲亡叛逋逃之藪。若岱不復南,新刺史宜得精密檢攝八郡,高涼郡,漢末吳所分置,并前所言七郡爲八郡。方略智計,能稍稍以治高涼者,假其威寵,借之形勢,責其成效,庶幾補復。如但中人,近守常法,無奇數異術者,則羣惡日滋,久遠成害。故國之安危,在於所任,不可不察也。"讀此疏,可略知交、廣民生、吏治之情形矣。赤烏二年,魏明帝景初三年。十月,將軍蔣祕,南討夷賊,所領都督廖式,殺臨賀大守嚴綱等,與弟潛共攻零陵、桂陽,漢郡,今湖南郴縣。及搖動交

---

① 婚姻:交州在八月人民集會時,男女自相可適。

② 服飾:日南男女裸體。吳時扶南猶裸(第五七二頁)。

③ 四裔:南方利在珍貨,不在賦入。

④ 四裔:避地交州者親見官吏暴虐。

州、蒼梧、鬱林諸郡，衆數萬人。《孫權傳》。吕岱時在武昌，自表輒行。孫權遣使追拜岱交州牧，及遣諸將唐咨等絡繹相繼。攻討一年，破之，斬式等。《吕岱傳》。十一年，魏齊王芳正始九年。交阯、九真夷賊攻没城邑，交部騷動。以陸胤爲交州刺史、安南校尉。胤入南界，喻以恩信，務崇招納，交域清泰。至孫休永安元年魏高貴鄉公甘露三年。乃徵還。《胤傳》。五年，魏常道鄉公景元三年。休使察戰到交阯調孔雀、大豬。注：察戰，吳官號。案其人姓名，似即《晉書·本紀》之鄧句，《陶璜傳》之鄧荀，見下。先是交阯大守孫諝，科郡上手工千餘人送建業，察戰至，恐復見取，郡吏吕興等，因此扇動兵民，招誘諸夷，殺諝。① 使使如魏請大守及兵。《休傳》。《晉書·陶璜傳》云：諝貪暴，爲百姓所患，會察戰鄧荀至，擅調孔雀三千頭送秣陵，興殺諝及荀，及郡内附。七年，八月後爲孫皓元興元年。魏常道鄉公咸熙元年。吳復分交州置廣州。《孫休傳》。仍統南海、蒼梧、鬱林三郡，見《晉志》。九月，魏以吕興爲使持節都督交州諸軍事。詔曰："孫休遣使鄧句勒交阯大守鎖送其民，發以爲兵。吳將吕興，因民心忿怒，又承王師平定巴蜀，即糾合豪桀，誅除句等。驅逐大守長吏，撫和吏民，以待國命。九真、日南，亦齊心響應，與興協同。興移書日南州郡，開示大計。兵臨合浦，告以禍福。遣都尉唐譜等詣進乘縣，因南中都督護軍霍弋上表自陳。"案蜀以李恢爲建寧大守，遙領交州刺史，晉平蜀，亦以弋遙領交州，見《晉書·地理志》。策命未至，興爲下人所殺。《魏志·本紀》。然是歲，魏所置交阯大守之郡。《孫皓傳》。案《華覈傳》：寶鼎二年，覈上疏言交州諸郡，國之南土，交阯、九真二郡已没，日南孤危，存亡難保，則其時日南尚屬吳。然《晉書·武帝紀》：泰始五年，五月，曲赦交阯、九真、日南三歲刑，則日南亦屬晉矣。孫皓寶鼎三年，晉武帝泰始四年。遣交州刺史劉俊、前部督脩則等入擊交阯。爲晉毛炅等所破，皆死。兵散還合浦。《皓傳》。《晉書·武帝紀》：泰始四年，十月，吳將顧容寇鬱林，大守毛炅大破之，斬其交州刺史劉俊，將軍脩則。《陶璜傳》：吕興爲功曹李統所殺，帝更以建寧爨谷爲交阯大守。谷又死，更遣巴西馬融代之。融病卒。南中監軍霍弋又遣犍爲楊稷代融。與將軍毛炅、九真大守董元等自蜀出交阯。破吳軍於古城，斬大都督脩則、交州刺史劉俊。建衡元年，晉泰始五年。十一月，遣監軍虞汜、威南將軍薛珝、蒼梧大守陶璜由荆州；監軍李勖、督軍徐存從建安海道；建安，見第八章第一節。皆就合浦擊交阯。二年，晉泰始六年。春，李勖以建安道不通利，殺導將馮斐，引軍還。四月，勖及徐存家屬皆伏誅。三年，晉泰始七年。汜、璜破交阯，禽殺晉所置守將，九真、日南皆還屬。《孫皓傳》。《晉書·本紀》：四月，九真大守董元爲吳將虞汜所攻，軍敗，死之。七月，吳將陶璜等圍交阯，大守楊稷與鬱林大守毛炅，及日南等三郡降於吳。案稷、炅降吳者，説出《漢晉春秋》。《華陽國志》則云：稷至合浦歐血死，炅不屈，爲吳所殺。見《三國志·孫皓傳注》。《晉書·陶璜傳》兼採二説。又云：炅密謀襲璜。事覺，被誅。吳因用璜爲交州刺史。九真郡功曹李祚保郡，璜遣攻之，踰時乃

---

① 四裔：交阯太守科郡上手工千余人送建業，則交州工業亦盛，蓋與西方交通所致？

拔。皓以璜爲交州牧。武平、九德、新昌，九德，吳分九真郡立。破交阯後，又分交阯爲新昌郡。諸將破扶嚴夷，置武平郡。皆在今越南境。土地阻險，夷僚勁悍，歷世不賓，璜征討，開置三郡及九真屬國三十餘縣。徵璜爲武昌都督，以合浦大守脩允代之。交土人請留璜以千數，於是遣還。《晉書·璜傳》。天紀三年，晉武帝咸寧五年。夏，脩允轉桂林大守，疾病，住廣州，先遣部曲督郭馬將五百兵至郡，安撫諸夷。允死，兵當分給，馬等累世舊軍，不樂離別；皓時又科實廣州户口；馬與部曲將何典、王族、吳述、殷興等，因此恐動兵民，會聚人衆，攻殺廣州督虞授。馬自號都督交、廣二州諸軍事，興廣州刺史，述南海大守。典攻蒼梧，族攻始興。見第三章第九節。八月，以滕脩領廣州牧，率萬人從東道討馬。與族遇於始興，未得前。皓又遣徐陵督陶濬璜弟。將七千人從西道。命交州牧陶璜部伍所領，及合浦、鬱林諸郡兵，當與東西軍共擊馬。陶濬至武昌，聞北軍大出，停駐不前。《孫皓傳》。滕脩赴難，至巴丘，見第十三章第六節。而皓已降，乃還，與廣州刺史閭豐、蒼梧大守王毅各送印綬。詔以脩爲廣州牧，委以南方事。脩在南積年，爲邊夷所附。大康九年，卒。《晉書·脩傳》。皓既降晉，手書遣璜息融勑璜歸順。詔復本職。晉減州郡兵，璜上言曰："交土荒裔，斗絶一方，或重譯而言，連山帶海。又南郡去州，海行千有餘里，外距林邑，纔七百里，夷帥范熊，世爲逋寇，自稱爲王，數攻百姓。且連接扶南，種類猥多，朋黨相倚，負險不賓。往隸吳時，數作寇逆，攻破郡縣，殺害長吏。臣以尫駑，昔爲故國所採，偏戍在南，十有餘年。雖前後征討，翦其魁桀，深山僻穴，尚有逋竄。又臣所統之卒，本七千餘人，南土溫溼，多有氣毒；加累年征討，死亡減耗；其見在者，二千四百二十人。今四海混同，無思不服，當卷甲消刃，禮樂是務，而此州之人，識義者寡，厭其安樂，好爲禍亂。又廣州南岸，周旋六千餘里，不賓屬者，乃五萬餘户。及桂林不羈之輩，復當萬户。至於服從官役，纔五千餘家。二州脣齒，惟兵是鎮。又寧州興古，見下。接據上流，去交阯郡千六百里，水陸并通，互相維衛。州兵未宜約損，以示單虛。"又以合浦郡土地磽确，無有田農，百姓惟以採珠爲業，商賈去來，以珠貨米，而吳時珠禁甚嚴，慮百姓私散好珠，禁絶來去，人以飢困。又所調猥多，限每不充。今請上珠三分輸二，次者輸一，粗者蠲除。自十月訖二月，非採上珠之時，聽商旅往來如舊。并從之。璜在南三十年，威恩著於殊俗。及卒，朝廷以員外散騎常侍吾彦代璜。《彦傳》：在鎮二十餘年，威恩宣著，南州寧静。彦卒，又以員外散騎常侍顧祕代彦。祕衆父，見《衆傳》。祕卒，州人逼祕子參領州事。參尋卒。參弟壽求領州，州人不聽，固求之，遂領州。壽乃殺長史胡肇等。又將殺帳下督梁碩。碩走得免，起兵討壽，禽之。付壽母，令鳩殺之。碩乃迎璜子蒼梧大守威領剌史。在職甚得百姓心。三年卒。璜父基，吳交州刺史。威弟淑，子綏，後并爲交州。自基至綏四世，爲交州者五人。《璜傳》。威，《晉書·忠義王諒傳》作咸，云：新昌大守梁碩，專威交土，迎立陶咸爲刺史。咸卒，王敦以王機爲刺史。碩發兵距機，自領交阯大守。乃迎前刺史脩則子湛行州事。敦以諒爲交州刺史。諒既到境，湛退還九真。廣州刺史陶侃遣人誘湛來詣諒，諒斬之。碩率衆圍諒於龍編。以上《諒傳》。大寧元年，五月，龍編陷，諒死之。六月，陶侃遣參軍高寶攻碩，斬之。《本紀》。參看第三章第九節。大元五年，十月，初九真大守李遜，父子勇壯有權力，威制交土。聞刺史滕遜之當至，分遣二子，斷遏水陸津要。杜瑗者，朱鳶人，漢朱載縣，《晉志》作朱鳶，在今河内東南。本屬京兆，祖元爲寧浦大守，寧浦，晉郡，今廣西橫縣西南。遂居交阯。瑗仕州府，爲日南、九德、交阯大守。是時爲交阯大守。收衆斬遜，州境獲寧。遜之居州十餘年及北還，以瑗爲交州刺史。參看下節。義熙六年，年八十四卒。府州綱佐，共推瑗第五子慧度行州府事。辭不就。七年，除交州刺史。詔書未至，盧循襲破合浦，逕向交州。李遜子奕、脱等；引諸俚帥，衆五六千人，受循節度。慧度與弟交阯大守慧期，九真大守章民討破之。循中箭赴水死。斬李脱等。慧度儉約質素；爲政纖密，有如治家；由是威惠沾洽，姦盜不起。宋少帝景平元年，卒。以慧度子弘文爲刺史。亦以寬和得衆。大祖元嘉四年，以廷尉王徽爲交州刺史。弘文就徵。會得重疾，行到廣州，卒。《宋書·慧度傳》。二十年，以檀和之爲刺史。二十三年，伐林邑，破之，事見下節。《齊書·南夷傳》云：泰始初，刺史張牧卒，交阯人李長仁殺牧北來部曲，《宋書·徐爰傳》云：悉誅北來流寓，無或免者。爰時徙交州，長仁素聞爰名，爰又以智計誑誘，乃得無患。據交州叛。數年，病死。從弟叔獻嗣事，號令未行，遣使求刺史。宋朝以南海大守沈煥爲交州刺史，以叔獻爲煥寧遠司馬、武平、新昌二郡大守。叔獻得朝命，人情服從，遂發兵守險，不納煥。煥停鬱林，病卒。大祖建元元年，仍以叔獻爲交州刺史，就安慰之。案《宋書·本紀》：泰始四年，三月，以孫奉伯爲交州刺史。交州人李長仁據州叛。妖賊攻廣州，殺刺史羊南，陳伯紹討平之。八月，以劉勃爲交州刺史。五年，七月，以陳伯紹爲交州刺史。七年，二月，置百梁，在今廣東合浦縣東。懷蘇、在合浦東北。永寧、在今廣東陽江縣境。安昌、在合浦北。富昌、未詳。南流郡，今廣西鬱林縣。又分廣、交州三郡廣之臨漳，交之合浦、宋壽。立越州。《齊志》：鎮臨漳。案臨漳，宋郡，在今合浦東北。蓋孫奉伯、劉勃、陳伯紹皆未能之鎮，故立越州以規交土也。《齊書·大祖紀》：即位後遣使分行四方，以交、寧道遠不遣使。《劉善明傳》：善明表陳時事，以爲“交州險夐，要荒之表，宋末政苛，遂至怨叛，今大化創始，宜懷以恩德，未應遠勞將士，搖動邊氓。且彼土所出，惟有珠寶，實非聖朝所須之急，討伐之事，謂宜且停。"蓋大祖本意在息民，又時交州惟有珠寶，大祖性儉，非其所重，故遂以姑息處之也。《南夷傳》又云：叔獻受命。既而斷割外國，貢獻寡少。世祖欲討之。永明元年，以司農劉楷爲交州刺史，發南康、廬陵、始興郡兵征交州。南康，見第七章第五節。廬陵，見第三章第九節。叔獻聞道自湘川還朝。六年，以始興大守房法乘代楷。法乘至鎮，屬病不理事。好讀書。長史伏登之因此擅權，改易將史。録事房季文白之。法乘大怒，繫登之於獄。十餘日，登之厚賂法乘妹夫崔景叔得出。將部曲襲執法乘。啓法乘心疾動，不任親事。世祖仍以登之爲交州刺史。蓋終不免於姑息矣。梁武帝天監四年，二月，交州刺史李凱據州反，長史李畟討平之。十五年，交州刺史李畟斬州反者阮宗孝，傳首京師。普通四年，六月，分交州置愛州。治九真。皆見《本紀》。大同七年，先是武林侯蕭諮爲交州刺史，以衰刻失衆心。土人李賁連結數州豪傑，同時反，攻諮。諮輸賂，得還越州。臺遣高州刺史孫冏、新州刺史盧子雄將兵擊之。兼採梁、陳《書·本紀》。高州治高涼，見第十五章第三節。新州梁置，今廣東新興縣。時春草已生，瘴癘方起，子雄請待秋討之。廣州刺史新渝侯蕭映不聽，諮又促之。時諮亦至廣州。子雄等不得已，遂行。至合浦，死者十六七。衆并憚役潰散，禁之不可，乃引其餘兵退還。諮啓子雄及冏與賊交通，逗留不進。武帝勅於廣州賜死。《陳書·杜僧明傳》。子雄弟子略，與冏子姪及其主帥杜天合、杜僧明共舉兵，執南江督護沈顗，進寇廣州。《陳書·武帝紀》。其事詳見《杜僧明傳》。陳高祖時爲西江督護，討平之。時又遣越州刺史陳侯、羅州刺史寧巨、安州刺史李智、愛州刺史阮漢同征賁。羅州，見第十五章第三節。安州，未詳。九年，四月，林邑王破德州，治九德。攻賁。賁將范脩破走之。十年，正月，賁於交趾竊位號，署置百官。《梁書·本紀》。詔陳高祖爲交州司馬，領武平大守，與刺史楊㯹南討。十一年，六月，軍至交州，破賁。中大同元年，四月，克交趾嘉寧城。賁竄入僚洞。屈獠斬賁，傳首京師。《陳書·高祖紀》在大清元年，《梁書·本紀》在二年三月，蓋賁死於元年，《紀》於其傳首至京之日書之。賁兄天寶，遁入九真。與劫帥李紹隆收餘兵二萬，殺德州刺史陳文戒；進圍愛州。高祖仍率衆討平之。越南國史，稱賁爲前李氏。謂其七世祖爲中國人，徙居大平。以大同十年自立，國號萬春，年號天德。賁死後，天寶自立爲桃郎王。有趙光復者，亦於大清三年，自立爲越王。敬帝紹泰元年，天寶死，無子，諸臣共立其族人李佛子。陳宣帝大建二年，襲禽趙光復。至隋文帝仁壽三年降隋。據馮承鈞譯迦節《越南世系》，在《史地叢考續編》中，商務印書館本。案李佛子之降，事見《隋書·本紀》及《劉方傳》。越南古史，原係依附中國史籍而成，其不足據，與朝鮮、日本之古史正同也。陳世交、廣之域，歐陽氏實擅大權，歐陽頠爲廣州刺史，及其子紇之事已見前。頠弟盛爲交州刺史。紇之平，交阯夷獠，往往相聚爲寇抄，阮卓奉使招慰，交阯多金翠珠貝珍怪之産，前後奉使者皆致之，惟卓挺身而還，衣裝無他，時論咸服其廉焉。以上所言，爲交、廣緣海之地，爲文明及財富所萃，政權亦託於是。大抵能樹威德者，皆久居其地之豪族，單車孤往，則形同羈旅，即使清能，亦多無以善其後，而貪暴者更無論矣。此其所以勢同割據，五代後卒至分裂而去也。至遠海之區，則啓闢尤廑。《齊書·州郡志》言：“廣州民户不多，而俚、獠猥雜，皆樓居山險，不肯賓服。”“越州俚、獠叢居，隱伏巖障，寇盜不賓，略無編户。元徽二年，以陳伯紹爲刺史，始立州鎮，穿山爲城門，威服俚、獠。土有瘴氣殺人。漢世，交州刺史每暑月輒避處高，今交土調和，越瘴獨甚。刺史嘗事戎馬，惟以戰伐爲務。”此可見廣州之啓闢，不如交州，越州又落廣州之後。蓋其文化皆自海道傳來，交州睒出海中，故其啓闢較易也。

　　瓊州一島，漢武帝時，置儋耳、今廣東儋縣。珠崖二郡，昭帝時罷儋耳，元帝時又罷珠崖，已見《秦漢史》第五章第十六節。孫權欲取夷洲及珠崖，陸遜、全琮皆諫，詳見第五節。然赤烏五年，卒遣將軍聶權、校尉陸凱以兵三萬討珠崖、儋耳。《三國·吳志·權傳》。是歲，遂置珠崖郡。晉平吳，省入合浦。宋文帝元嘉八年，又立珠崖。《南夷傳》云：世祖大明中，合浦大帥陳檀歸順。四年，檀表乞官軍征討未附。乃以檀爲高興大守，羅州治。遣前朱提大守費沈，龍驤將軍武期率衆南伐，并通朱崖道。并無功。輒殺檀而返。沈下獄死。則亦僅等諸羈縻而已。

　　寧州之地，距中原窵遠，與交、廣無異，而又無海路可通，故其閉塞尤甚。自兩漢開闢之後，迄於南北朝，惟蜀漢之世，頗能控制之，則以其相距較近；又蜀土褊狹，軍資國用，勢不能不有藉於此；故能盡力經營也。晉世寧州之地，後漢時分越巂、見第十三章第四節。益州、牂牁、及貴州平越縣。永昌今雲南保山縣。四郡，而以庲降爲控扼之所。《三國·蜀志·李恢傳注》云：臣松之訊之蜀人，云庲降地名，去蜀二千餘里。時未有寧州，號爲南中，立此職以總攝之。晉泰始中，始分爲寧州。案《馬忠傳》言：初建寧郡殺大守正昂，縛大守張裔於吳，故都督常住平夷縣，至忠乃移治味縣，似庲降都督本治益州也。平夷，今雲南曲靖縣。雍闓之亂，殺大守正昂。蜀以張裔爲大守，闓又執之，送於吳。吳遙置闓爲永昌大守，《三國·蜀志·呂凱傳》。而以劉璋子闡爲益州刺史，處交、益界首。諸葛亮平南中，闡還吳，爲御史中丞，見《蜀志·二牧傳》。越巂夷王高定，牂牁大守朱褒亦叛。惟永昌五官掾功曹呂凱，與丞王伉閉境拒闓。諸葛亮欲自征之。

長史王連諫：以爲不毛之地，疫癘之鄉，不宜以一國之望，冒險而行。亮爲留連久之。建興三年，三月，卒自行。時李恢爲庲降都督，領交州刺史，住平夷。亮由越巂，恢案道向建寧。諸縣大相糾合，圍恢軍於昆明。未詳。恢紿以官軍糧盡，欲引還，乘其怠出擊，大破之。追奔逐北，南至槃江，謝鍾英《三國疆域志補注》云：即今南盤江。東接牂柯，與亮聲勢相連。時亮發在道，而雍闓爲高定部曲所殺。亮至南，改益州爲建寧，分建寧、永昌置雲南，治弄棟，今雲南姚安縣。建寧、牂柯置興古。治温，今雲南羅平縣。表呂凱爲雲南大守，會爲叛夷所害，子祥嗣。王伉爲永昌大守。軍還，南夷復叛，殺害守將。李恢身往撲討，鉏盡惡類，徙其豪帥於成都。賦其叟、濮耕牛、戰馬、金、銀、犀革，充繼軍資，於時費用不乏。案《諸葛亮傳》稱亮南征之功，亦曰“軍資所出，國以富饒”，可見當時之用兵，固欲絶後顧之憂，實亦利其賦入也。七年，以交州屬吳，解恢刺史，更領建寧大守。九年，張翼爲庲降都督。持法嚴，不得殊俗之歡心。十一年，耆帥劉胄作亂。翼討之，不克。以馬忠代之，乃討斬胄。移治味縣。越巂叟夷數反，殺大守龔祿、焦璜，是後大守不敢之郡。祇住安定縣，去郡八百餘里。安定治所未詳。除張嶷爲大守。嶷誘以恩信，討其不服。在官三年，徙還故郡。定莋、在今四川鹽源縣南。臺登、在今四川冕寧縣東。卑水在今四川會理縣東北。三縣，舊出鹽、鐵及漆，夷徼久自錮食，嶷率所領奪取，署長吏焉。郡有舊道，經旄牛中旄牛，漢縣，在今四川漢源縣南。至成都，既平且近，絶已百餘年，更由安上，既險且遠。安上，謝鍾英云：當在峨邊、越巂閒。亦獲開通，復古亭驛。嶷在郡十五年，至延熙十七年乃還。永昌郡夷獠不賓，以霍弋領大守，率偏軍討之，斬其豪帥，郡界寧静。弋後領建寧大守，統南郡事。蜀亡降魏，仍拜南中都督，委以本任，使救呂興，事已見前。案馬謖攻心之論，諸葛亮七縱七禽之説，古今侈爲美談，[①]《三國·蜀志·馬謖傳注》引《襄陽記》曰：亮征南中，謖送之數十里。亮曰：“雖共謀之歷年，今可更惠良規。”謖對曰：“南中恃其險阻，不服久矣。雖今日破之，明日復反耳。今公方傾國北伐，以事彊賊，彼知官勢内虚，其叛亦速。若殄盡遺類，以除後患，既非仁者之情，且又不可倉卒也。夫用兵之道，攻心爲上，攻城爲下；心戰爲上，兵戰爲下；願公服其心而已。”亮納其策，赦孟獲以服南方，故終亮之世，南方不敢復反。《亮傳注》引《漢晉春秋》曰：亮在南中，所在戰捷，聞孟獲爲夷漢所服，募生致之。既得，使觀於營陳之閒，問曰：“此軍何如？”獲對曰：“向者不知虚實，故敗。今蒙賜觀看營陳，若祇如此，即定易勝耳。”亮笑，縱使更戰。七縱七禽，而亮猶遣獲。獲止不去，曰：“公天威也，南人不復反矣。”遂至滇池。南中平，皆即其渠帥而用之。或以諫亮。亮曰：“若留外人，則當留兵，兵留則無所食，一不易也。加夷新傷破，父兄死喪，留外人而無兵者，必成禍患，二不易也。又夷累有廢殺之罪，自嫌釁重，若留外人，終不相信，三不易也。今吾欲使不留兵，不運糧，而綱紀粗定，夷漢

---

① 史事：諸葛亮攻心之論不確，志在賦取，終非厚往薄來者也。然晉代多用舊人撫之，寧州遂獲安定，則亦亮開拓之效也。

粗安故耳。"粗安、粗定四字，最可注意，所能期望者，原不過如此也。其實反旆未幾，叛旗復舉，重煩討伐，又歷多年，知志在賦取者，終非如厚往薄來之可以無猜也。鄧艾入陰平，或以爲南中七郡，阻險斗絕，易以自守，宜可奔南。譙周言："若至南方，外當拒敵，内供服御，費用張廣，他無所取，耗損諸夷必甚，其必速叛。"事乃已。晉既定蜀，泰始七年，建爲寧州。大康三年，廢寧入益，置南夷校尉以護之。《三國·蜀志·霍峻傳注》引《漢晉春秋》：弋之孫彪，爲晉越巂大守；《吕凱傳注》引《蜀世譜》：凱子祥，爲晉南夷校尉；祥子及孫，世守永昌；又《馬忠傳注》：子脩，脩弟恢，恢子義，皆爲晉建寧大守；蓋皆用舊人以撫之，故獲相安。惠帝大安二年，復立寧州。巴氏亂作，聲教始隔。永嘉元年，南夷校尉李毅卒，寧州遂陷。治中毛孟求刺史於京都，詔以李遜爲之。遜仍據州與李雄相拒。遜死，州人立其子堅。陶侃使尹奉代之。至成帝咸和八年，乃爲李壽所陷，已見第三章第六節。咸康二年，廣州刺史鄧嶽，遣督護王隨擊夜郎，晉郡，今貴州石阡縣西南。新昌大守陶協擊興古，并克之。加督寧州。五年，嶽又伐蜀，建寧人孟彦執李壽將霍彪以降。壽遣李奕攻牂牁，大守謝恕固守，奕糧盡引還。後八歲，李氏滅，寧州還屬晉朝。苻堅陷益州，《載記》言西南夷邛、筰、夜郎等皆歸之，蓋嘗致其獻見，然堅實未能有其地也。宋世蕭惠開督益、寧，大明八年。《傳》言其欲收牂牁、越巂，以爲内地，綏討蠻、濮，開地徵租，然有志而未逮。梁世武陵王紀居蜀，史言其南開寧州、越巂，故能殖其財用，已見第十三章第四節，此亦意在賦斂而已。其時徐文盛爲寧州，《傳》云：州在僻遠，所管羣蠻，不識教義，貪欲財賄，劫篡相尋，前後刺史莫能制。文盛推心撫慰，示以威德，夷僚感之，風俗遂改。當時自邊徼舉兵勤王者，實惟文盛與陳高祖二人，其人蓋亦異才，惜乎未竟其用也。《齊書·州郡志》云：寧州道遠土瘠，蠻夷衆多，齊民甚少。諸爨氏彊族，恃遠擅命，故數有土反之虞。蓋客籍官於寧能舉其職亦少，故其後地遂爲兩爨所擅焉。

第三節　林邑建國

秦、漢之開南越，所至之地，不爲不遠，然其地陸路阻塞，交通皆藉海道，其南境，海道距印度近而距中國已開發之地遠，故越三四百年，其地之民族，遂有承襲印度之文化而謀自立者，林邑是也。《晉書·林邑傳》曰：林邑國，本漢時象林縣，則馬援鑄柱之處也。漢象林縣，在今越南之廣南。其地有茶蕎古城，考古者云即林邑之都，見鄂盧梭《占城史料補遺》，在《西域南海史地考證譯叢續編》中，商務印書館本。《水經·

溫水注》云：建武十九年，馬援樹兩銅柱於象林南界，與西屠國分，漢之南疆也。土人以其流寓，號曰馬流，世稱漢子孫也。又云：秦徙餘民，染同夷俗，日南舊風，變易俱盡。蓋其地華人甚少，故漸爲夷所同化。後漢末，功曹姓區，有子曰連，《梁書》作達，《水經注》作逵。殺令，自立爲王。子孫相承。《水經注》云：自區逵以後，國無文史，失其年代，世數難詳。其後王無嗣，外孫《梁書》作外甥，《隋書》作其甥。范熊代立。熊死，子逸立。自孫權以來，不朝中國。至武帝大康中，始來貢獻。咸康二年，《梁書》、《南史》作三年。范逸死，奴文篡位。文，日南西卷縣夷帥范椎奴也。① 《齊》、《梁書》、《南史》皆作范稚。西卷縣，在今越南承天府附近。嘗牧牛澗中，獲二鯉魚，化成鐵，用以爲刀。刀成，乃對大石䂗而祝之曰："鯉魚變化，冶成雙刀，石䂗破者，是有神靈。"進斫之，石即瓦解。文知其神，乃懷之。隨商賈往來，《梁書》、《南史》云：范稚常使之商賈。見上國制度。至林邑，遂教逸作宮室、城邑及器械。《梁書》、《南史》作及兵車器械。逸甚愛信之，使爲將。文乃譖逸諸子，或徙或奔。及逸死，無嗣，文遂自立爲王。《梁書》、《南史》云：文偽於鄰國迎王子，置毒於漿中而殺之，遂脅國人自立。於是乃攻大岐界、小岐界、式僕、徐狼、屈都、乾魯、扶單等諸國，并之。《梁書》云：舉兵攻旁小國，皆吞滅之。有衆四五萬人。近世治南洋史者，謂林邑即唐之環王，五代後之占城，在我雖有異名，在彼則迄以占婆自號，《唐書》：環王，亦名占婆。《西域記》名摩訶瞻波。《南海寄歸內法傳》作占波。未嘗有所謂林邑者。② 馮承鈞譯馬司培羅《占婆史序》。商務印書館本。案《太平寰宇記》卷百七十六。云：林邑國，本秦象郡林邑縣地，漢爲象林縣，屬日南郡，而《水經注》述林邑事，有"後去象林、林邑之號"之文，則占婆建國之初，實曾以中國縣名，爲其國號也。《三國・吳志・呂岱傳》，謂岱既定交州，遣從事南宣國化，徼外扶南、林邑、明堂諸王各遣使奉貢，則《晉書》謂自孫權以來，不朝中國者實非；或其所謂中國，乃指漢、魏而言也。《後漢書・南蠻傳》：和帝永元十二年，四月，日南象林縣蠻夷二千餘人，寇掠百姓，燔燒官寺。郡縣發兵討擊，斬其渠率，餘衆乃降。於是置象林將兵長史，以防其患。順帝永和二年，日南象林徼外蠻夷區憐等數千人攻象林縣，燒城寺，殺長吏。交阯刺史樊演發交阯、九真二郡兵萬餘人救之。兵士憚遠役，遂反。攻其府。會侍御史賈昌使在日南，即與州郡并力討之，不利。遂爲所攻圍。明年，用李固議，拜祝良爲九真大守，張喬爲交阯刺史，乃討平之。後張津爲區景所殺，事見上節。然則象林徼外蠻夷，爲患已久，而區氏爲象林魁桀，故終至殺令而自立也。占婆古碑，尚有

① 商業：范文以人奴爲商篡國，商之成就最大者？

② 四裔：謂林邑自始號占婆，熊，號而非名？胡達亦然（第五六九頁）。林邑事考（第五六六—五七一頁）。

567

存者。馬司培羅謂考諸碑文,占婆有史以來第一王爲釋利魔羅(çri Mara),或即區連云。見《占婆史》第二章。范爲中國姓,抑係譯音,近人多有異說。伯希和云:占婆碑文,國王名號,無一與范字相類者;馬司培羅謂范爲 Varnan 對音;詳見費郎《葉調斯調與爪哇》,在《西域南海史地考證譯叢續編》中。其言似亦有理,然究不能謂中國史所載林邑諸王,必見於占波碑文中也。予謂范文之知識,尚係得諸中國,則自此以前,以中國人入占波作大長,於勢甚順。范熊、范文,不必論其種姓如何,視爲中國民族,固無不可也。

陶璜言范熊世爲逋寇,則林邑之爲邊患,由來已舊,及范文立而愈烈。《晉書·林邑傳》言:文遣使通表入貢,其書皆胡字,此與《本紀》所書咸康六年十月,林邑獻馴象,當即一事。後七年而兵端啓。《傳》云:永和三年,文率其衆,攻害日南。陷大守夏侯覽。殺五六千人。餘奔九真。以覽尸祭天。鑱平西卷縣城。遂據日南。告交州刺史朱蕃,《梁書》作朱藩。求以日南北鄙橫山爲界。初徼外諸國,嘗齎寶物,自海路來貨賄,而交州刺史、日南大守多貪利侵侮,十折二三。至刺史姜壯時,《梁書》、《南史》皆作姜莊。使韓戢領日南大守,戢估較大半,又伐船調梔,聲云征伐,由是諸國恚憤。且林邑少田,貪日南之地。戢死,繼以謝擢,《梁書》作謝稚。侵刻如初。及覽至郡,《梁書》云:臺遣覽爲大守。酖荒於酒,政教愈亂,故被破滅。既而文還林邑。是歲,朱蕃使督護劉雄戍於日南,文復攻陷之。四年,文又襲九真,害士庶十八九。明年,征西督護滕畯率交、廣之兵伐文於盧容,縣名,當在承天府之南。爲文所敗,退次九真。其年,文死,子佛嗣。升平末。廣州刺史滕含率衆伐之。佛懼,請降。含與盟而還。含,脩之孫,見《脩傳》。《梁書·林邑傳》云:文殺夏侯覽,留日南三年,乃還林邑。朱蕃後遣劉雄戍日南,文復屠滅之。進寇九德,殘害吏民。遣使告蕃:願以日南北境橫山爲界。蕃不許。又遣督護陶緩、李衢討之。文歸林邑。尋復屯日南。五年,文死,子佛立。猶屯日南。桓溫遣督護滕畯、九真大守灌邃帥交、廣兵討之。佛嬰城固守。邃令畯盛兵於前,邃率勁卒七百人自後踰壘而入。佛衆驚潰奔走。邃追至林邑。佛乃請降。留日南三年句,乃總其前後而言之,自永和三年至五年。此處所謂乃還林邑,與下文之文歸林邑,正是一事。然云尋復屯日南;又云文死,子佛立,猶屯日南;則自永和三年之後,林邑之兵,實迄未嘗去日南矣。惟范文初還,劉雄未敗時嘗暫復,此時文實尚未據日南也。滕畯之兵,《晉書》在范文時言其敗,而《梁書》在范佛時言其勝者?《水經注》言:永和五年,桓溫遣督護滕畯,率交、廣兵伐范文於舊日南之盧容縣,爲文所敗,退次九真,更治兵。文被創死,子佛代立。七年,畯與交州刺史楊平復進。軍壽泠浦。在區粟城之南。區粟城,《水經注》云:即西卷縣。入頓郎湖。在四會浦口之西。四會浦口,今順安海。討佛於日南故治。佛蟻聚，連壘五十餘里。畯、平破之。佛逃竄山藪，遣大帥面縛，請罪軍門。遣武士陳延勞佛，與盟而還。則畯征林邑，實經再駕，始敗終勝，范文既以創死，則初役亦不得謂全敗。《晉書》漏書其後一役，《梁書》又漏書其前一役也。《本紀》：永和九年，三月，交州刺史阮敷討佛於日南，破其五十餘壘。《梁書·傳》云：升平初，復爲寇暴，刺史温放之討破之。放之，嶠子。《晉書·嶠傳》云：放之以貧求爲交州，朝廷許之。既至南海，甚有威惠。將征林邑，交阯大守杜寶，別駕阮朗并不從，放之以其沮衆，誅之。勒兵而進。遂破林邑而還。《水經注》事在升平二年，云水陸累戰，佛保城自守，重求請服，聽之。《本紀》：三年，十二月，放之又討林邑參離、耽潦，蓋林邑屬夷。并降之。此數事《晉書·傳》亦漏書。《傳》又云：至孝武寧康中，遣使貢獻。至義熙中，每歲又來寇日南、九真、九德諸郡，殺傷甚衆。交州遂致虛弱，而林邑亦用疲弊。佛死，子胡達立，上疏貢黃金盤椀及金鉦等物。一似佛死胡達立，在義熙之後者，其誤殊甚。《杜慧度傳》：慧度父瑗，平李遜之亂，交州刺史滕遜之乃得至州，已見上節。《傳》又云：遜之在前十餘年，與林邑累相攻伐。遜之將北還，林邑王范胡達攻破日南、九德、九真三郡，遂圍州城。時遜之去已遠。瑗與第三子爰之，悉力固守。多設權策，累戰，大破之。追討於九真、日南，連捷。故胡達走還林邑。乃以瑗爲交州刺史。義熙六年，年八十四，卒。李遜之叛，事在大元五年十月，其見殺在六年七月，遜之到官，必在六七年間，在州十餘年，約當大元之末，佛死而胡達繼，必在升平二年至大元末年之閒。《梁書·傳》云：安帝隆安三年，佛孫須達，復寇日南，執大守炅源。又進寇九德，執大守曹炳。交阯大守杜瑗遣都督鄧逸等擊破之。即以瑗爲刺史。則隆安三年，林邑王位，又嬗於須達矣。《晉書·本紀》：大元七年，三月，林邑范熊獻方物，此時在位者爲佛爲胡達不可知，要不得更有范熊，疑熊乃號而非名也。《梁書·傳》又云：義熙三年，須達復寇日南，殺長史。瑗遣海邏督護阮斐討破之，斬獲甚衆。九年，須達復寇九真。行郡事杜慧期慧度弟。與戰，斬其息交龍王甄知，及其將范健等。生俘須達息那能，及虜獲百餘人。《本紀》：是年三月，林邑范湖達寇九真，交州刺史杜慧度斬之，湖達蓋即甄知，亦號而非名也。《梁書·傳》云：自瑗卒後，林邑無歲不寇日南、九德諸郡，殺盡甚多。交州遂致虛弱。《杜慧度傳》云：高祖踐阼之歲，慧度率文武萬人，南討林邑。所殺過半。前後被鈔略，悉得還本。林邑乞降。是役蓋亦一大舉，然兵端仍不戢。《宋書·林邑傳》云：高祖永初二年，林邑王范陽邁遣使貢獻，即加除授。大祖元嘉初，侵暴日南、九德諸郡。八年，又遣樓船百餘寇九德，入四會浦口。交州刺史阮彌之，遣隊主相道生三千人赴討。攻區粟城，不克而還。林邑欲伐交州，借兵於扶南，扶南不從。十年，陽邁遣使上表獻方物，求領交州。詔答以道遠，不許。十二、十五、十六、十八年，頻遣貢獻，而寇盜不已。所貢亦陋薄。① 大祖忿其違懷。二十三年，使交州刺史檀和之伐之。遣大尉振武將軍宗愨受和之節度。和之遣府司馬蕭景憲爲軍鋒，愨仍領景憲軍副。向區粟城，克之。乘勝進討，即克林邑。陽邁父子，并挺身奔逃。所獲珍異，皆是未名之寶。此役之後，林邑寇盜遂息，或謂中國之兵威，有以懾之，覈其實，亦未必然。《齊書・林邑傳》云：永初二年，林邑王范楊邁，初產，母夢人以金席藉之，光色奇麗，中國謂紫磨金，夷人謂之楊邁，故以爲名。楊邁死，子咄立，纂其父，復改名楊邁。下叙檀和之征林邑事。其下云：楊邁子孫相傳爲王，未有位號。夷人范當根純攻奪其國，纂立爲王。永明九年，遣使貢獻金簟等物。詔可持節都督緣海諸軍事、安南將軍、林邑王。范楊邁子孫范諸農，率種人攻當根純，復得本國。十年，以諸農爲持節都督緣海諸軍事、安南將軍、林邑王。永泰元年，諸農入朝，海中遭風溺死。以其子文款爲假節、都督緣海諸軍事、林邑王。《梁書》則云：須達死，子敵真立。其弟敵鎧，攜母出奔。敵真追恨不能容其母、弟，舍國而之天竺，傳位於其甥。國相藏驎固諫，不從。其甥既立，而殺藏驎。藏驎又攻殺之，而立敵鎧同母異父之弟曰文敵。文敵後爲扶南王子當根純所殺。大臣范諸農，平其亂而自立爲王。諸農死，子陽邁立。宋永和二年，遣使貢獻，以陽邁爲林邑王。陽邁死，子咄立。纂其父，復曰陽邁。下乃叙元嘉以來侵暴，及檀和之討伐之事。案自義熙九年至永初二年，其間僅八年，似未能容敵真、敵鎧、藏驎、文敵、范當根純、范諸農之爭奪相殺，及諸農後兩世之傳襲。永明九年、十年之除授，明有當根純及諸農之名，必不致誤。《齊書・扶南傳》：永明二年，其王闍邪跋摩上表曰："臣有奴名鳩酬羅，委臣逸走，別在餘處，構結凶逆。遂破林邑，仍自立爲王。伏願遣軍，討伐凶逆。臣亦自效微誠，助朝廷翦撲。若欲別立餘人爲彼王者，伏聽勑旨。脫未欲灼然興兵者，伏願特賜勑在所，隨宜以少軍助臣，乘天之威，殄滅小賊。"此所謂鳩酬羅，與當根純當即一人。一云奴，一云王子者？或奴而見養爲子；或實奴而詐稱王子；或又諱子叛父，稱之爲奴也。然則《梁書》此段叙述必誤。陽邁本號而非名，《占婆史》云：陽邁（yan mah），意言金王也。故人人可以之自稱也。《齊書》死於永初二年之楊邁，似即須達；《梁書》范諸農之子陽邁，則即《齊書》之文款也。林邑在宋、齊之際，蓋內既有釁，外又遭扶南賊子之侵寇，故無暇陵犯邊

---

① 史事：宋文帝征林邑，□所貢薄（第五八〇頁）。案香藥寶貨也，苻堅征西域亦然（第五九九、六〇一頁）。

邑矣。《梁書》又云：孝武建元、當作孝建。大明中，林邑王范神成，累遣長史，奉表貢獻。明帝泰豫元年，又遣使獻方物。齊永明中，范文贊累遣使貢獻。神成、文贊，似即敵真、文敵。二人皆須達之子，而未受封拜，故《齊書》云陽邁子孫相傳爲王，未有位號也。闍邪跋摩之表在永明二年，則當根純之篡奪林邑，必尚在其前，永明中文贊似不容累使貢獻，或國都雖見奪於當根純，范文之子孫，仍能據一隅自守，諸農乃藉之而起，亦如後世新、舊阮之事邪？《梁書》又云：天監九年，文贊子天凱奉獻白猴。詔以爲持節都督緣海諸軍事、林邑王。十三年，天凱累遣使獻方物，俄而病死，子弼毳跋摩立，奉表貢獻。普通七年，王高式勝鎧遣使獻方物。中大通二年，行林邑王高式律陁羅跋摩遣使貢獻。詔皆以爲持節督緣海諸軍事、綏南將軍、林邑王。文贊果即文敵，則天凱非以子繼父乃繼文款之後，要仍爲范文之子孫，弼毳跋摩之名，忽易而爲侏離之語，云係文贊之子，或不可信。當時史籍，於四裔世次多誤，參看第七節吐谷渾、第八節高昌等可見。自此以後，林邑諸王名號皆然。疑其國更有變故，而爲史所不詳。王林邑者，自中國民族易而爲印度民族，或即在斯時也。林邑之自立，實由占婆民族，受印度文化之濡染，程度稍高，不忍官吏之貪暴而叛去。《晉書·林邑傳》云：人皆保露徒跣，以黑色爲美；《隋書傳》云：其人深目高鼻，髮拳色黑；可見其民純係馬來人。其文化：如居處爲閣，名曰干闌，門户皆北向；男女皆以横幅吉貝繞要以下，謂之干漫，亦曰都縵；不設刑法，有罪者使象蹋殺之；《梁書》本傳。自係馬來舊俗。然謂師君爲婆羅門；《齊書》本傳。其大姓亦號婆羅門；《宋書》本傳。女嫁者由婆羅門率壻與婦，握手相付；《齊書》。其王著法服，加瓔珞，如佛像之飾；事乾尼道，鑄金、銀人像，大十圍；檀和之銷其金人，得黄金數十萬斤；《宋書》。人皆奉佛；文字同於天竺；《隋書》本傳。則純爲來自印度之文化矣。種族既不相同，文化又復岐異，爲之大長之范氏，即果係中國人，其不能持久，亦其宜也，況益以官吏之貪暴乎？既服於我之民族，復叛而去，論者恒以爲可惜。然政治之笿轄，僅一時之事，惟社會合同而化，乃可以長治久安。苟其不然，兵力雖彊，政令雖酷，終不能永遠束縛也。文化本所以謀樂利，我之文化，果優於彼，彼自樂從。若其不然，安能彊人以從我？文化既不相同，安能禁人之謀自立？若謂彼藉我之力而稍開化，轉圖叛我，實爲孤恩。則我之啓發彼，果爲我歟？抑爲彼也？此世所謂先進之民族，不應不撫心自問者也。果以大公無我爲心，則人自不知求自立而至於知求自立，正見我牖啓之功，以先知先覺自任者，正當欣然而笑耳。①

---

① 民族：服屬於我之民族求自立，正見牖啓之功。

第四節　海　南　諸　國

　　《梁書·海南傳》云：海南諸國，大抵在交州南及西南大海洲上。相去近者三五千里，遠者二三萬里。其西與西域諸國接。漢元鼎中，遣伏波將軍路博德開百越，置日南郡，其徼外諸國，自武帝以來皆朝貢。後漢桓帝世，大秦、天竺，皆由此道遣使貢獻。及吳孫權時，遣宣化從事朱應，中郎康泰通焉。其所經及傳聞，則有百數十國。因立記傳。晉代通中國者蓋尠，故不載史官。及宋、齊，至者十有餘國，始爲之傳。自梁革運，其奉正朔，脩貢職，航海歲至，踰於前代矣。今採其風俗粗著者，綴爲《海南傳》云。案史官記載之多少，由於諸國脩貢職者之多少，諸國脩貢職者之多少，特其與朝廷交際之多少，民間航海之盛衰，則初不係乎此也。《傳》以林邑居首，今以其本爲中國郡縣，別爲一節，其餘諸國，則著之於此。

　　海南諸國，扶南爲大。扶南，今柬埔寨也。①《晉書·扶南傳》云：西去林邑三千餘里，在海大灣中。《齊書》云：在日南之南大海西蠻中，蠻蓋灣之誤。《梁書》云：在日南郡之南海西大灣中，去日南可七千里，在林邑西南三千餘里。乍觀之，極似指今之泰國，故中外史家，多有以泰國釋之者，然非也。法艾莫涅《扶南考》曰："凡中國史家所載扶南事迹，證之柬埔寨，全相脗合，然從未有一端合於暹羅者。"艾莫涅《扶南考》，在《國聞譯證》第一册中，開明書店本。記扶南事者，以《梁書》爲詳。其《傳》云：扶南國俗本躶，文身被髮，不製衣裳。以女人爲王，號曰柳葉。《晉書》作葉柳。年少壯健，有似男子。其南有徼國，齊書作激國，《南史》同。《晉書》但云外國人。有事鬼神者字混塡。《晉書》作混潰。夢神賜之弓，乘賈人舶入海。混塡晨起，即詣廟。於神樹下得弓。便依夢乘船入海。遂入扶南外邑。《晉書》云：夢神賜之弓，又教乘舶入海。混潰旦詣神祠得弓，遂隨賈人汎海至扶南外邑。《齊書》云：夢神賜弓二張。柳葉人衆見舶至，欲取之。混塡即張弓射其舶，穿度一面，矢及侍者。《齊書》云：貫船一面，通中人。柳葉大懼，舉衆降。混塡乃教柳葉穿布貫頭，形不復露。遂治其國。伯希和《越南半島中國史文》引《吳時外國傳》曰：扶南之先，女人爲主，名柳葉。有摸跌國人，字混慎，好事神，一心不懈。神感至意。夜夢人賜神弓一張，教載賈人舶入海。混慎晨入廟，於神樹下得弓，便載大船入海。神迴風令至扶南。柳葉欲劫取之。混慎舉神弓而射焉，貫船通渡。柳葉懼伏。混慎遂王扶南。此文見《太平御覽》卷三百四十七。伯希和云：《吳時外國傳》，即康泰《行記》之一名。柳葉似非譯音。若云譯意，柬埔寨無柳樹，何來柳葉？恐是椰葉之誤。明陳繼儒《珍珠船》云：訶陵以柳花爲酒，柳花酒必是已見唐人記載之椰子花酒。設女王實名椰葉，則可推想扶南亦有

---

　　①　四裔：扶南者，柬埔寨而非暹羅。

一椰樹部落，與古占城同矣。混慎，他書作塡或滇，康泰元文似作瑱，此爲 Kaundinya 之漢譯無疑也。摸趺不見他書，必有誤。《御覽》又引康泰《扶南土俗》多條，大半在第七百八十七卷中。有一條，言混塡初載買人大舶入海之國名烏文國，其元名似係 Uman 或 Umun，然亦無考。一條云：橫趺國，在優鈸之東南。又云：優鈸國在天竺之東南，可五千里。城郭、珍玩、謠俗，與天竺同。橫趺、摸趺，字形相類，明是一國。以古來譯例求之，元名似係摸趺。此處所云天竺，設指全印度，則其東南五千里之優鈸，應在恒河以東。摸跋在優跋東南，似當求之馬來半島東岸。烏文亦在此處。惟未將康泰《行記》一切殘文及他可助考證文字詳考，不能盡廢在印度東岸之説也。伯希和此篇，在馮承鈞《西域南海史地考證譯叢》中。占婆古有二大部落：一曰檳榔，在賓童龍，一曰椰子，在其北，見馮譯《占婆史》第一章。**納柳葉爲妻。生子分王七邑。其後王混盤況，以詐力閒諸邑，令相疑阻，因舉兵攻并之。乃遣子孫，分治諸邑，號曰小王。盤況年九十餘乃死。立中子盤盤。以國事委其大將范蔓。盤盤立三年死。國人共舉蔓爲王。蔓勇健，有權略。復以兵威攻伐旁國，咸服屬之。自號扶南大王。乃治作大船，窮漲海，**費郎云：即東起瓊州，西至麻六甲海峽之中海中，見所著《蘇門答剌古國考・蘇門答剌史草》篇。馮承鈞譯，商務印書館本。**攻屈都昆、九稚、典孫等十餘國，開地五六千里。次當伐金隣國，**伯希和《扶南考》云：屈都昆之名，他處未見，僅見屈都乾、都昆、都軍等。屈都乾見《齊書・林邑傳》及《大平御覽》卷七百九十。《水經注》卷三十六引《林邑記》，省稱屈都。此處之屈都昆，應即都昆。《通典》卷百八十八，《御覽》卷八百八十八，有邊斗一云班斗，都昆一云都軍，拘利一云九離，比嵩四國。云：并隋時聞焉。扶南度金隣大灣，南行三千里，有此四國。都昆，應在馬來半島。九稚，蓋九離之譌，亦即《御覽》卷七百九十之句稚。典孫，即頓遜。金隣，《御覽》七百九十引《異物志》云：一名金陳，去扶南可二千餘里。又引《外國傳》云：從扶南西去金陳二千餘里。《水經注》卷一引竺芝《扶南記》云：林陽國，陸地距金隣國二千里。《御覽》卷七百八十七引康泰《扶南土俗》云：扶南之西南，有林陽國，去扶南七千里。又引《南州異物志》云：林陽，在扶南西七千餘里。義淨《南海寄歸内法傳》，亦有金隣之名，日本僧人注解，謂即此傳之金洲，則爲梵文之 Suvarnadvipa，今之 Palembang 矣。伯希和此篇，亦馮承鈞譯，在《史地叢考續編》中。**蔓遇疾，遣大子金生代行。蔓姊子旃，時爲二千人將，因篡蔓自立。遣人詐金生而殺之。蔓死時，有乳下兒，名長，在民閒。至年二十，乃結國中壯士襲殺旃。旃大將范尋，又殺長而自立。吳時，遣中郎將康泰、宣化從事朱應使於尋國。國人猶裸，惟婦人著貫頭。泰、應謂曰："國中實佳，但人褻露可怪耳。"尋始令國内男子著橫幅。橫幅，今干縵也。案《三國・吳志・孫權傳》：赤烏六年，十二月，扶南王范旃遣使獻樂人及方物，**《吕岱傳》言扶南奉貢，已見上節。岱之召還，在黃龍三年，則扶南入貢，應在黃龍三年以前。惟史家叙事，不能皆具年月，《岱傳》或係要其終而言之，則扶南初入貢，或即在此年，亦未可知也。**則范旃篡立，略當吳大帝之時。其先須容一老壽之盤況及盤盤三年；自此上溯，必尚有數世；則混塡年代，必不得甚近。扶南之建國，尚當在林邑之先也。《晉書・扶南傳》云：武帝泰始初，遣使貢獻。大康中，又頻來。**《武帝紀》：泰始四年，扶南、林邑各遣使來獻。

此後書其至者，爲大康六年、七年、八年。《梁書》云：晉武帝大康中，尋始遣使貢獻，誤。穆帝升平初，復有竺旃檀稱王，遣使貢馴象。帝以殊方異獸，恐爲人患，詔還之。此事《紀》在升平元年，竺旃檀作天竺旃檀，竺蓋天竺之省稱也。其後《紀》於大元十四年，又書其來獻方物，而不言其王爲何人。《梁書》亦叙竺旃檀貢馴象事，下云：其後王憍陳如，本天竺婆羅門也。有神語曰：應王扶南。憍陳如心悦。南至盤盤。見下。扶南人聞之，舉國欣戴，迎而立焉。復改制度，用天竺法。按竺旃檀當是印度人，當其時，天竺治法，必已頗行於扶南矣，特至憍陳如而更盛耳。《梁書》又云：憍陳如死，後王持梨陀跋摩，宋文帝世，奉表獻方物。《宋書·夷蠻傳》云：元嘉十一、十二、十五年，國王持黎跋摩遣使奉獻。《齊書·南夷傳》云：宋末，扶南王姓憍陳如，名闍邪跋摩，遣商貨至廣州。天竺道人那伽仙附載欲歸國。遭風至林邑，掠其財物皆盡。那伽仙閒道得達扶南。案此叙事即係據其表辭。永明二年，闍邪跋摩遣那伽仙上表，已見上節。梁天監二年，跋摩復遣使送珊瑚佛像，并獻方物。詔以爲安南將軍、扶南王。十年、十三年，跋摩累遣使貢獻。其年死。庶子留陁跋摩殺其嫡弟自立。其後十六年、十八年、普通元年、中大通二年、大同元年、五年，又遣使來，皆見本傳。陳高祖永定三年，宣帝大建四年，後主禎明二年，皆使獻方物，見《本紀》。艾莫涅《扶南考》，謂中國於四裔，同時或時極相近者，多以異名稱之，層見疊出。使能名號歸一，國數必可大減。彼謂《文獻通考》紀狼牙脩事云：立國以來，四百餘年。後嗣衰弱。王族有賢者，國人歸之。王聞，乃加囚執。其鎖無故自斷。王以爲神，不敢害。逐出境。遂奔天竺。天竺妻以長女。俄而狼牙脩王死，大臣迎還爲王。二十餘年死。子婆加達多立。天監十四年，遣使阿撒多奉表。案此亦《梁書·海南傳》之文。狼牙脩即扶南，賢王即憍陳如，此説似大早計。彼又謂憍陳如之印度名曰甘婆（Kambu），從大自在天神（Śiva）處得一婦，即柬埔寨梵文碑之班羅。（Perá）因此，古代傳説，其國名甘婆地（Pays de Kambu），教徒名甘婆闍（Kambujas）。意即系出甘婆之人。此爲其五世紀時之名，後遂以甘白智名國云。甘白智，柬埔寨古名。憍陳如登位後，號持留陁跋摩（Śrutavarman），意即聖經之保衛者。柬埔寨列王，皆以跋摩（Varman）字爲尊號結尾，自此王啓之也。持梨陁跋摩（Śresthavarman）意爲善人與婆羅門教士之保護者。後代碑文，稱其居持梨陁補羅（Śresthapura），意即婆羅門城。留陁跋摩（Rudravarman）自附於憍陳如之女之統系，必持梨陁跋摩之戚屬而非其子。碑刻中亦頌揚其功烈云。

　　《梁書·扶南傳》云：其南界三千餘里有頓遜國。在海崎上。地方千里。城去海十里。有五王，并羈屬扶南。艾莫涅云：史萊格（Schlegel）謂即今答納薩利或旦那賽林,是也,惟南境當展至麻六甲半島。頓遜之東界通交州,其西界接天竺、安息。徼外諸國,往還交市。所以然者?頓遜迴入海中千餘里,漲海無崖岸,船舶未曾得逕過也。其市東西交會,日有萬餘人。珍物寶貨,無所不有。頓遜之外,大海洲中,又有毗騫國。去扶南八千里。艾莫涅曰:即白古。言距扶南八千里者,自扶南之毗騫,當繞行麻六甲半島全部也。伯希和云:此國似在 Iraouaddy 江及印度洋緣岸。傳其王身長丈二,頭長三尺,自古來不死,莫知其年。王神聖,國人善惡,及將來事,王皆知之,是以無敢欺者。南方號曰長頸王。《南史・劉杳傳》:沈約云:"何承天纂文奇博,其載張仲師及長頸王事,此何所出?"杳曰:"仲師長尺二寸,惟《論衡》;長頸是毗騫王,朱建安《扶南以南記》云:古來至今不死。"約即取二書尋檢,一如杳言。朱建安《扶南以南記》,即朱應《扶南異物志》也。國俗有室屋、衣服,噉粳米。其人言語,小異扶南。艾莫涅曰:此猶言猛種(Mons)或白古種(Pégouans)言語,與吉蔑族(Khmers)言語相似也,至今日始知其確。國法刑罪人,并於王前噉其肉。國內不受估客,有往者亦殺而噉之,是以商旅不敢至。王常樓居,不血食,不事鬼神。其子孫生死如常人,惟王不死。扶南王數遣使與書相報答。王亦能作天竺書。書可三千言,説其宿命所由,與佛經相似,并論善事。又傳扶南東界即大漲海。海中有大洲。洲上有諸薄國。國東有馬五洲。復東行漲海千餘里,有自然火洲。其上有樹生火中。洲左近人,剝取其皮,紡績作布。極得數尺,以爲手巾。與焦麻無異,而色微青黑。若小垢汙,則投火中,復更精潔。或作燈炷,用之不知盡。案此即火浣布,乃石緜所製,昔人不知其故,自然火洲,蓋上有火山,因附會而爲此説也。《蘇門答剌古國考》云:《通典》卷百十八,《御覽》卷七百八十八,有國名杜薄。在扶南東漲海中,直渡海數十日而至。伯希和以爲社薄之譌。社薄,古音讀如 Jabak,爲闍婆迦(Jāvaka)、闍婆格(Zābag)之對音。印度《羅摩延書》(Rāmāyana)有耶婆洲,(Yavadvipa)耶婆(Yava)之名,昔人釋爲爪哇,然中有七國莊嚴,黃金爲飾之語,南海西部諸洲,有金礦者惟一蘇門答剌。蘇門答剌昔名耶婆,轉爲闍婆,又轉爲闍婆迦,諸薄古音讀若 Cubak,應亦爲闍婆迦之譌譯,則亦應在蘇門答剌矣。凡此諸國,殆皆因扶南而傳聞者也。其自宋至陳,來朝貢者:有訶羅陁、元嘉七年來獻。史載其表辭。王名堅鎧。所遣二人,一名毗紉,一名婆田。訶羅單國,元嘉七年亦來獻,無表文及王與使者之名。十年奉表,王名毗沙跋摩。後爲子所篡奪。十三年,又上表求買鎧仗、袍襖及馬,所遣使者,亦名毗紉。頗疑訶羅陁、訶羅單實一國,而史誤析爲二也。訶羅單、元嘉七年、十年、十三年來。後又一來。二十六年,與媻皇、媻達同被除授。二十九年又來。治闍婆洲。《本紀》紀其十一年、十四年來,而無十三年來之事。十年有闍婆洲來,疑亦即訶羅單,而史誤析之也。媻皇、元嘉二十八年,孝建三年,大明三年、八年,泰始二年來。《紀》載其元嘉十九、二十六年來,孝建之來在二年。媻達、元嘉二十六年來,二十八年再來。《紀》十二年來,而二十八年祇一來。闍婆婆達、元嘉十二年來。《紀》作闍婆婆達,《南史》作闍婆達。盤盤、元嘉、孝建、大明中,大通元年、四年來。四年《南史》作六年。陳宣帝大建四年,後主至德二年來,見《紀》。《唐書》:

盤盤,北與環王,南與狼牙脩接。艾莫涅云:今之槃直(Padjai〔Phonthiet〕)、邦利(Panri)、邦朗(Panrang)諸谷道,皆從盤盤一名,變化而來。丹丹、中大通二年、大同元年來。陳宣帝大建四年來,十三年來,後主至德二年來。見《紀》。干陁利、宋孝武世,梁天監元年、十七年,普通元年來。陳文帝天嘉十年來,見《紀》。此國或云在爪哇,或云在蘇門答剌。艾莫涅云:即後之赤土,居湄南江下游,今泰國之地也。狼牙脩、天監十四年來。《紀》又載其普通四年、中大通三年來。陳廢帝光大元年來,見《紀》。婆利、天監十六年、普通三年來,艾莫涅云:即安南古著作家所記之 Balsi,爲扶南之別名。其遣使之年,皆與扶南同。《傳》云:王姓憍陳如,自古未通中國,問其先及年數,不能記焉,而言白淨王夫人即其國女也。艾莫涅云:白淨王夫人即柳葉,案此似近武斷。投和,《陳書·後主紀》:至德元年十二月,頭和國來,當即此。馮承鈞云:此國在湄南江流域。大抵在今馬來半島、蘇門答剌、爪哇之境。諸國人皆黑色,中國謂之崑崙,入奴籍者頗多。《晉書·孝武文李大后傳》:爲宮人,在織坊中,形長而色黑,宮人皆謂之崑崙,此以黑色者爲崑崙也。《宋書·王玄謨傳》:孝武寵一崑崙奴子,常在左右,令以杖擊羣臣,此以崑崙爲奴之證。[1] 然用崑崙爲奴者,初不必帝王之家,故唐人小説,多有所謂崑崙奴者。《齊書·王琨傳》:父懌不慧,侍婢生琨,名爲崑崙,蓋幾於以奴視之矣。《南史·孔範傳》:後主多出金帛,募人立功,範素於武士不接,莫有至者,惟負販輕薄多從之;高麗、百濟、崑崙諸夷并受督。當時外人流入中國爲奴者固多,時又習以奴從軍也。馬來人膚色雖黑,其骨格仍有類白種人者,則亦謂之胡。[2]《宋書·鄧琬傳》,劉胡以顏面坳黑似胡,故以爲名是也。近人《唐人用黑奴考》云:今日歐洲各國,通稱黑人曰尼刻羅(Negro)。此字出於西班牙。非洲黑人,種類甚多。所謂尼刻羅者,居於赤道綫,北至撒哈拉,西至幾内亞緣岸,東至阿比西尼亞。自古販賣黑奴者,以幾内亞緣岸爲大市。今幾内亞海岸緣非洲熱帶,有黑人曰刻羅(Kroo),或稱刻弄門(Krumen)。西班牙所謂尼革羅,其原蓋出於此。本專稱一種,後乃或汎稱耳。唐人詩“生下崑崙兒”,崑字讀入聲,猶麒麟兒之麒讀入聲也。然其文明程度,并不甚低。如扶南初雖裸體,然此乃因其地氣候炎熱,無須乎衣,非不能製衣也。《晉書》言其性質直,不爲寇盜,以耕種爲務,則已進於耕農矣。又言其好雕文刻鏤,亦有書記、府庫。《齊書》云:伐木起屋。國王居重閣。以木栅爲城。海邊生大箬葉,長八九尺,編其葉以覆屋。人民亦爲閣居。爲船八九丈,廣裁六七尺,頭尾似魚。[3] 則其營造之技,亦不可謂拙。以善造船,故能航海。《齊書·荀伯玉傳》言:張景真度絲錦與崑崙營貨。《北齊書·魏收傳》:收以託附陳使封孝琰,牒令其門客與行,遇崑崙舶得奇貨,罪當死,以贖論。可見是時,崑崙人在海道經商亦頗盛也。大抵皆得諸印度者也。《宋》、《梁書》所載各國表文,多可見其信佛。毗騫王能作天竺書,已見前。《晉書·扶南傳》云:文字有類於胡,即非天竺文,亦必出於天竺文者也。那伽仙之來也,言其國俗事摩醯首羅天神,神常降於摩躭山。《梁書·扶南傳》云:俗事天神,天神以銅爲像,二面者四手,四面者八手,手各有所持,或小兒,或鳥獸,或日月,即是物也。此亦天竺人所奉事。《摩醯首羅》,名見阿育王經。此時交州既多喪亂,官吏又習於侵刻,故來廣州者漸多,《齊書·東南夷傳》云:“(扶南人)不便戰,常爲林邑所侵暴,不得與交州通,故其使罕至。”扶南未必自陸道通交州,此所侵

---

[1]　階級:崑崙入奴籍者多。

[2]　民族:黑人骨格類白人,故亦曰胡。

[3]　工業:扶南船首尾似魚。

擊者亦海舶也。訶羅陁堅鎧之表曰："臣國先時，人衆殷盛，不爲諸國，所見陵迫。今轉衰弱，鄰國競侵。伏願聖主，遠垂覆護；并市易往返，不爲禁閉。若見哀念，願時遣還，令此諸國，不見輕侮，亦令大王，名聲普聞。扶危救弱，正是今日。今遣二人，是臣同心，有所宣啓，誠實可信，願勅廣州，時遣舶還，不令所在，有所陵奪。"其渴望通商，而又厚有望於廣州可見。朝貢之盛，亦未必不由於此也。

　　斯時南海之航業，蓋以印度爲最盛，故其與中國之往還亦漸煩。《梁書》云：漢和帝時，天竺數遣使貢獻。後西域反叛，遂絕。至桓帝延熹二年、四年，頻從日南徼外來獻。魏、晉世絕不復通。惟吳時，扶南王范旃，遣親人蘇物使其國。從扶南發投拘利口，循海大灣正西北入，歷海邊數國，可一年餘，到天竺江口，此當指恒河。逆水行七千里乃至焉。天竺王驚曰："海濱極遠，猶有此人？"即呼令觀視國內。仍差陳宋等二人，以月支馬四匹報旃，遣物等還。積四年方至。其時吳遣中郎康泰使扶南，及見陳宋等，具問天竺土俗，云："佛道所興國也。左右嘉維舍衞、葉波等十六大國，去天竺或二三千里，共尊奉之，以爲在天地之中也。"天監初，其王屈多，遣長史竺羅達奉表獻琉璃唾壺、雜香、吉貝等物。《本紀》：中天竺，天監二年來，蓋即此國。又有北天竺，天監三年來。《陳書·紀》：宣帝大建四年，天竺來。案《宋書》載天竺迦毗梨國國王月愛，元嘉五年，遣使奉表，亦見《本紀》。其表辭，與屈多之表，幾於全同，明係一國。迦毗黎與嘉維舍衞，皆即《佛國記》所謂迦維羅衞。其城東五十里爲佛生處。吕澂《印度佛教史略》曰："釋迦族住處，在羅泊提河（Rapti）東北，面積約三百二十方里。盧呬尼河（Rohini）今Kohāna河。貫其閒，遂分十家，各爲一小城主。河西北劫比羅伐窣覩（Kapilavastu）最強，即釋尊家也。劫比羅伐窣覩，在今畢拍羅婆（Piprâva）。西曆千八百九十八年一月，佩毗（W. C. Peppé）於尼波羅（Nepal）南境，北緯二十七度三十七分，東經八十三度八分之地，掘得一石匱。中藏石鉼、石函等物。有一鉼，納於鐵、水晶等層疊之函內，以黄金華葉安置佛骨。觀其名，則佛陀世尊舍利之函，而釋迦族所供養者也。石匱所在，正當法顯所指之迦比羅衞，劫比羅伐窣覩之俗稱。因得定佛之生地焉。"然則中國與佛國之交通，由來舊矣。《宋書》於迦毗黎國之下，又載蘇摩黎、元嘉十八年來。斤陁利、孝建二年來。婆黎元徽元年來。三國，似以爲屬於天竺者，然斤陁利似即干陁利；婆黎《本紀》作婆利，恐即一國，馮承鈞云："婆利一作薄利，即今爪哇東之 Bali 島，則皆非印度之地也。"馮説見《蘇門答剌古國考·附錄》。師子國，今錫蘭。晉義熙初，宋元嘉六年、此據《梁書》。《宋書》云元嘉五年，《南史》同。十二年，梁大通元年皆來貢。

　　漢桓帝時，大秦遣使自日南徼外通中國，已見《秦漢史》第九章第四節。《梁書》云：漢世惟一通焉。其國人行賈，往往至扶南、日南、交趾。其南徼諸國人,少有到大秦者。孫權黃武五年,有大秦賈人字秦論,來到交趾。交趾太守吳邈遣送詣權。權問方土謠俗,論具以事對。時諸葛恪討丹陽,獲黝、歙短人,①黝、歙,見第十三章第三節,第九章第六節。論見之,曰:"大秦希見此人。"權以男女各十人,差吏會稽劉咸送論。咸於道物故。論乃徑還本國。自此至南北朝末,史迄未更記大秦之來,蓋其人僅至交阯,不詣揚郡,故其事迹無傳於後也。

第五節　海道交通

凡物,有可欲,則人從而求之。《宋書·夷蠻傳》曰:"晉氏南移,河、隴復隔,戎夷梗路,外域天斷。若夫大秦、天竺,迥出西溟,二漢銜投,特艱斯路,而商貨所資,或出交部。汎海陵波,因風遠至,山琛水寶,由兹自出。通犀、翠羽之珍,蛇珠、火布之異,千名萬品,并世主之所虛心。故舟舶繼路,商使交屬。大祖以南琛不至,遠名師旅。此可見宋文帝之征林邑,不盡因其侵掠邊境也。泉浦之捷,威震滄溟,未名之寶,入充府實。"《齊書·東南夷傳》亦曰:"南夷雜種,分嶼建國,四方珍怪,莫此爲先。藏山隱海,瓌寶溢目,商舶遠至,委輸南州,故交、廣富實,牣積王府。"然則不徒彼求通商賈、利賜與而來,即時主亦未嘗不甘心焉,欲益財用而充玩好矣。此其往還之所以盛歟? 然當時海路所通,初不止此。

《三國·吳志·孫權傳》:黃龍二年,遣將軍衛溫、諸葛直將甲士萬人,浮海求夷洲及亶洲。亶洲在海中。② 長老傳言:秦始皇帝遣方士徐福,將童男、童女數千人,入海求蓬萊神山及仙藥,止此洲不還,世相承有數萬家。其上人民,時有至會稽貨市;會稽東縣人,亦有遭風流移至亶洲者。所在絕遠,卒不可得至,但得夷洲數千人還。《陸遜傳》云:權欲遣偏師取夷洲及珠崖,皆以諮遜。遜上疏曰:"臣愚以爲四海未定,當須民力,以濟時務。今兵興歷年,見衆損減,陛下憂勞聖慮,忘寢與食,將遠事夷洲,以定大事,臣反覆思惟,未見其利。萬里襲取,風波難測。民易水土,必致疾疫。今驅見衆,經涉不毛,欲益更損,欲利反害。又珠崖絕險,民猶禽獸,得其民不足濟事,無其兵不足虧衆。今江東見衆,自足圖事,但當畜力而後動耳。昔桓王創基,兵不一旅,而開大業;陛下承運,拓定江表。臣聞治亂討逆,須兵爲威;農桑衣食,民之本業;而

---

① 民族:諸葛恪討丹陽,獲黝、歙短人。短人分部地今尚有(第五八一頁)。

② 四裔:夷洲、亶洲皆不遠,必多華人,將士憚勞,民間自有往來。徐福所將或在會稽之表,東鯷人在會稽海,徐福所將,必不在日,然中國人自有移殖日本者(第五七八—五七九頁)。

干戈未戢，民有飢寒，臣愚以爲宜養育士民，寬其租賦；衆克在和，義以勸勇，則河、渭可平，九有一統矣。"權遂征夷洲，得不補失。《全琮傳》曰：權將圖珠崖及夷洲，皆先問琮。琮曰："以聖朝之威，何向而不克？然殊方異域，隔絕瘴海，水土氣毒，自古有之，兵入民出，必生疾病，轉相汙染，往者懼不能反。所獲何可多致？猥虧江岸之兵，以冀萬一之利，愚臣猶所不安。"權不聽。軍行經歲，士衆疾疫，死者十有八九，權深悔之。是則，權之勞師，志在益衆，二洲必非絕遠，且必多有華人可知。《後漢書·東夷傳》，述夷洲、亶洲事，略同《權傳》，蓋所本者同。惟末云"所在絕遠，不可往來"則誤。又《後書》亶作澶，乃因其在海中而加水旁耳。亶、澶之音，當與撣同，乃民族之名，與邅、蜀、賨、叟等，説見《秦漢史》第九章第四節。又云："會稽海外有東鯷人，分爲二十餘國，"此疑在今舟山羣島中。《注》引沈瑩《臨海水土志》曰："夷洲在臨海東南，去郡二千里。土地無霜雪，草木不死。四面是山谿。人皆髡髮穿耳，女人不穿耳。土地饒沃，既生五穀，又多魚肉。有犬，尾短如麕尾狀。此夷舅姑子婦，臥息共一大牀，略不相避。地有銅鐵，惟用鹿格爲矛以戰鬥，摩礪青石以作弓矢。取生魚肉，雜貯大瓦器，以鹽鹵之，歷月餘日乃啖食之，以爲上肴也。"述其風俗、物産甚悉，且有鄉方、道里可稽，可見民閒必多往來。亶洲人能時至會稽，所在亦必非絕遠，但將卒憚勞，不能至耳。沈瑩述夷洲居民，全爲夷族，而二將所掠，即得數千人，珠崖曾爲郡縣者可知，陸遜之言，必非其實，此孫權所以甘心焉而後卒復立爲郡也。然則吳朝遣將，雖云無功，人民之移殖海外者，則不少矣。世多以徐福不歸爲止於日本，此特以日本與所謂三神山者，差堪比擬，而姑妄言之；日本紀伊國有徐福祠，熊野山有徐福墓，亦其欲自託於我時之附會；觀孫權欲取夷洲、亶洲事，便知其誣。何者？吳時日本，與南方尚無往來，權既志在益衆，使長老傳言，其地果與日本相近，必不肯勞師遠征也。《淮南王書》亦載徐福事；吳中父老，又有止於澶洲之説，且其説得諸其人之來貨市者，非盡無稽；則徐福所將之衆，或竟在會稽、臨海之表，未可知也，特難鑿指爲今何地耳。將來設在海島中掘得古迹，亦未必其終不可知也。《隋書·倭傳》：煬帝遣文林郎斐清使於其國。度百濟。行至竹島，南望䏌羅國。䏌，《北史》作耽，今濟州島。經都斯麻國，迥在大海。又東至一支國。今壹岐。又東至竹斯國。又東至秦王國。其人同於華夏，以爲夷洲，疑不能明也。此自億測，不足爲據，然當時華人有移植於日本之地者，則又可見矣。故知海路所通，史之所志，實十不及一也。

東北海路，所至亦不爲不遠，但非自吳往耳。《梁書·倭傳》云：其南有侏儒國，人長三四尺。又南有黑齒國、裸國，去倭四千餘里，船行可一年。又西南萬里有海人，身黑眼白，裸而醜，其肉美，行者或射而食之。案此説亦係舊聞。《三國志·倭傳》云：女王國東渡海千餘里，復有國，皆倭種。《後漢書》云：自女王國東，度海千餘里至拘奴國，雖皆倭種，而不屬女王。又有侏儒國，在其南，人長三四尺，去女王四千餘里。《後書》云：自女王國南四千餘里至朱儒國。又有裸國、黑齒國，復在其東南，船行一年可至。《後書》云：自朱儒東南行船，一年，至裸國、黑齒國。此《梁書》所本也。然如《國志》之説，侏儒在倭東之國之南，不得逕云在倭南；裸國、黑齒國，更在侏儒之東南，更不得云在倭南；《梁書》之措辭，爲不審矣。侏儒之種，中國自古有之，上節所述黝、歙短人，即其一事。唐世道州尚有矮民，以之充貢，陽城爲州，乃奏免之，事見《唐書·城傳》。白居易《新樂府》，亦有一章詠其事。希勒格《中國史籍中未詳諸國考證》，馮承鈞譯，商務印書館本。謂此種人散布於鄂霍次克海、日本海緣岸，如黑龍江流域、朝鮮、日本北海道、千島、堪察加、庫頁等地皆是。《三國·魏志·韓傳》云：又有州胡，在馬韓之西海中大島上。濟州。其人差短小。言語不與韓同。皆髡頭如鮮卑。但衣韋。好養牛及豬。其衣有上無下。《後書》説同，而辭較略。希勒格引司特萊（Steller）《北堪察加遊記》，謂千島列島之國後島，土人僅衣海鳥皮所製上衣，與此相符。又米耳尼（S. Milne）於日本亞洲協會記録中，記占守島之民，亦謂其上衣爲鳥皮所製，下服則仰給於過往船舶，蓋猶其遺俗云。案近歲有在聖勞倫斯發見千五百年前短人之村落者，其遺物皆與西伯利亞緣海居民同。而據最近所發見，則瓊州列島中，尚有此等短人。民國二十五年十一月二十五日，《上海大美晚報》譯《大陸報》，謂有中國人三，與一海關英員，乘快艇入海。遥見一小洲，即赴之，登岸游覽。未數武，即有短人迎面而來。短人見生人，即以信號告其同儕。頃刻間，短人集者數百。其人最長者不及三尺。皆嗜酒。島中乏鹽，然有一種植物，可取鹽汁。人極和善。日用所須，皆能自給云。知古者僬僥、靖人等記載，爲不誣矣。黑齒蓋南海之民，有涅齒之俗者。裸國則熱帶中人，固多如是。此等國蓋皆在今北太平洋中。記載者雖未嘗身至其地，然既有此傳聞，則必有曾至其地者無疑。然東行海路之所極，尚不止此。

《梁書·東夷傳》云：文身國，在倭東北七千餘里。人體有文如獸。其額上有三文，文直者貴，文小者賤。土俗歡樂。物豐而賤。行客不齎糧。有屋宇，無城郭。其王所居，飾以金銀珍麗。繞屋爲壍，廣一丈，實以水銀，雨則流於水銀之上。市用珍寶。犯輕罪者則鞭杖，犯死罪則置猛獸食之，有枉則猛獸避而不食，經宿則赦之。大漢國，在文身國東五千餘里。無兵戈，不攻戰。風俗并與文身國同，而言語異。扶桑國者：齊永元元年，其國有沙門慧深，來至荆州，説云：扶桑在大漢國東二萬餘里，地在中國之東。其土多扶桑木，故以爲名。扶桑葉似桐，而初生如筍，國人食之。實如梨而赤。績其皮爲布，以爲衣，亦以爲綿。作板屋，無城郭。有文字，以扶桑皮爲紙。無兵甲，不攻戰。其國法有南北獄。若犯輕者入南獄，重罪者入北獄。有赦則赦南獄，不赦北獄。在北獄者，男女相配，生男八歲爲奴，生女九歲爲婢，犯罪之身，至死不出。貴人有罪，國乃大會，坐罪人於阬，對之宴食，分訣若死別焉。以灰繞之，其一重則一身屏退，二重則及子孫，三重則及七世。名國王爲乙祁。貴人，第一者爲大對盧，第二者爲小對盧，第三者爲納咄沙。國王行有鼓角導從。其衣色隨年改易，甲乙年青，丙丁年赤，戊己年黃，庚辛年白，壬癸年黑。有牛，角甚長，以角載物，至勝二十斛。車有馬車、牛車、鹿車。國人養鹿，如中國畜牛，以乳爲酪。爲桑梨，經年不壞。多蒲桃。其地無鐵，有銅，不貴金銀。市無租估。其婚姻：壻往女家門外作屋，晨夕灑掃。經年而女不悅，即驅之。相悅，乃成婚。婚禮大抵與中國同。親喪，七日不食；祖父母喪，五日不食；兄弟、伯叔、姑姊妹，三日不食。設靈爲神像，朝夕拜奠。不制衰絰。嗣王立，三年不視國事。其俗舊無佛法，宋大明二年，罽賓國有比丘五人，游行至其國，流通佛法經像，教令出家，風俗遂改。慧深又云：扶桑東千餘里有女國。容貌端正，色甚潔白。身體有毛，髮長委地。至二三月，競入水，則妊娠，六七月產子。女人胸前無乳。項後生毛，根白，毛中有汁，以乳子。一百日能行，三四年則成人矣。見人驚避，偏畏丈夫。食鹹草如禽獸。鹹草葉似邪蒿，而氣香、味鹹。天監六年，有晉安人晉安，見第十三章第七節。渡海，爲風所飄，至一島。登岸，有人居止。女則如中國，而言語不可曉。男則人聲而狗頭，其聲如吠。其食有小豆。其衣如布。築土爲牆，其形圓，其戶如竇云。文身、大漢、扶桑三國，以鄉方、道里覈之，其必在今美洲無疑。顧仍有創異說者。《中國史乘中未詳諸國考證》，以文身爲千島羣島中之得撫島，大漢爲堪察加，扶桑爲庫頁島。其論扶桑木即楮；蒲桃爲玫瑰果；長角載重之牛爲馴鹿；南北獄爲蝦夷之法；以及居室之制婚喪之禮，皆可見之於庫頁、堪察加及蝦夷；說似甚辯。然謂扶桑在大漢東二萬餘里之大漢；乃《唐書》斛薛條下之大漢，地在今列那河及葉尼塞河流域，則未諳中國文史義例，乃外人讀中國書隔膜處，其說必不可通。① 舊史之道里、鄉方，固不審諦，史家亦自言之，《宋書‧夷蠻傳》云：“南夷、西南夷，大抵在交州之南及西南，居大海中洲上。相去或三五千里，遠者二三萬里。乘舶舉帆，道里不可詳知。外國諸夷，雖言里數，非定實也。”案史籍所載道里，有得之經行之人者，有得諸傳聞之辭者。得諸

---

① 四裔：謂《梁書》大漢乃《唐書》斛薛條下之大漢，誤。

傳聞者,其辭或近實,或誇侈、譎繆,其信否不能一律,要在探其原而審覈之,不能一筆抹殺,視作豪無根據之談也。得諸經行之人者,其言大抵近實,惟古里較今里小,又所言者皆人行之道,非天空鳥迹,故乍觀之恒覺其誇侈耳。近今西洋史家治中國史者,亦多謂此等記載,并無大差。其折算之法,大致平地五里合一英里,山地六里合一英里。① 然其誤亦有所極,必不能大繆不然,至於如此也。文身、大漢,蓋皆古之越族。扶桑則對盧之名,壻屋之俗,皆同句驪;《三國·魏志·高句麗傳》:其置官,有對盧則不置沛者,有沛者則不置對盧。其俗作婚姻,女家作小屋於大屋後,名壻屋。壻暮至女家戶外,自名跪拜,乞得就女宿。如是者再三,女父母乃聽。使就小屋中宿。旁頓錢帛。至生子已長大,乃將婦歸家。嗣王立三年不親政事尤爲殷代諒闇遺制;必貊族之東遷者無疑。文身、大漢、扶桑之法俗、物產,雖可見諸今之千島、堪察加、庫頁,不能謂今千島、堪察加、庫頁之法俗、物產,不能見諸古之美洲也。希勒格又論:"所謂女國者,實海獸而非人。海熊、海狗等產乳海濱,此入水則妊娠之説所由來也。此種海獸,無乳房,乳頭有四,兩兩隱布於下腹厚毛之中,此胸前無乳之説所由來也。海師除五月十五至六月十五日交尾、產子之時,見人即避,則偏畏丈夫之説所由來也。所食鹹草爲海帶。聲如狗吠,歐洲遊歷之人及治博物之學者亦云然。項後生毛,似指蝦夷。食未而土戶如寶,則堪察加人如是。慧深此所言者,非得諸親歷,而聞諸蝦夷,故實事與神話相雜云。"其説頗爲精審。然必實指其地爲千島,則亦有可商。今所見諸一地之事物,不能謂自古已來,必限於此一地也。居無城郭,市無租估,行不齎糧,國無攻戰,未之逮也,而有志焉,讀之能無穆然罩然於大道之行乎?古女國非一。②《三國·魏志·沃沮傳》云:王頎別遣追討宮,盡其東界。問其耆老:"海東復有人不?"耆老言:"國人嘗乘船捕魚,遭風見吹,數十日,東得一島。上有人,言語不相曉。其俗嘗以七月取童女沈海。"又言:"有一國,亦在海中,純女無男。"又説:"得一布衣,從海中浮出,其身如中國人衣,其兩袖長三丈。"又得一破船,隨波出在海岸邊,有一人,項中復有面,生得之,與語不相通,不食而死。其域皆在沃沮東大海中。《後漢書》云:又説海中有女國,無男人。或傳其國有神井,闚之輒生子云。希勒格《扶桑國考證》云:"兩袖長三丈,或三尺之誤。蝦夷衣袖甚長。"其《女人國考證》云:"神井闚之輒生子,蓋礦泉可治不孕之傳譌,此俗日本及歐洲皆有之。"其説良是。惟謂兩袖長三丈爲三尺之譌,似尚未審。三丈固侈言之,然三尺則不足異矣。

移殖西半球者,固以越、貊二族爲最早,然中國人之至西半球,亦遠在哥倫布之前。章大炎《法顯發見西半球説》云:近法蘭西《蒙陁穆跌輪報》言:始發見亞美利加洲者,非哥倫布而爲支那人。自來考歷史者,皆見近不見遠,徒以高名歸哥氏。案紀元四百五十八年,支那有佛教僧五衆,自東亞海岸直行六千五百海里而上陸。其主僧稱法顯。紀元五百二年,公其行記於世,今已

---

① 四裔:諸史所言外夷里數。
② 四裔:古女國非一。

傳譯至歐洲。據其所述，上陸地確即今墨西哥。今考墨西哥文化，尚有支那文物、制度之蛻形。見有婆羅門裝飾，又有大佛像等，不知何年製造。今案所謂行記者，則《佛國記》。其發見美洲之迹，當在東歸失路時。錄其元文如下：弘始二年，歲在己亥，與慧景、道整、慧應、慧嵬等同契至天竺尋求戒律。初發長安，六年到中印國。停經六年，到師子國。同行分披，或留或亡。即載商人大舶上，可有二百餘人。得好信風東下。三日，便直大風，舶漏水入。商人大怖。命在須臾。如是大風，晝夜十三日，到一島邊。潮退之後，見船漏處，即補塞之。於是復前。大海瀰漫無邊，不識東西，惟望日月、星宿而進。若陰雨時，爲逐風去，亦無所準。當夜闇時，但見大浪相搏，晃若火色。商人荒遽，不知那向。海深無底，又無下石住處。至天晴已，乃知東西，還復望正而進。若直伏石，則無活路。如是九十許日，乃到一國，名耶婆提。其國外道、婆羅門興盛，佛法不足言。停此國五月日，復隨他商人大舶上，亦二百許人。齎五十日糧。以四月十六日發。東北行趣廣州。一月餘日，夜鼓二時，遇黑風暴雨。於時天多連陰，海師相望僻誤，遂經七十餘日。即便西北行求岸。晝夜十二日，到長廣郡界牢山南岸。得好水菜，知是漢地。或言未至廣州，或言已過，莫知所定。即乘小舶入浦覓人。得兩獵人，即將歸，令法顯譯語問之。答言此青州長廣郡界，統屬晉家。是歲甲寅，晉義熙十二年矣。案師子國即今錫蘭，本欲自錫蘭東歸廣州，乃反爲風所播，東向耶婆提國。耶婆提者，以今對音擬之，即南美耶科陁爾國（Ecuador），直墨西哥南，而東濱大平洋。科音作婆者？六代人婆、和兩音多相溷，如婆藪槃豆一譯作和脩槃頭是。耶婆提正音耶和提，明即耶科陁爾矣。世傳墨西哥舊爲大國，幅員至廣，耶科陁爾在當時，爲墨西哥屬地無疑。所以知耶婆提必在美洲，非南洋羣島者？自師子國還向廣州，爲期不過四十六日。據《唐書・地理志》：廣州東南海行，二百里至屯門山。乃帆風西行。二日至九州石。又南，二日至象石。又西南，二日行，至占大勞山。山在環王國東二百里海中。又南行，二日至陵山。又一日行，至門毒國。又一日行，至古笪國。又半日行，至奔陁浪洲。又兩日行，到軍突弄山。又五日，至海硤，蕃人謂之質。東行，四五日至訶陵國。又西出硤，三日至葛葛僧祇國。四五日行，至勝鄧洲。又西五日行，至婆露國。又六日行，至婆國伽藍洲。又北，四日行，至師子國。法顯失道，商舶齎五十日糧，蓋仍依師子、廣州水程爲準。是則由師子國至廣州，最遲不過五十日也。今據法顯所述：遭大風，晝夜十三日，始至一島，又九十日而至耶婆提國，合前三日計之，已得一百六十日，是東行倍程可知。況南洋與師子國閒，塗次悉有洲島，往往相屬。當時帆船，皆旁海岸而行，未有直放大洋者。今言海深無底，不可下石，而九十日中，又不見駙海島嶼，明陷入大平洋中，非南洋羣島。逮至耶婆提國，猶不知爲西半球地，復向東北取道，又行百餘日，始折而西。夫自美洲東行又百許日，則還繞大西洋而歸矣。當時海師，不了地體渾圓，惟向東方求徑，還繞泰西，行進既久，乃軼青州海岸之東，始向西北折行，十二日方達牢山南岸，是顯非特發見美洲，又旋繞地球一帀也。不然，由師子國至廣州，程塗祇五十日，而東行一百六日，乃至耶婆提國，復由耶婆提國東行一百餘日，始達中國近海，是爲期已二百餘日，不應迂回至此。由此知《蒙陁穆跌輪報》所説可信。哥倫布以求印度妄而得此，法顯以返自印度妄而得此，亦異世同情哉！然據《佛國記》，耶婆提國已先有婆羅門，特無佛法，則法顯以前，必有印度人遇風漂播至此者，故婆羅門教得傳其地，特所謂大佛像者，或法顯停留五月時所遺耳。又觀美洲山脈，橫貫南北者，在北美曰落迦（Rocky Mountains），至南美則曰昂底斯（Andes）。落迦本印度稱山之語，如補陁落迦咀落迦、彈多落迦、揭地落迦是也。落迦義本爲見，引伸則爲世界。落迦岡底斯爲西藏大山，即葱嶺所自起，以縣亙萬里得名。美之山脈，莫長於昂底斯，正與葱嶺等。明昂底斯亦即岡底斯之音轉。斯皆以梵語命山，益明婆羅門嘗先至美洲，特以姓名不著，而尸其名者獨在法顯，斯可爲梵土前哲悲，亦爲漢土尊宿幸矣。《大炎文録別録》二。長廣，見第四章第三節。章氏之説如此，信否難遽質言，然墨西哥、祕魯等美洲古文明之國，發見中國人像、佛像、寺廟、宅舍遺迹，及他古物者，實非一次。華人之至美洲在哥倫布之先，實無足疑，特不知較印度人先後何如耳。又無論中國人印度人至美洲先後如何，必皆在貉族之後，即一二人先之，成羣移殖，亦必落其後。[1] 亦似無足疑也。近人筆記云：《梁書》扶桑國，近西人諾哀曼（Neumann）推度其地，謂即墨西哥，未知確否。特墨西哥建國甚早，與閩、粵緣海諸地同緯綫，在齊、梁時，亦非不可與中華交通。《梁書》言扶桑葉似桐，初生如笋，績其皮爲布，以爲衣，亦以爲綿，其文字以扶桑皮爲紙。今考墨西哥特産，植物有摩伽（Maguey），其學名曰 Agave Americane，土人亦名百歲花，謂經百歲始一花。其物多纖維，古墨西哥象形文字，皆書於摩伽葉。此猶印度之貝葉，埃及之巴比利葉。謂摩伽即扶桑，亦近附會。但齊、梁時東行二萬餘里，果有文物之國，墨西哥外，實無地以當之，此諾哀曼氏所以疑扶桑爲墨西哥也。

第六節　北方諸異族之同化

晉南北朝之世，爲我族同化異族最盛之時，無南北一也。世之論者，

---

[1] 四裔：無論中國人、印度人至美洲如何早，必在貉人後。

恒謂南北民族，彊弱不同；北方諸族，性質彊悍，故能割據土地，篡竊政權；南方諸族，則秖能蟠據山谷，竊出為患而已。其實不然。北方地形平坦，利合大羣；又政治樞機，列代在北；一遇變亂，異族之桀黠者，自亦能操戈而起。南方則社會之進化較遲，又非政治樞機所在，大局變亂之際，其擾攘遠不如北方之烈，異族之未同化者，多自成一區，不與漢人相雜，既有自安之地，何苦廁身變亂之中？此其割據土地，篡竊政權之事，所以絕無而僅有也。然不論何族，好爭鬥者總秖少數，此乃境遇使然，失其本性，其大多數，固皆安居樂業，自謀生理，與世無爭者也。明乎此，則知所謂五胡者，看似日以搏噬為事，實亦僅其少數人，其大多數，固仍在平和中同化矣。

五胡之中，入居塞內最早者為匈奴。《晉書·北狄傳》云："呼韓邪失國，攜率部落，入臣於漢。漢嘉其意，割并州北界以安之。於是匈奴五千餘落，入居朔方諸郡，與漢人雜處。其部落，隨所居郡縣，使宰牧之，與編戶大同，而不輸貢賦。"此等人多能從事田作，如石勒微時，為鄔敬、寧驅力耕是也，見第二章第二節。當時諸胡所以可執賣者，亦以其能事田作也。史又言勒與李陽鄰居，歲爭麻地，互相毆擊。《王恂傳》言大原諸郡，以匈奴人為田客，動有百數。此皆入居內地者。劉衛辰請田內地，春來秋去，則近塞者，亦稍事耕農矣。事見第六章第三節。使大局安定，未始不可在平和中同化，無如楊、賈、八王，紛紛搆難，於是匈奴之本可安居樂業者，遂亦見牽率而日事鬥爭矣，史所載屠谷、休屠諸種是也。匈奴雜居內地者，晉、南北朝諸史，不復以匈奴稱之，而多稱其種姓。其中屠谷擾亂最烈，蓋以其舊為單于，統領諸種故也。其自安生理者，則亦如南方諸蠻，相率為入山必深，入林必密之計。史家為特立一傳者，為《周書》之稽胡，餘則統稱為山胡，其種類亦非寡少也。《稽胡傳》曰："稽胡，一曰步落稽。蓋匈奴別種，劉元海五部之苗裔也。或云：山戎、赤狄之後。"二說自當以前說為是。若如後說，兩漢、三國史家，不得一言不及也。[①]《傳》又云："自離石以西，安定以東，方七八百里，居山谷間，種類繁熾。離石，見第三章第四節。安定，見第二章第二節。其俗土著，亦知種田。又與華民錯居，其渠帥頗識文字。然語類夷狄，因譯乃通。雖分統郡縣，列於編戶，然輕其徭賦，有異齊民。山谷阻深者，又未盡役屬，而凶悍、恃險，數為寇亂。"此等情形，實所謂山胡者之所同，而非稽胡之所獨，蓋稽胡原不過山胡之一，特以占地較廣，種落較繁，史家乃特為之傳爾。

───────────

① 四裔：稽胡以元海五部之裔說為是，山戎、赤狄之後說非。亦山胡之一。山胡如山越，中多漢人，出山即同編戶（第五八七頁），氐、羌亦然（第五八七—五八八頁）。

稽胡酋長，聲勢最盛者，爲魏末之劉蠡升。孝昌中，梁武帝普通六年至大通二年。居雲陽谷，在今山西左雲縣境。自稱天子，立年號，署百官。屬魏氏政亂，力不能討，蠡升遂分遣部衆，抄掠居民。汾、晉之閒，略無寧歲。汾州，見第十二章第三節。晉州，見第十二章第八節。齊神武遷鄴，始密圖之。僞許以女妻其大子。蠡升信之，遣其子詣鄴。神武厚爲之禮，緩其婚期。蠡升既恃和親，不爲之備。大統元年，陳文帝天嘉六年。三月，神武潛師襲之。蠡升率輕騎出外徵兵，爲其北部王所殺。其衆復立其第三子南海王爲主，率兵拒戰。神武擊滅之。建德五年，陳宣帝大建八年。周高祖敗齊師於晉州，乘勝逐北，齊人所棄甲仗，未暇收斂，稽胡乘閒竊出，并盜而有之。乃立蠡升孫没鐸爲主，號聖武皇帝。六年，高祖定東夏，將討之。議欲窮其巢穴。齊王憲以爲種類既多，又山谷阻絕，王師一舉，未可盡除，且當翦其魁首，餘加慰撫。高祖然之。乃以憲爲行軍元帥，督趙王招、譙王儉、滕王逌等討之。招禽没鐸。劉蠡升一支之患，蓋自此而息。其居河西者，亦稍爲周所討破，皆見《傳》。山胡之煩大舉者，在魏世有白龍，白龍在西河，魏延和二、三年，即宋元嘉十年、十一年討滅之，事見《魏書·本紀》及《娥清》、《奚眷》、《陳建》等傳。薛安都亦嘗與於是役，見《宋書》本傳。在齊世有石樓。石樓，山名，在今山西石樓縣東南。《北齊書》云：其山絕險，自魏世所不能至。文宣於天保五年，即梁元帝承聖三年討平之，見《本紀》及《薛循義傳》。此皆其特彊大者，故重煩兵力而後服，餘則皆假以歲月，逐漸同化者也。《魏書·景穆十二王傳》：京兆王子推之子遙，肅宗初，遷冀州刺史。冀州，見第十一章第四節。以諸胡先無籍貫，悉令造籍。既設籍，遂欲税之，以充軍用。胡人不願，乃共搆遙。《劉潔傳》：潔與建寧王崇，於三城胡部中，三城，見第六章第七節。簡兵六千，將以戍姑臧。胡不從命，千餘人叛走。潔與崇擊誅之，虜其男女數千人。《周書·楊忠傳》：保定四年，陳天嘉四年。命忠出沃野以應突厥。事見第十四章第六節。時軍糧少，諸將憂之，忠曰："當權以濟事耳。"乃招稽胡諸首領咸會，使王傑盛軍容，鳴鼓而至。忠陽怪而問之。傑曰："大冢宰已平洛陽，天子聞銀、夏之閒，生胡擾亂，使傑就公討之。"銀州，周置，在今陝西米脂縣北。夏州，見第十二章第三節。又令突厥使者馳至，告曰："可汗留兵十餘萬在長城下，故遣問公，若有稽胡不服，欲來共公破之。"坐者皆懼。忠慰喻而遣之。於是諸胡相率歸命，餽輸填積。此可見胡人皆能從征戍，供賦役，伐胡者之所利，正在此也。齊文宣九錫之命曰："胡人別種，蔓延山谷，酋渠萬旅，廣袤千里，馮險不共，恣其桀黠，有樂淳風，相攜叩款，粟帛之調，王府充積，"其所以招徠之之故，情見乎辭矣。劉蠡升之亡也，《魏書》云獲逋逃二萬餘户，《北史》云胡、魏五萬户，則所謂逋逃者，實專指漢人言之。《隋書·侯莫陳穎》傳：周武帝時,從滕王逌擊龍泉文成叛胡,龍泉,周郡,在今山西隰縣北。文成,城名,在今山西吉縣北。
與豆盧勣分路而進。先是稽胡叛亂,輒略邊人爲奴婢。至是,詔胡有厭匿良
人者誅,籍没其妻子。有人言爲胡村所隱,勣將誅之,以穎言而止。然則山胡
中漢人實不少,其情形正與山越同,此其所以一出山即能列爲編户也。然誅
胡雖有利,能入山窮討者亦少,多恃其自出耳。此觀於有能以德意招撫,山民
自樂出山者之多而可知也。《周書·韓果傳》云:從大軍破稽胡於北山。胡地險阻,人迹罕至,
果進兵窮討,散其種落,稽胡憚果勁健,號爲著翅人,可見深入窮搜者之少。《韋孝寬傳》言:汾州之北,
離石之南,悉是生胡,鈔掠居人,阻斷河路。孝寬深患之,而地入於齊,無方誅翦。乃當要處,置一大
城,遣開府姚岳監築之。云地入於齊,無方誅翦,乃藉口之辭,其實即在境内,亦無不過如是。《隋書·郭
榮傳》:宇文護以稽胡數爲寇,使榮綏集之,榮於上郡延安築五城,遏其要路,即其證也。當時誅翦山胡
者,殺戮殊慘。如石樓之平,《齊書》云斬首數萬級,《北史》云男子自十二以上皆斬,即其一例。然叛亂
初不因此而減,可見虐殺之無益。《魏書·尉撥傳》:撥爲杏城鎮將,在任九年,大得民和,山民一千餘
家,上郡屠各、盧水胡八百餘落,盡附爲民。合第二節所言劉道産之事觀之,可見南北之無異情也。延
安,西魏廣安縣,隋世改曰延安,此蓋作史者依當時地名書之。唐時復改曰延長,即今陝西延長縣也。
杏城,見第三章第八節。故曰:北之山胡,南之山越,名雖殊,其實一也。

　　氐、羌二族,居處相雜,故其種姓,殆不可分。如仇池本氐地,然當時述仇池事者多
連稱氐、羌,《魏書·吕羅漢傳》云:仇池氐、羌反,其一例也。其散布之區,實較匈奴爲廣。
風塵動盪之際,幾於無役不與焉。如大興四年劉曜攻涼州,張茂參軍陳斡謂其精卒寡少,多
是氐、羌烏合之衆。茂以斡爲平虜護軍,斡發氐、羌之衆擊曜,走之。咸和初,張駿遣辛巖等會韓璞攻
秦州諸郡,曜遣劉胤拒之。巖謂我擁衆數萬,藉氐、羌之鋭,宜速戰以滅之,不可以久,久則變生。璞不
聽。胤聞之,大喜。後璞遣巖分兵運糧,胤遂乘機擊破之。其策璞,謂其羌、胡皆叛,不爲之用。璞既
敗,胤遂乘勝濟河,攻陷令居,入據振武,河西大震。駿遣皇甫該拒之。會劉曜東討石生,長安空虛,駿
欲襲秦、雍。索珣諫,謂曜雖東征,胤猶守本,慮其憑氐、羌以拒。是涼、趙相争,彼此皆藉氐、羌爲用
也。宋高祖至長安,傅弘之於姚泓馳道内緩服戲馬,羌、胡觀者數千人,并驚惋歎息。奚斤據長安,秦、
隴氐、羌,多叛赫連昌詣斤降,昌遂卒無以自立。元嘉二十七年之役,龐季明以秦之冠族,羌人多懷之,
求入長安,招徠關、陝。及其有功,四山羌、胡,咸皆請舉。此等事不勝枚舉。令居,見第五章第一節。
振武,城名,在今甘肅永登縣西北。然其山居自力於衣食者,亦不爲少。《魏書·劉藻
傳》言:藻爲秦州刺史。秦州,見第十一章第三節。秦人恃險,率多粗暴。或拒課
輸,或害長吏。目前守宰,率皆依州遥領,不入郡縣。藻開示恩信,誅戮豪横,
羌、氐憚之。守宰始得居其舊所。《李洪之傳》言:洪之爲秦、益二州刺史。益
州,見第十一章第四節。赤葩渴郎羌,深居山谷,雖相羈縻,王人罕到。洪之芟山爲
道,廣十餘步,示以軍行之勢。乃興軍臨其境。山人驚擾。洪之將數十騎至
其里間,撫其妻子,問其疾苦,因資遺之。衆羌喜悦,求編課調,所入十倍於
常。此等雖曰梗化,實皆自安耕鑿,内亂不與焉者也。當時官吏務出之者,亦

不過利其賦役。《周書·達奚寔傳》云：大軍伐蜀，以寔行南岐州事，_{南岐州，見第}十二章第九節。兼都軍糧。先是山氏生獷，不共賦役，歷世羈縻，莫能制御。寔導之以政，氏人感悦，并從賦税。於是大軍糧餼，咸取給焉。《趙昶傳》云：拜安夷郡守，帶長蛇鎮將。_{安夷，見第六章第六節。}氏族荒獷，世號難治。昶威懷以禮，莫不悦服。期歲之後，樂從軍者千餘人。《劉璠傳》：璠左遷同和郡守，_{後魏臨洮}_{郡，西魏改曰同和，在今甘肅岷縣東北。}善於撫御，涖職未期，生羌降附者五百餘家。蔡公廣時鎮隴右，嘉璠善政，及遷鎮陝州，_{後魏置，今河南陝縣。}欲取璠自隨，羌人樂從者七百人，聞者莫不歎異。皆其事也。蜀人居處，本與氏人相雜，當時亦有北遷者，以河東薛氏爲大宗，事見第八章第五節。薛永宗之敗，蜀人可謂受一大創，然其聲勢仍不減。尒朱兆召齊神武，神武辭以山蜀未平，尒朱天光入關，仍患蜀賊斷路可見。

　　五胡之中，鮮卑入山者似最少。尉元以彭城戍兵，多是胡人，欲換取南豫州徙民，又以中州鮮卑，增其兵數，見《魏書》本傳。《通鑑》言：高歡善調和漢、鮮卑人。語鮮卑則曰："漢民是汝奴，夫爲汝耕，婦爲汝織，輸汝粟帛，令汝温飽，汝何爲陵之？"語華人則曰："鮮卑是汝作客，得汝一斛粟，一匹絹，爲汝擊賊，令汝安寧，汝何爲疾之？"_{梁武帝大同三年。}韓陵之戰，高昂自領鄉人部曲，歡欲參以鮮卑。_{詳見第一章。}文宣簡六坊之人，每一人必當百人。任其臨陳必死，然後取之，謂之百保鮮卑。_{《隋書·食貨志》。}《北齊書·文宣紀》但云左右宿衛，置百保軍士，《北史》同。然《隋志》又云：簡華人之勇力絶倫者，謂之勇夫，以備邊要，則宿衛之士，自係習任鮮卑也。皆可見當時鬥兵，實以鮮卑爲主。即可推想鮮卑人多以從軍爲務。此蓋魏與周、齊酋長皆係鮮卑人使然，然鮮卑之死於鋒鏑者，亦恐視他胡人爲獨多矣。

　　五胡之衆，非至南北朝之末，悉行同化也，隋、唐之世，存者實猶多。^①隋高祖開皇元年，嘗發稽胡修築長城。豆盧勣之子毓，爲漢王諒主簿，諒反，毓閉城拒之，遣稽胡守堞。《隋書·虞慶則》、《宇文慶》、《侯莫陳穎》、《慕容三藏》諸傳，多載其征撫山胡之事。隋末，離石胡劉苗王叛，見《隋書·本紀》_{大業}_{十年。}其子季真、六兒，相繼攘竊，至唐初始平。_{《唐書》有傳。}唐兵之起也，稽胡五萬略宜春，_{謂宜春苑，在長安南。}竇軌討破之。又有劉迦論者，據雕陰，_{隋郡，唐}_{改爲綏州，今陝西綏德縣。}與稽胡劉鷂子聲勢相倚，見《舊唐書·屈突通傳》。至大宗取涇陽，_{隋縣，今陝西涇陽縣。}乃擊破之。馬三寶從平京師，亦別擊破叛胡劉拔真於北山。稽胡大帥劉仚成，部落數萬，爲邊害，隱大子討之，破之鄜州，_{今陝西}

―――――――――――

_{①　四裔：五胡隋唐時尚未盡同化。}

鄜縣。詐誅六千餘人。事在武德三、四年，見《新書・本紀》。企成降梁師都，師都信讒殺之，其下乃多叛來降。時又揚言將增置州縣，須有城邑，課羣胡執版築，而陰勒兵執殺之。《新》、《舊書・隱大子傳》。高宗永淳三年，綏州城平縣人白鐵余率步落稽以叛，程務挺討禽之。據《舊書・務挺傳》，《新書》云綏州步落稽白鐵余。城平，縣名，今陝西清澗縣。僕固懷恩上書，尚有鄜、坊稽胡草擾之語，坊州，今陝西中部縣。是所謂山胡、稽胡者，唐中葉後，尚未盡同化也。《隋書・地理志》言：漢陽、後魏郡，今甘肅禮縣。臨洮、宕昌、今甘肅岷縣南。武都、今甘肅武都縣東南。同昌、今甘肅文縣西北。河池、今陝西鳳縣。順政、今陝西略陽縣。義城、今四川廣元縣。平武、今四川平武縣。汶山今四川茂縣。諸郡，皆連雜氐、羌，人尤勁悍，性多質直，是秦、隴閒之氐、羌，未同化者尚多也。《豆盧勣傳》言：周武帝嗣位，拜邛州刺史，邛州，周置，今四川邛崍縣。未之官，渭源燒當羌因饑饉作亂，漢首陽縣，西魏改曰渭源，在今甘肅渭源縣東北。以勣有才略，轉渭州刺史。渭州，見第十二章第七節。《唐書・薛舉傳》：岷山羌鍾利俗，以衆三萬降。夫燒當與鍾，乃羌種姓之甚古者，而至南北朝末唐初猶存。又《隋書・地理志》言：上洛、隋郡，見第三章第五節。弘農，今河南陝縣。本與三輔同俗，自漢高發巴、蜀之人定三秦，遷巴之渠帥七姓，居於商、洛之地，由是風俗不改其壤。其人自巴來者，風俗猶同巴郡。見第三章第六節。淅陽、隋郡，今河南淅川縣東南。淯陽隋郡，今河南南陽縣北。亦頗同其俗云。以商、洛之異俗，泝源於漢初之移民，似失之遠，然晉、南北朝之世，所謂河東蜀者，迄未盡化，則可見也。又《舊唐書・吐蕃傳》：大曆四年，九月，以吐蕃侵擾，豫爲邊備，降勑令郭子儀以上郡、即鄜州。北地、今甘肅寧縣。四塞、未詳。五原未詳。義渠、稽胡、鮮卑雜種步馬五萬，嚴會枸邑。今陝西枸邑縣。義渠種人，此時尚有存焉者不，事甚可疑，稽胡、鮮卑之未盡化，則統觀史迹，不足疑也。同化之全功，亦可謂難竟矣。此等部族，讀史者多淡焉若忘，史家亦無復記載，何哉？海內一統，風塵不擾，諸部落皆安居樂業，與華人以平和相處，固無復形迹可見也。然則謂五胡入中國，而中國必爲之擾亂者，豈理也哉？

第七節　羌渾諸國

　　地形平坦之處，交通易而利合大羣，故其民之進化速，山嶺崎嶇之地則反是。匈奴、西羌，同爲彊悍善戰之民族，而其國勢彊弱不同，由此也。至晉世，乃有漠南遊牧之族，移居西羌故地者，時曰吐谷渾。吐谷渾者，慕容廆庶兄。以與廆不協，西附陰山。《宋書》云：奕洛韓有二子：長曰吐谷渾，少曰若洛廆。若洛廆別爲慕容氏。渾庶長，廆正嫡。父在時，分七百户與渾。渾與廆二部俱牧馬，馬鬥相傷，廆怒，遣信謂渾曰："先公處分，與兄異部牧馬，何不相遠，而致鬥爭相傷？"渾曰："馬是畜生，食草飲水，春氣發動，所以致鬥。鬥在於馬，而怒及人邪？乖別甚易，今當去汝萬里。"於是擁馬西行，日移一頓。頓八十里。經數頓，廆悔悟，深自咎責，遣舊父老及長史乙那樓追渾令還。渾曰："我乃祖以來，樹德遼右；又卜筮之言：先公有二子，福祚并流子孫；我是卑庶，理無并大，今以馬致別，殆天所啓。諸君試擁馬令東，馬若還東，我當相隨去。"樓喜，拜曰："處可寒。"虜言處可寒，宋言尒官家也。即使所從二千騎共遮馬令回。不盈三百步，欻然悲鳴突走，聲若頹山。如是者十餘輩，一向一遠。樓力屈，又跪曰："可寒，此非復人事。"渾謂其部落曰："我兄弟子孫，并應昌盛。廆當傳子及曾孫、玄孫，其閒可百餘年，我乃玄孫閒始當顯耳。"於是遂西附陰山。《晉書》記此事，情節同而辭較略。奕洛韓作涉歸。《北史》云：涉歸，一名奕洛韓。七百户，《魏書》、《北史》皆同，《晉書》作一千七百家。吐谷渾開國之事，人事也，而頗帶神話性質矣。觀此，可知野蠻部族之先祖，稍附會爲神者之所由也。**屬永嘉之亂，度隴而西，據今甘肅、青海、四川三省閒地。**《晉書》云：其後子孫據有西零以西，甘松之界，極乎白蘭數千里。《宋書》云：渾既上隴，出罕开、西零。西零今之西平郡，罕开今枹罕縣。自枹罕以東千餘里，暨甘松，西至河南，南界昂城、龍涸。自洮水西南極白蘭。《齊書》云：其南界龍涸城，去成都千餘里。大成有四：一在清水川，一在赤水，一在澆河，一在吐屈真川，皆子弟所治。其王治慕駕川。《梁書》云：度枹罕，出涼州西南，至赤水而居之。其地則張掖之南，隴西之西。在河之南，故以爲號。其界東至疊州，西鄰于闐，北接高昌，東北通秦嶺，方數千里。案西零即先零，與罕开皆羌種名。甘松，見第五章第二節。西平，見第二章第二節。枹罕，見第五章第一節。昂城，未詳。龍涸，亦作龍鵠，在今四川松潘縣。清水川，丁謙《齊書·夷貉傳考證》云："即湟水上源博羅克克河，《隋書》作伏羅川。"又云："赤水在青海西，今烏闌烏蘇，烏闌譯言赤，烏蘇譯言水。澆河，見第六章第六節。吐屈真川，《宋書》作屈真川，云有鹽池。丁謙云："吐字疑衍。今青海有柴集河，西流入鹽池。"《宋書》又云：其國雖隨水草，大抵治慕駕州。丁謙云："駕字爲賀字之譌。《晉書》作莫何川，今青海東南謨和尒布拉克河。"疊州，周置，在今青海東南境。**西北雜種，謂之阿柴虜，或號爲野虜。**《晉書》之文。《齊書》云："漢建武中，匈奴奴婢亡匿在涼州界雜種數千人，虜名奴婢爲賧，一謂之賧虜。"柴、賧似一音之轉。《通典》作阿賧虜。**吐谷渾年七十二卒。有子六十人，長曰吐延，嗣。性酷忍，爲羌酋姜聰所刺。屬其將紇拔泥；撫其子葉延，速保白蘭。葉延嗣位，史稱其頗識書記，**《梁書》之文。《魏書》云："頗視書傳。"《晉書》云："好問天地造化、帝王年曆。"《晉書·吐谷渾傳》，緣飾失實最甚，然其言亦必有因，其人蓋頗有思想。**曰："《禮》云：公孫之子，得以王父字爲氏，"遂以吐谷渾爲氏焉。卒，長子辟奚嗣。**此據《晉書》本傳。《宋書》作碎奚，《魏書》同。《晉書·符堅載記》亦作碎奚。**三弟皆專恣，長史鍾惡地誅之。**據《晉書》。《宋書》云："諸大將共誅之。"**辟奚以憂卒。辟奚始受拜於符堅。爲安遠將軍。卒，子視連立。通聘於乞伏乾歸。乾歸拜爲白蘭王。**史言視連以父以憂卒，不知政事，不飲酒遊田者七年，又載鍾惡地諫辭，蓋大權仍在惡地之手矣。**視連卒，長子視羆嗣。**據《晉書》。《魏書》云弟。**乞伏乾歸拜爲都督龍涸以西諸軍事、沙州牧、白蘭王。**《宋書》云："其國西有黃沙，南北一百二十里，東南七十里，不生草木，沙州因此爲號。"《魏書》云："部內有黃沙，周回數百里。"胡三省云：黃沙在澆河郡西南一百七十里，見《通鑑》義熙元年《注》。不受。遺衆擊之。視羆大敗，退保白蘭。晉、南北朝時四裔封爵，多就所居部族，錫以王號，觀此，知吐渾自葉延以後，迄保白蘭，視羆蓋復圖進取，故爲乾歸所忌也。視羆卒，子樹洛干年少，傳位於弟烏紇提。一名大孩。性奕弱。耽酒淫色，不恤國事。乞伏乾歸之入長安也，烏紇提屢抄其境。乾歸怒，率騎討之。烏紇提大敗，亡失萬餘口。按視羆自言：控弦之士二萬。遊牧部族，丁男皆能控弦，其數約當口數五之一。觀兩《漢書》所載南匈奴與西域諸國口數及勝兵人數可見。此等小國及不甚進化之部族，户口之數，恒較翔實也。亡失萬餘口，則失其衆十一矣。烏紇提保於南涼，遂卒於胡國。樹洛干立，率所部數千家奔歸莫何川。自稱大都督、車騎大將軍、大單于、吐谷渾王。化行所部，衆庶樂業。號爲戊寅可汗。沙、漒雜種，莫不歸附。《清一統志》云：洮水出漒臺山，兼漒川之名，其地亦謂之洮源。其西接黃河，亦謂之沙漒。乞伏乾歸甚忌之。率騎二萬，攻之於赤水。樹洛干大敗。遂降乾歸。乾歸拜爲赤水都護。觀乾歸此授，知樹洛干是時居於赤水也。後屢爲乞伏熾槃所敗，又保白蘭，慚憤發病而卒。據《晉書》所載：葉延在位二十三年，辟奚二十五年，視連十五年，視羆十一年，烏紇提八年，樹洛干九年。《宋書》云："樹洛干立，自稱車騎將軍，義熙初也。"姑以爲義熙元年。前此列代年數，以踰年改元之例推之，則葉延元年爲晉元帝永昌元年，辟奚元年爲穆帝永和二年，視連元年爲簡文帝咸安元年，視羆元年爲孝武帝大元十一年，烏紇提元年爲安帝隆安元年，而樹洛干卒於義熙九年。若以當年改元之法計之，則葉延元年爲成帝咸和二年，辟奚元年爲永和五年，視連元年爲孝武帝寧康二年，視羆元年爲其大元十三年，烏紇提元年爲隆安二年。案乞伏乾歸之立，在大元十三年，如踰年改元之例所推，則視連不及受其封拜。然則吐谷渾歷主，應以當年改元也。樹洛干死，《晉書》云：世子拾虔嗣，《宋書》云：弟阿豺立。案阿豺三傳之後，其位仍歸於樹洛干之子拾寅，見下。或謂拾虔乃拾寅之誤，然《魏書·吐谷渾傳》，多同《宋書》，蓋其所本者同。①《魏書》記阿豺臨死，召諸子弟告之曰："先公車騎，捨其子虔，以大業屬吾，吾豈敢忘先公之舉而私於緯代，"則拾虔確有其人，豈其暫立而爲阿豺所廢邪？譙縱亂蜀，阿豺遣其從子敕來泜拓土至龍涸、平康。平康，周縣，屬松州，在今四川松潘縣西。此據《宋書》本傳。案譙縱亡於義熙九年，正阿豺立之歲，豺蓋乘縱之亡而拓土也。《魏書》云：阿豺兼并氐、羌，地方數千里，號爲彊國。少帝

---

① 四裔：吐谷渾年代。拾虔確有其人，到拾寅而文明，蓋得諸于闐、罽賓，休留茂亦確有其人，拾寅用書契（第五九二頁），似得之西域伏連籌時，中國人又教其書記（第五九三頁），伏連籌、夸吕閒有二世（第五九三頁），通中國文者葉延（第五九〇頁），夸吕（第五九四頁）。

景平中，《本紀》在元年。阿豺遣使上表獻方物。詔以爲沙州刺史、澆河公。未及拜受，大祖元嘉二年，又詔加除命。未至而阿豺死。《魏書》云在元嘉三年，《通鑑》繫元嘉元年十月。弟慕璝立。據《宋書》。《魏書》云："烏紇提立，而妻樹洛干母，生二子：慕璝、利延，"則慕璝爲阿豺同母異父弟，下文又云：兄子慕璝立，蓋前史有此異說，而《魏書》雜採之也。慕璝，《宋書·文帝紀》元嘉九年作慕容璝，則慕爲慕容之略。吐谷渾之後，亦以慕容爲氏，《傳》云若洛廆別爲慕容氏，非矣。七年，以爲沙州刺史、隴西公。九年進爲王。慕璝前後屢遣兵擊乞伏茂蔓。茂蔓率部落東奔隴右。慕璝據有其地。赫連定爲索虜所攻，擁秦户口十餘萬，西次罕开，欲向涼州。慕璝拒擊，大破之，生禽定。拓跋燾使求定，慕璝與之。《魏書·本紀》，事在延和元年，宋元嘉九年也。《魏書》云：慕璝招集秦、涼亡業之人，及羌戎、雜夷，衆至五六百落。南通蜀漢，北交涼州。赫連部衆轉盛。魏封爲西秦王。神䴥四年，宋元嘉八年。元嘉十二年，卒。《魏書》：慕璝卒於大延二年，則爲十三年。弟慕利延立。《宋書·文帝紀》作慕容延，見元嘉十五、十六年。十六年，改封河南王。魏改封爲西平王。《魏書》云："世祖征涼州，慕利延懼，率其部人，西遁沙漠。世祖以慕利延兄有擒赫連定之功，遣使宣喻，乃還。"案吐谷渾是時，既受封拜於魏，何所猜疑，而欲遁逃？足見虜行師之暴也。《魏書》又云："慕利延兄子緯代，懼慕利延害己，與使者謀，欲歸國，慕利延覺而殺之。緯代弟叱力延等八人，逃歸京師請兵。世祖拜叱力延歸義王，詔晉王伏羅率諸將討之。慕利延走白蘭。事在真君五年，即宋元嘉二十一年。後復遣高涼王那等討之。慕利延遂入于闐。真君六年，宋元嘉二十二年。據《魏書·本紀》，是役擒其世子被囊。殺其王，死者數萬人。南征罽賓。遣使通劉義隆求援，獻烏丸帽、女國金酒器、胡王金釧等物。義隆賜以牽車。七年，遂還舊土。"《宋書》記此事在元嘉二十七年，云："慕延遣使上表，云若不自固者，欲率部曲入龍涸越巂門。大祖許以虜至不自立，聽入越巂。"蓋慕延得此許，乃敢歸國也。慕延之歸國，當在元嘉二十八年，魏正平元年。慕延卒，樹洛干子拾寅立。始邑於伏羅川。《梁書》云："乃用書契，起城池，築宮殿。其小王并立宅。"《魏書》云："其居止出入，竊擬王者。"其文明，蓋得諸于闐、罽賓邪？宋仍封爲河南王，魏亦封爲西平王。《魏書》云：後拾寅自恃險遠，頗不恭命。高宗時，定陽侯曹安表：拾寅今保白蘭，多良牛馬，若擊之，可以大獲。議者咸以先帝再征，竟不能克。今在白蘭，不犯王塞，不爲人患。若遣使招慰，必求爲臣妾，可不勞而定。安曰："臣昔爲澆河戍將，與之相近，明其意勢。若分軍出其左右，拾寅必走南山。謂其所居南方之山。不過十日，牛馬草盡，人無所食，衆必潰叛，可一舉而定也。"從之。詔陽平王新城等出南道，南郡公李惠、給事中公孫拔及安出北道。拾寅走南山。諸軍濟河追之，多病，引還。魏大安元年，宋孝武帝孝建二年也。拾寅，《魏書·本紀》作什寅。顯祖復詔上黨王長孫觀等率州郡兵討拾寅。軍至曼頭山，在今青海東北境。胡三省曰："河源郡有曼頭城，蓋因山得名也。"案河源，隋煬帝平吐谷渾所置四郡之一。拾寅來逆戰。觀等縱兵擊敗之。拾寅宵遁。《紀》在皇興四年，宋明帝泰始六年。於是思悔，復脩藩職。遣別駕康盤龍奉表朝貢。顯祖幽之，不報其使。拾寅部落大飢，屢寇澆河。詔皮歡喜爲前鋒，長孫觀爲大都督以討之。觀等軍入拾寅境，芟其秋稼。拾寅窘怖，遣子詣軍，表求改過。觀等以聞。顯祖下詔切責之，徵其任子。拾寅遣子斤入侍。《本紀》作費斗斤。此次用兵，事在大和三、四年，齊高帝建元元、二年也。時顯祖爲大上皇。又《魏書·紀》：大和六年，白蘭王吐谷渾翼世以誣罔伏誅，其事他無所見。顯祖尋遣斤還。拾寅後復擾掠邊人，遣其將良利守洮陽。晉縣，後周置郡，今甘肅臨潭縣。枹罕鎮將楊鍾葵詣書責之。拾寅表求令洮陽貢其土物。顯祖許之。自是歲脩職貢。統觀魏文成、獻文二世之用兵，蓋純出於邊將之貪功徼利，屢勤師旅，卒無成功，反蹙洮陽之戍，亦可笑矣。齊高帝建元三年，魏大和五年。拾寅卒，子度易侯立。此從《梁書》，《魏書》同。《齊書》作易度俟。伐宕昌。魏讓之。令所掠口累，部送時還。度易侯奉詔。卒，子休留茂立。《齊書》云：永明八年，授爵號。《梁書》作休留代。本傳、《本紀》皆同。《本紀》見天監元年。《魏書》無此一世，云度易侯死，子伏連籌立。《梁書》伏連籌作休運籌。案《周書》言自吐谷渾至伏連籌一十四世，明《魏書》奪此一世。蓋休留茂與魏無交涉，魏史遂有此誤也。《魏書》云："伏連籌內脩職貢，外并戎狄，塞表之中，號爲彊富。準擬天朝，樹置官司，稱制諸國，以自誇大。"《梁書》載其表於益州立九層佛寺。又云："其地與益州鄰，常通商賈。民慕其利，多往從之。教其書記，爲之辭譯，稍桀黠矣。"蓋又漸染中國之文化矣。伏連籌脩洮陽、泥和，胡三省曰：即《水經注》迷和城，洮水逕其南，又逕洮陽城東。置戍。魏師討之，二戍請降。事在大和十五年，見《紀》。齊武帝永明九年。《魏書》云："終世宗世，至於正光，梁普通元年至五年。犛牛蜀馬及西南之珍，無歲不至。後莫折念生反，河西路絕。涼州城人萬干菩提等東應念生，囚刺史宋穎。穎密求援於伏連籌。伏連籌親率大衆救之，遂獲保全。自尒以後，關徼不通，貢獻路絕。"《梁書》伏連籌後，有呵羅真、伏連籌子，大通三年除授。《本紀》中大通元年作阿羅真。佛輔呵羅真子。《本紀》見中大通二年。二世，而《魏書》云"伏連籌死，子夸呂立，"其致誤之由，蓋亦與其奪休留茂一世同也。《魏書》言夸呂始自號爲可汗。居伏俟城，在青海西十五里。地兼鄯善、且末。東西三千里，南北千餘里。蓋其極盛之時。又云："齊獻武王作相，招懷荒遠。蠕蠕既附於國，夸呂遣使致敬。獻武王徵其朝貢。夸呂乃遣使人假道蠕蠕頻來。又薦其從妹。靜帝納以爲嬪。遣員外散騎常侍傅靈檦使於其國。《文苑·温子昇傳》云:"陽夏大守傅標使吐谷渾,見其國王牀頭有書數卷,乃是子昇文也,"則夸呂亦通文墨。夸呂又請婚。乃以濟南王匡孫女爲廣樂公主以妻之。此後朝貢不絶。"其於西魏:大統中,梁大同元年至大寶二年。再遣使獻馬及牛羊等。然猶寇抄不止,緣邊多被其害。廢帝二年,梁承聖二年夸呂通使於齊。源州刺史史寧,覘知其還,率輕騎襲之於州西赤泉,獲其僕射乞伏觸、扳將軍翟潘密,商胡二百四十人,馳驟六百頭,雜採絲絹以萬計。恭帝二年,梁紹泰元年,突厥木汗可汗假道涼州襲吐谷渾。周大祖令寧率騎隨之。至番禾,番禾,見第七章第八節。後魏置郡,後周廢郡置鎮。吐渾已覺,奔於南山。木汗將分兵追之,寧説其取樹敦、賀真二城,木汗從之。寧入樹敦,木汗破賀真。史言樹敦是渾舊都,多諸珍藏,木汗亦大獲珍寶,蓋皆志在剽掠而已。武成初,陳武帝永定三年。賀蘭祥攻拔其洮陽、洪和二城,洪和,疑即泥和。置洮州而還。天和初,陳文帝天嘉元年。其龍涸王莫昌率衆降,以其地爲扶州。建德五年,陳宣帝大建八年。其國大亂。高祖詔皇大子征之。軍渡青海,至伏俟城。夸呂遁走。虜其餘衆而還。案夸呂以隋開皇十一年卒,《隋書》言其在位百年,則此時夸呂年已老。隋世吐谷渾屢有内釁,蓋皆其耄荒使然,此時已肇其端矣。《晉書》云:吐谷渾有城郭而不居,隨逐水草,廬帳爲屋,以肉酪爲糧。《魏書》云:亦知種田。有大麥、粟、豆。北界氣候多寒,惟得蕪菁、大麥。《齊書》云:多畜,逐水草,無城郭,後稍爲宫室,而人民猶以氈廬百子帳爲行屋。《梁書》云:有屋宇,雜以百子帳,即氈廬也。蓋雖略知稼穡,終以畜牧爲主。《晉書》又言其國無常税,調用不給,輒斂富室商人,取足而止,此純乎羌人之習。其慕效中國或又取法乎西域,蓋皆其王室、貴人所爲,不能逮下也。其所重者商賈,所貪者貨財。[1]《宋書》謂其"徒以商譯往來,故禮同北面,""雖復貢篚歲臻,事惟賈道,"然則《梁書》言其使或歲再三至,或再歲一至,蓋正以賈道故,乃爲是紛紛然。慕瑰曾表魏朝,言"爵秩雖崇,而土不增廓,車騎既飾,而財不周賞,"魏朝令公卿會議,不肯多與,自是貢獻頗簡;其通齊之使,實與商胡俱;俱可爲《宋書》之言作左證。《宋書》又云:"金罽氈眊,非用斯急;送迓煩擾,獲不如亡。"蓋慨乎言之矣。或曰:《齊書·芮芮傳》,言中國與之通使,常由河南道抵益州。建元元年,大祖遣王世武拜授拾寅,仍往芮芮,賜書云:"想即資遣,使得時達。"永明三年,又遣給事中丘冠先往使,并送芮芮使。其殷勤於河南,蓋欲藉通芮芮,其欲通芮芮,則所以牽制索虜也。然芮芮牽制索虜,爲力

---

[1] 外交:吐谷渾來朝實以通商,案甚野蠻之國,反譏肖慕化者也。

幾何，江東君臣，不應不知。丘冠先之往使也，得玉長三尺二寸，厚一尺一寸，史家頗豔稱之，則天朝士夫，亦曷嘗不重異物？[①] 冠先後拜授休留茂，并行弔禮，遂不得其死。史云：“休留茂逼令先拜，冠先厲色不肯，休留茂恥其國人，執冠先，於絕巖上推墮深谷而死。”吐谷渾非夜郎自大者流，既徒志在賜與，安得爭此虛文？然則冠先之死，又惡知其究因何事邪？

　　吐谷渾爲外來之族，故其文明程度稍高，其鄰近諸族，則仍多率其榛狉之舊。諸族最近吐渾者爲白蘭。《周書》云：“白蘭，羌之別種也。其地東北接吐谷渾，西北至利模徒，南界邺鄂。風俗、物產，與宕昌略同。”其與中國通，惟周保定元年，陳天嘉二年。曾一遣使獻犀甲、鐵鎧而已。《北史》云：“吐谷渾北有乙弗勿敵國。《魏書》作乙弗敵國。國有屈海，周迴千餘里。衆有萬落。風俗與吐谷渾同。然不識五穀，惟食魚及蘇子。蘇子狀若中國枸杞子，或赤或黑。有契翰一部，風俗亦同。白蘭山西北，又有可蘭國。《魏書》作阿蘭國。風俗亦同。目不識五色，耳不聞五聲，是夷蠻戎狄中之醜類也。土無所出，直大養羣畜，而戶落亦可萬餘。人頑弱，不知鬥戰。忽見異人，舉國便走。性如野獸。體輕工走，逐不可得。”此皆今青海東南境之部族也。利模徒、邺鄂，地皆無考。《宋書》云：吐谷渾之地，自甘松及洮水西南極白蘭，則白蘭當在今松潘縣西北四川、青海界上。白蘭山蓋即其所居之地，則可蘭當在青海東南境；乙弗勿敵當在青海北境，南山之南。屈海不易實指。丁謙《魏書·外國傳考證》以玉門縣東北花海子當之，恐非。玉門乃西域商胡往來孔道，居其地者，斷不至不識五穀也。其在川、甘界上者，有宕昌、鄧至，程度稍高。《魏書·宕昌傳》云：“其地東接中華，西通西域，南北數千里。姓別自爲部落。酋帥皆有地分，不相統攝。宕昌即其一也，”此苞今川、甘、青海界上之地而總言之。又云：“其地自仇池以西，東西千里，廓水以南，南北八百里。地多山阜。人二萬餘落。”則專指宕昌言之也。《水經注》：羌水逕宕昌城，又東南逕武階，武階今武都縣，宕昌在武都西北，即今西固縣地。羌水，今白龍江也。此一大區域中之情況，《魏書》總述之曰：“俗皆土著，居有屋宇。其屋，織犛牛尾及殺羊毛覆之。國無法令，又無徭賦。惟戰伐之時，乃相屯聚，不然，則各事生業，不相往來。皆衣裘褐。牧養犛牛、羊、豕，以供其食。父子、伯叔、兄弟死，即以繼母、叔母、及嫂、弟婦等爲妻。俗無文字，但候草木榮落，記其歲時。三年一相聚，殺牛、羊以祭天。”其進化之遲滯，蓋全因其所居之閉塞也。宕昌蓋因地近仇池，故開發較早。《魏書》本傳曰：“有梁懃者，《周書》作梁勒。世爲酋帥，得羌豪心，乃自稱王焉。懃孫彌忽，世祖初，遣子彌黃

奉表求内附。世祖嘉之,遣使拜彌忽爲宕昌王,賜彌黄爵甘松侯。彌忽死,孫虎子立。"《北史》作彪子,避唐諱。案《世祖紀》:大平真君九年,宋元嘉二十五年。宕昌羌酋梁瑾慈遣使内附,并貢方物。《宋書·孝武帝紀》:大明元年,以梁瑾蔥爲河州刺史,宕昌王。《梁書》本傳作梁瓘忽。《南史》作梁瑾忽。五年,以宕昌王梁唐子爲河州刺史。瑾蔥、瑾慈,似即彌忽;唐子似即虎子也。《魏書·傳》又云:"虎子死,彌治立。虎子弟羊子,先奔吐谷渾。吐谷渾遣兵送羊子,欲奪彌治位。彌治遣使請救。世祖詔武都鎮將宇文生救之。羊子退走。彌治死,子彌機立。"《宋書·後廢帝紀》:元徽四年,十月,以宕昌王梁彌機爲河、涼二州刺史,此除授,或在其篡立之初也。南朝自此率以河、涼二州刺史、宕昌王授其主,齊武帝永明元年,亦以此授彌機。《齊書·武帝紀》:永明三年,以行宕昌王梁彌頡爲河、涼二州刺史。本傳同。是歲爲魏孝文帝大和九年。《魏書·本紀》:七月,遣使拜宕昌王梁彌機兄子彌承爲其國王。《穆崇傳》:崇玄孫亮,爲仇池鎮將。時宕昌王梁彌機死,子彌博立。[1] 爲吐谷渾所逼,來奔仇池。亮以彌機蕃教素著,矜其亡滅;彌博凶悖,氐、羌所棄;彌機兄子彌承,戎民歸樂,表請納之。高祖從焉。於是率騎三萬,次於龍涸,擊走吐谷渾,立彌承而還。《齊書·本紀》:永明六年,亦以彌承爲河州刺史,而不詳魏替彌博立彌承之事,然彌頡嘗一繼位,則《魏書》又不詳,疑其爲彌博出亡後吐谷渾所立也。十年,魏大和十六年。彌承朝於魏。又使求軍儀及伎、雜書於齊。詔軍器致之未易;内伎不堪涉遠;祕閣圖書,例不外出;賜以《五經》集注、論各一部。《梁書·武帝紀》:天監元年,宕昌王梁彌頡進號,頡蓋頡之誤;四年,四月,以行宕昌王梁彌博爲河、涼二州刺史宕昌王;本傳同。則彌承之後,彌頡、彌博,復相繼在位,《齊書》謂"彌頡卒,乃以彌承爲王,"疏矣。彌博死,子彌泰立。大同十年,復授以父爵位。《周書·宕昌傳》云:自彌忽至仚定九世,彌忽、虎子、彌治、彌機、彌承、彌頡、彌博、彌泰、仚定。每脩職貢不絶。後見兩魏分隔,遂懷背誕。永熙末,梁中大通六年。乃引吐谷渾寇金城。仚定,《文帝紀》作企定,云引吐谷渾寇金城。渭州及南秦州氏、羌連結,所在蠭起。金城,見第二章第二節。渭州,見第十二章第七節。南秦州,見第十二章第三節。大統初,又率其種人入寇。行臺趙貴督儀同侯莫陳順等擊破之。仚定懼,稱藩請罪。大祖舍之,拜撫軍將軍。四年,梁大同四年。以仚定爲南洮州刺史。後改洮州爲岷州,仍以仚定爲刺史。七年,梁大同七年。仚定又舉兵入寇。獨孤信時鎮隴右,詔信率衆便討之。軍未至而仚定爲其下所殺。信進兵破其餘黨。《信傳》亦作企定,云企定子弟收其

---

① 四裔:宕昌世系。

餘衆。朝廷方欲招懷殊俗，乃更以其弟彌定爲宕昌王。十六年，彌定宗人獠甘襲奪其位。彌定來奔。先是羌酋傍乞鐵忽等，因仚定反叛之際，遂擁衆據渠林川。《宇文貴傳》作渠株川。云納彌定後，於渠株川置岷州，不知本宕昌地爲鐵忽所據？抑鐵忽平後，岷州移治也？與渭州民鄭五醜，扇動諸羌，阻兵逆命。至是，詔大將軍宇文貴、豆盧寧、涼州刺史史寧等率兵討獠甘等，并擒斬之納彌定而還。此亦見《宇文貴》、《豆盧寧》、《史寧》、《趙剛》、《趙昶傳》。保定四年，陳天嘉五年。彌定寇洮州，總管李賢擊走之。是歲，彌定又引吐谷渾寇石門戍。甘肅臨潭縣南有石門山。賢復破之。高祖怒，詔大將軍田弘討滅之。以其地爲宕州。見上節。鄧至，《魏書》云：白水羌也。世爲羌豪。因地名號，自稱鄧至。其地自亭街以東，平武以西，汶嶺以北，宕昌以南。亭街，未詳。平武，漢縣，在今四川平武縣東。汶嶺即岷山。《水經注·漾水篇》：白水東南逕鄧至城南，又東南逕陰平故城南，則鄧至城在陰平西北。土風、習俗，亦與宕昌同。其王像舒治，遣使內附。高祖拜龍驤將軍、鄧至王。遣貢不絕。案其見於《魏書·本紀》者：又有像舒彭。大和十七年，齊永明十一年。遣子舊詣闕朝貢，并求以位授舊。詔許之。世宗永平二年，梁天監八年。八月，丁未，鄧至國遣使朝獻。戊申，以鄧至國世子像覽蹄爲其國王。蓋其初立時也。《梁書》亦有傳，云：宋文帝時，王象屈耽遣使獻馬。《齊書》附《宕昌傳》，云：建元元年，征虜將軍西涼州刺史羌王像舒彭進爲持節平西將軍，後叛降虜。然《武帝紀》：永明元年，二月，以東羌王像舒彭爲西涼州刺史，則復來歸順矣。梁天監元年，始封爲鄧至王。五年，遣使來獻。見《紀》及本傳。《周書》云：自舒治至檐桁十一世。魏恭帝元年，梁承聖三年。檐桁失國來奔。大祖令章武公導率兵送復之。《魏書》云：鄧至之西，有赫羊等二十國，時遣使朝貢，朝廷皆授以雜號將軍、子男、渠帥之名。《北史》云：赫羊部內，初有一羊，形甚大，色至鮮赤，故因爲國名，其說似近附會。又舉諸國之名曰：東亭街、大赤水、寒宕、石河、薄陵、下習山、倉驤、覃水，云風俗粗獷，與鄧至國不同焉。亦不能備二十之數也。

第八節　西域諸國

兩漢之世，中國與西域之交通，可謂極盛，其後雖遭喪亂，往還實迄未嘗絕，不過記載有詳略而已。晉遷江左，與西域之交通，自不能如建都長安、洛陽時之盛。據有涼州之國，往還雖密，然偏隅割據，運祚短促，記載不詳。惟魏據北方較久，故其記載，亦較翔實焉。《魏書·西域傳》：《魏書》此卷亡，實皆錄自

《北史》。世祖時，遣董琬、高明等出使，見下。還，具言凡所經見及傳聞旁國，云：
“西域自漢武時五十餘國，後稍相并，至大延中，爲十六國。① 分其地爲四域：
自葱嶺以東，流沙以西爲一域；葱嶺以西，海曲以東爲一域；者舌以南，者舌，今塔
什干。月氏以北爲一域；兩海之閒，兩海，謂鹹海、裏海。水澤以南爲一域。内諸小
渠長，蓋以百數？ 其出西域，本有二道，後更爲四：出自玉門，見第六章第六節。渡
流沙，西行，二千里至鄯善，在今羅布泊南。爲一道；自玉門渡流沙，北行，一千二
百里至車師，前部在廣安城西，後部在濟木薩南。爲一道；從莎車西行，莎車，今莎車縣。
百里至葱嶺，西一千三百里至伽倍，故月氏休密翕侯地，見下。爲一道；自莎車西南
五百里，葱嶺西南千三百里，至波路，《西域記》鉢露羅，今 Balti。爲一道。”案四域之
中，第一爲天山南路，第二苞今波斯、阿富汗及印度，海曲之海，指波斯灣。第三指天
山北路及鹹海以東土耳其斯單，第四，謂鹹海、裏海閒地，皆漢世所已通。四道
中之第一、第二兩道，漢世不之數；第三、第四兩道，實即漢世之南道；故其名增於
漢，而實減之。然此自指使譯所經，民閒商旅之往來，未必有異於故也。

　　四域之中，與中國關係最密者，自爲第一域。《魏書》云至大延中爲十六
國者，蓋專指此域言之。惟董琬、高明之還，西域與之俱來者凡十六國，則未
知當時天山南路國數果爲十六？ 抑因其來朝之數，姑妄言之？《魏書》記載大
荒。見下。實令人不能無疑也。漢、魏之世，諸國互相吞并之事，已見《秦漢史》
第十二章第十節。至晉世，天山南路之國，以車師、鄯善、焉耆，今焉耆縣。龜兹、
今庫車縣。疏勒、今疏勒縣。于闐今和闐縣南。爲大。

　　都護之職，自漢衰而廢，魏世，以涼州刺史領戊己校尉，護西域，而晉因
之，亦見《秦漢史》第十二章第十節。故是時中國與西域之交通，以涼州爲關
鍵。張氏割據河西，至駿之世，始有事於西域。時戊己校尉趙貞，不附於駿，
駿擊禽之。又使其將楊宣出討。《晉書·焉耆傳》云：武帝大康中，其王龍安，
遣子入侍。安夫人，獪胡之女。獪胡，未詳。妊身十二月，剖脅生子曰會。立爲
世子。會少而勇桀。安病篤，謂會曰：“我嘗爲龜兹王白山所辱，不忘於心，汝
能雪之，乃吾子也。”及會立，襲滅白山。遂據其國，遣子熙歸本國爲王。會有
膽氣籌略，遂霸西胡。葱嶺以東，莫不率服。然恃勇輕率。嘗出宿於外，爲龜
兹國人羅雲所殺。其後張駿遣沙州刺史楊宣前涼沙州，治敦煌。率衆疆理西域。
宣以部將張植爲前鋒，所向風靡。軍次其國。熙距戰，爲植所敗。率其羣下

四萬人肉袒降於宣。案《張駿傳》言：駿使宣伐龜茲、鄯善，《龜茲傳》不載其事，鄯善則無傳，《本紀》亦但書駿伐焉耆降之，穆帝永和元年。蓋其勤兵力者，惟焉耆爲大？《駿傳》言：西域諸國獻汗血馬、火浣布、犎牛、孔雀、巨象及諸珍異二百餘品，此等非徒葱嶺以東所能致；《石勒載記》言：駿使送高昌，見第六章第二節。于寘、鄯善、大宛使，獻其方物；則其與葱嶺以西諸國，往還必密。《龜茲傳》云惠、懷末，以中國亂，遣使貢方物於張重華，重華不在惠、懷之世，其說必誤，疑其閒有奪文。然其貢方物於重華，當不虛也。亦可見張氏與西域交通之盛矣。張氏亡，苻堅據有涼州，遣呂光討定西域，已見第六章第六節。時則鄯善王休密馱、車師前部王彌置爲光鄉導。光進至焉耆，其王泥流，率其旁國請降。此據《光載記》；《焉耆傳》述熙降楊宣事後云："呂光討西域，復降於光，及光僭位，熙又遣子入侍，"兩舉熙名，不應皆誤，蓋泥流其蕃名，熙其漢名也。龜茲王帛純距光。此亦據《光載記》。《龜茲傳》作白純。光進攻城。帛純傾國財寶，請救獪胡。獪胡弟吶龍侯將馗率騎二十餘萬，并引温宿、尉頭等國王，合七十餘萬以救之。温宿、尉頭，皆在今烏什縣。戰於城西，大敗之。帛純收其珍寶而走。王侯降者三十餘國。諸國憚光威名，貢款屬路。此指龜茲旁國。乃立帛純弟震爲王以安之。桀黠胡王，昔所未賓者，不遠萬里，皆來歸附，上漢所賜節傳。此指較遠之國。光皆表而易之。堅聞光平西域，以爲都督玉門已西諸軍事、西域校尉，道絕不通。《堅載記》同。光既平龜茲，有留焉之志。乃大饗文武，博議進止。衆咸請還。乃以駞二萬餘頭，《魏書·光傳》作二千餘頭。致外國珍寶及奇伎異戲，殊禽怪獸，千有餘品，駿馬萬餘匹而還。上文云："光見其宮室壯麗，命參軍段業著《龜茲宮賦》以譏之。胡人奢侈，厚於養生。家有蒲桃酒，或至千斛，經十年不敗。士卒淪没酒藏者相繼矣。"然則光之欲留，乃溺其繁盛耳。肆掠東歸，何殊盜賊？然非獨光如此，古來通西域者，蓋無不有貪其財寶之意存焉。苻堅初慕漢文，卻大宛天馬之貢，卒違羣臣之諫而用兵，亦如是而已矣。見第六章第四節及第六節。羣議以高昌雖在西垂，地居形勝，外接胡虜，易生翻覆，宜命子弟鎮之。光乃以子覆爲都督玉門已西諸軍、西域大都護，鎮高昌，命大臣子弟隨之。後涼分裂，敦煌爲李暠所據，擊玉門已西諸城，皆下之。遂屯玉門、陽關，在敦煌西。廣田積穀。鄯善、前部王皆遣使貢其方物。沮渠蒙遜滅李氏，鄯善王比龍入朝，西域三十六國，皆稱臣貢獻。《宋書·氐胡傳》之文。案是時西域，葱嶺以東，實無三十六國，若合葱嶺以西言之，則又不止此數，此特沿襲舊文，猶言故三十六國之地之諸國耳。《苻堅載記》云："呂光討平西域三十六國，所獲珍寶以萬計，"亦此例也。茂虔亡，無諱據鄯善，又襲據高昌，安周又陷車師，已見第七章第八節。至此而割據諸國與西域之關係終矣。

魏通西域，始於大武時。大延元年，宋文帝元嘉十二年。五月，遣使二十輩使西域。二年，宋元嘉十三年。八月，又遣使六輩使西域。自是來者頗多。據《本紀》。《西域傳》曰：大祖初，經營中原，未暇及於四表。既而西戎之貢不至，有司奏依漢氏故事，請通西域，可以振威德於荒外，又可致奇貨於天府。大祖曰：漢氏不保境安人，乃遠開西域，使海内虛耗，何利之有？今若通之，前弊復加百姓矣。遂不從。歷大宗世，竟不招納。大延中，魏德益以遠聞，西域龜兹、疏勒、烏孫、悦般、渴槃陁、鄯善、焉耆、車師、粟特諸國王始遣使來獻。世祖以西域漢世雖通，有求則卑辭而來，無欲則驕慢王命，此其自知絶遠，大兵不可至故也，若報使往來，終無所益。欲不遣使。有司奏九國不憚遐險，遠貢方物，當與其進，安可豫抑後來？乃從之。於是始遣行人王恩生、許綱等西使。恩生出流沙，爲蠕蠕所執，竟不果達。又遣散騎侍郎董琬、高明等多齎金帛，出鄯善，招撫九國，厚賜之。初琬等受詔：便道之國，可往赴之。琬過九國，北行至烏孫國，其王得朝廷所賜，拜受甚悦。謂琬曰：傳聞破洛那、者舌，皆思魏德，欲稱臣致貢，但患其路無由耳。今使君等既至此，可往二國，副其慕仰之誠。琬於是自向破洛那，遣明使者舌。烏孫王爲發導譯達二國。琬等宣詔慰賜之。已而琬、明東還，烏孫、破洛那之屬，遣使與琬俱來貢獻者，十有六國。自後相繼而來，不閒於歲。國使亦數十輩矣。此文之善於塗飾，真可發一大噱。① 據《本紀》：鄯善之來，在大延元年六月，粟特之來在八月，均在使出之後，世祖豈逆知其將至而欲不報？有司豈逆知其將至，而請勿抑其後來邪？曲筆獻媚如此，真可謂穢史矣。沮渠牧犍亡，無諱據敦煌。真君三年，宋元嘉十九年。又渡流沙據鄯善，西域爲所隔，歷年不至。五年，宋元嘉二十一年。無諱卒。六年，宋元嘉二十二年。遣萬度歸襲鄯善，執其王。以韓拔爲西戎校尉、鄯善王以鎮之。《西域傳》即在是年，《本紀》在九年。事見第七章第八節。《西域傳》云：涼州既平，鄯善國以爲脣亡齒寒，自然之道也。今武威爲魏所滅，次及我也。若通其使人，知我國事，取亡必近。不如絶之，可以支久。乃斷塞行路。西域貢獻，歷年不入。後平鄯善，行人復通。據《本紀》：大延五年，尚有鄯善、龜兹、疏勒、焉耆、粟特、渴槃陁、破洛那，悉居半等遣使朝貢，真君元年至四年，則絶無之，五年三月，乃遣使者四輩使西域，是歲十二月，乃書粟特國遣使朝貢，蓋全爲無諱所隔也。鄯善是時，國且爲武威遺孽所據，豈有因其滅亡，轉慮脣亡齒寒之理？真所謂鄉壁虛造，信口開河者矣。《鄯善傳》云："無諱謀渡流沙，遣其弟安周擊鄯善。王比龍恐懼欲降。會魏使者自天竺、罽賓還，俱會鄯善，勸比龍拒之。遂與連戰。安周不能克，退保東城。後比龍懼，率衆西奔且末，其世子乃應安周。鄯善人頗剽劫之，令不得通。"② 鄯善人頗剽劫之上有奪文，此所剽劫者，非魏通西域則西域朝貢之使，其事初非鄯善人所爲，故魏伐鄯善，其王真達出降，魏人仍厚待之也。九年，宋元嘉二十五年。又遣萬度歸討焉耆。《傳》云：恃地多險，頗剽劫中國使。其王鳩尸卑那奔龜兹。鳩尸卑那，龜兹壻。度歸遂討龜兹，《傳》云：其東閞城戍，寇竊非一。大獲駞馬而還。自是西域復通。然西域要害，在於伊吾，③見第六章第六節。漢世實恃此以衛涼州，魏世，柔然蟠據西北，形勢極逼，乃其重鎮不過敦煌。文成大安二年，宋孝武帝孝建三年。敦煌鎮將

---

① 民族：魏史之誣。

② 史籍：《魏書·鄯善傳》奪文。

③ 民族：西域要害在伊吾，魏重鎮不過敦煌，高昌則自立而受制柔然，故柔然、鐵勒易與西域交通。

尉眷擊伊吾,雖克其城,然眷子多侯,仍爲鎮將,上疏求取伊吾,斷蠕蠕通西域之路,高祖善其計,卒不能用。高昌自張軌以來爲郡縣,至魏世乃自立爲國,而受制於柔然。顯祖末,柔然攻于闐,于闐遣使求救,魏亦不能出兵。然則魏世守備之規,經略之計,不逮漢朝遠矣。《食貨志》言:萬度歸伐焉耆者,其王單騎奔龜兹,舉國臣民,負錢懷貨,一時降款,此乃脅奪其錢貨耳。獲其奇寶異玩以巨萬,駝馬、雜畜,不可勝數。《傳》云:焉耆爲國,斗絶一隅,不亂日久,獲其珍物異翫,殊方譎詭不識之物,橐駝、馬、牛、雜畜巨萬。度歸遂入龜兹,復獲其殊方瓌詭之物億萬已上。又言:自魏德既廣,西域、東夷,貢其珍物,充於王府,神龜、正光之際,府藏盈溢。虜除貨財、玩好之外,豈有所知邪?

　　高昌之立國於西域,其事頗有關係。《魏書傳》云:世祖時,有闞爽者,自爲高昌大守。大延中,遣散騎侍郎王恩生等使高昌,爲蠕蠕所執。真君中,爽爲沮渠無諱所襲,奪據之。無諱死,弟安周代立。和平元年,宋孝武帝大明四年。爲蠕蠕所并。蠕蠕以闞伯周爲高昌王。其稱王自此始也。大和初,伯周死,子義成立。歲餘,爲其兄首歸所殺,自立爲高昌王。五年,齊高帝建元三年。高車王可至羅殺首歸兄弟,以敦煌人張孟明爲王。後爲國人所殺,立馬儒爲主。以鞏顧禮、麴嘉爲左右長史。二十一年,齊明帝建武四年。遣司馬王體玄奉表朝貢,請師迎接,求舉國内徙。高祖納之。遣明威將軍韓安保率騎千餘赴之。至羊棧水,儒遣禮、嘉率步騎一千五百迎安保,去高昌四百里,而安保不至。禮等還高昌,安保亦還伊吾。安保遣韓興安等十二人使高昌。儒復遣顧禮將其世子義舒迎安保。至白棘城,去高昌百六十里。而高昌舊人,情戀本土,不願東遷,相與殺儒,而立麴嘉爲王。嘉字靈鳳,金城榆中人。榆中,漢縣,今甘肅榆中縣西北。既立,又臣於蠕蠕那蓋。顧禮與義舒隨安保至洛陽。及蠕蠕主伏圖爲高車所殺,嘉又臣高車。初前部胡人,悉爲高車所徙,入於焉耆,焉耆又爲嚈噠所破滅,國人分散,衆不自立,請王於嘉。嘉遣第二子爲焉耆王以主之。永平元年,梁武帝天監十年。嘉遣兄子私署左衛將軍、田地大守孝亮朝京師,田地城,漢之柳中,今魯克沁。仍求内徙,乞軍迎援。於是遣龍驤將軍孟威發涼州兵三千人迎之。至伊吾,失期而反。於後十餘遣使,款誠備至。惟賜優旨,卒不重迎。延昌中,梁天監十一年至十四年。以嘉爲持節、平西將軍、瓜州刺史、泰臨縣開國伯,私署王如故。熙平初,梁天監十五年。遣使朝獻。詔曰:卿地隔關山,境接荒漠,頻請朝援,徙國内遷,雖來誠可嘉,即於理未怗。何者?彼之甿庶,是漢、魏遺黎。①

────────────

① 　四裔:高昌屢求迎不果,然亦言其民是漢祕遺黎,面貌類高麗(第六〇二頁),語言雜(第六〇二頁)。

自晉氏不綱，因難播越，成家立國，世積已久。惡徙重遷，人懷戀舊。今若動之，恐異同之變，爰在肘腋，不得便如來表。神龜元年，_{梁天監十七年。}冬，孝亮復表求援内徙。朝廷不許。嘉又遣使奉表。自以邊遐，不習典誥，求借五經、諸史，并請國子助教劉燮以爲博士。蕭宗許之。嘉死，子堅立。_{堅，《梁書》作子堅。}永熙後乃隔絶。《周書》：大統十四年，詔以其世子玄喜爲王。恭帝二年，又以其田地公茂嗣位。《隋書》云：堅死，子伯雅立。案《梁書》言麴嘉在位二十四年，自其立之年齊明帝建武四年起計，當卒於梁普通元年，下距《隋書》所記大業五年伯雅來朝之歲，凡九十年。嘉先仕馬儒，立年不得甚少；嘉非早世，則堅之繼位，亦非沖齡；伯雅能入朝於隋，亦必尚未衰眊；其閒似不能歷九十年之久，必《隋書》誤奪也。[①]《梁書》言大同中子堅遣使來獻，大同紀元，與西魏之大統恰同，然則堅之死，當在大統十三、四年閒，即梁之大清元、二年也。《梁書・高昌傳》云：國人言語，與中國略同。有五經、歷代史、諸子、集。《周書》云：文字亦同華夏，兼用胡書。有《毛詩》、《論語》、《孝經》，置學官弟子，以相教授。雖習讀之，而皆爲胡語。案《魏書》言其國有八城，皆有華人，蓋華人自華言，胡人自胡語也。然《梁書》又言其人面貌類高麗，則實非深目高鼻之族，特久居胡中，習其言語耳。《魏書・于闐傳》云：“自高昌以西，諸國人等，深目高鼻，惟此一國，貌不甚胡，頗類華夏。”案漢世西域，胡人雖多，華人亦不少，説見《秦漢史》第五章第四節。據《魏書》此文，似魏、晉以後，華人頗減，胡人稍增，蓋其移殖有難易使然。晉、南北朝之世，華人之居西域者，必以高昌、于闐爲巨擘矣。[②]《梁書》云：其官有四鎮將軍及雜號將軍、長史、司馬、門下校郎、中兵校郎、通事舍人、通事令史、諮議、校尉、主簿，置四十六鎮；姻有六禮；《周書》云：其刑法、風俗、婚姻、喪葬，與華夏小異而大同；可見其法俗尚多承中華之舊。惟辮髮垂之於背，[③]《梁書》又云：女子頭髮，辮而不垂，《周書》云：丈夫從胡法，婦人略同華夏，蓋指此。實爲胡俗。然伯雅朝隋歸國，曾下令國中，解辮削衽，雖云竟畏鐵勒不敢改，《隋書》本傳。其心固未嘗忘華夏也。

葱嶺以西之地，始擅於大月氏，而後入於嚈噠。《後漢書・大月氏傳》曰：初月氏爲匈奴所滅，遂遷於大夏，分其國爲休密、雙靡、貴霜、肸頓、都密，凡五部翕侯。《漢書》：休密治和墨城，雙靡治雙靡城，貴霜治護澡城，肸頓治薄茅城，高附治高附城。《後書》高附作都密，餘同。《魏書》：伽倍，故休密翕侯，都和墨城，在莎車西。折薛莫孫，故雙靡翕侯，都雙

---

① 四裔：《隋書》高昌世系奪誤。

② 民族：魏晉後，西域華人以高昌、于闐爲大宗。

③ 四裔：高昌之辮髮。

靡城,在伽倍西。鉗敦,故貴霜翕侯,都護澡城,在折薛莫孫西。弗敵沙,故肸頓翕侯,都薄茅城,在鉗敦西。閻浮,故高附翕侯,都高附城,在弗敵沙南。沙畹《大月氏都城考》云:休密,即唐之護密,今之Wakhân。雙靡,即宋雲《行記》之睒彌,玄奘《西域記》之商彌,今之 Tchitral。貴霜,在健馱羅(Gandhara)北境。弗郎克(Franke)云即健馱羅。肸頓,在喀布尔河(Kaboul rond)支流 Pandjshir 河之Parwân 地方。都密,在喀布尔附近,惟與喀布尔有別。見馮承鈞《史地叢考》。白鳥庫吉云:休密,即Sarik-Chaupan。貴霜爲 Wakhan 之西部。合二者爲 Wakhan,即《魏書》之鉢和,《唐書》之鑊偘。雙靡爲 Mastoj。薄茅當作薄第,爲 Badaxshan。高附爲 Jamgan。見羽溪了諦《西域之佛教》第二章。賀昌羣譯,商務印書館本。後百餘歲,貴霜翕侯丘就卻攻滅四翕侯,自立爲王,國號貴霜王。此王字疑涉下"諸國稱之皆曰貴霜王"而衍。侵安息,取高附地。又滅濮達、《西域之佛教》第二章云:即烏弋山離,今阿富汗南境及旁遮普之一部。罽賓,克什米尔之西北,今健馱羅地方。悉有其國。丘就卻年八十餘死,子閻膏珍代爲王。復滅天竺,置將一人監領之。月氏自是之後,最爲富盛。諸國稱之,皆曰貴霜王。漢本其故號,言大月氏云。《三國志・四裔傳注》引《魏略・西戎傳》曰:罽賓國、大夏國、高附國、天竺國,皆并屬大月氏,説與此合。丘就卻與閻膏珍之年代,不易確定,要當在後漢安帝以前,以《後書・西域傳・序》,自云本於安帝末班勇所記也。西域史籍亦乏,近世治月氏史者,多珍視其泉幣。謂丘就卻之名,與見於泉幣之 Kujula Kadphises 相當;閻膏珍之名,與 Wema Kadphises 相當。此外尚有迦膩色迦(Kaniska)、胡韋色迦(Huviska)、韋蘇特婆(Vâsudeva)三王。近年在馬圖剌(Mathura)及山圯(Sââchi),得有刻文,又有韋西斯迦(Vâsishka:Vasashka:Vasushka)之名,或謂其當次迦膩色迦、或胡韋色迦之後,或謂即韋蘇特婆。諸王中,迦膩色迦爲傳布佛教名王,苦心探索其年代者尤多。或謂在丘就卻、閻膏珍之前,或謂在其後。或又謂迦膩色迦有二:一在丘就卻、閻膏珍之前,一在其後。衆説紛紜,莫衷一是。日本羽溪了諦所撰《西域之佛教》第二章第二節,曾撮舉其大要,讀之可見其概。欲與中國史籍相印合,尚不易豪髮無遺憾。要之謂大月氏之興起,在兩漢之際,其彊盛迄於晉初,當無大差也。柔然興,月氏乃稍見侵削。《魏書・大月氏傳》云:都盧監氏城。《史記》、《後漢書》作藍氏城,《漢書》作監氏城,《北史》作臘監氏城,今班勒紇(Balkh)。北與蠕蠕接,數爲所侵,西徙都薄羅城。馮承鈞譯沙畹《西突厥史料》第四篇注云:"沙畹原以嚈噠都城爲Badhaghis,後又改訂爲 Faizabad,第《北史》有"蓋王舍城也"一語,印度境外,有王舍城之號者,祇縛喝羅(Balkh),此亦即大月氏都城薄羅,兹爲改正於此。"商務印書館本。其王寄多羅勇武,遂興師越大山,南侵北天竺,自乾陁羅以北五國,盡役屬之。蓋其勢初蹙於北,而猶盛張於南焉。及嚈噠興,月氏復爲所蠶食,而其勢不可支矣。

《北史》云:康國者,康居之後也。遷徙無常,不恒故地。自漢以來,相承不絕。其王本姓温，月氏人也。舊居祁連山北昭武城，因被匈奴所破，西踰葱嶺，遂有其國。《唐書》：一曰薩末鞬，亦曰颯秣建，元魏所謂悉萬斤者，今之撒馬兒罕也。枝庶分王。故康國左右諸國，并以昭武爲姓，示不忘本也。其所舉諸國，曰安，《唐書》：安，一曰布豁，又曰捕喝，元魏謂忸密者，今布哈尒。曰鏺汗，《唐書》：寧遠，本拔汗那，或曰撥汗，元魏時謂破洛那。案今《魏書》、《北史》傳文皆奪破字，云洛那國，故大宛國也，都貴山城，在疏勒西北。沙畹云：拔汗那，今之 Ferghanah 見《西突厥史料》第三篇。白鳥庫吉云：漢貴山城，在 Khodjend 東北約百三十英里之 Kâsân，見桑原騭藏《張騫西征考》。楊鍊譯，商務印書館本。曰米《唐書》：或曰彌末，又曰弭秣賀。馮承鈞云：Maimargh 之對音，見所著《新唐書·西域羈縻府州考》，在《史地叢考》中。曰史，《唐書》：或曰佉沙，又曰羯霜那。馮承鈞云：今之 Shehr-sebz。曰曹，《唐書》有東、西、中曹，云西曹者，隋時曹也，治瑟底痕城。馮承鈞云：Ischtikhan 之對音。曰何，《唐書》：或曰屈霜你迦，又曰貴霜匿，即康居小王附墨城，永徽時，以其地爲貴霜州。馮承鈞云：此貴霜爲 Koschâna，非昔貴霜翕侯治地，亦非《唐書·地理志》大汗都督府之附墨州。曰烏那遏，《隋書》云：都烏滸水南。烏滸水，今阿母河。曰穆，《隋書》云：都烏滸水西。曰漕，烈維、沙畹《罽賓考》云：即《大唐西域記》之漕矩吒，在今 Ghazni 地方。此篇亦在《史地叢考》中。凡九。《唐書》則以康及安、曹、石、或曰柘支，曰柘折，曰赭時。馮承鈞曰：今之塔什干。米、何、火尋、或曰貨利習彌，又曰過利。馮承鈞曰：即 Khârism 之對音。居烏滸水之陽，即今之 Urgeny。戊地、馮承鈞曰：即《西域記》之伐地，古之木鹿，今之 Merv。史爲昭武九姓，而云康之始爲突厥所破。案昭武漢縣，屬張掖。《後書·梁懂傳注》云：昭武故城，在張掖西北，其地屬今之高臺縣，乃月氏故地，非康居故地，云康爲康居之地可，云康爲康居之後則誤，且與其王爲月氏人之説，自相矛盾矣。① 月氏西遷，蓋自今伊犁河域達媯水之濱，未嘗經葱嶺，云西踰葱嶺亦誤。《唐書》覺其不合，改匈奴爲突厥，然逮突厥之興，祁連山北，久無月氏矣。楚固失之，齊亦未爲得也。月氏西遷之後，祇聞分國爲五部翕侯，未聞以枝庶分王各邑。然則昭武諸國之立，乃在月氏西遷又遭破壞之後，無復共主，乃分崩離析而爲是諸小國也。或曰：《魏略·西戎傳》言："敦煌、西域之南山中，從婼羌西至葱嶺西數千里，有月氏餘種，"《三國·魏志·四裔傳注》引。所謂西踰葱嶺者，安知非指此種人言之；案《後書·羌傳》云："湟中月氏胡，其先大月氏之別也。舊在張掖、酒泉地。月氏王爲匈奴冒頓所殺，餘種分散，西踰葱嶺。其嬴弱者南入山阻，依諸羌居止。遂與共婚姻。及霍去病破匈奴，取西河地，開湟中，於是月氏來降。與漢人錯居。被服、飲食、言語，略與羌同。亦以父名母姓爲種。"此文亦必有所本，西踰葱嶺，明指月氏初破敗

---

① 四裔：康爲康居之地，不可云康居後，云西踰葱嶺亦誤。《唐書》改匈奴所破爲突厥亦誤。西踰葱嶺亦非《魏略·西戎傳》所云。

時言之，此乃古人措辭不審，不必曲爲之諱。湟中月氏胡，特其來降之一小支，其餘蓋皆在南山羌中。《魏略》下文云："葱茈羌，白馬、黄牛羌，各有酋豪，北與諸國接，不知其道里廣狹，"然則云自婼羌至於葱嶺皆有月氏餘種，亦不過約略之辭，蓋以月氏與羌同處，乃以羌之所至，即爲月氏之所至，其實月氏蹤迹，能否西抵葱嶺，尚有可疑也。與羌同居之月氏，皆爲羌所化。其處境閉塞，故其文明程度甚低。然四塞之區，外兵罕至，故其處境實甚寬閒，從古不聞遷徙。與謂昭武諸國，係此等月氏餘種，遷徙而去，似不如謂爲月氏西遷之後，更遭破敗，乃離析而成此諸國之爲得也。

　　嚈噠，《梁書》謂之滑國，其緣起史甚茫昧。[1]《梁書·滑國傳》云：車師之別種也。漢永建元年，八滑從班勇擊北虜有功，勇上八滑爲後部親漢侯。事見《後書·西域車師傳》。自魏、晉以來，不通中國。至天監十五年，其王厭帶夷栗陁始遣使獻方物。普通元年，又遣使獻黄師子、白貂裘、波斯錦等物。七年，又奉表貢獻。元魏之居桑乾，見第四章第二節。滑猶爲小國，屬芮芮。後稍彊大。征其旁國波斯、盤盤、《宋書》芮芮附《索虜傳》後，云：其東有磐磐國、趙昌國，渡流沙萬里，即此國也。《西突厥史料》云："盤盤南海國名，不應列入西域諸國之間，疑有錯簡，"誤。罽賓、焉耆、龜兹、疏勒、姑墨、今阿克蘇縣。于闐、句盤疑即渴槃陀，今蒲犂縣。等國，開地千餘里。案滑國距車師甚遠，果其本居後部，其遷徙而西，安得一無事迹可見？《梁書》又有白題國，云：其先蓋匈奴之別種胡也。漢灌嬰與匈奴戰，斬白題騎一人。今在滑國東，去滑六日行，西極波斯，其可疑亦與滑國同。今案《裴子野傳》云：西北徼外，有白題及滑國，遣使由岷山道入貢。白題入貢，事在普通三年，見本傳。此二國歷代弗賓，莫知所出。子野曰："漢潁陰侯斬胡白題將一人，服虔《注》曰：白題胡名也；又漢定遠侯擊虜，八滑從之，此其後乎？"時人服其博識。然則以滑國爲八滑之後，特穿鑿附會之談，作史者據爲典要，傎矣。《梁書》又有末國，云："漢世且末國也，北與丁零，東與白題，西與波斯接，"其地理亦全然不合。丁謙《梁書·夷貉傳考證》謂即米國，説頗似之，乃因末字附會爲且末，亦裴子野之智也。《滑國傳》云：少女子，兄弟共妻。《魏書·嚈噠傳》云：其俗兄弟共一妻。夫無兄弟者，其妻戴一角帽，若有兄弟者，依其多少之數，更加角焉。《隋書·挹怛傳》略同。《梁書》云：頭上刻木爲角，長六尺，以金銀飾之。一妻多夫之俗，較一夫一妻、一夫多妻爲少，苟其有之，必同族也。《嚈噠傳》云：大月氏之種類也。《隋書》同。亦曰高車之別種。其原出於塞北，自金山而南。金山，今阿爾泰山。與《梁書》以滑國爲八滑之後，同一無據。

---

[1]　四裔：嚈噠（第六〇五—六〇七頁）。

《通典·邊防典》云：按劉瓉《梁典》，滑國姓嚈噠，後裔以姓爲國號，轉譌又謂之挹怛焉。《注》云：其本原：或云車師之種，或云高車之種，或云大月氏之種。又韋節《西蕃記》云：親問其國人，并自稱挹闐。又按《漢書》：陳湯征郅支，康居副王挹闐鈔其後，則此或康居之種類。然傳自遠國，夷語譌舛，年代縣邈，莫知根實，不可得而辨也。以挹怛爲康居之後，正與裴子野之智同。韋節親聞，説自可據。因此知噠怛二字，音與闐同；於邑雙聲，于於同字；嚈噠、挹怛，殆于闐之異譯也。其王名厭帶夷栗陁，厭帶蓋其姓。《唐書·地理志》：突厥羈縻州葛邏州，以葛邏挹怛部置，蓋挹怛餘衆，屬於葛邏者也。《西突厥史料》第四篇云：五世紀中葉，嚈噠居烏滸河域，漸彊大，爲波斯大敵。四百八十四年，其王 Akschounwar，大敗波斯，波斯王 Pirouz 戰死。此王在 Théophane de Byzance 著述中，名 Ephthalanos。彼謂嚈噠(Hephthalites)之名，即出此王。《梁書·滑國傳》：其王厭帶夷栗陁。《唐書》云：嚈噠王姓也，後裔以姓爲國。合此三證，知嚈噠之稱，惟見於五世紀末年之故。蓋以適當 Akschounwar 戰勝之後，此王之姓，不作 Hephthal，即作 Hethailit 也。案四百八十四年，爲齊武帝永明二年。據《梁書·諸夷傳》所載：滑國法俗，有類于闐者三焉：王與妻并坐接客，一也。滑女人被裘，于闐婦人皆辮髮，衣裘袴，二也。《滑傳》云：其跪一拜而止，此事無甚足異，史家未必特著其文，《于闐傳》云：其人恭，相見則跪，其跪則一膝至地，疑《滑傳》文有譌誤，其俗實與于闐同，此非東夷之拜則曳一足，乃古武坐致右憲左之類。三也。又《渴盤陁傳》云：風俗與于闐相類，著長身小袖袍、小口袴，而《滑傳》亦云：著小袖長身袍。又《高昌傳》云：著長身小袖袍、縵襠袴，《武興傳》云：長身小袖袍、小口袴；則此爲甘肅南境之通俗，蔓延於南山之北，葱嶺之西。《芮芮傳》亦云：小袖袍、小口袴、深雍鞾。鞾爲胡俗，小袖袍、小口袴，或受諸高昌等。滑，“言語待河南人譯然後通，”《梁書》本傳。又云：無文字，以木爲契，與旁國通，則使旁國胡爲胡書，此亦足證謂其出於車師、高車、月氏等之誤，諸國皆久與文明之國接，非復刻木爲契者矣。《魏書》云：其語與蠕蠕及高車諸胡不同，又足證其非同族。其來又自岷山道，其故居所在，自略可推測。一妻多夫，易行女系，女系固非即女權，然女權究易昌大，且女子易爲族長，因此亦易爲國主。《魏書·吐谷渾傳》云：北又有女王國，以女爲主，人所不知，其傳云然，謂女王國在吐谷渾北，顯有譌誤。或北爲誤字，或係編次之誤，或則傳寫簡錯。此條若不在此處，則“北又有”之文，非謂其在吐谷渾之北矣。《北史》云：白蘭西南二千五百里，隔大嶺，又度四十里海，有女王國，與其《西域傳》謂于闐南去女國二千里，《隋書·女國傳》謂其在葱嶺之南者相符，其地蓋在今後藏。此女國在後藏境，而西川之西。尚有一女國。在唐西山八國中。西山八國：曰女，曰訶陵，曰南水，曰白狗，曰逋租，曰弱水，曰清遠，曰咄霸。見《唐書·韋皋傳》，云皆因皋請入朝。據《舊書·本紀》，事在德宗貞元九年，惟云六蠻，無清遠、咄霸，蓋二國之附在後也。又訶陵作哥鄰。《北史》言女國土著，宜桑麻，熟五穀。而《魏書》言嚈噠無城邑，依隨水草,以氈爲屋,夏遷涼土,冬逐煖處。《梁書》亦云:滑無城郭,氈屋爲居,東向開户。蓋藏地一妻多夫之族,有耕農,有遊牧,遊牧者遷徙較易,北出天山南路,先陷于闐,乃越葱嶺而西,至於《魏書》所云嚈噠之都拔底延城。巴達克山之異譯。謂之滑國者?《唐書·地理志》:大汗都督府,以嚈噠部活路城置,此即《西域記》之活國,Aboulféda 地志云:爲吐火羅都城,舊爲嚈噠國,《西突厥史料》第三篇。梁武帝時其主蓋居焉,而以其名自通,故《梁書》稱爲滑國也。《梁書》又有周古柯、呵跋檀、胡密丹三國,周古柯,未詳。呵跋檀,或云即渴盤陁。胡密丹,即護蜜。云皆滑旁小國。普通元年,使使隨滑來獻方物。又云:凡滑旁之國,衣服、容貌,皆與滑同,蓋其相率俱出者。此國之彊盛,蓋當南北朝之初。《魏書》言:西域康居、于闐、沙勒、即疏勒。安息,及諸小國三十許,皆役屬之。《周書》云:于闐、安息等大小二十餘國皆役屬之。《朱居波》、沙畹云:今哈爾噶里克(Karghalik),見《西突厥史料》第二篇。《傳》云:役屬嚈噠。《渴盤陁》、《傳》云:附於嚈噠。《鉢和》、《傳》云:亦爲嚈噠所統。《賖彌》《傳》云:亦附嚈噠。《傳》言其皆臣附焉。《乾陁傳》云:乾陁,即健馳羅。本名業波,爲嚈噠所破,因改焉。其王本是勅勒,臨國已三世矣,蓋嚈噠所樹置也。焉者見破,事已見前。嚈噠又與柔然合從,以攻高車,事見下節。皆可見其威力之廣:其破亡在南北朝之末。《周書》云:大統十二年,梁武帝中大同元年。遣使獻其方物。魏廢帝二年,梁元帝承聖二年。明帝二年,陳武帝永定三年。并遣使來獻。後爲突厥所破,部落分散,職貢遂絕。其事當在陳文帝之世也。《西突厥史料》第四篇云:"突厥既滅蠕蠕,嚈噠失一大外援。波斯王 Khosrou Anouschirwan,欲雪其祖敗亡之恥,乃娶突厥可汗女,與盟,共謀嚈噠。陀拔(Tabari)《紀年》云:Sindjibou,爲突厥最勇健之可汗,統軍最衆。敗嚈噠而殺其王者,即此人。彌南(Ménandre)《希臘史殘卷》,謂 Silziboul 與嚈噠戰甫終,即宣告將往擊 Avares,事在五百六十二年。又謂五百六十八年,Dizaboul 可汗使告嚈噠已滅。則嚈噠之滅,應在五百六十三至五百六十七年。"案五百六十三年,乃陳文帝天嘉四年,五百六十七年,則陳廢帝光大元年也。嚈噠滅亡之年,東西史籍相合。Silziboul 與 Dizaboul 即係一人,沙畹云:即《隋書》之室點密,見下節。

在《魏書》所云第三、第四兩域中,引起軒然大波者,似爲匈奴。《魏書·悅般傳》云:在烏孫西北。其先,匈奴北單于之部落也。爲竇憲所逐。北單于度金微山,西走康居。其羸弱不能去者,住龜兹北。地方數千里,衆可二十餘萬。涼州人猶謂之單于王。其風俗、言語,與高車同,而其人清潔於胡。俗剪髮齊眉,以醍醐塗之,昱昱然光澤。日三澡漱,然後飲食。與蠕蠕結好。其王嘗將數千人入蠕蠕國,欲與大檀相見。入其界百餘里,見其部人不浣衣,不絆髮,婦人舌舐器物。王謂其從臣曰:"汝曹誑我,入此狗國中。"乃馳還。大檀遣騎追之,不及。自是相仇讎,數相征討。真君九年,宋文帝元嘉二十五年。遣使朝獻。并送幻人,稱能割人喉脈令斷,擊人頭令骨陷,皆血出,或數升,或盈斗,以草藥内其口中，令嚼咽之，須臾血止，養創一月復常，又無瘢痕。世祖疑其虛，乃取死罪囚試之，皆驗。云中國諸名山，皆有此草。乃使人受其術而厚遇之。是歲，再遣使朝貢，求與官軍東西齊契討蠕蠕。世祖嘉其意，命中外諸軍戒嚴，以淮南王他爲前鋒，襲蠕蠕。仍詔有司：以其鼓舞之節，施於樂府。自是每使貢獻。案漢世西北諸國，大者曰康居，曰大宛，曰烏孫，曰奄蔡。《後漢書》無康居傳。《晉書》有之，云：在大宛西北，可二千里。與粟弋、伊列鄰接。其王居蘇薤城。泰始中，其王那鼻遣使上封事，并獻方物。蘇薤城乃史國之都，爲康居小王故地，洪氏鈞謂"是昭武之分王，非康居之統主，蘇薤在大宛西不及二千里，《晉書》但引《史記》，而不知與已説刺繆，"《元史譯文證補·西北古地考康居奄蔡》。其説良是。然則康居舊國已亡。大宛，《晉書·傳》云：其國"有大小七十餘城。大康六年，武帝遣使楊顥拜其王藍庾爲大宛王。卒，其子摩之立，遣使貢汗血馬。"似尚爲泱泱大風。然自此而後，亦無聞焉。烏孫惟《魏書》有傳，云："其國數爲蠕蠕所侵，西徙葱嶺山中，無城郭，隨畜牧，逐水草，"則更微不足數矣。悦般之地，自龜兹之北至烏孫西北，蓋苞巴勒哈什湖而抵鹹海。自此以西北，亦更無彊部。故或謂"《後書》無康居傳者，其地已入悦般也。《後書》有粟弋國，又有嚴國，在奄蔡北，奄蔡，改名阿蘭聊國，皆云屬康居，即屬於匈奴矣。"《三國·魏志·四裔傳注》引《魏略》：烏孫、康居，本國無增損也。北烏伊別國，在康居北。又有柳國；又有嚴國；又有奄蔡國，一名阿蘭；皆與康居同俗。西與大秦，東南與康居接。故時羈屬康居，今不屬也。説亦可通。《魏書》："粟特國，在葱嶺之西，古之奄蔡，一名温那沙，居於大澤，在康居西北，先是匈奴殺其王而有其國，至王忽倪已，三世矣。"此亦一匈奴戰勝攻取之迹。然若是者甚寥寥，何也？今案匈奴是時，兵鋒蓋深入歐洲，故在亞洲，其可見之戰功甚少也。洪氏鈞又云：《魏書》以粟特即奄蔡。《後漢書》分粟弋、奄蔡爲二，曰粟弋國屬康居。《通典》以粟弋即粟特，而亦與奄蔡分爲二國。且曰粟弋附庸小國，四百餘城。似非一國。《元史類編·西域傳》引《十三州志》云：奄蔡、粟特，各有君長，而魏收以爲一國，誤矣。《漢書·陳湯傳》：郅支單于遣使責閻蘇、大宛諸國歲遺。師古曰：胡廣云：康居北可一千里，有國名奄蔡，一名闔蘇，然則闔蘇即奄蔡也。《史記正義》引《漢書解詁》曰：奄蔡即闔蘇也。名稱互歧，諸説不一，折衷考異，爰採西書。當商、周時，古希臘國人已至黑海，行舟互市，築室建城。秦、漢之時，羅馬繼之。故亞洲西境部族，播遷歐洲者，惟希臘、羅馬古史，具載梗概。今譯其書，謂裏海以西，黑海以北，先有辛卑爾族居之，蓋東方種類，城郭而兼遊牧者。厥後有粟特族，越裏海北濱，自東而西，奪辛卑爾地。辛卑爾人四散。大半竄於今之德、法、丹、日等地。有衆人羅馬，爲羅馬擊殺無遺。東漢時，有郭特族人，亦自東來。其王曰亥耳曼。粟特族人敗潰不復振。晉時，匈奴西徙。其王曰阿提拉。用兵如神，所向無敵。亥耳曼自殺。其子威尼達爾，率郭特人西竄，召集流亡，別立基業。阿提拉復引而西。戰勝攻取，威震歐洲。羅馬亦憚之。立國於今馬加之地。希臘、羅馬、郭特之人，多爲其所撫用。與西國使命往來，壇坫稱盛。有詩詞歌詠，皆古時匈奴文字。羅馬史稱阿提拉仁民愛物，信賞必罰。在軍中，與士卒同甘苦。子女玉帛，一不自私。鄰國貢物分頒其下。筵宴使臣以金器皿，而自奉儉約，樽簋以木。將士被服飾金，而己則惟衣皮革。是以遐邇咸服，人樂爲用。宋文帝元嘉二十八年，阿提拉西侵佛郎克部。羅馬大將峨都思，率郭特、佛郎克等衆禦之。戰於沙隆之野，兩軍死者五十萬人。阿提拉敗歸。南侵羅馬，毀數城而去。尋卒，諸子爭立，國內亂，遂爲羅馬所滅。當郭特之未侵粟特也，有部落曰耶仄亦，居裏海西，高喀斯山北，亦東來族類，而屬於粟特。厥後郭特、匈奴，相繼攘逐，獨耶仄亦部河山四塞，恃險久存。後稱阿蘭，亦曰阿蘭尼；又曰阿思，亦曰阿蘭阿思；皆見東羅馬書。今案耶仄亦即漢奄蔡，元阿速。昔時俄羅斯人稱阿速曰耶細，爲耶仄亦變音。阿速於明後始爲俄羅斯所并，享國之久，可謂罕見。奄蔡一國，粟特一國，一爲大部，一爲附庸，《後漢書》、《通典》、《十三州志》説合。其曰粟弋者？僅一粟字，嫌切音未足，因增弋字，當作粟弋特而删特字也。其曰闔蘇者？闔字爲啓口時語助之音，西方文字，往往而有。戰國時希臘人海洛犢特之書，其言粟特，音如闔蘇，故知是也。郭特之名，華書無徵，《魏書·粟特傳》："匈奴殺其王而有其國，傳至王忽倪已三世，稽其時序，似即郭特王亥耳曼自戕之事，而不合者多，難於論定。"案近哥倫比亞大學教授夏德氏（Hirth），考定忽倪已即Hernae，實阿提拉少子繼爲芬王者。忽倪已以文成時通好於魏，文成在位，當西曆四百五十二年至四百五十六年，忽倪已之即位，則在四百五十二年也。然則匈奴雖深入歐洲，其於亞洲西北，固未嘗不陸讋而水慄矣。特以大體言之，則是時之匈奴，已稍爲西胡所同化，非復好鬥嗜殺之民族矣。然亞洲西北，固猶爲其所羈制。此等情形，蓋歷晉、南北朝之世，未之有改，直至其末葉突厥興而始一變也。

　　西域諸國，見於《魏書》者，除前所述外，尚有且末、都且末城，今且末縣。後役屬鄯善。蒲山、故皮山。居皮城，今皮山縣。後役屬于闐。悉居半、故西夜國，一名子合。治呼犍谷，在今葉城縣南。權於摩、故烏秅。居烏秅城，今巴達克山。渠沙、居故莎車城，今莎車縣。且彌、都天山東于大谷。此漢之西且彌，在今呼圖壁河至瑪納斯河閒。本役屬車師。姑默、居南城，即姑墨，見上。役屬龜茲。温宿、居温宿城，見上。役屬龜茲。尉頭、居尉頭城，見上。役屬龜茲。者至拔、都者至拔城，在疏勒西。迷密、都迷密城，在者至拔西。悉萬斤、都悉萬斤城，見上。忸密、都忸密城，在悉萬斤西，見上。洛那、即破洛那，見上。伏盧尼、都伏盧尼城，在波斯北。色知顯、都色知顯城，在悉萬斤西北。伽色尼、都伽色尼城，在悉萬斤南。薄知、都薄知城，在伽色尼南。牟知、都牟知城，在忸密西南。阿弗大汗、都阿弗大汗城，在忸密西。呼似密、都呼似密城，在阿弗大汗西。案此國即唐之火尋，見上。諸色波羅、都波羅城，在忸密南。案此國即唐之那色波，亦曰小史，在佉沙西百五十里。早伽至、都早伽至城，在忸密西。伽不單、都伽不單城，在悉萬斤西北。者舌、見上。阿鉤羌、在莎車西南。波路、見上。罽賓，都善見城，見上。吐呼羅、沙畹云：在巴達克山。見所著《大月氏都城考》，在《史地叢考》中。副貨、東至阿副使且國，西至没誰國，中間相去一千里。南有連山，不知名。北至奇沙國，相去一千五百里。其所在并所接之國均未詳。或云：奇沙即佉沙。波知、在鉢和西南。鉢盧勒。在賖彌東。或通朝貢，或否。其國名多與都城同，蓋本一城之主，盛時則能自通中國，衰即隸屬於人矣。大秦，《晉書》、《魏書》皆有傳。《晉書》云：武帝大康中，其王遣使貢獻，《魏書》僅襲前史之文，無事迹，蓋自大康後無往還。是時安息微而波斯之薩山朝興。《魏書》云：神龜中，梁武帝天監十七、十八年。遣使上書貢物，自此每使貢獻。而安息之名亦仍存，在葱嶺西，都蔚搜城。北與康居，西與波斯相接。在大月氏西北。丁謙《魏書·西域傳考證》云：“巴而特亡後，尚有一小國，在裏海南山中。大食先滅波斯，後滅此國。據此，安息國即《唐書》所謂陀拔斯單。安息本在月氏西南，此國濱近裏海，故云在月氏西北。蔚搜城，當是今薩里城。”周天和二年，陳廢帝光大元年。嘗遣使來獻。蓋陸路之交通，至亞洲西境而極。印度陸路之交通，《魏書》所載，有南天竺國。世宗時，齊東昏侯永元二年至梁武帝天監十四年。其國王婆羅化遣使獻駭馬、金銀，自此每使朝獻。南天竺去代三萬一千里，次南天竺之下者爲疊伏羅，去代三萬一千里，其國當亦在印度。世宗時，其國王伏陁末多嘗遣使獻方物。次疊伏羅之下者爲拔豆，去代五萬一千里，其相去似大遠，豈五萬爲三萬之譌，其國亦在印度歟？在賖彌南之烏萇，即《西域記》之烏仗那，其國在北印，《魏書》不言其有所交通。其西之乾陁，即健陁羅，則爲嚈噠所羈制矣。

中國東南面海，西北連陸，北方多遊牧民族，惟事侵略，西方則不然，其國多係文明之國，我之文明，能裨益彼者誠不少，彼之文明，能裨益我者亦孔多也。近年英、俄、法、德考古家，在新疆發見古書，有與印度歐羅巴語類者，以其得之之地，名之曰焉耆語、龜茲語，焉耆語行於天山之北，龜茲語行於天山之南，予疑龜茲語爲塞種語，焉耆語爲烏孫等遊牧民族語，已見《秦漢史》第五章第四節。烈維《龜茲語考》云：據邁埃（Meillet）研究，其語特近意大利色特

(Italo-Celtes)、斯拉夫(Slaves)、希臘(Héllénes)諸語，實難納諸一類語言。與印度伊蘭語，又不相類。中國初譯佛經，在二世紀時，其語，有非印度元文所能對照，必用龜茲語，始能解其音譯者，此文亦在《史地叢考》中。此可見西域諸國自有其文化，非盡受之於人，而其有裨於我者爲至大也。① 當時西域諸國文明富厚之情形，讀前文所述龜茲、焉耆之事，已可概見。王國維《西胡考》曰：魏、晉以來，草木之名，冠以胡字者，其實皆西域物。予謂不僅此。《續漢書・五行志》曰："靈帝好胡服、胡帳、胡牀、胡坐、胡飯、胡箜篌、胡笛、胡舞，京都貴戚，皆競爲之，此服妖也。"凡一種文明，由貴族傳入者，在當時恒爲侈靡之事，久之，流衍於民間，則爲全羣之樂利矣。此等器物、技藝，有益於我者，實亦甚深，參觀以下各章可見。西域諸國人入中國者亦甚多。胡本匈奴之名，久之，中國人乃弛以稱北方諸民族。在匈奴之東者曰東胡，烏丸、鮮卑之先是也。在匈奴之西者曰西胡，亦曰西域胡。匈奴亦黃種，容貌與中國人同，一同化即不可復別，西胡則爲深目高鼻之族，文化雖已交融，容貌不能驟變，魏、晉而後，胡名遂稍爲所專。既惟稱此種人爲胡，則東西之名，可以不立。此說詳見予所撰《胡考》。在《燕石札記》中，商務印書館本。知此，則知西域人入中國者之多，亦知中國與西域關係之密矣。又不特中國，北方之遊牧民族，與西胡關係亦深，此事須統觀隋、唐以後史實，方能明之，然觀第八章第三節及下節，亦可見其端倪也。

第九節　柔然突厥興亡

　　魏初與柔然、高車之交涉，已見第八章第三節。《魏書・蠕蠕傳》曰：和平五年，宋孝武帝大明八年。吐魯真死，子予成立，號受羅步真可汗，魏言惠也。自稱永康元年。率部侵塞，北鎮遊軍，大破其衆。北鎮，見第八章第三節。皇興四年，宋明帝泰始六年。予成犯塞。車駕北討。諸將會車駕於女水之濱。丁謙《魏書・外國傳補考證》云：女水，今坤都倫河。虜衆奔潰。改女水曰武川。延興五年，宋廢帝元徽三年。予成求通婚聘。大和時，復以爲請。高祖誅之。予成雖歲貢不絕，而款約不著，婚事亦停。九年，齊武帝永明三年。予成死，子豆崙立，號伏古敦可汗，魏言恒也。自稱大平元年。

　　柔然實倚鐵勒以爲彊，故至豆崙之世，鐵勒叛而柔然遂中衰。《魏書・高車傳》曰：先是副伏羅部爲蠕蠕所役屬。豆崙之世，蠕蠕亂離，國部分散。副

---

① 四裔：西域文化輸入中國。

伏羅阿伏至羅與從弟窮奇，俱統高車之衆十餘萬落。大和十一年，_{齊永明五年。}
豆崙犯塞，阿伏至羅固諫，不從。怒，率所部西叛。至前部西北，自立爲王。_車
_{師前部，見上節。}國人號之曰侯婁匐勒，猶魏言大天子也。窮奇號候倍，猶魏言儲
主也。二人和穆，分部而立。阿伏至羅居北，窮奇在南。豆崙追討之，頻爲阿
伏至羅所敗，乃引衆東徙。十四年，_{齊永明八年。}阿伏至羅遣商胡越者至京師，
以二箭奉貢。云：“蠕蠕爲天子之賊，臣諫之不從，遂叛來至此，而自竪立，當
爲天子討除蠕蠕。”高祖未之信也，遣使者于提觀虛實。阿伏至羅與窮奇遣使
者簿頡隨于提來朝。詔員外散騎侍郎可足渾長生復與于提往使。《蠕蠕傳》
曰：豆崙性殘暴好殺。其臣侯醫垔石洛候數以忠言諫之，又勸與國通和，勿侵
中國。豆崙怒，誣石洛候謀反，殺之，夷其三族。十六年，_{齊永明十年。}八月，高
祖遣陽平王頤、左僕射陸叡并爲都督，領軍斛律恒等十二將七萬騎討豆崙。
部內高車阿伏至羅率衆十餘萬落西走，自立爲王。豆崙與叔父那蓋爲二道追
之。豆崙出自浚稽山北而西，_{漢大初二年，趙破奴出朔方二千餘里至浚稽山。漢朔方郡，在}
_{今綏遠臨河縣境。}那蓋出自金山。_{見上節。}豆崙頻爲阿伏至羅所敗，那蓋累有勝
捷。國人咸以那蓋爲天所助，欲推爲主。那蓋不從。衆乃殺豆崙母子，以尸
示那蓋。那蓋乃襲位。那蓋號候其伏代庫者可汗，魏言悦樂也。自稱大安元
年。是時蓋魏與高車協謀，以犄蠕蠕也。《梁書·芮芮傳》云：永明中，爲丁零
所破，更爲小國，而南移其居，當在此時。其移居何地，則不可考矣。《魏書》
又云：那蓋死，子伏圖立，號他汗可汗，魏言緒也。自稱始平元年。正始三年，
_{梁武帝天監三年。}伏圖遣使紇奚勿六跋朝獻，請求通和。世宗不報其使。詔有司
勑勿六跋曰：“蠕蠕遠祖社崙，是大魏叛臣，往者包容，暫時通使，今蠕蠕衰微，
有損疇日，大魏之德，方隆周、漢，通和之事，未容相許。若脩藩禮，款誠昭著
者，當不孤爾也。”永平元年，_{梁天監七年。}伏圖又遣勿六跋奉函書一封，并獻貂
裘。世宗不納，依前喻遣。觀此，知魏與柔然，迄用鄰敵之禮來往，此時乘其
衰弱，乃欲脅以稱臣也。然高車旋復爲柔然所破。

　　《高車傳》云：窮奇後爲嚈噠所殺，虜其子彌俄突等。其衆分散，或來奔
附，或投蠕蠕。阿伏至羅長子蒸阿伏至羅餘妻，謀害阿伏至羅。阿伏至羅殺
之。阿伏至羅又殘暴，大失衆心。衆共殺之，立其宗人跋利延爲主。歲餘，嚈
噠伐高車將納彌俄突。① 國人殺跋利延迎之。彌俄突既立，復遣使朝貢。世

───────────

　　① 四裔：嚈噠伐高車。嚈噠三妻皆蠕蠕侯力發婆羅門妹。婆羅門叛投嚈噠，高車彌俄突之死，
部衆悉入嚈噠(第六一四頁)。

祖詔之曰："蠕蠕、嚈噠、吐谷渾所以交通者，皆路由高昌，犄角相接。今高昌內附，遣使迎引，蠕蠕往來路絕"云云。觀此，知魏與高車協謀柔然，柔然又與嚈噠協謀高車也。《高車傳》又曰：彌俄突尋與蠕蠕主伏圖戰於蒲類海北，今巴爾庫勒泊，在新疆鎮西縣西北。爲伏圖所敗。西走三百餘里。伏圖次於伊吾北山。伊吾，見第六章第六節。先是高昌王麴嘉，表求內徙，世宗遣孟威迎之，至伊吾。蠕蠕見威軍，怖而遁走。彌俄突聞其離駭，追擊，大破之，殺伏圖於蒲類海北，割其髮，送於孟威。彌俄突此戰，可謂幸勝耳。《蠕蠕傳》云：伏圖死，子醜奴立，號豆羅伏跋豆伐可汗，魏言彰制也。自稱建昌元年。熙平元年，梁天監十五年。西征高車，大破之。禽彌俄突，殺之。盡并叛者。國遂彊盛。《高車傳》云：肅宗初，彌俄突與蠕蠕主醜奴戰敗被禽，醜奴繫其兩腳於駑馬之上，頓曳殺之，漆其頭爲飲器。《梁書》云：天監中，始破丁零，復其舊土，在此時也。然醜奴實非撥亂之主，故不久而內難復作。

《蠕蠕傳》云：豆崙之死也，伏圖納其妻候呂陵氏，生醜奴、阿那瓌等六人。醜奴立後，忽亡一子，字祖惠。求募不得。副升牟妻是豆渾地萬，年二十許，爲醫巫，假託神鬼，先嘗爲醜奴所信，出入去來。乃言此兒今在天上，我能呼得。醜奴母子欣悦。後歲中秋，在大澤中施帳屋，齋潔七日，祈請天神。經一宿，祖惠忽在帳中。自云恒在天上。醜奴母子抱之悲喜。大會國人，號地萬爲聖女。納爲可賀敦。授夫副升牟爵位，賜牛、馬、羊三千頭。地萬既挾左道，亦有姿色，醜奴甚加重愛，信用其言，亂其國政。如是積歲。祖惠年長，其母問之。祖惠言"我恒在地萬家，不曾上天，上天者，地萬教也。"其母具以狀告醜奴。醜奴言"地萬縣鑒遠事，不可不信，勿用讒言也。"既而地萬恐懼，譖祖惠於醜奴，醜奴陰殺之。正光初，梁武帝普通元年。醜奴母遣莫何去汾李具列等絞殺地萬。醜奴怒，欲誅具列等。又阿至羅侵醜奴，醜奴擊之，軍敗。還，爲母與其大臣所殺。立醜奴弟阿那瓌。立經十日。其族兄俟力發示發率衆數萬以伐阿那瓌。阿那瓌戰敗，將弟乞居伐輕騎南走歸國。阿那瓌母候呂陵氏及其二弟，尋爲示發所殺。案豆崙之死，國人亦并殺其母，則似柔然之母可賀敦，習於干政，蓋淺演之國，法制不立使然。候呂陵氏蓋謀立其少子而行弒逆也。《宋書》言芮芮僭稱大號，歲時遣使詣京師，與中國抗禮。《宋書·芮芮傳》附《索虜傳》後。觀其自予成以後，每主皆建年號，知其言之不誣。至此，乃以內難故入臣於魏矣。

阿那瓌既至，魏封爲朔方郡公、蠕蠕主。阿那瓌乞求兵馬，還向本國。詔議之。時朝臣意有同異，或言聽還，或言不可。領軍元叉爲宰相，阿那瓌私以金百斤貨之,遂歸北。阿那瓌東奔之後,其從父兄俟力發婆羅門率數萬人入討示發,破之。示發奔地豆干,爲其下所殺。推婆羅門爲主,號彌偶可社句可汗,魏言安静也。二年,梁普通二年。二月,肅宗詔舊經蠕蠕使者牒云具仁往喻婆羅門迎阿那瓌之意。婆羅門殊自驕慢,無遜讓之心。責具仁禮敬。具仁執節不屈。婆羅門遣大官莫何去汾、俟斤丘升頭六人將兵一千,隨具仁迎阿那瓌。五月,具仁還鎮,論彼事勢。阿那瓌慮不敢入,表求還京。會婆羅門爲高車所逐,見下。率十部落詣涼州歸降。於是蠕蠕數萬,相率迎阿那瓌。七月,阿那瓌啓云:"投化蠕蠕二人到鎮,云國土大亂,往往別住,迭相抄掠。乞依前恩,賜給精兵一萬,還令督率,送臣磧北,撫定荒人。"九月,蠕蠕後主俟匿伐來奔懷朔鎮。見第十二章第三節。阿那瓌兄也。列稱規望乞軍,并請阿那瓌。十月,録尚書事高陽王雍等奏阿那瓌宜置吐若奚泉,在懷朔鎮北。婆羅門宜置西海郡。在敦煌北。魏時蓋未能定阿那瓌,故與婆羅門俱就境内安置之也。婆羅門尋與部衆謀叛投嚈噠,嚈噠三妻,皆婆羅門妹。州軍討禽之。四年,梁普通四年。阿那瓌衆大飢,入塞寇鈔。肅宗詔尚書左丞元孚兼行臺尚書持節喻之。爲其所執。以孚自隨,驅掠良口二千,公、私驛馬、牛、羊數十萬北遁。謝孚放還。詔李崇等率騎十萬討之。出塞三千餘里,至瀚海,不及而還。是時之阿那瓌,安能遠引;此非崇等規避,即魏史之誇辭也。破六韓拔陵反,諸鎮相應,孝昌元年,梁普通六年。春,阿那瓌率衆討之,從武川西向沃野,武川、沃野,皆見第十二章第三節。頻戰克捷。阿那瓌部落既和,士馬稍盛,乃號勅連頭兵豆伐可汗,魏言把攬也。初彌俄突之死也,其部衆悉入嚈噠。經數年,嚈噠聽彌俄突弟伊匐還國。伊匐復大破蠕蠕。蠕蠕主婆羅門走投涼州。伊匐後與蠕蠕戰,敗歸。其弟越居殺伊匐自立。天平中,梁中大通六年至大同三年。越居復爲蠕蠕所破。伊匐子比適,復殺越居而自立。興和中,梁大同五年至八年比適又爲蠕蠕所破。自是高車復衰,柔然獨雄於漠南北矣。魏氏既亂,所以待柔然者,復異於前。建義初,梁武帝大通二年。孝莊詔阿那瓌贊拜不言名,上書不稱臣。東西既分,彼此競結姻好,柔然寖驕,事已見前。然柔然是時,實已不振,遂爲新興之突厥所滅。

突厥緣起,凡有數説:《周書》云:突厥者,蓋匈奴之别種,姓阿史那氏,别爲部落。[1] 後爲鄰國所破,盡滅其族。有一兒,年且十歲,兵人見其小,不忍殺之,乃刖其足,棄草澤中。有牝狼,以肉飼之。及長,與狼合,遂有孕焉。彼王聞此兒尚在,重遣殺之。使者見狼在側,并欲殺狼。狼遂逃於高昌國之北山。

---

　① 四裔:突厥緣起諸説。突厥世系(第六一四—六一七頁)。

山有洞穴，穴內有平壤茂草，周圍數百里，四面俱山。狼匿其中，遂生十男。十男長，外託妻孕，其後各有一姓，阿史那即一也。子孫蕃育，漸至數百家。經數世，相與出穴，臣於茹茹。居金山之陽，爲茹茹鐵工。金山形似兜鍪，其俗謂兜鍪爲突厥，遂因以爲號焉。此一説也。又云：或云：突厥之先，出於索國。在匈奴之北。其部落大人曰阿謗步。兄弟十七人。其一曰伊質泥師都，狼所生也。阿謗步等性并愚癡，國遂被滅。泥師都既別感異氣，能徵召風雨。娶二妻，云是夏神、冬神之女也。一孕而生四男：其一變爲白鴻。其一國於阿輔水、劍水之間，號爲契骨。契骨，即漢之堅昆，唐之黠戛斯。劍水，《唐書》作劍河，即《元史》之謙河，在唐努烏梁海境內，見《元史譯文證補・地理志・西北地附錄釋地下吉利吉思撼合納謙州益蘭州等處》條。其一國於處折水。其一居踐斯處折施山，即其大兒也。山上仍有阿謗步種類，并多寒露，大兒爲出火溫養之，咸得全濟，遂共奉大兒爲主，號爲突厥，即訥都六設也。訥都六有十妻，所生子皆以母族爲姓，阿史那是其小妻之子也。訥都六死，十母子內欲擇立一人，乃相率於大樹下共爲約，曰："向樹跳躍，能最高者即推立之。"阿史那子年幼，而跳最高，諸子遂奉以爲主，號阿賢設。此又一説也。《隋書》則云：突厥之先，平涼雜胡也。平涼，苻秦郡，見第六章第三節。後魏徙治鶉陰，在今平涼縣西南。後周廢。隋復置，治平高，今甘肅固原縣。姓阿史那氏。後魏大武滅沮渠氏，阿史那以五百家奔茹茹。世居金山，工於鐵作。金山狀如兜鍪，俗呼兜鍪爲突厥，因以爲號。下乃叙其先爲鄰國所滅，惟餘一男，與狼交而生十子，後出穴臣於蠕蠕之事，與《周書》略同。惟云其先國於西海之上，不云爲匈奴別種，則《周書》之第一説析爲二，而以出穴者爲阿賢設，則轉與《周書》之第二説相溝通矣。《北史》略同《隋書》，又列《周書》之第二説，是共得三説也。今案諸説雖異，亦有可相溝通者。大約突厥之先，嘗處於一海子之上；其海在高昌之西；其國爲鄰國所破遁居高昌北山中；出山之後，轉徙而至平涼；沮渠氏亡，再奔茹茹；茹茹處之金山；其人工於鐵作，故爲茹茹所倚重。其國凡有十姓，子遺一兒，與狼交而生十子之説，爲其族之神話；逮居金山，鄰近本有契骨諸族，亦自有其神話，二者稍相糅合，於是阿賢設之前，更有所謂訥都六設，而其故國，亦自無名號變而有索國之稱矣。以涼州附塞之族，播遷於漠北荒瘠之區，其能撫用其衆，稍致盛彊，固其所也。

　　《周書》云：其後曰土門，其後之其字，當指阿賢設言。《隋書》云：有阿賢設者，率部落出於穴中，世臣茹茹。至大葉護，種類漸滋。當後魏之末，有伊利可汗云云。《唐書・西突厥傳》云：其先訥都陸之孫吐務，號大葉護。長子曰土門伊利可汗。次子曰室點密，一曰瑟帝米。瑟帝米之子曰達頭可汗，亦曰步迦可汗，始與東突厥分烏孫故地有之。部落稍盛，始至塞上市繒絮，願通中國。大統十一年，梁武帝大同十年。大祖遣酒泉胡安諾槃陁使焉。其國皆相慶，曰："今大國使至，我國將興也。"十二年，梁中大同元年。土門遂遣使貢方物。時鐵勒將伐茹茹，土門率所部邀擊，破之，盡降其衆五萬餘落。恃其彊盛，乃求婚於茹茹。茹茹主阿那瓌大怒，使人罵辱之曰："爾是我鍛奴，何敢發是言也?"土門亦怒，殺其使者。遂與絕，而求婚於我。大祖許之。十七年，梁簡文帝大寶二年。六月，以魏長樂公主妻之。魏廢帝元年，梁元帝承聖元年。正月，土門發兵擊茹茹，大破之於懷荒北。懷荒，見第十二章第三節。阿那瓌自殺。其子菴羅辰奔齊。餘衆復立阿那瓌叔父鄧叔子爲主。土門遂自號伊利可汗。土門死，子科羅立，號乙息記可汗。又破叔子於沃野北木賴山。科羅死，弟俟斤立，號木汗可汗。《隋書》云：伊利可汗卒，弟逸可汗立。又破茹茹。病且卒，捨其子攝圖，立其弟俟斗，稱爲木杆可汗。案俟斗當作俟斤，突厥官號也。《北史》云：乙息記可汗捨其子攝圖，立其弟俟斤，是爲木杆可汗。乙息記與逸可汗，當即一人。案他鉢死後，攝圖繼立，以其子雍虞閭性慢，遺令立其弟處羅侯，雍虞閭使迎之，處羅侯曰："我突厥自木杆可汗以來，多以弟代兄，以庶奪嫡，失先祖之法，不相敬畏，汝當嗣位，我不憚拜汝也，"則弟兄相及，似始木杆，乙息記似以從《周書》作土門子爲是。俟斤，一名燕都，性剛暴，務於征伐。乃率兵擊鄧叔子，滅之。叔子以其餘燼來奔。俟斤又西破嚈噠，東走契丹，北并契骨，威服塞外諸國。其地：東自遼海以西，西至西海，萬里；南自沙漠以北，北至北海，五六千里，皆屬焉。俟斤部衆既盛，乃遣使請誅鄧叔子等。大祖許之，收叔子以下三千人，付其使者，殺之於青門外。此事據《北史·蠕蠕傳》，在西魏恭帝二年，齊文宣之天保六年也。梁敬帝紹泰元年。《北史》又云：天保三年，阿那瓌爲突厥所破，自殺。其大子菴羅辰，及瓌從弟登注俟利，登注子庫提，并擁衆奔齊。其餘衆立注次子鐵伐爲主。四年，齊文宣送登注及子庫提還北。鐵伐尋爲契丹所殺。其國人仍立登注爲主。又爲大人阿富提等所殺。其國人復立庫提爲主。是歲，復爲突厥所攻，舉國奔齊。文宣乃北討突厥，迎納蠕蠕，廢庫提，立菴羅辰爲主。致之馬邑川。親追突厥於朔方。突厥請降，許之而還。於是蠕蠕貢獻不絕。五年，三月，菴羅辰叛，文宣親討，大破之。菴羅辰父子北遁。四月，寇肆州，帝自晉陽討之，至恒州黃瓜堆，虜散走。五月，帝又北討。六月，蠕蠕帥部衆東徙，將南侵，帝帥輕騎邀擊。蠕蠕聞而遠遁。六年，又親討蠕蠕，至沃野。是後遂無記事，其時恰與鄧叔子之死同年，蓋柔然自是遂亡矣。[1] 其國運，亦可謂與後魏相終始也。齊文宣與柔然之交涉，可參看第十四章第二節。

---

① 四裔：柔然之亡。

是時周人之計，蓋欲助突厥以傾柔然，齊人則與之相反，欲輔柔然以拒突厥。然柔然卒不可輔，於是突厥彊而周、齊二國，復不得不傾心以奉之矣。《周書》云：時與齊人交爭，戎車歲動，故每連結之以爲外援。初魏恭帝世，俟斤許進女於大祖，契未定而大祖崩。尋而俟斤又以他女許高祖。未及結納，齊人亦遣求婚。俟斤貪其幣厚，將悔之。詔遣涼州刺史楊薦、武伯王慶等往結之。慶等至，諭以信義。俟斤遂絕齊使而定婚焉。仍請舉國東伐。其事已見第十四章第六節。楊忠言於高祖曰：“突厥甲兵惡，爵賞輕，首領多而無法令，何謂難制馭？正由比者使人，妄道其彊盛，欲令國家厚其使者，身往重取其報。以臣觀之，前後使人，皆可斬也。”高祖不納。周朝是時之畏葸，亦可云甚矣。保定五年，陳文帝天嘉六年。詔陳公純等往逆女。天和二年，陳廢帝光大元年。陳公純等至，俟斤復貳於齊。會有風雷變，乃許純等以后歸。俟斤死，弟他鉢可汗立。自俟斤以來，其國富彊，有陵轢中夏志。朝廷既與和親，歲給繒、絮、錦采十萬段。突厥在京師者，又待以優禮，衣錦食肉者，常以千數。齊人懼其寇掠，亦傾府藏以給之。他鉢彌復驕傲，至乃率其徒屬曰：“但使我在南兩箇兒孝順，何憂無物邪？”齊滅，他鉢立高紹義，已見第十四章第八節。周武帝欲討之，會死，見第十五章第一節。直至隋文帝出，乃加以懲創焉。

第十節　東北諸國

鮮卑之衆，當五胡擾亂時，幾盡相率而入中國，然仍有遺留於今熱河境内者，時曰奚、契丹。《魏書》曰：庫莫奚之先，東部宇文之別種也。初爲慕容元真所破，遺落者竄匿松漠之間。今熱河境内，古有一大松林。白鳥庫吉云：此松林以巴林部爲中心，東北及阿爾沁部、札魯特部，西南及克什克騰部。案巴林旗爲今林西、林東二縣地，阿爾沁爲天山設治局地，札魯特爲開魯縣及魯北設治局地，克什克騰爲經棚縣地。白鳥氏説，見所著《地豆干及霤考》，在《東胡民族考》中，方壯猷譯，商務印書館本。又云：契丹，在庫莫奚東，異種同類，俱竄於松漠之間。登國中，大破之。遂逃迸，與奚分背。經數十年，稍滋蔓，有部落於和龍之北數百里。和龍，見第五章第二節。奚：高宗、顯祖世，歲致名馬、文皮。高祖初，遣使朝貢。大和四年，齊高帝建元二年。輒入塞内，辭以畏地豆干鈔掠。詔書切責之。二十二年，齊明帝永泰元年。入寇安州，見第十二章第二節。營、見第十一章第四節。燕、幽皆見第十二章第一節。三州兵擊走之。後復款附。每求入塞交易。詔曰：“庫莫奚去大和二十一年以前，與安、營二州邊民參居，交易往來，并無疑貳。至二十二年叛逆以來，遂爾遠竄。今雖款附，猶在塞表。不容依先任其交易，事宜限節。交市之日，州遣上佐監之。"自是已後，歲常朝獻，至於武定末_{梁武帝大清三年。}不絕。《周書》云：其衆分爲五部：一曰辱紇主，二曰莫賀弗，三曰契箇，四曰木昆，五曰室得。每部置俟斤一人。有阿會氏，最爲豪帥，五部皆受其節度。役屬於突厥，而數與契丹相攻。大統五年，_{梁武帝大同五年。}遣使獻其方物。契丹：《魏書》云：多爲寇盜。真君以來，_{真君元年，宋文帝元嘉十七年。}歲貢名馬。顯祖時，使莫弗紇何辰奉獻，得班饗於諸國之末。於是悉萬丹部、何大何部、伏弗郁部、羽陵部、日連部、匹絜部、黎部、吐六于部等，各以其名馬、文皮，入獻天府。遂求爲常。皆得交市於和龍、密雲之閒。_{密雲，後魏縣，并置郡，今河北密雲縣。}貢獻不絕。大和三年，_{齊高帝建元元年。}高句麗竊與蠕蠕謀，欲取地豆干以分之，契丹懼其侵軼，其莫弗賀勿干率其部落車三千乘、萬餘口，驅徙雜畜，求入內附。止於白狼水東。_{白狼水，今大凌河。}自此歲常朝貢。後告飢，高祖矜之，聽其入關市糶。及世宗、肅宗時，恒遣使貢方物。至齊受禪常不絕。齊文宣征之，已見第十四章第二節。案奚、契丹之處境，頗似漢世之烏丸，故能漸次開化，至唐末遂爲名部也。

自奚、契丹而東北，以失韋及勿吉爲大宗。《魏書》云：失韋國，_{《北史》作室韋，云室韋或作失，《隋》、《唐書》皆作室韋。}在勿吉北千里。路出和龍。北千餘里，入契丹國。又北行十日至啜水。又北行三日，有蓋水。_{《北史》作善水。}又北行三日，有犢了山。其山高大，周回三百餘里。又北行三日，有大水，名屈利。又北行三日，至刃水。又北行五日，到其國。有大水從北而來，廣四里餘，名捺水。_{捺水，舊以嫩江釋之。白鳥庫吉《失韋考》云：啜水，今綽爾河。屈利水，今嫩江。捺水，今黑龍江。失韋在和龍北千餘里，又二十七日程，假日行百里，則在今朝陽北三千七百餘里，當在今愛琿、海蘭泡境。案《魏書》所述，全程皆北行，如是說則變爲東行，古人鄉方，縱不審諦，不應大誤至此。且此荒漠之境，必不能日行百里。此捺水，即勿吉使者至中國乘船泝難河上之難河，見下。勿吉使者自難河入大瀾河，大瀾河今洮兒河，難河明爲今嫩江，失韋之地，不過在今黑龍江南境耳。白鳥氏之作，亦在《東胡民族考》中。}語與庫莫奚、契丹、豆莫婁國同。頗有粟、麥及穄。惟食豬、魚，養牛、馬。俗又無羊。夏則城居，冬逐水草。武定二年，_{梁大同十年。}始遣使獻其方物。迄武定末，貢使相尋。及齊受禪，亦歲時朝聘。地豆干，在室韋西千餘里。_{白鳥氏《地豆干及霫考》云：此國即唐時之霫，與鐵勒十五部之白霫有別。[1]}其地北以洮兒河與烏洛侯接；南以西喇木倫連奚契丹；東隔沙陀，與高句麗屬地夫餘鄰；西以興安嶺與柔然接壤。多牛、羊，出名馬。無五穀，惟食肉酪。延興二年，_{宋明帝泰豫元年。}八月，遣使朝貢。至於大和六年，_{齊高帝建元四年。}貢使不絕。十四年，_{齊武帝永明八年。}頻來犯塞，詔

---

[1]　四裔：霫與白霫有別。

陽平王頤擊走之。自後時朝京師。迄武定末，貢使不絕。《魏書》本傳。及齊受禪，亦來朝貢。《北史》本傳。烏洛侯國，在地豆干之北。其國西北有完水，東北流，合於難水。其地小水，皆注於難，東入於海。又西北二十日行，有于己尼大水，所謂北海也。完水、于己尼大水，皆見第三章第八節。世祖真君四年，宋元嘉二十年。來朝，稱其國西北有國家先世舊墟，已見第三章第八節。其土下濕，多霧氣而寒。冬則穿地爲室，夏則隨原阜畜牧。多豕。有穀、麥。無大君長。部落莫弗，皆世爲之。民尚勇，不爲姦竊，好獵射。《魏書》本傳。此今吉、黑二省西境之情形也。

《晉書》云：肅慎氏，一名挹婁。在不咸山北。去夫餘可六十日行。東濱大海，西接寇漫汗國，未詳。北極弱水。今松花江。其土界廣袤數千里。居深山窮谷。其路險阻，車馬不通。夏則巢居，冬則穴處。父子世爲君長。無文墨，以言語爲約。有馬不乘，但以爲財產而已。無牛、羊，多畜豬，食其肉，衣其皮，績毛以爲布。無井、竃，作瓦鬲受四五升以食。坐則箕踞。以足挾肉而啖之。得凍肉，坐其上，令暖。土無鹽、鐵。燒木作灰，灌取汁而食之。俗皆編髮。以布作襜，逕尺餘，以蔽前後。貴壯而賤老，性凶悍，以無憂哀相尚。父母死，男子不哭，哭者謂之不壯。相盜竊，無多少皆殺之，案此蓋謂異部之閒。故雖野處而不相犯。有石砮、皮骨之甲。檀弓三尺五寸，楛矢長尺有咫。其國東北有山出石，其利入鐵。將取之，必先祈神。周武王時，獻其楛矢、石砮。逮於周公輔成王，復遣使入貢。爾後千餘年，雖秦、漢之盛，莫之致也。及文帝作相，魏景元末，來貢楛矢、石砮、弓、甲、貂皮之屬。魏帝詔歸於相府。賜其王傉雞錦、罽、絲、帛。至武帝元康初，復來貢獻。元帝中興，又詣江左，貢其石砮。至成帝時，通貢於石季龍。事亦見第五章第五節。《宋書·高句麗傳》曰：大明三年，獻肅慎氏楛矢、石砮。《魏書·勿吉傳》曰：舊肅慎國也。邑落自有君長，不相統一。其人勁悍，於東夷最彊。言語獨異。常輕豆莫婁等國，諸國亦患之。自和龍北二百餘里，有善玉山。山北行十三日，至祁黎山。又北行七日，至如洛瓌水。水廣里餘。見第八章第三節。又北行十五日，至大魯水。即大瀾河。又東北行十八日，到其國。國有大水，闊三里餘，名速末水。今松花江。其地下濕。築城穴居。屋形似冢，開口於上，以梯出入。① 其國無牛，有車馬。案此較諸晉時之有馬而不乘，已有進矣。佃則耦耕。車則步推。有粟及麥、穄。俗以人溺洗手面。頭插虎、豹尾。善射獵。弓長三尺。箭長尺二寸，以石爲鏃。常七

八月造毒藥傅箭鏃，射禽獸，中者便死。煑藥毒氣，亦能殺人。延興中，宋明帝泰始七年至廢帝元徽三年。遣使乙力支朝獻。大和初，大和元年，宋順帝昇明元年。又貢馬五百匹。乙力支稱初發其國，乘船泝難河西上。至大瀰河，沈船於水，南出陸行。渡洛孤水。即如洛瓌水。從契丹西界達和龍。自云：其國先破高句麗十落，密共百濟謀從水道并力取高句麗，遣乙力支奉使大國，請其可否。詔勅三國同是藩附，宜共和順，勿相侵擾。乙力支乃還。從其來道，取得本船，汎達其國。九年，齊武帝永明三年。復遣使侯尼支朝獻。明年，復入貢。其旁有大莫盧國、覆鍾國、莫多回國、庫婁國、素和國、具弗伏國、匹黎爾國、拔大何國、郁羽陵國、庫伏真國、魯婁國、羽真侯國，前後各遣使朝獻。大和十二年，齊永明六年。勿吉復遣使貢楛矢、方物於京師。迄於正光，梁武帝普通元年至五年。貢使相尋。爾後中國紛擾，頗或不至。興和二年，梁武帝大同六年。六月，遣使石久云等貢方物。至於武定梁大同九年至簡文帝大寶二年。不絕。《北史》云：以至於齊，朝貢不絕。案勿吉，《隋書》作靺鞨，①云：其渠帥曰大莫弗瞞咄，靺鞨二字，疑仍瞞咄之異譯。明世，滿洲人自稱其酋長曰滿住，明人誤爲部族之稱，滿人亦即以爲國名，而改其字爲滿洲，説見日本稻葉君山《清朝全史》及孟森《心史史料》。滿住亦即瞞咄，白鳥氏《室韋考》云：乃蒙古語 Baghatur 義爲勇士，勇猛。之轉音，突厥語 Bâtur 之對音。至其民族之名，則自爲肅慎，即後世所謂女真。秦、漢之盛莫之致，蓋爲夫餘所隔？故晉世夫餘亡而肅慎復通矣。此今吉林省東境之情形也。

《晉書》又云：裨離國，在肅慎西北，馬行可二百日。領户二萬。養雲國，去裨離馬行又五十日。領户二萬。寇莫汗國，去養雲國又百日行。領户五萬餘。一羣國，去莫汗又百五十日。計去肅慎五萬餘里。其風俗、土壤并未詳。泰始三年，各遣小部獻其方物。述此等國之里程，自不免於恢侈，然其國必當在今西伯利亞境内也。又云：至大熙初，復有牟奴國帥逸芝、惟離模盧國帥沙支臣芝、于離末利國帥加牟臣芝、蒲都國帥因末、繩余國帥馬路、沙婁國帥釤加，各遣正副使詣東夷校尉何龕歸化。此等國并不能知其所在，然其相距當較近也。《三國·魏志·韓傳》：弁辰亦十二國，又有諸小别邑，各有渠帥，大者名臣智，臣芝疑與臣智一語；又句麗五族：曰涓奴部、絕奴部、順奴部、灌奴部、桂婁部，亦與牟奴、沙婁之名相似；則此諸國或麗、韓族類。

---

① 四裔：勿吉即瞞咄滿住，其民族之名自爲肅慎。